FACHHANDBUCH

Öffentliches Baurecht

Herausgeberschaft:
Alain Griffel
Hans U. Liniger
Heribert Rausch
Daniela Thurnherr

FACHHANDBUCH

Öffentliches Baurecht

EXPERTENWISSEN FÜR DIE PRAXIS

Unter Mitarbeit von
Jonas Alig
Florian Fuhrimann
Kristin Hoffmann
Anja Keller
Liliane Schärmeli
Renata Trajkova
Ariane Zemp

Schulthess § 2016

Zitiervorschlag:
BEARBEITER/-IN, in: FHB Öffentliches Baurecht, Rz. x.yz

Bibliografische Information der Deutschen Nationalbibliothek

Die Deutsche Nationalbibliothek verzeichnet diese Publikation in der Deutschen Nationalbibliografie; detaillierte bibliografische Daten sind im Internet über http://dnb.d-nb.de abrufbar.

ISBN 978-3-7255-7070-6

www.schulthess.com

Vorwort

«Öffentliches Baurecht» – Fachleute denken dabei sofort an kantonale und kommunale Bauvorschriften, also an das klassische Baupolizeirecht. Darum geht es in diesem Fachhandbuch auch, aber nicht in erster Linie. Der vorliegende Band bietet vielmehr eine systematische Gesamtschau der öffentlichrechtlichen Regelungen, die im Zusammenhang mit der Realisierung von Bauvorhaben jeglicher Art zu beachten sind oder einen Einfluss darauf haben. Im Vordergrund der Darstellung steht das weit verzweigte Bundesrecht, welches das Bauen in mannigfaltiger Weise steuert und gegenüber dem kantonalen Recht heute in vielen Bereichen dominiert. Wo weiterhin kantonales Recht zur Anwendung kommt – gegebenenfalls unter Einschluss des kommunalen Rechts –, vermittelt das Buch einen Überblick über dessen Ausgestaltung. Die Benutzerinnen und Benutzer erhalten auch Auskunft darüber, wie Bundesrecht und kantonales Recht ineinandergreifen, inwieweit kantonales Recht massgebend ist und wo sie gegebenenfalls weitersuchen bzw. nachschlagen müssen, um mehr zu erfahren. Zur Sprache kommen stets auch private Normenwerke, namentlich die jeweils einschlägigen SIA-Normen.

Angestrebt wurde eine praxisorientierte und praxistaugliche Darstellung auf gehobenem juristischem Niveau. Dies konnte durch ein Autorenteam von gut zwei Dutzend Autorinnen und Autoren aus Wissenschaft und Praxis gewährleistet werden. Zielpublikum des Buchs sind dementsprechend in erster Linie Anwältinnen und Anwälte sowie Verwaltungsbehörden und Gerichte, die mit der Planung und Realisierung von Bauvorhaben zu tun haben. Darüber hinaus mag es auch einem weiteren Personenkreis die erwünschten Hilfestellungen bieten. Nichtjuristinnen und -juristen werden jedoch – bedingt durch die Komplexität der Materie – bald an ihre Grenzen stossen und bei Bedarf fachlichen Rat einholen müssen.

Im Fokus dieses Fachhandbuchs steht wie gesagt das öffentliche Baurecht, verstanden in einem umfassenden Sinn. Irgendwo musste jedoch die Grenze gezogen werden. Ausgeklammert bleiben deshalb – nebst dem privaten Baurecht (Werkvertrag, Bauhandwerkerpfandrecht, Dienstbarkeiten usw.) – das öffentliche Beschaffungswesen sowie das Thema formelle und materielle Enteignung. Eingehend dargestellt werden hingegen sämtliche verfahrensrechtlichen Fragen rund um die Planung und Realisierung von Bauvorhaben, einschliesslich Rechtsschutz.

Wir haben zu danken: in erster Linie den Autorinnen und Autoren, die bereit waren, neben ihren beruflichen Verpflichtungen in Nacht- und Wochenendschichten unentgeltlich anspruchsvolle Texte zu redigieren und nach den Wünschen der Herausgeberschaft zu überarbeiten. Ohne ihr grosses Engagement und ihre Disziplin wäre es nicht möglich gewesen, dieses Werk zu realisieren. Weiter danken wir unseren Assistentinnen und Assistenten, welche die Manuskripte unermüdlich einer formalen Bereinigung und Vereinheitlichung unterzogen, Druckfahnen korrigiert und die Gesamtverzeichnisse erstellt haben. Es sind dies MLaw Jonas Alig, MLaw Kristin Hoffmann, MLaw Liliane Schärmeli und BLaw Renata Trajkova (Lehrstuhl Griffel) sowie MLaw Florian Fuhrimann, MLaw Anja Keller und MLaw Ariane Zemp (Professur Thurnherr). Schliesslich danken wir dem Verlag, der das Projekt angestossen hat, für die reibungslose und angenehme Zusammenarbeit.

Zürich/Wallisellen/Basel, im April 2016

Alain Griffel

Hans U. Liniger

Heribert Rausch

Daniela Thurnherr

Inhaltsübersicht

Inhaltsverzeichnis

Herausgeberschaft, Autorinnen und Autoren

Herausgeberschaft

Alain Griffel
Prof. Dr. iur., Rechtsanwalt
Professor für Staats- und Verwaltungsrecht mit Schwerpunkt Raumplanungs-, Bau- und Umweltrecht an der Universität Zürich

Hans U. Liniger
Dr. iur., Rechtsanwalt
Partner
Ecosens AG, Wallisellen

Heribert Rausch
Prof. Dr. iur., LL.M., Rechtsanwalt
em. Professor für Öffentliches Recht, insbesondere Umweltrecht an der Universität Zürich

Daniela Thurnherr
Prof. Dr. iur., LL.M.
Professorin für Öffentliches Verfahrensrecht, Verfassungsrecht und Verwaltungsrecht an der Universität Basel

Autorinnen und Autoren

Jonas Alig MLaw Wissenschaftlicher Assistent Universität Zürich	3. Teil	III. C. 3. Besitzstandsgarantie (Art. 24c RPG) III. C. 4. Landwirtschaftsfremde Wohnnutzung; schützenswerte Bauten und Anlagen (Art. 24d RPG) VIII. Exkurs: Baustellenrecht
	4. Teil	I. Zweitwohnungsbau
Michael Bütler Dr. iur., Rechtsanwalt bergrecht.ch, Zürich	4. Teil	III. B. Gewässerschutz
Gieri Caviezel Dr. iur., Rechtsanwalt Vincenz & Partner, Chur	3. Teil	I. Übereinstimmung mit den planerischen Fundamenten A. Richtplankonformität B. Vereinbarkeit mit Sachplänen und Konzepten II. B. Zonenkonformität ausserhalb der Bauzonen
Curdin Conrad lic. iur. vormals Ecosens AG, Wallisellen	3. Teil	VII. D. Wohn- und Arbeitshygiene

Nina Dajcar Dr. iur. Leiterin Recht und Verfahren Amt für Verkehr des Kantons Zürich	4. Teil	III.	A. Natur- und Landschaftsschutz C. Walderhaltung
David Dussy Dr. iur., Advokat NEOVIUS Advokaten & Notare, Basel	7. Teil	II.	Verfahren A. Im Zuständigkeitsbereich von Bundesbehörden B. Im Zuständigkeitsbereich von kantonalen bzw. kommunalen Behörden
Jeannette Fischer lic. iur., Rechtsanwältin Vincenz & Partner, Chur	3. Teil	II.	B. Zonenkonformität ausserhalb der Bauzonen
Michelangelo Giovannini lic. iur., Rechtsanwalt Vincenz & Partner, Chur	5. Teil	III.	Anlagen zur Erzeugung, Übertragung oder Lagerung von Energie A. Einleitung B. Hydroelektrische Anlagen C. Solarenergieanlagen D. Anlagen zur Nutzung der Windenergie E. Anlagen zur Nutzung der Erdwärme F. Anlagen zur thermischen Energieerzeugung G. Elektrische Netze H. Rohrleitungsanlagen
Mark Govoni lic. iur. Abteilung Recht Bundesamt für Umwelt	4. Teil	V.	Störfallvorsorge
Caroline Hess-Klein Dr. iur. Abteilungsleiterin Gleichstellung Inclusion Handicap, Bern	3. Teil	VII.	A. Behindertengerechtes Bauen
Peter Hettich Prof. Dr. iur., LL.M., Rechtsanwalt Professor für Öffentliches Wirtschaftsrecht mit Berücksichtigung des Bau-, Planungs- und Umweltrechts an der Universität St. Gallen	1. Teil	I. II. III. IV. V.	Richtplan Nutzungsplan Konzepte und Sachpläne des Bundes Weitere raumplanerische Instrumente Instrumente zur Sicherung der Planung
	3. Teil	II.	A. Zonenkonformität innerhalb der Bauzonen

Kristin Hoffmann MLaw, Dipl.-Volksw. Wissenschaftliche Assistentin Universität Zürich	3. Teil	III. C. 1. Zweckänderungen ohne bauliche Massnahmen (Art. 24a RPG) 2. Nichtlandwirtschaftliche Nebenbetriebe (Art. 24b RPG) 3. Besitzstandsgarantie (Art. 24c RPG) 5. Hobbymässige Tierhaltung (Art. 24e RPG) D. Vorbehalt einschränkender kantonaler Regelungen (Art. 27a RPG)
	5. Teil	I. Abfallanlagen IV. Wasserbauliche Anlagen
Christoph Jäger Dr. iur., Rechtsanwalt Kellerhals Carrard, Bern	3. Teil	III. Zonenwidrige Bauten und Anlagen ausserhalb der Bauzonen A. Ausnahmebewilligung und Planungspflicht B. Grundtatbestand (Art. 24 RPG)
	4. Teil	IV. Immissionsschutz A. Allgemeine Einleitung B. Lufthygiene C. Lärmbekämpfung D. Schutz vor nichtionisierenden Strahlen E. Schutz vor Lichtimmissionen F. Schutz vor Erschütterungen
Andreas Kapp lic. iur., Rechtsanwalt Gemeindeschreiber, Hausen am Albis	3. Teil	VII. B. Parkplatzvorschriften
Markus Lanter Dr. iur., Rechtsanwalt Wolfer & Frey, Zürich	3. Teil	V. E. Nutzungsvorschriften VI. Ausnahmebewilligungen gemäss kantonalem Recht
Lorenz Lehmann lic. iur., Rechtsanwalt Geschäftsführender Partner Ecosens AG, Wallisellen	4. Teil	VI. Bauen auf belasteten Standorten (Altlastenrecht)
Lukas Mathis M.A. HSG Wissenschaftlicher Assistent Universität St. Gallen	1. Teil	I. Richtplan II. Nutzungsplan III. Konzepte und Sachpläne des Bundes IV. Weitere raumplanerische Instrumente V. Instrumente zur Sicherung der Planung
	3. Teil	II. A. Zonenkonformität innerhalb der Bauzonen
Alexander Rey lic. iur., Rechtsanwalt Fachanwalt SAV Bau- und Immobilienrecht Binder Rechtsanwälte, Baden	3. Teil	IV. Erschliessung V. D. Vorschriften über die Einordnung und Gestaltung
	4. Teil	II. Ortsbildschutz und Denkmalpflege

Heinz Rothweiler Ecosens AG, Wallisellen	3. Teil	VII. D. Wohn- und Arbeitshygiene
Markus Schefer Prof. Dr. iur., LL.M. Professor für Staats- und Verwaltungsrecht an der Universität Basel	3. Teil	VII. A. Behindertengerechtes Bauen
Beat Stalder Prof. Dr. iur., Rechtsanwalt Fachanwalt SAV Bau- und Immobilienrecht Wenger Plattner, Bern Titularprofessor an der Universität Bern	2. Teil	I. Generelles II. Baubewilligungspflichtige Vorhaben III. Plangenehmigungsbedürftige Vorhaben
	3. Teil	V. A. Interkantonale Vereinbarung über die Harmonisierung der Baubegriffe (IVHB) B. Nutzungsziffern C. Baubeschränkungsnormen
Daniela Thurnherr Prof. Dr. iur., LL.M. Professorin für Öffentliches Verfahrensrecht, Verfassungsrecht und Verwaltungsrecht an der Universität Basel	7. Teil	I. Vorbemerkungen zu Verfahren und Rechtsschutz III. Umweltverträglichkeitsprüfung
	8. Teil	I. Rechtsschutz auf kantonaler Ebene II. Rechtsschutz auf Bundesebene
Renata Trajkova BLaw Wissenschaftliche Assistentin Universität Zürich	3. Teil	VII. C. Bauphysikalische und sicherheitspolizeiliche Anforderungen E. Haustechnik
Nicole Tschirky lic. iur., Rechtsanwältin Wenger Plattner, Küsnacht Ersatzrichterin am Verwaltungsgericht des Kantons Zürich	2. Teil	I. Generelles II. Baubewilligungspflichtige Vorhaben III. Plangenehmigungsbedürftige Vorhaben
	3. Teil	V. A. Interkantonale Vereinbarung über die Harmonisierung der Baubegriffe (IVHB) B. Nutzungsziffern C. Baubeschränkungsnormen
Stefan Vogel Prof. Dr. iur. Leiter Recht & Umwelt Flughafen Zürich AG Titularprofessor an der Universität Zürich	5. Teil	II. Verkehrsanlagen A. Nationalstrassen B. Eisenbahnanlagen C. Flugplätze D. Seilbahnen und Skilifte

Bernhard Waldmann
Prof. Dr. iur., Rechtsanwalt
Professor für Staats- und Verwaltungsrecht an der Universität Freiburg

6. Teil
I. Einleitung
II. Ursprünglich rechtswidrige Bauten und Anlagen
III. Nachträglich rechtswidrig gewordene Bauten und Anlagen

Literaturverzeichnis

ADLER DENIS OLIVER/HAUSER LARS, Haftung der Erben für Altlasten auf geerbten Grundstücken, successio 2010 270 ff. *(Haftung)*

AEMISEGGER HEINZ, Aktuelle Rechtsprechung des Bundesgerichts im Bau-, Planungs- und Umweltrecht, Bern 2015 *(Rechtsprechung)*
- Die Beschwerde in öffentlich-rechtlichen Angelegenheiten an das Bundesgericht – Besonderheiten im Planungs-, Bau- und Umweltrecht, VLP-ASPAN Raum & Umwelt 6/2008 *(Besonderheiten)*
- Die bundesgerichtliche Rechtsprechung zu Standortgebundenheit und Standortplanung von Mobilfunkanlagen, Dossier zu VLP-ASPAN Raum & Umwelt 2/2008 *(Mobilfunkanlagen)*
- Die Umweltverträglichkeitsprüfung in der Praxis des Bundesgerichts, URP 2004 394 ff. *(Umweltverträglichkeitsprüfung)*
- Leitfaden zum Raumplanungsgesetz, Bern 1980 *(Leitfaden)*

AEMISEGGER HEINZ/HAAG STEPHAN, Praxiskommentar zum Rechtsschutz in der Raumplanung – mit umfassender Rechtsprechung zur revidierten Bundesrechtspflege, Zürich/Basel/Genf 2010 *(Praxiskommentar Rechtsschutz RPG)*
- Gedanken zu Inhalt und Aufbau der Gutachten der Eidg. Natur- und Heimatschutzkommission, URP 1998 568 ff. *(Gutachten)*

AEMISEGGER HEINZ/KUTTLER ALFRED (bis 1999)/MOOR PIERRE/RUCH ALEXANDER/TSCHANNEN PIERRE (ab 2007) (Hrsg.), Kommentar zum Bundesgesetz über die Raumplanung, Zürich/Basel/Genf 1999, einschliesslich 1. und 2. Nachlieferung 2009 sowie 3. Nachlieferung 2010 *(Kommentar RPG)*

ALIG JONAS, Der Wohnungsbegriff des Zweitwohnungsgesetzes, Jusletter 30. Mai 2016 *(Wohnungsbegriff ZWG)*
- Das Zweitwohnungsgesetz, ZBl 2016 227 ff. *(Zweitwohnungsgesetz 2016)*
- Das Zweitwohnungsgesetz, Jusletter 1. Dezember 2014 *(Zweitwohnungsgesetz 2014)*

ANTONIAZZA YANNICK, Die Baupflicht, Diss. Zürich, Zürich/Basel/Genf 2008 *(Baupflicht)*

VON ARX PETER, Der Ästhetikparagraph (§ 238) im zürcherischen Planungs- und Baugesetz, Diss. Zürich, Zürich 1983 *(Ästhetikparagraph)*

AUBERT JEAN-FRANÇOIS/EICHENBERGER KURT/MÜLLER JÖRG PAUL/RHINOW RENÉ A./SCHINDLER DIETRICH (Hrsg.), Kommentar zur Bundesverfassung der Schweizerischen Eidgenossenschaft vom 29. Mai 1874, Basel/Zürich/Bern 1987–1996 *(Kommentar aBV)*

AUBERT JEAN-FRANÇOIS/MAHON PASCAL, Petit commentaire de la Constitution fédérale de la Confédération suisse du 18 avril 1999, Zürich/Basel/Genf 2003 *(Petit commentaire)*

AUER CHRISTOPH/MÜLLER MARKUS/SCHINDLER BENJAMIN (Hrsg.), Kommentar zum Bundesgesetz über das Verwaltungsverfahren (VwVG), Zürich/St. Gallen 2008 *(Kommentar VwVG)*

AYER ARIANE/REVAZ BENOÎT, Droit suisse de l'environnement – Code annoté, 4. Aufl., Zürich/Basel/Genf 2011 *(Droit suisse de l'environnement)*

BACHMANN DOMINIK, Das Hammerschlagrecht, PBG aktuell 4/2014 5 ff. *(Hammerschlagrecht)*

BACHMANN HUGO, Haftungsfolgen ungenügender Erdbebensicherheit, BR 2007 185 ff. *(Haftungsfolgen Erdbebensicherheit)*

BANDLI CHRISTOPH A., Neue Verfahren im Koordinationsgesetz: Ausgleich von Schutz und Nutzen mittels Interessenabwägung, URP 2001 511 ff. *(Koordinationsgesetz)*
- Bauen ausserhalb der Bauzonen (Art. 24 RPG), Diss. Bern, Zürich 1989 *(Bauen ausserhalb der Bauzonen)*

Basler Kommentar BGG: siehe NIGGLI/UEBERSAX/WIPRÄCHTIGER

Basler Kommentar BV: siehe WALDMANN/BELSER/EPINEY

BAUMANN ANDREAS, Das Baubewilligungsverfahren nach aargauischem Recht, Zürich/Basel/Genf 2007 *(Baubewilligungsverfahren)*

BAUMANN ANDREAS/VAN DEN BERGH RALPH/GOSSWEILER MARTIN/HÄUPTLI CHRISTIAN/HÄUPTLI-SCHWALLER ERICA/SOMMERHALDER FORESTIER VERENA, Kommentar zum Baugesetz des Kantons Aargau, Bern 2013 *(Kommentar BauG AG)*

BAUMANN MAX, Immissionsschutz versus Lichtverschmutzung, SJZ 2008 389 ff. *(Lichtverschmutzung)*

BAUMBERGER CHRISTOPH, Konstruktive Schönheit – Zur ästhetischen Erfahrung und Wertschätzung von Architektur, in: MARIO RINKE/JOSEF SCHWARTZ (Hrsg.), Holz: Stoff oder Form – Transformation einer Konstruktionslogik, Sulgen 2014, S. 187 ff. *(Konstruktive Schönheit)*

BEELER URS, Die widerrechtliche Baute, Diss. Zürich, Zürich 1984 *(Widerrechtliche Baute)*

BERNER MISCHA, Luzerner Planungs- und Baurecht, hrsg. von Robert Walder, Bern 2012 *(Planungs- und Baurecht)*
- Die Baubewilligung und das Baubewilligungsverfahren – Unter besonderer Berücksichtigung des luzernischen Rechts, Diss. Bern, Zürich/St. Gallen 2009 *(Baubewilligung)*

BERTSCHI MARTIN, Die Umsetzung von Art. 15 lit. b RPG über die Dimensionierung der Bauzonen: Bundesrecht, föderalistische Realität und ihre Wechselwirkungen, Diss. Zürich, Zürich 2001 *(Bauzonen)*

BESSE MARC-OLIVIER, Le régime des plans d'affectation – En particulier le plan de quartier, Diss. Lausanne, Genf/Zürich/Basel 2010 *(Plans d'affectation)*

BEYERLIN ULRICH/MARAUHN THILO, International Environmental Law, Oxford 2011 *(International Environmental Law)*

BIAGGINI GIOVANNI, Bundesverfassung der Schweizerischen Eidgenossenschaft, Kommentar, Zürich 2007 *(Kommentar BV)*

- Eigentumsgarantie, in: DETLEF MERTEN/HANS-JÜRGEN PAPIER (Hrsg.), Handbuch der Grundrechte in Deutschland und Europa, Bd. VII/2: Grundrechte in der Schweiz und in Liechtenstein, Heidelberg/Zürich/St. Gallen 2007, § 221 *(Eigentumsgarantie)*

BIAGGINI GIOVANNI/GÄCHTER THOMAS/KIENER REGINA (Hrsg.), Staatsrecht, 2. Aufl., Zürich/St. Gallen 2015 *(Staatsrecht)*

BIAGGINI GIOVANNI/HÄNER ISABELLE/SAXER URS/SCHOTT MARKUS (Hrsg.), Fachhandbuch Verwaltungsrecht, Zürich/Basel/Genf 2015 *(Fachhandbuch Verwaltungsrecht)*

BIANCHI FRANÇOIS, La loi sur les résidences secondaires: une première approche, ZBGR 2015, 293 ff. *(Résidences secondaires)*

BILAND FRIDOLIN, Die Erschliessung von Bauland unter besonderer Berücksichtigung des aargauischen Rechts, Diss. Basel, Basel 1974 *(Erschliessung)*

BISANG KURT/HIRSCHI CHRISTIAN/INGOLD KARIN (Hrsg.), Umwelt und Gesellschaft im Einklang – Festschrift für Willi Zimmermann, Zürich/St. Gallen 2011 *(FS Zimmermann)*

BLIND SONIA, Zonen für Kleinsiedlungen ausserhalb des Baugebietes und Kleinbauzonen, VLP-ASPAN Raum & Umwelt 4/2014 *(Kleinsiedlungen)*

- Der Zugang zu See- und Flussufern, VLP-ASPAN Raum & Umwelt 5/2011 *(Zugang)*

BLOETZER GOTTHARD, Die Oberaufsicht über die Forstpolizei nach schweizerischem Bundesstaatsrecht, Diss. Zürich, Zürich 1978 *(Forstpolizei)*

BLUMER PETER J., Abgaben für Erschliessungsanlagen nach dem Thurgauer Baugesetz, Diss. Zürich, Zürich 1989 *(Abgaben)*

BLUNSCHY SCHEIDEGGER JSABELLE, Kommentar zum bernischen Wassernutzungsgesetz, Bern 2003 *(Kommentar WNG)*

BÖSCH PETER, Brennpunkte des Zürcher Gestaltungsplans, PBG aktuell 3/2014 5 ff. *(Gestaltungsplan)*

BOSE JAYA RITA, Der Schutz des Grundwassers vor nachteiligen Einwirkungen – nach dem Recht des Bundes und des Kantons Zürich, Diss. Zürich, Zürich 1996 *(Grundwasser)*

BOSONNET ROGER, Das eisenbahnrechtliche Plangenehmigungsverfahren – Eine Darstellung unter besonderer Berücksichtigung von Schieneninfrastruktur-Grossprojekten, Diss. Zürich, Zürich 1999 *(Plangenehmigungsverfahren)*

BOUCHAT CLÉA, L'effet suspensif en procédure administrative, Diss. Lausanne 2014, Basel 2015 *(Effet suspensif)*

BÖV, Schnittstellenstudie Infrastruktur/Fahrzeug – Untersuchung der Schnittstelle zwischen Infrastruktur und Fahrzeug bezüglich Niveaugleichem Zugang zu Schienenfahrzeugen und Bussen, Untersuchung im Auftrag des Bundesamtes für Verkehr BAV, Olten 2011 (www.bav.admin.ch > Themen > Barrierefreiheit im öffentlichen Verkehr > Infos für öV-Unternehmen und Fachleute > Studien zur Normenentwicklung > Studien zur Thematik «Barrierefreie Bauten und Fahrzeuge») *(Schnittstellenstudie)*

BOVAY BENOÎT, Unification ou harmonisation du droit de l'aménagement du territoire et des constructions? – Vers la cohérence et la qualité du développement territorial, ZSR 2008 II 5 ff. *(Unification)*

BOVAY BENOÎT/DIDISHEIM REYMOND/SULLIGER DENIS/THONNEY THIERRY, Droit fédéral et vaudois de la construction, 4. Aufl., Basel 2010 *(Droit de la construction)*

BOVAY BENOÎT/NGUYEN MINH SON (Hrsg.), Mélanges Pierre Moor, Théorie du droit – Droit administratif – Organisation du territoire, Bern 2005 *(Mélanges Moor)*

BRAHIER JEAN-MICHEL, Installations dangereuses et aménagement du territoire – Protection contre les accidents majeurs et maîtrise des constructions à proximité des installations dangereuses, Diss. Freiburg, Genf/Zürich/Basel 2010 *(Installations dangereuses)*

BRUNNER ANDREAS, Technische Normen in Rechtsetzung und Rechtsanwendung, Diss. Basel, Basel/Frankfurt a.M. 1991 *(Technische Normen)*

BRUNNER ARNOLD, Bodenschutz, Stoffe und Gewässerschutz: Landwirtschaft im Spannungsfeld, URP 2002 523 ff. *(Landwirtschaft)*

BRUNNER URSULA, Die Bedeutung des Standes der Technik im Umwelt- und Energienutzungsrecht, URP 2015 181 ff. *(Stand der Technik)*
- Der altlastenrechtliche Flickenteppich: Gestern – Heute – Morgen, URP 2011 507 ff. *(Flickenteppich)*
- Bauen im Uferbereich – schützen die Schutznormen?, URP 1996 744 ff. *(Bauen im Uferbereich)*

BRUNNER URSULA/KELLER HELEN, 20 Jahre Umweltschutzgesetz – Rückblick und Würdigung, ZBl 2005 1 ff. *(20 Jahre USG)*

BRUNNER URSULA/LOOSER MARTIN, Das Verhältnis von Luft und Wald im Spiegel politischer Herausforderungen, in: BISANG/HIRSCHI/INGOLD, FS Zimmermann, S. 71 ff. *(Luft und Wald)*

BUCHER OLIVER, Verschärfung emissionsmindernder Massnahmen im Baubewilligungsverfahren, BR 2008 156 ff. *(Verschärfung)*

BUERGISSER MICHEL, Expériences cantonales dans la mise en œuvre de l'EIE, URP 2004 382 ff. *(Expériences)*

BÜHLMANN LUKAS, Gleichstellung von Wohnbauten bestehender und aufgegebener Landwirtschaftsbetriebe?, VLP-ASPAN Raum & Umwelt 1/2013 6 *(Gleichstellung)*
- Gewerbe in der Landwirtschaftszone – Konfliktträchtig und problematisch!, Inforaum 5/2012 8 ff. *(Gewerbe)*
- Wann sprechen wir von Hobbylandwirtschaft?, Inforaum 2/2007 8 f. *(Hobbylandwirtschaft)*
- Koordination in der Richtplanung, URP 2005 465 ff. *(Koordination)*

BÜHLMANN LUKAS/KISSLING SAMUEL, Städtebauliche Verträge – Rechtliche Rahmenbedingungen, mögliche Inhalte, Anwendungsbereiche, VLP-ASPAN Raum & Umwelt 5/2014 *(Städtebauliche Verträge)*
- Waldrodung für Siedlungszwecke?, VLP-ASPAN Raum & Umwelt 2/2013 *(Waldrodung)*
- Energiegewinnung aus Biomasse – Handlungsspielraum der Kantone bei der Planung und Bewilligung von Biogasanlagen, VLP-ASPAN Raum & Umwelt 4/2010 *(Biomasse)*

BÜHLMANN LUKAS/PERREGAUX DUPASQUIER CHRISTA/KISSLING SAMUEL, Der Mehrwertausgleich im revidierten Raumplanungsgesetz – Die Ausgestaltung von Artikel 5 Absatz 1bis–1^{sexies} im kantonalen Recht, VLP-ASPAN Raum & Umwelt 4/2013 *(Mehrwertausgleich)*

BURKHARDT ANDREA, CO_2-Gesetz: Grenzen und Möglichkeiten, URP 2010 71 ff. *(CO_2-Gesetz)*

BÜTLER MICHAEL, Haftung bei waldtypischen Gefahren – Rechtsprechungsübersicht und Rechtslage, Rechtsgutachten vom 9. August 2014 im Auftrag des BAFU, Zürich 2014 (www.bergrecht.ch > Anwaltsbüro von Dr. Michael Bütler > Eigene Publikationen, Rezensionen, Vorträge und Kurse) sowie Sicherheit & Recht 2014 204 ff. *(Haftung)*
- Rechtsfragen zu illegalen Bauten im Wald, Rechtsgutachten vom 9. August 2014 im Auftrag des BAFU, 2014 (www.bergrecht.ch > Anwaltsbüro von Dr. Michael Bütler > Eigene Publikationen, Rezensionen, Vorträge und Kurse) *(Illegale Bauten)*
- Erschliessung und Ausbau von Skigebieten aus rechtlicher Sicht, URP 2010 411 ff. *(Skigebiete)*
- Gletscher im Blickfeld des Rechts, Diss. Zürich, Bern 2006 *(Gletscher)*

CALUORI CORINA, Der Verursacherbegriff im Altlastenrecht – eine kritische Analyse, URP 2011 541 ff. *(Verursacherbegriff)*

CARONI MARTINA/HESELHAUS SEBASTIAN/MATHIS KLAUS/NORER ROLAND (Hrsg.), Auf der Scholle und in lichten Höhen. Verwaltungsrecht – Staatsrecht – Rechtsetzungslehre, Festschrift für Paul Richli zum 65. Geburtstag, Zürich/St. Gallen 2011 *(FS Richli)*

CAVIEZEL GIERI, Wasserrechtskonzessionen und Umweltrecht, ZBl 2004 69 ff. *(Wasserrechtskonzessionen)*

Cercle Bruit, Anwendungshilfe zur Baulärm-Richtlinie, 2005 (www.cerclebruit.ch > Willkommen > Publikationen > Vollzugshilfen Cercle Bruit, BAFU) *(Anwendungshilfe)*

Chassot Isabelle, La clause d'esthétique en droit des constructions, FZR 1993 95 ff. *(Clause d'esthétique)*

Chaulmontet Sébastien, Verursacherhaftungen im Schweizer Umweltrecht – Eine Grundlagenstudie, unter besonderer Berücksichtigung von Art. 32b^{bis} USG, Diss. Freiburg, Zürich/Basel/Genf 2009 *(Verursacherhaftungen)*

Cipolat Urs A., Notfall- und Evakuierungsorganisation: Die gesetzlichen Grundlagen, Sicherheit & Recht 2011 100 ff. *(Notfall- und Evakuierungsorganisation)*

Clavadetscher Peter, Erschliessungspflicht und Erschliessungsanspruch in der Bauzone insbesondere nach bündnerischem Recht, Diss. Bern, Bern 1982 *(Erschliessungspflicht)*

Commentaire LPE: siehe Moor/Favre/Flückiger

Commentaire LTF: siehe Corboz/Wurzburger/Ferrari/Frésard/Aubry Girardin

Conrad Curdin, Die umweltrechtlichen Regelungsbereiche bei der Nutzung des Untergrunds, URP 2014 487 ff. *(Untergrund)*

Corboz Bernard/Wurzburger Alain/Ferrari Pierre/Frésard Jean-Maurice/Aubry Girardin Florence, Commentaire de la LTF (Loi sur le Tribunal fédéral), 2. Aufl., Bern 2014 *(Commentaire LTF)*

Cueni Christophe, Vom Erschliessungsanspruch des Grundeigentümers: Vor Illusionen wird gewarnt, KPG-Bulletin 6/96 21 ff. *(Erschliessungsanspruch)*

Cummins Mark, Kostenverteilung bei Altlastensanierungen – Ausgleich unter Störern und Gemeinwesen im Spannungsverhältnis zwischen öffentlichem und privatem Recht, Diss. Zürich, Zürich 2000 *(Kostenverteilung)*

Dajcar Nina, Natur- und Heimatschutz-Inventare des Bundes, Diss. Zürich 2010, Zürich/Basel/Genf 2011 *(Natur- und Heimatschutz-Inventare)*

Daum Michael, Ist die rügebezogene Beurteilung der Legitimation zu Nachbarbeschwerden im Baurecht überholt?, BVR 2014 83 ff. *(Legitimation)*

Dettwiler Emanuel, Der Entwurf des Zweitwohnungsgesetzes, SJZ 2014 341 ff. *(Zweitwohnungsgesetz)*

Dilger Peter, Raumplanungsrecht der Schweiz, Handbuch für die Baurechts- und Verwaltungspraxis, Zürich 1982 *(Raumplanungsrecht)*

Dillon Sibylle/Lagger Siegfried, Aktuelle Rechts- und Vollzugsfragen bei der Anwendung der VASA, URP 2011 633 ff. (*Aktuelle Fragen*)

Donzel Valérie, Les redevances en matière écologique, Diss. Lausanne, Zürich/Basel/Genf 2003 *(Redevances)*

DUBACH WERNER, Die wohlerworbenen Rechte im Wasserrecht, hrsg. vom Bundesamt für Wasserwirtschaft, Bern 1980 *(Wohlerworbene Rechte)*

DUBEY JACQUES, Définition et restriction de la propriété privée du sol à l'heure du développement durable et de l'aménagement du territoire, Genf/Zürich/Basel 2012 *(Espace – Temps – Propriété)*

DUBEY JACQUES/ZUFFEREY JEAN-BAPTISTE, Droit administratif général, Basel 2014 *(Droit administratif)*

ECKERT MAURUS, Rechtliche Aspekte der Sicherung angemessener Restwassermengen, Diss. Zürich, Zürich 2002 *(Restwassermengen)*

EHRENZELLER BERNHARD/SCHINDLER BENJAMIN/SCHWEIZER RAINER J./VALLENDER KLAUS A. (Hrsg.), Die schweizerische Bundesverfassung – St. Galler Kommentar, 3. Aufl., Zürich/Basel/Genf/St. Gallen 2014 *(St. Galler Kommentar BV)*

EICHBAUM NIKLAUS, Raumplanungs- und umweltrechtliche Problemfelder beim Bau von Einkaufszentren und Fachmärkten – Unter besonderer Berücksichtigung der Empfehlungen der Bundesämter für Umwelt und Raumentwicklung zur Standortplanung verkehrsintensiver Einrichtungen im kantonalen Richtplan, Diss. St. Gallen, Zürich/Basel/Genf 2008 *(Einkaufszentren)*

ENDER THOMAS, Wem gehört der Untergrund?, URP 2014 445 ff. *(Untergrund)*

ENGELER PETER, Die Erschliessung von Baugrundstücken nach zürcherischem Recht, Diss. Zürich, Zürich 1976 *(Erschliessung)*

ENGELER WALTER, Das Baudenkmal im schweizerischen Recht – Untersuchungen zum materiellen Baudenkmalbegriff und dem Verfahren der Unterschutzstellung, Diss. St. Gallen, Zürich/St. Gallen 2008 *(Baudenkmal)*

EPINEY ASTRID, Umweltrecht der Europäischen Union, 3. Aufl., Baden-Baden/Wien/Basel 2013 *(Umweltrecht)*

EPINEY ASTRID/FURGER DAVID/HEUCK JENNIFER, «Umweltplanungsrecht» in der Europäischen Union und Implikationen für das schweizerische Recht – Zu den Vorgaben des EU-Rechts in den Bereichen UVP, SUP, IVU, Gewässer- und Naturschutz und dem Anpassungsbedarf des schweizerischen Umweltrechts im Falle der Verbindlichkeit des einschlägigen EU-Rechts, Zürich/Basel/Genf 2011 *(Umweltplanungsrecht)*

EPINEY ASTRID/SCHEYLI MARTIN, Umweltvölkerrecht – Völkerrechtliche Bezugspunkte des schweizerischen Umweltrechts, Bern 2000 *(Umweltvölkerrecht)*

EPINEY ASTRID/SOLLBERGER KASPAR, Verwaltungsgerichtlicher Rechtsschutz in Umweltangelegenheiten – Rechtsvergleich, europa- und völkerrechtliche Vorgaben und Implikationen für die Schweiz, Bern 2003 *(Rechtsschutz)*

ERNST BASLER UND PARTNER/INTERFACE POLITIKSTUDIEN FORSCHUNG BERATUNG, Effektivität und Effizienz von verkehrslenkenden Massnahmen bei verkehrsintensiven Einrichtungen (VE) – Bericht zuhanden der Bundesämter für Umwelt (BAFU) und Raumentwicklung (ARE), Synthese und Empfehlungen, 2012 (www.

bafu.admin.ch > Themen A–Z > UVP > Rechtliche Grundlagen > Rechtsgutachten) *(Verkehrslenkende Massnahmen)*

ERRASS CHRISTOPH, Zur Notwendigkeit der Einführung einer Popularbeschwerde im Verwaltungsrecht, AJP 2010 1351 ff. *(Popularbeschwerde)*
- Die Aarhus-Konvention und ihre Umsetzung ins schweizerische Recht, URP 2004 47 ff. *(Aarhus-Konvention)*
- Katastrophenschutz – Materielle Vorgaben von Art. 10 Abs. 1 und 4 USG, Diss. Freiburg 1997, Freiburg 1998 *(Katastrophenschutz)*

ESCHMANN STEPHAN, Der Gestaltungsplan nach zürcherischem Recht, Diss. Zürich, Zürich 1984 *(Gestaltungsplan)*

ETTLER PETER, Bau und Betrieb eines Flughafens: Umweltrechtliche Aspekte, in: JAAG, Rechtsfragen, S. 117 ff. *(Flughafen)*

EYMANN URS, Erschliessungsrecht und Erschliessungsprogramm, hrsg. vom EJPD/BRP, Bern 1999 *(Erschliessungsrecht)*

FAHRLÄNDER KARL LUDWIG, Planerische Abstimmung von Grossprojekten; zwei Fallbeispiele, URP 2001 336 ff. *(Fallbeispiele)*

FAVEZ STEVE, La garantie des situations acquises – Conservation, transformation et adaptation des bâtiments non conformes aux règles de la zone à bâtir, Diss. Lausanne, Genf/Zürich/Basel 2013 *(Garantie)*

FAVRE ANNE-CHRISTINE, Les nouvelles dispositions sur le droit de recours des organisations à but idéal, in: TAPPY/KAHIL-WOLFF/BRUCHEZ, 300 ans, S. 121 ff. *(Dispositions)*
- L'examen des variantes d'un projet en droit de l'aménagement du territoire et de l'environnement – Entre opportunité et légalité, in: BOVAY/NGUYEN, Mélanges Moor, S. 687 ff. *(Variantes)*
- La protection contre le bruit dans la loi sur la protection de l'environnement. Le système – Les particularités liées à l'aménagement du territoire, Diss. Lausanne, Zürich/Basel/Genf 2002 *(Protection)*

FISCH CHRISTOPH, Neuerungen im Natur- und Heimatschutz, URP 2001 1117 ff. *(Neuerungen)*

FISCHER ULRICH, Die Bewilligung von Atomanlagen nach schweizerischem Recht, Bern 1980 *(Atomanlagen)*

FISK WILLIAM J./LEI-GOMEZ QUANHONG/MENDELL MARK J., Meta-analyses of the associations of respiratory health effects with dampness and mold in homes, Indoor Air 2007 284 ff. *(Dampness and mold)*

FLÜCKIGER ALEXANDRE, La création et le dimensionnement des zones à bâtir: enjeux et méthodes, in: ZUFFEREY/WALDMANN, Revision RPG 2014, S. 55 ff. *(Zones à bâtir)*
- La transparence des administrations fédérales et cantonales à l'épreuve de la Convention d'Aarhus sur le droit d'accès à l'information environnementale, URP 2009 749 ff. *(Transparence)*

– Le développement durable en droit constitutionnel suisse, URP 2006 471 ff. *(Développement durable)*

FLÜCKIGER ALEXANDRE/MORAND CHARLES-ALBERT/TANQUEREL THIERRY, Evaluation du droit de recours des organisations de protection de l'environnement, hrsg. vom BUWAL, Schriftenreihe Umwelt Nr. 314, Bern 2000 *(Evaluation)*

FOURNIER JACQUES, Vers un nouveau droit des concessions hydroélectriques, Diss. Freiburg, Freiburg 2002 *(Concessions hydroélectriques)*

FREI BERNHARD, Die Sanierung nach Art. 80 ff. Gewässerschutzgesetz vom 24.1.1991 bei der Wasserkraftnutzung; rechtliche Probleme, hrsg. vom BUWAL, Schriftenreihe Umwelt Nr. 163, Bern 1991 *(Restwassersanierung)*

FREY FRITZ, Die Erstellungspflicht von Abstellplätzen für Motorfahrzeuge nach zürcherischem Recht, Diss. Zürich, Winterthur 1987 *(Erstellungspflicht)*

FRICK MARTIN, Das Verursacherprinzip in Verfassung und Gesetz, Diss. Bern, Bern 2004 *(Verursacherprinzip)*

FRIES DAVID, Reverse in der zürcherischen Baurechtspraxis – Band 1: Allgemeiner Teil (ohne Grundbuchrecht), Diss. Zürich, Zürich 1990 *(Reverse)*

FRITZSCHE CHRISTOPH, Entschädigungspflicht aus materieller Enteignung infolge der Festsetzung von Gewässerräumen – Wesentlich gekürzte Fassung des zuhanden der Baudirektion des Kantons Zürich, Amts für Abfall, Wasser, Energie und Luft (AWEL) erstellten Gutachtens, URP 2014 218 ff. *(Entschädigungspflicht)*
– Absturzsicherheit in Wohngebäuden – zur Anwendung der SIA-Norm 358, PBG aktuell 2/2005 5 ff. *(Absturzsicherheit)*

FRITZSCHE CHRISTOPH/BÖSCH PETER/WIPF THOMAS, Zürcher Planungs- und Baurecht, 2 Bände, 5. Aufl., Zürich 2011 *(Planungs- und Baurecht)*

FÜEG REGINA, Brandschutzvorschriften der VKF: Private Regeln oder unmittelbar anwendbarer Erlass eines interkantonalen Organs?, BR 2013 70 ff. *(Brandschutzvorschriften)*
– Harmonisierung der Baubegriffe – die IVHB kommt voran, BR 2011 177 f. *(Baubegriffe)*

GÄCHTER THOMAS, Durchsetzung von Sanierungspflichten mittels Rechtsverweigerungsbeschwerde, URP 2005 775 ff. *(Durchsetzung)*
– Grundsatzfragen und Konzepte der Sanierung – Gedanken zu den Zielen umweltrechtlicher Sanierungen und deren Durchsetzbarkeit, URP 2003 459 ff. *(Grundsatzfragen)*

GADIENT ULRICH, Der Heimfall im Wasserrecht des Bundes und der Kantone, Diss. Zürich, Zürich 1958 *(Heimfall)*

GANZ GEORGE M., Erfolgreiche interkantonale Gesetzgebung: Einheitliche Brandschutzbestimmungen, LeGes 2006 79 ff. *(Brandschutzbestimmungen)*

GAUDERON PHILIPPE, L'approbation de plans en matière ferroviaire, RDAF 1986 341 ff. *(Approbation de plans)*

GEBHARDT DANIEL, Abwehrrechte und Entschädigungen bei Baustellen, URP 2002 387 ff. *(Abwehrrechte)*

GEBHARDT DANIEL/MEYER CHRISTOPH/NERTZ CHRISTOPH/PIOLINO MARINA, Die Baubewilligung im Kanton Basel-Stadt, Basel 2014 *(Baubewilligung)*

GEISER KARL/ABBÜHL JOHANN JACOB/BÜHLMANN FRITZ, Einführung und Kommentar zum Bundesgesetz über die Nutzbarmachung der Wasserkräfte, Zürich 1921 *(Kommentar WRG)*

GEISER THOMAS/MÜNCH PETER/UHLMANN FELIX/GELZER PHILIPP (Hrsg.), Prozessieren vor Bundesgericht, 4. Aufl., Basel 2014 *(Bundesgericht)*

GERBER ALEXANDRA, Téléphonie mobile dans la jurisprudence du Tribunal fédéral: aspects de droit public, URP 2004 725 ff. *(Téléphonie mobile)*
– Des einen Freud – des andern Lärm: bundesgerichtliche Rechtsprechung zum öffentlichrechtlichen Schutz gegen Gaststättenlärm in der Schweiz, in: ALBERTO ARONOVITZ (Hrsg.), Kochkunst, Ernährung und Recht – Festschrift zu Ehren von Pierre Widmer, Zürich/Basel/Genf 2003, S. 45 ff. *(Freud)*

GFELLER ROLAND, Immissions- und Überflugsenteignungen am Beispiel des Flughafens Zürich, Diss. Zürich, Zürich/Basel/Genf 2006 *(Immissions- und Überflugsenteignungen)*

GISLER MARK, Das Wiederaufbaurecht – Unter besonderer Berücksichtigung der Verhältnisse im Kanton Schwyz, Diss. Zürich, Zürich 2003 *(Wiederaufbaurecht)*

GOOD-WEINBERGER CHARLOTTE, Die Ausnahmebewilligung im Baurecht, insbesondere nach § 220 des zürcherischen Planungs- und Baugesetzes, Diss. Zürich, Zürich 1990 *(Ausnahmebewilligung)*

GOSSWEILER ADRIAN, Entschädigungen für Lärm von öffentlichen Verkehrsanlagen – Elemente für eine Neuordnung durch den Gesetzgeber, Diss. Zürich, Zürich/Basel/Genf 2014 *(Entschädigungen)*

GRABENWARTER CHRISTOPH/PABEL KATHARINA, Europäische Menschenrechtskonvention – Ein Studienbuch, 5. Aufl., München/Basel/Wien 2012 *(Europäische Menschenrechtskonvention)*

GREDIG MARKUS, Die Umsetzung des Übereinkommens zum Schutz des Kultur- und Naturgutes der Welt vom 23. November 1972 in der Schweiz, BR 2015 17 ff. *(Kultur- und Naturgut der Welt)*
– Der Schutz des UNESCO-Welterbes in der Schweiz – Gegenstand, Inhalt und Umsetzung des Übereinkommens zum Schutz des Kultur- und Naturgutes der Welt vom 23. November 1972, Diss. Bern, Bern 2014 *(UNESCO-Welterbe)*
– Das Konzept der Erfüllung von Bundesaufgaben im Natur- und Heimatschutzrecht, Eine Bestandesaufnahme im Licht der Verfassungsrealität, in: MARKUS GREDIG/RAPHAËL MAHAIM/THOMAS MEIER/RICCARDA MELCHIOR/ANDREAS STÖCKLI (Hrsg.), Peters Dreiblatt – Föderalismus, Grundrechte, Verwaltung, Festschrift für Peter Hänni zum 60. Geburtstag, Bern 2010, S. 359 ff. *(Bundesaufgaben)*

Greiner Andrea, Errichten und Ändern von Skisportanlagen, Diss. Basel, Basel 2003 *(Skisportanlagen)*

Griffel Alain, Umweltrecht – in a nutshell, Zürich/St. Gallen 2015 *(Umweltrecht)*
- Raumplanungs- und Baurecht – in a nutshell, 2. Aufl., Zürich/St. Gallen 2014 *(Raumplanungs- und Baurecht)*
- (Hrsg.), Kommentar zum Verwaltungsrechtspflegegesetz des Kantons Zürich (VRG), Zürich/Basel/Genf 2014 *(Kommentar VRG)*
- Intertemporales Recht aus dem Blickwinkel des Verwaltungsrechts, in: Zentrum für Rechtsetzungslehre/Felix Uhlmann (Hrsg.), Intertemporales Recht aus dem Blickwinkel der Rechtsetzungslehre und des Verwaltungsrechts, 13. Jahrestagung des Zentrums für Rechtsetzungslehre, Zürich/St. Gallen 2014, S. 7 ff. *(Intertemporales Recht)*
- Die Umsetzung der Zweitwohnungsinitiative – eine Zwischenbilanz, ZBl 2014 59 ff. *(Zweitwohnungsinitiative)*
- Rechtliche Beurteilung hängiger parlamentarischer Vorstösse zur Änderung von Art. 6 und 7 des Natur- und Heimatschutzgesetzes (NHG), Kurzgutachten zu Handen der Stiftung Landschaftsschutz Schweiz (SL), Zürich/Dürnten 2012 (www.sl-fp.ch > Grundlagen) *(Änderung)*
- Wald und Recht, SZF 2012 304 ff. *(Wald)*
- Raumplanungs-, Bau- und Umweltrecht – Entwicklungen 2009, Bern 2010 *(Entwicklungen 2009)*
- Rechtsfragen im Zusammenhang mit dem Abbau überzähliger Parkplätze bei bestehenden privaten Parkierungsanlagen, URP 2009 1 ff. *(Rechtsfragen)*
- Raumplanungs-, Bau- und Umweltrecht – Entwicklungen 2007, Bern 2008 *(Entwicklungen 2007)*
- Auswirkungen der neuen Bundesrechtspflege, insbesondere auf den Rechtsschutz im Raumplanungs-, Bau- und Umweltrecht, URP 2006 822 ff. *(Auswirkungen)*
- Das Verbandsbeschwerderecht im Brennpunkt zwischen Nutz- und Schutzinteressen, URP 2006 95 ff. *(Verbandsbeschwerderecht)*
- Bau und Betrieb eines Flughafens: Raumplanungsrechtliche Aspekte, in: Jaag, Rechtsfragen, S. 97 ff. *(Flughafen)*
- Die Mobilfunktechnologie als Herausforderung für Rechtsetzung und Rechtsanwendung, in: Alexander Ruch (Hrsg.), Recht und neue Technologien, Berlin/Zürich/Basel/Genf 2004, S. 77 ff. *(Mobilfunktechnologie)*
- Mobilfunkanlagen zwischen Versorgungsauftrag, Raumplanung und Umweltschutz, URP 2003 115 ff. *(Mobilfunkanlagen)*
- Bauen im Spannungsfeld zwischen Eigentumsgarantie und Bauvorschriften, ZBl 2002 169 ff. *(Spannungsfeld)*
- Die Grundprinzipien des schweizerischen Umweltrechts, Zürich 2001 *(Grundprinzipien)*
- Verfahrenskoordination im öffentlichen Recht – Wo stehen wir heute?, recht 2000 226 ff. *(Verfahrenskoordination)*

– Nichts Neues bei den quantitativen Waldkriterien?, Einige Bemerkungen zum Bundesgerichtsentscheid betreffend das neue Zürcher Waldgesetz (BGE 125 II 440), URP 1999 839 ff. *(Waldkriterien)*
– Baurechtliche Vorentscheide ohne Drittverbindlichkeit, insbesondere nach zürcherischem Recht, ZBl 1996 260 ff. *(Vorentscheide)*

Griffel Alain/Rausch Heribert, Kommentar zum Umweltschutzgesetz – Ergänzungsband zur 2. Auflage, hrsg. von der Vereinigung für Umweltrecht, Zürich/Basel/Genf 2011 *(Kommentar USG, Ergänzungsband)*

Gsponer Daniel, Die Zone für öffentliche Bauten und Anlagen – unter besonderer Berücksichtigung des Luzerner Planungs- und Baurechts, Diss. Zürich 1999, Zürich 2000 *(Zone für öffentliche Bauten und Anlagen)*

Guy-Ecabert Christine/Zen-Ruffinen Piermarco, Le droit du propriétaire d'équiper lui-même son terrain selon le nouvel alinéa 3 de l'article 19 LAT, BR 1996, 35 ff. *(Droit)*

Haeberli Wilfried/Bütler Michael/Huggel Christian/Müller Hansruedi/Schleiss Anton (Hrsg.), Neue Seen als Folge des Gletscherschwundes im Hochgebirge – Chancen und Risiken, Forschungsbericht des NFP 61, Zürich 2013 *(Neue Seen)*

Häfelin Ulrich/Haller Walter/Keller Helen, Schweizerisches Bundesstaatsrecht, 8. Aufl., Zürich/Basel/Genf 2012 *(Bundesstaatsrecht)*

Häfelin Ulrich/Müller Georg/Uhlmann Felix, Allgemeines Verwaltungsrecht, 7. Aufl., Zürich/St. Gallen 2016 *(Verwaltungsrecht)*

Hafner Felix/Meyer Christoph, Einfluss des Bundes auf die Landesflughäfen, AJP 2010 729 ff. *(Einfluss)*

Haller Walter/Karlen Peter, Raumplanungs-, Bau- und Umweltrecht. Bd. I: Grundlagen – Raumplanungsrecht – Baurecht, 3. Aufl., Zürich 1999 *(Raumplanungs-, Bau- und Umweltrecht)*

Handkommentar BGG: siehe Seiler/von Werdt/Güngerich/Oberholzer

Häner Isabelle, Strassenrecht, in: Müller G., Verkehrsrecht, S. 173 ff. *(Strassenrecht)*
– Neuerungen im USG unter besonderer Berücksichtigung des Verbandsbeschwerderechts, PBG aktuell 3/2007 5 ff. *(Neuerungen)*
– Die Stellung von Verbänden in der Gerichtsverfassung – unter besonderer Berücksichtigung der Ausübung des Verbandsbeschwerderechts, in: Benjamin Schindler/Patrick Sutter (Hrsg.), Akteure der Gerichtsbarkeit, Zürich/St. Gallen 2007, S. 297 ff. *(Verbände)*

Hangartner Yvo, Grundrechtliche Gesetzgebungsaufträge und bundesstaatliche Kompetenzordnung – Bemerkungen aus Anlass des Entwurfs eines Behindertengleichstellungsgesetzes, AJP 2001 476 ff. *(Gesetzgebungsaufträge)*

HÄNNI PETER, Planungs-, Bau- und besonderes Umweltschutzrecht, 6. Aufl., Bern 2016 *(Planungsrecht)*
– Bauen ohne Baubewilligung: Das Bundesgericht beweist Standfestigkeit, BR 2014 235 ff. *(Bauen)*

HEER BALTHASAR, St. Gallisches Bau- und Planungsrecht – unter Berücksichtigung des Raumplanungs- und Umweltschutzrechts des Bundes, Bern 2003 *(Bau- und Planungsrecht)*

HEER PETER, Die raumplanungsrechtliche Erfassung von Bauten und Anlagen im Nichtbaugebiet – Unter besonderer Berücksichtigung von Nutzungsplan und Ausnahmebewilligung und ihrer Abgrenzung, Diss. Zürich, Zürich 1996 *(Nichtbaugebiet)*

HEIMANN-KRÄHEMANN BEATRICE A., Der Schutz des Waldes vor Immissionen, Diss. Bern, Bern 1995 *(Wald)*

HEPP MARCEL/STÜCKELBERGER UELI, Seilbahnrecht, in: MÜLLER G., Verkehrsrecht, S. 491 ff. *(Seilbahnrecht)*

HERZ NADJA, Behindertengleichstellungsgesetz – Auswirkungen auf das Bauen, PBG aktuell 3/2004 5 ff. *(Behindertengleichstellungsgesetz)*

HETTICH PETER, Handlungsformen, in: BIAGGINI/HÄNER/SAXER/SCHOTT, Fachhandbuch Verwaltungsrecht, S. 823 ff. *(Handlungsformen)*

HETTICH PETER/JANSEN LUC/NORER ROLAND (Hrsg.), Kommentar zum Gewässerschutzgesetz und zum Wasserbaugesetz, Zürich 2016 (Kommentar GschG/WBG)

HETTICH PETER/PENG GIAN LUCA, Erleichterte Bewilligung von Solaranlagen in der Rechtspraxis: gut gemeint, wenig effektiv und verfassungsrechtlich fragwürdig, AJP 2015 1427 ff. *(Solaranlagen)*

HIRSBRUNNER SIMON, Auswirkungen des Luftverkehrsabkommens zwischen der Schweiz und der Europäischen Gemeinschaft auf die Flughäfen, in: JAAG, Rechtsfragen, S. 81 ff. *(Auswirkungen)*

HOFER JÜRG, Instrumente zur vorbeugenden Begrenzung von Alltags- und Freizeitlärm, URP 2009 111 ff. *(Instrumente)*

HOFMANN YANN, Les objectifs et défis du droit de l'aménagement du territoire en rapport avec l'usage du sous-sol, URP 2014 507 ff. *(Sous-sol)*

HÖIN RETO, Ermittlung und Dokumentation von Alltags- und Freizeitlärm, URP 2009 89 ff. *(Ermittlung)*

HOPPE WERNER/BÖNKER CHRISTIAN/GROTEFELS SUSAN, Öffentliches Baurecht, 4. Aufl., München 2010 *(Baurecht)*

HOTTELIER MICHEL, Les droits octroyés par la Constitution fédérale et par la CEDH en matière de planification territoriale, in: BÉNÉDICT FOËX (Hrsg.), Planification territoriale – Droit fédéral et spécificités cantonales, Genf/Zürich/Basel 2013, S. 47 ff. *(Droits)*

HUBER FELIX, Die Ausnützungsziffer, Diss. Zürich, Zürich 1986 *(Ausnützungsziffer)*

HUBER-WÄLCHLI VERONIKA/KELLER PETER M., Rechtsprechung zum Gewässerschutzgesetz 2003–2012, URP 2013 201 ff. *(Rechtsprechung 2003–2012)*
- Zehn Jahre Rechtsprechung zum neuen Gewässerschutzgesetz, URP 2003 1 ff. *(Zehn Jahre Rechtsprechung)*

HUNGER REGULA, Die Sanierungspflicht im Umweltschutz- und im Gewässerschutzgesetz, Diss. Zürich, Zürich/Basel/Genf 2010 *(Sanierungspflicht)*

HÜRLIMANN-KAUP BETTINA/OSWALD DIANA, Die Fotovoltaikdienstbarkeit – ausgewählte sachenrechtliche Fragen, ZBJV 2014 679 ff. *(Fotovoltaikdienstbarkeit)*

HUSER MEINRAD, Nutzung des Untergrunds: Umfang des Grundeigentums – ein Diskussionsbeitrag, URP 2014 522 ff. *(Untergrund)*
- Die Planungspflicht nach Art. 2 Abs. 1 RPG und ihre Konsequenz für Bund, Kantone und Gemeinden, AJP 1994 943 ff. *(Planungspflicht)*

IVANOV DANIELA, Die Harmonisierung des Baupolizeirechts unter Einbezug der übrigen Baugesetzgebung – Aktuelle Rechtslage und Lösungsansätze, Diss. Freiburg, Zürich/Basel/Genf 2006 *(Harmonisierung)*

JAAG TOBIAS (Hrsg.), Rechtsfragen rund um den Flughafen – Referate einer Tagung vom 2. September 2004, Zürich/Basel/Genf 2004 *(Rechtsfragen)*
- Die schweizerischen Flughäfen: Rechtsgrundlagen, Organisation und Verfahren, in: JAAG, Rechtsfragen, S. 31 ff. *(Flughäfen)*

JAAG TOBIAS/HÄNNI JULIA, Infrastruktur der Luftfahrt, in: MÜLLER G., Verkehrsrecht, S. 339 ff. *(Infrastruktur der Luftfahrt)*

JÄGER CHRISTOPH, Solaranlagen – Eine Einordnung des neuen Artikels 18a RPG, VLP-ASPAN Raum & Umwelt 6/2014 *(Solaranlagen)*
- Beseitigungsrevers bei landwirtschaftlichen Ökonomiegebäuden, ZBl 2014 115 ff. *(Beseitigungsrevers)*
- Das schweizerische Umweltschutzgesetz – Rechtsprechung von 2006–2010, URP 2012 409 ff. *(Rechtsprechung)*
- Bauen im lärmbelasteten Gebiet – Interessenabwägung nach Artikel 31 Absatz 2 LSV, Rechtsgutachten, VLP-ASPAN Raum & Umwelt 4/2009 *(Bauen)*
- Kultusbauten im Planungs-, Bau- und Umweltschutzrecht, in: RENÉ PAHUD DE MORTANGES/JEAN-BAPTISTE ZUFFEREY (Hrsg.), Bau und Umwandlung religiöser Gebäude, Zürich/Basel/Genf 2007, S. 111 ff. *(Kultusbauten)*

JAGMETTI RICCARDO, Energierecht (Schweizerisches Bundesverwaltungsrecht, Bd. VII), Basel/Genf/München 2005 *(Energierecht)*

JAISSLE STEFAN M., Der dynamische Waldbegriff und die Raumplanung – Eine Darstellung der Waldgesetzgebung unter raumplanerischen Aspekten, Diss. Zürich, Zürich 1994 *(Waldbegriff)*

JANSEN LUC, Renaturation et adaptation du droit cantonal aux nouvelles dispositions de la législation fédérale sur la protection des eaux, URP 2012 126 ff. *(Renaturation)*

JENNI HANS-PETER, Vor lauter Bäumen den Wald doch noch sehen – Ein Wegweiser durch die neue Waldgesetzgebung, Schriftenreihe Umwelt Nr. 210, 1993 *(Waldgesetzgebung)*

JOLLER CHRISTOPH, Denkmalpflegerische Massnahmen nach schweizerischem Recht, Diss. Freiburg, Entlebuch 1987 *(Denkmalpflegerische Massnahmen)*

JOOS MARKUS, Kommentar RPG, Raumplanungsgesetz – Mit weiteren raumrelevanten Erlassen, Zürich 2002 *(Kommentar zum RPG)*

JOST FELIX, Grösse und Lage von Bauzonen – nach Art. 15 RPG und dem weiteren raumrelevanten Recht, Diss. Zürich, Zürich 2000 *(Bauzonen)*

JUD BARBARA, Der Sachplan des Bundes – ein unterschätztes Instrument, VLP-ASPAN Raum & Umwelt 2/2014 *(Sachplan)*
– Bundesinventare nach Art. 5 NHG, VLP-ASPAN Raum & Umwelt 1/2011 *(Bundesinventare)*

JUNGO FABIA, Le principe de précaution en droit de l'environnement suisse – avec des perspectives de droit international et de droit européen, Diss. Lausanne, Genf/Zürich/Basel 2012 *(Principe de précaution)*

JUNGO PIERRE-ANDRÉ, Die Umweltverträglichkeitsprüfung als neues Institut des Verwaltungsrechts, Diss. Freiburg, Freiburg 1987 *(Umweltverträglichkeitsprüfung)*

KÄLIN WALTER/KÜNZLI JÖRG/WYTTENBACH JUDITH/SCHNEIDER ANNINA/AKAGÜNDÜZ SABIHA, Mögliche Konsequenzen einer Ratifizierung der UN-Konvention über die Rechte von Menschen mit Behinderungen durch die Schweiz, Rechtsgutachten zuhanden des Generalsekretariats GS-EDI/Eidgenössisches Büro für die Gleichstellung von Menschen mit Behinderungen EBGB, Bern 2008 *(UN-Konvention)*

KAPPELER RUDOLF, Kritische Bemerkungen zur Besitzstandsgarantie, AJP 2014 782 ff. *(Besitzstandsgarantie)*
– Die baurechtliche Regelung bestehender Gebäude, Das postfinite Baurecht, Zürich 2001 *(Regelung)*

KARLEN PETER, Die Ausnahmebewilligung nach Art. 24–24d RPG – System der neuen Regelung, ZBl 2001 291 ff. *(Ausnahmebewilligung)*
– Raumplanung und Umweltschutz – Zur Harmonisierung zweier komplexer Staatsaufgaben, ZBl 1998 145 ff. *(Harmonisierung)*

KEEL ALOIS, Das Entsorgungskonzept, PBG aktuell 2/1999 31 ff. *(Entsorgungskonzept)*

KEEL ALOIS/ZIMMERMANN WILLI, Bundesgerichtliche Rechtsprechung zur Waldgesetzgebung 2000–2008, URP 2009 237 ff. *(Rechtsprechung)*

KEHRLI JEANNETTE, Begriff der Landwirtschaft im Raumplanungsrecht des Bundes, Diss. Zürich, Basel/Genf 2015 *(Landwirtschaft)*

KELLER HELEN/HAUSER MATTHIAS, Ideell oder wirtschaftlich – die Gretchenfrage im Verbandsbeschwerderecht, URP 2009 835 ff. *(Gretchenfrage)*

– Volksinitiative «Rettet den Schweizer Wald» – Mögliche Schwerpunktverlagerungen auf Verfassungsebene und rechtliche Weichenstellungen für die Gesetzgebung, Rechtsgutachten im Auftrag des BAFU, April 2007 (www.bafu.admin.ch > Themen A–Z > Recht > Rechtsgutachten > Wald und Holz: Rechtsgutachten) *(Volksinitiative)*

KELLER HELEN/THURNHERR DANIELA, Verbandsbeschwerde im Kreuzfeuer der Kritik. Analyse aktueller Reformvorschläge unter Berücksichtigung der Auswirkungen auf den ländlichen Raum, in: JÖRG SCHMID/HANSJÖRG SEILER (Hrsg.), Recht des ländlichen Raums – Festgabe der Rechtswissenschaftlichen Fakultät der Universität Luzern für Paul Richli zum 60. Geburtstag, Zürich/Basel/Genf 2006, S. 283 ff. *(Verbandsbeschwerde)*

KELLER PETER M., Das heutige Naturschutzrecht – Systematik und gesetzgeberischer Handlungsbedarf, URP 2016 155 ff. *(Naturschutzrecht)*
– Umwelt- und Energierecht, in: MÜLLER/FELLER, Bernisches Verwaltungsrecht, S. 593 ff. *(Umwelt- und Energierecht)*
– UVP-Pflicht bei Änderung bestehender UVP-pflichtiger Anlagen – Rechtsgutachten, hrsg. vom BAFU und vom AUE, Umwelt-Wissen 37/07, Bern 2007 (www.bafu.admin.ch > Themen A–Z > Publikationen > Umweltverträglichkeitsprüfung) *(Änderung)*
– Sanierung in Grundwasserschutzzonen, URP 2003 534 ff. *(Grundwasserschutzzonen)*
– Nutzungskonflikte in Auengebieten, URP 1998 119 ff. *(Auengebiete)*
– Natur- und Landschaftsschutzgebiete – Museen oder Selbstbedienungsläden?, URP 1996 691 ff. *(Natur- und Landschaftsschutzgebiete)*
– Rechtliche Aspekte der neuen Waldgesetzgebung, AJP 1993, 144 ff. *(Waldgesetzgebung)*

KELLER PETER M./ZUFFEREY JEAN-BAPTISTE/FAHRLÄNDER KARL LUDWIG (Hrsg.), Kommentar NHG – Kommentar zum Bundesgesetz über den Natur- und Heimatschutz, Zürich 1997 *(Kommentar NHG)*

KERN MARKUS, Zwischen Alpenschutz und freiem Verkehr: Rechtliche Erwägungen zur zweiten Strassentunnelröhre am Gotthard, AJP 2012 1285 ff. *(Alpenschutz)*

KERN MARKUS/KÖNIG PETER, Verkehr: Öffentlicher Verkehr, in: BIAGGINI/HÄNER/SAXER/SCHOTT, Fachhandbuch Verwaltungsrecht, S. 389 ff. *(Öffentlicher Verkehr)*

KESSLER COENDET FRANZ, Formelle Enteignung, in: BIAGGINI/HÄNER/SAXER/SCHOTT, Fachhandbuch Verwaltungsrecht, S. 1065 ff. *(Formelle Enteignung)*

KETTIGER DANIEL, Veröffentlichung von Daten bezüglich Mobilfunkantennenstandorte: Neue Rechtslage infolge des neuen Geoinformationsrechts und bereits wieder Änderungsbedarf?, URP 2008 833 ff. *(Mobilfunkantennenstandorte)*
– Das neue Geoinformationsrecht im Lichte des Umweltrechts und im Dienste der Nachhaltigen Entwicklung, URP 2008 759 ff. *(Geoinformationsrecht)*

KEUSEN ULRICH, Verkehr: Strassenrecht, in: BIAGGINI/HÄNER/SAXER/SCHOTT, Fachhandbuch Verwaltungsrecht, S. 443 ff. *(Strassenrecht)*

KIENER REGINA, Richterliche Unabhängigkeit – Verfassungsrechtliche Anforderungen an Richter und Gerichte, Habil. Bern, Bern 2001 *(Unabhängigkeit)*

KIENER REGINA/KÄLIN WALTER, Grundrechte, 2. Aufl., Bern 2013 *(Grundrechte)*

KIENER REGINA/KUHN MATHIAS, Die bau- und planungsrechtliche Behandlung von Kultusbauten im Lichte der Glaubens- und Gewissensfreiheit, ZBl 2003 617 ff. *(Kultusbauten)*

KIENER REGINA/RÜTSCHE BERNHARD/KUHN MATHIAS, Öffentliches Verfahrensrecht, 2. Aufl., Zürich/St. Gallen 2015 *(Öffentliches Verfahrensrecht)*

KISSLING SAMUEL, Verbandsbeschwerde – Dürfen Verbände gegen Nutzungspläne klagen? Inforaum 2/2014 12 ff. *(Verbandsbeschwerde)*
– Stichworte zum Bauen ausserhalb der Bauzonen – Fassung 2013, VLP-ASPAN Raum & Umwelt 6/2013 *(Stichworte)*

KISTLER ERNST/MÜLLER RENÉ, Baugesetz des Kantons Aargau. Gesetz über Raumplanung, Umweltschutz und Bauwesen – Textausgabe mit Kommentar, 2. Aufl., Lenzburg 2002; Ergänzungsband 2012 *(BauG AG/BauG AG, Ergänzungsband)*

KLABER FABIAN, Öffentlichrechtliche Vorgaben für Windenergieanlagen, Diss. Basel, Basel 2014 *(Windenergieanlagen)*

KLEB PETER, Kosten und Entschädigungen im zürcherischen Quartierplanverfahren, Diss. Zürich, Zürich/Basel/Genf 2004 *(Quartierplanverfahren)*

KLEY-STRULLER ANDREAS, Anforderungen des Bundesrechts an die Verwaltungsrechtspflege der Kantone bei der Anwendung von Bundesverwaltungsrecht, AJP 1995 148 ff. *(Anforderungen)*

KOLL-SCHRETZENMAYR MARTINA, Gelungen – misslungen? Die Geschichte der Raumplanung Schweiz, Zürich 2008 *(Gelungen – misslungen)*

KÖLZ ALFRED/HÄNER ISABELLE/BERTSCHI MARTIN, Verwaltungsverfahren und Verwaltungsrechtspflege des Bundes, 3. Aufl., Zürich/Basel/Genf 2013 *(Verwaltungsverfahren)*

Kommentar aBV: siehe AUBERT/EICHENBERGER/MÜLLER/RHINOW/SCHINDLER

Kommentar BauG AG: siehe BAUMANN/VAN DEN BERGH/GOSSWEILER/HÄUPTLI/HÄUPTLI-SCHWALLER/SOMMERHALTER

Kommentar NHG: siehe KELLER/ZUFFEREY/FAHRLÄNDER

Kommentar RPG: siehe AEMISEGGER/KUTTLER/MOOR/RUCH/TSCHANNEN

Kommentar USG: siehe VUR/KELLER

Kommentar VRG: siehe GRIFFEL

Kommentar VwVG: siehe AUER/MÜLLER/SCHINDLER

KÖNIG PETER, Die UVP-Pflicht von Bauten und Anlagen nach Artikel 18a des Eisenbahngesetzes, URP 1994 39 ff. *(UVP-Pflicht)*

KREUTZ MARCUS/LACHWITZ KLAUS/TRENK-HINTERBERGER PETER, Die UN-Behindertenrechtskonvention in der Praxis – Erläuterungen der Regelung und Anwendungsgebiete, Köln 2013 *(UN-Behindertenrechtskonvention)*

KUTTLER ALFRED, Bundessachplanung und kantonale Richtplanung, Rechtsgutachten zum Verhältnis dieser Planungsinstrumente, erörtert am Beispiel des Sachplans Alptransit und des Richtplans Uri, hrsg. vom EJPD/BRP, Bern 1998 *(Bundessachplanung)*
- Erschliessungsrecht und Erschliessungshilfe im Dienste der Raumplanung, ZBl 1974 69 ff. *(Erschliessungsrecht)*

LAGGER SIEGFRIED, Überblick über das neue Gewässerschutzrecht, URP 1999 470 ff. *(Gewässerschutzrecht)*

LARGEY THIERRY, L'assainissement des cours d'eau dans l'application de l'art. 80 LEaux – Les enseignements de l'arrêt Misoxer Kraftwerke, URP 2013 92 ff. *(Assainissement)*
- La protection du patrimoine bâti, RDAF 2012 I 281 ff. *(Protection)*

LEHMANN LORENZ, Risiko Altlasten: was abzuklären ist und was in die Verträge gehört – Schnittstellen zwischen öffentlichem Altlastenrecht und privatrechtlichen Verträgen, BRT 2009 103 ff. *(Risiko Altlasten)*
- Folgen der Revision des Altlastenrechts für Bauherren, Behörden und Berater, URP 2007 647 ff. *(Folgen)*
- Klarheit durch neues Altlastenrecht? – Zur Revision von Art. 32c–e USG, PBG aktuell 4/2006 5 ff. *(Klarheit)*

LEIMBACHER JÖRG, Zur Bedeutung des Bundesgerichtsentscheides Rüti (BGE 135 II 209) für das ISOS und das IVS, Rechtsgutachten zuhanden des UVEK/EDI/ASTRA/BAK, Bern 2011 *(BGE Rüti)*
- Bundesinventare, Die Bedeutung der Natur- und Landschaftsschutzinventare des Bundes und ihre Umsetzung in der Raumplanung, VLP-Schriftenfolge Nr. 71, 3. Aufl., Bern 2000 *(Bundesinventare)*

LENDI MARTIN, Grundriss einer Theorie der Raumplanung – Einleitung in die raumplanerische Problematik, 3. Aufl., Zürich 1996 *(Grundriss)*
- Städtebauliche Gestaltungsvorgaben aus rechtlicher Sicht, disP 4/1990 14 ff. *(Gestaltungsvorgaben)*
- Die Funktion der Erschliessung in der Raumplanung und ihre rechtliche Bedeutung, in: JEAN-FRANÇOIS AUBERT/PHILIPPE BOIS (Hrsg.), Mélanges André Grisel, Neuenburg 1983, S. 539 ff. *(Funktion)*

LENDI MARTIN/ELSASSER HANS, Raumplanung in der Schweiz – Eine Einführung, 3. Auflage, Zürich 1991 *(Raumplanung)*

LEUPOLD MICHAEL/RÜETSCHI DAVID/STAUBER DEMIAN/VETTER MEINRAD (Hrsg.), Der Weg zum Recht – Festschrift für Alfred Bühler, Zürich/Basel/Genf 2008 *(FS Bühler)*

LINDENMANN CHRISTIAN, Beiträge und Gebühren für die Erschliessung nach zürcherischem Planungs- und Baurecht, Diss. Zürich, Zürich 1989 *(Erschliessung)*

LINIGER HANS U., Altlasten und kein Ende? – Die Revision des Umweltschutzgesetzes und deren Bedeutung für die Praxis, GesKR 2007 273 ff. *(Altlasten und kein Ende)*
- Baustellenprobleme – Beispiele aus der Praxis, URP 2002 273 ff. *(Baustellenprobleme)*
- Unternehmensübernahmen aus umweltrechtlicher Sicht, in: RUDOLF TSCHÄNI (Hrsg.), Mergers & Acquisitions II, Zürich 2000, S. 95 ff. *(Unternehmensübernahmen)*
- Bauen im reglementierten Baugrund – Das Problem der Altlasten, BRT 1999 I 49 ff. *(Bauen)*

LINIGER HANS U./CONRAD CURDIN, Altlastenrechtliche Störerhaftung und Rechtsnachfolge bei Unternehmenstransaktionen – Quid iuris?, in: MATTHIAS OERTLE/MATTHIAS WOLF/STEFAN BREITENSTEIN/HANS-JAKOB DIEM (Hrsg.), M & A – Recht und Wirtschaft in der Praxis. Liber amicorum für Rudolf Tschäni, Zürich/St. Gallen 2010, S. 229 ff. *(Rechtsnachfolge)*

LINIGER HANS U./WERDER MICHAEL/SPINNLER SABINA, Altlastensanierung im Konkurs, SJZ 2003 81 ff. *(Konkurs)*

LORETAN THEODOR H., Fahrten- und Fahrleistungsmodell, URP 2005 494 ff. *(Fahrten- und Fahrleistungsmodell)*
- Bau- und Nutzungsbeschränkungen aufgrund von umweltrechtlichen Vorschriften im Bereich Luftreinhaltung, URP 1998 406 ff. *(Bau- und Nutzungsbeschränkungen)*
- Rechtsfragen beim Erstellen von Berichten über die Umweltverträglichkeit: Zu einigen Problemen des Berichtverfassers bzw. des Bauherrn, URP 1989 133 ff. *(Rechtsfragen)*
- Die Umweltverträglichkeitsprüfung – Ihre Ausgestaltung im Bundesgesetz über den Umweltschutz, mit Hinweisen auf das amerikanische und deutsche Recht, Diss. Zürich 1985, Zürich 1986 *(Umweltverträglichkeitsprüfung)*

LUDWIG PETER, Die Baulanderschliessung nach bernischem Recht, BVR 1982 411 ff. *(Baulanderschliessung)*

LUDWIG PETER/STALDER BEAT, Öffentliches Baurecht, in: MÜLLER/FELLER, Bernisches Verwaltungsrecht, S. 473 ff. *(Öffentliches Baurecht)*

LUSTENBERGER ERIK, Koordination von Störfallvorsorge und Raumplanung, Sicherheit & Recht 2015 39 ff. *(Koordination)*
- Die Verzichtsvereinbarung im öffentlichen Bauverfahren, Diss. Freiburg, Zürich/Basel/Genf 2008 *(Verzichtsvereinbarung)*

LÜTHI ROLF, Zur Bedeutung der Verfahrensleitung für die Beschleunigung von Bewilligungsverfahren – Erfahrungen aus der Praxis, ZBl 2013 374 ff. *(Verfahrensleitung)*

MÄDER CHRISTIAN, Das Baubewilligungsverfahren – Eine Darstellung unter besonderer Berücksichtigung des zürcherischen Rechts und der neueren zürcherischen Rechtsprechung, Diss. Zürich, Zürich 1991 *(Baubewilligungsverfahren)*

MAHAIM RAPHAËL, Le principe de durabilité et l'aménagement du territoire – Le mitage du territoire à l'épreuve du droit: utilisation mesurée du sol, urbanisation et dimensionnement des zones à bâtir, Diss. Freiburg, Genf/Zürich/Basel 2014 *(Durabilité)*
- Dimensionnement des zones à bâtir: changement de paradigme sous les auspices de la durabilité, BR 2014 223 ff. *(Zones à bâtir)*
- Steuerung der Siedlungsentwicklung im kantonalen Richtplan – Stand der Dinge und Perspektiven im Lichte des revidierten RPG, VLP-ASPAN Raum & Umwelt 1/2014 *(Richtplan)*

MAHON PASCAL/NGUYEN MINH SON (Hrsg.), L'activité et l'espace – Droit du sport et aménagement du territoire. Mélanges en l'honneur de Piermarco Zen-Ruffinen, Basel/Neuenburg 2011 *(Mélanges Zen-Ruffinen)*

MAJETSCHAK STEFAN, Ästhetik zur Einführung, 3. Aufl., Hamburg 2012 *(Ästhetik)*

MARANTELLI-SONANINI VERA, Erschliessung von Bauland – Vorgaben des eidgenössischen Raumplanungsgesetzes betreffend die Pflichten des Gemeinwesens und die Möglichkeiten Privater, Diss. Bern, Bern 1997 *(Erschliessung)*

MARTI ARNOLD, Vom Koordinationsrichtplan zum Vornutzungsplan mit Aufträgen an die nachfolgenden Planträger, in: ZUFFEREY/WALDMANN, Revision RPG 2014, S. 23 ff. *(Vornutzungsplan)*
- Urteilsbesprechung – Verwaltungsgericht des Kantons Zürich, 17. Dezember 2013, VB.2013.00468, ZBl 2014 448 ff. *(Urteilsbesprechung VGer ZH VB.2013.00468)*
- Urteilsbesprechung – Bundesgericht, I. öffentlich-rechtliche Abteilung, 28. August 2013, 1C_311/2012, ZBl 2014 207 ff. *(Urteilsbesprechung BGer 1C_311/2012)*
- Urteilsbesprechung – Bundesgericht, I. öffentlich-rechtliche Abteilung, 28. März 2013, 1C_434/2012, ZBl 2014 441 ff. *(Urteilsbesprechung BGer 1C_434/2012)*
- Urteilsbesprechung – Bundesgericht, I. öffentlich-rechtliche Abteilung, Urteil vom 22. Mai 2013 (1C_649/2012, 1C_650/2012); BGE 139 II 271, URP 2013 553 ff. *(Urteilsbesprechung BGer 1C_649/2012, 1C_650/2012)*
- Die Bauaussteckung – bewährte Rechtsschutzeigenheit des Schweizer Bau- und Planungsrechts, in: RÜSSLI/HÄNNI/HÄGGI FURRER, FS Jaag, S. 219 ff. *(Bauaussteckung)*
- Bundesinventargebiete und neue Naturpärke: Gemeinsamkeiten, Unterschiede, Bewertung, in: BISANG/HIRSCHI/INGOLD, FS Zimmermann, S. 31 ff. *(Bundesinventargebiete und Pärke)*

– Raumplanerische Schutzzonen als unentbehrliches bundesrechtliches Schutzinstrument für den Natur- und Heimatschutz, URP 2010 81 ff. *(Schutzzonen)*
– Bau- und Planungsrecht in der Schweiz: Vereinheitlichung, Harmonisierung oder Status quo?, ZSR 2008 II 119 ff. *(Bau- und Planungsrecht)*
– Das Schutzkonzept des Natur- und Heimatschutzgesetzes auf dem Prüfstand, SJZ 2008 81 ff. *(Schutzkonzept)*
– Urteilsbesprechung – Bundesgericht, I. öffentlich-rechtliche Abteilung, 21. Juni 2005, 1P.678/2004, ZBl 2006 430 ff. *(Urteilsbesprechung BGer 1P.678/2004)*
– Bundesinventare – eigenständige Schutz- und Planungsinstrumente des Natur- und Heimatschutzrechts, URP 2005 619 ff. *(Bundesinventare)*
– Planungspflicht für grössere Vorhaben ausserhalb der Bauzonen – wegleitende Rechtsprechung des Bundesgerichts, ZBl 2005 353 ff. *(Planungspflicht)*
– Zum Inkrafttreten des Bundeskoordinationsgesetzes und weiteren Neuerungen im Bereich des Umwelt-, Bau- und Planungsrechts, URP 2000 291 ff. *(Bundeskoordinationsgesetz)*

MARTI URSULA, Das Vorsorgeprinzip im Umweltrecht – Am Beispiel der internationalen, europäischen und schweizerischen Rechtsordnung, Diss. Genf, Zürich/Basel/Genf 2011 *(Vorsorgeprinzip)*

MARTIN DIETER J./KRAUTZBERGER MICHAEL (Hrsg.), Handbuch Denkmalschutz und Denkmalpflege, 3. Aufl., München 2010 *(Handbuch)*

MAURER HANS, Revitalisierung der Gewässer, URP 2008 441 ff. *(Revitalisierung)*
– Lufthygienerechtliche Mindestabstände von Tierhaltungsanlagen – Stellungnahme zu ausgewählten Rechtsfragen, URP 2003 297 ff. *(Mindestabstände)*
– Naturschutz in der Landwirtschaft als Gegenstand des Bundesrechts – Unter besonderer Berücksichtigung der Meliorationen, Diss. Zürich, Zürich 1995 *(Naturschutz)*

MEIER REGINA, Das ideelle Verbandsbeschwerderecht – Eine Darstellung der Regelungen auf Bundesebene, Diss. Zürich, Zürich/Basel/Genf 2015 *(Ideelles Verbandsbeschwerderecht)*

MEISSER GEORG, Ästhetikparagraph 238 PBG – Im Zweifel für die Bauherrschaft!, PBG aktuell 1/2015 5 ff. *(Ästhetikparagraph)*

MERKER MICHAEL, Wasserkraft und Wasserkraftnutzung, in: BIAGGINI/HÄNER/SAXER/SCHOTT, Fachhandbuch Verwaltungsrecht, S. 461 ff. *(Wasserkraft)*

METTLER CHRISTOPH, Die Industrielle Deponie Bonfol – Musterlösung oder Sünde der Vergangenheit?, AJP 2015 770 ff. *(Bonfol)*
– Technisch und betrieblich möglich und wirtschaftlich tragbar – Ökologie versus Ökonomie? Die Anforderungen an den Stand der Technik im Gewässerschutz am Beispiel der Industrieabwasserentsorgung, Sicherheit & Recht 2010 37 ff. *(Industrieabwasserentsorgung)*

METTLER CHRISTOPH/WEIDER ELFI/WIEGERS SIMONE, Rechtliche Aspekte beim Kauf asbestkontaminierter Gebäude, Sicherheit & Recht 2014 134 ff. *(Kauf)*

MEYER CHRISTOPH/HAFNER FELIX, Anforderungen an umweltrechtliche Massnahmen zur Emissionsbegrenzung bei verkehrsintensiven Einrichtungen, AJP 2013 1495 ff. *(Emissionsbegrenzung)*

MOOR PIERRE, Principes du droit de la gestion territoriale, in: CARONI/HESELHAUS/MATHIS/NORER, FS Richli, S. 299 ff. *(Principes)*
- Droit administratif, Bd. III: L'organisation des activités administratives. Les biens de l'Etat, Bern 1992 *(Droit administratif III)*

MOOR PIERRE/FAVRE ANNE-CHRISTINE/FLÜCKIGER ALEXANDRE (Hrsg.), Loi sur la protection de l'environnement (LPE) – Commentaire Stämpfli, 1. Lieferung, Bern 2010, 2. Lieferung, Bern 2012 *(Commentaire LPE)*

MOOR PIERRE/FLÜCKIGER ALEXANDRE/MARTENET VINCENT, Droit administratif, Bd. I: Les fondements, 3. Aufl., Bern 2012 *(Droit administratif I)*

MOOR PIERRE/POLTIER ETIENNE, Droit administratif, Bd. II: Les actes administratifs et leur contrôle, 3. Aufl., Bern 2011 *(Droit administratif II)*

MÖSCHING FABIAN, Massnahmen zur Beschränkung von Zweitwohnungen, Diss. Bern, Bern 2014 *(Zweitwohnungen)*

MOSER ANDRÉ/BEUSCH MICHAEL/KNEUBÜHLER LORENZ, Prozessieren vor dem Bundesverwaltungsgericht, 2. Aufl., Basel 2013 *(Bundesverwaltungsgericht)*

MUGGLI RUDOLF, Alltags- und Freizeitlärm: Umweltrecht, Nachbarrecht oder kantonales Polizeirecht?, URP 2009 54 ff. *(Alltags- und Freizeitlärm)*
- Nicht-Siedlungsgebiet, in: RUCH/GRIFFEL, Raumplanungsrecht in der Krise, S. 101 ff. *(Nicht-Siedlungsgebiet)*
- Koordination zwischen Umweltschutz und Raumplanung: Vorschläge zur rechtlichen Umsetzung, Rechtsgutachten vom 20. Dezember 2007 (www.bafu.admin.ch > Themen A–Z > Recht > Rechtsgutachten > UVP und Raumplanung) *(Umweltschutz und Raumplanung: Rechtsgutachten)*
- Rechtliche Möglichkeiten der Koordination des Störfallvorsorgerechts mit dem Raumplanungsrecht, Rechtsgutachten vom 12. April 2007 (www.bafu.admin.ch > Themen A–Z > Recht > Rechtsgutachten > Störfallvorsorge: Rechtsgutachten) *(Störfallvorsorgerecht)*
- Der Umweltteil des Planungsberichts nach Art. 47 der Raumplanungsverordnung – Wege zur besseren Integration des Umweltrechts in raumplanerische Abwägungsprozesse, Rechtsgutachten, hrsg. vom BUWAL und vom ARE, Umwelt-Materialien Nr. 179, Bern 2005 (www.bafu.admin.ch > Themen A–Z > Publikationen > Recht) *(Umweltteil)*
- Umweltprüfung vor der Projektierung, URP 2004 445 ff. *(Umweltprüfung)*
- Kurzkommentar zum Entwurf für eine Änderung des Raumplanungsgesetzes vom 20. März 1998, VLP-ASPAN Raum & Umwelt 1998 56 ff. *(Kurzkommentar)*

MUGGLI RUDOLF/PFLÜGER MICHAEL, Bestehende Wohnbauten ausserhalb der Bauzone, VLP-ASPAN Raum & Umwelt 1/2013 *(Revision Art. 24c)*

MUGGLI RUDOLF/VON REDING DIETER/HÖSLI BRUNO, Freizeit- und Einkaufsverkehr: Bessere Koordination zwischen Raumplanung und Luftreinhaltung, VLP-ASPAN Raum & Umwelt 2000 68 ff. *(Koordination)*

MÜHLBERGER DE PREUX CORNÉLIA, Hochwasserschutz: Metamorphose mit doppelter Wirkung, Umwelt 3/2001 20 ff. *(Hochwasserschutz)*

MÜLLER GEORG (Hrsg.), Verkehrsrecht (Schweizerisches Bundesverwaltungsrecht, Bd. IV), Basel 2008 *(Verkehrsrecht)*

MÜLLER JÖRG PAUL/SCHEFER MARKUS, Grundrechte in der Schweiz – Im Rahmen der Bundesverfassung, der EMRK und der UNO-Pakte, 4. Aufl., Bern 2008 *(Grundrechte)*

MÜLLER MARKUS/FELLER RETO (Hrsg.), Bernisches Verwaltungsrecht, 2. Aufl., Bern 2013 *(Bernisches Verwaltungsrecht)*

MÜLLER PETER, Der raumplanerische Dualismus zwischen Siedlungs- und Nichtsiedlungsgebiet, eine Endstation?, ZBl 2013 525 f. *(Dualismus)*

MÜNCH PETER/KARLEN PETER/GEISER THOMAS (Hrsg.), Beraten und Prozessieren in Bausachen, Basel/Genf/München 1998 *(Beraten und Prozessieren)*

NAY GIUSEP, Die bundesgerichtliche Rechtsprechung zur neuen Waldgesetzgebung, SZF 2002 362 ff. *(Rechtsprechung)*

NEERACHER JÜRG, Brandschutz im Kanton Zürich – Entwicklung hin zu mehr (Eigen-)Verantwortung, PBG aktuell 2/2010 5 ff. *(Brandschutz im Kanton Zürich)*

NICOLE YVES, L'étude d'impact dans le système fédéraliste suisse – Étude de droit fédéral et de droit vaudois, Diss. Lausanne 1991, Lausanne 1992 *(Étude d'impact)*

NIGGLI MARCEL ALEXANDER/UEBERSAX PETER/WIPRÄCHTIGER HANS (Hrsg.), Basler Kommentar Bundesgerichtsgesetz, 2. Aufl., Basel 2011 *(Basler Kommentar BGG)*

NUSSBAUMER MARKUS, «Der Monster-Paragraph», LeGes 2015 436 ff. *(Monster-Paragraph)*

NUSSBERGER-GOSSNER NICOLE, Ökologische Ausgleichsflächen in der Landwirtschaftszone, Diss. Zürich, Zürich/Basel/Genf 2005 *(Ausgleichsflächen)*

NÜSSLE TAMARA, Demokratie in der Nutzungsplanung und Grenzen für informale Absprachen, Diss. Freiburg, Zürich/Basel/Genf 2005 *(Demokratie)*

OLIVER GISELA, Mustergesetz der Nordostschweizer Kantone über die Nutzung des Untergrundes, URP 2014 473 ff. *(Mustergesetz)*

PAHUD DE MORTANGES RENÉ/SÜESS RAIMUND, Nein zu Solarpanels auf den Dächern von Walliser Kirchen – eine juristische Einschätzung, BR 2013 97 ff. *(Solarpanels)*

PAHUD DE MORTANGES RENÉ/ZUFFEREY JEAN-BAPTISTE (Hrsg.), Bau und Umwandlung religiöser Gebäude/Le patrimoine religieux face à l'immobilier et la construction, Zürich 2007 *(Religiöse Gebäude)*

PETERS ANNE/ALTWICKER TILMANN, Europäische Menschenrechtskonvention – Mit rechtsvergleichenden Bezügen zum deutschen Grundgesetz, 2. Aufl., München 2012 *(Europäische Menschenrechtskonvention)*

Petit commentaire: siehe AUBERT/MAHON

PETITPIERRE-SAUVAIN ANNE, Environmental Law in Switzerland, 2. Aufl., Bern 2012 *(Environmental Law)*
- Fondements écologiques de l'ordre constitutionnel suisse, in: DANIEL THÜRER/JEAN-FRANÇOIS AUBERT/JÖRG PAUL MÜLLER (Hrsg.), Verfassungsrecht der Schweiz, Zürich 2001, § 36 *(Fondements écologiques)*

PFANNKUCHEN-HEEB SILVIA, Ermessensspielraum und Willkürgrenze bei Gestaltungsfragen, PBG aktuell 3/2010 5 ff. *(Ermessensspielraum)*

PFEIFFER LAURENT, La qualité pour recourir en droit de l'aménagement du territoire et de l'environnement – Etude de droit fédéral et vaudois, Diss. Lausanne, Genf/Zürich/Basel 2013 *(Qualité pour recourir)*

PFISTERER MARTIN, Die Anwendung neuer Bauvorschriften auf bestehende Bauten und Anlagen, Insbesondere die Besitzstandsgarantie, Diss. Bern, Diessenhofen 1979 *(Besitzstandsgarantie)*

PFISTERER THOMAS, Einordnung und Gehalt des kantonalen Richtplans nach Bundesrecht, in: AARGAUISCHER JURISTENVEREIN (Hrsg.), Festschrift für den Aargauischen Juristenverein 1936–1986 – Beiträge zum Zivilprozess-, Anwalts- und Justizverwaltungsrecht sowie zum Raumplanungsrecht, Aarau 1986, S. 257 ff. *(Richtplan)*

PFLÜGER MICHAEL, Die Legitimation des Gemeinwesens zur Beschwerde in öffentlich-rechtlichen Angelegenheiten, Diss. Bern 2012, Zürich/St. Gallen 2013 *(Legitimation)*

PINELLI DAVIDE, Rechtliche Rahmenbedingungen erneuerbarer Energien im Lichte der Nachhaltigen Entwicklung – Eine Untersuchung unter besonderer Berücksichtigung der kostendeckenden Einspeisevergütung für Strom aus erneuerbaren Energien gemäss Art. 7a Energiegesetz (EnG) vom 26. Juni 1998, Diss. Luzern, Zürich/Basel/Genf 2014 *(Erneuerbare Energien)*

PLÜSS KASPAR, Öffentliche Interessen im Zusammenhang mit dem Betrieb von Flughäfen – Mit besonderer Berücksichtigung von luftverkehrsbedingten Eingriffen in das Eigentum im Bereich des Flughafens Zürich, Diss. Zürich, Zürich/Basel/Genf 2007 *(Öffentliche Interessen)*

POLTIER ÉTIENNE, La qualité pour recourir des organisations à but idéal, in: TAPPY/KAHIL-WOLFF/BRUCHEZ, 300 ans, S. 275 ff. *(Qualité pour recourir)*

Praxiskommentar BGG: siehe SPÜHLER/AEMISEGGER/DOLGE/VOCK

Praxiskommentar Rechtsschutz RPG: siehe AEMISEGGER/HAAG

Praxiskommentar VwVG: siehe WALDMANN/WEISSENBERGER

RASTER JOSUA, PBG-Revision: Verfahren und Rechtsschutz mit Blick auf das neue Genehmigungsverfahren für kommunale Richt- und Nutzungspläne, PBG aktuell 2/2014 18 ff. *(PBG-Revision)*

RAUSCH HERIBERT, Panorama des Umweltrechts – Kompendium der Umweltschutzvorschriften des Bundes (Gesetze, Verordnungen, Staatsverträge), hrsg. vom BUWAL, Schriftenreihe Umwelt Nr. 226, 4. Aufl., Bern 2005 (www.bafu.admin.ch > Themen A–Z > Publikationen > Recht) *(Panorama)*
- Einführung in das Recht der UVP, URP 2004 365 ff. *(Einführung)*
- Umwelt und Raumplanung, in: DANIEL THÜRER/JEAN-FRANÇOIS AUBERT/JÖRG PAUL MÜLLER (Hrsg.), Verfassungsrecht der Schweiz, Zürich 2001, § 58 *(Umwelt und Raumplanung)*
- Die Umweltschutzgesetzgebung – Aufgabe, geltendes Recht und Konzepte, Zürich 1977; unveränderter Nachdruck in: HERIBERT RAUSCH, Studien zum Umweltrecht, Zürich 1992 *(Umweltschutzgesetzgebung)*

RAUSCH HERIBERT/MARTI ARNOLD/GRIFFEL ALAIN, Umweltrecht – Ein Lehrbuch, hrsg. von Walter Haller, Zürich/Basel/Genf 2004 *(Umweltrecht)*

RECHSTEINER STEFAN/WALDNER MICHAEL, Netzgebietszuteilung und Konzessionsverträge für die Elektrizitätsversorgung, Aktuelle Fragen und kommende gesetzliche Vorgaben, AJP 2007 1288 ff. *(Netzgebietszuteilung)*

VON REDING DIETER, Sanierungen – verfahrensrechtliche Stolpersteine, URP 2001 572 ff. *(Sanierungen)*

REMUND PETER, Ist die Norm SIA 358 ein Gesetz? – Die rechtliche Einordnung der Norm SIA 358, in: SIA, Norm SIA 358, S. 39 ff. *(Norm SIA 358)*

REY ALEXANDER, Aktuelle Rechts- und Vollzugsfragen bei der Altlastenbearbeitung, URP 2011 573 ff. *(Altlastenbearbeitung)*
- Die Kostenverteilung bei der Anwendung von Art. 3 AltlV, BR 2010 202 ff. *(Kostenverteilung)*

RHINOW RENÉ/KOLLER HEINRICH/KISS CHRISTINA/THURNHERR DANIELA/BRÜHL-MOSER DENISE, Öffentliches Prozessrecht – Grundlagen und Bundesrechtspflege, 3. Aufl., Basel 2014 (Öffentliches Prozessrecht)

RHINOW RENÉ/SCHEFER MARKUS, Schweizerisches Verfassungsrecht, 2. Aufl., Basel 2009 *(Verfassungsrecht)*

RIVA ENRICO, Wasserkraftanlagen: Anforderungen an die Vollständigkeit und Präzision des Konzessionsentscheids, URP 2014 1 ff. *(Wasserkraftanlagen)*
- Wohlerworbene Rechte – Eigentum – Vertrauen, Dogmatische Grundlagen und Anwendung auf die Restwassersanierungen nach Art. 80 des eidgenössischen Gewässerschutzgesetzes, Bern 2007 *(Wohlerworbene Rechte)*
- Kostentragung für den Unterhalt und die Erneuerung von Kreuzungsbauwerken Schiene-Strasse, ZBl 1993 333 ff. *(Kostentragung)*

– Hauptfragen der materiellen Enteignung – Eine Untersuchung zum Tatbestand des entschädigungspflichtigen Eigentumseingriffs im schweizerischen Recht, Habil. Bern 1989, Bern 1990 *(Materielle Enteignung)*

ROMY ISABELLE, Sites contaminés: les points essentiels pour les propriétaires et exploitants, in: MICHEL HOTTELIER/BÉNÉDICT FOËX (Hrsg.), Protection de l'environnement et immobilier – Principes normatifs et pratique jurisprudentielle, Zürich/Basel/Genf 2005, S. 47 ff. *(Points essentiels)*
– Sites contaminés: Questions de droit public et de droit privé, in: FRANÇOIS BIANCHI (Hrsg.), Mélanges publiés par l'Association des Notaires Vaudois – A l'occasion de son centenaire, Genf/Zürich/Basel 2005, S. 255 ff. *(Questions)*
– Les sites contaminés – à la croisée du droit public et du droit privé, JDC 2003 139 ff. *(Croisée)*

ROMY ISABELLE/BRAHIER JEAN-MICHEL, Constructions et installations OPAM Commentaire des arrêts du Tribunal fédéral n° 1A.14/2005 et n° 1A.18/2005 du 8 août 2006 et n° 1A.83/2006 du 1er juin 2007 (non publiés au Recueil officiel), BR 2007 107 ff. *(OPAM)*

ROMY ISABELLE/ZUFFEREY JEAN-BAPTISTE, Sicherstellung der Deckung der Ausfallkosten, Erklärungen und Anmerkungen zu Art. 32dbis Abs. 1 und 2 USG, Studie im Auftrag des BAFU, Zürich/Freiburg 2014 (www.bafu.admin.ch > Themen A–Z > Altlasten > Fachinformationen > Altlastenfinanzierung) *(Sicherstellung)*

ROSSKOPF MATHIAS, Kantonsrat, Beschluss vom 26. März 2007, PBG aktuell 4/2007 23 *(Kantonsratsbeschluss)*

RUCH ALEXANDER, Raumentwicklung, in: HANS MARTIN TSCHUDI/BENJAMIN SCHINDLER/ALEXANDER RUCH/ERIC JAKOB/MANUEL FRIESECKE (Hrsg.), Die Grenzüberschreitende Zusammenarbeit der Schweiz – Juristisches Handbuch zur Grenzüberschreitenden Zusammenarbeit von Bund und Kantonen, Zürich/St. Gallen/Baden-Baden 2014, S. 649 ff. *(Raumentwicklung)*
– Rechtssetzung durch Vereinbarung? – Über die rechtliche Bedeutung des Raumkonzepts Schweiz, in: CARONI/HESELHAUS/MATHIS/NORER, FS Richli, S. 857 ff. *(Raumkonzept Schweiz)*
– Richtplan und Gesetz: Beispiele der Grenzziehung aus den Kantonen Neuenburg und Wallis, in: MAHON/NGUYEN, Mélanges Zen-Ruffinen, S. 361 ff. *(Richtplan und Gesetz)*
– Umwelt – Boden – Raum, Basel 2010 *(Umwelt – Boden – Raum)*
– Aktuelle Grundfragen des Raumplanungsrechts, in: RUCH/GRIFFEL, Raumplanungsrecht in der Krise, S. 1 ff. *(Aktuelle Grundfragen)*
– Öffentlichrechtliche Anforderungen an das Bauprojekt, in: MÜNCH/KARLEN/GEISER, Beraten und Prozessieren, S. 229 ff. *(Anforderungen)*
– Das Recht in der Raumordnung, Basel/Frankfurt a.M. 1997 *(Raumordnung)*
– Eisenbahnrecht des Bundes und Raumordnungsrecht der Kantone. Überlegungen zu einem unerschöpflichen Thema, ZBl 1989 523 ff. *(Eisenbahnrecht)*

RUCH ALEXANDER/GRIFFEL ALAIN (Hrsg.), Raumplanungsrecht in der Krise – Ursachen, Auswege, Perspektiven, Zürich/Basel/Genf 2008 *(Raumplanungsrecht in der Krise)*

RÜEGG ERICH, Die Sanierungsbedürftigkeit als Vor- und Hauptfrage im Altlastenrecht, in: LEUPOLD/RÜETSCHI/STAUBER/VETTER, FS Bühler, S. 385 ff. *(Sanierungsbedürftigkeit)*
- Von der Haftung des Grundstückverkäufers für «Bauherren-Altlasten», BR 2006 108 ff. *(Haftung)*

RUOSS FIERZ MAGDALENA, Massnahmen gegen illegales Bauen – unter besonderer Berücksichtigung des zürcherischen Rechts, Diss. Zürich, Zürich 1999 *(Illegales Bauen)*

RÜSSLI MARKUS/HÄNNI JULIA/HÄGGI FURRER RETO (Hrsg.), Staats- und Verwaltungsrecht auf vier Ebenen – Festschrift für Tobias Jaag, Zürich/Basel/Genf 2012 *(FS Jaag)*

RÜTSCHE BERNHARD, Vollzug des Zweitwohnungsverbots, in: ROLAND NORER/BERNHARD RÜTSCHE (Hrsg.), Rechtliche Umsetzung der Zweitwohnungsinitiative, Bern 2013, S. 63 ff. *(Vollzug)*

SAGER FRITZ/SCHENKEL WALTER, Evaluation der UVP: Ergebnisse und Empfehlungen, URP 2004 418 ff. *(Evaluation der UVP)*
- Evaluation UVP – Kurzbericht, hrsg. vom BUWAL, Umwelt-Materialien Nr. 175, Bern 2004 (www.bafu.admin.ch > Publikationen, Medien > Publikationen > Umweltverträglichkeitsprüfung) *(Kurzbericht Evaluation UVP)*

SÄGESSER THOMAS, Regierungs- und Verwaltungsorganisationsgesetz (RVOG) vom 21. März 1997, Bern 2007 *(Handkommentar RVOG)*

SAPUTELLI MAJA, Neues Waldgesetz – Flexibilisierung der Waldflächen, PBG aktuell 1/2014 5 ff. *(Waldflächen)*

SAUTEUR ALAIN, La valorisation des déchets urbains, Diss. Lausanne, Zürich/Basel/Genf 2007 *(Valorisation)*

SCHÄRER WERNER, Die eidgenössische Waldgesetzgebung aus der Sicht der Vollzugsbehörde des Bundes, SZF 2002 341 ff. *(Vollzugsbehörde)*

SCHAUB CHRISTOPH, Ufervegetation gemäss NHG – Abgrenzungsfragen betreffend Begriff und Schutz, URP 2015 3 ff. *(Ufervegetation)*
- Heute erschlossen, morgen nicht erschlossen? – Lärmrechtliche Erschliessungsvoraussetzungen (Art. 24 Abs. 2 USG) bei Umnutzungen, URP 2002 718 ff. *(Heute erschlossen)*
- Systematik des Baustellenrechts, URP 2002 283 ff. *(Baustellenrecht)*

SCHEFER MARKUS/HESS-KLEIN CAROLINE, Behindertengleichstellungsrecht, Bern 2014 *(Behindertengleichstellungsrecht)*
- Die Gleichstellung von Menschen mit Behinderung im Baubereich und im öffentlichen Verkehr, ZSR 2011 I 387 ff. *(Gleichstellung)*

SCHEIDEGGER STEPHAN H., Neue Spielregeln für das Bauen ausserhalb der Bauzonen, BR 2000 81 ff. *(Neue Spielregeln)*

SCHERRER KARIN, Handlungs- und Kostentragungspflichten bei der Altlastensanierung – Störer- versus Verursacherprinzip, Diss. Bern, Bern 2005 *(Altlastensanierung)*

SCHIBLI BEATRIX, Verfahren der BLN-Revision, Verfahren der Revision des Bundesinventars der Landschaften und Naturdenkmäler von nationaler Bedeutung, Zürich 2015 *(BLN-Revision)*

SCHINDLER BENJAMIN, Die Gemeindeautonomie als Hindernis für einen wirksamen Rechtsschutz – Ästhetikvorschriften als Reservate kommunaler Willkür?, in: RÜSSLI/HÄNNI/HÄGGI FURRER, FS Jaag, S. 145 ff. *(Gemeindeautonomie)*

SCHMID GIAN, Projektbezogene Nutzungsplanung im Gebiet ausserhalb der Bauzonen – Eine Darstellung nach dem Recht des Bundes, Diss. Zürich, Zürich 2001 *(Projektbezogene Nutzungsplanung)*

SCHMID SILVAN, Die Errichtung von Kernkraftwerken nach dem neuen Kernenergiegesetz, URP 2006 755 ff. *(Kernenergiegesetz)*

SCHNEIDER ADRIAN, Der angemessene Ausgleich für erhebliche Planungsvorteile nach Art. 5 Abs. 1 RPG, Diss. Freiburg, Zürich/Basel/Genf 2006 *(Ausgleich)*

SCHNEIDER NORBERT, Geschichte der Ästhetik von der Aufklärung bis zur Postmoderne – Eine paradigmatische Einführung, 5. Aufl., Stuttgart 1996 *(Ästhetik)*

SCHULER OLIVER, Kognition zwischen Rechtsweggarantie und Gemeindeautonomie in bau- und planungsrechtlichen Verfahren, Diss. Zürich, Zürich/Basel/Genf 2015 *(Kognition)*

SCHÜPBACH SCHMID MAJA, Das Näherbaurecht in der zürcherischen baurechtlichen Praxis – Unter Berücksichtigung weiterer, die nachbarliche Zustimmung erfordernder Normen des Planungs- und Baugesetzes des Kantons Zürich, Diss. Zürich, Zürich 2001 *(Näherbaurecht)*

SEIDEL WOLF S., Raumplanung im Fokus der Immigration – Mit Hinweisen auf das U.S.-amerikanische Planungs- und Antidiskriminierungsrecht, Diss. Freiburg, Zürich/St. Gallen 2008 *(Immigration)*

SEILER HANSJÖRG/SEILER STEFANIE, Raumplanung zwischen Basisdemokratie und Zentralplanwirtschaft, in: CARONI/HESELHAUS/MATHIS/NORER, FS Richli, S. 283 ff. *(Raumplanung)*

SEILER HANSJÖRG/VON WERDT NICOLAS/GÜNGERICH ANDREAS/OBERHOLZER NIKLAUS, Handkommentar zum Bundesgerichtsgesetz (BGG), 2. Aufl., Bern 2015 *(Handkommentar BGG)*

SEILER GERMANIER KATHARINA, Zur Rechtsnatur und Funktion von Richtplänen, PBG aktuell 4/2007 27 ff. *(Rechtsnatur)*

SEITZ ANDREAS, Gewichtung des öffentlichen Interesses bei Eingriffen in NHG-Schutzobjekte, in: BISANG/HIRSCHI/INGOLD, FS Zimmermann, S. 45 ff. *(Öffentliches Interesse)*

SEITZ ANDREAS/ZIMMERMANN WILLI, Bundesgesetz über den Natur- und Heimatschutz NHG: Bundesgerichtliche Rechtsprechung 1997–2007, URP 2008 103 ff. *(Rechtsprechung)*

- Kantonale Ausführungsgesetzgebungen zum eidgenössischen Waldrecht, SZF 2002 346 ff. *(Ausführungsgesetzgebungen)*

SIA (Hrsg.) Geländer und Brüstungen – Aspekte zur Anwendung der Norm SIA 358, Dokumentation 0158, Zürich 2001, S. 39 ff. *(Norm SIA 358)*

SIDI-ALI KARIN, La protection des biotopes en droit suisse, Diss. Lausanne, Genf/Zürich/Basel 2008 *(Protection des biotopes)*

- La Convention alpine vue au travers de la protection des biotopes, URP 2005 648 ff. *(Convention alpine)*

SIDLER SALOME/BALLY JÜRG, La ratification projetée par la Suisse: impact et enjeux de la Convention d'Aarhus pour le droit fédéral, URP 2009 725 ff. *(Ratification)*

SIEBER ROMAN, Die bauliche Verdichtung aus rechtlicher Sicht, Diss. Freiburg, Freiburg 1996 *(Verdichtung)*

SIEGENTHALER THOMAS, Haftung für mangelhafte Erdbebensicherheit von Gebäuden – Planer, Werkeigentümer und Verkäufer, BR 2009 4 ff. *(Erdbebensicherheit)*

SIEGRIST MARKUS, Die Bausperre unter besonderer Berücksichtigung des aargauischen Rechts, Diss. Bern 1987, Aarau/Frankfurt a.M. 1988 *(Bausperre)*

SPOERRI THOMAS, Stadion Zürich: Fahrtenmodell – Stapellauf ins Ungewisse, PBG aktuell 4/2003 6 ff. *(Fahrtenmodell)*

SPÜHLER KARL/AEMISEGGER HEINZ/DOLGE ANNETTE/VOCK DOMINIK (Hrsg.), Bundesgerichtsgesetz (BGG) – Praxiskommentar, 2. Aufl., Zürich/St. Gallen 2013 *(Praxiskommentar BGG)*

STAEHELIN BERNHARD, Erschliessungsbeiträge, Diss. Basel, Diessenhofen 1979 *(Erschliessungsbeiträge)*

STALDER BEAT, Materielle Enteignung, in: MÜLLER/FELLER, Bernisches Verwaltungsrecht, S. 562 ff. *(Materielle Enteignung)*

- Raumplanungsrecht, in: MÜLLER/FELLER, Bernisches Verwaltungsrecht, S. 373 ff. *(Raumplanungsrecht)*
- Raumplanungs- und umweltrechtliche Rahmenbedingungen bei Ein- und Umzonung von Industrie- und Gewerbearealen, URP 2013 279 ff. *(Einzonung)*

STEINER MARCEL, Die Ästhetikgeneralklauseln, BR 1994 117 f. *(Ästhetikgeneralklauseln)*

- Die äussere Gestaltung von Gebäuden im Sinne von Art. 3 Abs. 2 lit. b des Raumplanungsgesetzes, Bern 1992 *(Gestaltung)*

STEINER PETER, Die Umsetzung des Verursacherprinzips durch das Umweltschutzrecht – Eine Darstellung der Vorschriften des Bundes und der Kantone Basel-Stadt und Basel-Landschaft, Diss. Basel, Zürich 1999 *(Verursacherprinzip)*

St. Galler Kommentar BV: siehe EHRENZELLER/SCHINDLER/SCHWEIZER/VALLENDER

STÖRI FRIDOLIN, Baustellen und ökologische Baubegleitung, URP 2002 320 ff. *(Baustellen)*

STREIFF OLIVER, Baukultur als regulative Idee einer juristischen Prägung des architektonischen Raums, Diss. St. Gallen, Baden-Baden 2013 *(Baukultur)*

STRUB DOMINIK, Wohlerworbene Rechte – Insbesondere im Bereich des Elektrizitätsrechts, Diss. Freiburg, Freiburg 2001 *(Wohlerworbene Rechte)*

STRÜTT ADRIAN, Nationalstrassenrecht und Umweltschutzrecht, Die umweltfreundliche Autobahn? Zwei Bundesaufgaben im Widerstreit, Diss. Zürich, Zürich 1994 *(Nationalstrassenrecht)*

STÜCKELBERGER UELI/HALDIMANN CHRISTOPH, Schienenverkehrsrecht, in: MÜLLER G., Verkehrsrecht, S. 251 ff. *(Schienenverkehrsrecht)*

STUTZ HANS W., Uferstreifen und Gewässerraum – Umsetzung durch die Kantone, URP 2012 90 ff. *(Gewässerraum)*
- Raumbedarf der Gewässer – die bundesrechtlichen Vorgaben für das Planungs- und Baurecht, PBG aktuell 4/2011 5 ff. *(Raumbedarf)*
- Gelockerter Grundwasserschutz? – Zum Entscheid des Bundesgerichts vom 15. Juni 2009 (1C_390/2008) betreffend Gewässerschutz; Sanierung eines Laufhofs für Rinder (Pfäffikon ZH), URP 2009 673 ff. *(Grundwasserschutz)*
- Schweizerisches Abwasserrecht, Diss. Zürich, Zürich/Basel/Genf 2008 *(Abwasserrecht)*
- Das revidierte Altlastenrecht des Bundes, URP 2006 329 ff. *(Revidiertes Altlastenrecht)*

STUTZ HANS W./WILLE BARBARA, Neue Ansätze bei der Altlastenkostenverteilung?, URP 2011 43 ff. *(Ansätze)*

SUTER BERNHARD, Norm SIA 358: Geländer und Brüstungen, in: SIA, Norm SIA 358, S. 5 ff. *(Norm SIA 358)*

SUTTER PATRICK, Die Haftung des Staates für Schäden aus Naturgefahren, Sicherheit & Recht 2009 175 ff. *(Haftung des Staates)*

TANQUEREL THIERRY, Manuel de droit administratif, Genf/Zürich/Basel 2011 *(Manuel)*
- Le recours des offices fédéraux en matière d'aménagement du territoire et d'environnement, in: BOVAY/NGUYEN, Mélanges Moor, S. 761 ff. *(Recours des offices fédéraux)*

TANQUEREL THIERRY/FLÜCKIGER ALEXANDRE/BYLAND KARIN/BOLKENSTEYN ARUN, Beschwerderecht der Umweltschutzorganisationen – Aktualisierte Statistik (2008) über die Verwaltungsgerichtsbeschwerden und die Beschwerden in öffentlich-rechtlichen Angelegenheiten (Art. 55 USG/Art. 12 NHG/Art. 14 FWG), Fassung vom 28. Oktober 2008 (www.bafu.admin.ch > Themen A–Z > Recht > Verbandsbeschwerderecht > Evaluation und Statistik des Verbandsbeschwerderechts) *(Beschwerderecht 2008)*

TANQUEREL THIERRY/FLÜCKIGER ALEXANDRE/DUBOUCHET JULIEN, Beschwerderecht der Umweltschutzorganisationen – Aktualisierte Statistik über die Verwaltungsgerichtsbeschwerden vor dem Bundesgericht, an denen Umweltschutzorganisationen beteiligt waren (Art. 55 USG/Art. 12 NHG/Art. 14 FWG), Fassung vom 24. Februar 2005 (www.bafu.admin.ch > Themen A–Z > Recht > Verbandsbeschwerderecht > Evaluation und Statistik des Verbandsbeschwerderechts) *(Beschwerderecht 2005)*

TAPPY DENIS/KAHIL-WOLFF BETTINA/BRUCHEZ LÉONARD (Hrsg.), 300 ans d'enseignement du droit à Lausanne, Genf/Zürich/Basel 2010 *(300 ans)*

THURNHERR DANIELA, Urteilsbesprechung – Urteil der I. öffentlich-rechtlichen Abteilung des Bundesgerichts vom 26. Juni 2014, A. und Erbengemeinschaft B. c. Küttel und Mitb., Beschwerde in öffentlich-rechtlichen Angelegenheiten, 1C_914/2013 (auszugsweise publiziert in BGE 140 I 326 ff.), AJP 2015 957 ff. *(Urteilsbesprechung BGer 1C_914/2013, BGE 140 I 326)*
- Überprüfung und Redimensionierung bestehender Bauzonen, in: ZUFFEREY/WALDMANN, Revision RPG 2014, S. 219 ff. *(Redimensionierung)*
- Die Verwaltungsrechtspflege im Spannungsfeld zwischen kantonaler Autonomie und Vereinheitlichung, BJM 2013 217 ff. *(Verwaltungsrechtspflege)*
- Verfahrensgrundrechte und Verwaltungshandeln – Die verfassungsrechtlichen Mindestgarantien prozeduraler Gerechtigkeit unter den Bedingungen der Diversität administrativer Handlungsmodalitäten, Zürich/St. Gallen 2013 *(Verfahrensgrundrechte)*
- Öffentlichkeit und Geheimhaltung von Umweltinformationen – Weiterentwicklung des Umweltvölkerrechts durch die Aarhus-Konvention und deren Bedeutung für das schweizerische Recht, Diss. Zürich, Zürich/Basel/Genf 2003 *(Umweltinformationen)*
- Beteiligung der Öffentlichkeit an Bewilligungsverfahren – Die Rechtslage beim Inverkehrbringen und der versuchsweisen Freisetzung gentechnisch veränderter Organismen im Lichte neuerer umweltvölkerrechtlicher Entwicklungen, in: BERNHARD SCHMITHÜSEN/JÖRG ZACHARIAE (Hrsg.), Aspekte der Gentechnologie im Ausserhumanbereich. Regelung – Bewilligung – Haftung, Zürich/Basel/Genf 2002, S. 147 ff. *(Beteiligung der Öffentlichkeit)*

TRÜEB HANS RUDOLF, Die so genannte Bauherrenaltlast, URP 2007 616 ff. *(Bauherrenaltlast)*
- Verwertung belasteter Bauabfälle, URP 2006 663 ff. *(Verwertung)*
- Rechtsschutz gegen Luftverunreinigung und Lärm – Das Beschwerdeverfahren bei Errichtung und Sanierung ortsfester Anlagen im Geltungsbereich des Umweltschutzgesetzes, Diss. Zürich, Zürich 1990 *(Rechtsschutz)*
- Die Vollzugsklage im Umweltrecht, URP 1990 423 ff. *(Vollzugsklage)*

TRÜEB HANS RUDOLF/WYSS RAMONA, Haftung für induzierte Seismizität, ZBl 2014 3 ff. *(Haftung)*

TSCHANNEN PIERRE, Staatsrecht der Schweizerischen Eidgenossenschaft, 3. Aufl., Bern 2011 *(Staatsrecht)*
- Planungen des Bundes und Richtplanung der Kantone, in: RUCH/GRIFFEL, Raumplanungsrecht in der Krise, S. 43 ff. *(Planungen des Bundes)*
- Umsetzung von Umweltrecht in der Raumplanung, URP 2005 415 ff. *(Umsetzung)*
- Kommentar zum Bundesgesetz über die Raumplanung, Zürich 1999 *(Kommentar zum RPG)*
- Bau- und Nutzungsbeschränkungen aufgrund von umweltrechtlichen Vorschriften: Zusammenspiel von Umweltrecht und Raumplanung, URP 1998 486 ff. *(Bau- und Nutzungsbeschränkungen)*
- Der Richtplan und die Abstimmung raumwirksamer Aufgaben, Diss. Bern, Bern 1986 *(Richtplan)*

TSCHANNEN PIERRE/FRICK MARTIN, Der Verursacherbegriff nach Art. 32d USG, Rechtsgutachten vom 11. September 2002 (www.bafu.admin.ch > Themen A–Z > Recht > Rechtsgutachten > Altlasten: Rechtsgutachten; Ergebnisse in URP 2003 286 ff.) *(Verursacherbegriff)*

TSCHANNEN PIERRE/MÖSCHING FABIAN, Nationale Bedeutung von Aufgaben- und Eingriffsinteressen im Sinne von Art. 6 Abs. 2 NHG – Gutachten im Auftrag des Bundesamtes für Umwelt (BAFU), Bern 2012 *(Eingriffsinteressen)*

TSCHANNEN PIERRE/ZIMMERLI ULRICH/MÜLLER MARKUS, Allgemeines Verwaltungsrecht, 4. Aufl., Bern 2014 *(Verwaltungsrecht)*

UHLMANN FELIX, Verfahrensgrundrechte, in: BIAGGINI/GÄCHTER/KIENER, Staatsrecht, § 40 *(Verfahrensgrundrechte)*

UHLMANN FELIX/GILI NATASSIA, Private Normen und staatliches Recht, in: ZENTRUM FÜR RECHTSETZUNGSLEHRE/FELIX UHLMANN (Hrsg.), Private Normen und staatliches Recht – 14. Jahrestagung des Zentrums für Rechtsetzungslehre, Zürich/St. Gallen 2015, S. 7 ff. *(Private Normen)*

VALLENDER KLAUS A./MORELL RETO, Umweltrecht, Bern 1997 *(Umweltrecht)*

VLP-ASPAN (Hrsg.), Einführung in die Raumplanung, Bern 2011
- Die Baulanderschliessung und deren Finanzierung, VLP-Schriftenfolge Nr. 72, 2006 *(Baulanderschliessung)*
- Das Erschliessungsprogramm konkret, Information der VLP-Dokumentationsstelle Raumplanungs- und Umweltrecht Juni 1997 *(VLP-Info Juni 1997)*
- Die neuen Erschliessungsbestimmungen des Bundes, Information der VLP-Dokumentationsstelle Raumplanungs- und Umweltrecht April 1996 *(VLP-Info April 1996)*

VOGEL ROBERT/HARTMANN STEPHAN/SCHIB WERNER, Schifffahrtsrecht, in: MÜLLER G., Verkehrsrecht, S. 447 ff. *(Schifffahrtsrecht)*

VOGEL STEFAN, Luftfahrtinfrastruktur, in: BIAGGINI/HÄNER/SAXER/SCHOTT, Fachhandbuch Verwaltungsrecht, S. 363 ff. *(Luftfahrtinfrastruktur)*

VOLLENWEIDER WALTHER, Stadtgestaltung durch Bauvorschriften, in: JURISTEN DER STADTVERWALTUNG ZÜRICH (Hrsg.), Rechtsprobleme von Stadtgemeinden – dem Schweizerischen Juristenverein zur Feier des hundertjährigen Jubiläums, Zürich 1961, S. 139 ff. *(Stadtgestaltung)*

VONLANTHEN-HEUCK JENNIFER, Der Schutz von Quelllebensräumen, URP 2015 373 ff. *(Quelllebensräume)*

VUR/KELLER HELEN (Hrsg.), Kommentar zum Umweltschutzgesetz, 2. Aufl., Zürich/Basel/Genf 1998 ff. *(Kommentar USG)*

WAGNER PFEIFER BEATRICE, Neue Risiken bei Fusion, Spaltung und Unternehmenskauf als Folge neuer Bewilligungs- und Sicherstellungspflichten für Altlasten-Grundstücke, SZW 2014 136 ff. *(Neue Risiken)*
- Umweltrecht – Besondere Regelungsbereiche. Handbuch zu Chemikalien, GVO, Altlasten, Gewässerschutz, Energie u.a., Zürich/St. Gallen 2013 *(Besondere Regelungsbereiche)*
- Parkraumbeschränkungen bei verkehrsintensiven Einrichtungen, SJZ 2010 257 ff. *(Parkraumbeschränkungen)*
- Umweltrecht I, 3. Aufl., Zürich/Basel/Genf 2009 *(Umweltrecht I)*
- Umweltrecht II, 2. Aufl., Zürich/Basel/Genf 2006 *(Umweltrecht II)*
- Kostentragungspflichten bei der Sanierung und Überwachung von Altlasten im Zusammenhang mit Deponien, ZBl 2004 117 ff. *(Deponien)*

WALDMANN BERNHARD, Materielle Enteignung, in: BIAGGINI/HÄNER/SAXER/SCHOTT, Fachhandbuch Verwaltungsrecht, S. 1115 ff. *(Materielle Enteignung)*
- Zweitwohnungen – vom Umgang mit einer sperrigen Verfassungsnorm. Der Umgang mit einer imperativen, aber weiterzuentwickelnden Verfassungsnorm, BRT 2013 123 ff. *(Zweitwohnungen)*
- Entschädigungen aus materieller Enteignung für raumplanerische Nutzungsbeschränkungen zum Schutz vor Naturgefahren?, Sicherheit & Recht 2009 159 ff. *(Entschädigungen)*
- Planung des Siedlungsgebiets, in: RUCH/GRIFFEL, Raumplanungsrecht in der Krise, S. 65 ff. *(Siedlungsgebiet)*
- Schutz vor ideellen Immissionen in Wohngebieten – eine kritische Würdigung, BR 2005 156 ff. *(Ideelle Immissionen)*
- Zur Standortgebundenheit von Bauten und Anlagen ausserhalb der Bauzone, in: BOVAY/NGUYEN, Mélanges Moor, S. 779 ff. *(Standortgebundenheit)*
- Das Diskriminierungsverbot von Art. 8 Abs. 2 BV als besonderer Gleichheitssatz – unter besonderer Berücksichtigung der völkerrechtlichen Diskriminierungsverbote einerseits und der Rechtslage in den USA, in Deutschland, Frankreich sowie im europäischen Gemeinschaftsrecht andererseits, Habil. Freiburg i.Ue., Bern 2003 *(Diskriminierungsverbot)*

– Der Schutz von Mooren und Moorlandschaften – Inhalt, Tragweite und Umsetzung des «Rothenthurmartikels» (Art. 24[sexies] Abs. 5 BV), Diss. Freiburg, Freiburg 1997 *(Schutz)*

WALDMANN BERNHARD/BELSER EVA MARIA/EPINEY ASTRID (Hrsg.), Basler Kommentar Bundesverfassung, Basel 2015 *(Basler Kommentar BV)*

WALDMANN BERNHARD/HÄNNI PETER, Handkommentar zum Raumplanungsgesetz, Bern 2006 *(Handkommentar RPG)*

WALDMANN BERNHARD/WEISSENBERGER PHILIPPE (Hrsg.), Praxiskommentar zum Verwaltungsverfahrensgesetz (VwVG), 2. Aufl., Zürich/Basel/Genf 2016 *(Praxiskommentar VwVG)*

WALKER URS, Umweltrechtliche Beurteilung von Alltags- und Freizeitlärm, URP 2009 64 ff. *(Alltags- und Freizeitlärm)*
– Die NISV und ihre Ausstrahlung, BRT 2007 107 ff. *(NISV)*
– Verordnung über den Schutz vor nichtionisierender Strahlung (NISV) – die aktuellen Rechtsfragen, URP 2003 87 ff. *(Rechtsfragen)*

WALKER SPÄH CARMEN, PBG-Revision: Verfahren und Rechtsschutz, PBG aktuell 2/2014 5 ff. *(PBG-Revision)*
– PBG-Revision: Abbau von Hürden bei energetischen Gebäudesanierungen, PBG aktuell 2/2012 5 ff. *(Energetische Gebäudesanierungen)*
– Aussteckung: Hilfsmittel zur Visualisierung von Bauprojekten, PBG aktuell 4/2010 5 ff. *(Aussteckung)*
– Ermessensspielraum bei Gestaltungsfragen und Rechtsweggarantie, PBG aktuell 4/2009 5 ff. *(Ermessensspielraum)*
– Pferdehaltung in der Wohnzone – Stand der Rechtsprechung, PBG aktuell 1/2004 23 ff. *(Pferdehaltung)*

WALPEN ADRIAN, Bau und Betrieb von zivilen Flughäfen – Unter besonderer Berücksichtigung der Lärmproblematik um den Flughafen Zürich, Diss. Freiburg, Zürich/Basel/Genf 2005 *(Bau und Betrieb)*

WALTHER ZBINDEN HEIDI, Welchen Erschliessungsanspruch kann der Grundeigentümer aus dem Erschliessungsprogramm ableiten?, KPG-Bulletin 4/1996 12 ff. *(Erschliessungsanspruch)*

WALTI STEPHANIE, Die strategische Umweltprüfung, Diss. Zürich 2012, Zürich/Basel/Genf 2014 *(SUP)*

WEBER ROLF H., Abschätzung von Risiken und Kosten durch Gerichte – Nachlese zum Stromleitungs-Fall des Bundesgerichts, Jusletter 9. Mai 2011 *(Risiken und Kosten)*

WEBER ROLF H./KRATZ BRIGITTA, Elektrizitätswirtschaftsrecht, Bern 2005 *(Elektrizitätswirtschaftsrecht)*

WELKE ANTJE (Hrsg.), UN-Behindertenrechtskonvention mit rechtlichen Erläuterungen, Berlin 2012 *(UN-Behindertenrechtskonvention)*

WELTI FELIX, Artikel 9 – Zugänglichkeit, in: WELKE, UN-Behindertenrechtskonvention, S. 127 ff. *(Art. 9)*

WENGER DAVID R., Gesundheitsschäden durch Mobilfunkanlagen? – Zur juristischen Bewältigung wissenschaftlicher Ungewissheit in Deutschland und der Schweiz, AJP 2005 1171 ff. *(Gesundheitsschäden)*

WIDMER DREIFUSS THOMAS, Planung und Realisierung von Sportanlagen – Raumplanerische, baurechtliche und umweltrechtliche Aspekte beim Bau und der Sanierung von Sportanlagen, Diss. Zürich, Zürich/Basel/Genf 2002 *(Sportanlagen)*

WIEDERKEHR RENÉ, Ausgewählte Fragen der Koordinationspflicht nach Art. 25a RPG aus Sicht der Praxis, AJP 2015 599 ff. *(Koordinationspflicht)*
- Die materielle Beschwer von Nachbarinnen und Nachbarn sowie von Immissionsbetroffenen – Eine Übersicht über die neuere Rechtsprechung zu Art. 48 Abs. 1 VwVG und Art. 89 Abs. 1 BGG, ZBl 2015 347 ff. *(Materielle Beschwer)*

WIEDERKEHR RENÉ/ABEGG ANDREAS, Rechtliche Rahmenbedingungen bei der Nutzung des tiefen Untergrundes durch Geothermie – Regelungskompetenz, Nutzungsart, Planungspflicht und Bewilligungen nach Bundesrecht, ZBl 2014 639 ff. *(Geothermie)*

WIEDERKEHR RENÉ/RICHLI PAUL, Praxis des allgemeinen Verwaltungsrechts – Eine systematische Analyse der Rechtsprechung, Bd. I, Bern 2012; Bd. II, Bern 2014 *(Praxis I/II)*

WIEDERKEHR SCHULER ELSBETH, Denkmal- und Ortsbildschutz – Die Rechtsprechung des Bundesgerichts und des Zürcher Verwaltungsgerichts, Zürich 1999 *(Denkmal- und Ortsbildschutz)*

WIESTNER HEIDI, Bau- und Nutzungsbeschränkungen aufgrund von Vorschriften des Altlasten- und Bodenschutzrechts, URP 1998 442 ff. *(Bau- und Nutzungsbeschränkungen)*

WILD FLORIAN, Die Rodungsbewilligung im Rahmen der Neureglungen des Bundes über die Verfahrenskoordination und über die Aufsicht des Bundes im Bereich der Walderhaltung, ZBl 2002 113 ff. *(Neuregelungen)*
- Vereinfachung des Einbezugs der beratenden Kommissionen nach NHG in Entscheidverfahren, URP 2000 318 ff. *(Kommissionen)*
- Gegenstand und Vollzug des Biotopschutzes nach NHG, URP 1999 765 ff. *(Biotopschutz)*

WILD FLORIAN/KILCHHOFER CHRISTIAN, Pärke von nationaler Bedeutung als neues rechtliches Instrument des Natur- und Landschaftsschutzes, in: BISANG/HIRSCHI/INGOLD, FS Zimmermann, S. 279 ff. *(Pärke)*

WILD-ECK STEPHAN, Der Wald: Die Sportanlage Nummer 1 im Spannungsfeld unterschiedlicher Interessen, in: BISANG/HIRSCHI/INGOLD, FS Zimmermann, S. 189 ff. *(Sportanlage)*

WILLI KONRAD, Die Besitzstandsgarantie für vorschriftswidrige Bauten und Anlagen innerhalb der Bauzonen – Eine Darstellung unter besonderer Berücksichtigung des zürcherischen Rechts, Diss. Zürich, Zürich/Basel/Genf 2003 *(Besitzstandsgarantie)*

WIPF THOMAS, Das Koordinationsgesetz des Bundes – Die Koordination, Vereinfachung und Beschleunigung von bodenbezogenen Entscheidverfahren im Bund, Diss. Zürich, Zürich 2001 *(Koordinationsgesetz)*

WISARD NICOLAS, Le droit de recours des organisations écologistes: quelques perspectives ouvertes par la Convention d'Aarhus, URP 2009 813 ff. *(Droit de recours)*

WITTWER BENJAMIN, Bewilligung von Mobilfunkanlagen, Diss. Zürich, 2. Aufl., Zürich/Basel/Genf 2008 *(Mobilfunkanlagen)*

WOLF ROBERT, Auswirkungen des Lärmschutzrechts auf Nutzungsplanung und Baubewilligung, AJP 1999 1055 ff. *(Auswirkungen)*
– Zum Verhältnis von UVP und Nutzungsplanung, URP 1992 133 ff. *(UVP)*

WOLF ROBERT/KULL ERICH, Das revidierte Planungs- und Baugesetz (PBG) des Kantons Zürich – Erläuterungen zur Revision vom 1. September 1991 aus rechtlicher Sicht, VLP-Schriftenfolge Nr. 58, 1992 *(Planungs- und Baugesetz)*

WYER HANS, Die öffentlichen Abgaben der Wasserkraftnutzung im Alpenraum, Zürich/Basel/Genf 2006 *(Öffentliche Abgaben)*
– Die Nutzung der Wasserkraft im Alpenraum, Zürich/Basel/Genf 2002 *(Nutzung der Wasserkraft)*
– Rechtsfragen der Wasserkraftnutzung, Diss. Bern, Visp 2000 *(Rechtsfragen)*

WYSS BRIGIT, Pärke – eine neue Schutzgebietskategorie für mehr Natur- und Landschaftsschutz, URP 2010 155 ff. *(Pärke)*

WYSS DANIELA, Kausalabgaben: Begriff – Bemessung – Gesetzmässigkeit, Diss. Bern, Basel 2009 *(Kausalabgaben)*

ZAUGG ALDO/LUDWIG PETER, Baugesetz des Kantons Bern vom 9. Juni 1985 – Kommentar, Bd. I (Art. 1–52), 4. Aufl., Bern 2013; Bd. II (Art. 53–153), 3. Aufl., Bern 2010 *(Kommentar BauG BE)*

ZEN-RUFFINEN PIERMARCO/GUY-ECABERT CHRISTINE, Aménagement du territoire, construction, expropopration, Bern 2001 *(Aménagement du territoire)*

ZIMMERLI ULRICH, Zu den Neuerungen im Raumplanungsrecht, recht 2001 89 ff. *(Neuerungen)*

ZIMMERLIN ERICH, Baugesetz des Kantons Aargau, Kommentar, 2. Aufl., Aarau 1985 *(Baugesetz AG)*

ZIMMERMANN WILLI, Waldpolitischer Jahresrückblick 2013, SZF 2014 105 ff. *(Jahresrückblick)*

ZINGG MAX, Natur- und Heimatschutz – insbesondere nach sanktgallischem Recht, Diss. Zürich, Zürich 1975 *(Natur- und Heimatschutz)*

ZUFFEREY JEAN-BAPTISTE, Un environnement et sa loi: 20 ans déjà, RDAF 2005 I 309 ff. *(20 ans)*

Zufferey Jean-Baptiste/Brahier Jean-Michel, Les centres cantonaux pour requérants d'asile face au droit de la construction, BR 2014 5 ff. *(Centres cantonaux)*

Zufferey Jean-Baptiste/Romy Isabelle, La construction et son environnement en droit public – Eléments choisis pour les architectes, les ingénieurs et les experts de l'immobilier, Zürich/Basel/Genf/Lausanne 2010 *(Construction)*

Zufferey Jean-Baptiste/Waldmann Bernhard (Hrsg.), Revision Raumplanungsgesetz 2014 – Paradigmenwechsel oder alter Wein in neuen Schläuchen? Tagung vom 5. September 2014, Zürich/Basel/Genf 2015 *(Revision RPG 2014)*

Zufferey Roger, Aspects juridiques des activités de loisirs et de détente en forêt, URP 2010 337 ff. *(Activités)*
– Coordination des procédures de décision et droit de l'environnement, URP 2001 228 ff. *(Coordination)*

Zumstein Beat, Die Anwendung der ästhetischen Generalklauseln des kantonalen Baurechts, Diss. St. Gallen, St. Gallen 2001 *(Generalklausel)*

Zürcher Alexander, Die vorsorgliche Emissionsbegrenzung nach dem Umweltschutzgesetz, Diss. Basel 1995, Zürich 1996 *(Emissionsbegrenzung)*

Zweidler Reinhard, Vereinfachung der UVP – Präzisierung des Verbandsbeschwerderechts. Die Gesetzesrevision in Folge der parlamentarischen Initiative Hofmann, URP 2007 520 ff. *(Vereinfachung)*

Zwicker Stefan/Schumacher Reto, Neue Sicherstellungs- und Bewilligungspflichten bei Altlasten, ST 2014 787 ff. *(Sicherstellung)*

Zwiener Gerd/Lange Frank-Michael, Handbuch Gebäude-Schadstoffe und Gesunde Innenraumluft, Berlin 2012 *(Gebäudeschadstoffe)*

Materialienverzeichnis

1. Botschaften des Bundesrates

Botschaft des Bundesrates an die Bundesversammlung zum Entwurf eines Bundesgesetzes über den Natur- und Heimatschutz vom 12. November 1965, BBl 1965 III 89 ff. *(Botschaft NHG 1965)*

Botschaft des Bundesrates an die Bundesversammlung zum [1976 in der Volksabstimmung verworfenen] Bundesgesetz über die Raumplanung vom 31. Mai 1972, BBl 1972 I 1453 ff. *(Botschaft RPG 1972)*

Botschaft des Bundesrates an die Bundesversammlung zum Bundesgesetz zur Förderung des Wohnungsbaus und des Erwerbs von Wohnungs- und Hauseigentum (Wohnbau- und Eigentumsförderungsgesetz) vom 17. September 1973, BBl 1973 II 679 ff. *(Botschaft WEG 1973)*

Botschaft zu einem Bundesgesetz über die Raumplanung (RPG) vom 27. Februar 1978, BBl 1978 I 1006 ff. *(Botschaft RPG 1978)*

Botschaft zu einem Bundesgesetz über den Umweltschutz (USG) vom 31. Oktober 1979, BBl 1979 III 749 ff. *(Botschaft USG 1979)*

Botschaft zur Volksinitiative «zur Rettung unserer Gewässer» und zur Revision des Bundesgesetzes über den Schutz der Gewässer vom 29. April 1987, BBl 1987 II 1061 ff. *(Botschaft GSchG 1987)*

Botschaft über ein zweites Paket von Massnahmen zur Neuverteilung der Aufgaben zwischen Bund und Kantonen vom 25. Mai 1988, BBl 1988 II 1333 ff. *(Botschaft Neuverteilung 1988)*

Botschaft zu einem Bundesgesetz über Walderhaltung und Schutz vor Naturereignissen (Waldgesetz, WaG) vom 29. Juni 1988, BBl 1988 III 173 ff. *(Botschaft WaG 1988)*

Botschaft des Bundesrates über die Änderung des Bundesgesetzes über den Natur- und Heimatschutz (NHG) vom 26. Juni 1991, BBl 1991 III 1121 ff. *(Botschaft NHG Revision 1991)*

Botschaft zu einer Änderung des Bundesgesetzes über den Umweltschutz (USG) vom 7. Juni 1993, BBl 1993 II 1445 ff. *(Botschaft USG 1993)*

Botschaft zu einer Revision des Bundesgesetzes über die Raumplanung (RPG) vom 30. Mai 1994, BBl 1994 III 1075 ff. *(Botschaft RPG 1994)*

Botschaft über die Teilrevision des Bundesgesetzes über die Nutzbarmachung der Wasserkräfte vom 16. August 1995, BBl 1995 IV 991 ff. *(Botschaft WRG 1995)*

Botschaft über die Ratifizierung des UNO/ECE-Übereinkommens über die Umweltverträglichkeitsprüfung im grenzüberschreitenden Rahmen vom 5. September

1995, BBl 1995 IV 397 ff. *(Botschaft UNO/ECE-Übereinkommen Umweltverträglichkeitsprüfung 1995)*

Botschaft zu einer Teilrevision des Bundesgesetzes über die Raumplanung (RPG) vom 22. Mai 1996, BBl 1996 III 513 ff. *(Botschaft RPG 1996)*

Botschaft zum Energiegesetz (EnG) vom 21. August 1996, BBl 1996 IV 1005 ff. *(Botschaft EnG 1996)*

Botschaft über eine neue Bundesverfassung vom 20. November 1996, BBl 1997 I 1 ff. *(Botschaft BV 1996)*

Botschaft zu einem Bundesgesetz über die Koordination und Vereinfachung der Plangenehmigungsverfahren vom 25. Februar 1998, BBl 1998 2591 ff. *(Botschaft Bundeskoordinationsgesetz 1998)*

Ergänzung vom 4. November 1998 zur Botschaft zu einem Bundesgesetz über die Koordination und Vereinfachung der Plangenehmigungsverfahren. Änderung des Bundesgesetzes über die Nationalstrassen, BBl 1999 931 ff. *(Ergänzung Botschaft Bundeskoordinationsgesetz 1998)*

Botschaft zur Volksinitiative «Gleiche Rechte für Behinderte» und zum Entwurf eines Bundesgesetzes über die Beseitigung von Benachteiligungen behinderter Menschen, BBl 2001 1715 ff. *(Botschaft BehiG 2001)*

Botschaft zur Totalrevision der Bundesrechtspflege vom 28. Februar 2001, BBl 2001 4202 ff. *(Botschaft Bundesrechtspflege 2001)*

Botschaft zur Neugestaltung des Finanzausgleichs und der Aufgaben zwischen Bund und Kantonen (NFA) vom 14. November 2001, BBl 2002 2291 ff. *(Botschaft NFA 2001)*

Botschaft zur Änderung des Gewässerschutzgesetzes vom 22. Dezember 2004, BBl 2005 937 ff. *(Botschaft GSchG 2004)*

Botschaft zum Bundesgesetz über Seilbahnen zur Personenbeförderung vom 22. Dezember 2004, BBl 2005 895 ff. *(Botschaft SebG 2004)*

Botschaft zur Teilrevision des Bundesgesetzes über den Natur- und Heimatschutz (NHG) vom 23. Februar 2005, BBl 2005 2151 ff. *(Botschaft Teilrevision NHG 2005)*

Botschaft zur Ausführungsgesetzgebung zur Neugestaltung des Finanzausgleichs und der Aufgabenteilung zwischen Bund und Kantonen (NFA) vom 7. September 2005, BBl 2005 6029 ff. *(Botschaft NFA 2005)*

Botschaft zu einer Teilrevision des Raumplanungsgesetzes vom 2. Dezember 2005, BBl 2005 7097 ff. *(Botschaft RPG 2005)*

Botschaft zur Änderung des Bundesgesetzes über den Wald und zur Volksinitiative «Rettet den Schweizer Wald» vom 28. März 2007, BBl 2007 3829 ff. *(Botschaft Revision WaG 2007)*

Botschaft zur Änderung des Bundesgesetzes über die Raumplanung (Flankierende Massnahmen zur Aufhebung des Bundesgesetzes über den Erwerb von Grundstücken durch Personen im Ausland) vom 4. Juli 2007, BBl 2007 5765 ff. *(Botschaft RPG 2007)*

Botschaft zur eidgenössischen Volksinitiative «Schluss mit uferlosem Bau von Zweitwohnungen!» vom 29. Oktober 2008, BBl 2008 8757 ff. *(Botschaft Zweitwohnungsinitiative 2008)*

Botschaft zur Teilrevision 1 des Luftfahrtgesetzes vom 20. Mai 2009, BBl 2009 4915 ff. *(Botschaft LFG 2009)*

Botschaft über die Schweizer Klimapolitik nach 2012 (Revision des CO_2-Gesetzes und eidgenössische Volksinitiative «Für ein gesundes Klima») vom 26. August 2009, BBl 2009 7433 *(Botschaft Revision CO_2-Gesetz 2009)*

Botschaft zur Volksinitiative «Raum für Mensch und Natur (Landschaftsinitiative)» vom 20. Januar 2010, BBl 2010 1033 ff. *(Botschaft Landschaftsinitiative 2010)*

Botschaft zu einer Teilrevision des Raumplanungsgesetzes vom 20. Januar 2010, BBl 2010 1049 ff. *(Botschaft RPG 2010)*

Botschaft über die Genehmigung der Europäischen Landschaftskonvention vom 2. November 2011, BBl 2011 8657 ff. *(Botschaft Landschaftskonvention 2011)*

Botschaft zur Anpassung des Bundesbeschlusses über das Nationalstrassennetz und zu deren Finanzierung vom 18. Januar 2012, BBl 2012 745 ff. *(Botschaft Anpassung Netzbeschluss 2012)*

Botschaft zur Volksinitiative «Für den öffentlichen Verkehr» und zum direkten Gegenentwurf (Bundesbeschluss über die Finanzierung und den Ausbau der Eisenbahninfrastruktur, FABI) vom 18. Januar 2012, BBl 2012 1577 ff. *(Botschaft FABI 2012)*

Botschaft zur Genehmigung und Umsetzung der Aarhus-Konvention und von deren Änderung vom 28. März 2012; BBl 2012 4323 ff. *(Botschaft Aarhus-Konvention)*

Botschaft zur Änderung des Bundesgesetzes über die Lärmsanierung der Eisenbahnen vom 30. November 2012, BBl 2013 489 ff. *(Botschaft BGLE 2012)*

Botschaft zur Änderung des Gewässerschutzgesetzes (Verursachergerechte Finanzierung der Elimination von Spurenstoffen im Abwasser) vom 26. Juni 2013, BBl 2013 5549 ff. *(Botschaft GSchG 2013)*

Botschaft zum ersten Massnahmenpaket der Energiestrategie 2050 (Revision des Energierechts) und zur Volksinitiative «Für den geordneten Ausstieg aus der Atomenergie (Atomausstiegsinitiative)» vom 4. September 2013, BBl 2013 7561 ff. *(Botschaft Energiestrategie 2050)*

Botschaft zur Totalrevision des Bundesgesetzes über den Schutz der Kulturgüter bei bewaffneten Konflikten vom 13. November 2013, BBl 2013 8987 ff. *(Botschaft Revision KGSG 2013)*

Botschaft zum Bundesgesetz über Zweitwohnungen vom 19. Februar 2014, BBl 2014 2287 ff. *(Botschaft ZWG 2014)*

Botschaft zur Änderung des Bundesgesetzes über den Wald vom 21. Mai 2014, BBl 2014 4909 ff. *(Botschaft WaG 2014)*

Botschaft zur Änderung des Asylgesetzes (Neustrukturierung des Asylbereichs) vom 3. September 2014, BBl 2014 7991 ff. *(Botschaft AsylG 2014)*

Botschaft zur Schaffung eines Nationalstrassen- und Agglomerationsverkehrs-Fonds, zur Schliessung der Finanzierungslücke und zum Strategischen Entwicklungsprogramm Nationalstrassen («NAF-Botschaft») vom 18. Februar 2015, BBl 2015 2065 ff. *(Botschaft NAF 2015)*

Botschaft zum Bundesgesetz über den Schutz vor Gefährdungen durch nichtionisierende Strahlung und Schall (NISSG) vom 11. Dezember 2015, BBl 2016 465 ff. *(Botschaft NISSG 2015)*

2. Berichte zu Parlamentarischen Initiativen

Parlamentarische Initiative Vereinfachung der Umweltverträglichkeitsprüfung sowie Verhinderung von Missbräuchen durch eine Präzisierung des Verbandsbeschwerderechtes (02.436). Bericht der RK-S vom 27. Juni 2005, BBl 2005 5351 ff. *(Bericht Pa.Iv. USG/NHG 2005);* Stellungnahme des Bundesrates vom 24. August 2005, BBl 2005 5391 ff.

Parlamentarische Initiative Schutz und Nutzung der Gewässer (07.492). Bericht der UREK-S vom 12. August 2008, BBl 2008 8043 ff. *(Bericht Pa.Iv. GSchG 2008);* Stellungnahme des Bundesrates vom 19. September 2008, BBl 2008 8079 ff.

Standesinitiative Bauen ausserhalb der Bauzone (08.314). Bericht der UREK-N vom 22. August 2011, BBl 2011 7083 ff. *(Bericht UREK-N Standesinitiative RPG 2011);* Stellungnahme des Bundesrates vom 7. September 2011, BBl 2011 7097 ff. *(Stellungnahme BR Standesinitiative RPG 2011)*

Parlamentarische Initiative Pferdehaltung in der Landwirtschaftszone (04.472). Bericht der UREK-N vom 24. April 2012, BBl 2012 6589 ff. *(Bericht Pa.Iv. RPG 2012);* Stellungnahme des Bundesrates vom 8. Juni 2012, BBl 2012 6607 ff.

Standesinitiative Gewässerschutzgesetz. Teilrevision (10.324). Bericht der UREK-S vom 3. September 2012, BBl 2012 9407 ff. *(Bericht UREK-S Standesinitiative GSchG 2012);* Stellungnahme des Bundesrates vom 7. November 2012, BBl 2012 9415 ff.

3. Erläuterungen zu Verordnungen

ARE, Neues Raumplanungsrecht. Erläuterungen zur Raumplanungsverordnung und Empfehlungen für den Vollzug, Bern 2001, Aktualisierungen 2005/2007 (www.are.admin.ch > Aktuell > Publikationen > Raumplanungsrecht) *(Erläuterungen RPV 2001/2007)*

ARE, Erläuterungen zu Artikel 42a der Raumplanungsverordnung vom 23. August 2004 (www.are.admin.ch > Raumentwicklung & Raumplanung > Raumplanungsrecht > Bauen ausserhalb der Bauzonen) *(Erläuterungen Art. 42a RPV)*

ARE, Erläuterungen zur Revision der Raumplanungsverordnung (RPV) vom 4. Juli 2007, Version 1.1 vom 9. Juli 2007 (www.are.admin.ch > Raumentwicklung & Raumplanung > Raumplanungsrecht > Bauen ausserhalb der Bauzonen) *(Erläuterungen RPV 2007)*

ARE, Erläuternder Bericht zur Teilrevision der Raumplanungsverordnung vom 10. Oktober 2012 (www.are.admin.ch > Raumentwicklung und Raumordnung > Raumplanungsrecht > Bauen ausserhalb der Bauzonen) *(Erläuterungen RPV 2012)*

ARE, Erläuternder Bericht zur Teilrevision vom 2. April 2014 der Raumplanungsverordnung (www.are.admin.ch > Raumentwicklung & Raumplanung > Raumplanungsrecht > Revision RPG > Revision RPG 1) *(Erläuterungen RPV 2014)*

ARE, Zweitwohnungsverordnung, Erläuterungen vom 18. November 2015 (www.are.admin.ch > Raumentwicklung & Raumplanung > Raumplanungsrecht > Zweitwohnungen > Bundesrat setzt Zweitwohnungsgesetz und -verordnung auf 1. Januar 2016 in Kraft) *(Erläuterungen ZWV 2015)*

BAFU, Änderung der Luftreinhalte-Verordnung im Bereich Baustellen und ähnlichen Anlagen, Erläuternder Bericht, Anhörungsexemplar vom 27. November 2007 (www.bafu.admin.ch > Luft > Medienmitteilungen > Einheitliche Vorschriften für saubere Baumaschinen: Anhörung eröffnet) *(Erläuternder Bericht LRV 2007)*

BAFU, Parlamentarische Initiative Schutz und Nutzung der Gewässer (07.492) – Änderung der Gewässerschutz-, Wasserbau-, Energie- und Fischereiverordnung, Erläuternder Bericht vom 20. April 2011, S. 2 ff. (www.admin.ch > Dokumentation > Medienmitteilungen > Renaturierung von Flüssen und Seen in Gewässerschutzverordnung verankert) *(Erläuterungen GSchV 2011)*

BAFU, Erläuterungen zur Revision der Verordnung über den Schutz vor Störfällen (Störfallverordnung, StFV) vom Januar 2012 (www.bafu.admin.ch > Themen A–Z > Störfallvorsorge > Rechtliche Grundlagen > Erläuternde Berichte) *(Erläuterungen Störfallverordnung)*

BAFU, Änderung der Luftreinhalte-Verordnung im Bereich der Holzverbrennung, Erläuternder Bericht vom 20. Juni 2012 (www.bafu.admin.ch > Luft > Medienmitteilungen > Holzverbrennung: Anpassung von der Luftreinhalte-Verordnung in der Anhörung) *(Erläuternder Bericht LRV 2012)*

BAFU, Erläuterung zur Totalrevision der Technischen Verordnung über Abfälle TVA vom 10. Juli 2014 (www.bafu.admin.ch > Publikationen, Medien > Medienmitteilungen > Totalrevision der Technischen Verordnung über Abfälle: Start der Anhörung) *(Erläuterungen TVA [VVEA] 2014)*

BAFU, Erläuternder Bericht zur Änderung der Gewässerschutzverordnung vom 12. Oktober 2015 *(Erläuternder Bericht GSchV 2015)*

BAFU, Erläuternder Bericht zur Änderung der Gewässerschutzverordnung (GSchV) vom 23. Mai 2016, Verordnungspaket Umwelt Frühling 2017 (www.bafu.admin.ch > Themen A–Z > Wasser > Rechtliche Grundlagen > Wasser: Vernehmlassungen und Anhörungen) *(Erläuternder Bericht GSchV 2016)*

BAV, Verordnung des UVEK über die technischen Anforderungen an die behindertengerechte Gestaltung des öffentlichen Verkehrs (VAböV): Erläuterungen vom 1. Juli 2016 (www.bav.admin.ch > Themen A–Z > Alphabetische Themenliste > Barrierefreiheit im ÖV > Gesetzliche Grundlagen) *(Erläuterungen VAböV 2016)*

BJ, Erläuterungen zur Behindertengleichstellungsverordnung (BehiV) vom November 2003 (www.bj.admin.ch > Gesellschaft > Abgeschlossene Rechtsetzungsprojekte > Gleichstellung der Behinderten) *(Erläuterungen BehiV 2003)*

UVEK, Aktionsplan Feinstaub: Änderung der Luftreinhalte-Verordnung (LRV), Erläuternder Bericht vom 31. Mai 2007 (www.bafu.admin.ch > Luft > Medienmitteilungen > Feinstaub: Holzfeuerungen werden sauberer) *(Erläuternder Bericht LRV 2007)*

UVEK, Änderung der Luftreinhalte-Verordnung in den Bereichen stationäre Verbrennungsmotoren, Gasturbinen, weitere stationäre Anlagen sowie Brennstoffe und Marktüberwachung, Erläuternder Bericht vom 31. August 2014 (www.bafu.admin.ch > Luft > Medienmitteilungen > Luftreinhalte-Verordnung dem Stand der Technik anpassen: Anhörung eröffnet) *(Erläuternder Bericht LRV 2014)*

4. Weitere Materialien und amtliche Publikationen

a) Bund

ARE (Hrsg.), Wegleitung «Pferd und Raumplanung», Aktualisierte Version 2015 (www.are.admin.ch > Aktuell > Publikationen > Raumplanungsrecht) *(Wegleitung Pferd und Raumplanung)*

ARE, Ergänzung des Leitfadens Richtplanung, März 2014 (www.are.admin.ch > Raumentwicklung & Raumplanung > Raumplanungsrecht > Revision RPG > Revision RPG 1) *(Ergänzung Leitfaden Richtplanung 2014)*

ARE, Vernehmlassungsentwurf vom 12. Dezember 2008 zu einem Bundesgesetz über die Raumentwicklung (Raumentwicklungsgesetz, REG) (www.admin.ch > Bundesrecht > Vernehmlassungen > Abgeschlossene Vernehmlassungen und Anhörungen > 2008) *(Vernehmlassungsentwurf REG 2008)*

ARE (Hrsg.), Raumentwicklungsbericht 2005 (www.are.admin.ch > Aktuell > Publikationen > Grundlagen) *(Raumentwicklungsbericht 2005)*

ARE, Merksätze zur Problematik von Mobilfunkanlagen und Raumplanung, Bern 2004 (www.are.admin.ch > Aktuell > Publikationen > Raumplanungsrecht) *(Merksätze Mobilfunkanlagen 2004)*

ARE, Konzepte und Sachpläne des Bundes (Art. 13 RPG), Merkmale des Instruments und Grundsätze für die Erarbeitung, Verabschiedung und Anwendung, Bern 1997 *(Konzepte und Sachpläne)*

ARE, Leitfaden für die Richtplanung, Bern 1996 *(Leitfaden Richtplanung)*

ARE/ASTRA/BAFU/BAK (Hrsg.), Empfehlungen zur Berücksichtigung der Bundesinventare nach Artikel 5 NHG in der Richt- und Nutzungsplanung, Bern 2012 (www.are.admin.ch > Aktuell > Publikationen > Strategie und Planung) *(Berücksichtigung Bundesinventare)*

ARE/BAFU, Gewässerraum im Siedlungsgebiet – Merkblatt vom 18. Januar 2013 zur Anwendung des Begriffs «dicht überbaute Gebiete» der Gewässerschutzverordnung (www.are.admin.ch > Aktuell > Publikationen > Grundlagen) *(Merkblatt Gewässerraum im Siedlungsgebiet)*

ARE/BAFU/BAV/BFE/ASTRA (Hrsg.), Planungshilfe Koordination Raumplanung und Störfallvorsorge, Oktober 2013 (www.are.admin.ch > Verkehr und Infrastruktur > Spezialthemen > Störfallvorsorge) *(Planungshilfe Störfallvorsorge)*

ARE/BWG/BUWAL, Empfehlung Raumplanung und Naturgefahren, Bern 2006 *(Naturgefahren)*

BABS (Hrsg.), Das neue KGS-Gesetz ist in Kraft, KGS Forum Nr. 24/2015, Bern 2015 *(KGS-Gesetz)*

BAFU (Hrsg.), Erdbeben: Karten der Baugrundklassen, Erstellung und Verwendung, Umwelt-Wissen Nr. 1603, Bern 2016 (www.bafu.admin.ch > Publikationen, Medien > Publikationen > Naturgefahren und Erdbeben > Erdbeben: Karten der Baugrundklassen) (*Baugrundklassen*)

BAFU (Hrsg.), Bauvorhaben und belastete Standorte. Ein Modul der Vollzugshilfe «Allgemeine Altlastenbearbeitung», Umwelt-Vollzug Nr. 1616, Bern 2016 (www.bafu.admin.ch > Publikationen, Medien > Altlasten) *(Bauvorhaben)*

BAFU (Hrsg.), Luftreinhaltung auf Baustellen – Richtlinie über betriebliche und technische Massnahmen zur Begrenzung der Luftschadstoff-Emissionen von Baustellen (Baurichtlinie Luft), Ergänzte Ausgabe Februar 2016 (Erstausgabe 2009, Umwelt-Vollzug Nr. 0901), Bern 2016 (www.bafu.admin.ch > Publikationen, Medien > Publikationen > Luft) *(Luftreinhaltung auf Baustellen)*

BAFU (Hrsg.), Altlastenbearbeitung auf Kurs, Stand der Untersuchung, Überwachung und Sanierung, Umwelt-Zustand Nr. 1516, Bern 2015 *(Altlastenbearbeitung)*

BAFU (Hrsg.), Mengenschwellen gemäss Störfallverordnung (StFV), Ein Modul des Handbuchs zur Störfallverordnung, 2. aktualisierte Ausgabe (Erstausgabe 2006, Umwelt-Vollzug Nr. 0611), Bern 2015 (www.bafu.admin.ch > Publikationen, Medien > Publikationen > Störfälle) *(Mengenschwellen StFV)*

BAFU, Technische Verordnung über Abfälle (TVA), Verordnungsentwurf (www.bafu.admin.ch > Publikationen, Medien > Medienmitteilungen > Totalrevision der

Technischen Verordnung über Abfälle: Start der Anhörung) *(Verordnungsentwurf TVA 2014)*

BAFU (Hrsg.), Evaluation von Sanierungsvarianten, Ein Modul der Vollzugshilfe «Sanierung von Altlasten», Umwelt-Vollzug Nr. 1401, Bern 2014 (www.bafu.admin.ch > Publikationen, Medien > Publikationen > Altlasten) *(Evaluation)*

BAFU (Hrsg.), Vollzugshilfe Rodungen und Rodungsersatz, Voraussetzungen zur Zweckentfremdung von Waldareal und Regelung des Ersatzes, Umwelt-Vollzug Nr. 1407, Bern 2014 (www.bafu.admin.ch > Publikationen, Medien > Publikationen > Wald & Holz) *(Rodungen und Rodungsersatz)*

BAFU (Hrsg.), CO_2-Abgabebefreiung ohne Emissionshandel, Ein Modul der Mitteilung des BAFU als Vollzugsbehörde zur CO_2-Verordnung. Stand Dezember 2014, Umwelt-Vollzug Nr. 1316, Bern 2013 (www.bafu.admin.ch > Publikationen, Medien > Publikationen > Klima) *(CO_2-Abgabebefreiung)*

BAFU (Hrsg.), Emissionshandelssystem EHS, Ein Modul der Mitteilung des BAFU als Vollzugsbehörde zur CO_2-Verordnung. Stand Dezember 2014, Umwelt-Vollzug Nr. 1317, Bern 2013 (www.bafu.admin.ch > Publikationen, Medien > Publikationen > Klima) *(Emissionshandelssystem)*

BAFU (Hrsg.), Emissionsmessung bei Feuerungen für Öl, Gas und Holz, Messempfehlungen Feuerungen, Umwelt-Vollzug Nr. 1319, Bern 2013 (www.bafu.admin.ch > Publikationen, Medien > Publikationen > Luft) *(Messempfehlungen Feuerungen)*

BAFU (Hrsg.), Mindesthöhen von Kaminen über Dach, Kamin-Empfehlungen, Umwelt-Vollzug Nr. 1318, Bern 2013 (www.bafu.admin.ch > Publikationen > Luft) *(Kaminempfehlungen)*

BAFU (Hrsg.), Waldpolitik 2020, Visionen, Ziele und Massnahmen für eine nachhaltige Bewirtschaftung des Schweizer Waldes, Bern 2013 *(Waldpolitik 2020)*

BAFU bzw. BUWAL (Hrsg.), Handbücher I–III zur Störfallverordnung StFV (www.bafu.admin.ch > Publikationen, Medien > Publikationen > Störfälle)
- Handbuch I: Vollzugshilfe für Betriebe mit Stoffen, Zubereitungen oder Sonderabfällen, 2008
- Handbuch II: Vollzugshilfe für Betriebe mit Mikroorganismen, 2013
- Handbuch III: Richtlinien für Verkehrswege, 1992 *(Handbuch I/II/III StFV)*

BAFU, Merkblatt-Sammlung Wasserbau und Ökologie: Erkenntnisse aus dem Projekt Integrales Flussgebietsmanagement, Bern 2012 *(Wasserbau und Ökologie)*

BAFU (Hrsg.), Revitalisierung Fliessgewässer, Strategische Planung – Ein Modul der Vollzugshilfe Renaturierung der Gewässer, Umwelt-Vollzug Nr. 1208, Bern 2012 (www.bafu.admin.ch > Publikationen, Medien > Publikationen > Wasser > Vollzugshilfe Renaturierung der Gewässer) *(Revitalisierung)*

BAFU (Hrsg.), Raum den Gewässern, Magazin «umwelt» 3/2011 *(Raum den Gewässern)*

BAFU (Hrsg.), TVA-Revision – Normkonzept, Bern 2011 *(Normkonzept TVA [VVEA] 2011)*

BAFU (Hrsg.), Luftschadstoff-Emissionen des Strassenverkehrs 1990–2035, Aktualisierung 2010, Umwelt-Wissen Nr. 1021, Bern 2010 (www.bafu.admin.ch > Publikationen, Medien > Publikationen > Luft) *(Luftschadstoff-Emissionen)*

BAFU (Hrsg.), Trockenwiesen und -weiden von nationaler Bedeutung, Vollzugshilfe zur Trockenwiesenverordnung, Umwelt-Vollzug Nr. 1017, Bern 2010 *(Trockenwiesen)*

BAFU (Hrsg.), Schutz- und Nutzungsplanung nach Gewässerschutzgesetz, Erfahrungen, Beurteilungskriterien und Erfolgsfaktoren, Umwelt-Wissen Nr. 0931, Bern 2009 (www.bafu.admin.ch > Publikationen, Medien > Publikationen > Wasser) *(Schutz- und Nutzungsplanung)*

BAFU (Hrsg.), UVP-Handbuch – Richtlinie des Bundes für die Umweltverträglichkeitsprüfung (Art. 10b Abs. 2 USG und Art. 10 Abs. 1 UVPV), Umwelt-Vollzug Nr. 0923, Bern 2009 (www.bafu.admin.ch > Publikationen, Medien > Publikationen > Umweltverträglichkeitsprüfung) *(UVP-Handbuch)*

BAFU (Hrsg.), Wärmenutzung aus Boden und Untergrund, Vollzugshilfe für Behörden und Fachleute im Bereich Erdwärmenutzung, Umwelt-Vollzug Nr. 0910, Bern 2009 (www.bafu.admin.ch > Publikationen, Medien > Publikationen > Wasser) *(Erdwärmenutzung)*

BAFU (Hrsg.), Strukturen der Fliessgewässer in der Schweiz – Zustand von Sohle, Ufer und Umland (Ökomorphologie), Ergebnisse der ökomorphologischen Kartierung. Stand: April 2009, Umwelt-Zustand Nr. 0926, Bern 2009 (www.bafu.admin.ch > Publikationen, Medien > Publikationen > Wasser) *(Strukturen der Fliessgewässer)*

BAFU (Hrsg.), Erdbebenertüchtigung von Bauwerken, Strategie und Beispielsammlung aus der Schweiz, Umwelt-Wissen Nr. 0832, Bern 2008 (www.bafu.admin.ch > Publikationen, Medien > Publikationen > Naturgefahren und Erdbeben > Erdbebenertüchtigung von Bauwerken) *(Erdbebenertüchtigung von Bauwerken)*

BAFU (Hrsg.), Hochspannungsleitungen, Vollzugshilfe zur NISV, Vollzugs-, Berechnungs- und Messempfehlung, Entwurf zur Erprobung vom Juni 2007 (www.bafu.admin.ch > Themen A–Z > Elektrosmog > Vollzugshilfen) *(Hochspannungsleitungen)*

BAFU (Hrsg.), Baulärm-Richtlinie, Richtlinie über bauliche und betriebliche Massnahmen zur Begrenzung des Baulärms gemäss Artikel 6 der Lärmschutz-Verordnung vom 15. Dezember 1986, Stand 2011, Umwelt-Vollzug Nr. 0606, Bern 2006 (www.bafu.admin.ch > Publikationen, Medien > Publikationen > Lärm) *(Baulärm-Richtlinie)*

BAFU (Hrsg.), Richtlinie für die Verwertung mineralischer Bauabfälle – Ausbauasphalt, Strassenabbruch, Betonabbruch, Mischabbruch, 2. Aufl., Umwelt-Vollzug Nr. 0631, Bern 2006 (www.bafu.admin.ch > Publikationen, Medien > Publikationen > Abfall) *(Bauschutt-Richtlinie)*

BAFU/ARE, Rundschreiben zum Projekt «Effektivität und Effizienz von verkehrslenkenden Massnahmen bei verkehrsintensiven Einrichtungen», Ergänzung der Vollzugshilfe «Verkehrsintensive Einrichtungen (VE) im kantonalen Richtplan. Empfehlungen zur Standortplanung», Bern 2013 (www.bafu.admin.ch > Publikationen, Medien > Publikationen > Umweltverträglichkeitsprüfung) *(Rundschreiben)*

BAFU/ARE (Hrsg.), Verkehrsintensive Einrichtungen (VE) im kantonalen Richtplan – Empfehlungen zur Standortplanung, Umwelt-Vollzug Nr. 0605, Bern 2006 (www.bafu.admin.ch > Publikationen, Medien > Publikationen > Umweltverträglichkeitsprüfung) *(Verkehrsintensive Einrichtungen)*

BAFU/BAKOM/ARE/BPUK/SSV/SGV (Hrsg.), Leitfaden Mobilfunk für Gemeinden und Städte, Bern 2010 *(Leitfaden Mobilfunk)*

BAFU/BAV (Hrsg.), Umwelt und Raumplanung bei Seilbahnvorhaben, Vollzugshilfe für Entscheidbehörden und Fachstellen, Seilbahnunternehmungen und Umweltfachleute, Bern 2013 *(Vollzugshilfe Seilbahnvorhaben)*

BAFU/BAV/ASTRA/ARE (Hrsg.), Zerschneidung von Lebensräumen durch Verkehrsinfrastrukturen, COST 341, 2. aktualisierte Auflage der BUWAL-Schriftenreihe Umwelt Nr. 332, Bern 2007 (www.bafu.admin.ch > Publikationen, Medien > Publikationen > Landschaft) *(Zerschneidung von Lebensräumen)*

BAFU/BLW/ARE, Gewässerraum und Landwirtschaft – Merkblatt vom 20. Mai 2014 (www.are.admin.ch > Aktuell > Publikationen > Grundlagen) *(Merkblatt Gewässerraum und Landwirtschaft)*

BAG, Nationaler Radonaktionsplan 2012–2020, 2011 (www.bag.admin.ch > Themen > Strahlung, Radioaktivität und Schall > Radon) *(Radonaktionsplan)*

BAG, Formaldehyd in der Innenraumluft, Informationen und Tipps für den Verbraucher, 2010 (www.bag.admin.ch > Themen > Chemikalien > Themen A–Z > Formaldehyd) *(Formaldehyd Innenraumluft)*

BAG, Richtwert für PCB in der Innenraumluft, Information und Empfehlungen vom 1. Juli 2002 (www.bag.admin.ch > Themen > Chemikalien > Themen A–Z > PCB) *(Richtwert PCB)*

BAG (Hrsg.), Radonhandbuch Schweiz, 2000 *(Radonhandbuch)*

BFE, Richtlinie «Gebäudeintegrierte Photovoltaikanlagen» zur Anwendung von Ziffer 2.3 des Anhangs 1.2 der Energieverordnung (EnV), Version 1.0 vom 4. März 2014 (www.bfe.admin.ch > Dokumentation > Publikationen > Datenbank allgemeine Publikationen) *(Gebäudeintegrierte Photovoltaikanlagen)*

BFE (Hrsg.), Grundlagen für eine Berechnungsmethode zum Kostenvergleich zwischen Kabeln und Freileitungen sowie zur Festlegung eines Mehrkostenfaktors, Bern 2013 (www.bfe.admin.ch > Dokumentation > Publikationen > Datenbank allgemeine Publikationen) *(Kostenvergleich)*

BFE, Bericht über die Ergebnisse der Anhörung zum Prüfungs- und Beurteilungsschema «Kabel-Freileitung» auf 220/380 kV-Ebene (ohne punktierte Kosten), Bern

2009 (www.bfe.admin.ch > Dokumentation > Publikationen > Datenbank allgemeine Publikationen) *(Ergebnisse Kabel-Freileitung)*

BFE (Hrsg.), Bericht zum Prüfungs- und Beurteilungsschema «Kabel-Freileitung» auf 220/380 kV-Ebene (ohne punktierte Kosten), Bern 2008 (www.bfe.admin.ch > Dokumentation > Publikationen > Datenbank allgemeine Publikationen) *(Bericht Kabel-Freileitung)*

BFE (Hrsg.), Geothermie, Nutzung der Erdwärme, Überblick, Technologie, Visionen, Bern 2006 (www.bfe.admin.ch > Dokumentation > Publikationen > Datenbank allgemeine Publikationen) *(Geothermie)*

BFE, Richtlinien zum Schutze des Bodens beim Bau unterirdisch verlegter Rohrleitungen (Bodenschutzrichtlinien), 1. Januar 1997 (www.bfe.admin.ch > Dokumentation > Publikationen > Datenbank allgemeine Publikationen) *(Bodenschutzrichtlinien)*

BFE/BAFU/ARE, Bericht in Erfüllung des Postulats Erleichterung des Baus von Windkraftanlagen in Wäldern und auf Waldweideflächen 10.3722, September 2012 (www.bfe.admin.ch > Themen > Erneuerbare Energien > Windenergie) *(Windkraftanlagen in Wäldern)*

BFE/BAFU/ARE (Hrsg.), Empfehlung zur Planung von Windenergieanlagen, Die Anwendung von Raumplanungsinstrumenten und Kriterien zur Standortwahl, Bern 2010 (www.bfe.admin.ch > Dokumentation > Publikationen > Datenbank allgemeine Publikationen) *(Windenergieanlagen)*

BFE/BAFU/ARE/ElCom, Bewertungsschema für Übertragungsleitungen, Bern 2013 (www.bfe.admin.ch > Dokumentation > Publikationen > Datenbank allgemeine Publikationen) *(Bewertungsschema)*

BFE/BAFU/ARE/ElCom, Handbuch zum Bewertungsschema Übertragungsleitungen, Bern 2013 (www.bfe.admin.ch > Dokumentation > Publikationen > Datenbank allgemeine Publikationen) *(Handbuch)*

BFE/BUWAL/ARE (Hrsg.), Konzept Windenergie Schweiz, Grundlage für die Standortwahl von Windparks, Bern 2004 (www.bfe.admin.ch > Dokumentation > Publikationen > Datenbank allgemeine Publikationen) *(Konzept Windenergie)*

BFU (Hrsg.), Sicherheit im Wohnungsbau, Ausgewählte rechtliche Aspekte betreffend bauliche Massnahmen zur Sturzprävention, BFU-Fachdokumentation 2.034, Bern 2014 (www.bfu.ch > Ratgeber > Ratgeber Unfallverhütung – Im und ums Haus > Bauliche Sicherheit) *(Sicherheit im Wohnungsbau)*

BPUK, Musterbotschaft zur interkantonalen Vereinbarung über die Harmonisierung der Baubegriffe (IVHB) (www.bpuk.ch > Konkordate > IVHB) *(Musterbotschaft IVHB)*

BPUK/UVEK, Technische Richtlinien Bauzonen vom 17. März 2014 *(Technische Richtlinien)*

BUNDESRAT, Solarwärme und Photovoltaik – ein Technologievergleich, Bericht vom 25. Februar 2015 in Erfüllung des Postulates 11.3350 sowie der Motion 11.3417 (www.parlament.ch > Curia Vista > Postulat Nr. 11.3350 bzw. Motion 11.3417) *(Solarwärme und Photovoltaik)*

BUNDESRAT (Hrsg.), Umwelt Schweiz 2015, Bern 2015 *(Umwelt Schweiz 2015)*

BUNDESRAT, Grundlagen für eine WKK-Strategie, Bericht vom September 2012 in Erfüllung der Motion 09.3740 (www.parlament.ch > Curia Vista > Motion 09.3740) *(WKK-Strategie)*

BUNDESRAT, Nutzung des Untergrundes, Bericht vom 17. März 2011 in Erfüllung des Postulats 11.3229 (www.parlament.ch > Curia Vista > Postulat Nr. 11.3229) *(Untergrund)*

BUNDESRAT, Bericht über den Vollzug der Umweltverträglichkeitsprüfung (UVP) und die Bewilligungsverfahren vom 18. Februar 2004 (in Erfüllung des Postulat 01.3266 der Kommission für Rechtsfragen des Nationalrats vom 17. September 2001), BBl 2004 1611 ff. *(Bericht Vollzug UVP 2004)*

BUNDESRAT/KDK/BPUK/SSV/SGV, Raumkonzept Schweiz, 2012 (www.are.admin.ch > Raumentwicklung & Raumplanung > Strategie und Planung > Raumkonzept Schweiz) *(Raumkonzept Schweiz)*

BUWAL (Hrsg.), Bundesinventar der Amphibienlaichgebiete von nationaler Bedeutung, Vollzugshilfe, Vollzug Umwelt, Bern 2002 *(Amphibienlaichgebiete)*

BUWAL (Hrsg.), Gewässerschutz bei der Entwässerung von Verkehrswegen, Wegleitung, Vollzug Umwelt, Bern 2002 *(Wegleitung Entwässerung von Verkehrswegen)*

BUWAL (Hrsg.), Wiederherstellung und Ersatz im Natur- und Landschaftsschutz, Die Eingriffsregelung nach schweizerischem Recht, Leitfaden Umwelt Nr. 11, Bern 2002 *(Wiederherstellung)*

BUWAL (Hrsg.), Beurteilungskriterien I–II zur Störfallverordnung StFV (www.bafu.admin.ch > Publikationen, Medien > Publikationen > Störfälle)
- Beurteilungskriterien I zur Störfallverordnung StFV, Richtlinien für Betriebe mit Stoffen, Erzeugnissen oder Sonderabfällen, Bern 1996
- Beurteilungskriterien II zur Störfallverordnung StFV, Richtlinien für Verkehrswege, Bern 2001 *(Beurteilungskriterien I/II StFV)*

BUWAL (Hrsg.), Bodenschutz beim Bauen, Leitfaden Umwelt Nr. 10, Bern 2001 (www.bafu.admin.ch > Publikationen, Medien > Publikationen > Boden) *(Bodenschutz-Leitfaden)*

BUWAL (Hrsg.), Erstellung des Katasters der belasteten Standorte, Bern 2001 (www.bafu.admin.ch > Publikationen, Medien > Publikationen > Altlasten) *(Erstellung Kataster)*

BUWAL (Hrsg.), Luftreinhaltung bei Bautransporten, Vollzug Umwelt, Bern 2001 (www.bafu.admin.ch > Publikationen, Medien > Publikationen > Luft) *(Bautransporte)*

BUWAL (Hrsg.), Wegleitung Verwertung von ausgehobenem Boden (Wegleitung Bodenaushub), Vollzug Umwelt, Bern 2001 (www.bafu.admin.ch > Publikationen, Medien > Publikationen > Boden) *(Wegleitung Bodenaushub)*

BUWAL (Hrsg.), Angemessene Restwassermengen – Wie können sie bestimmt werden?, Wegleitung, Vollzug Umwelt, Bern 2000 (www.bafu.admin.ch > Publikationen, Medien > Publikationen > Wasser) *(Restwassermengen)*

BUWAL (Hrsg.), Rechtliche Möglichkeiten der Sicherung von Grossschutzgebieten, Schriftenreihe Umwelt Nr. 321, Bern 2000 (www.bafu.admin.ch > Publikationen, Medien > Publikationen > Recht) *(Grossschutzgebiete)*

BUWAL (Hrsg.), Wohin mit dem Regenwasser? Versickern lassen – Zurückhalten – Oberflächlich ableiten, Beispiele aus der Praxis, Bern 2000 *(Regenwasser)*

BUWAL (Hrsg.), Richtlinie für die Verwertung, Behandlung und Ablagerung von Aushub-, Abraum- und Ausbruchmaterial, Bern 1999 (www.bafu.admin.ch > Publikationen, Medien > Publikationen > Abfall) *(Aushubrichtlinie)*

BUWAL (Hrsg.), Sanierungsbericht Wasserentnahmen, Sanierung nach Art. 80 Abs. 1 Gewässerschutzgesetz, Vollzug Umwelt, Mitteilungen zum Gewässerschutz Nr. 25, Bern 1997 (www.bafu.admin.ch > Publikationen, Medien > Publikationen > Wasser) *(Restwassersanierung)*

BUWAL (Hrsg.), Ufervegetation und Uferbereich nach NHG: Begriffserklärung, Naturwissenschaftliche Definition und Erläuterung der Begriffe gestützt auf die Artikel 18 Absatz 1bis und 21 des Bundesgesetzes über den Natur- und Heimatschutz (NHG), Bern 1997 (www.bafu.admin.ch > Publikationen, Medien > Publikationen > Landschaft) *(Ufervegetation)*

BUWAL (Hrsg.), UVP von Wasserkraftanlagen, Massnahmen zum Schutz der Umwelt, Vollzug Umwelt, Mitteilungen zur Umweltverträglichkeitsprüfung (UVP) Nr. 8, Bern 1997 (www.bafu.admin.ch > Publikationen, Medien > Publikationen > Umweltverträglichkeitsprüfung) *(UVP von Wasserkraftanlagen)*

BUWAL (Hrsg.), Bundesinventar der Moorlandschaften: Empfehlungen zum Vollzug, Bern 1996 (www.bafu.admin.ch > Publikationen, Medien > Publikationen > Biodiversität) *(Moorlandschaften)*

BUWAL (Hrsg.), Vollzugshilfe zur Auenverordnung, Bern 1995 (www.bafu.admin.ch > Publikationen, Medien > Publikationen > Biodiversität) *(Auenverordnung)*

BUWAL/ASB/SVI (Hrsg.), UVP bei Strassenverkehrsanlagen, Anleitung zur Erstellung von UVP-Berichten, Mitteilungen zur Umweltverträglichkeitsprüfung (UVP) Nr. 7, Bern 1992 (www.bafu.admin.ch > Publikationen, Medien > Publikationen > Umweltverträglichkeitsprüfung) *(UVP bei Strassenverkehrsanlagen)*

BUWAL/BWG/BLW/ARE, Leitbild Fliessgewässer Schweiz, Für eine nachhaltige Gewässerpolitik, Bern 2003 (www.bafu.admin.ch > Publikationen, Medien > Publikationen > Wasser *(Leitbild Fliessgewässer)*

BUWAL/WSL (Hrsg.), Moore und Moorschutz in der Schweiz, Bern 2002 *(Moore und Moorschutz)*

BWG, Hochwasserschutz an Fliessgewässern, Wegleitung, Bern 2001 *(Wegleitung Hochwasserschutz)*

EDI (Hrsg.), Erläuterungen zum Inventar der schützenswerten Ortsbilder der Schweiz, Bern 2011 (www.bak.admin.ch > Kulturerbe > Heimatschutz- und Denkmalpflege > Bundesinventar ISOS > Das ISOS in Kürze) *(Erläuterungen)*

EDI (Hrsg.), ISOS Einführung, Inventar der schützenswerten Ortsbilder der Schweiz, Bern 1981 *(Einführung)*

EDI/EKD (Hrsg.), Schutz der Umgebung von Denkmälern, Grundsatzpapier vom 17. Oktober 2008 (www.bak.admin.ch > Kulturerbe > Expertise > Eidgenössische Kommission für Denkmalpflege) *(Umgebung)*

EJPD/BRP, Erläuterungen zum Bundesgesetz über die Raumplanung, Bern 1981 *(Erläuterungen)*

EKD (Hrsg.), Leitsätze zur Denkmalpflege in der Schweiz, Zürich 2007 *(Leitsätze)*

ERI, ERI-Richtlinie 2003, Anhang 13 Bauten im Bereich von Rohrleitungen, Merkblatt betreffend die Bewilligung von Bauvorhaben und anderen Arbeiten im Bereich einer Ölleitung oder einer Gasleitung über 5 bar (www.bfe.admin.ch > Dokumentation > Publikationen > Datenbank allgemeine Publikationen) *(Bauvorhaben)*

FAT, Mindestabstände von Tierhaltungsanlagen, Empfehlungen für neue und bestehende Betriebe, FAT-Berichte Nr. 476, 1995 *(Mindestabstände von Tierhaltungsanlagen)*

IOHB, Faktenblatt vom 12. November 2014, Interkantonale Vereinbarung über die Harmonisierung der Baubegriffe IVHB (www.bpuk.ch > Konkordate > IVHB) *(Faktenblatt IVHB)*

IOHB, Erläuterungen zur IVHB, Stand 3. September 2013 (www.bpuk.ch > Konkordate > IVHB) *(Erläuterungen IVHB)*

SECO, Wegleitung zu den Verordnungen 3 und 4 zum Arbeitsgesetz, Staatssekretariat für Wirtschaft, Bern 2011 *(Verordnungen 3 und 4 ArG)*

SUVA, Grenzwerte am Arbeitsplatz 2016, Luzern 2016 *(Grenzwerte)*

UVEK, Teilrevision 1+ des Luftfahrtgesetzes – Erläuternder Bericht zum Vernehmlassungsentwurf, 2015 *(Bericht LFG 1+)*

VKF, Gesamtrevision Schweizerische Brandschutzvorschriften VKF, Erläuternder Bericht für die Vernehmlassung vom 1. November 2013 (www.praever.ch > Brandschutz > Vorschriften 2015 (Gültig ab 1.1.2015) > Weitere Publikationen > Brandschutzvorschriften 2015 – Zusammenfassung Neuerungen/Änderungen) *(Revision Brandschutzvorschriften)*

b) Kantone

AFV ZH/ZVV ZH, Hindernisfreie Bushaltestellen – Empfehlung zur Ausgestaltung, 2014 (www.afv.zh.ch > Strassenverkehr > Projektentwicklung > Behindertengerechtes Bauen) *(Hindernisfreie Bushaltestellen)*

AGR BE (Hrsg.), Abstellplätze für Fahrzeuge, Leitfaden zur Berechnung der erforderlichen Anzahl Abstellplätze nach Art. 49 bis 56 BauV, Bern 2015 (www.jgk.be.ch > Baubewilligungen > Publikationen) *(Leitfaden Abstellplätze)*

ARE GR/AEV GR, Windenergieanlagen (WEA), Leitfaden als Beurteilungsgrundlage für Behörden und Projektanten, Chur 2008 (www.are.gr.ch > Dienstleistungen > Grundlagen) *(Windenergieanlagen)*

ARE ZH, Förderung der Siedlungsqualität, 2012 (www.are.zh.ch > Raumplanung > Formulare & Merkblätter) *(Siedlungsqualität)*

AWEL ZH, Störfallvorsorge und Raumplanung, 2009 (www.awel.zh.ch > Betriebe und Anlagen > Störfallvorsorge (Chemie) > Risikokataster > Raumplanung und Störfälle) *(Störfallvorsorge)*

BAUDIREKTION ZH, Wegleitung zur Regelung des Parkplatz-Bedarfs in kommunalen Erlassen, 1997 (www.awel.zh.ch > Luft, Klima & Elektrosmog > Verkehr) *(Wegleitung Parkplatz-Bedarf)*

BVU AG (Hrsg.), Kommunaler Gesamtplan Verkehr (KGV), Empfehlungen, Aarau 2011 (www.ag.ch > Der Kanton nach Organisation > Departement Bau, Verkehr und Umwelt > Mobilität & Verkehr > Siedlung & Verkehr > Kommunaler Gesamtplan Verkehr) *(Gesamtplan Verkehr)*

BVU AG, Luftqualität in Schulhäusern, Umwelt Aargau Nr. 30, Aarau 2005, S. 21 ff. (www.ag.ch > Kanton nach Organisation > Umwelt, Natur & Landschaft > Umwelt Aargau) *(Luftqualität in Schulhäusern)*

KANTON LUZERN, Arbeitshilfe Störfallvorsorge und Raumplanung, November 2013 (www.rawi.lu.ch > Downloads > Raumentwicklung > Raumplanung und Umwelt) *(Arbeitshilfe Störfallvorsorge)*

VOLLZUGSSTELLEN DER STÖRFALLVERORDNUNG DER KANTONE AG, BS, FR, LU UND ZH (Hrsg.), Störfallvorsorge im Rahmen der Raumplanung, Beurteilungskriterien für Störfallrisiken in Planungsverfahren, Schlussbericht vom 16. Mai 2006 (www.fr.ch/sen > Schutz vor Störfällen > Dokumentation) *(Störfallvorsorge Beurteilungskriterien)*

c) Ausländische Publikationen

WHO, WHO guidelines for indoor air quality: selected pollutants, Kopenhagen 2010 *(Selected Pollutants)*

Abkürzungsverzeichnis

Allgemein gebräuchliche Abkürzungen (wie Kantonsnamen, bzw., S. oder Nr.) werden als bekannt vorausgesetzt.

a.a.O.	am angeführten Ort
AB-EBV	Ausführungsbestimmungen zur Eisenbahnverordnung vom 15. Dezember 1983 (SR 742.141.11) (www.bav.admin.ch > Grundlagen > Vorschriften)
AB-SBV	Ausführungsbestimmungen des UVEK zur Schiffbauverordnung vom 23. April 2007 (SR 747.201.71) (www.bav.admin.ch > Themen > Schifffahrt)
AbfG BE	(Berner) Gesetz über die Abfälle (Abfallgesetz) vom 18. Juni 2003 (BSG 822.1)
AbfG TG	(Thurgauer) Gesetz über die Abfallbewirtschaftung (Abfallgesetz) vom 4. Juli 2007 (RB 814.04)
ABl. (L/C)	Amtsblatt der Europäischen Gemeinschaften/Union (Législation/ Communications et informations)
ABPV BS	(Basel-Städtische) Ausführungsbestimmungen zur Bau- und Planungsverordnung vom 15. Januar 2009 (SG 730.115)
Abs.	Absatz
Abt.	Abteilung
AbtrG ZH	(Zürcher) Gesetz betreffend die Abtretung von Privatrechten vom 30. November 1879 (LS 781)
aBV	(alte) Bundesverfassung der Schweizerischen Eidgenossenschaft vom 29. Mai 1874 (AS 1 1; aufgehoben)
ABV ZH	(Zürcher) Verordnung über die nähere Umschreibung der Begriffe und Inhalte der baurechtlichen Institute sowie über die Mess- und Berechnungsweisen (Allgemeine Bauverordnung) vom 22. Juni 1977 (LS 700.2)
a.E.	am Ende
AEUV	Vertrag über die Arbeitsweise der Europäischen Union (ABl. C 115 vom 9. Mai 2008, S. 47)
AEV	Amt für Energie und Verkehr des Kantons Graubünden
AFV	Amt für Verkehr des Kantons Zürich
aGbF	anrechenbare Gebäudefläche
AGR	Amt für Gemeinden und Raumordnung des Kantons Bern
aGrF	anrechenbare Grünfläche
aGSF	anrechenbare Grundstücksfläche
AGVE	Aargauische Gerichts- und Verwaltungsentscheide

AIP	Aeronautical Information Publication (Luftfahrthandbuch)
AJP	Aktuelle Juristische Praxis (Periodikum)
AlgV	Verordnung über den Schutz der Amphibienlaichgebiete von nationaler Bedeutung (Amphibienlaichgebiete-Verordnung) vom 15. Juni 2001 (SR 451.34)
AltlV	Verordnung über die Sanierung von belasteten Standorten (Altlasten-Verordnung) vom 26. August 1998 (SR 814.680)
a.M.	anderer Meinung
Amtl. Bull. NR/SR	Amtliches Bulletin der Bundesversammlung (Nationalrat/Ständerat)
Anh.	Anhang
ARE	Amt für Raumentwicklung des Kantons Graubünden/Amt für Raumentwicklung des Kantons Zürich/Bundesamt für Raumentwicklung
ArG	Bundesgesetz über die Arbeit in Industrie, Gewerbe und Handel (Arbeitsgesetz) vom 13. März 1964 (SR 822.11)
ArGV 3	Verordnung 3 zum Arbeitsgesetz (Gesundheitsschutz) vom 18. August 1993 (SR 822.113)
ArGV 4	Verordnung 4 zum Arbeitsgesetz (Industrielle Betriebe, Plangenehmigung und Betriebsbewilligung) vom 18. August 1993 (SR 822.114)
ART	Forschungsanstalt Agroscope Reckenholz-Tänikon (seit 2006; zuvor: Eidgenössische Forschungsanstalt für Agrarwirtschaft und Landtechnik FAT)
Art.	Artikel
AS	Amtliche Sammlung des Bundesrechts/Amtliche Sammlung der Stadt Zürich
ASB	Bundesamt für Strassenbau (bis 31. Dezember 1997; seither: Bundesamt für Strassen ASTRA)
ASTRA	Bundesamt für Strassen (seit 1. Januar 1998; zuvor Bundesamt für Strassenbau ASB)
AsylG	Asylgesetz vom 26. Juni 1998 (SR 142.31)
AtraG	Bundesgesetz über den Bau der schweizerischen Eisenbahn-Alpentransversale (Alpentransit-Gesetz) vom 4. Oktober 1991 (SR 742.104)
AuenV	Verordnung über den Schutz der Auengebiete von nationaler Bedeutung (Auenverordnung) vom 28. Oktober 1992 (SR 451.31; keine offizielle Abkürzung)
Aufl.	Auflage
AW	Alarmwert
AWEL	Amt für Abfall, Wasser, Energie und Luft des Kantons Zürich

BABS	Bundesamt für Bevölkerungsschutz
BAFU	Bundesamt für Umwelt (seit 1. Januar 2006; zuvor: Bundesamt für Umwelt, Wald und Landschaft BUWAL und Bundesamt für Wasser und Geologie BWG)
BAG	Bundesamt für Gesundheit
BAKOM	Bundesamt für Kommunikation
bar	Bar (Druck)
BauAV	Verordnung über die Sicherheit und den Gesundheitsschutz der Arbeitnehmerinnen und Arbeitnehmer bei Bauarbeiten (Bauarbeitenverordnung) vom 29. Juni 2005 (SR 832.311.141)
BauG AG	(Aargauer) Gesetz über Raumentwicklung und Bauwesen (Baugesetz) vom 19. Januar 1993 (SAR 713.100)
BauG AI	(Appenzell-Innerrhodisches) Baugesetz vom 29. April 2012 (GS 700.000)
BauG AR	(Appenzell-Ausserrhodisches) Gesetz über die Raumplanung und das Baurecht (Baugesetz) vom 12. Mai 2003 (bGS 721.1)
BauG BE	(Berner) Baugesetz vom 9. Juni 1985 (BSG 721.0)
BauG OW	(Obwaldner) Baugesetz vom 12. Juni 1994 (GDB 710.1)
BauG SG	(St. Galler) Gesetz über die Raumplanung und das öffentliche Baurecht (Baugesetz) vom 6. Juni 1972 (sGS 731.1)
BauG SH	Gesetz über die Raumplanung und das öffentliche Baurecht im Kanton Schaffhausen (Baugesetz) vom 1. Dezember 1997 (SHR 700.100)
BauG VS	(Walliser) Baugesetz vom 8. Februar 1996 (SGS 705.1)
BauPG	Bundesgesetz über Bauprodukte (Bauproduktegesetz) vom 21. März 2014 (SR 933.0); zuvor gleichnamiges Gesetz vom 8. Oktober 1999
BauV AG	(Aargauer) Bauverordnung vom 25. Mai 2011 (SAR 713.121)
BauV AI	(Appenzell-Innerrhodische) Verordnung zum Baugesetz vom 22. Oktober 2012 (GS 700.010)
BauV AR	(Appenzell-Ausserrhodische) Bauverordnung vom 2. Dezember 2003 (bGS 721.11)
BauV BE	(Berner) Bauverordnung vom 6. März 1985 (BSG 721.1)
BauV GL	(Glarner) Bauverordnung vom 23. Februar 2011 (GS VII B/1/2)
BauV NW	(Nidwaldner) Vollziehungsverordnung zum Gesetz über die Raumplanung und das öffentliche Baurecht (Bauverordnung) vom 3. Juli 1996 (NG 611.011)
BauV OW	(Obwaldner) Verordnung zum Baugesetz vom 7. Juli 1994 (GDB 710.11)
BauV SO	(Solothurner) Kantonale Bauverordnung vom 3. Juli 1978 (BGS 711.61)

BauV VS	(Walliser) Bauverordnung vom 2. Oktober 1996 (SGS 705.100)
BAV	Bundesamt für Verkehr
BAZL	Bundesamt für Zivilluftfahrt
BBl	Bundesblatt
BBV I ZH	(Zürcher) Verordnung über die ordentlichen technischen und übrigen Anforderungen an Bauten, Anlagen, Ausstattungen und Ausrüstungen (Besondere Bauverordnung I) vom 6. Mai 1981 (LS 700.21)
Bd./Bde.	Band/Bände
BehiG	Bundesgesetz über die Beseitigung von Benachteiligungen von Menschen mit Behinderungen (Behindertengleichstellungsgesetz) vom 13. Dezember 2002 (SR 151.3)
BehiV	Verordnung über die Beseitigung von Benachteiligungen von Menschen mit Behinderungen (Behindertengleichstellungsverordnung) vom 19. November 2003 (SR 151.31)
BewD BE	(Berner) Dekret über das Baubewilligungsverfahren (Baubewilligungsdekret) vom 22. März 1994 (BSG 725.1)
BEZ	Baurechtsentscheide Kanton Zürich (Periodikum)
BFE	Bundesamt für Energie
BFS	Bundesamt für Statistik
BFU	Beratungsstelle für Unfallverhütung
BGBB	Bundesgesetz über das bäuerliche Bodenrecht vom 4. Oktober 1991 (SR 211.412.11)
BGBM	Bundesgesetz über den Binnenmarkt (Binnenmarktgesetz) vom 6. Oktober 1995 (SR 943.02)
BGE	Entscheidungen des Schweizerischen Bundesgerichts (Amtliche Sammlung)
BGF	Bruttogeschossfläche
BGer	Bundesgericht
BGF	Bundesgesetz über die Fischerei vom 21. Juni 1991 (SR 923.0)
BGG	Bundesgesetz über das Bundesgericht (Bundesgerichtsgesetz) vom 17. Juni 2005 (SR 173.110)
BGLE	Bundesgesetz über die Lärmsanierung der Eisenbahnen vom 24. März 2000 (SR 742.144)
BGÖ	Bundesgesetz über das Öffentlichkeitsprinzip der Verwaltung (Öffentlichkeitsgesetz) vom 17. Dezember 2004 (SR 152.3)
bGS	bereinigte Gesetzessammlung des Kantons Appenzell Ausserrhoden
BGS	Solothurnische Bereinigte Gesetzessammlung/Zuger Bereinigte Gesetzessammlung

BJ	Bundesamt für Justiz
BJM	Basler Juristische Mitteilungen (Periodikum)
BLN	Bundesinventar der Landschaften und Naturdenkmäler von nationaler Bedeutung
BLW	Bundesamt für Landwirtschaft
BMBV BE	(Berner) Verordnung über die Begriffe und Messweisen im Bauwesen vom 25. Mai 2011 (BSG 721.3)
BMZ	Baumassenziffer
BöV	Schweizerische Fachstelle Barrierefreier öffentlicher Verkehr (heute: Inclusion Handicap)
BPG	Bundespersonalgesetz vom 24. März 2000 (SR 172.220.1)
BPG BS	(Basel-Städtisches) Bau- und Planungsgesetz vom 17. November 1999 (SG 730.100)
BPUK	Schweizerische Bau-, Planungs- und Umweltdirektoren-Konferenz
BPV BS	(Basel-Städtische) Bau- und Planungsverordnung vom 19. Dezember 2000 (SG 730.110)
Bq	Becquerel (Masseinheit für die Aktivität einer Menge einer radioaktiven Substanz)
BR	Baurecht (Periodikum)/Bündner Rechtsbuch (Systematische Sammlung)
BRG	Baurekursgericht des Kantons Zürich (seit 1. Januar 2011; zuvor: Baurekurskommissionen des Kantons Zürich BRK)
BRG BE	(Berner) Bergregalgesetz vom 18. Juni 2003 (BSG 931.1)
BRK	Baurekurskommission/Baurekurskommissionen des Kantons Zürich (bis 31. Dezember 2010; seither: BRG)/Eidgenössische Rekurskommission für das öffentliche Beschaffungswesen (seit 1. Januar 2007 integriert in das Bundesverwaltungsgericht)
BRP	Bundesamt für Raumplanung (bis 31. Mai 2000; seither: Bundesamt für Raumentwicklung ARE)
BRT	Schweizerische Baurechtstagung (Tagungsunterlagen) (= JDC)
BSG	Bernische Systematische Gesetzessammlung/Bundesgesetz über die Binnenschifffahrt vom 3. Oktober 1975 (SR 747.201)
BSN	Brandschutznorm
BSV	Verordnung über die Schifffahrt auf schweizerischen Gewässern (Binnenschifffahrtsverordnung) vom 8. November 1978 (SR 747.201.1)
BUWAL	Bundesamt für Umwelt, Wald und Landschaft (bis 31. Dezember 2005; seither: Bundesamt für Umwelt BAFU)
BV	Bundesverfassung der Schweizerischen Eidgenossenschaft vom 18. April 1999 (SR 101)

BVET	Bundesamt für Veterinärwesen
BVGer	Bundesverwaltungsgericht
BVGE	Entscheide des Schweizerischen Bundesverwaltungsgerichts (Amtliche Sammlung)
BVR	Bernische Verwaltungsrechtsprechung (Periodikum)
BVU	Departement Bau, Verkehr und Umwelt des Kantons Aargau
BVV ZH	(Zürcher) Bauverfahrensverordnung vom 3. Dezember 1997 (LS 700.6)
BWG	Bundesamt für Wasser und Geologie (bis 31. Dezember 2005; seither Bundesamt für Umwelt BAFU)
BWRG GR	Wasserrechtsgesetz des Kantons Graubünden vom 12. März 1995 (BR 810.100)
BWRV GR	Verordnung zum Wasserrechtsgesetz des Kantons Graubünden vom 1. Dezember 1994 (BR 810.110)
BZO	Bau- und Zonenordnung
CEN	Europäisches Komitee für Normung
ChemG	Bundesgesetz über den Schutz vor gefährlichen Stoffen und Zubereitungen (Chemikaliengesetz) vom 15. Dezember 2000 (SR 813.1)
ChemRRV	Verordnung zur Reduktion von Risiken beim Umgang mit bestimmten besonders gefährlichen Stoffen, Zubereitungen und Gegenständen (Chemikalien-Risikoreduktions-Verordnung) vom 18. Mai 2005 (SR 814.81)
ChemV	Verordnung über den Schutz vor gefährlichen Stoffen und Zubereitungen (Chemikalienverordnung) vom 18. Mai 2005 (SR 813.11)
CO	Kohlenmonoxid
CO_2	Kohlenstoffdioxid
CO_2-Gesetz	Bundesgesetz über die Reduktion der CO_2-Emissionen vom 23. Dezember 2011 (SR 641.71)
CO_2-Verordnung	Verordnung über die über die Reduktion der CO_2-Emissionen vom 30. November 2012 (SR 641.711)
COST	European Cooperation in Science and Technology
dB(A)	Dezibel (A-bewerteter Schallpegel)
ders./dies.	derselbe/dieselbe(n)
disP	The Planning Review, Zeitschrift vom Netzwerk Stadt und Landschaft NSL der ETH Zürich
Diss.	Dissertation
DPC JU	(Jurassisches) Décret concernant le permis de construire vom 11. Dezember 1992 (RSJU 701.51)
DPG BE	(Berner) Gesetz über die Denkmalpflege (Denkmalpflegegesetz) vom 8. September 1999 (BSG 426.41)

DRN JU	(Jurassisches) Décret concernant le règlement-norme sur les constructions vom 11. Dezember 1992 (RSJU 701.31)
E-	Entwurf zu
E.	Erwägung
EASA	European Aviation Safety Agency
EBG	Eisenbahngesetz vom 20. Dezember 1957 (SR 742.101)
EBV	Verordnung über Bau und Betrieb der Eisenbahnen (Eisenbahnverordnung) vom 23. November 1983 (SR 742.141.1)
(UN)ECE	(United Nations) Economic Commission for Europe
EDGE	Enhanced Data Rates für GSM Evolution
EDI	Eidgenössisches Departement des Innern
EG	Einführungsgesetz/Europäische Gemeinschaft (bis 31. Dezember 2008; seither: Europäische Union EU)
EG ZGB ZH	(Zürcher) Einführungsgesetz zum Schweizerischen Zivilgesetzbuch vom 2. April 1911 (LS 230)
EGMR	Europäischer Gerichtshof für Menschenrechte
EGVSZ	Entscheide der Gerichts- und Verwaltungsbehörden des Kantons Schwyz (Periodikum)
Eidg.	Eidgenössisch
EinG VS	(Walliser) Gesetz über die Eingliederung behinderter Menschen vom 31. Januar 1991 (SGS 850.6)
EinV VS	(Walliser) Verordnung betreffend die Anwendung des Gesetzes über die Eingliederung behinderter Menschen vom 24. Juni 1992 (SGS 850.60)
EJPD	Eidgenössisches Justiz- und Polizeidepartement
EKAS	Eidgenössische Koordinationskommission für Arbeitssicherheit
EKD	Eidgenössische Kommission für Denkmalpflege
EKL	Eidgenössische Kommission für Lufthygiene
ElCom	Eidgenössische Elektrizitätskomission
EleG	Bundesgesetz betreffend die elektrischen Schwach- und Starkstromanlagen (Elektrizitätsgesetz) vom 24. Juni 1902 (SR 734.0) (seit 1. Januar 1998; zuvor: ElG)
ElG	Bundesgesetz betreffend die elektrischen Schwach- und Starkstromanlagen (Elektrizitätsgesetz) vom 24. Juni 1902 (bis 31. Dezember 1997; seither: EleG)
EMD	Eidgenössisches Militärdepartement (bis 31. Dezember 1997; seither: Eidgenössisches Departement für Verteidigung, Bevölkerungsschutz und Sport VBS)
EMRK	Konvention zum Schutze der Menschenrechte und Grundfreiheiten vom 4. November 1950 (SR 0.101)

EN	Europäische Normen
EN 16584 (-1; -2; -3)	Europäische Normen: Bahnanwendungen - Gestaltung für mobilitätseingeschränkte Menschen - Allgemeine Anforderungen (Teil 1: Kontrast; Teil 2: Informationen; Teil 3: Rutschfestigkeit und Optische Eigenschaften)
EnDK	Konferenz Kantonaler Energiedirektoren
EnG	Energiegesetz vom 26. Juni 1998 (SR 730.0)
ENSIG	Bundesgesetz über das Eidgenössische Nuklearsicherheitsinspektorat vom 22. Juni 2007 (SR 732.2)
EntG	Bundesgesetz über die Enteignung vom 20. Juni 1930 (SR 711)
EnV	Energieverordnung vom 7. Dezember 1998 (SR 730.01)
ERI	Eidgenössisches Rohrleitungsinspektorat
ESchK	Eidgenössische Schätzungskommission
ESTI	Eidgenössisches Starkstrominspektorat
et al.	et alii (= und andere)
ETH	Eidgenössische Technische Hochschule
EU	Europäische Union (seit 1. Januar 2009; zuvor: Europäische Gemeinschaft EG)
EuGRZ	Europäische Grundrechte Zeitschrift
EWR	Europäischer Wirtschaftsraum
f./ff.	und folgende (Seite[n], Randziffer[n] etc.)
FABI	Finanzierung und Ausbau der Bahninfrastruktur
FAT	Eidgenössische Forschungsanstalt für Agrarwirtschaft und Landtechnik (bis 2005; seither: Agroscope Reckenholz-Tänikon ART)
FF	Funktionsfläche
FMG	Fernmeldegesetz vom 30. April 1997 (SR 784.10)
FMV	Verordnung über den Schutz der Flachmoore von nationaler Bedeutung (Flachmoorverordnung) vom 7. September 1994 (SR 451.33; keine offizielle Abkürzung)
Fn.	Fussnote
FprEN	Final Draft European Standard
FS	Festschrift
FWG	Bundesgesetz über Fuss- und Wanderwege vom 4. Oktober 1985 (SR 704)
FZR	Freiburger Zeitschrift für Rechtsprechung (= RFJ)
GDB	Gesetzesdatenbank (Systematische Sammlung) des Kantons Obwalden
GebV-BAFU	Verordnung über die Gebühren des Bundesamtes für Umwelt (Gebührenverordnung BAFU) vom 3. Juni 2005 (SR 814.014)

GeoIG	Bundesgesetz über Geoinformation (Geoinformationsgesetz) vom 5. Oktober 2007 (SR 510.62)
GER	Grundsätzliche Entscheide des Regierungsrates des Kantons Solothurn (Periodikum)
GF	Geschossfläche
GFZ	Geschossflächenziffer
GHz	Gigahertz
GIS	Geoinformationssystem
gl.M.	gleicher Meinung
GNB AG	(Aargauer) Gesetz über die Nutzung des tiefen Untergrunds und die Gewinnung von Bodenschätzen vom 19. Juni 2012 (SAR 671.200)
GS	Gesetzessammlung des Kantons Appenzell Innerrhoden/Gesetzessammlung des Kantons Glarus
GSchG	Bundesgesetz über den Schutz der Gewässer (Gewässerschutzgesetz) vom 24. Januar 1991 (SR 814.20)
GSchV	Gewässerschutzverordnung vom 28. Oktober 1998 (SR 814.201)
GSM	Global System for Mobile Communications
GTG	Bundesgesetz über die Gentechnik im Ausserhumanbereich (Gentechnikgesetz) vom 21. März 2003 (SR 814.91)
GuD	Gas und Dampf (Gaskombikraftwerke)
GüTG	Bundesgesetz über den Gütertransport von Bahn- und Schifffahrtsunternehmen (Gütertransportgesetz) vom 19. Dezember 2008 (SR 742.41)
GVO	gentechnisch veränderte Organismen
GVVG	Bundesgesetz über die Verlagerung des alpenquerenden Güterschwerverkehrs von der Strasse auf die Schiene (Güterverkehrsverlagerungsgesetz) vom 19. Dezember 2008 (SR 740.1)
GWBA SO	(Solothurner) Gesetz über Wasser, Boden und Abfall vom 4. März 2009 (BGS 712.15)
GZ	Grünflächenziffer
HGVAnG	Bundesgesetz über den Anschluss der Ost- und der Westschweiz an das europäische Eisenbahn-Hochleistungsnetz (HGV-Anschluss-Gesetz) vom 18. März 2005 (SR 742.140.3)
HMV	Verordnung über den Schutz der Hoch- und Übergangsmoore von nationaler Bedeutung (Hochmoorverordnung) vom 21. Januar 1991 (SR 451.32; keine offizielle Abkürzung)
HNF	Hauptnutzfläche
Hrsg./hrsg.	Herausgeber(in)/herausgegeben
Hz	Hertz (Abgeleitete SI-Einheit für die Frequenz)

i.K.	in Kraft
ICAO	International Civil Aviation Organization
ICNIRP	International Commission on Non-Ionizing Radiation Protection
IGW	Immissionsgrenzwert
InteropRL	Richtlinie 2008/57/EG des Europäischen Parlaments und des Rates vom 17. Juni 2008 über die Interoperabilität des Eisenbahnsystems in der Gemeinschaft (Neufassung) (ABl. L 191 vom 18. Juli 2008, S. 1), zuletzt geändert durch die Richtlinie 2013/9/EU der Kommission vom 11. März 2013 (ABl. L 68 vom 12. März 2013, S. 55)
IOHB	Interkantonales Organ Harmonisierung Baubegriffe
IOTH	Interkantonales Organ Technische Handelshemmnisse
IRAP	Institut für Raumentwicklung an der HSR Hochschule für Technik Rapperswil
ISOS	Bundesinventar der schützenswerten Ortsbilder der Schweiz
IVHB	Interkantonale Vereinbarung über die Harmonisierung der Baubegriffe
i.V.m.	in Verbindung mit
IVS	Bundesinventar der historischen Verkehrswege der Schweiz
IVTH	Interkantonale Vereinbarung zum Abbau technischer Handelshemmnisse vom 23. Oktober 1998 (www.dtap.ch > Konkordate > IVTH)
JDC	Journées suisses du droit de la construction (Documentation) (= BRT)
JSG	Bundesgesetz über die Jagd und den Schutz wildlebender Säugetiere und Vögel (Jagdgesetz) vom 20. Juni 1986 (SR 922.0)
JuMi	Juristische Mitteilungen des Baudepartements des Kantons St. Gallen (Periodikum)
KbS	Kataster der belasteten Standorte
KdK	Konferenz der Kantonsregierungen
KEG	Kernenergiegesetz vom 21. März 2003 (SR 732.1)
KF	Konstruktionsfläche
KG AG	(Aargauer) Kulturgesetz vom 31. März 2009 (SAR 495.200)
KGer	Kantonsgericht
KGSG	Bundesgesetz über den Schutz der Kulturgüter bei bewaffneten Konflikten, bei Katastrophen und in Notlagen vom 20. Juni 2014 (SR 520.3)
KGSV	Verordnung über den Schutz der Kulturgüter bei bewaffneten Konflikten, bei Katastrophen und in Notlagen vom 29. Oktober 2014 (SR 520.31)
KGV	Kommunaler Gesamtplan Verkehr

KNHV ZH	(Zürcher) Kantonale Natur- und Heimatschutzverordnung vom 20. Juli 1977 (LS 702.11)
KoG BE	(Berner) Koordinationsgesetz vom 21. März 1994 (BSG 724.1)
KPFV	Verordnung über die Konzessionierung, Planung und Finanzierung der Bahninfrastruktur vom 14. Oktober 2015 (SR 742.120)
KPG-Bulletin	Bulletin der Kantonalen Planungsgruppe Bern (Periodikum)
KR	Kantonsrat
KRG GR	Raumplanungsgesetz für den Kanton Graubünden vom 6. Dezember 2004 (BR 801.100)
KRPG VS	(Walliser) Ausführungsgesetz zum Bundesgesetz über die Raumplanung vom 23. Januar 1987 (GS 701.1)
KRVO GR	Raumplanungsverordnung für den Kanton Graubünden vom 24. Mai 2005 (BR 801.110)
kV	Kilovolt
KV	Kantonsverfassung
KV BL	Verfassung des Kantons Basel-Landschaft vom 17. Mai 1984 (SGS 100)
KV GR	Verfassung des Kantons Graubünden vom 14. September 2003 (BR 110.100)
KV ZH	Verfassung des Kantons Zürich vom 27. Februar 2005 (LS 101)
KVA	Kehrichtverbrennungsanlage
kVA	Kilovoltampere
kW	Kilowatt
KW	Kraftwerk
kWh	Kilowattstunde
KWO	Kraftwerke Oberhasli AG
LAF	Laminar-Air-Flow (Flussstrom für saubere, gefilterte und keimarme Luft)
LaLAT GE	(Genfer) Loi d'application de la loi fédérale sur l'aménagement du territoire vom 4. Juni 1987 (RSG L 1 30)
LandV	Abkommen zwischen der Schweizerischen Eidgenossenschaft und der Europäischen Gemeinschaft über den Güter- und Personenverkehr auf Schiene und Strassen vom 21. Juni 1999 (SR 0.740.72; keine offizielle Abkürzung)
LATC VD	(Waadtländer) Loi sur l'aménagement du territoire et les constructions vom 4. Dezember 1984 (RSV 700.11)
LCAT JU	(Jurassisches) Loi sur les constructions et l'aménagement du territoire vom 25. Juni 1987 (RSJU 701.1)
LCAT NE	(Neuenburger) Loi cantonale sur l'aménagement du territoire vom 2. Oktober 1991 (RSN 701.0)

LCI GE	(Genfer) Loi sur les constructions et les installations diverses vom 14. April 1988 (RSG L 5 05)
LConstr. NE	(Neuenburger) Loi sur les constructions vom 25. März 1996 (RSN 720.0)
LEC TI	(Tessiner) Legge edilizia cantonale vom 13. März 1991 (RL 7.1.2.1)
LeGes	Gesetzgebung & Evaluation (bis 2000: Gesetzgebung heute) (Periodikum)
Leq	Energieäquivalenter Dauerschallpegel (Mittelungspegel)
LeV	Verordnung über elektrische Leitungen (Leitungsverordnung) vom 30. März 1994 (SR 734.31)
LFG	Bundesgesetz über die Luftfahrt (Luftfahrtgesetz) vom 21. Dezember 1948 (SR 748.0)
LGVE	Luzerner Gerichts- und Verwaltungsentscheide
LGZD GE	(Genfer) Loi générale sur les zones de développement vom 29. Juni 1957 (RSG L 1 35)
lit.	litera (= Buchstabe)
LRou VD	(Waadtländer) Loi sur les routes vom 10. Dezember 1991 (RSV 725.01)
LRV	Luftreinhalte-Verordnung vom 16. Dezember 1985 (SR 814. 318.142.1)
LS	Zürcher Loseblattsammlung
LST TI	(Tessiner) Legge sullo sviluppo territoriale vom 21. Juni 2011 (RL 7.1.1.1)
LSV	Lärmschutz-Verordnung vom 15. Dezember 1986 (SR 814.41) (= OPB)
LuftV	Abkommen zwischen der Schweizerischen Eidgenossenschaft und der Europäischen Gemeinschaft über den Luftverkehr vom 21. Juni 1999 (SR 0.748.127.192.68; keine offizielle Abkürzung)
LwG	Bundesgesetz über die Landwirtschaft (Landwirtschaftsgesetz) vom 29. April 1998 (SR 910.1)
m ü.M.	Meter über Meer
MAK-Werte	Maximale Arbeitsplatz-Konzentrationswerte
MaLV	Verordnung des UVEK über die Lärmemissionen von Geräten und Maschinen, die im Freien verwendet werden (Maschinenlärmverordnung) vom 22. Mai 2007 (SR 814.412.2)
m.E.	meines Erachtens
MG	Bundesgesetz über die Armee und die Militärverwaltung (Militärgesetz) vom 3. Februar 1995 (SR 510.10)
MinöStG	Mineralölsteuergesetz vom 21. Juni 1996 (SR 641.61)
MIV	Motorisierter Individualverkehr

MKW	Misoxer Kraftwerke AG
MLV	Verordnung über den Schutz der Moorlandschaften von besonderer Schönheit und von nationaler Bedeutung (Moorlandschaftsverordnung) vom 1. Mai 1996 (SR 451.35; keine offizielle Abkürzung)
MuKEn	Mustervorschriften der Kantone im Energiebereich
MW	Megawatt
MWh	Megawattstunde
m.w.H.	mit weiteren Hinweisen
MWth	Megawatt thermisch
NEAT	Neue Eisenbahn-Alpentransversale
NFA	Neugestaltung des Finanzausgleichs und der Aufgabenteilung zwischen Bund und Kantonen/Bundesgesetz über die Schaffung und die Änderung von Erlassen zur Neugestaltung des Finanzausgleichs und der Aufgabenteilung zwischen Bund und Kantonen vom 6. Oktober 2006 (AS 2007 5779)
NFP	Nationales Forschungsprogramm
NG	Nidwaldner Gesetzessammlung
NGF	Nettogeschossfläche
NHG	Bundesgesetz über den Natur- und Heimatschutz vom 1. Juli 1966 (SR 451)
NHV	Verordnung über den Natur- und Heimatschutz vom 16. Januar 1991 (SR 451.1)
NIS	nichtionisierende Strahlung
NISV	Verordnung über den Schutz vor nichtionisierender Strahlung vom 23. Dezember 1999 (SR 814.710)
NIV	Verordnung über elektrische Niederspannungsinstallationen (Niederspannungs-Installationsverordnung) vom 7. November 2001 (SR 734.27)
NLG BS	(Basel-Städtisches) Gesetz über den Natur- und Landschaftsschutz vom 25. Januar 1995 (SG 789.100)
NNF	Nebennutzfläche
NNTV	Notifizierte Nationale Technische Vorschriften (www.bav.admin.ch > Grundlagen > Vorschriften > Notifizierte Nationale Technische Vorschriften (NNTV)
NO_2	Stickstoffdioxid
NO_x	Stickoxide
NOK	Nordostschweizerische Kraftwerke AG
NR	Nationalrat
NSG	Bundesgesetz über die Nationalstrassen vom 8. März 1960 (SR 725.11)

NSL	Netzwerk Stadt und Landschaft
NSV	Nationalstrassenverordnung vom 7. November 2007 (SR 725.111)
NZZ	Neue Zürcher Zeitung
O_3	Ozon
OCAT JU	(Jurassische) Ordonnance sur les constructions et l'aménagement du territoire vom 3. Juli 1990 (RSJU 701.11)
OGer	Obergericht
ÖJZ	Österreichische Juristen-Zeitung
OMEN	Orte mit emfindlicher Nutzung
OPAM	Ordonnance sur la protection contre les accidents majeurs (Ordonnance sur les accidents majeurs) du 27 février 1991 (RS 814.012) (= StFV)
OR	Bundesgesetz betreffend die Ergänzung des Schweizerischen Zivilgesetzbuches (Fünfter Teil: Obligationenrecht) vom 30. März 1911 (SR 220)
Pa	Pascal (Druck)
Pa.Iv.	Parlamentarische Initiative
PAK	Polyzyklische aromatische Kohlenwasserstoffe
PäV	Verordnung über die Pärke von nationaler Bedeutung (Pärkeverordnung) vom 7. November 2007 (SR 451.36)
PBG	Bundesgesetz über die Personenbeförderung (Personenbeförderungsgesetz) vom 20. März 2009 (SR 745.1)
PBG aktuell	Zürcher Zeitschrift für öffentliches Baurecht
PBG LU	(Luzerner) Planungs- und Baugesetz vom 7. März 1989 (SRL 735)
PBG NW	(Nidwaldner) Gesetz über die Raumplanung und das öffentliche Baurecht (Planungs- und Baugesetz) vom 21. Mai 2014 (NG 611.1)
PBG SO	(Solothurner) Planungs- und Baugesetz vom 3. Dezember 1978 (BGS 711.1)
PBG SZ	(Schwyzer) Planungs- und Baugesetz vom 14. Mai 1987 (SRSZ 400.100)
PBG TG	(Thurgauer) Planungs- und Baugesetz vom 21. Dezember 2011 (RB 700)
PBG UR	(Urner) Planungs- und Baugesetz vom 13. Juni 2010 (RB 40.1111)
PBG ZG	(Zuger) Planungs- und Baugesetz vom 26. November 1998 (BGS 721.11)
PBG ZH	(Zürcher) Planungs- und Baugesetz vom 7. September 1975 (LS 700.1)
PBV LU	(Luzerner) Planungs- und Bauverordnung vom 29. Oktober 2013 (SRL 736)

PBV SZ	(Schwyzer) Vollzugsverordnung zum Planungs- und Baugesetz vom 2. Dezember 1997 (SRSZ 400.111)
PBV TG	(Thurgauer) Verordnung des Regierungsrates zum Planungs- und Baugesetz und zur Interkantonalen Vereinbarung über die Harmonisierung der Baubegriffe vom 18. September 2012 (RB 700.1)
PCB	Polychlorierte Biphenyle
PM10	Particulate Matter < 10 µm (Schwebestaub)
ppm	parts per million
PPV BS	(Basel-Städtische) Verordnung über die Erstellung von Parkplätzen für Personenwagen (Parkplatzverordnung) vom 22. Dezember 1992 (SG 730.310)
Pra	Die Praxis (Periodikum)
PSV	Verordnung über Pflanzenschutz (Pflanzenschutzverordnung) vom 27. Oktober 2010 (SR 916.20)
PublG	Bundesgesetz über die Sammlungen des Bundesrechts und das Bundesblatt (Publikationsgesetz) vom 18. Juni 2004 (SR 170.512)
PVG	Praxis des Verwaltungsgerichtes des Kantons Graubünden
PW	Planungswert
RB	Rechenschaftsbericht des Verwaltungsgerichts des Kantons Zürich (Entscheidteil bis 2008)/Rechtsbuch Kanton Thurgau/Urner Rechtsbuch
RBG BL	(Basel-Landschaftliches) Raumplanungs- und Baugesetz vom 8. Januar 1998 (SGS 400)
RBG GL	(Glarner) Raumentwicklungs- und Baugesetz vom 2. Mai 2010 (GS VII B/1/1)
RBV BL	(Basel-Landschaftliche) Verordnung zum Raumplanungs- und Baugesetz vom 27. Oktober 1998 (SGS 400.11)
RCI GE	(Genfer) Règlement d'application de la loi sur les constructions et les installations diverses vom 27. Februar 1978 (RSG L 5 05.01)
RDAF	Revue de droit administratif et de droit fiscal
RDAT	Rivista di diritto amministrativo e tributario ticinese
recht	Zeitschrift für juristische Weiterbildung und Praxis
REG	Vorentwurf des Bundesrates vom 12. Dezember 2008 zu einem Bundesgesetz über die Raumentwicklung (Raumentwicklungsgesetz) (später nicht weiterverfolgt)
RELCAT NE	(Neuenburger) Règlement d'exécution de la loi cantonale sur l'aménagement du territoire vom 16. Oktober 1996 (RSN 701.02)
RELConstr. NE	(Neuenburger) Règlement d'exécution de la loi sur les constructions vom 16. Oktober 1996 (RSN 720.1)
RFJ	Revue fribourgeoise de jurisprudence (= FZR)

RK-N/-S	Kommission für Rechtsfragen (Nationalrat/Ständerat)
RL	Raccolta delle leggi vigenti del Cantone Ticino
RLATC VD	(Waadtländer) Règlement d'application de la loi du 4 décembre 1985 sur l'aménagement du territoire et les constructions vom 19. September 1986 (RSV 700.11.1)
RLE TI	(Tessiner) Regolamento di applicazione della Legge edilizia vom 9. Dezember 1992 (RL 7.1.2.1.1)
RLG	Bundesgesetz über Rohrleitungsanlagen zur Beförderung flüssiger oder gasförmiger Brenn- oder Treibstoffe (Rohrleitungsgesetz) vom 4. Oktober 1963 (SR 746.1)
RLSV	Verordnung über Sicherheitsvorschriften für Rohrleitungsanlagen vom 4. April 2007 (SR 746.12)
RLV	Rohrleitungsverordnung vom 2. Februar 2000 (SR 746.11)
RPBG FR	(Freiburger) Raumplanungs- und Baugesetz vom 2. Dezember 2008 (SGF 710.1)
RPBG UR	(Urner) Reglement zum Planungs- und Baugesetz vom 6. Dezember 2011 (RB 40.1115)
RPBR FR	(Freiburger) Ausführungsreglement zum Raumplanungs – und Baugesetz vom 1. Dezember 2009 (SGF 710.11)
RPG	Bundesgesetz über die Raumplanung (Raumplanungsgesetz) vom 22. Juni 1979 (SR 700)
RPV	Raumplanungsverordnung vom 28. Juni 2000 (SR 700.1)
RR	Regierungsrat
RRB	Regierungsratsbeschluss
RSG	Recueil systématique genevois
RSJU	Recueil systématique jurassien
RSN	Recueil systématique de la législation neuchâteloise
RSV	Recueil systématique de la législation vaudoise
RVOG	Regierungs- und Verwaltungsorganisationsgesetz vom 21. März 1997 (SR 172.010)
Rz.	Randziffer
SAR	Systematische Sammlung des Aargauischen Rechts
SBB	Schweizerische Bundesbahnen
SBBG	Bundesgesetz über die Schweizerischen Bundesbahnen vom 20. März 1998 (SR 742.31)
SBV	Verordnung über Bau und Betrieb von Schiffen und Anlagen öffentlicher Schifffahrtsunternehmen (Schiffbauverordnung) vom 14. März 1994 (SR 747.201.7)
SebG	Bundesgesetz über Seilbahnen zur Personenbeförderung (Seilbahngesetz) vom 23. Juni 2006 (SR 743.01)

SebV	Verordnung über Seilbahnen zur Personenbeförderung (Seilbahnverordnung) vom 21. Dezember 2006 (SR 743.011)
SECO	Staatssekretariat für Wirtschaft
SEMIBEL	Schweizerisches Emissions- und Immissionsmodell für die Berechnung von Eisenbahnlärm
SG	Systematische Gesetzessammlung des Kantons Basel-Stadt
SG BE	(Berner) Strassengesetz vom 4. Juni 2008 (BSG 732.11)
SGF	Systematische Gesetzessammlung des Kantons Freiburg
SGGVP	St. Gallische Gerichts- und Verwaltungspraxis (Periodikum)
SGS	Systematische Gesetzessammlung des Kantons Basel-Landschaft/ Systematische Gesetzessammlung des Kantons Wallis
sGS	Systematische Gesetzessammlung des Kantons St. Gallen
SGV	Schweizerischer Gemeindeverband
SHR	Schaffhauser Rechtsbuch
SIA	Schweizerischer Ingenieur- und Architektenverein
SIL	Sachplan Infrastruktur der Luftfahrt
SIS	Sachplan Verkehr, Teil Infrastruktur Schiene
SJZ	Schweizerische Juristen-Zeitung
SLV	Verordnung über den Schutz des Publikums von Veranstaltungen vor gesundheitsgefährdenden Schalleinwirkungen und Laserstrahlen (Schall- und Laserverordnung) vom 28. Februar 2007 (SR 814.49)
SMS	Sicherheitsmanagementsystem
SN	Schweizer Norm
SOG	Solothurnische Gerichtspraxis (Periodikum)
SR	Ständerat/Systematische Sammlung des Bundesrechts
SRL	Systematische Rechtssammlung des Kantons Luzern
SRSZ	Systematische Gesetzsammlung des Kantons Schwyz
SSV	Schweizerischer Städteverband/Signalisationsverordnung vom 5. September 1979 (SR 741.21)
ST	Der Schweizer Treuhänder (Periodikum)
StAG	Bundesgesetz über die Stauanlagen (Stauanlagengesetz) vom 1. Oktober 2010 (SR 721.101)
StAV	Stauanlagenverordnung vom 17. Oktober 2012 (SR 721.101.1)
StFV	Verordnung über den Schutz vor Störfällen (Störfallverordnung) vom 27. Februar 1991 (SR 814.012)
StGB	Schweizerisches Strafgesetzbuch vom 21. Dezember 1937 (SR 311.0)
StrG LU	(Luzerner) Strassengesetz vom 21. März 1995 (SRL 755)

StrG SG	(St. Galler) Strassengesetz vom 12. Juni 1988 (sGS 732.1)
StrG ZH	(Zürcher) Strassengesetz vom 27. September 1981 (LS 722.1)
StromVG	Bundesgesetz über die Stromversorgung (Stromversorgungsgesetz) vom 23. März 2007 (SR 734.7)
StromVV	Stromversorgungsverordnung vom 14. März 2008 (SR 734.71)
StSV	Strahlenschutzverordnung vom 22. Juni 1994 (SR 814.501)
STVG	Bundesgesetz über den Strassentransitverkehr im Alpengebiet vom 17. Juni 1994 (SR 725.14)
SuG	Bundesgesetz über Finanzhilfen und Abgeltungen (Subventionsgesetz) vom 5. Oktober 1990 (SR 616.1)
SÜL	Sachplan Übertragungsleitungen
SUP	Strategische Umweltprüfung
SUVA	Schweizerische Unfallversicherungsanstalt
SVG	Strassenverkehrsgesetz vom 19. Dezember 1958 (SR 741.01)
SVI	Vereinigung Schweizerischer Verkehrsingenieure (heute: Schweizerische Vereinigung der Verkehrsingenieure und Verkehrsexperten)
SVOC	Semi volatile organic compounds (Mittelflüchtige organische Verbindungen)
SZF	Schweizerische Zeitschrift für Forstwesen
SZW	Schweizerische Zeitschrift für Wirtschafts- und Finanzmarktrecht
THG	Bundesgesetz über die technischen Handelshemmnisse vom 6. Oktober 1995 (SR 946.51)
TrG	Bundesgesetz über die Trolleybusunternehmen (Trolleybus-Gesetz) vom 29. März 1950 (SR 744.21)
TSchV	Tierschutzverordnung vom 23. April 2008 (SR 455.1)
TSI	Technische Spezifikationen für die Interoperabilität
TSI-PRM	Entscheidung 2008/164/EG der Kommission vom 21. Dezember 2007 über die technische Spezifikation für die Interoperabilität bezüglich «eingeschränkt mobiler Personen» im konventionellen transeuropäischen Eisenbahnsystem und im transeuropäischen Hochgeschwindigkeitsbahnsystem (ABl. L 64 vom 7. März 2008, S. 72)
TSI-PRM 2014	Verordnung 1300/2014/EU der Kommission vom 18. November 2014 über die technischen Spezifikationen für die Interoperabilität bezüglich der Zugänglichkeit des Eisenbahnsystems der Union für Menschen mit Behinderungen und Menschen mit eingeschränkter Mobilität (ABl. L 356 vom 12. Dezember 2014, S. 110)
TVA	Technische Verordnung über Abfälle vom 10. Dezember 1990 (AS 1991 169; aufgehoben)
TVR	Thurgauische Verwaltungsrechtspflege

TwwV	Verordnung über den Schutz der Trockenwiesen und -weiden von nationaler Bedeutung (Trockenwiesenverordnung) vom 13. Januar 2010 (SR 451.37)
u. dgl.	und dergleichen
UBA	Umweltbundesamt (Deutschland)
UeStG SG	(St. Galler) Übertretungsstrafgesetz vom 13. Dezember 1984 (sGS 921.1)
UMTS-FDD	Universal Mobile Telecommunications System-Frequency Division Duplex
UNESCO	United Nations Educational, Scientific and Cultural Organization
UNO	United Nations Organization
UNO-BRK	Übereinkommen über die Rechte von Menschen mit Behinderungen vom 13. Dezember 2006 (SR 0.109; keine offizielle Abkürzung)
UNO-Pakt II	Internationaler Pakt über bürgerliche und politische Rechte vom 16. Dezember 1966 (SR 0.103.2; keine offizielle Abkürzung)
UREK-N/-S	Kommission für Umwelt, Raumplanung und Energie (Nationalrat/Ständerat)
URP	Umweltrecht in der Praxis (Periodikum)
USG	Bundesgesetz über den Umweltschutz (Umweltschutzgesetz) vom 7. Oktober 1983 (SR 814.01) (= LPE)
USG BL	Umweltschutzgesetz Basel-Landschaft vom 27. Februar 1991 (SGS 780)
UVB	Umweltverträglichkeitsbericht
UVEK	Eidgenössisches Departement für Umwelt, Verkehr, Energie und Kommunikation
UVG	Bundesgesetz über die Unfallversicherung vom 20. März 1981 (SR 832.20)
UVP	Umweltverträglichkeitsprüfung
UVPV	Verordnung über die Umweltverträglichkeitsprüfung vom 19. Oktober 1988 (SR 814.011)
ÜZ	Überbauungsziffer
V PBG ZG	(Zuger) Verordnung zum Planungs- und Baugesetz vom 16. November 1999 (BGS 721.111)
VAböV	Verordnung des UVEK über die technischen Anforderungen an die behindertengerechte Gestaltung des öffentlichen Verkehrs vom 23. März 2016 (SR 151.342)
VASA	Verordnung über die Abgabe zur Sanierung von Altlasten vom 26. September 2008 (SR 814.681); zuvor gleichnamig Verordnung vom 5. April 2000
VB	Verwaltungsgerichtliche Beschwerde (Entscheid des Verwaltungsgerichts des Kantons Zürich)

VBBo	Verordnung über Belastungen des Bodens vom 1. Juli 1998 (SR 814.12)
VBLN	Verordnung über das Bundesinventar der Landschaften und Naturdenkmäler vom 10. August 1977 (SR 451.11)
VböV	Verordnung über die behindertengerechte Gestaltung des öffentlichen Verkehrs vom 12. November 2003 (SR 151.34)
VBS	Eidgenössisches Departement für Verteidigung, Bevölkerungsschutz und Sport (seit 1. Januar 1998; zuvor: Eidgenössisches Militärdepartement EMD)
VE	Vorentwurf/Vernehmlassungsentwurf
VEJ	Verordnung über die eidgenössischen Jagdbanngebiete vom 30. September 1991 (SR 922.31)
VEL	Verordnung des UVEK über die Emissionen von Luftfahrzeugen vom 26. Juni 2009 (SR 748.215.3)
VeVA	Verordnung über den Verkehr mit Abfällen vom 22. Juni 2005 (SR 814.610)
VF	Verkehrsfläche
VG	Vollgeschoss
VGer	Verwaltungsgericht
VGG	Bundesgesetz über das Bundesverwaltungsgericht (Verwaltungsgerichtsgesetz) vom 17. Juni 2005 (SR 173.32)
VGKE	Reglement über die Kosten und Entschädigungen vor dem Bundesverwaltungsgericht vom 21. Februar 2008 (SR 173.320.2)
VIL	Verordnung über die Infrastruktur der Luftfahrt vom 23. November 1994 (SR 748.131.1)
VILB	Verordnung über das Immobilienmanagement und die Logistik des Bundes vom 5. Dezember 2008 (SR 172.010.21)
VISOS	Verordnung über das Bundesinventar der schützenswerten Ortsbilder der Schweiz vom 9. September 1981 (SR 451.12)
VIVS	Verordnung über das Bundesinventar der historischen Verkehrswege der Schweiz vom 14. April 2010 (SR 451.13)
VKoG SG	(St. Galler) Gesetz über die Verfahrenskoordination in Bausachen vom 18. Juni 1998 (sGS 731.2)
VKF	Vereinigung Kantonaler Feuerversicherungen
VLE	Verordnung über die Lärmsanierung der Eisenbahnen vom 4. Dezember 2015 (SR 742.144.1); zuvor gleichnamige Verordnung vom 14. November 2001
VLP-ASPAN	Schweizerische Vereinigung für Landesplanung
VNR	Verein Normen für die Raumplanung
VOC	Volatile organic compounds (Flüchtige organische Verbindungen)

Vorbem.	Vorbemerkung(en)
VPB	Verordnung über die Personenbeförderung vom 4. November 2009 (SR 745.11)/Verwaltungspraxis der Bundesbehörden (seit 2007 nur noch online: www.bk.admin.ch > Dokumentation > Verwaltungspraxis der Bundesbehörden VPB)
VPeA	Verordnung über das Plangenehmigungsverfahren für elektrische Anlagen vom 2. Februar 2000 (SR 734.25)
VPVE	Verordnung über das Plangenehmigungsverfahren für Eisenbahnanlagen vom 2. Februar 2000 (SR 742.142.1)
VRG LU	(Luzerner) Gesetz über die Verwaltungsrechtspflege vom 3. Juli 1972 (SRL 40)
VRG ZH	(Zürcher) Verwaltungsrechtspflegegesetz vom 24. Mai 1959 (LS 175.2)
VRPG BE	(Berner) Gesetz über die Verwaltungsrechtspflege vom 23. Mai 1989 (BSG 155.21)
VRPG BS	(Basel-Städtisches) Gesetz über die Verfassungs- und Verwaltungsrechtspflege vom 14. Juni 1928 (SG 270.100)
VSS	Schweizerischer Verband der Strassen- und Verkehrsfachleute
VSA	Verband Schweizer Abwasser- und Gewässerschutzfachleute
VSE	Verband Schweizerischer Elektrizitätsunternehmen
VSiV ZH	(Zürcher) Verkehrssicherheitsverordnung vom 15. Juni 1983 (LS 722.15)
VUR	Vereinigung für Umweltrecht
VUV	Verordnung über die Verhütung von Unfällen und Berufskrankheiten (Verordnung über die Unfallverhütung) vom 19. Dezember 1983 (SR 832.30)
VVEA	Verordnung über die Vermeidung und die Entsorgung von Abfällen (Abfallverordnung) vom 4. Dezember 2015 (SR 814.600)
VVGE	Verwaltungs- und Verwaltungsgerichtsentscheide
VWEG	Verordnung zum Wohnbau- und Eigentumsförderungsgesetz vom 30. November 1981 (SR 843.1)
VwVG	Bundesgesetz über das Verwaltungsverfahren (Verwaltungsverfahrensgesetz) vom 20. Dezember 1968 (SR 172.021)
WaG	Bundesgesetz über den Wald (Waldgesetz) vom 4. Oktober 1991 (SR 921.0)
WaV	Verordnung über den Wald (Waldverordnung) vom 30. November 1992 (SR 921.01)
WBG	Bundesgesetz über den Wasserbau vom 21. Juni 1991 (SR 721.100; keine offizielle Abkürzung)
WBV	Verordnung über den Wasserbau (Wasserbauverordnung) vom 2. November 1994 (SR 721.100.1)

WEG	Wohnbau- und Eigentumsförderungsgesetz vom 4. Oktober 1974 (SR 843)
WHO	World Health Organization
WKK	Wärme-Kraft-Koppelung (bei Anlagen zur thermischen Energieerzeugung)
WLL	Wireless Local Loop
WNG VS	(Walliser) Gesetz über die Nutzbarmachung der Wasserkräfte vom 28. März 1990 (SGS 721.8)
WRG	Bundesgesetz über die Nutzbarmachung der Wasserkräfte (Wasserrechtsgesetz) vom 22. Dezember 1916 (SR 721.80)
WRV	Verordnung über die Nutzbarmachung der Wasserkräfte (Wasserrechtsverordnung) vom 2. Februar 2000 (SR 721.801)
WSL	Eidgenössische Forschungsanstalt für Wald, Schnee und Landschaft
WZV	Verordnung über die Berechnung des Wasserzinses (Wasserzinsverordnung) vom 12. Februar 1918 (SR 721.831)
WZVV	Verordnung über die Wasser- und Zugvogelreservate von internationaler und nationaler Bedeutung vom 21. Januar 1991 (SR 922.32)
ZBGR	Schweizerische Zeitschrift für Beurkundungs- und Grundbuchrecht
ZBJV	Zeitschrift des Bernischen Juristenvereins
ZBl	Schweizerisches Zentralblatt für Staats- und Verwaltungsrecht (Periodikum)
ZEBG	Bundesgesetz über die zukünftige Entwicklung der Bahninfrastruktur vom 20. März 2009 (SR 742.140.2)
ZGB	Schweizerisches Zivilgesetzbuch vom 10. Dezember 1907 (SR 210)
ZGGVP	Gerichts- und Verwaltungspraxis des Kantons Zug (Periodikum)
Ziff.	Ziffer
ZPO	Schweizerische Zivilprozessordnung (Zivilprozessordnung) vom 19. Dezember 2008 (SR 272)
ZSR	Zeitschrift für Schweizerisches Recht (Neue Folge)
ZVV	Zürcher Verkehrsverbund
ZWG	Bundesgesetz über Zweitwohnungen (Zweitwohnungsgesetz) vom 20. März 2015 (SR 702)
ZWR	Zeitschrift für Walliser Rechtsprechung
ZWV	Zweitwohnungsverordnung vom 4. Dezember 2015 (SR 702.1)
ZZZ	Schweizerische Zeitschrift für Zivilprozess- und Zwangsvollstreckungsrecht

μg	Mikrogramm
μm	Mikrometer
μT	Mikrotesla

1. TEIL:

Raumplanerische Instrumente zur Steuerung der Bautätigkeit

Inhaltsübersicht

Literatur

AEMISEGGER HEINZ, Rechtsprechung, S. 8 ff.; BAUMANN ANDREAS/VAN DEN BERGH RALPH/GOSSWEILER MARTIN/HÄUPTLI CHRISTIAN/HÄUPTLI-SCHWALLER ERICA/SOMMERHALDER FORESTIER VERENA, Kommentar BauG AG; BERNER MISCHA, Planungs- und Baurecht; BERTSCHI MARTIN, Bauzonen; BRUNNER ARNOLD, in: Kommentar GschG/WBG, Art. 19–21 GschG; FLÜCKIGER ALEXANDRE, Zones à bâtir; FRITZSCHE CHRISTOPH/BÖSCH PETER/WIPF THOMAS, Planungs- und Baurecht, S. 95 ff.; GRIFFEL ALAIN, Raumplanungs- und Baurecht; GSPONER DANIEL, Zone für öffentliche Bauten und Anlagen; HALLER WALTER/KARLEN PETER, Raumplanungs-, Bau und Umweltschutzrecht; HÄNNI PETER, Planungsrecht; HEER BALTHASAR, Bau- und Planungsrecht; JOOS MARKUS, Kommentar zum RPG; JOST FELIX, Bauzonen, S. 337 ff.; MARTI ARNOLD, Vornutzungsplan; MARTI ARNOLD, Schutzzonen; SEILER GERMANIER KATHARINA, Rechtsnatur; SIEGRIST MARKUS, Bausperre; SUTTER PATRICK, Haftung des Staates; THURNHERR DANIELA, Redimensionierung; TSCHANNEN PIERRE, in: Kommentar RPG, Art. 6 sowie Vorbem. zu Art. 6–12; TSCHANNEN PIERRE/ZIMMERLI ULRICH/MÜLLER MARKUS, Verwaltungsrecht; VOGEL STEFAN, Luftfahrtinfrastruktur; WAGNER PFEIFER BEATRICE, Besondere Regelungsbereiche, S. 201 ff.; WAGNER PFEIFER BEATRICE, Umweltrecht I, S. 91 ff.; WALDMANN BERNHARD, Entschädigungen; WALDMANN BERNHARD, Siedlungsgebiet; WALDMANN BERNHARD, Ideelle Immissionen; WALDMANN BERNHARD/HÄNNI PETER, Handkommentar RPG.

Amtliche Publikationen

ARE, Ergänzung Leitfaden Richtplanung 2014; ARE, Konzepte und Sachpläne; ARE, Leitfaden Richtplanung; ARE/BWG/BUWAL, Naturgefahren; BAFU, Erläuterungen Störfallverordnung; BPUK/UVEK, Technische Richtlinien; EJPD/BRP, Erläuterungen.

I. Richtplan

A. Aufgabe und System der Richtplanung

1.1 Der Richtplan ist im RPG nicht näher definiert; seine Bedeutung erschliesst sich vordringlich aus den **Funktionen,** die der Gesetzgeber diesem Instrument zumisst. Diese Funktionen hat der Bundesgesetzgeber stetig erweitert. So ist der Richtplan heute nicht mehr nur als Instrument zur Koordination der auf den Raum gerichteten Planungen von Bund, Kantonen und Gemeinden anzusehen (Koordinationsrichtplan). Vielmehr hat er sich – wie schon in einigen Kantonen so vorgesehen[1] – zu einem Instrument zur behördenverbindlichen Ordnung des Raumes entwickelt (Betonung der Nutzungsrichtplanung; Richtplan als «Vornutzungsplan»).[2] Als solcher koordiniert der Richtplan nicht nur die Tätigkeiten der verschiedenen Planungsträger, sondern setzt auch die wesentlichen inhaltlichen Eckpunkte der nachfolgenden Nutzungsplanung.

1.2 Geregelt ist der Richtplan in Art. 6–12 RPG und Art. 4–13 RPV. Gestützt auf Art. 8 RPV hat das Bundesamt für Raumentwicklung (ARE) sodann technische Richtlinien für die Erstellung der Richtpläne verfasst, den **«Leitfaden Richtplanung».** Der Leitfaden ist als eine für Aussenstehende (z.B. kantonale Planungsträger und Private) grundsätzlich unverbindliche Verwaltungsverordnung zu qualifizieren; die Einhaltung der technischen Richtlinien ist jedoch Thema im Genehmigungsverfahren vor dem Bundesrat, wobei in begründeten Fällen Abweichungen von den Richtlinien möglich sein sollen.[3] Wer die Bedeutung des Leitfadens für den Vollzug mit Verweis auf dessen rechtliche Unverbindlichkeit schmälert, greift daher wohl zu kurz.

1.3 Zu unterscheiden sind die «Richtplanung» und der eigentliche «Richtplan».[4] Die **Richtplanung** bezeichnet einen andauernden Prozess, der namentlich der Vorbereitung und Koordination der Erstellung des Richtplans – des eigentlichen Ergebnisses der Richtplanung – dient. Das RPG sieht hierfür die Erarbeitung von Grundlagen (Art. 6 RPG) und Regeln für die Zusammenarbeit der Behörden vor (Art. 7 RPG). Die Grundlagen bestehen aus Planungen über die einzelnen Sachbereiche nach Art. 6 Abs. 2 und 3 RPG und befassen sich insbesondere mit der Trennung

1 Hinweise bei Griffel, Raumplanungs- und Baurecht, S. 28 f.

2 Marti, Vornutzungsplan, S. 53 f. Zu den Funktionen des Richtplans im früheren Recht auch Hänni, Planungsrecht, S. 104 f.

3 ARE, Leitfaden Richtplanung, S. 3, 19.

4 Zur Unterscheidung auch Hänni, Planungsrecht, S. 119 f.; Tschannen, in: Kommentar RPG, Vorbem. zu Art. 6–12 Rz. 5.

des Siedlungsgebiets vom Nichtsiedlungsgebiet (Art. 4 Abs. 1 RPV). Dabei sind die Konzepte und Sachpläne des Bundes, die Richtpläne der Nachbarkantone sowie regionale Entwicklungskonzepte und Pläne zu berücksichtigen (Art. 6 Abs. 4 RPG). Aus den Grundlagen ergeben sich insbesondere die tatsächlichen und rechtlichen Gegebenheiten, die absehbaren Nutzungskonflikte und der sich daraus ergebende Koordinationsbedarf mit den Behörden des Bundes und anderer Kantone (Art. 7 RPG). Spätestens für den auf den Grundlagen beruhenden Richtplanentwurf sind die Mitwirkungsrechte gemäss Art. 4 Abs. 2 RPG (Bevölkerung) und Art. 10 Abs. 2 RPG (Planungsträger, Verbände) zu wahren. Die Mindestinhalte des eigentlichen Richtplans sind Gegenstand der Art. 8 und 8a RPG. Der Richtplan muss vom Bundesrat genehmigt werden (Art. 11 Abs. 1 RPG), bevor er für Bund und Nachbarkantone Verbindlichkeit erlangen kann (Art. 11 Abs. 2 RPG).

Der **Richtplan** ist nach wohl übereinstimmender Auffassung in der Lehre das zen- 1.4
trale Raumplanungsinstrument. Er dient der Koordination der Planungen auf allen staatlichen Ebenen – Bund, Kantone, Regionen und Gemeinden – und enthält Planungen für alle raumwirksamen Sachbereiche.[5] Mit dem Richtplan bindet ein Kanton auch den Bund und die Nachbarkantone in seine Planungen mit ein und macht den Plan so zum Führungs- und **Koordinationsinstrument** für die gesamtkantonale räumliche Entwicklung.[6] Als Koordinationsrichtplan stimmt der Richtplan die raumwirksamen Tätigkeiten auf horizontaler und vertikaler Ebene im Hinblick auf die anzustrebende räumliche Entwicklung ab (vgl. Art. 8 Abs. 1 lit. b RPG).[7] In dieser koordinativ-programmatischen Funktion kann der Richtplan als Ergebnisprotokoll der durch ihn erfolgten Abstimmung betrachtet werden (Ausdruck davon ist Art. 5 RPV).[8] Als eigentlichen **Vornutzungsrichtplan** lässt sich der Richtplan wohl erst seit der Revision des RPG vom 15. Juni 2012 bezeichnen. Der Richtplan hat heute auch inhaltlich aufzuzeigen, «wie der Kanton sich räumlich entwickeln soll» (Art. 8 Abs. 1 lit. a RPG); im Bereich Siedlung muss er die vom Gesetzgeber festgelegten Mindestinhalte aufweisen (Art. 8a RPG).

---

5 Hinweise bei HÄNNI, Planungsrecht, S. 118 und WALDMANN/HÄNNI, Handkommentar RPG, Vorbem. zu Art. 6–12 Rz. 7. Vgl. auch den Beschrieb des Richtplans in BGer, Urteil 1C_101/2007 vom 26. Februar 2008, E. 4.1: «[...] Instrument zur behördenverbindlichen Abstimmung und Koordination der raumwirksamen Tätigkeit aller mit Planungsaufgaben beauftragten Hoheitsträger, insbesondere des Bundes, der Kantone und der Gemeinden»; ferner BGE 137 II 254, E. 3.2.

6 WALDMANN/HÄNNI, Handkommentar RPG, Vorbem. zu Art. 6–12 Rz. 7. Vgl. auch HÄNNI, Planungsrecht, S. 130 f. Zum Richtplan als Führungsinstrument SEILER GERMANIER, Rechtsnatur, S. 28 f.

7 HALLER/KARLEN, Raumplanungs-, Bau- und Umweltrecht, Rz. 186, 193 f.; HÄNNI, Planungsrecht, S. 130.

8 MARTI, Vornutzungsplan, S. 25 zum Richtplan nach der Konzeption des RPG 1979; WALDMANN/HÄNNI, Handkommentar RPG, Art. 2 Rz. 21, Art. 8 Rz. 5.

B. Mindestinhalt und Form des Richtplans

1. Räumliche Gesamtsicht

1.5 Die **Mindestinhalte** des Richtplans sind in Art. 8 f. RPG und Art. 5 f. RPV vorgegeben; nach wie vor haben die Kantone bei der Ausgestaltung ihrer Richtpläne einen grossen Spielraum.[9] Für das Siedlungsgebiet sind die Mindestinhalte detailliert festgelegt. Die Koordinationsfunktion des Richtplans kommt darin zum Ausdruck, dass die Kantone festlegen, wie die raumwirksamen Tätigkeiten im Hinblick auf die anzustrebende Entwicklung aufeinander abgestimmt werden und in welcher zeitlichen Folge und mit welchen Mitteln vorgesehen ist, die Aufgaben der Raumplanung zu erfüllen (Art. 8 Abs. 1 lit. b und c RPG). Seit dem 1. Mai 2014 hat der Richtplan sodann Festlegungen dahingehend zu enthalten, wie der Kanton sich räumlich entwickeln soll (Art. 8 Abs. 1 lit. a RPG).[10]

1.6 Die Planung der anzustrebenden räumlichen Entwicklung verunmöglicht den Kantonen, sich auf die Darstellung des Stands und der bisherigen Entwicklung zu beschränken und weitere Entwicklungen lediglich zu prognostizieren.[11] Verlangt ist, dass die Kantone mittels des Richtplans ihre räumliche Entwicklung aktiv steuern, basierend auf der von ihnen erstellten **räumlichen Gesamtsicht** (ihrer «Vision»[12]).

2. Grundlagen

1.7 Die Richtplaninhalte stützen sich auf **Grundlagen** in Form von Sachplanungen, Inventaren, Konfliktanalysen, Statistiken, Raumkonzepten etc., die im Rahmen der Richtplanung erarbeitet werden müssen (Art. 6 RPG und Art. 4 RPV).[13] Diese liefern die für die Richtplanung notwendigen Informationen; ihnen lassen sich die Begründungen für einzelne Festlegungen des Richtplans entnehmen.[14] Die Grundlagen bestehen aus den Planungen über die einzelnen Sachbereiche: Die Kantone stellen fest, welche Gebiete sich für die Landwirtschaft eignen; welche besonders schön, wertvoll, für die Erholung oder als natürliche Lebensgrundlage bedeutsam sind; und welche durch Naturgefahren oder schädliche Einwirkungen erheblich bedroht sind (bodenerhaltende, statische Nutzungen gemäss Art. 6 Abs. 2 RPG). Sie geben sodann Aufschluss über den Stand und die bisherige Entwicklung ihres Siedlungsgebietes; über Verkehr, Versorgung, öffentliche Bauten und Anlagen sowie über

---

9 AEMISEGGER, Rechtsprechung, S. 8.

10 Aussagen hinsichtlich der anzustrebenden räumlichen Entwicklung waren bis dahin lediglich Teil der «Grundlagen» gemäss aArt. 6 Abs. 1 RPG (AS 1979 1573), und dort auf die Darlegung der «Grundzüge» beschränkt.

11 So schon WALDMANN/HÄNNI, Handkommentar RPG, Art. 6 Rz. 10, noch im Zusammenhang mit der Erarbeitung der Grundlagen.

12 Botschaft RPG 2012, S. 1067. Art. 8 RPG verlangt einen Aktions- und keinen Zielplan (HÄNNI, Planungsrecht, S. 132).

13 ARE, Leitfaden Richtplanung, S. 9.

14 TSCHANNEN, in: Kommentar RPG, Art. 6 Rz. 2 f.; WALDMANN/HÄNNI, Handkommentar RPG, Art. 6 Rz. 2.

ihr Kulturland (bodenverändernde Nutzungen gemäss Art. 6 Abs. 3 RPG). Dabei berücksichtigen die Kantone die Konzepte und Sachpläne des Bundes (inkl. Bauvorhaben, Art. 13 Abs. 2 RPG), die Richtpläne der Nachbarkantone sowie allfällige regionale Entwicklungskonzepte[15] und Pläne (Art. 6 Abs. 4 RPG). Mit dem **Raumkonzept Schweiz** besteht nun auch ein erstes gesamtschweizerisches Strategiedokument zur Raumentwicklung, das von allen Staatsebenen gemeinsam entwickelt wurde und das in die Richtplanung einfliessen soll. Die Planungen über die einzelnen Sachbereiche zeigen die tatsächlichen und rechtlichen Gegebenheiten und die absehbaren Nutzungskonflikte; sie enthalten eine Beurteilung der möglichen Entwicklungen aus gesamtheitlicher Sicht (Art. 4 Abs. 2 RPV). Die Grundlagen liefern damit zentrale «Eckwerte» des darauf gestützten Richtplans.[16] Nicht Gesetz und Verordnung, wohl aber die technischen Richtlinien des ARE enthalten gewisse Anforderungen an den Inhalt und die Darstellung der Grundlagen.[17] Die Kantone bestimmen die Zuständigkeiten zur Erstellung der Grundlagen.[18]

3. Regelung der räumlichen Entwicklung

Als Ausfluss der RPG-Revision vom 15. Juni 2012 haben die Kantone heute die **räumliche Entwicklung** direkt im Richtplan zu regeln; dieser Aspekt der Richtplanung ist damit nicht mehr nur Teil der Grundlagen und auch nicht mehr nur auf die Grundzüge beschränkt.[19] Verlangt ist heute also die Festlegung einer «kantonalen Raumentwicklungsstrategie», die verschiedene Kantone schon vor der Revision in ihrem Richtplan verankert hatten.[20] 1.8

Gemäss dem im März 2014 ergänzten «Leitfaden Richtplan» sind namentlich folgende **Inhalte,** unter Beachtung der Planungsziele und -grundsätze gemäss Art. 1 und 3 RPG, zu entwickeln: 1.9

- zukünftige räumliche Herausforderungen;
- Positionierung des Kantons;
- Entwicklungsziele und -strategien für Siedlung, Verkehr, Kulturland, Natur und Landschaft sowie Energie (inkl. räumliche Differenzierung: Zentrenstruk-

15 Ursprünglich verwies der Begriff auf die gemäss Art. 16 Abs. 3 des Bundesgesetzes vom 21. März 1997 über Investitionshilfe für Berggebiete (IHG; AS 1997 2995) vom Bund subventionierten Entwicklungskonzepte. Das IHG wurde durch das Bundesgesetz vom 6. Oktober 2006 über Regionalpolitik (SR 901.0) abgelöst, das diesen Begriff nicht mehr verwendet.

16 Waldmann/Hänni, Handkommentar RPG, Art. 6 Rz. 2; vgl. zu den verschiedenen «Perspektiven» von Art. 6 auch Rz. 15.

17 ARE, Leitfaden, S. 9, 11; zu den Anforderungen an die Form auch Tschannen, in: Kommentar RPG, Art. 6 Rz. 10 ff.

18 Waldmann/Hänni, Handkommentar RPG, Art. 6 Rz. 8, sehen für einzelne Bereiche der Grundlagen zwingend die Zuständigkeit der kantonalen Fachstelle (Art. 31 RPG) gegeben. Auch nach Tschannen, in: Kommentar RPG, Art. 6 Rz. 14, gehört es zu den unvertretbaren Obliegenheiten der Fachstelle, für die Grundlagen zu sorgen.

19 Zum alten Recht noch Waldmann/Hänni, Handkommentar RPG, Art. 6 Rz. 10 ff.

20 ARE, Ergänzung Leitfaden Richtplanung 2014, S. 4.

tur, Raumtypen, funktionale Räume wie Agglomerationen, Entwicklungsschwerpunkte, prägende Natur- und Landschaftsräume, zusammenhängende Landwirtschaftsräume); sowie

- Verteilung der zukünftig erwarteten Bevölkerungs- und Arbeitsplatzentwicklung auf die verschiedenen Raumtypen.[21]

1.10 Ergänzt werden die Vorgaben zum Richtplaninhalt durch Art. 8a RPG für den Bereich der **Siedlung.** Der Richtplan legt in diesem Bereich insbesondere fest:

- wie gross die Siedlungsfläche insgesamt sein soll, wie sie im Kanton verteilt sein soll und wie ihre Erweiterung regional abgestimmt wird;
- wie Siedlung und Verkehr aufeinander abgestimmt werden und eine rationelle sowie flächensparende Erschliessung sichergestellt wird;
- wie eine hochwertige Siedlungsentwicklung nach innen bewirkt wird;
- wie sichergestellt wird, dass die Bauzonen den (neuen) Anforderungen von Art. 15 RPG entsprechen[22]; sowie
- wie die Siedlungserneuerung gestärkt wird.

1.11 Die Unterscheidung zwischen **Siedlungsfläche und Bauzone** bedingt, dass der Richtplan sowohl planerisch-konzeptionelle Aussagen zum Siedlungsgebiet (Horizont 25 Jahre) als auch rechnerische Aussagen zur Bauzonendimensionierung (Horizont 15 Jahre) enthalten muss.[23] Zentral für diese Festlegungen ist die erwartete Bevölkerungsentwicklung. Dabei belässt Art. 5a Abs. 2 RPV den Kantonen erhebliche Freiräume, indem diese in begründeten Fällen gar von einer Bevölkerungsentwicklung ausgehen dürfen, die das hohe Szenario des Bundesamts für Statistik (BFS) überschreitet. Mit diesem Kniff des Verordnungsgebers können die Kantone die Verpflichtung zur Reduktion überdimensionierter Bauzonen (Art. 15 Abs. 2 RPG) freilich sehr leicht umgehen. Die Problematik überdimensionierter Bauzonen soll also auch mit einem planerischen Federstrich entschärft werden können.[24] Mit der Ausrichtung auf eine Siedlungsentwicklung nach innen gibt das revidierte RPG den Aspekten der Verdichtung und Siedlungsbegrenzung besonderes Gewicht. Kernanliegen und Hauptvoraussetzung dazu ist die konsequente Mobilisierung der inneren Raumreserven.[25]

---

21 ARE, Ergänzung Leitfaden Richtplanung 2014, S. 8 f.

22 Zu diesem Zweck haben Bund und Kantone zusammen technische Richtlinien für die Zuweisung von Land zu den Bauzonen erarbeitet, die trotz ihrer systematischen Einordnung bei Art. 15 Abs. 5 RPG vor allem in der Richtplanung zum Tragen kommen sollen; so BPUK/UVEK, Technische Richtlinien, S. 3.

23 ARE, Ergänzung Leitfaden Richtplanung 2014, S. 4, 18. Die Methoden zur Berechnung des Baulandbedarfs sind vielfältig (VGer BE, Urteil 100.2010.244 vom 1. März 2011, E. 4.8).

24 Kritisch auch Flückiger, Zones à bâtir, S. 125 ff. Überdimensionierte Bauzonen sind gesetzeswidrig (u.a. BGE 140 II 25, 31, E. 4.3; BGE 136 II 204, 211, E. 7; BGE 116 Ia 221, E. 3b; BGE 117 Ia 302, E. 4b). Dazu auch Aemisegger, Rechtsprechung, S. 15 ff.

25 ARE, Ergänzung Leitfaden Richtplanung 2014, S. 13.

Die Mindestrichtplaninhalte im Bereich Siedlung sollen in der **zweiten Etappe der Revision des RPG** durch Mindestinhalte im Bereich Verkehr (Art. 8b E-RPG[26]), im Bereich Landwirtschaft, Wald, Natur und Landschaft sowie Naturgefahren (Art. 8c E-RPG), im Bereich Energie, Versorgung und Entsorgung (Art. 8d E-RPG) sowie im Bereich Untergrund (Art. 8e E-RPG) ergänzt werden. Der angepasste Leitfaden Richtplanung nimmt heute schon einige dieser Inhalte als zwingend notwendig an.[27] Mit Inkrafttreten des auf den Zweiwohnungsartikel (Art. 75b BV) gestützten ZWG am 1. Januar 2016 wurden die Art. 8a Abs. 2 und 3 RPG, wonach die Kantone in ihren Richtplänen Gebiete bezeichnen, in denen Massnahmen betreffend Erst- und Zweitwohnungen ergriffen werden müssen, aufgehoben. Siehe zu Massnahmen der Kantone auf Stufe Richtplan nun Art. 3 Abs. 1 ZWG. 1.12

Gemäss Art. 8 Abs. 2 RPG bedürfen Vorhaben mit gewichtigen Auswirkungen auf Raum und Umwelt einer Grundlage im Richtplan (sog. **Richtplanvorbehalt**).[28] Die Planungspflicht gemäss Art. 2 RPG wird damit – für Aufgaben mit qualifizierter Raumwirksamkeit – entsprechend dem planerischen Stufenbau ergänzt. Schon vor dieser Revision enthielt Art. 17 TVA einen Richtplanvorbehalt für Abfallanlagen[29] und auch die Rechtsprechung hat für verschiedene Anlagen mit qualifizierter Raumwirksamkeit Verankerungen im Richtplan gefordert (bejaht für ein grösseres Einkaufszentrum[30] und eine Autorundstrecke[31]; verneint für ein Kleinwasserkraftwerk[32] und einen Museumskomplex beim Bahnhof Lausanne[33]). Indizien für die Notwendigkeit einer Verankerung im Richtplan sind eine grosse Flächenbeanspruchung, Nutzungskonflikte, eine bedeutende Beeinflussung der Nutzungs- und Versorgungsstrukturen des Kantons, die Erzeugung grosser Verkehrsströme, die Verursachung hoher Kulturlandverluste sowie hohe Umwelt-, Natur- und Landschaftsbelastungen.[34] 1.13

4. Form

Die **Form des Richtplans** ist im RPG nicht festgelegt. Art. 6 Abs. 1 RPV sieht vor, dass der Richtplan aus einer Karte und aus Text besteht, die durch wechselsei- 1.14

26 Entwurf zur zweiten Etappe der Revision des Bundesgesetzes über die Raumplanung (Raumplanungsgesetz, RPG) vom 5. Dezember 2014 (ARE, Revision des Raumplanungsgesetzes (RPG) – 2. Etappe, www.are.admin.ch > Raumentwicklung & Raumplanung > Raumplanungsrecht > Revision RPG > Revision RPG 2).

27 ARE, Ergänzung Leitfaden Richtplanung 2014, S. 8 f.

28 Das Bundesgericht verlangt eine vorgängige Anpassung des Richtplans vor allem bei grösseren, ins Gewicht fallenden Änderungen, «also dort, wo es um Vorhaben geht, die sich verantwortlich in den Raum nur dadurch einfügen lassen, dass sie die Richtplanung durchlaufen» (BGE 119 Ia 362, E. 4a).

29 Zum Gehalt dieser Bestimmung BGE 126 II 26, E. 4b.

30 BGer, Urteil 1C_415/2009 vom 21. Januar 2010, E. 2.4 (wobei auch das kantonale Recht die Abstimmung im Richtplan verlangte).

31 BGE 137 II 254 (Pra 2011 Nr. 114).

32 BGE 140 II 262.

33 BGer, Urteil 1C_15/2014 vom 8. Oktober 2014, E. 6.

34 ARE, Ergänzung Leitfaden Richtplanung 2014, S. 29; HALLER/KARLEN, Raumplanungs-, Bau- und Umweltrecht, Rz. 197; HÄNNI, Planungsrecht, S. 109 f.; WALDMANN/HÄNNI, Handkommentar RPG, Art. 8 Rz. 6.

tige Verweisungen miteinander verbunden sind. Ergänzt wird der Richtplan durch Erläuterungen (Art. 7 RPV). Seit der RPG-Revision vom 15. Juni 2012 ist die räumliche Darstellung des Siedlungsgebiets zentral (Art. 8a Abs. 1 RPG). Der ergänzte Leitfaden Richtplan sieht hierfür drei Varianten vor, wobei Variante C auf die kartografische Darstellung ganz verzichtet; dies erscheint mit dem Wortlaut von Art. 6 RPV kaum vereinbar.

C. Festsetzung und Verbindlichkeit des Richtplans

1.15 Der Richtplan ist **für Behörden verbindlich** (Art. 9 Abs. 1 RPG). Er bindet insbesondere die Gemeinden in der nachfolgenden Nutzungsplanung. Den Gemeinden verbleibt jedoch ein Anordnungsspielraum. Dieser Anordnungsspielraum stellt sicher, dass bei der Festsetzung von Bauzonen auf örtliche Besonderheiten wie spezielle topografische Verhältnisse oder den Stand der Erschliessung angemessen Rücksicht genommen werden kann.[35] Die Rechtsprechung lässt darüber hinaus **Abweichungen vom Richtplan** zu, wenn sie sachlich gerechtfertigt sowie von untergeordneter Bedeutung sind, sodass es unzumutbar erscheint, vorher den Richtplan förmlich zu ändern.[36] § 16 Abs. 2 PBG ZH sieht die Möglichkeit der Abweichung explizit vor. Überdies erlaubt der Zürcher Richtplan selbst, dass die Nutzungsplanung in begründeten Fällen durch Ausscheidung einer Freihaltezone, einer Erholungszone oder einer Zone für öffentliche Bauten und Anlagen das Landwirtschaftsgebiet «durchstossen» kann.[37]

1.16 Gemäss Lehre und Rechtsprechung entfaltet der Richtplan als raumordnungspolitisches Führungsinstrument[38] weder rechtsverbindliche Wirkungen für Private noch berührt er deren Vertrauensschutz- oder Rechtssicherheitsinteressen.[39] Private sind in der Folge regelmässig nicht berechtigt, den Richtplan anzufechten.[40] Die **Anfechtungsmöglichkeiten** richten sich denn auch primär gegen den Nutzungs-

---

35 So z.B. Richtplan ZH vom 18. März 2014, 2.2-1. So schon BGE 107 Ia 77, E. 2b.

36 BGE 107 Ia 77, E. 2b; BGE 119 Ia 362, E. 4. Dazu etwa FRITZSCHE/BÖSCH/WIPF, Planungs- und Baurecht, S. 114; WALDMANN/HÄNNI, Handkommentar RPG, Art. 9 Rz. 19; AEMISEGGER, Rechtsprechung, S. 8 ff.

37 Richtplan ZH vom 18. März 2014, 2.2-1, 3.2-1 f. Dazu auch GRIFFEL, Raumplanungs- und Baurecht, S. 37 f.

38 Die Rechtsform des Richtplans ist vom RPG nicht vorgegeben und entzieht sich den üblichen Kategorien; vgl. HETTICH, Handlungsformen, Rz. 20.68; TSCHANNEN/ZIMMERLI/MÜLLER, Verwaltungsrecht, § 36 Rz. 5.

39 So etwa RRB Nr. 1468 vom 3. Oktober 2007 (Stimmrechtsbeschwerde gegen Beschluss des KR ZH vom 26. März 2007 betreffend Festsetzung des kantonalen Richtplans; vgl. dazu ROSSKOPF, Kantonsratsbeschluss, S. 23; SEILER GERMANIER, Rechtsnatur, S. 27 ff.). Siehe weiter zum Rechtsschutz HÄNNI, Planungsrecht, S. 542 ff. und zur Grundeigentümerverbindlichkeit S. 134 f.; sowie WALDMANN/HÄNNI, Handkommentar RPG, Art. 9 Rz. 2, 10 und 33 zum Rechtssicherheits- und Vertrauensschutz.

40 BGer, Urteil 1A.125/2005 vom 21. September 2005, E. 2.1. Gemäss BGE 121 II 430, E. 1, und BGE 119 Ia 285, E. 3c, zieht das Bundesgericht eine Zulassung der Anfechtung eines Richtplans dann in Erwägung, wenn dieser sich inhaltlich quasi zur Verfügung (Baubewilligung) verdichtet – dies freilich im Kontext der alten Bundesrechtspflege.

plan, wobei eine akzessorische Anfechtung des übergeordneten Richtplans möglich ist.[41] Angesichts der Behördenverbindlichkeit der Richtplanung können Gemeinden Richtpläne wegen Verletzung der Gemeindeautonomie anfechten.[42] Ungeachtet dessen entfalten die Festlegungen im Richtplan – vor allem in Form des heutigen Vornutzungsplans – doch erhebliche Vorwirkungen auf die nachfolgende Nutzungsplanung. Dennoch muss ein betroffener Grundeigentümer mit einer Anfechtung und ggf. mit der Geltendmachung von Ansprüchen aus materieller Enteignung bis zur Verabschiedung des Nutzungsplans zuwarten.

Das RPG macht den Kantonen nur wenige Vorgaben für das **Verfahren zur Festsetzung des Richtplans;** grundsätzlich sind die Kantone hier frei (Art. 10 Abs. 1 RPG). In aller Regel wird der Richtplan durch den Regierungsrat, nur ausnahmsweise durch das Parlament festgelegt; ein Referendum gegen den Richtplan ist in den meisten Kantonen nicht möglich.[43] Die in Art. 4 Abs. 2 und Art. 10 Abs. 2 RPG statuierten Mitwirkungsrechte sind zu wahren.[44] Art. 7 RPG sieht eine Pflicht zur Zusammenarbeit mit Behörden des Bundes, der Nachbarkantone und gegebenenfalls den Behörden des benachbarten Auslands vor. Schliesslich muss der Richtplan vom Bundesrat genehmigt werden (Art. 11 RPG). 1.17

Gemäss Art. 9 Abs. 2 RPG werden die Richtpläne **überprüft und nötigenfalls angepasst,** sofern sich die Verhältnisse geändert haben, sich neue Aufgaben stellen oder eine gesamthaft bessere Lösung möglich ist. Generell sollen Richtpläne, auch ohne besonderen Anlass, in der Regel alle zehn Jahre gesamthaft überprüft und nötigenfalls überarbeitet werden (Art. 9 Abs. 3 RPG). 1.18

Für das Verfahren der Richtplanung sei auf die Ausführungen in Rz. 7.64 ff. verwiesen. 1.19

II. Nutzungsplan

A. Zur Nutzungsplanung insgesamt

Aus Art. 75 Abs. 1 BV leitet sich die Pflicht der Kantone ab, eine Raumplanung festzulegen, welche der **zweckmässigen und haushälterischen Nutzung des Bodens** und der geordneten Besiedlung des Landes dient.[45] Dieses Ziel macht die Zuweisung des Bodens zugunsten verschiedener Nutzungsarten notwendig, um den konfligierenden Nutzungsinteressen gerecht zu werden.[46] 1.20

---

41 BGE 119 Ia 285, E. 3b.
42 BGE 120 Ia 56, E. 3a. Vgl. auch BGE 111 Ia 129, E. 3 (Ablauf der Frist zur Anfechtung mittels Autonomiebeschwerde).
43 Siehe für eine Übersicht WALDMANN/HÄNNI, Handkommentar RPG, Art. 10 Rz. 9 f. oder HÄNNI, Planungsrecht, S. 142.
44 So insbesondere diejenigen der Gemeinden; vgl. BGE 136 I 265.
45 Ausführlich RUCH, in: St. Galler Kommentar BV, Art. 75.
46 WALDMANN/HÄNNI, Handkommentar RPG, Vorbem. zu Art. 14–27 Rz. 1.

1.21 Art. 75 Abs. 1 BV verleiht dem Bund lediglich eine **Grundsatzgesetzgebungskompetenz**[47], weshalb das RPG – im Sinne eines Rahmengesetzes – die Nutzungsplanung nicht abschliessend regelt, aber die Grundzüge in einem eigenen Kapitel (Art. 14–27 RPG) festhält.

1. Begriff und Arten

1.22 «Nutzungspläne ordnen die zulässige Nutzung des Bodens», wie Art. 14 Abs. 1 RPG statuiert. Entsprechend geht es um die Unterscheidung und Trennung von Zonen nach Dichte und Nutzungsart. Der Nutzungsplan legt dabei **Art, Ort und Mass der Bodennutzung** grundeigentümerverbindlich und parzellenscharf fest.[48] Diese Festlegung gibt jedoch nur Auskunft über die zulässige Nutzung; aus ihr erwächst i.d.R. keine Verpflichtung, von der möglichen Nutzung Gebrauch zu machen.[49]

1.23 Der Begriff des «Nutzungsplans» umfasst sowohl den eigentlichen **Plan in Kartenform als auch die dazugehörigen Nutzungsvorschriften.** Während der Plan i.d.R. die Zuordnung der einzelnen Parzellen in unterschiedliche Zonen vornimmt, konkretisieren die Nutzungsvorschriften die in den einzelnen Zonen zulässige Nutzung.

1.24 In Lehre und Rechtsprechung werden zwei Arten von Nutzungsplänen unterschieden: Einerseits der **Rahmennutzungsplan,** welcher im Sinne eines durch Bauvorschriften ergänzten Zonenplans die nutzungsrechtliche Grundordnung bestimmt (vgl. hierzu ausführlich Rz. 1.35 ff.), andererseits der **Sondernutzungsplan,** welcher die zonenmässige Grundordnung weiterführen, differenzieren oder gar überlagern kann (vgl. hierzu ausführlich Rz. 1.77 ff.).[50]

2. Aufgabe und System

1.25 Neben der Begriffsbestimmung hebt Art. 14 Abs. 1 RPG auch die ordnende Funktion von Nutzungsplänen hervor. Die zugelassene Bodennutzung soll **parzellenscharf und grundeigentümerverbindlich** festgelegt werden, um die übergeordneten Ziele der zweckmässigen und haushälterischen Nutzung des Bodens sowie der geordneten Besiedlung des Landes sicherzustellen.[51] Schwergewichtig setzt der Nutzungsplan die Trennung von Siedlungs- und Nichtsiedlungsgebiet durch.[52] In diesem Sinne ist die Festlegung der Nutzungszonen in Erfüllung des Raumplanungsauftrags auch als zulässige Ausgestaltung der verfassungsrechtlichen Eigen-

47 Ruch, in: St. Galler Kommentar BV, Art. 75 Rz. 27 f.
48 Waldmann/Hänni, Handkommentar RPG, Art. 14 Rz. 7.
49 Botschaft RPG 1978, S. 1022; EJPD/BRP, Erläuterungen RPG, Art. 14 Rz. 3 f.; vgl. jedoch zum neuen Art. 15a RPG Rz. 1.48 ff.
50 Hänni, Planungsrecht, S. 146.
51 Vgl. Hänni, Planungsrecht, S. 147.
52 M.w.H. Hänni, Planungsrecht, S. 147.

tumsordnung von den Grundeigentümern hinzunehmen, und zwar grundsätzlich entschädigungslos.[53]

Die Nutzungsplanung ist nicht völlig losgelöst umsetzbar, sondern hat sich **in weitere, übergeordnete Zusammenhänge einzupassen,** insbesondere in die Richtplanung, welche den raumplanerischen Bezugspunkt vorgibt.[54] Darüber hinaus ist auch übergeordnetes Verfassungs- oder Gesetzesrecht zu berücksichtigen. Zu denken ist dabei insbesondere an die einschlägigen Bestimmungen betreffend Wald (WaG), Gewässer (GSchG) und Naturschutz (NHG). 1.26

3. Mindestinhalt des Nutzungsplans

Gemäss Art. 14 Abs. 2 RPG unterscheiden die Nutzungspläne vorab **Bau-, Landwirtschafts- und Schutzzonen.**[55] Obwohl die Gesetzesbestimmung von Nutzungsplänen in der allgemeinen Form spricht, sind damit ausschliesslich Rahmennutzungspläne gemeint.[56] In ihrer Gesamtheit müssen die Nutzungszonen, unter Ausklammerung des Waldes (Art. 18 Abs. 3 RPG), eine flächendeckende, lückenlose Ordnung herstellen.[57] Mittels Nutzungszonen wird das Gebiet parzellenscharf unterschiedlichen Zonen zugeteilt, welche im Zusammenspiel mit der zugehörigen Nutzungsordnung verbindlich Auskunft über die zulässige Nutzungsart und -intensität, die Immissionstoleranz und die allenfalls geltende Regelbauweise geben.[58] 1.27

Art. 18 Abs. 1 RPG ermächtigt die Kantone, die drei **Grundnutzungszonen des RPG**[59] weiter zu differenzieren und weitere Hauptnutzungszonen vorzusehen.[60] 1.28

Sondernutzungspläne, welche die durch den Rahmennutzungsplan geschaffene Grundordnung abändern oder überlagern, können, je nach kantonaler Ausgestaltung, in unterschiedlicher Gestalt vorliegen (für einen Überblick siehe Rz. 1.82 ff.). 1.29

4. Verbindlichkeit des Nutzungsplans

Über die **Rechtsnatur** der Nutzungspläne (sowohl Rahmennutzungs- als auch Sondernutzungspläne) schweigt sich das Gesetz selbst aus. Gemäss Lehre und bundes- 1.30

---

53 So etwa BGE 105 Ia 330, E. 3c. Auf den Lehrstreit, ob in dieser Festlegung eine inhaltsgestaltende oder inhaltsbeschränkende Regelung gesehen werden soll, wird hier nicht eingegangen; vgl. weiterführend Waldmann, in: Basler Kommentar BV, Art. 26 Rz. 9 f.; Vallender/Hettich, in: St. Galler Kommentar BV, Art. 26 Rz. 13 f.

54 Vgl. Art. 26 Abs. 2 RPG, welcher statuiert, dass Nutzungspläne auf Übereinstimmung mit dem Richtplan geprüft werden. Zur Einordnung des Nutzungsplans als Instrument ausführlich BGer, Urteil 1C_7/2012 vom 11. Juni 2012, E. 2.3.

55 Vgl. dazu Rz. 1.36 ff.

56 Waldmann/Hänni, Handkommentar RPG, Art. 14 Rz. 19.

57 Hänni, Planungsrecht, S. 148; Botschaft RPG 1978, S. 1023.

58 Waldmann/Hänni, Handkommentar RPG, Art. 14 Rz. 22 f.

59 Dazu ausführlich EJPD/BRP, Erläuterungen RPG, Art. 14 Rz. 10 lit. c.

60 M.w.H. Hänni, Planungsrecht, S. 150.

gerichtlicher Praxis handelt es sich um eine Zwischenform zwischen Rechtssatz und Einzelverfügung.[61] Nutzungspläne sind gemäss Art. 21 Abs. 1 RPG für jedermann verbindlich. Entsprechend werden sie vor Erlass oder Änderung öffentlich aufgelegt (Art. 33 Abs. 1 RPG) und den Betroffenen muss eine Beschwerdemöglichkeit gewährt werden (Art. 33 Abs. 2 und 3 RPG).[62]

1.31 Die **Verbindlichkeit** des Nutzungsplans tritt mit der formell rechtskräftigen Genehmigung durch die kantonale Behörde ein.[63]

1.32 Da es sich bei der Raumplanung um eine ständige Aufgabe handelt, die **veränderte Verhältnisse** und neue Erkenntnisse zu berücksichtigen hat, sind Nutzungspläne nicht in Stein gemeisselt.[64] Gleichwohl würde eine fortwährende und anlasslose Änderung der Nutzungspläne den Grundsatz der Planbeständigkeit unterlaufen. Entsprechend statuiert Art. 21 Abs. 2 RPG, dass Nutzungspläne nur bei Vorliegen erheblich veränderter Verhältnisse überprüft und nötigenfalls angepasst werden.[65]

1.33 Für das **Verfahren** der Nutzungsplanung sei auf die Ausführungen in Rz. 7.75 ff. verwiesen.

5. Verhältnis von Richt- und Nutzungsplanung

1.34 Bezüglich ihres Inhalts hat sich die Nutzungsplanung in den vom RPG vorgegebenen planerischen Stufenbau einzugliedern und an den **Vorgaben des Richtplans** zu orientieren. Untergeordnete und sachlich gerechtfertigte Abweichungen des Nutzungsplans von der Richtplanung sind zulässig.[66]

B. Rahmennutzungsplan

1. Begriff und Funktion des Rahmennutzungsplans

1.35 Rahmennutzungspläne, die oft auch als – freilich durch Bauvorschriften ergänzter – Zonenplan, Siedlungsplan oder Grundnutzungsplan bezeichnet werden, halten die allgemeine **Grundordnung** für die Nutzung des Bodens fest, indem sie das Gebiet in Teilgebiete verschiedener Nutzungsart und Nutzungsintensität sowie verschiedener Regelbauweise und Immissionstoleranz einteilen.[67] Die Vorschriften

61 Vgl. BGE 119 Ia 141, E. 5c; ausführlich Jost, Bauzonen, S. 340.

62 Zur verbleibenden Bedeutung von Art. 33 RPG siehe Griffel, Raumplanungs- und Baurecht, S. 204 ff.

63 Art. 26 Abs. 3 RPG, m.w.H. Waldmann/Hänni, Handkommentar RPG, Art. 21 Rz. 6 f.

64 Waldmann/Hänni, Handkommentar RPG, Art. 21 Rz. 11.

65 Ausführlich zu den einzelnen Voraussetzungen Waldmann/Hänni, Handkommentar RPG, Art. 21 Rz. 14 ff.; zur Planbeständigkeit auch Aemisegger, Rechtsprechung, S. 10 ff. m.H. auf die Rechtsprechung; weiter z.B. BGE 140 II 25; BGer, Urteil 1C_252/2012 vom 12. März 2013.

66 Vgl. BGE 120 Ib 207, E. 5, dazu auch Rz. 1.15 ff. zur Verbindlichkeit der Richtplanung.

67 Vgl. etwa für den Kanton St. Gallen Art. 9 BauG SG, welcher vom «Zonenplan» spricht.

der Art. 14–18 RPG beziehen sich nur auf Rahmennutzungspläne. Gemäss Art. 14 Abs. 2 RPG unterscheiden Rahmennutzungspläne primär Bau-, Landwirtschafts- und Schutzzonen, die nachfolgend näher betrachtet werden.

2. Zonentypen nach Bundesrecht

a) Bauzonen

Die Ende April 2014 ausser Kraft getretene Fassung von Art. 15 RPG war darauf angelegt, den Kantonen und Gemeinden bei der erstmaligen Ausscheidung von Bauzonen im Sinn des RPG die notwendigen Vorgaben zu machen.[68] Entsprechend statuierte der Artikel, dass die Bauzone dasjenige Land umfasst, das sich zur Überbauung eignet und entweder bereits weitgehend überbaut ist oder innerhalb der nächsten 15 Jahre benötigt und erschlossen wird.[69] Obwohl die am 1. Mai 2014 in Kraft getretene Fassung des Art. 15 RPG nun differenziertere Voraussetzungen an die Neuzuweisung von Boden in eine Bauzone stellt, hat sie am etablierten **Begriff der Bauzone** nichts Grundlegendes geändert. 1.36

Art. 15 RPG gibt die Kriterien vor, mit welchen die kantonalen und kommunalen Planungsträger im Rahmen der Zonenplanung die Bauzone dimensionieren. Die im Gesetz aufgelisteten Parameter, welche eine Zuweisung eines Gebiets in eine Bauzone erlauben, führen dazu, dass die Bauzone als **unmittelbar anwendbarer Begriff des Bundesrechts** anzusehen ist, an dessen Umschreibung und dessen Einzonungsvoraussetzungen die Kantone gebunden sind. Mithin dürfen sie den Begriff weder enger noch weiter fassen.[70] Kantone dürfen jedoch eine Differenzierung der Bauzone vornehmen, indem sie Zonen unterschiedlicher Nutzungsart, Nutzungsdichte und Bauweise vorsehen.[71] 1.37

Der Gesetzgeber hält nun ausdrücklich fest, dass bestehende, **überdimensionierte Bauzonen** zu reduzieren sind (Art. 15 Abs. 2 RPG), was altrechtlich aus der Planungspflicht und den Planungsgrundsätzen hervorging.[72] Massstab für die Überdimensionierung bildet, aufgrund verschiedenster Voten in den Räten, in erster Linie die Vorgabe von Art. 15 Abs. 1 RPG, wonach Bauzonen dem voraussichtlichen Bedarf für 15 Jahre entsprechen sollen.[73] Entgegen dem relativ klaren Wortlaut von Art. 15 Abs. 4 RPG wird in der Lehre auch die Auffassung vertreten, die Kriterien für die Neuzuweisung von Land in eine Bauzone seien auch für die Redimensionierung anzuwenden.[74] Die Frage wird sich kaum als praktisch relevant erwei- 1.38

---

68 Botschaft RPG 2010, S. 1071.

69 Vgl. den Wortlaut von aArt. 15 RPG (AS 1979 1573).

70 M.w.H. Hänni, Planungsrecht, S. 153 f.; BGE 116 Ia 197, E 2b.

71 Vgl. Rz. 1.57 ff.

72 Vgl. dazu z.B. BGE 140 II 25, E. 3 m.w.H. (in dem aufgrund des Inkrafttretens von Art. 75b BV auch der Bezug zu Art. 21 RPG hergestellt wird); Botschaft RPG 2010, S. 1071 f.

73 Siehe Votum Bundesrätin Leuthard, Amtl. Bull. NR 2012, S. 115, sowie Amtl. Bull. NR 2011, S. 1793; zudem Amtl. Bull. SR 2010, S. 899, wo ausschliesslich von «Neueinzonungen» gesprochen wird. So auch Botschaft RPG 2010, S. 1073.

74 Griffel, Raumplanungs- und Baurecht, S. 43.

sen: Viele der in Abs. 4 aufgeführten Kriterien (z.B. Eignung, Kulturlandschutz) sind bei der Durchführung von planerischen Massnahmen (wie einer Redimensionierung der Bauzone) ohnehin als Ausfluss der Planungsziele und -grundsätze zu beachten.[75]

1.39 Bei der Ausscheidung neuer Bauzonen sind die Planungsziele und -grundsätze zu beachten, die in Art. 1 und 3 RPG niedergelegt sind und im Wesentlichen den Verfassungsauftrag von Art. 75 Abs. 1 BV umsetzen; dies bedingt eine raumplanerische Interessenabwägung.[76] Im Vordergrund stehen hier das **Trennungs- und das Konzentrationsprinzip.**[77] Das Trennungsprinzip fordert, dass Bau- und Nichtbaugebiete klar zu trennen sind. Diesem Anliegen dient auch das Konzentrationsprinzip, wonach verschiedene Nutzungen örtlich sinnvoll zusammengefasst werden sollen; Bauten und Anlagen sind grundsätzlich auf räumlich zusammenhängende, vom umliegenden Nichtsiedlungsgebiet klar abgegrenzte und auf das Notwendige beschränkte Zonen zu konzentrieren.[78] Die Schaffung von Kleinstbauzonen ist entsprechend nur unter restriktiven Voraussetzungen möglich.[79]

1.40 Gemäss aArt. 15 lit. a RPG[80] war das **weitgehend überbaute Gebiet** grundsätzlich stets der Bauzone zuzuweisen. Auch unter neuem Recht gilt aufgrund des Konzentrationsprinzips weiterhin, dass generell kompakte Bauzonen auszuscheiden und die Bauzonenflächen auf das Notwendige zu beschränken sind.[81]

aa) Eignung

1.41 Bei bestehenden Bauzonen kann grundsätzlich davon ausgegangen werden, dass sie der altrechtlichen wie auch geltenden Voraussetzung der «Eignung» als Bauland genügten. Art. 15 Abs. 4 lit. a RPG knüpft damit nahtlos an die altrechtliche Regelung an.[82] Gegenstand der Eignungsprüfung ist die Frage, ob das Gebiet grund-

75 Ähnlich THURNHERR, Redimensionierung, S. 226, die im Zusammenhang von Abs. 2 in den von Abs. 4 angeführten Kriterien von Orientierungspunkten spricht.

76 Siehe AEMISEGGER, Rechtsprechung, S. 15 f. Weiter BGer, Urteil 1C_15/2013 vom 9. August 2013; BGE 117 Ia 302, E. 4b; BGer, Urteil 1C_119/2007 vom 13. November 2008. Zur Anwendung der Planungsziele und -grundsätze etwa BGer, Urteil 1C_145/2008 vom 3. Juli 2008. Zur Beanspruchung von Fruchtfolgeflächen BGE 134 II 217 (Pra 2009 Nr. 3).

77 BGE 116 Ia 335, E. 4. Zum Konzentrationsprinzip und dessen analoger Anwendung auf die Intensivlandwirtschaftszone («landwirtschaftliche Bauzonen») jüngst BGE 141 II 50, E. 2.5 und 2.6. Siehe BGer, Urteil 1A.27/2002 vom 20. August 2002, E. 5.4; BGer, Urteil 1P.37/2003 vom 12. September 2003, E. 4.2.4.

78 BGer, Urteil 1A.27/2002 vom 20. August 2002, E. 5.4.3 m.w.H. Siehe auch schon BGE 116 Ia 335, E. 4.

79 Vgl. zuletzt BGer, Urteil 1C_374/2011 vom 14. März 2012, E. 2.1 ff. betreffend die Schaffung einer unzulässigen Kleinstbauzone mittels Einzonung von drei Grundstücken; vgl. auch BGE 132 II 218, E. 4.2.3.

80 AS 1979 1573.

81 BGE 136 II 204, E. 6.2.2; BGE 123 I 175, E. 3; BGE 116 Ia 335, E. 4; BGer, Urteil 1C_119/2007 vom 13. November 2008; Botschaft RPG 2010, S. 1073; vgl. zur Frage der Redimensionierung bestehender Bauzonen THURNHERR, Redimensionierung, S. 219 ff.

82 Vgl. Botschaft RPG 2010, S. 1071.

sätzlich als Bauland taugt und ob es für die vorgesehene Nutzung geeignet ist.[83] So beeinflusst die **tatsächliche Situation** die Eignung, etwa wenn die natürliche Lage einer Parzelle ungünstig ist. Zu denken ist dabei an Sicherheitsrisiken durch Hangrutsche, Lawinen[84] oder Erschütterungen.[85] Auch Immissionen durch Lärm und Luftverschmutzung können die Eignung eines Gebiets, insbesondere zum Zwecke der Wohnnutzung, beeinträchtigen (Art. 3 Abs. 3 lit. b RPG).

Im Rahmen der Beurteilung der tatsächlichen Situation sind gemäss WALDMANN/HÄNNI ausserdem bereits bestehende Siedlungsstrukturen sowie der Stand der Groberschliessung des Gebiets zu berücksichtigen.[86] Nach dieser Auffassung sind neben der tatsächlichen Situation auch **rechtliche Rahmenbedingungen** für die Beurteilung der Eignung massgeblich. So könnten Vorschriften des eidgenössischen Umweltrechts die Überbaubarkeit eines Gebiets beschränken oder gar ausschliessen.[87] Die Planungsziele und -grundsätze der Art. 1 und 3 RPG verlangen danach selbst bei der Frage der Eignung eine Abwägung der Interessen an der Überbauung bspw. mit den Interessen des Natur- und Landschaftsschutzes, dem Anliegen an genügend Landwirtschaftsflächen oder weiteren regionalpolitischen Interessen.[88] 1.42

bb) Voraussichtlicher Bedarf für 15 Jahre

Bauzonen sollen so dimensioniert sein, dass sie den voraussichtlichen **Bedarf der nächsten 15 Jahre** decken. Die Bestimmung soll somit verhindern, dass zu grosse Bauzonen entstehen bzw. ausgeschieden oder beibehalten werden, was eine ungeordnete Besiedlung (Streubauweise) nach sich ziehen könnte.[89] Der Zeithorizont von 15 Jahren gilt gemäss Art. 15 Abs. 1 RPG allgemein für die Festlegung der Bauzone und wird für die Neuzuweisung von Land in Abs. 4 nochmals qualifiziert unterstrichen. 1.43

Die **Bedarfsabklärung** hat die Bedürfnisse von Bevölkerung und Wirtschaft zu berücksichtigen und sich auf sämtliche Nutzungen zu beziehen, die in Bauzonen typisch sind. Entsprechend sind auch allfällige kantonalrechtliche Unterarten der Bauzone bedarfsgerecht zu dimensionieren.[90] Der Prognosezeitraum von 15 Jahren stellt dabei das obere Limit für die Bemessung der Bauzone dar; die Gemeinde kann gestützt auf die Planungsgrundsätze auch eine restriktivere Siedlungsplanung 1.44

83 Botschaft RPG 1978, S. 1023.
84 BGer, Urteil 1C_493/2013 vom 28. Januar 2014.
85 M.w.H. WALDMANN/HÄNNI, Handkommentar RPG, Art. 15 Rz. 16.
86 WALDMANN/HÄNNI, Handkommentar RPG, Art. 15 Rz. 17.
87 Zu denken ist dabei etwa an den Grundwasserschutz (Art. 20 f. GSchG), den Schutz der Moorlandschaften (Art. 78 Abs. 5 BV; Art. 5 Abs. 1 lit. a HMV), die Regelungen betreffend Waldareale (Art. 2 und 12 WaG); bezüglich Lärmimmissionen vgl. Art. 24 USG und BGer, Urteil 1A.132/1999 vom 25. Januar 2000, E. 2b/bb.
88 WALDMANN/HÄNNI, Handkommentar RPG, Art. 15 Rz. 18 m.w.H.; GRIFFEL, Raumplanungs- und Baurecht, S. 43, zählt dagegen nur tatsächliche Gegebenheiten zur Eignung.
89 Vgl. schon Botschaft RPG 1978, S. 1024.
90 M.w.H. BGE 114 Ia 254, E. 3e.

vorsehen.[91] In der Praxis existierten je nach Kanton unterschiedliche Methoden zur Berechnung des Fassungsvermögens von Bauzonen, was zu unterschiedlicher Bauzonendimensionierung von Kanton zu Kanton führte. Neu soll mittels der **Technischen Richtlinien Bauzonen,** die den Auftrag von Art. 15 Abs. 5 RPG erfüllen, eine Methode massgebend sein, welche die Zusammenarbeit zwischen Bund und Kantonen, insbesondere bezüglich der gesamten Grösse der Bauzonen im Kanton regelt, den Kantonen jedoch weiterhin freie Methodenwahl für die innerkantonale Zuweisung des gesamten Baugebiets belässt.[92] In vielen Kantonen wurde in der Vergangenheit sowohl auf kantonaler als auch auf kommunaler Ebene die sogenannte **Trendmethode** verwendet, die vom Bundesgericht als sachlich vertretbar und somit zulässig erachtet wird.[93] Dazu wird der Baulandverbrauch der letzten 10 bis 15 Jahre mit den vorhandenen Baulandreserven verglichen, wobei angenommen wird, die Entwicklung verlaufe in den nächsten 15 Jahren linear. Zusätzlich werden allfällige besonders entwicklungshemmende oder entwicklungsfördernde Faktoren berücksichtigt.[94] Der Einbezug von Bauzonenreserven, die nicht in absehbarer Zeit auf den Markt kommen («Baulandhortung»), ist dabei angezeigt, da eine ausschliesslich nach Privatinteressen durchgeführte Baudimensionierung dem Zweck von Art. 15 RPG zuwiderlaufen würde.[95]

cc) Mobilisierung innerer Nutzungsreserven

1.45 Neuzuweisungen von Land in die Bauzone sind unter dem revidierten Art. 15 Abs. 4 RPG nur noch zulässig, wenn bei konsequenter **Mobilisierung der inneren Nutzungsreserven** dennoch entsprechender Bedarf besteht. Die technischen Richtlinien relativieren die Bedarfsrechnung jedoch dahingehend, dass die inneren Nutzungsreserven nicht sofort, sondern erst nach drei Planungsperioden (45 Jahre) voll angerechnet werden müssen; zu Beginn wird lediglich ein Drittel angerechnet.[96] Als innere Nutzungsreserven gelten unbebaute und brach liegende Gebiete innerhalb der Bauzonen sowie Gebiete, in denen nach geltender Nutzungsplanung eine dichtere Nutzung zulässig wäre oder sachlich vertretbar erscheint.[97] Insbesondere ist dabei an vorhandene **Industriebrachen** oder Ähnliches zu denken, die einer qualitativ höherwertigen Nutzung zugeführt werden können.

---

91 Vgl. Waldmann/Hänni, Handkommentar RPG, Art. 15 Rz. 30.
92 BPUK/UVEK, Technische Richtlinien, S. 3.
93 Statt vieler BGE 136 II 204, E. 6.2.1; zuletzt BGer, Urteil 1C_15/2013 vom 9. August 2013, E. 2.5.
94 Ausführlich Bertschi, Bauzonen, Rz. 157 ff. Vgl. zur Berücksichtigung der Erschliessung mit dem öffentlichen Verkehr VGer BE, Urteil VGE 100.2010.244 vom 1. März 2011.
95 M.w.H. Waldmann/Hänni, Handkommentar RPG, Art. 15 Rz. 33.
96 So BPUK/UVEK, Technische Richtlinien, S. 6 f.; zu Recht kritisch Griffel, Raumplanungs- und Baurecht, S. 47.
97 Botschaft RPG 2010, S. 1073.

dd) *Erschliessung und Überbauung*

Sofern trotz Mobilisierung der inneren Nutzungsreserven noch Bedarf besteht, muss das neu eingezonte Bauland innerhalb von 15 Jahren auch erschlossen und überbaut werden (Art. 15 Abs. 4 lit. b RPG). Die Voraussetzung der Erschliessung innert 15 Jahren seit Einzonung bestand auch unter dem alten Recht. Sie dient der Verwirklichung der Bauzonenplanung: Was nicht innert nützlicher Frist erschlossen werden kann, soll nicht Teil der Bauzone werden. Diese **Voraussetzung der zeitgerechten Erschliessung** steht in engem Zusammenhang mit der kommunalen Finanzplanung, die wiederum selbst dem Finanzhaushaltsrecht folgt und im Ergebnis der Konjunktur unterworfen ist; dies führt dazu, dass die Entwicklung der Bauzone stark von der Infrastrukturpolitik abhängt.[98] Der Begriff der Erschliessung und die Erschliessungsplanung werden in Art. 19 RPG geregelt und in Rz. 3.269 ff. ausführlich behandelt. 1.46

Der revidierte Art. 15 RPG erfordert zusätzlich die **Überbauung** des neu ausgeschiedenen Baulands innert 15 Jahren. Nichtbauland, dessen Überbaubarkeit innert 15 Jahren rechtlich nicht sichergestellt werden kann (Art. 15 Abs. 4 lit. d), darf nicht neu einer Bauzone zugewiesen werden. Damit soll verhindert werden, dass bauunwillige Grundeigentümer an zentralen Stellen der Bauzone über einen längeren Zeitraum Lücken in die Bauzonen reissen. 1.47

Entsprechend ist die Bestimmung auch im Zusammenhang mit dem neu eingefügten Art. 15a RPG zu lesen, der die Kantone und Gemeinden verpflichtet, unter Berücksichtigung öffentlicher Interessen und angemessener Fristen **Massnahmen zu treffen, um das Land der Überbauung zuzuführen.**[99] 1.48

Hintergrund dieser Bestimmung ist, dass für die Verwirklichung des Nutzungsplans eine zweckmässige Ausscheidung von Bauzonen für sich allein nicht ausreicht. Vielmehr sollen die der Bauzone zugewiesenen Parzellen auch tatsächlich genutzt, sprich überbaut werden. Viele Baulandparzellen bleiben während langer Zeit unbebaut, sei dies aufgrund ihrer Lage, aus Gründen der Spekulation oder weiterer individueller Umstände. Da das so **gehortete Land** sowohl unter altem Recht als auch unter dem neuen Art. 15 RPG gleichwohl im Rahmen der Bedarfsprognose als Reservebauland gilt, führt dies zu zusätzlichem Druck auf die umliegenden Gebiete und das Landwirtschaftsland und trägt zur Zersiedlung bei. Dies wiederum läuft den Planungsgrundsätzen, insbesondere dem Konzentrationsprinzip und dem Verdichtungsziel, diametral entgegen, weshalb Art. 15a RPG geschaffen wurde. 1.49

Art. 15a Abs. 1 RPG verpflichtet die Kantone, alle nötigen Massnahmen zu treffen, um die tatsächliche Verfügbarkeit des Baulandes sicherzustellen, mit anderen Worten die bestimmungsgemässe Nutzung (Neuüberbauung oder Verdichtung) herbeizuführen. Die Wahl der Massnahmen bleibt jedoch den Kantonen überlassen. Die Botschaft verweist exemplarisch auf bereits bestehende kantonale Massnahmen, die dem Sinn und Zweck des Art. 15a Abs. 1 RPG entsprechen. Es sind dies etwa die Möglichkeit des **Abschlusses verwaltungsrechtlicher Verträge,** Bauverpflichtungen im Rahmen privatrechtlicher Verträge (Verkauf gemeindeeigener Grund- 1.50

98 HÄNNI, Planungsrecht, S. 159 ff.
99 Vgl. schon Art. 8 WEG.

stücke) sowie bedingte Einzonungen mit Bauverpflichtung innert Frist. Als weitere bekannte Massnahmen sind Lenkungsabgaben, steuerliche Belastungen, die Möglichkeit der Enteignung oder gesetzliche Kaufrechte anzuführen.[100] Hervorgehoben werden müssen in diesem Kontext auch die Landumlegung und andere bodenrechtliche Massnahmen, welche die Nutzbarkeit bestehender Parzellen wesentlich verbessern können (siehe auch Art. 9 WEG). Um auch in Zukunft die Voraussetzungen für Neueinzonungen von Bauland zu erfüllen, kommen die Kantone wohl nicht ohne Massnahmen zur Nutzung bestehender Baulandreserven aus.[101]

1.51 Der zweite Absatz von Art. 15a RPG sieht einen spezifischen Gesetzgebungsauftrag zuhanden der Kantone vor. Er verpflichtet diese, in ihrer Gesetzgebung vorzusehen, dass die zuständige Behörde eine **Frist zur Überbauung** eines Grundstücks setzen kann, sofern das öffentliche Interesse dies rechtfertigt. Für den Fall des unbenützten Fristablaufs sollen sodann auf kantonaler Gesetzesebene Massnahmen vorgesehen sein. Zu denken ist in diesem Kontext etwa an bestimmte Gebiete mit ungenügendem tatsächlichem Baulandangebot und an das Bestehen von Baulücken, welche als Musterbeispiele eines öffentlichen Interesses im Sinne der Bestimmung angesehen werden können. Auch kann das öffentliche Interesse bei Grundstücken an strategischen Schlüsselstellen die von der Norm geforderte Intensität erreichen, um eine Fristansetzung zur Überbauung zu rechtfertigen. All diese Massnahmen sind in Übereinstimmung mit den übergeordneten Rechten und Prinzipien, insbesondere der Eigentumsgarantie (Art. 26 BV) sowie dem Verhältnismässigkeitsprinzip, zu bringen. Eine entsprechende Berücksichtigung des Einzelfalls unter Abwägung der konfligierenden Interessen muss notwendigerweise zu einer differenzierten gesetzlichen Regelung mit einem **Massnahmenkatalog unterschiedlicher Eingriffsintensität** führen.[102]

ee) Umsetzung der Vorgaben des Richtplans

1.52 Als ohnehin geltende Selbstverständlichkeit setzt Art. 15 Abs. 4 lit. e RPG für eine Neueinzonung von Bauland explizit voraus, dass damit die **Vorgaben des kantonalen Richtplans** umgesetzt werden. Die Bestimmung hebt die Abhängigkeit der Nutzungsplanung vom Richtplan hervor und schafft den Bezug zum neu geschaffenen Art. 8a RPG, mit welchem der Richtplan im Bereich der Siedlung den Gehalt eines «Vornutzungsplans» erhält. Die im Richtplan enthaltenen Aussagen zu Grösse und Lage des Siedlungsgebiets und den Vorgaben für Neueinzonungen sind zu berücksichtigen.[103] Die im Richtplan ebenfalls enthaltenen, überkommunalen Gesichtspunkte werden durch Art. 15 Abs. 3 RPG noch separat unterstrichen.

100 Botschaft RPG 2010, S. 1075.
101 Botschaft RPG 2010, S. 1075 f.
102 Vgl. Botschaft RPG 2010, S. 1075 f.
103 Botschaft RPG 2010, S. 1074; vgl. Rz. 1.15.

ff) Kommunale Abstimmung der Bauzonendimensionierung

Eine zentrale Neuerung – welche an die überregionale Betrachtungsweise auf Ebene des Richtplans anknüpft – stellt Art. 15 Abs. 3 RPG dar.[104] Diese regionale Sicht bei der Festlegung von Lage und Grösse wurde von der Lehre und höchstrichterlichen Praxis schon unter altem Recht postuliert, da die Planungsziele und -grundsätze nur erreicht werden können, wenn die **Siedlungsflächen aus übergeordneter Sicht** und nicht ausschliesslich auf kommunaler Ebene begrenzt werden.[105] Die Gemeindegrenze bildet mit anderen Worten keine sachgerechte Grenze für die Planung des Siedlungsgebiets. Vielmehr soll Land nur dann einer Bauzone zugewiesen werden dürfen, wenn damit weder aus kommunaler noch aus überkommunaler oder kantonaler Sicht überdimensionierte Bauzonen entstehen. Neben der Grösse ist auch die Lage von Bauzonen genauso wichtig, weshalb auch dieser Aspekt Bestandteil der überörtlichen Abstimmung sein muss.[106] Die kommunale Abstimmung der Bauzonendimensionierung ist gemäss Art. 8 Abs. 1 lit. d i.V.m Art. 15 Abs. 3 RPG auf Ebene des Richtplans zu regeln. Die Gemeinden haben sich bei ihrer Nutzungsplanung danach zu richten. Gleichwohl ist anzumerken, dass die Abstimmung von Lage und Grösse über Gemeindegrenzen hinaus äusserst anspruchsvoll bleibt, weshalb wohl auch der einschlägige Leitfaden in diesem Punkt vage bleibt. Exemplarisch wird die Möglichkeit, Kriterien für die Zusammenarbeit zu schaffen, genannt, oder spezielle Räume im Richtplan auszuscheiden.[107] 1.53

gg) Gesamtkantonale Berechnung des Bedarfs an Bauzonen

Aufgrund des Methodenpluralismus bei der Berechnung des kantonalen Baulandbedarfs präsentierte sich die Bauzonendimensionierung von Kanton zu Kanton unterschiedlich. Im Entwurf zur Revision des nun in Kraft getretenen Art. 15 Abs. 5 RPG war entsprechend vorgesehen, dass der Bundesrat die Anforderungen an die Zuweisung von Land zur Bauzone, insbesondere also die Berechnung des Baulandbedarfs, konkretisieren soll. Aufgrund der Kritik der Kantone im Rahmen der Vernehmlassung sieht Art. 15 Abs. 5 RPG nun vor, dass diese Konkretisierung in gemeinsamer Verantwortung von Bund und Kantonen erfolgt und sich auf **technische Richtlinien** (also Normen ohne Rechtssatzcharakter) beschränkt. Die im März 2014 beschlossenen technischen Richtlinien Bauzonen halten fest, dass die darin dargestellte Methode ausschliesslich auf die Berechnung der gesamten Bauzonendimension innerhalb eines Kantons anwendbar ist. Mithin bleibt es den Kantonen weiterhin überlassen, innerhalb des Kantons, also im Rahmen der Nutzungspla- 1.54

104 Griffel, Raumplanungs- und Baurecht, S. 42 f.

105 Ruch, Grundlagen der Revision vom 15. Juni 2012, S. 9; zu einer sinnvollen überregionalen Betrachtung im Kontext von Gewerbe- und Industriezonen vgl. statt vieler BGE 118 Ia 151, E. 4d; generell BGE 116 Ia 339, E. 3b; BGer, Urteil 1C_285/2007 vom 22. Mai 2008; BGer, Urteil 1C_35/2011 und Urteil 1C_173/2011 vom 29. August 2011; Waldmann, Siedlungsgebiet, S. 78 f.

106 Botschaft RPG 2010, S. 1072; Thurnherr, Redimensionierung, S. 232.

107 Ergänzung Leitfaden Richtplanung 2014, S. 27; vgl. dazu Griffel, Raumplanungs- und Baurecht, S. 42 f.; Thurnherr, Redimensionierung, S. 232.

nung, andere, gemessen an der bestehenden Rechtsprechung sachlich vertretbare Methoden vorzusehen.[108]

b) Landwirtschaftszone

1.55 Für die Landwirtschaftszone sei auf die Ausführungen in Rz. 3.38 ff. verwiesen.

c) Schutzzonen

1.56 Für die Schutzzonen sei auf die Ausführungen in Rz. 1.103 ff. verwiesen.

3. Zonentypen nach kantonalem Recht

1.57 Die vom Bundesrecht vorgegebenen drei Zonentypen erscheinen aufgrund der vielschichtigen Nutzungsarten als zu wenig differenziert, um die gesamte Fläche eines Planungsgebiets sinnvoll unterteilen zu können. Die mannigfaltigen und widersprüchlichen Interessen, die von der individuellen Nutzung der einzelnen Parzellen abhängen, liessen sich mit nur drei Zonenarten unmöglich planerisch erfassen. So erfordert die Divergenz der Interessen zwischen Wohnnutzung und Bedarf an geeigneten Industrie- und Gewerbeflächen eine vielschichtigere Planung der Bauzone.[109] Auch aus föderalistischer Perspektive, im Hinblick auf die unterschiedlichen Bedürfnisse der einzelnen Kantone, ist es sachgerecht, dass Art. 15–17 RPG lediglich eine Grundordnung vorgeben.[110] Vor dem Hintergrund der Planungspflicht, welche eine umfassende, flächendeckende und situationsgerechte Planung fordert, sprechen WALDMANN/HÄNNI nicht nur – entsprechend dem Wortlaut von Art. 18 RPG – von einem «können», sondern gar von einer Pflicht der Kantone, die **Zonenordnung zu verfeinern und nötigenfalls zu ergänzen.**[111]

1.58 Der Gestaltungsspielraum der Kantone bemisst sich dabei an der bundesrechtlich vorgegebenen Grundordnung. Im Vordergrund steht die Trennung zwischen Bau- und Nichtbaugebiet.[112] Entsprechend sind im Rahmen der kantonalen Kompetenz Zonen vorzusehen, welche die bundesrechtlichen **Hauptzonen weiter untergliedern,** was die Konzentration bestimmter Nutzungszwecke in den dafür geeigneten Gebieten einer Gemeinde erlaubt.[113] Neben der Verfeinerung der Zonentypen erlaubt Art. 18 RPG den Kantonen auch eine Ergänzung der Zonenarten durch die **Schaffung neuer Zonen,** die entweder eigenständig zu den durch das Bundesrecht vorgegebenen Hauptnutzungsarten hinzutreten oder diese überlagern.[114] Zu den-

---

108 Botschaft RPG 2010, S. 1074 f.; BPUK/UVEK, Technische Richtlinien, S. 3.
109 WALDMANN/HÄNNI, Handkommentar RPG, Art. 18 Rz. 2.
110 Botschaft RPG 1978, S. 1026.
111 WALDMANN/HÄNNI, Handkommentar RPG, Art. 18 Rz. 3.
112 Botschaft RPG 1978, S. 1026.
113 Vgl. dazu die einzelnen kantonalen Unterarten der Bauzone: Wohnzone, Kernzone, Gewerbezone etc.
114 Botschaft RPG 1978, S. 1026; GSPONER, Zone für öffentliche Bauten und Anlagen, S. 10.

ken ist in diesem Zusammenhang etwa an Bereiche innerhalb einer Bauzone, die ein besonderes Schutzbedürfnis aufweisen, oder an die Befriedigung eines besonderen Nutzungsbedürfnisses in einer Nichtbauzone (z.B. in Form von Grün- und Erholungszonen). Im Zusammenhang mit einer bündnerischen Weiler- und Erhaltungszone hat das Bundesgericht auch schon von einer beschränkten Bauzone gesprochen, welche die zugrunde liegende Nichtbauzone überlagere.[115]

Im kantonalen Recht findet sich entsprechend eine **Vielzahl von Zonenarten** mit jeweils divergierenden Bezeichnungen. Darüber hinaus spricht das kantonale Recht teilweise den Gemeinden das Recht zu, von den kantonalen Zonenarten abzuweichen.[116] Die nachfolgende Übersicht soll daher die besonders verbreiteten Zonentypen des kantonalen Rechts darstellen. 1.59

a) Wohnzone

Wohnzonen bestimmen Teile der Bauzone, deren Nutzungszweck primär dem Wohnen gewidmet ist. Das **ruhige und gesunde Wohnen** steht bei der Zonierung im Vordergrund. Darüber hinaus werden der Wohnnutzung auch Räume für Freizeitbeschäftigung zugerechnet, wie etwa Sport- und Spielmöglichkeiten für Kinder und Jugendliche.[117] 1.60

Neben der reinen Wohnnutzung sind in aller Regel auch **nichtstörende Gewerbe- und Dienstleistungsbetriebe** zulässig, die sich nahtlos in die Wohnumgebung einfügen. Entsprechend sind solche Betriebe in Wohnzonen vor allem in ihren Emissionen beschränkt.[118] Regelmässig wird auch eine funktionale Bindung an die Bedürfnisse der Wohnzone gefordert, indem etwa die fragliche Baute primär den Bewohnern des jeweiligen Wohnquartiers zu dienen habe.[119] Dieser notwendige funktionale Zusammenhang zur Wohnnutzung wird vielfach bei Betrieben bejaht, die zur Befriedigung der täglichen Bedürfnisse der Bewohner eines Quartiers beitra- 1.61

115 Weshalb für Ausnahmen die Vorschriften von Art. 24 ff. RPG zur Anwendung kämen; siehe BGE 118 Ia 446, E. 2.c. Vgl. hierzu Rz. 3.100 ff. und weiterführend Botschaft RPG 1978, S. 1026. Die Voraussetzungen für die Ausscheidung von Weilerzonen finden sich in Art. 33 RPV; dazu auch Heer, Bau- und Planungsrecht, Rz. 131; ausführlich zu Weilerzonen Waldmann/Hänni, Handkommentar RPG, Art. 18 Rz. 38 ff. Zur Unzulässigkeit der Einzonung von drei Gebäuden in der bisherigen Landwirtschaftszone vgl. zuletzt BGer, Urteil 1C_374/2011 vom 14. März 2012, E. 2.1 ff.

116 Vgl. etwa § 35 Abs. 2 und 4 PBG LU; Berner, Planungs- und Baurecht, S. 505. Demgegenüber regelt der Kanton St.Gallen die möglichen Zonenarten abschliessend im kantonalen BauG (Art. 10 BauG SG).

117 Vgl. BRK ZH, Urteil BRKE II Nr. 0056/2004 vom 30. März 2004 in (URP 2004 345 ff.) betreffend Schulhausplätze, Schulsportanlagen und Kinderspielplätze. Ungeachtet dessen dürften Schulhäuser und Schulsportanlagen normalerweise in einer Zone für öffentliche Bauten anzutreffen sein.

118 Waldmann/Hänni, Handkommentar RPG, Art. 18 Rz. 7 f.

119 Vgl. etwa § 45 Abs. 2 PGB LU, Berner, Planungs- und Baurecht, S. 545; vgl. etwa Aemisegger, Rechtsprechung, S. 23, für Beispiele aus der Rechtsprechung zu kleineren Kindertagesstätten.

gen.[120] So sind Autoreparaturwerkstätten[121] oder Gärtnereien und landwirtschaftliche Betriebe nicht zonenkonform,[122] da sie dem Charakter der Nutzungsstruktur nicht entsprechen. Büros und sonstige Geschäftsräumlichkeiten wie typischerweise Bäckereien, Arztpraxen oder Coiffeursalons sind meistens als zonenkonform anzusehen.[123] Allgemein gelten wohl die sogenannten «stillen Gewerbe» innerhalb der Wohnzone als zonenkonform.[124] Bei Betrieben, die ihre Kundschaft hauptsächlich von ausserhalb des Quartiers beziehen, insbesondere zu Zeiten, in denen ein erhöhtes Ruhebedürfnis besteht, wird der funktionelle Zusammenhang wohl zu verneinen sein.[125]

1.62 Neben diesen Aspekten ist die Zonenkonformität regelmässig auch von **immissionsrechtlichen Gesichtspunkten** abhängig, deren Beurteilung zunächst abstrakt erfolgt. Entscheidend ist, ob mit der betreffenden Nutzung typischerweise Belästigungen verbunden sind, die über das hinausgehen, was normalerweise mit Wohnen verbunden ist.[126]

1.63 Bauwerke zur **Haltung von Tieren** gelten als zonenkonform, sofern es sich um private Tierhaltung handelt. Gleichwohl dürfen von den Tieren keine übermässig störenden Immissionen verursacht werden. Bejaht wurde etwa die Zonenkonformität für eine Pferdestallung[127] oder die Haltung von höchstens drei Schlittenhunden.[128]

1.64 Neben materiellen Immissionen wie Lärm und Luftverunreinigung, werden auch sogenannte **ideelle oder immaterielle Immissionen** berücksichtigt. Das Spektrum der ideellen Immissionen ist breit und insofern dynamisch, als es sich den gesellschaftlich geltenden Vorstellungen der Sittlichkeit anpasst.[129] Entsprechend exis-

---

120 BGE 117 Ib 147, E. 5a; BGer, Urteil 1P.160/2004 vom 27. Januar 2005, E. 5.4; Waldmann, Ideelle Immissionen, S. 160.

121 BGE 116 Ib 175, E. 3b, betreffend einen Autooccasionsbetrieb.

122 BGE 117 Ib 153.

123 BGE 117 Ib 147, E. 5a; BGer, Urteil 1P.160/2004 vom 27. Januar 2005, E. 5.4; m.w.H. Hänni, Planungsrecht, S. 166; für das Zürcher Recht Fritzsche/Bösch/Wipf, Planungs- und Baurecht, S. 131.

124 Arztpraxen, Anwaltskanzleien, Architekturbüros, Schuhmachereien, Quartierläden usw.; vgl. m.w.H. Waldmann/Hänni, Handkommentar RPG, Art. 22 Rz. 26.

125 Vgl. Baudepartement St. Gallen, Entscheid vom 22. April 1999 (SGGVP 1999 Nr. 90) betreffend einen Erotikbetrieb.

126 VGer SG, Urteil vom 17. August 1999 (ZBl 2000 423 ff., 425).

127 OGer SH, Urteil vom 20. November 1987 (ZBl 1989 77 ff.); RR SZ, RRB Nr. 895/2002 vom 2. Juli 2002 (EGVSZ 2002 185 ff.).

128 Baudirektion BE, Entscheid vom 18. April 1991 (BVR 1991 494 ff.). Siehe auch Fritzsche/Bösch/Wipf, Planungs- und Baurecht, S. 131.

129 Arthur Meier-Hayoz (zugleich Hrsg.), Berner Kommentar zum Schweizerischen Privatrecht, Bd. IV: Das Sachenrecht, 1. Abt. Das Eigentum, Teilbd. III Grundeigentum II, Art. 680–701 ZGB, Bern 1975, Art. 684 Rz. 180 ff. und die Entwicklung der Kasuistik betreffend das Sexgewerbe; BGE 84 II 85, E. 2; BGer, Urteil 5C.218/1990 vom 15. November 1991, E. 4 (ZBl 1993 88 ff.); BGer, Urteil 1P.539/2003 vom 22. April 2004, E. 2.5 ff.; BGE 133 II 321, E. 4.3.4; BGE 136 I 395, E. 4.3.4; BGer, Urteil 1C_157/2012 vom 16. Juli 2012, E. 4.4. Vgl. auch BGer, Urteil 1C_262/2007 vom 31. Januar 2008 für den Betrieb einer Gassenküche in einer Kernzone und zuletzt unter Berücksichtigung der Wahrnehmbarkeit BGer, Urteil 1C_499/2014 vom 25. März 2015, E. 6.3.3 f.

tiert eine reichhaltige Praxis zur Zonenkonformität von Einrichtungen des Sexgewerbes. So erachtet es das Bundesgericht als vertretbar, in Zonen mit einem Wohnanteil von 60 Prozent und darüber Betriebe des Sexgewerbes aufgrund ihrer ideellen Immissionen als stark störend einzustufen.[130] Ein hoher Wohnanteil führt also regelmässig zur Verneinung der Zonenkonformität von Betrieben des Sexgewerbes aufgrund ideeller Immissionen.[131]

Für den Bereich der **Lärmimmissionen** haben kantonale und kommunale Immissionsvorschriften stark an Bedeutung verloren, da der Bund im Rahmen der Lärmschutzverordnung eine abschliessende Regelung getroffen hat.[132] Der Bundesrat hat im Rahmen der Verordnungsgebung unterschiedliche Belastungsgrenzwerte festgesetzt[133], die einzelnen Empfindlichkeitsstufen zugeordnet sind (vgl. Art. 43 LSV). Den jeweiligen Nutzungszonen ist im Rahmen der Nutzungsplanung bzw. in den zugehörigen Nutzungsreglementen eine Empfindlichkeitsstufe zuzuweisen, wodurch verbindliche Grenzwerte im Bereich der Lärmbelastung festgehalten werden.[134] 1.65

Für eine ausführlichere Betrachtung der Kasuistik bezüglich Zonenkonformität in der Bauzone sei auf die Ausführungen in Rz. 3.14 ff. verwiesen. 1.66

b) Kernzone

Kernzonen dienen regelmässig der Erhaltung oder Schaffung von **Stadt-, Orts- oder Quartierzentren,** denen aus Gründen der Architektur, Historie oder Ähnlichem eine besondere Bedeutung zugemessen wird. Gewöhnlich sind öffentliche Bauten, Geschäfts- und Wohnbauten sowie nichtstörende Gewerbebetriebe zulässig.[135] 1.67

c) Gewerbezone

Gewerbezonen, als besonderer Typ der Bauzone, weisen in der Regel Raum für nicht wesentlich oder **mässig störende Gewerbe-, Dienstleistungs- und Indus-** 1.68

---

130 BGer, Urteil 1P.771/2001 und 1P.773/2001 vom 5. Mai 2003, E. 9.1 (ZBl 2004 111 ff.); in Anwendung dieser Regelung zuletzt VGer ZH, Urteil VB.2014.00319 vom 10. Juni 2015. Weiter BGer, Urteil 1C_83/2012 vom 18. Juli 2012.

131 BGer, Urteil 1C_83/2012 vom 18. Juli 2012, E. 2.6; BGer, Urteil 1P.160/2004 vom 27. Januar 2005, E. 4.4; VGer BE, Urteil VGE 21563 vom 3. Februar 2004, E. 5.4.3 (BVR 2005 443 ff.); vgl. auch Waldmann, Ideelle Immissionen, S. 161.

132 Siehe zu den Regelungsspielräumen etwa BGer, Urteil 1A.132/1999 vom 24. Januar 2000, E. 2b/bb. Die verbleibenden kantonalen und kommunalen Konkretisierungsspielräume sind nicht vollständig klar. So regelt Art. 8 der Lärmschutzverordnung der Stadt Wil vom 15. März 1974 wohl zulässigerweise die Zeiten für das Verrichten von lärmigen Arbeiten, insbesondere das Ausklopfen von Teppichen, Decken, Polstermöbeln, Bett- und Kleidungsstücken.

133 Vgl. Anhang 3–7 LSV; dazu auch Waldmann/Hänni, Handkommentar RPG, Art. 22 Rz. 27; Heer, Bau- und Planungsrecht, Rz. 90 ff.

134 Vgl. Wagner Pfeifer, Umweltrecht I, S. 125 f.

135 Hänni, Planungsrecht, S. 169.

triebetriebe auf.[136] Einige Kantone sehen jedoch keine expliziten Gewerbezonen vor, sondern gliedern ihre Bauzonen mithilfe von Mischzonen. So kennt bspw. der Kanton St. Gallen eine Wohn-Gewerbe-Zone sowie eine Gewerbe-Industrie-Zone.[137] Der Kanton Luzern legt auf Gesetzesstufe nur eine Arbeitszone fest, die von den Gemeinden bedarfsorientiert untergliedert werden kann, um eine Trennung nach Immissionspotenzial der dort anzusiedelnden Betriebe vorzusehen.[138]

1.69 In reinen Gewerbezonen ist die **Wohnnutzung** nur dann zulässig, wenn sie betriebsnotwendig ist, also in einem funktionellen Zusammenhang mit dem Gewerbe steht.[139] In gemischten Wohn-Gewerbe-Zonen darf die Erstellung neuer Wohnbauten gesetzlich untersagt werden, wenn damit zu rechnen ist, dass in der Zone nicht mehr genügend Raum für Gewerbebauten verbleibt.[140] In derartigen Mischzonen soll ein gleichberechtigtes Nebeneinander von Wohnen und Gewerbe möglich sein, was bedingt, dass keine der beiden Nutzungen so intensiv auf die andere einwirkt, dass diese andere Nutzung nur mehr unter übermässig erschwerten Bedingungen ausgeübt werden kann.[141] Entsprechend können die kommunalen Vorschriften in derartigen Zonen konkrete Wohnanteile (bspw. 50 Prozent) vorsehen.[142] So ist etwa eine Autoreparaturwerkstatt zulässig, da im Gegensatz zur Wohnzone in einer gemischten Zone auch Gewerbe betrieben werden dürfen, die zwar gewisse Unannehmlichkeiten mit sich bringen, das gesunde Wohnen aber nicht beeinträchtigen.[143] Auch ein **Betrieb des Sexgewerbes** kann in einer derartigen Wohn-Gewerbe-Zone grundsätzlich als zonenkonform angesehen werden, sofern die nutzungsplanerisch festgelegten Empfindlichkeitsstufen eingehalten werden.[144] Die Praxis erachtet Ladengeschäfte, Spenglereien, Restaurants, Nachtclubs und Ähnliches als zonenkonform.[145]

1.70 Für eine ausführlichere Betrachtung der Kasuistik bezüglich Zonenkonformität in der Bauzone sei auf die Ausführungen in Rz. 3.14 ff. verwiesen.

d) Industriezone

1.71 Reine Industriezonen gelten oftmals als Auffangzonen für Industrie- und Gewerbebetriebe, die **erhebliche Immissionen** zur Folge haben oder ausserordentliche Baumasse aufweisen und deshalb in anderen Zonen nicht zugelassen sind.[146]

---

136 M.w.H. WALDMANN/HÄNNI, Handkommentar RPG, Art. 22 Rz. 37.
137 Vgl. Art. 12 und 13 BauG SG.
138 BERNER, Planungs- und Baurecht, S. 552 ff.
139 Vgl. etwa § 46 Abs. 3 PBG LU.
140 BGer, Urteil vom 13. Juli 1977 (ZBl 1977 504 f.).
141 HÄUPTLI, in: Kommentar BauG AG, § 15 Rz. 82.
142 Vgl. etwa § 49a Abs. 3 PBG ZH. Zur Vereinbarkeit mit der Wirtschaftsfreiheit und Eigentumsgarantie BGE 111 Ia 100; BGer, Urteil vom 19. Dezember 1989 (ZBl 1991 180 ff.).
143 VGer BE, Urteil vom 19. August 1985 E. 4.a (BVR 1986 211 ff.).
144 Vgl. VGer SG, Urteil vom 31. Mai 2005 (SGGVP 2005 Nr. 26), in dem zwar die grundsätzliche Zonenkonformität bejaht, die Lärmbelastung für die angrenzende Wohnzone durch den Publikumsverkehr jedoch als zu hoch erachtet wurde.
145 M.w.H. HEER, Bau- und Planungsrecht, Rz. 372 f.
146 Vgl. Art. 14 BauG SG; HEER, Bau- und Planungsrecht, Rz. 378 f.

Zonenkonform sind somit Produktionsstätten, Fabriken oder Maschinenhallen inkl. betriebs- und unternehmenszugehöriger Verwaltungs-, Forschungs- und technischer Räume.[147] Die **Wohnnutzung** ist nur für Betriebsinhaber bzw. standortgebundenes Personal zulässig.[148] Da die Abgrenzung zwischen Industrie- und Gewerbebetrieben nicht einfach ist, verzichten einige Kantone gar auf eine Unterscheidung und definieren «Industrie- und Gewerbezonen» oder «Arbeitszonen».[149]

e) Zone für öffentliche Bauten und Anlagen

Die Zone für öffentliche Bauten und Anlagen ist für bestehende und künftige **öffentliche Bauten und Anlagen** bestimmt. Es handelt sich dabei um Bauten und Anlagen, die der Öffentlichkeit zur Verfügung stehen, wie Schulhäuser, Kirchen, Friedhöfe, Sportanlagen, Spielplätze, Freibäder oder Ähnliches. Private Bauten, die nicht dem Zonenzweck dienen, sind nicht zonenkonform.[150] Damit ist jedoch nicht gefordert, dass die Baute oder Anlage im Eigentum des Gemeinwesens steht. Einige kantonale Baugesetze sehen ausdrücklich vor, dass Bauten und Anlagen privater Rechtsträger zulässig sind, sofern diese Werke im öffentlichen Interesse liegen.[151] Die Praxis lässt ausserdem private Nebennutzungen einer öffentlichen Anlage zu, sofern sie entweder betriebsnotwendig sind oder mit der öffentlichen Nutzung in einem engen sachlichen Zusammenhang stehen.[152] 1.72

Sofern das Gemeinwesen eine Zone für öffentliche Bauten und Anlagen ausscheidet, indem es zukünftige Bedürfnisse geltend macht, ist dieses Bedürfnis vom Gemeinwesen so genau wie möglich anzugeben, und die Errichtung der öffentlichen Baute bzw. Anlage muss mit einiger Sicherheit zu erwarten sein.[153] Grund dieser restriktiven Regelung ist die möglicherweise mit der Zuweisung eines Grundstücks zu dieser Zone einhergehende materielle oder, je nach kantonaler Ausgestaltung, formelle **Enteignung** allfälliger privater Grundeigentümer.[154] Im Regelfall dürfte das Gemeinwesen schon Eigentümer der Parzelle sein, meist aufgrund freihändigen Erwerbs. 1.73

---

147 Vgl. § 56 Abs. 2 PBG ZH.

148 Vgl. Art. 14 Abs. 2 BauG SG.

149 Vgl. § 46 BauG LU; § 56 PBG ZH; dazu auch GRIFFEL, Raumplanungs- und Baurecht, S. 54.

150 HEER, Bau- und Planungsrecht, Rz. 386 f.; HÄNNI, Planungsrecht, S. 172 f.; HÄUPTLI, in: Kommentar BauG AG, § 15 Rz. 90 ff.

151 Vgl. § 24 Abs. 1 lit. d RBG BL; ausführlich GSPONER, Zone für öffentliche Bauten und Anlagen, S. 44 f.

152 Wie z.B. ein Clubhaus mit Restaurationsbetrieb einer Tennisanlage, BGer, Urteil 1P.498/2000 vom 29. März 2001; ausführlich GSPONER, Zone für öffentliche Bauten und Anlagen, S. 76.

153 BGE 114 Ia 335, E. 2d, BGE 102 Ia 368, E. 3; BGE 94 I 127, E. 7b.

154 GSPONER, Zone für öffentliche Bauten und Anlagen, S. 21; zur formellen und materiellen Enteignung im Allgemeinen vgl. KESSLER COENDET, Formelle Enteignung, Rz. 26.1 ff.; WALDMANN, Materielle Enteignung, Rz. 27.1 ff.

f) Grün-, Erholungs-, Freihaltezone

1.74 Grünzonen umfassen Gebiete innerhalb des Siedlungsbereichs[155], die grundsätzlich nicht überbaut werden dürfen. Je nach kantonaler Ausgestaltung dienen sie bspw. der Erholung der Wohnbevölkerung, dem Ortsbild- und Landschaftsschutz oder der Gliederung des Siedlungsraums.[156] Zonenkonform sind hier etwa **Park- und Erholungsanlagen.**[157]

1.75 (Intensiv-)Erholungszonen sind ebenfalls der Erholung der Wohnbevölkerung gewidmet, dienen jedoch vornehmlich Anlagen, die grossflächige bauliche Massnahmen erfordern. Zu denken ist dabei an **Campingplätze, Reithallen oder Sportanlagen**[158], die in keiner anderen Zone als zweckkonform betrachtet werden können.

1.76 In gewissen Kantonen übernehmen **Freihaltezonen** den Zweck der Grün- oder Erholungszone.[159] Diese nehmen dann teils die Funktion der Schutzzonen gemäss Art. 17 RPG wahr[160], dienen teils aber auch, als Unterart der Bauzone, der Erholung der Bevölkerung.[161]

C. Sondernutzungsplan*

1.77 Das RPG regelt nur die wichtigsten Nutzungszonen. Teils aus traditionellen und teils aus praktischen Gründen kennen die kantonalen Gesetze weitere Arten von Nutzungsplänen, welche die zonenmässige **Grundordnung weiterführen und differenzieren.** Die Kantone sind nicht nur befugt, sondern vielmehr verpflichtet, die vom RPG nur in den Grundzügen geregelte Nutzungsordnung zu verfeinern.[162] Die hierzu dienenden kantonalen Sondernutzungspläne stellen zwar Nutzungspläne im Sinne des RPG dar, doch beziehen sich die Regelungen in Art. 14–18 RPG aus-

155 Je nach kantonaler Regelung werden die Grünzonen als besondere Bauzonenart (vgl. etwa § 35 Abs. 2 PBG LU) oder als Nichtbauzone (Art. 28 BauG AR) bezeichnet, wobei meist auf eine explizite Zuordnung verzichtet wird; m.w.H. WALDMANN/HÄNNI, Handkommentar RPG, Art. 18 Rz. 28.

156 Vgl. etwa Art. 17 BauG SG; § 50 PBG LU; Art. 28 BauG AR.

157 Vgl. § 50 Abs. 2 PBG LU, Art. 28 BauG AR sowie Art. 17 Abs. 1 lit. b BauG SG, der sogar Sportanlagen als zonenkonform bezeichnet; HEER, Bau- und Planungsrecht, Rz. 383 ff.

158 Worunter je nach Zonenordnung auch der Schiesssport inkl. zugehöriger Schiessanlage subsumiert werden kann (BGer, Urteil 1A.183/2001 vom 18. September 2002, E. 6.3).

159 Vgl. etwa § 61 PBG ZH, der von Freihaltezonen oder Erholungszonen zum Zweck der Erholung der Bevölkerung spricht; dazu BGE 118 Ib 503, E. 5b.

160 Vgl. dazu Rz. 1.103 ff.

161 BGE 118 Ib 503, E. 5b; HALLER/KARLEN, Raumplanungs-, Bau- und Umweltrecht, Rz. 297.

* Die Autoren danken Frau LIVIA CAMENISCH, B.A. HSG in Law, für den zu diesem Abschnitt geschriebenen Entwurf.

162 HÄNNI, Planungsrecht, S. 147; WALDMANN/HÄNNI, Handkommentar RPG, Art. 14 Rz. 13.

schliesslich auf Rahmennutzungspläne und finden auf Sondernutzungspläne keine Anwendung.[163]

1. Begriff

Der **Begriff** «Sondernutzungsplan» findet sich weder im RPG noch in der RPV. Auf Bundesebene wird der Begriff u.a. in der Verordnung über die Umweltverträglichkeitsprüfung (Art. 5 Abs. 3 UVPV) und im Zweitwohnungsgesetz (Art. 26 ZWG) verwendet, wobei beide Erlasse von einer Definition des Begriffs absehen. Gemäss der durchaus verallgemeinerungsfähigen Definition von § 65 PBG LU bezwecken die kantonalen Sondernutzungspläne (Bebauungs- und Gestaltungspläne) die «Festlegung massgeblicher Elemente einer Überbauung und des Konzepts für die Erschliessungs- und Gemeinschaftsanlagen sowie die Ausscheidung des im öffentlichen Interesse nicht zu überbauenden Gebietes». 1.78

Die kantonalen Sondernutzungsordnungen sind zwar zumeist vergleichbar, doch werden **ähnliche Arten von Sondernutzungsplänen** in den verschiedenen Kantonen unterschiedlich bezeichnet.[164] «Sondernutzungsplan» kann in diesem Sinne als Sammelbegriff für eine Vielzahl verschiedenartiger kantonaler Nutzungspläne verwendet werden, welche der Konkretisierung oder Abänderung der durch die kantonalen Rahmennutzungspläne geregelten Zonenordnung dienen. 1.79

2. Aufgabe und System

Die Rahmennutzungsplanung beschränkt sich auf die Festlegung und räumliche Zuweisung der zugelassenen Nutzungen in der Zonenordnung. Sondernutzungspläne dienen der **Differenzierung dieser Grundordnung** und können sie unter gewissen Umständen sogar abändern bzw. überlagern.[165] Gegenstand der Differenzierung können sowohl Bau- als auch Nichtbauzonen sein.[166] Beim Erlass von Sondernutzungsplänen müssen namentlich die allgemeinen Planungsgrundsätze (Art. 1 und 3 RPG), die Mitwirkungsrechte der Bevölkerung (Art. 4 RPG), der Rechtsschutz (Art. 33 RPG) sowie die Berichterstattungspflicht (Art. 47 RPV) berücksichtigt werden.[167] 1.80

---

163 Vgl. Joos, Kommentar zum RPG, S. 129 und Waldmann/Hänni, Handkommentar RPG, Art. 14 Rz. 12 f.

164 Griffel, Raumplanungs- und Baurecht, S. 57.

165 Hänni, Planungsrecht, S. 244; Griffel, Raumplanungs- und Baurecht, S. 57; Waldmann/Hänni, Handkommentar RPG, Art. 14 Rz. 13.

166 Waldmann/Hänni, Handkommentar RPG, Art. 14 Rz. 13. Siehe dazu etwa BGer, Urteil 1C_774/2013 und 1C_778/2013 vom 16. Juli 2014 zur Schaffung einer Sondernutzungszone Gärtnerei/Gartenbau in Ballwil/LU.

167 Hänni, Planungsrecht, S. 147; Heer, Bau- und Planungsrecht, Rz. 147, 153; Waldmann/Hänni, Handkommentar RPG, Art. 14 Rz. 14.

1.81 Die Praxis unterscheidet projektbezogene Sondernutzungspläne (wohl fast immer Gestaltungspläne), für die schon ein relativ konkret ausgearbeitetes Bauprojekt vorliegt, und nicht projektbezogene Pläne, für die ein konkretes Bauvorhaben erst ausgearbeitet werden muss.[168] Für die projektbezogenen Sondernutzungspläne werden die Sonderregelungen für das in Frage stehende Bauprojekt quasi «massgeschneidert».[169] Für die übrigen Sondernutzungspläne gilt, dass diese selbst in Form von Gestaltungsplänen nicht so konkret sein dürfen, dass den Grundeigentümern für die Erarbeitung eines Bauprojektes kein oder kein wesentlicher **Spielraum** mehr verbleibt. Der zulässige Spielraum für die Ausarbeitung eines Bauprojektes ist von Fall zu Fall nach pflichtgemässem Ermessen zu beurteilen. Im Allgemeinen müssen Bauprojekte verschiedener (Aus-)Gestaltung zugelassen sein.[170]

3. Arten von Sondernutzungsplänen

1.82 Je nach ihrem Verhältnis zur Grundordnung können Sondernutzungspläne unterschiedlichen **Kategorien** zugeteilt werden, wobei einzelne kantonal geregelte Pläne auch gleichzeitig mehreren Kategorien angehören können.[171]

1.83 Einer ersten Kategorie können die Nutzungsvorschriften **konkretisierende Pläne** zugeordnet werden, die für ein bestimmtes Gebiet die **Art und Weise des Bauens** näher regeln. Gegebenenfalls ist mit Erlass eines Sondernutzungsplans auch schon die Umweltverträglichkeit der zukünftigen Anlage abzuklären.[172] Zu den Sondernutzungsplänen gehören die Gestaltungspläne, die in kantonalen Erlassen auch als Überbauungs-, Bebauungs- und Quartierpläne bezeichnet werden. Der Erlass dieser Pläne ist kantonal unterschiedlich geregelt. Während bspw. § 84 f. PBG ZH zwischen von der Gemeinde auszuarbeitenden öffentlichen Gestaltungsplänen und von den Grundeigentümern auszuarbeitenden privaten Gestaltungsplänen unterscheidet, erklärt § 74 PBG LU die Aufstellung von Gestaltungsplänen zur Sache der Grundeigentümer.[173] § 21 BauG AG wiederum ermächtigt Private dazu, den Entwurf zu einem Gestaltungsplan selber zu erstellen. Regelungsgegenstand von Gestaltungsplänen können Zahl, Art, Lage, äussere Abmessungen, Geschosszahl, Durchmischung der Nutzung und weitere bauliche Einzelheiten der zu erstellenden Bauten und Anlagen sein.[174] Auch Festlegungen zur Erschliessung eines Grundstücks bzw. des ganzen Plangebiets sind denkbar.[175] Gestaltungspläne bezwecken eine architektonisch sinnvolle und in die bauliche und landschaftliche Umgebung

---

168 GRIFFEL, Raumplanungs- und Baurecht, S. 59 f.

169 GRIFFEL, Raumplanungs- und Baurecht, S. 59.

170 BGE 121 I 117, E. 4c.

171 WALDMANN/HÄNNI, Handkommentar RPG, Art. 14 Rz. 13.

172 Siehe Art. 5 Abs. 3 UVPV. Unter altem Recht schon BGE 118 Ib 66, E. 1c–2.

173 Private Gestaltungspläne nach Zürcher Recht bedürfen grundsätzlich der Zustimmung des für den Erlass der Bau- und Zonenordnung zuständigen Organs (§ 86 Abs. 1 PBG ZH). Auch der luzernische Gestaltungsplan bedarf schliesslich der Zustimmung der Gemeinde (§ 77 Abs. 2 PBG LU).

174 HÄNNI, Planungsrecht, S. 247; WALDMANN/HÄNNI, Handkommentar RPG, Art. 14 Rz. 13.

175 BERNER, Planungs- und Baurecht, S. 200; GRIFFEL, Raumplanungs- und Baurecht, S. 58.

eingepasste Überbauung.[176] Grundsätzlich werden Gestaltungspläne für die Überbauung von in Bauzonen gelegenen Gebieten erlassen. Für die Sanierung (zeitgemässe Erneuerung) bereits überbauter Gebiete sind sie auch ausserhalb der Bauzone zulässig, wenn dadurch keine Kleinstbauzone geschaffen wird.[177]

Gestaltungspläne dieser ersten Kategorie stellen eine **Spezialbauordnung** auf, die 1.84
von der allgemeinen Bau- und Zonenordnung (oder anderen einschlägigen Rechtsnormen) abweichen darf. Diese Spezialbauvorschriften sind für die Grundeigentümer bindend.[178] Bei Gestaltungsplänen, mit welchen in erheblichem Masse von der zonengemässen Nutzung abgewichen werden soll, dürfen höhere Anforderungen an die Bestimmtheit des Planinhalts gestellt werden.[179] Mittels eines konkretisierenden Sondernutzungsplans kann die durch die Rahmennutzungsplanung festgelegte Baufreiheit im Sinne einer wirtschaftlichen Nutzung des betreffenden Gebiets vergrössert oder aber eingeschränkt werden.[180] Abweichungen von der baulichen Grundordnung sind jedoch nur so weit zulässig, als sie «nicht dazu führen, dass die planerisch und demokratisch abgestützte Grundordnung ihres Sinngehalts entleert würde».[181]

In eine zweite Kategorie sind die **projektbezogenen Spezialpläne** zur Errich- 1.85
tung nicht zonenkonformer und Raum und Umwelt erheblich belastender Bauvorhaben einzuteilen.[182] Zu solchen planungspflichtigen Bauvorhaben gehören etwa die Errichtung von Strassen, grösseren Parkplätzen, Schiessständen, Deponien, grösseren Sportanlagen sowie Einkaufszentren. Projektbezogene Spezialpläne teilen die von ihnen umfassten Gebiete einer besonderen Zweckbestimmung zu.[183] Eine umfassende Prüfung eines Bauvorhabens bei Erlass eines projektbezogenen Sondernutzungsplans ist dort erforderlich, wo bei der Planung so stark ins Detail gegangen wird, dass die Baubewilligung weitgehend vorweggenommen wird. Zugleich müssen vom bereits konkretisierten Projekt erhebliche Auswirkungen auf die Umwelt ausgehen, die schon früh abgeschätzt werden können und müssen.[184]

Von diesen beiden Hauptkategorien von Sondernutzungsplänen abzugrenzen sind 1.86
weiterhin die Pläne, welche das für konkrete Projekte benötigte **Land sichern** wollen. Die in diese Kategorie einzuordnenden **Baulinien** müssen nicht ausschliesslich baupolizeilicher Natur sein, sondern können auch der Sicherstellung einer geordneten baulichen Entwicklung dienen.[185] Baulinien bezeichnen den von Bauten und Anlagen einzuhaltenden Mindestabstand zu Verkehrsanlagen, Leitungen, Gewäs-

---

176 Vgl. § 72 Abs. 1 PBG LU, § 44 Abs. 1 PBG SO. Ferner Art. 28 Abs. 1 BauG SG: «Zur Erreichung einer Gesamtüberbauung mit städtebaulich vorzüglicher Gestaltung kann die politische Gemeinde [...] Gestaltungspläne erstellen [...]».

177 Vgl. BGE 121 I 245, E. 8b f.

178 GRIFFEL, Raumplanungs- und Baurecht, S. 58.

179 BGE 121 I 117, E. 4c.

180 VGer LU, Urteil V 09 177 vom 27. Oktober 2010, E. 3a (LGVE 2010 II Nr. 9).

181 BGE 135 II 209, E. 5.2.

182 Bspw. Art. 69 RPBG FR.

183 WALDMANN/HÄNNI, Handkommentar RPG, Art. 14 Rz. 13 und Art. 2 Rz. 28.

184 VGer SG, Urteil B 2008/33 vom 14. Oktober 2008, E. 4.1.

185 Zu Baulinien ausführlicher Rz. 1.120 ff.

sern, Wäldern, Grundstücksgrenzen, Kulturobjekten etc.[186] Das innerhalb von Baulinien gelegene Land darf grundsätzlich nicht mehr überbaut werden (zu gewissen Ausnahmen vgl. Art. 55 Abs. 3 RPG GR; § 30 PBG LU; § 100 PBG ZH). Baulinien wirken sich demnach als Bauverbote aus.[187] Ebenfalls der Landsicherung dienen **Werk- und Enteignungspläne.** Erstgenannte dienen der Landsicherung auf einer oder mehreren Parzellen. Sie unterscheiden sich damit durch das Ausmass des von ihnen umfassten Bereichs von den Baulinien, die ganze Landstreifen von der Überbauung freihalten wollen.[188] Land, das auf weite Sicht für öffentliche Bauten benötigt wird, kann auch durch die Festsetzung einer Zone für öffentliche Bauten und Anlagen in der Grundordnung gesichert werden.[189] Kein Sondernutzungsplan, aber in engem Zusammenhang zu Landsicherungsmassnahmen stehen Enteignungspläne, die Informationen darüber vermitteln, in welchem räumlichen Umfang welche Rechte enteignet werden. Sie sind bei Gesuch um Einleitung eines Enteignungsverfahrens öffentlich aufzulegen.[190]

1.87 Eine vierte Kategorie von Sondernutzungsplänen bilden die **Erschliessungspläne,** welche auf die **Verwirklichung der Grundordnung** hinwirken. Erschliessungspläne schaffen die Voraussetzungen für die Überbauung eines Baugebietes, indem sie die Lage und Ausdehnung der notwendigen Erschliessungsanlagen verbindlich festlegen und das dafür erforderliche Land ausscheiden.[191] Die Anforderungen an die Erschliessung sind je nach der beanspruchten Nutzung und nach den massgeblichen Umständen im Einzelfall verschieden.[192] Bis zur Sicherstellung der zweckmässigen Erschliessung sind Baubewilligungen im Regelfall zu verweigern (Art. 22 Abs. 2 lit. b RPG).[193] Der Erschliessungsplanung kommt daher bei planerischen Entscheiden beachtliche Bedeutung zu.[194] Erschliessungspläne dienen auch der Sicherung des für die Erschliessungsanlagen benötigten Landes, das so vor einer zweckwidrigen Überbauung freigehalten werden kann.[195] Land für Erschliessungsanlagen ist grundsätzlich mit planerischen Mitteln zu schaffen.[196] Dies gilt auch im Falle einer Wegnot.[197] Allgemein hat sich die Erschliessungsplanung stets auf die Nutzungsplanung auszurichten und nicht etwa umgekehrt.[198] Mit anderen Worten dient die Erschliessung der Verwirklichung der Planung.[199]

---

186 Zur Auflistung vgl. § 30 Abs. 1 PBG LU; Art. 24 Abs. 1 BauG SG; § 40 Abs. 1 PBG SO.

187 BGE 103 Ia 40, E. 2.

188 WALDMANN/HÄNNI, Handkommentar RPG, Art. 14 Rz. 13.

189 WALDMANN/HÄNNI, Handkommentar RPG, Art. 14 Rz. 13. Zum zürcherischen Recht vgl. VGer ZH, Urteil VR.2000.00003 vom 9. Februar 2001, E. 5c/bb (BEZ 2001 Nr. 9).

190 VAN DEN BERGH, in: Kommentar BauG AG, § 151 Rz. 5.

191 VAN DEN BERGH, in: Kommentar BauG AG, § 17 Rz. 6; WALDMANN/HÄNNI, Handkommentar RPG, Art. 14 Rz. 13.

192 BGE 127 I 103, E. 7d.

193 Vgl. auch BGE 119 Ib 124, E. 4a/cc; BGE 127 I 103, E. 7d; ferner BGE 109 Ib 20, E. 4c.

194 So auch BGE 127 I 103, E. 7e.

195 VAN DEN BERGH, in: Kommentar BauG AG, § 17 Rz. 6.

196 BGE 120 II 185, E. 2c; BGE 121 I 65, E. 4a.

197 BGE 117 II 35, E. 4b; BGE 120 II 185, E. 2c; BGE 121 I 65, E. 4b.

198 BGE 116 Ia 221, E. 4a.

199 BGE 127 I 103, E. 7d.

III. Konzepte und Sachpläne des Bundes

Wo dem Bund Sachkompetenzen zur Regelung eines Bereichs zukommen, ist er in der Regel auch zur umfassenden oder zumindest teilweisen Ordnung der raumplanerischen und baurechtlichen Aspekte dieser Materie befugt. Die in Art. 13 RPG erwähnten Konzepte und Sachpläne sind die dem Bund zur Verfügung stehenden Instrumente, um die **für seine raumwirksamen Aufgaben benötigten Planungen** zu erstellen und diese mit den Planungen der Kantone und Gemeinden abzustimmen (zur Planungspflicht Art. 2 Abs. 1 RPG). 1.88

Konzepte und Sachpläne bezeichnen **Planungen über sachlich bestimmte raumwirksame Aufgaben** des Bundes; sie werden in demselben Verfahren und mit derselben Verbindlichkeit verabschiedet.[200] Von den Funktionen her am ehesten mit dem kantonalen Richtplan vergleichbar (siehe entsprechend nun auch die Regelung in Art. 5c und 5d E-RPG[201]), erfahren die Konzepte und Sachpläne in Art. 14 ff. RPV eine ausführliche Regelung.[202] Inhaltlich zeigen Konzepte und Sachpläne, wie der Bund von seinem planerischen Ermessen Gebrauch machen will, namentlich welche Sachziele er verfolgt, wie er diese mit den Raumordnungszielen abstimmt, welche Prioritäten er setzt und welche Vorgehensweisen er bei der Umsetzung seiner raumwirksamen Aufgaben wählt (Art. 14 Abs. 2 RPV). Die Sachpläne enthalten darüber hinaus räumlich und zeitlich konkrete Aussagen sowie Anweisungen an die zuständigen Bundesbehörden (Art. 14 Abs. 3 RPV), z.B. hinsichtlich des Standorts und der Realisierungsvoraussetzungen einer konkreten Anlage.[203] Entsprechend werden **Sachpläne** in Bereichen erstellt, wo dem Bund eine umfassende Regelungskompetenz zukommt, wo er also auch unmittelbar über die Bodennutzung bestimmen kann (so etwa im Bereich Nationalstrassen [Art. 83 BV] und Verkehr [Art. 87 BV]).[204] In diesen Bereichen kann der Bund Bauten und Anlagen auch von kantonalen Planungen und Bewilligungen ausnehmen (z.B. Art. 16 Abs. 4 EleG). Die Erstellung von **Konzepten** kommt dagegen für Sachgebiete in Betracht, in denen der Bund nur teilweise zuständig ist oder in denen er finanzielle Unterstützung leistet.[205] Folgende Konzepte und Sachpläne wurden bisher erlassen oder sind in Erarbeitung: 1.89

200 Waldmann/Hänni, Handkommentar RPG, Art. 13 Rz. 13; ARE, Konzepte und Sachpläne, S. 8. Zu «Sachplänen» der Kantone (begrifflich wird der Sachplan allerdings fast immer als Instrument des Bundes verstanden), z.B. dem Zürcher Energieplan, vgl. Fritzsche/Bösch/Wipf, Planungs- und Baurecht, S. 103 f.

201 ARE (1. Teil, Fn. 26).

202 Hänni, Planungsrecht, S. 105. Vgl. auch Griffel, Raumplanungs- und Baurecht, S. 24.

203 ARE, Konzepte und Sachpläne, S. 9.

204 Waldmann/Hänni, Handkommentar RPG, Art. 13 Rz. 13. Vgl. ferner Haller/Karlen, Raumplanungs-, Bau- und Umweltrecht, Rz. 156; Hänni, Planungsrecht, S. 105.

205 Griffel, Raumplanungs- und Baurecht, S. 26.

- Sachplan Fruchtfolgeflächen vom 8. April 1992;
- Sachplan Verkehr, bestehend aus den Teilsachplänen Programm vom 26. April 2006, Infrastruktur Schiene (SIS) vom 8. September 2010 (mit Ergänzungen), Infrastruktur Schifffahrt vom 4. Dezember 2015, Infrastruktur Luftfahrt vom 18. Oktober 2010 (mit Ergänzungen) sowie Infrastruktur Strasse (geplant für 2017);
- Sachplan Übertragungsleitungen vom 12. April 2001 (mit Ergänzungen);
- Sachplan Geologische Tiefenlager vom 2. April 2008 (mit Ergänzungen);
- Sachplan Rohrleitungen (momentan sistiert);
- Sachplan Militär vom 28. Februar 2001 (mit Ergänzungen);
- Landschaftskonzept Schweiz vom 8. April 1992;
- Nationales Sportanlagenkonzept vom 23. Oktober 1996;
- Konzept Windenergie (Anhörung am 29. Januar 2016 abgeschlossen).

1.90 Das gemeinsam von Vertretern des Bundes, der Kantone und der Gemeinden am 20. Dezember 2012 verabschiedete **«Raumkonzept Schweiz»** ist kein Konzept im Sinne von Art. 13 RPG. Das Konzept ist entsprechend unverbindlich; es soll als Orientierungshilfe in der Raumplanung dienen und ein Denken in Handlungsräumen – losgelöst von politischen Grenzen – ermöglichen. Da das Raumkonzept eine – noch kaum endgültig festgelegte – Rolle bei der Genehmigung der kantonalen Richtpläne spielen dürfte (Art. 11 RPG sieht allerdings nur eine Rechtskontrolle vor), kommt ihm dennoch einige Bedeutung zu. In Form der «Raumentwicklungsstrategie Schweiz» soll diese Orientierungshilfe nun eine gesetzliche Grundlage erhalten (Art. 5a E-RPG[206]).

1.91 Die Planungspflicht betrifft die «nötigen Konzepte und Sachpläne» (Art. 13 Abs. 1 RPG). Dies betrifft **Anlagen von erheblicher räumlicher Bedeutung;** für bestimmte Bauten und Anlagen sind «Sachplanvorbehalte» unmittelbar in der sektoriellen Gesetzgebung vorgesehen (beispielsweise Art. 126 Abs. 4 MG; Art. 16 Abs. 5 EleG; Art. 18 Abs. 5 EBG, Art. 95a Abs. 4 revAsylG[207]).[208] Adressat ist die für den betreffenden Sachbereich zuständige Bundesstelle, die den Sachplan oder das Konzept in enger Zusammenarbeit mit dem ARE erarbeitet (Art. 17 Abs. 1 RPV).

1.92 Die **Festlegungen** in den Konzepten und Sachplänen – nicht aber die Aussagen von rein informativem Gehalt – sind für die Behörden (von Bund, Kantonen und Gemeinden) sowie für weitere Träger öffentlicher Aufgaben verbindlich (Art. 22 Abs. 1 und 2 RPV). Diese haben die Konzepte und Sachpläne bei Wahrnehmung ihrer raumwirksamen Aufgaben zu berücksichtigen.[209] Eine Festsetzung bindet die Behörden aber nur insoweit, als sich die damit verbundenen Auswirkungen auf Raum und Umwelt anhand der Sachplangrundlagen und des Standes der Planungen von Bund und Kantonen im Zeitpunkt der Festsetzung beurteilen lassen (Art. 22 Abs. 3 RPV).

---

206 ARE (1. Teil, Fn. 26).
207 BBl 2015 7181.
208 Botschaft RPG 2010, S. 1068; ARE, Konzepte und Sachpläne, S. 16 f.
209 Hänni, Planungsrecht, S. 106; Waldmann/Hänni, Handkommentar RPG, Art. 13 Rz. 25.

Auf Bundesebene binden die Konzepte und Sachpläne die Behörden etwa bei der Erteilung von Plangenehmigungen, Konzessionen, Bewilligungen und der Gewährung von Beiträgen.[210] So bildet etwa der Sachplan Infrastruktur der Luftfahrt – soweit das betreffende Objektblatt erstellt wurde – Grundlage für die Erteilung der Betriebskonzession, die Bewilligung von Bauten und Anlagen mittels Plangenehmigung sowie die Genehmigung des Betriebsreglements.[211] **Geringfügige Abweichungen** vom Sachplan sind jedoch – ähnlich dem Richtplan – auch ohne vorgängige Änderung desselben möglich.[212]

Komplexer stellt sich die Bindungswirkung in Bezug auf die kantonalen **Richtpläne** dar. Die Kantone müssen die Konzepte und Sachpläne des Bundes als Teil der Erarbeitung der Grundlagen der Richtplanung berücksichtigen (Art. 6 Abs. 4 RPG). Allerdings sind auch die – vom Bundesrat genehmigten – Richtpläne für den Bund verbindlich (Art. 11 Abs. 2 RPG). Bei der Erarbeitung der Sachpläne und Konzepte sind die Richtpläne der Kantone entsprechend zu berücksichtigen (Art. 17 Abs. 1 RPV). Da sich Bund und Kantone als grundsätzlich gleichberechtigte Planungsträger gegenüberstehen, ist das Verfahren der gegenseitigen Beeinflussung von Richtplan und Sachplan – z.B. was den Flughafen Zürich angeht – durchaus komplex.[213] Art. 18 Abs. 3 RPV sieht vor, dass der Kanton und die zuständige Bundesstelle die Verfahren für die entsprechende Anpassung des Richtplans und für die Erarbeitung des Sachplans miteinander koordinieren, wenn ein kantonaler Richtplan die Erreichung der mit einem Sachplan angestrebten Ziele verhindern oder unverhältnismässig erschweren könnte. Die im Sachplan mit Bezug auf die Realisierung konkreter Vorhaben getroffenen Anordnungen sind verbindlich, soweit der Bund über entsprechende (in der Regel umfassende) Kompetenzen verfügt (Art. 23 Abs. 1 RPV). Soweit dem Bund nur Teilkompetenzen zukommen, müssen die Kantone die Festlegungen nur im Rahmen ihrer raumplanerischen Interessenabwägungen (Art. 3 RPV) einbeziehen.[214] 1.93

Der **Bundesrat verabschiedet die Konzepte und Sachpläne** sowie deren Anpassungen auf Antrag des in der Sache zuständigen Departements (Art. 21 Abs. 1 RPV). Auch für Sachpläne und Konzepte gelten die in Art. 4 RPG statuierten Informations- und Mitwirkungsrechte, welche vom Bundesrat in Art. 19 RPV näher konkretisiert wurden. **Rechtsmittel** gegen Konzepte und Sachpläne sind keine vorgesehen. Nach bundesgerichtlicher Rechtsprechung müssen Sachpläne des Bundesrates immerhin (vorfrageweise) frei auf ihre Bundesrechtskonformität überprüft werden kön- 1.94

210 BGE 128 II 1 (Plangenehmigung einer militärischen Ausbildungsanlage, Konflikt zwischen Interessen der Landesverteidigung und den Interessen des Naturschutzes); BGE 128 II 291 (Betriebsreglement für Helikopterflugfeld); BGE 129 II 331 (Betriebskonzession und Betriebsreglement für Regionalflughafen Samedan). Siehe auch ARE, Konzepte und Sachpläne, S. 14, 16 f.

211 Vogel, Luftfahrtinfrastruktur, Rz. 8.10.

212 Waldmann/Hänni, Handkommentar RPG, Art. 13 Rz. 26.

213 Griffel, Raumplanungs- und Baurecht, S. 25; Hänni, Planungsrecht, S. 106; Waldmann/Hänni, Handkommentar RPG, Art. 13 Rz. 41.

214 Griffel, Raumplanungs- und Baurecht, S. 25; Waldmann/Hänni, Handkommentar RPG, Art. 13 Rz. 30; ARE, Konzepte und Sachpläne, S. 18 f.

nen. Ansonsten sei der wirksame Rechtsschutz im Sinne von Art. 29a BV und Art. 6 EMRK bei der Bewilligung von Projekten, die sich auf einen Sachplan stützen, nicht gewährleistet.[215] Haben sich die Verhältnisse geändert, stellen sich neue Aufgaben oder ist eine gesamthaft bessere Lösung möglich, so werden die Konzepte und Sachpläne überprüft und nötigenfalls gesamthaft überarbeitet oder angepasst (Art. 17 Abs. 4 RPV). Ungeachtet dessen und analog zu den Richtplänen sind Konzepte und Sachpläne auch periodisch zu überprüfen, was Art. 5c Abs. 4 E-RPG[216] nun auch explizit klarstellt.[217]

IV. Weitere raumplanerische Instrumente

A. Gefahrenzonen

1.95 Als Teil der Grundlagen der Richtplanung stellen die Kantone fest, welche Gebiete durch **Naturgefahren** oder schädliche Einwirkungen erheblich bedroht sind (Art. 6 Abs. 2 lit. c RPG). Erfasst sind damit neben Naturgefahren auch Einwirkungen von bestehenden und geplanten Bauwerken. Die Erarbeitung planerischer Grundlagen in Form von Gefahrenkatastern und Gefahrenkarten sehen sodann das Bundesgesetz über den Wald (WaG) und das Bundesgesetz über den Wasserbau (WBG) vor. Als Ergebnis einer Gefahrenbeurteilung zeigen die **Gefahrenkarten** auf, welche Gebiete durch Hochwasser, Murgang, Rutschung, Steinschlag, Felssturz, Bergsturz, Lawine und Eissturz bedroht sind. Die Gefahrenkarten sind stufengerecht im Richtplan und im Nutzungsplan umzusetzen.[218]

1.96 Als Ausfluss der Gefahrenkarten zeigt der Richtplan die **Massnahmen** zum Schutz vor drohenden Naturgefahren (z.B. Nutzungsbeschränkungen) sowie zur Verhütung möglicher Schadenereignisse oder Schadenfolgen (wie Schutzbauten) auf.[219] Im Richtplan hat der Kanton die wichtigsten Grundsätze und Prinzipien zum Schutz vor Naturgefahren zu formulieren, wobei raumplanerische Massnahmen zur Schadenvermeidung gegenüber den baulichen Massnahmen zur Gefahrenabwehr Priorität geniessen. Der Kanton regelt die Organisation und Koordination der Grundlagenerarbeitung sowie die Zuständigkeiten; er erteilt den Gemeinden den Auftrag zur Umsetzung der Gefahrenkarten.[220]

215 BGE 139 II 499, E. 4.1.

216 ARE (1. Teil, Fn. 26).

217 ARE, Konzepte und Sachpläne, S. 29; Bühlmann, in: Kommentar RPG, Art. 13 Rz. 40; Waldmann/Hänni, Handkommentar RPG, Art. 13 Rz. 33 f.

218 ARE/BWG/BUWAL, Naturgefahren, S. 5 f.; Häuptli-Schwaller, in: Kommentar BauG AG, § 120 Rz. 15.

219 ARE, Leitfaden Richtplanung, S. 44. Vgl. auch Sutter, Haftung des Staates, S. 183, und Waldmann, Entschädigungen, S. 167.

220 ARE/BWG/BUWAL, Naturgefahren, S. 22.

Land kann einer Bauzone zugewiesen werden, sofern es sich für die Überbauung eignet (Art. 15 Abs. 4 lit. a RPG). Diese **Eignung** ist bei durch Naturgefahren bedrohten Parzellen grundsätzlich in Frage gestellt. Es bietet sich an, im Nutzungsplan «Gefahrenzonen» auszuscheiden und die Nutzung dieser von Naturgefahren betroffenen Parzellen im Nutzugsplan eingängig zu regeln; in Frage kommen Nutzungseinschränkungen bis hin zu eigentlichen Bauverboten. Die Gefahrenzonen können entweder als «weitere Nutzungszonen» im Sinne von Art. 18 RPG oder als den Nutzungsplan überlagernde Hinweise ausgestaltet sein, wobei für letzteren Fall die sich daraus ergebenden Rechtsfolgen gesetzlich klar zu regeln sind. Erheblich gefährdete Gebiete sollen grundsätzlich keiner baulichen Nutzung zugeführt werden; in Gebieten mit mittlerer Gefährdung sollte eine Einzonung zurückhaltend erfolgen, unter Abwägung der involvierten Interessen und der spezifischen Gefahrenart (Vorwarnzeiten etc.). Schutzmassnahmen in bereits eingezonten Gebieten dürften regelmässig **Eigentumseingriffe** darstellen, die nur unter den üblichen Voraussetzungen zulässig sind (Art. 36 BV); verlangt ist also insbesondere eine Verhältnismässigkeitsprüfung mit Abwägung der verschiedenen, konkret betroffenen Interessen. In noch nicht vollständig überbauten Bauzonen sind Plansicherungsmassnahmen zu prüfen (z.B. Planungszonen, Art. 27 RPG).[221] 1.97

Zu den Auswirkungen der **Störfallvorsorge** auf die Richt- und Nutzungsplanung vgl. Rz. 4.343 ff. 1.98

B. Gewässerschutzbereiche, Grundwasserschutzzonen und Grundwasserschutzareale

Zur Verhinderung von nachteiligen Einwirkungen auf die Gewässer sehen Art. 19–21 GSchG planerische Schutzmassnahmen vor. Gemäss Art. 19 Abs. 1 GSchG teilen die Kantone ihr Gebiet nach der Gefährdung der ober- und der unterirdischen Gewässer in **Gewässerschutzbereiche** ein. Bei dieser Einteilung unterscheiden die Kantone besonders gefährdete und übrige Bereiche (Art. 29 Abs. 1 GSchV), wobei erstere die Gewässerschutzbereiche A_u und A_o sowie die Zuströmbereiche Z_u und Z_o umfassen.[222] In diesen Bereichen bedürfen die Erstellung und die Änderung von Bauten und Anlagen sowie Grabungen, Erdbewegungen und ähnliche Arbeiten einer kantonalen Bewilligung, wenn sie die Gewässer gefährden können (Art. 19 Abs. 2 GSchG).[223] Die entsprechenden Bauten sind beispielhaft in Art. 32 Abs. 2 1.99

---

221 ARE/BWG/BUWAL, Naturgefahren, S. 24 ff. Siehe auch WALDMANN, Entschädigungen, S. 167 ff.

222 In ihren Dimensionen umschrieben durch Anhang 4 Ziff. 11 GSchV; dazu BRUNNER, in: Kommentar GschG/WBG, Art. 19 GschG Rz. 8 ff.

223 WAGNER PFEIFER, Besondere Regelungsbereiche, Rz. 908 m.H. auf die in Art. 22 Abs. 5 GSchG für die Erstellung, Änderung oder Ausserbetriebsetzung von Lageranlagen mit wassergefährdenden Flüssigkeiten verankerte Meldepflicht; s.a. BRUNNER, in: Kommentar GschG/WBG, Art. 19 GschG Rz. 17 ff. Zur Wiederherstellung des rechtmässigen Zustands in Gewässerschutzzonen BGer, Urteil 1C_320/2011 vom 30. Mai 2012. Zur Bewilligung BGer, Urteil 1C_482/2012 vom 14. Mai 2014.

GSchV aufgeführt. Sie umfassen etwa Untertagebauten, Umschlagplätze für wassergefährdende Flüssigkeiten sowie Lageranlagen für flüssige Hofdünger, flüssiges Gärgut und für wassergefährdende Flüssigkeiten. Die GSchV sieht sodann für die Gewässerschutzbereiche A_u und A_o Beschränkungen für grosse Lagerbehältnisse, Anlagen unter dem mittleren Grundwasserspiegel sowie die Ausbeutung von Kies, Sand und anderem Material vor.[224]

1.100 Sodann scheiden die Kantone nach Art. 20 Abs. 1 GSchG **Grundwasserschutzzonen** für die im öffentlichen Interesse liegenden Grundwasserfassungen und -anreicherungsanlagen aus und legen die für deren Schutz notwendigen Eigentumsbeschränkungen fest. Grundwasserschutzzonen bestehen aus dem Fassungsbereich (Zone S1), der Engeren Schutzzone (Zone S2) und der Weiteren Schutzzone (Zone S3 bei Lockergesteins- und schwach heterogenen Karst- und Kluft-Grundwasserleitern bzw. den Zonen Sh und Sm bei stark heterogenen Karst- und Kluft-Grundwasserleitern).[225] Die GSchV enthält Beschränkungen für Bauten und Anlagen, die mit zunehmender Nähe zur Grundwasserfassung strenger werden. Nicht zulässig in der Zone S3 bzw. Sh und Sm sind z.B. industrielle und gewerbliche Betriebe, von denen eine Gefahr für das Grundwasser ausgeht, gewisse Rohrleitungen sowie erdverlegte Lagerbehälter mit wassergefährdenden Flüssigkeiten. In der Zone S2 ist darüber hinaus z.B. das Erstellen von Anlagen grundsätzlich nicht mehr zulässig; Ausnahmen aus wichtigen Gründen sind möglich, wenn eine Gefährdung der Trinkwassernutzung ausgeschlossen werden kann.[226] In der Zone S1 sind nur bauliche Eingriffe und andere Tätigkeiten zulässig, welche der Trinkwasserversorgung dienen.[227]

1.101 Schliesslich scheiden die Kantone gemäss Art. 21 Abs. 1 GSchG **Grundwasserschutzareale** aus, die für die künftige Nutzung und Anreicherung von Grundwasservorkommen von Bedeutung sind. In diesen Arealen dürfen keine Bauten und Anlagen erstellt oder Arbeiten ausgeführt werden, die künftige Nutzungs- und Anreicherungsanlagen beeinträchtigen könnten.[228] Für bauliche Eingriffe und andere Tätigkeiten in Grundwasserschutzarealen gelten im Wesentlichen die gleichen Anforderungen wie in Schutzzone S2.[229] Wer in den besonders gefährdeten

224 Anhang 4 Ziff. 211 GSchV.

225 Anhang 4 Ziff. 121 Abs. 1 GSchV; dazu Brunner, in: Kommentar GschG/WBG, Art. 20 GschG Rz. 8 ff.; vgl. Rz. 5.381, 5.436.

226 Siehe etwa BGer, Urteil 1A.150/2000 vom 23. Januar 2001 (Baubewilligung einer Oldtimer-Trockenwerkstatt verweigert, u.a. wegen der Gefahr aus Ölwechseln und der Lagerung von wassergefährdenden Flüssigkeiten).

227 Anhang 4 Ziff. 22 GSchV. So sind etwa Bodenabtragungen zur Durchführung eines Auenschutzprojekts in der Zone S1 unzulässig (BGer, Urteil 1C_410/2012 vom 11. Juni 2013, E. 3.1). Auch sind die öffentlichen Interessen an der dauerhaften Sicherung eines wesentlichen Teils der Wasserversorgung stärker zu gewichten als private Interessen an der Restnutzung der Zone S1 als ungedüngter Kräuter- und Blumengarten mit Sitzplatz (BGer, Urteil 1A.313/1996 vom 12. April 1996, E. 3c).

228 Grundwasserschutzareale stellen in ihrer Wirkung eine Art «Planungszone» dar (VGer GR, Urteil R 12 7 vom 28. Februar 2013, E. 3b); dazu Brunner, in: Kommentar GschG/WBG, Art. 21 GschG Rz. 5 ff.

229 Anhang 4 Ziff. 222 Abs. 1 GSchV.

Bereichen sowie in den Grundwasserschutzzonen und -arealen Anlagen erstellt oder sonst tätig wird, muss ungeachtet dessen die nach den Umständen gebotenen Massnahmen zum Schutz der Gewässer treffen (Art. 31 Abs. 1 GSchV).

Gewässerschutzrechtliche Zonen sind zwar parzellenscharf und grundeigentümerverbindlich, doch stellen sie kein raumplanungsrechtliches Instrument dar; sie verändern die bestehenden Bau- und Landwirtschaftszonen nicht unmittelbar.[230] Die **Richt- und Nutzungsplanung** hat jedoch die gewässerschutzrechtlichen Planungen zu berücksichtigen (Art. 46 Abs. 1bis GSchV). Widersprechen die für den Schutz der Grundwasserfassung erforderlichen Nutzungseinschränkungen dem kommunalen Nutzungsplan, ist dieser entsprechend anzupassen.[231] Zur Sicherung von Grundwasserschutzzonen oder Grundwasserschutzarealen sieht etwa Art. 17 Abs. 1 lit. d BauG SG die Ausscheidung von Grünzonen vor. 1.102

C. Schutzzonen gemäss RPG

Schutzzonen nach Art. 17 Abs. 1 RPG umfassen Bäche, Flüsse, Seen und ihre Ufer, besonders schöne und naturkundlich oder kulturgeschichtlich wertvolle Landschaften, bedeutende Ortsbilder, geschichtliche Stätten wie auch Natur- und Kulturdenkmäler sowie Lebensräume für schutzwürdige Tiere und Pflanzen. Systematisch ist die Zuweisung von Schutzzonen **Aufgabe der Nutzungsplanung,** doch sind die Schutzzonen – vor allem mit Blick auf ihre überörtliche Bedeutung – auch in den Grundlagen einer in heutiger Sicht erforderlichen Nutzungsrichtplanung zu thematisieren (Art. 6 Abs. 2 lit. b RPG).[232] Art. 17 RPG ist selbständig anwendbar und bedarf keiner kantonalen Ausführungsvorschriften.[233] Die Kantone sind gestützt darauf verpflichtet, Schutzzonen auszuweisen oder andere geeignete Massnahmen zu ergreifen. Die betroffenen Objekte können also durch planerische Massnahmen wie auch durch Schutzverordnungen, Schutzverfügungen oder Verträge geschützt werden.[234] 1.103

Die nach Art. 17 RPG zu schützenden Objekte ergeben sich aus den **«vielschichtigen Schutzaufträge[n]** des eidgenössischen und kantonalen Umwelt-, Natur-, 1.104

---

230 Wagner Pfeifer, Besondere Regelungsbereiche, Rz. 913 f., darauf hinweisend, dass die Schutzzonen von den Kantonen ausgeschieden werden, die Anordnung der gebotenen Nutzungsbeschränkungen jedoch Sache der Gemeinden ist; s.a. Brunner, in: Kommentar GschG/WBG, Art. 20 GschG Rz. 21.

231 Wagner Pfeifer, Besondere Regelungsbereiche, Rz. 914.

232 Hänni, Planungsrecht, S. 189 f.

233 Gossweiler, in: Kommentar BauG AG, Vorbem. zu §§ 8–31 Rz. 16; Waldmann/Hänni, Handkommentar RPG, Art. 17 Rz. 2. Art. 18a RPG ist auf Schutzzonen hingegen nicht direkt anwendbar; der Gehalt der Norm ist dennoch zu berücksichtigen (siehe etwa BGer, Urteil 1C_311/2012 vom 28. August 2013, E. 5.3).

234 Als «andere geeignete Massnahmen» bezeichnet das Bundesgericht auch die Inventare und Einreihungen, die allgemeinen Schutzbestimmungen und die Bestimmungen über Ästhetik sowie die formelle Enteignung (BGE 135 I 176, E. 3.1). Für weitere Massnahmen vgl. Hänni, Planungsrecht, S. 194 f. Die Zuweisung zu einer Schutzzone verfolgt andere Zwecke als der Eintrag ins Denkmalverzeichnis (BGE 118 Ia 384, E. 3a).

Landschafts- und Heimatschutzrechts», bspw. aus dem NHG, GSchG, WaG, BGF oder JSG.[235] Entsprechend den in den einschlägigen Spezialbestimmungen niedergelegten Zuweisungsgrundsätzen (z.B. Art. 18 NHG) gilt Art. 17 RPG in der Regel nicht absolut, sondern ist vielmehr als «besonderer Planungsgrundsatz» zu betrachten.[236] Sowohl bei der Ausscheidung von Schutzzonen als auch bei der Anordnung von Schutzmassnahmen sind die sich gegenüberstehenden privaten und öffentlichen Interessen abzuwägen.[237] Eine Ausnahme stellen die aufgrund von Art. 78 Abs. 5 BV unmittelbar geschützten **Moore und Moorlandschaften** dar, deren Status nicht von einer Interessenabwägung abhängig ist.[238] Sodann ergeben sich das Waldgebiet und die Grundwasserschutzzonen bzw. -areale aus der Wald- bzw. Gewässerschutzgesetzgebung.

1.105 **Bäche, Flüsse, Seen und Ufer** (Art. 17 Abs. 1 lit. a RPG) sind regelmässig Gegenstand des Landschaftsschutzes, sollen aber auch für Freizeit und Erholung bewahrt werden (so auch Art. 3 Abs. 2 lit. c und d RPG). Zugleich sind sie wichtige Lebensräume für Tiere und Pflanzen (und werden in dieser Dimension von Art. 17 Abs. 1 lit. d RPG erfasst; siehe etwa den besonderen Schutz der Ufervegetation gemäss Art. 21 NHG bzw. die Anforderungen für technische Eingriffe in Fischgewässer gemäss Art. 8 BGF). Art. 17 Abs. 1 lit. b RPG erfasst besonders schöne sowie naturkundlich oder kulturgeschichtlich wertvolle Landschaften, schützt also sowohl vom Menschen beeinflusste als auch unbeeinflusste Gebiete. Zu schützen sind ferner bedeutende Ortsbilder sowie Natur- und Kulturdenkmäler (lit. c), die in erster Linie durch die Kantone zu umschreiben sind.[239] Ein Teil dieser Schutzobjekte ist bereits aufgrund des NHG und seiner Ausführungserlasse geschützt; für die dort vorgesehenen Inventare des Natur- und Heimatschutzes und deren Auswirkungen auf die Richt- und Nutzungsplanung sei auf die Ausführungen in Rz. 4.93 ff. verwiesen.[240]

1.106 Steht die einer Schutzzone zugewiesene Parzelle in privatem Eigentum, so liegt regelmässig eine Beschränkung der **Eigentumsgarantie** vor, die nur unter den Voraussetzungen von Art. 36 BV zulässig ist und gegebenenfalls entschädigt werden muss.[241]

---

235 WALDMANN/HÄNNI, Handkommentar RPG, Art. 17 Rz. 3. Vgl. auch HALLER/KARLEN, Raumplanungs-, Bau- und Umweltrecht, Rz. 269 f.; HÄNNI, Planungsrecht, S. 189 f.

236 WALDMANN/HÄNNI, Handkommentar RPG, Art. 17 Rz. 4. A.M. MARTI, Schutzzonen, S. 92 f.

237 So im Zusammenhang mit Art. 18 NHG BGE 118 Ib 485, E. 3b.

238 BGE 138 II 281, E. 6.2: «Art. 78 Abs. 5 BV räumt dem Schutz von Mooren und Moorlandschaften absoluten Vorrang ein und belässt keinen Raum für eine Abwägung mit anderen Interessen im Einzelfall.»

239 WALDMANN/HÄNNI, Handkommentar RPG, Art. 17 Rz. 11, 16, 19 ff. Siehe auch HÄNNI, Planungsrecht, S. 190 f.

240 Dazu etwa BGE 136 II 204 betreffend das Inventar schützenswerter Ortsbilder der Schweiz (ISOS).

241 WALDMANN/HÄNNI, Handkommentar RPG, Art. 17 Rz. 6. Vgl. ferner HÄUPTLI-SCHWALLER, in: Kommentar BauG AG, § 40 Rz. 67; VGer SG, Urteil vom 15. Dezember 2011, E. 4.1 (SGGVP 2011 Nr. 17).

D. Vogelreservate und Jagdbanngebiete

Für Vogelreservate und Jagdbanngebiete sei auf die Ausführungen in Rz. 4.93 ff. verwiesen. 1.107

V. Instrumente zur Sicherung der Planung

Im Raumplanungs- und Baurecht haben sich verschiedene Instrumente entwickelt, 1.108
welche zukünftige Planungen bzw. die **Handlungsspielräume von Planungsträgern sichern** sollen. Ziel dieser Instrumente ist es, dass die unter Umständen jahrelang dauernde Planung nicht vereitelt wird durch neue Bauten und Anlagen, die der zukünftigen Ordnung nicht mehr entsprechen könnten – und aufgrund der Besitzstandsgarantie weiter bestehen, unterhalten und allenfalls auch ausgebaut werden dürfen.

A. Planungszone

Die in Art. 27 RPG vorgesehene Planungszone ist das gängige **Instrument zur** 1.109
Sicherung künftiger Planungen. Die für die Nutzungsplanung zuständige Behörde kann die Norm unmittelbar zur Ausscheidung von Planungszonen anwenden. Die Kantone können Planungszonen auch für die Richtplanung und andere planerische Massnahmen vorsehen[242]; sodann sind die Kantone frei, weitere plansichernde Instrumente in ihr Baurecht aufzunehmen. In der Planungszone darf nichts unternommen werden, das die Nutzungsplanung erschweren, vor allem die künftige Nutzungsordnung vereiteln könnte; die Wirkung der Planungszone ist also rein vorsorglicher, sichernder Natur.[243] Entsprechend bewirkt die Planungszone auch **kein absolutes Bauverbot,** sondern schränkt das geltende Recht in seiner Anwendbarkeit ein. Soweit Bauvorhaben den angestrebten Planungszweck nicht berühren, können bzw. müssen sie nach den vor Erlass der Planungszone geltenden Bauvorschriften bewilligt werden.[244] Künftigen Nutzungsplänen wird also – im Umfang des Sicherungszwecks der Planungszone – eine **negative Vorwirkung** zuerkannt.[245]

Auch die naturgemäss nur vorübergehenden Nutzungsbeschränkungen der Pla- 1.110
nungszone stellen **Eigentumsbeschränkungen** dar, die den Voraussetzungen von

---

242 So etwa § 346 Abs. 1 PBG ZH. Siehe dazu etwa FRITZSCHE/BÖSCH/WIPF, Planungs- und Baurecht, S. 100 f.

243 GRIFFEL, Raumplanungs- und Baurecht, S. 85 f.; WALDMANN/HÄNNI, Handkommentar RPG, Art. 27 Rz. 5.

244 GRIFFEL, Raumplanungs- und Baurecht, S. 87; WALDMANN/HÄNNI, Handkommentar RPG, Art. 27 Rz. 27. Dazu auch AEMISEGGER, Rechtsprechung, S. 14 f. m.H. auf BGer, Urteil 1C_842/2013 vom 25. August 2014 (Unterbringung von 100 Asylbewerbern in einem ehemaligen Hotel in Laax).

245 BGer, Urteil 1C_472/2009 und 1C_486/2009 vom 21. Mai 2010, E. 3.4; BGer, Urteil 1C_91/2011 vom 26. November 2011, E. 2.2; BGE 118 Ia 510, E. 4d.

Art. 36 BV genügen müssen. Das dort verlangte öffentliche Interesse muss einerseits die Änderung des Nutzungsplanes (Planbeständigkeit) rechtfertigen können, andererseits auch das Revisionsvorhaben als solches abdecken, damit der Eingriff als zulässig erscheint.[246] Im Hinblick auf die Verhältnismässigkeit darf die Planungszone insbesondere das räumlich, sachlich und zeitlich erforderliche Mass nicht überschreiten.[247] Als Höchstdauer sieht Art. 27 Abs. 2 RPG fünf Jahre vor, wobei die Kantone eine Verlängerung vorsehen dürfen.

1.111 Dem kantonalen Recht kommen gewisse Spielräume zu, die Auswirkungen der Planungszone auf eingereichte Baugesuche oder nicht rechtskräftige Baubewilligungen zu regeln. Wurde eine Baubewilligung schon rechtskräftig erteilt, ist unter den Gesichtspunkten von Rechtssicherheit und Treu und Glauben zu prüfen, ob die strengen Voraussetzungen für einen **Widerruf** erfüllt sind.[248]

1.112 Die **Festsetzung** der Planungszone erfolgt parzellenscharf, für jedermann verbindlich und unter Beachtung der Rechtsweggarantie (u.a. Art. 33 RPG[249]); von der Rechtsnatur her rücken diese Charakteristika die Planungszonen in die Nähe der Nutzungszonen.[250] Das kantonale Recht bezeichnet die zuständigen Behörden und regelt das Verfahren (Art. 25 Abs. 1 RPG).

B. Bausperre

1.113 Wie die Planungszone dient die in einigen Kantonen vorgesehene «Bausperre», «Veränderungssperre» bzw. der «Baubann» der Sicherung der Planung. Die Bausperre bewirkt ein **vorsorgliches Bauverbot,** welches der zukünftigen Ordnung widersprechende oder diese erschwerende Bauvorhaben unterbinden soll.[251] Im Unterschied zu den Planungszonen ergeht die Bausperre mittels Verfügung.[252]

---

246 Waldmann/Hänni, Handkommentar RPG, Art. 27 Rz. 12 ff. Verlangt ist eine verfestigte Planungsabsicht, die einem zulässigen Planungsbedürfnis entspricht und sich mit der Planungszone verwirklichen lässt.

247 BGer, Urteil 1C_472/2009 vom 21. Mai 2010, E. 3.6; Griffel, Raumplanungs- und Baurecht, S. 86; Waldmann/Hänni, Handkommentar RPG, Art. 27 Rz. 16. Siehe etwa BGer, Urteil 1C_472/2009 und 1C_486/2009 vom 21. Mai 2010, E. 3.6 (Planungszonen für Mobilfunkanlagen).

248 BGer, Urteil 1C_91/2011 vom 26. Oktober 2011, E. 2.4 und 2.7.

249 Zur verbleibenden Bedeutung von Art. 33 RPG siehe Griffel, Raumplanungs- und Baurecht, S. 204 ff.

250 Waldmann/Hänni, Handkommentar RPG, Art. 27 Rz. 9, unter Hinweis auf BGE 105 Ia 108 ff. Siehe auch schon BGE 107 Ia 77, E. 3a/aa. Die Rechtsnatur der Planungszone ist allerdings umstritten; sie wird zuweilen auch als Verfügung qualifiziert (Siegrist, Bausperre, S. 46).

251 Haller/Karlen, Raumplanungs-, Bau- und Umweltrecht, Rz. 334; Waldmann/Hänni, Handkommentar RPG, Art. 27 Rz. 36. Zur Entschädigungspflicht vgl. Hänni, Planungsrecht, S. 366.

252 Häuptli-Schwaller, in: Kommentar BauG AG, § 30 Rz. 18; Waldmann/Hänni, Handkommentar RPG, Art. 27 Rz. 36.

Im Kanton Zürich übernimmt in erster Linie das Institut der **«planungsrechtlichen Baureife»** die Funktionen der Bausperre.[253] Nach § 234 PBG ZH ist ein Grundstück dann baureif, wenn es erschlossen ist und wenn durch die bauliche Massnahme keine noch fehlende oder durch den Gemeinderat beantragte planungsrechtliche Festlegung nachteilig beeinflusst wird. Planungsrechtliche Festlegungen, deren Fehlen einem Bauvorhaben entgegengehalten wird, sind innert längstens drei Jahren zu erlassen. Nach Ablauf dieser Frist darf die fehlende planungsrechtliche Baureife nur noch geltend gemacht werden, soweit die rechtzeitig erlassene Festlegung wegen Rechtsmitteln noch nicht in Kraft gesetzt werden kann (§ 235 PBG ZH).[254] Daneben kann gemäss § 120 ff. PBG ZH ausnahmsweise ein **vorsorgliches Bauverbot** zur Sicherung öffentlicher Werke und Anlagen, die sich in Vorbereitung befinden, aber nicht Gegenstand eines Richt- oder Werkplans sind, verfügt werden. Beide Institute lösen die teilweise Nichtanwendung des geltenden Rechts bis zum Inkrafttreten der revidierten Planung aus, und zwar in dem Umfang, als das künftige Recht durch die Anwendung des geltenden Rechts negativ präjudiziert würde. Schliesslich unterbindet der «Quartierplanbann» sowohl rechtliche als auch tatsächliche Änderungen im Beizugsgebiet, sobald das Quartierplanverfahren rechtskräftig eingeleitet wurde (§ 150 Abs. 1 PBG ZH). 1.114

C. Projektierungszone

Projektierungszonen dienen der **Sicherung des Landbedarfs zukünftiger Werke.** Als Landsicherungsmassnahme sind sie in ihrem Zweck grundsätzlich von den Planungszonen zu unterscheiden, wobei einige Kantone Planungszonen auch für die Sicherung projektbezogener Sondernutzungspläne vorsehen, was die Abgrenzung schwieriger macht.[255] 1.115

Das Instrument der Projektierungszone findet sich im Bereich **bundesrechtlich geregelter Infrastrukturvorhaben** wie z.B. Eisenbahnen (Art. 18n–18p EBG), Flughafenanlagen (Art. 37n–37p LFG) oder Nationalstrassen (Art. 14–18 NSG). Diese bundesrechtlichen Projektierungszonen halten Grundstücke für künftige Infrastrukturanlagen frei. In der Projektierungszone dürfen grundsätzlich keine baulichen Veränderungen vorgenommen werden, die dem Zweck der Zone widersprechen. Mit der Festlegung rechtskräftiger Baulinien bzw. mit dem Ablauf der Projektierungsfrist (in der Regel fünf Jahre, mit der Möglichkeit der Verlängerung um wei- 1.116

253 Griffel, Raumplanungs- und Baurecht, S. 87; Haller/Karlen, Raumplanungs-, Bau- und Umweltrecht, Rz. 336; Waldmann/Hänni, Handkommentar RPG, Art. 27 Rz. 36.

254 Zu den Voraussetzungen und Grenzen des Instituts ausführlich Griffel, Raumplanungs- und Baurecht, S. 87 ff.

255 Waldmann/Hänni, Handkommentar RPG, Art. 27 Rz. 8. Nach Haller/Karlen, Raumplanungs-, Bau und Umweltrecht, Rz. 342, entsprechen die Wirkungen der Projektierungszone weitgehend denjenigen der Planungszone.

tere drei Jahre) fällt die Zone dahin. Gegen die Festsetzung der Projektierungszone können Rechtsmittel erhoben werden.[256]

D. Werkplan

1.117 Der Werkplan dient der **Sicherung des Landbedarfs für öffentliche Werke.**[257] Gemäss der Zürcher Regelung können die Eigentümer die Festsetzung eines Werkplans verlangen, wenn Grundstücke nach einem Richtplan für ein Werk oder eine Anlage im öffentlichen Interesse vorgesehen sind. Der Werkplan gibt über den ungefähren Standort von Bauten und den genauen Landbedarf Aufschluss (§ 114 PBG ZH). Grundsätzlich wird der Werkplan vom Träger des Werks, welcher die Erstellung des Werkplans auch aus eigener Initiative an die Hand nehmen kann, festgesetzt (§ 115 PBG ZH).

1.118 Mit der Genehmigung des Werkplans wird auch das **Enteignungsrecht** erteilt (§ 116 PBG ZH). Zugleich wird dem Werkträger ein gesetzliches Vorkaufsrecht an den erfassten Grundstücken eingeräumt (§ 118 PBG ZH), gespiegelt durch ein Heimschlagsrecht des Grundstückeigentümers (§ 119 PBG ZH).

1.119 Im Werkplanbereich gilt grundsätzlich ein **Bauverbot.** Bestehende Bauten und Anlagen dürfen entsprechend dem bisherigen Verwendungszweck unterhalten und modernisiert werden (§ 101 i.V.m. § 117 PBG ZH).

E. Baulinien

1.120 Die in vielen Kantonen vorgesehenen Baulinien dienen der **Freihaltung oder Sicherung bestehender oder geplanter Anlagen und Flächen** bzw. der Gewährleistung genügender Abstände. Sie müssen nicht ausschliesslich baupolizeilicher Natur sein. Sie «zählen zu dem im kantonalen Recht seit jeher bekannten unentbehrlichen Instrumentarium zur Sicherstellung der geordneten baulichen Entwicklung».[258] Baulinien erfüllen demnach nicht nur eine Freihaltefunktion, sondern dienen auch städtebaulich-ästhetischen Zielen.[259]

1.121 Gemäss § 96 Abs. 2 PBG ZH werden Baulinien für Strassen, Wege, Plätze, Eisenbahnen, Betriebsanlagen zu Verkehrsanlagen (Parkhäuser, Unterhaltsdienste etc.) sowie für Versorgungsleitungen und Anschlussgleise festgelegt. Nach Art. 24 BauG SG bezeichnen Baulinien die **Mindestabstände von Bauten und Anlagen** gegen-

---

256 Fritzsche/Bösch/Wipf, Planungs- und Baurecht, S. 101. Siehe auch BRG ZH, BRGE III Nr. 0129/2011 vom 17. August 2011, E. 5.5.1, betreffend die Festlegung von Projektierungszonen für die Sicherung künftiger Eisenbahnbauten und Anlagen durch den Erlass von beschwerdefähigen Verfügungen.

257 VGer ZH, Urteil VR.2000.00003 vom 9. Februar 2001, E. 5c/bb; Haller/Karlen, Raumplanungs-, Bau- und Umweltrecht, Rz. 351; Hettich, Handlungsformen, Rz. 20.67.

258 BGE 109 Ib 116, E. 3a. Vgl. auch BGE 118 Ia 394, E. 3b.

259 Griffel, Raumplanungs- und Baurecht, S. 67.

über Strassen, Wegen, Plätzen und anderen öffentlichen Verkehrsanlagen sowie gegenüber Wäldern, Gewässern und schützenswerten Landschaften.[260] In beiden Kantonen ergeht der Baulinienplan als Sondernutzungsplan, der den Rahmennutzungsplan überlagert und ergänzt.[261]

So sieht § 97 Abs. 2 PBG ZH vor, dass **Verkehrsbaulinien** ein öffentliches Interesse an der bestimmten Gestaltung von Verkehrsräumen und Plätzen wahrnehmen und näher umschreiben dürfen. Als Instrument der Landsicherung sind Baulinien nicht erst zu ziehen, wenn das betreffende Werk erstellt wird, sondern schon dann, wenn ersichtlich wird, dass das Werk über kurz oder lang notwendig sein wird; ansonsten würden allenfalls andere Bauvorhaben die Werkerstellung erschweren und verteuern. Da die Festsetzung von Baulinien jedoch eine Eigentumsbeschränkung bewirkt, müssen konkrete Vorstellungen über das auszuführende Werk im Sinne eines generellen Projekts bestehen.[262] Im Rahmen einer Verhältnismässigkeitsprüfung ist auch Projektvarianten nachzugehen, die zu weniger schwerwiegenden Eingriffen führen.[263] 1.122

Grundsätzlich gilt im Baulinienbereich ein **Bauverbot** (zu gewissen Ausnahmen vgl. Art. 55 Abs. 3 RPG GR; § 30 PBG LU; § 100 PBG ZH). Es dürfen entsprechend nur Bauten und Anlagen erstellt werden, die dem Zweck der Baulinie nicht widersprechen (so § 99 Abs. 1 PBG ZH). Weiter gehende Änderungen sind meist nur zulässig, wenn deren Beseitigung möglich ist und nicht zusätzlich entschädigt werden muss (Beseitigungsrevers; Art. 24 Abs. 2 BauG SG; § 100 Abs. 3 PBG ZH). Der Unterhalt und die Modernisierung bestehender Bauten im Baulinienbereich ist aufgrund der Besitzstandsgarantie zulässig (Art. 24 Abs. 2 BauG SG; § 101 Abs. 1 PBG ZH).[264] 1.123

Der durch Baulinien verursachte **Eingriff in die Eigentumsgarantie** (Art. 26 BV) ist nur rechtmässig, wenn er auf einer genügenden gesetzlichen Grundlage beruht, im öffentlichen Interesse liegt und verhältnismässig ist.[265] Baulinien sind in der Regel entschädigungslos zu dulden; eine Vergütung ist nur geschuldet, falls die Belastung durch die Baulinie zu einer materiellen Enteignung führt.[266] Eine solche ist zu bejahen, wenn ein Baugrundstück vollständig oder zum grössten Teil innerhalb der Baulinie liegt oder durch diese derart zerschnitten wird, dass darauf nicht mehr oder nicht mehr wirtschaftlich gebaut werden kann.[267] 1.124

260 Für weitere Auflistungen vgl. § 30 Abs. 1 PBG LU und § 40 Abs. 1 PBG SO.
261 So für das Zürcher Recht GRIFFEL, Raumplanungs- und Baurecht, S. 66.
262 BGer, Urteil 1C_789/2013 vom 21. Februar 2014, E. 4; BGE 129 II 276, E. 3.4; BGE 118 Ia 372, E. 4a.
263 BGer, Urteil 1C_789/2013 vom 21. Februar 2014, E. 4; so auch schon BGE 118 Ia 372, E. 4.
264 Vgl. GRIFFEL, Raumplanungs- und Baurecht, S. 67 ff.
265 BGE 118 Ia 394, E. 2 ff.
266 BGE 110 Ib 359, E. 2a.
267 BGE 110 Ib 359, E. 2a.

2. TEIL:

Bewilligungspflicht von Bauten und Anlagen (Baubewilligung, Plangenehmigung)

Inhaltsübersicht

I. Generelles

Literatur

Baumann Andreas, Baubewilligungsverfahren; Baumann Andreas, in: Kommentar BauG AG, Art. 59; Bosonnet Roger, Plangenehmigungsverfahren; Fries David, Reverse; Fritzsche Christoph/Bösch Peter/Wipf Thomas, Planungs- und Baurecht, S. 345 ff., 381 ff. und 732 ff.; Griffel Alain, Raumplanungs- und Baurecht, S. 173 ff.; Griffel Alain, Vorentscheide; Hänni Peter, Planungsrecht, S. 322 ff. und 465 ff.; Haller Walter/Karlen Peter, Raumplanungs-, Bau- und Umweltrecht, Rz. 139 ff. und 506 ff.; Heer Balthasar, Bau- und Planungsrecht; Jaag Tobias/Hänni Julia, Infrastruktur der Luftfahrt, S. 345 ff.; Kern Markus/König Peter, Öffentlicher Verkehr; Ludwig Peter/Stalder Beat, Öffentliches Baurecht; Mäder Christian, Baubewilligungsverfahren; Marti Arnold, Planungspflicht; Marti Arnold, Bundeskoordinationsgesetz; Ruch Alexander, Umwelt – Boden – Raum, Rz. 1156 ff. und 1488 ff.; Ruch Alexander, in: Kommentar RPG, Art. 22 ff.; Waldmann Bernhard/Hänni Peter, Handkommentar RPG, Art. 2 und 22; Wipf Thomas, Koordinationsgesetz; Zaugg Aldo/Ludwig Peter, Kommentar BauG BE, Art. 38–39.

A. Funktion der Bewilligungspflicht

1. Zweck, Tragweite und Umsetzung

a) Zweck der Bewilligungspflicht

Die Realisierung von Bauten und Anlagen[1] unterliegt einer Vielzahl (öffentlich) 2.1
rechtlicher Anforderungen. Nicht zuletzt mit Blick darauf, dass solche Vorhaben räumliche Veränderungen zur Folge haben, die nicht oder jedenfalls nicht leicht

1 Vgl. zu den Begriffen Rz. 2.88 ff.

rückgängig zu machen sind, verlangen Rechtsklarheit und -sicherheit danach, die Beurteilung der Rechtskonformität von Bauten und Anlagen so früh wie möglich vorzunehmen. Einerseits besteht ein manifestes öffentliches Interesse daran, dass bauliche Veränderungen der Umwelt nur dann und nur insoweit vorgenommen werden, als ihre Rechtmässigkeit feststeht; andererseits soll die bauwillige Person davor bewahrt werden, Investitionen in ein Vorhaben zu tätigen, das sich später als rechtswidrig erweist und damit wieder beseitigt werden muss. Diese Überlegungen verlangen danach, die Konformität von Bauten und Anlagen mit den materiellrechtlichen Voraussetzungen **antizipiert,** d.h. vor Inangriffnahme der Arbeiten, zu überprüfen. Massgebend für die Baubewilligungspflicht ist nach der bundesgerichtlichen Rechtsprechung, ob mit der Realisierung der Baute oder Anlage im Allgemeinen, nach dem gewöhnlichen Lauf der Dinge, so wichtige räumliche Folgen verbunden sind, dass ein Interesse der Öffentlichkeit oder der Nachbarn an einer vorgängigen Kontrolle besteht.[2]

2.2 Die Bewilligungspflicht bewirkt ein **formelles Bauverbot.** Ohne entsprechende Bewilligung darf mit den Bauarbeiten nicht begonnen werden, auch wenn das Vorhaben im Einklang mit den materiellrechtlichen Vorgaben stünde (vgl. etwa Art. 2 Abs. 3 BauG BE). Ergibt die Prüfung des Bau- bzw. Plangenehmigungsgesuchs, dass die materiellrechtlichen Voraussetzungen erfüllt sind, wird die nachgesuchte Bewilligung erteilt. Das formelle Bauverbot wird dadurch überwunden und das Vorhaben darf entsprechend den bewilligten Plänen erstellt werden. Sind die Voraussetzungen für die Bewilligungserteilung nicht erfüllt, wird das formelle Bauverbot abgelöst durch ein materiellrechtliches Bauverbot, indem die Bewilligungsbehörde feststellt, dass der Realisierung des Vorhabens öffentlichrechtliche Hindernisse entgegenstehen und dieses somit nicht realisiert werden darf.

b) Tragweite der Bewilligungspflicht

2.3 Die Bewilligungspflicht beschränkt sich auf die Prüfung, ob eine Baute oder Anlage mit den im Einzelfall massgeblichen **öffentlichrechtlichen Bestimmungen** in Einklang steht. Über privatrechtliche Aspekte ist im Bewilligungsverfahren nicht zu entscheiden.

2.4 Dies schliesst nicht aus, dass das öffentliche Recht **privatrechtlich relevante Sachverhalte** als Bewilligungsvoraussetzung vorsieht bzw. anerkennt, so etwa das Vorliegen von Dienstbarkeitsverträgen bei der Erschliessung eines Bauvorhabens über fremden Grund oder beim Nachweis von Autoabstellplätzen auf einem Drittgrundstück.[3] Ob die erforderlichen Rechte überhaupt oder hinreichend vereinbart sind, kann die Baubewilligungsbehörde – zumal bei klaren zivilrechtlichen Verhältnissen – vorfrageweise (d.h. ohne materielle Rechtskraft) selbst entscheiden. Sind die zivilrechtlichen Verhältnisse unklar oder komplex, wird die Bewilligungsbehörde das Bewilligungsverfahren in der Regel sistieren, damit die Parteien die zivilrecht-

---

2 BGE 139 II 134, E. 5.3.
3 Vgl. Art. 4 lit. c und Art. 49 BauV BE.

liche Frage vor den zuständigen Zivilgerichten austragen können. Deren Entscheid ist für die Bewilligungsbehörde alsdann verbindlich.

c) Umsetzung der Bewilligungspflicht

Der Grundsatz der Bewilligungspflicht für raumrelevante Vorhaben hat verschiedene Ausprägungen: 2.5

- Zunächst statuiert Art. 22 Abs. 1 RPG als Vorgabe an die Kantone eine **Baubewilligungspflicht** für «Bauten und Anlagen».[4] In verfahrensrechtlicher Hinsicht zeichnet sich das Baubewilligungsverfahren dadurch aus, dass es eine umfassende Beurteilung des Vorhabens ermöglicht, den Rechtsschutz zur Einsprache befugter Personen und Organisationen zu gewährleisten hat und mit einer Verfügung abgeschlossen wird.[5]
- Es steht den Kantonen frei, die bundesrechtliche Baubewilligungspflicht durch den Erlass von **projektbezogenen Sondernutzungsplänen** umzusetzen, welche die Baubewilligung mitumfassen. Dies ist namentlich der Fall bei kantonalen oder kommunalen Infrastrukturbauten wie Strassen oder Anlagen des Wasserbaus.[6] Massgebend ist (auch hier), dass ein Verfahren gewählt wird, welches eine umfassende Beurteilung des Vorhabens erlaubt, den Rechtsschutz Dritter gewährleistet und mit einer Verfügung abgeschlossen wird, welche – bei positivem Ergebnis – die Ausführung des Werks erlaubt.[7] Von diesen Sondernutzungsplänen sind jene zu unterscheiden, die planungsrechtliche Grundlage für eine Baubewilligung bilden, wie etwa Quartierpläne nach § 123 ff. PBG ZH oder Überbauungsordnungen nach Art. 88 ff. BauG BE.[8]
- Grundsätzlich untersteht auch der **Bund** für seine Bauten und Anlagen – z.B. für die Erstellung von Verwaltungsgebäuden – dem kantonalen und kommunalen Planungs- und Baurecht.[9]
- Davon zu unterscheiden sind jene Bauten und Anlagen, die durch den Bund oder durch Private in Erfüllung einer **Bundesaufgabe** gestützt auf Bundesrecht erstellt werden. Dazu gehören vorab Bauten und Anlagen im Bereich der Verkehrs- und Energieinfrastruktur sowie militärische Bauten und Anlagen. Hier treten die spezialgesetzlichen **bundesrechtlichen Plangenehmigungsverfahren**[10] an die Stelle der kantonalen Baubewilligung. Die Plangenehmigung schliesst alle nach Bundesrecht notwendigen Bewilligungen ein; kantonale Bewilligungen und/oder Pläne sind nicht erforderlich. Die gestützt auf kanto-

---

4 Vgl. zum Begriff und zu den kantonalen Spielräumen eingehend Rz. 2.88 ff. und 2.103 ff.

5 Ruch, in: Kommentar RPG, Art. 22 Rz. 41 ff.

6 Vgl. etwa Art. 29 ff. und 43 Strassengesetz BE; Art. 20 ff. Wasserbaugesetz BE; zum Ganzen vgl. Ruch, Umwelt – Boden – Raum, Rz. 1515 f.

7 Vgl. Rz. 2.7.

8 Vgl. freilich auch den Sonderfall von Art. 88 Abs. 6 BauG BE, wonach die Überbauungsordnung als Baubewilligung gilt, sofern sie das Bauvorhaben mit entsprechender Genauigkeit festlegt.

9 Hänni, Planungsrecht, S. 338 f.

10 Dazu sogleich Rz. 2.6 und eingehend Rz. 2.127 ff.

nales Recht ergehenden Anträge sind in jenen Verfahren lediglich (aber immerhin) insoweit zu berücksichtigen, als dadurch die Erfüllung der jeweiligen Bundesaufgabe nicht unverhältnismässig eingeschränkt oder behindert wird (vgl. etwa Art. 18 Abs. 4 EBG, Art. 26 Abs. 3 NSG; Art. 37 Abs. 4 LFG).

2. Terminologische Hinweise

a) Differenzierung zwischen Baubewilligung und Plangenehmigung

2.6 Entsprechend den hiervor getroffenen Unterscheidungen tritt die Bewilligung zur Realisierung eines Bauvorhabens in zwei Haupterscheinungsformen auf:

- Grundsätzlich sind Bauten und Anlagen im **Baubewilligungsverfahren** zu beurteilen. Hier ist zu prüfen, ob das Vorhaben den planungs- und baurechtlichen Vorgaben des RPG (insbesondere Art. 16a, Art. 22 Abs. 2 und Art. 24 ff.), den weiteren bundesrechtlichen Voraussetzungen (Art. 22 Abs. 3 RPG; zu denken ist namentlich an die umweltrechtlichen Bestimmungen) sowie den planungs- und baurechtlichen und den übrigen im Baubewilligungsverfahren zu prüfenden Bestimmungen der Kantone und Gemeinden entspricht. Zuständig für diese Beurteilung sind die kantonalen und ggf. kommunalen Behörden nach Massgabe der kantonalen Verfahrensordnung.
- Für die in den bundesrechtlichen Sacherlassen vorgesehenen und dementsprechend vor den Bundesbehörden ablaufenden Bewilligungsverfahren verwendet der Bundesgesetzgeber den Begriff des **Plangenehmigungsverfahrens.**[11] Solche bundesrechtlichen Plangenehmigungsverfahren sind namentlich vorgesehen für die Bewilligung von Nationalstrassen (Art. 26 ff. NSG), Eisenbahnen (Art. 18 ff. EBG), Flugplätzen (Art. 37 LFG), Seilbahnen (Art. 9 ff. SebG), Stark- und Schwachstromanlagen (Art. 16 ff. EleG), Rohrleitungsanlagen für den Transport flüssiger oder gasförmiger Brenn- oder Treibstoffe (Art. 2 ff. RLG) und militärische Anlagen (Art. 126 ff. MG). Die Terminologie wird freilich nicht konsequent durchgehalten; so sieht der Bundesgesetzgeber beispielsweise in Art. 15 KEG für die Erstellung einer Kernanlage eine Baubewilligung (und nicht eine Plangenehmigung) vor.

2.7 Entscheidend ist indes nicht die Terminologie, sondern der Umstand, dass sowohl die Baubewilligung als auch die Plangenehmigung im hiervor dargelegten Sinn **Verfügungscharakter** haben und die gesuchstellende Person mit Eintritt der Rechtskraft ermächtigen (aber in der Regel nicht verpflichten[12]), das bewilligte Vorhaben zu realisieren.

11 Eingehend dazu Rz. 2.127 ff.

12 Eine Bauverpflichtung bedarf einer ausdrücklichen gesetzlichen Grundlage. Eine solche ist denkbar bei baulichen Massnahmen zum Erhalt einer denkmalgeschützten Baute, ebenso kommt sie wohl in Frage als Massnahme zur Förderung der Verfügbarkeit von Bauland im Sinn von Art. 15a RPG.

Dies im Unterschied zur Genehmigung von kantonalen und kommunalen Nutzungsplänen durch die zuständige kantonale Behörde gestützt auf Art. 26 RPG: Hier liegt zwar terminologisch ebenfalls eine «Plangenehmigung» vor. Gegenstand der Genehmigung bildet aber in diesen Fällen in der Regel nicht ein Ausführungsprojekt, sondern ein (Sonder-)Nutzungsplan, welcher erst Grundlage für die Beurteilung des Projekts in einem nachfolgenden Baubewilligungsverfahren abgibt und damit nicht als «Baubewilligung» im hier angesprochenen Sinn zu qualifizieren ist.[13] 2.8

b) Terminologie der Kantone

Entsprechend der bundesrechtlichen Terminologie in Art. 22 Abs. 1 RPG verwenden die meisten Kantone den Begriff der **Baubewilligung** (vgl. etwa Art. 32 BauG BE, § 184 PBG LU, § 44 BauG AG, § 26 ff. BPV BS, Art. 86 KRG GR). Etwas abweichend davon benennt der Kanton Zürich das Instrument als **baurechtliche Bewilligung** (§ 309 PBG ZH). 2.9

Leicht differenziert sind auch die frankophonen Bezeichnungen: Der Kanton Genf spricht von der **autorisation de construire** (Art. 1 LCI GE), der Kanton Waadt von einem **permis de construire** (Art. 103 LATC VD). 2.10

Im Kanton Tessin schliesslich heisst das Instrument **licenza di costruzione** bzw. **licenza edilizia** (Art. 1 LEC TI). 2.11

3. Rechtsnatur der Baubewilligung

a) Die Baubewilligung als materiell feststellende und formell gestaltende Verfügung

Die Baubewilligung – hier verstanden als «Baubewilligung» im Sinn von Art. 22 RPG wie auch als «Plangenehmigung» im Sinn der bundesrechtlichen Spezialerlasse – ist ein hoheitlicher Akt in Form der **Verwaltungsverfügung** (vgl. Art. 33 Abs. 2 RPG). Sie ergeht als Abschluss eines auf Gesuch der bauwilligen Person eingeleiteten Verwaltungsverfahrens, in welchem die Parteirechte der baugesuchstellenden Person, aber auch von einspracheberechtigten Dritten, zu wahren sind. Der rechtserhebliche Sachverhalt ist von Amtes wegen festzustellen (Untersuchungsmaxime) und die Bewilligungsvoraussetzungen sind ungeachtet des Vorliegens von Einsprachen von Amtes wegen zu prüfen und zu beurteilen (Grundsatz der Rechtsanwendung von Amtes wegen). 2.12

In **materieller Hinsicht** stellt die Baubewilligung eine **Feststellungsverfügung** dar, indem festgestellt wird, dass dem konkreten Vorhaben keine öffentlichrechtlichen Hindernisse entgegenstehen. Die materielle Rechtslage wird grundsätzlich nicht gestaltet; die Rechtmässigkeit des Bauvorhabens ergibt sich aus dem materiellen 2.13

---

13 Die Kantone können freilich vorsehen, dass die Genehmigung von projektbezogenen Sondernutzungsplänen, die den Detaillierungsgrad eines Baugesuchs aufweisen, zugleich als Baubewilligung gilt; vgl. etwa Art. 88 Abs. 6 BauG BE.

Recht.[14] Gestaltenden Charakter haben allenfalls Auflagen, mit welchen Mängel des Bauvorhabens im Zeitpunkt der Bewilligungserteilung im Hinblick auf eine rechtskonforme Bauausführung behoben werden.[15]

2.14 In **formeller Hinsicht** wirkt die Baubewilligung demgegenüber als **Gestaltungsverfügung,** indem sie das durch die Bewilligungspflicht statuierte formelle Bauverbot[16] beseitigt und das Vorhaben in die «Realisierungsfreiheit» entlässt. Wird die Baubewilligung verweigert, so wird das formelle Bauverbot in ein materielles Bauverbot überführt.

b) Die Baubewilligung als «bau-, planungs- und umweltrechtliche Bewilligung»

2.15 Einigkeit herrscht darin, dass ein **Rechtsanspruch** auf Erteilung der Baubewilligung besteht, sofern die Voraussetzungen erfüllt sind.[17] Daraus wurde ursprünglich abgeleitet, die Baubewilligung stelle eine eigentliche Polizeibewilligung dar.[18] Die jüngere Lehrmeinung geht dahin, angesichts der den Behörden zustehenden Beurteilungs- und Ermessensspielräume handle es sich eher um eine raumordnungsrechtliche bzw. gemischt **polizeilich-planungsrechtliche Bewilligung.**[19] Auch diese Umschreibung ist freilich zu eng. Sie verschweigt, dass im Baubewilligungsverfahren nicht nur zu prüfen ist, ob das Vorhaben mit den bau(polizei)rechtlichen und den planungsrechtlichen Vorschriften in Einklang steht, sondern überdies mit den (in einem weiten Sinn zu verstehenden) umweltrechtlichen Vorschriften (vgl. Art. 22 Abs. 3 RPG). Es handelt sich somit vielmehr um eine bau-, planungs- und umweltrechtliche Bewilligung, auf deren Erteilung bei erfüllten Voraussetzungen ein Rechtsanspruch besteht.

4. Bewilligungsvoraussetzungen im Allgemeinen

a) Zonenkonformität und Erschliessung

2.16 Art. 22 Abs. 2 RPG knüpft die Erteilung der Baubewilligung an die Voraussetzung, dass die Bauten und Anlagen zonenkonform sind (lit. a) und dass das Land erschlossen ist (lit. b).

2.17 Anknüpfungspunkte der Beurteilung der **Zonenkonformität** von Bauten und Anlagen bilden der Nutzungszonenplan und die Umschreibung der in den einzelnen Zonen zulässigen Nutzungen in den massgeblichen Rechtsgrundlagen. Die Frage der Zonenkonformität beschlägt die Art der Nutzung; die Einhaltung des einschlä-

---

14 Hänni, Planungsrecht, S. 336 f.; Ruch, in: Kommentar RPG, Art. 22 Rz. 9 f.

15 Griffel, Raumplanungs- und Baurecht, S. 178 f.

16 Rz. 2.2.

17 Statt vieler Hänni, Planungsrecht, S. 336 f.

18 Haller/Karlen, Raumplanungs-, Bau- und Umweltrecht, Rz. 509.

19 Hänni, Planungsrecht, S. 336 f.; Ruch, Umwelt – Boden – Raum, Rz. 1492 ff.

gigen Nutzungsmasses ist den übrigen Voraussetzungen nach Art. 22 Abs. 3 RPG zuzuordnen.[20]

Die Voraussetzung der Zonenkonformität ist nicht unabdingbar, sondern kann auf dem Ausnahmeweg **durchbrochen** werden. Soweit eine Ausnahme von der Zonenkonformität ausserhalb der Bauzonen – namentlich in der Landwirtschaftszone, sodann auch in Schutz-, Freihalte- oder Erholungszonen usw. – zur Diskussion steht, gelangt das bundesrechtliche Regime von Art. 24 ff. RPG zur Anwendung; für zonenwidrige Bauten innerhalb der Bauzonen kommen die Ausnahmebestimmungen der kantonalen Planungs- und Baugesetze zur Anwendung.[21] 2.18

Land ist **erschlossen,** wenn die für die betreffende Nutzung hinreichende Zufahrt besteht und die erforderlichen Wasser-, Energie- und Abwasserleitungen so nahe heranführen, dass ein Anschluss ohne erheblichen Aufwand möglich ist (Art. 19 Abs. 1 RPG). 2.19

Gemäss Art. 15 Abs. 4 lit. b RPG darf nur Land neu eingezont werden, wenn dieses trotz konsequenter Mobilisierung der inneren Nutzungsreserven in den bestehenden Bauzonen voraussichtlich innerhalb der nächsten 15 Jahre benötigt, erschlossen und überbaut wird. Die Erschliessung der Bauzonen obliegt dem **Gemeinwesen,** d.h. in der Regel der Gemeinde, nach Massgabe der im Erschliessungsprogramm vorgesehenen Frist (Art. 19 Abs. 2 RPG). Kommt das Gemeinwesen seiner Erschliessungspflicht nicht rechtzeitig nach, räumt Art. 19 Abs. 3 RPG den Grundeigentümern einen Anspruch auf eigenhändige Erschliessung ein. Ausserhalb der Bauzonen obliegt die Sicherstellung der Erschliessung dem bauwilligen Grundeigentümer.[22] Anders als in Bezug auf die Zonenkonformität sieht das Bundesrecht keine Dispensationsmöglichkeit vom Erfordernis der Erschliessung vor. Eine Ausnahme ist insoweit ausgeschlossen, und die fehlende bzw. nicht hinreichende Erschliessung führt zwangsläufig zur Verweigerung der Baubewilligung.[23] 2.20

b) Weitere Voraussetzungen des eidgenössischen und kantonalen Rechts

Abgesehen von den bundesrechtlichen Bewilligungsvoraussetzungen der Zonenkonformität und der Erschliessung bestehen eine Vielzahl von bundesrechtlichen und kantonalrechtlichen Voraussetzungen, denen ein Bauvorhaben zu entsprechen hat, damit es bewilligungsfähig ist (vgl. Art. 22 Abs. 3 RPG). Dazu gehören auf **Bundesebene** namentlich die Voraussetzungen der Umweltschutz-, der Natur- und Heimatschutz- und der Gewässerschutzgesetzgebung sowie Vorschriften über die Gleichstellung von Personen mit Behinderungen.[24] Noch vielfältiger und umfassender sind die **kantonalen und kommunalen Bauvorschriften,** namentlich Vorschriften über das Mass der Nutzung, über die Abmessungen von Bauten und Anlagen, Anzahl Geschosse und einzuhaltende Gebäude- und Grenzabstände, über die Baugestaltung und Einordnung in die Umgebung, über Fahrzeug-Abstellplätze, über 2.21

20 A.M. RUCH, in: Kommentar RPG, Art. 22 Rz. 70.
21 Vgl. ausführlich Rz. 3.100 ff. und Rz. 3.497 ff.
22 Vgl. VGer BE, Urteil VGE 21812 vom 28. Juni 2004, E. 6.5 (BVR 2006 224 ff.).
23 Rz. 3.282.
24 Vgl. RUCH, in: Kommentar RPG, Art. 22 Rz. 86 ff.

die Sicherheit während des Bauvorgangs und in der Betriebsphase, gesundheitspolizeiliche Vorschriften und vieles mehr.[25]

c) Voraussetzungen für bundesrechtliche Plangenehmigungen

2.22 Die materiellrechtlichen Voraussetzungen für die Erteilung der bundesrechtlichen Plangenehmigungsverfügungen richten sich nach dem jeweiligen **Sacherlass** mitsamt den entsprechenden, mitunter sehr detaillierten Ausführungserlassen.[26] Die Plangenehmigung schliesst alle nach Bundesrecht notwendigen Bewilligungen ein; kantonale Bewilligungen oder Pläne sind nicht erforderlich.

2.23 Das **kantonale Recht** ist aber zu berücksichtigen, soweit dadurch die Erfüllung der Aufgabe durch die zuständige Bundesstelle nicht unverhältnismässig eingeschränkt wird (vgl. etwa Art. 18 Abs. 3 und 4 EBG; Art. 26 Abs. 3 NSG).

5. Spezialgesetzliche Bewilligungen

2.24 Art. 22 Abs. 1–3 RPG regeln den Gegenstand der Baubewilligungspflicht einschliesslich der im Baubewilligungsverfahren zu beurteilenden Voraussetzungen anderer Erlasse. Häufig bedarf die Erstellung von Bauten und Anlagen indes **zusätzlicher** spezialgesetzlicher Bewilligungen, welche nicht in das Baubewilligungsverfahren integriert werden sollen oder können.

2.25 Das Erfordernis spezialrechtlicher Bewilligungen kann sich sowohl aus dem Bundesrecht (vgl. etwa Art. 5 WaG oder Art. 30e Abs. 2 USG) als auch aus dem kantonalen Recht ergeben. Es ist – vorbehältlich abweichender bundesrechtlicher Regelung – grundsätzlich Sache des kantonalen Rechts, festzulegen, welche Vorgänge mit der Baubewilligung zu erfassen sind und welche, obwohl im Sachzusammenhang mit einem Bauvorhaben stehend, aus Zuständigkeits- oder verfahrenstechnischen Gründen einer eigenständigen Bewilligung bedürfen.[27] Dazu gehören etwa nachlaufende Bewilligungsverfahren zu Gebäudeinstallationen oder zur Haustechnik[28] oder gastgewerbliche Bewilligungen.[29] Selbständige Bewilligungen sind, soweit sie dasselbe Vorhaben betreffen, mit dem Baubewilligungsverfahren zu **koordinieren** (Art. 25a RPG).

25 Im Einzelnen Rz. 3.348 ff., 3.620 ff., 3.662 ff., 4.63 ff.

26 Vgl. Rz. 2.127 ff.

27 Vgl. Ruch, in: Kommentar RPG, Art. 22 Rz. 12.

28 Vgl. Art. 44 BauG BE.

29 Vgl. § 7 der Verordnung zum Gastgewerbegesetz des Kantons Zürich vom 16. Juli 1997 (LS 935.12).

B. Zuständigkeiten

1. Zuständigkeiten im Baubewilligungsverfahren

Gemäss Art. 25 Abs. 1 RPG sind für die Regelung der Zuständigkeiten und des Verfahrens sowohl im Nutzungsplanerlass- als auch im Baubewilligungsverfahren die **Kantone** zuständig, wenn auch das Bundesrecht mehrfach, so etwa in Art. 25 Abs. 2, Art. 25a und Art. 33 RPG, Einfluss auf die kantonale Zuständigkeits- und Verfahrensordnung nimmt. 2.26

In den meisten Kantonen sind für die Erteilung der Baubewilligung die **Gemeinden** zuständig, so in den Kantonen AR, AG, GL, GR, NE, NW, OW, JU, SG, SO, TG, UR, VD, VS, ZG und ZH.[30] 2.27

In einzelnen Kantonen, namentlich AI und BE, ist die Baubewilligungszuständigkeit aufgeteilt zwischen **Gemeinden und Kanton,** teilweise in Abhängigkeit von der Gemeindegrösse.[31] 2.28

In den Kantonen BS, BL und GE liegt die Baubewilligungskompetenz ausschliesslich bei den **kantonalen Behörden.**[32] 2.29

Bundesrechtlich vorgegeben ist das Zuständigkeitsregime in Bezug auf Bauten und Anlagen ausserhalb der Bauzonen: Gemäss Art. 25 Abs. 2 RPG entscheidet die kantonale Behörde sowohl über die **Zonenkonformität** im Sinn von Art. 16–16a^{bis} RPG als auch über **Ausnahmegesuche** nach Art. 24 ff. RPG. Primäres Ziel dieser Vorgabe ist die einheitliche Anwendung der bundesrechtlichen Vorschriften betreffend Bauten und Anlagen ausserhalb der Bauzonen, was nur dadurch erreicht werden kann, dass ein und dieselbe Behörde für den ganzen Kanton zuständig ist. Eine dezentrale kantonale Behörde genügt den bundesrechtlichen Anforderungen nicht.[33] 2.30

2. Zuständigkeiten im Plangenehmigungsverfahren

Die Zuständigkeit in den bundesrechtlichen Plangenehmigungsverfahren richtet sich nach dem jeweiligen **Sacherlass.**[34] 2.31

Generell kann festgehalten werden, dass Plangenehmigungsverfügungen durch das zuständige **Departement** (UVEK bei Nationalstrassen, grossen Eisenbahnvorhaben, Flughäfen; VBS bei militärischen Bauten und Anlagen) oder durch das sachlich zuständige **Bundesamt** (BAV bei kleineren Eisenbahnvorhaben und Seilbahnen, 2.32

30 Vgl. im Einzelnen Ruch, in: Kommentar RPG, Art. 25 Rz. 33.

31 Vgl. Ruch, in: Kommentar RPG, Art. 25 Rz. 34. Siehe etwa Art. 33 BauG BE, wonach die Bewilligungszuständigkeit in Gemeinden mit über 10 000 Einwohnern bei der Gemeinde und im Übrigen beim Regierungsstatthalteramt, einer dezentralen kantonalen Behörde, liegt; kleinere Gemeinden können durch den Kanton mit voller Bewilligungszuständigkeit ausgestattet werden, wenn sie über eine geeignete Bauverwaltung verfügen.

32 Vgl. zur Koordinationspflicht Ruch, in: Kommentar RPG, Art. 25 Rz. 35.

33 BGE 128 I 254 ff.

34 Vgl. Rz. 2.127 ff.

BAZL bei Flugfeldern, Starkstrominspektorat bei Starkstrom- und Schwachstromleitungen, Eidg. Rohrleitungsinspektorat bei Rohrleitungen) erlassen werden.

3. Zuständigkeit bei Nebenanlagen oder gemischten Bauwerken

2.33 Die Abgrenzung zwischen bundesrechtlicher und kantonalrechtlicher Zuständigkeit ist, zumal im Bereich des Eisenbahnrechts, nicht immer einfach. Die bundesrechtliche Plangenehmigung erfasst alle Bauten und Anlagen, die ganz oder überwiegend dem Bahnbetrieb dienen (vgl. etwa Art. 18 Abs. 1 EBG). Bauten und Anlagen, die zwar in einem Zusammenhang mit dem Bahnbetrieb stehen, aber nicht bahnbetriebsbedingt sind, stellen **Nebenanlagen** dar, die grundsätzlich dem kantonalen Recht unterstehen und damit in den Zuständigkeitsbereich der kantonalen Bewilligungsbehörden fallen (Art. 18m EBG).[35]

2.34 Als Nebenanlagen in diesem Sinn sind nach der bundesgerichtlichen Rechtsprechung etwa zu qualifizieren: Lagerhallen auf einem Bahnareal[36], je nach Branche und Standort Einkaufsgeschäfte in Bahnhöfen[37] oder die Erstellung einer Mobilfunkanlage auf einem Hochspannungsleitungsmast[38]. Die Zufahrtsstrasse zum Flughafen Bern-Belpmoos wurde als «nicht überwiegend dem Betrieb des Flugplatzes dienend» und deshalb in die kantonalrechtliche Bewilligungskompetenz fallend qualifiziert[39]; anders die Erstellung eines Parkdecks auf dem Flughafen Zürich, welche das Bundesgericht als Flughafenanlage und damit als der luftfahrtrechtlichen Konzessionspflicht unterstellt qualifiziert hat.[40]

2.35 Bei **gemischten Werken** – z.B. einer Änderung einer Kreuzung zwischen Bahn und Strasse – richtet sich das anwendbare Recht und damit die Zuständigkeit danach, welchem Zweck das Vorhaben in erster Linie dient.[41]

C. Nebenbestimmungen

1. Funktion

2.36 Die Verbindung einer Bewilligung mit einer Nebenbestimmung ist Ausfluss des **Verhältnismässigkeitsprinzips**[42]: Werden die gesetzlichen Anforderungen durch ein Projekt in einem Bewilligungsverfahren nicht erfüllt, kann die Bewilligung grundsätzlich nicht erteilt werden. Nebenbestimmungen ermöglichen es unter bestimmten Voraussetzungen, eine Bewilligung, die ohne weitere Anordnungen verweigert

---

35 Vgl. Ruch, Umwelt – Boden – Raum, Rz. 1222.
36 BGE 118 Ib 59 ff.
37 BGE 123 II 317 ff.
38 BGE 133 II 49 ff.
39 VGer BE, Urteil VGE 21320 vom 30. August 2002, E. 2–7 (BVR 2003 114 ff.).
40 BGE 124 II 75 ff.
41 BGE 127 II 227 ff.
42 Griffel, Raumplanungs- und Baurecht, S. 178; Mäder, Baubewilligungsverfahren, Rz. 442 f.; Ruch, in: Kommentar RPG, Art. 22 Rz. 16.

werden müsste, dennoch zu erteilen. Neben der Behebung von bestehenden Verstössen werden Nebenbestimmungen auch präventiv zur Erhaltung des rechtmässigen Zustands festgesetzt. Aufgrund des Verhältnismässigkeitsprinzips muss eine künftige Rechtsverletzung jedoch den Umständen nach wahrscheinlich erscheinen.[43] Aufgrund der Komplexität der den Bewilligungen zugrunde liegenden Sachverhalte sowie der zu beurteilenden Rechtsfragen werden Nebenbestimmungen in der Praxis sehr häufig angeordnet.

Der Begriff der Nebenbestimmung ist insoweit irreführend, als sie einen wichtigen Bestandteil eines Verwaltungsrechtsverhältnisses ausmacht. Es handelt sich um zusätzliche Anordnungen in einem baurechtlichen Entscheid, die Bestandteil des Dispositivs sind und den Geltungsbereich der Bewilligung konkretisieren. Diese **Akzessorietät** zur Bewilligung hat zur Folge, dass die Nebenbestimmungen vom Bestand der Bewilligung abhängig sind. Erlöscht die Bewilligung, so erlöschen auch sämtliche Nebenbestimmungen ohne weiteres.[44] 2.37

2. Abgrenzung zu unechten Nebenbestimmungen

Unechte Nebenbestimmungen haben **rein informativen Charakter** und ändern nichts am Inhalt der Verfügung. Der Gesuchsteller soll vielmehr auf Gesetzesvorschriften oder andere wesentliche Umstände aufmerksam gemacht werden. Bei unechten Nebenbestimmungen handelt es sich somit um blosse Hinweise, Informationen, Anregungen bzw. Wünsche, die nicht die nähere Ausgestaltung von in der Verfügung geregelten Rechten und Pflichten betreffen und keine Präzisierungen der Verfügung enthalten.[45] 2.38

Unechte Nebenbestimmungen sind in Bewilligungen sehr häufig. Sie werden teilweise in «Allgemeinen Baubedingungen» zusammengefasst und dem baurechtlichen Entscheid als Anhang angefügt.[46] 2.39

3. Arten

Bei den echten Nebenbestimmungen wird zwischen Auflagen, Bedingungen und Befristungen unterschieden. 2.40

In der Praxis werden die verschiedenen Arten von Nebenbestimmungen oftmals unrichtig bezeichnet (insbesondere werden Auflagen häufig als Bedingungen bezeichnet und umgekehrt). Der Bezeichnung einer Nebenbestimmung ist daher mit einer gewissen Vorsicht zu begegnen. Bei der Ermittlung der **Rechtsnatur** einer Nebenbestimmung ist daher aufgrund 2.41

43 BAUMANN, Kommentar BauG AG, § 59 Rz. 45.
44 HÄFELIN/MÜLLER/UHLMANN, Verwaltungsrecht, Rz. 906; MÄDER, Baubewilligungsverfahren, Rz. 448.
45 GRIFFEL, Raumplanungs- und Baurecht, S. 178 f.; WIEDERKEHR/RICHLI, Praxis I, Rz. 2484.
46 GRIFFEL, Raumplanungs- und Baurecht, S. 179.

der uneinheitlichen Terminologie bei der Auslegung insbesondere der Sinn und Zweck der Bestimmung entscheidend.[47]

a) Auflage

2.42 Bei einer Auflage handelt es sich um eine mit einer Verfügung verbundene zusätzliche Verpflichtung zu einem **Tun, Dulden oder Unterlassen.** In der Praxis spielt die Auflage die bedeutendste Rolle, da ein Gesetzesverstoss durch Behebung des Mangels beim Projekt «geheilt» und damit Rechtskonformität eines Bauvorhabens erreicht werden kann.

2.43 Eine Auflage ist immer **Bestandteil des Dispositivs.** Aus diesem Grund ist nicht nur der Bauherr, sondern auch die Bewilligungsbehörde an rechtskräftig verfügte Auflagen gebunden.[48] Von der Bedingung unterscheidet sie sich dadurch, dass die Rechtswirksamkeit der Verfügung nicht davon abhängt, ob die Auflage erfüllt wird oder nicht. Die Verfügung ist somit von der Erfüllung der Auflage unabhängig und auch gültig, wenn die Auflage nicht erfüllt wird. Durch den Erlass einer Auflage wird von der Behörde in der Regel in Kauf genommen, dass der Gesuchsteller die Bauarbeiten in Angriff nimmt, ohne zuvor die Nebenbestimmung erfüllt zu haben.[49] Die Auflage ist jedoch **selbständig erzwingbar.** Dies bedeutet, dass das Gemeinwesen diese mit hoheitlichem Zwang durchsetzen kann.[50]

2.44 Auflagen können **separat angefochten** werden, ohne dass damit die Baubewilligung als solche in Frage gestellt wird. Erweist sich aber eine Auflage als rechtswidrig, so muss die Rechtsmittelinstanz prüfen, ob die Bewilligung nach der Aufhebung der Auflage überhaupt noch erteilt werden kann oder – im Rahmen des Streitgegenstandes – mit einer anderen Auflage verknüpft werden muss.

b) Bedingung

2.45 Mit einer Bedingung wird die Rechtswirksamkeit einer Verfügung von einem **künftigen, ungewissen Ereignis** abhängig gemacht.

2.46 Es gilt dabei zwischen Suspensiv- und Resolutivbedingungen zu unterscheiden. Bei **Suspensivbedingungen** tritt die Rechtswirksamkeit der Verfügung erst ein, wenn die Bedingung erfüllt ist, während bei **Resolutivbedingungen** die Rechtswirksamkeit der Verfügung mit Eintritt der Bedingung endigt.[51]

---

47 BVGer, Urteil A-1870/2006 vom 14. September 2007, E. 3; HÄFELIN/MÜLLER/UHLMANN, Verwaltungsrecht, Rz. 921.

48 MÄDER, Baubewilligungsverfahren, Rz. 485 ff.

49 Es besteht auch die Möglichkeit, dass die Baubehörde die Erteilung der Baufreigabe von der Erfüllung einer Auflage abhängig macht (vgl. dazu z.B. § 326 PBG ZH).

50 HÄFELIN/MÜLLER/UHLMANN, Verwaltungsrecht, Rz. 919 ff.; WIEDERKEHR/RICHLI, Praxis I, Rz. 2218.

51 WIEDERKEHR/RICHLI, Praxis I, Rz. 2498.

Die Ungewissheit des Bedingungseintritts hat zur Folge, dass eine resolutiv bedingte Verfügung unbeschränkt wirksam sein kann bzw. eine suspensiv bedingte Verfügung nie Wirkung entfaltet.[52] Es handelt sich daher um ein relativ **starres Instrument** zur Korrektur von Projektmängeln.[53] Konkret wird bei der Suspensivbedingung die Rechtswirksamkeit der Baubewilligung von der Beseitigung der Rechtsverletzung abhängig gemacht.[54] Bei einer Bedingung hängt der Eintritt nicht bzw. nicht allein vom Willen der Bauherrschaft ab.[55] Es ist daher auch nicht möglich, eine Bedingung zwangsweise durchzusetzen. Potestativbedingungen, bei welchen der Eintritt der Bedingung allein vom Willen der Bauherrschaft abhängt, kommen im Baurecht grundsätzlich nicht vor; vielmehr ist in solchen Fällen von einer Auflage auszugehen.[56] Bei der Resolutivbedingung wird der Bauherrschft zwar erlaubt, von einer Bewilligung Gebrauch zu machen, diese Rechtsposition kann jedoch jederzeit durch Bedingungseintritt dahinfallen. Aufgrund der Ungewissheit des Bedingungseintritts kann deshalb nicht bzw. nur schwer abgeschätzt werden, ob die getätigten Investitionen amortisiert werden können. Der Anwendungsbereich der Bedingung im Baubewilligungsverfahren ist deshalb gerade bei Resolutivbedingungen relativ beschränkt.[57] Baubewilligungen und Plangenehmigungen dürfen nicht auf Vorrat erteilt werden. Aus diesem Grund ist eine gewisse **Realisierungswahrscheinlichkeit** des Eintritts der Bedingung notwendig.[58] 2.47

c) Befristung

Unter der Befristung einer Verfügung ist die **zeitliche Begrenzung** ihrer Geltung bzw. Rechtswirksamkeit zu verstehen. Im Gegensatz zur Bedingung ist bei der Befristung diese Einschränkung gewiss. 2.48

Bewilligungen können befristet werden, wenn das Bauvorhaben von vornherein nicht auf Dauer ausgelegt ist und dementsprechend um Befristung nachgesucht wird oder wenn eine unbefristete Bewilligung aus rechtlichen Gründen nicht möglich ist. Praktische Bedeutung kommt der Befristung vor allem für **Provisorien** zu (z.B. Baubaracken, Gerüste, Tribünen und Ausstellungshallen).[59] 2.49

---

52 HÄFELIN/MÜLLER/UHLMANN, Verwaltungsrecht, Rz. 913 ff.; MÄDER, Baubewilligungsverfahren, Rz. 473 ff.

53 MÄDER, Baubewilligungsverfahren, Rz. 473 ff.

54 Die Kontrolle des Eintritts von Suspensivbedingungen erfolgt in der Regel im Zeitpunkt des Baubeginns, welcher regelmässig eine Baufreigabe voraussetzt (vgl. dazu auch § 326 PBG ZH).

55 Dies ist z.B. der Fall, wenn die Rechtswirksamkeit der Bewilligung von der Erteilung eines Näherbaurechts abhängig gemacht wird.

56 GRIFFEL, Raumplanungs- und Baurecht, S. 180.

57 Ein häufiger Anwendungsfall bildet der Beseitigungsrevers (vgl. dazu Rz. 2.55): Wird z.B. eine Bewilligung erteilt für die Erstellung von Abstellplätzen innerhalb einer Verkehrsbaulinie, fällt diese im Fall der Realisierung des Strassenprojekts dahin und die Abstellplätze müssen zurückgebaut werden. Häufig wird eine solche Bedingung mit einem sog. Revers kombiniert, der als öffentlichrechtliche Eigentumsbeschränkung im Grundbuch angemerkt wird.

58 KGer LU, Urteil V 13 14 vom 16. September 2013, E. 3.3.3–3.3.5 (LGVE 2013 IV Nr. 12).

59 VGer ZH, Urteil VB.2009.00308 vom 17. Dezember 2009, E. 8.2.

2.50 Nur in dringlichen Fällen dürfen **vorschriftswidrige Anlagen** temporär genehmigt werden, so etwa beim Vorliegen einer Notlage bei der Unterbringung von Asylbewerbern.[60] Eine befristete Bewilligung für baurechtswidrige (insbesondere zonenwidrige) Wohncontainer für Asylbewerber kommt jedoch nur dann in Frage, wenn fristgerecht kein geeigneter zonenkonformer Alternativstandort gefunden werden kann. Es muss somit der Nachweis erbracht werden, dass eine vorschriftsgemässe Ausführung bzw. ein rechtskonformer Standort nicht möglich sind. Ist dieser Nachweis erbracht, ist eine Interessenabwägung zwischen der Rechtsverletzung und dem öffentlichen Interesse an der Erstellung des Bauvorhabens vorzunehmen. Weiter darf eine befristete Baubewilligung nur so lange Bestand haben, bis es der Gemeinde möglich ist, eine baurechtskonforme Lösung zu schaffen.[61]

2.51 Ein wesentlicher Unterschied zur Bedingung und Auflage besteht darin, dass es bei der Befristung nicht darauf ankommt, ob sich der Mangel beheben lässt. Mit der Befristung kann ein Mangel nicht bzw. lediglich in zeitlicher Hinsicht behoben werden. Vielmehr ist ausschlaggebend, welche **Rechtsgüter** in welchem Ausmass verletzt werden. So kann z.B. eine ästhetische Beeinträchtigung eines Orts- oder Landschaftsbilds oder eine geringfügige Abstandsverletzung in aller Regel für einige Zeit hingenommen werden. Ist hingegen die Verkehrssicherheit nicht gewährleistet, erweist sich auch eine zeitlich beschränkte Abweichung von diesen Vorschriften als nicht zulässig.[62]

2.52 Die Befristung aufgrund der Anordnung einer Nebenbestimmung ist von einem von vornherein **befristeten Baugesuch** abzugrenzen. In diesem Fall resultiert die Befristung aus der Dispositionsmaxime, gemäss welcher dem Gesuchsteller nicht mehr bewilligt werden kann, als er beantragt.[63]

d) Revers

2.53 Beim Revers handelt es sich um eine baurechtliche Besonderheit, bezüglich welcher ein einheitliches Begriffsverständnis fehlt. In der Regel wird unter einem Revers eine **öffentlichrechtliche Eigentumsbeschränkung** verstanden, die als **Anmerkung** im Grundbuch eingetragen wird. Mit der Anmerkung im Grundbuch wird auf ein bestehendes privat- oder öffentlichrechtliches Rechtsverhältnis hingewiesen. Die Anmerkung ist deklaratorischer Natur und hat daher keinen Einfluss auf die materielle Rechtslage.[64] Daraus ergibt sich auch, dass nach einer Rechtsänderung, aufgrund welcher die bisherige öffentlichrechtliche Eigentumsbeschränkung dahinfällt, diese ohne weiteres auf Gesuch des Grundeigentümers hin gelöscht werden kann. Die Anmerkung im Grundbuch ist deklaratorischer Natur. Dies bedeutet,

60 VGer ZH, Urteil VB 91/0054 und 0055 vom 3. Oktober 1991 (ZBl 1992 184 ff.).

61 VGer ZH, Urteil VB.2000.00035 vom 7. Juni 2000, E. 3; FRITZSCHE/BÖSCH/WIPF, Planungs- und Baurecht, S. 348 f.; MÄDER, Baubewilligungsverfahren, Rz. 491 ff.

62 MÄDER, Baubewilligungsverfahren, Rz. 492.

63 GRIFFEL, Raumplanungs- und Baurecht, S. 181.

64 FRIES, Reverse, S. 3 ff.; GRIFFEL, Raumplanungs- und Baurecht, S. 181.

dass eine öffentlichrechtliche Eigentumsbeschränkung auch ohne Grundbucheintrag Wirkung entfaltet.[65]

Gemäss § 321 Abs. 2 PBG ZH sind Nebenbestimmungen mit längerer zeitlicher Wirkung vor Baubeginn im Grundbuch anzumerken. Zudem kann die Anmerkung, wo ein Bedürfnis besteht, auch bei Eigentumsbeschränkungen angeordnet werden, deren Umfang und Tragweite sich unmittelbar aus den Bauvorschriften ergibt. Als zukunftsorientierte Nebenbestimmungen sind Reverse auf eine **nähere oder fernere Zukunft** gerichtet.[66] 2.54

Grosse praktische Bedeutung haben der Beseitigungs- und der Mehrwertrevers, die oft miteinander verbunden werden. Der **Beseitigungsrevers** verpflichtet den Adressaten, auf behördliches Verlangen hin den ursprünglichen Zustand wiederherzustellen. Der **Mehrwertrevers** schliesst für die auf behördliche Aufforderung hin erfolgte Beseitigung einen Entschädigungsanspruch aus. Die Anordnung eines Beseitigungs- und Mehrwertreverses erfolgt sehr häufig im Zusammenhang mit der Überstellung von Baulinien.[67] 2.55

Ebenfalls häufig sind **Ausnützungsreverse,** aufgrund welcher ein Grundeigentümer zugunsten einer benachbarten Parzelle darauf verzichtet, die eigene Parzelle voll auszunützen. Einem solchen Ausnützungsrevers zwischen verschiedenen Grundeigentümern liegt regelmässig ein (Dienstbarkeits-)Vertrag zugrunde. Dem privatrechtlichen Rechtsverhältnis zwischen den verschiedenen Grundeigentümern kommt mit der Ausübung einer erteilten Bewilligung dann auch eine öffentlichrechtliche Bedeutung zu, die als öffentlichrechtliche Eigentumsbeschränkung im Grundbuch angemerkt wird. Die Verknüpfung von hoheitlichen und vertraglichen Elementen wird hier besonders deutlich.[68] 2.56

4. Voraussetzungen

§ 321 Abs. 1 PBG ZH lautet wie folgt: «Können inhaltliche oder formale Mängel des Bauvorhabens ohne besondere Schwierigkeiten behoben werden oder sind zur Schaffung oder Erhaltung des rechtmässigen Zustands Anordnungen nötig, so sind mit der Bewilligung die gebotenen Nebenbestimmungen (Auflagen, Bedingungen, Befristungen) zu verknüpfen.» In anderen Kantonen wird lediglich festgehalten, dass Baubewilligungen mit Auflagen, Bedingungen oder Befristungen verbunden werden können (so Art. 87 Abs. 2 BauG SG oder § 106 PBG TG). 2.57

---

65 BGE 111 Ia 182 ff.

66 BGer, Urteil 1E.2/2007 vom 11. Januar 2008, E. 2.2; Hänni, Planungsrecht, S. 325; Fries, Reverse, S. 100 ff.

67 Haller/Karlen, Raumplanungs-, Bau- und Umweltrecht, Rz. 148.

68 Fritzsche/Bösch/Wipf, Planungs- und Baurecht, S. 732 ff.

a) Gesetzliche Grundlage

2.58 Das **Legalitätsprinzip** gilt auch für Nebenbestimmungen. Nicht nur der Hauptinhalt der Bewilligung, sondern auch die allfällig mit ihr verbundenen akzessorischen Verpflichtungen müssen auf einem Rechtssatz beruhen, wobei es genügt, wenn sich die Anordnung der Nebenbestimmungen aus dem Sinn und Zweck des Gesetzes ergibt.

2.59 Zudem kann eine Bewilligung, die aufgrund der Nichteinhaltung gesetzlicher Bestimmungen verweigert werden könnte, in Verbindung mit einer Nebenbestimmung erteilt werden, auch wenn sich diese nicht auf eine ausdrückliche gesetzliche Grundlage stützt.[69]

b) Öffentliches Interesse und Sachzusammenhang

2.60 Die Nebenbestimmungen müssen sich aus einem mit der Hauptanordnung in engem Sachzusammenhang stehenden öffentlichen Interesse ergeben. Es darf daher nur ein Verhalten gefordert bzw. eine Pflicht auferlegt werden, welche sich aus dem Sinn und Zweck der Bewilligung bzw. des **zugrunde liegenden Gesetzeszwecks** ergibt. Unzulässig sind sachfremde Nebenbestimmungen, die über den Zweck hinausgehen oder vom Zweck nicht gedeckt sind, der mit dem Gesetz verfolgt wird. Das Bundesgericht hat in diesem Zusammenhang entschieden, dass eine Pflicht zur Beseitigung einer Baute aus anderen als strassenbautechnischen Gründen, durch den öffentlichen Zweck, der den Revers rechtfertige[70], nicht mehr gedeckt sei.[71]

2.61 Werden mit einer Nebenbestimmung inhaltliche oder formale Mängel des Bauvorhabens behoben und dient somit die Nebenbestimmung der Einhaltung der Bauvorschriften, ist diese Voraussetzung ohne weiteres eingehalten.

c) Verhältnismässigkeit

2.62 Der Grundsatz der Verhältnismässigkeit verlangt, dass Nebenbestimmungen nur dann angeordnet werden dürfen, wenn sie **geeignet, notwendig** und für den Bauherrn überdies **zumutbar** sind. Nebenbestimmungen erweisen sich ohne weiteres als verhältnismässig, wenn die Bewilligung ohne sie auch hätte verweigert werden können. Insoweit sind sie geradezu Ausfluss des Verhältnismässigkeitsprinzips.[72]

---

69 BGE 121 II 88, E. 3a; HÄFELIN/MÜLLER/UHLMANN, Verwaltungsrecht, Rz. 926 ff.; RUCH, in: Kommentar RPG, Art. 22 Rz. 16; vgl. auch die abweichende Berner Praxis gemäss ZAUGG/LUDWIG, Kommentar BauG BE, Art. 38–39 Rz. 14b und 16.

70 Mit dem Revers sollte der Ausbau der Wehntalerstrasse in Sünikon/Steinmaur gewährleistet werden.

71 BGE 99 Ia 482, E. 6.

72 Vgl. dazu Rz. 2.36.

Sind dagegen sämtliche Voraussetzungen für die Erteilung einer Bewilligung erfüllt, darf diese grundsätzlich nicht mit Nebenbestimmungen verbunden werden, besteht doch diesfalls ein **Rechtsanspruch** auf Bewilligungserteilung.[73] 2.63

d) Art und Umfang der Mängel

Mit Nebenbestimmungen sollen grundsätzlich nur **untergeordnete Mängel** behoben werden können.[74] Die Frage, welche Projektmängel als untergeordnet gelten, wird jedoch sehr unterschiedlich beurteilt. 2.64

Die mit Nebenbestimmungen erzielbare Rechtkonformität eines Bauvorhabens würde es auch erlauben, gravierende Mängel eines Bauvorhabens zu beheben. Es stellt sich daher die Frage, aus welchen Gründen «nur» die Behebung von geringfügigen Mängeln durch Nebenbestimmungen erfolgen soll. Zunächst verlangt das bundesrechtliche **Koordinationsgebot** gemäss Art. 25a RPG, dass ein geplantes Bauvorhaben in einem einzigen und einheitlichen Bewilligungsverfahren geprüft wird. Ansonsten können einem Nachbarn unter Umständen nicht leicht wiedergutzumachende Nachteile entstehen, da er sich über das Projekt nur lückenhaft orientieren kann. Dadurch kann ihm eine genaue Beurteilung der Auswirkungen des Bauvorhabens auf sein Grundstück verunmöglicht oder mindestens erheblich erschwert und die Wahrung seiner Rechte in Frage gestellt werden. Weiter ist es möglich, dass der Entscheid über eine Bewilligung bei einer etappenweisen Überprüfung einzelner Mängel, die für sich allein nicht zur Aufhebung der Baubewilligung führen, anders ausfallen kann als bei einer einheitlichen und gesamthaften Beurteilung des Bauvorhabens.[75] 2.65

Nach der **Berner Praxis** kann ein Mangel nicht mit Nebenbestimmungen behoben werden, wenn ein Bauvorhaben den gesetzlichen Anforderungen nicht entspricht. Es bedürfe dazu entweder einer Projektänderung oder einer Ausnahmebewilligung. Ausnahmen von dieser Regel seien denkbar, wenn eine Baubewilligung unter der Auflage erteilt werde, dass bei der Ausführung des Bauvorhabens eine geringfügige, eindeutig bestimmbare Änderung oder Ergänzung vorgenommen werde (z.B. Verkürzen oder Verschieben einer Mauer oder Begrünung eines Daches).[76] 2.66

Untergeordneter Natur sind nach der **Zürcher Praxis** inhaltliche oder formale Mängel, wenn sie ohne besondere Schwierigkeiten behoben werden können. Ob dies zutrifft, entscheidet sich nach qualitativen und nicht nach quantitativen Gesichts- 2.67

---

73 GRIFFEL, Raumplanungs- und Baurecht, S. 178.

74 BGer, Urteil 1C_37/2011 vom 14. April 2011, E. 3.3; WIEDERKEHR/RICHLI, Praxis I, Rz. 2473 ff.

75 ZAUGG/LUDWIG, Kommentar BauG BE, Art. 38–39 Rz. 14b und 16; VGer ZH, Urteil VB.97.00129 vom 26. November 1997, E. 7b (ZBl 1998 589 ff.).

76 ZAUGG/LUDWIG, Kommentar BauG BE, Art. 38–39 Rz. 14b f.; auch nach der St. Galler Praxis können nur Nebenpunkte, die für die Bewilligungsfähigkeit eines Bauvorhabens nicht von ausschlaggebender Bedeutung sind, in ein späteres Verfahren verwiesen werden (VGer SG, Urteil B 2010/30 vom 24. August 2010, E. 3.3; HEER, Bau- und Planungsrecht, Rz. 869); nach dem Verwaltungsgericht des Kantons Thurgau darf sogar nicht Inhalt einer Nebenbestimmung sein, was gleichzeitig Grund für die Verweigerung einer Baubewilligung sein kann (VGer TG, Urteil TVR 2008 Nr. 25 vom 12. März 2008, E. 7a).

punkten. Dabei ist das Gewicht der Mängel nicht isoliert zu betrachten, sondern am Umfang des Gesamtprojekts zu messen. Mit einer Nebenbestimmung kann auch Mängeln begegnet werden, welche die «Grundanforderungen an Bauten und Anlagen» beschlagen. Sind dagegen wesentliche Projektänderungen bzw. eine konzeptionelle Überarbeitung erforderlich, ist die Baubewilligung zu verweigern.[77] Werden bezüglich gewisser Nebenpunkte, welche für einen Nachbarn von Bedeutung sein können (z.B. Fassadengestaltung oder Materialisierung und Farbgebung eines Bauprojekts), Nebenbestimmungen erlassen und wird deshalb im Bewilligungsentscheid noch keine definitive Festlegung getroffen, sind die diesbezüglichen späteren Entscheide in Form einer anfechtbaren Verfügung allen Personen zu eröffnen, die den baurechtlichen Entscheid rechtzeitig verlangt haben. Damit wird den Rechten von Nachbarn auch nach der Zürcher Praxis soweit als möglich Rechnung getragen.[78]

e) Kontrollier- und Durchsetzbarkeit

2.68 Schliesslich muss die **Einhaltung** der Nebenbestimmungen für die Behörden kontrollier- und durchsetzbar sein.

2.69 Es erweist sich als sinnvoll, die Pflichten klar und eindeutig im **Dispositiv** festzuhalten.[79] Für die vor Baubeginn zu erfüllenden Nebenbestimmungen kann zudem die Baufreigabe vorbehalten und für die richtige Erfüllung von Nebenbestimmungen in unmittelbarem Zusammenhang mit der Bauausführung Sicherstellung verlangt werden.[80] Schliesslich sollte bei einer Befristung einer Bewilligung oder einer Resolutivbedingung die Wiederherstellung des rechtmässigen Zustands von Anfang an geregelt werden.

D. Baurechtliche Vorentscheide

1. Funktion

2.70 Mit einem Vorentscheid wird über die Zulässigkeit von Teilaspekten eines Baugesuchs entschieden. Damit soll einem Bauherrn ermöglicht werden, hinsichtlich **grundlegender Fragen** verbindlich Klarheit über die Bewilligungsfähigkeit seines Vorhabens zu erhalten, bevor der Aufwand und die Kosten für die Detailprojektierung entstehen.[81]

---

77 VGer ZH, Urteil VB.2010.00500 vom 25. Januar 2012, E. 10.1; FRITZSCHE/BÖSCH/WIPF, Planungs- und Baurecht, S. 345 f.; MÄDER, Baubewilligungsverfahren, Rz. 461 ff.; so auch die Aargauer Praxis: vgl. BAUMANN, Kommentar BauG AG, § 59 Rz. 44.

78 VGer ZH, Urteil VB.2010.00500 vom 25. Januar 2012, E. 5.4.2; ZAUGG/LUDWIG, Kommentar BauG BE, Art. 38–39 Rz. 17.

79 FRITZSCHE/BÖSCH/WIPF, Planungs- und Baurecht, S. 347 f.; ZAUGG/LUDWIG, Kommentar BauG BE, Art. 38–39 Rz. 14d und 15c.

80 Vgl. § 321 Abs. 3 und 326 PBG ZH.

81 FRITZSCHE/BÖSCH/WIPF, Planungs- und Baurecht, S. 381 f.; HÄNNI, Planungsrecht, S. 352.

Bereits aus der Funktion des Vorentscheids ergibt sich, dass nur konkrete und grundlegende Fragen der Bewilligungsfähigkeit eines Bauvorhabens Gegenstand eines Vorentscheids bilden können. Zudem muss die **isolierte Beurteilung** dieser Fragen sachlich möglich sein. Voraussetzung für einen Vorentscheid ist somit ein Entscheidungsinhalt, der losgelöst vom eigentlichen Hauptverfahren beurteilt werden kann. Es darf kein Verstoss gegen das Koordinationsgebot vorliegen.[82] 2.71

2. Rechtswirkungen

Es wird zwischen Vorentscheiden mit Drittverbindlichkeit und bloss behördenverbindlichen Vorentscheiden bzw. Vorentscheiden ohne Drittverbindlichkeit unterschieden: 2.72

a) Vorentscheid mit Drittverbindlichkeit

Vorentscheide sind hinsichtlich der behandelten Fragen in gleicher Weise **verbindlich** wie baurechtliche Bewilligungen, sofern sich die Verhältnisse bis zur Einreichung des Baugesuchs nicht wesentlich geändert haben.[83] Die Bindungswirkung beschränkt sich auf das Dispositiv des Vorentscheids.[84] 2.73

Die Verbindlichkeit des Vorentscheids setzt voraus, dass **Dritte ihre Interessen wahren** konnten. Vorentscheide ergehen daher im gleichen Verfahren wie baurechtliche Bewilligungen. Es muss eine Aussteckung[85], öffentliche Ausschreibung und Auflage erfolgen. Die Dauer der Verbindlichkeit eines Vorentscheids ist kantonal unterschiedlich geregelt.[86] 2.74

Ein negativer baurechtlicher Vorentscheid ist nach der bundesgerichtlichen Rechtsprechung grundsätzlich als Endentscheid anfechtbar, während ein positiver baurechtlicher Vorentscheid nicht als (stets anfechtbarer) Teilentscheid, sondern als Vor- bzw. Zwischenentscheid qualifiziert wird.[87] Ist ein Weiterzug an das Bundesgericht mangels eines nicht wiedergutzumachenden Nachteils (Art. 93 Abs. 1 lit. a BGG) nicht möglich, wird die eigentliche, durch einen Vorentscheid bezweckte Funktion der verbindlichen **Klärung** grundlegender Fragen in einem frühen Stadium **verunmöglicht.** 2.75

---

82 Vgl. § 323 Abs. 1 PBG ZH.

83 Vgl. § 324 PBG ZH.

84 Fritzsche/Bösch/Wipf, Planungs- und Baurecht, S. 382.

85 Nur wenn raumrelevante Aspekte Gegenstand des Vorentscheids bilden.

86 Im Kanton Zürich besteht die Bindung gemäss § 322 Abs. 1 PBG (analog der Baubewilligung) während drei Jahren.

87 BGE 135 II 30, E. 1.1.1 f.; zur Anfechtbarkeit baurechtlicher Vorentscheide ausführlich Rz. 8.119 ff.

b) Vorentscheid ohne Drittverbindlichkeit

2.76 Der Vorentscheid ohne Drittverbindlichkeit, der ohne Aussteckung, öffentliche Publikation und Auflage erfolgt, wurde vom Bundesgericht für unzulässig erklärt.[88] Mit dem Verfahren, in welchem kein Einbezug von Dritten erfolgt, wird gemäss dem Bundesgericht das gestützt auf Art. 33 Abs. 3 lit. a RPG zu gewährleistende Beschwerderecht Dritter verletzt. Inwiefern mit einem Vorentscheid ohne Drittverbindlichkeit das Beschwerderecht Dritter verletzt werden kann, erscheint fraglich. Das Bundesgericht hält jedoch auch fest, dass aus einem Vorentscheidverfahren ohne Einbezug Dritter eine unzulässige Vorbefassung der Baubehörde resultieren könne. Dies erweist sich als nachvollziehbar. Die Baubehörde wird nur ungern eingestehen, dass ein Vorentscheid nicht richtig war. Wenn Dritte ihre Argumente erst im nachfolgenden Baubewilligungsverfahren einbringen können, besteht für sie insofern ein gewisser Nachteil.[89] Baurechtliche Vorentscheide ohne Drittverbindlichkeit gelten deshalb als **bundesrechtswidrig** und werden in der Praxis aufgehoben, wenn sie angefochten werden.[90]

2.77 Das Bedürfnis nach **qualifizierten behördlichen Auskünften,** ohne Offenlegung der Projektidee bzw. Einbezug der Öffentlichkeit, besteht aber nach wie vor. Es wird deshalb vorgeschlagen, solche Auskünfte als bindend zu erklären, jedoch unter dem ausdrücklichen Vorbehalt späterer Einwendungen Dritter und ohne die Möglichkeit der Anfechtung. Damit könne die faktische Präjudizierung von Rechtsmittelentscheiden vermieden werden. Zu einer Voreingenommenheit von Rechtsmittelinstanzen kann es bei dieser Lösung nicht mehr kommen. Die Gefahr einer unzulässigen Vorbefassung der Baubehörde bleibt jedoch bestehen.[91]

2.78 Ausgehend von den für Gerichtsverfahren geltenden Grundsätzen unterscheidet das Bundesgericht im Rahmen der Untersuchung einer allfälligen **Vorbefassung der Baubehörden** zwischen unverbindlichen Stellungnahmen zu abstrakten Fragen, der Beantwortung konkreter Fragen, der eigentlichen Beratung der Bauherrschaft und dem verbindlichen Vorentscheid. Bei unverbindlichen Stellungnahmen geht das Bundesgericht davon aus, dass in der Regel keine Gefahr der späteren Befangenheit bestehe. Bei einer umfangreichen und detaillierten Beantwortung konkreter, projektbezogener Fragen könne dagegen bereits die Gefahr einer Vorbestimmung des anschliessenden Verfahrens bestehen. Die Begleitung durch die Behörden dürfe jedenfalls nicht so weit gehen, die Bauherrschaft bei ihrer Ausarbeitung des Gestaltungsplans oder Baugesuchs in detaillierter Weise zu beraten oder ihr vor Berücksichtigung allfälliger Drittinteressen darüber hinaus die verbindliche Zusage zu machen, das Vorhaben in einer bestimmten Form bewilligen zu können.[92]

2.79 Aufgrund dieser Rechtsprechung ist davon auszugehen, dass nur noch wenig Raum für **informell-kooperatives Verwaltungshandeln** verbleibt. Damit wird der Befürchtung Rechnung getragen, dass sich Verwaltungsbehörden an bisherige Aussagen gebunden fühlen und daher spätere Einwände von Drittpersonen nicht mehr mit hinreichender Unvoreingenommenheit berücksichtigen könnten. Um unnötige

---

88 BGer, Urteil 1P.224/1991 vom 9. September 1992, E. 2b (ZBl 1994 66 ff.).

89 BGer, Urteil 1C_150/2009 vom 8. September 2009 (ZBl 2011 478 ff.); BGE 140 I 326, E. 6.2 f.

90 Im Kanton Zürich wurde § 323 f. PBG ZH mit der Revision vom 28. Oktober 2013 aus diesem Grund angepasst und der baurechtliche Vorentscheid ohne Drittverbindlichkeit abgeschafft.

91 Griffel, Raumplanungs- und Baurecht, S. 177; Griffel, Vorentscheide, S. 267 f.

92 BGE 140 I 326, E. 6.2 f.

Leerläufe zu verhindern, die mit einem erheblichen Aufwand und Kosten verbunden sind, sollte jedoch zumindest die Beantwortung konkreter Fragen der Bauherrschaft (ohne deren Beratung) weiterhin möglich bleiben.[93]

II. Baubewilligungspflichtige Vorhaben

A. Geltungsbereich der Baubewilligungspflicht

1. Der Grundsatz der Baubewilligungspflicht nach Art. 22 RPG

a) Unmittelbar anwendbares Bundesrecht

Art. 22 Abs. 1 RPG bestimmt, dass Bauten und Anlagen nur mit behördlicher Bewilligung – eben einer Baubewilligung[94] – errichtet oder geändert werden dürfen. Die Baubewilligungspflicht ist damit bundesrechtlich vorgegeben. Sie kommt zum Tragen, wenn sowohl eine bewilligungspflichtige Baute oder Anlage[95] als auch ein bewilligungspflichtiger Vorgang (Errichtung oder Änderung)[96] gegeben sind. Die Bestimmung ist unmittelbar und ohne kantonales Ausführungsrecht anwendbar.[97] Insofern die Kantone die baubewilligungspflichtigen und mitunter auch baubewilligungsfreien Bauten und Anlagen in ihren Planungs- und Baugesetzen nochmals geregelt haben[98], handelt es sich um Ausführungsrecht, welches sich innerhalb der durch Art. 22 Abs. 1 RPG (und selbstverständlich durch das Verfassungsrecht) gezogenen Schranken zu bewegen hat.[99] 2.80

b) Persönlicher Geltungsbereich

Die Baubewilligungspflicht trifft sämtliche Bauherren, d.h. sowohl **Private** als auch die **öffentliche Hand** (Bund, Kantone und Gemeinden), und zwar unabhängig davon, ob die Bauten und Anlagen im Verwaltungs- oder im Finanzvermögen stehen. Der Bauherr muss nicht zwingend Grundeigentümer sein. Dieser muss dem Vorhaben aber zustimmen[100], da die Baute oder Anlage (soweit nicht ein selbständiges dauerndes Baurecht im Sinn von Art. 655 Abs. 2 Ziff. 2 ZGB besteht) aufgrund des Akzessionsprinzips in seinem Eigentum erstellt wird. Ohnehin wird in der Regel ein (Dienstbarkeits-)Vertrag zwischen Grundeigentümer und Bauherr die Erstellung einer Baute oder Anlage zivilrechtlich legitimieren. 2.81

---

93 Zum Vertrauensschutz im Zusammenhang mit behördlichen Auskünften vgl. HÄFELIN/MÜLLER/UHLMANN, Verwaltungsrecht, Rz. 667.
94 Zur Terminologie vgl. Rz. 2.6 ff.
95 Rz. 2.88 ff.
96 Rz. 2.95 ff.
97 Vgl. WALDMANN/HÄNNI, Handkommentar RPG, Art. 22 Rz. 3.
98 Vgl. etwa § 309 PBG ZH und § 1 f. BVV ZH; Art. 1a f. BauG BE und Art. 4 ff. BewD BE.
99 Eingehend dazu Rz. 2.103 ff.
100 Vgl. etwa Art. 10 Abs. 2 BewD BE.

c) Sachlicher Geltungsbereich

2.82 Die Baubewilligungspflicht erstreckt sich auf sämtliche Vorhaben, welche gemäss Art. 22 Abs. 1 RPG oder aufgrund der weiter gehenden kantonalen Bestimmungen bewilligungspflichtig sind und die nicht in einem Plangenehmigungsverfahren zu beurteilen sind.

2.83 Die bewilligungspflichtigen Vorhaben werden in Art. 22 Abs. 1 RPG durch zwei Begriffspaare definiert, nämlich einerseits durch die Objekte **Bauten und Anlagen** und andererseits durch die Vorgänge **Errichtung und Änderung.** Die Kantone sind befugt, die Baubewilligungspflicht auf weitere Objekte und Vorgänge auszudehnen; hingegen ist es ihnen verwehrt, die nach Bundesrecht bewilligungspflichtigen Objekte und Vorgänge enger zu umschreiben.[101]

2.84 Keiner förmlichen Baubewilligung bedürfen Vorhaben, die in einem **bundesrechtlichen Plangenehmigungsverfahren** zu beurteilen sind.[102] Ebenfalls keiner Baubewilligung bedürfen Vorhaben, die aufgrund des **kantonalen Rechts** in einem Plangenehmigungsverfahren zu beurteilen sind, sofern die Plangenehmigung Verfügungscharakter hat und die gesuchstellende Partei dazu ermächtigt, das Vorhaben auszuführen.[103] In diesen Fällen umfasst die Plangenehmigung regelmässig auch die Baubewilligung nach Art. 22 Abs. 1 RPG bzw. tritt an ihre Stelle.[104]

d) Räumlicher Geltungsbereich

2.85 Die Baubewilligungspflicht nach Art. 22 Abs. 1 RPG ist räumlich **umfassend.** Die Pflicht gilt für jegliche in sachlicher Hinsicht bewilligungspflichtige Bauten und Anlagen überall, ungeachtet der Nutzungszone, in welcher sie realisiert werden sollen, und ungeachtet dessen, ob sie zonenkonform oder zonenwidrig sind. Sie gilt namentlich auch für Bauten und Anlagen in Gewässern[105] und im Wald. Die in Art. 18 Abs. 3 RPG angesprochene Waldgesetzgebung regelt die materiellen Voraussetzungen für eine Rodungsbewilligung, dispensiert aber ausdrücklich nicht vom Einholen der Bau- und gegebenenfalls der Ausnahmebewilligung (Art. 11 WaG).

2.86 Die Ausnahmebewilligung nach Art. 24 ff. RPG für **zonenwidrige Bauten und Anlagen** ausserhalb der Bauzonen bezieht sich nach dem klaren Wortlaut von Art. 24 RPG einzig auf die Frage der Zonenwidrigkeit. Die weiteren Bewilligungsvoraussetzungen, namentlich jene der Erschliessung (Art. 22 Abs. 2 lit. b RPG) und die übrigen Voraussetzungen des eidgenössischen und kantonalen (einschliesslich des kommunalen) Rechts (Art. 22 Abs. 3 RPG), werden durch eine Ausnahmebewilligung nach Art. 24 ff. RPG nicht abgedeckt. Diese ersetzt damit die Baubewilligung nach Art. 22 Abs. 1 RPG nicht, sondern ist Teil davon.

---

101 Rz. 2.103 ff.
102 Rz. 2.127 ff.
103 Rz. 2.5.
104 Vgl. Waldmann/Hänni, Handkommentar RPG, Art. 22 Rz. 6.
105 BGE 114 Ib 81, E. 3, betreffend die Erstellung einer Wassersprungschanze.

e) Ausnahmslosigkeit

In Art. 18a Abs. 1 RPG hat der Bundesgesetzgeber «auf Dächern genügend angepasste Solaranlagen» von der Baubewilligungspflicht ausgenommen und einer blossen Meldepflicht unterstellt. Abgesehen von dieser – im Licht der Bundeskompetenz zu einer Rahmengesetzgebung (Art. 75 BV) fragwürdigen – Regelung gilt der Grundsatz der **Baubewilligungspflicht ausnahmslos.** Weder finden sich weitere Dispensationen von der Baubewilligungspflicht im Bundesrecht noch ist es den Kantonen gestattet, Bauten und Anlagen, die von Bundesrechts wegen baubewilligungspflichtig sind, von der Bewilligungspflicht auszunehmen. Hingegen können die **Kantone weiter gehen** als der Bund und auch von Bundesrechts wegen baubewilligungsfreie Bauten oder Anlagen der Baubewilligungspflicht unterstellen; ferner können sie die von Bundesrechts wegen baubewilligungsfreien Bauten und Anlagen konkretisieren.[106] 2.87

2. Der Begriff der «Bauten und Anlagen»

Der bundesrechtliche Begriff der «Bauten und Anlagen» ist sehr offen formuliert und **auslegungsbedürftig.** Eine nähere Umschreibung findet sich weder im RPG noch in der RPV und der Begriff ist auch nicht deckungsgleich mit dem umweltrechtlichen Anlage-Begriff von Art. 7 Abs. 7 USG.[107] Es obliegt damit den rechtsanwendenden Behörden, vorab dem Bundesgericht, dem Begriff im jeweils zu beurteilenden Einzelfall Konturen zu verleihen. Der Kasuistik kommt grosse Bedeutung zu.[108] 2.88

Als «Bauten» werden gemeinhin **Gebäude** oder gebäudeähnliche Objekte sowie Fahrnisbauten, die über einen längeren Zeitraum verwendet werden sollen, verstanden, wogegen als «Anlagen» technische oder andere **Einrichtungen** gelten, die geeignet sind, sich auf Raum und/oder Umwelt auszuwirken.[109] Die Grenzen zwischen den beiden Begriffen sind allerdings fliessend. Eine Zuordnung eines konkreten Vorhabens zum einen oder anderen Begriff erübrigt sich, da die beiden Begriffe in der Praxis als Einheit verstanden werden und die Rechtsfolgen für beide Begriffe dieselben sind.[110] 2.89

In seiner langjährigen, auf das Jahr 1987[111] zurückgehenden Rechtsprechung qualifiziert das Bundesgericht als baubewilligungspflichtige Bauten und Anlagen «mindestens jene künstlich geschaffenen und auf Dauer angelegten Einrichtungen [...], die in bestimmter fester Beziehung zum Erdboden stehen und geeignet sind, die Vorstellung über die Nutzungsordnung zu beeinflussen, sei es, dass 2.90

106 Eingehend dazu Rz. 2.103 ff.
107 Vgl. dazu GRIFFEL/RAUSCH, Kommentar USG, Ergänzungsband, Art. 7 Rz. 24.
108 Rz. 2.123 f.
109 WALDMANN/HÄNNI, Handkommentar RPG, Art. 22 Rz. 10; RUCH, in: Kommentar RPG, Art. 22 Rz. 24.
110 Vgl. RUCH, Umwelt – Boden – Raum, Rz. 1503 ff.
111 BGE 113 Ib 314, E. 2b.

sie den Raum äusserlich erheblich verändern, die Erschliessung belasten oder die Umwelt beeinträchtigen».[112] Massstab dafür, ob eine bauliche Massnahme erheblich genug ist, um sie dem Baubewilligungsverfahren zu unterwerfen – und sie damit als Baute oder Anlage im Sinn von Art. 22 Abs. 1 RPG zu qualifizieren –, ist die Frage, ob mit ihrer Realisierung im Allgemeinen und nach dem gewöhnlichen Lauf der Dinge so wichtige räumliche Folgen verbunden sind, dass ein Interesse der Öffentlichkeit oder der Nachbarn an einer vorgängigen Kontrolle besteht.[113] Das Bundesgericht stellt also nicht nur auf die Dimensionen eines Vorhabens ab, sondern geht von einer **wirkungsbezogenen Betrachtungsweise** aus, welche sowohl den Bestand als auch den Betrieb der fertiggestellten Baute oder Anlage bzw. die damit verbundenen Auswirkungen auf die Umwelt in die Beurteilung einbezieht.[114] In Grenzfällen kann ein Vorhaben – beispielsweise das Aufstellen eines Warenautomaten – je nach Standort und den anwendbaren Vorschriften der Baubewilligungspflicht unterliegen (z.B. in einer Kernzone) oder aber baubewilligungsfrei sein (z.B. in einem Industriequartier).[115]

2.91 Als bewilligungspflichtige Bauten gelten nach der bundesgerichtlichen Praxis auch **Fahrnisbauten,** welche über nicht unerhebliche Zeiträume ortsfest verwendet werden, sofern sie Auswirkungen auf Raum und Umwelt haben. Diese Voraussetzungen sind für vorbereitende Handlungen zu einem die Umwelt belastenden Werk jedenfalls dann als erfüllt anzusehen, wenn diese ein für die Raumplanung erhebliches Ausmass annehmen, wie dies das Bundesgericht für rund zwölf Monate dauernde Probebohrungen zur Abklärung eines Standorts für die Lagerung radioaktiver Abfälle[116] oder für Probebohrungen im Wald auf einer Fläche von 100 m^2 während rund vier Wochen[117] angenommen hat.

2.92 Ebenfalls bewilligungspflichtig sind **Terrainveränderungen,** wenn sie zu beträchtlichen Eingriffen in die Umwelt führen und während längerer Zeit sichtbar bleiben.[118]

2.93 Mitunter tritt das Erfordernis der festen Verbundenheit mit dem Boden in den Hintergrund. Auch nicht fest mit dem Boden verbundene, **leicht entfernbare Bauten und Anlagen** können, wenn sie für sich oder in Bezug auf ihre Auswirkungen beurteilungsbedürftige Raumrelevanz aufweisen, bewilligungsbedürftig sein.[119] Selbst blosse **Nutzungsänderungen** des unüberbauten Terrains können als «Anlage» qualifiziert und damit baubewilligungspflichtig werden. So hat das Bundesgericht die Baubewilligungspflicht bejaht für das Betreiben eines Hängegleiter-Landeplatzes. Die körperlichen Einrichtungen beschränkten sich auf die Markierung des Landkreises mit lose eingesteckten Fähnchen und auf eine Stange mit einem Windsack; das Bundesgericht bejahte die Baubewilligungspflicht aufgrund der mit dem

112 BGE 139 II 134, E. 5.2 mit Hinweisen; vgl. zu weiteren Urteilen Waldmann/Hänni, Handkommentar RPG, Art. 22 Rz. 10.
113 BGE 139 II 134, E. 5.2 mit Hinweisen.
114 Ruch, in: Kommentar RPG, Art. 22 Rz. 28.
115 Ruch, in: Kommentar RPG, Art. 22 Rz. 27.
116 BGE 111 Ib 102, E. 6.
117 BGE 139 II 134 ff.
118 BGE 139 II 134, E. 5.2.
119 BGE 123 II 256, E. 3.

Betrieb des Landeplatzes verbundenen Auswirkungen auf das benachbarte Flachmoor und auf die Erschliessung.[120]

Demgegenüber sind **Kleinvorhaben,** die nur ein geringes Ausmass haben und weder öffentliche noch nachbarliche Interessen berühren, nach Art. 22 Abs. 1 RPG **nicht bewilligungspflichtig.** Wesentlich für die Frage, ob eine Kleinbaute im Einzelfall der Bewilligungspflicht untersteht oder nicht, sind die Art des Vorhabens und dessen absehbare Auswirkungen auf Raum und Umwelt.[121] Voraussetzung für die Bewilligungsfreiheit solcher Kleinvorhaben muss die aus einer Prima-facie-Beurteilung fliessende Erkenntnis bilden, dass das Vorhaben offensichtlich keine Drittinteressen berührt. Lässt sich darüber ernsthaft streiten, ist das Baubewilligungsverfahren gerade dazu bestimmt, die Auseinandersetzung einer Beurteilung zuzuführen. 2.94

3. Bewilligungspflichtige Vorgänge

a) Die «Errichtung» von Bauten und Anlagen

Bauten und Anlagen sind gemäss klarem Wortlaut von Art. 22 Abs. 1 RPG nur insoweit baubewilligungspflichtig, als sie **errichtet oder geändert** werden. Der blosse Bestand einer Baute oder Anlage löst keine Baubewilligungspflicht aus; eine für die Errichtung oder Änderung der Baute oder Anlage erteilte Baubewilligung erstreckt sich aber nicht nur auf den Erstellungs- bzw. Änderungsvorgang, sondern umfasst auch den **Weiterbestand** der Baute und die zweckentsprechende (und bewilligte) Nutzung. 2.95

Von der Baubewilligungspflicht zu unterscheiden ist die **Bewilligungsfähigkeit:** Dass ein Vorhaben (offensichtlich) bewilligungsfähig ist, dispensiert nicht vom Durchlaufen des Baubewilligungsverfahrens. 2.96

Als baubewilligungspflichtige Errichtung gilt zunächst (selbstverständlich) die **Neuerstellung** einer Baute oder Anlage. 2.97

Ebenfalls als Errichtung gelten sodann der **Wiederaufbau** einer zerstörten und der **Ersatz** einer vorbestehenden Baute oder Anlage. Soweit sich der Bauherr für den Wiederaufbau oder Ersatz auf die Besitzstandsgarantie beruft (ausserhalb der Bauzonen Art. 24c RPG, innerhalb der Bauzonen die Besitzstandsgarantie des jeweiligen kantonalen Rechts), dispensiert dies nicht von der Einholung einer Baubewilligung. Vielmehr ist die Frage, ob das Vorhaben den massgebenden Vorschriften entspricht bzw. ob die Voraussetzungen für die Berufung auf die Besitzstandsgarantie gegeben sind, gerade im Baubewilligungsverfahren zu beurteilen. 2.98

120 BGE 119 II 222, E. 3.

121 BGE 139 II 134, E. 5.2, mit Hinweis auf BAUMANN, Baubewilligungsverfahren, S. 46 ff.; ebenso WALDMANN/HÄNNI, Handkommentar RPG, Art. 22 Rz. 12.

b) Die «Änderung» von Bauten und Anlagen

2.99 Als im Sinn von Art. 22 Abs. 1 RPG bewilligungspflichtige Änderung gilt zunächst die **bauliche Veränderung** bestehender Bauten und Anlagen. Dazu gehören namentlich Um- und Ausbauten, Anbauten sowie über den blossen Unterhalt hinausgehende Erneuerungen. Dass diese Vorkehren nach aussen in Erscheinung treten, ist für die Bewilligungspflicht nicht zwingend erforderlich. Auch Um- und Ausbauten im Innern eines Gebäudes sind bewilligungspflichtig, wenn mit einiger Wahrscheinlichkeit davon ausgegangen werden muss, dass sie die Zonenordnung, insbesondere Art und Mass der Nutzung, oder die Erschliessung berühren oder in anderer Art und Weise eine gewisse Raumrelevanz haben.

2.100 Von erheblicher Bedeutung sind **Zweckänderungen** bestehender Bauten und Anlagen, welche nicht mit einer baulichen Veränderung einhergehen. Solche Umnutzungen sind nach der Rechtsprechung dann baubewilligungspflichtig, wenn mit ihrer Realisierung im Allgemeinen, nach dem gewöhnlichen Lauf der Dinge, so wichtige räumliche Folgen verbunden sind, dass ein Interesse der Öffentlichkeit oder der Nachbarn an einer vorgängigen Kontrolle besteht.[122] Davon ist auszugehen, wenn entweder feststeht oder doch hinreichend wahrscheinlich ist, dass die Zweckänderung die Zonenordnung oder die Umwelt berührt[123], sei es, dass die Zweckänderung eine Nutzung bewirkt, die von ihrer Art her in Widerspruch zur Zonenordnung steht (bzw. stehen könnte), oder dass das (geänderte) Mass der Nutzung bzw. die mit der Zweckänderung verbundenen Auswirkungen auf die Umwelt, insbesondere in Form von Immissionen oder Erschliessungsbedürfnissen, einer antizipierten Überprüfung bedürfen.

2.101 Als überholt muss gelten, dass der **Abbruch** von Bauten und Anlagen nach Art. 22 Abs. 1 RPG in der Regel nicht bewilligungspflichtig sei, weil er die Nutzungsordnung als solche nicht tangiere.[124] Geht man auch in Bezug auf einen Abbruch von der bundesgerichtlichen Formel aus, dass jene Vorkehren baubewilligungspflichtig sind, welche geeignet sind, den Raum äusserlich erheblich zu verändern, die Erschliessung zu belasten oder die Umwelt zu beeinträchtigen[125], dürfte die Baubewilligungspflicht für den Abbruch regelmässig zu bejahen sein.[126] Es erstaunt deshalb nicht, dass viele Kantone den Abbruch von Bauten und Anlagen generell oder in bestimmten Fällen der Baubewilligungspflicht unterstellt haben.[127] Zweifellos ist ein Abbruch gestützt auf Art. 22 Abs. 1 RPG dann bewilligungspflichtig, wenn er eine geschützte Liegenschaft zum Gegenstand hat oder geeignet ist, sich auf das Orts- und Landschaftsbild negativ auszuwirken.

2.102 **Keiner Baubewilligung** nach Art. 22 Abs. 1 RPG (aber allenfalls einer solchen gestützt auf kantonales Recht) bedürfen **geringfügige Vorgänge** wie Unterhalts-

122 Unter vielen anderen BGE 139 II 134, E. 5.2.

123 BGer, Urteil 1A.216/2003 vom 16. März 2004, E. 2.1.

124 So noch EJPD/BRP, Erläuterungen, Art. 22 Rz. 14.

125 BGE 139 II 134, E. 5.2.

126 Gl.M. Waldmann/Hänni, Handkommentar RPG, Art. 22 Rz. 17; Ruch, in: Kommentar RPG, Art. 22 Rz. 33.

127 Vgl. etwa § 309 Abs. 1 lit. c PBG ZH oder Art. 1a Abs. 2 BauG BE.

arbeiten und Reparaturen, Renovationen, namentlich im Gebäudeinnern, und dergleichen. Dies allerdings immer unter dem Vorbehalt, dass im Einzelfall keine oder höchstens geringfügige Auswirkungen auf Raum und Umwelt zu erwarten sind; andernfalls werden auch solche Vorhaben bewilligungspflichtig.[128]

4. Kantonale Regelungsspielräume

a) Umschreibung baubewilligungspflichtiger und baubewilligungsfreier Vorhaben

Der Begriff der bewilligungspflichtigen «Bauten und Anlagen» gemäss Art. 22 Abs. 1 RPG ist bundesrechtlicher Natur. Dennoch bleiben den Kantonen Gesetzgebungsspielräume in mehrfacher Hinsicht: 2.103

Zunächst handelt es sich bei der bundesrechtlichen Umschreibung der Baubewilligungspflicht in Art. 22 Abs. 1 RPG um eine **Mindestvorschrift.** Die Kantone dürfen Vorhaben, die von Bundesrechts wegen baubewilligungspflichtig sind, nicht für bewilligungsfrei erklären.[129] 2.104

Umgekehrt dürfen die Kantone über die Vorgaben von Art. 22 Abs. 1 RPG **hinausgehen** und auch (Klein-)Vorhaben, die von Bundesrechts wegen nicht bewilligungspflichtig sind, der Bewilligungspflicht unterstellen. 2.105

Sodann dürfen die Kantone die Vorgaben von Art. 22 Abs. 1 RPG **konkretisieren.**[130] Soweit solche Konkretisierungen in Bezug auf bundesrechtlich **baubewilligungspflichtige** Vorhaben erfolgen[131], ist die Baubewilligungspflicht im Einzelfall anhand dieser kantonalen Tatbestände zu prüfen; eines Rückgriffs auf die bundesgerichtliche «Generalklausel», wonach ein Vorhaben dann baubewilligungspflichtig ist, wenn mit seiner Realisierung «im Allgemeinen und nach dem gewöhnlichen Lauf der Dinge so wichtige räumliche Folgen verbunden sind, dass ein Interesse der Öffentlichkeit oder der Nachbarn an einer vorgängigen Kontrolle besteht»[132], bedarf es in diesen Fällen nicht. 2.106

Gleiches gilt grundsätzlich, soweit die Kantone die **baubewilligungsfreien** Vorhaben näher umschreiben.[133] Selbstverständlich müssen die kantonalen Vorschriften bundesrechtskonform sein, was sich im Einzelfall bestreiten und überprüfen lässt. Zeigt sich, dass ein Vorhaben, welches das kantonale Recht als nicht bewilligungspflichtig erklärt, mit einiger Wahrscheinlichkeit erhebliche Auswirkungen auf Nutzungsordnung und Umwelt hat oder haben könnte (oder ist diese Frage ernsthaft 2.107

---

128 WALDMANN/HÄNNI, Handkommentar RPG, Art. 22 Rz. 18; vgl. Art. 6 Abs. 1 lit. c BewD BE, wonach «das Unterhalten und Ändern (einschliesslich Umnutzung) von Bauten und Anlagen» baubewilligungsfrei ist, «wenn keine bau- oder umweltrechtlich relevanten Tatbestände betroffen sind»; vgl. weiter Art. 7 BewD BE.

129 WALDMANN/HÄNNI, Handkommentar RPG, Art. 22 Rz. 13.

130 RUCH, in: Kommentar RPG, Art. 22 Rz. 36.

131 Vgl. etwa § 309 PBG ZH.

132 BGE 139 II 134, E. 5.2 mit Hinweisen; vorne Rz. 2.1.

133 Vgl. die Beispiele in Rz. 2.109.

umstritten), greift die bundesrechtliche Baubewilligungspflicht. Der kantonalrechtlichen Dispensationsvorschrift ist in diesem Fall die Anwendung zu versagen.

2.108 Als **baubewilligungspflichtige Vorhaben** werden im kantonalen Recht etwa bezeichnet:

- Zweckänderungen und der Abbruch von Bauten, Anlagen und Einrichtungen sowie wesentliche Terrainveränderungen (Art. 1a Abs. 2 BauG BE);
- Nutzungsänderungen bei Räumlichkeiten und Flächen, denen baurechtliche Bedeutung zukommt (§ 309 Abs. 1 lit. b PBG ZH);
- die Unterteilung von Grundstücken nach Erteilung einer baurechtlichen Bewilligung oder nach erfolgter Überbauung (§ 309 Abs. 1 lit. e PBG ZH);
- Änderungen der Bewirtschaftung oder Gestaltung von Grundstücken in der Freihaltezone (§ 309 Abs. 1 lit. g PBG ZH);
- Aussenantennen (§ 309 Abs. 1 lit. l PBG ZH);
- Reklameanlagen (§ 309 Abs.1 lit. m PBG ZH).

2.109 Als **baubewilligungsfrei** werden im kantonalen Recht etwa die folgenden Bauten und Anlagen bezeichnet:

- Baubaracken, Bauinstallationen und Baureklametafeln für eine bestimmte Baustelle und für die Dauer der Bauausführung (§ 1 lit. c BVV ZH);
- Mauern und geschlossene Einfriedigungen bis zu einer Höhe von 0,8 m sowie offene Einfriedigungen (§ 1 lit. e BVV ZH);
- Werk- und Lagerplätze in Industriezonen bis ⅕ der Grundstücksfläche (§ 1 lit. h BVV ZH);
- Parabolantennen bis 0,8 m^2, sofern sie die gleiche Farbe wie die Fassade haben (Art. 6 Abs. 1 lit. e BewD BE);
- Anlagen zur Gewinnung erneuerbarer Energie, wenn sie am Gebäude angebracht oder als kleine Nebenanlage zu Gebäuden installiert werden und den kantonalen Richtlinien entsprechen (Art. 6 Abs. 1 lit. f BewD BE; vgl. auch Art. 18a RPG);
- das Aufstellen mobiler Einrichtungen der bodenabhängig produzierenden Landwirtschaft (unbeheizte Plastiktunnel, Schutzabdeckungen für Kulturen und ähnliche Einrichtungen) während einer Dauer von bis zu neun Monaten pro Kalenderjahr (Art. 6 Abs. 1 lit. k BewD BE[134]);
- das Aufstellen von Fahrnisbauten wie Festhütten, Zirkuszelte, Tribünen sowie das Lagern von Material während einer Dauer von bis zu drei Monaten pro Kalenderjahr (Art. 6 Abs. 1 lit. BewD BE);
- Strassenreklamen unter bestimmten Voraussetzungen (Art. 6a BewD BE).

134 Vgl. freilich den ausserhalb der Bauzonen geltenden Vorbehalt von Art. 7 BewD BE.

Kantonale Regelungsspielräume gelten schliesslich auch in verfahrensmässiger Hinsicht. So dürfen die Kantone Kleinvorhaben ohne oder mit sehr beschränkten räumlichen Auswirkungen wie z.B. Wintergärten, Gartenhäuschen usw. einem **vereinfachten Verfahren** («kleine Baubewilligung») unterstellen, bei welchem auf eine Publikation verzichtet wird und die potenziell betroffenen Nachbarn direkt angeschrieben werden.[135] Ebenfalls dürfen die Kantone geringfügige Vorhaben (Balkone, Nischen, Dachflächenfenster, Dachaufbauten, Solaranlagen, Gartenhäuser u. dgl.), welche keine nachbarlichen Interessen oder Interessen des Natur- und Heimatschutzes betreffen, einem blossen **Anzeigeverfahren** unterstellen. Dieses unterscheidet sich vom ordentlichen Verfahren dadurch, dass auf eine Aussteckung und öffentliche Bekanntmachung verzichtet wird und das Vorhaben als bewilligt gilt, wenn keine der zuständigen Behörden innert Frist eine anderweitige Anordnung trifft.[136] 2.110

b) Umschreibung baubewilligungspflichtiger und baubewilligungsfreier Vorgänge

Auch in Bezug auf die bewilligungspflichtigen Vorgänge verfügen die Kantone über **Gesetzgebungsspielräume.** Gleich wie bei der Umschreibung der bewilligungspflichtigen Bauten und Anlagen dürfen sie allerdings nicht hinter die bundesrechtlichen Voraussetzungen zurückgehen und von der Bewilligungspflicht für die Erstellung oder Änderung von Bauten und Anlagen absehen. 2.111

Hingegen dürfen die Kantone auch weitere Vorgänge der **Bewilligungspflicht** unterstellen, wie etwa[137] 2.112

- den Abbruch von Bauten und Anlagen[138];
- Unterhaltsarbeiten und Reparaturen;
- Erneuerungen und Zweckänderungen mit geringfügigen Auswirkungen auf die Nutzungsordnung und die Umwelt.

Einzelne Kantone haben ihren Spielraum (wie bei der Umschreibung der baubewilligungsfreien Bauten und Anlagen) dahingehend genutzt, einzelne Vorgänge ausdrücklich als **bewilligungsfrei** zu erklären, wie etwa 2.113

- das Beseitigen von inneren Trennwänden zwischen Wohnräumen oder das Verändern von Öffnungen in solchen Wänden (§ 1 lit. b BVV ZH);
- den Abbruch von baubewilligungsfreien Bauten und Anlagen (Art. 6 Abs. 1 lit. h BewD BE).

---

135 Vgl. die Hinweise bei Waldmann/Hänni, Handkommentar RPG, Art. 22 Rz. 14; im Einzelnen etwa Art. 32b BauG BE i.V.m. Art. 27 BewD BE.

136 § 325 PBG ZH i.V.m. § 13 ff. BVV ZH; vgl. die weiteren Hinweise bei Waldmann/Hänni, Handkommentar RPG, Art. 22 Rz. 14.

137 Waldmann/Hänni, Handkommentar RPG, Art. 22 Rz. 18.

138 Vgl. allerdings Rz. 2.101.

5. Abgrenzung zwischen Baubewilligungs- und Planungspflicht

a) Grundlagen der Planungspflicht

2.114 Gemäss Art. 2 Abs. 1 RPG erarbeiten Bund, Kantone und Gemeinden die für ihre **raumwirksamen Aufgaben** nötigen Planungen und stimmen sie aufeinander ab. Als raumwirksam gelten gemäss Art. 1 Abs. 1 RPV alle «Tätigkeiten, welche die Nutzung des Bodens oder die Besiedlung des Landes verändern oder dazu bestimmt sind, die jeweilige Nutzung des Bodens oder die jeweilige Besiedlung des Landes zu erhalten». Insbesondere sind die Ausarbeitung oder Genehmigung von Richt- und Nutzungsplänen, Konzepten und Sachplänen und die Errichtung von öffentlichen oder im öffentlichen Interesse liegenden Bauten und Anlagen raumwirksam (Art. 1 Abs. 2 RPV).

2.115 Die Planungspflicht besteht freilich nur soweit nötig, d.h. wenn raumwirksame Aufgaben ohne Planung nicht sachgerecht erfüllt werden können oder sich miteinander nicht in anderer Weise abstimmen lassen.[139]

2.116 Zu klären ist somit im **Einzelfall,** ob ein konkretes Bauvorhaben gestützt auf die Grundordnung – allenfalls mittels Ausnahmebewilligung – bewilligt werden kann oder ob es derart raumrelevant ist und/oder von der Zonenordnung in einer Weise abweicht, dass es zwingend in einem grösseren räumlichen und sachlichen Zusammenhang beurteilt werden muss. Eine raumplanerisch so umfassende Beurteilung kann das Baubewilligungsverfahren nicht leisten, hierfür ist das (Sondernutzungs-) Planungsverfahren das richtige Instrument.

2.117 Die Frage nach der Planungspflicht stellt sich bei Vorhaben innerhalb und ausserhalb der Bauzonen in unterschiedlicher Art und Weise.

b) Planungspflicht innerhalb der Bauzonen

2.118 Nach der bundesgerichtlichen Praxis ist die Frage, ob ein Vorhaben in der Bauzone im Baubewilligungsverfahren realisiert werden kann oder ob es einer vorgängigen Sondernutzungsplanung bedarf, eine Frage des **kantonalen Rechts.**[140] Es obliegt dementsprechend dem kantonalen (oder kommunalen) Gesetzgeber, festzulegen, welche Vorhaben aufgrund ihrer besonderen Art im Rahmen der Grundordnung bewilligt werden können und welche aufgrund ihres Abstimmungsbedarfs zwingend einer vorgängigen Sondernutzungsplanung bedürfen. Zu denken ist etwa an eine Planungspflicht für Einkaufszentren.[141]

---

139 WALDMANN/HÄNNI, Handkommentar RPG, Art. 2 Rz. 13.

140 Vgl. BGE 126 II 26, E. 4d, sowie die Kritik zu dieser Praxis bei WALDMANN/HÄNNI, Handkommentar RPG, Art. 2 Rz. 31.

141 Gemäss Art. 20 Abs. 3 BauG BE bedürfen Einkaufszentren einer Sondernutzungsplanung («Überbauungsordnung»), wenn sie in Geschäftsgebieten die baupolizeilichen Masse überschreiten oder ausserhalb von Geschäftsgebieten eine Verkaufsfläche von über 500 m^2 aufweisen.

c) Planungspflicht ausserhalb der Bauzonen

In der Praxis[142] von grosser Bedeutung ist die Frage, in welchen Fällen eine zonenwidrige Baute oder Anlage ausserhalb der Bauzonen mittels einer Ausnahmebewilligung nach Art. 24 RPG bewilligt werden kann und in welchen Fällen das Vorhaben einer Sondernutzungsplanung bedarf.[143] Nach der bundesgerichtlichen Rechtsprechung dürfen für Bauten und Anlagen, die ihrer Natur nach **nur in einem Planungsverfahren angemessen erfasst** werden können, keine Ausnahmebewilligungen erteilt werden. Zieht ein nicht zonenkonformes Vorhaben durch seine Ausmasse oder seine Natur bedeutende Auswirkungen auf die bestehende Nutzungsordnung nach sich, darf es erst nach einer entsprechenden Änderung des Nutzungsplans bewilligt werden. Wann ein nicht zonenkonformes Vorhaben derart gewichtig ist, dass es der Planungspflicht unterliegt, ergibt sich aus den Planungszielen und Grundsätzen von Art. 1 und 3 RPG, dem kantonalen Richtplan und der Bedeutung des Projekts im Licht der im RPG und im kantonalen Recht festgelegten Verfahrensordnung (Art. 4 und 33 f. RPG).[144] 2.119

Der **Umfang der Planungspflicht** bestimmt sich einerseits nach der räumlichen Ausdehnung des Vorhabens und andererseits nach der Erheblichkeit des Regelungsbedürfnisses. Dieses ist insbesondere anhand der Auswirkungen des Vorhabens auf die Nutzungsordnung, des Koordinationsbedarfs mit anderen raumwirksamen Tätigkeiten, der Erschliessungsanforderungen, der Lage und Anordnung der Gebäude sowie der verfahrensrechtlichen Anforderungen zu beurteilen.[145] 2.120

Ein gewichtiges **Indiz für die Bejahung** der Planungspflicht stellt nach der bundesgerichtlichen Rechtsprechung der Umstand dar, dass für ein bestimmtes Vorhaben eine Umweltverträglichkeitsprüfung gemäss Art. 10a ff. USG erforderlich ist. 2.121

Die Bejahung der Planungspflicht bewirkt zum einen eine bessere und umfassendere Koordination aller raumbedeutsamen Interessen. Zum andern bewirkt sie eine Verlagerung der Entscheidfindung über das «Ob» und gegebenenfalls das «Wo» des Vorhabens in den **demokratischen Planungsprozess,** welcher je nach Ausgestaltung des kantonalen Rechts eine weitgehende politische Mitwirkung der Bevölkerung gewährleistet[146], was im (Ausnahme-)Baubewilligungsverfahren nicht der Fall ist. 2.122

---

142 Vgl. die Praxishinweise in Rz. 2.125 f.

143 Vgl. auch zum Folgenden die weiter gehenden Ausführungen in Rz. 3.100 ff.

144 BGE 124 II 254 ff. mit Hinweisen; zum Ganzen vgl. Waldmann/Hänni, Handkommentar RPG, Art. 2 Rz. 27; Marti, Planungspflicht.

145 Marti, Planungspflicht, S. 353 ff.; Waldmann/Hänni, Handkommentar RPG, Art. 2 Rz. 27.

146 Vgl. Art. 4 und Art. 33 RPG; in den meisten Kantonen obliegt die Beschlussfassung über Nutzungspläne den Stimmberechtigten bzw. dem Parlament, mitunter mit obligatorischem oder fakultativem Referendum.

B. Kasuistik

1. Bejahung der Baubewilligungspflicht

2.123
- Die Umnutzung eines Hotels in eine Unterkunft für Asylbewerber[147];
- das Aufstellen und Betreiben von Werbe-Flachbildschirmen in Schaufenstern an historischen Gebäuden in der Altstadt von Zürich[148];
- die Einrichtung einer Anlage für die Beleuchtung eines Berggipfels[149];
- die Erstellung einer Ponton-Passerelle am Seeufer[150];
- das Montieren und dauernde Abstellen eines Containers auf einem Fahrzeuganhänger[151];
- die neue Isolierung eines Dachgeschosses[152];
- die Errichtung eines Erdwalls[153];
- die Erstellung von Folientunneln für den Anbau von Gemüse[154];
- die Errichtung von freistehenden Reklameanschlagstellen[155];
- die Erstellung bzw. Erneuerung einer Futtersterilisationsanlage[156];
- die Durchführung geotechnischer Probebohrungen im Waldgebiet[157];
- das Abdecken einer Böschung im Rebberg mit Matten aus geotextilem Material[158];
- Gletscherabdeckungen ab einer bestimmten Grösse[159];
- die Errichtung eines Jacuzzis auf dem Dach eines denkmalgeschützten Gebäudes[160];
- die Errichtung eines Klettersteigs[161];
- die Erstellung von Mobilfunkanlagen[162];

147 BGer, Urteil 1C_842/2013 vom 25. August 2014.
148 BGer, Urteil 1C_12/2007 vom 8. Januar 2008.
149 BGE 123 II 256 ff.
150 BGE 132 II 10 ff.
151 BGer, Urteil 1C_784/2014 vom 23. Juni 2014.
152 BGer, Urteil 1C_157/2011 vom 21. Juli 2011.
153 BGer, Urteil 1C_414/2007 vom 22. Februar 2008.
154 BGer, Urteil 1C_561/2012 vom 4. Oktober 2013.
155 BGer, Urteil 1C_267/2011 vom 16. September 2011.
156 BGer, Urteil 1C_127/2008 vom 4. Dezember 2008.
157 BGE 139 II 134 ff.
158 BGer, Urteil 1C_107/2011 vom 5. September 2011.
159 KGer VS, Urteil A1 07 199 vom 17. April 2008 (ZWR 2009 11 ff.).
160 BGer, Urteil 1C_75/2011 vom 5. Juli 2011.
161 VGer BE, Urteil n°1000 vom 4. August 2000 (BVR 2003 478 ff.).
162 BGE 126 II 399 ff.

- die Erstellung von Plakatanschlagstellen an einer Gebäudefassade[163];
- die Erstellung einer Terrassenkonstruktion[164];
- die Erstellung einer Walderschliessungsstrasse[165];
- die Einrichtung einer Witterungs- bzw. Hagelschutzanlage für Tafelkirschen in der Landschaftsschutzzone.[166]

2. Verneinung der Baubewilligungspflicht

- Die Einrichtung einer Weihnachtsbeleuchtung für ein Einfamilienhaus[167]; 2.124
- die Durchführung eines Flugwettbewerbs, der einmal jährlich stattfindet[168];
- die Durchführung kleinerer Arbeiten im Inneren einer Baute, die dem Unterhalt dienen[169];
- die temporäre Bootslagerung während der Zuger Messe.[170]

3. Zur Abgrenzung zwischen Baubewilligungs- und Planungspflicht

Für folgende Vorhaben wurde die **Planungspflicht bejaht:** 2.125

- Abbau- und Deponievorhaben[171];
- die Änderung oder Anpassung einer bestehenden Campingzone[172];
- die Erstellung einer Auto-Rundstrecke[173];
- die Errichtung von Einkaufszentren[174];
- die Errichtung eines Golfplatzes[175];
- die Einrichtung einer Fussgängerzone[176];

163 VGer BE, Urteil VGE 20421 vom 4. Januar 1999 (BVR 1999 217 ff.).
164 BGer, Urteil 1C_509/2010 vom 16. Februar 2001.
165 BGE 117 Ib 42 ff.
166 VGer TG, Urteil VG.2013.58/E vom 30. Oktober 2013 (TVR 2013 Nr. 21).
167 BGer, Urteil 1A.202/2006 vom 10. September 2007.
168 VGer AG, Urteil AGVE 2001/65 vom 10. Mai 2001.
169 VGer VD, Urteil AC.1990.7415 vom 17. Februar 1992 (RDAF 1992 488 ff.).
170 BGer, Urteil 1C_790/2013 vom 27. August 2014.
171 BGE 120 Ib 207 ff.
172 BGer, Urteil 1C_81/2008 vom 20. Juni 2008.
173 BGE 137 II 254 ff.
174 BGE 120 Ib 436 ff.
175 BGE 114 Ib 312 ff.
176 VGer GE, Urteil ATA/654/2014 vom 19. August 2014.

- die Errichtung von mittleren und grossen Schiessanlagen, für welche eine Umweltverträglichkeitsprüfung vorgeschrieben ist[177];
- die Errichtung eines Schulgebäudes in der Landwirtschaftszone[178];
- die Erstellung eines Standplatzes für Fahrende von gewisser Bedeutung ausserhalb der Bauzone.[179]

2.126 Demgegenüber wurde für folgende Vorhaben die **Planungspflicht verneint:**

- die Erstellung eines Lawinenauslösesystems zur Sicherung einer Skipiste[180];
- die Errichtung einer Mobilfunkanlage innerhalb der Bauzone[181];
- die Sanierung einer bestehenden Schiessanlage.[182]

III. Plangenehmigungsbedürftige Vorhaben

A. Übersicht

2.127 Folgende Plangenehmigungsverfahren sind in bundesrechtlichen Sacherlassen vorgesehen:

Anlagetyp	Gesetzesbestimmungen	Zuständige Bundesbehörden
Eisenbahnanlagen	Art. 18 und 18i EBG	Grossprojekte: UVEK Im Übrigen: BAV
Nationalstrassen	Art. 20, 26 und 28 NSG	Generelles Projekt: Bundesrat Ausführungsprojekt: UVEK
Flughäfen und Flugfelder	Art. 37 LFG	Flughäfen: UVEK Flugfelder: BAZL
Anlagen für die Schifffahrt	Art. 18 EBG i.V.m. Art. 16 SBV	BAV
Seilbahnen	Art. 3 Abs. 1 SebG, Art. 9 ff. SebG	BAV, sofern konzessionspflichtige Anlage Im Übrigen: Kantone
Trolleybusanlagen	Art. 11 TrG verweist auf das EBG	Grossprojekte: UVEK Im Übrigen: BAV

177 BGE 133 II 181 ff.; BGE 119 Ib 439 ff.
178 BGer, Urteil 1A.69/2004 vom 11. August 2004.
179 BGE 129 II 321 ff.
180 BGE 129 II 63 ff.
181 BGer, Urteil 1A.280/2004 vom 27. Oktober 2005.
182 BGE 133 II 181 ff.

Anlagetyp	Gesetzesbestimmungen	Zuständige Bundesbehörden
Rohrleitungs-anlagen	Art. 23 RLG, Art. 15 RLV	BFE
Elektrische Anlagen	Art. 16 EleG	BFE: für Anlagen, bei denen das Eidgenössische Starkstrominspektorat Einsprachen nicht erledigen oder Differenzen mit den beteiligten Bundesbehörden nicht ausräumen konnte Im Übrigen: Eidgenössisches Starkstrominspektorat mit Ausnahme von Anlagen, die ganz oder überwiegend dem Eisenbahn- oder Trolleybusbetrieb dienen
Kernanlagen	Art. 15 und 49 KEG	UVEK (als Baubewilligung bezeichnet und vom Koordinationsgesetz ausgenommen)
Militärische Anlagen	Art. 126 ff. MG	VBS

B. Bundesgesetz über die Koordination und Vereinfachung von Entscheidverfahren

Das Bundesgesetz über die Koordination und Vereinfachung von Entscheidverfahren[183] bezweckt im Wesentlichen eine bessere Koordination sowie eine Vereinfachung und Beschleunigung von Infrastrukturvorhaben, die in der **Vollzugszuständigkeit des Bundes** liegen.[184] 2.128

Es richtet sich nach dem **Konzentrationsmodell,** das die Schaffung einheitlicher, konzentrierter Verfahren nach dem Grundsatz «Ein Verfahren – ein Entscheid – ein Rechtsmittelweg» bezweckt[185]: Das Entscheidverfahren wird bei der sogenannten Leitbehörde konzentriert, wobei die verschiedenen Kompetenzen innerhalb des Verfahrens unterschiedlichen Behörden zukommen können. Der Gesamtentscheid erfolgt grundsätzlich im Rahmen des Plangenehmigungsverfahrens.[186] 2.129

Kantone (teilweise auch Gemeinden) werden im Rahmen des Verfahrens angehört und können entsprechende Stellungnahmen abgeben.[187] Sämtliche **Betroffenen** müssen sich am erstinstanzlichen Verfahren durch Erhebung einer Einsprache beteiligen, ansonsten sie ihr Recht auf weitere Teilnahme am Verfahren sowie am Ergreifen von Rechtsmitteln verlieren.[188] 2.130

183 AS 1999 3071.
184 Nicht vom Regelungsbereich des Bundeskoordinationsgesetzes erfasst sind Kernanlagen, Grossprojekte von Eisenbahnanlagen (vgl. Bosonnet, Plangenehmigungsverfahren, S. 10 ff. und 100 ff.) und touristische Transportanlagen, vgl. dazu Rz. 7.24 ff.
185 Marti, Bundeskoordinationsgesetz, S. 296 f.; Wipf, Koordinationsgesetz, S. 49 ff.
186 Hänni, Planungsrecht, S. 488 ff.
187 Vgl. z.B. Art. 18d und Art. 18i Abs. 3 EBG.
188 Vgl. z.B. Art. 18f EBG.

2.131 Der anschliessende **Rechtsmittelweg** ist grundsätzlich zweistufig ausgestaltet. Als erste Beschwerdeinstanz entscheidet das Bundesverwaltungsgericht mit voller Kognition und als zweite Beschwerdeinstanz das Bundesgericht.[189]

C. Verhältnis zum kantonalen Recht

2.132 Das Verhältnis zum kantonalen Recht ist für jeden Anlagetyp sowie für gemischte Werke[190] separat zu untersuchen. Für Eisenbahnen, Nationalstrassen und gemischte Werke gelten die folgenden Grundsätze:

1. Eisenbahnen

2.133 Die bundesrechtliche Plangenehmigung erfasst alle Bauten und Anlagen, die ganz oder überwiegend dem Bahnbetrieb dienen (**bahnbetriebsbedingte Bauten und Anlagen,** Art. 18 Abs. 1 EBG). Diese Plangenehmigung schliesst alle nach Bundesrecht notwendigen Bewilligungen ein; kantonale Bewilligungen und Pläne sind nicht erforderlich (vgl. Art. 18 Abs. 2 und 3 EBG). Die Erstellung und Änderung von solchen Eisenbahnanlagen sind allein vom BAV bzw. UVEK zu genehmigen und unterstehen keiner kantonalen bzw. kommunalen Planungs- oder Bewilligungspflicht. Die kantonale Mitwirkung beschränkt sich auf ein Anhörungsrecht vor der Genehmigungsbehörde vor deren Entscheid (Art. 18d Abs. 1 EBG). Die auf kantonales (und kommunales) Recht gestützten Anträge sind insoweit zu berücksichtigen, als ihre Anwendung die Bahnunternehmung in der Erfüllung ihrer Aufgaben nicht unverhältnismässig einschränkt (Art. 18 Abs. 4 EBG).

2.134 Zu diesen Anlagen gehören Stationsgebäude, Gleis- und Perronanlagen sowie dazugehörende Untergeschosse. Massgebend ist die Aufgabe der Bahn, wie sie in Art. 1 Abs. 2 EBG umschrieben wird. **Bahnbetriebsbedingt** ist deshalb nur eine Nutzung, die für den Betrieb einer Eisenbahn notwendig ist. Vorhaben, die lediglich zweckmässig oder sinnvoll sind, wie z.B. Umschlags- und Lagerhallen von Drittfirmen, gelten deshalb nicht als bahnbetriebsbedingt.[191]

2.135 Nicht ausgeschlossen ist damit, dass Objekte auf Bahngrundstücken oder Bahnbauten selbst durch eine kantonalrechtliche Massnahme unter **Denkmal-, Altertums- oder Naturschutz** gestellt werden. Solche Massnahmen setzen allerdings unter Berücksichtigung von Art. 18 Abs. 4 EBG eine umfassende Interessenabwägung voraus.[192]

2.136 Bauten und Anlagen, die zwar in einem Zusammenhang mit dem Bahnbetrieb stehen, aber nicht bahnbetriebsbedingt sind, stellen **Nebenanlagen** dar, die grund-

189 Ausführlich dazu Rz. 8.88 ff. und 8.109 ff.
190 Vgl. dazu Rz. 2.148 ff.
191 BGE 111 Ib 38 ff.; BGE 118 Ib 59 ff.
192 BGE 121 II 13 ff.; BGE 120 Ia 270 ff.

sätzlich dem kantonalen Recht unterstehen und damit in den Zuständigkeitsbereich der kantonalen Bewilligungsbehörden fallen.[193]

Weiter stellt sich die Frage nach dem Bewilligungsverfahren für **gemischte Bauten,** die teils dem Bahnbetrieb, teils betriebsfremden Zwecken dienen. Solche Mischbauten, wie z.B. ein Ladenzentrum, das in eine Bahnhofanlage eingebaut ist, können als Eisenbahnanlage gelten.[194] Im Zusammenhang mit dem Hauptbahnhof Zürich bzw. dem Bahnhof Museumstrasse hielt das Bundesgericht fest, es sei massgebend, dass das Ladenzentrum im Vergleich zum Gesamtbauwerk flächen- und volumenmässig von untergeordneter Bedeutung und baulich und funktionell völlig in dieses einbezogen sei. Eine Sonderbehandlung sei nur dann möglich, wenn die Läden baulich und funktionell einen gewissen Grad an Selbständigkeit aufwiesen, der ihnen ein eigenes vom Gesamtbauwerk unabhängiges Schicksal ermöglichen würde.[195] Eine Bahnhofsapotheke wurde als bahnbetriebsbedingt qualifiziert, da den Bahnreisenden wegen der Kompliziertheit des Bahnhofgebäudes nicht zugemutet werden konnte, eine Apotheke ausserhalb des Bahnhofgebäudes aufzusuchen.[196] Als Nebenanlagen qualifiziert wurden auch eine Mobilfunkanlage auf einem Hochspannungsleitungsmast, da der Mobilfunkanlage eine eigenständige Funktion zukommt,[197] sowie Anschlussgleise[198]. Diese Abgrenzungen sind im Einzelfall nicht immer ganz einfach. 2.137

Dies zeigt sich auch bei anderen **Infrastrukturanlagen,** wie z.B. Flugplätzen: Die Zufahrtsstrasse zum Flughafen Bern-Belpmoos wurde als «nicht überwiegend dem Betrieb des Flugplatzes dienend» und deshalb in die kantonal-rechtliche Bewilligungskompetenz fallend qualifiziert[199]; anders die Erstellung eines Parkdecks auf dem Flughafen Zürich, welche das Bundesgericht als Flughafenanlage und damit als der luftfahrtrechtlichen Konzessionspflicht unterstellt qualifiziert hat.[200] 2.138

Im Wesentlichen sind nach der bundesgerichtlichen Rechtsprechung die Grössenverhältnisse und die **bauliche und funktionelle Verbindung** massgebend.[201] 2.139

Weiter hat die Qualifikation als Eisenbahnanlage auch **Auswirkungen** auf das kantonale Recht: Eine Fläche mit Rangier- und Abstellgleisen, die Teil einer solchen Eisenbahnanlage ist, darf nicht für die Berechnung einer baulichen Ausnutzung berücksichtigt werden. Sie ist durch die eisenbahnrechtliche Plangenehmigung dem Eisenbahnverkehr gewidmet und gilt insofern als Bauverbotsfläche.[202] 2.140

---

193 Zum Begriff der Nebenanlage: Ruch, Umwelt – Boden – Raum, Rz. 1222; Kern/König, Öffentlicher Verkehr, Rz. 9.77.

194 BGE 116 Ib 400, E. 5a; BGE 123 II 317 ff.

195 BGE 122 II 265 ff.

196 BGE 98 Ib 226, E. 7b.

197 BGE 133 II 49 ff.

198 BVGer A-1824/2006 vom 25. Juni 2008.

199 VGer BE, Urteil 21320 vom 30. August 2002, E. 2–7 (BVR 2003 114 ff.).

200 BGE 124 II 75 ff.; vgl. dazu auch Jaag/Hänni, in: Verkehrsrecht, S. 360.

201 Ruch, Umwelt – Boden – Raum, Rz. 1225.

202 Vgl. VGer ZH, Urteil VB.2006.00215 vom 6. Dezember 2006 (RB 2006 Nr. 68; BEZ 2007 Nr. 2); Ruch, Umwelt – Boden – Raum, Rz. 1230.

2.141 Das **Bundesamt für Verkehr** ist vor der Bewilligung von Nebenanlagen anzuhören, wenn zwischen Bauherrschaft und Eisenbahnunternehmen keine Einigung erzielt werden kann, wenn die Nebenanlage den künftigen Ausbau der Eisenbahnanlage verunmöglicht oder erheblich erschwert oder wenn das Baugrundstück von einer eisenbahnrechtlichen Projektierungszone oder Baulinie erfasst ist (Art. 18m Abs. 2 EBG). Das Bundesamt für Verkehr ist gegen Verfügungen der kantonalen Behörden in Anwendung des EBG und seiner Ausführungsbestimmungen rechtsmittellegitimiert (Art. 18m Abs. 3 EBG).

2.142 Die Erstellung und Änderung von Nebenanlagen bedarf der **Zustimmung der Bahnunternehmung,** wenn sie Bahngrundstücke beansprucht, an solche angrenzt oder die Betriebssicherheit beeinträchtigen könnte (Art. 18m Abs. 1 EBG).[203]

2.143 Ob ein eisenbahnrechtliches Plangenehmigungsverfahren gemäss Art. 18 Abs. 1 EBG oder im Sinne von Art. 18a Abs. 1 EBG ein kantonales Baubewilligungsverfahren durchzuführen ist, entscheidet gemäss Art. 40 Abs. 1 lit. a EBG erstinstanzlich das Bundesamt für Verkehr **(sogenanntes Anstandsverfahren).**[204] Die Frage der Abgrenzung eidgenössischen und kantonalen Rechts kann sich aber auch vorfrageweise im Plangenehmigungsverfahren stellen.

2. Nationalstrassen

2.144 Gemäss Art. 11 Abs. 1 NSG entscheidet die Bundesversammlung auf Antrag des Bundesrates endgültig über die allgemeine Linienführung und die Art der zu errichtenden Nationalstrassen. In der folgenden Planungsstufe wird das generelle Projekt (Art. 12 ff. NSG) vom Bundesrat genehmigt (Art. 20 Abs. 1 NSG). Erst anschliessend erfolgt das **Ausführungsprojekt** (Art. 21 ff. NSG).

2.145 Die **bundesrechtliche Plangenehmigung** für Nationalstrassen (Ausführungsprojekt) schliesst alle nach Bundesrecht notwendigen Bewilligungen ein; kantonale Bewilligungen und Pläne sind nicht erforderlich (vgl. Art. 26 Abs. 2 und 3 NSG). Die kantonale Mitwirkung beschränkt sich auf die Anhörungsrechte gemäss Art. 11 Abs. 2 und Art. 14 Abs. 1 NSG. Beanstandungen zum vom Bundesrat beschlossenen generellen Projekt sind im Hauptverfahren lediglich noch insofern möglich, als sich die geltend gemachten Mängel im Ausführungsprojekt niedergeschlagen haben.[205]

2.146 Auch die zu den Nationalstrassen zugehörigen **Nebenanlagen** im Sinne von Art. 7 Abs. 1 NSG sind vom Geltungsbereich des kantonalen Planungs- und Baurechts ausgenommen. Solche Anlagen, die der Abgabe von Treib- und Schmierstoffen sowie der Versorgung, der Verpflegung und der Beherbergung der Strassenbenützer dienen, können auf Strassengebiet entsprechend den Bedürfnissen errichtet werden (Art. 7 Abs. 1 NSG). Gemäss Art. 6 Abs. 1 NSV handelt es sich dabei um Tankstellen, Versorgungs-, Verpflegungs- und Beherbergungsbetriebe sowie die dazugehörigen Parkplätze (Raststätten).

---

203 RUCH, Umwelt – Boden – Raum, Rz. 1222.
204 BGE 116 Ib 400, E. 3.
205 BGE 110 Ib 398, E. 3; BGE 112 Ib 543, E. 3.

Das Ergänzungsnetz (inkl. dessen Nebenanlagen) liegt dagegen in der alleinigen Kompetenz der Kantone. 2.147

3. Gemischte Werke

Bei gemischten Werken – z.B. einer Änderung einer Kreuzung zwischen Bahn und Strasse – stellt sich die Frage, ob das Projektgenehmigungs- und Enteignungsverfahren für den Bau oder die Änderung nach eidgenössischem und/oder kantonalem Recht durchzuführen ist. Diese Frage beantwortet sich nach der bundesgerichtlichen Rechtsprechung aufgrund von Art. 18 und 18m EBG. Massgebend ist, welchem Zweck das Vorhaben in erster Linie dient. Je nach **Schwergewicht des Vorhabens** ist somit auf Kreuzungsbauwerke als sogenannte gemischte Anlagen allein das eidgenössische eisenbahnrechtliche oder allein das kantonale strassenrechtliche Verfahren anzuwenden.[206] Eine Aufteilung des Bewilligungsverfahrens in einen bundes- und einen kantonalrechtlichen Teil erweist sich bei Vorhaben, die baulich und funktionell eine Einheit bilden, als kaum praktikabel.[207] 2.148

In Art. 24 Abs. 1 EBG ist festgehalten, dass neue Kreuzungen sowie die Änderung oder Verlegung bestehender Kreuzungen zwischen Eisenbahnen und öffentlichen oder privaten Strassen und Wegen der **Genehmigung des BAV** bedürfen. Neue Kreuzungen von Eisenbahnanlagen mit öffentlichen Strassen oder anderen Bahnlinien sind zudem grundsätzlich als Über- oder Unterführungen zu konzipieren (Art. 24 Abs. 3 EBG). 2.149

Zur **Kostentragung** wird in Art. 25 EBG festgehalten, dass der Eigentümer des neuen Verkehrswegs die Kosten der ganzen Anlage an der Kreuzungsstelle zu tragen habe, wenn ein neues, dem öffentlichen Verkehr dienendes Bahngeleise eine öffentliche Strasse oder eine neue öffentliche Strasse die Eisenbahn kreuzt. Bei Änderungen von Niveauübergängen bestehender Kreuzungen trägt die Kosten das Eisenbahnunternehmen oder der Strasseneigentümer je nachdem, ob die Änderung vorwiegend durch die Bedürfnisse des Bahnverkehrs oder des Strassenverkehrs bedingt ist (Art. 26 Abs. 1 EBG). Bei anderen Änderungen sind die Kosten in dem Verhältnis zu tragen, als die Entwicklung des Verkehrs auf ihren Anlagen sie bedingt (Art. 26 Abs. 2 EBG). Schliesslich wird in Art. 27 EBG präzisiert, dass jede Partei in allen Fällen in dem Umfang an die Kosten beizutragen habe, als ihr aus der Umgestaltung der Anlage Vorteile erwachsen. 2.150

---

206 BGE 127 II 227, E. 4.
207 BGE 127 II 227, E. 4b.

3. TEIL:

Allgemeine Voraussetzungen der Bewilligungsfähigkeit von Bauten und Anlagen

Inhaltsübersicht

I. Übereinstimmung mit den planerischen Fundamenten

Literatur

AEMISEGGER HEINZ, Rechtsprechung, S. 8 ff.; BÜHLMANN LUKAS, Koordination; BÜTLER MICHAEL, Skigebiete; EICHBAUM NIKLAUS, Einkaufszentren, S. 30 ff.; GRIFFEL ALAIN, Raumplanungs- und Baurecht, S. 23 ff.; GRIFFEL ALAIN, Flughafen; JUD BARBARA, Sachplan; KUTTLER ALFRED, Bundessachplanung; MAHAIM RAPHAËL, Richtplan; PFISTERER THOMAS, Richtplan; TSCHANNEN PIERRE, Planungen des Bundes; TSCHANNEN PIERRE, Richtplan; WALDMANN BERNHARD/HÄNNI PETER, Handkommentar RPG, Art. 2, 6 ff., 13; WIDMER DREIFUSS THOMAS, Sportanlagen, S. 76 ff.

Amtliche Publikationen

Botschaft RPG 2010.

A. Richtplankonformität

1. Gesetzliche Grundlage und Entstehungsgeschichte

3.1 Gemäss Art. 8 Abs. 2 RPG in der Fassung vom 15. Juni 2012 (in Kraft seit 1. Mai 2014) bedürfen Vorhaben mit gewichtigen Auswirkungen auf Raum und Umwelt einer Grundlage im Richtplan, dem hierarchisch übergeordneten strategischen Planungs- und Koordinationsinstrument der Kantone. Diese neue Bestimmung übernimmt im Wesentlichen die **Rechtsprechung,** welche das Bundesgericht seit Mitte der 1980er-Jahre im Zusammenhang mit der Planungspflicht bei der Realisierung von Vorhaben mit gewichtigen Auswirkungen auf Raum und Umwelt entwickelt hat. Die sich aus Art. 2 Abs. 1 RPG ergebende Planungspflicht gilt auf der Stufe der Nutzungsplanung wie auch auf der Stufe der Richtplanung, was das Bundesgericht in verschiedenen wegweisenden Urteilen klarstellte und was nun in das RPG übernommen wurde.[1]

3.2 Im Fall des Bootshafens Vitznau – für dessen Errichtung der Nutzungsplan angepasst worden war, was als Umgehung von Art. 24 RPG beanstandet wurde – bezeichnete es das Bundesgericht noch als «begrüssenswert, eine Anlage von diesem Ausmass und mit solchen Auswirkungen auf die Nutzungsordnung im Planungsverfahren» zu beurteilen.[2] Deutlicher wurde das Bundesgericht dann im Fall Chrüzlen[3], in welchem es sich ausführlich mit der Frage der Planungspflicht für eine regionale Abfalldeponie mit Kompostieranlage befasste. Zunächst führte das Bundesgericht aus, dass der Zweck des Baubewilligungsverfahrens im Rahmen des planerischen Stufenbaus darin bestehe, die übergeordneten Richt- und Nutzungspläne zu

1 Botschaft RPG 2010, S. 1068; AEMISEGGER, Rechtsprechung, S. 8.
2 BGE 113 Ib 371, E. 5; vgl. auch BGE 114 Ib 312 ff.
3 BGE 116 Ib 50 ff.

verwirklichen; das Baubewilligungsverfahren könne aber keine selbständigen Planungsentscheide hervorbringen.[4] Insbesondere dürften für Bauten und Anlagen, «die ihrer Natur nach nur in einem Planungsverfahren angemessen erfasst werden können»[5], keine Ausnahmebewilligungen erteilt werden. Ausschlaggebend für die Annahme der **Planungspflicht** seien im Wesentlichen die Bedeutung des Projekts bzw. seine Ausmasse und Auswirkungen auf die Nutzungsordnung.[6] Diese Praxis wurde in verschiedenen Entscheiden bestätigt.[7]

Im Entscheid BGE 119 Ia 362 ff. hatte sich das Bundesgericht dann mit der Frage zu befassen, inwieweit die kommunale Nutzungsplanung vom kantonalen Richtplan abweichen darf. Dabei führte das Gericht – unter Hinweis auf Lehrmeinungen[8] – aus, eine Abweichung vom Richtplan sei dann zulässig, wenn sie «sachlich gerechtfertigt sowie von untergeordneter Bedeutung» sei und «wenn es nach den Umständen unzumutbar erscheint, vorher den Richtplan förmlich zu ändern». Soweit allerdings Vorhaben zur Diskussion stünden, «die sich verantwortlich in den Raum nur dadurch einfügen lassen, dass sie die Richtplanung durchlaufen», also bei Vorhaben mit grösseren, ins Gewicht fallenden Auswirkungen, sei vorgängig eine **Anpassung des Richtplanes** nötig.[9] Im Fall der geplanten Auto-Rundstrecke in der Gemeinde Vendlincourt präzisierte das Bundesgericht seine Praxis weiter. Entscheidend ist demnach, ob angesichts der weitreichenden Auswirkungen eines Vorhabens eine vorgängige umfassende Interessenabwägung notwendig erscheint, welche nur im Prozess der Richtplanung gewährleistet werden kann.[10] Diese Rechtsprechung bestätigte das Bundesgericht in weiteren Entscheiden.[11] 3.3

Diese bundesgerichtliche Praxis wurde nun im Rahmen der RPG-Revision von 2012 in Art. 8 Abs. 2 RPG kodifiziert. Stossrichtung dieser Bestimmung ist einerseits das Anliegen, dass Vorhaben von einer gewissen Bedeutung in den Richtplan aufzunehmen sind. Andererseits soll aber auch sichergestellt werden, dass derartige Vorhaben mit gewichtigen Auswirkungen auf Raum und Umwelt nur bewilligt werden, wenn sie auf einer Grundlage im kantonalen Richtplan beruhen.[12] Die Bewilligungsfähigkeit derartiger Vorhaben hängt also davon ab, ob sie richtplankonform sind; eine Bewilligung setzt die Übereinstimmung des Vorhabens mit dem Richtplan voraus **(Richtplanvorbehalt).** 3.4

4 BGE 116 Ib 50, E. 3.
5 BGE 116 Ib 50, E. 3.
6 BGE 116 Ib 50, E. 3a.
7 BGE 129 II 326 ff.; BGE 123 II 95 ff.; BGE 120 Ib 212 ff.; BGE 120 Ib 436 ff.; BGE 119 Ib 441 ff.; BGE 116 Ib 139 ff.; vgl. auch die Zusammenstellung bei WALDMANN/HÄNNI, Handkommentar RPG, Art. 2 Rz. 28 f.
8 TSCHANNEN, Richtplan, S. 364 f.; PFISTERER, Richtplan, S. 279.
9 BGE 119 Ia 362, E. 4 m.w.H.
10 BGE 137 II 254, E. 3.3 (Pra 2011 Nr. 114).
11 BGE 140 II 262, E. 2.3.2; BGer, Urteil 1C_15/2014 vom 8. Oktober 2014, E. 6.1; BGer, Urteil 1C_36/2011 vom 8. Februar 2012.
12 Botschaft RPG 2010, S. 1067.

2. Anwendungsbereich

3.5 Der Richtplanvorbehalt gilt gemäss Art. 8 Abs. 2 RPG für «Vorhaben mit gewichtigen Auswirkungen auf Raum und Umwelt». Was darunter zu verstehen ist, wird im Gesetz nicht weiter ausgeführt. Laut Botschaft muss die Schwelle für die **Notwendigkeit einer Richtplanvorgabe** deutlich höher angesetzt sein als die Grenze der Planungspflicht, bei deren Überschreiten ein Vorhaben nicht mehr allein im Bau- bzw. Ausnahmebewilligungsverfahren beurteilt werden kann, sondern eine Grundlage in der Nutzungsplanung benötigt.[13] In seiner bisherigen Praxis ging das Bundesgericht regelmässig von der Vermutung aus, dass eine UVP-Pflicht auch eine Planungspflicht (auf Stufe Nutzungsplanung) für ein Vorhaben auslöst.[14] Auf der Stufe des Richtplans gilt diese Vermutung nicht; nach dem Willen des Gesetzgebers soll das Richtplanerfordernis nicht zwingend für alle UVP-pflichtigen Anlagen gelten. Die Schwelle, ab welcher ein Vorhaben im Richtplan behandelt werden muss, kann gemäss Botschaft «die Grenze für die UVP-Pflicht nie unterschreiten»; meistens werde sie aber «höher liegen».[15]

3.6 Als **«gewichtige Auswirkung»** im Sinne von Art. 8 Abs. 2 RPG führt die Botschaft insbesondere eine grosse Flächenbeanspruchung, einen bedeutenden Einfluss auf die Nutzungs- und Versorgungsstrukturen des Kantons, die Erzeugung grosser Verkehrsströme oder die Verursachung hoher Umwelt- und Landschaftsbelastungen auf. Typisch für solche Vorhaben sei normalerweise auch ein hoher Zusammenarbeits- und Abstimmungsbedarf auf kantonaler Ebene, mit Nachbarkantonen oder dem Bund. Als Beispiele für Vorhaben mit gewichtigen Auswirkungen werden in der Botschaft die Festlegung von Entwicklungsschwerpunkten oder von kantonalen Arbeitsplatzgebieten, die Erschliessung neuer Skigebiete, grosse integrale Wasserbauprojekte, Abbau- und Deponiestandorte, verkehrsintensive Einrichtungen wie Einkaufszentren, Fachmärkte und Freizeiteinrichtungen ab einer gewissen Grösse, Tourismusresorts oder Verkehrs- und Energieinfrastrukturen von zumindest regionaler Bedeutung bezeichnet.[16]

3.7 Art. 8 Abs. 2 RPG kommt also nicht bei allen UVP-pflichtigen Vorhaben zur Anwendung. Aufgrund der bundesgerichtlichen Rechtsprechung und den Ausführungen in der Botschaft kommen folgende Vorhaben für eine **Planungspflicht auf Stufe Richtplan** im Sinne von Art. 8 Abs. 2 RPG in Frage:[17]

- Bei den **Anlagen zur Energieerzeugung** ist die Richtplanpflicht v.a. bei grossen integralen Wasserbauprojekten (Speicher- und Laufkraftwerke sowie Pumpspeicherwerke gemäss Ziff. 21.3 Anhang UVPV) zu bejahen. Massstab dafür ist

13 Botschaft RPG 2010, S. 1068.

14 BGE 124 II 252, E. 3; BGE 120 Ib 436, E. 2d; BGE 119 Ib 439, E. 4b.

15 Botschaft RPG 2010, S. 1068.

16 Botschaft RPG 2010, S. 1068.

17 Die Aufzählung hat keinen Anspruch auf Vollständigkeit und orientiert sich am Anhang zur UVPV in der Fassung vom 12. August 2015. Die Anlagen, für welche eine Plangenehmigungs- bzw. ein Rahmenbewilligungsverfahren vorgesehen ist (Ziff. 1, 21.1, 22, 40.1, 40.2, 5, 60.1 Anhang UVPV), werden ausgeblendet, da in diesen Bereichen Sachpläne zur Anwendung kommen.

jedoch nicht die UVP-Pflicht, sondern die Notwendigkeit einer Interessenabwägung im Rahmen eines Richtplanprozesses.[18] Damit beschränkt sich die Richtplanpflicht auf grosse Vorhaben, die mehrere Gewässer in einem flächenmässig grossen Einzugsgebiet nutzen, hinsichtlich der Auswirkungen auf die Umwelt (v.a. Gewässer und Landschaft) erheblich sind und eine bedeutende Energieproduktion aufweisen. Sinnvollerweise werden im Hinblick auf eine sachlich ausgewogene Standortevaluation auch grosse Windparkanlagen (Ziff. 21.8 Anhang UVPV) in den Richtplan aufgenommen.

- Für **Entsorgungsanlagen,** speziell Deponien (Ziff. 40.4 ff. Anhang UVPV), wurde in der Gerichtspraxis in verschiedenen Fällen eine Planungspflicht bejaht.[19] Soweit derartige Anlagen aufgrund ihrer räumlichen Ausdehnung, ihrer Dauerhaftigkeit und ihrer Konsequenzen für die Infrastruktur erhebliche Auswirkungen auf die Umwelt haben und zudem ein gewichtiges Interesse an der Wahrung der Mitwirkungsrechte der Bevölkerung besteht[20], sind sie in den Richtplan aufzunehmen.
- Die **Erschliessung neuer Skigebiete** bzw. der Zusammenschluss von Schneesportgebieten stellt bereits nach bisheriger Auffassung und Praxis ein richtplanrelevantes Vorhaben dar[21], weil regelmässig grosse Landflächen in vielfach ökologisch empfindlichen Räumen betroffen sind und wichtige überörtliche wirtschaftliche und tourismuspolitische Interessen auf dem Spiel stehen. Aus den gleichen Überlegungen können auch grosse Tourismusresorts oder Vergnügungsparks (Ziff. 60.6 Anhang UVPV) richtplanrelevant sein.
- Eine Grundlage im Richtplan erscheint sodann sachgerecht für **publikumsintensive Einkaufszentren,** Fachmärkte und Freizeiteinrichtungen (Ziff. 80.5 Anhang UVPV), die aufgrund ihrer Grösse einen erheblichen Einfluss auf das Verkehrsaufkommen und damit auch auf die Schadstoffimmissionen haben.
- Im Sinne einer Positivplanung sind ausserdem **Entwicklungsschwerpunkte sowie Arbeitsplatzgebiete** (sowohl kantonal als auch kantonsübergreifend) in den Richtplan aufzunehmen.[22] Damit wird die angestrebte Entwicklung in diesen Bereichen definiert (Art. 8 Abs. 1 lit. b RPG), und die Vorhaben werden kantonsintern und kantonsübergreifend koordiniert.

---

18 BGE 140 II 262, E. 2.3.2; kleinere Wasserkraftwerke sind laut diesem Urteil auch dann nicht richtplanpflichtig, wenn die installierte Leistung 3 MW übersteigt.

19 BGE 124 II 252 ff.; BGE 120 Ib 212 ff.; BGE 116 Ib 50 ff.

20 Vgl. BGE 124 II 252, E. 4d/aa.

21 Bütler, Skigebiete, S. 415 f.; vgl. z.B. Skigebietsverbindung Andermatt/Sedrun, welche in den Richtplänen der Kantone Uri und Graubünden als Skiinfrastrukturanlagen Urserntal/Oberalp aufgenommen sind.

22 Bühlmann, Koordination, S. 484.

3. Verhältnis zu raumwirksamen Aufgaben des Bundes

3.8 Namentlich grosse Infrastrukturprojekte des Bundes bedürfen einer Grundlage in einem Sachplan.[23] In diesen Fällen stellt sich die Frage, ob auch eine entsprechende Aufnahme in den kantonalen Richtplan erforderlich ist. Diese Frage ist grundsätzlich zu bejahen. Laut dem Bundesgericht besteht der Sinn des Sachplanerfordernisses nämlich auch darin, die nach Raumplanungsrecht gebotene **Abstimmung mit der Richt- und Raumplanung** der betroffenen Kantone durchzuführen.[24] Die Anpassung der kantonalen Richtplanung hat dabei koordiniert zu erfolgen[25], wobei die Widerspruchsfreiheit zwischen Sach- und Richtplänen auf dem Weg der partnerschaftlichen Zusammenarbeit zu erzielen ist.[26]

B. Vereinbarkeit mit Sachplänen und Konzepten

3.9 Laut Art. 13 RPG erarbeitet der Bund Grundlagen, um seine raumwirksamen Aufgaben erfüllen zu können. Dem Bund steht also insoweit eine Planungsbefugnis zu, als dies zur Erfüllung einer ihm übertragenen Sachaufgabe notwendig ist. Zu diesem Zweck erstellt er die nötigen Konzepte und Sachpläne und stimmt sie aufeinander ab.[27] Die Konzepte und Sachpläne dienen dem Bund gemäss Art. 14 RPV zur Planung und Koordination seiner Aufgaben, soweit sich diese erheblich auf Raum und Umwelt auswirken. Ausserdem enthalten Sachpläne räumlich und zeitlich konkrete Aussagen sowie Anweisungen an die zuständigen Bundesbehörden (Art. 14 Abs. 3 RPV). Gleich wie Richtpläne sind Konzepte und Sachpläne für die Behörden verbindlich (Art. 22 Abs. 1 RPV). Den Sachplänen kommt sodann auch **Bindungswirkung für die kantonalen Richtpläne** zu, und zwar insoweit, als die im Sachplan mit Bezug auf die Realisierung konkreter Vorhaben getroffenen Anordnungen für den Kanton verbindlich sind, soweit der Bund im betreffenden Bereich aufgrund der Verfassung oder der Gesetzgebung über entsprechende Kompetenzen verfügt (Art. 23 Abs. 1 RPV).[28] In jenen Bereichen, in denen eine umfassende Bundeszuständigkeit bzw. eine Teilzuständigkeit des Bundes besteht[29] und die Sachpläne

---

23 Vgl. Rz. 3.10.

24 BGE 137 II 58, E. 3.3.

25 BGE 137 II 58, E. 3.3.1.

26 Zum Verhältnis zwischen Sachplänen und kantonalen Richtplänen vgl. GRIFFEL, Raumplanungs- und Baurecht, S. 25.

27 Vgl. dazu 1. Teil III.

28 BGE 139 II 499, E. 3.1; entgegen dem missverständlichen Verordnungstext ist die Widerspruchsfreiheit von Sach- und Richtplänen durch gegenseitige Planabstimmung auf dem Weg partnerschaftlicher Zusammenarbeit zu erwirken und nicht durch ein einseitiges Diktat des Bundes. Vgl. dazu GRIFFEL, Raumplanungs- und Baurecht, S. 25.

29 In jenen Sachbereichen, in denen dem Bund eine umfassende Zuständigkeit zukommt, werden Sachpläne erstellt. Soweit dem Bund in einem Sachbereich keine umfassende, sondern lediglich eine oder mehrere Teilzuständigkeiten zustehen, kommen Konzepte in Frage. Vgl. dazu: WALDMANN/HÄNNI, Handkommentar RPG, Art. 13 Rz. 13.

konkrete räumliche Aussagen machen, sind diese für die Realisierung konkreter Vorhaben auch für die Kantone verbindlich.[30]

In diesen Fällen beeinflussen die Sachpläne nicht nur die kantonale Richtplanung, sie sind auch für das Bewilligungsverfahren zu beachten. Dies betrifft regelmässig grosse Infrastrukturbauten (wie z.B. Nationalstrassen, Eisenbahnanlagen, Flugplatzanlagen, Stark- und Schwachstromanlagen sowie militärische Bauten), für deren Errichtung und Änderung jeweils eine **Plangenehmigung** notwendig ist.[31] Kantonale Bewilligungen und Pläne sind in diesen Fällen nicht erforderlich; sie werden durch die Plangenehmigung ersetzt. Dagegen setzt in all diesen Fällen die Plangenehmigung für Vorhaben, die sich erheblich auf Raum und Umwelt auswirken, einen Sachplan im Sinne von Art. 13 RPG voraus. Ist ein derartiges Vorhaben im Sachplan nicht enthalten, fehlt die notwendige Grundlage für dessen Realisierung und die Plangenehmigung kann nicht erteilt werden. 3.10

In Analogie zu Art. 8 Abs. 2 RPG gilt dieser Sachplanvorbehalt nur für Vorhaben mit erheblichen Auswirkungen auf die Nutzungsordnung, die Erschliessung und die Umwelt. Aufgrund der identischen Formulierung im Gesetz und der deckungsgleichen gesetzgeberischen Intentionen ist davon auszugehen, dass die Kriterien für die **Sachplanpflicht** gleich sind wie bei der Richtplanpflicht. Sie ist immer dann gegeben, wenn die Auswirkungen eines Vorhabens so weitreichend sind, dass eine vorgängige umfassende Interessenabwägung notwendig erscheint und diese nur im Rahmen eines Sachplanprozesses gewährleistet ist.[32] Von einer Grundlage im Sachplan ausgenommen sind damit lediglich kleinere Vorhaben ohne erhebliche räumliche Auswirkungen (auch in diesen Fällen ist im Plangenehmigungsverfahren allerdings eine umfassende Interessenabwägung vorzunehmen). 3.11

Die bundesgerichtliche Praxis lässt jedoch bei Vorliegen spezieller Verhältnisse auch bei gewichtigen Vorhaben **Ausnahmen von der Sachplanpflicht** zu. Im Zusammenhang mit Änderungen des Flugbetriebs auf dem Flughafen Zürich hielt das Bundesgericht fest, die fehlende sach- und richtplanerische Grundlage stelle keinen Hinderungsgrund für notwendige Anpassungen der flugbetrieblichen Belange dar.[33] Allerdings sei bei derartigen Ausnahmegenehmigungen Zurückhaltung geboten, weil Genehmigungen ohne vorgängiges Sachplanverfahren den Planungsprozess präjudizieren können und sich die Auswirkungen solcher Vorhaben im Nachhinein nicht oder nur schwer rückgängig machen lassen.[34] 3.12

Wie dargelegt, beschränkt sich die Kompetenz des Bundes zum Erlass von Konzepten und Sachplänen auf jene Bereiche, in denen eine umfassende oder zumindest teilweise Bundeskompetenz besteht.[35] Ausserdem umschreibt das Spezialrecht des Bundes in diesen Fällen auch den Inhalt und die **Wirkung der Konzepte und Sachpläne.** Während das Bundesrecht im Zusammenhang mit grossen Infrastrukturprojekten die Plangenehmigung vom Vorliegen eines entsprechenden Sachpla- 3.13

30 Waldmann/Hänni, Handkommentar RPG, Art. 13 Rz. 30; Kuttler, Bundessachplanung, S. 10 ff.
31 Art. 26 NSG; Art. 18 EBG; Art. 37 LFG; Art. 16 ElG; Art. 126 MG.
32 Vgl. Rz. 3.4; Jud, Sachplan, S. 5.
33 BGE 137 II 58, E. 3.3.3 m.w.H.
34 BGE 137 II 58, E. 3.3.3.
35 Vgl. Rz. 3.9.

nes abhängig macht[36], kommt den Konzepten keine gleichwertige Bedeutung zu. Zwar sind die Konzepte des Bundes im Rahmen der raumwirksamen Tätigkeiten zu berücksichtigen; mangels spezialrechtlicher Vorgaben ist deren Einhaltung aber nicht Voraussetzung für die Erteilung einer Bewilligung.

II. Zonenkonformität

A. Zonenkonformität innerhalb der Bauzonen

Literatur

Aemisegger Heinz, Rechtsprechung, S. 21 ff.; Hänni Peter, Planungsrecht, S. 145 ff.; Joos Markus, Kommentar zum RPG, Art. 22 S. 192 ff.; Kehrli Jeannette, Landwirtschaft, S. 22 ff.; Kiener Regina/Kuhn Mathias, Kultusbauten; Waldmann Bernhard, Ideelle Immissionen; Walker Späh Carmen, Pferdehaltung.

Amtliche Publikationen

ARE/UVEK, Wegleitung Pferd; EJPD/BRP, Erläuterungen RPG, Art. 22/S. 271 ff.

1. Allgemeines

3.14 Art. 22 RPG regelt neben dem Umfang der **Baubewilligungspflicht** (Abs. 1) auch die Voraussetzungen für die Bewilligung von Bauten und Anlagen. Als zentrale Voraussetzung müssen gemäss Art. 22 Abs. 2 lit. a RPG Bauten und Anlagen dem Zweck der Nutzungszone entsprechen. Das konkrete Bauvorhaben muss also grundsätzlich zonenkonform sein.[37] Für die Beurteilung der Zonenkonformität wird dabei primär auf den Nutzungsplan und die zugehörigen Nutzungsvorschriften des kantonalen bzw. kommunalen Rechts abgestellt. Diese geben Auskunft über die zulässige Nutzungsart und -intensität, die Immissionstoleranz und die allenfalls geltende Regelbauweise.[38]

3.15 Im Bereich der Immissionstoleranz hat das kantonale und kommunale **Immissionsschutzrecht** aufgrund der nahezu umfassenden bundesrechtlichen Regelung stark an Bedeutung verloren.[39] So hat der Bundesrat in der Lärmschutz-Verordnung für Lärmimmissionen unterschiedliche Belastungsgrenzwerte festgesetzt[40], die einzelnen Empfindlichkeitsstufen zugeordnet sind. Den jeweiligen Nutzungszonen ist im

36 Vgl. Rz. 3.10.

37 EJPD/BRP, Erläuterungen RPG, Art. 22 Rz. 28 f.; Hänni, Planungsrecht, S. 201; Haller/Karlen, Raumplanungs-, Bau- und Umweltrecht, Rz. 545 ff.; Joos, Kommentar zum RPG, Art. 22 S. 200.

38 Dazu Rz. 1.20 ff.

39 BGE 116 Ib 175, E. 1; BGE 114 Ib 214, E. 4a.

40 Vgl. Anhang 3–7 LSV; dazu auch Waldmann/Hänni, Handkommentar RPG, Art. 22 Rz. 27; Heer, Bau- und Planungsrecht, Rz. 90 ff.

Rahmen der Nutzungsplanung bzw. in den zugehörigen Nutzungsreglementen eine Empfindlichkeitsstufe zuzuweisen, wodurch für jede Parzelle verbindliche Grenzwerte im Bereich der Lärmbelastung festgehalten werden.[41]

Selbständige Bedeutung haben kantonale oder kommunale Vorschriften jedoch bei der Beurteilung von Auswirkungen, die nicht durch die bundesrechtliche Umweltschutzgesetzgebung abschliessend geregelte Immissionen betreffen.[42] Zu denken ist dabei insbesondere an sogenannte **ideelle Immissionen,** allfällige verkehrstechnische Auswirkungen oder besondere städtebauliche Aspekte in diesem Zusammenhang (Bewahrung eines Quartiercharakters).[43] 3.16

Allgemein gilt, dass die **Zonenkonformität** eine Übereinstimmung oder zumindest einen positiven funktionalen Zusammenhang zwischen dem konkreten Bauvorhaben und dem Zonenzweck verlangt, der nicht schon durch die Einhaltung der Immissionsvorschriften gegeben ist.[44] Dies schliesst die zur Versorgung der Bauzone notwendigen Infrastrukturbauten mit ein.[45] Betreffend Ausnahmen von der Zonenkonformität sei für den Bereich der Bauzonen auf Rz. 3.497 ff. verwiesen. 3.17

Für eine überblicksmässige Umschreibung der Zonenzwecke der unterschiedlichen kantonalen Nutzungszonen sei auf die Ausführungen in Rz. 1.57 ff. verwiesen. Entsprechend fokussieren die nachfolgenden Ausführungen auf die Darstellung ausgewählter **Kasuistik,** unter Ausklammerung der umfangreichen Rechtsprechung zur Zonenkonformität von Mobilfunkanlagen.[46] 3.18

2. Wohnzonen

Wohnzonen sind hauptsächlich der Wohnnutzung gewidmet, wozu Erholung, Schlafen, Essen, Hausarbeit und Freizeitbeschäftigungen gerechnet werden.[47] 3.19

---

41 Vgl. Wagner Pfeifer, Umweltrecht I, Rz. 313 ff.; vgl. für den Lärmschutz in Kernzonen etwa VGer LU, Urteil V 12 94 vom 5. September 2012 (Opera Club Luzern) sowie VGer SG, Urteil B 2009/71 und B 2009/72 vom 18. März 2010 (KUGL St. Gallen).

42 Siehe zu den Regelungsspielräumen etwa BGer, Urteil 1A.132/1999 und 1P.358/1999 vom 25. Januar 2000, E. 2b/bb. Die verbleibenden kantonalen und kommunalen Konkretisierungsspielräume sind nicht vollständig klar.

43 BGE 117 Ib 147, E. 2d/cc; BGE 116 Ib 175, E. 3; BGE 114 Ib 214, E. 5; Waldmann/Hänni, Handkommentar RPG, Art. 22 Rz. 21.

44 BGer, Urteil 1C_207/2012 vom 15. März 2013, E. 2.3, sowie Urteil 1C_148/2010 vom 6. September 2010, E. 2.2.3 (ZBl 2011 489 ff.), für kleinere Kindertagesstätten in der Wohnzone; weiter VGer ZH, Urteil VB.2012.00136 vom 7. November 2012, E. 4.1 f.; VGer SG, Urteil B 2010/123 vom 16. Dezember 2012, E. 4.1 (SGGVP 2010 Nr. 36); Heer, Bau- und Planungsrecht, Rz. 360; Aemisegger, Rechtsprechung, S. 21 ff.

45 Aemisegger, Rechtsprechung, S. 21.

46 Für einen Überblick mit Hinweisen auf die Leitentscheide vgl. zuletzt BGer, Urteil 1C_265/2014 vom 22. April 2015, E. 2.1. Siehe auch Aemisegger, Rechtsprechung, S. 21 m.w.H.

47 Vgl. Rz. 1.60.

a) Tierhaltung

3.20 Die Zulässigkeit anderer Nutzweisen steht in Wohnzonen unter dem Vorbehalt, dass der Zonenzweck, namentlich das gesunde und ruhige bzw. angenehme Wohnen, nicht in Frage gestellt wird. Freizeitbeschäftigungen fallen dabei grundsätzlich unter den Begriff der Wohnnutzung; dazu gehört auch die **private Tierhaltung.**[48] Bauwerke zur Haltung von Haustieren bzw. zur hobbymässigen Tierhaltung sind so lange zonenkonform, als von den Tieren keine übermässigen Immissionen ausgehen.[49] Dabei muss auch auf die konkreten Umstände abgestellt werden (Lage der fraglichen Parzelle, urbaner oder ländlicher Charakter der Siedlungsstruktur, konkrete Planung der Baute bezüglich Immissionen).[50] Wann die Tierhaltung die Grenze der Privat- bzw. Hobbynutzung überschreitet, hängt von der Zweckbestimmung der Tiere ab.[51]

3.21 Gemäss kantonaler Praxis wurde die Zonenkonformität etwa für eine **Pferdestallung**[52], einen Stall für zwei Reitpferde[53] bzw. eine Pferdebox für zwei Pferde[54] oder zwei Pferdeboxen[55] bestätigt. Auch das Halten von maximal vier Pferden wird, je nach kantonaler Praxis und konkreter Situation, als zonenkonform angesehen.[56] Die Haltung von fünf Pferden ist in der Wohnzone einer ländlichen Gemeinde jedenfalls nicht mehr zonenkonform[57], was sich mit der Wegleitung Pferd und Raumplanung des ARE, das die Obergrenze bei vier Grosspferden oder sechs Ponys sieht, deckt.[58]

3.22 **Ferner bejaht wurde die Zonenkonformität in folgenden Fällen:** Haltung von drei Schlittenhunden[59]; Hundezwinger mit einer Fläche von unter 10 m^2 [60]; hobbymässiges Halten von vier Hühnern und einem Hahn in einem Hühnerstall mit Freilauf-

48 BGer, Urteil 1P.570/2001 vom 28. Januar 2002, E. 4.3; BRK ZH, Urteil BRKE I Nrn. 0108 und 0109/2007 vom 25. Mai 2007, E. 7.1 (BEZ 2007 Nr. 36).

49 VGer BE, Urteil VGE 18682 vom 5. Mai 1993, E. 5 (BVR 1994 230 ff.).

50 ARE/UVEK, Wegleitung Pferd, S. 15; Walker Späh, Pferdehaltung, S. 24.

51 BRK ZH, Urteil BRKE I Nrn. 0108 und 0109/2007 vom 25. Mai 2007, E. 7.1 (BEZ 2007 Nr. 36); vgl. auch Walker Späh, Pferdehaltung, S. 24 f.; vgl. zur Pferdehaltung in der Landwirtschaftszone Kehrli, Landwirtschaft, S. 22 ff.

52 OGer SH, Urteil vom 20. November 1987 (ZBl 1989 77 ff.); RR SZ, RRB Nr. 895/2002 vom 2. Juli 2002 (EGVSZ 2002 185 ff.).

53 Bau- und Justizdepartement SO, Verfügung vom 4. September 2003 (GER SO 2003 Nr. 1).

54 BGer, Urteil 1P.570/2001 vom 28 Januar 2002, E. 4.

55 BGE 101 Ia 205, E. 3a mit Hinweis auf die konstante Praxis in BL, Ställe für zwei Reitpferde in der Wohnzone als zonenkonform zu betrachten.

56 Baudepartement SG, Entscheid vom 12. August 2003 (JuMi 2003/IV 15 ff.), fragliche Parzelle am Rand der Bauzone; VGer ZG, Urteil V2009/60 und 61 vom 29. September 2009 (ZGGVP 2009 134 ff.), im konkreten Fall scheiterte die Erstellung des Pferdeunterstands jedoch daran, dass sich das Bauvorhaben innerhalb einer Arealüberbauung befand; Departement Bau-, Verkehr und Umwelt AG, Entscheid BVURA 11.393 vom 8. Mai 2012 (AGVE 2012 336 ff.), mit Hinweis auf die kommunale BZO, die grundsätzlich vier Pferde zulässt.

57 VGer SO, Urteil VWBES.2008.403 vom 31. März 2009 (SOG 2009 Nr. 16).

58 ARE/UVEK, Wegleitung Pferd, S. 15.

59 Baudirektion BE, Entscheid RA Nr. 12040–90 vom 18. April 1991 (BVR 1991 494 ff.).

60 Rekurskommission VD, Urteil Nr. 3587 vom 20. Juli 1979 (RDAF 1983 306 ff.).

gehege[61]; Begrenzung der Hundehaltung auf vier Hunde[62]; Begrenzung der Hundehaltung auf höchstens drei ausgewachsene Tiere und allfällige Welpen, solange diese beim Muttertier bleiben müssen.[63]

Verneint wurde die Zonenkonformität in folgenden Fällen: Halten von sechzig Katzen[64]; Hundezwinger für vier Jagdhunde[65]; Papageienzucht[66]; Hobbyhaltung von Mastschweinen[67]; Halten von acht Schlittenhunden[68]; Halten von acht Hunden der Rasse Samojeden.[69] 3.23

b) Sexgewerbe

Betreffend **Einrichtungen des Sexgewerbes** erachtet es das Bundesgericht als vertretbar, derartige Betriebe in Zonen mit einem Wohnanteil von 60 Prozent und darüber aufgrund ihrer ideellen Immissionen als stark störend einzustufen.[70] Ein entsprechend hoher Wohnanteil führt regelmässig zur Verneinung der Zonenkonformität von Betrieben des Sexgewerbes aufgrund ideeller Immissionen[71], wobei auch die Wahrnehmbarkeit des Gewerbes, in analoger Anwendung der Rechtsprechung zu Mobilfunkantennen[72], zu berücksichtigen ist.[73] 3.24

c) Religiöse Bauten

Kultusbauten sind weder Wohn- noch Gewerbebauten und erweisen sich damit in der Wohnzone grundsätzlich als nicht zonenkonform. Entsprechend wird für grössere religiöse Bauten die Zonenkonformität in Wohnzonen verneint[74], wobei der 3.25

---

61 BRK ZH, Urteil BRKE I Nrn. 0108 und 0109/2007 vom 25. Mai 2007 (BEZ 2007 Nr. 36): ländliches Gebiet mit Einfamilienhäusern in üppig bewachsenen Gärten.

62 VGer AG, Urteil WBE.2010.389 vom 13. April 2011 (AGVE 2011 127 ff.), das die kommunale BZO, die eine Beschränkung auf vier Hunde vorsieht, schützt.

63 Sog. «Berner Praxis», vgl. BGer, Urteil 1C_538/2011 vom 15. Juni 2012, das diese Praxis schützt.

64 BGer, Urteil vom 5. Oktober 1979 (ZBl 1978 34 ff.).

65 RR BE, Entscheid Nr. 1723 vom 8. Mai 1979 (BVR 1979 416 ff.).

66 Vgl. BGer, Urteil vom 7. April 1989, Auszüge in: FZR 1988 103 ff., Verneinung der Zonenkonformität in der Wohnzone sowie Verneinung der negativen Standortgebundenheit, Bejahung der Zonenkonformität in der Gewerbezone.

67 VGer AG, Urteil vom 26. September 2001 (AGVE 2001 299 ff.).

68 Baudirektion BE, Entscheid RA Nr. 12040–90 vom 18. April 1991 (BVR 1991 494 ff.): Beschränkung der Schlittenhundehaltung auf drei erwachsene Tiere in einer reinen Wohnzone.

69 VGer AG, Urteil WBE.2010.389 vom 13. April 2011 (AGVE 2011 127 ff.).

70 BGer, Urteil 1P.771/2001 und 1P.773/2001 vom 5. Mai 2003, E. 9.1 (ZBl 2004 111 ff.).

71 BGer, Urteil 1C_83/2012 vom 18. Juli 2012, E. 2.6; BGer, Urteil 1P.160/2004 vom 27. Januar 2005, E. 4.4; VGer BE, Urteil VGE 21563 vom 3. Februar 2004, E. 5.4.3 (BVR 2005 443 ff.); vgl. auch Waldmann, Ideelle Immissionen, S. 161; Aemisegger, Rechtsprechung, S. 21.

72 Für einen Überblick mit Hinweisen auf die Leitentscheide vgl. zuletzt BGer, Urteil 1C_265/2014 vom 22. April 2015, E. 2.1.

73 BGer, Urteil 1C_499/2014 vom 25. März 2015, E. 6.3.3 f.; zum Ganzen Waldmann, Ideelle Immissionen, S. 156 ff.

74 VGer BE, Urteil VGE 20726 vom 2. Februar 2000 (BVR 2000 268 ff.) betreffend ein kirchliches Zentrum mit Schulungs- und Jugendraum; BGer, Urteil 1P.149/2004 vom 21. Juni 2004 (ZBl

Fall bei Kulturzentren anders gelagert sein kann. In der Gerichtspraxis wurde die Zonenkonformität von Kultusbauten und Kulturzentren mit Gebetsräumen aufgrund der örtlichen Zonenvorschriften und räumlichen Gegebenheiten sowohl bejaht als auch verneint.[75]

d) Gewerbebetriebe

3.26 Neben der reinen Wohnnutzung sind in aller Regel auch **nichtstörende Gewerbe- und Dienstleistungsbetriebe** in Wohnzonen zulässig, wenn sie sich nahtlos in die Wohnumgebung einfügen und somit eine funktionale Bindung an die Bedürfnisse dieser Zone aufweisen.[76] Büros und sonstige Geschäftsräumlichkeiten wie typischerweise Bäckereien, Arztpraxen oder Coiffeursalons sind meistens als zonenkonform anzusehen.[77] Allgemein gelten die sogenannten «stillen Gewerbe» innerhalb der Wohnzone wohl als zonenkonform.[78] Ebenfalls bejaht wurde die Zonenkonformität für ein Steinplattenlager[79], eine Kindertagesstätte[80], verneint jedoch für die Freitodbegleitung[81], eine Schreinerei[82], einen Abstellplatz für mobile Heizzentralen[83] und eine mechanische Werkstatt.[84]

3. Kernzonen

3.27 Kernzonen weisen häufig eine **Zentrumsfunktion** auf und dienen regelmässig öffentlichen Bauten, Wohnbauten sowie mässig störenden Gewerbe- und Dienst-

---

2005 549 ff.); zum Ganzen KIENER/KUHN, Kultusbauten, S. 617 ff.; BGer, Urteil 1C_366/2009 vom 30. November 2009 mit Hinweisen auf die Rechtsprechung.

75 Bejaht: VGer ZH, Urteil VB.2003.00173 vom 18. Juni 2003, E. 3c, betreffend die Stadt Zürich, wo sich Kirchenbauten traditionell auf Grundstücken mit Wohnanteil 0 Prozent in der Wohnzone befinden; verneint: VGer BE, Urteil VGE 20726 vom 4. Februar 2000 (BVR 2000 268 ff.).

76 BGE 117 Ib 147, E. 5a; BGer, Urteil 1P.160/2004 vom 27. Januar 2005, E. 5.4; WALDMANN, Ideelle Immissionen, S. 160.

77 BGE 117 Ib 147, E. 5a; BGer, Urteil 1P.160/2004 vom 27. Januar 2005, E. 5.4; m.w.H. HÄNNI, Planungsrecht, S. 166; für das Zürcher Recht FRITZSCHE/BÖSCH/WIPF, Planungs- und Baurecht, S. 131.

78 Arztpraxen, Anwaltskanzleien, Architekturbüros, Schuhmachereien, Quartierläden, Schneiderateliers, Ateliers für technische und grafische Berufe, kleinere kaufmännische Betriebe; vgl. BGE 117 Ib 147, E. 5b.

79 VGer LU, Urteil V 08 307 vom 14. Juli 2009 (LGVE 2009 II Nr. 14).

80 VGer AG, Urteil WBE.2008.252 vom 26. Januar 2010 (AGVE 2010 142 ff.); siehe auch BGer, Urteil 1C_207/2012 vom 15. März 2013, E. 2.3 sowie Urteil 1C_148/2010 vom 6. September 2010, E. 2.2.3 (ZBl 2011 489 ff.), für kleinere Kindertagesstätten in der Wohnzone. Dazu AEMISEGGER, Rechtsprechung, S. 23.

81 BGE 136 I 395, der deren kommunale Qualifikation als «mehr als mässig störend» schützt und die geplante Nutzung zur Freitodbegleitung somit als nicht zonenkonform beurteilt; vgl. dazu auch VGer ZH, Urteil VB.2008.00464 vom 12. November 2008 sowie VB.2007.00472 vom 21. November 2007 (ZBl 2008 209 ff.).

82 KGer VS, Urteil KGE A1 11 153 vom 10. Mai 2012 (ZWR 2013 13 ff.).

83 BGer, Urteil 1C_148/2011 vom 28. Juli 2011.

84 BRK ZH, Urteil BRKE III Nr. 0064/2010 vom 5. Mai 2010 (BEZ 2010 Nr. 45), bestätigt durch VGer ZH, Urteil VB 2010.00305 vom 8. September 2010.

leistungsbetrieben. Als zonenkonform gelten in der Regel Restaurants[85], je nach konkreter Ausgestaltung und Organisation auch Betriebe des Sexgewerbes[86] oder der Betrieb einer Gassenküche und einer Anlaufstelle für suchtkranke Menschen.[87] Verneint wurde die Zonenkonformität etwa für einen Frischmarkt mit nächtlicher Belieferung[88], eine Spenglerei[89] oder eine Tankstelle mit Shop.[90]

4. Wohn-Gewerbezone

In Wohn-Gewerbezonen sind neben Wohnbauten **auch Gewerbebetriebe** zulässig, die ihre Umgebung nicht oder nur mässig stören. Die Erstellung neuer Wohnbauten darf untersagt werden, sofern dadurch nicht mehr genügend Raum für Gewerbebauten verbleibt, was in der Regel mittels Festsetzung von Gewerbeanteilen in der Nutzungsordnung umgesetzt wird.[91] 3.28

Als **zonenkonform** gelten bspw. ein Silo für die Lagerung von Pellets[92], ein orthodoxer Sakralraum[93], ein islamisches Kultuszentrum für 300 Personen, welches neben Gebets- und Unterrichtsräumen auch eine Bibliothek beinhaltet[94] sowie ein Karaoke-Clublokal.[95] Ebenfalls bejaht wurde die Konformität für ein Parkhaus[96], eine Autowaschanlage[97] und eine Gastwirtschaft mit Überzeitbewilligung.[98] Auch Betriebe des Sexgewerbes können in derartigen Mischzonen angesiedelt werden.[99] 3.29

Verneint wurde die Zonenkonformität jedoch für einen Unterhaltungsbetrieb, der pro Veranstaltung über 400 Jugendliche aus der ganzen Region anzieht[100], für eine 3.30

85 Baudepartement SG, Entscheid vom 11. April 2000 (SGGVP 2000 Nr. 76); VGer SZ, Urteil VGE 549/92 vom 10. Juli 1992 (EGVSZ 1992 20 ff.); VGer AG, Urteil vom 23. August 1993 (AGVE 1993 354 ff.); verneint jedoch in RR ZG, Entscheid vom 26. November 2013 (ZGGVP 2013 246 ff.) betreffend eine Tapas-Werkstatt und Vinothek.

86 BGer, Urteil 1C_499/2014 vom 25. März 2015; VGer GR, Urteil R 13 218 vom 3. September 2014.

87 BGer, Urteil 1C_262/2007 vom 31. Januar 2008.

88 RR ZG, Entscheid vom 9. Juli 2002 (ZGGVP 2002 270 ff.).

89 VGer GR, Urteil 522/83 und 529/8 vom 23. November 1983 (PVG 1983 Nr. 14).

90 VGer AG, Urteil WBE.2008.99 vom 12. Mai 2009 (AGVE 2009 182 ff.).

91 Vgl. Rz. 1.69; zur Untersagung von zusätzlichen Wohnbauten aufgrund teleologischer Auslegung BGer, Urteil vom 13. Juli 1977 (ZBl 1977 504 ff.); vgl. zur Festlegung von prozentualen Nutzungszwecken innerhalb einer Zone etwa § 49a Abs. 3 PBG ZH.

92 RR LU, Entscheid RRE Nr. 1179 vom 29. Juli 2007 (LGVE 2007 III Nr. 10).

93 VGer LU, Urteil V 06 88_2 vom 5. Februar 2007 (LGVE 2007 II Nr. 13).

94 BGer, Urteil 1P.290/2003 vom 15. August 2003.

95 RR ZG, Entscheid vom 8. Juli 2014 (ZGGVP 2014 368 ff.).

96 VGer GR, Urteil 587/95 und 593/95 vom 27. März 1996 (PVG 1996 Nr. 22).

97 BGer, Urteil 1A.199/2000 vom 5. Juni 2001; vgl. jedoch VGer SZ, Urteil VGE III 2007 63 vom 29. August 2007 (EGVSZ 2007 119 ff.), das eine Autowaschanlage an Sonn- und Feiertagen als nicht zonenkonform ansieht.

98 RR SZ, RRB Nr. 809 vom 7. Mai 1996 (EGVSZ 1996 132 ff.).

99 VGer SG, Urteil vom 31. Mai 2005 (SGGVP 2005 Nr. 26), in dem zwar die grundsätzliche Zonenkonformität bejaht wurde, die Lärmbelastung für die angrenzende Wohnzone durch den Publikumsverkehr jedoch als zu hoch erachtet wurde.

100 VGer SG, Urteil vom 18. März 2010 (SGGVP 2010 Nr. 39).

Selbstbedienungs-Autowaschanlage, die hauptsächlich an Sonn- und Feiertagen frequentiert wird[101], sowie für eine 5000 m^2 grosse öffentliche Sportanlage.[102]

5. Gewerbe-Industriezone

3.31 **Gewerbe-Industriezonen** sind regelmässig für Gewerbebetriebe mit grossen Baumassen und für Industriebetriebe mit mässigen Immissionen bestimmt.[103] Die Wohnnutzung ist nur für Betriebsinhaber bzw. standortgebundenes Personal zulässig.[104]

3.32 **Bejaht** wurde die Zonenkonformität für die Umnutzung eines ehemaligen Produktionsgebäudes in einen islamischen Gebetsraum mit Cafeteria[105], ebenso für die Umnutzung des Erdgeschosses eines Fabrikkomplexes in eine Moschee mit Cafeteria für rund 100 Vereinsmitglieder.[106]

3.33 **Verneint** wurde die Zonenkonformität in einer derartigen Mischzone jedoch für ein religiösen Zwecken gewidmetes Lokal der Zeugen Jehovas[107], für ein Ausbildungszentrum mit Internat[108] oder einen Pferdezuchtbetrieb.[109] In reinen Industriezonen wurde etwa die Zonenkonformität von Wohnwagen für Fahrende[110] und eines Hotels verneint.[111]

6. Zone für öffentliche Bauten

3.34 Für den Zonenzweck und einen Überblick zu den Anforderungen an die Bauten sei auf die Ausführungen in Rz. 1.72 verwiesen. Zonenkonform sind üblicherweise **staatliche Einrichtungen,** insbesondere, wenn sie frei zugänglich sind.

3.35 Als **zonenkonform** beurteilt wurden die Erweiterung einer bestehenden Schulanlage[112], ein Clubhaus einer Tennisanlage mit Restaurationsbetrieb[113], ein Fussball-

101 VGer SZ, Urteil VGE III 2007 63 vom 29. August 2007 (EGVSZ 2007 119 ff.); vgl. jedoch BGer, Urteil 1A.199/2000 vom 5. Juni 2001, das eine Autowaschanlage als zonenkonform bezeichnet.
102 VGer AG, Urteil vom 22. September 1995 (AGVE 1995 294 ff.).
103 Vgl. Rz. 1.68 ff.
104 Vgl. BGer, Urteil 1C_427/2014 vom 25. März 2015, E. 6.; Art. 14 Abs. 2 BauG SG; § 46 Abs. 3 PBG LU; BRG ZH, Urteil BRGE IV Nr. 0110/2014 vom 2. Oktober 2014, E. 3.2 (BEZ 2015 Nr. 15).
105 VGer SG, Urteil vom 20. Juni 2005 (SGGVP 2005 Nr. 25).
106 Baudepartement SG, Entscheid vom 6. Dezember 1999 (SGGVP 1999 Nr. 9).
107 BGer, Urteil vom 9. April 1991 (RDAT 1992 I Nr. 40).
108 VGer SO, Urteil vom 22. Dezember 1994 (SOG 1994 Nr. 38).
109 VGer SG, Urteil vom 14. November 1985 (SGGVP 1985 Nr. 20).
110 VGer SO, Urteil VWBES.2009.196 vom 29. August 2009 (SOG 2009 Nr. 18).
111 BRG ZH, Urteil BRGE IV Nr. 0110/2014 vom 2. Oktober 2014 (BEZ 2015 Nr. 15).
112 VGer AG, Urteil vom 2. Mai 1994 (AGVE 1994 374 ff.).
113 BGer, Urteil 1P.498/2000 vom 29. März 2001.

clubhaus mit Küche und 54 Gastplätzen[114], eine Asylbewerberunterkunft[115] und ein Wohncontainer für Asylsuchende.[116]

Verneint wurde die Zonenkonformität für ein Hochhaus mit Kongress- und Konferenzräumen samt Foyer für 700 bis 1100 Personen[117]; ebenso für Busparkplätze, die dem Skisportbetrieb dienen, aber der exklusiven Nutzung durch private Busbetriebe vorbehalten sind.[118] 3.36

Je nach kantonaler Ausgestaltung der Zone können Alterswohnungen[119] oder Wohnungen für Studierende[120] ebenfalls als zonenkonform angesehen werden. 3.37

B. Zonenkonformität ausserhalb der Bauzonen

Literatur

Bühlmann Lukas/Kissling Samuel, Biomasse; Griffel Alain, Raumplanungs- und Baurecht, S. 109 f.; Häuptli Christian, in: Kommentar BauG AG, § 15; Jäger Christoph, Solaranlagen; Ruch Alexander, in: Kommentar RPG, Art. 16a; Waldmann Bernhard/Hänni Peter, Handkommentar RPG, Art. 16a ff.

Amtliche Publikationen

ARE, Erläuterungen RPV 2001/2007; ARE, Erläuterungen RPV 2007; ARE, Erläuterungen RPV 2012; ARE, Erläuterungen RPV 2014; Bericht Pa.Iv. RPG 2012; EJPD/BRP, Erläuterungen, Art. 16 ff.

1. Zonenkonformität in der Landwirtschaftszone

a) Ausgangslage

Landwirtschaftszonen dienen grundsätzlich der langfristigen Sicherung der Ernährungsbasis des Landes, der Erhaltung der Landschaft und des Erholungsraums oder dem ökologischen Ausgleich und sollen entsprechend ihren verschiedenen Funktionen von Überbauungen weitgehend freigehalten werden. Sie umfassen Land, das sich für die landwirtschaftliche Bewirtschaftung oder den produzierenden Gartenbau eignet und zur Erfüllung der verschiedenen Aufgaben der Landwirtschaft benötigt wird oder im Gesamtinteresse landwirtschaftlich bewirtschaftet 3.38

114 BGer, Urteil 1A.96/2002 vom 12. Februar 2003.
115 VGer SO, Urteil vom 21. Mai 1990 (SOG 1990 Nr. 41).
116 BRK ZH, Urteil BRKE I Nrn. 0041/2010 und 0042/2010 vom 12. Februar 2010 (BEZ 2010 Nr. 20).
117 VGer SG, Urteil vom 22. Mai 2013 (SGGVP 2013 Nr. 18).
118 BGer, Urteil 1C_310/2011 vom 10. November 2011.
119 Bejaht VGer AG, Urteil vom 7. November 2000 (AGVE 2000 209 ff.); VGer SZ, Urteil VGE 517/94 vom 23. August 1995 (EGVSZ 1994 28 ff.); VGer LU, Urteil V 03 8 vom 26. Juni 2003 (LGVE 2003 II Nr. 5); verneint VGer SO, Urteil vom 4. März 1999 (SOG 1999 Nr. 36).
120 VGer LU, Urteil V 07 326_2 vom 13. Mai 2008 (LGVE 2008 II Nr. 5).

werden soll (Art. 16 Abs. 1 RPG). Die Landwirtschaftszone gehört zum **Nichtbaugebiet.** Den baulichen Bedürfnissen ist in der Landwirtschaftszone nur zurückhaltend entgegenzukommen, d.h. die baulichen Aktivitäten in der Landwirtschaftszone haben sich auf das Nötigste zu beschränken. Das Ziel, die Landschaft und den Erholungsraum zu erhalten, sowie die Anliegen des ökologischen Ausgleichs lassen sich in aller Regel nur erreichen bzw. erfüllen, wenn die entsprechenden Flächen von Überbauungen freigehalten werden.[121]

3.39 Das Bauen in der Landwirtschaftszone wird durch das Bundesrecht umfassend geregelt, unter Vorbehalt einschränkender kantonaler Bestimmungen gemäss Art. 27a RPG. Mit der **Teilrevision des Raumplanungsgesetzes vom 20. März 1998,** welche am 1. September 2000 in Kraft getreten ist, hat der Gesetzgeber den Begriff der Landwirtschaftszone erweitert und das Bauen ausserhalb der Bauzonen neu geregelt sowie die Zonenkonformität für Bauten und Anlagen in der Landwirtschaftszone neu umschrieben. Seit dieser Revision können in bestimmtem Umfang auch Bauten und Anlagen für die bodenunabhängige Bewirtschaftung als zonenkonform bewilligt werden (sogenannte «innere Aufstockung»). Der Begriff der landwirtschaftlichen oder gartenbaulichen Bewirtschaftung wurde offener umschrieben; am fundamentalen Grundsatz der Trennung von Baugebiet und Nichtbaugebiet wurde jedoch festgehalten. Des Weiteren sieht das revidierte RPG die Möglichkeit vor, Spezial- bzw. Intensivlandwirtschaftszonen auszuscheiden.[122]

3.40 Selbst nach dieser Revision des RPG wurde das geltende Recht seitens der Landwirtschaft nach wie vor als zu einschränkend empfunden. Der Bundesrat strebte deshalb **weitere Änderungen** des Raumplanungsrechts im Interesse der Landwirtschaft an, u.a. mit dem Ziel, das als komplex empfundene Recht zu vereinfachen, die Nebenerwerbsmöglichkeiten für die Landwirtschaft zu verbessern und die Nutzung von Bauten für die hobbymässige Tierhaltung zuzulassen.[123]

3.41 Infolge der erwähnten Teilrevisionen des RPG und der jeweils entsprechenden Anpassungen der RPV finden sich die Vorschriften zur Zonenkonformität für Bauten und Anlagen in der Landwirtschaftszone in verschiedenen Bestimmungen. Art. 16a RPG regelt den Grundsatz der Zonenkonformität von neu zu erstellenden Bauten und Anlagen in der Landwirtschaftszone bzw. deren Änderung und Erweiterung. Die einzelnen Absätze dieser Bestimmung sind das Ergebnis von politischen Bedarfsformulierungen und bilden zusammen **kein kohärentes System.** Neben der Erstellung von Bauten und Anlagen, die der landwirtschaftlichen Nutzung im Allgemeinen dienen, regelt Art. 16a RPG die Erstellung von Anlagen zur Energiegewinnung aus Biomasse und die Zulässigkeit der Errichtung von Bauten und Anlagen in Spezial- und Intensivlandwirtschaftszonen. Art. 16a^{bis} RPG befasst sich mit der Zonenkonformität von Bauten und Anlagen für die Haltung und Nutzung von Pferden in der Landwirtschaftszone. Und schliesslich können auch Solaranlagen

121 Botschaft RPG 1996, S. 528.

122 Vgl. Botschaft RPG 1996, S. 514 und 523 f.; BGer, Urteil 1A.130/2000 und 1P.206/2000 vom 16. November 2000, E. 4b/bb; Griffel, Raumplanungs- und Baurecht, S. 109.

123 Vgl. Botschaft RPG 2005, S. 7100 ff.; vgl. Botschaft RPG 2010, S. 1049 ff.; Bericht Pa.Iv. RPG 2012, S. 6591; Griffel, Raumplanungs- und Baurecht, S. 109 f.

in der Landwirtschaftszone zonenkonform errichtet werden, was sich aus Art. 18a RPG ergibt. Die genannten Bestimmungen des RPG werden durch die Art. 34–38 RPV konkretisiert.

b) Landwirtschaftliche Nutzung im Allgemeinen

Die allgemeine Regel zur Frage der Zonenkonformität von neuen Bauten und Anlagen in der Landwirtschaftszone findet sich in Art. 16a Abs. 1 Satz 1 und Abs. 2 RPG, näher ausgeführt in Art. 34 ff. RPV. Gemäss diesen Bestimmungen sind Bauten und Anlagen in der Landwirtschaftszone zonenkonform, wenn sie für einen **landwirtschaftlichen oder gartenbaulichen Verwendungszweck** errichtet werden[124]; dies aber nur dann, wenn sie der bodenabhängigen Bewirtschaftung oder der inneren Aufstockung dienen (Art. 16a Abs. 1 und 2 RPG, Art. 34 Abs. 1 RPV).[125] Neben den Ökonomiebauten, die für die Produktion verwertbarer Erzeugnisse aus Pflanzenbau und Nutztierhaltung sowie für die Bewirtschaftung naturnaher Flächen verwendet werden, sind ferner auch Bauten und Anlagen, die der Aufbereitung, der Lagerung oder dem Verkauf landwirtschaftlicher oder gartenbaulicher Produkte dienen, zonenkonform (Art. 34 Abs. 2 RPV).[126] Und schliesslich sind unter bestimmten Voraussetzungen auch Wohnbauten in der Landwirtschaftszone ohne Ausnahmebewilligung zugelassen (Art. 34 Abs. 3 RPV).[127] Bauten und Anlagen sind in der Landwirtschaftszone jedoch nur dann zonenkonform, wenn die Baute oder Anlage für die in Frage stehende Bewirtschaftung nötig ist, der Baute oder Anlage am vorgesehenen Standort keine überwiegenden Interessen entgegenstehen und der Betrieb voraussichtlich längerfristig bestehen kann.[128] 3.42

Die Umschreibung der Zonenkonformität gemäss Art. 16a RPG ist verbindlich und es steht den Kantonen nicht zu, den Begriff der Zonenkonformität weiter zu fassen. Eine engere, **restriktivere Umschreibung** ist im Rahmen von Art. 16 Abs. 3 RPG jedoch zulässig, wie sich aus Art. 16a Abs. 1 Satz 2 RPG ergibt. Gemäss Art. 16 Abs. 3 RPG ist es Aufgabe der Kantone, in ihren Planungen den verschiedenen Funktionen der Landwirtschaftszone angemessen Rechnung zu tragen. Um Landschaften und Erholungsräume zu schützen und zu erhalten, müssen angemessene Massnahmen ergriffen werden. Zu diesem Zweck kann die Planungsbehörde das betroffene Gebiet beispielsweise einer Landwirtschaftszone zuweisen und die Zonenkonformität von Bauten und Anlagen gegenüber Art. 16a Abs. 1 RPG beschränken.[129] 3.43

124 Vgl. Rz. 3.44 ff.
125 Vgl. Rz. 3.49 ff.
126 Vgl. Rz. 3.56 f.
127 Vgl. Rz. 3.58 ff.
128 Vgl. Rz. 3.62 ff.
129 Waldmann/Hänni, Handkommentar RPG, Art. 16a Rz. 29; BGer, Urteil 1P.37/2002 vom 19. März 2002, E. 5.2.

aa) Landwirtschaftliche oder gartenbauliche Bewirtschaftung

3.44 Gemäss Art. 16a Abs. 1 erster Satz RPG sind in der Landwirtschaftszone all jene Bauten und Anlagen zonenkonform, die zur landwirtschaftlichen Bewirtschaftung oder für den produzierenden Gartenbau nötig sind. Was unter **landwirtschaftlicher Bewirtschaftung** zu verstehen ist, ergibt sich aus der Landwirtschaftsgesetzgebung. Die Raumplanungsverordnung stellt deshalb bei der Umschreibung der Zonenkonformität in Art. 34 auf die Definition des Landwirtschaftsbegriffs gemäss Landwirtschaftsgesetz[130] ab.[131] Demnach sind Bauten und Anlagen zonenkonform, wenn sie für die Produktion verwertbarer Erzeugnisse aus Pflanzenbau und Nutztierhaltung sowie für die Bewirtschaftung naturnaher Flächen verwendet werden oder wenn sie der Aufbereitung, der Lagerung oder dem Verkauf landwirtschaftlicher Produkte dienen (Art. 34 Abs. 1 und 2 RPV).

3.45 Auch der Begriff des **produzierenden Gartenbaus** hat seine Grundlage im Pflanzenbau. Betriebe des produzierenden Gartenbaus sind jene, in denen die Pflanzen gesät oder gepflanzt und grossgezogen werden. Gartenbauliche Verarbeitungs-, Handels- und Dienstleistungsbetriebe fallen hingegen nicht unter den Begriff des produzierenden Gartenbaus.[132]

3.46 Landwirtschaft und produzierender Gartenbau werden durch die Art der hergestellten Produkte von anderen Tätigkeiten **abgegrenzt.** Für die Beurteilung, ob es sich um eine landwirtschaftliche Ökonomiebaute handelt, ist massgebend, ob die Baute einer Bewirtschaftung dient, aus der pflanzliche und tierische Nahrungsmittel oder Rohstoffe hervorgehen.[133] Neben den eigentlichen Produktionsanlagen dienen auch jene Arbeitsvorgänge und deren bauliche Vorrichtungen zur Gewinnung landwirtschaftlicher oder gartenbaulicher Erzeugnisse, die mit der Produktion untrennbar verbunden sind, wie z.B. bauliche Einrichtungen für das Ernten, Pflücken, Melken, das Abfüllen von geeigneten Behältern mit den landwirtschaftlichen Erzeugnissen, das Abladen Letzterer und deren Abtransport bis zum Ort der nächsten Verarbeitung.[134]

3.47 Nicht ausschlaggebend ist, ob die landwirtschaftliche Bewirtschaftung oder der produzierende Gartenbau haupt- oder nebenberuflich betrieben werden; hingegen müssen sowohl die landwirtschaftliche Bewirtschaftung als auch der Gartenbau **ertrags- bzw. produktionsorientiert** sein. Stellt die Tätigkeit nur eine Freizeitbeschäftigung dar, so sind entsprechende Bauten und Anlagen nicht zonenkonform (Art. 34 Abs. 5 RPV). Die Freizeitlandwirtschaft unterscheidet sich von den Haupt- und Nebenerwerbsbetrieben in mehreren Punkten. Einerseits ist die Freizeitlandwirtschaft in der Regel nicht gewinn- bzw. ertragsorientiert, andererseits weisen hobbymässig betriebene landwirtschaftliche oder gartenbauliche Betriebe meist nicht die erforderliche Mindestgrösse auf, die zum Bezug von Direktzahlungen

130 Vgl. Art. 3 Abs. 1 LwG.
131 Vgl. Waldmann/Hänni, Handkommentar RPG, Art. 16a Rz. 9.
132 ARE, Erläuterungen RPV 2001/2007, S. 29; Waldmann/Hänni, Handkommentar RPG, Art. 16a Rz. 9.
133 ARE, Erläuterungen RPV 2001/2007, S. 29.
134 Vgl. Waldmann/Hänni, Handkommentar RPG, Art. 16a Rz. 11; BGE 125 II 278, E. 7a.

berechtigen würde. Schliesslich ist auch der Arbeitsbedarf – bemessen in Standard-Arbeitskräften oder Standard-Arbeitstagen – ein Indikator für die Zuordnung eines Betriebs. Um trotz dieser Unterscheidungskriterien Einzelfalllösungen zu ermöglichen, wurde darauf verzichtet, starre Grenzen festzulegen.[135]

Sofern die Bauten und Anlagen in unmittelbarem Zusammenhang mit der Landwirtschaft und dem produzierenden Gartenbau stehen, sind nicht nur eigentliche Ökonomiebauten[136] (Art. 34 Abs. 1 und 2 RPV), sondern unter gewissen Voraussetzungen auch Bauten für den **Wohnbedarf** (Art. 34 Abs. 3 RPV) in der Landwirtschaftszone zonenkonform. 3.48

bb) Bauten und Anlagen für die bodenabhängige Bewirtschaftung und die innere Aufstockung

Im Zuge der Revision des Raumplanungsgesetzes vom 20. März 1998 wurde die Zonenkonformität von Bauten und Anlagen in der Landwirtschaftszone **neu umschrieben.**[137] Art. 16a Abs. 1 und 2 RPG und Art. 36 Abs. 1 RPV schreiben vor, dass Bauten und Anlagen, die der Herstellung landwirtschaftlicher oder gartenbaulicher Produkte dienen, grundsätzlich nur dann zonenkonform sind, wenn die Erzeugnisse aus einer bodenabhängigen Bewirtschaftung hervorgehen oder wenn die Bauten und Anlagen der inneren Aufstockung dienen.[138] 3.49

Dem Zweck der Landwirtschaftszone entsprechen Bauten und Anlagen zunächst dann, wenn für die Nutzung, der sie dienen, der Boden als Produktionsfaktor unentbehrlich ist. In diesem Fall ist von **bodenabhängiger Bewirtschaftung** die Rede. Als bodenabhängig gelten traditionell Acker- und Gemüsebau, Graswirtschaft sowie Milch- und Fleischproduktion. Diesem Zweck dienende Bauten und Anlagen sind zonenkonform, wenn der Boden im Produktionsprozess nicht nur für Gebäulichkeiten benötigt wird, sondern als erzeugender Produktionsfaktor unentbehrlich ist. Die Haltung von Nutztieren ist dann bodenabhängig, wenn die der Ernährung der Tiere dienenden Futtermittel im Wesentlichen auf dem eigenen Land produziert werden und die Tiere nicht überwiegend mit zugekauften Futtermitteln ernährt werden. Gemäss Bundesgericht ist für jede auf dem Betrieb gehaltene Tierkategorie (Rindvieh, Schweine, Geflügel, Pferde usw.) separat zu prüfen, ob genügend eigenes Futter produziert wird. Wenn Zucht- und Mastbetriebe weder zur Futtererzeugung noch zur Jaucheverwertung auf landwirtschaftlichen Boden angewiesen sind, benötigen sie in gewöhnlichen Landwirtschaftszonen eine Ausnahmebewilligung.[139] 3.50

---

135 ARE, Erläuterungen RPV 2001/2007, S. 32.

136 Zum Begriff der Ökonomiebaute ausführlich WALDMANN/HÄNNI, Handkommentar RPG, Art. 16a Rz. 11 ff.

137 Vgl. Rz. 3.39.

138 BGE 133 II 370, E. 4.2.

139 Ausführlich RUCH, in: Kommentar RPG, Art. 16a Rz. 11 ff.; EJPD/BRP, Erläuterungen, Art. 16 Rz. 9; WALDMANN/HÄNNI, Handkommentar RPG, Art. 16a Rz. 16; ARE, Erläuterungen RPV 2001/2007, S. 34; BGE 133 II 370, E. 4.2 und 4.4.

3.51 Der **produzierende Gartenbau** gilt als überwiegend bodenabhängig, wenn er bezüglich Arbeitsweise und Landbedarf mit der landwirtschaftlichen Nutzung vergleichbar ist und zur Bewirtschaftung von freiem Land eine hinreichend enge Beziehung hat. Gemeint sind namentlich Freilandgärtnereien, welche Pflanzen in Treibhausanlagen heranziehen bzw. vorkultivieren und später in offenes Land versetzen. Nicht zonenkonform sind hingegen Betriebe, die überwiegend mit künstlichem Klima unter ständigen, festen Abdeckungen arbeiten, oder Betriebe, die Produktionstechniken anwenden, bei welchen der hinreichend enge Bezug zwischen den Pflanzenwurzeln und dem natürlichen Boden fehlt (z.B. Hors-sol, Steinwolle, Nährfilmtechnik, Dünnschicht-Kultur, japanisches System usw.). Das Bundesgericht hat diese Rechtsprechung auch auf Landwirtschaftsbetriebe mit Gemüseanbau unter festen Abdeckungen übertragen.[140]

3.52 Bauten und Anlagen können aber auch zonenkonform in der Landwirtschaftszone errichtet werden, wenn sie in keinem hinreichend engen Bezug zum natürlichen Boden stehen, nämlich dann, wenn sie der Ergänzung eines bestehenden Landwirtschaftsbetriebs durch eine **bodenunabhängige Bewirtschaftung** dienen.[141] Eine solche «innere Aufstockung» ist gemäss Art. 16a Abs. 2 RPG in bestimmtem Umfang zonenkonform. Mit der Revision der Raumplanungsverordnung vom 4. Juli 2007 wurden die Art. 36 und 37 RPV, welche die Voraussetzungen der inneren Aufstockung im Bereich der Tierhaltung sowie des Gemüsebaus und des produzierenden Gartenbaus festlegen, überarbeitet; die Definition der «inneren Aufstockung» wurde gegenüber der früheren bundesgerichtlichen Rechtsprechung stark ausgedehnt. Bei der Erstellung von Bauten und Anlagen für die innere Aufstockung von Betrieben der bodenunabhängigen Tierhaltung bzw. des Gemüse- und Gartenbaus ist es heute nicht mehr erforderlich, dass der Betrieb nur mit dem Zusatzeinkommen voraussichtlich längerfristig bestehen kann.[142] Von einer inneren Aufstockung kann jedoch nur dann die Rede sein, wenn sich der bodenunabhängige Betriebsteil dem bodenabhängigen gegenüber als untergeordnet erweist.[143] Massgebende Grösse der bodenunabhängigen Bewirtschaftung sind bei der **Tierhaltung** der Deckungsbeitrag der Produktion (weniger als 50 Prozent gegenüber der bodenabhängigen Bewirtschaftung) oder alternativ das Trockensubstanzpotenzial des Pflanzenbaus (mindestens 70 Prozent des Trockensubstanzbedarfs des Tierbestands, Art. 36 RPV).[144]

3.53 Als **Deckungsbeitrag** wird die Differenz zwischen Ertrag (Leistung) und variablen Kosten eines Produktionszweiges bezeichnet. Der Deckungsbeitrag muss die Fixkosten, d.h. jene Kosten, deren Höhe nicht von der Produktionsmenge abhängt, abdecken. Unter der Trocken-

140 Vgl. BGE 125 II 278 E. 3b; BGer, Urteil 1C_561/2012 vom 4. Oktober 2013, E. 2.4.2 ff. (ZBl 2015 218 ff.); ARE, Erläuterungen RPV 2001/2007, S. 37.

141 BGE 133 II 370, E. 4.2.

142 ARE, Erläuterungen RPV 2007, S. 4; Botschaft RPG 2005, S. 7103.

143 ARE, Erläuterungen RPV 2001/2007, S. 34.

144 Ruch, in: Kommentar RPG, Art. 16a Rz. 43; Waldmann/Hänni, Handkommentar RPG, Art. 16a Rz. 19.

substanz wird derjenige Teil eines pflanzlichen Ausgangsproduktes verstanden, welcher bei vollständigem Entzug des Wassers zurückbleibt.[145]

Beim **Gemüsebau** und beim **produzierenden Gartenbau** ist die bewirtschaftete Fläche die Referenzgrösse. Gemäss Art. 37 Abs. 1 RPV darf die bodenunabhängig bewirtschaftete Fläche 35 Prozent der gemüse- oder gartenbaulichen Anbaufläche des Betriebes nicht übersteigen (relative Grenze) und nicht mehr als 5000 m^2 betragen (absolute Grenze). 3.54

Die **Kantone** können auf dem Weg der kantonalen Gesetzgebung die Zonenkonformität von Bauten und Anlagen, die der inneren Aufstockung eines landwirtschaftlichen oder eines dem produzierenden Gartenbau zugehörigen Betriebes dienen, einschränken (Art. 27a RPG). Auf diese Weise räumt der Gesetzgeber den Kantonen die Möglichkeit ein, in bestimmten Gebieten von der in Art. 16a Abs. 2 RPG gewährten Lockerung abzusehen.[146] 3.55

cc) Weitere Bauten und Anlagen

Zu den in der Landwirtschaftszone zulässigen Ökonomiebauten gehören ferner auch Bauten und Anlagen, die mit der Produktion von Landwirtschafts- und Gartenbauerzeugnissen nicht in einem unmittelbaren Zusammenhang stehen, hingegen der **Verarbeitung und Verwertung** dienen. Gemäss Art. 34 Abs. 2 RPV sind auch jene Bauten und Anlagen zonenkonform, die der Aufbereitung, der Lagerung oder dem Verkauf landwirtschaftlicher oder gartenbaulicher Produkte dienen. Solche Bauten und Anlagen sind jedoch nur dann zonenkonform, wenn sie hinsichtlich Standort und Ausgestaltung in einer unmittelbaren funktionalen Beziehung zum betriebseigenen Unternehmen des Landwirts stehen.[147] 3.56

Mit dieser Bestimmung soll die Überlebensfähigkeit bestehender landwirtschaftlicher Betriebe gefördert werden. Ist das Kriterium der **Betriebsnähe** erfüllt, sind Bauten und Anlagen zur Aufbereitung, Lagerung oder zum Verkauf unter den in Art. 34 Abs. 2 lit. a–c RPV und in Art. 34 Abs. 4 RPV aufgeführten Voraussetzungen zulässig. Gebäude für die Aufbereitung, Lagerung oder den Verkauf sind zonenkonform, wenn die Produkte in der Region und zu mehr als der Hälfte auf dem Standortbetrieb oder auf den in einer Produktionsgemeinschaft zusammengeschlossenen Betrieben erzeugt werden (Art. 34 Abs. 2 lit. a RPV). Mit dieser Voraussetzung soll verhindert werden, dass die Erzeugnisse über grosse Distanzen herangeführt werden. Ferner verbietet Art. 34 Abs. 2 lit. b RPV die industriell-gewerbliche Art der Aufbereitung, Lagerung oder des Verkaufs. Durch dieses Verbot werden maschinelle und mit hohen Investitionskosten oder hohem Personalaufwand verbundene Verarbeitungsstufen ausgeschlossen, mit dem Ziel, die Landwirtschaftszone nicht für eigentliche Verarbeitungsbetriebe oder Lagerhäuser zu öffnen. Schliesslich muss der landwirtschaftliche oder gartenbauliche Charakter des Standortbetriebes 3.57

145 Ausführlich ARE, Erläuterungen RPV 2001/2007, S. 34 f.
146 Vgl. Botschaft RPG 2005, S. 7117.
147 Waldmann/Hänni, Handkommentar RPG, Art. 16a Rz. 13.

gewahrt bleiben (Art. 34 Abs. 2 lit. c RPV). Mit anderen Worten will der Gesetzgeber damit erreichen, dass der landwirtschaftliche oder gartenbauliche Charakter des Standortbetriebs durch die erwähnte Tätigkeit nicht preisgegeben wird. Anlagen wie beispielsweise jene für die Verarbeitung von Kartoffeln zu Pommes-Chips gehören nicht in die Landwirtschaftszone.[148]

dd) Bauten für den Wohnbedarf

3.58 Neben Ökonomiebauten sind in der Landwirtschaftszone auch Bauten für den Wohnbedarf zulässig; dies ist dann der Fall, wenn sie für den Betrieb des entsprechenden landwirtschaftlichen Gewerbes **unentbehrlich** sind, einschliesslich des Wohnbedarfs für die abtretende Generation (Art. 34 Abs. 3 RPV). Die Bewilligung von zonenkonformem Wohnraum kommt nur für landwirtschaftliche Gewerbe im Sinne von Art. 7 BGBB in Frage.[149]

3.59 Als **landwirtschaftliches Gewerbe** gilt eine Gesamtheit von landwirtschaftlichen Grundstücken, Bauten und Anlagen, die als Grundlage der landwirtschaftlichen Produktion dient und zu deren Bewirtschaftung, wenn sie landesüblich ist, mindestens drei Viertel einer Standardarbeitskraft nötig sind. Der Bundesrat legt die Faktoren und die Werte für die Berechnung einer Standardarbeitskraft in Abstimmung mit dem Landwirtschaftsrecht fest. Unter den gleichen Voraussetzungen gelten auch Betriebe des produzierenden Gartenbaus als landwirtschaftliches Gewerbe (Art. 7 Abs. 1 und 2 BGBB).

3.60 Art. 34 Abs. 3 RPV knüpft an die frühere bundesgerichtliche Rechtsprechung an. Die strengen Kriterien, die das Bundesgericht in seiner differenzierten Rechtsprechung zum zonenkonformen Wohnen in der Landwirtschaftszone entwickelt hat, sind weiterhin wegleitend. Wohngebäude müssen in einer unmittelbaren funktionalen Beziehung zum Landwirtschaftsbetrieb stehen und im Hinblick auf die bodenabhängige Nutzung des Landes unentbehrlich erscheinen. Das setzt nach der Rechtsprechung voraus, dass aus betrieblichen Gründen die ständige Anwesenheit der bewirtschaftenden Person erforderlich oder die nächste Wohnzone weit entfernt und schwer erreichbar ist. Ob diese Voraussetzungen erfüllt sind, beurteilt sich nach objektiven Gesichtspunkten. Auf subjektive Vorstellungen und Wünsche kann es ebenso wenig ankommen wie auf die persönliche Zweckmässigkeit und Bequemlichkeit. Vielmehr ist in jedem Einzelfall anhand objektiver Kriterien zu prüfen, ob eine **betriebliche Notwendigkeit** besteht, ausserhalb der Bauzone Wohnsitz zu nehmen. Das Bundesgericht berücksichtigt in diesem Zusammenhang Art und Grösse des Betriebs, seine topografische Lage, sein wirtschaftliches Umfeld sowie die betrieblichen Eigenheiten wie etwa die biologische Produktionsweise. Auch der Umstand, ob der Landwirtschaftsbetrieb als Haupt- oder nur als Nebenerwerb geführt wird, ist für die Beurteilung massgebend. Es ist namentlich unter Berücksichtigung sämtlicher Umstände eines Falles zu untersuchen, in welchem

---

148 Vgl. Botschaft RPG 1996, S. 533; ARE, Erläuterungen RPV 2001/2007, S. 30; WALDMANN/HÄNNI, Handkommentar RPG, Art. 16a Rz. 13.

149 Vgl. BGer, Urteil 1A.184/2006 vom 15. Februar 2007, E. 2.2; ARE, Erläuterungen RPV 2001/2007, S. 31.

Umfang eine ständige Anwesenheit der Bewirtschafter zur Führung und Überwachung des Landwirtschaftsbetriebes notwendig ist. Dabei ist – wie das Bundesgericht in einem Urteil von 2014 präzisierend klargestellt hat – das landwirtschaftliche Gewerbe als betriebswirtschaftliche Einheit zu betrachten. «Die gleichzeitige Verrichtung vieler auf einem Hof anfallender Arbeiten kann eine ständige Anwesenheit von Personen erfordern, auch wenn dies für die einzelnen Tätigkeiten allein nicht zutrifft. (...) Massgeblich ist vielmehr, ob für die Führung des Betriebs insgesamt eine ständige Präsenz erforderlich ist.»[150] Ergibt die gebotene gesamthafte Betrachtung, dass das Erfordernis der ständigen Anwesenheit nicht erfüllt ist und die Betriebsführung auch von einer Wohnzone aus möglich ist, fehlt es am erforderlichen sachlichen Bezug des Bauvorhabens zur landwirtschaftlichen Produktion.[151]

Neben unmittelbar in der Landwirtschaft tätigen Betriebsinhabern oder Hilfs- 3.61
kräften und Familienangehörigen hat ferner auch die **abtretende Generation** das Recht, ausserhalb der Bauzone zu wohnen, was den reibungslosen Übergang des Betriebes von einer Generation zur anderen ermöglicht. Die abtretende Generation muss jedoch ein Leben lang in der Landwirtschaft tätig gewesen sein.[152] Der für die abtretende Generation benötigte Wohnraum muss vorab innerhalb bestehender Gebäudevolumen befriedigt werden, wobei der Raumbedarf der abtretenden Generation kleiner ist als jener der Betriebsleiterfamilie. Soweit sämtliche Voraussetzungen erfüllt sind, ist nicht auszuschliessen, dass auf dem Betrieb allenfalls auch drei Generationen Wohnsitz nehmen können.[153]

ee) *Besondere Erfordernisse: Bedürfnisnachweis, Interessenabwägung, längerfristiger Bestand*

Die vorgängig aufgeführten Bauten und Anlagen sind in der Landwirtschaftszone 3.62
nur dann zonenkonform, wenn die Baute oder Anlage für die in Frage stehende Bewirtschaftung nötig ist, der Baute oder Anlage am vorgesehenen Standort keine überwiegenden Interessen entgegenstehen und der Betrieb voraussichtlich längerfristig bestehen kann (Art. 34 Abs. 4 RPV).

Bauten und Anlagen müssen zunächst **betrieblich notwendig** sein (Art. 34 Abs. 4 3.63
lit. a RPV).[154] Die betriebliche Notwendigkeit ist nach objektiven Gesichtspunkten zu beurteilen. Eine Ökonomiebaute ist in der Landwirtschaftszone nur dann zonenkonform, wenn nachgewiesen ist, dass die Baute betriebswirtschaftlich nötig und

---

150 Urteil 1C_647/2012 vom 3. September 2014, E. 6 (ZBl 2015 544 ff.).

151 BGE 112 Ib 259, E. 2a; BGer, Urteil 1A.130/2000 und 1P.206/2000 vom 16. November 2000, E. 6a; 1C_806/2013 vom 4. Juni 2014, E. 2.3; BGer, Urteil 1C_647/2012 vom 3. September 2014, E. 3 ff. (ZBl 2015 544 ff.).

152 BGE 112 Ib 259, E. 2a; BGer, Urteil 1A.130/2000 und 1P.206/2000 vom 16. November 2000, E. 6a.

153 Vgl. Erläuterungen RPV 2001/2007, S. 31; Ruch, in: Kommentar RPG, Art. 16a Rz. 21 ff.; EJPD/BRP, Erläuterungen, Art. 16 Rz. 19; Waldmann/Hänni, Handkommentar RPG, Art. 16a Rz. 14.

154 Dies ergibt sich grundsätzlich bereits aus Art. 16a Abs. 1 erster Satz RPG und wird in Art. 34 Abs. 4 lit. a RPV der Vollständigkeit halber wiederholt.

nicht überdimensioniert ist. Die Behörden haben zu prüfen, ob die vorgesehene Nutzung nicht in einer bereits bestehenden Baute realisiert werden kann und ob die Grösse der projektierten Baute in einem vernünftigen Verhältnis zur bewirtschafteten Fläche steht. Die betriebliche Notwendigkeit ist nach objektiven Gesichtspunkten zu beurteilen, wobei stets die in Frage stehende landwirtschaftliche oder gartenbauliche Bewirtschaftung Bezugspunkt der Beurteilung bildet.[155] Praxisgemäss sind Ökonomiegebäude zonenkonform, wenn die Bauten nach den Massstäben vernünftiger bäuerlicher Betriebsführung und örtlich herrschender Betriebsformen zur landwirtschaftlichen (bodenabhängigen) Produktion oder für die Aufbereitung, Lagerung oder den Verkauf in der gewählten Sparte unmittelbar benötigt werden, wobei eine gesamthafte Betrachtung verlangt ist.[156] Das Erfordernis der betrieblichen Notwendigkeit für Bauten und Anlagen, die der inneren Aufstockung eines landwirtschaftlichen oder gartenbaulichen Betriebs dienen, ergibt sich zu einem wesentlichen Teil bereits aus den Spezialbestimmungen zur inneren Aufstockung (vgl. Art. 36 f. RPV). Es kann daher auf die vorgängigen Ausführungen verwiesen werden.[157] Auch was die betriebliche Notwendigkeit bei der Erstellung von Wohnraum betrifft, kann auf die entsprechende Spezialbestimmung und somit auf die vorgängigen Ausführungen verwiesen werden, wonach die Wohnbaute für das landwirtschaftliche Gewerbe unentbehrlich sein muss (Art. 34 Abs. 3 RPV).[158]

3.64 Dem Bauvorhaben dürfen ferner am vorgesehenen Standort **keine überwiegenden Interessen entgegenstehen** (Art. 34 Abs. 4 lit. b RPV). Bei der Prüfung dieses Kriteriums ist eine Interessenabwägung durchzuführen, bei welcher die Ziele und Grundsätze der Raumplanung gemäss Art. 1 und 3 RPG den lenkenden Massstab bilden. Nach Art. 1 Abs. 2 lit. a, c und d RPG sollen mit raumplanerischen Massnahmen unter anderem die natürlichen Lebensgrundlagen geschützt, das soziale, wirtschaftliche und kulturelle Leben in den einzelnen Landesteilen gefördert und die ausreichende Versorgungsbasis des Landes gesichert werden. Dabei ist darauf zu achten, dass die Landschaft geschont, die Landwirtschaft über genügend Flächen geeigneten Kulturlandes verfügt und naturnahe Landschaften und Erholungsräume erhalten bleiben (Art. 3 Abs. 2 RPG). Den Aspekten des Orts- und Landschaftsschutzes kommt demnach eine besondere Bedeutung zu. Bauten und Anlagen können nicht zonenkonform errichtet werden, wenn dem Bauvorhaben am vorgesehenen Standort überwiegende Interessen entgegenstehen. Durch diese Voraussetzung wird verhindert, dass Bauten und Anlagen in sensiblen Landschaften erstellt werden. Soweit das positive Verfassungs- und Gesetzesrecht einzelne Aspekte der Interessenabwägung regelt (Umweltschutz sowie Natur- und Heimatschutz), sind Bauvorhaben vorab anhand dieser Vorschriften auf ihre Zulässigkeit hin zu prüfen. Wenn von dieser Seite dem Vorhaben nichts entgegensteht, ist die Abwägung aller

155 Ausführlich Ruch, in: Kommentar RPG, Art. 16a Rz. 25 ff.; Waldmann/Hänni, Handkommentar RPG, Art. 16a Rz. 21 ff.
156 BGer, Urteil 1A.130/2000 und 1P.206/2000 vom 16. November 2000, E. 5b.
157 Vgl. Rz. 3.52.
158 Vgl. Rz. 3.60.

für und gegen die Baute sprechenden öffentlichen und privaten Interessen koordiniert durchzuführen.[159]

Schliesslich verlangt Art. 34 Abs. 4 lit. c RPV, dass der **Betrieb voraussichtlich längerfristig bestehen kann.** Diese Voraussetzung soll sicherstellen, dass in der Landwirtschaftszone keine unnötigen neuen Bauten und Anlagen bewilligt werden, die bereits nach kurzer Zeit wieder leer stehen. Der voraussichtlich längerfristige Bestand kann beispielsweise mit einem Betriebskonzept belegt werden und steht in einer gewissen Abhängigkeit zur Grösse des Betriebs.[160] Die Notwendigkeit neuer Bauten und Anlagen soll seitens der rechtsanwendenden Behörden nur bejaht werden dürfen, wenn der fragliche Betrieb über eine Zeitspanne von 15–25 Jahre hinweg landwirtschaftlich oder gartenbaulich bewirtschaftet wird. Wenn bei realistischer Betrachtungsweise und unter Würdigung sämtlicher Umstände bereits im Zeitpunkt der Beurteilung des Baubewilligungsgesuchs zweifelhaft erscheint, ob der betreffende Betrieb längerfristig überlebensfähig sein wird oder die nicht vorhandene Überlebensfähigkeit gar offenkundig ist, dürfen keine Neubauten bewilligt werden. An den Nachweis der Notwendigkeit neuer Bauten und Anlagen sind demnach strenge Anforderungen zu stellen.[161] Ist die Existenz nachweislich längerfristig gesichert, erweist sich die Errichtung von Neubauten auch bei Nebenerwerbsbetrieben als zonenkonform.[162] 3.65

c) Intensivlandwirtschaftszonen (Art. 16a Abs. 3 RPG)

Bauten und Anlagen, die über eine innere Aufstockung hinausgehen, können gemäss Art. 16a Abs. 3 RPG bewilligt werden, wenn sie in einem Gebiet der Landwirtschaftszone erstellt werden sollen, das vom Kanton in einem **Planungsverfahren** dafür freigegeben wird. 3.66

Bauten und Anlagen, welche der bodenunabhängigen Bewirtschaftung dienen, gehen über die innere Aufstockung[163] hinaus, wenn der in Frage stehende Betrieb **überwiegend oder ausschliesslich bodenunabhängig** produziert, d.h. wenn die quantitativen Begrenzungen gemäss Art. 36 und 37 RPV überschritten werden. Solche Bauten und Anlagen sind nur zonenkonform, wenn sie in einem dafür freigegebenen Gebiet der Landwirtschaftszone erstellt werden (sog. Intensivlandwirtschaftszonen). Die Ausscheidung solcher Gebiete hat in einem Planungsverfahren zu erfolgen. Unter Anwendung einer gesamtheitlichen Optik haben die Kantone die bei der Gebietsausscheidung zu beachtenden Anforderungen entweder im kantonalen Richtplan oder in ihrer Planungs- und Baugesetzgebung in allgemeiner Weise festzulegen (vgl. Art. 38 RPV). Sowohl bei der Festlegung der entsprechen- 3.67

159 Vgl. BGer, Urteil 1A.154/2002 vom 22. Januar 2003, E. 5.1; WALDMANN/HÄNNI, Handkommentar RPG, Art. 16a Rz. 26 ff.; RUCH, in: Kommentar RPG, Art. 16a Rz. 27; BGE 121 II 72, E. 3; ARE, Erläuterungen RPV 2001/2007, S. 31 f.

160 ARE, Erläuterungen RPV 2001/2007, S. 32; WALDMANN/HÄNNI, Handkommentar RPG, Art. 16a Rz. 28; BGE 133 II 370, E. 5.

161 Botschaft RPG 1996, S. 531 f.

162 ARE, Erläuterungen RPV 2001/2007, S. 32.

163 Zum Begriff der inneren Aufstockung vgl. Rz. 3.52.

den Anforderungen als auch bei der Zonenausscheidung sind einerseits die allgemeinen Voraussetzungen gemäss Art. 16 RPG, andererseits die in Art. 1 und 3 RPG enthaltenen Ziele und Grundsätze des Raumplanungsrechts zu berücksichtigen. Insbesondere die in Art. 1 lit. a und d RPG genannten Ziele sowie die auf die Schonung der Landschaft ausgerichteten Grundsätze (Art. 3 Abs. 2 RPG) sind bei der Gebietsausscheidung von Bedeutung. Da Intensivlandwirtschaftszonen im Ergebnis bauliche Tätigkeit relativ weitgehend zulassen, rechtfertigte es sich beispielsweise, das bezüglich Bauzonen geltende Konzentrationsprinzip sinngemäss auch auf Intensivlandwirtschaftszonen anzuwenden, um zu vermeiden, dass einzelne Bauten und Anlagen für die bodenunabhängige Produktion über den gesamten Landschaftsraum verteilt werden. Die allgemeinen bundesrechtlichen Vorgaben können ferner durch eigenständige kantonale Kriterien ergänzt werden.[164]

3.68 Die Kantone können bei der Ausscheidung der in Frage kommenden Gebiete selbst entscheiden, welchem Planungsansatz sie folgen; die anzuwendende Methode wird vom Bundesrecht nicht vorgeschrieben. Es obliegt den Kantonen, festzulegen, ob sie vorschreiben, in welchen Gebieten Bauten und Anlagen für die bodenunabhängige Produktion grundsätzlich zulässig sind (Positivplanung), oder ob sie jene Gebiete bezeichnen, in denen entsprechende Bauten und Anlagen – z.B. aus Gründen des Landschaftsschutzes – ausgeschlossen sein sollen (Negativplanung). Um zu gewährleisten, dass die Zonenausscheidung nicht auf subjektiven Interessen eines Grundeigentümers beruht, hat der Freigabe von Gebieten für die bodenunabhängige Bewirtschaftung eine **sorgfältige Interessenabwägung** vorauszugehen. Es ist insbesondere auf Natur- und Landschaftsschutzgebiete Rücksicht zu nehmen. Ferner sollten Intensivlandwirtschaftszonen, wenn immer möglich, nicht in hochwertigem Land ausgeschieden werden und es ist der Sicherung von genügend Fruchtfolgeflächen Rechnung zu tragen.[165]

3.69 In der Intensivlandwirtschaftszone sind Bauten und Anlagen zonenkonform, sofern sie einer landwirtschaftlichen Nutzung dienen. Die Einzelheiten der **Zonenkonformität** ergeben sich aus den Zonenvorschriften, wie sie nach Massgabe des kantonalen Rechts bzw. des kantonalen Richtplans und unter Berücksichtigung der genannten bundesrechtlichen Grundsätze festgelegt worden sind. Als Beispiele für zonenkonforme Bauten sind Treibhäuser, Masthallen und andere Anlagen der bodenunabhängigen Landwirtschaft zu nennen. Zonenkonform sind ferner gemäss Art. 34 RPV auch Bauten und Anlagen für die Verarbeitung, Lagerung und den Verkauf der Produkte sowie die betriebsnotwendigen Wohnbauten.[166]

---

164 ARE, Erläuterungen RPV 2001/2007, S. 37 f.; BGE 141 II 50, E. 2.5 f.

165 ARE, Erläuterungen RPV 2001/2007, S. 37 f.; Waldmann/Hänni, Handkommentar RPG, Art. 16a Rz. 30 ff.; Vollzugshilfe zur Ausscheidung von Zonen nach Artikel 16a Abs. 3 RPG in Verbindung mit Artikel 38 RPV, Leitgerüst Interessenabwägung, S. 4 ff., in: ARE, Erläuterungen RPV 2001/2007.

166 Waldmann/Hänni, Handkommentar RPG, Art. 16a Rz. 33.

d) Bauten und Anlagen für die Pferdehaltung (Art. 16a^bis RPG)

Pferde werden heute in erster Linie zu Sport- und Freizeitzwecken gehalten oder für agrotouristische Tätigkeiten genutzt; die früher übliche Verwendung als Arbeitstier ist praktisch bedeutungslos geworden. Abgesehen von der Pferdezucht waren die meisten der heute ausgeübten Aktivitäten rund um das Pferd bis zur am 1. Mai 2014 in Kraft getretenen Teilrevision des RPG in der Landwirtschaftszone nicht oder nur beschränkt zonenkonform. Die **Lockerung der Bestimmungen,** welche die Haltung von Sport- und Freizeitpferden in der Landwirtschaftszone einschränkten oder verhinderten, gehen auf eine parlamentarische Initiative von Nationalrat Christophe Darbellay zurück.[167] 3.70

Die mit der Teilrevision des RPG vom 22. März 2013 umgesetzten **Neuregelungen beziehen sich auf drei Bereiche:** Neu wird nicht mehr zwischen der Haltung eigener und fremder Pferde unterschieden; auch die Pferdepension, d.h. das Zurverfügungstellen von Stallungen und Weiden für betriebsfremde Pferde gilt gleich wie die Pferdezucht als zonenkonform (Art. 16a^bis Abs. 1 RPG). Ferner können landwirtschaftliche Gewerbe einen befestigten Platz für die Nutzung der auf dem Betrieb gehaltenen Pferde und Einrichtungen wie Sattelkammern oder Umkleideräume errichten (Art. 16a^bis Abs. 2 und 3 RPG). Eine generelle Öffnung der Landwirtschaftszone für die Erstellung von Reithallen, Springgärten und Rundbahnen wurde jedoch bewusst nicht zugelassen. Anzumerken ist schliesslich, dass die Teilrevision des RPG verschiedene Erleichterungen mit sich gebracht hat, welche nicht nur der Pferdehaltung, sondern ganz allgemein der hobbymässigen Tierhaltung zugutekommen (Art. 24e RPG). 3.71

Gemäss Art. 16a^bis Abs. 1 RPG i.V.m. Art. 34b Abs. 1 RPV sind Bauten und Anlagen, die zur Haltung von Pferden nötig sind, auf einem bestehenden landwirtschaftlichen Gewerbe im Sinne von Art. 5 oder 7 BGBB zonenkonform, wenn dieses Gewerbe über eine überwiegende betriebseigene Futtergrundlage und Weiden für die Pferdehaltung verfügt. Somit dürfen neue Bauten und Anlagen für die Pferdehaltung nur auf **landwirtschaftlichen Gewerben im Sinne des BGBB** errichtet werden. Gemäss Art. 34b Abs. 2 RPV können bei Landwirtschaftsbetrieben, die unterhalb der Gewerbegrenze liegen, immerhin aber die Umnutzung bestehender Bauten und Anlagen für die Haltung von Pferden sowie die für eine tiergerechte Haltung notwendigen Aussenanlagen als zonenkonform bewilligt werden. 3.72

Ein Betrieb, der Pferde halten will, muss diese in erster Linie in den bestehenden Bauten und Anlagen unterbringen. Die Erstellung neuer Bauten und Anlagen ist nur zulässig, wenn ein objektiver Bedarf dafür vorhanden ist und der Gebäudebestand dem betrieblich ausgewiesenen Flächen- und Volumenbedarf entspricht. (Dies ergibt sich aus Art. 34 Abs. 4 RPV. Diese Bestimmung ist auch bei der Erstellung von Bauten und Anlagen für die Pferdehaltung anwendbar, was Art. 34b Abs. 6 RPV ausdrücklich festhält.[168]) Ferner sind Bauten und Anlagen für die Pferdehaltung auf einem **bestehenden landwirtschaftlichen Gewerbe** nur zulässig, wenn eine überwiegende betriebseigene Futtergrundlage und Weiden für die Pferdehaltung vorhanden sind. Die Voraussetzungen, welche das für den täglichen Auslauf 3.73

---

167 Ausführlich Bericht Pa.Iv. RPG 2012, S. 6591 f.

168 Vgl. auch BGer, Urteil 1C_144/2013 vom 29. September 2014, E. 4.2 ff. mit Hinweisen zur Standortwahl.

wettertauglich eingerichtete Gehege (Allwetterauslauf) erfüllen muss, werden von Art. 34b Abs. 3 RPV festgelegt.

3.74 Mit den in den Art. 16a^{bis} Abs. 1 RPG und Art. 34b Abs. 2 RPV festgelegten Voraussetzungen soll einerseits **verhindert** werden, dass Nichtlandwirte «Landwirtschaftsbetriebe» gründen, um Wohnhäuser und Reitställe in der Landwirtschaftszone zu errichten; andererseits soll generell die Entstehung grosser Reitbetriebe irgendwo in der Landwirtschaftszone vermieden werden.[169] Nicht zulässig ist die Errichtung neuer Wohnbauten im Zusammenhang mit der Haltung und Nutzung von Pferden (Art. 34b Abs. 5 RPV). Erfordert die vorgesehene Pferdehaltung eine dauernde Überwachung der Tiere vor Ort, muss entsprechender Wohnraum bereits vorhanden sein.

3.75 Neben Bauten und Anlagen für die Haltung von Pferden sind auf einem bestehenden landwirtschaftlichen Gewerbe im Sinne von Art. 5 oder 7 BGBB auch Bauten und Anlagen zonenkonform, die der **Nutzung von Pferden** dienen. Gemäss der Tierschutzverordnung gilt als Nutzung die Arbeit unter dem Sattel, an der Hand oder im Geschirr sowie die Bewegung durch die Führmaschine (Art. 2 Abs. 3 lit. o Ziff. 1 TSchV). Als zonenkonform gelten gemäss Art. 16a^{bis} Abs. 2 RPG befestigte Plätze für die Nutzung der auf dem Betrieb gehaltenen Pferde. Die konkrete Ausgestaltung solcher Plätze (wie Reitplätze, Longierzirkel, Dressurvierecke oder Führanlagen) wird in Art. 34b Abs. 4 RPV geregelt. Demnach dürfen die entsprechenden Bauten und Anlagen nur für die Nutzung der auf dem Betrieb gehaltenen Pferde verwendet werden[170], sie sind in unmittelbarer Nähe der betrieblichen Bauten und Anlagen zu errichten und dürfen nicht umwandet oder überdacht werden (mit Ausnahme der Führanlagen, bei welchen eine Überdachung der Laufbahn zulässig ist). Die Ausstattung mit einer angemessenen Beleuchtungsanlage ist zulässig, hingegen sind Lautsprecheranlagen nicht zonenkonform. Die Plätze für die Nutzung müssen ohne grossen Aufwand wieder entfernt werden können und dürfen maximal 800 m^2 umfassen, wobei die Fläche der Führanlagen nicht angerechnet wird. Die maximal zulässige Fläche kann auf mehrere Plätze aufgeteilt werden.[171]

3.76 Ferner können gemäss Art. 16a^{bis} Abs. 3 RPG in der Landwirtschaftszone **Einrichtungen wie Sattelkammern oder Umkleideräume** zonenkonform errichtet werden, sofern sie mit der Nutzung der Pferde in einem unmittelbaren Zusammenhang stehen.[172] Die Dimension der Einrichtungen ist abhängig von der Anzahl Pferdeplätze. Wenn immer möglich ist der Bedarf zunächst durch Raumreserven in den bestehenden Gebäuden abzudecken (vgl. Art. 34 Abs. 4 lit. a RPV).[173]

169 Vgl. zum Ganzen Bericht Pa.Iv. RPG 2012, S. 6595; ARE, Erläuterungen RPV 2014, S. 20.

170 Gewerbliche Angebote wie z.B. Reitunterricht oder Hippotherapie sind in der Landwirtschaftszone nicht zonenkonform, gelten als nichtlandwirtschaftlicher Nebenbetrieb und sind im Rahmen und unter den Voraussetzungen von Art. 24b RPG zu beurteilen; vgl. ARE, Erläuterungen RPV 2014, S. 23.

171 Vgl. Bericht Pa.Iv. RPG 2012, S. 6596; ARE, Erläuterungen RPV 2014, S. 23.

172 Nicht als zonenkonform erachtet wird das sogenannte «Reiterstübli» im Sinne einer Besenwirtschaft, da es am unmittelbaren Bezug fehlt.

173 Bericht Pa.Iv. RPG 2012, S. 6596.

Im Übrigen müssen die Voraussetzungen von **Art. 34 RPV** erfüllt sein (Art. 34b Abs. 6 RPV). In diesem Zusammenhang ist darauf hinzuweisen, dass dort, wo Art. 16a^{bis} RPG und Art. 34b RPV spezielle Vorschriften enthalten, diese den allgemeinen Bestimmungen vorgehen. Dies gilt namentlich für die Wohnbauten sowie für die Bestimmungen über die bodenunabhängige Tierhaltung. Die Bestimmungen über die innere Aufstockung (Art. 16a Abs. 2 RPG, Art. 36 RPV) kommen deshalb bei der Pferdehaltung nicht zur Anwendung, ebensowenig jene über die Speziallandwirtschaftszonen (Art. 16a Abs. 3 RPG).[174] 3.77

e) Bauten und Anlagen zur Gewinnung von Energie aus Biomasse (Art. 16a Abs. 1bis RPG)

Mit dem Ziel, die **Nebenerwerbsmöglichkeiten für die Landwirtschaft** zu verbessern, wurde Art. 16a RPG im Rahmen der am 1. September 2007 in Kraft getretenen Teilrevision um einen zusätzlichen Absatz erweitert. Abs. 1bis eröffnet den Landwirtschaftsbetrieben bessere Möglichkeiten, um aus Biomasse Energie zu gewinnen, wodurch zusätzliche Arbeits- und Einkommensmöglichkeiten geschaffen werden. Ein weiterer wichtiger Grund dieser Privilegierung liegt im Beitrag an die Erreichung der energie- und klimapolitischen Ziele.[175] 3.78

Bauten und Anlagen zur Energiegewinnung aus Biomasse bzw. für damit im Zusammenhang stehende Kompostanlagen sind in der Landwirtschaftszone gemäss Art. 16a Abs. 1bis RPG zonenkonform, wenn die auf einem Landwirtschaftsbetrieb verarbeitete Biomasse einen hinreichend engen Bezug zum Landwirtschaftsbetrieb hat. Um die Wirtschaftlichkeit solcher Betriebe gewährleisten zu können, dürfen auch nichtlandwirtschaftliche Co-Substrate zugeführt werden, wobei die Masse der verarbeiteten Substrate mehrheitlich aus landwirtschaftlichen Quellen stammen muss. Unter **Biomasse** im Sinne von Art. 16a Abs. 1bis RPG ist sämtliches durch Fotosynthese direkt oder indirekt erzeugtes organisches Material zu verstehen, welches nicht über geologische Prozesse verändert wurde. Die Nutzung von Brennholz ist wohl die wichtigste und traditionsreichste Nutzung der Biomasse als Energieträger. Unter dem Begriff **Energiegewinnung** ist der Prozess zu verstehen, welcher die in der Biomasse gebundene Energie in eine besser verfügbare, besser transportierbare, besser lagerbare und hochwertigere Form umwandelt.[176] 3.79

Welche Bauten und Anlagen konkret gestützt auf Art. 16a Abs. 1bis RPG zulässig sind, wird in Art. 34a Abs. 1 RPV präzisiert. Die Ausführungsbestimmungen nennen zunächst die Gewinnung von Brenn- und Treibstoffen sowie die wärmegekoppelte Produktion von Strom aus den gewonnenen Brenn- oder Treibstoffen. Ferner sind auch Bauten und Anlagen zonenkonform, die der Umwandlung der Energie nur indirekt dienen, d.h. denen im Umwandlungsprozess lediglich eine Hilfsfunktion zukommt. Sodann ist die Errichtung von Leitungen für den Transport der Energie zu den geeigneten Abnehmern sowie für die Zuführung der Biomasse und den Abtransport der nach der Energiegewinnung anfallenden Stoffe zonenkonform. 3.80

174 ARE, Erläuterungen RPV 2014, S. 24.
175 Vgl. Botschaft RPG 2005, S. 7101 f. und 7109.
176 ARE, Erläuterungen RPV 2007, S. 1 f.

Ausserdem können Bauten und Anlagen errichtet werden, um die zugeführte Biomasse aufzubereiten (z.B. Sortieren und Schreddern von Grüngut) und um die nach der Energiegewinnung anfallenden Stoffe nachzubehandeln (z.B. die nötigen Anlagen zur Kompostierung dieser Restprodukte).[177]

3.81 Sodann sind gemäss Art. 34a Abs. 1bis RPV Bauten und Anlagen zulässig, die für die Produktion von Wärme aus verholzter Biomasse und die Verteilung dieser Wärme benötigt werden. Diese Bestimmung ist für Anlagen konzipiert, mit welchen Bauten und Anlagen in einer Bauzone versorgt werden. Landwirtschaftliche Bauten können bereits gestützt auf Art. 16a Abs. 1 RPG und Art. 34 RPV an eine entsprechende, energieeffiziente Anlage angeschlossen werden. Da die **Erschliessung der Bauzone mit Heizwärme** vom Landwirtschaftsbetrieb weder direkt noch indirekt zu neuem Gebäudevolumen in der Landwirtschaftszone führen darf, schreibt Art. 34a Abs. 1bis lit. a RPV vor, dass die notwendigen Installationen in bestehenden, landwirtschaftlich nicht mehr benötigten Bauten innerhalb des Hofbereichs des Standortbetriebs untergebracht werden müssen. Von dieser Vorschrift nicht erfasst sind naturgemäss erdverlegte Leitungen in die Bauzone. Die einzelnen Anlageteile müssen ferner den jeweils aktuellen Standards hoher Energieeffizienz entsprechen (Art. 34a Abs. 1bis lit. b RPV). In diesem Zusammenhang kann auf die Mustervorschriften der Kantone im Energiebereich abgestellt oder auch die detaillierte Schweizer Norm 565 384/1 «Zentralheizungen» des SIA von 1991 beigezogen werden. Wo es für Geräte Effizienzklassen gibt, ist regelmässig die höchste Effizienzklasse zu verlangen.[178]

3.82 Art. 16a Abs. 1bis RPG verlangt, dass die verarbeitete Biomasse einen **engen Bezug zur Landwirtschaft sowie zum Standortbetrieb** aufweisen muss. Diese Voraussetzung wird in Art. 34a Abs. 2 RPV präzisiert. Zum einen wird in der Verordnung vorgeschrieben, dass die verarbeiteten Substrate zu mehr als der Hälfte ihrer Masse vom Standortbetrieb oder aus Landwirtschaftsbetrieben stammen müssen; zum anderen darf die Quelle der verarbeiteten Biomasse (welche vom Standortbetrieb oder von anderen Landwirtschaftsbetrieben stammt) nicht ausserhalb einer Fahrdistanz von 15 km liegen. Für die energiereichen nichtlandwirtschaftlichen Co-Substrate gilt eine Fahrdistanz von maximal 50 km, wobei Ausnahmen nicht gänzlich ausgeschlossen sind.[179] Das Erfordernis des engen Bezugs der verarbeiteten Biomasse zur Landwirtschaft sowie zum Standortbetrieb soll verhindern, dass unsinnig weite Transporte durchgeführt werden. Die Erteilung einer Ausnahmebewilligung rechtfertigt sich demnach nur, wenn der durch die Transporte verursachte Verkehr in einem vernünftigen Verhältnis zu den mit der Energiegewinnung verfolgten energie-, umwelt- und landwirtschaftspolitischen Zielen steht. Ausnahmebewilligungen dürfen nur in besonderen Situationen erteilt werden, um ungerechtfertigte Härtefälle zu mildern und um planerisch oder baulich unerwünschte Lösungen, die dem öffentlichen Interesse zuwiderlaufen, zu vermeiden. Im Inter-

177 Vgl. zum Ganzen ARE, Erläuterungen RPV 2007, S. 2.

178 ARE, Erläuterungen RPV 2012, S. 6 f.

179 Die Ausnahmebewilligung wird von der Bewilligungsbehörde zusammen mit der ursprünglichen Baubewilligung oder aber später bei Auftreten des entsprechenden Bedarfs erteilt.

esse der Rechtssicherheit und zur Erleichterung des Vollzugs ist möglichst präzise anzugeben, worauf sich die bewilligte Ausnahme bezieht und unter welchen Voraussetzungen sie erfolgt.[180]

Die Möglichkeit eines Nebenerwerbs durch die Erstellung und den Betrieb von Energiegewinnungsanlagen steht allen landwirtschaftlichen Betrieben offen, sofern sich die ganze Anlage zur Energiegewinnung dem Landwirtschaftsbetrieb unterordnet und einen Beitrag dazu leistet, dass die erneuerbaren Energien effizient genutzt werden (Art. 34a Abs. 3 RPG). Die **Unterordnung** hat sowohl in wirtschaftlicher als auch in räumlicher Sicht zu erfolgen. Die Einkünfte aus der Energiegewinnung müssen geringer ausfallen als jene aus der Landwirtschaft.[181] Sofern das Gegenteil der Fall ist und das erwirtschaftete Einkommen mehrheitlich aus der Energiegewinnung stammt oder die dazugehörigen Bauten mehrheitlich fremdfinanziert werden, rechtfertigt sich ein Standort in der Landwirtschaftszone nicht.[182] Sodann müssen sich Bauten und Anlagen auch räumlich unterordnen, was bedeutet, dass neue Bauten und Anlagen an bestehenden Bauten angrenzen oder, soweit die örtlichen Gegebenheiten dies erlauben, an die Stelle bestehender, nicht mehr benötigter (landwirtschaftlicher) Bauten treten müssen. An die räumliche Unterordnung dürfen jedoch nicht zu hohe Anforderungen gestellt werden, da Biogasanlagen grundsätzlich voluminös sind und deshalb eine räumliche Unterordnung schwierig ist.[183] 3.83

Schliesslich müssen sämtliche Voraussetzungen von Art. 34 Abs. 4 RPV erfüllt sein, damit Energiegewinnungsanlagen in der Landwirtschaftszone zonenkonform errichtet werden können. Mit anderen Worten bedeutet dies, dass Bewilligungen für Bauten oder Anlagen zur Energiegewinnung aus Biomasse nur für Landwirtschaftsbetriebe erteilt werden können, die voraussichtlich **längerfristig bestehen** können. Sodann ist eine **umfassende Interessenabwägung** vorzunehmen und die Bauten und Anlagen müssen für die Energiegewinnung **benötigt** werden.[184] 3.84

Bauten und Anlagen, die dem Zweck der Energiegewinnung aus Biomasse dienen, stellen grundsätzlich weder einen Mehrwert für die Landschaft dar noch eignen sie sich für andere Nutzungen. Art. 16a Abs. 1bis RPG verlangt deshalb, dass Bauten und Anlagen nur entsprechend dem bewilligten Zweck verwendet werden dürfen und **zu beseitigen** sind, sofern sie für die Energiegewinnung nicht mehr genutzt werden. Die Baubewilligung ist mit einer entsprechenden Bedingung zu verbinden.[185] 3.85

---

180 Botschaft RPG 2005, S. 7111; zu den Ausnahmen vgl. auch BÜHLMANN/KISSLING, Biomasse, S. 5 f.

181 Nach Auffassung der Schweizerischen Vereinigung für Landesplanung muss der Anteil des Einkommens aus der Energiegewinnung im Zeitpunkt der Baubewilligung klar tiefer als 50 Prozent liegen; vgl. BÜHLMANN/KISSLING, Biomasse, S. 6 f.

182 BÜHLMANN/KISSLING, Biomasse, S. 6 f.

183 BÜHLMANN/KISSLING, Biomasse, S. 8.

184 Vgl. ARE, Erläuterungen RPV 2007, S. 3; insbesondere zur Frage der Interessenabwägung: BGer, Urteil 1C_437/2009 vom 16. Juni 2010 (ZBl 2011 209 ff.).

185 Botschaft RPG 2005, S. 7110.

f) Solaranlagen (Art. 18a RPG)

3.86 Zonenkonform ist auch die Errichtung von Solaranlagen in der Landwirtschaftszone. Anders als andere Bauten und Anlagen bedürfen Solaranlagen (z.B. Sonnenkollektoren zur Wärmegewinnung, Photovoltaik-Anlagen zur Stromproduktion) seit der am 1. Mai 2014 in Kraft getretenen Teilrevision des Raumplanungsgesetzes vom 15. Juni 2012 jedoch **keiner Baubewilligung** nach Art. 22 Abs. 1 RPG, sofern die auf den Dächern[186] angebrachten Solaranlagen genügend angepasst sind und kein Kultur- oder Naturdenkmal von kantonaler oder nationaler Bedeutung betreffen. Solche Vorhaben sind lediglich der zuständigen Behörde – vor Baubeginn – zu melden (Art. 18a RPG[187], Art. 32a Abs. 3 RPV).[188]

3.87 Wann eine Solaranlage **auf einem Dach genügend angepasst,** d.h. optisch gut auf der Dachfläche eingepasst ist, wird in Art. 32a Abs. 1 RPV konkretisiert. Diese relativ präzisen Anforderungen an die Konstruktion und Gestaltung der Solaranlage auf Dachflächen sind abschliessend und müssen kumulativ erfüllt sein, damit die Anlage bewilligungsfrei errichtet werden kann.[189] Vorgeschrieben wird, dass eine Solaranlage die Dachfläche im rechten Winkel um höchsten 20 cm überragen und von vorne und von oben gesehen nicht über die Dachfläche hinausragen darf (Art. 32a Abs. 1 lit. a und b RPV). Ferner muss die Solaranlage nach dem Stand der Technik reflexionsarm ausgeführt werden, damit sie keine Störungen verursacht, und sie muss als kompakte Fläche zusammenhängen. Das Erfordernis der zusammenhängenden Fläche bezieht sich jeweils nur auf eine Dachfläche; demnach ist es zulässig, auf einem Satteldach auf beiden Seiten eine Solaranlage bewilligungsfrei einzubauen. Zusammenhängend heisst aber nicht lückenlos. Sofern eine Solaranlage auch mit allfälligen Aussparungen (z.B. für Dachfenster oder andere geometrische Formen) kompakt wirkt und das Erscheinungsbild einer zusammenhängenden Gesamtfläche wahrt, dürfen zwischen einzelnen Anlagen auch Restflächen liegen.[190]

3.88 Art. 32a Abs. 2 RPV ermächtigt die Kantone, zusätzlich zu den bundesrechtlichen Vorgaben konkrete Gestaltungsvorschriften zu erlassen bzw. anzuwenden, wenn sie zur Wahrung berechtigter Schutzanliegen verhältnismässig sind und die Nutzung der Sonnenenergie nicht stärker einschränken als Abs. 1. Sofern die Kantone die Regelung bezüglich Ästhetik, Denkmal- und Ortsbildschutz an die Gemeinden delegiert haben, sind auch die kommunalen Gestaltungsvorschriften massgebend. Aufgrund dieser Ermächtigung haben die Kantone bzw. die Gemeinden die Möglichkeit, auf kantonale, regionale oder lokale Eigenheiten zugeschnittene **Gestaltungsvorschriften für Solaranlagen** auszuarbeiten. Nicht ausdrücklich geregelt ist

---

186 Von der Baubewilligungspflicht befreit sind lediglich auf Dächern montierte Anlagen. Solaranlagen an Fassaden, auf Bauten und Anlagen, die keine Bedachung aufweisen, sowie freistehende Anlagen unterstehen nach dem klaren Wortlaut von Art. 18a Abs. 1 RPG der Baubewilligungspflicht.

187 Der räumliche Geltungsbereich von Art. 18a RPG erstreckt sich auf Bauzonen und die Landwirtschaftszone sowie auf Intensivlandwirtschaftszonen nach Art. 16a Abs. 3 RPG. Art. 18a RPG gilt jedoch nicht für Schutzzonen nach Art. 17 RPG (vgl. Jäger, Solaranlagen, S. 4 f.).

188 Vgl. ARE, Erläuterungen RPV 2014, S. 16 f.

189 Jäger, Solaranlagen, S. 9.

190 Ausführlich ARE, Erläuterungen RPV 2014, S. 14 f.; Jäger, Solaranlagen, S. 10.

jedoch, in welchem Verhältnis die kantonalen und kommunalen Gestaltungsvorschriften zu den bundesrechtlichen Vorgaben stehen und wer prüft, ob die kantonalen und kommunalen Gestaltungsvorschriften verhältnismässig sind und die Nutzung der Sonnenenergie nicht stärker einschränken als die bundesrechtliche Regelung. Aufgrund der Materialien ist davon auszugehen, dass die kantonalen und kommunalen Vorschriften alternativ zur bundesrechtlichen Regelung stehen und unter den Voraussetzungen von Art. 32a Abs. 2 RPV Bestand haben.[191]

3.89 Ist die **bewilligungsfreie** Errichtung einer Solaranlage aufgrund fehlender Voraussetzungen **nicht möglich,** muss auf ein Solarprojekt nicht zwingend verzichtet werden. Entfällt die bundesrechtliche Baubewilligungsfreiheit, bedeutet dies zunächst lediglich, dass der Projektträger ein Baugesuch einreichen und das kantonale bzw. kommunale Baubewilligungsverfahren durchgeführt werden muss, was zu einem höheren Zeitbedarf und höheren Kosten führt. Die Kantone haben jedoch gestützt auf Art. 18a Abs. 2 RPG die Kompetenz, die Baubewilligungspflicht unter bestimmten Voraussetzungen einzuschränken oder auszudehnen. Die Kantone können bestimmte, ästhetisch wenig empfindliche Typen von Bauzonen festlegen, in denen auch andere Solaranlagen ohne Baubewilligung erstellt werden können; in klar umschriebenen Typen von Schutzzonen können sie eine Baubewilligungspflicht vorsehen.[192]

3.90 Die bewilligungsfreie Errichtung von Solaranlagen ist ausgeschlossen, wenn es um die Anbringung von Solaranlagen auf **Kultur- und Naturdenkmälern** von kantonaler oder nationaler Bedeutung geht. Solche Anlagen sind gemäss Art. 18a Abs. 3 RPG stets bewilligungspflichtig, und die ersuchte Bewilligung darf nur erteilt werden, wenn die Denkmäler durch die Solaranlagen nicht wesentlich beeinträchtigt werden. Der Begriff des Kulturdenkmals wird auf Verordnungsstufe präzisiert. Art. 32b RPV enthält eine Liste der erfassten Kulturdenkmäler von kantonaler oder nationaler Bedeutung; es wird u.a. auf die Kulturgüterschutzverordnung, das Bundesinventar der schützenswerten Ortsbilder von nationaler Bedeutung mit Erhaltungsziel A, auf andere Inventare und auf Art. 13 NHG verwiesen. Die bundesrechtliche Bezeichnung der Kulturdenkmäler von kantonaler Bedeutung erweist sich jedoch als schwierig. Aus diesem Grund wurde mit Art. 32b lit. f RPV ein Auffangtatbestand geschaffen, wonach die Kantone Objekte von kantonaler Bedeutung im kantonalen Richtplan bezeichnen können. Nicht unter die Baubewilligungspflicht fallen gemäss dem klaren Wortlaut von Art. 18a Abs. 3 RPG Anlagen auf Kultur- oder Naturdenkmälern von regionaler sowie von lokaler bzw. kommunaler Bedeutung. Bei solchen Schutzobjekten ist kein Baubewilligungsverfahren durchzuführen, sofern die weiteren Voraussetzungen für eine Befreiung von der Bewilligungspflicht erfüllt sind.[193]

3.91 Unabhängig davon, ob für die Errichtung der Solaranlage eine Baubewilligungspflicht besteht oder nicht, muss das Solarprojekt den Anforderungen des **materiellen Baurechts** entsprechen. Die materiellen Vorgaben an die Solaranlagen enthal-

191 ARE, Erläuterungen RPV 2014, S. 15; Jäger, Solaranlagen, S. 11.
192 ARE, Erläuterungen RPV 2014, S. 19; Jäger, Solaranlagen, S. 15.
193 Ausführlich Jäger, Solaranlagen, S. 13 f.

ten primär das kantonale und das kommunale Baurecht und unter Umständen auch die Bundesgesetzgebung. In Bezug auf ästhetische und gestalterische Anforderungen drängt Art. 18a Abs. 4 RPG das kantonale und kommunale Recht in materieller Hinsicht deutlich zurück, indem generell vorgeschrieben wird, dass die Interessen an der Nutzung der Solarenergie auf bestehenden oder neuen Bauten den ästhetischen Anliegen grundsätzlich vorgehen. Die Nutzungsinteressen werden grundsätzlich über allgemeine Schutzinteressen gestellt.[194]

3.92 Abschliessend kann festgehalten werden, dass Art. 18a RPG und Art. 32a und 32b RPV die kantonalen Kompetenzen deutlich einschränken. Die genannten Bestimmungen sind – mit Ausnahme von Art. 18a Abs. 2 RPG – **direkt anwendbar** und bedürfen grundsätzlich keiner kantonalen Umsetzung. Eine kantonale Anschlussgesetzgebung ist lediglich für das erwähnte Meldeverfahren zwingend.[195]

2. Übrige Bereiche ausserhalb der Bauzonen

a) Wald

3.93 Im Raumplanungsgesetz wird weder der Begriff «Wald» definiert noch finden sich Regelungen zum Schutz des Waldes. Das Waldareal wird gemäss Art. 18 Abs. 3 RPG durch die «Forstgesetzgebung» (WaG und WaV) umschrieben und geschützt. In der Waldgesetzgebung wird jedoch an mehreren Stellen auf die Raumplanung Bezug genommen. Art. 11 WaG stellt beispielsweise klar, dass auch für Bauten und Anlagen im Wald eine Bewilligungspflicht nach Art. 22 RPG besteht.[196] Die besonderen Voraussetzungen der Bewilligungsfähigkeit von Bauten und Anlagen im Wald werden an anderer Stelle ausführlich dargelegt.[197]

b) Schutzzonen; weitere Zonen gemäss Art. 18 RPG

aa) Schutzzonen

3.94 Eine weitere Kategorie der vom Bundesrecht vorgeschriebenen Nutzungszonen neben den Bau- und Landwirtschaftszonen bilden die Schutzzonen. Gemäss Art. 17 Abs. 1 RPG umfassen Schutzzonen einerseits Bäche, Flüsse, Seen und ihre Ufer, andererseits besonders schöne sowie naturkundlich oder kulturgeschichtlich wertvolle Landschaften und bedeutende Ortsbilder, geschichtliche Stätten sowie Natur- und Kulturdenkmäler. Sodann umfassen Schutzzonen Lebensräume für schutzwürdige Tiere und Pflanzen.[198] Als **Beispiele** solcher Schutzzonen sind Naturschutzzonen, Landschaftsschutzzonen, Archäologiezonen, archäologische

194 Jäger, Solaranlagen, S. 17.
195 Jäger, Solaranlagen, S. 19.
196 Waldmann/Hänni, Handkommentar RPG, Art. 18 Rz. 48 ff.
197 Rz. 4.188 ff.
198 Ausführlich zu den einzelnen Schutzobjekten Waldmann/Hänni, Handkommentar RPG, Art. 17 Rz. 11 ff.; EJPD/BRP, Erläuterungen, Art. 17 Rz. 11 ff.; Häuptli, in: Kommentar BauG AG, § 15 Rz. 106.

Schutzzonen sowie Grundwasser- und Quellschutzzonen zu nennen (vgl. Art. 33–37 KRG GR; § 61 PBG ZH; §§ 40–42 und 114 ff. BauG AG).[199]

Wirksamer Schutz ist allerdings auch möglich, ohne Schutzzonen festzulegen. Auch mit anderen Mitteln kann ein Schutzziel erreicht werden – oftmals mit geringerem Aufwand. Aus diesem Grund räumt Art. 17 Abs. 2 RPG den Kantonen einen entsprechenden Spielraum ein. Das kantonale Recht kann an Stelle von Schutzzonen **andere geeignete Massnahmen** vorsehen, um die unter Art. 17 Abs. 1 RPG als schutzwürdig bezeichneten Objekte wirksam zu schützen.[200] 3.95

Schutzzonen im Sinne von Art. 17 RPG sind – wie auch Landwirtschaftszonen und Waldareale – grundsätzlich **Nichtbaugebiete.**[201] Bauten und Anlagen sind in Schutzzonen zulässig, sofern sie dem Schutzziel, welches die Schutzzonen anstreben, nicht entgegenstehen.[202] Schutzzonen können andere Nutzungszonen überlagern oder eigenständig sein. Überlagernde Schutzzonen sind sowohl innerhalb des Baugebiets als auch ausserhalb möglich, eigenständige Schutzzonen werden grundsätzlich im Nichtsiedlungsgebiet festgesetzt.[203] Die Einzelheiten der Zonenkonformität ergeben sich aus den kantonalrechtlichen Zonenvorschriften. Im Übrigen ist auch in Schutzzonen die Errichtung von nicht zonenkonformen Bauvorhaben nicht gänzlich ausgeschlossen. Nicht zonenkonforme Bauten und Anlagen können allenfalls gestützt auf Art. 23 oder 24 ff. RPG bewilligt werden, abhängig davon, ob sie sich in der mit einer Schutzzone überlagerten Bauzone (Art. 23 RPG) oder ausserhalb einer Bauzone (Art. 24 ff. RPG) befinden. 3.96

bb) Weitere Zonen gemäss Art. 18 RPG

Art. 18 Abs. 1 RPG räumt den Kantonen die Kompetenz ein, neben den in den Art. 15–17 RPG definierten Zonen (Bauzonen, Landwirtschaftszonen und Schutzzonen) weitere Nutzungszonen vorzusehen. Der Grund für die Verfeinerung und Ergänzung der vom RPG vorgegebenen Grundnutzungsordnung liegt in der Grobmaschigkeit der vorgegebenen Hauptzonen. Die Kantone dürfen (bzw. müssen[204]) die **bundesrechtlichen Regelungen ausgestalten, verfeinern** und auch **ergänzen.** Die weiteren Zonen und Gebiete dürfen die durch Art. 15–17 RPG geschaffene bundesrechtliche Ordnung jedoch nicht unterlaufen. Die Gestaltungsfreiheit der Kantone wird durch den Grundsatz der Trennung zwischen Bau- und Nichtbaugebiet begrenzt. Die kantonalen Zonen müssen folglich entweder Bauzonen im Sinne 3.97

---

199 WALDMANN/HÄNNI, Handkommentar RPG, Art. 17 Rz. 3 f.

200 WALDMANN/HÄNNI, Handkommentar RPG, Art. 17 Rz. 27 ff.; EJPD/BRP, Erläuterungen, Art. 17 Rz. 6 ff. Für weitere detaillierte Ausführungen zu den Schutzzonen wird auf Rz. 1.103 ff. und Rz. 4.120, 4.138 ff. verwiesen.

201 BGE 123 II 499, E. 3b/bb.

202 EJPD/BRP, Erläuterungen, Art. 17 Rz. 1.

203 HÄUPTLI, in: Kommentar BauG AG, § 15 Rz. 109 f.

204 Trotz der «Kann-Vorschrift», handelt es sich um eine Pflicht der Kantone, weitere Zonen vorzusehen, da es Aufgabe der Kantone ist, eine umfassende, flächendeckende und situationsgerechte Nutzungsplanung vorzunehmen. Detailliert dazu WALDMANN/HÄNNI, Handkommentar RPG, Art. 18 Rz. 3.

von Art. 15 RPG oder Nichtbauzonen sein. Die Hauptnutzungsarten der Art. 15–17 RPG können durch weitere Zonen untergliedert werden, oder aber es können neue Zonen definiert werden, welche entweder selbständig zu den Hauptnutzungsarten des RPG hinzutreten oder diese überlagern.[205] Nach der hier vertretenen Auffassung[206] stellen die Untergliederungen der Bauzone in Industrie-, Gewerbe-, Kern-, Wohn-, Altstadtzonen usw. sowie die Unterteilung der Landwirtschaftszone in beispielsweise Rebbau- oder Bauernhofzonen keine weiteren Zonen im Sinne von Art. 18 Abs. 1 RPG dar, sondern Bauzonen im Sinne von Art. 15 RPG bzw. Landwirtschaftszonen im Sinne von Art. 16 RPG. Weitere, zusätzliche Nutzungszonen bzw. überlagernde Zonen sind hingegen Grün-, Freihalte-, Erholungs-, Wintersport-, Abbau-, Deponie- und Gefahrenzonen. Diese Zonen stellen Nichtbaugebiet dar.[207]

3.98 Im Übrigen kennt das kantonale Recht auch vielfach besondere **Zonen für Weiler und Maiensässe.**[208] Diese Zonen bezwecken die Erhaltung bestehender Bauten, die ausserhalb der Bauzone liegen und vor dem Zerfall gerettet werden sollen. Gemäss Art. 33 RPV können zur Erhaltung bestehender Kleinsiedlungen ausserhalb der Bauzone in Anwendung von Art. 18 RPG beispielsweise Weiler- oder Erhaltungszonen bezeichnet werden, wenn der kantonale Richtplan (Art. 8 RPG) dies in der Karte oder im Text vorsieht. Um zu verhindern, dass das Verbot von Kleinstbauzonen durch die Anwendung von Art. 33 RPV umgangen wird, sind solche Zonen nur zulässig, wenn bereits eine Kleinbausiedlung, d.h. eine als geschlossene Einheit in Erscheinung tretende Baugruppe von mindestens fünf bis zehn bewohnten Gebäuden besteht. Ferner muss diese Kleinbausiedlung eine gewisse Stützpunktfunktion erfüllen und von der Hauptsiedlung klar getrennt sein.[209]

3.99 Gemäss Art. 18 Abs. 2 RPG kann kantonales Recht ferner Zonen vorsehen, deren **Nutzung noch nicht bestimmt** ist oder in denen eine bestimmte Nutzung **erst später zugelassen** wird. Der erstgenannte Fall betrifft Zonen mit einem sachlich unbestimmten Zweck. Der zweitgenannte Fall ermöglicht die Ausscheidung von Reservezonen, deren künftige Nutzung im Grundsatz bereits bekannt ist, jedoch im Rahmen des zu beurteilenden Planungshorizonts nicht zugelassen werden kann. Diese Zonen gehören zum Nichtbaugebiet. Sofern das kantonale Recht die zulässige Nutzung nicht umschreibt, ist die Erstellung von Bauten und Anlagen höchstens gestützt auf Art. 24 ff. RPG zulässig.[210]

---

205 WALDMANN/HÄNNI, Handkommentar RPG, Art. 18 Rz. 1 ff.

206 A.M. WALDMANN/HÄNNI, Handkommentar RPG, Art. 18 Rz. 4 ff.

207 GRIFFEL, Raumplanungs- und Baurecht, S. 109 f.; WALDMANN/HÄNNI, Handkommentar RPG, Art. 18 Rz. 4 ff.

208 Vgl. § 45 BauG AG sowie HÄUPTLI, in: Kommentar BauG AG, § 15 Rz. 102 ff.

209 BGE 119 Ia 300, E. 3a; detailliert dazu WALDMANN/HÄNNI, Handkommentar RPG, Art. 18 Rz. 38 f.

210 EJPD/BRP, Erläuterungen, Art. 18 Rz. 16; WALDMANN/HÄNNI, Handkommentar RPG, Art. 18 Rz. 42 ff.; BGE 123 I 175, E. 3b/cc.

III. Zonenwidrige Bauten und Anlagen ausserhalb der Bauzonen

A. Ausnahmebewilligung und Planungspflicht

Literatur

HEER PETER, Nichtbaugebiet; HUSER MEINRAD, Planungspflicht; MARTI ARNOLD, Planungspflicht; SCHMID GIAN, Projektbezogene Nutzungsplanung; TSCHANNEN PIERRE, in: Kommentar RPG, Art. 2; WIDMER DREIFUSS THOMAS, Sportanlagen, S. 40 ff.

Amtliche Publikationen

ARE, Merksätze Mobilfunkanlagen 2004.

1. Vorbehalt des planerischen Stufenbaus

Die **planungsrechtliche Entscheidfolge** lenkt und konkretisiert mit dem Richtplan, dem Nutzungsplan und der Baubewilligung die Anwendung der Ziele und Grundsätze der Raumplanung (Art. 1 und 3 RPG), der anderen materiellen Vorgaben des RPG und die Interessenabwägungen bei raumwirksamen Vorhaben.[211] Diese Planungsinstrumente und ihre Verfahren bilden somit «Orte typischer Entscheidungen»[212], die je eigene Wertungen zulassen und einem Entscheid eine je eigene Bedeutung und Legitimation verleihen.[213] 3.100

Zur **Funktion** der Baubewilligung und **der Ausnahmebewilligung nach Art. 24 RPG** in diesem planerischen «Stufenbau» hält das Bundesgericht Folgendes fest: 3.101

«Das Baubewilligungsverfahren dient […] der Abklärung, ob Bauten und Anlagen der im Nutzungsplan ausgedrückten räumlichen Ordnungsvorstellung entsprechen (Art. 22 RPG). Es bezweckt einzelfallweise Planverwirklichung, soll aber nicht selbständige Planungsentscheide hervorbringen. Das Baubewilligungsverfahren verfügt weder über das sachlich nötige Instrumentarium, noch ist es bezüglich Rechtsschutz und demokratische Legitimation geeignet, den Nutzungsplan im Ergebnis zu ergänzen oder zu ändern. Auch Ausnahmebewilligungen gemäss Art. 24 RPG haben den planerischen Stufenbau zu beachten. Ihr Entscheidungsbereich reicht […] weiter als derjenige der Baubewilligung, weil sie für Vorhaben erteilt werden, welche nicht dem Zweck einer Nutzungszone ausserhalb der Bauzone entsprechen.»[214]

Ausnahmebewilligungen nach Art. 24–24e RPG für das Bauen ausserhalb der Bauzonen stehen im Verbund mit der Baubewilligung auf der dritten Stufe der planungsrechtlichen Entscheidfolge; sie haben sich **in diesen «Stufenbau» einzufügen**[215], stehen mithin unter dem Vorbehalt, dass das Vorhaben keine einzelfallbezogenen Planungsentscheide erfordert (Planungspflicht). 3.102

---

211 Vgl. zum Ganzen statt vieler TSCHANNEN, in: Kommentar RPG, Art. 2; MARTI, Planungspflicht.
212 TSCHANNEN, in: Kommentar RPG, Art. 2 Rz. 27.
213 Vgl. TSCHANNEN, in: Kommentar RPG, Art. 2 Rz. 27 und 30.
214 BGE 116 Ib 50, E. 3a; vgl. auch BGE 140 II 262, E. 2.3.1.
215 Vgl. BGE 124 II 252, E. 3.

3.103 Umgekehrt darf in der Ausscheidung einer Nutzungszone auch **keine Umgehung von Art. 24 RPG** liegen. Nach neuerer Rechtsprechung des Bundesgerichts kann die Schaffung einer Spezialzone für ein konkretes Projekt im Nichtbaugebiet jedoch auch dann zulässig sein, wenn die materiellen Anforderungen von Art. 24 RPG, v.a. die Standortgebundenheit, nicht erfüllt sind. Dies unter der Voraussetzung, dass die Planungsmassnahme den Zielen und Grundsätzen der Raumplanung (Art. 1 und 3 RPG) entspricht und auf einer sachlichen Interessenabwägung beruht. Eine Umgehung von Art. 24 RPG liegt nach dieser Rechtsprechung hingegen vor, wenn mit der Planungsmassnahme eine unzulässige Kleinbauzone geschaffen wird oder wenn sie sonst auf einer sachlich nicht vertretbaren Interessenabwägung beruht. Kleinbauzonen, die keine zusätzliche Streubauweise bewirken, sondern einzig einer geringfügigen Erweiterung bereits bebauten Gebiets oder der massvollen Erweiterung bestehender Bauten dienen, sind mit einer entsprechenden Interessenabwägung zulässig.[216]

3.104 Unzulässige Kleinbauzonen sah das Bundesgericht beispielsweise in Zonenausscheidungen, welche die Erweiterung einer isolierten, bestehenden Pferdesportanlage bzw. eines Garagenbetriebs in der Landwirtschaftszone oder den Bau von Asylzentren ausserhalb des Siedlungsgebiets ermöglichen sollten.[217] Hingegen verneinte es eine Umgehung, als eine Gemeinde das Nutzungsplanverfahren wählte, obschon das Vorhaben wohl auch auf dem Weg einer Ausnahmebewilligung gemäss Art. 24 ff. RPG hätte bewilligt werden können.[218]

2. Kriterien der Planungspflicht

3.105 Planungspflicht bedeutet, dass «Bund, Kantone und Gemeinden […] die für ihre raumwirksamen Aufgaben nötigen Planungen» erarbeiten (Art. 2 Abs. 1 RPG). Im hier interessierenden Zusammenhang gilt es, die Ausnahmebewilligung nach Art. 24 RPG von projektbezogenen (Sonder-)Nutzungsplänen **abzugrenzen.** Die Frage lautet: Welche Vorhaben müssen vorgängig zum Bau- und Ausnahmebewilligungsverfahren auch ein objektbezogenes Nutzungsplanverfahren durchlaufen und bei welchen genügen die Beurteilungsspielräume im Rahmen von Art. 24 RPG? Der Gesetzeswortlaut – «nötige Planungen» – zeigt an, dass das Erfordernis einer Planung mit Blick auf das konkrete Vorhaben und seine Auswirkungen **verhältnismässig** sein muss.

3.106 Die erwähnte Frage entscheidet sich von Fall zu Fall anhand der **durch das Bundesgericht entwickelten Kriterien.**[219] Danach gilt in allgemeiner Weise Folgendes:

«Für Bauten und Anlagen, die ihrer Natur nach nur in einem Planungsverfahren angemessen erfasst werden können, dürfen […] keine Ausnahmebewilligungen erteilt werden. Wann ein

---

216 BGer, Urteil 1A.271/2005 vom 26. April 2006, E. 3.1 (ZBl 2007 30 ff.); vgl. auch BGE 119 Ia 300, E. 3b.

217 BGer, Urteil 1A.16/2006 vom 26. Juli 2006, E. 2.2.8; BGer, Urteil 1C_118/2011 vom 15. September 2011, E. 4.5; BGer, Urteil 1C_109/2014 vom 4. März 2015, E. 6.8.

218 BGer Urteil 1A.73/2002 vom 6. Oktober 2003, E. 4 (ZBl 2005 369 ff.); vgl. auch BGE 113 Ib 371, E. 5.

219 Vgl. MARTI, Planungspflicht, S. 354.

nicht zonenkonformes Vorhaben hinsichtlich seines Ausmasses und seiner Auswirkungen auf die Nutzungsordnung so gewichtig ist, dass es erst nach einer Änderung oder Schaffung eines Nutzungsplans bewilligt werden darf, ergibt sich aus der Planungspflicht (Art. 2 RPG), den Planungsgrundsätzen und -zielen (Art. 1 und 3 RPG), dem kantonalen Richtplan (Art. 6 ff. RPG) sowie der Bedeutung des Projekts im Lichte der im Raumplanungsgesetz festgelegten Verfahrensordnung (Art. 4 und 33 f. RPG; [...]).»[220]

Die Planungspflicht gilt somit für **grössere Vorhaben,** die nur mit den Mitteln der Planung sinnvoll erfasst werden können.[221] Im konkreten Fall bleiben Unsicherheiten, wann ein solches Vorhaben vorliegt. Der bundesgerichtlichen Rechtsprechung und der Literatur zur Planungspflicht lassen sich insbesondere die nachfolgend aufgeführten **allgemeinen Kriterien** entnehmen:[222] 3.107

- Räumliche Ausdehnung. Als Faustregel ist bei einer Flächenbeanspruchung von mehr als 5000 m^2 in der Regel von einer Planungspflicht auszugehen[223];
- Intensität der geplanten Nutzung, Konfliktpotenzial bzw. Abstimmungs- und Regelungsbedarf gegenüber anderen Nutzungen. Ist das Vorhaben z.B. Quelle beträchtlicher Immissionen oder Auslöser von starkem Verkehrsaufkommen, so ist die Planungspflicht gegeben;
- UVP-Pflicht, wobei für Änderungen an bestehenden Bauten oder Anlagen unter Umständen ein Ausnahmebewilligungsverfahren ausreichend ist;
- Bedarf nach einer aufwendigen Erschliessung.

Massgebend ist jedoch unabhängig von diesen einzelnen Gesichtspunkten stets eine **Gesamtwürdigung** der Umstände im Einzelfall. Den zuständigen kommunalen oder kantonalen Behörden kommt bei der Verfahrenswahl, zumindest in Grenzfällen, ein gewisses Ermessen zu.[224] 3.108

3. Kasuistik

In seiner Rechtsprechung zur Planungspflicht im Verhältnis zu Art. 24 RPG hat das Bundesgericht beispielsweise für die folgenden Vorhaben die **Planungspflicht verneint:**[225] Lawinenauslösesystem zur Sicherung einer Skipiste[226]; kleinere Schiessanlage[227]; Lärmsanierung eines Gemeindeschiessstandes als Teil einer 3.109

220 BGE 124 II 252, E. 3; BGer, Urteil 1C_7/2012 vom 11. Juni 2012 (ZBl 2013 281 ff.).
221 Marti, Planungspflicht, S. 355.
222 Vgl. etwa BGer, Urteil 1A.73/2002 vom 6. Oktober 2003, E. 4 (ZBl 2005 372 ff.); Marti, Planungspflicht, S. 361 ff.; Schmid, Projektbezogene Nutzungsplanung, S. 167 ff.
223 Vgl. BGE 116 Ib 131, E. 4b; Marti, Planungspflicht, S. 361.
224 Vgl. BGE 113 Ib 371, E. 5; BGer, Urteil 1A.73/2002 vom 6. Oktober 2003, E. 4 (ZBl 2005 369 ff.); Marti, Planungspflicht, S. 362 f.
225 Vgl. auch die Kasuistik bei Waldmann/Hänni, Handkommentar RPG, Art. 2 Rz. 29.
226 BGE 129 II 63, E. 2.
227 BGE 119 Ib 439, E. 4.

grösseren Schiessanlage[228]; einzelne Mobilfunkanlagen[229]; Reithalle[230]; Bootshafen als Ersatz für bestehende Bojenfelder[231].

3.110 Dagegen erachtete das Bundesgericht beispielsweise die folgenden Vorhaben als **planungspflichtig:**[232] Schiessanlagen mit UVP-Pflicht[233]; Kiesgruben und Deponien[234]; Einkaufszentrum[235]; Sportzentrum und Golfplätze[236]; ergänzende Anlageteile zu einem Camping in der angrenzenden Campingzone («Parallelität der Formen»)[237]; neue Hafenanlage mit 101 Bootsplätzen und einem Hafengebäude[238]; Standplatz für Fahrende[239].

B. Grundtatbestand (Art. 24 RPG)

Literatur

Aemisegger Heinz, Mobilfunkanlagen; Bandli Christoph, Bauen ausserhalb der Bauzonen; Griffel Alain, Raumplanungs- und Baurecht, S. 115 ff.; Heer Peter, Nichtbaugebiet; Jäger Christoph, in: Kommentar RPG, Art. 27a; Jäger Christoph, Kultusbauten, S. 131 f.; Karlen Peter, Ausnahmebewilligung; Kissling Samuel, Stichworte; Marti Arnold, Planungspflicht; Muggli Rudolf, in: Kommentar RPG, Art. 2, Vorbem. zu Art. 24–24d und 37a, Art. 24; Tschannen Pierre, in: Kommentar RPG, Art. 3; Waldmann Bernhard, Standortgebundenheit; Waldmann Bernhard/Hänni Peter, Handkommentar RPG, Art. 2, Vorbem. zu Art. 24, 24a–24d und 37a, Art. 24; Widmer Dreifuss Thomas, Sportanlagen, S. 229 ff.

1. Allgemeines und Anwendungsbereich

a) Ausnahme zum grundsätzlichen Bauverbot

3.111 Der in der Bundesverfassung verankerte Grundsatz der haushälterischen Bodennutzung verlangt, das Baugebiet vom Nichtbaugebiet zu trennen und die Siedlungstätigkeit auf das Baugebiet zu konzentrieren (Art. 75 Abs. 1 BV; siehe auch Art. 1 Abs. 1 RPG). Ausserhalb der Bauzonen gilt in Umsetzung des Trennungs- und Kon-

228 BGE 133 II 181, E. 5.2.1 und 5.2.3.
229 BGE 128 I 59, in der Amtlichen Sammlung nicht publizierte E. 6a.
230 BGE 124 II 391, E. 2a.
231 BGer, Urteil 1A.73/2002 vom 6. Oktober 2003, E. 4 (ZBl 2005 369 ff.).
232 Vgl. auch die Kasuistik bei Waldmann/Hänni, Handkommentar RPG, Art. 2 Rz. 28.
233 BGE 119 Ib 439, E. 4; BGer, Urteil 1A.183/2001 vom 18. September 2002, E. 6.6.
234 Zum Materialabbau z.B. BGE 123 II 88, BGE 113 Ib 225, E. 2b; BGE 112 Ib 26, E. 2a. Zur Ablagerung z.B. BGE 124 II 252, E. 3; BGE 116 Ib 50, E. 3.
235 BGE 120 Ib 436, E. 2d.
236 BGE 114 Ib 180, E. 3c; BGE 114 Ib 312, E. 3.
237 BGer, Urteil 1C_81/2008 vom 20. Juni 2008, E. 2.3. Vgl. auch BGer, Urteil 1A.42/2002 vom 15. Januar 2003, E. 2.2.1.
238 BGE 1A.73/2002 vom 6. Oktober 2003 E. 4 (ZBl 2005 369 ff.).
239 BGE 129 II 321, E. 3.

zentrationsgrundsatzes somit ein grundsätzliches **Bauverbot** für Bauten und Anlagen, die nicht dem Zonenzweck entsprechen.[240]

Mit einer Ausnahmebewilligung nach Art. 24 RPG wird das Bauverbot im Einzelfall ausnahmsweise durchbrochen und die **Errichtung oder Zweckänderung einer zonenwidrigen Baute oder Anlage** im Nichtbaugebiet gestattet. Diese Ausnahme dispensiert (nur) vom Erfordernis, dass Bauvorhaben und Nutzungen zonenkonform sein müssen (vgl. Art. 22 Abs. 2 lit. a RPG). Alle weiteren Baubewilligungsvoraussetzungen, namentlich das Erschliessungserfordernis und die Einhaltung der Baupolizeivorschriften, bleiben von dieser Ausnahme unberührt und müssen gleichermassen wie innerhalb der Bauzone erfüllt sein.[241] 3.112

Art. 24 RPG stellt den **Grundtatbestand** der Ausnahmebewilligungen zum Bauen ausserhalb der Bauzonen dar und entspricht Art. 24 Abs. 1 des RPG 1979. In Abgrenzung dazu regeln Art. 24c RPG, der dem früheren Art. 24 Abs. 2 RPG 1979 entspricht, sowie Art. 37a RPG die (erweiterte) Besitzstandsgarantie für rechtmässig erstellte Bauten und Anlagen, die nachträglich infolge einer Rechtsänderung, d.h. in Umsetzung des RPG durch Zuweisung des Grundstücks zu einer Nichtbauzone, zonenwidrig geworden sind.[242] Art. 24a, 24b, 24d und 24e RPG stellen ergänzend dazu verschiedene Spezialtatbestände dar, welche weitgehend ohne innere Systematik nach politischen Überlegungen ins Gesetz eingefügt worden sind. Sie erlauben, wie Art. 24 RPG, allerdings unter spezifischeren Voraussetzungen, die zonenwidrige Nutzung mit allfälligem Um- und Ausbau bestehender Gebäude ausserhalb der Bauzonen.[243] 3.113

Im Dienste des Verhältnismässigkeitsprinzips ermöglicht Art. 24 RPG die einzelfallgerechte, verhältnismässige Rechtsanwendung und soll helfen, unerwünschte Härten des Gesetzes zu vermeiden und besonderen Umständen Rechnung zu tragen. Ausnahmen müssen jedoch auch in diesem Bereich auf **echte Sonderfälle** beschränkt sein.[244] Das systematische Erteilen von Ausnahmebewilligungen in einer grossen Anzahl von Fällen ist verfassungs- und gesetzeswidrig. Sind die Voraussetzungen von Art. 24 RPG erfüllt, so besteht nach herrschender Auffassung ein Rechtsanspruch auf die Ausnahmebewilligung.[245] Das Erfordernis der Interessenabwägung sprengt jedoch den Rahmen blosser Rechtsanwendung, was den Rechtsanspruch in der Praxis relativiert. 3.114

---

240 Vgl. statt vieler Griffel, Raumplanungs- und Baurecht, S. 115; Muggli, in: Kommentar RPG, Vorbem. zu Art. 24–24d und 37a Rz. 12; Waldmann/Hänni, Handkommentar RPG, Vorbem. zu Art. 24, 24a–24d und 37a Rz. 1 f.

241 Griffel, Raumplanungs- und Baurecht, S. 120; Waldmann/Hänni, Handkommentar RPG, Vorbem. zu Art. 24, 24a–24d und 37a Rz. 1 und 6.

242 Ausführlicher Rz. 3.178 f.

243 Vgl. auch Rz. 3.150 ff.; Griffel, Raumplanungs- und Baurecht, S. 119 ff.; Karlen, Ausnahmebewilligung, S. 294 ff.; Waldmann/Hänni, Handkommentar RPG, Vorbem. zu Art. 24, 24a–24d und 37a Rz. 11 ff.

244 Vgl. allgemein Tschannen/Zimmerli/Müller, Verwaltungsrecht, § 44 Rz. 42 ff., insb. Rz. 49.

245 Vgl. Muggli, in: Kommentar RPG, Vorbem. zu Art. 24–24d und 37a Rz. 24; Waldmann/Hänni, Handkommentar RPG, Vorbem. Art. 24, 24a–24d und 37a Rz. 18.

b) Anwendungsbereich

3.115 Die Anwendung von Art. 24 RPG setzt Folgendes voraus:

- Es handelt sich um ein Neubauvorhaben oder um eine (Zweck-)Änderung einer (rechtmässig) bestehenden Baute oder Anlage, welche der **Baubewilligungspflicht** gemäss Art. 22 Abs. 1 RPG unterliegt[246];
- das Bauvorhaben liegt **ausserhalb einer Bauzone** nach Art. 15 RPG, d.h. in einer Landwirtschaftszone (Art. 16 oder 16a Abs. 3 RPG), in einer Schutzzone im Nichtbaugebiet (Art. 17 RPG), in einer anderen Nutzungszone ausserhalb des Baugebiets (sofern das Bauvorhaben vom Zonenzweck nicht gedeckt ist; Art. 18 Abs. 1 RPG)[247], im Wald (Art. 18 Abs. 3 RPG, Art. 11 WaG), im Gewässer oder Gewässerraum, im «ungezonten» Land (z.B. Hochgebirge, weisse Flächen im Zonenplan) oder in anderen Gebieten, deren Nutzung noch nicht bestimmt oder in denen eine bestimmte Nutzung erst später zugelassen ist (vgl. Art. 18 Abs. 2 RPG; z.B. Reservezonen)[248];
- das Vorhaben kann **nicht mit einer erleichterten Ausnahmebewilligung** gemäss Art. 24a–24e oder Art. 37a RPG bewilligt werden (Subsidiarität)[249];
- das Vorhaben unterliegt **nicht der Planungspflicht** gemäss Art. 2 RPG.[250]

c) Verhältnis zum kantonalen Recht

3.116 Innerhalb der Rahmenordnung des RPG gehört Art. 24 zu den Bestimmungen, die zur Durchsetzung und Absicherung des Trennungsgrundsatzes detailliert ausgestaltet und direkt gestützt auf Bundesrecht **im Einzelfall anwendbar** sind.[251] Der Grundtatbestand ist bundesrechtlich abschliessend geregelt; die Kantone dürfen dessen Voraussetzungen, insbesondere die Standortgebundenheit, nach dem Sinn und Zweck der Regelung nicht abändern.[252]

2. Bewilligungsvoraussetzungen

3.117 Die Ausnahmebewilligung nach Art. 24 RPG kann erteilt werden, wenn der Zweck einer Baute oder Anlage einen Standort ausserhalb der Bauzonen erfordert (Stand-

---

246 Vgl. BGE 139 II 134, E. 5.2.

247 Vgl. BGE 118 Ia 446, E. 2c; MARTI, Planungspflicht, S. 364 f.

248 Vgl. MUGGLI, in: Kommentar RPG, Vorbem. zu Art. 24–24d und 37a. Rz. 23; WALDMANN/HÄNNI, Handkommentar RPG, Vorbem. zu Art. 24, 24a–24d und 37a Rz. 4.

249 Vgl. Rz. 3.150 ff.

250 Vgl. Rz. 3.100 ff.

251 MUGGLI, in: Kommentar RPG, Vorbem. Art. 24–24d und 37a Rz. 13; WALDMANN/HÄNNI, Handkommentar RPG, Art. 24 Rz. 3.

252 Auch nicht einschränken, vgl. Art. 27a RPG e contrario; JÄGER, in: Kommentar RPG, Art. 27a Rz. 10; MUGGLI, in: Kommentar RPG, Art. 24 Rz. 3; WALDMANN, Standortgebundenheit, S. 779.

ortgebundenheit; lit. a) und keine überwiegenden Interessen entgegenstehen (Interessenabwägung; lit. b); beide Voraussetzungen müssen **kumulativ** erfüllt sein.

a) Standortgebundenheit

aa) Positive oder negative Standortgebundenheit

Die Ausnahmebewilligung setzt voraus, dass die zu errichtende Baute oder Anlage **von ihrem Zweck her** einen Standort ausserhalb der Bauzonen erfordert: 3.118

«Die Standortgebundenheit im Sinne von Art. 24 lit. a RPG ist nach ständiger bundesgerichtlicher Praxis zu bejahen, wenn eine Anlage aus technischen oder betriebswirtschaftlichen Gründen oder wegen der Bodenbeschaffenheit auf einen Standort ausserhalb der Bauzone angewiesen ist oder wenn ein Werk aus bestimmten Gründen in einer Bauzone ausgeschlossen ist.»[253]

An diesen Nachweis legt das Bundesgericht einen **strengen Massstab** an. Rein subjektive Vorstellungen oder Wünsche, die persönliche Zweckmässigkeit oder Bequemlichkeit, rein finanzielle Vorteile, wie etwa tiefere Bodenpreise, ein einfacherer Zugang oder besondere Bedürfnisse des Gesuchstellers, vermögen die Standortgebundenheit nicht zu begründen.[254] Solche in der Person des Gesuchstellers liegende oder einzig durch seine besondere Situation bedingte Gründe müssen ausgeklammert bleiben, weil sie sich letztlich in jedem Fall anführen liessen und bei der Handänderung des Grundstücks unter Umständen wegfallen, die bewilligte Nutzung bzw. Baute oder Anlage aber fortbesteht (mit Besitzstandsgarantie).[255] 3.119

Eine **positive Standortgebundenheit** liegt vor, wenn das Bauvorhaben aus objektiven Gründen von vornherein nur ausserhalb der Bauzone realisiert werden kann.[256] Solche objektiven Gründe können technische Anforderungen (Beispiel: Mobilfunkantennen, Hochwasserschutzbauten), die Bodenbeschaffenheit (Beispiel: Kiesabbau) oder betriebliche bzw. betriebswirtschaftliche Gründe (Beispiel: Bergrestaurant) sein.[257] Die in der Praxis mitunter genannte dritte Kategorie der sog. **abgeleiteten Standortgebundenheit**[258] ist dagegen entbehrlich. Danach soll die Standortgebundenheit eines (weiteren) zonenfremden Vorhabens mit einer bereits bestehenden zonenwidrigen, aber standortgebundenen Baute oder Anlage begründet werden, mit welcher das Neubauvorhaben betriebswirtschaftlich oder technisch eng verbunden ist. Gemäss der bundesgerichtlichen Rechtsprechung muss für das neue Vorhaben jedoch wiederum der Nachweis der Standortgebundenheit erbracht sein, ansonsten die Ausnahmebewilligung zu verweigern ist.[259] Der Vorbe- 3.120

---

253 BGE 136 II 214, E. 2.1; vgl. auch BGE 124 II 252, E. 4a.

254 Vgl. etwa BGE 129 II 63, E. 3.3; BGE 124 II 252, E. 4a; BGE 119 Ib 442, E. 4a; BGE 116 Ib 228, E. 3a; BGE 114 Ib 317, E. 4c; BGer, Urteil 1A.266/1999 vom 28. Juni 2000, E. 4.

255 Muggli, in: Kommentar RPG, Art. 2 Rz. 9.

256 Ständige Rechtsprechung; vgl. zuletzt etwa BGE 138 II 570, E. 4.2 oder BGE 136 II 214, E. 2.1.

257 Vgl. Muggli, in: Kommentar RPG, Art. 24 Rz. 8 sowie die Kasuistik unter Rz. 3.133 ff.

258 Vgl. Muggli, in: Kommentar RPG, Art. 24 Rz. 13; Waldmann/Hänni, Handkommentar RPG, Art. 24 Rz. 12.

259 Vgl. z.B. BGE 136 II 214, E. 3.2; BGE 124 II 252, E. 4c; BGE 117 Ib 266, E. 2a; BGer, Urteil 1C_496/2011 vom 20. September 2012, E. 2.2 und E. 3.4.

stand ist bei Änderungs- oder Erweiterungsvorhaben somit in erster Linie ein Faktum, das für sich allein keinen Bewilligungsautomatismus für weitere Bautätigkeit nach sich zieht[260]; immerhin kann der rechtmässige Bestand die Gewichtung der Interessen für das Bauvorhaben unter Art. 24 lit. b RPG beeinflussen.

3.121 Im Fall der **negativen Standortgebundenheit** ist ein Werk aus bestimmten Gründen in einer Bauzone ausgeschlossen.[261] Typischerweise ist dies bei besonders immissionsträchtigen Bauvorhaben der Fall. Das Bundesgericht prüft jeweils, ob sich das Vorhaben innerhalb der Bauzone vernünftigerweise nicht realisieren liesse, weil es mit einer besonders intensiven Beeinträchtigung der allgemeinen Siedlungsnutzung verbunden wäre und zu unüberwindbaren Konflikten mit der Nachbarschaft führen würde.[262] Voraussetzung ist somit, dass für das Vorhaben innerhalb des Baugebiets (regional) keine geeignete Nutzungszone zur Verfügung steht, was zur Vermeidung von Umgehungen des Trennungsgrundsatzes nur mit Zurückhaltung angenommen werden darf.[263]

3.122 Ein Vorhaben ist schliesslich in jedem Fall nur dann standortgebunden, wenn es einem aktuellen, tatsächlichen und längerfristigen **Bedarf** entspricht. Der Bedürfnisnachweis gehört zur objektiven Begründung des Vorhabens; er muss sowohl die Lage im Nichtbaugebiet und den gewählten Standort als auch die Dimensionierung des Bauvorhabens (z.B. das Raumprogramm und den Flächenbedarf) rechtfertigen können. Der Trennungsgrundsatz verbietet es, Bauten und Anlagen auf Vorrat oder für nur kurzfristige, rasch wieder wegfallende Zwecke zu erstellen. Im zweiten Fall kommt allenfalls eine befristete Bewilligung in Betracht.[264]

bb) Relative und absolute Standortgebundenheit

3.123 Nach bundesgerichtlicher Rechtsprechung ist der Nachweis der Standortgebundenheit einer Baute oder Anlage erbracht, wenn «besonders wichtige und objektive Gründe vorliegen, die den vorgesehenen Standort gegenüber anderen Standorten innerhalb der Bauzone als viel vorteilhafter erscheinen lassen».[265] Verlangt wird damit bloss eine **relative Standortgebundenheit;** es muss der «beste» Standort gewählt werden, der sich aus einer Evaluation verschiedener Standorte ergeben hat. Nicht erforderlich ist dagegen (auch aus Verhältnismässigkeitsüberlegungen) der Nachweis einer **absoluten Standortgebundenheit** in dem Sinn, dass für das Vorhaben überhaupt kein anderer Standort in Betracht fällt.[266]

---

260 Vgl. auch MUGGLI, in: Kommentar RPG, Art. 24 Rz. 13, zurückhaltender WALDMANN/HÄNNI, Handkommentar RPG, Art. 24 Rz. 12.

261 Vgl. BGE 118 Ib 17, E. 2b und E. 2c (leading case).

262 Vgl. BGE 118 Ib 17, E. 2c; MUGGLI, in: Kommentar RPG, Art. 24 Rz. 11 f.

263 Vgl. BGE 118 Ib 17, E. 2d; MUGGLI, in: Kommentar RPG, Art. 24 Rz. 12.

264 Vgl. BGE 132 II 10, E. 2.4; BGer, Urteil 1C_877/2013 vom 31. Juli 2013, E. 3; BGer, Urteil 1C_496/2011 vom 20. September 2012 E. 3.5; MUGGLI, in: Kommentar RPG, Art. 24 Rz. 10; WALDMANN/HÄNNI, Handkommentar RPG, Art. 24 Rz. 11.

265 BGE 136 II 214, E. 2.2.

266 Vgl. z.B. BGE 133 II 409, E. 4.2; MUGGLI, in: Kommentar RPG, Art. 24 Rz. 6; WALDMANN/HÄNNI, Handkommentar RPG, Art. 24 Rz. 10.

Art. 24 RPG verlangt somit, dass **Alternativstandorte** mit ihren Vor- und Nachteilen geprüft werden und die Standortgebundenheit des Vorhabens erst bejaht werden darf, wenn aus gewichtigen objektiven Gründen keine valable Alternative zum gewählten Standort besteht. Die bundesgerichtliche Rechtsprechung ist zur Frage, unter welchem Bewilligungskriterium diese Prüfung zu erfolgen hat, nicht einheitlich: Das Bundesgericht betrachtete sie teils als Gegenstand der Interessenabwägung nach Art. 24 lit. b RPG[267], teils als (eigene) Interessenabwägung im Rahmen der Beurteilung der Standortgebundenheit nach Art. 24 lit. a RPG.[268] Die Lehre betont, dass die Standortevaluation letztlich untrennbar mit der umfassenden Interessenabwägung nach Art. 24 lit. b RPG verbunden ist und eine (prozessuale) Abtrennung beider Aspekte ausgeschlossen bzw. zumindest nicht sinnvoll sei.[269] 3.124

Die Kohärenz in dieser Frage lässt sich nach der hier vertretenen Auffassung leicht herstellen, wenn man die **zwei Teilgehalte der Standortgebundenheit** auseinanderhält[270]: Der Nachweis der Standortgebundenheit muss nämlich zeigen, dass der gewählte Standort einerseits qualifiziert besser ist als andere mögliche Standorte innerhalb der Bauzone, andererseits der beste unter anderen möglichen Standorten ausserhalb der Bauzone. Die erste Auseinandersetzung erfolgt eingeschränkt unter dem Aspekt, ob gewichtige objektive Gründe dafür sprechen, ausnahmsweise den Grundsatz der Trennung von Baugebiet und Nichtbaugebiet zu durchbrechen; sie führt zur relativen Standortgebundenheit nach Art. 24 lit. a RPG. Die zweite Auseinandersetzung erfolgt uneingeschränkt und unter Einbezug der Ziele und Grundsätze der Raumplanung und aller massgebenden Interessen im Einzelfall im Rahmen der umfassenden Interessenabwägung nach Art. 24 lit. b RPG. 3.125

cc) Spezialfälle der Standortgebundenheit

Auf Verordnungsstufe findet sich schliesslich eine generell-abstrakte Umschreibung der (positiven) Standortgebundenheit nach Art. 24 lit. a RPG für zwei besondere Situationen (vgl. Art. 39 RPV).[271] Danach kann die vollständige Zweck- bzw. Nutzungsänderung von bestehenden, rechtmässig erstellten[272] Gebäuden ausserhalb der Bauzonen als standortgebunden bewilligt werden, wenn 3.126

- die Gebäude in einem **Gebiet mit traditioneller Streubauweise** liegen, das historisch gewachsen und im kantonalen Richtplan räumlich festgelegt ist und in dem nach den Entwicklungsabsichten des Kantons die Dauerbesiedlung gestärkt werden soll (Art. 39 Abs. 1 RPV). Zulässig ist die uneingeschränkte Änderung von Bauten, die Wohnungen enthalten, zu landwirtschaftsfremden Wohnzwecken, wenn sie danach ganzjährig bewohnt werden (Art. 39 Abs. 1

267 Vgl. z.B. BGE 118 Ib 17, E. 2c.

268 Vgl. z.B. BGE 129 II 63, E. 3.2 und E. 3.3.

269 Vgl. Muggli, in: Kommentar RPG, Art. 24 Rz. 7 und Rz. 17; Waldmann/Hänni, Handkommentar RPG, Art. 24 Rz. 10; Waldmann, Standortgebundenheit, S. 785 f.

270 Vgl. Waldmann, Standortgebundenheit, S. 785 f.; vgl. auch Rz. 3.131.

271 Vgl. zum Ganzen ARE, Erläuterungen RPV 2001/2007, Teil I, S. 38 ff.; Muggli, Kommentar RPG, Art. 24 Rz. 14, 25 ff.; Waldmann/Hänni, Art. 24 Rz. 26 ff.

272 Vgl. BGE 132 II 21, E. 5.2.

lit. a RPV), während die Umnutzung von solchen Bauten oder Gebäudekomplexen zu gewerblichen Zwecken nur für das örtliche Kleingewerbe und maximal bis zur Hälfte zulässig ist (vgl. Art. 39 Abs. 1 lit. b RPV)[273]; oder

- es sich um als **landschaftsprägend geschützte Bauten** handelt und nur unter der neuen Nutzung deren dauernde Erhaltung sichergestellt ist. Dabei geht es um Kulturlandschaften, in welchen sich die Schutzwürdigkeit aus dem Zusammenwirken von Landschaft und Bauten ergibt und die nach Massgabe des Richtplans als Einheit im Rahmen der Nutzungsplanung unter Schutz gestellt worden sind. Überdies muss der besondere Charakter der Landschaft vom Bestand dieser Bauten abhängen (Art. 39 Abs. 2 RPV).[274]

3.127 Bei beiden Bewilligungstatbeständen müssen weitere Voraussetzungen erfüllt sein, welche die Umnutzungsmöglichkeiten in der Praxis zusätzlich stark einschränken (vgl. Art. 39 Abs. 3 RPV). Die komplizierte und umständliche Regelung ist Indiz für ein in rechtlicher Hinsicht fragwürdiges Konzept. Die Verordnungsbestimmung soll Art. 24 lit. a RPG ausführen, weist aber eine grössere sachliche Nähe zu Art. 24c oder Art. 24d RPG auf. Ob die **Fiktion der Standortgebundenheit** nach Art. 39 RPV, welche vom Nachweis der Standortgebundenheit im Einzelfall entbindet, in jedem Anwendungsfall gesetzesmässig ist, wird zu Recht bezweifelt.[275]

b) Interessenabwägung

3.128 Zweite Voraussetzung der Ausnahmebewilligung ist, dass dem standortgebundenen Vorhaben keine überwiegenden Interessen entgegenstehen dürfen (Art. 24 lit. b RPG).

3.129 Verlangt ist somit eine **umfassende Interessenabwägung,** welche, der Methodik von Art. 3 RPV folgend, drei Schritte umfasst: Ermittlung aller durch das Vorhaben sachlich berührten Interessen, Bewertung bzw. Gewichtung dieser Interessen und Abwägung und grösstmögliche Entfaltung der gewichteten Interessen.[276] Dieses Element unterscheidet die Ausnahmebewilligung nach Art. 24 RPG von der «gewöhnlichen» Baubewilligung. Die Interessenabwägung erfordert im Vergleich dazu ein höheres Mass an schöpferischer Rechtsanwendung. Sie dient bis zu einem gewissen Grad dazu, die Ausnahmebewilligung in die erwünschte räumliche Entwicklung einzubetten.[277]

3.130 Die Interessenabwägung wird **inhaltlich angeleitet** durch die sachlich berührten Verfassungsnormen, namentlich Art. 75 BV, die Ziele und Grundsätze der Raumplanung (Art. 1 und 3 RPG) sowie die weitere einschlägige Sachgesetzgebung, wie

---

273 Vgl. ARE, Erläuterungen RPV 2001/2007, Teil I, S. 38 ff.; BGE 132 II 21, E. 5.2.1.

274 Vgl. dazu ARE, Erläuterungen RPV 2001/2007, Teil III, S. 5 ff.

275 Kritisch KARLEN, Ausnahmebewilligung, S. 294 und S. 305; MUGGLI, in: Kommentar RPG, Art. 24 Rz. 27; WALDMANN/HÄNNI, Art. 24 Rz. 28; WALDMANN, Standortgebundenheit, S. 787. Vgl. aber immerhin BGE 132 II 21, E. 5.2, wo diese Bestimmung vorbehaltlos angewendet wurde.

276 Vgl. dazu TSCHANNEN, in: Kommentar RPG, Art. 3 Rz. 25 ff.

277 MUGGLI, in: Kommentar RPG, Art. 24 Rz. 15; vgl. Rz. 3.101.

beispielsweise das NHG oder das WaG. Die Sachgesetze können die Interessenabwägung indes gänzlich ausschliessen oder diese vorbestimmen, indem sie einzelne Gesichtspunkte konkret normieren bzw. Interessen in bestimmter Weise gegenüber anderen gewichten (z.B. Art. 6 Abs. 2 NHG).[278] Verbleibt Raum für die Interessenabwägung nach Art. 24 lit. b RPG, stehen typischerweise die privaten Interessen des Projektträgers, allenfalls verstärkt durch öffentliche Interessen am Vorhaben, den Interessen der Raumplanung an der Freihaltung des Gebiets vor Überbauung sowie den Interessen an der Walderhaltung, der Schonung von Natur und Landschaft oder von Fruchtfolgeflächen gegenüber.[279]

Nach der hier vertretenen Auffassung ist als Teil der Interessenabwägung nach Art. 24 lit. b RPG darzulegen, dass zum gewählten Standort keine anderen, zwar ebenfalls im Nichtbaugebiet gelegenen, aber besser geeigneten **Alternativstandorte** bestehen, an welchen sich das Vorhaben ebenfalls realisieren liesse. Standorte innerhalb der Bauzonen sind dagegen nicht mehr zu prüfen, da die Standortgebundenheit des Vorhabens auf dieser Stufe der Entscheidung notwendigerweise bereits ausgewiesen ist.[280] 3.131

Ziel ist es, die sachlich berührten und gewichteten Interessen möglichst umfassend zur Geltung zu bringen **(Interessenoptimierung),** je nach den Umständen des Einzelfalls durch Erteilen der Baubewilligung mit Nebenbestimmungen, die beispielsweise eine Redimensionierung, Befristung oder andere Gestaltung vorsehen können, oder durch den Bauabschlag.[281] 3.132

3. Kasuistik

Die nachfolgende Übersicht zeigt eine Auswahl von verschiedenen Vorhaben, deren Bewilligungsfähigkeit das Bundesgericht (auch) unter dem Aspekt von Art. 24 RPG zu beurteilen hatte.[282] 3.133

a) Wohnraum

In der Landwirtschaftszone ist die Schaffung von Wohnraum im Zusammenhang mit einem landwirtschaftlichen Gewerbe unter bestimmten, strengen Voraussetzungen zonenkonform (vgl. Art. 16a Abs. 1 RPG; Art. 34 Abs. 3 und 4 RPV).[283] Soweit es 3.134

278 Muggli, in: Kommentar RPG, Art. 24 Rz. 16.

279 Vgl. statt vieler BGE 136 II 214, E. 6 (Landschaft); BGE 129 II 63, E. 3.2 (Wald); BGE 123 II 256, E. 6 (BLN-Gebiet); BGer, Urteil 1A.294/2004 vom 10. März 2006, E. 3.5 (Natur und Landschaft); BGer, Urteil 1A.277/1999 vom 25. Mai 2000, E. 6c (Wald/Biotop); weitere Hinweise bei Muggli, in: Kommentar RPG, Art. 24 Rz. 20.

280 Vgl. Rz. 3.125.

281 Muggli, in: Kommentar RPG, Art. 24 Rz. 19.

282 Vgl. auch die Kasuistik bei Muggli, in: Kommentar RPG, Art. 24 Rz. 21 ff.; Waldmann/Hänni, Handkommentar RPG, Art. 24 Rz. 10 und Rz. 13 ff.; Kissling, Stichworte, insb. S. 36.

283 Vgl. Rz. 3.42 ff.; Botschaft RPG 1996, S. 533; ARE, Erläuterungen RPV 2001/2007, Teil I, S. 30 f.

um die Erweiterung bestehenden Wohnraums oder die Einrichtung von Wohnräumen in bereits bestehenden Gebäuden geht, beurteilt sich die Bewilligungsfähigkeit nach Art. 24c bzw. Art. 24d RPG sowie nach Art. 39 Abs. 1 und 2 RPV.

3.135 Abgesehen davon sind neue Wohngebäude ausserhalb der Bauzonen in aller Regel nicht standortgebunden. So kann Wohnraum, wie z.B. zwei **Wohnwagen** auf einem Hofgelände, nicht gestützt auf eine Ausnahmebewilligung nach Art. 24 RPG bewilligt werden, wenn zwar ein landwirtschaftlicher Zusammenhang besteht, aber die betriebliche Notwendigkeit des Wohnraums aus objektiven Gründen fehlt und dieser somit nicht zonenkonform ist.[284] Ebensowenig sind Asylunterkünfte ausserhalb der Bauzonen standortgebunden.[285] In einem älteren Entscheid erwog das Bundesgericht, ein nicht standortgebundenes Wohnhaus könne dann gestützt auf Art. 24 RPG bewilligt werden, wenn es für den bestehenden, selber standortgebundenen Betrieb notwendig sei. Im konkreten Fall beurteilte es allerdings die bestehende Schweinezucht als nicht standortgebunden und verweigerte somit den Neubau eines dazugehörigen **Einfamilienhauses.**[286]

3.136 Für standortgebundene Betriebe, beispielsweise ein Bergrestaurant oder eine Gärtnerei, kann Wohnraum im Lichte dieser Rechtsprechung nur dann ausnahmsweise geschaffen werden, wenn dieser – im Grundsatz und in seiner Dimensionierung[287] – **für den ordnungsgemässen Betrieb aus objektiven Gründen erforderlich** ist. Dies ist, jedenfalls für zusätzliche Wohnflächen zu bestehendem Wohnraum und für Nebenerwerbsbetriebe, nicht der Fall, wenn die Überwachung des Betriebs von der nahen Bauzone oder einem nahe gelegenen bestehenden Wohnhaus aus erfolgen kann und die leichte Erreichbarkeit gewährleistet ist.[288] Ein Fussmarsch von zwanzig bis dreissig Minuten, um an den Betriebsort zu gelangen, ist gemäss Bundesgericht zumutbar und begründet keinen Wohnraumbedarf.[289] An diesen strengen Anforderungen ändert auch die sozialtherapeutische Ausrichtung einer Institution nichts, solange der Bedarf nicht zugleich landwirtschaftlich begründet werden kann.[290]

3.137 Das Bundesgericht wendet eine betriebliche Perspektive an, welche auch die Eigenheiten des betreffenden Betriebs mitberücksichtigt: «Die gleichzeitige Verrichtung vieler auf einem Hof anfallender Arbeiten kann eine ständige Anwesenheit von Personen erfordern, auch wenn dies für die einzelnen Tätigkeiten allein nicht zutrifft. Aus diesem Grund ist es nicht entscheidend, dass sich die einzelnen Arbeiten auch von einer Wohnzone aus verrichten lassen.»[291]

---

284 Vgl. BGE 121 II 67, E. 3d.

285 Vgl. BGer, Urteil 1C_109/2014 vom 4. März 2015, E. 6.7.

286 Vgl. BGE 115 Ib 295, E. 3.

287 Vgl. z.B. BGE 121 II 67, E. 3a; BGer, Urteil 1C_647/2012 vom 3. September 2014, E. 3 und 9 ff.; BGer, Urteil 1C_806/2013 vom 4. Juni 2014, E. 2.3; BGer, Urteil 1C_408/2012 vom 19. August 2013, E. 6.3.

288 Vgl. BGer, Urteil 1C_647/2012 vom 3. September 2014, E. 6; BGE 117 Ib 266, E. 2a; BGE 113 Ib 138, E. 5a.

289 Vgl. BGE 121 II 67, E. 3a; BGE 117 Ib, E. 2b.

290 BGE 121 II 67 ff.; BGE 112 Ib 99, E. 4a; BGer, Urteil vom 13. April 1983 (ZBl 1983 453 ff.).

291 BGer, Urteil 1C_647/2012 vom 3. September 2014, E. 6.

b) Gewerbebetriebe

Die Zulässigkeit von neuen gewerblichen Vorhaben ausserhalb der Bauzonen wird in der bundesgerichtlichen Rechtsprechung hauptsächlich in Bezug auf **Restaurationsbetriebe** (Hotels, Bergrestaurants und Ähnliches) diskutiert. Danach kann ein Bergrestaurant, welches aus betriebswirtschaftlichen Gründen auf den Standort ausserhalb der Bauzonen angewiesen ist, unter Umständen als standortgebunden anerkannt werden.[292] In Siedlungsnähe müssen für Hotelbetriebe ausserhalb der Bauzonen allerdings «besonders wichtige und objektive Gründe» dargetan werden können. Das Bundesgericht verneinte die Standortgebundenheit eines Hotels bzw. Seminarhotels in Stadtnähe mit entsprechender Anbindung an den öffentlichen Verkehr in kurzer Distanz. Wanderer seien in dieser Situation – anders als bei einer weit vom Siedlungsgebiet abgelegenen Bergunterkunft – nicht auf Übernachtungsmöglichkeiten ausserhalb der Bauzonen angewiesen.[293] 3.138

Das Bundesgericht hat **Abfalllager bzw. -sammelplätze** für Hauskehricht, deren Bedarf in unmittelbarer Nähe zu den entsprechenden Dörfern ausgewiesen war, bis zu einer gewissen Grösse zugelassen.[294] Die Standortgebundenheit gemäss Art. 24 RPG und Art. 39 Abs. 1 lit. b RPV eines Erweiterungsvorhabens zu einem bestehenden, aber nicht rechtmässig erstellten **Werkhof** hat es dagegen verneint.[295] 3.139

Gewerbliche **Nebenerwerbszweige zu einem landwirtschaftlichen Betrieb,** die früher als sog. «innere Aufstockung» gestützt auf Art. 24 RPG zu beurteilen waren, gelten nach heutiger Rechtslage entweder als zonenkonform (Art. 16a Abs. 1bis und Abs. 2, Art. $16a^{bis}$ RPG), oder es gelten die Voraussetzungen der Ausnahmebewilligung nach Art. 24b RPG. Sind diese Tatbestände nicht erfüllt, wie z.B. bei Folientunneln für die bodenunabhängige Gemüseproduktion, so ist das Vorhaben auch nicht standortgebunden gemäss Art. 24 RPG.[296] 3.140

c) Siedlungsinfrastruktur

Erschliessungsanlagen oder andere Infrastrukturanlagen und Ausstattungen beurteilen sich ausserhalb der Bauzonen nach Art. 24 RPG, wenn sie nicht planungspflichtig sind. Sie unterliegen ebenfalls dem Gebot der Trennung des Baugebiets vom Nichtbaugebiet; das bedeutet, dass solche Anlagen **grundsätzlich in der Bauzone** erstellt werden müssen, der sie dienen, und ausserhalb davon nicht standortgebunden sind.[297] Nur ausnahmsweise, wenn sie sich aus sachlichen Gründen – 3.141

---

292 Vgl. BGE 136 II 214, E. 2.2; vgl. auch BGer, Urteil 1C_533/2010 vom 20. Juli 2011; BGer, Urteil 1C_496/2011 vom 20. September 2012 (Erweiterung); BGer, Urteil 1C.328/2010 vom 7. März 2011 (Hotel).

293 Vgl. BGer, Urteil 1C_328/2010 vom 7. März 2011, E. 3.3; vgl. zum gleichen Betrieb auch BGer, Urteil 1C_610/2012 vom 20. Februar 2014.

294 Vgl. BGer, Urteil 1A.36/1998 vom 22. September 1998, E. 3 (RDAF 1999 I 408); BGer, Urteil 1A.80/2001 vom 31. Mai 2002, E. 3 (offengelassen).

295 Vgl. BGE 132 II 21, E. 5.

296 Vgl. BGer, Urteil 1C_561/2012 vom 4. Oktober 2013, E. 3 (ZBl 2015 218 ff.).

297 Vgl. z.B. BGE 133 II 321, E. 4.3.3; BGer, Urteil 1A.69/2004 vom 11. August 2004, E. 2.3.

etwa aufgrund besonderer topografischer Verhältnisse – innerhalb der Bauzonen nicht realisieren lassen, ist eine Ausnahmebewilligung nach Art. 24 RPG denkbar.

3.142 Abgesehen von solchen seltenen Konstellationen kann die Standortgebundenheit von Erschliessungsanlagen nicht ohne Berücksichtigung des Zwecks, den sie erfüllen sollen, beurteilt werden.[298] Das Bundesgericht erachtete deshalb Anlagen wie eine **Zufahrtsstrasse** oder einen Lagerraum für Wasserbehälter zur **Trinkwasserversorgung,** die der Erschliessung von bestehenden, aber zonenfremden (Wohn-)Bauten dienen sollten, als nicht standortgebunden.[299] Der Umstand, dass bereits eine Strasse ausserhalb der Bauzonen besteht, die für den neuen Zweck aber ungenügend ist, stellt für sich allein noch keinen zwingenden Grund dar, künftige Bauten über diese Strasse zu erschliessen.[300] Auch betriebliche Vorteile oder konzeptionelle Überlegungen führen nicht dazu, dass eine Erschliessungs- oder Ausstattungsbaute, etwa ein **Schulhaus** oder eine **Transformatorenstation** ausserhalb der Bauzonen gestützt auf Art. 24 lit. a RPG zu bewilligen ist.[301] Hingegen hat das Bundesgericht einen **Parkplatz** mit 25 Abstellplätzen zu einem Naherholungsgebiet ausserhalb der Bauzonen zugelassen.[302]

3.143 Eine reichhaltige und differenzierte Rechtsprechung hat sich zur Standortgebundenheit von **Mobilfunkanlagen** ausserhalb der Bauzonen herausgebildet. Diese beurteilt sich grundsätzlich gleich wie für andere Infrastrukturanlagen.[303] Ausnahmsweise können Mobilfunkantennen aber aus Gründen der Netzplanung bzw. zur Gewährleistung der Versorgungssicherheit auf einen Standort ausserhalb der Bauzonen angewiesen sein, wenn eine Deckungs- oder Kapazitätslücke aus funktechnischen Gründen mit einem oder mehreren Standorten innerhalb der Bauzonen nicht in genügender Weise beseitigt werden kann oder wenn es bei einem Standort innerhalb der Bauzonen zu einer nicht vertretbaren Störung von Frequenzen kommen würde, die in anderen Funkzellen des Netzes verwendet werden.[304] Darüber hinaus wird unter bestimmten qualifizierten Umständen die **Standortgebundenheit** auch dann anerkannt, wenn ein Standort ausserhalb der Bauzonen im Vergleich zu einem Standort innerhalb der Bauzonen aufgrund einer Gesamtsicht unter Beachtung aller massgebenden Interessen als viel vorteilhafter erscheint. Ausgangspunkt dafür ist, dass die Mobilfunkanlage auf ausserhalb der Bauzonen bereits bestehenden Bauten oder Anlagen montiert wird und die folgenden weiteren Anforderungen erfüllt sind[305]:

---

298 Vgl. z.B. BGE 133 II 321, E. 4.3.1.

299 BGer, Urteil 1A.256/2004 vom 31. August 2005, E. 5; BGer, Urteil 1A.32/2005 vom 8. Dezember 2005, E. 3.1.

300 BGE 118 Ib 497, E. 4; vgl. auch BGer, Urteil 1A.256/2004 vom 31. August 2005, E. 5.

301 BGer, Urteil 1A.69/2004 vom 11. August 2004, E. 2.3; BGer, Urteil 1C_604/2014 vom 12. Mai 2015, E. 3.

302 BGer, Urteil 1C_36/2009 vom 14. Juli 2009.

303 Vgl. zuletzt BGE 141 II 245, E. 7.6; BGE 138 II 570, E. 4.2 und E. 4.3; BGE 133 II 409, E. 4; BGer, Urteil 1C_200/2012 vom 17. Dezember 2012.

304 Vgl. etwa BGE 133 II 321, E. 4.3.3 sowie BGE 141 II 245, E. 7.8 und 7.9.

305 BGE 133 II 321, E. 4.3.3.

«Grundvoraussetzung einer solchen erweiterten ausnahmsweisen Bejahung der Standortgebundenheit ist, dass die Mobilfunkanlage ausserhalb der Bauzonen keine erhebliche Zweckentfremdung von Nichtbauzonenland bewirkt und nicht störend in Erscheinung tritt. Ein positiver Ausgang der genannten Interessenabwägung reduziert sich somit wie erwähnt grundsätzlich auf Örtlichkeiten, an welchen sich bereits zonenkonforme oder zonenwidrige Bauten und Anlagen befinden. Zu denken ist etwa an Hochspannungsmasten, Beleuchtungskandelaber und weitere vergleichbare Infrastrukturanlagen sowie an landwirtschaftliche Gebäude und Anlagen. Strassen, Wege und Parkplätze ausserhalb der Bauzonen fallen als Standorte für die Neuerstellung von Mobilfunkanlagen in diesem Zusammenhang in gleicher Weise wie unbebaute Landflächen grundsätzlich ausser Betracht. Auch wenn sich ein bereits baulich genutzter Standort im Rahmen der Standortabklärung als klarerweise besser geeignet erweist als ein Standort innerhalb der Bauzonen, so darf eine Ausnahmebewilligung für eine Mobilfunkantenne nur erteilt werden, wenn als zusätzliche Voraussetzung gewährleistet ist, dass dem Vorhaben keine überwiegenden Interessen entgegenstehen (Art. 24 lit. b RPG).»

d) Tierhaltung

Die Bewilligungsfähigkeit von Tierhaltungsanlagen ausserhalb der Bauzone wird 3.144 in der Praxis regelmässig unter dem Gesichtspunkt der **negativen Standortgebundenheit** aufgrund der Lärm- und Geruchsimmissionen geprüft. Sie wurde etwa bejaht für eine Dressuranlage für Hunde, da sich Hundegebell und Kommandos der Hundehalter störend auf die Nachbarschaft auswirken und der Trainingsplatz selber auf eine ruhige Umgebung angewiesen ist.[306] Bejaht wurde sie ferner für ein Tierheim mit je 30 Katzen und Hunden, die hobbymässige Haltung von 60 Huskys oder die Schweinemast bei Fehlen einer geeigneten Bauzone[307], verneint dagegen für ein anderes Tierheim, weil es verpasst worden war, die Eignung von Bauzonen in einem weiteren regionalen Umfeld zu prüfen und der Standort überdies Fruchtfolgeflächen beanspruchte.[308] Verneint wurde die Standortgebundenheit weiter für einen Tierpark für verletztes Wild, Einrichtungen der hobbymässigen Pferdehaltung, für eine Papageienzucht oder die Schweinemast bei Vorliegen einer geeigneten Bauzone[309], wobei diese Fälle unter der Geltung der neuen Art. 16a^{bis} und Art. 24e RPG allenfalls anders zu beurteilen wären.

---

306 BGer, Urteil vom 27. September 1990 (nicht publiziert).

307 BGer, Urteil vom 5. April 1994 (ZBl 1995 166 f.); BGer, Urteil 1A.263/1992 vom 16. Juni 1989 (ZBl 1990 188 f.); BGE 118 Ib 21.

308 BGer, Urteil 1C_312/2012 vom 17. April 2012, E. 2.4.3; vgl. auch BGer, Urteil 1A.214/2002 vom 12. September 2003.

309 BGer, Urteil 1C_551/2010 vom 7. Dezember 2011, E. 4.3 und 4.4; BGE 124 II 393; BGer, Urteil 1C_404/2009 vom 12. Mai 2010, E. 2.3; BGer, Urteil 1A.32/2004 vom 30. September 2004 (PBG aktuell, 4/2004 18 ff.); BGer, Urteil vom 7. April 1989, zitiert in: Waldmann/Hänni, Handkommentar RPG, Art. 24 Rz. 15; BGE 115 Ib 295, E. 3c; vgl. für eine Übersicht über die Gerichtspraxis insb. auch Waldmann/Hänni, Handkommentar RPG, Art. 24 Rz. 15.

e) Sport- und Freizeitanlagen

3.145 **Kleinere Schiessanlagen** können aufgrund der verursachten Immissionen ausserhalb der Bauzonen negativ standortgebunden sein und gegebenenfalls gestützt auf eine Ausnahmebewilligung nach Art. 24 RPG bewilligt werden, grössere Anlagen hingegen sind planungspflichtig.[310] Als bewilligungsfähig wurde auch der in der Landwirtschaftszone gelegene Scheibenstand mit Kugelfang einer Jagd- und Tontaubenschiessanlage sowie eines 300-m-Schiessstands in der Intensiverholungszone beurteilt.[311]

3.146 Das Bundesgericht verweigerte dagegen dem Neubau einer **Skipiste** in einem eidgenössischen Jagdbanngebiet eine Ausnahmebewilligung nach Art. 24 RPG, weil keine genügende Interessenabwägung vorgenommen worden war.[312] Gleiches widerfuhr – mangels einer genügenden Evaluation von Alternativen – einem **Lawinenauslösesystem** zur Sicherung von Skipisten.[313] **Modellflugplätze** können aufgrund der Lärmimmissionen und der Absturzgefahr im Gebiet ausserhalb von Bauzonen zwar negativ standortgebunden sein, jedoch stehen häufig überwiegende Interessen einem solchen Vorhaben entgegen.[314]

3.147 Schliesslich hat das Bundesgericht beispielsweise einen **Steg** als Teil eines durchgehenden Seeuferwegs entlang des Zürichsees als standortgebunden und im überwiegenden öffentlichen Interesse liegend anerkannt[315], hingegen in einem älteren Entscheid die negative Standortgebundenheit einer **Spiel- und Festwiese** verneint.[316]

f) Kultusbauten und Kunstobjekte; Werbung

3.148 Im bekannten Entscheid Cerniat FR verweigerte das Bundesgericht die Ausnahmebewilligung für einen mit drei Pyramiden aus Stahl gekennzeichneten **Begräbnisplatz** auf einer Alp. Solche Einrichtungen wie auch herkömmliche Friedhöfe seien objektiv nicht an einen Standort ausserhalb einer Bauzone gebunden.[317] Diese Rechtsprechung zu Kultusbauten und -stätten gilt bis heute: Auch einer **Kapelle** auf der Moosalp im Kanton Walllis fehlte die Standortgebundenheit.[318]

3.149 Ähnliches gilt für **Kunstobjekte und -installationen:** Ihnen fehlt in der Regel die Standortgebundenheit. Sie sind ausserhalb der Bauzonen nur bewilligungsfähig, wenn der Nachweis eines eigentlichen künstlerischen Konzepts sowie dessen

310 Vgl. Rz. 3.110; BGE 119 Ib 439, E. 4; BGE 112 Ib 39, E. 5.
311 BGer, Urteil 1A.183/2001 vom 18. September 2001, E. 6.7.
312 BGE 134 II 97, E. 3.3–3.7.
313 BGE 129 II 63, E. 3.
314 BGer, Urteil 1A.1/2005 und 1A.2/2005 und 1A.15/2005 vom 11. November 2005, E. 7; BGer, Urteil 1C_107/2010 vom 17. Juni 2010.
315 BGer, Urteil 1C_634/2013 vom 10. März 2014, E. 5.3 und 5.4. (PBG aktuell 2/2014 S. 32).
316 BGE 114 Ib 224, E. 10db.
317 BGE 119 Ib 442, E. 4b.
318 BGer, Urteil 1C_203/2009 vom 1. Dezember 2009 (ZBl 2011 438 ff.); vgl. auch Jäger, Kultusbauten, S. 131 f.

Zusammenhang mit dem berührten Raum erbracht sind.[319] Ebenso verweigerte das Bundesgericht die Ausnahmebewilligung für eine sechs Meter hohe Werbeschrift, welche an einer Trockenmauer ausserhalb der Bauzone angebracht werden sollte.[320]

C. Spezialtatbestände

Literatur

BÜHLMANN LUKAS, Gleichstellung; BÜHLMANN LUKAS, Gewerbe; BÜHLMANN LUKAS, Hobbylandwirtschaft; DUPRÉ CHANTAL, in: Kommentar RPG, Art. 24b, 24d; GRIFFEL ALAIN, Raumplanungs- und Baurecht, S. 115 ff.; KARLEN PETER, Ausnahmebewilligung; KISSLING SAMUEL, Stichworte; MARTI ARNOLD, Urteilsbesprechung BGer 1C_311/2012; MUGGLI RUDOLF, in: Kommentar RPG, Art. 24a, 24c, 37a; MUGGLI RUDOLF, Kurzkommentar RPG, Art. 24a–24d, 37a; MUGGLI RUDOLF/PFLÜGER MICHAEL, Revision Art. 24c RPG; SCHEIDEGGER STEPHAN, Spielregeln; WALDMANN BERNHARD/HÄNNI PETER, Handkommentar RPG, Art. 16a, 24a–24d, 37a; ZIMMERLI ULRICH, Neuerungen.

Amtliche Publikationen

ARE/UVEK (Hrsg.), Wegleitung Pferd.

1. Zweckänderungen ohne bauliche Massnahmen (Art. 24a RPG)

Literatur

GRIFFEL ALAIN, Raumplanungs- und Baurecht, S. 122 f.; KARLEN PETER, Ausnahmebewilligung; MUGGLI RUDOLF, in: Kommentar RPG, Art. 24a; MUGGLI RUDOLF, Kurzkommentar RPG, Art. 24a; SCHEIDEGGER STEPHAN, Spielregeln; WALDMANN BERNHARD/HÄNNI PETER, Handkommentar RPG, Art. 24a.

Gemäss Art. 24a RPG sind **blosse Zweckänderungen** bestehender Bauten und Anlagen ausserhalb der Bauzonen bewilligungsfähig, wenn sie «keine baulichen Massnahmen im Sinne von Art. 22 Abs. 1 RPG erfordern» (Abs. 1 Ingress), «keine neuen Auswirkungen auf Raum, Erschliessung und Umwelt» verursachen (lit. a) und die angestrebten Nutzungen «nach keinem anderen Bundeserlass unzulässig» sind (lit. b). 3.150

Gegenüber dem Grundtatbestand von Art. 24 RPG entfällt für Ausnahmebewilligungen nach Art. 24a RPG der Nachweis der Standortgebundenheit. Ferner erübrigt sich aufgrund der absolut geltenden Bewilligungsvoraussetzungen nach Abs. 1 eine umfassende Interessenabwägung im Einzelfall analog zu Art. 24 lit. b RPG. Bauten und Anlagen, die im Zuge des landwirtschaftlichen Strukturwandels ihre 3.151

319 BGer, Urteil 1C_529/2012 vom 29. Januar 2013, E. 7.1.
320 BGer, Urteil 1C_618/2014 vom 28. Juli 2015, E. 4.

ursprünglich zonenkonforme Zweckbestimmung verloren haben, können folglich unter **erleichterten Bedingungen** einer anderweitigen Nutzung zugeführt werden.[321]

3.152 Art. 24a RPG wird durch die RPV nicht näher ausgeführt und auch die gemeinsamen Bestimmungen für Bauten und Anlagen ausserhalb der Bauzonen nach Art. 43a RPV dürften aufgrund der abschliessenden Regelung des Ausnahmetatbestands kaum je zusätzlich einschränkend wirken.

3.153 Da nur wenige Zweckänderungen ohne bauliche Massnahmen auskommen und Raum, Erschliessung oder Umwelt lediglich in den Grenzen der bisherigen Nutzung beanspruchen, erweist sich die **praktische Relevanz** von Art. 24a RPG als **gering.** Die wenigen bewilligungsfähigen Konstellationen betreffen typischerweise die Umnutzung ehemals landwirtschaftlich genutzter Wohnbauten in Ferienwohnungen oder die Verwendung leerstehender Ökonomietrakte als Abstellräume; beispielsweise die Nutzung einer am See gelegenen Scheune zur Einlagerung von Booten oder Surfbrettern.[322] Hingegen fällt die Erteilung der Ausnahmebewilligung nach Art. 24a RPG für die Umnutzung eines Holzlagers in eine Werkhalle, deren Betrieb mit zusätzlichen Lärmimmissionen und einem höheren Verkehrsaufkommen einhergeht, aufgrund der – allenfalls auch nur geringfügigen – Mehrbelastung ausser Betracht.[323] Dasselbe gilt für die mit einer Mehrbelastung durch nicht-ionisierende Strahlen verbundene Umnutzung einer Mobilfunkantenne.[324]

3.154 Die Ausnahmebewilligung steht unter dem **Vorbehalt der Aufhebung** infolge veränderter Verhältnisse (Abs. 2). Angesprochen ist hier zum einen die Möglichkeit des Widerrufs formell rechtskräftiger Verfügungen. Zum anderen wird klargestellt, dass spätere Zweckänderungen erneut der Bewilligungspflicht unterliegen.[325] Nachträgliche Aus- und Umbauten sind möglich, haben aber gestützt auf eine andere Norm als Art. 24a RPG zu erfolgen.[326]

2. Nichtlandwirtschaftliche Nebenbetriebe (Art. 24b RPG)

Literatur

Bühlmann Lukas, Gewerbe, Dupré Chantal, in: Kommentar RPG, Art. 24b; Griffel Alain, Raumplanungs- und Baurecht, S. 123 ff.; Muggli Rudolf, Kurzkommentar RPG, Art. 24b; Kissling Samuel, Stichworte; Waldmann Bernhard/Hänni Peter, Handkommentar RPG, Art. 24b.

321 Muggli, in: Kommentar RPG, Art. 24a Rz. 5 sowie 4 m.w.H.; vgl. auch Rz. 3.117 ff.

322 Scheidegger, Spielregeln, S. 85; Karlen, Ausnahmebewilligung, S. 300.

323 BGer, Urteil 1A.176/2002 vom 28. Juli 2003, E. 4.2 und 4.4; siehe ferner BGer, Urteil 1C_243/2008 vom 16. Oktober 2008, E. 3.1.

324 BGer, Urteil 1A.274/2006 vom 6. August 2007, E. 3.2. Die teilweise Zweckänderung resultierte im konkreten Fall aus der Erhöhung der Leistung für die Mobilfunkdienste bei gleichzeitiger Verringerung der Telepageleistung der Antenne.

325 Waldmann/Hänni, Handkommentar RPG, Art. 24a Rz. 8.

326 Karlen, Ausnahmebewilligung, S. 300.

a) Betriebsnahe nichtlandwirtschaftliche Nebenbetriebe (Abs. 1)

Art. 24b Abs. 1 RPG eröffnet landwirtschaftlichen Betrieben, die als solche nicht mehr überlebensfähig sind, den Zugang zu ergänzenden, nichtlandwirtschaftlichen Einkommensquellen. In Anlehnung an die innere Aufstockung nach Art. 16a Abs. 2 RPG wird diese Erweiterungsmöglichkeit des Produktionsspektrums auch als **kleingewerbliche Aufstockung** bezeichnet. 3.155

Als nichtlandwirtschaftliche Einkommensquellen kommen **handwerkliche und gewerbliche Tätigkeiten** in Betracht. Dazu gehören beispielsweise der Betrieb von Schlossereien oder kleineren Landmaschinenwerkstätten, das Erteilen von Reitunterricht oder Hippotherapien[327] sowie die Aufbereitung, Lagerung und der Verkauf landwirtschaftlicher oder gartenbaulicher Produkte, soweit diese Tätigkeiten nicht zonenkonform sind, weil weniger als die Hälfte der Produkte durch den Betrieb selbst oder durch eine Produktionsgemeinschaft, welcher der Betrieb angehört, erzeugt wird (vgl. Art. 16a RPG i.V.m. Art. 34 Abs. 2 RPV).[328] 3.156

Art. 24b Abs. 1 RPG ist auf **landwirtschaftliche Gewerbe** nach Art. 7 Abs. 1 BGBB anwendbar, also auf solche, die als «Gesamtheit von landwirtschaftlichen Grundstücken, Bauten und Anlagen [...] der landwirtschaftlichen Produktion dienen» und eine Betriebsgrösse von mindestens einer Standardarbeitskraft erreichen. Auf kleinere Betriebe – wie sie insbesondere in Berggebieten bestehen – findet Art. 24b Abs. 1 RPG nur insofern Anwendung, als diese durch das kantonale Recht den Bestimmungen über das landwirtschaftliche Gewerbe unterstellt sind. Sie müssen jedoch mindestens 0,6 Standardarbeitskräfte erreichen (vgl. Art. 5 lit. a BGBB).[329] 3.157

Die Bewilligung eines nichtlandwirtschaftlichen Nebenbetriebs setzt voraus, dass der landwirtschaftliche Betrieb **ohne das Zusatzeinkommen existenziell gefährdet** ist. 3.158

Ein Betrieb gilt als in seiner Existenz bedroht, wenn nach Abzug der betriebsnotwendigen Sachausgaben (Amortisation, Verzinsung, Rückstellungen) nicht mindestens CHF 70000 Arbeitslohn für eine Familie (unbestimmter Grösse) verbleiben.[330] Der Nachweis, dass der landwirtschaftliche Betrieb längerfristig, d.h. während der nächsten 15 bis 25 Jahre, auf ein Zusatzeinkommen angewiesen ist, ist mittels eines **Betriebskonzepts** zu erbringen (Art. 40 Abs. 2 RPV) und erfolgt auf Grundlage der Rechnungsabschlüsse mehrerer Jahre.[331] Darin muss auch aufgezeigt werden, dass «der geplante Nebenbetrieb selbst längerfristig bestehen kann und ein Einkommen generiert, das für die Existenzfähigkeit des Landwirtschaftsbetriebs ins Gewicht fällt»[332]. 3.159

327 Bericht Pa.Iv. RPG 2012, S. 6595.

328 Dupré, in: Kommentar RPG, Art. 24b Rz. 10.

329 Das Arbeitsvolumen einer Standardarbeitskraft auf einem Landwirtschaftsbetrieb beträgt 2800 Stunden pro Jahr. 0,6 Standardarbeitskräfte entsprechen damit einer Jahresarbeitszeit von 1680 Stunden (BLW, Standardarbeitskraft SAK, www.blw.admin.ch > Themen > Standardarbeitskraft SAK).

330 Muggli, Kurzkommentar RPG, Art. 24b Rz. 2. Der Richtwert wurde 1997 durch den Ständerat in die Diskussion eingebracht und dient dem Bundesgericht auch heute noch als Orientierungsgrösse. Siehe BGer, Urteil 1C_376/2009 vom 30. Juli 2010, E. 3.1.

331 Botschaft RPG 1996, S. 538.

332 BGer, Urteil 1C_376/2009 vom 30. Juli 2010, E. 3.1.

3.160 Der Gesetzgeber hat für den Nebenbetrieb resp. die Nebenbetriebe – die Kumulation mehrerer Nebenbetriebe ist zulässig – keine Einkommensgrenze definiert. Jedenfalls muss es sich bei den Einnahmen aber um ein **Ergänzungseinkommen** handeln, das nicht den Charakter einer Haupteinnahmequelle annimmt.[333] Der Umfang des Nebenbetriebs wird zusätzlich durch den Umstand begrenzt, dass dieser gemäss Art. 24b Abs. 2 RPG **von der Betriebsleitung des landwirtschaftlichen Betriebs** – d.h. dem selbstbewirtschaftenden Eigentümer oder der Betriebspächterin resp. den jeweiligen Lebenspartnern[334] – **zu führen** ist. Das setzt voraus, dass der/die Betriebsleitende die für den Nebenbetrieb notwendigen Qualifikationen mitbringt und sich die Führung des nichtlandwirtschaftlichen mit der Führung des landwirtschaftlichen Betriebs auch in zeitlicher Hinsicht vereinbaren lässt. Beispielsweise wäre der Betrieb eines Transportgeschäfts im Nebenbetrieb nicht bewilligungsfähig, da dieser die längere Abwesenheit der/des Betriebsleitenden erfordert (vgl. Art. 40 Abs. 1 lit. b RPV).[335] «Führung» des nichtlandwirtschaftlichen Nebenbetriebs ist umfassend zu verstehen. Nicht nur die eigentliche Leitung des Nebenbetriebs, auch die in diesem Teil anfallende Arbeit ist vom Bewirtschafter/der Bewirtschafterin des landwirtschaftlichen Betriebs bzw. den jeweiligen Lebenspartnern zu leisten.[336] Schliesslich muss der **Hofcharakter** trotz des Nebenbetriebs im Wesentlichen **unverändert** bleiben. Der landwirtschaftliche Betrieb soll als solcher und nicht etwa als Gewerbebetrieb erkennbar sein (Art. 40 Abs. 1 lit. c RPV).

3.161 Die Errichtung des nichtlandwirtschaftlichen Nebenbetriebs ist **nur in bestehenden Bauten und Anlagen** zulässig und nur dann, wenn diese im Zuge des landwirtschaftlichen Strukturwandels funktionslos geworden sind. Sie können in den Grenzen des für die gewerbliche Umnutzung Erforderlichen baulich verändert werden.[337]

3.162 Ferner muss der gewerbliche Nebenbetrieb **«betriebsnah»** sein, wobei die Betriebsnähe primär aufgrund von örtlichen Faktoren und nur sekundär nach sachlichen Kriterien zu bestimmen ist, was sich heute nicht zuletzt aus Art. 24b Abs. 1bis RPG ergibt.[338] Danach kommen für kleingewerbliche Aufstockungen insbesondere Bauten und Anlagen in Betracht, die innerhalb des Hofbereichs des landwirtschaftlichen Gewerbes liegen, d.h. dort, wo sich das Wohnhaus und die Mehrzahl der Ökonomiegebäude befinden (Art. 40 Abs. 1 lit. a RPV). Haupt- und Nebenbetrieb sollen eine Einheit bilden und auch als solche wahrgenommen werden. Isoliert stehende Bauten ohne räumliche Beziehung zum Hauptgebäude gelten nach dem Willen des Verordnungsgebers nicht als betriebsnah. Sie fallen für eine gewerbliche Umnutzung ausser Betracht. Die Regelung bezweckt, die Entstehung neuer Gewerbeinseln in der Landwirtschaftszone zu verhindern.[339] In diesem Sinne qualifizierte

333 Botschaft RPG 1996, S. 538; Dupré, in: Kommentar RPG, Art. 24b Rz. 13.
334 Lebenspartner sind Personen, die mit dem Betriebsleiter bzw. mit der Betriebsleiterin in einer Ehe oder in einer eheähnlichen Gemeinschaft leben (Botschaft RPG 2005, S. 7114).
335 Muggli, Kurzkommentar RPG, Art. 24b Rz. 7; siehe auch BGE 128 II 222, E. 3.4.
336 Botschaft RPG 2005, S. 7113; Kissling, Stichworte, S. 27.
337 Botschaft RPG 1996, S. 538; Dupré, in: Kommentar RPG, Art. 24b Rz. 14.
338 Dupré, in: Kommentar RPG, Art. 24b Rz. 13 m.w.H.
339 Muggli, Kurzkommentar RPG, Art. 24b Rz. 7; vgl. auch Botschaft RPG 2005, S. 7111.

das Bundesgericht die Umnutzung eines Stalls, der in 20- bis 25-minütiger Gehdistanz vom Hauptbetrieb lag und nur über einen steilen Weg zu erreichen war, in eine Raststätte für Wanderer als nicht bewilligungsfähig.[340] Als in sachlicher Hinsicht betriebsnah gelten beispielsweise kleine Schreinereien, in denen nicht nur Holz aus dem eigenen Wald verarbeitet wird; ausserdem auch kleinere mechanische Werkstätten für Landmaschinen.[341] Ein «enger» sachlicher Bezug des gewerblichen Nebenbetriebs zur landwirtschaftlichen Tätigkeit, wie im Anwendungsbereich von Art. 24b Abs. 1bis RPG vorausgesetzt, ist nicht erforderlich.

Der **Nachweis der Standortgebundenheit entfällt** für nichtlandwirtschaftliche Nebenbetriebe (Art. 24b Abs. 1 Satz 2 RPG). Hingegen ist die Prüfung gemäss Art. 24 lit. b RPG, wonach dem Vorhaben keine überwiegenden Interessen entgegenstehen dürfen, vorzunehmen.[342] 3.163

Zu berücksichtigen sind schliesslich die Bewilligungsvoraussetzungen nach **Art. 43a RPV.** Bedeutung dürfte insbesondere lit. c zukommen, wonach die Errichtung des Nebenbetriebs «höchstens eine geringfügige Erweiterung der bestehenden Erschliessung» nach sich ziehen darf.[343] 3.164

b) Nebenbetriebe mit engem sachlichem Bezug zum landwirtschaftlichen Gewerbe (Abs. 1bis und Abs. 2)

Seit der Gesetzesrevision von 2007 unterscheidet Art. 24b RPG nichtlandwirtschaftliche Nebenbetriebe «ohne» engen sachlichen Bezug zum landwirtschaftlichen Gewerbe (Abs. 1) von jenen «mit» einem solchen Bezug (Abs. 1bis). Letztere erfahren **in dreifacher Hinsicht eine Privilegierung:** Es entfällt erstens der Nachweis der Existenzbedrohung des Hauptbetriebs. Nebenbetriebe mit einem engen sachlichen Bezug zum Hauptbetrieb können folglich unabhängig von der wirtschaftlichen Lage des Hauptbetriebs bewilligt werden. Zweitens sind massvolle Erweiterungen in An- oder Fahrnisbauten in einem Umfang von bis zu 100 m^2 zulässig, wenn in bestehenden Bauten und Anlagen kein oder zu wenig Raum zur Verfügung steht (Art. 24b Abs. 1bis Halbsatz 2 RPG i.V.m. Art. 40 Abs. 4 RPV). Drittens ist es gestattet, Personal anzustellen, welches überwiegend oder ausschliesslich für den Nebenbetrieb tätig ist (Art. 24b Abs. 2 Satz 2 RPG). Letzteres setzt voraus, dass der überwiegende Teil der in dem Nebenbetrieb anfallenden Arbeit durch die Bewirtschafterfamilie selbst, d.h. vom Bewirtschafterpaar, deren Kindern und der abtretenden Generation, geleistet wird (Art. 24b Abs. 2 Satz 3 RPG).[344] Wie bei Nebenbetrieben nach Abs. 1 dürfen jedoch auch Nebenbetriebe nach Abs. 1bis nicht den Charakter eines Hauptbetriebs annehmen. 3.165

Die in Abs. 1bis **geforderte Nahebeziehung** ist gegeben, wenn der Nebenbetrieb originär auf die Existenz des Hauptbetriebs angewiesen ist und sich daher nicht 3.166

340 BGE 128 II 222, E. 3.1.
341 Botschaft RPG 1996, S. 538; siehe ferner Muggli, Kurzkommentar RPG, Art. 24b Rz. 7 m.w.H.
342 BGer, Urteil 1A.37/2004 vom 13. Juli 2004, E. 2.2.
343 ARE, Erläuterungen RPV 2012, S. 5, 11.
344 Botschaft RPG 2005, S. 7113.

unabhängig von diesem führen liesse.[345] Art. 40 Abs. 3 RPV führt einige Beispiele illustrativ auf. Danach sollen insbesondere Agrotourismusangebote wie Besenwirtschaften, Schlafen im Stroh, Gästezimmer auf dem Bauernhof oder Heubäder (lit. a) sowie sozialtherapeutische und pädagogische Angebote, bei denen das Leben und soweit möglich die Arbeit auf dem Bauernhof einen wesentlichen Bestandteil der Betreuung ausmachen (lit. b), von den günstigeren Bewilligungsvoraussetzungen profitieren können.

3.167 Die in Art. 40 Abs. 3 RPV namentlich aufgeführten Beispiele bedürfen einer gewissen **Präzisierung:** So weisen agrotouristische Angebote nur dann einen engen sachlichen Bezug zum landwirtschaftlichen Betrieb auf, wenn «ein namhafter Teil selbst produzierter Lebensmittel [darin] Verwendung findet». Gästezimmer sind derart auszustatten, dass sie sich nicht zur Dauervermietung als Wohnungen eignen. Auf den Einbau von Kochgelegenheiten ist deshalb zu verzichten.[346] Als sozialtherapeutisches bzw. pädagogisches Angebot ist beispielsweise die Betreuung von Betagten, von Personen mit Behinderung oder von Personen mit Bedarf an spezifischen Therapien (wie einer Drogenentzugstherapie) denkbar, wenn diese im Rahmen ihrer Möglichkeiten auf dem Landwirtschaftsbetrieb temporär mitarbeiten. Die Aufnahme von Pflegekindern, d.h. die nicht nur temporäre Bewirtung oder Unterbringung aussenstehender Personen, ist von Art. 40 Abs. 3 lit. b RPV hingegen nicht erfasst.[347] Ebenso würden Betreuungssituationen, welche auf Wohnraum für spezialisiertes Betreuungspersonal angewiesen sind, den Rahmen von Art. 24b Abs. 1bis RPG sprengen und wären deshalb unzulässig.[348]

3.168 Betriebe, die mit der Landwirtschaft zwar eng verbunden sind, deren Existenz aber nicht unmittelbar vom Bestehen eines landwirtschaftlichen Betriebs abhängt, weisen den von Art. 24b Abs. 1bis RPG geforderten sachlichen Konnex **nicht** auf. Angesprochen sind hier beispielsweise **Landmaschinenwerkstätten oder landwirtschaftliche Lohnunternehmen;** Letztere sind Betriebe, die landwirtschaftliche Dienstleistungen, wie Erntearbeiten oder das Ausbringen von Dünger, für andere Unternehmen gewerblich erbringen. Sie sind immerhin unter den restriktiveren Voraussetzungen von Abs. 1 bewilligungsfähig.[349]

c) Gastwirtschaftliche Nebenbetriebe in temporären Betriebszentren (Abs. 1ter)

3.169 Art. 24b RPG ist in beschränktem Umfang auch auf Betriebszentren, die nur während einer bestimmten Zeit im Jahr bewohnt werden, anwendbar. Angesprochen sind sowohl Betriebszentren, die Teil eines landwirtschaftlichen Gewerbes sind (sog. Stufenbetriebe), als auch reine Alp- bzw. Sömmerungswirtschaften. Der nichtlandwirtschaftliche Nebenbetrieb ist auf gastwirtschaftliche Angebote, d.h. auf die Bewirtung oder Beherbergung, beschränkt. Diese Nutzungsbeschränkung darf

345 Botschaft RPG 2005, S. 7112.

346 Erläuterungen RPV 2007, S. 5, auch zum Vorangehenden.

347 VGer ZH, Urteil VB.2011.00273 vom 18. August 2011, E. 4.3.2 (BEZ 2011 Nr. 50).

348 Erläuterungen RPV 2007, S. 5.

349 Botschaft RPG 2005, S. 7112; Erläuterungen RPV 2007, S. 5.

auch nicht zu einem späteren Zeitpunkt über eine Bewilligung nach Art. 24a RPG[350] umgangen werden. Der Betrieb des Nebengewerbes hat in den bestehenden Bauten und Anlagen zu erfolgen und ist auf jene Zeiträume beschränkt, in denen die landwirtschaftliche Produktion in den Betriebszentren tatsächlich stattfindet. Demzufolge ist die Bewirtung und Beherbergung von Schneetouristen in Alpwirtschaften während der Wintermonate nach Art. 24b Abs. 1ter RPG unzulässig. Sie kann allenfalls als standortgebunden nach Art. 24 RPG bewilligungsfähig sein.[351]

d) Vermeiden von Wettbewerbsverzerrungen (Abs. 1^{quater})

Um Wettbewerbsverzerrungen zu vermeiden, gelten gemäss Art. 24 Abs. 1^{quater} RPG für nichtlandwirtschaftliche Nebenbetriebe die **gleichen gesetzlichen Anforderungen** und Rahmenbedingungen wie für vergleichbare Gewerbebetriebe in Bauzonen. 3.170

Ursprünglich auf Verordnungsebene geregelt, fand dieser Grundsatz im Rahmen der RPG-Revision von 2007 Eingang ins Gesetz. Die Regelung ist Ausdruck der in National- und Ständerat geäusserten Besorgnis, die Lockerung von Art. 24b RPG könnte Wettbewerbsverzerrungen zulasten des Gewerbes in Bauzonen begünstigen.[352] 3.171

e) Weitere Bedingungen für den Nebenbetrieb nach Abs. 3–5

Nichtlandwirtschaftliche Nebenbetriebe sind nach Erteilung der Ausnahmebewilligung und vor Beginn der Bauarbeiten im Grundbuch anzumerken (Art. 24b Abs. 3 RPG i.V.m. Art. 44 Abs. 1 lit. a RPV).[353] Die Anmerkung hat reinen Informationscharakter. Sie dient primär dazu, Nebenbetriebe als untrennbaren Bestandteil des landwirtschaftlichen Gewerbes auszuweisen, um sie so dem **Realteilungs- und Zerstückelungsverbot** gemäss Art. 58–60 BGBB möglichst wirksam zu unterstellen (vgl. Art. 24b Abs. 4 RPG).[354] Die Löschung einer entsprechenden Anmerkung ist nur unter den Voraussetzungen von Art. 44 Abs. 3 RPV zulässig, d.h. im Falle einer Einzonung des landwirtschaftlichen Grundstücks in eine Bauzone sowie gestützt auf eine Verfügung, die das Dahinfallen der Voraussetzungen der Anmerkungen feststellt. 3.172

Die Bestimmungen des **BGBB** betreffend nichtlandwirtschaftliche Nebengewerbe finden auf nichtlandwirtschaftliche Nebenbetriebe nach Art. 24b RPG keine Anwendung (Art. 24b Abs. 5 RPG). Als Bestandteile eines landwirtschaftlichen Gewerbes werden nichtlandwirtschaftliche Nebenbetriebe auch nicht von **Art. 37a RPG** erfasst.[355] 3.173

---

350 Vgl. Rz. 3.150 ff.

351 Erläuterungen RPV 2007, S. 6; DUPRÉ, in: Kommentar RPG, Art. 24b Rz. 19.

352 Statt vieler siehe die Voten Messmer, Amtl. Bull. NR 2006, S. 187, 198 f., Pedrina, Amtl. Bull. NR 2006, S. 198, sowie Cathomas, Amtl. Bull. NR 2006, S. 198.

353 MUGGLI, Kurzkommentar RPG, Art. 24b Rz. 10.

354 MUGGLI, Kurzkommentar RPG, Art. 24b Rz. 10; DUPRÉ, in: Kommentar RPG, Art. 24b Rz. 23.

355 Siehe Rz. 3.219 ff.

f) Dahinfallen der Ausnahmebewilligung

3.174 Haupt- und Nebenbetrieb nach Art. 24b RPG bilden eine **funktionale und rechtliche Einheit,** weshalb bei Aufgabe des Hauptbetriebs die Ausnahmebewilligung für den Nebenbetrieb gemäss Art. 40 Abs. 5 Satz 1 RPV ohne weiteres dahinfällt. Die zuständige Behörde stellt dies durch Verfügung fest (Art. 40 Abs. 5 Satz 2 RPV). Allenfalls ist in einem neuen Bewilligungsverfahren auf Gesuch hin zu entscheiden, ob der nichtlandwirtschaftliche Nebenbetrieb gestützt auf eine andere Bestimmung bewilligt werden kann (Art. 40 Abs. 5 Satz 3 RPV).

3. Besitzstandsgarantie (Art. 24c RPG)

Literatur

Bühlmann Lukas, Gleichstellung; Griffel Alain, Raumplanungs- und Baurecht, S. 125 ff.; Kissling Samuel, Stichworte; Marti Arnold, Urteilsbesprechung BGer 1C_311/2012; Muggli Rudolf, in: Kommentar RPG, Art. 24c, 37a; Muggli Rudolf, Kurzkommentar RPG, Art. 24c, 37a; Muggli Rudolf/Pflüger Michael, Revision Art. 24c RPG; Waldmann Bernhard/Hänni Peter, Handkommentar RPG, Art. 16a, 24c, 37a.

a) Überblick

3.175 Art. 24c RPG regelt die **Voraussetzungen und den Umfang der Besitzstandsgarantie** für bestehende zonenwidrige Bauten und Anlagen ausserhalb der Bauzonen. Die Reichweite der im Zuge der RPG-Revision 2011 stark modifizierten Bestimmung ist nicht immer leicht zu bestimmen, weshalb an dieser Stelle zunächst ein Überblick über die einzelnen Absätze erfolgt:

- Abs. 1 wiederholt für Bauten und Anlagen, die seinerzeit in Übereinstimmung mit dem materiellen Recht erstellt, durch die nachträgliche Änderung von Erlassen oder Plänen jedoch zonenwidrig geworden sind, die bereits **verfassungsrechtlich gewährleistete Besitzstandsgarantie.**
- Abs. 2 gestaltet die – über den verfassungsrechtlich garantierten Besitzstand hinausgehende – **erweiterte Besitzstandsgarantie** aus.
- Abs. 3 dehnt den Anwendungsbereich von Abs. 1 und 2 zusätzlich auf **altrechtliche, ursprünglich landwirtschaftlich genutzte Wohnbauten** aus, deren landwirtschaftliche Nutzung in einem Zeitpunkt aufgegeben wurde, in dem die Baute oder Anlage rechtlich bereits dem Nichtbaugebiet zugeordnet war. Die Bestimmung wurde zurückgehend auf eine Standesinitiative des Kantons St. Gallen[356] im Zuge der RPG-Revision 2011 eingefügt. Sie bereitet den Boden für tiefgreifende Veränderungen des schweizerischen Landschaftsbilds und stellt – wie noch zu zeigen sein wird – einen Einbruch in das bis dahin bestehende Ver-

---

356 Standesinitiative des Kantons St. Gallen, «Bauen ausserhalb der Bauzone» (08.314) vom 26. Mai 2008.

ständnis der Besitzstandswahrung bestehender Bauten ausserhalb der Bauzonen dar.

- Abs. 4 statuiert die Voraussetzungen für Veränderungen am **äusseren Erscheinungsbild.**
- Aus Abs. 5 ergibt sich das Erfordernis einer umfassenden **Interessenabwägung** in jedem Einzelfall.

Als **Sondertatbestand** von Art. 24c RPG konkretisiert Art. 37a RPG die Besitzstandsgarantie für altrechtliche gewerbliche Bauten und Anlagen. 3.176

Sowohl Art. 24c RPG als auch Art. 37a RPG stehen gemäss Art. 27a RPG unter dem Vorbehalt einschränkender kantonaler Bestimmungen.[357] 3.177

b) Anwendungsbereich

aa) Altrechtliche Bauten und Anlagen

Art. 24c RPG garantiert in Abs. 1 den Bestand bestimmungsgemäss nutzbarer Bauten und Anlagen ausserhalb der Bauzonen, die **nicht mehr zonenkonform** sind. Gemäss Art. 41 Abs. 1 RPV sind damit sog. **altrechtliche Bauten und Anlagen** gemeint, d.h. Bauten und Anlagen, die «rechtmässig erstellt oder geändert worden sind, bevor das betreffende Grundstück Bestandteil des Nichtbaugebiets im Sinne des Bundesrechts wurde». 3.178

Als **altrechtlich** werden jene Bauten und Anlagen bezeichnet, welche 3.179

- vor dem Inkrafttreten des Gewässerschutzgesetzes von 1971 (aGSchG; AS 1972 I 950) am 1. Juli 1972 erstellt wurden. Dieses Bundesgesetz sah erstmals, wenn auch aus Gründen des Gewässerschutzes, eine klare Trennung von Bau- und Nichtbaugebiet vor;
- nach dem 1. Juli 1972, aber vor dem Inkrafttreten des Raumplanungsgesetzes am 1. Januar 1980 in einem Gebiet errichtet wurden, das, ohne einer Bauzone zugeordnet gewesen zu sein, innerhalb eines gewässerschutzrechtskonformen generellen Kanalisationsprojekts (GKP) lag;
- nach dem 1. Juli 1972 erstellt und aufgrund einer Zonenplanänderung zu einem späteren Zeitpunkt von einer Bauzone in eine Nichtbauzone überführt wurden (Auszonung).[358]

bb) Zonenwidrigkeit

Art. 24c RPG erfasst jene altrechtlichen Bauten und Anlagen, die nicht mehr zonenkonform sind. Die Zonenwidrigkeit kann entweder auf einer Rechtsänderung oder (neu) auf einer Nutzungsänderung beruhen. 3.180

---

357 Vgl. Rz. 3.265 ff.
358 ARE, Erläuterungen RPV 2001/2007, Teil V, S. 5 f., sowie BGE 129 II 396, E. 4.2.1.

aaa) Zonenwidrigkeit aufgrund einer Rechtsänderung

3.181 In die Gruppe der Bauten und Anlagen, deren Zonenwidrigkeit auf eine Rechtsänderung zurückzuführen ist, gehören:

- altrechtliche Bauten und Anlagen, die **stets nichtlandwirtschaftlich genutzt** wurden, wie beispielsweise altrechtliche nichtlandwirtschaftliche Wohnbauten, Schützenhäuser, Sakralbauten oder Pfadiheime; zudem gewerbliche Bauten und Anlagen, soweit nicht die spezialgesetzliche Regelung von Art. 37a RPG vorgeht[359], sowie
- altrechtliche, **ursprünglich landwirtschaftlich genutzte** Bauten und Anlagen (Wohn- oder Ökonomiebauten), deren landwirtschaftliche Nutzung vor einer Rechtsänderung i.S.v. Rz. 3.179 aufgegeben wurde.[360]

bbb) Zonenwidrigkeit aufgrund einer Nutzungsänderung

3.182 Art. 24c Abs. 3 RPG regelt einen Sonderfall der nicht mehr zonenkonformen Bauten und Anlagen im Sinn von Abs. 1. Danach fallen auch «landwirtschaftliche Wohnbauten sowie angebaute Ökonomiebauten», deren zonenkonforme Nutzung nach deren Zuweisung ins Nichtbaugebiet aufgegeben wurde, in den Anwendungsbereich von Art. 24c RPG. Abs. 3 knüpft an die **Aufgabe der landwirtschaftlichen Tätigkeit** an, d.h. an eine tatsächliche Änderung der Nutzung bestehender Bauten, und nicht an eine Rechtsänderung.[361]

3.183 Erfasst werden im Einzelnen

- **altrechtliche landwirtschaftliche Wohnbauten,** deren landwirtschaftliche Nutzung zum Zeitpunkt der Zuweisung zum Nichtbaugebiet noch bestand. Dazu zählen auch ursprünglich zu landwirtschaftlichen Zwecken verwendete Temporärwohnbauten (namentlich Wohngebäude von Maiensässen sowie Alphütten).
- Daneben finden in Abs. 3 ausdrücklich auch **«angebaute Ökonomiebauten»** Erwähnung.

  Dies bedeutet nicht, dass der angebaute Ökonomieteil unabhängig von der Wohnbaute erfasst wird, sondern allein, dass sich die Wohnnutzung im Rahmen von Art. 24c Abs. 2 i.V.m. Abs. 4 RPG auf die Ökonomiebaute ausdehnen lässt.[362]

3.184 Landwirtschaftliche Wohnräume fallen – entsprechend der Sachüberschrift «Bestehende zonenwidrige Bauten und Anlagen ausserhalb der Bauzonen» – dann unter Art. 24c Abs. 3 RPG, wenn sie nachweislich nicht mehr landwirtschaftlich benötigt werden; diesbezüglich muss eine **tatsächliche Änderung** stattgefunden haben. Allerdings wird nicht vorausgesetzt, dass neben der landwirtschaftlichen Wohnnut-

---

359 Siehe hierzu ausführlich Rz. 3.219 ff.

360 ARE, Erläuterungen RPV 2001/2007, Teil I, S. 44, Teil V, S. 7.

361 Griffel, Raumplanungs- und Baurecht, S. 129. Vgl. auch BGer, Urteil 1C_187/2011 vom 15. März 2012, E. 3.3 (ZBl 2012 610 ff.).

362 Vgl. Bericht BR Standesinitiative RPG 2011, S. 7099 f. Vgl. dazu Rz. 3.198.

zung auch die übrige landwirtschaftliche Tätigkeit (die Bewirtschaftung des umliegenden Betriebs) aufgegeben wurde.

Die Revision, in deren Rahmen Art. 24c Abs. 3 RPG geschaffen wurde, zielte gemäss der UREK-N primär darauf ab, auf die mühsame Abklärung, wie eine altrechtliche Baute am Tag der Rechtsänderung genutzt war, verzichten zu können[363] sowie landwirtschaftlich und nichtlandwirtschaftlich genutzten altrechtlichen Wohngebäuden «dieselben Entwicklungsmöglichkeiten» zuzugestehen.[364] Hingegen sollten altrechtliche, noch landwirtschaftlich genutzte Wohnbauten von dieser Regelung gerade ausgenommen werden. Es galt zu verhindern, dass «Wohnbauten, die noch landwirtschaftlich benötigt werden, neu eine Bewilligung nach Art. 24c erhalten und anschliessend nichtlandwirtschaftlichen Zwecken zugeführt werden können».[365] Im Rahmen der parlamentarischen Debatte wurde zwar die Meinung vertreten, dass Bewilligungen nach Art. 24c Abs. 3 RPG grundsätzlich auch von praktizierenden Landwirten in Anspruch genommen werden können. Die Voraussetzung dafür sei jedoch, dass «das Gebäudevolumen [der landwirtschaftlichen Wohnbaute] für die Landwirtschaft nicht mehr benötigt wird».[366] 3.185

Nicht gefolgt werden kann der Auffassung, Art. 24c RPG sei auf altrechtliche landwirtschaftliche Wohnbauten auch dann anzuwenden, wenn die landwirtschaftliche Nutzung der Baute noch nicht aufgegeben wurde, d.h. wenn es sich bei den in Frage stehenden Bauten um zonenkonforme landwirtschaftliche Gebäude handelt.[367] 3.186

ccc) Von Art. 24c nicht erfasste Bauten und Anlagen

Alleinstehende, unbewohnte landwirtschaftliche Bauten und Anlagen, die über den Zeitpunkt ihrer rechtlichen Zuordnung zum Nichtbaugebiet hinaus landwirtschaftlichen Zwecken dienten, werden gemäss Art. 41 Abs. 2 RPV von Art. 24c RPG nicht erfasst. Das sind insbesondere Ställe sowie andere zu landwirtschaftlichen Zwecken genutzte alleinstehende Ökonomiebauten.[368] 3.187

Ebenso fallen landwirtschaftlich genutzte und damit **zonenkonforme Wohnbauten** nicht in den Anwendungsbereich von Art. 24c RPG. Änderungen bzw. Erweiterungen dieser Bauten und Anlagen richten sich nach Art. 16a RPG. Sie sind zulässig, wenn sie betrieblich notwendig sind (vgl. Art. 16a Abs. 1 RPG i.V.m. Art. 34 Abs. 3 und 4 RPV).[369] Gleiches gilt für einen allfälligen Neubau.[370] 3.188

---

363 Votum Bigger, Amtl. Bull. NR 2011, S. 1810. Vgl. auch Bericht UREK-N Standesinitiative RPG 2011, S. 7084 f., sowie die Voten Lustenberger, Amtl. Bull. NR 2011, S. 1808, Teuscher, Amtl. Bull. NR 2011, S. 1809, und Bischofberger, Amtl. Bull. SR 2011, S. 1161 f.

364 Votum Bader, Amtl. Bull. NR 2011, S. 1809.

365 Bericht UREK-N Standesinitiative RPG 2011, S. 7089.

366 Votum Bischofberger, Amtl. Bull. SR 2011, S. 1162. So auch Bericht BR Standesinitiative RPG 2011, S. 7099.

367 Vgl. aber Bühlmann, Gleichstellung, S. 6; ARE, Erläuterungen RPV 2012, S. 8, 11.

368 Muggli/Pflüger, Revision Art. 24c RPG, S. 11, Fn. 53.

369 Vgl. Waldmann/Hänni, Handkommentar RPG, Art. 16a Rz. 14.

370 Vgl. zum Ganzen Rz. 3.42 ff.

cc) Bestimmungsgemäss nutzbare Bauten und Anlagen

3.189 Art. 24c Abs. 1 RPG beschränkt die Besitzstandsgarantie auf Bauten und Anlagen, die noch **bestimmungsgemäss nutzbar** sind. «Bestimmungsgemäss nutzbar ist eine Baute dann, wenn der Eigentümer oder die Eigentümerin durch einen angemessenen Unterhalt das fortbestehende Interesse an der Weiternutzung dokumentiert hat. Dies äussert sich darin, dass sie gemessen an ihrer Zweckbestimmung betriebstüchtig ist und die tragenden Konstruktionen mehrheitlich intakt sind.»[371]

3.190 Das Bundesgericht sprach etwa einer Wohnbaute die bestimmungsgemässe Nutzbarkeit ab, deren Tragkonstruktion (mit Ausnahme der Grundmauern im Untergeschoss) nicht mehr intakt war, die weder über verwendbare Fussböden noch über taugliche Fenster und Türen, noch über sanitäre und elektrische Anlagen verfügte und deren Dach (inkl. Dachstuhl) unbrauchbar war.[372]

c) Erweiterte Besitzstandsgarantie: Umfang und Voraussetzungen

aa) Zum Begriff

3.191 Art. 24c Abs. 1 RPG bestätigt zunächst auf Gesetzesstufe den bereits **verfassungsrechtlich garantierten Besitzstand** altrechtlicher, nicht mehr zonenkonformer Bauten und Anlagen. Der aus der Eigentumsgarantie (Art. 26 Abs. 1 BV) und dem Vertrauensschutz (Art. 9 BV) abgeleitete Anspruch[373] umfasst im Kontext des Bauens ausserhalb der Bauzonen primär das Recht, ursprünglich rechtmässig erstellte, durch eine Rechtsänderung zonenwidrig gewordene Bauten oder Anlagen entsprechend ihrem Verwendungszweck zu unterhalten.

3.192 Darüber hinaus statuiert Abs. 2 eine **erweiterte gesetzliche Besitzstandsgarantie.** Bauten und Anlagen, die in den Anwendungsbereich von Art. 24c RPG fallen, können über den verfassungsrechtlich garantierten Besitzstand hinaus «erneuert, teilweise geändert, massvoll erweitert oder wiederaufgebaut werden», wobei sich der konkrete Umfang der erweiterten Besitzstandsgarantie nach der spezialgesetzlichen Regelung in Art. 24c RPG sowie den Ausführungsbestimmungen in Art. 41 f. RPV bestimmt.

3.193 Die erweiterte Besitzstandsgarantie galt zunächst nur für Bauten und Anlagen, deren Zonenwidrigkeit auf einer Rechtsänderung beruhte. Seit der RPG-Revision 2011 findet sie gemäss Art. 24c Abs. 3 RPG in **systemwidriger Weise** auch auf altrechtliche Wohn- und angebaute Ökonomiebauten Anwendung, deren Zonenwidrigkeit auf die Aufgabe der landwirtschaftlichen Nutzung, mithin also auf eine faktische Nutzungsänderung (nicht Rechtsänderung) zurückzuführen ist.[374]

---

371 BGer, Urteil 1C_356/2010 vom 21. Februar 2011, E. 2.2.
372 BGer, Urteil 1C_356/2010 vom 21. Februar 2011, E. 2.2.
373 Vgl. Rz. 6.56 ff.
374 Siehe hierzu Rz. 3.182 ff.

bb) Erneuerung

Aperiodische Erneuerungsmassnahmen gehen über den (von der Besitzstandsgarantie gemäss Art. 24c Abs. 1 RPG erfassten) periodischen Unterhalt hinaus. Sie umfassen Renovations- oder vergleichbare Arbeiten, mit denen die betreffenden Bauten und Anlagen nicht nur erhalten, sondern auf einen **«zeitgemässen Stand»** gehoben werden. Erneuerungsmassnahmen führen i.d.R. zu einer Verlängerung der Lebensdauer der jeweiligen Bauten und Anlagen sowie zu deren Wertsteigerung.[375] 3.194

cc) Teilweise Änderung und massvolle Erweiterung

Eine Änderung, namentlich die geringfügige Erweiterung, innere Umgestaltung oder Zweckänderung, gilt als teilweise und eine Erweiterung als massvoll, wenn die **Identität der Baute** oder Anlage einschliesslich ihrer Umgebung in den wesentlichen Zügen gewahrt bleibt (Art. 42 Abs. 1 RPV). Der Identitätsbegriff ist auslegungsbedürftig. Das Bundesgericht sieht die Identität gewahrt, wenn die Wesensgleichheit der Baute oder Anlage hinsichtlich des Umfangs, der äusseren Erscheinung sowie der Zweckbestimmung erhalten bleibt und keine wesentlichen neuen Auswirkungen auf die Nutzungsordnung, Erschliessung oder Umwelt entstehen.[376] 3.195

Die Beurteilung erfolgt mit Blick auf die aus raumplanerischer Sicht wesentlichen Merkmale und unter **Würdigung der gesamten Umstände** (Art. 42 Abs. 3 Satz 1 RPV). Konkret ist auf das äussere Erscheinungsbild, die Nutzungsart und das Nutzungsmass, die Anzahl Wohneinheiten, die Erschliessung, die wirtschaftliche Zweckbestimmung, die Auswirkungen auf Raumordnung und Umwelt sowie auf die Änderungskosten (soweit diese den Umfang der Änderungen widerspiegeln) abzustellen (qualitative, im Einzelfall zu bestimmende Dimension des Identitätsbegriffs).[377] 3.196

Das Identitätserfordernis ist jedenfalls dann verletzt, wenn ein Bauvorhaben das **zulässige Mass für Erweiterungen** (als quantitative Dimension des Identitätsbegriffs) innerhalb und ausserhalb des Gebäudevolumens gemäss Art. 42 Abs. 3 lit. a und b RPV missachtet. Danach kann die anrechenbare Bruttogeschossfläche innerhalb des bestehenden Gebäudevolumens um bis zu 60 Prozent erweitert werden (wobei das Anbringen einer Aussenisolation als Erweiterung innerhalb des bestehenden Gebäudevolumens gilt). Erweiterungen ausserhalb des bestehenden Gebäudevolumens dürfen sowohl bezüglich der anrechenbaren Bruttogeschossfläche als auch bezüglich der Gesamtfläche (Summe von anrechenbarer Bruttogeschossfläche und Brutto-Nebenfläche) weder 30 Prozent noch 100 m^2 überschreiten. Erweiterungen innerhalb des bestehenden Gebäudevolumens sind zur Hälfte anzurechnen.[378] Zu betonen ist, dass die Erweiterungsmasse nur eine Dimension 3.197

375 Muggli, in: Kommentar RPG, Art. 24c Rz. 20.

376 BGE 127 II 215, E. 3a.

377 Muggli, in: Kommentar RPG, Art. 24c Rz. 22 ff. m.w.H.; Muggli/Pflüger, Revision Art. 24c RPG, S. 5.

378 Das ARE stellt auf seiner Website eine Berechnungshilfe zur Verfügung (www.are.admin.ch > Raumentwicklung & Raumplanung > Raumplanungsrecht > Bauen ausserhalb der Bauzonen).

des Identitätsbegriffs konkretisieren. Aus deren Einhaltung darf deshalb nicht automatisch auf die Wahrung der Identität geschlossen werden.

3.198 Eine Erweiterung in eine angebaute Ökonomiebaute gilt als Erweiterung innerhalb des bestehenden Gebäudevolumens.[379] Für die hobbymässige Tierhaltung genutzte Gebäudeflächen und Aussenanlagen sind als erweiterte Wohnnutzung an die Möglichkeiten zur baulichen Erweiterung nach Art. 24c RPG anzurechnen.[380]

3.199 Das **Bundesgericht** lehnte die Erteilung einer Ausnahmebewilligung nach Art. 24c RPG für die folgenden baulichen Massnahmen mangels Wahrung des Identitätserfordernisses ab:

- die Montage von Scheinwerfern an der Aussenfassade einer Bergstation zur Beleuchtung der Pilatus-Gipfel, weil es sich bei der «Beleuchtungsanlage um etwas Neues handelt, das vom Zweck der Bergstation nicht erfasst wird und das wesentlich neue Auswirkungen auf die Umwelt hat»;[381]
- die Umnutzung einer ursprünglich land- und forstwirtschaftlich genutzten Scheune für baugewerbliche Zwecke, weil die Baute hierdurch einer völlig neuen wirtschaftlichen Zweckbestimmung zugeführt würde.[382] Mit demselben Argument verweigerte das Bundesgericht auch den Umbau einer Wohnung in ein Restaurant[383] sowie den Umbau einer zonenwidrig gewordenen Sägerei in Ferienwohnungen;[384]
- den Umbau eines bestehenden Antennenmasts in eine Rundfunk- und GSM-Station sowie in eine UMTS-Station, wenn sich hierdurch das Frequenzband erweitert und die Sendeleistung erhöht. Der zulässige Umfang einer massvollen Erweiterung würde damit überschritten werden;[385]
- die Erhöhung eines bestehenden Zauns von 1,2 m auf 1,5 m verbunden mit dessen stellenweiser Erneuerung durch Maschendrahtgeflecht, weil der Zaun hierdurch über das zur Wahrung des Identitätserfordernisses Mögliche hinaus verändert wurde.[386]

3.200 Hingegen sah das Bundesgericht die Identität einer Zufahrtsstrasse trotz deren Verlegung und Erweiterung in den wesentlichen Zügen gewahrt, weil die zonenwidrig genutzte Fläche nicht um mehr als 30 Prozent erweitert wurde, durch die Erweiterung nicht mit einem massgeblich höheren Verkehrsaufkommen zu rechnen war und die Anpassungen des Strassenbelags keine Funktionsänderung bewirkte.[387]

3.201 Mit der Erweiterung einhergehende Änderungen am **äusseren Erscheinungsbild** sind nur unter den einschränkenden Voraussetzungen von Art. 24c Abs. 4 RPG

---

379 Vgl. ARE, Erläuterungen zu Art. 42a RPG, S. 4.
380 Vgl. Rz. 3.256 ff.
381 BGE 123 II 256, E. 4.
382 BGE 132 II 21, E. 7.1.2.
383 BGer, Urteil 1A.78/2004 vom 16. Juli 2004, E. 4.
384 BGE 140 II 509, E. 2.1 und 2.7.
385 BGE 133 II 409, E. 3.
386 BGer, Urteil 1A.202/2003 vom 17. Februar 2004, E. 4.4.2.
387 BGer, Urteil 1C_288/2012 vom 24. Juni 2013, E. 7.5.2.

zulässig (vgl. Rz. 3.208 ff.). Ist keine der Voraussetzungen erfüllt, so bleibt lediglich die Möglichkeit einer Erweiterung innerhalb des bestehenden Gebäudevolumens (Art. 42 Abs. 3 lit. a RPV).

«**Massgeblicher Vergleichszustand** für die Beurteilung der Identität ist der Zustand, in dem sich die Baute oder Anlage im Zeitpunkt der Zuweisung zum Nichtbaugebiet befand» (Art. 42 Abs. 2 RPV). Schrittweise Änderungen sind zulässig, solange in der Summe die gesetzliche Obergrenze eingehalten wird bzw. die Identität insgesamt gewahrt bleibt.[388] 3.202

dd) Wiederaufbau

Art. 24c Abs. 2 RPG erlaubt auch den Wiederaufbau bestehender Bauten und Anlagen, und zwar unabhängig davon, ob diese durch Naturereignisse oder Unfälle **unfreiwillig zerstört** oder **freiwillig abgebrochen** wurden.[389] Voraussetzung ist, dass die Bauten und Anlagen zum Zeitpunkt der Zerstörung noch bestimmungsgemäss nutzbar waren und an der weiteren Nutzung ein ununterbrochenes Interesse besteht (Art. 24c Abs. 1 RPG; Art. 42 Abs. 4 Satz 1 RPV).[390] Letzteres ist jedenfalls dann nicht gegeben, wenn die Bauten oder Anlagen über längere Zeit nicht genutzt wurden.[391] Der Wiederaufbau von Bauruinen ist ausgeschlossen.[392] Ein freiwilliger Abbruch muss rechtmässig erfolgt sein.[393] Wiederaufbauten gelten als Ersatz- und nicht als nach Art. 24 RPG zu bewilligende Neubauten, wenn sie das Identitätserfordernis gemäss Art. 42 Abs. 1 RPV wahren, d.h. wenn sie nur teilweise geändert oder massvoll erweitert werden.[394] 3.203

Art. 42 Abs. 1 RPV erwähnt das **Identitätserfordernis** bezüglich des Wiederaufbaus nicht explizit. Das liegt darin begründet, dass bei einem Wiederaufbau nach Art. 42 Abs. 4 RPV in quantitativer Hinsicht nur Änderungen zulässig sind, die auch im Rahmen einer massvollen Erweiterung nach Art. 42 Abs. 3 lit. b RPV erlaubt wären. Geht ein Wiederaufbau mit einer teilweisen Änderung einher, so sind deren Voraussetzungen kumulativ zu beachten. Das Identitätserfordernis kommt insofern sowohl quantitativ als auch qualitativ zur Anwendung. 3.204

Gemäss Art. 42 Abs. 4 Sätze 2 und 3 RPV darf das **Volumen des Ersatzneubaus** die Grenzen von Art. 42 Abs. 3 RPV nicht übersteigen. Gegenüber massvollen Erweiterungen erfahren Wiederaufbauten insofern eine Privilegierung, als lit. a, wonach innerhalb des bestehenden Gebäudevolumens die anrechenbare Bruttogeschossfläche nicht um mehr als 60 Prozent erweitert werden darf, keine Anwendung findet. Geht der Wiederaufbau mit mehr als nur geringfügigen Änderungen des äusse- 3.205

388 Vgl. BGer, Urteil 1C_347/2014 vom 16. Januar 2015, E. 3.5.
389 Bericht UREK-N Standesinitiative RPG 2011, S. 7089; BGE 137 II 338, E. 2.4.
390 BGer, Urteil 1C_243/2008 vom 16. Oktober 2008, E. 2.2.
391 ARE, Erläuterungen, RPV 2001/2007, Teil I, S. 46.
392 Muggli, in: Kommentar RPG, Art. 24c Rz. 13.
393 Ein Abbruch kann insbesondere aus Gründen des Denkmalschutzes unzulässig sein (Bericht Standesinitiative RPG 2011, S. 7090; siehe auch BGer, Urteil 1C_555/2013 vom 28. März 2014, E. 7.1).
394 BGer, Urteil 1A.289/2004 vom 7. Juni 2005, E. 2.5.2.

ren Erscheinungsbildes einher, sind die Voraussetzungen nach Art. 24c Abs. 4 RPG zu beachten (vgl. Rz. 3.208 ff.).

3.206 Wird eine Wohnbaute mit angebautem Ökonomieteil abgebrochen, so darf der Wiederaufbau den Umfang des ehemaligen Wohnteils zuzüglich der zulässigen Erweiterungen nicht übersteigen.[395]

3.207 Schliesslich darf nach Art. 42 Abs. 4 Satz 4 RPV der **Standort** der Ersatzbaute oder -anlage nur dann «von demjenigen der früheren Baute oder Anlage geringfügig abweichen», wenn «dies objektiv geboten erscheint». Der Standort der Ersatzbaute ist damit nicht frei wählbar. Ein Anspruch auf einen neuen Standort lässt sich auch dann nicht ableiten, wenn der Abbruch einer Baute erfolgte, um das entsprechende Land einer besseren Nutzung, bspw. dem Lehmabbau, zuzuführen und in näherer Umgebung kein geeigneter Standort vorhanden ist.[396]

ee) Änderungen am äusseren Erscheinungsbild

3.208 Für Veränderungen am äusseren Erscheinungsbild gelten spezifische Voraussetzungen. In Art. 24c Abs. 4 RPG heisst es:

> *«Veränderungen am äusseren Erscheinungsbild müssen für eine zeitgemässe Wohnnutzung oder eine energetische Sanierung nötig oder darauf ausgerichtet sein, die Einpassung in die Landschaft zu verbessern.»*

3.209 Diese Regelung gilt sowohl für Bauten und Anlagen nach Art. 24c Abs. 1 und 2 RPG als auch für Wohnbauten und angebaute Ökonomiebauten nach Art. 24c Abs. 3 RPG.[397]

3.210 Diese Sichtweise spiegelt sich in Art. 42 Abs. 3 lit. b RPV wider und wird von der einheitlichen Lehre geteilt.[398] Ein Blick in die Materialien zeigt indessen ein **komplexes Bild.** Im Rahmen des Vorentwurfs der UREK-N war vorgesehen, den heutigen Art. 24c Abs. 3 RPG in den bestehenden Art. 24c Abs. 2 RPG zu integrieren. In Abs. 2 Satz 3 sollte es heissen: «Der Wiederaufbau setzt voraus, dass die äussere Erscheinung nicht wesentlich geändert wird.»[399] Im finalen Erlassentwurf fanden sich die das Erscheinungsbild betreffenden Voraussetzungen dann eigenständig in Art. 24c Abs. 4 RPG. In den Erläuterungen hierzu wird zwar allein auf landwirtschaftliche Wohnbauten sowie angebaute Ökonomiebauten Bezug genommen.[400] Mit Blick auf die Gesetzessystematik erscheint es aber folgerichtig, dass Art. 24c Abs. 4 RPG, ebenso wie die Pflicht zur Interessenabwägung nach Art. 24c Abs. 5 RPG, für alle altrechtlichen Bauten und Anlagen nach Art. 24c RPG zur Anwendung gelangt. Im Übrigen ist zu bedenken, dass die RPG-Novelle, aus der Art. 24c Abs. 3 und 4 RPG hervorgingen, explizit

---

395 MUGGLI/PFLÜGER, Revision Art. 24c RPG, S. 16.

396 BGE 127 II 209, E. 3.

397 Vgl. ARE, Erläuterungen RPV 2012, S. 9.

398 MUGGLI/PFLÜGER, Revision Art. 24c RPG, S. 11; KISSLING, Stichworte, S. 13; vgl. auch MARTI, Urteilsbesprechung BGer 1C_311/2012, S. 214.

399 Standesinitiative Bauen ausserhalb der Bauzone (08.314), Vorentwurf und erläuternder Bericht der Kommission für Umwelt, Raumplanung und Energie des Nationalrats vom 4. April 2011, Vorentwurf, S. 1.

400 Vgl. Bericht UREK-N Standesinitiative RPG 2011, S. 7090.

auf die Gleichstellung von landwirtschaftlichen Wohnbauten mit Bauten und Anlagen nach Art. 24c Abs. 1 RPG abzielte.[401]

Art. 24c Abs. 4 RPG bewirkt keine Lockerung des Identitätserfordernisses, sondern eine **Präzisierung** desselben.[402] Er statuiert drei alternativ und abschliessend zu verstehende Voraussetzungen, die bei teilweisen Änderungen, massvollen Erweiterungen sowie Wiederaufbauten zur Anwendung gelangen.[403] Eine mehr als geringfügige Veränderung des äusseren Erscheinungsbilds kommt nur in Frage, wenn sie:[404] 3.211

- **für eine zeitgemässe Wohnnutzung nötig** ist; 3.212

  Sofern sich eine Veränderung als notwendig erweist, um eine Wohnnutzung auf den aktuellen Stand zu bringen, vermag sie die Identität nicht zu sprengen. In diesem Sinne können z.B. Raumhöhen oder die Befensterung angepasst oder ein Anbau für eine Küche oder Sanitärräume erstellt werden. Das Kriterium ist zwar weniger streng zu verstehen als jenes im Rahmen von Art. 24d Abs. 1 RPG (wo eine Erweiterung gemäss Art. 42a Abs. 1 RPV für eine zeitgemässe Wohnnutzung nicht bloss nötig, sondern «unumgänglich» sein muss); aber auch hier ist eine restriktive Anwendung geboten.[405] Die Frage der Notwendigkeit ist objektiv zu verstehen; es kommt nicht auf die individuellen Wohnbedürfnisse an.[406] Insbesondere bleibt im Rahmen des Identitätserfordernisses kein Raum für Luxusausbauten.[407]

- **für eine energetische Sanierung nötig** ist; 3.213

- oder darauf ausgerichtet ist, die **Einpassung in die Landschaft zu verbessern.** 3.214

  Die Frage, ob sich eine Baute besser in die Landschaft einpasst, soll grundsätzlich im Ausnahmebewilligungsverfahren beantwortet werden.[408] Kantone und Gemeinden können aber «in ihren Planungen präzisere Vorgaben machen».[409] Auch beim Wiederaufbau ist das Kriterium der Einpassung von Bedeutung: Bauten, deren Erscheinungsbild störend war, sollen nicht in dieser Art wieder aufgebaut werden müssen. Eine freiwillige Reduktion des Gebäudevolumens ist nicht ausgeschlossen.[410]

Art. 42 Abs. 1 Satz 2 RPV gestattet Verbesserungen gestalterischer Art. Ästhetisch unbefriedigende Bauten dürfen – unbesehen des Identitätserfordernisses – im Zuge einer baulichen Veränderung in gestalterischer Hinsicht verbessert werden, wobei freilich die Voraussetzungen von Art. 24c Abs. 2 i.V.m. Abs. 4 RPG zu beachten sind.[411] 3.215

---

401 Vgl. Rz. 3.185.
402 Muggli/Pflüger, Revision Art. 24c RPG, S. 14.
403 Muggli/Pflüger, Revision Art. 24c RPG, S. 18.
404 Vgl. Muggli/Pflüger, Revision Art. 24c RPG, S. 14.
405 Vgl. Muggli/Pflüger, Revision Art. 24c RPG, S. 18; ARE, Erläuterungen RPV 2012, S. 9.
406 Vgl. zu Art. 24d RPG Rz. 3.236.
407 Vgl. Muggli/Pflüger, Revision Art. 24c RPG, S. 14.
408 Muggli/Pflüger, Revision Art. 24c RPG, S. 19.
409 Bericht UREK-N Standesinitiative RPG 2011, S. 7091 f.
410 Bericht UREK-N Standesinitiative RPG 2011, S. 7090.
411 Vgl. ARE, Erläuterungen RPV 2001/2007, Teil I, S. 45.

d) Weitere Bewilligungsvoraussetzungen

3.216 Gemäss Art. 24c Abs. 3 Satz 2 RPG ist der Bundesrat zum Erlass **gesetzesvertretender Verordnungsbestimmungen** verpflichtet, «um negative Auswirkungen auf die Landwirtschaft zu vermeiden». Von seiner Verordnungskompetenz hat er in zweifacher Hinsicht Gebrauch gemacht:

3.217 – Art. 42 Abs. 3 lit. c RPV hält Folgendes fest:

«Bauliche Veränderungen dürfen keine wesentlich veränderte Nutzung ursprünglich bloss zeitweise bewohnter Bauten ermöglichen.»

Diese Sonderregelung zielt darauf ab, Anreize zu verringern, landwirtschaftlich verwendete **Temporärwohnbauten** zu Ferienzwecken umzunutzen.[412] Ihr freiwilliger Abbruch und Wiederaufbau fällt grundsätzlich genauso ausser Betracht[413] wie der Anschluss einer noch nicht elektrifizierten Baute an das Stromnetz oder der Einbau einer Heizung in eine unbeheizte Baute. Letztere Massnahmen würden eine wesentlich veränderte Nutzung ermöglichen und wären daher unzulässig.[414] Umnutzungen und Erweiterungen innerhalb des Gebäudevolumens sind zwar nicht per se ausgeschlossen[415]; aber auch sie dürfen nicht wesentlich veränderte Nutzungsmöglichkeiten eröffnen.

3.218 – Der Bundesrat erliess mit Art. 43a lit. a–e RPV gemeinsame Bestimmungen für Bauten und Anlagen ausserhalb der Bauzonen. Diese dienen dem **Schutz der landwirtschaftlichen Bewirtschaftung** und beanspruchen sowohl für Bauten und Anlagen nach Art. 24c Abs. 1 RPG als auch für Bauten nach dessen Abs. 3 Geltung.[416]

Die praktische **Relevanz** von Art. 43a RPV für Ausnahmebewilligungen nach Art. 24c RPG dürfte eher gering sein. So lässt sich etwa das Kriterium der Zulässigkeit einer bloss geringfügigen Erweiterung der Erschliessung (Art. 43a lit. e RPV) bereits unmittelbar aus dem Identitätserfordernis für Änderungen und Erweiterungen ableiten.[417]

e) Sondertatbestand Art. 37a RPG: gewerbliche Bauten und Anlagen

3.219 Art. 37a RPG verankert als **Sondertatbestand** von Art. 24c RPG die – gegenüber dem Grundtatbestand nochmals erweiterte – Besitzstandsgarantie für altrechtliche gewerbliche Bauten und Anlagen. Eingefügt im Zuge der parlamentarischen Beratungen zum 1998 revidierten RPG wollte der Gesetzgeber mit Art. 37a RPG aktiven altrechtlichen Gewerbebetrieben ausserhalb der Bauzonen ausreichend Spielraum

412 Vgl. dazu auch Bericht BR Standesinitiative RPG 2011, S. 7099.

413 Bericht UREK-N Standesinitiative RPG 2011, S. 7089; ARE, Erläuterungen RPV 2012, S. 10.

414 ARE, Erläuterungen RPV 2012, S. 10.

415 Bericht UREK-N Standesinitiative RPG 2011, S. 7089; vgl. dazu ARE, Erläuterungen Art. 42a RPV, S. 5.

416 ARE, Erläuterungen RPV 2012, S. 11.

417 Vgl. Rz. 3.195 ff.

für eine zeitgemässe Entwicklung (Modernisierung sowie Umstrukturierungen) einräumen.[418] Art. 37a RPG lautet:

«Der Bundesrat regelt, unter welchen Voraussetzungen Zweckänderungen gewerblich genutzter Bauten und Anlagen zulässig sind, die vor dem 1. Januar 1980 erstellt wurden oder seither als Folge von Änderungen der Nutzungspläne zonenwidrig geworden sind.»

Der Bundesrat konkretisiert den Sondertatbestand in Art. 43 RPV. 3.220

Weder das Gesetz noch die Verordnung legen fest, was unter «gewerblichen» Bauten und Anlagen zu verstehen ist. Das Bundesgericht stützt sich bei seiner Auslegung auf das allgemeine Sprachverständnis. Danach sind mit dem **Begriff des Gewerbes** kleine und mittlere produzierende Betriebe (bspw. Zimmereibetriebe, Sägereien, Milchsammelstellen und Sennereien) gemeint.[419] Eine Baute oder Anlage gilt als gewerblich, wenn sie «einen eigenständigen Betrieb oder zumindest einen wesentlichen Betriebsteil eines bestehenden Betriebs beherberg[t]».[420] Das blosse Vermieten von Wohnungen fällt als nichtproduzierende Tätigkeit nicht unter den Gewerbebegriff. Hingegen ist der Betrieb eines Hotel-Restaurants klarerweise unter Art. 37a RPG zu subsumieren.[421] Nichtlandwirtschaftliche Nebenbetriebe i.S.v. Art. 24b RPG werden von diesem und nicht von Art. 37a RPG erfasst. 3.221

Art. 37a RPG findet auf **altrechtliche** gewerbliche Bauten und Anlagen Anwendung, d.h. insbesondere auf solche Bauten und Anlagen, die vor dem 1. Januar 1980 (Datum des Inkrafttretens des RPG) rechtmässig erstellt wurden. 3.222

Gewerbliche Bauten und Anlagen sind nach dem Willen des Gesetzgebers gegenüber jenen nach Art. 24c RPG in zweierlei Hinsicht **privilegiert:** 3.223

- Einerseits besteht eine Privilegierung in **zeitlicher Hinsicht,** indem Art. 37a RPG den Zeitpunkt, bis zu welchem eine Baute als altrechtlich gilt, auf den 1. Januar 1980 festsetzt. Demgegenüber ist nach Art. 24c RPG im Grundsatz der 1. Juli 1972 der massgebende Stichtag[422] – also ein wesentlich früherer Zeitpunkt.

  Zu beachten ist, dass diese zeitliche Privilegierung nur die Abgrenzung von altrechtlichen gegenüber neurechtlichen Bauten und Anlagen betrifft. Für die Berechnung des Umfangs der gesamthaft zulässigen Erweiterungen ist dagegen bei allen altrechtlichen gewerblichen Bauten und Anlagen auf den Zeitpunkt abzustellen, in dem die Baute oder Anlage zonenwidrig wurde (i.d.R. also auf den 1. Juli 1972).[423]

- Andererseits können altrechtliche gewerbliche Bauten und Anlagen einer **vollständigen** (und nicht nur teilweisen) **Zweckänderung** zugeführt werden (vgl. Art. 43 Abs. 1 RPV).

---

418 Siehe insb. Votum Schmid, Amtl. Bull. NR 1998, S. 501.

419 BGE 140 II 509, E. 3.3; siehe ferner Votum Durrer, Amtl. Bull. NR 1998, S. 500.

420 BGer, Urteil 1A.186/2004 vom 12. Mai 2005, E. 5.2.

421 BGE 140 II 509, E. 3.3; siehe auch BGer, Urteil 1C_328/2010 vom 7. März 2011, E. 4.3 (URP 2011 209).

422 Vgl. Rz. 3.179.

423 Muggli, in: Kommentar RPG, Art. 37a Rz. 9, der sich auf BGer, Urteil 1A.289/2004 vom 7. Juni 2005, E. 2.5 stützt. Siehe auch BGE 127 II 215, E. 3d.

3.224 **Vollständige oder teilweise Zweckänderungen** können gemäss Art. 43 Abs. 1 RPV bewilligt werden, «wenn die Baute oder Anlage rechtmässig erstellt oder geändert worden ist» (lit. a), «keine wesentlichen Auswirkungen auf Raum und Umwelt entstehen» (lit. b) und «die neue Nutzung nach keinem anderen Bundeserlass unzulässig ist» (lit. c). Die vollständige Umnutzung von Gewerberäumen in Wohnräume ist unzulässig, da die Bauten andernfalls ihren gewerblichen Charakter verlören, was dem Regelungszweck von Art. 37a RPG widerspräche. Hingegen dürfen gewerbliche Bauten insoweit in Wohnbauten umgewandelt werden, als das Wohnen betriebsnotwendig erscheint und die Wohnnutzung im Verhältnis zur gewerblichen Nutzung von nur untergeordneter Bedeutung ist. Eine teilweise Umnutzung zu Wohnzwecken kann mithin bewilligungsfähig sein.[424] Die Umnutzung bereits funktionslos gewordener Gewerbebauten richtet sich nach dem Grundtatbestand von Art. 24c RPG.[425]

3.225 Ob gewerbliche Bauten und Anlagen auch hinsichtlich **Erweiterungen** (sowie hinsichtlich Zweckänderungen, die mit Erweiterungen einhergehen) über die Grenzen von Art. 24c RPG hinaus privilegiert werden sollten, ist umstritten. Der Bundesrat führte gestützt auf Art. 37a RPG mit Art. 43 RPV eine entsprechende Bestimmung ein. Danach sind Erweiterungen der zonenwidrig genutzten Flächen im Umfang von 30 Prozent bewilligungsfähig, wobei Erweiterungen innerhalb des Gebäudevolumens nur zur Hälfte angerechnet werden (Abs. 2). Ausserhalb des bestehenden Gebäudevolumens sollen gewerbliche Bauten und Anlagen um mehr als 100 m^2 erweitert werden dürfen, wenn dies für die Fortführung des Betriebs erforderlich ist (Abs. 3). Die Privilegierung auf Verordnungsstufe ist deshalb umstritten, weil Art. 37a RPG zwar ausdrücklich Zweckänderungen, nicht aber Erweiterungen nennt.

3.226 Das Bundesgericht schützte die gesetzesvertretenden Bestimmungen des Bundesrats mit dem Argument, diese entsprächen der Zielsetzung des Gesetzgebers, Gewerbebetrieben jene Umstrukturierungen und Strukturbereinigungen zu ermöglichen, die zur Erhaltung ihrer Wettbewerbsfähigkeit erforderlich sind. Demzufolge wären Erweiterungen gewerblicher Bauten und Anlagen nach Art. 43 RPV zu bemessen.[426] Die Argumentation des Bundesgerichts überzeugt indes nicht. Weder ist dem klaren Wortlaut von Art. 37a RPG zu entnehmen, dass der Gesetzgeber auch Erweiterungen regeln wollte, noch ergeben sich hierfür genügend Hinweise aus den Wortprotokollen von National- und Ständerat.[427] Erweiterungen gewerblicher Bauten und Anlagen sind nach hier vertretener Auffassung deshalb ausschliesslich nach Art. 24c RPG und dessen Ausführungsbestimmung, Art. 42 RPV, zu beurteilen.

3.227 Für Erweiterungen und Zweckänderungen, die mit Erweiterungen einhergehen, ergibt sich demnach folgende Reichweite der erweiterten Besitzstandsgarantie: Gewerbliche Bauten und Anlagen können in den Grenzen von Art. 24c RPG i.V.m. Art. 42 und 43a RPV massvoll erweitert werden. Der Umfang von Zweckänderungen, die mit Erweiterungen einhergehen, wird in zweierlei Hinsicht beschränkt: zum einen durch Art. 43 Abs. 1 RPV, soweit dieser

424 BGE 140 II 509, E. 2.7 m.w.H.

425 Muggli, in: Kommentar RPG, Art. 37a Rz. 8.

426 BGer, Urteil 1A.289/2004 vom 7. Juni 2005, E. 2.4; so auch Waldmann/Hänni, Handkommentar RPG, Art. 37a Rz. 3.

427 So auch Muggli, in: Kommentar RPG, Art. 37a Rz. 11, 13.

Zweckänderungen betrifft; zum anderen greift das (quantitative und qualitative) Identitätserfordernis nach Art. 24c RPG. Dasjenige Kriterium, das die engeren Schranken zieht, bestimmt den Umfang der bewilligungsfähigen Änderung.

Von Art. 37a RPG klarerweise nicht erfasst und deshalb nur unter den Voraussetzungen von Art. 24c RPG bewilligungsfähig sind der **Unterhalt,** die **Erneuerung** sowie der **Wiederaufbau** gewerblicher Bauten und Anlagen. 3.228

f) Würdigung

Art. 24c Abs. 2 RPG räumt bestehenden Bauten und Anlagen ausserhalb der Bauzonen sehr weit reichende Änderungsmöglichkeiten ein. Immerhin knüpfen die Privilegien i.V.m. Abs. 1 aber an der – für die Anrufung der Besitzstandsgarantie bislang zwingenden – Voraussetzung an, dass die Rechtswidrigkeit bestehender Bauten und Anlagen durch eine Rechtsänderung bewirkt worden ist. Demgegenüber bedeutet die Ergänzung um Abs. 3 im Zuge der RPG-Revision 2011 für das Planungsrecht eine eigentliche **Zäsur.** Durch die Erweiterung des Anwendungsbereichs von Art. 24c RPG auf altrechtliche landwirtschaftliche Wohnbauten, deren landwirtschaftliche Nutzung aufgegeben wurde bzw. wird, verbunden mit der Möglichkeit des Abbruchs und Wiederaufbaus dieser Bauten, besteht die ernstzunehmende Gefahr, dass der regionaltypische Charakter landwirtschaftlich geprägter Landschaften schleichend zerstört wird und diese zu «beliebiger Zersiedlungslandschaft degenerier[en]»[428]. Es sind die kantonalen Bewilligungsbehörden, die es nun in der Hand haben, die bundesrechtlichen Vorgaben im Sinne des Gesetzgebers restriktiv anzuwenden und einschneidende Veränderungen des Landschaftsbildes zu verhindern. 3.229

4. Landwirtschaftsfremde Wohnnutzung; schützenswerte Bauten und Anlagen (Art. 24d RPG)

Literatur

Dupré Chantal, in: Kommentar RPG, Art. 24d; Griffel Alain, Raumplanungs- und Baurecht, S. 130 f.; Karlen Peter, Ausnahmebewilligung; Kissling Samuel, Stichworte; Muggli Rudolf, Kurzkommentar, Art. 24d; Scheidegger Stephan H., Neue Spielregeln; Waldmann Bernhard/Hänni Peter, Handkommentar RPG, Art. 24d; Zimmerli Ulrich, Neuerungen.

Art. 24d RPG statuiert für **landwirtschaftsfremde Wohnnutzungen** (Abs. 1) sowie für **schützenswerte Bauten und Anlagen** (Abs. 2) ausserhalb der Bauzonen einen Anspruch auf Erteilung erleichterter Ausnahmebewilligungen.[429] Der kantonale 3.230

428 Stiftung Landschaftsschutz Schweiz, Landschaftsschutz 2014 – Tätigkeit der Stiftung Landschaftsschutz Schweiz (SL), Bern 2015, www.sl-fp.ch > Publikationen > Jahresbericht 2014, S. 25.

429 Vgl. Waldmann/Hänni, Handkommentar RPG, Vorbem. Art. 24, 24a–d und 37a Rz. 18.

Gesetzgeber kann dazu freilich einschränkende Bestimmungen erlassen (Art. 27a RPG).[430]

a) Landwirtschaftsfremde Wohnnutzung (Abs. 1)

3.231 Gemäss Art. 24d Abs. 1 RPG können in «landwirtschaftlichen Wohnbauten, die in ihrer Substanz erhalten sind, [...] landwirtschaftsfremde Wohnnutzungen zugelassen werden». Damit soll insbesondere – im Sinne des Grundsatzes **«Wohnen bleibt Wohnen»** – am bisherigen Ort wohnen bleiben können, wer infolge des Strukturwandels eine landwirtschaftliche Tätigkeit aufgibt.[431] Die Regelung geht allerdings über diese Zielsetzung hinaus: Die Wohnbauten können nicht nur zu landwirtschaftsfremden Wohnzwecken umgenutzt, sondern danach auch frei veräussert werden.

3.232 In den Anwendungsbereich von Abs. 1 fallen nur seit dem 1. Juli 1972 bzw. nach einer späteren Zuweisung zum Nichtbaugebiet[432] **zonenkonform erstellte Wohnbauten,** die ursprünglich zu landwirtschaftlichen Zwecken genutzt wurden.[433] Erfasst werden auch bloss temporär bewohnte landwirtschaftliche Gebäude, z.B. in Maiensässen.[434] Die Regelung ist nicht auf Ökonomiegebäude anwendbar, und zwar unabhängig davon, ob sie freistehend oder mit Wohngebäuden verbunden sind.[435]

3.233 Abs. 1 findet überdies nur auf Bauten Anwendung, die **«in ihrer Substanz erhalten»** sind, womit die Umwandlung von Bauruinen ausgeschlossen ist:

«Diese Voraussetzung gilt dann als erfüllt, wenn sich die statisch wichtigen Teile wie Fundamente, Böden, tragende Wände und Dachkonstruktionen noch in einem guten Zustand befinden bzw. nur zu einem kleinen Teil erneuerungsbedürftig sind. Müssten hingegen ganze Gebäudeteile abgebrochen werden, um die Baute künftig entsprechend nutzen zu können, ist die Umnutzungsbewilligung zu verweigern.»[436]

3.234 Die **Zweckänderung** nach Abs. 1 ermöglicht nichtlandwirtschaftliche Wohn- bzw. Ferienwohnnutzungen. Nicht zulässig ist eine Änderung zum Zweck einer gewerblichen bzw. nebengewerblichen Nutzung.[437] Bei Temporärwohnbauten ist eine Nutzungsintensivierung (z.B. Ganzjahresnutzung) ausgeschlossen.[438]

---

430 Vgl. dazu Rz. 3.265 ff.

431 Botschaft RPG 1996, S. 541.

432 Auf altrechtliche landwirtschaftliche Wohnbauten findet Art. 24c RPG Anwendung (vgl. Rz. 3.182 ff.).

433 DUPRÉ, in: Kommentar RPG, Art. 24d Rz. 17.

434 ARE, Erläuterungen Art. 42a RPV, S. 5; vgl. WALDMANN/HÄNNI, Handkommentar RPG, 24d Rz. 8.

435 BGer, Urteil 1C_391/2010 vom 19. Januar 2011, E. 4.3.1.

436 Botschaft RPG 1996, S. 542. Die im Rahmen der parlamentarischen Beratungen ergangene Änderung von «gut erhalten» zu «in ihrer Substanz erhalten» sollte das Verständnis der Botschaft nicht in Frage stellen (vgl. Bundesrat Koller, Amtl. Bull. NR 1998, S. 506).

437 WALDMANN/HÄNNI, Handkommentar RPG, Art. 24d Rz. 9.

438 BGer, Urteil 1C_391/2010 vom 19. Januar 2011, E. 4.3.1 ff.; DUPRÉ, in: Kommentar RPG, Art. 24d Rz. 18.

Kleinere, im Zusammenhang mit der Umnutzung stehende **bauliche Anpassungen** der ehemals landwirtschaftlichen Wohnbauten sind möglich.[439] 3.235

Art. 42a Abs. 1 RPV lässt **Erweiterungen** zu, «welche für eine zeitgemässe Wohnnutzung unumgänglich sind». Dabei kommt es nicht auf die individuellen Wohnbedürfnisse an: «Massgeblich ist, ob die Platzverhältnisse derart beengt sind, dass die Hauptbaute den allgemeinen Ansprüchen an eine Wohnbaute nicht mehr genügt und deshalb auch nicht zu Wohnzwecken vermietet oder verkauft werden könnte».[440] Erweiterungen sind nur dann ausserhalb des bestehenden Gebäudevolumens erlaubt, wenn sie sich nicht innerhalb realisieren lassen.[441] Eine Erweiterung in angebaute Stallungen hinein gilt als – im Rahmen der Voraussetzungen von Art. 42a Abs. 1 RPV grundsätzlich zulässige[442] – Erweiterung innerhalb des bestehenden Gebäudevolumens.[443] Bei Temporärwohnbauten sind Erweiterungen ausgeschlossen.[444] 3.236

Sobald bauliche Massnahmen über das Mass einer Instandhaltung hinausgehen und damit neuer Wohnraum geschaffen wird, sind die Voraussetzungen von Art. 42a Abs. 1 RPV zu erfüllen. Dies ist etwa bei einer zusätzlichen Isolation des Dachs der Fall, wenn hierdurch die Räume im Dachgeschoss bewohnbar gemacht werden.[445] 3.237

Die **Gesetzeskonformität** von Art. 42a Abs. 1 RPV ist äusserst fraglich. Im Rahmen der parlamentarischen Beratungen wurde davon ausgegangen, dass weder Aufstockungen noch Erweiterungen in Frage kämen.[446] Der Bundesrat hatte explizit verlauten lassen: «Angesichts des Umstandes, dass die vorliegende Revision ausschliesslich eine sinnvolle, auch mit Blick auf Raum und Landschaft vertretbare Weiterverwendung der bestehenden Bausubstanz bezweckt, steht ausser Frage, dass Bauten, bezüglich derer eine vollständige Zweckänderung bewilligt wurde, nicht mehr erweitert werden dürfen.»[447] 3.238

Der freiwillige Abbruch und Wiederaufbau von Gebäuden ist im Rahmen von Abs. 1 nicht erlaubt.[448] Gemäss Art. 42a Abs. 3 RPV kann jedoch der **Wiederaufbau** von landwirtschaftlichen Wohnbauten, die durch höhere Gewalt zerstört wurden, zuge- 3.239

---

439 Botschaft RPG 1996, S. 541; Waldmann/Hänni, Handkommentar RPG, Art. 24d Rz. 9 m.w.H.

440 BGer, Urteil 1A.290/2004 vom 7. April 2005, E. 2.3.2; vgl. auch ARE, Erläuterungen Art. 42a RPV, S. 3.

441 ARE, Erläuterungen Art. 42a RPV, S. 3.

442 Vgl. BGer, Urteil 1A.186/2004 vom 12. Mai 2004, E. 6.5; Dupré, in: Kommentar RPG, Art. 24d Rz. 17.

443 Vgl. ARE, Erläuterungen Art. 42a RPV, S. 4.

444 BGer, Urteil 1C_391/2010 vom 19. Januar 2011, E. 4.3.3; ARE, Erläuterungen Art. 42a RPV, S. 5.

445 Vgl. BGer, Urteil 1C_157/2011 vom 21. Juli 2011, E. 4.2 ff. Damit hat das Bundesgericht die Tragweite seiner früheren Aussage geklärt, dass eine Umnutzung «allenfalls noch bei bis anhin nicht genutzten Flächen unter dem Dach des Hauptgebäudes oder im Übergangsbereich vom Wohnteil zu den Stallungen» möglich sei (BGer, Urteil 1A.134/2002 vom 17. Juli 2003, E. 5.4).

446 Vgl. Plattner, Amtl. Bull. SR 1997, S. 216.

447 Botschaft RPG 1996, S. 541.

448 Vgl. BGE 137 II 338, E. 2.1. Als grosszügiger erweist sich diesbezüglich Art. 24c RPG (vgl. Rz. 3.212).

lassen werden. Das Bundesgericht sieht dahinter «die Absicht, zahlenmässig nicht ins Gewicht fallende Härtefälle zu lösen».[449]

b) Schützenswerte Bauten und Anlagen (Abs. 2)

3.240 Die in erster Linie auf die Tessiner «Rustici» zugeschnittene Bestimmung nach Abs. 2 will verhindern, dass schützenswerte Bauten und Anlagen zerfallen oder abgebrochen werden.[450] Eine vollständige Zweckänderung einer als schützenswert anerkannten Baute bzw. Anlage ist unter den Voraussetzungen zulässig, dass sie von der zuständigen Behörde unter Schutz gestellt worden ist (lit. a) und ihre Erhaltung nicht anders als durch die Zweckänderung sichergestellt werden kann (lit. b).[451]

3.241 Wie die **Unterschutzstellung** vor sich geht, liegt im Ermessen der Kantone.[452]

3.242 Praktiziert wird sie z.B. mittels denkmalschützerischer Verfügungen, kommunaler bzw. kantonaler Inventare oder entsprechender Festsetzungen im Richtplan und/oder Nutzungsplan.[453]

3.243 Die Baute bzw. Anlage hat jedenfalls auch **«materiell schutzwürdig»** zu sein.[454] Sie muss «entscheidend zur Prägung der Landschaft beitragen oder aus kulturhistorischer Sicht über besonderen Wert verfügen».[455] Der landschaftsprägende Charakter ergibt sich aus dem baulichen Eigenwert von Bauten bzw. Anlagen als Einzelobjekte oder Baugruppen und dem Situationswert (dem Verhältnis der Baute bzw. Anlage zur sie umgebenden Siedlung oder Landschaft).[456] Kunsthistorisch bedeutsam ist eine Baute oder Anlage durch ihre Beziehung zu einer Epoche[457], einem Ereignis bzw. einer Persönlichkeit (historischer Wert) oder aufgrund ihrer ursprünglichen Nutzung (Ablesbarkeit tradierter landwirtschaftlicher oder gewerblicher Nutzungen).[458]

3.244 Abs. 2 erfasst unabhängig von deren Zonenkonformität bzw. Standortgebundenheit alle Arten bestehender Bauten und Anlagen.[459] Sind sie als schützenswert anerkannt, ist eine **vollständige Zweckänderung** sowohl zu gewerblichen als auch zu Wohnzwecken zulässig.[460] In concreto hängen die Umwandlungsmöglichkeiten jedoch von der Art der umzuwandelnden Baute bzw. Anlage ab.[461] Bauliche Anpas-

---

449 BGE 137 II 338, E. 2.1. Erhebliche Zweifel an der Gesetzes- bzw. Verfassungsmässigkeit dieser Regelung bekunden WALDMANN/HÄNNI, Handkommentar RPG, Art. 24d Rz. 9.

450 BGer, Urteil 1C_397/2011 vom 9. Januar 2014, E. 3.2; vgl. auch Botschaft RPG 1996, S. 542.

451 Vgl. dazu BGer, Urteil 1C_397/2011 vom 9. Januar 2014, E. 3.2.2.

452 MUGGLI, Kurzkommentar, Art. 24d Rz. 12.

453 Vgl. DUPRÉ, in: Kommentar RPG, Art. 24d Rz. 37.

454 WALDMANN/HÄNNI, Handkommentar RPG, Art. 24d Rz. 13.

455 BGer, Urteil 1C_784/2013 vom 23. Juni 2014, E. 8.4. Vgl. auch Botschaft RPG 1996, S. 542.

456 ARE, Erläuterungen RPV 2001/2007, Teil III, S. 3 f.

457 Vgl. z.B. § 203 Abs. 1 lit. c PBG ZH.

458 ARE, Erläuterungen RPV 2001/2007, Teil III, S. 4 m.w.H.

459 WALDMANN/HÄNNI, Handkommentar RPG, Art. 24d Rz. 13.

460 MUGGLI, Kurzkommentar, Art. 24d Rz. 8; WALDMANN/HÄNNI, Handkommentar RPG, Art. 24d Rz. 13.

461 Vgl. dazu Rz. 3.246.

sungen sind im Rahmen der Umwandlung grundsätzlich nicht ausgeschlossen.[462] Erweiterungen oder ein Wiederaufbau kommen hingegen mit Blick auf den Schutzzweck der Norm nicht in Frage.[463]

c) Gemeinsame Voraussetzungen (Abs. 3)

In Abs. 3 sind Voraussetzungen statuiert, die **kumulativ** und zusätzlich zu den 3.245
jeweiligen von Abs. 1 bzw. 2 erfüllt sein müssen. Auch hierbei handelt es sich um Mindestvoraussetzungen, die von den Kantonen verschärft werden können (vgl. Art. 27a RPG).[464]

- Die Baute oder Anlage darf für den bisherigen Zweck nicht mehr benötigt wer- 3.246
den, muss für die vorgesehene Nutzung geeignet sein und darf keine Ersatzbaute zur Folge haben, die nicht notwendig ist (lit. a).

  Es gilt in einer objektiven Betrachtung festzustellen[465], ob eine Baute bzw. Anlage für den bisherigen Zweck insgesamt und definitiv **nicht mehr benötigt** wird.[466] Im Rahmen von Abs. 1 etwa muss die landwirtschaftliche Nutzung der ganzen Baute aufgegeben worden sein.[467]

  An die (bauliche) **Eignung** für die vorgesehene Nutzung sind strenge Anforderungen zu stellen.[468] Bei Wohngebäuden nach Abs. 1 dürfte sie regelmässig gegeben sein.[469] Eine grosse Bedeutung kommt dem Kriterium im Rahmen von Abs. 2 zu. Ein Stall etwa lässt sich üblicherweise in ein Lager, nicht aber in Büro- oder Wohnräumlichkeiten umwandeln.[470] Auch die Lage einer Baute oder Anlage ist relevant – ein abgelegenes Gebäude eignet sich nicht für ein Gewerbe, das grossen Kundenverkehr anzieht.[471]

- Die äussere Erscheinung und die bauliche Grundstruktur müssen im Wesentli- 3.247
chen unverändert bleiben (lit. b).

  Das Kriterium der **«äusseren Erscheinung»** bezieht sich nicht nur auf die Dachkonstruktion und Fassade, sondern auch auf die nähere Umgebung des Gebäudes (etwa deren Bepflanzung).[472] Mit **«baulicher Grundstruktur»** sind die statisch wichtigen Teile des Gebäudes gemeint. Einer neuen Raumaufteilung steht dieses Kriterium regelmässig nicht entgegen.[473]

---

462 WALDMANN/HÄNNI, Handkommentar RPG, Art. 24d Rz. 15.
463 Vgl. KISSLING, Stichworte, S. 43.
464 WALDMANN/HÄNNI, Handkommentar RPG, Art. 24d Rz. 10.
465 Botschaft RPG 1996, S. 543.
466 Vgl. ARE, Erläuterungen Art. 42a RPV, S. 5 f. Vgl. auch WALDMANN/HÄNNI, Handkommentar RPG, Art. 24d Rz. 8.
467 ARE, Erläuterungen Art. 42a RPV, S. 5 f.
468 Botschaft RPG 1996, S. 544.
469 Vgl. Botschaft RPG 1996, S. 544.
470 Botschaft RPG 1996, S. 544; ARE, vgl. Erläuterungen RPV 2001/2007, Teil III, S. 5.
471 Vgl. Botschaft RPG 1996, S. 544.
472 DUPRÉ, in: Kommentar RPG, Art. 24d Rz. 45; Botschaft RPG 1996, S. 544.
473 Botschaft RPG 1996, S. 545.

Im Zuge einer **Bewilligung nach Abs. 1** sind kleinere bauliche Anpassungen möglich. Art. 42a Abs. 1 RPV lässt gar Erweiterungen zu, «welche für eine zeitgemässe Wohnnutzung unumgänglich sind».[474]

Im Rahmen einer **Bewilligung nach Abs. 2** werden die Kriterien nach Abs. 3 lit. b strenger ausgelegt.[475] Der Schutzwert der Baute bzw. Anlage darf nicht geschmälert werden und die ursprüngliche Nutzung muss «ablesbar» bleiben.[476] Erweiterungen sind nicht zulässig. Unter Umständen ist nicht nur das Äussere, sondern auch das Innere der Baute zu erhalten. Störende bzw. verunstaltende An- und Umbauten sind jedoch zu entfernen.[477]

3.248 – Es darf höchstens eine geringfügige Erweiterung der bestehenden Erschliessung notwendig sein und sämtliche Infrastrukturkosten, die im Zusammenhang mit der vollständigen Zweckänderung der Bauten und Anlagen anfallen, müssen auf deren Eigentümer überwälzt werden (lit. c).

Der Bau eines neuen Kanalisationsanschlusses ist zulässig. Unzulässig ist die Erstellung **neuer Strassen** oder ihre mehr als nur punktuelle Erweiterung.[478] Zu den Kosten, die von der Eigentümerin zu tragen sind, gehören z.B. jene für Schneeräumung oder Abfallbeseitigung.

3.249 – Die landwirtschaftliche Bewirtschaftung des umliegenden Grundstücks darf nicht gefährdet sein (lit. d).

Mit dieser Anforderung wollte der Gesetzgeber einerseits verhindern, dass eine Bewilligung nach Art. 24d RPG erteilt wird, wenn Konflikte mit benachbarten Landwirten wegen störender landwirtschaftlicher **Immissionen** wie Lärm (z.B. Heulüftung, Maschinen) oder Gerüche (z.B. Jauche) absehbar sind[479]; andererseits darf die nähere Umgebung keinesfalls derart umgestaltet werden, dass die landwirtschaftliche Bewirtschaftung erschwert wird.[480]

3.250 – Es dürfen keine überwiegenden Interessen entgegenstehen (lit. e).

Dies impliziert eine **umfassende Interessenabwägung.**[481] Dabei kommt Aspekten der Raumplanung – namentlich den Zielen und Grundsätzen nach Art. 1 und 3 RPG – und des Landschaftsschutzes eine besondere Bedeutung zu.[482] Überwiegende entgegenstehende Interessen können aber auch bei einer erheblichen Lawinengefährdung des Zugangs vorliegen.[483]

---

474 Vgl. zum Ganzen Rz. 3.236.
475 Botschaft RPG 1996, S. 545.
476 ARE, Erläuterungen RPV 2001/2007, Teil III, S. 5.
477 ARE, Erläuterungen RPV 2001/2007, Teil III, S. 5.
478 MUGGLI, Kurzkommentar, Art. 24d Rz. 23.
479 Vgl. Votum Durrer, Amtl. Bull. NR 1998, S. 500 f.
480 Vgl. Votum Bundespräsident Koller, Amtl. Bull. SR 1997, S. 1184; vgl. auch Botschaft RPG 1996, S. 544.
481 Vgl. DUPRÉ, in: Kommentar RPG, Art. 24d Rz. 51.
482 Botschaft RPG 1996, S. 546; DUPRÉ, in: Kommentar RPG, Art. 24d Rz. 51.
483 BGer, Urteil 1P.329/2005 vom 27. Juli 2005, E. 3.5.

d) Konkurrenzen

Nach einer Zweckänderung gemäss Art. 24d RPG ist eine Ausnahmebewilligung gemäss Art. 24c RPG ausgeschlossen.[484] Die Anwendung von Art. 24a RPG ist hingegen grundsätzlich zulässig.[485] 3.251

5. Hobbymässige Tierhaltung (Art. 24e RPG)

Literatur

BÜHLMANN LUKAS, Hobbylandwirtschaft; KISSLING SAMUEL, Stichworte.

Amtliche Publikationen

ARE (Hrsg.), Wegleitung Pferd und Raumplanung.

a) Entstehungsgeschichte und Anwendungsbereich

Die hobbymässige Tierhaltung in bestehenden Gebäuden oder Gebäudeteilen ausserhalb der Bauzonen wurde mit der **RPG-Revision 2007** ins Gesetz aufgenommen. Der Gesetzgeber wollte damit – so die Botschaft lapidar – «dem gesellschaftlichen Wandel [...] Rechnung tragen»[486] und, im Sinne der Parlamentarischen Initiative Darbellay, insbesondere die Haltung von Freizeitpferden in der Landwirtschaftszone erleichtern.[487] 3.252

2007 als Art. 24d Abs. 1bis in das RPG eingefügt, findet die Materie seit der **RPG-Revision 2013** (welche die Parlamentarische Initiative Darbellay schliesslich umsetzte) in Art. 24e eine eigenständige Bestimmung, die nicht weniger als sechs Absätze umfasst und durch Art. 42b RPV (sieben Absätze) ausgeführt wird. Die Neuregelung der hobbymässigen Tierhaltung ging mit einer Präzisierung der ursprünglichen Bestimmung sowie in geringem Umfang mit einer Ausdehnung der zulässigen baulichen Massnahmen einher.[488] Gleichzeitig wurde die **Pferdehaltung** auf bestehenden landwirtschaftlichen Betrieben in der Landwirtschaftszone unabhängig vom Zweck der Haltung oder dem Eigentum an den Tieren für zonenkonform erklärt, soweit diese Betriebe über eine überwiegend betriebseigene Futtergrundlage und über Weiden für die Pferdehaltung verfügen (Art. $16a^{bis}$ Abs. 1 RPG).[489] Damit fällt im Grundsatz nur noch jene hobbymässige Pferdehaltung in den Anwen- 3.253

484 Für Bauten nach Abs. 1 ergibt sich dies aus dem unterschiedlichen Anwendungsbereich der beiden Ausnahmetatbestände (vgl. Rz. 3.232). Bezüglich Bauten und Anlagen nach Abs. 2 vgl. DUPRÉ, in: Kommentar RPG, Art. 24d Rz. 13.

485 DUPRÉ, in: Kommentar RPG, Art. 24d Rz. 8 m.w.H.

486 Botschaft RPG 2005, S. 7102 f.

487 Parlamentarische Initiative Christoph Darbellay, «Pferdehaltung in der Landwirtschaftszone» (04.472) vom 8. Oktober 2004.

488 Bericht Pa.Iv. RPG 2012, S. 6597 ff.

489 Für die weiteren Voraussetzungen siehe Rz. 3.70 ff.

dungsbereich von Art. 24e RPG, die keine «Pferdepensionen» in landwirtschaftlichen Betrieben in Anspruch nimmt.

3.254 Die Tierhaltung gilt in **Abgrenzung zur gewerbsmässigen Tierhaltung** als hobbymässig, wenn sie «nicht auf die Erzielung eines Erwerbseinkommens ausgerichtet ist, sondern aus Liebhaberei ausgeübt wird und zur Freizeitgestaltung dient»[490]. Die nichtgewerbsmässige Haltung von Haustieren wie Hunden fällt genauso darunter wie die nichtgewerbsmässige Haltung landwirtschaftlicher Nutztiere, d.h. von Tieren, die beispielsweise der Fleisch- oder Milchproduktion dienen. Letztere erklärt Art. 34 Abs. 4 RPV als Freizeitlandwirtschaft in der Landwirtschaftszone für zonenwidrig.

3.255 Das Bundesgericht knüpft die Gewerbsmässigkeit der Tierhaltung an den «dauernden, auf Wirtschaftlichkeit ausgerichteten und organisierten Einsatz von Kapital und Arbeitskraft in einem wirtschaftlich bedeutsamen Umfang».[491] Dabei kann die Tierhaltung einen beträchtlichen zeitlichen Arbeitsaufwand erfordern, ohne dass hierdurch bereits die Schwelle zur Gewerbsmässigkeit überschritten würde.[492] Als Indizien für das Vorliegen einer bloss hobbymässigen Tierhaltung dienen folglich die fehlende Gewinn- oder Ertragsorientierung, die unwirtschaftliche Grösse des Tierbestands sowie der in der Regel geringe Arbeitsaufwand, den die Haltung der Tiere erfordert.[493]

b) Bewilligungsvoraussetzungen

3.256 Die hobbymässige Tierhaltung ist als **erweiterte Wohnnutzung** konzipiert. Sie setzt voraus, dass die Halterinnen und Halter in Stallnähe wohnen (Art. 42b Abs. 1 RPV) und in der Lage sind, den Tierbestand selber zu betreuen (Abs. 3). Damit wird nicht nur die zuverlässige Versorgung der Tiere sichergestellt, sondern es werden auch Probleme vermieden, die aus einer fehlenden örtlichen Nähe resultieren würden (zu denken ist etwa an zusätzliche Auswirkungen auf Raum, Umwelt und Erschliessung durch die Zunahme des Verkehrs oder an den gesteigerten Bedarf an Nebenräumen für Toiletten oder Ähnliches).[494]

3.257 Für die Haltung der Tiere können die Bewohnerinnen und Bewohner einer nahe gelegenen Wohnbaute auf **unbewohnte Gebäude bzw. Gebäudeteile** in der Landwirtschaftszone zurückgreifen (Art. 24e Abs. 1 RPG), sofern die in Frage stehenden Bauten in ihrer Substanz erhalten sind und nicht mehr für zonenkonforme Zwecke benötigt werden. Die Umnutzung abbruchreifer Bauten fällt ausser Betracht. Sind diese Voraussetzungen erfüllt, stehen die Gebäude sowohl zum Zweck der eigentlichen Tierhaltung (insbesondere für Ställe) als auch zur Einrichtung der notwendigen Nebenräume zur Verfügung und können entsprechend umgenutzt bzw. baulich verändert werden.[495]

---

490 Botschaft RPG 2005, S. 7114.

491 BGer, Urteil 1A.64/2006 vom 7. November 2006, E. 2.3.

492 BGer, Urteil 1A.134/2002 vom 17. Juli 2003, E. 3.3.

493 BÜHLMANN, Hobbylandwirtschaft, S. 9 m.w.H.; siehe auch KISSLING, Stichworte, S. 18.

494 ARE, Erläuterungen RPV 2007, S. 9.

495 Bericht Pa.Iv. RPG 2012, S. 6597.

Die Ausnahmenbewilligung nach Art. 24e RPG setzt schliesslich eine **tierfreundliche Haltung** voraus (Abs. 1). 3.258

Was unter tierfreundlicher Haltung zu verstehen ist, bestimmt sich primär nach dem Tierschutzrecht[496] sowie nach den über die Tierschutzgesetzgebung hinausgehenden bundesrechtlichen Anforderungen an die Einrichtungen in den zur Tierhaltung genutzten Gebäuden (Art. 42b Abs. 4 Satz 1 RPV). 3.259

Neben der Umnutzung und baulichen Veränderung bestehender Gebäude bzw. Gebäudeteile gestattet Art. 24e Abs. 2 RPG die Errichtung von **Aussenanlagen,** «soweit sie für eine tiergerechte Haltung notwendig sind». Aussenanlagen sind «offene, nicht überdachte Bauten und Anlagen [...], welche von ihrer Zweckbestimmung her im Allgemeinen nicht innerhalb eines Gebäudes untergebracht werden können».[497] Dazu gehören gemäss Art. 42b Abs. 5 RPV namentlich Allwetterausläufe, Mistlager oder Zäune. Allwetterausläufe dürfen gemäss Abs. 6 Satz 1 «nur aus zwingenden Gründen abgesetzt vom Stall errichtet werden»; dies, damit sich die Tiere möglichst frei zwischen Stall und Auslauf bewegen können. 3.260

Das für die tiergerechte Haltung «Notwendige» bestimmt sich wiederum nach dem Tierschutzrecht[498], wobei sich die vorgeschriebene Auslauffläche nur nach den **gesetzlichen Mindestmassen** und nicht nach den grosszügigeren «empfohlenen» Massen bemisst. Den Vollzugsbehörden steht allerdings ein gewisser Ermessensspielraum zu: Im Interesse einer tierfreundlichen Haltung können Aussenanlagen bewilligt werden, die das gesetzliche Mindestmass überschreiten, soweit dies mit den wichtigen Anliegen der Raumplanung vereinbar ist und die Anlage reversibel erstellt wird (Art. 24e Abs. 2 Satz 2 RPG). Für Allwetterausläufe verweist Art. 42b Abs. 6 Satz 2 auf Art. 34b Abs. 3 lit. b RPV und damit auf die gleichlautenden Vorgaben zur zonenkonformen Pferdehaltung in der Landwirtschaftszone. 3.261

Aufgrund ihres zusätzlichen Bedarfs an landwirtschaftlichem Boden sollen Aussenanlagen auf ein Minimum beschränkt bleiben. Unzulässig sind deshalb Anlagen, die ausschliesslich der hobbymässigen Beschäftigung mit dem Tier (d.h. nicht auch der tiergerechten Haltung im Sinne von Abs. 2) dienen. Angesprochen sind hier Reit- und Übungsplätze, Agility-Parcours für Hunde oder Weideunterstände (Art. 42b Abs. 5 lit. a und b RPV). Hingegen kann für **kombinierte Nutzungen** von Aussenanlagen die Ausnahmebewilligung erteilt werden, wenn durch die Nutzungserweiterung auf die hobbymässige Beschäftigung mit den Tieren weder bauliche Änderungen notwendig sind noch neue Auswirkungen auf Raum und Umwelt entstehen (Art. 24e Abs. 3 RPG).[499] 3.262

Soll zum Zweck der Beweidung Landwirtschaftsland eingezäunt werden, bedarf es immer dann einer Ausnahmebewilligung, wenn der **Zaun** das Landschaftsbild verändert.[500] Dies gilt auch, wenn die hobbymässige Tierhaltung in der Bauzone erfolgt (Art. 24e Abs. 4 RPG). 3.263

---

496 Bericht Pa.Iv. RPG 2012, S. 6597 f.

497 Botschaft RPG 2005, S. 7115.

498 Zu verweisen ist insbesondere auf die Tierschutzverordnung (TSchV, SR 455.1) und die BVET-Tierschutz-Richtlinie 800.106.06.

499 Zum Ganzen auch Bericht Pa.Iv. RPG 2012, S. 6599.

500 Bericht Pa.Iv. RPG 2012, S. 6599 f.

3.264 Art. 24e Abs. 5 RPG knüpft die Erteilung der Ausnahmebewilligungen schliesslich an die Voraussetzungen nach **Art. 24d Abs. 3 RPG.** Ferner sind die allgemeinen Bestimmungen zum Bauen ausserhalb der Bauzonen gemäss Art. 43a RPV zu beachten.[501]

D. Vorbehalt einschränkender kantonaler Regelungen (Art. 27a RPG)

Literatur

JÄGER CHRISTOPH, in: Kommentar RPG, Art. 27a.

3.265 Art. 27a RPG ermächtigt die Kantone, auf dem Weg der Gesetzgebung **einschränkende Bestimmungen** zu Art. 16a Abs. 2 (zonenkonforme Bauten und Anlagen in der Landwirtschaftszone), Art. 24b (nichtlandwirtschaftliche Nebenbetriebe ausserhalb der Bauzonen), Art. 24c (bestehende zonenwidrige Bauten und Anlagen ausserhalb der Bauzonen) und Art. 24d (landwirtschaftsfremde Wohnnutzungen und schützenswerte Bauten und Anlagen) zu erlassen.

3.266 2007 in das RPG eingefügt, stellt die Bestimmung das Korrektiv zu den schrittweise vollzogenen Lockerungen der Bau- und Nutzungsmöglichkeiten ausserhalb der Bauzonen dar; freilich auf Kosten der Übersichtlichkeit der Rechtslage. Im Anwendungsbereich von Art. 27a RPG steht es den Kantonen demnach frei, dort Regelungen zu treffen, «wo sich dies aus besonderen Gründen oder auf Grund der **lokalen Verhältnisse** aufdrängt»[502]. Ein Mindestmass an Einheitlichkeit wird dadurch gewahrt, dass auf kantonaler Ebene zwar höhere, nicht aber tiefere rechtliche Hürden für die genannten (Ausnahme-)Bewilligungen formuliert werden dürfen.

3.267 Neben den im Gesetz explizit aufgeführten Normen findet Art. 27a auch auf **Art. 37a** als Spezialtatbestand von Art. 24c Anwendung.[503]

3.268 Trotz anderslautendem Antrag der Mehrheit der UREK-N verzichtete der Gesetzgeber letztlich auf die Ergänzung von Art. 27a RPG um **Art. 16a^{bis}** und **24e RPG,** wobei sich die hierfür angeführten Argumente widersprachen: So wurde zunächst vorgebracht, eine Ausweitung des Anwendungsbereichs von Art. 27a RPG stünde einer bundeseinheitlichen Anwendung dieser Normen entgegen, um dann darauf zu verweisen, dass – auch nur punktuelle – kantonale Beschränkungen von Art. 16a^{bis} sowie 24e RPG wegen deren restriktiver Formulierung nicht zu erwarten seien.[504]

501 Siehe hierzu ausführlich Rz. 3.245 ff.

502 Botschaft RPG 2005, S. 7117 (Hervorhebung hinzugefügt).

503 JÄGER, in: Kommentar RPG, 27a Rz. 6, 11.

504 Statt vieler siehe die Voten Knecht, Amtl. Bull. NR 2012, S. 1383, sowie Luginbühl, Amtl. Bull. SR 2012, S. 1233 f.

IV. Erschliessung

Literatur

Aemisegger Heinz, Leitfaden, S. 66 ff.; Biland Fridolin, Erschliessung; Blumer Peter J., Abgaben; Clavadetscher Peter, Erschliessungspflicht; Cueni Christophe, Erschliessungsanspruch; Engeler Peter, Erschliessung; Eymann Urs, Erschliessungsrecht; Fritzsche Christoph/Bösch Peter/Wipf Thomas, Planungs- und Baurecht, S. 152 ff.; Guy-Ecabert Christine/Zen-Ruffinen Piermarco, Droit; Hänni Peter, Planungsrecht, S. 273 ff.; Häuptli Christian, in: Kommentar BauG AG, §§ 32 ff.; Jomini André, in: Kommentar RPG, Art. 19; Kuttler Alfred, Erschliessungsrecht; Lendi Martin, Funktion; Lendi Martin/Elsasser Hans, Raumplanung, S. 143 ff., 212 ff.; Lindenmann Christian, Erschliessung; Ludwig Peter, Baulanderschliessung; Marantelli-Sonanini Vera, Erschliessung; Schaub Christoph, Heute erschlossen; Staehelin Bernhard, Erschliessungsbeiträge; VLP-ASPAN (Hrsg.), Baulanderschliessung; VLP-ASPAN (Hrsg.), VLP-Info April 1996; VLP-ASPAN (Hrsg.), VLP-Info Juni 1997; Staehelin Bernhard, Erschliessungsbeiträge; Waldmann Bernhard/Hänni Peter, Handkommentar RPG, Art. 19; Walther Zbinden Heidi, Erschliessungsanspruch; Wyss Daniela, Kausalabgaben; Zaugg Aldo/Ludwig Peter, Kommentar BauG BE, Art. 7/8 und 111 ff.; Zimmerlin Erich, Baugesetz AG, § 156 ff.

Amtliche Publikationen

EJPD/BRP, Erläuterungen, Art. 19.

A. Grundlagen

1. Begriff der Erschliessung

Unter Erschliessung ist die Schaffung sämtlicher Einrichtungen zu verstehen, die notwendig sind, damit ein Grundstück entsprechend der Bau- und Nutzungsordnung überbaut und genutzt werden kann.[505] Das Raumplanungsgesetz verknüpft die Erschliessung mit der Baubewilligung, indem nur für erschlossenes Land eine Baubewilligung erteilt werden darf (Art. 22 Abs. 2 lit. b RPG). Die Erschliessung dient somit der Verwirklichung der Planung.[506] Darin liegt auch die grosse Bedeutung der Erschliessung für die Raumplanung. 3.269

Erschliessung ist ein **bundesrechtlicher Begriff;** er ist in Art. 19 RPG, Art. 24 USG sowie Art. 4 WEG einheitlich auszulegen.[507] Art. 19 Abs. 1 RPG enthält selbständig 3.270

505 EJPD/BRP, Erläuterungen, Art. 19 Rz. 5; Zimmerlin, Baugesetz AG, § 156 Rz. 7; Hänni, Planungsrecht, S. 273 f.; BGer, Urteil 2C_1131/2014 vom 5. November 2015, E. 2.2.1.

506 BGE 127 I 103, E. 7b; Jomini, in: Kommentar RPG, Art. 19 Rz. 1.

507 BGE 117 Ib 314, E. 4a; BGE 121 I 65, E. 3a; BGer, Urteil 1A.125/2005 vom 21. September 2005, E. 9.2.2; Ruch, in: Kommentar RPG, Art. 22 Rz. 83; Wolf, in: Kommentar USG, Art. 24 Rz. 34; Hänni, Planungsrecht, S. 273; Marantelli-Sonanini, Erschliessung, S. 1 und 12 ff., insbesondere zum Verhältnis zwischen RPG, WEG, GSchG und USG.

anwendbare Grundsätze[508]; ausführendes kantonales Recht ist nicht notwendig.[509] Die Details der Anforderungen an die Erschliessung ergeben sich in der Regel jedoch aus dem kantonalen Recht, weshalb dieses zur Bestimmung der Anforderungen an die Erschliessung beizuziehen ist.[510]

3.271 Der Begriff der Erschliessung ist nicht zu verwechseln mit dem in vielen kantonalen Baugesetzen – nicht aber im RPG[511] – verwendeten Begriff der **Baureife.** Baureife bedeutet, dass ein Grundstück alle physischen und rechtlichen Voraussetzungen erfüllt, die für eine Überbauung notwendig sind.[512] Die Baureife umfasst neben der Erschliessung auch die Eignung eines Grundstücks in Bezug auf Lage, Form und Beschaffenheit. Zwar wird über die grundsätzliche Eignung bereits im Rahmen der Einzonung entschieden (Art. 15 Abs. 4 lit. a RPG), doch kann eine zur Überbauung ungeeignete Parzellenform zum Fehlen der Baureife führen. Von **planungsrechtlicher Baureife** wird gesprochen, wenn die Nutzungsordnung definitiv lokalisiert und inhaltlich bestimmt umschrieben ist, d.h. wenn die Planungspflicht (Art. 2 Abs. 1 RPG) abschliessend erfüllt ist und vorgängig einer Baubewilligung keine weiteren (Sondernutzungs-)Planungen notwendig sind.[513] Von **umweltrechtlicher Baureife** ist sodann im Zusammenhang mit Art. 22 USG die Rede, wonach Baubewilligungen in lärmbelasteten Gebieten für neue Gebäude, die dem längeren Aufenthalt von Personen dienen, nur erteilt werden dürfen, wenn die Immissionsgrenzwerte nicht überschritten sind (Abs. 1) oder die Räume zweckmässig angeordnet und die allenfalls notwendigen zusätzlichen Schallschutzmassnahmen getroffen werden (Abs. 2).[514] Bauzonen für Gebäude mit lärmempfindlichen Räumen, die bei Inkrafttreten des USG (1. Januar 1985) noch nicht erschlossen waren, dürfen nur so weit erschlossen werden, als die Planungswerte eingehalten sind oder durch eine Änderung der Nutzungsart oder durch planerische, gestalterische oder bauliche Massnahmen eingehalten werden können. Die Vollzugsbehörde kann für kleine Teile von Bauzonen Ausnahmen gestatten (Art. 24 Abs. 2 USG i.V.m. Art. 30 LSV[515]). Demgegenüber enthält das USG für den Bereich der Luftverunreinigungen keine besonderen Bestimmungen über Erschliessungsbeschränkungen bei Überschreitung der festgesetzten Grenzwerte durch vorbestehende, nicht auf die geplante Anlage zurückgehende Belastungen.[516]

---

508 BGer, Urteil 1A.125/2005 vom 21. September 2005, E. 9.2.2; Jomini, in: Kommentar RPG, Art. 19 Rz. 2.

509 EJPD/BRP, Erläuterungen, Art. 19 Rz. 4; Hänni, Planungsrecht, S. 277; Aemisegger, Leitfaden, S. 67; a.M. Marantelli-Sonanini, Erschliessung, S. 22.

510 BGE 131 II 77, E. 3.4; BGer, Urteil 1C_603/2015 vom 5. April 2016, E. 2.1; BGer, Urteil 1A.125/2005 vom 21. September 2005, E. 9.2.2; Aemisegger, Leitfaden, S. 67 und 70; Rz. 3.283 f.

511 Vgl. aber Art. 31 Abs. 2 RPV.

512 Zimmerlin, Baugesetz AG, § 156 Rz. 1; EJPB/BRP, Erläuterungen, Art. 19 Rz. 3; Engeler, Erschliessung, S. 15.

513 BGE 140 II 25, E. 4.4; BGE 119 Ib 124, E. 4; BGer, Urteil 1C_443/2011 vom 20. April 2012, E. 3.4; Fritzsche/Bösch/Wipf, Planungs- und Baurecht, S. 561 f.

514 Vgl. dazu BGer, Urteil 1C_704/2013 vom 17. September 2014 (URP 2014 643 ff.); BGer, Urteil 1C_139/2015 vom 16. März 2016; Griffel/Rausch, Kommentar USG, Ergänzungsband, Art. 22 Rz. 1 ff.

515 Vgl. dazu Griffel/Rausch, Kommentar USG, Ergänzungsband, Art. 24 Rz. 1 ff.; Schaub, Heute erschlossen, S. 718 ff., zur Frage, ob diese Bestimmung auch bei Umnutzungen zur Anwendung gelangt.

516 BGE 124 II 272, E. 4c/bb. Sind von einer einzelnen Anlage allerdings so erhebliche Emissionen zu erwarten, dass dadurch eine erforderliche Ergänzung der Massnahmenplanung präjudiziert würde, darf die neue Anlage erst bewilligt werden, wenn die im Massnahmenplan für das umstrittene Projekt vorgesehenen Massnahmen erlassen und soweit nötig umgesetzt wor-

Von der Erschliessung zu unterscheiden ist sodann der Begriff der **Infrastruktur**[517]; er umfasst als Oberbegriff neben der Erschliessung auch die Ausstattung, d.h. Anlagen des Gemeinbedarfs wie Schulen, Altersheime, Spitäler, öffentliche Verwaltung, Friedhöfe.[518] Von Bundesrechts wegen stellen Anlagen der Ausstattung keine Bauvoraussetzung dar[519], doch ist die Planung der Ausstattung eine übergeordnete Anforderung des Raumplanungsrechts (Art. 3 Abs. 3 lit. a und d sowie Abs. 4 RPG, Art. 6 Abs. 3 lit. b RPG). Die Kantone dürfen in Abweichung von diesen Grundsätzen des RPG strengere Anforderungen an die Ausstattung der Bauzonen als Bewilligungsvoraussetzung statuieren.[520] 3.272

Auch die sog. **Gebäudeerschliessung** bzw. die Hausanschlüsse (bezüglich Leitungen) und die Hauszufahrt (bezüglich Strassen) sind von der Erschliessung zu unterscheiden.[521] Für die Erschliessung genügt gemäss Art. 19 Abs. 1 RPG, dass die Erschliessungsanlagen so nahe an ein Grundstück heranführen, «dass ein Anschluss ohne erheblichen Aufwand möglich ist». Entsprechend sind die Hausanschlüsse und -zufahrten Bestandteil des Baugesuchs, aber nicht der Erschliessung.[522] Diese haben jedoch der geplanten Nutzung angepasst zu sein, damit eine Baubewilligung erteilt werden kann.[523] Ebenso wenig gehören Einrichtungen des ruhenden Verkehrs zu den notwendigen Erschliessungseinrichtungen. 3.273

Die Erschliessungsanlagen werden entsprechend ihrer Funktion[524] in Grund- bzw. Basiserschliessung, in Groberschliessung und in Fein- bzw. Detailerschliessung unterteilt, ohne dass diese Begriffe einheitlich Verwendung finden würden. 3.274

Als **Grund- bzw. Basiserschliessung** werden Anlagen bezeichnet, die der übergeordneten Sicherstellung des Verkehrs, der Versorgung und der Abwasserbeseitigung dienen (Hauptstrassen, Elektrizitätswerke, Abwasserreinigungsanlagen, Grundwasserpumpwerke).[525] Das Bundesrecht kennt den Begriff der Grunderschliessung nicht. 3.275

---

den sind (BGE 131 II 103, E. 3.1; vgl. auch WALDMANN/HÄNNI, Handkommentar RPG, Art. 19 Rz. 21).

517 MARANTELLI-SONANINI, Erschliessung, S. 29 f.; CLAVADETSCHER, Erschliessungspflicht, S. 231.

518 WALDMANN/HÄNNI, Handkommentar RPG, Art. 19 Rz. 6; HALLER/KARLEN, Raumplanungs-, Bau- und Umweltrecht, Rz. 595; EJPD/BRP, Erläuterungen, Art. 19 Rz. 5; ZIMMERLIN, Baugesetz AG, § 156 Rz. 7; LENDI/ELSASSER, Raumplanung, S. 212; AEMISEGGER, Leitfaden, S. 67; MARANTELLI-SONANINI, Erschliessung, S. 30 ff.

519 MARANTELLI-SONANINI, Erschliessung, S. 31; LENDI, Funktion, S. 554.

520 MARANTELLI-SONANINI, Erschliessung, S. 31.

521 WALDMANN/HÄNNI, Handkommentar RPG, Art. 19 Rz. 5; LINDENMANN, Erschliessung, S. 7; AEMISEGGER, Leitfaden, S. 68 mit Hinweis; MARANTELLI-SONANINI, Erschliessung, S. 38; ZAUGG/LUDWIG, Kommentar BauG BE, Art. 106/107 Rz. 13 ff.; differenzierend: ZIMMERLIN, Baugesetz AG, § 156 Rz. 8a und §§ 157/58 Rz. 3.

522 ZAUGG/LUDWIG, Kommentar BauG BE, Art. 7/8 Rz. 3.

523 LINDENMANN, Erschliessung, S. 7; ENGELER, Erschliessung, S. 18; MARANTELLI-SONANINI, Erschliessung, S. 38.

524 CLAVADETSCHER, Erschliessungspflicht, S. 23; ZAUGG/LUDWIG, Kommentar BauG BE, Art. 107/107 Rz. 3.

525 CLAVADETSCHER, Erschliessungspflicht, S. 21 f.; HALLER/KARLEN, Raumplanungs-, Bau- und Umweltrecht, Rz. 599; LENDI/ELSASSER, Raumplanung, S. 212; LINDENMANN, Erschliessung,

3.276 Die **Groberschliessung** dient gemäss Art. 4 Abs. 1 WEG[526] der Versorgung eines zu überbauenden Gebiets mit den Hauptsträngen der Erschliessungsanlagen (Wasser-, Energieversorgungs- und Abwasserleitungen sowie Strassen und Wege), die unmittelbar für das zu erschliessende Gebiet bestimmt sind.[527] Die Groberschliessung ist gebietsbezogen.

3.277 Die **Fein- bzw. Detailerschliessung** umfasst den Anschluss der einzelnen Grundstücke an die Hauptstränge der Erschliessungsanlagen mit Einschluss von öffentlich zugänglichen Quartierstrassen und öffentlichen Leitungen (Art. 4 Abs. 2 WEG).[528] Die Feinerschliessung ist grundstücksbezogen.

3.278 Die Zuordnung zur Grob- oder Feinerschliessung ist relevant, weil das kantonale Recht in Zonen, die überwiegend der Wohnnutzung dienen, den Eigentümern die Kosten für die Feinerschliessung weitgehend bis vollständig zu überbinden hat (Art. 6 Abs. 2 WEG), während für Anlagen der Groberschliessung bloss angemessene Beiträge zu erheben sind (vgl. Rz. 3.331).

2. Funktionen der Erschliessung

a) Polizeiliche Funktion

3.279 Die Anforderung, Bauten nur auf erschlossenen Grundstücken zuzulassen, bezweckt die Verhinderung baupolizeiwidriger Verhältnisse bei der Erstellung und Nutzung von Bauten ohne Wasser und Energiezuleitung, ohne sicheren Zugang, insbesondere für die öffentlichen Dienste, und ohne Möglichkeit der Abwasserentsorgung.[529]

S. 6; Ludwig, Baulanderschliessung, S. 414; EJPD/BRP, Erläuterungen, Art. 19 Rz. 5 Fn. 429; Marantelli-Sonanini, Erschliessung, S. 35.

526 Vgl. BGE 117 Ia 434, E. 3g.

527 Lendi/Elsasser, Raumplanung, S. 212; Clavadetscher, Erschliessungspflicht, S. 22; Haller/Karlen, Raumplanungs-, Bau- und Umweltrecht, Rz. 600; Ludwig, Baulanderschliessung, S. 415 f.; Zaugg/Ludwig, Kommentar BauG BE, Art. 106/107 Rz. 6 ff., die allerdings dafür den Begriff «Basiserschliessung» benutzen; Engeler, Erschliessung, S. 17; Marantelli-Sonanini, Erschliessung, S. 35 f.

528 Clavadetscher, Erschliessungspflicht, S. 22; Lendi/Elsasser, Raumplanung, S. 212; Zaugg/Ludwig, Kommentar BauG BE, Art. 106/107 Rz. 10 ff.; Ludwig, Baulanderschliessung, S. 416 ff.; Engeler, Erschliessung, S. 18; Aemisegger, Leitfaden, S. 68; Marantelli-Sonanini, Erschliessung, S. 37 f.; Waldmann/Hänni, Handkommentar RPG, Art. 19 Rz. 5.

529 Waldmann/Hänni, Handkommentar RPG, Art. 19 Rz. 7; Zimmerlin, Baugesetz AG, § 156 Rz. 2; EJPD/BRP, Erläuterungen, Art. 19 Rz. 6; Haller/Karlen, Raumplanungs-, Bau- und Umweltrecht, Rz. 596; Zaugg/Ludwig, Kommentar BauG BE, Art. 7/8 Rz. 7; BGE 136 III 130, E. 3.3.2; BGer, Urteil 1C_603/2015 vom 5. April 2016, E. 2.1.

b) Raumplanerische Funktion

Die Erschliessung hat eine wichtige Funktion als planungsrechtliches Hilfsmittel.[530] Land darf nur dann einer Bauzone zugewiesen werden, wenn es u.a. innert 15 Jahren erschlossen wird (Art. 15 Abs. 1 und Abs. 4 lit. b in Verbindung mit Art. 19 RPG). Die Erschliessung als Einzonungsvoraussetzung hat mit der RPG-Revision 2012 allerdings an Bedeutung verloren (vgl. insbesondere die Voraussetzung der Verfügbarkeit [Art. 15 Abs. 4 lit. d]); ohnehin leitet sich aus einer genügenden Erschliessung kein Einzonungsanspruch ab.[531] Die Bautätigkeit kann und muss durch das Gemeinwesen mittels zielgerichteter Erschliessungsplanung (Erschliessungsprogramm) gelenkt werden (Art. 19 Abs. 2 und 3 RPG), damit der notwendige Gleichschritt zwischen der privaten und der öffentlichen Entwicklungstätigkeit gewährleistet ist.[532] 3.280

Der Begriff der Erschliessung ist auch im Enteignungsrecht von Bedeutung. Nichteinzonungen können den Eigentümer ausnahmsweise enteignungsähnlich treffen, wenn er überbaubares oder grob erschlossenes Land besitzt und für die Erschliessung und Überbauung seines Landes schon erhebliche Kosten aufgewendet hat.[533] 3.281

c) Funktion als Bauvoraussetzung

Gelegentlich wird die Erschliessung als Bauvoraussetzung bezeichnet[534], was meint, dass eine Baubewilligung nur erteilt werden darf, wenn eine genügende Erschliessung vorliegt (Art. 22 Abs. 2 lit. b RPG). Die Erschliessungsvorschriften sind zwar bloss Teil der Vorschriften, die bei der Erstellung einer Baute oder Anlage einzuhalten sind, nicht anders als etwa die Zonenvorschriften. In der Regel lässt sich jedoch das Vorliegen der hinreichenden Erschliessung unabhängig von einem spezifischen Bauvorhaben nur gestützt auf die gemäss den Nutzungsvorschriften zulässige Bebauung beurteilen, da sie auf der Basis des entsprechenden Potenzials des zu erschliessenden Gebietes (gebietsbezogen) zu planen und erstellen ist. Die Erschliessungsanlagen befinden sich zudem meist ausserhalb der eigentlichen Bauparzellen und die Grundeigentümer sind bei der Herstellung der Erschliessung auf die Träger der Erschliessungspflicht angewiesen (Art. 19 Abs. 2 und 3 RPG). Die Erschliessung ist demnach im Übergangsbereich zwischen Planung und Bautätigkeit anzusiedeln[535]; sie stellt einen wichtigen Schritt auf dem Weg zur Realisierung der geplanten Nutzung dar.[536] 3.282

---

530 BGE 127 I 103, E. 7d; EJPD/BRP, Erläuterungen, Art. 19 Rz. 6; HÄNNI, Planungsrecht, S. 274 ff.; WALDMANN/HÄNNI, Handkommentar RPG, Art. 19 Rz. 8; ZAUGG/LUDWIG, Kommentar BauG BE, Art. 7/8 Rz. 7.

531 BGE 122 II 326, E. 6a; WALDMANN/HÄNNI, Handkommentar RPG, Art. 19 Rz. 8.

532 EJPD/BRP, Erläuterungen, Art. 19 Rz. 7.

533 BGE 132 II 218, E. 2.2 und 2.3.

534 WALDMANN/HÄNNI, Handkommentar RPG, Art. 19 Rz. 8; HÄNNI, Planungsrecht, S. 274; MARANTELLI-SONANINI, Erschliessung, S. 20 f.

535 Vgl. BGE 127 I 103, E. 7d; LENDI/ELSASSER, Raumplanung, S. 212; AEMISEGGER, Leitfaden, S. 67.

536 BGE 127 I 103, E. 7d; JOMINI, in: Kommentar RPG, Art. 19 Rz. 1.

B. Anforderungen an eine genügende Erschliessung

1. Allgemeines

3.283 Art. 19 Abs. 1 RPG enthält lediglich die unmittelbar anwendbaren bundesrechtlichen Minimalanforderungen an Erschliessungsanlagen[537], während das WEG als lex specialis Umfang und Inhalt der Erschliessung speziell für Zonen, in denen der Wohnzweck dominiert, festlegt.[538] Eine Erschliessung von Wohnzonen, die den Anforderungen von Art. 5 Abs. 1 i.V.m. Art. 4 WEG entspricht, darf nicht durch strengere kantonalrechtliche Anforderungen erschwert werden.[539]

3.284 Die Erschliessungsanforderungen sind in den bundesrechtlichen Vorschriften (vgl. neben Art. 19 Abs. 1 RPG auch Art. 17 f. GSchG) mit **unbestimmten Rechtsbegriffen** umschrieben, die nach dem Sinn und Zweck der Bestimmungen und deren Stellung im Gesetz und im Rechtssystem auszulegen sind.[540] Die einzelnen Anforderungen ergeben sich im Detail regelmässig erst aus dem kantonalen Recht und der kantonalen Gerichts- und Verwaltungspraxis, die sich am bundesrechtlichen Rahmen zu orientieren haben.[541] Das kantonale Recht kann insbesondere das Ausmass der Erschliessungsanlagen und die Anforderungen an die genügende Zugänglichkeit in abstrakter Weise festlegen; hingegen bleibt es den Kantonen verwehrt, im Rahmen der Konkretisierung der Erschliessungsanforderungen den durch Art. 19 RPG und die Spezialgesetzgebung gezogenen bundesrechtlichen Rahmen zu überschreiten.[542] Kantonales Recht, das darüber hinausgehende Anforderungen an die Erschliessung stellt, stützt sich gemäss der bundesgerichtlichen Rechtsprechung auf Art. 22 Abs. 3 RPG und nicht auf Art. 19 Abs. 1 RPG.[543]

3.285 Die **Erschliessungsanforderungen** knüpfen an der jeweiligen Nutzung der konkreten Bauzone an, weshalb die Anforderungen je nach Nutzungszone unterschiedlich sind.[544] Die geforderte Erschliessung muss dem Gebot des haushälterischen Umgangs mit dem Boden (vgl. Art. 8a Abs. 1 lit. b RPG) und dem Verhältnismässigkeitsprinzip Rechnung tragen.[545] Erschliessung ist demnach ein beweglicher

537 Waldmann/Hänni, Handkommentar RPG, Art. 19 Rz. 12; Hänni, Planungsrecht, S. 276 f.

538 Hänni, Planungsrecht, S. 279 ff.; Waldmann/Hänni, Handkommentar RPG, Art. 19 Rz. 3 und 12; Aemisegger, Leitfaden, S. 69; Marantelli-Sonanini, Erschliessung, S. 11 f., 42.

539 Waldmann/Hänni, Handkommentar RPG, Art. 19 Rz. 12.

540 BGer, Urteil 1C_290/2011 vom 1. Februar 2012, E. 3.2; vgl. auch BGE 123 II 337, E. 5b; Waldmann/Hänni, Handkommentar RPG, Art. 19 Rz. 13; Hänni, Planungsrecht, S. 277.

541 BGer, Urteil 1C_603/2015 vom 5. April 2016, E. 2.1; BGer, Urteil 1C_290/2011 vom 1. Februar 2012, E. 3.2; vgl. auch BGE 123 II 337, E. 5b; BGE 136 HI 130, E. 3.3.2; Waldmann/Hänni, Handkommentar RPG, Art. 19 Rz. 13; Hänni, Planungsrecht, S. 277.

542 BGer, Urteil 1C_290/2011 vom 1. Februar 2012, E. 3.2; vgl. auch BGE 123 II 337, E. 5b; Waldmann/Hänni, Handkommentar RPG, Art. 19 Rz. 13; Hänni, Planungsrecht, S. 270.

543 BGer, Urteil 1C_265/2010 vom 28. September 2010, E. 4.2; BGer, Urteil 1C_603/2015 vom 5. April 2016, E. 2.1; Waldmann/Hänni, Handkommentar RPG, Art. 19 Rz. 13 und 19.

544 BGE 127 I 103, E. 7d; BGE 136 III 130, E. 3.3.2; BGE 117 Ib 308, E. 4a; BGer, Urteil 1C_13/2010 vom 1. Juni 2010, E. 2.4; Zaugg/Ludwig, Kommentar BauG BE, Art. 7/8 Rz. 7.

545 BGer, Urteil 1C_244/2009 vom 1. Februar 2010 E. 2.2.1; Zaugg/Ludwig, Kommentar BauG BE, Art. 7/8 Rz. 2; Hänni, Planungsrecht, S. 277; Haller/Karlen, Raumplanungs-, Bau- und

Begriff.[546] Den Kantonen steht es frei zu bestimmen, welche Dimensionierung der Erschliessungsanlagen sie für die gewöhnlich erwarteten Nutzungen in den einzelnen Zonen in der Regel verlangen.[547] Während von kantonalen Richtlinien Ausnahmen zulässig sind, darf vom Grundsatz der angepassten Erschliessung, d.h. von den bundesrechtlichen Minimalanforderungen nicht abgewichen werden.[548] Bei der Beurteilung, ob eine hinreichende Erschliessung vorliegt, steht den kantonalen und kommunalen Behörden ein **erhebliches Ermessen** zu.[549]

Die Anforderung an die Dimensionierung der konkreten Erschliessungsanlage ergibt sich aus deren **gesamtem Einzugsgebiet**[550] und nicht bloss aus der jeweils im Baubewilligungsverfahren zu beurteilenden Baute oder Anlage. Massgebend sind Art und Menge des Verkehrs (und der anderen Erschliessungsgüter), die im Rahmen einer vollständigen und zonengemässen Überbauung des Einzugsgebiets der Erschliessungsanlage zu erwarten sind. 3.286

Erschliessungsanlagen (und ebenso Zufahrten und Hausanschlüsse) über Grundstücke Dritter müssen im Zeitpunkt der Bewilligungserteilung[551] (Art. 22 Abs. 2 lit. b RPG) auf Dauer tatsächlich und rechtlich (beispielsweise mittels Dienstbarkeiten, Sondernutzungsplänen oder Öffentlicherklärung [Gemeingebrauch]) gesichert sein.[552] Die Erschliessungsanlagen müssen mit dem Gebäude erstellt werden und bei Aufnahme der Benutzung desselben vollendet sein, wobei bereits der Baustellenverkehr gewisse Anforderungen stellt.[553] 3.287

2. Erschliessungsanlagen

a) Hinreichende Zufahrt

aa) Anforderungen an die Zufahrt

Die im Rahmen der Erschliessung notwendige Zufahrt muss auf die **zonengemässen Baumöglichkeiten** abgestimmt sein (Art. 19 Abs. 1 RPG), die örtlichen Verhält- 3.288

Umweltrecht, Rz. 603; Zimmerlin, Baugesetz AG, § 156 Rz. 7, 8b; EJPD/BRP, Erläuterungen, Art. 19 Rz. 9; Aemisegger, Leitfaden, S. 68; Marantelli-Sonanini, Erschliessung, S. 43.

546 Haller/Karlen, Raumplanungs-, Bau- und Umweltrecht, Rz. 603; Marantelli-Sonanini, Erschliessung, S. 45; in EJPD/BRP, Erläuterungen, Art. 19 Rz. 9, ist die Rede vom «(beweglichen) Grundsatz der angepassten Erschliessung».

547 EJPD/BRP, Erläuterungen, Art. 19 Rz. 9.

548 EJPD/BRP, Erläuterungen, Art. 19 Rz. 2 und 19; Haller/Karlen, Raumplanungs-, Bau- und Umweltrecht, Rz. 593; Marantelli-Sonanini, Erschliessung, S. 45.

549 BGer, Urteil 1C_290/2011 vom 1. Februar 2012, E. 3.2; BGE 121 I 65, E. 3a; Zimmerlin, Baugesetz AG, § 156 Rz. 8a; Hänni, Planungsrecht, S. 282.

550 Waldmann/Hänni, Handkommentar RPG, Art. 19 Rz. 21.

551 BGE 127 I 103, E. 7d; Zaugg/Ludwig, Kommentar BauG BE, Art. 7/8 Rz. 9.

552 BGE 126 III 130, E. 3.2.3; BGer, Urteil 1C_376/2007 vom 31. März 2008, E. 4.4; BGer, Urteil 1C_246/2015 vom 4. März 2016, E. 2 ff.; Zimmerlin, Baugesetz AG, § 156 Rz. 7 und 8d; Zaugg/Ludwig, Kommentar BauG BE, Art. 7/8 Rz. 12; Lindenmann, Erschliessung, S. 29 f.

553 Zaugg/Ludwig, Kommentar BauG BE, Art. 7/8 Rz. 11; Zimmerlin, Baugesetz AG, § 156 Rz. 7.

nisse berücksichtigen, die Verkehrssicherheit aller Benützer gewährleisten[554], aber auch den Anforderungen des Natur- und Heimatschutzes, des Umweltschutzes sowie weiteren wichtigen Anliegen der Raumplanung (z.B. haushälterische Bodennutzung) genügen.[555] Bei einer Interessenkollision im konkreten Fall ist eine Abwägung vorzunehmen und diejenige Variante zu wählen, welche den Verhältnissen insgesamt am besten gerecht wird.[556]

3.289 Insbesondere geht die bundesgerichtliche Rechtsprechung davon aus, dass **jedes Baugebiet seine Immissionen selbst tragen** sollte. So bezeichnete das Bundesgericht in mehreren Urteilen die Erschliessung eines Kiesabbau- bzw. eines Industriegebiets durch ein Wohngebiet aus raumplanerischer Sicht als nicht haltbar; Nutzungskonflikte dieser Art sind im Rahmen der Überarbeitung der raumplanerischen Grundlagen zu lösen.[557]

3.290 Strassen müssen in erster Linie den diese festsetzenden **Sondernutzungsplänen** (namentlich Erschliessungsplänen) entsprechen; für grosse Erschliessungsanlagen besteht eine Planungspflicht.[558] Eine Reduktion in der Dimension gegenüber dem Sondernutzungsplan ist zulässig, falls die vorgesehene, kleiner dimensionierte Erschliessung trotzdem für das gesamte Einzugsgebiet der Strasse genügt.

3.291 Die genügende Zufahrt muss den Anschluss der Baute an das **öffentliche Strassennetz** gewährleisten.[559] Die hinreichende Zufahrt umfasst nicht nur die Fein-, sondern auch die Groberschliessung. Bei der Beurteilung eines Baugesuchs ist daher immer auch zu berücksichtigen, ob der für die Erschliessung des betreffenden Grundstücks in Anspruch genommene Teil des öffentlichen Wegnetzes den Anforderungen genügt.[560]

3.292 Die Erschliessung ist namentlich ungenügend, wenn der Anschluss an die bestehende öffentliche Strasse auf dieser einen Zustand bewirkt, der gegen die **Umweltschutzgesetzgebung** verstösst.[561] Der Betrieb neuer oder wesentlich geänderter ortsfester Anlagen (auch einer Strasse) darf gemäss Art. 9 LSV nicht dazu führen, dass durch die Mehrbeanspruchung einer anderen Verkehrsanlage die Immissionsgrenzwerte überschritten werden (lit. a) oder durch die Beanspruchung einer sanierungsbedürftigen Verkehrsanlage wahrnehmbar stärkere Lärmimmissio-

554 BGE 121 I 65, E. 3a; BGE 126 III 130, E. 3.3.2; Hänni, Planungsrecht, S. 277 f.; Waldmann/Hänni, Handkommentar RPG, Art. 19 Rz. 21.

555 Marantelli-Sonanini, Erschliessung, S. 46.

556 BGer, Urteil 5C.218/1990 vom 15. November 1991 (ZBl 1994 89 ff.; URP 1993 450); BGE 116 Ib 159, E. 6b; vgl. dazu auch BGer, Urteil 1C_648/2013 vom 4. Februar 2014 (URP 2014 209 ff.) zur Linienführung einer Kantonsstrasse.

557 BGE 127 I 103, E. 7f f.; BGE 112 Ib 26 E. 5d; BGer, Urteil 1C_261/2008 vom 27. April 2009, E. 3.1.3.

558 Hänni, Planungsrecht, S. 279; Waldmann/Hänni, Handkommentar RPG, Art. 19 Rz. 22.

559 Waldmann/Hänni, Handkommentar RPG, Art. 19 Rz. 20; Hänni, Planungsrecht, S. 278; Zimmerlin, Baugesetz AG, § 156 Rz. 8a; BGer, Urteil 1C_603/2015 vom 5. April 2016, E. 2.2.

560 BGE 116 Ib 159, E. 6b; EJPD/BRP, Erläuterungen, Art. 19 Rz. 12; Zimmerlin, Baugesetz AG, § 156 Rz. 7; Haller/Karlen, Raumplanungs-, Bau- und Umweltrecht, Rz. 606; vgl. auch Art. 4 WEG.

561 Waldmann/Hänni, Handkommentar RPG, Art. 19 Rz. 21.

nen erzeugt werden (lit. b).[562] Aus Gründen der Luftreinhaltung (Überschreitung der Immissionsgrenzwerte) kann demgegenüber in der Regel einem Bauprojekt im Baubewilligungsverfahren die genügende strassenmässige Erschliessung nicht abgesprochen werden.[563]

Einige Kantone konkretisieren die bundesrechtliche Forderung nach einer hinreichenden Zufahrt bezüglich der Dimensionierung der Erschliessungsstrasse mit einem Hinweis auf die detaillierten Normblätter der Vereinigung Schweizerischer Strassenfachleute (VSS)[564], wobei deren Bindungswirkung kantonal unterschiedlich geregelt ist. In der Regel gelten die VSS-Normen als Richtlinien, die nicht schematisch und starr, sondern verhältnismässig anzuwenden sind.[565] 3.293

bb) *Verhältnis zum Notwegrecht*

Nach heutiger Rechtsprechung fehlt innerhalb des Baugebiets eine genügende Zufahrt im Sinne von Art. 694 Abs. 1 ZGB dann, wenn zwischen dem bebauten Grundstück und der öffentlichen Strasse kein ganzjährig mit Motorfahrzeugen benutzbarer Weg besteht.[566] 3.294

Die raumplanerischen Instrumente führen in der Regel dazu, dass Grundstücke in der Bauzone planmässig erschlossen werden und damit gar keine privatrechtliche Wegnot entsteht. Indessen gibt es auch in überbauten Gebieten Parzellen, die über keinen genügenden Zugang zur öffentlichen Strasse verfügen. Zur Behebung dieses Mangels verweist das Bundesgericht den Grundeigentümer in erster Linie auf die öffentlichrechtlichen Rechtsinstitute. Solange mit öffentlichrechtlichen Mitteln eine angemessene Erschliessung erreicht werden kann, besteht keine Wegnot.[567] 3.295

In der Regel ist eine Wegnot im Sinne von Art. 694 ZGB zu verneinen, wo eine öffentlichrechtliche Erschliessung besteht. Wird ein Grundstück im Rahmen eines Bauvorhabens erschlossen, hat die Baubewilligungsbehörde abzuklären und festzustellen, ob die Voraussetzung der hinreichenden Zufahrt erfüllt ist. Im Notwegrechtsprozess stellt das Zivilgericht grundsätzlich auf die rechtskräftige Baubewilligung ab, zumal die hinreichende Zufahrt des öffentlichen Rechts regelmässig höheren Ansprüchen zu genügen hat als der privatrechtliche Notweg.[568] 3.296

---

562 Wolf, Kommentar USG, Art. 25 Rz. 66 (mit Kritik zu dieser Verordnungsbestimmung); Waldmann/Hänni, Handkommentar RPG, Art. 19 Rz. 21.

563 BGE 131 II 103, E. 3.2 (mit der Forderung, dass ein Gestaltungsplan auf die Massnahmenplanung abzustimmen ist); BGE 124 II 272, E. 4c/bb; BGE 123 II 337, E. 7a; BGE 119 Ib 480, E. 7b; Waldmann/Hänni, Handkommentar RPG, Art. 19 Rz. 21.

564 So etwa der Kanton Aargau in § 41 BauV. Andere Kantone haben eigene Richtlinien entwickelt, so etwa der Kanton Zürich mit den Normalien über die Anforderungen an Zugänge (Zugangsnormalien) vom 9. Dezember 1987 (LS 700.5).

565 Waldmann/Hänni, Handkommentar RPG, Art.19 Rz. 21; Zimmerlin, Baugesetz AG, § 156 Rz. 8b; BGer, Urteil 1C_147/2014 vom 17. September 2015, E. 6.1.1.

566 BGE 136 III 130, E. 3.3.3; BGer, Urteil 1C_603/2015 vom 5. April 2016, E. 2.2 (mit Hinweis zum Verhältnis zum BehiG).

567 BGE 136 III 130, E. 3.3.1; BGE 121 I 65, E. 4b.

568 BGE 136 III 130, E. 3.3.4.

b) Wasser

3.297 Trink- und Brauchwasser müssen in ausreichender Menge, guter Qualität und ausreichendem Druck im Hinblick auf die bestimmungsgemässe Nutzung vorhanden sein.[569] Insbesondere muss das für Löschzwecke benötigte Wasser in ausreichender Menge und genügendem Druck vorhanden sein und die Hydranten dürfen gewisse Entfernungen nicht überschreiten.[570] Im Einzelnen sind die Anforderungen im kantonalen Recht umschrieben.

3.298 Die Erschliessung mit Wasser erfasst nicht bloss den Anschluss an das Wasserleitungsnetz, sondern auch die Möglichkeit der Lieferung der nachgefragten oder notwendigen Wassermengen (namentlich im Brandfall).

c) Energie

3.299 Die Versorgung mit Energie verlangt den Anschluss an ein Elektrizitätsleitungsnetz; Versorgung mit Gas oder Fernwärme gehört dagegen nicht zu den Erschliessungsanforderungen von Art. 19 RPG.[571] Eine Pflicht zum Anschluss an Fernwärmenetze oder zur Nutzung neuer erneuerbarer Energien, namentlich Solarenergie oder Ab- und Erdwärme, können sich – kantonal unterschiedlich – aus (Sonder-)Nutzungsplänen oder spezialgesetzlichen Grundlagen ergeben.

3.300 Die Erschliessung mit Strom ist in wesentlichen Teilen durch das StromVG geregelt, daneben hat Art. 19 Abs. 1 RPG kaum noch eine Bedeutung. Dabei ist zu unterscheiden zwischen der Pflicht, die Verbraucher an das Netz anzuschliessen, und der Pflicht, den Verbrauchern die gewünschte Energiemenge zu liefern. Die Kantone haben die Netzgebiete der auf ihrem Gebiet tätigen Netzbetreiber zu bezeichnen (Art. 5 Abs. 1 StromVG). Die so bestimmten Netzbetreiber sind verpflichtet, in ihrem Netzgebiet alle Endverbraucher innerhalb der Bauzonen und ganzjährig bewohnte Liegenschaften und Siedlungen ausserhalb der Bauzonen sowie alle Elektrizitätserzeuger an das Elektrizitätsnetz anzuschliessen (Art. 5 Abs. 2 StromVG). Die Kantone können auf ihrem Gebiet tätige Netzbetreiber dazu verpflichten, Endverbraucher auch ausserhalb ihres Netzgebietes an das Netz anzuschliessen (Art. 5 Abs. 3 StromVG).

3.301 Die Betreiber der Verteilnetze treffen die erforderlichen Massnahmen, damit sie in ihrem Netzgebiet den festen Endverbrauchern[572] und den Endverbrauchern, die auf

---

569 Waldmann/Hänni, Handkommentar RPG, Art. 19 Rz. 24; Zimmerlin, Baugesetz AG, § 156 Rz. 9; Haller/Karlen, Raumplanungs-, Bau- und Umweltrecht, Rz. 609; Hänni, Planungsrecht, S. 279; EJPD/BRP, Erläuterungen, Art. 19 Rz. 15; Zaugg/Ludwig, Kommentar BauG BE, Art. 7/8 Rz. 20; Engeler, Erschliessung, S. 72 ff.

570 Zaugg/Ludwig, Kommentar BauG BE, Art. 7/8 Rz. 20 ff.

571 BGE 129 II 497, E. 4.4; Jomini, in: Kommentar RPG, Art. 19 Rz. 31; Waldmann/Hänni, Handkommentar RPG, Art. 19 Rz. 27; EJPD/BRP, Erläuterungen, Art. 19 Rz. 16; Zimmerlin, Baugesetz AG, § 156 Rz. 10; Marantelli-Sonanini, Erschliessung, S. 50.

572 Als feste Endverbraucher gelten die Haushalte und die anderen Endverbraucher mit einem Jahresverbrauch von weniger als 100 MWh pro Verbrauchsstätte (Art. 6 Abs. 2 StromVG); diese können den Stromlieferanten nicht frei bestimmen.

den freien Netzzugang verzichten, jederzeit die gewünschte Menge an Elektrizität mit der erforderlichen Qualität und zu angemessenen Tarifen liefern können. Seit Erlass des StromVG liegt neben der Erschliessung auch die Versorgung mit Energie in der Letztverantwortung des Staates.

d) Abwasser

Unter den Begriff «Abwasser» fällt das durch häuslichen, industriellen, gewerblichen, landwirtschaftlichen oder sonstigen Gebrauch veränderte Wasser, ferner das in der Kanalisation stetig damit abfliessende Wasser sowie das von bebauten oder befestigten Flächen abfliessende Niederschlagswasser (Art. 4 lit. e GSchG). Als «verschmutzt» gilt Abwasser, das geeignet ist, ein Gewässer, in das es gelangt, zu verunreinigen (Art. 4 lit. f GSchG). 3.302

Die Kantone sorgen für eine kommunale und, soweit notwendig, für eine regionale Entwässerungsplanung (Art. 7 Abs. 3 GSchG; Art. 4 f. GSchV) sowie für die Erstellung öffentlicher Kanalisationen und zentraler Anlagen zur Reinigung von verschmutztem Abwasser, namentlich aus Bauzonen (Art. 10 Abs. 1 GSchG). 3.303

Eine vorschriftsgemässe Abwasserbeseitigung ist nur möglich, wenn die vorhandenen Leitungen den durch den Anschluss verursachten Abwasseranfall quantitativ und qualitativ verkraften können.[573] Die Erstellung von Abwasseranlagen richtet sich nach dem generellen Entwässerungsplan (Art. 4 ff. GSchV) sowie dem Abwasserreglement der Gemeinde. Die Dimensionierung richtet sich nach den einschlägigen Richtlinien.[574] 3.304

Ausgehend vom Grundsatz, wonach es untersagt ist, Stoffe, die Wasser verunreinigen können, mittelbar oder unmittelbar in ein Gewässer einzubringen oder sie versickern zu lassen (Art. 6 Abs. 1 GSchG; Art. 12 Abs. 3 GSchG), muss verschmutztes Abwasser einer Behandlung zugeführt werden (Art. 7 Abs. 1 GSchG), während nicht verschmutztes Abwasser nach den Anordnungen der kantonalen Behörde (im Rahmen des Entwässerungsplans) primär versickern zu lassen ist (Art. 8 GSchV). Erlauben dies die örtlichen Verhältnisse nicht, so kann es direkt in ein oberirdisches Gewässer eingeleitet werden, wobei nach Möglichkeit Rückhaltemassnahmen zu treffen sind (Art. 7 Abs. 2 GSchG). 3.305

Im Bereich öffentlicher Kanalisationen, der insbesondere die Bauzonen erfasst, besteht einerseits die Pflicht, verschmutztes Abwasser in die Kanalisation einzuleiten, andererseits ist der Inhaber der Kanalisation verpflichtet, Abwasser abzunehmen und der zentralen Reinigungsanlage zuzuführen (Art. 11 Abs. 1 und 3 GSchG). 3.306

Wie nahe die Gemeinde die Abwasserleitungen an die Baugrundstücke heranzuführen hat, ergibt sich aus dem kantonalen Recht; in den überwiegend Wohnzwecken 3.307

---

573 BGE 118 Ib 341, E. 4b; ZIMMERLIN, Baugesetz AG, § 156 Rz. 11a.

574 Siehe Normen und Dokumentationen des Schweizerischen Ingenieur- und Architektenvereins (SIA) (insbesondere SIA Norm 190/SN 533 190 «Kanalisationen») und die Richtlinien des Verbandes Schweizer Abwasser- und Gewässerschutzfachleute (VSA) (insbesondere SN 592 000 «Anlagen für die Liegenschaftsentwässerung – Planung und Ausführung»).

dienenden Zonen sind zudem Art. 4 f. WEG zu beachten. Wegleitend ist auch hier die Forderung von Art. 19 Abs. 1 RPG, wonach die Erschliessungsanlagen so nahe an die Baugrundstücke heranzuführen sind, dass ein Anschluss ohne erheblichen Aufwand möglich ist.

3.308 Bewilligungen für Neu- und Umbauten dürfen im Bereich öffentlicher Kanalisationen gemäss Art. 17 GSchG nur erteilt werden[575], wenn gewährleistet ist, dass das verschmutzte Abwasser in die Kanalisation eingeleitet (Art. 11 Abs. 1 GSchG) oder landwirtschaftlich verwertet wird (Art. 12 Abs. 4 GSchG).

3.309 Die Inhaber von Gebäuden müssen bei deren Erstellung oder bei wesentlichen Änderungen dafür sorgen, dass das Niederschlagswasser und das stetig anfallende nicht verschmutzte Abwasser bis ausserhalb des Gebäudes getrennt vom verschmutzten Abwasser abgeleitet werden (Art. 11 Abs. 1 GSchV). Die Behörde darf neue Zuleitungen von nicht verschmutztem Abwasser, das stetig anfällt, in eine zentrale Abwasserreinigungsanlage nur bewilligen (Art. 12 Abs. 3 GSchG), wenn die örtlichen Verhältnisse die Versickerung oder die Einleitung in ein Gewässer nicht erlauben (Art. 11 Abs. 2 GSchV).

e) Erreichbarkeit mit öffentlichen Verkehrsmitteln

3.310 Art. 3 Abs. 3 lit. a RPG verlangt in der Form eines materiellen Planungsgrundsatzes, dass Wohn- und Arbeitsgebiete einander zweckmässig zugeordnet und mit dem öffentlichen Verkehr angemessen erschlossen werden. Die Wege des täglichen Lebens (Arbeits- und Schulwege, Versorgungswege) sollen sich alle mit öffentlichen Verkehrsmitteln bewältigen lassen.[576] Die öffentlichen Verkehrsmittel sind bezüglich Anmarschweg, Fahrplandichte und Tarifgestaltung so auszugestalten, dass sie eine valable Alternative zum Privatverkehr darstellen; insbesondere «neue Wohn- und Arbeitsgebiete in grösseren Siedlungen dürfen nicht ohne Anschluss an das öffentliche Verkehrsnetz ausgeschieden werden».[577]

3.311 Dennoch zählt die Erschliessung mit öffentlichem Verkehr nicht zu den bundesrechtlichen Erschliessungsanforderungen im Sinne von Art. 19 Abs. 1 RPG.[578] Einzelne Kantone setzen jedoch für Bauten und Anlagen mit intensivem Publikumsverkehr eine angemessene Erreichbarkeit mit öffentlichem Verkehr voraus.[579] Eine solche Bestimmung kann auch im Dienste der in Art. 44a USG vorgesehenen Massnahmenplanung stehen, die übermässige Luftverunreinigungen im Sinne von Art. 11 Abs. 3 und Art. 14 USG beheben soll.[580] Dabei ist festzuhalten, dass eine entsprechende kantonale Erschliessungsanforderung – anders als die anderen

575 Ausnahmen werden durch Art. 18 GSchG geregelt.

576 EJPD/BRP, Erläuterungen, Art. 3 Rz. 44.

577 EJPD/BRP, Erläuterungen, Art. 3 Rz. 44.

578 BGE 123 II 337, E. 5b; BGer, Urteil 1A.125/2004 vom 21. September 2005, E. 9.2.2; WALDMANN/HÄNNI, Handkommentar RPG, Art. 19 Rz. 18.

579 Vgl. § 32 Abs. 2 BauG AG (vgl. dazu HÄUPTLI, in: Kommentar BauG AG, § 32 Rz. 54 ff.); § 237b Abs. 1 Satz 2 PBG ZH (vgl. dazu FRITZSCHE/BÖSCH/WIPF, Planungs- und Baurecht, S. 586 ff.).

580 BGer, Urteil 1A.54/2001 vom 14. Februar 2002, E. 1.2.3 (URP 2002 441 ff.); BGer, Urteil 1A.125/2004 vom 21. September 2005, E. 9.2.2.

Erschliessungsanforderungen[581] – nicht mit einer entsprechenden Erschliessungspflicht des Gemeinwesens einhergeht.[582]

C. Erschliessungspflicht

1. Allgemeines

Die Begrenzung der Bauzonengrösse auf das von Art. 15 RPG festgelegte, namentlich bedarfsorientierte Mass verlangt, dass die entsprechenden Flächen tatsächlich zur Überbauung zur Verfügung stehen (vgl. Art. 15 Abs. 4 lit. d und Art. 15a RPG). Die Erschliessung spielt dabei als Bauvoraussetzung eine wesentliche Rolle. Das Gemeinwesen ist daher folgerichtig von Bundesrechts wegen verpflichtet, die Bauzonen fristgerecht, d.h. im Rahmen des Erschliessungsprogramms bzw. innerhalb von 10 bis 15 Jahren, zu erschliessen (Art. 15 Abs. 4 lit. b und Art. 19 Abs. 2 RPG; Art. 5 Abs. 1 WEG).[583] Art. 19 Abs. 2 RPG sowie Art. 5 Abs. 1 WEG sind unmittelbar, auch ohne kantonale Ausführungsbestimmungen anwendbar; die Erschliessung ist eine öffentliche Aufgabe.[584] 3.312

2. Adressat

Erschliessungspflichtig ist das «Gemeinwesen»; das kantonale Recht weist diese Pflicht in der Regel den Gemeinden zu. Eine allfällige Überbindung der Erschliessungspflicht an Dritte (auch Private) entbindet das Gemeinwesen nicht von der Letztverantwortlichkeit für die Erschliessungsaufgabe.[585] Das Bundesrecht statuiert zudem explizit eine Aufsichtspflicht des Kantons (Art. 32 Abs. 1 RPV).[586] Mit der Bestimmung des Trägers der Erschliessungspflicht wird indessen nicht auch über die Kostentragung entschieden (vgl. Art. 19 Abs. 2 RPG; Art. 6 WEG).[587] 3.313

---

581 Rz. 3.314.

582 FRITZSCHE/BÖSCH/WIPF, Planungs- und Baurecht, S. 587. Allerdings dürfen neue Zonen für publikumsintensive Nutzungen im Sinne von Art. 3 Abs. 3 lit. a RPG nur ausgeschieden werden, wo das Gemeinwesen eine entsprechende Erschliessung sicherstellen kann.

583 Zu beachten ist nun allerdings auch Art. 32 Abs. 2 RPV, wonach im Kanton insgesamt nicht mehr Bauzonen erschlossen sein dürfen, als unter Annahme eines Wachstums gemäss dem mittleren Szenario des Bundesamts für Statistik (BFS) für die Bevölkerungsentwicklung für die jeweils nächsten 15 Jahre benötigt werden. Den Gemeinden steht folglich nicht mehr ohne weiteres frei, das Baugebiet nach eigenem Ermessen zu erschliessen (vgl. Rz. 3.316).

584 WALDMANN/HÄNNI, Handkommentar RPG, Art. 19 Rz. 30; HÄNNI, Planungsrecht, S. 285 f.

585 BGE 119 Ib 124, E. 4a/cc; WALDMANN/HÄNNI, Handkommentar RPG, Art. 19 Rz. 34; HÄNNI, Planungsrecht, S. 283.

586 Mit dieser Aufsichtspflicht wird der Kanton nicht Träger der Erschliessungspflicht (missverständlich WALDMANN/HÄNNI, Handkommentar RPG, Art. 19 Rz. 34).

587 EJPD/BRP, Erläuterungen, Art. 19 Rz. 20.

3. Inhalt und Mittel

a) Inhalt

3.314 Die Erschliessungspflicht bezieht sich sowohl auf die Basis- und Grob- als auch auf die Feinerschliessung.[588] Sie ist beschränkt auf die Bauzonen, die Art. 15 RPG und den Planungsgrundsätzen des RPG entsprechen.[589]

3.315 Die Erschliessungspflicht des Gemeinwesens umfasst sämtliche Schritte, die zur Herbeiführung der Überbaubarkeit der entsprechenden Grundstücke notwendig sind. Insbesondere fallen darunter die Festsetzung von Sondernutzungsplänen, die Bewilligung von Erschliessungsprojekten und deren Realisierung.[590] Für die Erfüllung seiner Erschliessungsaufgaben nach Bundesrecht und kantonalem Recht erstellt das Gemeinwesen eine Übersicht über den Stand der Erschliessung (Art. 31 Abs. 1 RPV). Die Übersicht zeigt jene Teile der Bauzonen, die aufgrund abgeschlossener Planung und Erschliessung baureif sind oder bei zielstrebiger Weiterführung der bisher erbrachten Leistungen voraussichtlich innert fünf Jahren baureif gemacht werden können (Art. 31 Abs. 2 RPV).

3.316 Das Gemeinwesen ist nicht verpflichtet, das gesamte Baugebiet unmittelbar nach Festsetzung der Bauzonen zu erschliessen oder erschliessen zu lassen. Die Erschliessung hat systematisch und zeitgerecht zu erfolgen und sich in erster Linie nach dem Bedarf zu richten; eine Etappierungsmöglichkeit ist in Art. 19 Abs. 2 Satz 2 RPG und in Art. 5 Abs. 1 WEG ausdrücklich vorgesehen.[591] Die kantonale Behörde wacht darüber, dass das Gemeinwesen seine Erschliessungsaufgaben erfüllt und bei Bedarf die Erschliessung etappiert (Art. 32 Abs. 1 RPV). Gesamtkantonal dürfen insgesamt nicht mehr Bauzonen erschlossen sein, als unter Annahme eines Wachstums der Bevölkerungsentwicklung gemäss dem mittleren Szenario des Bundesamts für Statistik (BFS) für die jeweils nächsten 15 Jahre benötigt werden (Art. 32 Abs. 2 RPV); diese Regelung entstand im Gefolge der RPG-Revison 2012. Sie ist als Korrektiv dafür gedacht, dass die Kantone für die Dimensionierung der Bauzonen gemäss Art. 5a Abs. 2 RPV auch Wachstumsannahmen über dem mittleren Szenario berücksichtigen dürfen.[592]

---

588 BGE 116 Ia 328, E. 4b/cc; BGE 119 Ib 124, E. 4a/cc; Waldmann/Hänni, Handkommentar RPG, Art. 19 Rz. 32; Hänni, Planungsrecht, S. 284; Haller/Karlen, Raumplanungs-, Bau- und Umweltrecht, S. 162.

589 BGE 127 I 49, E. 3a; BGE 120 II 185, E. 2c; vgl. auch BGer, Urteil 1C_447/2015 vom 21. Januar 2016, E. 3.5 f.; Waldmann/Hänni, Handkommentar RPG, Art. 19 Rz. 31; Marantelli-Sonanini, Erschliessung, S. 61 f. Vgl. jedoch Art. 10 Abs. 1 lit. b GSchG betreffend Anschluss bestehender Gebäudegruppen ausserhalb von Bauzonen an die Kanalisation sowie Art. 5 Abs. 2 StromVG betreffend Anschluss von Liegenschaften ausserhalb der Bauzonen an das Stromnetz.

590 Waldmann/Hänni, Handkommentar RPG, Art. 19 Rz. 48 ff.

591 BGE 120 II 185, E. 2c; BGE 119 Ib 124, E. 4a/cc; Haller/Karlen, Raumplanungs-, Bau- und Umweltrecht, Rz. 618 ff.; Hänni, Planungsrecht, S. 283; EJPD/BRP, Erläuterungen, Art. 19 Rz. 22.

592 Griffel, Raumplanungs- und Baurecht, S. 99.

b) Mittel

Art. 19 Abs. 2 RPG schreibt zwingend eine Erschliessungs(richt)planung in Form eines **Erschliessungsprogramms** vor. Es ist ein Mittel zur Koordination von Nutzungs-, Erschliessungs- und Finanzplanung der Gemeinden[593] und ermöglicht die Steuerung der Bautätigkeit in den Bauzonen.[594] Es ist auf die Bauzonen beschränkt (Art. 19 Abs. 2 RPG). 3.317

Das Erschliessungsprogramm schafft für die Grundeigentümer Transparenz über die Erschliessungsabsichten des Gemeinwesens; es wird ersichtlich, in welchem Zeitpunkt sie mit der Erschliessung ihres Grundstücks rechnen können und wann sich das Gemeinwesen mit seiner Pflicht in Verzug befindet, womit sich der bundesrechtliche Anspruch auf Privaterschliessung bzw. Bevorschussung der Erschliessung aktualisiert (Art. 19 Abs. 3 RPG). Das Gemeinwesen erschliesst eine Bauzone fristgerecht, wenn es die entsprechenden Arbeiten im Einklang mit dem Erschliessungsprogramm vorantreibt. Es befindet sich in Verzug, falls es mit der Erschliessung gegenüber dem Erschliessungsprogramm oder mit der Erstellung des Erschliessungsprogramms an sich im Rückstand liegt (vgl. Rz. 3.322). 3.318

Die Festlegung von Inhalt[595], Verfahren und Wirkungen des Erschliessungsprogramms sind weitgehend der Regelung durch das kantonale Recht überlassen.[596] Das Raumplanungsgesetz verlangt von einem Erschliessungsprogramm primär die Ersichtlichkeit des Zeitplans der Erschliessung der Bauzonen für die Grundeigentümer.[597] Das Erschliessungsprogramm kann von Bundesrechts wegen sowohl in der Form eines Nutzungsplanes als auch in der Form eines Richtplanes erlassen werden[598]; Letzteres ist üblich. Es stellt einen Plan im Sinne des Raumplanungsgesetzes dar, weshalb die Verfahrensanforderungen von Art. 4 RPG (Mitwirkung, Öffentlichkeit der Pläne) gelten.[599] Das Erschliessungsprogramm als Instrument mit Richtplancharakter[600] ist zu überprüfen und allenfalls zu ändern, falls sich die Verhältnisse geändert haben, sich neue Aufgaben stellen oder eine gesamthaft bessere Lösung möglich ist (vgl. Art. 9 Abs. 2 RPG). 3.319

---

593 VLP-ASPAN, VLP-Info Juni 1997, S. 2; HÄNNI, Planungsrecht, S. 283.

594 VLP-ASPAN, VLP-Info Juni 1997, S. 2; WALDMANN/HÄNNI, Handkommentar RPG, Art. 19 Rz. 38.

595 Vgl. dazu VLP-ASPAN, VLP-Info Juni 1997, S. 2 ff.

596 VLP-ASPAN, VLP-Info Juni 1997, S. 2.

597 WALDMANN/HÄNNI, Handkommentar RPG, Art. 19 Rz. 39.

598 VLP-ASPAN, VLP-Info April 1996, S. 2; VLP-ASPAN, VLP-Info Juni 1997, S. 2, wonach es zumindest als Richtplan auszugestalten ist; MARANTELLI-SONANINI, Erschliessung, S. 66 ff., insbesondere S. 72 f., geht vom Erschliessungsprogramm als Rechtsakt sui generis aus, der dem Richtplan verwandt sei, ohne einen Unterschied zur Rechtsnatur des Richtplans darzulegen; WALDMANN/HÄNNI, Handkommentar RPG, Art. 19 Rz. 42 ff.; HÄNNI, Planungsrecht, S. 283.

599 WALDMANN/HÄNNI, Handkommentar RPG, Art. 19 Rz. 44; HÄNNI, Planungsrecht, S. 283.

600 Für Erschliessungsprogramme in Form eines Nutzungsplans gilt Art. 21 Abs. 2 RPG direkt.

4. Durchsetzung des Erschliessungsanspruchs

a) Allgemeines

3.320 Art. 19 Abs. 3 RPG räumt den Grundeigentümern einen bundesrechtlichen Anspruch auf fristgerechte, mit dem Erschliessungsprogramm in Einklang stehende Erschliessung ein. Der Verzug des Gemeinwesens mit der Erschliessung löst jedoch kein einklagbares Recht gegenüber dem Gemeinwesen auf reale Erfüllung der Erschliessungspflicht aus[601], wohl aber das **Recht auf Privaterschliessung** und auf **Bevorschussung der Erschliessungskosten** durch die Grundeigentümer (Art. 19 Abs. 3 RPG). Die Verletzung der Erschliessungspflicht durch das Gemeinwesen führt – u.U. zuungunsten der Eigentümer – auch zur Überprüfung der Grösse des unerschlossenen Baugebiets (Art. 32 Abs. 3 RPV).[602]

3.321 Unabhängig von Art. 19 Abs. 3 RPG besteht jederzeit die Möglichkeit, die Erstellung der Erschliessung im Rahmen eines Erschliessungsvertrages an erschliessungswillige Grundeigentümer zu übertragen oder die Erschliessungskosten bevorschussen zu lassen, ohne dass das Gemeinwesen mit der Erschliessungspflicht in Verzug ist.[603]

b) Voraussetzungen

3.322 Voraussetzung der Privaterschliessung und des Anspruchs auf Bevorschussung ist der Erschliessungsverzug des Gemeinwesens. Erschliessungsverzug liegt vor, wenn das Gemeinwesen gegenüber dem eigenen Erschliessungsprogramm im Rückstand ist, aber auch dann, wenn kein Erschliessungsprogramm erstellt wird oder dieses eine sachlich nicht vertretbare Etappierungsregelung enthält[604], also ein Anspruch auf Änderung des Erschliessungsprogramms besteht (Art. 9 Abs. 2 bzw. Art. 21 Abs. 2 RPG). Art. 19 Abs. 3 RPG definiert einen bundesrechtlichen Minimalanspruch, der nicht durch kantonalrechtliche Voraussetzungen eingeengt werden darf.[605] Der Anspruch entsteht nur innerhalb der Bauzonen, für die Art. 19 Abs. 2 RPG eine Erschliessungspflicht statuiert.

3.323 Die Kantone regeln das Verfahren, in dem über den Anspruch des Privaten auf Selbsterschliessung bzw. Bevorschussung entschieden wird.[606]

---

601 Waldmann/Hänni, Handkommentar RPG, Art. 19 Rz. 52; Hänni, Planungsrecht, S. 296 f.; vgl. insbesondere zur Frage, ob eine Rechtsverzögerung vorliegt: Marantelli-Sonanini, Erschliessung, S. 69 f., 121 ff., 129.

602 Zur Frage, ob die Verletzung der Erschliessungspflicht im Falle einer Neuzonierung als Nichtbaugebiet zu einer Entschädigungspflicht des Gemeinwesens führt, vgl. Waldmann/Hänni, Handkommentar RPG, Art. 19 Rz. 56; BGE 131 II 72, E. 3.6 f.

603 Marantelli-Sonanini, Erschliessung, S. 134 ff.; einschränkend nun Art. 32 Abs. 2 RPV.

604 Waldmann/Hänni, Handkommentar RPG, Art. 19 Rz. 64; Jomini, in: Kommentar RPG, Art. 19 Rz. 65; Eymann, Erschliessungsrecht, S. 23 f.

605 Waldmann/Hänni, Handkommentar RPG, Art. 19 Rz. 65.

606 Hänni, Planungsrecht, S. 294; Marantelli-Sonanini, Erschliessung, S. 165 f.

Ob die Wahl zwischen den beiden Instrumenten (Privaterschliessung oder Bevorschussung) dem Eigentümer oder dem Gemeinwesen zusteht, ist ungeklärt.[607] 3.324

c) Anspruch auf Privaterschliessung oder Bevorschussung

aa) Privaterschliessung

Die Privaterschliessung (auch Selbsterschliessung) beinhaltet keine Übertragung der Erschliessungsaufgabe des Gemeinwesens an die Privaten; es geht lediglich um die faktische Herstellung der Erschliessung (Baugesuch für Erschliessungsanlage und dessen Ausführung) durch die Grundeigentümer als private Bauherren vorab auf eigene Kosten.[608] Den selbsterschliessenden Privaten steht kein Enteignungsrecht zu und sie können auch keine öffentlichen Abgaben (Beiträge) Dritter erheben.[609] 3.325

Die Privaterschliessung hat gemäss den vom Gemeinwesen genehmigten Plänen zu erfolgen, was sowohl Erschliessungspläne (Sondernutzungspläne) als auch baubewilligte Projektunterlagen umfasst.[610] Dieses Erfordernis stellt die systematische und haushälterische Erschliessung auch im Rahmen einer Privaterschliessung sicher. Die privaterschliessenden Grundeigentümer haben das Recht, Entwürfe der notwendigen Sondernutzungspläne einzureichen[611]; der Anspruch auf Erlass der notwendigen Sondernutzungspläne ergibt sich neben Art. 19 Abs. 3 RPG auch aus Art. 2 Abs. 1 RPG (Planungspflicht).[612] Der Anspruch auf Selbsterschliessung umfasst auch den Anspruch der Privaten gegenüber dem Gemeinwesen, wo notwendig, ein Enteignungsverfahren durchzuführen.[613] 3.326

Die Gemeinde übernimmt in der Regel die privat erstellten Erschliessungsanlagen nach deren Fertigstellung in ihr Eigentum.[614] In diesem Zeitpunkt sind die finanziellen Konsequenzen zu regeln, d.h. es ist zu ermitteln, welche Kosten die Erschliessungsanlage verursacht hat, welchen Anteil die Gemeinde zu tragen hat (vgl. Art. 1 Abs. 1 VWEG) und wie die Kosten unter den erschlossenen Grundeigentümern aufzuteilen sind.[615] 3.327

---

607 HÄNNI, Planungsrecht, S. 295.

608 MARANTELLI-SONANINI, Erschliessung, S. 136.

609 MARANTELLI-SONANINI, Erschliessung, S. 136.

610 MARANTELLI-SONANINI, Erschliessung, S. 170 f.; HÄNNI, Planungsrecht, S. 294, der gutgeheissene Projektpläne genügen lässt, was in einfachen Verhältnissen dem Verhältnismässigkeitsprinzip entspricht.

611 WALDMANN/HÄNNI, Handkommentar RPG, Art. 19 Rz. 69; HÄNNI, Planungsrecht, S. 294 Fn. 165; MARANTELLI-SONANINI, Erschliessung, S. 174 f.

612 Zudem bestehen in der Regel kantonale Vorschriften über die Ersatzvornahme, falls eine Gemeinde ihrer Planungspflicht nicht nachkommt (vgl. etwa § 14 BauG AG).

613 WALDMANN/HÄNNI, Handkommentar RPG, Art. 19 Rz. 69; EYMANN, Erschliessungsrecht, S. 26.

614 HÄNNI, Planungsrecht, S. 286; WALDMANN/HÄNNI, Handkommentar RPG, Art. 19 Rz. 70.

615 WALDMANN/HÄNNI, Handkommentar RPG, Art. 19 Rz. 70; HÄNNI, Planungsrecht, S. 295; vgl. Rz. 3.331 ff.

3.328 Die Komplexität und der Koordinationsbedarf einer Privaterschliessung – selbst bei Vorliegen der notwendigen Sondernutzungspläne – verlangt in der Regel nach einer vertraglichen Regelung aller massgebenden Punkte zwischen privaterschliessenden Grundeigentümern und Gemeinwesen im Rahmen einer Erschliessungsvereinbarung.[616]

bb) Anspruch auf Bevorschussung

3.329 Im Rahmen einer Bevorschussung bleibt das Gemeinwesen Bauherrschaft der Erschliessungsanlagen; die erschliessungswilligen Grundeigentümer übernehmen jedoch die gesamte Vorfinanzierung. Dieses Instrument macht Sinn, wenn ein Kreditbeschluss des Gemeinwesens fehlt.[617] Mit dem Beschluss (oder einer Vereinbarung) über die Bevorschussung verpflichtet sich das Gemeinwesen, die Erschliessung innert einer bestimmten Frist zu erstellen, und die Eigentümer übernehmen im Gegenzug die Vorfinanzierung der Kosten.

3.330 Schon aus dem Wortlaut von Art. 19 Abs. 3 RPG wird klar, dass die Bevorschussung nichts an der endgültigen Verteilung der Kosten ändert.[618] Der Zeitpunkt der Kostenverteilung zwischen Gemeinwesen und Grundeigentümern ist mittels Beschluss der Gemeinde oder in einer Vereinbarung über die Bevorschussung zu regeln. Da die Bevorschussung eine Konsequenz des Erschliessungsverzugs des Gemeinwesens ist, besteht ein Anspruch auf Verzinsung des bevorschussten Betrages.[619]

D. Finanzierung der Erschliessung

1. Allgemeine Bestimmungen (Art. 19 Abs. 2 Satz 2 RPG und Art. 6 Abs. 1 WEG)

3.331 Art. 19 Abs. 2 Satz 2 RPG hält die Kantone im Sinne eines **Gesetzgebungsauftrages** an, Grundeigentümer an den Kosten der Erschliessung zu beteiligen. Damit soll in einem gewissen Umfang eine Lastengleichheit hergestellt werden; Steuern sollen die allgemeinen, dem Gesamtwohl dienenden Aufgaben finanzieren und nicht zur Schaffung von Vermögensmehrwerten bzw. zum Vorteil und im Interesse Einzelner eingesetzt werden.[620] Grundeigentümerbeiträge sollen sodann verhindern, dass sich die Gemeinden übermässig verschulden[621] bzw. dass sich die Erschliessung aus finanziellen Gründen verzögert. Schliesslich bewirken Grundeigentümer-

---

616 Vgl. dazu Marantelli-Sonanini, Erschliessung, S. 134 ff.

617 Waldmann/Hänni, Handkommentar RPG, Art. 19 Rz. 71; Eymann, Erschliessungsrecht, S. 28; Hänni, Planungsrecht, S. 286; Marantelli-Sonanini, Erschliessung, S. 182 f.

618 Waldmann/Hänni, Handkommentar RPG, Art. 19 Rz. 73; Hänni, Planungsrecht, S. 295.

619 Eymann, Erschliessungsrecht, S. 28 f.; EJPD/BRP, Erläuterungen, Art. 19 Rz. 44 Fn. 481, Hänni, Planungsrecht, S. 295; a.A. Marantelli-Sonanini, Erschliessung, S. 184 f.

620 EJPD/BRP, Erläuterungen Art. 19 Rz. 24.

621 EJPD/BRP, Erläuterungen Art. 19 Rz. 24.

beiträge einen Druck auf die Grundeigentümer, ihre Parzellen plankonform zu nutzen, ohne eine eigentliche Nutzungs- bzw. Baupflicht festzulegen.[622]

Art. 19 Abs. 2 Satz 2 RPG enthält lediglich den Grundsatz der Kostenbeteiligung der bevorteilten Grundeigentümer. Die Regelung des sachlichen Bereiches (Kreis der betroffenen Anlagen, massgebliche Kosten) sowie der Art der Beiträge (Vorzugslasten oder Anschlussgebühren) wird dem kantonalen Recht überlassen.[623] 3.332

Das WEG hat demgegenüber eine auf Zonen, die überwiegend Wohnzwecken dienen, beschränkte Geltung. Gemäss Art. 6 Abs. 1 WEG hat das kantonale Recht angemessene Beiträge[624] an die Kosten der Groberschliessung festzulegen. Art. 6 Abs. 2 WEG verlangt, dass die Kosten der Feinerschliessung ganz oder zum überwiegenden Teil den Grundeigentümern überbunden werden. Die Grundeigentümer haben an die Kosten für Anlagen der Groberschliessung wenigstens 30 Prozent und für Anlagen der Feinerschliessung wenigstens 70 Prozent zu bezahlen (Art. 1 Abs. 1 VWEG). Die Erneuerung von Erschliessungsanlagen fällt nicht unter die bundesrechtliche Beitragspflicht.[625] 3.333

Nach bundesgerichtlicher Rechtsprechung bilden sowohl Art. 19 Abs. 2 Satz 2 RPG als auch Art. 6 Abs. 1 WEG keine hinreichende gesetzliche Grundlage zur Erhebung von Erschliessungsabgaben[626]; die Abgabenerhebung bedarf einer gesetzlichen Grundlage im kantonalen Recht. 3.334

Bei den Erschliessungsabgaben handelt es sich um Kausalabgaben.[627] Sie werden in Form von Grundeigentümerbeiträgen oder von Anschlussgebühren in der Regel für die erstmalige Herstellung der Erschliessung erhoben. 3.335

Grundeigentümerbeiträge sind als Vorzugslasten Abgaben im Sinn eines Entgelts für einen wirtschaftlichen Sondervorteil, der den Grundeigentümern mit der Möglichkeit der Überbauung eines Grundstücks infolge der Erstellung der Erschliessung erwächst.[628] Mit der Definition der beitragspflichtigen Erschliessungsanlage sind im Grundsatz auch die beitragspflichtigen Grundeigentümer bestimmt; es sind jene, deren Grundstücke durch die betreffende Anlage erschlossen werden. Ob der Sondervorteil tatsächlich in Anspruch genommen wird, ist für die Erhebung von Grundeigentümerbeiträgen unbeachtlich; es genügt die Möglichkeit, vom Vorteil 3.336

---

622 EJPD/BRP, Erläuterungen Art. 19 Rz. 24; vgl. nun Art. 15 Abs. 4 lit. b und Art. 15a Abs. 2 RPG.

623 EJPD/BRP, Erläuterungen, Art. 19 Rz. 25 f.; HALLER/KARLEN, Raumplanungs-, Bau- und Umweltrecht, Rz. 628; BGer, Urteil 2C_1131/2014 vom 5. November 2015, E. 2.2.2.

624 Im Sinne einer Vorzugslast (EJPD/BRP, Erläuterungen, Art. 19 Rz. 25 Fn. 453); vgl. jedoch Art. 1 Abs. 3 VWEG, der trotzdem die Möglichkeit von Anschlussgebühren eröffnet.

625 Der Botschaft des Bundesrates ist zu entnehmen, dass vom Begriff «Erschliessung» der Unterhalt der Anlage und ihre Erneuerung nicht miterfasst sind («Gemeint sind nur die erstmalige Erstellung und der allfällige Ausbau bestehender Anlagen» [Botschaft WEG 1973, S. 692]).

626 BGE 118 Ib 417, E. 1d; BGer, Urteil 2C_1131/2014 vom 5. November 2015, E. 2.2.2; HÄNNI, Planungsrecht, S. 289 f.

627 Vgl. dazu TSCHANNEN/ZIMMERLI/MÜLLER, Verwaltungsrecht, § 57 Rz. 18 f.; WIEDERKEHR/RICHLI, Praxis II, Rz. 508 ff.

628 BGE 132 II 371, E. 2.3; BGE 131 I 313, E. 3.3; BGer, Urteil 2C_1131/2014 vom 5. November 2015, E. 4.2; WIEDERKEHR/RICHLI, Praxis II, Rz. 509 und 880 ff.; HÄNNI, Planungsrecht, S. 288 f.

Gebrauch zu machen[629], weshalb Grundeigentümerbeiträge auch für unüberbaute Grundstücke erhoben werden. Grundlage der Beitragsbemessung bilden einerseits der dem Grundeigentümer erwachsende Sondervorteil[630] und andererseits die dem Gemeinwesen durch die Erstellung der Erschliessungsanlage entstandenen Kosten (Kostendeckungsprinzip).[631]

3.337 Eine Beitragspflicht lösen auch im Eigentum des Gemeinwesens stehende Grundstücke aus, jedenfalls soweit es sich um Finanzvermögen handelt. Bei Grundstücken im Verwaltungsvermögen fehlt es an der Realisierbarkeit des wirtschaftlichen Sondervorteils, weshalb eine Beitragspflicht entfällt.[632] Die Erschliessung von Grundstücken im Verwaltungsvermögen lässt allerdings auf ein erhöhtes öffentliches Interesse an der Erschliessungsanlage schliessen, was die Verteilung der Kosten zwischen Gemeinwesen und Grundeigentümer beeinflusst.

3.338 Nach der Bestimmung der massgebenden Erschliessungskosten hat zunächst eine Aufteilung der Kosten zwischen dem Gemeinwesen und den Grundeigentümern (Gemeindeanteil aufgrund der konkreten öffentlichen Interessen an der Erschliessungsanlage) stattzufinden.[633] Damit wird der wirtschaftliche Vorteil des gesamten Bereichs bestimmt, der durch die fragliche Anlage erschlossen wird. Erst in der Folge ist dieser Teil der Kosten unter den durch die Erschliessungsanlage bevorteilten Grundeigentümern nach Massgabe der wirtschaftlichen Sondervorteile zu verteilen.

3.339 Eine konkrete Bestimmung des geldwerten Vorteils für das einzelne Grundstück ist kaum je möglich, weshalb in der Regel das Anstösser- oder Perimetersystem zur Anwendung gelangt.

3.340 Beim **Anstössersystem** ist die Anstosslänge der Grundstücke an die Strasse das massgebende Kriterium, während beim heute gebräuchlichen **Perimeter- oder Umlegersystem** die Grundstücksflächen bis zu einer gewissen Tiefe ab der Erschliessungsanlage einbezogen werden, wobei bei beiden Systemen Differenzierungen nach baulicher Nutzungsmöglichkeit erlaubt sind.[634] Das Anstösserprinzip hat – soweit die verkehrsmässige Erschliessung zur Beurteilung steht – den Vorteil der Einfachheit für sich, doch lassen sich damit kaum die notwendigen Differenzierungen vornehmen, um eine dem Rechtsgleichheits- und insbesondere dem Verhältnismässigkeitsprinzip entsprechende Aufteilung zu erreichen. Untauglich ist das Anstösserprinzip sodann zur Festlegung der Anteile hinsichtlich der Anlagen der Ver-

---

629 Tschannen/Zimmerli/Müller, Verwaltungsrecht, § 57 Rz. 29; Wiederkehr/Richli, Praxis II, Rz. 885 und 887.

630 EJPD/BRP, Erläuterungen, Rz. 244; Wiederkehr/Richli, Praxis II, Rz. 881 und 883 f.; BGer, Urteil 2C_1131/2014 vom 5. November 2015, E. 4.2 («nutzenorientierter Wertzuwachs»).

631 Tschannen/Zimmerli/Müller, Verwaltungsrecht, § 57 Rz. 30; Hänni, Planungsrecht, S. 289; Wiederkehr/Richli, Praxis II, Rz. 693 ff. und 918 betreffend die u.U. beschränkte abgabenbegrenzende Funktion des Kostendeckungsprinzips infolge des Einbezugs der Kosten von ganzen Verwaltungseinheiten. Im Rahmen von Erschliessungsbeiträgen werden jedoch die Kosten der Erstellung einer bestimmten Erschliessungsanlage und nicht die Kosten einer ganzen Verwaltungseinheit verteilt. Anders verhält es sich bei den Anschlussgebühren.

632 Zimmerlin, Baugesetz AG, § 31 Rz. 5.

633 Wiederkehr/Richli, Praxis II, Rz. 895.

634 Zimmerlin, Baugesetz AG, § 31 Rz. 9b; EJPD/BRP, Erläuterungen, Art. 19 Rz. 32; Staehelin, Erschliessungsbeiträge, S. 257 ff.

und Entsorgung. Zu haltbaren Resultaten führt somit in der Regel einzig das Perimeterprinzip, das zur Erfassung des gesamten Einzugsgebietes der betreffenden Erschliessungsanlagen führt.[635] Dabei können Abstufungen nach Bautiefe, rechtlich zulässiger Ausnutzung und allenfalls objektivem Benutzungsgrad vorgenommen werden.[636]

(Anschluss-)Gebühren sind das Entgelt für eine bestimmte, vom Pflichtigen veranlasste Tätigkeit des Gemeinwesens oder für die Benützung einer öffentlichen Einrichtung.[637] Grundlage ihrer Bemessung bildet entweder der Aufwand, welcher der Gemeinde für die Wahrnehmung der entsprechenden Erschliessungsaufgabe entstanden ist[638] bzw. noch entsteht, oder der Wert, den diese Leistung hat.[639] Voraussetzung der Gebührenerhebung ist, dass die Leistung des Gemeinwesens tatsächlich in Anspruch genommen wird, mithin der tatsächliche Anschluss an das Erschliessungsnetz erfolgt.[640] Ist ein Grundstück an eine Erschliessungsanlage angeschlossen, werden für die Benützung der leitungsgebundenen Erschliessungsanlagen eigentliche Benützungsgebühren geschuldet[641], die nicht mehr Erschliessungsabgaben im eigentlichen Sinn darstellen, obwohl sie auch der Aufrechterhaltung der Erschliessung dienen. 3.341

Die Bemessung sowohl von Grundeigentümerbeiträgen als auch von Anschlussgebühren unterliegen dem Kostendeckungs- und dem Äquivalenzprinzip[642], wobei gewisse Pauschalierungen und Schematisierungen aus Gründen der Praktikabilität und Verwaltungsökonomie zulässig sind.[643] 3.342

Nach dem verfassungrechtlichen[644] **Kostendeckungsprinzip** als Surrogat des Legalitätsprinzips dürfen die gesamten Einnahmen der erhobenen Abgaben die Gesamtkosten der Gemeinde für die betreffende Erschliessungseinrichtung oder 3.343

---

635 ZIMMERLIN, Baugesetz AG, § 31 Rz. 9b; EJPD/BRP, Erläuterungen, Art. 19 Rz. 32.

636 BGE 110 Ia 205, E. 4c; BGer, Urteil 2C_655/2009 vom 25. Februar 2011, E. 5.3; EJPD/BRP, Art. 19 Rz. 32; ZIMMERLIN, Baugesetz AG, § 31 Rz. 9b; ZAUGG/LUDWIG, Kommentar BauG BE, Art. 112 Rz. 12 ff.

637 TSCHANNEN/ZIMMERLI/MÜLLER, Verwaltungsrecht, § 57 Rz. 20; WIEDERKEHR/RICHLI, Praxis II, Rz. 819 und 844 f.

638 TSCHANNEN/ZIMMERLI/MÜLLER, Verwaltungsrecht, § 57 Rz. 21; EJPD/BRP, Erläuterungen, Rz. 245.

639 WIEDERKEHR/RICHLI, Praxis II, Rz. 620.

640 TSCHANNEN/ZIMMERLI/MÜLLER, Verwaltungsrecht, § 57 Rz. 20; WIEDERKEHR/RICHLI, Praxis II, Rz. 887. Nicht verlangt ist hingegen, dass der Anschluss auch tatsächlich genutzt wird, also Abwasser eingeleitet oder Wasser bezogen wird (WIEDERKEHR/RICHLI, Praxis II, Rz. 844 mit Hinweisen).

641 HÄNNI, Planungsrecht, S. 291; WIEDERKEHR/RICHLI, Praxis II, Rz. 824. Die Benützung öffentlicher Strassen ist demgegenüber im Rahmen des Gemeingebrauchs von Verfassungs wegen kostenfrei (Art. 82 Abs. 3 BV).

642 BGE 138 II 70, E. 5.3; BGE 135 I 130, E. 2; WIEDERKEHR/RICHLI, Praxis II, Rz. 511; TSCHANNEN/ZIMMERLI/MÜLLER, Verwaltungsrecht, § 57 Rz. 21 und 30.

643 BGE 139 I 138, E. 3.5; BGer, Urteil 2C_1054/2013 vom 20. September 2014, E. 6.1; BGer, Urteil 2C_1131/2014 vom 5. November 2015, E. 4.2; WIEDERKEHR/RICHLI, Praxis II, Rz. 612 ff. und Rz. 650 ff.; TSCHANNEN/ZIMMERLI/MÜLLER, Verwaltungsrecht, § 58 Rz. 21.

644 Das Kostendeckungsprinzip kann als Grundsatz des Bundes(verfassungs)rechts i.S.v. Art. 95 lit. a BGG mittels einer Beschwerde in öffentlich-rechtlichen Angelegenheiten direkt und unabhängig von einem Grundrecht angerufen werden (BGer, Urteil 2C_1020/2011 vom 16. November 2012, E. 2; vgl. auch BGer, Urteil 2C_404/2010 vom 20. Februar 2012, E. 4.1).

den betreffenden Verwaltungszweig nicht oder höchstens geringfügig übersteigen.[645] Zu diesen Gesamtkosten zählen nicht nur die laufenden Ausgaben, sondern auch angemessene Rückstellungen, Abschreibungen und Reserven. Dagegen lässt das Kostendeckungsprinzip Regelungen nicht zu, die von vornherein den Gesamtaufwand übersteigende Eingänge beabsichtigen, also einen Gewinn anstreben.[646]

3.344 Nach dem verfassungsrechtlichen **Äquivalenzprinzip,** das im Bereich der (Kausal-) Abgaben einerseits das Verhältnismässigkeitsprinzip (Art. 5 Abs. 2 BV) und andererseits das Willkürverbot (Art. 9 BV) konkretisiert, darf die erhobene Abgabe im Einzelfall zum objektiven Wert der Leistung nicht in ein offensichtliches Missverhältnis treten und muss sich in vernünftigen Grenzen bewegen.[647] Nach der Rechtsprechung müssen bei der Bemessung der Anschlussgebühren aber nicht alle Umstände berücksichtigt werden, die im konkreten Fall das Mass der künftigen Inanspruchnahme der Wasserversorgung oder Abwasserbeseitigung beeinflussen; eine gewisse Schematisierung ist zulässig.[648] Eine Abweichung von einer derartigen schematischen Berechnung ist geboten, wenn – wie dies etwa bei Industriebauten der Fall sein kann – die Baute einen ausserordentlich hohen oder ausserordentlich geringen Wasserverbrauch aufweist.[649]

2. Finanzierung der Abwasserbeseitigung im Besonderen

3.345 Art. 60a Abs. 1 GSchG verlangt von den Kantonen, dass die Kosten für Bau, Betrieb, Unterhalt, Sanierung und Ersatz der Abwasseranlagen, die öffentlichen Zwecken dienen, mit Gebühren oder anderen Abgaben den Verursachern überbunden werden.[650] Bei der Ausgestaltung der Abgaben ist die Berücksichtigung verschiedener Faktoren vorgeschrieben (u.a. Art und Menge des erzeugten Abwassers, zur Substanzerhaltung der Anlagen erforderliche Abschreibungen, geplanter Investitionsbedarf; vgl. Abs. 2). Ansonsten belässt das Bundesrecht den Kantonen einen grossen Ermessensspielraum, namentlich steht es ihnen frei, ob sie zur Deckung der Kosten Gebühren oder Beiträge (Vorzugslasten) erheben wollen.[651]

645 BGE 139 III 334, E. 3.2.3; BGE 136 I 142, E. 3.1; BGE 135 I 130, E. 2; EJPD/BRP, Erläuterungen, Rz. 247; Wiederkehr/Richli, Praxis II, Rz. 682 ff., 693 ff.

646 BGE 124 I 11, E. 6c; BGer, Urteil 2C_160/2014 vom 7. Oktober 2014, E. 6.2.2.

647 BGer, Urteil 2C_1054/2013 vom 20. September 2014, E. 6.1; BGer, Urteil 2C_900/2011 vom 2. Juni 2012, E. 4.2 (ZBl 2013 347 ff.); BGE 139 III 334, E. 3.2.4; Wiederkehr/Richli, Praxis II, Rz. 561; Tschannen/Zimmerli/Müller, Verwaltungsrecht, § 58 Rz. 19.

648 BGer, Urteil 2C_1054/2013 vom 20. September 2014, E. 6.1 (ZBl 2015 483 ff.).

649 BGer, Urteil 2C_1054/2013 vom 20. September 2014, E. 6.4 (ZBl 2015 483 ff.); Griffel/Rausch, Kommentar USG, Ergänzungsband, Art. 32a Rz. 17.

650 Vgl. im Übrigen auch Art. 32a USG, der für die Kosten der Siedlungsabfallentsorgung die Anwendung des Verursacherprinzips vorschreibt (vgl. dazu BGE 138 II 111 ff.).

651 BGer, Urteil 2C_759/2014 vom 6. Februar 2015, E. 6.2; Hänni, Planungsrecht, S. 289 f.

Das in Art. 60a Abs. 1 GSchG vorgesehene **Verursacherprinzip** kann unmittelbar zur Anwendung gelangen, soweit es um die Finanzierung von Abwasseranlagen geht.[652] Es entfaltet seine Wirkungen vor allem bei den periodischen Benützungsgebühren, welche einen Bezug zur produzierten Abwassermenge haben müssen.[653] Das Verursacherprinzip gilt an sich zwar ebenfalls für die einmaligen Abwasseranschlussgebühren, doch dürfen für deren Berechnung auch noch andere kausalabgaberechtliche Grundsätze berücksichtigt werden.[654] So ist eine Bemessung von Anschlussgebühren nach der Bruttogeschossfläche des anzuschliessenden Gebäudes grundsätzlich zulässig.[655] Im Falle von Anschlussgebühren ist nicht die effektive Nutzung massgeblich, sondern diejenige, die durch den Anschluss ermöglicht wird, und zwar auf Spitzenwerte ausgelegt; selbst eine potenziell höhere zukünftige Nutzung darf berücksichtigt werden.[656] 3.346

3. Finanzierung des Stromnetzes im Besonderen

Netzkostenbeiträge wie auch Anschlussgebühren[657] sind im Gegensatz zu den Netznutzungsentgelten (Art. 14 ff. StromVG) und den Stromtarifen (für feste Endverbraucher ohne Wahlmöglichkeit; Art. 6 Abs. 1 und 7 Abs. 1 StromVG; Art. 4 Abs. 1 StromVV) im StromVG nicht geregelt.[658] Entsprechend hat sich deren Ausgestaltung an Art. 19 Abs. 2 Satz 2 RPG und innerhalb der Zonen, die überwiegend der Wohnnutzung dienen, an Art. 6 Abs. 1 WEG zu orientieren. Netzkostenbeiträge oder Netzanschlussgebühren sind bei der Berechnung der Netznutzungsentgelte zu berücksichtigen; je höher diese sind, desto geringer sind an sich die Netznutzungsentgelte (Art. 14 Abs. 3bis StromVG).[659] Ob daher trotz Art. 19 Abs. 2 Satz 2 RPG bzw. Art. 6 Abs. 1 WEG ein Verzicht auf Netzkostenbeiträge und Anschlussgebühren zulässig ist, ist bis anhin ungeklärt. 3.347

---

652 BGer Urteil 2C_160/2014 vom 7. Oktober 2014, E. 6.3.

653 BGer, Urteil 2C_1054/2013 vom 20. September 2014, E. 5.1 (ZBl 2015 483 ff.); GRIFFEL/RAUSCH, Kommentar USG, Ergänzungsband, Art. 32a Rz. 18.

654 BGer, Urteil 2C_1054/2013 vom 20. September 2014, E. 5.1 (ZBl 2015 483 ff.); GRIFFEL/RAUSCH, Kommentar USG, Ergänzungsband, Art. 32a Rz. 17.

655 BGer, Urteil 2C_1054/2013 vom 20. September 2014, E. 5.2 (ZBl 2015 483 ff.).

656 BGer, Urteil 2C_1054/2013 vom 20. September 2014, E. 6.3 (ZBl 2015 483 ff.).

657 Netzkostenbeiträge und Anschlussgebühren sind von Netzanschlussbeiträgen zu unterscheiden, die nur die Kosten des Hausanschlusses erfassen (BVGer, Urteil A-2850/2014 vom 28. Mai 2015, E. 4.2).

658 BVGer, Urteil A-2850/2014 vom 28. Mai 2015, E. 4.5.1.

659 Vgl. auch VSE/AES (Hrsg.), Branchenempfehlung Strommarkt Schweiz, Kostenrechnungsschema für Verteilnetzbetreiber der Schweiz, Branchensystematik für die Kostenermittlung im Zusammenhang mit der Netznutzung, Aarau 2012, Ziff. 5.2.2 Rz. 11.

V. Bau- und Nutzungsvorschriften

Literatur

BAUMANN ANDREAS/VAN DEN BERGH RALPH/GOSSWEILER MARTIN/HÄUTPLI CHRISTIAN/HÄUPTLI-SCHWALLER ERICA/SOMMERHALTER FORESTIER VERENA, Kommentar BauG AG, §§ 47–51; FRITZSCHE CHRISTOPH/BÖSCH PETER/WIPF THOMAS, Planungs- und Baurecht, S. 723 ff.; GRIFFEL ALAIN, Raumplanungs- und Baurecht, S. 132 ff.; HALLER WALTER/KARLEN PETER, Raumplanungs-, Bau- und Umweltrecht, § 13 Rz. 618 ff.; HÄNNI PETER, Planungsrecht, S. 311 ff.; HEER BALTHASAR, Bau- und Planungsrecht, §§ 17 und 18 Rz. 612 ff.; ZAUGG ALDO/LUDWIG PETER, Kommentar BauG BE, Art. 4, 5, 11, 12 und 13.

Amtliche Publikationen

BPUK, Musterbotschaft IVHB; IOHB, Erläuterungen IVHB; IOHB, Faktenblatt IVHB.

A. Interkantonale Vereinbarung über die Harmonisierung der Baubegriffe (IVHB)

1. Entstehungsgeschichte

3.348 Das öffentliche Baurecht ist Sache der Kantone, welche den Erlass von Bauvorschriften weitgehend an die Gemeinden delegiert haben. Entsprechend zersplittert sind die Rechtsgrundlagen. Rund 140 000 Gesetzes- und Verordnungsbestimmungen regeln das Planungs- und Bauwesen in der Schweiz[660]; gleichlautende Bauvorschriften wie z.B. die Gebäudehöhe werden unterschiedlich angewendet. Das Baubewilligungsverfahren wird für Investoren, Bauherren, Architekten, Rechtsberater, aber oftmals auch für die Behörden und Gerichte selbst, zum **aufwendigen Spiessrutenlauf** mit mitunter schwer nachvollziehbaren Differenzierungen und Ergebnissen.

3.349 Die Vereinheitlichung der Baubegriffe und Messweisen entspricht daher einem breiten Bedürfnis und ist von volkswirtschaftlichem Interesse. Sachliche Gründe für die unterschiedliche Definition von Begriffen, welche die gleichen Sachverhalte regeln, sind nicht ersichtlich.[661] Da für die Vereinheitlichung der Baubegriffe eine Bundeskompetenz fehlt, wurde – nicht zuletzt auf politischen Druck hin – durch die Schweizerische Bau-, Planungs- und Umweltdirektorenkonferenz (BPUK) eine **Konkordatslösung** erarbeitet, die Interkantonale Vereinbarung über die Harmonisierung der Baubegriffe (IVHB). Der Konkordatstext wurde von der Hauptversammlung der BPUK am 22. September 2005 genehmigt, verbunden mit der Aufforderung, diesen den Kantonen zur Unterzeichnung vorzulegen.

660 Vgl. auch zum Folgenden: IOHB, Faktenblatt IVHB.
661 Vgl. BPUK, Musterbotschaft IVHB.

Die IVHB ist mit dem Beitritt der ersten sechs Kantone am 26. November 2010 in Kraft getreten (Art. 8 IVHB). Per 31. Dezember 2015 sind der IVHB **fünfzehn Kantone** beigetreten[662], teilweise mit Vorbehalten in Bezug auf die Weiterführung der Ausnützungsziffer anstelle der Geschossflächenziffer.[663] 3.350

2. Rechtsnatur

Normativ handelt es sich bei der IVHB um eine interkantonale Vereinbarung über eine Materie, die in den **kantonalen Kompetenzbereich** fällt. Konkordatsrecht geht kantonalem Recht vor (Art. 48 Abs. 5 BV).[664] 3.351

Inhaltlich ist die IVHB als **mittelbar rechtsetzender Vertrag** zu qualifizieren, welcher nicht direkt anwendbar ist, sondern die Kantone verpflichtet, ihr eigenes Recht nach den Bestimmungen des Vertrags zu gestalten (vgl. Art. 2 Abs. 1–3 IVHB). Erst mit der Transformation, d.h. mit dem Erlass entsprechender kantonaler Bestimmungen, erlangt das vereinbarte Recht Gültigkeit für die Rechtsunterworfenen.[665] 3.352

3. Regelungsgegenstand

a) Beschränkung auf die Harmonisierung von Baubegriffen und Messweisen

Die IVHB vereinheitlicht nicht das materielle öffentliche Baurecht, sondern verpflichtet die Beitrittskantone lediglich – aber immerhin –, die **wichtigsten 30 Baubegriffe** gemäss Anhang 1 und die **Messweisen** gemäss Anhang 2 in das kantonale (und a fortiori in das kommunale) Recht zu überführen. Die gemäss Anhang 1 zur IVHB vereinheitlichten Begriffe sind die folgenden: 3.353

a) Terrain: Massgebendes Terrain;
b) Gebäude: Gebäude, Kleinbauten, Anbauten, unterirdische Bauten, Unterniveaubauten;
c) Gebäudeteile: Fassadenflucht, Fassadenlinie, projizierte Fassadenlinie, vorspringende Gebäudeteile, rückspringende Gebäudeteile;
d) Längenbegriffe, Längenmasse: Gebäudelänge, Gebäudebreite;
e) Höhenbegriffe, Höhenmasse: Gesamthöhe, Fassadenhöhe, Kniestockhöhe, lichte Höhe;
f) Geschosse: Vollgeschosse, Untergeschosse, Dachgeschosse, Attikageschosse;
g) Abstände und Abstandsbereiche: Grenzabstand, Baulinien, Baubereich;
h) Nutzungsziffern: anrechenbare Grundstücksfläche, Geschossflächenziffer, Baumassenziffer, Überbauungsziffer, Grünflächenziffer.

Die angestrebte Vereinheitlichung setzt voraus, dass sämtliche Beitrittskantone die harmonisierten Begriffe auch wirklich im gleichen Sinne verstehen und anwen- 3.354

---

662 Vgl. Rz. 3.363.
663 Vgl. dazu Rz. 3.361.
664 Häfelin/Haller/Keller, Bundesstaatsrecht, Rz. 1271 f.
665 Häfelin/Haller/Keller, Bundesstaatsrecht, Rz. 1285; KGer LU, Urteil 7H 13 103 vom 9. September 2014, E. 5.2.1 (LGVE 2014 IV Nr. 7).

den. Zu diesem Zweck hat das Interkantonale Organ Harmonisierung Baubegriffe (IOHB), welches durch die Beitrittskantone gebildet wird, **Erläuterungen** zu den einzelnen Begriffen und Messweisen erlassen.[666]

b) Auswirkungen auf das materielle Baurecht

3.355 Dass die Vereinheitlichung der materiell-rechtlichen Bauvorschriften von Kantonen und Gemeinden nicht Regelungsgegenstand der IVHB bildet, bedeutet nicht, dass deren Vorschriften durch die IVHB nicht berührt werden. Im Gegenteil: Die IVHB hat **direkte Auswirkungen auf das materielle Recht,** indem sich mit ihrer Übernahme die bisher massgebenden Parameter verändern; eine unbesehene Übernahme von IVHB-Begriffen ohne Anpassung der materiell-rechtlichen Grundlagen hätte erhebliche und wohl ungewollte Veränderungen der bisher zulässigen Masse zur Folge. Dies sei an zwei Beispielen kurz erläutert:[667]

- **Gebäudehöhe:** Gemäss Ziff. 5.1 Anhang 1 zur IVHB wird die Gesamthöhe zwischen dem höchsten Punkt der Dachkonstruktion und den lotrecht darunter liegenden Punkten auf dem massgebenden Terrain berechnet. Diese IVHB-Messweise unterscheidet sich teilweise erheblich von den bisherigen kantonalen und kommunalen Messweisen. Würden die bisherigen reglementarischen Gebäudehöhen unbesehen in die neue Begrifflichkeit übernommen, hätte dies die Bewilligungsfähigkeit von erheblich abweichenden Gebäudedimensionen zur Folge. Oder umgekehrt: Soll die bisherige Bebauungsstruktur beibehalten werden, führt die Übernahme der IVHB-Gesamthöhe zwingend zu einer Überprüfung und ggf. Anpassung des Höhenmasses in der Grundordnung.
- **Nutzungsmass:** Wurde das Nutzungsmass bisher auf der Grundlage der Bruttogeschossfläche (BGF) über eine Ausnützungsziffer (AZ) festgelegt und soll es unter Anwendung der IVHB-Geschossflächenziffer (GFZ) im Ergebnis beibehalten werden, so muss die GFZ entsprechend angepasst werden. Denn die GFZ umfasst gemäss Ziff. 8.2 Anhang I zur IVHB auch Flächen, die bei der BGF unberücksichtigt blieben. Eine unveränderte Übernahme der GFZ hätte damit eine erhebliche Nutzungsmassreduktion zur Folge. Soll das Nutzungsmass im Ergebnis beibehalten werden, muss die AZ in eine GFZ «umgerechnet» werden. Der Kanton Freiburg nimmt auf der Basis der bestehenden AZ eine klar reglementierte, degressiv verlaufende Umrechnung vor[668], ebenso sieht der Kanton Thurgau eine reglementierte Umrechnung vor.[669] Als Faustregel wird auch etwa die Umrechnungsformel GFZ = AZ x 1,63 genannt. Die Formel lässt aber unberücksichtigt, dass der Unterschied zwischen GFZ und AZ vor allem in den Untergeschossen besteht und eine unbesehene Umrechnung tendenziell zu einer Vergrösserung der oberirdischen Bauvolumen führt. Die städtebaulichen Aus-

666 IOHB, Erläuterungen IVHB.

667 Vgl. zur Problematik Bruno Küenzi, Harmonisierung der Bauvorschriften, KPG-Bulletin 2011, S. 146 ff., 154 f., Ziff. 3.1 f.

668 Art. 178 Abs. 1 i.V.m. dem Anhang RPBG FR.

669 § 122 Abs. 4 PBG TG.

wirkungen einer solchen Umrechnung müssen im Einzelfall geprüft werden und stellen die Planungs- und Baubehörden vor grosse Herausforderungen. Diese Problematik dürfte den Ausschlag gegeben haben, dass mehrere Kantone der IVHB unter dem Vorbehalt beigetreten sind, die AZ als Nutzungsmassregel weiterführen zu können.[670]

4. Regelungsspielräume der IVHB-Kantone

a) Keine Beitrittsverpflichtung

Die IVHB ist ein **Vertragswerk.**[671] Die Kantone sind in ihrer Entscheidung, der IVHB beizutreten oder davon Abstand zu nehmen, frei. Solange kein Beitritt erfolgt, bleibt die Regelungshoheit der Kantone auch in Bezug auf die von der IVHB erfassten Regelungsgegenstände vollumfänglich gewahrt. 3.356

b) Abschliessende Aufzählung der harmonisierten Begriffe und Messweisen

Die IVHB beschränkt sich auf die **Vereinheitlichung** der wesentlichen, in der Vereinbarung abschliessend genannten Baubegriffe und Messweisen. Soweit die IVHB einen kantonal- oder kommunalrechtlichen Begriff oder eine Messweise nicht erfasst, bleibt die Gesetzgebungshoheit der Kantone und Gemeinden vollumfänglich gewahrt. 3.357

c) Regelungsspielräume der IVHB

In Einzelfällen eröffnet die IVHB kantonale und kommunale Regelungsspielräume: So kann gemäss **Anhang 1** Ziff. 1.1 das massgebende Terrain – als solches gilt der natürlich gewachsene Geländeverlauf – «aus planerischen oder erschliessungstechnischen Gründen» im Planungs- oder Baubewilligungsverfahren abweichend festgelegt werden. Sodann haben die Kantone gemäss Anhang 1 Ziff. 8.2 die lichte Höhe festzulegen, unterhalb welcher Flächen nicht an die Geschossflächenziffer angerechnet werden.[672] Und schliesslich obliegt es gemäss Anhang 1 Ziff. 8.3 den Kantonen, bei der Anwendung der Baumassenziffer festzulegen, in welchem Umfang das Volumen offener Gebäudeteile angerechnet wird.[673] 3.358

d) Keine Vereinheitlichung des materiellen Planungs- und Baurechts

Sodann bewirkt die IVHB lediglich eine Harmonisierung von **Begriffen und Messweisen,** aber keine Vereinheitlichung des materiellen Planungs- und Baurechts. Die 3.359

670 Vgl. Rz. 3.361.
671 Rz. 3.351 f.
672 Vgl. Rz. 3.376.
673 IOHB, Erläuterungen IVHB, Ziff. 8.3 Rz. 3.

baurechtliche Grundordnung, welche die zulässige Nutzung der einzelnen Grundstücke räumlich und inhaltlich definiert, wird durch die IVHB nicht berührt und verbleibt vollumfänglich im Zuständigkeitsbereich der Kantone und Gemeinden. Dazu gehören namentlich die Vorschriften betreffend Art und Mass der baulichen Nutzung, betreffend Gestaltung usw. Davon zu unterscheiden sind die **Reflexwirkungen,** welche die Übernahme der IVHB-Begriffe auf das materielle Recht hat.[674]

e) Keine Pflicht zur Übernahme sämtlicher Begriffe

3.360 Die IVHB-Begriffe und -Messweisen müssen nicht vollumfänglich in das kantonale Recht übernommen werden. Wo ein Begriff nicht gebraucht wird, muss er auch nicht übernommen werden.[675] Es ist den Beitrittskantonen aber untersagt, ihre Gesetzgebung durch Baubegriffe und Messweisen zu ergänzen (bzw. solche über die Anpassungsfrist hinaus weiterzuführen), die den vereinheitlichten Regelungsgegenständen widersprechen, weil sie auf einer anderen Begrifflichkeit basieren oder eine andere Messweise vorsehen.

f) Vorbehalte von Beitrittskantonen

3.361 Die IVHB ist darauf ausgerichtet, dass sie von den Beitrittskantonen vorbehaltlos – selbstverständlich mit den hiervor dargelegten Regelungsspielräumen – übernommen wird. Die Zielsetzung der vorbehaltlosen Übernahme wurde indes bereits früh relativiert, indem das IOHB dem Vorbehalt eines beitrittswilligen Kantons, anstelle der IVHB-Geschossflächenziffer weiterhin die **Ausnützungsziffer** zu verwenden, in grundsätzlicher Weise stattgab.[676] Dies mit der Folge, dass auch weitere Kantone, insgesamt bisher Aargau, Graubünden, Obwalden, Schaffhausen, Schwyz, Uri und Zug, zum Teil nachträglich entsprechende Vorbehalte angebracht haben. Andere Vorbehalte als jener der «Ausnützungsziffer» statt «Geschossflächenziffer» wurden bislang nicht anerkannt.

5. Übergangsrecht

3.362 Die Beitrittskantone sind verpflichtet, ihre Gesetzgebung bis spätestens Ende 2015 an die Vorgaben der IVHB anzupassen und ihrerseits Fristen für deren Umsetzung in der Nutzungsplanung, d.h. für die Anpassung der kommunalen Nutzungsordnungen (Zonenpläne und Baureglemente), festzulegen (Art. 2 Abs. 3 IVHB). Der Kanton Bern z.B. verlangt von den Gemeinden eine Anpassung der baurechtlichen

---

674 Vgl. Rz. 3.355.

675 IOHB, Faktenblatt IVHB.

676 Beschluss IOHB zur Ausnahmeregelung «Ausnützungsziffer – Geschossflächenziffer» vom 15. Januar 2009 (www.bpuk.ch > Konkordate > IVHB) sowie IOHB, Faktenblatt IVHB.

Grundordnung bis zum 31. Dezember 2020; ab diesem Zeitpunkt wird das kantonale konkordatskonforme Recht direkt anwendbar.[677]

6. Stand der Beitritte

Die Vereinheitlichung der Baubegriffe auf dem Konkordatsweg erfolgte vor dem Hintergrund, dass dem Bund eine entsprechende Gesetzgebungskompetenz fehlt. Dessen ungeachtet zielt die IVHB darauf ab, dass ihr möglichst viele, im Idealfall alle Kantone beitreten. Diese **Zielsetzung** ist mit dem Beitritt von bisher 15 Kantonen **nur mässig erreicht worden** und wurde mit dem Beschluss des Kantonsrates Zürich vom Juni 2015, der IVHB nicht beizutreten, empfindlich geschwächt.[678] 3.363

Per 31. Dezember 2015 sind der IVHB die folgenden Kantone beigetreten (* = Kantone mit Vorbehalt «Ausnützungsziffer»): Aargau*, Bern, Basel-Landschaft, Freiburg, Graubünden* (alle per 26. November 2010), Luzern (per 1. Januar 2014), Neuenburg (per 14. Dezember 2012), Nidwalden (per 29. Juli 2014), Obwalden* (per 29. Juni 2012), Schaffhausen* (per 1. Januar 2011), Solothurn (29. Mai 2012), Schwyz* (per 1. Januar 2013), Thurgau (per 26. November 2010), Uri* (per 1. Januar 2012) und Zug* (per 1. Januar 2015). 3.364

B. Nutzungsziffern

1. Übersicht

Die nachstehende Übersicht beruht auf dem Stand der kantonalen Gesetzgebung per Ende 2015 (ohne Übergangsrecht). Sie soll die Orientierung in den **kantonalen Baugesetzen und -verordnungen** erleichtern, erhebt aber keinen Anspruch auf Vollständigkeit. Die der IVHB beigetretenen Kantone sind grau hinterlegt. Die für ein bestimmtes Gebiet massgebenden Nutzungsziffern ergeben sich regelmässig aus dem kommunalen Recht und bilden nicht Gegenstand der Übersicht.[679] 3.365

677 Vgl. Art. 34 BMBV BE. Bis zum Ablauf dieser Anpassungsfrist sind die Bernischen Gemeinden befugt, die Ausnützungsziffer weiterhin zu verwenden; die formell aufgehobenen Artikel 93–98 BauV BE bleiben insoweit anwendbar.

678 Der Kanton Zürich beschloss am 14. September 2015 unter dem Titel «Harmonisierung der Baubegriffe» eine umfangreiche Teilrevision des PBG, welche sich eng an die IVHB anlehnt.

679 Den kantonalen Baudepartementen und zugehörigen Rechtsstellen gilt ein spezieller Dank für die wertvollen Hinweise zu den jeweiligen Baugesetzgebungen.

Kt.	Ausnützungsziffer	Geschossflächenziffer	Baumassenziffer	Überbauungsziffer	Freiflächen-/ Grünflächenziffer	Nutzungsübertragung	Massgebliche Grundstücksfläche
AG	§ 32 BauV AG[680]		Anh. 1 Ziff. 8.3 BauV AG	Anh. 1 Ziff. 8.4 BauV AG	Anh. 1 Ziff. 8.5 BauV AG	§ 34 BauV AG	Anh. 1 Ziff. 8.1 BauV AG
AI		Art. 67 und Art. 72 BauV AI	Art. 68 BauV AI	Art. 69 BauV AI	Art. 70 BauV AI		Art. 66 BauV AI
AR	Art. 16 Abs. 1 lit. a BauG AR; Art. 1 und 16 Abs. 1 lit. f BauV AR		Art. 16 Abs. 1 lit. a BauG AR; Art. 2 BauV AR			Art. 1 Abs. 5 und Art. 2 Abs. 5 BauV AR	Art. 1 Abs. 4 und Art. 2 Abs. 4 BauV AR
BE		Art. 28 BMBV BE	Art. 29 BMBV BE	Art. 30 BMBV BE	Art. 31 BMBV BE	Art. 32 BMBV BE	Art. 27 BMBV BE
BL[681]	§ 49 RBV BL; § 49 IVHB RBV BL			§ 47 RBV BL; § 47 IVHB RBV BL	§ 48 IVHB RBV BL	§ 88 und § 89 RBG BL	§ 46 RBV BL; § 46 IVHB RBV BL
BS	§ 7 und § 8 BPG BS						§ 9 Abs. 2 BPG BS
FR		Art. 130 RPBG FR; Art. 80 RPBR FR; Anh. Ziff. 8.2 IVHB	Art. 130 RPBG FR; Art. 80 Abs. 4 RPBR FR; Anh. Ziff. 8.3 IVHB	Art. 130 und Art. 81 RPBR FR; Anh. Ziff. 8.4 IVHB	Art. 130 RPBG FR; Art. 81 Abs. 3 RPBR FR; Anh. Ziff. 8.5 IVHB	Art. 131 RPBG FR	Anh. Ziff. 8.1 IVHB
GE				Art. 59 LCI GE; Art. 2a LGZD GE[682]	Art. 2a LGZD GE[683]		
GL	Art. 63 BauV GL	Art. 58 BauV GL	Art. 59 BauV GL	Art. 60 BauV GL	Art. 61 BauV GL		Art. 57 BauV GL
GR	Art. 37 und Art. 37a KRVO GR[684]	Anh. 1 Ziff. 8.2 IVHB	Anh. 1 Ziff. 8.3 IVHB	Anh. 1 Ziff. 8.4 IVHB	Anh. 1 Ziff. 8.5 IVHB	kommunal	Anh. 1 Ziff. 8.1 IVHB
JU	Art. 49 OCAT JU			Art. 50 OCAT JU		Art. 52 OCAT JU	Art. 51 OCAT JU
LU	Anh. § 24 PBG LU; Anh. §§ 8–13 PBV LU			§ 23, § 25 und Anh. § 25 PBG LU; §§ 12–17 und Anh. §§ 17–19 PBV LU	§ 23, § 27 und Anh. § 27 PBG LU; § 18 und Anh. §§ 23–24 PBV LU	Anh. § 14 PBV LU	§ 11 und Anh. § 12 PBV LU

680 Vorbehalt betreffend Ausnützungsziffer.

681 Die Bestimmungen der IVHB wurden in die RBV BL integriert (vgl. 7. Titel). Aufgrund der nicht fortlaufenden Nummerierung wird der Zusatz IVHB verwendet.

682 Ähnliches Institut: Indice de densité et indice d'utilisation du sol dans la zone de développement.

683 Ähnliches Institut: Indice de densité et indice d'utilisation du sol dans la zone de développement.

684 Vorbehalt betreffend Ausnützungsziffer.

Kt.	Ausnützungsziffer	Geschossflächenziffer	Baumassenziffer	Überbauungsziffer	Freiflächen-/ Grünflächenziffer	Nutzungsübertragung	Massgebliche Grundstücksfläche
NE[685]	Art. 16 RELCAT NE		Art. 15 RELCAT NE	Art. 14 RELCAT NE	Art. 17 RELCAT NE	Art. 11 LCAT NE	Art. 13 RELCAT NE
NW[686]				Art. 2 Abs. 2 Ziff. 16 PBG NW; Anh. 1 Ziff. 8.4 IVHB	Art. 2 Abs. 2 Ziff. 17 PBG NW; Anh. 1 Ziff. 8.5 IVHB	Art. 105–108 PBG NW	Art. 2 Abs. 2 Ziff. 15 PBG NW; Anh. 1 Ziff. 8.1 IVHB
OW[687]							
SG	Art. 61–63, Art. 67 Abs. 1 lit. g und Art. 77ter BauG SG		Art. 63bis BauG SG	Art. 64 BauG SG		Art. 62 und Art. 63 BauG SG	Art. 61 Abs. 3 BauG SG
SH[688]	Art. 7 Abs. 1 Ziff. 5 BauG SH	Anh. Ziff. 8.2 BauG SH	Anh. Ziff. 8.3 BauG SH	Anh. Ziff. 8.4 BauG SH	Art. 7 Abs. 1 Ziff. 5 und Anh. Ziff. 8.5 BauG SH	Art. 7 Abs. 1 Ziff. 5 BauG SH	Anh. Ziff. 8.1 BauG SH
SO		§ 37bis BauV SO	§ 37ter BauV SO	§ 35 BauV SO	§ 36 BauV SO	§ 38 BauV SO	§ 34 BauV SO
SZ[689]	kommunal	kommunal	kommunal	kommunal	kommunal	kommunal	kommunal
TI	Art. 37 Abs. 1 und Art. 38 LEC TI; Art. 40 RLE TI			Art. 37 Abs. 2 und Art. 38 LEC TI; Art. 40 RLE TI		Art. 38a LEC TI	Art. 38 LEC TI; Art. 40 RLE TI
TG		§ 32 PBV TG; Anh. 1 Ziff. 8.2 IVHB	§ 33 PBV TG; Anh. 1 Ziff. 8.3 IVHB	Anh. 1 Ziff. 8.4 IVHB	Anh. 1 Ziff. 8.5 IVHB	§ 81 PBG TG	Anh. 1 Ziff. 8.1 IVHB
UR[690]	kommunal	kommunal	kommunal	kommunal	kommunal	kommunal	kommunal
VD	Art. 47 Abs. 1 LATC VD	Art. 47 Abs. 1 LATC VD	Art. 47 Abs. 1 LATC VD	Art. 47 Abs. 1 LATC VD; Art. 68b RLATC VD	Art. 47 Abs. 2 Ziff. 4 LATC VD		

685 Überführung der IVHB ins kantonale Recht im Lauf des Jahres 2016 vorgesehen (Anpassungen noch nicht berücksichtigt).

686 Art. 207 Abs. 2 PBG NW: Die im Gesetz dunkelrot gefärbten Artikel treten gemeindeweise in Kraft (spätestens am 1. Januar 2019).

687 Inkrafttreten des Nachtrags zum Baugesetz betreffend die Umsetzung der IVHB am 1. Januar 2016 (Anpassungen berücksichtigt). Auf Nutzungsziffern wurde gänzlich verzichtet.

688 Vgl. Fn. 15 BauG SH: Vorbehalt betreffend Ausnützungsziffer.

689 Überführung der IVHB ins kantonale Recht noch nicht erfolgt; Vorbehalt betreffend Ausnützungsziffer.

690 Vgl. Art. 2 Abs. 2 RPBG: Die Begriffe und Messweisen, wie sie in der IVHB und in diesem Reglement festgelegt sind, sind im Planungs- und Baurecht des Kantons und der Gemeinden verbindlich. Davon ausgenommen ist der Begriff der Nutzungsziffer. An dessen Stelle können die Gemeinden ein anderes Nutzungsmass beibehalten oder einführen.

Kt.	Ausnützungsziffer	Geschossflächenziffer	Baumassenziffer	Überbauungsziffer	Freiflächen-/ Grünflächenziffer	Nutzungsübertragung	Massgebliche Grundstücksfläche
VS	Art. 13 BauG VS; Art. 5 und Art. 32 Abs. 1 lit. k BauV VS; Glossar BauV VS (S. 25)			Art. 32 Abs. 1 lit. k BauV VS; Glossar BauV VS (S. 31)		Art. 7 BauV VS; Glossar BauV VS (S. 31)	Glossar BauV VS (S. 24)
ZG[691]	§ 15 und § 16 V PBG ZG		§ 20 V PBG ZG		§ 21 V PBG ZG	§ 17 und § 19 V PBG ZG	§ 18 V PBG ZG
ZH[692]	§ 49a, § 254 Abs. 1 und § 255 PBG ZH; § 9 und § 10 ABV ZH		§ 49a, § 254 Abs. 2 und § 258 PBG ZH; § 12 und § 13 ABV ZH	§ 49a, § 254 Abs. 1 und § 256 PBG ZH	§ 49a, § 254 Abs. 1 und § 257 PBG ZH; § 11 ABV ZH		§ 259 PBG ZH

2. Funktion

a) Funktionsweise

3.366 Die Nutzungsziffern regeln als mathematische Formeln das **Mass der zulässigen Überbauung bzw. Nutzung in Relation zur Grundstücksfläche.** Das zulässige Mass der baulichen Nutzung kann dabei in unterschiedlicher Weise zum Ausdruck gebracht werden, namentlich in Form der zulässigen Bruttogeschossfläche BGF (Ausnützungsziffer AZ), der zulässigen Geschossfläche (Geschossflächenziffer GFZ), des Bauvolumens (Baumassenziffer BMZ) oder der Gebäudefläche (Überbauungsziffer ÜZ). Komplementär zur Bestimmung der zulässigen Überbauung kann mittels der Grünflächenziffer (GZ) auch die von einer Überbauung freizuhaltende Grundstücksfläche definiert werden.[693]

3.367 Den Kantonen und Gemeinden steht bei ihrer Gesetzgebung ein **erheblicher Spielraum** zur Verfügung, welche Nutzungsziffer sie in welcher Nutzungszone zur Anwendung bringen wollen.[694] In der Regel kommt auf ein Grundstück nur eine Nutzungsziffer zur Anwendung; die kumulative Anwendung mehrerer Nutzungsziffern ist aber nicht ausgeschlossen.

691 Überführung der IVHB ins kantonale Recht noch nicht erfolgt; Vorbehalt betreffend Ausnützungsziffer.

692 Zum Nachvollzug des Kantons Zürich, vgl. Fn. 679.

693 Zu den einzelnen Nutzungsziffern vgl. Rz. 3.365 ff.

694 Die IVHB sieht die Bruttogeschossfläche und die daraus resultierende Ausnützungsziffer nicht mehr vor; die Beitrittskantone können indes die Weitergeltung dieser Parameter mit einem Vorbehalt beanspruchen; vgl. Rz. 3.374, 3.385.

b) Raumplanerische Zwecke

Die Ziele und Grundsätze des RPG verlangen nach einer Siedlungsentwicklung nach innen unter Berücksichtigung einer angemessenen Wohnqualität, die Schaffung kompakter Siedlungen und die Gestaltung der Siedlungen nach den Bedürfnissen der Bevölkerung (Art. 1 Abs. 2 lit. a^{bis} und b sowie Art. 3 Abs. 3 RPG). Dementsprechend ist die Überbauung unter Berücksichtigung des jeweiligen Zonenzwecks zu **strukturieren.** Die Nutzungsziffern sind neben den übrigen Baubeschränkungsnormen (Abstandsvorschriften, Gebäudedimensionen, Geschosszahlen u. dgl.[695]) wichtige Instrumente dieser Strukturierung. 3.368

Bis anhin werden die Nutzungsziffern vorab als Mittel zur **Nutzungsbegrenzung** verstanden, indem damit eine zu dichte oder zu enge Überbauung mit ungenügenden Licht- und Luftverhältnissen verhindert werden soll.[696] Regelmässig werden mit Nutzungsziffern auch gestalterische Zwecke verfolgt, indem sie das direkt betroffene oder ein angrenzendes Planungsgebiet aus Gründen des **Ortsbilds- oder Landschaftsschutzes** vor übermässiger Überbauung bewahren.[697] Beide Anliegen sind natürlich weiterhin von Bedeutung. In Zukunft werden die Nutzungsziffern vermehrt auch der inneren Verdichtung dienstbar gemacht werden und **Mindestvorgaben** für das Mass der baulichen Nutzung festlegen.[698] 3.369

Ob auf Nutzungsziffern gänzlich verzichtet werden kann, wie dies im Zusammenhang mit der Verdichtungsdiskussion mitunter aufgebracht wird, hängt nicht zuletzt davon ab, welche **Steuerungswirkung** den übrigen Baubeschränkungsnormen zukommt. In kleinräumigen Verhältnissen wird die Überbauungsstruktur massgebend durch die Vorschriften zu den Gebäudedimensionen und durch die Abstandsvorschriften geprägt, was die Steuerungswirkung von Nutzungsziffern relativiert. Anders verhält es sich in grossräumigen Verhältnissen, namentlich bei Arealüberbauungen, wo den Abstandsvorschriften kaum eine nutzungsbegrenzende oder -fördernde Funktion zukommt.[699] 3.370

3. Nutzungsziffern der IVHB

a) Anrechenbare Grundstücksfläche

Die anrechenbare Grundstücksfläche (aGSF) bildet die verbindliche **Ausgangsbasis** für die Berechnung aller IVHB-Nutzungsziffern, nämlich der Geschossflächenziffer (GFZ), der Baumassenziffer (BMZ), der Überbauungsziffer (ÜZ) und der Grünflächenziffer (GZ). Wo sich die IVHB-Kantone aufgrund eines Vorbehalts weiterhin der 3.371

695 Im Einzelnen Rz. 3.397 ff.
696 Vgl. etwa Hänni, Planungsrecht, S. 313, sowie Griffel, Raumplanungs- und Baurecht, S. 146 f.
697 Hänni, Planungsrecht, S. 313.
698 BGer, Urteil 1C_381/2007 vom 11. Januar 2008, E. 3.2; vgl. zur «Baupflicht» im Weiteren VLP-ASPAN Raum & Umwelt 2006, S. 45; vgl. auch § 49a PBG ZH, welcher nutzungsbezogene Mindestvorgaben für die kommunale Nutzungsplanung festlegt.
699 Griffel, Raumplanungs- und Baurecht, S. 146.

Ausnützungsziffer (AZ) bedienen[700], kommt die aGSF der IVHB nicht zur Anwendung; in diesen Fällen ist auch die anrechenbare Landfläche nach dem kantonalen Recht zu bestimmen.[701]

3.372 Gemäss Ziff. 8.1 Anhang 1 IVHB[702] gehören zur **aGSF** die in der entsprechenden Bauzone liegenden Grundstücksflächen bzw. Grundstücksteile. Die Flächen der Hauszufahrten werden angerechnet; nicht angerechnet werden hingegen die Flächen der Grund-, Grob- und Feinerschliessung im Sinn von Art. 4 WEG. Die Differenzierung zwischen Feinerschliessung und Hauszufahrt ist indes letztlich unscharf und es obliegt den Kantonen und Gemeinden, hier anhand ihrer Erschliessungs-Begrifflichkeiten klare Unterscheidungskriterien zu treffen.[703] Freihalte- und Grünflächen werden angerechnet, soweit sie Bestandteil der Bauzone und mit einer entsprechenden Nutzungsziffer belegt sind.[704]

3.373 Wo ein Grundstück **unterschiedliche Bauzonen** betrifft, werden die aGSF und die daraus resultierende Nutzungsziffer für jede Zone gesondert berechnet. Ob ein Nutzungstransfer zulässig ist, ist durch das kantonale Recht zu bestimmen.[705]

b) Geschossflächenziffer

3.374 Die GFZ entspricht gemäss Ziff. 8.2 Anhang 1 IVHB dem Verhältnis der **Summe aller Geschossflächen (GF)** zur anrechenbaren Grundstücksfläche. Sie ersetzt die in den Kantonen freilich uneinheitlich gehandhabte[706] Ausnützungsziffer, welche in der Regel an die zulässige Bruttogeschossfläche (BGF) anknüpft. Sofern die GFZ durch die IVHB-Kantone in die kantonale und kommunale Gesetzgebung übernommen wird[707], sind die beiden Parameter für das kantonale und kommunale Recht verbindlich.

3.375 Die Summe aller Geschossflächen besteht aus folgenden **Teilflächen,** welche in der SIA-Norm 416 (2003) «Flächen und Volumen von Gebäuden» wie folgt definiert werden; wenig hilfreich ist dabei, dass sich die IVHB nicht an die Systematik der SIA-Norm hält:[708]

- **Hauptnutzflächen HNF:** Die HNF ist der Teil der Nutzfläche, welcher der Zweckbestimmung und Nutzung des Gebäudes im engeren Sinn dient (Ziff. 2.1.1.1 SIA-Norm 416).
- **Nebennutzflächen NNF:** Die NNF ist je nach Zweckbestimmung und Nutzung des Gebäudes zu definieren. Zu den Nebennutzflächen gehören im Wohnungs-

700 Vgl. Rz. 3.385 ff.
701 IOHB, Erläuterungen IVHB, Ziff. 8.1 Rz. 1.
702 Vgl. dazu auch Figur 8.1 Anhang 2 IVHB.
703 IOHB, Erläuterungen IVHB, Ziff. 8.1 Rz. 2b; vgl. etwa Art. 27 BMBV BE.
704 Vgl. Figur 7.1 Anhang 2 IVHB.
705 IOHB, Erläuterungen IVHB, Ziff. 8.1 Rz. 3.
706 IOHB, Erläuterungen IVHB, Ziff. 8.2 Rz. 3.
707 Vgl. Rz. 3.371.
708 Vgl. dazu Figur 8.2 Anhang 2 IVHB.

bau beispielsweise Waschküchen, Estrich- und Kellerräume, Abstellräume, Fahrzeugeinstellräume, Schutzräume und Kehrichträume (Ziff. 2.1.1.2 SIA-Norm 416).

- Die HNF und die NNF bilden zusammen die **Nutzfläche NF.** Diese definiert Ziff. 2.1.1 SIA-Norm 416 als jenen Teil der Nettogeschossfläche, welcher der Zweckbestimmung und der Nutzung des Gebäudes im weiteren Sinn dient.
- **Verkehrsflächen VF:** Die VF ist jener Teil der Nettogeschossfläche NGF, welcher ausschliesslich deren Erschliessung dient. Zur Verkehrsfläche gehören z.B. im Wohnungsbau die Flächen von ausserhalb der Wohnung liegenden Korridoren, Eingangshallen, Treppen, Rampen und Aufzugsschächten (Ziff. 2.1.2 SIA-Norm 416).

  Als **Nettogeschossfläche NGF** definiert Ziff. 2.1 SIA-Norm 416 den zwischen den umschliessenden oder innenliegenden Konstruktionsbauteilen liegenden Teil der Geschossfläche GF; als solche wiederum gilt gemäss Ziff. 2 SIA-Norm 416 die allseitig umschlossene und überdeckte Grundrissfläche der zugänglichen Geschosse einschliesslich der Konstruktionsflächen.

- **Konstruktionsflächen KF:** Die KF ist die Grundrissfläche der innerhalb der Geschossfläche GF liegenden umschliessenden und innenliegenden Konstruktionsbauteile wie Aussen- und Innenwände, Stützen und Brüstungen. Einzuschliessen sind die lichten Querschnitte von Schächten und Kaminen sowie Tür- und Fensternischen, sofern sie nicht der Nettogeschossfläche NGF zugeordnet sind. Bauteile wie versetzbare Trennwände und Schrankwände gelten nicht als umschliessende oder innenliegende Konstruktionsbauteile (Ziff. 2.2 SIA-Norm 416).
- **Funktionsflächen FF:** Die FF ist jener Teil der Nettogeschossfläche NGF, der für haustechnische Anlagen zur Verfügung steht. Zur Funktionsfläche FF gehören Flächen wie Räume für Haustechnikanlagen, Motorenräume von Aufzugs- und Förderanlagen, Ver- und Entsorgungsschächte, Installationsgeschosse, Ver- und Entsorgungskanäle sowie Tankräume (Ziff. 2.1.3 SIA-Norm 416).

Nicht an die GFZ angerechnet werden Flächen, deren lichte Höhe unter einem 3.376
bestimmten, vom Kanton oder der Gemeinde festzulegenden Mindestmass liegt.[709]

c) Baumassenziffer

Die Baumassenziffer BMZ entspricht gemäss Ziff. 8.3 Anhang 1 IVHB dem Ver- 3.377
hältnis des **Bauvolumens über dem massgebenden Terrain** zur anrechenbaren Grundstücksfläche.

Die BMZ wird somit als Mass für die **Volumendichte** verwendet und dient als Ele- 3.378
ment zur Festlegung der zonencharakteristischen Bauweise. Sie ist primär zuge-

709 Im Kanton Bern beträgt dieses Mass 1,50 m; vgl. Art. 28 Abs. 3 BMBV BE.

schnitten auf Industrie-, Gewerbe- und Arbeitszonen, kann aber auch für gemischte Zonen und für Wohnzonen eingesetzt werden.[710]

3.379 Als Bauvolumen gilt das Volumen des Baukörpers in seinen Aussenmassen. **Anzurechnen** ist auch das Volumen offener Gebäudeteile, die mehr als zur Hälfte durch Abschlüsse umgrenzt sind wie z.B. überdeckte oder eingezogene Balkone.[711] Die Anrechenbarkeit offener Gebäudeteile, die zu weniger als der Hälfte umgrenzt sind, regelt das kantonale Recht.[712]

d) Überbauungsziffer

3.380 Die Überbauungsziffer entspricht gemäss Ziff. 8.4 Anhang 1 IVHB dem Verhältnis der **anrechenbaren Gebäudefläche** (aGbF) zur anrechenbaren Grundstücksfläche. Als anrechenbare Gebäudefläche gilt die Fläche innerhalb der projizierten Fassadenlinie; unbedeutend rückspringende und bis zum erlaubten Mass vorspringende Gebäudeteile werden nicht berücksichtigt.[713]

3.381 Ausgangspunkt ist der **Gebäudebegriff** von Ziff. 2.1 IVHB. Für die Bestimmung der anrechenbaren Gebäudefläche sind versiegelte Flächen, die nicht unter diesen Gebäudebegriff fallen, wie etwa Fahrzeugabstellplätze, Gartensitzplätze u.dgl., nicht anzurechnen.[714]

e) Grünflächenziffer

3.382 Die Grünflächenziffer GZ regelt das Nutzungsmass indirekt, indem sie nicht vorgibt, welche Fläche eines Grundstücks überbaut werden darf, sondern im Gegenteil, welche Fläche vor einer Überbauung bzw. Versiegelung bewahrt werden muss.

3.383 Die GZ entspricht demnach nach Ziff. 8.5 Anhang 1 IVHB dem Verhältnis der **anrechenbaren Grünfläche** (aGrF) zur anrechenbaren Grundstücksfläche. Als anrechenbare Grünfläche gelten natürliche und/oder bepflanzte Bodenflächen. Versiegelte Flächen und unversiegelte Flächen, die als Abstellfläche dienen, werden nicht an die Grünfläche angerechnet.

3.384 Für die Frage, ob eine Grünfläche im Sinn dieser Bestimmung vorliegt, ist primär der **visuelle Eindruck** massgebend.[715] Eine Grünfläche kann auch über einer unterirdischen, an die Geschossflächenziffer anrechenbaren Baute liegen. Voraussetzung ist, dass eine genügend starke Erdüberdeckung vorhanden ist, welche eine Bepflanzung zulässt; Pflanzentröge gelten nicht als Grünfläche. Ein Steingarten mit minimaler Bepflanzung kann angerechnet werden, ebenso Gartenflächen, die mit normalen Steinplattenwegen erschlossen sind. Nicht anzurechnen sind demgegen-

---

710 BPUK, Musterbotschaft IVHB, Ziff. 8.3; IOHB, Erläuterungen IVHB, Ziff. 8.3 Rz. 3.
711 Vgl. dazu auch Figur 8.3 Anhang 2 IVHB.
712 IOHB, Erläuterungen IVHB, Ziff. 8.3 Rz. 3.
713 Figur 8.4 Anhang 2 IVHB.
714 IOHB, Erläuterungen IVHB, Ziff. 8.4 Rz. 4.
715 Vgl. auch zum Folgenden IOHB, Erläuterungen IVHB, Ziff. 8.5 Rz. 4.

über eine Terrasse mit Steinplatten sowie – was sich aus der Nichtanrechenbarkeit von Abstellplätzen ergibt – mit Rasengittersteinen befestigte Autoabstellplätze. Man darf auf die Praxisbildung zu diesen im Einzelfall schwierigen Differenzierungen gespannt sein.

4. Regelungen in Nicht-IVHB-Kantonen

a) Ausnützungsziffer

Kantone, die der IVHB (bislang) nicht beigetreten sind, sowie jene, die einen entsprechenden Vorbehalt angebracht haben[716], dürfen sich (weiterhin) der Ausnützungsziffer (AZ) bedienen. Allgemein wird darunter das Verhältnis zwischen der zulässigen **Bruttogeschossfläche** (BGF) und der anrechenbaren Grundstücksfläche verstanden. 3.385

Die kantonalen Regelungen weichen in Bezug auf die **Berechnung** der AZ erheblich voneinander ab, was denn auch den Ausschlag gegeben hat, im Rahmen der IVHB auf die Fortführung der AZ zu verzichten und stattdessen die auf der SIA-Norm 416 beruhende Geschossflächenziffer einzuführen.[717] Die kantonalen Regelungen unterscheiden sich insbesondere bezüglich der Frage, welche Gebäudeflächen bei der Bestimmung der AZ nicht in die Berechnung einbezogen werden. So sind im Kanton Zürich beispielsweise die dem Wohnen, Arbeiten oder sonst dem dauernden Aufenthalt dienenden Räume in Dach- und Untergeschossen nur anrechenbar, soweit sie je Geschoss die Fläche überschreiten, die sich bei gleichmässiger Aufteilung der gesamten zulässigen Ausnützung auf die zulässige Vollgeschosszahl ergäbe (§ 255 PBG ZH).[718] Ebenfalls über einen langen Nicht-Anrechnungskatalog von Gebäudeflächen verfügt der Kanton Bern in den aufgehobenen, aber übergangsrechtlich noch anwendbaren Art. 93 ff. BauV BE.[719] 3.386

Soweit die AZ aufgrund des jeweiligen kantonalen und kommunalen Rechts weiterhin massgeblich ist, kommt der Praktiker nicht darum herum, die jeweils im betreffenden Kanton und der betreffenden Gemeinde geltenden Rechtsgrundlagen und die dazu entwickelte Praxis zu konsultieren. 3.387

b) Weitere Nutzungsziffern

Die Nicht-IVHB-Kantone sind in der Auswahl und Definition ihrer Nutzungsziffern frei. Sie dürfen ihre Nutzungsziffern eigenständig benennen; sie dürfen aber 3.388

---

716 Vgl. Rz. 3.371.

717 Vgl. IOHB, Erläuterungen IVHB, Ziff. 8.2 Rz. 3.

718 Vgl. zu den Auswirkungen der grosszügigen Dach- und Untergeschossregelung auf die Erhöhung des Nutzungsmasses GRIFFEL, Raumplanungs- und Baurecht, S. 148 f.

719 Der Kanton Bern ist der IVHB vorbehaltlos beigetreten. Die Gemeinden haben ihre Nutzungsplanung bis zum 31. Dezember 2020 an die BMBV BE anzupassen, welche sämtliche IVHB-Nutzungsziffern zur Verfügung stellt. Bis zur Anpassung des jeweiligen kommunalen Rechts sind die Bestimmungen der BauV BE zur Ausnützungsziffer (Art. 93–98) trotz formeller Aufhebung weiterhin anwendbar (Art. 34 Abs. 2 BMBV).

auch die in der IVHB genannten Nutzungsziffern verwenden und diese gleich wie die IVHB oder abweichend definieren. Es zeigt sich, dass die meisten Nicht-IVHB-Kantone ihre Nutzungsziffern gleich oder mindestens in Anlehnung an die IVHB umschreiben. Abweichungen sind indes wie erwähnt zulässig und anhand der jeweiligen Rechtsgrundlagen sorgfältig zu prüfen.

3.389 Aus der Vielzahl der Nutzungsziffer-Umschreibungen der Nicht-IVHB-Kantone seien beispielhaft die folgenden kantonalen Regelungen erwähnt; im Übrigen wird auf die Übersicht in Rz. 3.365 ff. sowie auf das jeweilige kantonale und kommunale Recht verwiesen:

- **Kanton Zürich:** Ausnützungsziffer, Überbauungsziffer, Freiflächenziffer und Baumassenziffer (§§ 254 ff. PBG ZH);
- **Kanton Basel-Stadt:** Ausnützungsziffer (§§ 7 f. BPG BS);
- **Kanton Glarus:** Geschossflächenziffer, Baumassenziffer, Überbauungsziffer, Grünflächenziffer, Ausnützungsziffer (Art. 57 ff. BauV GL);
- **Kanton St. Gallen:** Ausnützungsziffer, Baumassenziffer, Überbauungsziffer (Art. 61 ff. BauG SG);
- **Kanton Solothurn:** Überbauungsziffer, Grünflächenziffer, Geschossflächenziffer, Baumassenziffer (§§ 34 ff. BauV SO);
- **Kanton Wallis:** Ausnützungsziffer, Überbauungsziffer (Art. 5 und Art. 32 Abs. 1 BauV VS).

5. Nutzungsübertragung

a) Begriff und Rechtsnatur

3.390 Unter Nutzungsübertragung wird die Möglichkeit verstanden, auf einem Baugrundstück **nicht beanspruchte bauliche Nutzungsmöglichkeiten** auf ein Nachbargrundstück zu übertragen und dort auszunützen. Die baulichen Nutzungsmöglichkeiten werden dadurch insgesamt nicht verändert, sondern lediglich räumlich alloziert.[720]

3.391 Die Nutzungsübertragung ist damit ein ideales Instrument, bisher nicht beanspruchte Nutzungsreserven der Überbauung zuzuführen und damit die von Art. 1 Abs. 2 lit. a^{bis} und b sowie Art. 3 Abs. 3 lit. a^{bis} RPG verlangte **Siedlungsentwicklung nach innen** zu fördern.

3.392 Eine Nutzungsübertragung ist zwar primär ein Rechtsgeschäft unter benachbarten Grundeigentümern. Der übertragenen baulichen Nutzung kommt ein wirtschaftlicher Wert zu. Sie greift aber gleichzeitig in die Nutzungsordnung ein und bedarf damit der **öffentlichrechtlichen Legitimation und Kontrolle,** indem sicherzu-

720 Vgl. eingehend und mit Hinweisen auf die Rechtsprechung HÄNNI, Planungsrecht, S. 313 f., sowie GRIFFEL, Raumplanungs- und Baurecht, S. 147 f.

stellen ist, dass die gesetzlichen Voraussetzungen an die Übertragung im Einzelfall erfüllt sind und dass die übertragene Nutzung nicht doppelt beansprucht wird. Insoweit handelt es sich bei den diesbezüglichen Regelungen um eine öffentlichrechtliche Eigentumsbeschränkung.[721] Die Übertragung bedarf der Zustimmung der Gemeinde (worauf bei Erfüllung der Voraussetzungen ein Rechtsanspruch besteht) und wird im Grundbuch sowie regelmässig in einen separaten Ausnützungskataster eingetragen.[722]

Die **IVHB** regelt die Nutzungsübertragung nicht; ihre Regelung obliegt damit den Kantonen, unabhängig davon, ob sie der IVHB beigetreten sind. 3.393

b) Übertragung zwischen Grundstücken innerhalb der gleichen Zone

Ein Teil der kantonalen Bau- und Planungsgesetze sieht die Nutzungsübertragung innerhalb derselben Zone ausdrücklich vor. Die Regelungen sind indes **unterschiedlich ausgestaltet.** So verlangt der Kanton Bern, dass die betreffenden Grundstücke unmittelbar aneinander angrenzen[723], der Kanton Aargau[724] und der Kanton Basel-Landschaft[725] setzen benachbarte Grundstücke voraus und der Kanton Basel-Stadt lässt es genügen, wenn die beiden Grundstücke demselben Baublock angehören[726]. Lehre und Rechtsprechung anerkennen die Zulässigkeit einer Nutzungsübertragung indessen auch ohne ausdrückliche gesetzliche Grundlage.[727] 3.394

Eine Nutzungsübertragung darf nicht dazu führen, dass die gemäss Zonenordnung bestehende oder angestrebte **Bebauungsstruktur** unterlaufen wird. Dafür sorgen regelmässig die durch die Nutzungsübertragung nicht berührten weiteren Baubeschränkungsnormen wie Abstände, Gebäudedimensionen, zulässige Anzahl Geschosse usw., welche dem Mass der übertragbaren Nutzung faktische, von der Grundstücksgrösse abhängige Grenzen setzen. Ebenso kann eine Nutzungsübertragung und die daraus resultierende Mehr- bzw. Übernutzung des begünstigten Grundstücks zu Konflikten mit den massgeblichen Vorschriften über die **Einordnung** von Bauten und Anlagen in das Landschafts- und Ortsbild führen. Massgebend sind immer die Umstände im Einzelfall.[728] 3.395

c) Übertragung zwischen Grundstücken unterschiedlicher Zonen

Schwieriger ist die Nutzungsübertragung zwischen Grundstücken verschiedener Zonen, zumal dann, wenn sich diese nicht nur durch ein unterschiedliches Aus- 3.396

---

721 VGer LU, Urteil vom 16. April 2004, LGVE 2004 Nr. 12.
722 Vgl. z.B. Art. 32 BMBV BE.
723 Art. 32 Abs. 1 BMBV BE.
724 § 34 BauV AG.
725 § 88 RBG BL.
726 § 9 Abs. 2 BPG BS.
727 GRIFFEL, Raumplanungs- und Baurecht, S. 147 f., mit Hinweis auf VGer ZH, Urteil vom 25. Oktober 2006, E. 3.3 (BEZ 2006 Nr. 54).
728 VGer ZH, Urteil vom 25. Oktober 2006, E. 3.3 (BEZ 2006 Nr. 54).

nützungsmass unterscheiden, sondern überdies durch unterschiedliche Nutzungsarten. In solchen Fällen führt die Nutzungsübertragung gleichzeitig zu einer «Umwidmung» der Nutzung – z.B. von Gewerbe- in Wohnnutzung –, was den raumplanerischen Zielen für das betreffende Gebiet widersprechen kann und deshalb besonderer Prüfung bedarf. Das kantonale Recht lässt deshalb eine solche Übertragung regelmässig nicht oder nur unter einschränkenden Voraussetzungen zu; so sind z.B. gemäss § 72 Abs. 3 PBG ZH zwischen Arealen unterschiedlicher Zonenzugehörigkeit lediglich im Rahmen von Arealüberbauungen «beschränkte Ausnützungsverschiebungen» zulässig; ebenso lässt der Kanton Aargau Nutzungsübertragungen über eine Zonengrenze hinaus nur innerhalb von Sondernutzungsplänen und Arealüberbauungen zu.[729] Im Kanton Bern sind Übertragungen über die Zonengrenze hinaus nicht zulässig.[730]

C. Baubeschränkungsnormen

1. Abstandsvorschriften

a) Übersicht

3.397 Die nachstehende Übersicht beruht auf dem Stand der kantonalen Gesetzgebung per Ende 2015 (ohne Übergangsrecht). Sie soll die Orientierung in den **kantonalen Baugesetzen und -verordnungen** erleichtern, erhebt aber keinen Anspruch auf Vollständigkeit (insbesondere erfolgt keine Berücksichtigung kantonaler Strassen-, Wald- und Gewässerschutzgesetze). Die der IVHB beigetretenen Kantone sind grau hinterlegt. Die für ein bestimmtes Gebiet massgebenden Abstandsvorschriften ergeben sich regelmässig aus dem kommunalen Recht und bilden nicht Gegenstand dieser Übersicht.[731]

Kt.	Grenzabstand	Gebäudeabstand	Strassen-/ Wegabstand	Waldabstand	Gewässerabstand	Strassenlinien/ Weglinien/ Baulinien
AG	§ 47 BauG AG; § 26 und Anh. 1 Ziff. 7.1 BauV AG	§ 47 BauG AG; § 27 und Anh. 1 Ziff. 7.2 BauV AG	§ 111 BauG AG	§ 48 BauG AG	§ 127 BauG AG	Anh. 1 Ziff. 7.3 BauV AG
AI	Art. 59–62 BauV AI	Art. 61 Abs. 1 und Art. 63–64 BauV AI		Art. 73 BauG AI	Art. 74 BauG AI	Art. 51 BauG AI

729 § 34 BauV AG.
730 Art. 32 Abs. 1 BMBV BE e contrario; zum alten Recht vgl. VGer BE, Urteil VGE 21251 vom 29. Juli 2002, E. 2 (BVR 2003 97).
731 Den kantonalen Baudepartementen und zugehörigen Rechtsstellen gilt ein spezieller Dank für die wertvollen Hinweise zu den jeweiligen Baugesetzgebungen.

Kt.	Grenzabstand	Gebäude-abstand	Strassen-/ Wegabstand	Waldabstand	Gewässer-abstand	Strassenlinien/ Weglinien/ Baulinien
AR	Art. 16 Abs. 1 lit. h BauG AR; Art. 8 Abs. 1, 2, 3 und 5 sowie Art. 16 Abs. 1 lit. a BauV AR	Art. 16 Abs. 1 lit. i BauG; Art. 8 Abs. 4 und 5 sowie Art. 16 Abs. 1 lit. b BauV AR		Art. 113 BauG AR	Art. 114 BauG AR	Art. 38 BauG AR
BE	Art. 22 BMBV BE	Art. 23 BMBV BE	Art. 12 Abs. 3 BauG BE	Art. 12 Abs. 3 BauG BE	Art. 12 Abs. 3 BauG BE	Art. 12 Abs. 4, Art. 90 und Art. 91 BauG BE; Art. 24 BMBV BE
BL[732]	§ 90 und § 113 RBG BL; § 52, § 53 Abs. 1, §§ 57 ff. und § 65 RBV BL; § 52, § 57 und § 65 Abs. 1 IVHB RBV BL	§ 91 und § 113 RBG BL	§ 95 Abs. 1 lit. a, b, c und f RBG BL; §§ 53 ff., § 58 Abs. 1, § 59 und §§ 66 ff. RBV BL	§ 95 Abs. 1 lit. e RBG BL; § 62 Abs. 1 lit. b und § 69 RBV BL	§ 95 Abs. 1 lit. d RBG BL; § 62 Abs. 1 lit. a, § 63 und § 69 RBV BL	§ 49 und § 96 ff. RBG BL; § 5, § 53 ff., §§ 59 ff. und § 66 RBV BL
BS	Je nach Zone unterschiedlich.	Je nach Zone unterschiedlich.			§ 45 BPG BS	§§ 17 ff. und §§ 96 ff. BPG BS
FR	Art. 132 und 133 RPBG FR; Art. 82 und 83 RPBR FR; Anh. Ziff. 7.1 IVHB	Anh. Ziff. 7.2 IVHB	Art. 134 RPBG FR; Art. 83 Abs. 4 RPBR FR	Art. 134 RPBG FR	Art. 134 RPBG FR	Art. 134 RPBG FR; Anh. Ziff. 7.3 IVHB
GE	Je nach Zone, z.B. Art. 20 ff. LCI GE	Je nach Zone, z.B. Art. 45 f. LCI GE	Art. 7 Abs. 2 lit. b, Art. 9 Abs. 2 lit. b und Art. 42 Abs. 2 RCI GE	Art. 7 Abs. 2 lit. b, Art. 9 Abs. 2 lit. b, Art. 41 und Art. 42 Abs. 3 RCI GE	Art. 7 Abs. 2 lit. b, Art. 9 Abs. 2 lit. b und Art. 42 Abs. 1 RCI GE	Art. 40–42 RCI GE
GL	Art. 51 RBG GL; Art. 53 BauV GL	Art. 52 RBG GL; Art. 54 BauV GL		Art. 53 RBG GL	Art. 54 RBG GL	Art. 55 BauV GL
GR	Art. 75 Abs. 1 und Abs. 3, Art. 76 sowie Art. 77 KRG GR; Anh. 1 Ziff. 7.1 IVHB	Art. 75 Abs. 2 und Abs. 3 sowie Art. 77 KRG GR; Anh. 1 Ziff. 7.2 IVHB	Art. 77 Abs. 3 KRG GR	Art. 78 Abs. 3 KRG GR	Art. 78 Abs. 1 und 2 KRG GR	Art. 55 und Art. 57 KRG GR; Anh. 1 Ziff. 7.3 IVHB

732 Die Bestimmungen der IVHB wurden in die RBV BL integriert (vgl. 7. Titel). Aufgrund der nicht fortlaufenden Nummerierung wird der Zusatz IVHB verwendet.

Kt.	Grenzabstand	Gebäude-abstand	Strassen-/ Wegabstand	Waldabstand	Gewässer-abstand	Strassenlinien/ Weglinien/ Baulinien
JU	Art. 47 LCAT JU i.V.m. Art. 20 DRN JU; Art. 56 und Art. 59–61 OCAT JU	Art. 58 OCAT JU	Art. 6, Art. 8 und Art. 47 LCAT JU i.V.m. Art. 21 DRN JU	Art. 8 LCAT JU	Art. 7 LCAT JU	Art. 62–65 LCAT JU
LU	§§ 120–129, §§ 133–134, Anh. § 120 und Anh. §§ 122–126 PBG LU; § 33 PBV LU	§§ 130–134, Anh. § 130 und Anh. § 132 PBG LU; § 33 PBV LU	§ 135 PBG LU	§ 136 PBG; § 32 PBV LU	§ 137 PBG LU	§ 30 und § 31 PBG LU
NE[733]	Art. 18–37 RELCAT NE (sog. gabarit: abh. von Höhe)	Art. 18–37 RELCAT NE (sog. gabarit: abh. von Höhe)	Art. 17 Abs. 1 lit. c und Abs. 3 LCAT NE	Art. 17 Abs. 1 lit. a und Abs. 3 LCAT NE	Art. 17 Abs. 2 und Abs. 3 LCAT NE; Art. 62 RELCAT NE	Art. 71–78 LCAT; Art. 58 ff. RELCAT NE
NW[734]	Art. 110–114, Art. 116 und 117 PBG NW; Anh. 1 Ziff. 7.1 IVHB	Art. 115–117 PBG NW; Anh. 1 Ziff. 7.2 IVHB	Art. 118 und Art. 119 PBG NW	Art. 118 und Art. 120 PBG NW	Art. 118, Art. 121 und Art. 122 PBG NW	Art. 46 und Art. 47 PBG NW; Anh. 1 Ziff. 7.3 IVHB
OW[735]	Art. 38 Abs. 2 und 4, Art. 39 Abs. 1 und 3, Art. 40 Abs. 2 sowie Art. 41–43 BauG OW	Art. 38 Abs. 3, Art. 39 Abs. 1–3 und Art. 41 Abs. 5 BauG OW	Art. 40 Abs. 1 lit. a–c und Abs. 2 sowie Art. 42 Abs. 1 BauG OW	Art. 40 Abs. 1 lit. g und Art. 42 Abs. 2 BauG OW	Art. 40 Abs. 1 lit. d–f und Art. 42 Abs. 4 BauG OW	Art. 23 und Art. 41 Abs. 1 BauG OW
SG	Art. 56 und Art. 67 Abs. 1 lit. a BauG SG	Art. 57 und Art. 67 Abs. 1 lit. b BauG SG		Art. 58 BauG SG	Art. 59 BauG SG	Art. 24 und Art. 24bis BauG SG
SH	Art. 32 und Anh. Ziff. 7.1 BauG SH	Art. 32 und Anh. Ziff. 7.2 BauG SH	Art. 30 Abs. 1 lit. a und Art. 31 lit. a BauG SH	Art. 31 BauG SH	Fn. 18 BauG SH	Art. 12–16 und Anh. Ziff. 7.3 BauG SH
SO	§ 142 PBG SO; §§ 22–27 BauV SO	§ 28 und § 29 BauV SO	§ 140 PBG SO; §§ 46–52 BauV SO	§ 141 Abs. 1 und 2 PBG SO	§ 141 Abs. 3 PBG SO	§ 40 PBG SO; § 33bis BauV SO

733 Überführung der IVHB ins kantonale Recht im Lauf des Jahres 2016 vorgesehen (Anpassungen noch nicht berücksichtigt).

734 Art. 207 Abs. 2 PBG NW: Die im Gesetz dunkelrot gefärbten Artikel treten gemeindeweise in Kraft (spätestens am 1. Januar 2019).

735 Inkrafttreten des Nachtrags zum Baugesetz betreffend die Umsetzung der IVHB am 1. Januar 2016 (Anpassungen berücksichtigt).

Kt.	Grenzabstand	Gebäudeabstand	Strassen-/ Wegabstand	Waldabstand	Gewässerabstand	Strassenlinien/ Weglinien/ Baulinien
SZ[736]	§ 52 Abs. 2 lit. a und §§ 59–62 PBG SZ; § 33 PBV SZ	§ 52 Abs. 2 lit. a und § 63 PBG SZ; § 32 PBV SZ	§ 52 Abs. 2 lit. b und § 65 PBG SZ; § 32 PBV SZ	§ 52 Abs. 2 lit. b und § 67 PBG SZ; § 35 PBV SZ	§ 52 Abs. 2 lit. b und § 66 PBG SZ; § 34 PBV SZ	§ 68 Abs. 2 PBG SZ
TI	Art. 39 Abs. 1 und 2 LEC TI; Art. 41 und Art. 42 Abs. 1 RLE TI	Art. 39 Abs. 3 LEC TI; Art. 41 RLE TI	Art. 42 Abs. 2 RLE TI		Art. 42 Abs. 2 RLE TI	
TG	§ 77 PBG TG; Anh. 1 Ziff. 7.1 IVHB	§ 30 PBV TG; Anh. 1 Ziff. 7.2 IVHB	§ 74 PBG TG	§ 75 PBG TG; § 43 PBV TG	§ 76 PBG TG; § 44 PBV TG	§ 25 PBG TG; Anh. 1 Ziff. 7.3 IVHB
UR	Art. 95 Abs. 1 PBG UR; Art. 6–13 und Anh. Ziff. 7.1 RPBG UR	Art. 95 Abs. 2 PBG UR; Art. 14–17 und Anh. Ziff. 7.2 RPBG UR	Art. 92 PBG UR	Art. 93 PBG UR	Art. 91 und Art. 94 PBG UR	Art. 48–51 PBG UR; Anh. Ziff. 7.3 RPBG UR
VD	Art. 47 Abs. 1 Ziff. 1 und Art. 135 Abs. 2 lit. b und Abs. 3 LATC VD	Art. 47 Abs. 1 Ziff. 1 LATC VD				
VS	Art. 10 Abs. 1 und Art. 21 f. BauG VS; Glossar BauV VS (S. 29)	Art. 10 Abs. 2 und 3 sowie Art. 21 BauG VS; Glossar BauV VS (S. 28)	Art. 24 BauG VS	Art. 23 BauG VS	Art. 24 BauG VS	Art. 6 und 7 BauG VS; Glossar BauV VS (S. 25)
ZG[737]	§ 9 und § 11 V PBG ZG	§ 10 V PBG ZG		§ 12 PBG ZG		§ 31 und § 34 PBG ZG
ZH[738]	§ 260 PBG ZH, §§ 269 und 270 PBG ZH	§ 260 PBG ZH und §§ 271–274 PBG ZH	§§ 264–267 PBG ZH	§ 262 PBG ZH		§§ 96–105 PBG ZH

b) Funktion

Mit Abstandsvorschriften sollen gute wohn- und arbeitshygienische Verhältnisse geschaffen werden, indem die gegenseitige Anordnung von Bauten und Anlagen geregelt wird. Zudem können Abstände dem Natur- und Umweltschutz sowie der 3.398

736 Überführung der IVHB ins kantonale Recht noch nicht erfolgt.
737 Überführung der IVHB ins kantonale Recht noch nicht erfolgt.
738 Zum Nachvollzug des Kantons Zürich, vgl. Fn. 678.

Sicherheit dienen. Der bebaubare Bereich einer Grundstücksfläche ergibt sich aus Abstandsvorschriften und Baulinien.[739]

c) Abstände und Abstandsbereiche der IVHB

3.399 Der **Grenzabstand** ist gemäss Ziff. 7.1 Anhang 1 IVHB die Entfernung zwischen der projizierten Fassadenlinie und der Parzellengrenze. Die projizierte Fassadenlinie dient als Hilfsgrösse zur Bestimmung der Abstände, der Gebäudelänge und Gebäudebreite sowie der Überbauungsziffer.[740] Gemäss Ziff. 3.3 Anhang 1 IVHB ist unter der projizierten Fassadenlinie die Projektion der Fassadenlinie[741] auf die Ebene der amtlichen Vermessung[742] zu verstehen. Insbesondere vorspringende oder unbedeutend rückspringende Gebäudeteile haben keine Veränderung der Fassadenlinie zur Folge, sondern bleiben unberücksichtigt.[743]

3.400 In der Musterbotschaft IVHB wird zudem festgehalten, dass der **Grenzabstand von Anbauten** separat zu bestimmen ist. Wo grosse und kleine Grenzabstände bestehen oder Mehrlängenzuschläge gelten, wird der grosse Grenzabstand senkrecht zur Fassade gemessen. Gegenüber Gebäudeecken gilt auf jeden Fall der kleine Grenzabstand.[744] Im Anhang 2 IVHB verdeutlichen die Figuren 7.1–7.3 diese Regelung:

739 Baumann/van den Bergh/Gossweiler/Häutpli/Häuptli-Schwaller/Sommerhalter Forestier, Kommentar BauG AG, § 47 Rz. 10 ff.; Haller/Karlen, Raumplanungs-, Bau- und Umweltrecht, Rz. 638; Heer, Bau- und Planungsrecht, Rz. 612.

740 IOHB, Erläuterungen IVHB, Ziff. 3.3 Rz. 1.

741 Nach Ziff. 3.2 Anhang 1 IVHB ist unter der Fassadenlinie die Schnittlinie von Fassadenflucht und massgebendem Terrain zu verstehen.

742 Nach IOHB, Erläuterungen IVHB, Ziff. 3.3 Rz. 2, ist der Begriff der «Ebene der amtlichen Vermessung» erklärungsbedürftig: Darunter ist die Projektion des Terrains auf eine Kugel zu verstehen. Die Kugel wird sodann auf einen Zylinder projiziert und dieser zu einer Fläche ausgerollt (vgl. dazu auch Bundesamt für Landestopografie [Hrsg.], Leitfaden für die Anwendung geometrischer Transformationsmethoden in der amtlichen Vermessung, 2008, S. 35 [www.cadastre.ch > Service & Publikationen > Publikationen]). Mit diesem Verfahren erfolgt eine exakte Projektion der Realität auf eine ebene Fläche (Darstellung der Erdkugeloberfläche auf einem zweidimensionalen Plan).

743 Vgl. dazu Ziff. 3.1 (Definition der Fassadenflucht) sowie Ziff. 3.4 f. Anhang 1 IVHB.

744 BPUK, Musterbotschaft IVHB, Ziff. 8.7.1.

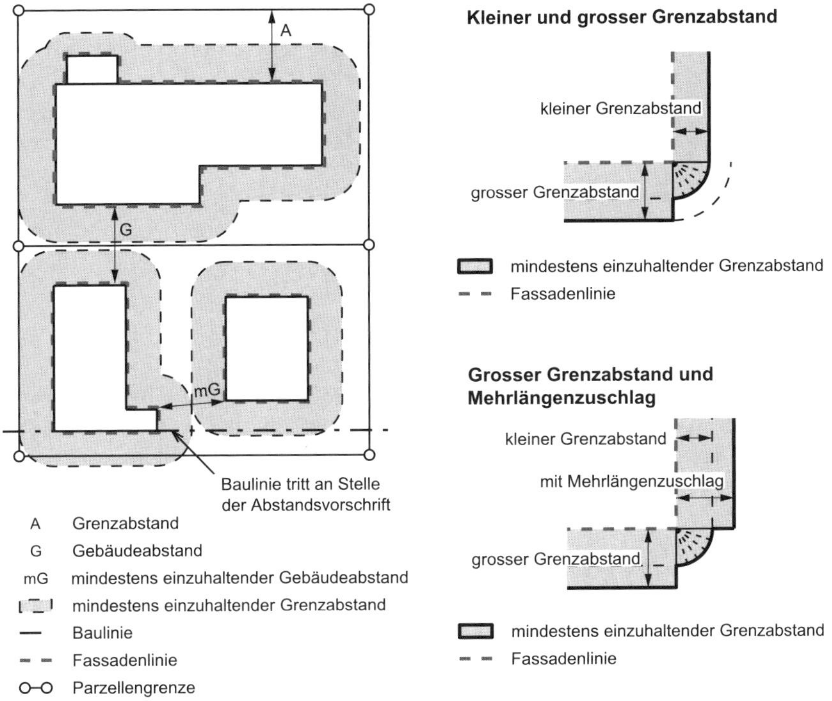

Quelle: IVHB, Anhang 2, Figur 7.1–7.3

Eine Definition des grossen und kleinen Grenzabstandes enthält die IVHB nicht. Zudem steht es den Kantonen nach wie vor frei, für Kleinbauten, Anbauten, unterirdische Bauten oder Unterniveaubauten andere Grenzabstände vorzusehen.[745] Häufig sind unterirdische Bauten nicht abstandspflichtig.[746] 3.401

Gemäss Ziff. 7.2 Anhang 1 IVHB ist der **Gebäudeabstand** die Entfernung zwischen den projizierten Fassadenlinien zweier Gebäude. 3.402

Baulinien begrenzen die Bebauung und dienen insbesondere der Sicherung bestehender und geplanter Anlagen und Flächen sowie der baulichen Gestaltung (Ziff. 7.3 Anhang 1 IVHB). Die Zwecke sind vielfältig. Baulinien können der Sicherung von bestehenden oder geplanten Anlagen (z.B. Verkehrsanlagen) oder der Freihaltung von Flächen aus Gründen des Umweltschutzes, der Sicherheit oder der Gestaltung dienen. Massgebend ist ebenfalls die projizierte Fassadenlinie.[747] Je nach ihrem Zweck können sich Baulinien auf alle Bauten und Anlagen oder lediglich auf Gebäude oder Gebäudeteile (mit bestimmten Nutzungen) beziehen.[748] Es kann festgehalten werden, dass innerhalb der Baulinien grundsätzlich nur Bauten 3.403

745 IOHB, Erläuterungen IVHB, Ziff. 7.1 Rz. 5; vgl. z.B. § 19 BauV AG.
746 GRIFFEL, Raumplanungs- und Baurecht, S. 137 f.
747 BPUK, Musterbotschaft IVHB, Ziff. 8.7.3; vgl. dazu jedoch auch IOHB, Erläuterungen IVHB, Ziff. 7.3 Rz. 4.
748 BPUK, Musterbotschaft IVHB, Ziff. 8.7.3.

und Anlagen zulässig sind, die dem Zweck der Baulinien nicht widersprechen.[749] Im Gegensatz zu allgemeinen Abstandsvorschriften beziehen sich Baulinien auf eine bestimmte Fläche bzw. einen bestimmten Ort.[750] Auf Bundesebene werden Baulinien im Rahmen eines Plangenehmigungsverfahrens und auf kantonaler Ebene in der Regel mit einem Sondernutzungsplan festgelegt.

3.404 Das Konkordat bestimmt somit nur die **Messweise,** nicht aber das Mass, und enthält **keine Kollisionsregeln,** wenn verschiedene Abstandsvorschriften miteinander kollidieren.[751]

d) Regelungen in Nicht-IVHB-Kantonen

3.405 In den Nicht-IVHB-Kantonen ist nicht nur das Mass, sondern auch die Messweise (teilweise sogar kommunal) unterschiedlich geregelt. Selbst wenn somit die gleichen Begriffe verwendet werden, liegen zum Teil unterschiedliche Messweisen vor.[752]

e) Bundesrechtliche Vorgaben

3.406 Es bestehen verschiedene bundesrechtliche Vorgaben, die den kantonalen Abstandsvorschriften vorgehen. Die folgenden Vorschriften verdienen besondere Beachtung:

3.407 Nach Art. 17 Abs. 1 WaG sind Bauten und Anlagen in **Waldesnähe** nur zulässig, wenn sie die Erhaltung, Pflege und Nutzung des Waldes nicht beeinträchtigen. Eine solche Beeinträchtigung liegt dann vor, wenn eine oder mehrere der gesetzlich vorgeschriebenen Schutzfunktionen des Waldes ernsthaft gefährdet erscheinen oder eine solche Beeinträchtigung mit Wahrscheinlichkeit zu erwarten ist. Eine aktuelle und konkrete Gefährdung wird nicht vorausgesetzt.[753] Die Festsetzung des Waldabstands hat somit einzelfallweise unter Würdigung der örtlichen Gegebenheiten zu erfolgen. Die Festsetzung eines angemessenen Mindestabstands der Bauten und Anlagen vom Waldrand wird den Kantonen überlassen. In Art. 17 Abs. 2 WaG wird dazu lediglich festgehalten, dass dabei die Lage und die zu erwartende Höhe des Bestandes zu berücksichtigen seien. Neben den forstpolizeilichen Zielen und dem Landschafts- und Naturschutz sind dabei insbesondere auch gesundheitliche (z.B. Schutz vor umfallenden Bäumen) und wohnhygienische Ziele zu verfolgen.

3.408 Weiter sind die Kantone gemäss Art. 36a Abs. 1 GSchG verpflichtet, den **Raumbedarf oberirdischer Gewässer** auszuscheiden, der erforderlich ist für die natürli-

---

749 Vgl. z.B. § 99 PBG ZH.

750 IOHB, Erläuterungen IVHB, Ziff. 7.3 Rz. 1.

751 Vgl. dazu auch IOHB, Erläuterungen IVHB, Ziff. 7.1 Rz. 7 und Ziff. 7.3 Rz. 2. In der Regel gehen Baulinien und Strassen-, Gewässer- und Waldabstände den allgemeinen Abstandsvorschriften vor.

752 Vgl. die Übersicht in Rz. 3.397 zu den verschiedenen Regelungen in den Nicht-IVHB-Kantonen.

753 BGer, Urteil 1A.114/1990 vom 4. Juli 1991, E. 8b.

chen Funktionen der Gewässer, den Schutz vor Hochwasser sowie die Gewässernutzung.[754]

In Art. 41a GSchV wird der Gewässerraum für Fliessgewässer geregelt, wobei eine von der Gerinnesohle abhängige Mindestbreite einzuhalten ist. In Art. 41b GSchV ist der Gewässerraum für stehende Gewässer definiert. Weiter wird in Art. 41c Abs. 1 GSchV festgehalten, dass im Gewässerraum nur standortgebundene, im öffentlichen Interesse liegende Anlagen wie Fuss- und Wanderwege, Flusskraftwerke oder Brücken erstellt werden dürfen. In dicht überbauten Gebieten könne die Behörde für zonenkonforme Anlagen Ausnahmen bewilligen, soweit keine überwiegenden Interessen entgegenstehen.[755] Es ergibt sich somit aus Bundesrecht, welche Bauten und Anlagen im Gewässerraum zulässig sind. 3.409

Die Kantone müssen den Gewässerraum gemäss den Art. 41a und 41b GSchV bis zum 31. Dezember 2018 festlegen (Übergangsbestimmung Abs. 1 zur Änderung der GSchV vom 4. Mai 2011). Solange sie den **Gewässerraum nicht festgelegt** haben, gelten die Vorschriften für Anlagen nach Art. 41c Abs. 1 und 2 GSchV entlang von Fliessgewässern in einem Bereich von maximal 20 m (je nach Breite der Gerinnesohle) und entlang von stehenden Gewässern mit einer Wasserfläche von mehr als 0,5 ha in einem Bereich von 20 m.[756] Damit legt die Übergangsbestimmung den Rahmen fest, in welchem die Vorschriften von Art. 41c Abs. 1 und 2 GSchV über die standortgebundenen Anlagen und die Besitzstandsgarantie für den Zeitraum zwischen dem Inkrafttreten der Verordnungsänderung (1. Juni 2011) und der Festlegung des Gewässerraums durch die Kantone gemäss Art. 41a und b GSchV gelten, wobei sich die Übergangsbestimmung auf die aktuelle und nicht auf die natürliche Gerinnesohlenbreite bezieht. 3.410

In Art. 38 LeV und Anhang 8 zur LeV werden die Abstände von **Hochspannungsfreileitungen** zu Gebäuden festgelegt. Der Horizontalabstand von Hochspannungsleitern und ihren Tragwerken zu Gebäuden muss mindestens 5 m betragen und der Direktabstand zwischen Leitern und den nächstliegenden Gebäudeteilen bei Windauslenkung mindestens 2,50 m plus 0,01 m pro kV Nennspannung (Art. 38 Abs. 2 LeV). In Art. 38 Abs. 3 LeV wird die Erhöhung des Horizontalabstands von 5 m geregelt, die zur Anwendung gelangt, wenn ein Gebäude den untersten Leiter überragt, und in Art. 38 Abs. 4 LeV die ausnahmsweise Unterschreitung des Horizontalabstands im umgekehrten Fall. 3.411

Auch zu **Öl- und Gasleitungen** sind Sicherheitsabstände einzuhalten. Im Abstand von 10 m darf die Errichtung und Änderung von Bauten und Anlagen nur mit der Zustimmung des Bundesamts bewilligt werden, wenn sie Rohrleitungen kreuzen oder die Betriebssicherheit der Rohrleitungsanlage beeinträchtigen könnten (Art. 28 RLG und Art. 26 RLV). 3.412

In Art. 9 Abs. 3 lit. e EnG wird festgehalten, dass bei beheizten Gebäuden, welche mindestens den Minergie-, MuKEn-Standard oder einen vergleichbaren Baustandard erreichen, eine Überschreitung von maximal 20 cm für die **Wärmedämmung** oder Anlage zur besseren Nutzung einheimischer erneuerbarer Energien bei 3.413

---

754 Ausführlich zur Regelung des Gewässerraums Rz. 4.141 ff.

755 Zur Besitzstandsgarantie für rechtmässig erstellte und bestimmungsgemäss nutzbare Anlagen im Gewässerraum vgl. Art. 41c Abs. 2 GSchV.

756 BAFU, Erläuterungen GSchV 2011, S. 30.

der Berechnung insbesondere der Gebäudehöhe, der Gebäude-, Grenz-, Gewässer-, Strassen- oder Parkplatzabstände und bei den Baulinien nicht mitgezählt wird.[757]

2. Gebäudedimensionen

a) Übersicht

3.414 Die nachstehende Übersicht beruht auf dem Stand der kantonalen Gesetzgebung per Ende 2015 (ohne Übergangsrecht). Sie soll die Orientierung in den **kantonalen Baugesetzen und -verordnungen** erleichtern, erhebt aber keinen Anspruch auf Vollständigkeit.[758] Die der IVHB beigetretenen Kantone sind grau hinterlegt. Die für ein bestimmtes Gebiet massgebenden Gebäudedimensionen ergeben sich regelmässig aus dem kommunalen Recht und bilden nicht Gegenstand dieser Übersicht.[759]

Kt.	Gebäudehöhe	Fassadenhöhe	Firsthöhe/ Gesamthöhe	Gebäudelänge	Gebäudebreite/ -tiefe	Gewachsenes/ massgebendes Terrain
AG	§ 64 Abs. 2 lit. a BauV AG	Anh. 1 Ziff. 5.2 BauV AG	§ 64 Abs. 2 lit. b Anh. 1 Ziff. 5.1 BauV AG	Anh. 1 Ziff. 4.1 BauV AG	Anh. 1 Ziff. 4.2 BauV AG	Anh. 1 Ziff. 1.1 BauV AG
AI		Art. 40, Art. 52 und Art. 53 BauV AI	Art. 51 und Art. 53 BauV AI	Art. 44, Art. 46 und Art. 47 Abs. 1 BauV AI	Art. 45 f. BauV AI	Art. 33 BauV AI
AR	Art. 16 Abs. 1 lit. f BauG AR; Art. 7 und Art. 16 Abs. 1 lit. c BauV AR		Art. 16 Abs. 1 lit. e BauG AR; Art. 6 und Art. 16 Abs. 1 lit. d BauV AR	Art. 16 Abs. 1 lit. j BauG AR; Art. 10 und Art. 16 Abs. 1 lit. e BauV AR		Art. 14 BauV AR
BE		Art. 15 BMBV BE	Art. 14 BMBV BE	Art. 12 BMBV BE	Art. 13 BMBV BE	Art. 1 BMBV BE
BL[760]		§ 52j und § 53b IVHB RBV BL	§ 52c IVHB RBV BL	§ 52a IVHB RBV BL	§ 52b IVHB RBV BL	§ 8 RBV BL; § 8 IVHB RBV BL
BS		§ 22 f. BPG BS (Randbebauungen)	§ 25 f. BPG BS (Randbebauungen)	§ 29 ff. BPG BS (andere Bebauungen/Zonen)	§ 14 f. BPG BS (Randbebauungen); § 29 ff. BPG BS (andere Bebauungen/ Zonen)	§ 24 BPG BS (Randbebauungen)

757 Dadurch wird die Abstandsmessvorschrift der IVHB nicht verändert. Vielmehr müssen die Kantone eine Unterschreitung der nach dem Konkordat gemessenen Abstände um ein bestimmtes Maximalmass festlegen: vgl. dazu IOHB, Erläuterungen IVHB, Ziff 7.1 Rz. 5 f.

758 Zum Kniestock vgl. 3.430.

759 Den kantonalen Baudepartementen und zugehörigen Rechtsstellen gilt ein spezieller Dank für die wertvollen Hinweise zu den jeweiligen Baugesetzgebungen.

760 Die Bestimmungen der IVHB wurden in die RBV BL integriert (vgl. 7. Titel). Aufgrund der nicht fortlaufenden Nummerierung wird der Zusatz IVHB verwendet.

Kt.	Gebäudehöhe	Fassadenhöhe	Firsthöhe/ Gesamthöhe	Gebäudelänge	Gebäudebreite/ -tiefe	Gewachsenes/ massgebendes Terrain
FR		Anh. Ziff. 5.2 IVHB	Anh. Ziff. 5.1 IVHB	Anh. Ziff. 4.1 IVHB	Anh. Ziff. 4.2 IVHB	Anh. Ziff. 1.1 IVHB
GE		Je nach Zone, z.B. Art. 18 f. LCI GE	Je nach Zone, z.B. Art. 36 LCI GE		Art. 28 LCI GE	Je nach Zone, z.B. Art. 35 LCI GE
GL		Art. 45 BauV GL	Art. 44 BauV GL	Art. 42 BauV GL	Art. 43 BauV GL	Art. 31 BauV GL
GR		Anh. 1 Ziff. 5.2 IVHB	Anh. 1 Ziff. 5.1 IVHB	Anh. 1 Ziff. 4.1 IVHB	Anh. 1 Ziff. 4.2 IVHB	Anh. 1 Ziff. 1.1 IVHB
JU		Art. 47 LCAT JU i.V.m. Art. 64 OCAT JU und Art. 22 DRN JU; Art. 66 OCAT JU	Art. 47 LCAT JU i.V.m. Art. 64 OCAT JU und Art. 22 DRN JU; Art. 65 OCAT JU			Art. 62 OCAT JU
LU	Anh. § 139 PBG LU	§ 139 Abs. 3 und Anh. § 122 Abs. 4 PBG LU	§ 139 Abs. 1 und 6 PBG LU; § 34 PBV LU	§ 112a Abs. 2 lit. j PBG LU	§ 112a Abs. 2 lit. k PBG LU	§ 112a Abs. 2 lit. a PBG LU
NE[761]	Art. 59 Abs. 3 LCAT NE; Art. 46–49 RELCAT NE		Art. 46 f. und Art. 50 RELCAT NE	Art. 59 Abs. 3 LCAT NE; Art. 51 RELCAT NE		Art. 12 RELCAT NE
NW[762]			Anh. 1 Ziff. 5.1 IVHB	Art. 2 Abs. 2 Ziff. 8 PBG NW; Anh. 1 Ziff. 4.1 IVHB	Art. 2 Abs. 2 Ziff. 9 PBG NW; Anh. 1 Ziff. 4.2 IVHB	Anh. 1 Ziff. 1.1 IVHB
OW[763]		Art. 45 Abs. 2 BauG OW	Art. 45 Abs. 1 BauG OW	Art. 36b Abs. 6 BauG OW	Art. 36b Abs. 7 BauG OW	Art. 36a BauG OW
SG	Art. 60 und Art. 67 Abs. 1 lit. c BauG SG		Art. 67 Abs. 1 lit. d BauG SG	Art. 67 Abs. 1 lit. e BauG SG	Art. 67 Abs. 1 lit. f BauG SG	Praxis[764]
SH		Anh. Ziff. 5.2 BauG SH	Anh. Ziff. 5.1 BauG SH	Anh. Ziff. 4.1 BauG SH	Anh. Ziff. 4.2 BauG SH	Anh. Ziff. 1.1 BauG SH
SO		§ 18 BauV SO	§ 18bis BauV SO	§ 21 Abs. 1 und 2 BauV SO	§ 21 Abs. 1 und 3 BauV SO	§ 16bis BauV SO

761 Überführung der IVHB ins kantonale Recht im Lauf des Jahres 2016 vorgesehen (Anpassungen noch nicht berücksichtigt).

762 Art. 207 Abs. 2 PBG NW: Die im Gesetz dunkelrot gefärbten Artikel treten gemeindeweise in Kraft (spätestens am 1. Januar 2019).

763 Inkrafttreten des Nachtrags zum Baugesetz betreffend die Umsetzung der IVHB am 1. Januar 2016 (Anpassungen berücksichtigt).

764 VGer SG, Urteil B 2011/77 vom 20. März 2012, E. 4.4.

Kt.	Gebäudehöhe	Fassadenhöhe	Firsthöhe/ Gesamthöhe	Gebäudelänge	Gebäudebreite/ -tiefe	Gewachsenes/ massgebendes Terrain
SZ[765]	§ 60 Abs. 2–5 und § 61 Abs. 1 PBG SZ		§ 61 Abs. 1 PBG SZ; § 31 Abs. 2 PBV SZ			§ 60 Abs. 2 PBG SZ
TI	Art. 40 LEC TI; Art. 43 RLE TI					kommunal[766]
TG		§ 22 und § 26 PBV TG; Anh. 1 Ziff. 5.2 IVHB	§ 26 PBV TG; Anh. 1 Ziff. 5.1 IVHB	§ 25 PBV TG; Anh. 1 Ziff. 4.1 IVHB	§ 25 PBV TG; Anh. 1 Ziff. 4.2 IVHB	Anh. 1 Ziff. 1.1 IVHB
UR		Anh. Ziff. 5.2 RPBG UR	Anh. Ziff. 5.1 RPBG UR	Anh. Ziff. 4.1 RPBG UR	Anh. Ziff. 4.2 RPBG UR	Anh. Ziff. 1.1 RPBG UR
VD	Art. 47 Abs. 2 Ziff. 1, Art. 69 Abs. 1 lit. d und Art. 135 Abs. 2 lit. c LATC VD			Art. 47 Abs. 2 Ziff. 1 und Art. 69 Abs. 1 lit. b LATC VD	Art. 69 Abs. 1 lit. b LATC VD	kommunal
VS	Art. 9 Abs. 2 und Art. 11 BauG VS; Glossar BauV VS (S. 28)	Glossar BauV VS (S. 28)	Glossar BauV VS (S. 28)			Art. 11 Abs. 2 BauG VS; Glossar BauV VS (S. 30)
ZG[767]	§ 12 V PBG ZG	§ 13 Abs. 1 V PBG ZG	§ 13 Abs. 2 V PBG ZG	§ 6 V PBG ZG	§ 6 V PBG ZG	§ 4c V PBG ZG
ZH[768]	§§ 278–280 PBG ZH		§ 281 PBG ZH	§ 49 Abs. 2 lit. b PBG ZH; § 28 Abs. 1 Satz 1 ABV ZH	§ 49 Abs. 2 lit. b PBG ZH; § 28 Abs. 1 Satz 2 ABV ZH	§ 5 ABV ZH

b) Funktion

3.415 Höhenmasse sowie die Gebäudelänge und -breite dienen der Dimensionierung von Bauten und wirken ausnützungsbeschränkend. Sie werden für jedes Gebäude separat bestimmt, insbesondere auch für Anbauten.[769]

c) Gebäudedimensionen der IVHB

3.416 In Ziff. 1.1 Anhang 1 IVHB ist zunächst das **massgebende Terrain** definiert. Als solches gilt der natürlich gewachsene Geländeverlauf. Kann dieser infolge früherer Abgrabungen und Aufschüttungen nicht mehr festgestellt werden, ist vom natür-

765 Überführung der IVHB ins kantonale Recht noch nicht erfolgt.
766 Vgl. dazu BGer, Urteil 1C_464/2011 und 1C_490/2011 vom 18. April 2012.
767 Überführung der IVHB ins kantonale Recht noch nicht erfolgt.
768 Zum Nachvollzug des Kantons Zürich vgl. Fn. 678.
769 Griffel, Raumplanungs- und Baurecht, S. 135 f. und 142 ff.

lichen Geländeverlauf der Umgebung auszugehen. Kann auch dieser nicht mehr ermittelt werden, bleibt es weiterhin den Kantonen überlassen, wie auf den natürlichen Geländeverlauf geschlossen wird.[770] In verschiedenen Kantonen wurde bisher der 10–20 Jahre unverändert gebliebene gestaltete Geländeverlauf dem natürlich gewachsenen Geländeverlauf gleichgesetzt.[771] Ausnahmsweise kann aus planerischen oder erschliessungstechnischen Gründen das massgebende Terrain in einem Planungs- oder im Baubewilligungsverfahren abweichend festgelegt werden. Eine vom natürlich gewachsenen Terrainverlauf abweichende Festlegung erweist sich insbesondere aus Gründen der Hochwassergefahr, der Siedlungsentwässerung oder wegen Gefährdung des Grundwassers als sinnvoll.[772] Als weitere in Frage kommende Gründe werden die Erschliessungssituation in steilem Gelände und die Erzielung eines besseren Lärmschutzes oder einer besseren Einordnung ins Ortsbild genannt.[773]

Das massgebende Terrain dient als **Referenz für Baubeschränkungsnormen.** 3.417
Damit, dass grundsätzlich der natürlich gewachsene Geländeverlauf massgebend ist, ist auch sichergestellt, dass sich niemand durch künstliche Eingriffe ins Gelände Vorteile verschaffen kann. Wird das Terrain abgegraben, so entspricht somit der neue Terrainverlauf grundsätzlich nicht mehr dem massgebenden Terrain.[774]

In welchem Umfang **Terrainveränderungen** zulässig sind, wird durch das kanto- 3.418
nale Recht bestimmt.

Die **Gesamthöhe** ist nach Ziff. 5.1 Anhang 1 IVHB der grösste Höhenunterschied 3.419
zwischen dem höchsten Punkt der Dachkonstruktion und den lotrecht darunter liegenden Punkten auf dem massgebenden Terrain.[775] Bei Giebeldächern ist somit die Firsthöhe der höchste Punkt der Dachkonstruktion und bei Flachdächern der Dachflächenbereich über dem tiefst gelegenen Teil des massgebenden Terrains.[776] Technisch bedingte Dachaufbauten (z.B. Lüftungsanlagen, Sonnenkollektoren, Kamine) sind für die Bestimmung der Gebäudehöhe nicht zu berücksichtigen, wenn sie in ihren Abmessungen das zulässige Mass nicht überschreiten. Ist ein Gebäude in der Höhe (z.B. Terrassenhäuser) oder in der Situation (z.B. Reihenhäuser) gestaffelt, wird die Gesamthöhe für jeden Gebäudeteil bzw. jede Einheit separat ermittelt.[777] Abgrabungen unter das massgebende Terrain sind nicht zu berücksichtigen und führen somit nicht zu einer Veränderung der Gebäudehöhe. Unter dem obers-

770 IOHB, Erläuterungen IVHB, Ziff. 1.1 Rz. 2 ff.

771 VGer GR, Urteil 292/92 vom 14. Juli 1992 (PVG 1992 Nr. 10); VGer TG, Urteil vom 20. August 2003, TVR 2003 Nr. 22, E. 3b, wobei sich eine andere Beurteilung nur bei offensichtlich rechtsmissbräuchlichen Vorgehen rechtfertige.

772 BPUK, Musterbotschaft IVHB, Ziff. 8.1.1; IOHB, Erläuterungen IVHB, Ziff. 1.1 Rz. 7.

773 Vgl. IOHB, Erläuterungen IVHB, Ziff. 1.1 Rz. 7, wobei zu Recht darauf hingewiesen wird, dass insbesondere im Rahmen eines Baubewilligungsverfahrens von einer Neufestlegung des massgebenden Terrains sehr zurückhaltend Gebrauch gemacht werden sollte, ansonsten mit der Begriffsdefinition das Institut der Ausnahmebewilligung ersetzt werde.

774 IOHB, Erläuterungen IVHB, Ziff. 1.1 Rz. 2 f.

775 Vgl. zum massgebenden Terrain Rz. 3.416.

776 Vgl. dazu Figur 5.1 Anhang 2 IVHB.

777 BPUK, Musterbotschaft IVHB, Ziff. 8.5.1; IOHB, Erläuterungen IVHB, Ziff. 5.1 Rz. 9.

ten Punkt der Dachkonstruktion ist der höchste Punkt der Tragkonstruktion (ohne Isolation und Dachhaut) zu verstehen.[778]

3.420 Die **Fassadenhöhe** ist der grösste Höhenunterschied zwischen der Schnittlinie der Fassadenflucht mit der Oberkante der Dachkonstruktion und der dazugehörigen Fassadenlinie (Ziff. 5.2 Anhang 1 IVHB). Bei Flachdachbauten wird die Fassadenhöhe bis zur Oberkante der Brüstung gemessen (auch bei offenen, durchbrochenen oder verglasten Brüstungen/Geländer), ausser wenn diese um ein festgelegtes Mass gegenüber der Fassadenflucht zurückversetzt ist. Mit der Fassadenhöhe soll das Mass begrenzt werden, in dem Fassaden in Erscheinung treten dürfen.[779] Der Fassadenhöhe kommt somit insbesondere in Hanglagen eine grosse Bedeutung zu, wobei jedoch aufgrund der Definition des massgebenden Terrains Abgrabungen nicht berücksichtigt werden.[780] Sollen die Untergeschosse nicht zu stark in Erscheinung treten, sind deshalb durch die Kantone entsprechende Vorschriften zu erlassen. Die Fassadenhöhe wird für die traufseitige und giebelseitige Fassade sowie für die berg- und talseitige Fassade separat bestimmt. Entsprechend können die Kantone diesbezüglich differenzierte Fassadenhöhen festlegen.[781] Dachaufbauten werden im Konkordat nicht definiert. Eine kantonale Regelung, dass unter Dachaufbauten Bauteile zu verstehen sind, welche die Dachfläche höchstens um ein festgelegtes Mass gegen aussen durchbrechen dürfen, erweist sich deshalb als sinnvoll, weil der Messvorschrift je nach der Ausgestaltung von Dachaufbauten ansonsten keine nutzungsbeschränkende Wirkung mehr zukommt.[782]

3.421 Die bisherigen Firsthöhen entsprechen somit am ehesten der neuen Gesamthöhe und die bisherige, zumindest in einigen Kantonen vorgesehene Gebäudehöhe der Fassadenhöhe, wobei die Bandbreite bei den bisherigen Messweisen sehr gross war.

3.422 Den Begriff der **Geschosshöhe** definiert das Konkordat nicht. Die Kantone können diesen Begriff somit weiter verwenden und selbst definieren, sofern er sich vom Begriff der lichten Höhe unterscheidet. Diese dient als Messgrösse für wohnhygienische und arbeitsphysiologische Anforderungen.[783]

3.423 Auch die Gebäudelänge und -breite werden in der IVHB definiert. Die **Gebäudelänge** ist die längere und die **Gebäudebreite** die kürzere Seite des flächenkleinsten Rechtecks, welches die projizierte Fassadenlinie umfasst (Ziff. 4.1 bzw. 4.2 Anhang 1 IVHB). Ob Anbauten im Sinne von Ziff. 2.3 Anhang 1 IVHB für die Bestimmung der Gebäudelänge bzw. -breite zu berücksichtigen sind, geht nicht aus der IVHB hervor und sollte durch die Kantone geregelt werden. Besteht keine kantonale Rege-

---

778 IOHB, Erläuterungen IVHB, Ziff. 5.1 Rz. 4.

779 BPUK, Musterbotschaft IVHB, Ziff. 8.5.2; IOHB, Erläuterungen IVHB, Ziff. 5.2 Rz. 5.

780 BPUK, Musterbotschaft IVHB, Ziff. 8.5.2.

781 IOHB, Erläuterungen IVHB, Ziff. 5.2 Rz. 6.

782 IOHB, Erläuterungen IVHB, Ziff. 5.2 Rz. 7.

783 Nach Ziff. 5.4 Anhang 1 IVHB ist die lichte Höhe der Höhenunterschied zwischen der Oberkante des fertigen Bodens (vgl. zu diesem Begriff Rz. 3.428) und der Unterkante der fertigen Decke bzw. Balkenlage, wenn die Nutzbarkeit eines Geschosses durch die Balkenlage bestimmt wird.

lung, wird in den Erläuterungen zur IVHB vorgeschlagen, solche Anbauten nicht anzurechnen, ausser wenn ein Anbau zwei Hauptgebäude miteinander verbindet.[784] Wird von den Kantonen auch noch eine Gebäudetiefe vorgesehen, die wohnhygienischen Zwecken dient, darf diese nicht gleich bestimmt werden wie die Gebäudebreite gemäss Ziff. 4.2 Anhang 1 IVHB.[785] Der Begriff der Gebäudebreite gemäss Ziff. 4.2 Anhang 1 IVHB ist somit von einer allfälligen kantonal definierten Gebäudetiefe zu unterscheiden.

d) Regelungen in Nicht-IVHB-Kantonen

Die kantonalen und teilweise sogar kommunalen Definitionen der Gebäude-, First- 3.424
und Fassadenhöhe sind sehr unterschiedlich.[786] Selbst wenn die gleichen Begriffe verwendet werden, liegen zum Teil unterschiedliche Messweisen vor, wobei sich die Unterschiede teilweise auch erst aus der Gerichtspraxis ergeben und auf den ersten Blick nicht ersichtlich sind. Dasselbe gilt für die Gebäudelänge und -breite.[787]

3. Geschosse

a) Übersicht

Die nachstehende Übersicht beruht auf dem Stand der kantonalen Gesetzgebung 3.425
per Ende 2015 (ohne Übergangsrecht). Sie soll die Orientierung in den **kantonalen Baugesetzen und -verordnungen** erleichtern, erhebt aber keinen Anspruch auf Vollständigkeit. Die der IVHB beigetretenen Kantone sind grau hinterlegt. Vorschriften zur erlaubten Anzahl Geschosse ergeben sich regelmässig aus dem kommunalen Recht und bilden nicht Gegenstand dieser Übersicht.[788] In den Kantonen Schwyz, St. Gallen und Waadt bestehen ausschliesslich kommunale Regelungen.

---

784 IOHB, Erläuterungen IVHB, Ziff. 4.1 Rz. 5 und Ziff. 4.2 Rz. 6.

785 IOHB, Erläuterungen IVHB, Ziff. 4.2 Rz. 2.

786 Vgl. dazu auch BPUK/VNR/SIA/IRAP (Hrsg.), Harmonisierung bei gleichzeitiger Wahrung der Eigenständigkeit (www.bpuk.ch > Konkordate > IVHB), sowie die Übersicht in Rz. 3.414 zu den verschiedenen Regelungen in den Nicht-IVHB-Kantonen.

787 Vgl. die Übersicht in Rz. 3.414 zu den verschiedenen Regelungen in den Nicht-IVHB-Kantonen.

788 Den kantonalen Baudepartementen und zugehörigen Rechtsstellen gilt ein spezieller Dank für die wertvollen Hinweise zu den jeweiligen Baugesetzgebungen.

Kt.	Vollgeschoss	Dachgeschoss	Untergeschoss	Attikageschoss	Kniestock
AG	Anh. 1 Ziff. 6.1 BauV AG	§ 24 und Anh. 1 Ziff. 6.3 BauV AG	§ 23 und Anh. 1 Ziff. 6.2 BauV AG	§ 25 und Anh. 1 Ziff. 6.4 BauV AG	Anh. 1 Ziff. 5.3 BauV AG
AI	Art. 57 Abs. 1 und Abs. 2 sowie Art. 58 BauV AI	Art. 57 Abs. 3 BauV AI	Art. 57 Abs. 5 BauV AI	Art. 57 Abs. 4 BauV AI	Art. 55 BauV AI
AR	Art. 16 Abs. 1 lit. c BauG AR; Art. 4 Abs. 1 BauV AR	Art. 16 Abs. 1 lit. c BauG AR; Art. 4 Abs. 3 BauV AR	Art. 16 Abs. 1 lit. c BauG AR; Art. 4 Abs. 2 BauV AR	Art. 4 Abs. 4 BauV AR	Art. 4 Abs. 4 BauV AR
BE	Art. 18 BMBV BE	Art. 20 BMBV BE	Art. 19 BMBV BE		Art. 16 BMBV BE
BL[789]	§ 52f IVHB RBV BL	§ 52h IVHB RBV BL	§ 52g IVHB RBV BL	§ 52i IVHB RBV BL	§ 52d IVHB RBVBL
BS	§ 10 BPG BS	§ 11 BPG BS	§ 12 BPG BS		§ 11 Abs. 3 BPG BS
FR	Anh. Ziff. 6.1 IVHB	Art. 78 RPBR FR; Anh. Ziff. 6.3 IVHB	Art. 77 RPBR FR; Anh. Ziff. 6.2 IVHB		Anh. Ziff. 5.3 IVHB
GE				Je nach Zone, z.B. Art. 36 LCI GE	
GL	Art. 49 BauV GL	Art. 51 BauV GL	Art. 50 BauV GL	Art. 52 BauV GL	Art. 46 BauV GL
GR	Anh. 1 Ziff. 6.1 IVHB	Anh. 1 Ziff. 6.3 IVHB	Anh. 1 Ziff. 6.2 IVHB	Anh. 1 Ziff. 6.4 KRVO GR	Anh. 1 Ziff. 5.3 IVHB
JU	Art. 63 Abs. 1 OCAT JU	Art. 63 Abs. 3 OCAT JU	Art. 63 Abs. 2 OCAT JU		Art. 63 Abs. 3 OCAT JU
LU	Anh. § 138 PBG LU	Anh. § 138 Abs. 2 und 3 PBG LU	Anh. § 138 Abs. 1 und Anh. § 139 Abs. 3 PBG LU	Anh. § 138 Abs. 2 und Anh. § 139 Abs. 2 PBG LU; § 35 PBV LU	§ 138 Abs. 4 PBG LU
NE[790]	Art. 52 RELCAT NE		Art. 13 LConstr. NE		
NW[791]					
OW[792]	Art. 45 Abs. 5 BauG OW	Art. 45 Abs. 8 BauG OW	Art. 45 Abs. 7 BauG OW	Art. 45 Abs. 9 BauG OW	
SG	ausschliesslich kommunal	ausschliesslich kommunal	ausschliesslich kommunal	ausschliesslich kommunal	ausschliesslich kommunal

789 Die Bestimmungen der IVHB wurden in die RBV BL integriert (vgl. 7. Titel). Aufgrund der nicht fortlaufenden Nummerierung wird der Zusatz IVHB verwendet.

790 Überführung der IVHB ins kantonale Recht im Lauf des Jahres 2016 vorgesehen (Anpassungen noch nicht berücksichtigt).

791 Diese Begriffe wurden vom Kanton Nidwalden nicht übernommen und werden daher auch nicht (mehr) verwendet.

792 Inkrafttreten des Nachtrags zum Baugesetz betreffend die Umsetzung der IVHB am 1. Januar 2016 (Anpassungen berücksichtigt).

Kt.	Vollgeschoss	Dachgeschoss	Untergeschoss	Attikageschoss	Kniestock
SH	Anh. Ziff. 6.1 BauG SH	Anh. Ziff. 6.3 BauG SH	Anh. Ziff. 6.2 BauG SH	Anh. Ziff. 6.4 BauG SH	Anh. Ziff. 5.3 BauG SH
SO	§ 16 und § 16ter BauV SO	§ 17bis BauV SO	§ 16 Abs. 2 und § 17 BauV SO	§ 17ter BauV SO	§ 17bis Abs. 1bis BauV SO
SZ[793]	ausschliesslich kommunal	ausschliesslich kommunal	ausschliesslich kommunal	ausschliesslich kommunal	ausschliesslich kommunal
TI	Art. 35 RLE TI		Art. 42 und Art. 44 RLE TI	Art. 43 RLE TI	
TG	§ 26 Abs. 2 PBV TG; Anh. 1 Ziff. 6.1 IVHB	§ 28 PBV TG; Anh. 1 Ziff. 6.3 IVHB	§ 27 PBV TG; Anh. 1 Ziff. 6.2 IVHB	§ 29 PBV TG; Anh. 1 Ziff. 6.4 IVHB	§ 28 PBV TG; Anh. 1 Ziff. 5.3 IVHB
UR	Anh. Ziff. 6.1 RPBG UR	Anh. Ziff. 6.3 RPBG UR	Anh. Ziff. 6.2 RPBG UR	Anh. Ziff. 6.4 RPBG UR	Anh. Ziff. 5.3 RPBG UR
VD[794]	ausschliesslich kommunal	ausschliesslich kommunal	ausschliesslich kommunal	ausschliesslich kommunal	
VS	Art. 12 Abs. 1 BauG VS; Glossar BauV VS (S. 32)	Art. 12 Abs. 2 BauG VS; Glossar BauV VS (S. 27)	Glossar BauV VS (S. 32)	Art. 12 Abs. 2 BauG VS; Glossar BauV VS (S. 24)	
ZG[795]	§ 7 und § 14 V PBG ZG	§ 8 Abs. 2 und 3 V PBG ZG	§ 8 Abs. 1 V PBG ZG	§ 8 Abs. 2 und 3 V PBG ZG	§ 8 Abs. 3 V PBG ZG
ZH[796]	§ 275 Abs. 1 und § 276 PBG ZH	§ 275 Abs. 2 und § 276 PBG ZH	§ 275 Abs. 3 und § 276 PBG ZH		§ 275 Abs. 2 PBG ZH

b) Funktion

Die Definition eines Geschosses als Voll-, Unter- oder Dachgeschoss und damit verbunden dessen Anrechenbarkeit bei Vorliegen einer **Geschosszahl** wirken ausnützungsbeschränkend. Einige Kantone und zahlreiche Gemeinden verzichten in ihren Baugesetzen bzw. Bauordnungen jedoch ganz oder teilweise auf Geschosszahlvorschriften. In diesem Fall dürfen so viele Geschosse erstellt werden, wie sich in einem bestimmten Gebäudekubus unterbringen lassen.[797] Die erlaubte Geschosszahl wird in Zonenplänen häufig nach der Art der Zone mit einer Zahl angegeben.[798] 3.426

793 Überführung der IVHB ins kantonale Recht noch nicht erfolgt.
794 Es bestehen nur in einzelnen Gemeinden Regelungen.
795 Überführung der IVHB ins kantonale Recht noch nicht erfolgt.
796 Zum Nachvollzug des Kantons Zürich, vgl. Fn. 678.
797 Zusätzlich sollten bei einem Verzicht auf eine Geschosszahlbeschränkung aus wohnhygienischen Gründen Mindestraumhöhen vorgesehen werden; FRITZSCHE/BÖSCH/WIPF, Planungs- und Baurecht, S. 895.
798 Z.B. Abkürzung einer zweigeschossigen Wohnzone mit W2.

c) IVHB

3.427 **Vollgeschosse** sind alle Geschosse von Gebäuden ausser Unter-, Dach- und Attikageschosse. Bei zusammengebauten Gebäuden und bei Gebäuden, die in der Horizontalen oder in der Vertikalen gestaffelt sind, wird die Vollgeschosszahl für jeden Gebäudeteil bzw. für jedes Gebäude separat ermittelt (Ziff. 6.1 Anhang 1 IVHB).

3.428 **Untergeschosse** sind nach Ziff. 6.2 Anhang 1 IVHB Geschosse, bei denen die Oberkante des fertigen Bodens, gemessen in der Fassadenflucht, im Mittel höchstens bis zum zulässigen Mass über die Fassadenlinie hinausragt. Das zulässige Mass wird grundsätzlich vom kantonalen Recht bestimmt, wobei dies nur dann von Bedeutung ist, wenn die Zahl der (Voll-)Geschosse begrenzt ist. Aus den Definitionen im Konkordat geht einzig hervor, dass Untergeschosse höchstens bis zum zulässigen Mass für vorspringende Gebäudeteile über die Fassadenlinie hinausragen dürfen. Wird dieses zulässige Mass überschritten, handelt es sich um eine Unterniveaubaute oder eine unterirdische Baute, sofern die entsprechenden Anforderungen erfüllt sind. Andernfalls ist ein solches Geschoss als Vollgeschoss zu qualifizieren.[799] Die Berechnungsweise eines allfälligen Durchschnittsmasses ist durch das kantonale Recht festzulegen.[800] Unter der **Oberkante des fertigen Bodens,** gemessen in der Fassadenflucht, ist die Oberkante des fertigen Bodens des darüber liegenden Geschosses (fertige Konstruktion unter Einschluss des Bodenbelags) zu verstehen.[801] Diese Oberkante des fertigen Bodens bildet den oberen Referenzpunkt, während der untere Referenzpunkt die Fassadenlinie[802] ist.

3.429 **Dachgeschosse** sind Geschosse, deren Kniestockhöhen das zulässige Mass nicht überschreiten (Ziff. 6.3 Anhang 1 IVHB).

3.430 Die **Kniestockhöhe** ist der Höhenunterschied zwischen der Oberkante des Dachgeschossbodens im Rohbau und der Schnittlinie der Fassadenflucht mit der Oberkante der Dachkonstruktion (Ziff. 5.3 Anhang 1 IVHB). Sie dient als Hilfsgrösse zur Definition, ob ein Dachgeschoss oder ein Vollgeschoss vorliegt.[803] Unter dem Dachgeschossboden im Rohbau ist die rohe Tragkonstruktion (z.B. eine Balken- oder Betondecke ohne allfällige Isolationen und Unterlagsböden mit Leitungen) zu verstehen.[804] Eine Kniestockhöhe alleine führt nicht dazu, dass das Dach in seiner optischen Erscheinung begrenzt ist. Vielmehr ist dazu z.B. eine kantonale Beschränkung der Dachneigung oder der Nutzflächen im Dachgeschoss notwendig. Weiter

---

799 BPUK, Musterbotschaft IVHB, Ziff. 8.6.2 und Figur 6.2 Anhang 2 IVHB. Unterirdische Bauten sind Gebäude, die, mit Ausnahme der Erschliessung sowie der Geländer und Brüstungen, vollständig unter dem massgebenden, respektive unter dem tiefer gelegten Terrain liegen (Ziff. 2.4 Anhang 1 und Figur 2.4 Anhang 2 IVHB). Unterniveaubauten sind Gebäude, die höchstens bis zum zulässigen Mass über das massgebende respektive über das tiefer gelegte Terrain hinausragen (Ziff. 2.5 Anhang 1 und Figur 2.5 Anhang 2 IVHB).

800 IOHB, Erläuterungen IVHB, Ziff. 6.2 Rz. 1 und 4. Eine mögliche Berechnungsweise findet sich in der SIA-Norm 423 (2006).

801 IOHB, Erläuterungen IVHB, Ziff. 6.2 Rz. 2.

802 Vgl. dazu Rz. 3.399.

803 Aus diesem Grund ist sie auch in der Übersicht unter dem Titel Geschosse aufgeführt: vgl. Rz. 3.425.

804 IOHB, Erläuterungen IVHB, Ziff. 5.3 Rz. 2.

kann die Begrenzung der Kniestockhöhe durch gross dimensionierte Dachaufbauten, die als Vollgeschoss in Erscheinung treten können, umgangen werden.[805] Im Falle von asymmetrischen Giebel- oder Pultdächern können im kantonalen Recht kleine und grosse Kniestockhöhen vorgesehen werden.[806]

Weiter darf die Dachfläche «nur bis zum zulässigen Mass (für die Breite) durch Dachaufbauten durchbrochen» werden.[807] Wird dieses Mass überschritten, zählt das Geschoss als Vollgeschoss. 3.431

Attikageschosse sind auf Flachdächern aufgesetzte, zusätzliche Geschosse. Das Attikageschoss muss bei mindestens einer ganzen Fassade gegenüber dem darunter liegenden Geschoss um ein festgelegtes Mass zurückversetzt sein (Ziff. 6.3 Anhang 1 IVHB). Vom Konkordat wird damit lediglich ein in seiner Dimension festzulegender Rücksprung auf einer ganzen Fassadenlänge vorgeschrieben. Aufgrund dieser Definition ist es möglich, dass die Fassadenflucht auf den anderen Gebäudeseiten direkt auf die Fassadenflucht des darunter liegenden Geschosses gebaut wird. Die Kantone (bzw. die Gemeinden) können jedoch Vorschriften erlassen, dass das Attikageschoss in bestimmten Regionen, Gemeinden, Gebieten oder Zonen z.B. talseitig oder bezogen auf mehrere Fassadenfluchten gegenüber dem darunter liegenden Geschoss zurückversetzt sein muss.[808] 3.432

Die **Geschosshöhe** ist im Konkordat nicht definiert. Die Kantone können somit eine eigene Definition der Geschosshöhe verwenden und diese zusammen mit der zulässigen Geschosszahl als Höhenbegrenzung verwenden.[809] Sie können aber beispielsweise auch eine Beschränkung der Gesamthöhe vorsehen und auf Vorschriften zur zulässigen Geschosszahl verzichten.[810] Bei zusammengebauten und gestaffelten Gebäuden muss die Geschosszahl für jeden Teil separat eingehalten werden, wobei das Konkordat für gestaffelte bzw. nicht durchgehende Geschosse keine Regelung enthält.[811] 3.433

d) Regelungen in Nicht-IVHB-Kantonen

Die kantonalen und teilweise sogar kommunalen Definitionen in den Nicht-IVHB-Kantonen betreffend Geschosse sind – sofern vorhanden – sehr unterschiedlich.[812] Selbst wenn die gleichen Begriffe verwendet werden, liegen zum Teil unterschiedliche Messweisen vor. 3.434

805 Vgl. dazu z.B. § 24 Abs. 1 BauV AG.
806 BPUK, Musterbotschaft IVHB, Ziff. 8.6.3; IOHB, Erläuterungen Ziff. 6.4 Rz. 2.
807 BPUK, Musterbotschaft IVHB, Ziff. 8.6.3.
808 BPUK, Musterbotschaft IVHB, Ziff. 8.6.3.
809 IOHB, Erläuterungen IVHB, Ziff. 6.1 Rz. 3, wobei sich die Begrenzung in der Regel auf die Vollgeschosse im Sinne von Ziff. 6.1 Anhang 1 IVHB bezieht, vgl. z.B. § 22 BauV AG.
810 Vgl. dazu z.B. das vom Kanton Nidwalden gewählte «Hüllenmodell».
811 IOHB, Erläuterungen IVHB, Ziff. 6.1 Rz. 5.
812 Vgl. die Übersicht in Rz. 3.425 zu den verschiedenen Regelungen in den Nicht-IVHB-Kantonen.

4. Offene und geschlossene Bauweise

a) Übersicht

3.435 Die nachstehende Übersicht beruht auf dem Stand der kantonalen Gesetzgebung per Ende 2015 (ohne Übergangsrecht). Sie soll die Orientierung in den **kantonalen Baugesetzen und -verordnungen** erleichtern, erhebt aber keinen Anspruch auf Vollständigkeit. Die der IVHB beigetretenen Kantone sind grau hinterlegt. Die für ein bestimmtes Gebiet massgebende Bauweise ergibt sich regelmässig aus dem kommunalen Recht.[813]

Kt.	Offene Bauweise	Geschlossene Bauweise
AG	kommunal	kommunal
AI	Art. 61 Abs. 1 und 2 BauV AI	Art. 64 Abs. 2 BauV AI
AR	Art. 16 Abs. 1 lit. b BauG AR; Art. 3 Abs. 1 BauV AR	Art. 16 Abs. 1 lit. b BauG AR; Art. 3 Abs. 2 BauV AR
BE	Art. 13, Art. 69 Abs. 2 lit. f BauG BE	Art. 13, Art. 69 Abs. 2 lit. f BauG BE
BL	§ 94 RBG BL	§ 94 RBG BL
BS	z.B. § 28 Abs. 3 BPG BS	§ 13 BPG BS (Randbebauung als Regelbauweise)
FR	Art. 124 Abs. 1 RPBG FR; Art. 55 f. RPBR FR	Art. 124 Abs. 2 RPBG FR; Art. 54 RPGR FR
GE	Je nach Zone, z.B. Art. 21 LCI GE	Je nach Zone, z.B. Art. 20 LCI GE
GL	Art. 62 Abs. 1 BauV GL	Art. 62 Abs. 2 BauV GL
GR	Art. 25 KRG GR (kommunal)	Art. 25 KRG GR (kommunal)
JU	Art. 47 LCAT JU i.V.m. Art. 19 DRN JU; Art. 53 und Art. 54 OCAT JU	Art. 47 LCAT JU i.V.m. Art. 19 DRN JU; Art. 53 und Art. 55 OCAT JU
LU	§ 36 Abs. 2 Ziff. 4 PBG LU	§ 36 Abs. 2 Ziff. 4 PBG LU
NE[814]	Art. 59 Abs. 3 LCAT NE; Art. 38 und Art. 40 f. RELCAT NE	Art. 38 und Art. 40 RELCAT NE
NW[815]	kommunal	kommunal
OW[816]	kommunal	kommunal
SG	kommunal	kommunal
SH	Art. 7 Abs. 1 Ziff. 6 und Art. 33 Abs. 2 BauG SH	Art. 7 Abs. 1 Ziff. 6 und Art. 33 Abs. 1 und 4 BauG SH

813 Den kantonalen Baudepartementen und zugehörigen Rechtsstellen gilt ein spezieller Dank für die wertvollen Hinweise zu den jeweiligen Baugesetzgebungen.

814 Überführung der IVHB ins kantonale Recht im Lauf des Jahres 2016 vorgesehen (Anpassungen noch nicht berücksichtigt).

815 Art. 207 Abs. 2 PBG NW: Die im Gesetz dunkelrot gefärbten Artikel treten gemeindeweise in Kraft (spätestens am 1. Januar 2019).

816 Inkrafttreten des Nachtrags zum Baugesetz betreffend die Umsetzung der IVHB am 1. Januar 2016 (Anpassungen berücksichtigt).

Kt.	Offene Bauweise	Geschlossene Bauweise
SO	§ 131 Abs. 2 lit. c PBG SO; §§ 22–30 BauV SO	§ 131 Abs. 2 lit. c PBG SO; § 33 BauV SO
SZ[817]	§ 21 Abs. 2 lit. a PBG SZ	§ 21 Abs. 2 lit. a und § 64 PBG SZ
TI	kommunal	kommunal
TG	§ 18 Abs. 1 Ziff. 10 PBG TG; § 36 Abs. 3 und 4 PBV TG	§ 18 Abs. 1 Ziff. 10 PBG TG; § 36 Abs. 1 und 2 PBV TG
UR	kommunal	kommunal
VD	Art. 47 Abs. 2 Ziff. 1 und Art. 135 Abs. 2 lit. b LATC VD	Art. 47 Abs. 2 Ziff. 1 und Art. 135 Abs. 2 lit. a LATC VD
VS	Art. 8 Abs. 1 BauG VS; Glossar BauV VS (S. 31)	Art. 8 Abs. 2 und 3 BauG VS; Glossar BauV VS (S. 29)
ZG[818]	kommunal	kommunal
ZH	§ 286 Abs. 1 PBG ZH; § 31 Abs. 1 ABV ZH	§ 286 Abs. 2 PBG ZH; § 31 Abs. 2 ABV ZH

b) Begriffe

Mit Vorschriften zur Bauweise wird die Lage bzw. die Anordnung der Gebäude festgelegt. 3.436

Eine **offene** Bauweise liegt vor, wenn Gebäude nach allen Seiten frei stehen. Frei stehende Gebäude müssen die vorgeschriebenen Grenz- und Gebäudeabstände einhalten, wobei die Vereinbarung von Näherbaurechten nicht ausgeschlossen ist.[819] 3.437

Als **geschlossen** gilt eine Bauweise, wenn die Gebäude einseitig oder mehrseitig zusammengebaut sind.[820] Zudem wird in der Regel eine durchgehende baulich-funktionale Vertikaltrennung der Baukörper im Sinne einer funktionalen Selbständigkeit der einzelnen Baukörper vorausgesetzt.[821] § 31 Abs. 2 ABV ZH bezeichnet überdies den Fall, in welchem die Gebäude an die Grenze gestellt werden dürfen, als geschlossene Bauweise.[822] 3.438

817 Überführung der IVHB ins kantonale Recht noch nicht erfolgt.

818 Überführung der IVHB ins kantonale Recht noch nicht erfolgt.

819 Vgl. dazu z.B. § 31 Abs. 1 ABV ZH; Zaugg/Ludwig, Kommentar BauG BE, Art. 13 Rz. 2.

820 Griffel, Raumplanungs- und Baurecht, S. 146; Zaugg/Ludwig, Kommentar BauG BE, Art. 13 Rz. 2.

821 Ansonsten liegt ein einziges Gebäude vor; vgl. dazu auch VGer ZH, Urteil VB.2004.00028 vom 21. April 2004 (RB 2004 Nr. 69). In diesem Entscheid wird festgehalten, dass die geschlossene Bauweise auch eine eigene genügende interne Erschliessung voraussetzt.

822 Sog. Grenzbau, der als Sondertatbestand der geschlossenen Bauweise bezeichnet wird, weil dem Nachbarn die Möglichkeit offensteht, jederzeit anzubauen und damit eine geschlossene Überbauung herzustellen.

D. Vorschriften über die Einordnung und Gestaltung

Literatur

AEMISEGGER HEINZ/HAAG STEPHAN, in: Kommentar RPG, Art. 33; VON ARX PETER, Ästhetikparagraph; BAUMBERGER CHRISTOPH, Konstruktive Schönheit, S. 187 ff.; CHASSOT ISABELLE, Clause d'esthétique, S. 100 ff.; DILGER PETER, Raumplanungsrecht; ENGELER WALTER, Baudenkmal; FRITZSCHE CHRISTOPH/BÖSCH PETER/WIPF THOMAS, Planungs- und Baurecht, S. 652 ff.; GRIFFEL ALAIN, Raumplanungs- und Baurecht, S. 151 ff.; HÄNNI PETER, Planungsrecht, S. 326 ff.; HÄUPTLI-SCHWALLER ERICA, in: Kommentar BauG AG, § 42; HETTICH PETER/PENG GIAN LUCA, Solaranlagen; LENDI MARTIN, Gestaltungsvorgaben; MAJETSCHAK STEFAN, Ästhetik; MARTI ARNOLD, Urteilsbesprechung VGer ZH VB.2013.00468; MARTI ARNOLD, Urteilsbesprechung BGer 1C_434/2012; MARTI ARNOLD, Urteilsbesprechung BGer 1P.678/2004; MARTIN DIETER J./KRAUTZBERGER MICHAEL (Hrsg.), Handbuch; MEISSER GEORG, Ästhetikparagraph; PFANNKUCHEN-HEEB SILVIA, Ermessensspielraum; ROHRER JOSEF, in: Kommentar NHG, Allgemeiner Teil, Kapitel 1; SCHINDLER BENJAMIN, Gemeindeautonomie; SCHNEIDER NORBERT, Ästhetik; SCHULER OLIVER, Kognition; SIEBER ROMAN, Verdichtung, S. 150 ff.; STEINER MARCEL, Ästhetikgeneralklauseln; STEINER MARCEL, Gestaltung; STREIFF OLIVER, Baukultur; VOLLENWEIDER WALTHER, Stadtgestaltung; WALKER SPÄH CARMEN, Ermessensspielraum; WIEDERKEHR SCHULER ELSBETH, Denkmal- und Ortsbildschutz; ZAUGG ALDO/LUDWIG PETER, Kommentar BauG BE, Art. 9/10; ZIMMERLIN ERICH, Baugesetz AG, § 159; ZUMSTEIN BEAT, Generalklausel.

Amtliche Publikationen

ARE, Erläuterungen RPV 2014; ARE ZH, Siedlungsqualität.

1. Vorbemerkung: Konzept der objektiven Ästhetik

a) Begriffliches

3.439 **Ästhetik** (von altgriechisch aísthēsis «Wahrnehmung», «Empfindung») bedeutet die Lehre von der Wahrnehmung bzw. vom sinnlichen Anschauen. Ästhetisch ist in diesem Sinne alles, was unsere Sinne bewegt, wenn wir es betrachten: Schönes, Hässliches, Angenehmes und Unangenehmes. Umgangssprachlich wird der Ausdruck «ästhetisch» heute meist als Synonym für schön, geschmackvoll oder ansprechend verwendet. In der Wissenschaft[823] wiederum bezeichnet der Begriff die gesamte Palette von Eigenschaften, die darüber entscheiden, wie Menschen Gegenstände wahrnehmen.

3.440 Die Grundgesetze der Ästhetik als Gesetze des Schönen beanspruchen an sich **objektive Geltung**[824]. Voraussetzung der Erkenntnis des Schönen ist die Erkennt-

---

823 Die Ästhetik im Sinne des systematischen Philosophierens über die ästhetischen Kompetenzen des Menschen (MAJETSCHAK, Ästhetik, S. 9) ist eine Teildisziplin der Philosophie, die in der Mitte des 18. Jahrhunderts entstand.

824 «Das Schöne bestimmt sich dadurch als das sinnliche Scheinen der Idee» (HEGEL GEORG WILHELM FRIEDRICH, Vorlesungen über die Ästhetik, Bd. I, in: MOLDENHAUER EVA/MICHEL KARL MARKUS [Hrsg], Georg Wilhelm Friedrich Hegel: Werke 13, Frankfurt a.M. 1986, S. 151).

nisfähigkeit.[825] Nicht die Schönheit ist unterschiedlich, sondern die Erkenntnisfähigkeit des Menschen.

Auch das Konzept der Ästhetikklauseln im öffentlichen Baurecht beruht an sich auf der Prämisse, dass Ästhetik zumindest objektivierbar ist. Damit wird die Erarbeitung objektiver Kriterien für und die **Objektivierbarkeit von ästhetischen Beurteilungen** eine Herausforderung auch im Recht.[826] Doch besteht gerade hinsichtlich dieser Objektivierungsfähigkeit eine verbreitete Skepsis der rechtsanwendenden Behörden; das Festlegen von objektiven ästhetischen Kriterien wird als schwierig erachtet, «weil diese von subjektiven Meinungen, Vorlieben und Prägungen abhängig sind. Zudem wird das ästhetische Empfinden durch Sehgewohnheiten bestimmt, die von Faktoren wie Gesellschaft, Mode, Politik, Umwelt beeinflusst werden und deshalb einem ständigen Veränderungsprozess unterliegen».[827] 3.441

b) Ästhetik und Architektur

Die Architektur gilt seit der Aufklärung als eine Gattung der bildenden Kunst und damit als Ausdrucksform der fünf schönen Künste[828], deren Werke Gegenstände ästhetischer Erfahrung sind.[829] Die ästhetische Funktion von Bauwerken ist allerdings nur eine unter diversen. 3.442

Mit der ästhetischen Erfahrung werden ästhetische Eigenschaften eines Gegenstandes, also etwa eines Bauwerks, erfasst.[830] Solche Eigenschaften werden als Geschmacksqualitäten wie schön, hässlich, erhaben, elegant, zierlich oder klobig, als Assoziationen erweckend wie bewegend, langweilig, irritierend, interessant, spannend und faszinierend, als Verhaltensqualitäten wie nervös, träge, kühn, brutal, lebhaft oder kraftvoll und als Gestaltqualitäten wie einheitlich, integrativ, ausgewogen, chaotisch und harmonisch umschrieben.[831] Die meisten einer Baute so zugeschriebenen ästhetischen Eigenschaften haben eine wertende Komponente; mit Zuschreibung der entsprechenden ästhetischen Eigenschaften wird ein Werturteil gefällt, das jedoch – wie oben gezeigt (Rz. 3.441) – zu objektivieren ist. 3.443

Dabei geht es um die in der Idee gedachte Einheit des Begriffs und der Wahrheit (Majetschak, Ästhetik, S. 70).

825 Vgl. Majetschak, Ästhetik, S. 36.

826 Vgl. Meisser, Ästhetikparagraph, S. 8 f., der die Objektivierbarkeit von «Ästhetik» grundsätzlich bezweifelt.

827 VGer ZH, Urteil VB.2010.00127 vom 30. Juni 2010, E. 4.3; vgl. Sieber, Verdichtung, S. 150.

828 Vgl. Majetschak, Ästhetik, S. 89 ff., zur Diskussion, inwieweit die Kunst der Schönheit verpflichtet sei, wobei er sich nicht explizit zur Architektur äussert. Ein Kunstwerk kann missfallen und doch gut sein; es stellt sich gar die Frage, ob in der Überwindung dessen, was dem konventionellen Auge des Betrachters als schön erscheine, nicht gerade der Beginn der Kunst liegt (Majetschak, Ästhetik, S. 91 mit Hinweis auf Fiedler Konrad, Schriften zur Kunst, Boehm Gottfried [Hrsg.], Bd. II, 2. Aufl., München 1991, S. 65).

829 Baumberger, Konstruktive Schönheit, S. 188.

830 Baumberger, Konstruktive Schönheit, S. 189.

831 Baumberger, Konstruktive Schönheit, S. 189.

3.444 Auf der anderen Seite haben Bauwerke eben gerade nicht bloss eine ästhetische Funktion. «Bauwerke sind an einen Ort gebunden und haben eine Vielzahl von Funktionen, neben praktischen beispielsweise auch konstruktive, symbolische, soziale und städtebauliche; zudem sind sie räumliche Gebilde, die Innenräume sowohl vom Außenraum wie auch gegeneinander abgrenzen und zugleich zueinander und zum Außenraum in Beziehung setzen.»[832] Allerdings bestimmen ortsbezogene, funktionale und räumliche Eigenschaften eines Bauwerks die ästhetischen Eigenschaften wesentlich mit; die Ästhetik von Architektur lässt sich kaum je losgelöst von ihrer wahrnehmbaren Umgebung beurteilen (vgl. Rz. 3.459).

2. Rechtsnatur und Arten von Gestaltungsvorschriften

a) Gestaltungsvorschriften als Teil des Baupolizeirechts

3.445 Die Vorschriften zur Wahrung ästhetischer Belange von Bauten und Anlagen gehören zum **Baupolizeirecht**[833], sind jedoch nicht Teil des klassischen Gefahrenabwehrrechts[834]; sie als «elementares ordnungspolizeiliches Erfordernis menschlichen Zusammenlebens» zu bezeichnen[835], strapaziert aus heutiger Sicht den polizeilichen Ordnungsbegriff.[836] Das Bundesgericht hat in BGE 118 Ib 26, E. 4b,[837] begründungslos eine **raumplanerische Funktion** von Ästhetikvorschriften **verneint** (vgl. aber Art. 3 Abs. 2 lit. b und Abs. 3 RPG sowie Art. 8a Abs. 1 lit. c RPG). Gestaltungsvorschriften bezwecken eine über die blossen Volumen- und Abstandsbestimmungen sowie über die technischen Bauvorschriften und Vorschriften betreffend die Ausstattung von Siedlungen hinausgehende Qualität der Siedlungen.[838]

---

832 BAUMBERGER, Konstruktive Schönheit, S. 190.

833 HÄNNI, Planungsrecht, S. 329; ZAUGG/LUDWIG, Kommentar BauG BE, Art. 9/10 Rz. 1; ZUMSTEIN, Generalklausel, S. 49 ff., insb. 56 ff.; STEINER, Ästhetikgeneralklauseln, S. 118, spricht von einer «Art Baupolizeivorschrift zum Schutz des ästhetischen Empfindens des Bürgers». Es geht dabei um das Polizeigut der öffentlichen Ordnung.

834 HOPPE/BÖNKER/GROTEFELS, Baurecht, § 15 Rz. 25.

835 So aber explizit HÄNNI, Planungsrecht, S. 329; vgl. dazu illustrierend FRITZ FLEINER, Institutionen des Deutschen Verwaltungsrechts, 8. Aufl., Tübingen 1928, S. 397 f., wonach die öffentliche Ordnung die Unterdrückung all dessen erheische, was gegen die herrschenden ethischen und sozialen Anschauungen verstosse oder «die fünf Sinne über das Mass hinaus belästigt, das als notwendige Folge des Zusammenlebens der Menschen von Jedem ertragen werden muss».

836 Kritisch auch SIEBER, Verdichtung, S. 151; LENDI, Gestaltungsvorgaben, S. 14.

837 Bestätigt in BGE 121 II 171, E. 2a und BGE 125 II 10, E. 3b/bb; MARTI, Urteilsbesprechung BGer 1P.678/2004, S. 437 f.; AEMISEGGER/HAAG, in: Kommentar RPG, Art. 33 Rz. 29.

838 SIEBER, Verdichtung, S. 150 f.

b) Arten von Gestaltungsvorschriften

aa) Übersicht

3.446

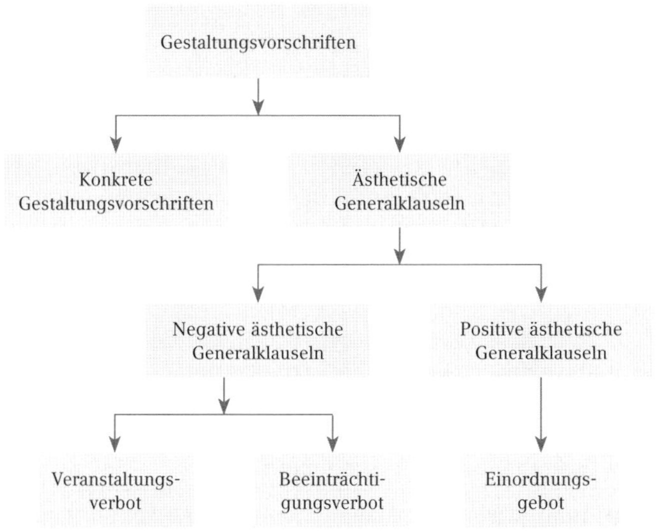

bb) Konkrete Gestaltungsvorschriften

Im Rahmen der Nutzungs- oder Sondernutzungsplanung können innerhalb der Gemeindeautonomie für bestimmte Gebiete konkrete (auch spezifische) Gestaltungsvorschriften erlassen werden, die über die Festlegung der reinen Dimensionen von Bauten und Anlagen hinausgehen, wenn ein wesentliches öffentliches Interesse an der Gestaltung der Überbauung besteht und die angeordneten Einschränkungen sich am Grundsatz der Verhältnismässigkeit orientieren.[839] Sie können negativ als Verbot (beispielsweise als Verbot von Flachdächern) oder positiv als Gestaltungsvorschrift (etwa als ausschliessliche Zulässigkeit von Satteldächern) ausgestaltet sein. Diese konkreten Gestaltungsvorschriften sind Teil der einzuhaltenden Zonenvorschriften. Sie gehen ästhetischen Generalklauseln vor.[840] Konkrete Gestaltungsvorschriften haben abstrakte Geltung; im konkreten Anwendungsfall können sie als solche nicht erneut auf ihre Verhältnismässigkeit hin überprüft werden, sondern lediglich auf die richtige Anwendung im Einzelfall.[841] 3.447

Eine exemplarische Diskussion über die Zulässigkeit konkreter Gestaltungsvorschriften wurde in den letzten Jahren anhand der als Gestaltungsvorschriften auftretenden Verbote von Mobilfunkantennen geführt. Das Bundesgericht hat dabei klargestellt, dass Vorschriften über Mobilfunkanlagen die sich aus dem Bundesumwelt- und -fernmelderecht ergebenden 3.448

---

839 ZAUGG/LUDWIG, Kommentar BauG BE, Art. 9/10 Rz. 4; HÄNNI, Planungsrecht, S. 328 f.; MEISSER, Ästhetikparagraph, S. 20.

840 SIEBER, Verdichtung, S. 153 mit Hinweis auf BGer, Urteil vom 17. Februar 1992 (RDAF 1993 53 ff.); HÄNNI, Planungsrecht, S. 328.

841 ZAUGG/LUDWIG, Kommentar BauG BE, Art. 9/10 Rz. 6.

Schranken zu beachten haben.[842] Die im Interesse des Ortsbildschutzes erlassenen Gestaltungsvorschriften (etwa betreffend Dachaufbauten) dürfen daher die Wahrnehmung des Versorgungsauftrags der Mobilfunkbetreiber gemäss der Fernmeldegesetzgebung nicht vereiteln oder über Gebühr erschweren.[843]

cc) Ästhetische Generalklauseln

3.449 Die ästhetischen Generalklauseln bezwecken den Schutz des Landschafts-, Orts-, Quartier- und Strassenbildes[844] bzw. den Schutz der ästhetischen, kulturellen, historischen oder wissenschaftlichen Werte des Raumes vor Beeinträchtigung durch Bauten und Anlagen.[845] Dabei kennen die kantonalen und kommunalen Vorschriften einerseits Verunstaltungs- und Beeinträchtigungsverbote (sog. negative ästhetische Generalklauseln) und andererseits Eingliederungsvorschriften (sog. positive ästhetische Generalklauseln).

3.450 Das **Verunstaltungsverbot** ist verletzt, falls die Gestaltung einer Baute nach Massstäben, die in Anschauungen von einer gewissen Verbreitung und Allgemeingültigkeit gefunden werden, als erheblich störend zu bezeichnen ist und als grob störender Gegensatz zu Bestehendem in Erscheinung tritt.[846]

3.451 Das **Beeinträchtigungsverbot** stellt demgegenüber etwas strengere Anforderungen an eine Baute als das Verunstaltungsverbot; als Beeinträchtigung ist nicht erst ein geradezu hässlicher Eingriff, sondern bereits eine klar erkennbare Störung der Schutzobjekte (Rz. 3.456) einzustufen.[847] Die Störung muss nicht erheblich sein, eine teilweise Störung des Gesamtbildes genügt.[848] Sowohl für das Verunstaltungs- wie das Beeinträchtigungsverbot gilt, dass einzelne bestehende Verunstaltungen keinen Freipass für weitere Beeinträchtigungen bilden.[849]

3.452 Das **Einordnungsgebot** verlangt demgegenüber eine positiv sich einordnende architektonische Gestaltung[850] von Bauten und Anlagen mit dem Zweck einer guten Gesamtwirkung bezüglich der baulichen und landschaftlichen Umgebung.

---

842 BGE 141 II 245, E. 7.1.

843 BGE 138 II 570, E. 4.2.

844 Hänni, Planungsrecht, S. 326.

845 Zaugg/Ludwig, Kommentar BauG BE, Art. 9/10 Rz. 1.

846 BGer, Urteil 1C_346/2007 vom 16. Mai 2008, E. 3.3.1; BGE 114 Ia 343, E. 4b; BGE 115 Ia 370, E. 3; Steiner, Ästhetikgeneralklauseln, S. 118; Zumstein, Generalklausel, S. 29; siehe zum deutschen Recht Hoppe/Bönker/Grotefels, Baurecht, § 15 Rz. 27, wonach ein «hässlicher, das ästhetische Empfinden des Beschauers nicht nur beeinträchtigender, sondern verletzender Zustand» verlangt wird.

847 BGE 115 Ia 370, E. 3; Zumstein, Generalklausel, S. 30; Zaugg/Ludwig, Kommentar BauG BE, Art. 9/10 Rz. 13.

848 Zumstein, Generalklausel, S. 30.

849 EJPD/BRP, Erläuterungen, Art. 3 Rz. 30; siehe auch Steiner, Ästhetikgeneralklauseln, S. 118; Fritzsche/Bösch/Wipf, Planungs- und Baurecht, S. 656.

850 BGE 114 Ia 343, E. 4b; Steiner, Ästhetikgeneralklauseln, S. 118; Meisser, Ästhetikparagraph, S. 9, bezweifelt grundsätzlich, dass es haltbar sei, dem Eingliederungsgebot eine über das Verunstaltungsverbot hinausgehende Bedeutung zuzumessen.

Die kantonalen Vorschriften variieren; während § 238 Abs. 1 PBG ZH eine «befriedigende Gesamtwirkung» verlangt, schreibt § 42 Abs. 1 BauG AG vor, die Einordnung müsse eine «gute Gesamtwirkung» erlauben. An sich liegt darin ein qualitativer Unterschied, wobei zu beachten bleibt, dass einer positiven Beeinflussung der Siedlungsgestaltung bei einer einzelfallweisen Anwendung der ästhetischen Generalklausel enge Grenzen gesetzt sind.[851] 3.453

Ziel ist die Schaffung oder Erhaltung einer gewissen Einheitlichkeit der typischen und vorherrschenden gestaltungsrelevanten Merkmale von Gebäuden und Freiräumen (namentlich der Dimensionen und Proportionen, der Gliederung des Baukörpers, der Fassaden- und Dachgestaltung sowie der Aussenräume).[852] Eine vollständige Angleichung und Anpassung an Bestehendes kann jedoch allein gestützt auf die ästhetische Generalklausel nicht vorgeschrieben werden.[853] 3.454

Es finden sich auch ästhetische Generalklauseln (vgl. etwa § 238 Abs. 1 PBG ZH), die verlangen, dass ein Gebäude **architektonisch** befriedigend oder gut gestaltet zu sein hat, losgelöst von der Umgebung und somit losgelöst von dessen Eingliederung in die Umgebung (vgl. Rz. 3.459). 3.455

dd) Schutzobjekte

Als Schutzobjekte nennen die ästhetischen Generalklauseln in der Regel Landschaften sowie Orts-, Quartier- und Strassenbilder. Unter dem Begriff der **Landschaft** ist ein zusammenhängendes, aufgrund bestimmter Gemeinsamkeiten und Eigenheiten als räumliche Einheit in Erscheinung tretendes landschaftliches Objekt von begrenztem Umfang zu verstehen.[854] **Orts-, Quartier- und Strassenbilder** sind Gruppen von Siedlungsbauten, die durch ihre Art, Form oder Struktur besonders geprägt werden[855]; der Begriff bezeichnet den Gesamteindruck, der sich aus dem Zusammenwirken der verschiedenen Gebäude unter sich und mit ihrer Umgebung ergibt.[856] Eine besondere Schönheit bzw. eine besondere Schutzwürdigkeit der Landschaft oder des Orts-, Quartier- und Strassenbildes ist nicht Schutzvoraussetzung[857]; auch ein «durchschnittliches» Objekt ist der Verschandelung nicht schutzlos preiszugeben.[858] Der Schutz speziell schutzwürdiger Objekte erfolgt nicht in erster Linie über die generellen Ästhetikvorschriften, sondern mittels konkreter Schutzmassnahmen (Schutzzonen, formelle Unterschutzstellungen und Umgebungsschutzvorschriften) bzw. Gestaltungsvorschriften. 3.456

---

851 Sieber, Verdichtung, S. 161 f.; von Arx, Ästhetikparagraph, S. 77.
852 Steiner, Ästhetikgeneralklauseln, S. 118; von Arx, Ästhetikparagraph, S. 72.
853 Sieber, Verdichtung, S. 162; Fritzsche/Bösch/Wipf, Planungs- und Baurecht, S. 656 f.
854 Zimmerlin, Baugesetz AG, § 159 Rz. 3a.
855 BGE 111 Ib 257, E. 1a; EJPD/BRP, Erläuterungen, Art. 17 Rz. 20; Rohrer, in: Kommentar NHG, Allgemeiner Teil, Kapitel 1, Rz. 33.
856 Zimmerlin, Baugesetz AG, § 159 Rz. 3.
857 Zimmerlin, Baugesetz AG, § 159 Rz. 3a mit Hinweisen.
858 Zimmerlin, Baugesetz AG, § 159 Rz. 3b.

ee) *Schutzmassstab*

3.457 Schutzmassstab ist zum einen das «Charakteristische» und das «Typische» des bestehenden Zustandes.[859] Gefordert ist – wie erwähnt – nicht das Vorliegen einer besonders schutzwürdigen Umgebung[860], wohl aber eine gewisse Einheitlichkeit[861], aus der sich ein Schutzmassstab ableiten lässt. Der Schutzmassstab ergibt sich nicht nur aus dem Zustand der tatsächlichen Bebauung, sondern, namentlich bei nicht vollständig überbauten Bereichen, auch aus den massgebenden Zonenvorschriften.[862]

3.458 Die architektonische Qualität der Erscheinung eines Gebäudes erfasst der Betrachter primär in Relation zur bestehenden Umgebung, die es zusammen mit anderen Bestandteilen mitzuprägen vermag.

3.459 Die Entwicklung objektivierbarer Kriterien zur Beurteilung der «architektonischen Qualität» eines Gebäudes an sich (vgl. etwa § 238 Abs. 1 PBG ZH), also etwa Fragen der Harmonie und Ausgewogenheit, losgelöst von der Umgebung, ist weit schwieriger als die Beurteilung der Einordnung eines Gebäudes in das Ortsbild, für die einigermassen objektivierbare Kriterien und Prüfungsraster zur Verfügung stehen.[863]

3. Anwendung der ästhetischen Generalklauseln

a) Stufenweise Konkretisierung

3.460 Die Anwendung ästhetischer Generalklauseln setzt ein **stufenweises Vorgehen** voraus, damit die Beurteilung objektivierbar und nachvollziehbar wird. Nach der Rechtsprechung dürfen die Baubehörden bei positiven ästhetischen Generalklauseln, die zur Sicherstellung einer befriedigenden Gesamtwirkung eine gute Gestaltung verlangen, an die Einordnung strenge Massstäbe anlegen.[864] Die Herleitung der Massstäbe und die Beurteilungen sind jedoch sorgfältig zu begründen[865]. Es ist im Einzelnen darzutun, weshalb mit einer bestimmten baulichen Gestaltung weder für den Bau selbst noch für die Umgebung eine befriedigende Gesamtwirkung

---

859 Steiner, Ästhetikgeneralklauseln, S. 118.

860 Anders BGE 115 Ia 370, E. 3, sowie Dilger, Raumplanungsrecht, § 2 Rz. 106; Sieber, Verdichtung, S. 159, Fn. 45, spricht von einem tief anzusetzenden Massstab der Schutzwürdigkeit.

861 Zimmerlin, Baugesetz AG, § 159 Rz. 3b; Sieber, Verdichtung, S. 159 und 161; von Arx, Ästhetikparagraph, S. 86 f.

862 VGer AG, Urteil vom 5. Mai 1980, E. 5 (AGVE 1980 Nr. 34); VGer AG, Urteil vom 20. Januar 1977, E. 1/b/ee (AGVE 1977 Nr. 27); Entscheid des Baudepartements des Kantons Aargau vom 7. Mai 1987, E. c/bb (AGVE 1987 Nr. 25); Zimmerlin, Baugesetz AG, § 159 Rz. 6; siehe auch Sieber, Verdichtung, S. 159. Sinn des generellen Einordnungsgebotes bleibt jedoch, gestalterischen Anforderungen zum Durchbruch zu verhelfen, die sich nicht direkt aus den Zonenvorschriften ergeben.

863 Fritzsche/Bösch/Wipf, Planungs- und Baurecht, S. 654 f.

864 BGE 114 Ia 343, E. 4b; BGE 141 II 245, in der Amtlichen Sammlung nicht publizierte E. 4.1.

865 Vgl. dazu auch Marti, Urteilsbesprechung BGer 1C_434/2012, S. 447.

erreicht wird.[866] Der Beizug von Experten ist in umstrittenen Fällen hilfreich.[867] Private Gutachten gelten allerdings an sich als blosse Parteibehauptungen.[868]

In einem ersten Schritt ist die **massgebende Umgebung** zu bestimmen, in die sich die zu beurteilende Baute einzuordnen hat. Der räumliche Umfang der Umgebung bestimmt sich nach Massgabe der optischen Ausstrahlung, der Sichtbarkeit eines Gebäudes.[869] Zur Umgebung gehört demnach, was von einem durchschnittlichen Betrachter gleichzeitig überblickt und erlebt werden kann. Damit geht die massgebende Umgebung über die unmittelbare Nachbarschaft hinaus; auch die Fernwirkung des zu beurteilenden Objekts ist zu beachten.[870] Andererseits darf die Sichtbarkeit nicht einziges massgebendes Kriterium bilden; das Bezugsgebiet muss auch topografisch als verhältnismässig einheitlich gestalteter Raum erkennbar sein.[871] 3.461

In einem zweiten Schritt hat eine **qualitative Beurteilung** der so bestimmten Umgebung Platz zu greifen; es sind deren charakterbestimmende Elemente und deren Empfindlichkeit zu evaluieren.[872] Es ist zu prüfen, ob eine homogene oder eine heterogene Bebauung vorliegt (etwa bezüglich Volumen, Proportionen, Gliederung der Baukörper, Dachform, Fassadengestaltung[873]). Die Verteilung der verschiedenen Volumen, die Topografie, die Anordnung der Aussen-, Frei- und Strassenräume sowie das Vorhandensein von formell unter Schutz stehenden Objekten sind zu analysieren und daraus die **positiv prägenden Einordungskriterien** abzuleiten (Massstäbe, Proportionen). Letztlich geht es in diesem Schritt um Werturteile; es ist zu bestimmen, welche Eigenheiten der massgebenden Umgebung fortentwickelt werden sollen, weil sie wertvoll sind, und welche nicht. Auch die künftige Entwicklung und damit die geltenden Bestimmungen der Nutzungsplanung oder andere für die zukünftige Entwicklung relevante Grundlagen (etwa Inventare, Richtpläne, Entwicklungskonzepte) sind bei dieser Bewertung mit zu berücksichtigen. 3.462

Schliesslich hat in einem dritten Schritt die **Beurteilung des geplanten Eingriffs** anhand der entwickelten Einordnungskriterien zu erfolgen. Dabei ist der präjudiziellen Bedeutung des Entscheides Rechnung zu tragen, also zu berücksichtigen, dass zukünftige weitere Bauvorhaben nach den gleichen Kriterien zu beurteilen sind. 3.463

Die Beurteilung von Bebauungsmustern, die vom Bestehenden bewusst abweichen und dazu in einem Spannungsverhältnis stehen, bietet unter dem Aspekt des Eingliederungsgebotes besondere Schwierigkeiten. Die Zulässigkeit eines dadurch entstehenden Spannungsverhält- 3.464

866 BGE 114 Ia 343, E. 4b; BGE 141 II 245, in der Amtlichen Sammlung nicht publizierte E. 4.1.
867 Zaugg/Ludwig, Kommentar BauG BE, Art. 9/10 Rz. 8.
868 Vgl. BGer, Urteil 1P.280/2002 vom 28. Oktober 2002, E. 3.5; BGE 141 III 433, E. 2.5 f.; BGE 132 III 83, E. 3.4; vgl. aber BGE 137 II 266, E. 3.2: «Expertisen, die von einer Partei eingeholt und in das Verfahren als Beweismittel eingebracht werden [Partei- oder Privatgutachten], darf der Beweiswert nicht schon deshalb abgesprochen werden, weil sie von einer Partei stammen.»
869 Sieber, Verdichtung, S. 158 f.; von Arx, Ästhetikparagraph, S. 85.
870 BGE 118 Ia 232, E. 1b; Sieber, Verdichtung, S. 158; Fritzsche/Bösch/Wipf, Planungs- und Baurecht, S. 655.
871 Siehe auch BGE 115 Ia 363, E. 4b; Sieber, Verdichtung, S. 158.
872 Sieber, Verdichtung, S. 159.
873 Sieber, Verdichtung, S. 154 f.

nisses bedarf einer besonderen Qualität des Neuen, aber auch einer besonderen Begründung.[874]

3.465 Den Beurteilungen auf allen Stufen der Konkretisierung sind Anschauungen zugrunde zu legen, die eine gewisse Verbreitung und Allgemeingültigkeit aufweisen und nicht nur Fachleuten zugänglich sind; es ist nicht einfach auf ein beliebiges subjektives architektonisches Empfinden oder Gefühl abzustellen; die Beurteilungen sind sorgfältig zu begründen und auf objektive, systematische Kriterien abzustellen.[875]

b) Anwendung und Grenzen ästhetischer Generalklauseln

3.466 Ästhetische Generalklauseln bezwecken im weitesten Sinne die Gewährleistung siedlungsgestalterischer und architektonischer **Qualität** von Bauten und Anlagen. Sie weisen in gewissem Umfang eine «Integrationskapazität» im Rahmen des oben umschriebenen stufenweisen Vorgehens (Rz. 3.460 ff.) auf und können so vorhandene Qualitäten fortschreiben und Bestehendes bewahren, garantieren jedoch im Grundsatz keine eigenständige, neue Qualität. Ästhetische Generalklauseln haben daher den Charakter von ästhetischen «Auffanginstrumenten». Gerade im Rahmen von Nachverdichtungen zu wenig ausgelasteter Baugebiete mit älterer Bausubstanz stösst die Leistungsfähigkeit der ästhetischen Generalklauseln an Grenzen, und es kann ein Zielkonflikt zwischen Verdichtung und Ortsbildschutz entstehen (vgl. Rz. 3.468).[876]

3.467 Wirkungsvoller lässt sich städtebauliche und architektonische Qualität im Rahmen von diesbezüglich leistungsfähigeren planerischen oder architektonischen Instrumenten sicherstellen.[877] Dazu dienen etwa **Gestaltungspläne** mit konkreten Gestaltungsvorschriften oder **Arealüberbauungsverfahren** (Sondernutzungspläne bzw. Baubewilligungsverfahren mit spezifischen Anforderungen an die Gestaltung) mit darin integrierter Durchführung planerischer bzw. architektonischer Konkurrenzverfahren.[878]

874 Vgl. dazu auch SIEBER, Verdichtung, S. 160; ZAUGG/LUDWIG, Kommentar BauG BE, Art. 9/10 Rz. 13.

875 BGE 141 II 245, in der Amtlichen Sammlung nicht publizierte E. 4.1; BGE 135 I 176, E. 6.2 (Pra 2009 Nr. 117); BGE 120 Ia 270, E. 4a; BGE 114 Ia 345, E. 4b; SIEBER, Verdichtung, S. 161; ZAUGG/LUDWIG, Kommentar BauG BE, Art. 9/10 Rz. 9.

876 MARTI, Urteilsbesprechung BGer 1C_434/2012, S. 446.

877 Vgl. SIEBER, Verdichtung, S. 152 f.

878 Ideenwettbewerbe, städtebauliche Wettbewerbe, Architekturwettbewerbe, Studienaufträge Gesamtleistungswettbewerbe, Testplanungen, Entwicklungsplanungen (vgl. ARE ZH, Siedlungsqualität, S. 4 ff.).

4. Verhältnis der ästhetischen Generalklauseln zu anderen Bauvorschriften

a) Grundsätzliches

Generelle Ästhetikvorschriften haben gemäss der bundesgerichtlichen Rechtsprechung eine eigenständige Bedeutung; sie sind nicht von vornherein eingehalten, wenn die Bauvorschriften respektiert werden, denn die Schutzbereiche der Normen decken sich nicht zwingend.[879] Generelle Ästhetikvorschriften sind gegenüber den Bauvorschriften **nicht subsidiär.**[880] Wird im Rahmen des Planungsverfahrens auf konkrete Gestaltungsvorschriften verzichtet, bleiben die ästhetischen Generalklauseln trotzdem anwendbar.[881] Indes darf die Anwendung einer positiven Ästhetikklausel nicht dazu führen, dass die Zonenordnung ausser Kraft gesetzt wird. Lässt der Gesetzgeber eine bestimmte Geschosszahl zu, geht es nicht oder nur beim Vorliegen einer erheblichen Störung an, ein Geschoss weniger zu bewilligen mit der Begründung, nur dadurch würde eine gute Gesamtwirkung erreicht.[882] Bauten, die den Zonenvorschriften entsprechen, können nicht schon deshalb als mit den Einordnungsvorschriften unvereinbar bezeichnet werden, weil sie grössere Ausmasse und grössere Nutzungsdichten aufweisen als die umstehenden Gebäude; darin liegt nicht von vornherein eine Verletzung des Einordnungsgebots.[883] Mit ästhetischen Generalklauseln kann keine Pflicht zur Übernahme vorherrschender Gestaltungselemente begründet werden. In Ausnahmefällen, etwa bei klarem und krassem Widerspruch des Geplanten zur baulichen Umgebung kann jedoch die Anwendung der ästhetischen Generalklausel dazu führen, dass das zonenkonforme Bauvolumen nicht voll ausgeschöpft werden kann.[884] Da die ästhetischen Generalklauseln den konkreten Gestaltungsvorschriften nachgehen[885], verlieren sie an Bedeutung, wenn detaillierte Gestaltungsvorschriften bestehen. 3.468

879 BGer, Urteil 1C_138/2014 vom 3. Oktober 2014, E. 8.1; BGer, Urteil 1C_434/2012 vom 28. März 2013, E. 3.3 (ZBl 2014 441 ff.); BGE 114 Ia 340, E. 4b; SIEBER, Verdichtung, S. 162 f.; ZAUGG/LUDWIG, Kommentar BauG BE, Art. 9/10 Rz. 7 f.

880 BGer, Urteil 1C_138/2014 vom 3. Oktober 2014, E. 8.1; BGer, Urteil 1C_434/2012 vom 28. März 2013, E. 3.3 (ZBl 2014 441 ff.); abweichend noch HÄUPTLI-SCHWALLER, in: Kommentar BauG AG, § 42 Rz. 16.

881 BGer, Urteil 1P.709/2004 vom 15. April 2005, E. 2.4.

882 BGE 114 Ia 343, E. 4b; BGE 115 Ia 370, E. 5; ZAUGG/LUDWIG, Kommentar BauG BE, Art. 9/10 Rz. 15.

883 BGer, Urteil 1P.678/2004 vom 21. Juni 2005, E. 4.3; SIEBER, Verdichtung, S. 163 f.

884 BGE 115 Ia 363, E. 4c; BGE 115 Ia 370, E. 5; BGE 101 Ia 213, E. 6c; SIEBER, Verdichtung, S. 165 mit Hinweis auf BGer, Urteil 1P.217/1994 vom 27. Mai 1994, E. 4; VGer ZH, Urteil VB.2010.00249 vom 3. November 2010, E. 5.3; HÄNNI, Planungsrecht, S. 327; a.M. bezüglich einer eigentlichen Redimensionierung von Bauten infolge der ästhetischen Generalklauseln: ZAUGG/LUDWIG, Kommentar BauG BE, Art. 9/10 Rz. 15.

885 SIEBER, Verdichtung, S. 153 mit Hinweis auf BGer, Urteil vom 17. Februar 1992 (RDAF 1993 53 ff.).

b) Solaranlagen

3.469 Art. 18a RPG befreit in Bau- und Landwirtschaftszonen – nicht aber in Schutzzonen (Art. 18a Abs. 2 RPG) – Solaranlagen auf Dächern von der Baubewilligungspflicht, sofern sie genügend angepasst sind.[886] Was unter genügend angepasst zu verstehen ist, umschreibt Art. 32a Abs. 1 RPV. Einzig Solaranlagen auf Kultur- und Naturdenkmälern von kantonaler oder nationaler Bedeutung bedürfen stets einer Baubewilligung. Sie dürfen solche Denkmäler nicht wesentlich beeinträchtigen (Art. 18a Abs. 3 RPG). Ansonsten gehen die Interessen an der Nutzung der Solarenergie auf bestehenden oder neuen Bauten den ästhetischen Anliegen explizit vor (Art. 18a Abs. 4 RPG). Konkrete Gestaltungsvorschriften des kantonalen Rechts bleiben demgegenüber anwendbar, wenn sie zur Wahrung berechtigter Schutzanliegen verhältnismässig sind und die Nutzung der Sonnenenergie nicht stärker einschränken als Art. 32 Abs. 1 RPV.[887]

5. Verhältnis der ästhetischen Generalklauseln zur Eigentumsgarantie

3.470 Einschränkungen auf der Basis einer ästhetischen Generalklausel stellen eine **Einschränkung der Eigentumsgarantie** (Art. 26 BV) dar[888], die nur zulässig sind, wenn die Voraussetzungen von Art. 36 BV (gesetzliche Grundlage, öffentliches Interesse, Verhältnismässigkeitsgrundsatz) erfüllt sind. Dabei geht das Bundesgericht davon aus, dass die Pflicht zur Einhaltung von Ästhetikvorschriften den Eigentümer in der Regel nicht besonders schwer belastet, weil dadurch seine baulichen Möglichkeiten lediglich in einzelnen Punkten, aber nicht grundsätzlich in Frage gestellt werden.[889]

3.471 Immerhin erweisen sich die üblichen generellen Ästhetikklauseln als relativ unbestimmte Normen unter dem Gesichtspunkt der **Rechtssicherheit** (und der Rechtsgleichheit) als nicht unproblematisch, da die Vorhersehbarkeit ihrer Konkretisierung in der Regel gering ist. Das ist – unabhängig von der Frage, inwieweit der Bauwillige letztlich in Volumen und Nutzungsmass eingeschränkt wird – unbefriedigend, weil die Entwicklung eines Bauvorhabens hohe Kosten verursacht, die sich als vergebens aufgewandt erweisen können. Es kommt dazu, dass die Möglichkeit der Bewilligungsbehörden, die Bauherrschaft bezüglich der konkreten Anwendung der Ästhetikvorschriften im Vorfeld der Baueingabe zu **beraten,** eingeschränkt ist, wollen sich die Behörden nicht dem Vorwurf der Befangenheit aussetzen. Diese

886 Art. 18a RPG gilt nur für Solaranlagen, die körperlich mit einem Gebäude verbunden sind (BGer, Urteil 1C_391/2010 vom 19. Januar 2011, E. 3). Zur Frage, ob die Anwendung von Art. 18a RPG eine Bundesaufgabe darstellt, vgl. BGer, Urteil 1C_179/2015 vom 11. Mai 2016, E. 2.4.

887 ARE, Erläuterungen RPV 2014, S. 14 ff.

888 A.M. Griffel, Spannungsfeld, S. 173 f., wonach Ästhetikvorschriften eher als Konkretisierung bzw. als Inhaltsbestimmung des Eigentums denn als dessen Einschränkung aufzufassen sind.

889 BGer, Urteil 1C_434/2012 vom 28. März 2013, E. 3.3; BGE 115 Ia 363, E. 2a.

Problematik besteht jedenfalls in denjenigen Kantonen, die vor dem Bewilligungsentscheid ein Einsprache- oder Einwendungsverfahren kennen.[890]

Ästhetische Interessen werden vom Bundesgericht in konstanter Rechtsprechung als **öffentliche Interessen** anerkannt.[891] Die ästhetischen Interessen sind begrenzt auf das äussere Erscheinungsbild und abzugrenzen von kulturellen Interessen (etwa in der Form des Heimatschutzes; Art. 78 BV). 3.472

Gestalterische Anordnungen (Auflagen) dürfen nicht weiter gehen als **notwendig,** d.h. nur so weit, bis die fragliche Baute der massgebenden Ästhetikklausel entspricht. Es ist allerdings nicht Sache der Baubewilligungsbehörde, der Bauherrschaft ein den Anforderungen der ästhetischen Vorschriften genügendes Bauprojekt aufzuzeigen.[892] 3.473

6. Überprüfung der Einordnungsentscheide durch Rechtsmittelbehörden

Die Bundesverfassung gewährleistet die **Gemeindeautonomie** nach Massgabe des kantonalen Rechts (Art. 50 Abs. 1 BV). Nach der Rechtsprechung sind Gemeinden in einem Sachbereich autonom, wenn das kantonale Verfassungs- und Gesetzesrecht diesen nicht abschliessend ordnet, sondern ihn ganz oder teilweise der Gemeinde zur Regelung überlässt und ihr dabei eine relativ erhebliche Entscheidungsfreiheit einräumt.[893] 3.474

Gestaltungsvorschriften sind in der Regel typische Anwendungsfälle der Gemeindeautonomie. Der kommunalen Baubehörde steht bei der Anwendung dieser Ästhetikvorschriften ein **besonderer Beurteilungsspielraum**[894] zu, der im Rechtsmittelverfahren zu beachten ist. Ist der Einordnungsentscheid einer kommunalen Baubehörde nachvollziehbar, beruht er mithin auf einer vertretbaren Würdigung der massgebenden Sachumstände, so haben die Rechtsmittelinstanzen diesen zu respektieren und dürfen das Ermessen der kommunalen Behörde nicht durch ihr 3.475

---

890 BGE 140 I 326, E. 7.3; BGer, Urteil 1C_150/2009 vom 8. September 2009 (ZBl 2011 478 ff.); vgl. auch MEISSER, Ästhetikparagraph, S. 18 f.

891 BGE 24 I 294, E. 4a f.; BGE 115 Ia 370, E. 3a; BGer, Urteil 1C_434/2012 vom 28. März 2013, E. 3.6 (ZBl 2014 445). Kritisch: MEISSER, Ästhetikparagraph, S. 19.

892 BGer, Urteil 1P.646/2001 vom 1. März 2002, E. 2.3; ZAUGG/LUDWIG, Kommentar BauG BE, Art. 9/10 Rz. 8. Vgl. auch MEISSER, Ästhetikparagraph, S. 18.

893 BGE 137 I 235, E. 2.2.

894 An sich handelt es sich bei einer ästhetischen Generalklausel nicht um eine Ermessensnorm, sondern um einen unbestimmten Rechtsbegriff (und somit um eine Rechtsfrage) des kantonalen oder kommunalen Rechts, der einen Beurteilungsspielraum eröffnet; die bundesgerichtliche Terminologie ist uneinheitlich (BGer, Urteil 1C_39/2012 vom 2. Mai 2012, E. 2.3.1: «Ermessensspielraum»; BGer, Urteil 1C_414/2010 vom 23. Dezember 2010, E. 2.3.2: «Entscheidungsspielraum»); zutreffend BGer, Urteil 1C.346/2007 vom 16. Mai 2008, E. 3.3.2). Vgl. ZAUGG/LUDWIG, Kommentar BauG BE, Art. 9/10 Rz. 5; MEISSER, Ästhetikparagraph, S. 5 ff.; SCHULER, Kognition, S. 73 f., 81, 88.

eigenes ersetzen.[895] Sie dürfen erst eingreifen, wenn sich der Einordnungsentscheid geradezu als «sachlich nicht mehr vertretbar» bzw. als «offensichtlich unvertretbar» erweist.[896]

3.476 Die Rechtsmittelinstanzen üben im Ergebnis bei der Prüfung von Einordungsentscheiden Zurückhaltung, obwohl sie Rechtsfragen (unbestimmte Rechtsbegriffe[897] wie eben den Begriff der «guten Einordnung») zu beurteilen haben, die von der **Rechtsweggarantie** (Art. 29a BV) erfasst werden und voll überprüfbar sein müssen (Art. 110 BGG).[898] Damit öffnet sich ein Rechtsschutzdefizit.[899]

3.477 Im Gegenzug bleibt es den Rechtsmittelbehörden unbenommen (oder sind sie gar dazu verpflichtet[900]), in ihrer Praxis gewisse **Minimalanforderungen** an die ästhetische Beurteilung von Baugesuchen durch die Gemeindebehörden aufzustellen (objektivierbare Prüfungskriterien, Begründung).[901] Letztlich beschränken sich jedoch die Überprüfungen kommunaler Ästhetikentscheide in der Regel auf eine reine Willkürprüfung.[902]

3.478 Das Verwaltungsgericht des **Kantons Zürich**[903] hat sich jüngst eingehend mit der Kognitionsbeschränkung des Baurekursgerichts in Einordnungsfragen befasst und ist insbesondere gestützt auf die einen effektiven Rechtsschutz erheischende kantonale Verfassungsbestimmung[904] zum Schluss gekommen, dass das Baurekursgericht künftig auch in der baurechtlichen Einordnungsfrage die vorinstanzliche Begründung im Einzelnen zu überprüfen und anhand der massgebenden Kriterien eine eigene Würdigung vorzunehmen hat. Es kann sich nicht mehr auf die Prüfung beschränken, ob der kommunale Entscheid sachlich vertretbar ist. Allerdings verlangt die Gemeindeautonomie, dass das Baurekursgericht von den Entscheidgründen der Gemeinde auszugehen hat und eine davon abweichende Entscheidung eingehend begründen muss; namentlich dürfte es notwendig sein, einen Augenschein durchzuführen.

---

895 BGE 136 I 395, E. 2 und E. 3.2.1; BGer, Urteil 1C_434/2012 vom 28. März 2013, E. 3.3 (ZBl 2014 441 ff.); BGer, Urteile 1C_39/2012 vom 2. Mai 2012, E. 2.3.2, und 1C_495/2011 vom 14. März 2012, E. 4.3 je mit Hinweisen. Vgl. auch DONATSCH, in: Kommentar VRG, § 20 Rz. 57 ff., insbesondere Rz. 68 ff.

896 BGE 137 I 235, E. 2.5.2.

897 Fn. 895.

898 SCHULER, Kognition, S. 73 ff., 81, 88, 91 f.

899 Vgl. BGE 136 I 395, E. 2 und 4.3.5, in dem allerdings die Anwendung unbestimmter Rechtsbegriffe als Ermessensproblematik abgehandelt wird.; .SCHINDLER, Gemeindeautonomie, S. 145 ff.; MARTI, Urteilsbesprechung BGer 1C_434/2012, S. 446 f.; vgl. auch SCHULER, Kognition, S. 155 ff., der darlegt, dass sich Gemeindeautonomie und Rechtsweggarantie gegenseitig einschränken, woraus sich die Notwendigkeit ergibt, zwischen den beiden Verfassungsgarantien praktische Konkordanz herzustellen.

900 BGE 141 II 245, in der Amtlichen Sammlung nicht publizierte E. 4.1.

901 Rz. 3.460; MARTI, Urteilsbesprechung BGer 1C_434/2012, S. 446 f.

902 Kritisch dazu: MARTI, Urteilsbesprechung VGer ZH VB.2013.00468, S. 456; SCHINDLER, Gemeindeautonomie, S. 145 ff.; GRIFFEL, Raumplanungs- und Baurecht, S. 182.

903 VGer ZH, Urteil VB.2013.00468 vom 17. Dezember 2013 (ZBl 2014 448 ff.) und dazu MEISSER, Ästhetikparagraph, S. 5 ff.

904 § 77 Abs. 1 KV ZH; vgl. auch Art. 29a BV.

In diesem Zusammenhang ist zu berücksichtigen, dass die Rechtsnatur der Baubewilligung als Polizeibewilligung dem Bauherrn einen Anspruch auf Erteilung einer Bewilligung einräumt, sofern das Gesuch den massgebenden Vorschriften entspricht. Aus dieser Warte wäre daher primär zu prüfen, ob das vom Bauherrn gestaltete Bauvorhaben eine unter dem Gesichtspunkt der Ästhetikvorschriften vertretbare Lösung darstellt und eben gerade nicht bloss, ob der Entscheid der Gemeinde sachlich vertretbar ist.[905] Die **Wahl** unter mehreren vertretbaren und damit rechtmässigen Lösungen liegt beim Bauherrn und nicht bei der kommunalen Baubehörde. 3.479

E. Nutzungsvorschriften

Literatur

RUCH ALEXANDER, in: Kommentar RPG, Art. 22; WALDMANN BERNHARD, Ideelle Immissionen; WITTWER BENJAMIN, Mobilfunkanlagen.

1. Zonenkonforme Nutzweisen

Welche Nutzweisen zonenkonform und damit zulässig sind, ergibt sich in erster Linie aus der Zuweisung eines Baugrundstücks zu einer bestimmten Nutzungszone und den für diese geltenden **Nutzungsvorschriften.**[906] Dabei ergibt sich die Zonenkonformität innerhalb der Bauzonen im Einzelnen aus dem kantonalen Recht, während sie in der Landwirtschaftszone weitestgehend bundesrechtlich geregelt ist (Art. 16a ff. RPG). Die Kantone können hier nur noch gewisse einschränkende Bestimmungen erlassen (Art. 27a RPG). 3.480

Zentraler Aspekt der Zonenkonformität sind die von verschiedenen Nutzweisen ausgehenden **Emissionen.** Der Schutz gegen Emissionen aus ortsfesten Anlagen wird dabei in erster Linie durch das Umweltrecht des Bundes geregelt (umfassende Bundeskompetenz, Art. 74 BV). Dies gilt in besonderem Mass für den Lärm (Art. 25 USG). So legt Art. 43 LSV vier **Empfindlichkeitsstufen** fest. Die Empfindlichkeitsstufe I gilt für Zonen mit erhöhtem Lärmschutzbedürfnis, die Empfindlichkeitsstufe II für solche, in denen keine störenden Betriebe zugelassen sind, die Empfindlichkeitsstufe III für solche, in denen mässig störende Betriebe zugelassen sind, und die Empfindlichkeitsstufe IV für solche, in denen stark störende Betriebe zugelassen sind. Diese Abstufung nehmen die Kantone und Gemeinden regelmässig auf, um in Wohnzonen auch nicht oder mässig störende Gewerbebetriebe zuzulassen. 3.481

---

905 Im Ergebnis gleich MEISSER, Ästhetikparagraph, S. 10 und S. 11 ff.
906 Siehe Rz. 1.57 ff. und Rz. 3.19 ff.

2. «Funktionale Zonenverträglichkeit»

a) Begriff

3.482 Bauten und Anlagen müssen nicht nur hinsichtlich der von ihnen ausgehenden Emissionen, sondern auch von ihrer **raumplanerischen Zweckbestimmung** her an einen bestimmten Standort und damit in eine bestimmte Nutzungszone passen (vgl. Art. 22 Abs. 2 lit. a RPG). Dies wird als funktionale Zonenverträglichkeit oder auch als funktionelle Zonenkonformität bezeichnet. Unter diesem Titel wird dem Umstand Rechnung getragen, dass Bauten und Anlagen auch von ihrer Zweckbestimmung her eine mehr oder weniger störende Wirkung haben können. Erfasst werden mithin Bauten und Anlagen, die zwar nicht gegen bestimmte Zonenvorschriften verstossen, aber dennoch – etwa wegen ideeller Immissionen – nicht in die betreffende Zone passen.

b) Stark störende, mässig störende und nicht störende Betriebe

3.483 Soweit die Kantone und Gemeinden zwischen nicht, mässig und stark störendem Gewerbe unterscheiden, kommt den entsprechenden Bestimmungen seit dem Inkrafttreten des USG und der LSV in **immissionsschutzrechtlicher** Hinsicht keine selbständige Bedeutung mehr zu.[907] Die Zulässigkeit von Betrieben richtet sich unter lärmschutzrechtlichen Aspekten ausschliesslich nach dem Umweltschutzgesetz und seinen Ausführungsbestimmungen.[908]

3.484 Selbständiges kantonales Recht, das den Schutz vor Immissionen bezweckt oder bewirkt, ist jedoch nicht generell unbeachtlich. Insbesondere kantonale **raumplanerische Massnahmen** können zur Begrenzung der Umweltbelastung eingesetzt werden.[909] Dies wird in der Praxis zuweilen übersehen, ist aber folgerichtig. Raumplanung, die nicht in den Anwendungsbereich des USG fällt[910], bezweckt unter anderem die vorausschauende Vermeidung von Immissionspotenzialen (Art. 3 Abs. 3 RPG). Dies gilt soweit möglich auch unterhalb der Grenzwerte des USG.[911] Insofern ist die Raumplanung den umweltrechtlichen Instrumenten der Immissionsbegrenzung vorgelagert und kann durch diese nicht verdrängt werden.[912]

3.485 Solche in die Zuständigkeit der Kantone und der Gemeinden fallenden raumplanerischen Ziele stehen zum Beispiel dann im Vordergrund, wenn die Nutzungsplanung **verkehrsintensive Betriebe** nicht primär wegen der Lärm- oder Luftbelastung,

---

907 Vgl. Rz. 3.481.

908 BGE 118 Ia 112, E. 1b; BGer, Urteil 1A.96/2002 vom 12. Februar 2003, E. 1.1.2; VGer ZH, Urteil VB.2011.00732 vom 25. April 2012, E. 4.1.

909 VGer ZH, Urteil VB.2012.00860 vom 29. Mai 2013, E. 4.3. Vgl. auch Brandt/Moor, in: Kommentar RPG, Art. 18 Rz. 19 mit Hinweisen und Beispielen; Wittwer, Mobilfunkanlagen, S. 97 f.

910 Vgl. BGer, Urteil 1C_499/2014 vom 25. März 2015, E. 4.3.

911 BGE 136 II 263, E. 8.3 m.w.H.

912 VGer ZH, Urteil VB.2010.00652 vom 14. März 2012, E. 4.2 m.w.H.; Griffel/Rausch, Kommentar USG, Ergänzungsband, Vorbem. zu Art. 11–25, Rz. 5.

sondern aus Gründen der Verkehrssicherheit oder wegen Parkplatzproblemen aus bestimmten Zonen verbannt.[913] So hat etwa § 244 Abs. 3 PBG ZH, wonach nicht für Besucher vorgesehene Parkplätze wenn möglich unterirdisch angelegt oder überdeckt werden müssen, neben dem Umweltschutzrecht des Bundes zwar in lärmschutzrechtlicher Hinsicht keine selbständige Bedeutung, wohl aber, soweit verkehrs- und siedlungsplanerische Ziele verfolgt werden.[914] Auch in Bezug auf solche Aspekte können Bauten und Anlagen in einer bestimmten Zone mehr oder weniger stark stören.

Auch **Wohnanteilsvorschriften** sind raum- bzw. ortsplanerisch motiviert. Hier kann sich allerdings die Frage stellen, welche Nutzungen konkret als Wohnnutzungen qualifiziert werden. Der Begriff des Wohnens ist nicht bundesrechtlich definiert. Dementsprechend wird diese Frage etwa in Bezug auf Kindertagesstätten nicht in allen Kantonen gleich beantwortet, was nur zum Teil mit den konkret anwendbaren unterschiedlichen Nutzungsordnungen erklärbar ist.[915] Allerdings ist festzuhalten, dass Kindertagesstätten aufgrund stark variierender Erscheinungsformen (Grösse, Organisation etc.) auch innerhalb desselben Kantons nicht zwingend einheitlich qualifiziert werden müssen. 3.486

Weit verbreitet sind insbesondere das Kriterium der **Quartierüblichkeit** und der Verweis auf die Vergleichbarkeit mit herkömmlichen Handwerks- und Gewerbebetrieben.[916] Störende Betriebe, die mit dem Charakter einer Wohnzone nicht vereinbar sind, können also durch kantonales oder kommunales Recht auch dann untersagt werden, wenn die von ihnen ausgehenden Lärmemissionen bundesrechtliche Schranken nicht überschreiten.[917] Die Unvereinbarkeit mit dem Wohnzweck kann sich dabei etwa aus der zusätzlichen Verkehrsbelastung ergeben oder in ideellen Immissionen begründet sein.[918] Auch ästhetische Beeinträchtigungen können die Unvereinbarkeit mit dem Zonenzweck (Wohnnutzung) begründen.[919] 3.487

Ein Betrieb oder eine Anlage ist dann im raumplanungsrechtlichen Sinn **stark störend,** wenn ein erhebliches Konfliktpotenzial zwischen dem geplanten Vorhaben und der bestehenden Umgebung bzw. der zonentypischen Nutzung besteht.[920] Demgegenüber ist für die Qualifikation als **nicht störend** nicht vorausgesetzt, dass jegliches Konfliktpotenzial fehlt.[921] Immer ist bei der Einstufung eines Vorhabens 3.488

913 VGer ZH, Urteil VB.2010.00652 vom 30. August 2011, E. 4.1.
914 VGer ZH, Urteil VB.2013.00754 vom 13. März 2014, E. 3.2.3.
915 Vgl. etwa BGer, Urteil 1C_207/2012 vom 15. März 2013, E. 2 (keine Qualifikation als Wohnnutzung in Zürich); BGer, Urteil 1C_148/2010 vom 6. September 2010, E. 2.2 (Qualifikation als Wohnnutzung in Aarau).
916 Vgl. etwa VGer ZH, Urteil VB.2012.00860 vom 29. Mai 2013, E. 4.8. Vgl. auch Ruch, in: Kommentar RPG, Art. 22 Rz. 75 m.w.H.
917 VGer ZH, Urteil VB.2012.00860 vom 29. Mai 2013, E. 4.3.
918 Ruch, in: Kommentar RPG, Art. 22 Rz. 74.
919 BGE 117 Ib 147 ff.; VGer ZH, Urteil VB.2010.00652 vom 30. August 2011, E. 4.1 und 5.2 f.
920 BGE 136 I 395, E. 4.3.3; VGer ZH, Urteil VB.2011.00432 vom 23. November 2011, E. 3.5.
921 BGE 136 I 395, E. 4.3.3; vgl. auch VGer ZH, Urteil VB.2010.00470 vom 26. Januar 2011, E. 2.2.

eine Gesamtbetrachtung, insbesondere der massgeblichen Umgebung, vorzunehmen.[922]

c) Infrastrukturbauten

3.489 Infrastrukturbauten wie Verkehrsanlagen, Ver- und Entsorgungsanlagen, Stützmauern etc. sind im gesamten Baugebiet notwendig, weshalb ihre Zonenkonformität von ihrem **Verwendungszweck** abhängt. Auch bei solchen Anlagen ist im ordentlichen Baubewilligungsverfahren zu prüfen, ob sie dem Zweck der betreffenden Nutzungszone entsprechen, was bei technischen Infrastrukturanlagen in der Regel bejaht wird.[923]

3.490 Das Paradebeispiel für solche Infrastrukturbauten ist die **Mobilfunkantenne.** Innerhalb der Bauzonen wird sie dann als zonenkonform beurteilt, wenn sie hinsichtlich ihres Standorts und ihrer Ausgestaltung in einer unmittelbaren funktionellen Beziehung zum Ort steht, an dem sie errichtet werden soll, und im Wesentlichen Bauzonenland abdeckt.[924] Die Zonenverträglichkeit in einer Wohnzone wurde etwa bei einer Mobilfunk-Antennenanlage verneint, die aus einem gut 25 m hohen Mast bestand, an dem drei Dualbandantennen und vier Richtfunkantennen montiert werden sollten.[925]

3.491 Ähnliches gilt für **Leitungen** und mit solchen zusammenhängende Anlagen. So bejahte etwa das Zürcher Verwaltungsgericht die Zonenkonformität eines unterirdischen, die Höhendifferenz einer Abwasserleitung nutzenden **Kleinwasserkraftwerks.**[926] Dabei führte es aus, solche Anlagen müssten sich zwar, insbesondere hinsichtlich ihrer Dimensionierung und Funktion, im Rahmen gewisser Grenzen halten, damit sie noch als zu unterirdischen Leitungen zugehörig im Sinn von § 105 Abs. 1 PBG ZH qualifiziert werden könnten. Bei einem bescheiden dimensionierten Kleinwasserkraftwerk werde diese Grenze jedoch nicht überschritten.

d) Ideelle Immissionen

3.492 Als ideelle oder immaterielle Immissionen gelten Einwirkungen, die das **seelische Empfinden** verletzen bzw. **unangenehme psychische Eindrücke** erwecken.[927] Im Gegensatz zu den materiellen Immissionen (Lärm, Luftverunreinigung, Strahlung etc.) sind ideelle Immissionen physikalisch nicht fassbar, sondern beruhen letztlich auf einem Werturteil.[928] Hat eine Anlage oder ein Betrieb zur Folge, dass die

---

922 BGE 136 I 395, E. 4.3.3; BGer, Urteil 1C_499/2014 vom 25. März 2015, E. 3.1.

923 BGE 133 II 321, E. 4.3.1; VGer ZH, Urteil VB.2013.00078 vom 24. Oktober 2013, E. 3.1; VGer ZH, Urteil VB.2011.00548 vom 25. Januar 2012, E. 5.1. Vgl. auch Wittwer, Mobilfunkanlagen, S. 94 m.w.H.

924 BGE 138 II 173, E. 5.3; VGer ZH, Urteil VB.2011.00548 vom 25. Januar 2012, E. 5.1.

925 VGer ZH, Urteil VB.2008.00442 vom 27. März 2009, E. 2 f. (BEZ 2009 Nr. 29).

926 VGer ZH, Urteil VB.2012.00336 vom 7. November 2012, E. 3.

927 BGE 136 I 395, E. 4.3.2.

928 Waldmann, Ideelle Immissionen, S. 156 f.

Umgebung unsicher, unästhetisch oder sonst wie unerfreulich wirkt, so kann dies die Attraktivität einer Gegend für Geschäfte und Wohnungen beeinträchtigen. Auch hier besteht mithin ein Konflikt oder zumindest ein Konfliktpotenzial mit der jeweils zugelassenen Nutzung. Je nach Intensität dieses Konfliktpotenzials muss dieses nicht hingenommen werden. Massstab bildet dabei das von den konkreten Umständen im Einzelfall abhängige Kriterium der Übermässigkeit der fraglichen Einwirkung.[929] Dabei ist die ganze Umgebung in die Betrachtung miteinzubeziehen, nicht etwa nur die fragliche Liegenschaft.[930]

Ideelle Immissionen werden immer wieder im Zusammenhang mit **sexgewerblichen Betrieben** ins Feld geführt.[931] Zuweilen wird in diesem Zusammenhang argumentiert, unabhängig von den wahrnehmbaren Einflüssen bewirke schon das blosse Wissen um die Existenz solcher Betriebe eine Beeinträchtigung der Wohnqualität und damit der Attraktivität eines Quartiers.[932] Das Bundesgericht hat dieser Argumentation mittlerweile jedoch – zu Recht – gewisse Grenzen gesetzt. Es hielt fest, sexgewerbliche Betriebe würden – wie Mobilfunkantennen[933] – die Attraktivität eines Quartiers vor allem dann mindern, wenn sie, etwa durch ihre Werbung, Gestaltung, Lärm- oder Geruchsimmissionen, nach aussen in Erscheinung träten. Wenn das Gewerbe nach aussen nicht erkennbar sei, werde der Ruf des Quartiers jedenfalls für Aussenstehende nicht beeinträchtigt. Aber auch für Anwohner spiele es psychologisch eine Rolle, ob sie täglich unmittelbar mit dem Sexgewerbe konfrontiert würden.[934] Halten sich die materiellen Immissionen in engen Grenzen, so wirkt sich dies unmittelbar auch auf das Gewicht der ideellen Immissionen aus, womit das öffentliche Interesse an einem Verbot der sexgewerblichen Nutzung und der damit einhergehenden Beschränkung der Eigentums- und Wirtschaftsfreiheit schwindet.[935] 3.493

Ähnlich wie sexgewerbliche Betriebe sind Einrichtungen der **Freitodbegleitung** zu beurteilen. Allerdings folgte das Bundesgericht im diesbezüglichen Leitfall BGE 136 I 395 zumindest im Ergebnis noch der Auffassung, es spiele keine Rolle, ob bzw. wie der Betrieb äusserlich in Erscheinung trete. Es bezeichnete die Annahme der Baukommission Wetzikon als vertretbar, die mit der Nutzung einer Liegenschaft zur Freitodbegleitung verbundenen Immissionen seien in einer Wohn- und Gewerbezone, in der nur mässig störende Betriebe zugelassen sind, mehr als nur mässig stö- 3.494

---

929 BGE 136 I 395, E. 4.3.2 f.

930 VGer GR, Urteil R 13 218 vom 3. September 2014, E. 6b.

931 Vgl. etwa die Übersicht über diverse Urteile des Bundesgerichts in VGer GR, Urteil R 13 218 vom 3. September 2014, E. 6b.

932 So wohl auch BGer, Urteil 1C_83/2012 vom 18. Juli 2012, E. 2.6: «Dabei wird nicht vorausgesetzt, dass die Störungen des Wohlbefindens an nach aussen in Erscheinung tretende Vorgänge anknüpfen, wie beispielsweise bei Betrieben des Sexgewerbes an aufreizende Werbung oder die Begegnung mit Freiern und dergleichen.» Vgl. auch die Kritik bei WALDMANN, Ideelle Immissionen, S. 159 ff.

933 Dazu BGer, Urteil 1C_51/2012 vom 21. Mai 2012, E. 5.5 (URP 2012 586).

934 BGer, Urteil 1C_499/2014 vom 25. März 2015, E. 6.3.4. Anders noch VGer SG, Urteil B 2013/135 vom 19. August 2014, E. 2.2.3.

935 BGer, Urteil 1C_499/2014 vom 25. März 2015, E. 6.3.4.

rend.[936] Das Zürcher Verwaltungsgericht habe die befürchteten Auswirkungen zu Unrecht mit Verweis auf die im Verborgenen stattfindende Nutzung für übertrieben gehalten. Damit habe es sich in Widerspruch zur andernorts gemachten und zutreffenden Feststellung gesetzt, wonach auch solche Einwirkungen auf das psychische Wohlbefinden zu berücksichtigen seien, die aus der blossen Vorstellung darüber entstünden, was im Innern eines benachbarten Gebäudes vor sich gehe, mithin aus dem Wissen um verborgene Vorgänge.[937] Das Bundesgericht mass der äusserlichen Wahrnehmbarkeit somit – anders als in seiner neuesten Rechtsprechung zu sexgewerblichen Betrieben[938] – höchstens eine geringe Bedeutung zu. Auch wenn sich die mit dem Sexgewerbe und der Freitodbegleitung einhergehenden ideellen Immissionen unterscheiden, erscheint es jedenfalls nicht zwingend, das Kriterium der äusserlichen Wahrnehmbarkeit derart unterschiedlich zu gewichten.

3.495 Häufig wird eine Beeinträchtigung durch ideelle Immissionen auch bei **Mobilfunkanlagen** geltend gemacht. Das Bundesgericht hat diesbezüglich festgehalten, Mobilfunkantennen könnten dazu führen, dass Liegenschaften und Wohnungen schwerer verkäuflich oder vermietbar würden. Auch umweltrechtskonforme Mobilfunkanlagen vermöchten solche unerwünschten Auswirkungen auszulösen, obwohl von ihnen zurzeit keine erwiesene gesundheitliche Gefährdung ausgehe.[939] Trotzdem erlaubt es die Rechtsprechung nicht, eine Baubewilligung allein aufgrund solcher ideeller Immissionen zu verweigern. Vielmehr wird auf die Kompetenz der Kantone und Gemeinden hingewiesen, diesen ideellen Immissionen mit planungs- und baurechtlichen Vorschriften zu begegnen und damit Mobilfunkantennen in Wohnzonen zu begrenzen, um deren Charakter und Attraktivität zu bewahren.[940] Selbst dann ist aber zu berücksichtigen, dass subjektive Ängste keine einschneidenden Eingriffe in die Eigentums- und Wirtschaftsfreiheit rechtfertigen können.

3.496 Dies gilt umso mehr, wenn entsprechende Nutzungsvorschriften fehlen. Es besteht dann im Baubewilligungsverfahren keine Grundlage für eine Berücksichtigung ideeller Immissionen.[941] Immerhin können Mobilfunkantennen aber insofern einer Beschränkung unterworfen werden, als sie hinsichtlich ihrer Dimensionierung und Sendestärke in einer unmittelbaren funktionellen Beziehung zu ihrem Standort stehen müssen.[942]

---

936 BGE 136 I 395, E. 4.3.4 f.
937 BGE 136 I 395, E. 4.3.4.
938 Vgl. Rz. 3.493.
939 BGE 133 II 321, E. 4.3.4.
940 BGE 138 II 173, E. 7.4.3; BGer, Urteil 1C_340/2013 vom 4. April 2014, E. 6.1.
941 VGer ZH, Urteil VB.2013.00078 vom 24. Oktober 2013, E. 3.5.2.
942 BGE 138 II 173, E. 5.3 m.w.H.; BGer, Urteil 1C_340/2013 vom 4. April 2014, E. 5. Vgl. Rz. 3.490.

VI. Ausnahmebewilligungen gemäss kantonalem Recht

Literatur

BAUMANN ANDREAS, in: Kommentar BauG AG, § 67; FRITZSCHE CHRISTOPH/BÖSCH PETER/WIPF THOMAS, Planungs- und Baurecht, S. 1123 ff.; GOOD-WEINBERGER CHARLOTTE, Ausnahmebewilligung; GRIFFEL ALAIN, Spannungsfeld, S. 169 ff.; HÄFELIN ULRICH/MÜLLER GEORG/UHLMANN FELIX, Verwaltungsrecht, § 39; HALLER WALTER/KARLEN PETER, Raumplanungs-, Bau und Umweltrecht, § 14; HEER BALTHASAR, Bau und Planungsrecht, § 22; RUCH ALEXANDER, Anforderungen; RUOSS FIERZ MAGDALENA, Illegales Bauen; ZAUGG ALDO/LUDWIG PETER, Kommentar BauG BE, Vorbemerkungen zu den Art. 26 ff.

A. Grundlagen

1. Zweck

Die Regelungsdichte und -bestimmtheit ist im Baupolizeirecht im Allgemeinen sehr hoch. Im Interesse der Gleichbehandlung und der Rechtssicherheit machen die Baugesetze und Nutzungspläne detaillierte Vorgaben zu den zulässigen Abmessungen, den einzuhaltenden Abständen, der maximalen Ausnützung etc. Dementsprechend besteht wenig Spielraum, um den Eigenheiten von Einzelfällen oder speziellen Bedürfnissen Rechnung zu tragen. Wenn dies zu unzumutbaren Härten führt, entsteht ein Konflikt mit dem verfassungsrechtlich verankerten Verhältnismässigkeitsprinzip. Zur Lösung dieses Konflikts dient das Institut der Ausnahmebewilligung. In **Ausnahmesituationen** soll von der Einhaltung der starren Vorgaben befreit werden (daher ist auch der Ausdruck **Dispens** gebräuchlich). Trotz gewisser Abweichungen wird die nachgesuchte Bewilligung erteilt. 3.497

2. Normativer Rahmen

Das Institut der Ausnahmebewilligung geht nach dem Gesagten auf den verfassungsrechtlichen Grundsatz zurück, dass alles staatliche Handeln **verhältnismässig** sein soll (Art. 5 Abs. 2 BV). Da auch der Gesetzgeber an diesen Grundsatz gebunden ist, muss er Möglichkeiten vorsehen, die es erlauben, besonderen Verhältnissen Rechnung zu tragen. Der Frage, ob eine Bauverweigerung einen Eingriff in die Eigentumsfreiheit darstellt (Eingriffstheorie) oder ob diese Freiheit durch Bau- und Nutzungsvorschriften erst konkretisiert wird (Konkretisierungstheorie), kommt daher kaum eine entscheidende Bedeutung zu.[943] So oder so ist der Grundsatz der Verhältnismässigkeit zu beachten. Dies ergibt sich aus Art. 5 Abs. 2 und 3.498

943 GRIFFEL, Spannungsfeld, S. 171 ff.

Art. 36 Abs. 3 BV. Grundrechtseingriffe müssen sich sowohl auf eine gesetzliche Grundlage stützen können als eben auch verhältnismässig sein.[944]

3.499 Das RPG nimmt eine wichtige Unterscheidung in Bezug auf die Kompetenz zur Erteilung von Ausnahmebewilligungen vor. Während Art. 24 ff. RPG die Ausnahmen regeln, nach denen ausserhalb der Bauzone gebaut werden darf, regelt das kantonale Recht die Ausnahmen innerhalb der Bauzonen (Art. 23 RPG). Zu beachten ist, dass sich ausserhalb der Bauzonen nur die Abweichung vom Erfordernis der Zonenkonformität nach Bundesrecht richtet. Ausnahmen von Bauvorschriften sind hingegen auch hier nach kantonalem Recht zu beurteilen. Diese **Kompetenzverteilung** ist mit Blick auf die zentrale Bedeutung des Konzentrationsprinzips und der Planungsgrundsätze einleuchtend. Abweichungen vom grundsätzlichen Bauverbot ausserhalb der Bauzonen sind kritischer zu beurteilen als Abweichungen von Bauvorschriften. Es ist dementsprechend auch wichtiger, dass ein einheitlicher Massstab angelegt wird.

3. Relativierung des Legalitätsprinzips

3.500 Vor allem die in den kantonalen Baugesetzen regelmässig anzutreffenden **Generalermächtigungen,** unter bestimmten Voraussetzungen eine Ausnahmebewilligung zu erteilen, führen zu einer Relativierung des Legalitätsprinzips. Die Bewilligungsbehörden werden ermächtigt, einschlägige Normen ausnahmsweise nicht anzuwenden, wenn dies zu unverhältnismässigen Ergebnissen führen würde. Da der Gesetzgeber nicht jedem erdenklichen Einzelfall gebührend Rechnung tragen kann, werden die rechtsanwendenden Behörden ermächtigt, im Einzelfall abweichende Lösungen zu bewilligen. Damit geht auch eine gewisse Einschränkung der Vorhersehbarkeit und der Rechtssicherheit einher.

3.501 Zuweilen wird vertreten, dem sei mit einer engen Auslegung von Ausnahmetatbeständen bzw. mit einer restriktiven Bejahung besonderer Umstände zu begegnen.[945] Dies ist im Einzelfall jedoch wenig hilfreich. Die vorzunehmende **Auslegung** und Abwägung hat sich vielmehr in erster Linie am Zweck der Norm, von der abgewichen werden soll, zu orientieren. Ausnahmevorschriften sind weder extensiv noch restriktiv, sondern nach den allgemeinen Regeln auszulegen.[946]

944 Der zuweilen geäusserten Ansicht, wonach von der gesetzlichen Ordnung nicht allein gestützt auf das Verhältnismässigkeitsprinzip abgewichen werden könne (etwa Good-Weinberger, Ausnahmebewilligung, S. 18 f.; Ruch, Anforderungen, Rz. 7.119), kann daher nicht gefolgt werden. Vgl. auch BGer, Urteil 1C_704/2013, 1C_742/2013 vom 17. September 2014, E. 6 (URP 2014 643 ff.).

945 Vgl. etwa BGer, Urteil 1C_45/2010 vom 9. September 2010, E. 2.1; BGer, Urteil 1C_261/2008 vom 29. Januar 2009, E. 6.3.

946 BGE 118 Ia 175, E. 2d; BGer, Urteil 1C_207/2012 vom 15. März 2013, E. 2.3; KGer LU, Urteil V 12 272 vom 10. Juli 2013, E. 3.5.

B. Generalermächtigung

1. Begriff

Die Möglichkeit, im Einzelfall dem Verhältnismässigkeitsprinzip zum Durchbruch zu verhelfen, kann dadurch geschaffen werden, dass eine allgemein gehaltene Norm Abweichungen von – nicht im Einzelnen genannten – Bauvorschriften zulässt. Dies wird als Generalermächtigung bezeichnet.[947] Der kantonale Gesetzgeber, der dem Verhältnismässigkeitsprinzip bereits bei der Rechtsetzung Rechnung zu tragen hat (Art. 5 Abs. 2 BV), hat hier einen gewissen Spielraum, die Freiheit der rechtsanwendenden Behörden einzuengen und die Voraussetzungen für die Erteilung von Ausnahmebewilligungen zu konkretisieren.[948] 3.502

Die Ausnahmebewilligung bezweckt immer, im Einzelfall Härten und vom Gesetzgeber offensichtlich nicht gewollte Wirkungen zu vermeiden. In den Worten des Bundesgerichts dient die Ausnahmebewilligung der «Verfeinerung der schematischen Norm im besonders gelagerten Einzelfall».[949] Es soll jene Regelung zur Anwendung kommen, die der Gesetzgeber in Kenntnis der Verhältnisse vernünftigerweise getroffen hätte. 3.503

2. Voraussetzungen

a) Ausnahmesituation

Aus dem Begriff der Ausnahmebewilligung ergibt sich bereits, dass diese im Regelfall nicht zur Verfügung stehen soll. Vielmehr soll in Ausnahmefällen von der Anwendung von Bau- oder Nutzungsvorschriften dispensiert werden, um besonderen Verhältnissen gerecht zu werden. Ganz allgemein bildet daher das Vorliegen **besonderer Verhältnisse** bzw. wichtiger Gründe die zentrale Voraussetzung für jede Ausnahmebewilligung.[950] 3.504

Die Ausnahmegründe müssen objektiver Natur sein. In erster Linie kommen die Lage und Form der Parzelle, die Beschaffenheit des Baugrunds, der Zweck des Bauvorhabens sowie technische oder planerische Besonderheiten in Betracht. Persönliche oder finanzielle Gründe, wie der individuelle Raumbedarf oder der Wunsch nach einer möglichst gewinnbringenden Nutzung des Grundstücks, können dagegen in der Regel die Erteilung einer Ausnahmebewilligung nicht rechtfertigen.[951] 3.505

---

947 Beispiele für Generalermächtigungen finden sich etwa in § 220 PBG ZH, Art. 26 BauG BE, § 37 PBG LU, Art. 148 RPBG FR, Art. 51 BauG SH, Art. 77 BauG SG oder § 67 Abs. 1 BauG AG.

948 GRIFFEL, Spannungsfeld, S. 178 f. m.w.H.

949 BGer, Urteil 1C_421/2012 vom 23. Dezember 2013, E. 8.

950 FRITZSCHE/BÖSCH/WIPF, Planungs- und Baurecht, S. 1128; HÄFELIN/MÜLLER/UHLMANN, Verwaltungsrecht, Rz. 2663 ff.

951 Vgl. BGer, Urteil 1C_421/2012 vom 23. Dezember 2013, E. 8; VGer ZH, Urteil VB.2004.00289 vom 23. März 2005, E. 6.2 (behindertengerechte Erschliessung); HEER, Bau- und Planungsrecht, Rz. 738; RUCH, Anforderungen, Rz. 7.120. Abweichend BAUMANN, in: Kommentar BauG AG, § 67 Rz. 11.

3.506 Eine Ausnahmesituation darf dann nicht angenommen werden, wenn sich die Bauherrschaft auf **generelle Gründe** beruft, die sich praktisch immer anführen liessen. Dadurch würde faktisch das Gesetz bzw. der Nutzungsplan geändert; die Bewilligungsbehörde würde sich also im Ergebnis gesetzgeberische Kompetenzen anmassen.[952]

3.507 Auch der Umstand, dass das fragliche Projekt in architektonischer oder städtebaulicher Hinsicht eine **«bessere Lösung»** bietet als ein den Bau- und Nutzungsvorschriften entsprechendes, vermag keine Ausnahmesituation zu begründen.[953] Es müssen Besonderheiten im vorstehend erläuterten Sinn hinzukommen. Vereinzelt sehen die Kantone jedoch ausdrücklich vor, dass auch dann Ausnahmen zugelassen werden können, wenn dank einer Abweichung von Bau- oder Nutzungsvorschriften eine bessere Lösung erzielt werden kann.[954]

b) Vereinbarkeit mit dem Zweck der fraglichen Norm

3.508 Ausnahmebewilligungen dürfen nicht gegen den Sinn und Zweck der Vorschrift verstossen, von der sie befreien.[955] Die Ausnahmebewilligung soll die Absicht des Gesetzgebers weiterführen und im Einzelfall konkretisieren.[956] So ist etwa ein Dispens vom Erfordernis der Zonenkonformität möglich, wenn die zu beurteilende Baute oder Anlage dem Zonenzweck nicht zuwiderläuft.[957]

c) Keine überwiegenden entgegenstehenden öffentlichen Interessen

3.509 Eine Ausnahmebewilligung kommt nur in Frage, wenn ihr keine überwiegenden öffentlichen Interessen entgegenstehen.[958] Dabei vermag aber nicht jegliches öffentliche Interesse die Verweigerung einer Ausnahmebewilligung zu rechtfertigen. Es ist eine **Interessenabwägung** im Einzelfall vorzunehmen, die insbesondere berücksichtigt, welches Gewicht dem öffentlichen Interesse zukommt, das mit der Norm verfolgt wird, von der abgewichen werden soll.[959]

---

952 BGE 117 Ib 125, E. 6d; BGer, Urteil 1C_421/2012 vom 23. Dezember 2013, E. 8; FRITZSCHE/BÖSCH/WIPF, Planungs- und Baurecht, S. 1128; HEER, Bau- und Planungsrecht, Rz. 737; RUCH, Anforderungen, Rz. 7.118.

953 VGer ZH, Urteil VB.2011.00589 vom 4. April 2012, E. 3.5; BAUMANN, in: Kommentar BauG AG, § 67 Rz. 2 m.w.H.

954 Vgl. § 73 PBG SZ.

955 VGer ZH, Urteil VB.2014.00356 vom 23. Oktober 2014, E. 2.

956 HALLER/KARLEN, Raumplanungs-, Bau- und Umweltrecht, Rz. 691.

957 BGer, Urteil 1C_207/2012 vom 15. März 2013, E. 2.1.2; VGer ZH, Urteil VB.2012.00136 vom 7. November 2012, E. 4.4.2.

958 FRITZSCHE/BÖSCH/WIPF, Planungs- und Baurecht, S. 1130; GOOD-WEINBERGER, Ausnahmebewilligung, S. 115 ff.

959 Vgl. FRITZSCHE/BÖSCH/WIPF, Planungs- und Baurecht, S. 1130; BAUMANN, in: Kommentar BauG AG, § 67 Rz. 2.

d) Keine überwiegenden entgegenstehenden Interessen von Nachbarn

Zu den bei der Interessenabwägung im Einzelfall zu berücksichtigenden Interessen gehören auch jene betroffener Nachbarn. Diese dürfen durch das Abweichen von Vorschriften, die auch sie schützen, nicht unzumutbar benachteiligt werden.[960] Ist der dem Nachbarn erwachsende Schaden grösser als der Nutzen für die Bauherrschaft, so ist die Erteilung einer Ausnahmebewilligung zu verweigern. 3.510

Zu berücksichtigen sind auch nachbarliche Interessen, die einem Bauvorhaben, das die Bau- und Nutzungsvorschriften einhält, nicht entgegengehalten werden können.[961] Paradebeispiel ist hier die zufolge einer Höhenüberschreitung oder Abstandsunterschreitung **entzogene Aussicht.** 3.511

Die **Zustimmung des Nachbarn** ist aber keine notwendige Voraussetzung einer Ausnahmebewilligung. Auf ein Gesuch ist daher auch dann einzutreten, wenn der Nachbar seine Zustimmung ausdrücklich verweigert. Eine nachbarliche Zustimmung ist aber insofern hilfreich, als dadurch einem Projekt nicht entgegengehalten werden kann, es führe zu einer unzumutbaren Beeinträchtigung von nachbarlichen Interessen. 3.512

C. Spezialermächtigung

Im Gegensatz zur Generalermächtigung bezieht sich die Spezialermächtigung auf eine oder mehrere bestimmte Bauvorschriften oder sie stellt für eine bestimmte Konfliktsituation eine **spezielle Regel** auf. Der Spielraum der rechtsanwendenden Behörde ist hier also viel kleiner als bei der Generalermächtigung. Es bleibt hier das Gesetz, das bestimmt, von welcher Bauvorschrift unter welchen Voraussetzungen abgewichen werden kann. Damit handelt es sich hier eher um eine lex specialis, die bei Erfüllung der fraglichen Voraussetzungen an die Stelle der Grundnorm tritt. 3.513

Auch bei der Spezialermächtigung bleibt jedoch regelmässig offen, welche Abweichungen von einer Grundnorm im konkreten Fall bewilligt werden können. Diesbezüglich unterscheidet sich die Spezialermächtigung oft nicht von der Generalermächtigung. Die Bewilligungsbehörde hat eine **Einzelfallbeurteilung** nach pflichtgemässem Ermessen vorzunehmen. 3.514

Spezialermächtigungen finden sich über sämtliche kantonalen Baugesetze hinweg verstreut.[962] Sie sind in der Praxis aber von geringerer Bedeutung als die Generalermächtigung. 3.515

960 Vgl. etwa § 220 Abs. 3 PBG ZH.
961 Vgl. etwa BRK ZH, Urteil BRKE III Nr. 0166/2008 vom 19. November 2008, E. 7 (BEZ 2009 Nr. 12).
962 Beispiele: § 301 Abs. 2 und § 302 Abs. 3 PBG ZH; § 119 Abs. 3 PBG LU; § 37 Abs. 4 BPG BS; Art. 108 StrG SG; § 67a BauG AG.

D. Städtebauliche Ausnahmebewilligung

3.516 Die städtebauliche Ausnahmebewilligung liegt nicht oder jedenfalls nicht zwingend im Interesse der Bauherrschaft, sondern in jenem der Behörde bzw. der Öffentlichkeit. Die Ausnahmebewilligung soll nicht eine unzumutbare Härte seitens der Bauherrschaft lindern, sondern eine **bessere städtebauliche Lösung** ermöglichen.[963]

3.517 Daher kommen auf sie auch nicht unmittelbar die vorstehend erläuterten Voraussetzungen zur Anwendung. Insbesondere bedarf es keiner Ausnahmesituation im beschriebenen Sinn.[964] Die verfassungsmässigen Grundprinzipen des Verwaltungsrechts, insbesondere die Grundsätze der **Gesetzmässigkeit** (Art. 5 Abs. 1 BV), der **Rechtsgleichheit** (Art. 8 BV) und der **Verhältnismässigkeit** (Art. 5 Abs. 2 BV), verlangen aber nach einer gesetzlichen Grundlage für städtebauliche Ausnahmebewilligungen. Diese Grundlage soll die Voraussetzungen für die Erteilung solcher Ausnahmebewilligungen hinreichend bestimmt umschreiben. Die Anwendung der Bestimmung soll wenigstens in den Grundzügen vorherseh- und kontrollierbar sein.

E. Kommunale Ausnahmebewilligungen

3.518 Der kantonale Gesetzgeber kann den Gemeinden erlauben, eigene Ausnahmebestimmungen zu erlassen. So sind die Gemeinden im Kanton Zürich etwa befugt, für Kernzonen besondere Ausnahmebestimmungen vorzusehen (§ 50 Abs. 3 PBG ZH).

3.519 Auch solche Ausnahmebestimmungen müssen sich jedoch aus der kommunalen Bauordnung ergeben. Es ist an der kommunalen Legislative, von der ihr eingeräumten Möglichkeit Gebrauch zu machen oder nicht. Die kommunalen Bewilligungsbehörden können sich daher nicht auf den durch das kantonale Recht gewährten Spielraum stützen, um im Einzelfall von der Beachtung einer anwendbaren kommunalen Bestimmung zu dispensieren. Die Dispensmöglichkeit setzt vielmehr voraus, dass der **kommunale Gesetzgeber** sie vorgesehen hat.[965] Ob dies der Fall ist, muss allerdings nicht selten durch Auslegung ermittelt werden.

F. Nachträgliche Ausnahmebewilligung

3.520 Auch bei einer **ohne Bewilligung erstellten** – also formell widerrechtlichen – Baute ist deren Bewilligungsfähigkeit zu prüfen. Die Anordnung, den formell rechtmässigen Zustand wiederherzustellen erwiese sich als unverhältnismässig, wenn die formell rechtswidrige Baute materiell bewilligungsfähig wäre. Dabei kommt auch die Erteilung einer nachträglichen Ausnahmebewilligung in Betracht. Die entsprechenden Voraussetzungen sind in genau gleicher Weise zu prüfen, wie wenn die Baute

963 Ruch, Anforderungen, Rz. 7.139 m.w.H.
964 VGer BL, Urteil vom 13. Mai 1998 in Sachen N.H.S. und Konsorten (Nr. 96), E. 5c.
965 Vgl. VGer ZH, Urteil VB.2014.00071 vom 17. April 2014, E. 2.

noch nicht bestünde. Das Interesse des Eigentümers, davor verschont zu werden, den rechtmässigen Zustand wiederherzustellen, kann allerdings nicht als Ausnahmegrund angeführt werden.[966] Diese Frage ist vielmehr in einem nachgeordneten Schritt zu prüfen: Kann die formell widerrechtliche Baute nachträglich auch nicht mittels einer Ausnahmebewilligung legalisiert werden, hat die Behörde – wiederum unter Zugrundelegung des Verhältnismässigkeitsprinzips – zu prüfen, ob die Wiederherstellung des rechtmässigen Zustands[967] anzuordnen ist (vgl. § 341 PBG ZH).

G. Prozessuales

1. Zuständigkeit

Die Zuständigkeit zur Erteilung von Ausnahmebewilligungen liegt grundsätzlich bei jenen Behörden, die für die Erteilung auch der jeweiligen ordentlichen Bewilligung zuständig sind. Die Gemeinden können jedoch vorsehen, dass Ausnahmebewilligungen vom Gemeinderat zu erteilen sind, auch wenn sonst eine Baukommission oder ein Bauausschuss für die Bewilligungserteilung zuständig ist.[968] 3.521

2. Antragserfordernis

Die Bewilligungsbehörden sind nicht gehalten, von Amtes wegen zu prüfen, ob die Voraussetzungen für die Erteilung einer Ausnahmebewilligung erfüllt sind. Vielmehr ist es Sache der Bauherrschaft, darzulegen, inwiefern eine **Ausnahmesituation** vorliegt und wie das Projekt dieser Rechnung trägt.[969] 3.522

Hat die Bauherrschaft jedoch um die Erteilung einer Ausnahmebewilligung ersucht, kann die Behörde zum Schluss kommen, es liege zwar eine Ausnahmesituation vor, dieser müsse aber auf andere Weise begegnet werden.[970] So kann sie von der Einhaltung bestimmter Abstandsvorschriften entbinden, aber auch das beantragte Mass der Unterschreitung reduzieren. Erfordert dies eine wesentliche Projektänderung, so ist die nachgesuchte Bewilligung zu verweigern. Sind die erforderlichen Projektanpassungen hingegen von untergeordneter Natur, genügt die Bewilligungserteilung unter **Auflagen.**[971] 3.523

966 Ruoss Fierz, Illegales Bauen, S. 140 f. m.w.H.
967 Vgl. 6. Teil.
968 Fritzsche/Bösch/Wipf, Planungs- und Baurecht, S. 1132.
969 Fritzsche/Bösch/Wipf, Planungs- und Baurecht, S. 1131; Ruch, Anforderungen, Rz. 7.121.
970 Ruch, Anforderungen, Rz. 7.121.
971 Vgl. Rz. 2.64 ff.

3. Kognition im Rechtsmittelverfahren

3.524 Ob eine Ausnahmesituation vorliegt, ist eine – auf tatsächlichen Feststellungen basierende – **Rechtsfrage.** Diese überprüfen die Gerichte grundsätzlich frei. Der Baubehörde wird bei der Gewährung der Ausnahmebewilligung jedoch ein erheblicher Beurteilungsspielraum eingeräumt. Durch welche Abweichungen von den Bauvorschriften und durch welche besonderen Anordnungen der Ausnahmesituation Rechnung zu tragen ist, ist überwiegend eine **Ermessensfrage.** Hier greifen die Gerichte nur ein, wenn das pflichtgemässe Ermessen überschritten oder missbraucht wird.[972]

3.525 Im Beschwerdeverfahren vor **Bundesgericht** sind die eingeschränkten Rügemöglichkeiten zu beachten. Soweit die Ausnahmesituation durch tatsächliche Gegebenheiten begründet wird, ist deren Feststellung vor Bundesgericht nur korrigierbar, wenn sie offensichtlich unrichtig ist oder auf einer Rechtsverletzung beruht (Art. 97 Abs. 1 BGG). Soweit es um Ausnahmebewilligungen des kantonalen Rechts geht, ist vor Bundesgericht keine volle Rechtskontrolle mehr möglich (Art. 95 BGG). Es kann nur noch eine Kontrolle unter verfassungsrechtlichen Gesichtspunkten, insbesondere des Willkürverbots, erfolgen.[973]

VII. Weitere Anforderungen

A. Behindertengerechtes Bauen*

Literatur

BöV, Schnittstellenstudie; Hangartner Yvo, Gesetzgebungsaufträge, S. 479; Herz Nadja, Behindertengleichstellungsgesetz; Kälin Walter/Künzli Jörg/Wyttenbach Judith/Schneider Annina/Akagündüz Sabiha, UN-Konvention; Kreutz Marcus/Lachwitz Klaus/Trenk-Hinterberger Peter, UN-Behindertenrechtskonvention, Art. 9; Schefer Markus/Hess-Klein Caroline, Behindertengleichstellungsrecht; Waldmann Bernhard, Diskriminierungsverbot; Welti Felix, Art. 9.

Amtliche Publikationen

AFV ZH/ZVV ZH, Hindernisfreie Bushaltestellen; BAV, Erläuterungen VAböV 2016; BJ, Erläuterungen BehiV 2003.

---

972 Vgl. VGer ZH, Urteil VB.2011.00589 vom 4. April 2012, E. 3.3; Baumann, in: Kommentar BauG AG, § 67 Rz. 2; Haller/Karlen, Raumplanungs-, Bau- und Umweltrecht, Rz. 676 f.
973 BGer, Urteil 1C_207/2012 vom 15. März 2013, E. 2.

* Wir danken Herrn Hanspeter Oprecht, Leiter der Fachstelle für Mobilitätsfragen des BAV, sehr herzlich für die kritische Durchsicht dieses Beitrags und seine konstruktiven Bemerkungen dazu.

1. Völker- und verfassungsrechtliche Grundlagen

a) UNO-Behindertenrechtskonvention

Die UNO-BRK konkretisiert die **Menschenrechte** spezifisch für Menschen mit Behinderung. Sie zielt in ihrem Kern darauf, Menschen mit Behinderung die autonome und gleichberechtigte Teilhabe am gesellschaftlichen Leben in allen seinen Ausprägungen zu ermöglichen. Dieser Grundsatz erhält spezifische baurechtliche Bedeutung in Art. 9 Abs. 1 lit. a UNO-BRK, der von den Vertragsstaaten verlangt, Massnahmen für die Gewährleistung des «gleichberechtigten Zugang[s] zur physischen Umwelt», insbesondere zu «Gebäude[n], Strassen (...) sowie andere[n] Einrichtungen in Gebäuden und im Freien, einschliesslich Schulen, Wohnhäusern, medizinische[n] Einrichtungen und Arbeitsstätten» zu ergreifen.[974] 3.526

Diese Bestimmung hat zunächst programmatischen Gehalt. Sie verankert aber auch direkt durchsetzbare **Individualansprüche.**[975] Deren Tragweite ist noch nicht geklärt. Im Ergebnis dürfte gestützt auf Art. 9 Abs. 1 lit. a UNO-BRK ein Anspruch auf jene Anpassungsmassnahmen an Gebäuden und ihren Einrichtungen[976] direkt durchsetzbar sein, die mit verhältnismässigem Aufwand verwirklicht werden können. Das Erfordernis des schweizerischen nationalen Rechts, wonach ein Zusammenhang mit einem Baubewilligungsverfahren bestehen muss, kennt die UNO-BRK nicht. 3.527

So erschiene es nicht ausgeschlossen, Art. 9 Abs. 1 lit. a UNO-BRK in einem Fall auch ohne Bezug zu einem hängigen Baubewilligungsverfahren direkt zur Anwendung zu bringen, in welchem die Kosten der erforderlichen Anpassungsmassnahmen nicht vom Eigentümer, sondern etwa von der IV getragen werden, keine Hindernisse etwa denkmalschützerischer Art bestehen und die Anpassung einzig am Unwillen des Eigentümers scheitert. 3.528

b) Bundesverfassung

Art. 8 Abs. 2 BV schützt vor **Diskriminierung** «wegen einer körperlichen, geistigen oder psychischen Behinderung». Eine Behinderung liegt vor, wenn die betroffene Person in ihren körperlichen, geistigen oder psychischen Fähigkeiten auf Dauer beeinträchtigt ist und diese Beeinträchtigung schwerwiegende Auswirkungen auf elementare Aspekte ihrer Lebensführung hat.[977] Das verfassungsrechtliche Diskriminierungsverbot findet auf Baubewilligungsverfahren direkt Anwendung. Art. 8 Abs. 4 BV verpflichtet zudem Bund und Kantone zum Erlass von Massnahmen zur Beseitigung von Benachteiligungen von Menschen mit Behinderung. 3.529

---

974 KREUTZ/LACHWITZ/TRENK-HINTERBERGER, UN-Behindertenrechtskonvention, Art. 9 Rz. 1 ff.; WELTI, Art. 9 Rz. 1.

975 Siehe allgemein KÄLIN/KÜNZLI/WYTTENBACH/SCHNEIDER/AKAGÜNDÜZ, UN-Konvention, S. 15 ff.

976 So ausdrücklich der Text von Art. 9 Abs. 1 lit. a UNO-BRK.

977 BGE 135 I 49, E. 6.1. Dieses Begriffsverständnis stimmt mit jenem nach Art. 2 UNO-BRK im Ergebnis weitgehend überein.

2. Behindertengleichstellungsgesetz und kantonales Recht

a) Übersicht

3.530 Art. 3 lit. a–d BehiG legen den Geltungsbereich des Gesetzes mit Bezug auf **Bauten und Anlagen** fest. Danach gilt das BehiG für öffentlich zugängliche Bauten und Anlagen (lit. a), für Einrichtungen des öffentlichen Verkehrs (lit. b), für Wohngebäude mit mehr als acht Wohneinheiten (lit. c) und für Gebäude mit mehr als 50 Arbeitsplätzen (lit. d). Art. 5 BehiG verpflichtet Bund und Kantone, die erforderlichen Massnahmen zu ergreifen, um Benachteiligungen zu verhindern, zu verringern oder zu beseitigen. Nach Art. 2 Abs. 3 BehiG liegt eine Benachteiligung vor, «wenn der Zugang für Behinderte aus baulichen Gründen nicht oder nur unter erschwerenden [sic] Bedingungen möglich ist». Liegt eine Benachteiligung vor, räumt Art. 7 Abs. 1 BehiG dem Betroffenen (und Art. 9 BehiG allenfalls gewissen Behindertenorganisationen) den Anspruch auf Unterlassung oder Beseitigung ein. Ein solcher Anspruch besteht nur, wenn ein Baubewilligungsverfahren durchgeführt wird. Er kann in diesem – oder allenfalls später auf dem Zivilweg – geltend gemacht werden.

3.531 Für Einrichtungen des öffentlichen Verkehrs gilt eine **Sonderordnung.** Sie fallen unter Art. 3 lit. b BehiG. Voraussetzung ist, dass sie von einem der in den Ziff. 1–6 dieser Bestimmung aufgeführten transportrechtlichen Erlasse erfasst werden. Art. 7 Abs. 2 BehiG räumt betroffenen Benachteiligten (und nach Art. 9 BehiG allenfalls gewissen Behindertenorganisationen) gegenüber dem Transportunternehmen einen Anspruch auf Beseitigung und Unterlassung ein; anders als bei den übrigen Bauten und Anlagen besteht der Anspruch im öffentlichen Verkehr unabhängig von der Durchführung eines Baubewilligungsverfahrens. Die Transportunternehmen sind nach Art. 22 Abs. 1 BehiG verpflichtet, bis zum 31. Dezember 2023 die bestehenden Bauten und Anlagen behindertengerecht auszugestalten.

3.532 Der Anspruch auf Unterlassung und Beseitigung besteht sowohl innerhalb als auch ausserhalb des öffentlichen Verkehrs nach Art. 11 und 12 BehiG lediglich im Rahmen der **Verhältnismässigkeit.**

b) Geltung der baurechtlichen Bestimmungen des BehiG für Bund und Kantone

3.533 Die baurechtlichen Bestimmungen des BehiG kommen für den Bund **direkt** und umfassend zur Anwendung.

3.534 Die Art der Anwendung auf die Kantone ist komplexer: Die Bundesverfassung weist dem Bund keine Kompetenz zur Regelung des Baupolizeirechts zu, überträgt ihm aber zahlreiche Zuständigkeiten mit erheblicher **Raum- und Baurelevanz.** Diese Ordnung wird durch das Diskriminierungsverbot nach Art. 8 Abs. 2 BV und den

Gesetzgebungsauftrag nach Art. 8 Abs. 4 BV nicht verändert[978]; diese Bestimmungen vermitteln dem Bund keine Kompetenzen. Im Kompetenzbereich der Kantone müssen Art. 8 Abs. 2 und 4 BV deshalb vom kantonalen Gesetzgeber umgesetzt werden.

Soweit baurechtliche Bestimmungen des BehiG über keine Grundlage in der Bundesverfassung verfügen und baupolizeirechtlicher Natur sind, erscheinen sie verfassungsrechtlich problematisch[979]; eine direkte Anwendung ist nicht zulässig.[980] Die Bestimmungen des BehiG mit Auswirkung auf die Kantone sind relativ offen gefasst, sodass sie das Bundesgericht als **«grundsätzliche Regeln und Rahmenbestimmungen»** versteht, die lediglich den Gehalt von Art. 8 Abs. 2 BV wiederholen. Das Gericht wendet sie im kantonalen Baurecht als Auslegungsrichtlinie der anwendbaren kantonalen Rechtsnormen an.[981] 3.535

c) Sachlicher Geltungsbereich des BehiG und des kantonalen Rechts

aa) Öffentlich zugängliche Bauten und Anlagen (Art. 3 lit. a BehiG)

Nach Art. 3 lit. a BehiG umfasst der Geltungsbereich des BehiG öffentlich zugängliche Bauten und Anlagen. Darunter fallen Bauten und Anlagen des Bundes, der Kantone und der Privaten. 3.536

Die **Begriffe** der Bauten und Anlagen folgen grundsätzlich jenen des Bau- und Planungsrechts.[982] Im Unterschied zu diesen erstreckt sich Art. 3 lit. a BehiG aber auch auf Bauten und Anlagen, die wegen der kurzen Dauer ihres Bestehens unter Umständen keine Fahrnisbauten im baurechtlichen Sinne[983] darstellen. So stellt auch etwa der mobile Polizeiposten während eines Stadtfestes, der nur während weniger Tage platziert wird, eine Baute nach Art. 3 lit. a BehiG dar. 3.537

Art. 3 lit. a BehiG unterstellt Bauten und Anlagen dann dem Gesetz, wenn sie **«öffentlich zugänglich»** sind. Soweit Bauten und Anlagen betroffen sind, die im Eigentum des Bundes stehen oder von ihm mitfinanziert werden (Art. 1 Abs. 1 lit. c BehiV), versteht Art. 2 lit. c Ziff. 1 BehiV darunter primär jene Räumlichkeiten und Einrichtungen, die einem beliebigen Personenkreis offenstehen. Sind sie nur einem bestimmten Personenkreis zugänglich, fallen sie nach Ziff. 2 dieser Bestimmung trotzdem unter Art. 3 lit. a BehiG, wenn die Benutzer in einem besonderen Rechtsverhältnis zum Gemeinwesen oder zu den Dienstleistungsanbietern stehen, welche in der Baute oder Anlage tätig sind. Art. 2 lit. c Ziff. 3 BehiV dehnt den Begriff zusätzlich aus, indem diese Bestimmung auch jene Bauten und Anlagen als «öffent- 3.538

978 Bestätigt etwa in BGE 132 I 82, E. 2.3.2 m.w.H. Für eine Bundeskompetenz zur verbindlichen Konkretisierung unbestimmter Verfassungsbegriffe demgegenüber WALDMANN, Diskriminierungsverbot, S. 518 ff. und Botschaft BehiG 2001, S. 1817.

979 Siehe insbesondere HANGARTNER, Gesetzgebungsaufträge, S. 479.

980 SCHEFER/HESS-KLEIN, Behindertengleichstellungsrecht, S. 40.

981 BGE 134 II 249, E. 2.2; BGE 132 I 82, E. 2.3.3; BGer, Urteil 1C_394/2010 vom 10. Juni 2011, E. 5.2.2.

982 Im Bundesrecht insbesondere Art. 22 Abs. 2 lit. a RPG.

983 Zum Begriff der Fahrnisbauten nach Art. 22 Abs. 2 lit. a RPG siehe Rz. 2.91.

lich zugänglich» versteht, in denen Dienstleistungsanbieter persönliche Dienstleistungen erbringen.

3.539 Diese Konkretisierung in der BehiV gilt nur für Bauten und Anlagen, die der Bund besitzt oder mitfinanziert, nicht aber für jene der **Kantone** und von Privaten. Die Umsetzung im kantonalen Recht ist höchst unterschiedlich:[984]

- Die meisten Kantone übernehmen das Kriterium der öffentlichen Zugänglichkeit oder **verweisen auf das BehiG.** Der Begriff der öffentlichen Zugänglichkeit im kantonalen Recht dürfte im Allgemeinen mit jenem des Bundesrechts, d.h. seiner Konkretisierung in der BehiV, übereinstimmen.
- Einige wenige Kantone sehen eine Pflicht zur behindertengerechten Anpassung öffentlicher Gebäude vor, **unabhängig von ihrer Zugänglichkeit** durch die Allgemeinheit. Damit gehen diese Regelungen weiter als jene des BehiG. Sie bleiben aber insofern hinter dem BehiG zurück, als sie öffentlich zugängliche Gebäude Privater, wie etwa ein Kino, ein Restaurant, eine Bank, ein Sportstadion oder eine Bibliothek[985], nicht erfassen.
- Einige Kantone beschränken sich auf Bauten mit **«erheblichem Publikumsverkehr»** oder «grosse[m] Besucherkreis». Nach der Konzeption des BehiG ist das Ausmass des Publikumsverkehrs jedoch nicht beim Geltungsbereich des Gesetzes, sondern bei der Frage der Verhältnismässigkeit von Anpassungsmassnahmen relevant.

3.540 Versteht man das BehiG als minimale Konkretisierung von Art. 8 Abs. 2 BV, dürfen die Kantone den Geltungsbereich der behindertengerecht auszugestaltenden Bauten und Anlagen **nicht enger** fassen als das BehiG. Die Minimalbestimmungen kommen in solchen Konstellationen direkt – als Verfassungsrecht – zur Anwendung.

bb) Wohngebäude (Art. 3 lit. c BehiG)

3.541 Art. 3 lit. c BehiG unterstellt «Wohngebäude mit mehr als acht Wohneinheiten» dem Gesetz. Der **Begriff der Wohnbaute** knüpft an das kantonale Recht an.[986] Bei Bauten mit mehreren Eingängen oder bei gewissen Überbauungen kann unklar sein, was als «Wohnbaute» zu qualifizieren ist. Das Bundesgericht beurteilte eine Überbauung aus vier Häusern mit je drei Wohnungen, die durch eine unterirdische Garage miteinander verbunden waren, nicht als eine Wohnbaute und unterstellte sie deshalb nicht dem BehiG.[987]

3.542 Die Regelungen im **kantonalen Recht** unterscheiden sich stark. So unterstellt auf der einen Seite Basel-Stadt sämtliche Wohnhäuser, ausser Einfamilienhäuser, einer

---

984 Die Belege für die nachfolgend aufgeführten kantonalen Regelungen finden sich in SCHEFER/HESS-KLEIN, Behindertengleichstellungsrecht, S. 48 f.

985 Vgl. die exemplarische Aufzählung in der Botschaft BehiG 2001, S. 1778.

986 BJ, Erläuterungen BehiV 2003, S. 3.

987 BGer, Urteil 1C_392/2011 vom 24. April 2012, E. 5. Aus der Praxis auch etwa VGer ZH, Urteil VB.2007.00356 vom 5. Dezember 2007, E. 3.2.2.

Anpassungspflicht, der Kanton Nidwalden auf der anderen Seite erst solche mit 15 Wohnungen oder mehr.[988]

Wohnbauten, die der **Bund** erstellt, umbaut oder mitfinanziert, sind ungeachtet der Anzahl der Wohneinheiten behindertengerecht zu bauen. 3.543

Nach Art. 15 Abs. 2 BehiG erlässt der Bundesrat Vorschriften für Bauten und Anlagen, die der Bund erstellt oder mitfinanziert. Dies hat er mit Art. 8 BehiV getan, indem er dort die **Norm SIA 500**[989] auf das Bundesamt für Bauten und Logistik, die Armasuisse und den ETH-Rat (siehe Art. 8 VILB), auf alle Verwaltungseinheiten des Bundes, die Wohnbauten erstellen oder mitfinanzieren, und auf alle Verwaltungseinheiten, die Finanzhilfen oder Abgeltungen nach SuG ausrichten, anwendbar erklärt. Die Norm SIA 500 legt keine Mindestgrösse von Wohnbauten fest. Eine solche ist auch nicht in Art. 15 Abs. 2 BehiG verankert. Auch die Einschränkung von Art. 3 lit. c BehiG auf Wohngebäude mit mehr als acht Wohneinheiten kommt hier nicht zum Tragen: Mit der Übertragung der Verordnungskompetenz an den Bundesrat in Art. 15 Abs. 2 BehiG wurde bezweckt, die bisher ohne Rechtsgrundlage erlassenen Weisungen über bauliche Vorkehren für Behinderte vom 6. März 1989[990] ausdrücklich gesetzlich zu verankern.[991] Diese Weisungen beschränkten sich nicht auf Wohngebäude mit mehr als acht Einheiten. Eine Einschränkung dieser Weisungen wurde mit dem Erlass von Art. 15 Abs. 2 BehiG nicht bezweckt. 3.544

cc) Gebäude mit Arbeitsplätzen (Art. 3 lit. d BehiG)

Art. 3 lit. d BehiG unterstellt «Gebäude mit mehr als 50 Arbeitsplätzen» dem BehiG. Entscheidend ist die **Anzahl Arbeitsplätze,** nicht die Anzahl Beschäftigte. Steht zum Zeitpunkt der Baupublikation die Anzahl Arbeitsplätze noch nicht fest, empfiehlt es sich, auf eine durchschnittliche Quadratmeterzahl pro Arbeitsplatz abzustellen. Die Schweizerische Fachstelle für behindertengerechtes Bauen geht bei Dienstleistungsarbeitsplätzen von 20 m^2 inkl. Erschliessungsfläche pro Arbeitsplatz aus.[992] 3.545

Gebäude mit Arbeitsplätzen, die der **Bund** erstellt, umbaut oder mitfinanziert, sind ungeachtet der Anzahl der in ihnen befindlichen Arbeitsplätze behindertengerecht auszugestalten.[993] 3.546

dd) Bauten und Anlagen des öffentlichen Verkehrs (Art. 3 lit. b BehiG)

Art. 3 lit. b BehiG unterstellt die öffentlich zugänglichen Bauten und Anlagen des öffentlichen Verkehrs dem BehiG. Die **Begriffe** der Bauten und Anlagen[994] und 3.547

988 Siehe § 62 Abs. 2 BPG BS und § 70 BauV NW. Weitere Hinweise in SCHEFER/HESS-KLEIN, Behindertengleichstellungsrecht, S. 55.
989 Zur Norm SIA 500 Rz. 3.602–3.606.
990 BBl 1989 I 1508 ff.
991 So ausdrücklich Botschaft BehiG 2001, S. 1783.
992 HERZ, Behindertengleichstellungsgesetz, S. 2.
993 Siehe dazu die Hinweise in Rz. 3.559 f.
994 Vgl. auch die exemplarische Aufzählung in Art. 2 Abs. 3 VböV.

der öffentlichen Zugänglichkeit entsprechen jenen nach Art. 3 lit. a BehiG.[995] Sie sind solche «des öffentlichen Verkehrs», wenn sie einem der in Art. 3 lit. b Ziff. 1–6 BehiG aufgeführten verkehrsrechtlichen Erlasse unterstehen[996] und ganz oder überwiegend der Benützung des entsprechenden Verkehrsmittels dienen (funktionaler Zusammenhang)[997]. Im Ergebnis liegen sämtliche öffentlich zugänglichen Bauten und Anlagen des öffentlichen Bahn-, Schiffs-, Trolleybus- und Luftverkehrs wie auch jene mit Seilbahnen, die mehr als acht Plätze pro Transporteinheit aufweisen, im Geltungsbereich des BehiG.

3.548 Unter die öffentlich zugänglichen Bauten des öffentlichen Verkehrs fallen insbesondere auch die **Nebenbetriebe** nach Art. 39 EBG, wie etwa Migros und Coop, der Coiffeur oder das Restaurant im Bahnhof.[998] Keine solchen Einrichtungen sind jedoch Nebenanlagen nach Art. 18m EBG, Art. 37m LFG und Art. 10 SebG.

3.549 **Haltestellen im Busverkehr** fallen grundsätzlich in die Kompetenz der Kantone. Das Personenbeförderungsmonopol nach Art. 87 und 92 BV erstreckt sich aber auch auf das Ein- und Aussteigen. Entsprechend hat der Bund die Zuständigkeit[999] zum Erlass von Bestimmungen über die behindertengerechte Ausgestaltung der Haltestellen im regelmässigen und gewerbsmässigen Autobusverkehr. Das BehiG, die VböV und die VAböV legen deshalb jenen Minimalstandard fest, den die Kantone beim Bau der Haltestellen berücksichtigen müssen. Im Einzelnen kommt hier aber kantonales und allenfalls kommunales Recht zur Anwendung. Gestützt darauf sind regelmässig die Eigentümer der in Frage stehenden Strassen verpflichtet, die erforderlichen Anpassungsmassnahmen zu ergreifen.

3.550 Der **Taxiverkehr** wird vom BehiG nicht erfasst, sondern liegt vollumfänglich in der Zuständigkeit der Kantone.[1000] Anpassungsmassnahmen an entsprechenden Einrichtungen (etwa taktile Bodenmarkierungen bei den Einstiegsstellen) richten sich nach kantonalem Recht. Art. 8 Abs. 2 BV bleibt aber direkt anwendbar.

---

995 Dazu SCHEFER/HESS-KLEIN, Behindertengleichstellungsrecht, S. 45 ff.

996 Die in Ziff. 1–6 aufgeführten Erlasse wurden nicht aktualisiert, sondern geben den Stand von 2002 wieder. So spielt das SBBG (Ziff. 2) heute für den vorliegenden Zusammenhang keine Rolle mehr; das PBG (Ziff. 3) wurde im Jahr 2009 totalrevidiert; für Bauten und Anlagen ist zudem heute auch das SebG aus dem Jahr 2006 von Bedeutung, das nicht aufgeführt wird. Siehe SCHEFER/HESS-KLEIN, Behindertengleichstellungsrecht, S. 140 und 152–155.

997 Siehe Art. 18 Abs. 1 EBG, Art. 37 Abs. 1 LFG, Art. 11 Abs. 1 TrG; weniger deutlich Art. 8 BSG.

998 So ausdrücklich auch Art. 2 Abs. 3 lit. g VböV. Zu den Nebenbetrieben eingehend SCHEFER/HESS-KLEIN, Behindertengleichstellungsrecht, S. 156–158.

999 Primär kommen die kantonalen Bestimmungen zur Anwendung; das BehiG und seine Ausführungsverordnungen legen den verbindlichen Minimalstandard fest. Dazu SCHEFER/HESS-KLEIN, Behindertengleichstellungsrecht, S. 151 f.

1000 Dazu SCHEFER/HESS-KLEIN, Behindertengleichstellungsrecht, S. 142 f.

d) Zeitliche Geltung

aa) Bauten und Anlagen nach Art. 3 lit. a, c und d BehiG

Art. 3 lit. a, c und d BehiG verankern eine Anpassungspflicht für jene Bauten und Anlagen, Wohngebäude und Gebäude mit Arbeitsplätzen, für welche nach Inkrafttreten dieses Gesetzes eine Bewilligung für den Bau oder für die Erneuerung erteilt wird. Bei öffentlich zugänglichen Bauten und Anlagen wird der Anwendungsbereich des BehiG erst eröffnet, wenn die Bewilligung die öffentlich zugänglichen Bereiche betrifft. Damit ist **Auslöser einer Anpassungspflicht** die Durchführung eines Baubewilligungsverfahrens. Darunter fallen sowohl ordentliche als auch vereinfachte kantonale Verfahren (Art. 2 lit. a BehiV), in denen bauliche Massnahmen, Zweckänderungen oder Umnutzungen in Frage stehen. 3.551

Die Verfassungskonformität von Art. 23 Abs. 3 BauG BE, wonach eine Anpassungspflicht lediglich bei **«wesentlichen Umbauten»** besteht, erscheint fraglich. Zunächst ist die Einschränkung auf bauliche Massnahmen[1001] fragwürdig. Zudem ist das Ausmass der bewilligungspflichtigen Tatbestände auf der Ebene des Geltungsbereichs nicht von Bedeutung, sondern erst im Rahmen der Verhältnismässigkeitsprüfung zu berücksichtigen. 3.552

Bei **Teilumbauten** besteht eine Anpassungspflicht nur für die vom Bauvorhaben berührten Gebäudeteile. Darunter fallen zusätzlich zu den baulich erneuerten oder angebauten Bereichen auch jene, welche eine Nutzungs- bzw. Zweckänderung erfahren.[1002] 3.553

bb) Bauten und Anlagen des öffentlichen Verkehrs (Art. 3 lit. b BehiG)

Für Bauten und Anlagen des öffentlichen Verkehrs nach Art. 3 lit. b BehiG besteht die Anpassungspflicht unabhängig davon, ob ein **Baubewilligungs- oder Plangenehmigungsverfahren** durchgeführt wird. Für ihre Anpassung setzt Art. 22 Abs. 1 BehiG eine Frist von 20 Jahren seit Inkrafttreten des BehiG, d.h. bis zum 31. Dezember 2023.[1003] 3.554

Das Bundesverwaltungsgericht lässt es zu, dass bei einem Neubau eines Perrons vor Ablauf der Frist die erforderlichen Anpassungsmassnahmen noch nicht getroffen werden, um die **Interoperabilität** der Bahninfrastruktur insgesamt zu gewährleisten.[1004] 3.555

e) Materielle Anforderungen

aa) Grundsatz

Art. 5 und 7 BehiG verlangen jene baulichen Massnahmen, die erforderlich sind, um eine Benachteiligung von Menschen mit Behinderung nach Art. 2 Abs. 2 und 3 3.556

1001 Dazu VGer BE, Urteil 100.2012.231U vom 4. September 2013, E. 5.4.4 ff.

1002 Dazu BGE 134 II 249, E. 3.2.2.

1003 Das Bundesverwaltungsgericht hat offengelassen, ob im Falle eines Umbaus von Einrichtungen des öffentlichen Verkehrs die erforderlichen Anpassungsmassnahmen schon vor Ablauf dieser Frist getroffen werden müssen; siehe BVGE 2008/58 786, E. 9.2.2.

1004 BVGE 2008/58 786, E. 9.3.2.

BehiG zu verhindern oder zu beseitigen. Damit setzt das BehiG das **Verbot der Diskriminierung** wegen einer Behinderung nach Art. 8 Abs. 2 BV auf Gesetzesstufe um.[1005] Verschiedene verkehrsrechtliche Bundesgesetze verpflichten ebenfalls zur Berücksichtigung der Bedürfnisse von Menschen mit Behinderung bei Bauten und Anlagen, ohne jedoch über das BehiG hinauszugehen.

3.557 Ausdrücklich **auf das BehiG beschränkt** ist Art. 9 Abs. 4 SebG; eine «angemessene» Berücksichtigung verlangt Art. 17 Abs. 1 EBG. Keine Sonderbestimmungen enthalten das TrG, das LFG und das BSG.

3.558 Die Anforderungen des BehiG werden durch eine Vielzahl von Normen des kantonalen Rechts[1006] und des Verordnungsrechts des Bundes **konkretisiert.** Dabei finden je nach Sachbereich unterschiedliche Bestimmungen Anwendung. Sie sind insoweit verbindlich, als sie das Schutzniveau des BehiG erreichen. Fallen sie dahinter zurück, finden sie keine Anwendung.[1007]

bb) Bauten und Anlagen des Bundes (Art. 3 lit. a, c und d BehiG)

3.559 Bauten und Anlagen des Bundes nach Art. 3 lit. a, c und d BehiG unterstehen vollumfänglich den Anforderungen des BehiG. Gestützt auf Art. 15 Abs. 2 BehiG konkretisiert dies Art. 8 Abs. 1 BehiV dahingehend, dass das Bundesamt für Bauten und Logistik, die Armasuisse, der ETH-Rat (lit. a)[1008], Verwaltungseinheiten, die Wohnbauten erstellen oder mitfinanzieren (lit. b), sowie Verwaltungseinheiten, die Finanzhilfen oder Abgeltungen nach dem SuG ausrichten (lit. c), umfassend an **die SIA-Norm 500** gebunden sind. In allen Baubewilligungs- oder Plangenehmigungsverfahren, an denen diese Amtsstellen beteiligt sind oder in denen über Bauten und Anlagen entschieden wird, zu denen sie finanziell beitragen, ist entsprechend die SIA-Norm 500 anzuwenden.

3.560 Mit Bezug auf die Armasuisse ist insbesondere Art. 126 MG von Bedeutung. Danach bedarf die Ausführung von Bauten und Anlagen, die der **Landesverteidigung** dienen, einer Plangenehmigung des VBS. Nach Abs. 3 dieser Bestimmung sind kantonale Bewilligungen und Pläne nicht erforderlich. Behindertenrechtlich ausgenommen sind jedoch «Bauten und Anlagen, die zur Kampf- und Führungsinfrastruktur der Armee gehören» (Art. 2 lit. c Ziff. 2 BehiV).

cc) Bauten und Anlagen im Kompetenzbereich der Kantone (Art. 3 lit. a, c und d BehiG)

3.561 **Öffentlich zugängliche Bauten und Anlagen** (Art. 3 lit. a BehiG) im Kompetenzbereich der Kantone müssen für Menschen mit Behinderung zugänglich (Art. 2 Abs. 3 i.V.m. Art. 5 resp. Art. 7 Abs. 1 BehiG) und – soweit die öffentlich zugänglichen Teile

---

1005 Siehe BGE 139 II 289, E. 2.2.2.

1006 Zur besonderen Problematik der Geltung des BehiG im kantonalen Kompetenzbereich Rz. 3.533–3.535.

1007 So mit Bezug auf den öffentlichen Verkehr BGE 139 II 289, E. 2.3.

1008 Verweis auf Art. 8 VILB.

betroffen sind – im Innern benutzbar sein.[1009] Der Zugang ist so auszugestalten, dass darin keine Minderwertigkeit der Menschen mit Behinderung zum Ausdruck kommt; ein Zugang für Menschen im Rollstuhl über den Warenlift auf der Rückseite eines Gebäudes beispielsweise wäre mit Art. 8 Abs. 2 BV nicht vereinbar.

Verschiedene Kantone konkretisieren die Anforderungen dahingehend, dass sie die SIA-Norm 500 anwendbar erklären oder auf anerkannte technische Normen verweisen.[1010] 3.562

Wohngebäude mit mehr als acht Wohneinheiten (Art. 3 lit. c BehiG) im kantonalen Kompetenzbereich sind so auszugestalten, dass der Zugang zum Wohngebäude und zu den einzelnen Stockwerken im Wohngebäude den Bedürfnissen von Menschen mit Behinderung entspricht.[1011] Eine behindertengerechte Ausgestaltung des Wohnungsinnern wird nach überwiegender Ansicht vom BehiG nicht gefordert.[1012] 3.563

Einige Kantone übernehmen diese Regelung.[1013] Einzelne verlangen zudem ausdrücklich die Zugänglichkeit von Nebenräumen und Aussenanlagen oder unter gewissen Umständen den Einbau eines Personenlifts.[1014] Verschiedene Kantone gehen über die Anforderungen des BehiG hinaus und legen fest, dass die Wohnungen für Menschen mit Behinderung nicht nur zugänglich, sondern auch benutzbar sein müssen oder jedenfalls angepasst werden können.[1015] Zahlreiche Kantone verweisen insgesamt auf die SIA-Norm 500 oder deren Vorgänger-Norm SN 521 500.[1016] 3.564

Gebäude mit mehr als 50 Arbeitsplätzen (Art. 3 lit. d BehiG) müssen für Menschen mit Behinderung zugänglich sein. Nach Ansicht des Bundesrates fordert das BehiG keine Anpassung des Innern dieser Gebäude.[1017] Bereiche, die öffentlich zugänglich i.S.v. Art. 3 lit. a BehiG sind, unterstehen den dort geltenden Anpassungspflichten.[1018] Während sich zahlreiche Kantone auf das Minimum nach BehiG beschränken[1019], sehen einige auch eine gewisse Pflicht zur Anpassung im Innern 3.565

1009 BGE 134 II 249, E. 3.3.

1010 Siehe die Hinweise in SCHEFER/HESS-KLEIN, Behindertengleichstellungsrecht, S. 73 mit Fn. 165 und 167.

1011 Botschaft BehiG 2001, S. 1779; Amtl. Bull. SR 2001, S. 618; BERNER, Planungs- und Baurecht, S. 287.

1012 In diese Richtung jedoch SCHEFER/HESS-KLEIN, Behindertengleichstellungsrecht, S. 74 f.

1013 Siehe etwa Art. 80 Abs. 1 KRG GR; Art. 38 Abs. 2 BauG SH; Art. 10a PBG ZG; Art. 22 Abs. 2 BauG BE und dazu Art. 86 Abs. 1 BauV BE und ZAUGG/LUDWIG, Kommentar BauG BE, Art. 22/23 Rz. 6 f.

1014 Etwa Art. 117 Abs. 3 BauG AR; § 108 Abs. 2 RBG BL.

1015 § 53 Abs. 1 BauG AG; § 143bis Abs. 1 PBG SO; Art. 109 Abs. 1 und 3 LCI GE; Art. 24 Abs. 1 BauV AI; Art. 20 RELConstr. NE; Art. 38 Abs. 3 BauG SH; Art. 135 Abs. 2 Satz 2 PBG NW.

1016 Art. 74 RPBR FR; § 68 Abs. 3 BauV NW; Art. 22 Abs. 1 2. Lemma EinV VS; § 52 Abs. 2 PBV LU; § 37 Abs. 1 BauV AG; § 58 Abs. 2 BauV SO; Art. 50 RBG GL; Art. 46 Abs. 2 OCAT JU; Art. 36 Abs. 2 RLATC VD; § 34 Abs. 2 i.V.m. Anhang 2.51 BBV I ZH; Art. 23 RELConstr. NE; wohl auch Art. 117 Abs. 3 BauG AR; Art. 21 Abs. 1 LConstr. NE und Art. 80 Abs. 1 KRG GR.

1017 Botschaft BehiG 2001, S. 1779.

1018 Diese Konzeption steht auch hinter SIA-Norm 500, Ziff. 12.

1019 § 143bis Abs. 3 PBG SO; § 84 Abs. 1 PBG TG; Art. 38 Abs. 2 BauG SH.

vor[1020] oder verlangen, dass sich der Innenraum nachträglich anpassen lässt[1021]. Auch hier verweisen verschiedene Kantone auf die SIA-Norm 500.[1022]

dd) Bauten und Anlagen des öffentlichen Verkehrs (Art. 3 lit. b BehiG)

3.566 Art. 15 Abs. 1 lit. a BehiG ermächtigt den **Bundesrat** zum Erlass von Vorschriften für die konzessionierten Unternehmen über die Gestaltung der Bahnhöfe und Haltestellen sowie der Flughäfen, um ein behindertengerechtes öffentliches Verkehrssystem sicherzustellen. Die VböV[1023] enthält die entsprechenden Bestimmungen; diese werden gestützt auf eine Subdelegation in Art. 8 VböV in der VAböV[1024] vom UVEK weiter ausgeführt. Nach Art. 2 Abs. 1 lit. a VböV gilt die Verordnung für alle Einrichtungen des öffentlichen Verkehrs gemäss Art. 3 lit. b BehiG.

3.567 Nach Art. 2 Abs. 1 VAböV ist die **SIA-Norm 500** auf alle Bauten und Anlagen des öffentlichen Verkehrs im Kompetenzbereich des Bundes anwendbar. Abs. 2 dieser Bestimmung behält jedoch ausführende und abweichende Bestimmungen in der AB-EBV[1025] und der SBV[1026] vor.[1027]

3.568 Art. 3 VböV verankert den Grundsatz, dass Einrichtungen des öffentlichen Verkehrs (d.h. insbesondere Bauten und Anlagen) so zu gestalten sind, dass sie von Menschen mit Behinderung **autonom benützt** werden können, sofern sie grundsätzlich in der Lage sind, sich im öffentlichen Raum autonom bewegen zu können. Sie sollen sich möglichst unabhängig und ohne fremde Hilfe mit dem öffentlichen Verkehr fortbewegen können.[1028] Entsprechend sind jene baulichen Massnahmen zu treffen, die es den Menschen mit Behinderung ermöglichen, die Einrichtungen des öffentlichen Verkehrs ohne persönliche Hilfestellung durch das Personal zu benützen. Bleiben sie auf Hilfestellung angewiesen, stellt dies dann eine Benachteiligung im Sinne von Art. 2 Abs. 3 BehiG dar, wenn sie dadurch in ihrer Autonomie mit einer gewissen Intensität beeinträchtigt werden; in jedem Fall unzulässig ist eine Hilfestellung, die sie der Gefahr einer Stigmatisierung aussetzt.[1029]

1020 Art. 22 Abs. 2 BauG BE; Art. 80 Abs. 1 Satz 1 KRG GR; Art. 55 Abs. 1 BauG SG; § 53 Abs. 1 BauG AG und § 37 Abs. 1 BauV AG; Art. 19 RELConstr. NE; Art. 135 Abs. 3 PBG NW; Art. 70 Abs. 2 BauV GL.

1021 § 62 Abs. 2 Satz 2 BPG BS; § 57 Abs. 3 PBG SZ; Art. 80 Abs. 3 PBG UR; § 239a Abs. 3 PBG ZH.

1022 § 52 Abs. 2 PBV LU; § 37 BauV AG i.V.m. § 53 Abs. 1 BauG AG; Art. 50 RBG GL; § 71 i.V.m. § 68 Abs. 3 BauV NW; Art. 36 Abs. 2 RLATC VD; Art. 22 Abs. 1 EinV VS i.V.m. Art. 22 Abs. 3 EinG VS; Art. 23 RELConstr. NE; § 36 Abs. 2 PBV SZ; § 34 Abs. 2 i.V.m. Anhang 2.51 BBV I ZH. Wohl auch Art. 80 Abs. 1 KRG GR und Art. 74 RPBR FR.

1023 Die VböV wurde im Jahr 2015 einer Revision unterzogen, welche am 1. Januar 2016 in Kraft trat.

1024 Die VAböV wurde im Jahr 2016 einer Revision unterzogen, die am 1. Juli 2016 in Kraft trat.

1025 Die AB-EBV wurde im Jahr 2016 einer Revision unterzogen, die am 1. Juli 2016 in Kraft trat.

1026 Dieser Vorbehalt erstreckt sich auch auf die AB-SBV.

1027 Dazu Rz. 3.571–3.573.

1028 Botschaft BehiG 2001, S. 1776 und 1778, und BVGE 2008/58 786, E. 7.4 und 10.

1029 Dies kann etwa dann der Fall sein, wenn der Betroffene der Schaulust der anderen Passagiere ausgesetzt wird. Näher zum Begriff der Autonomie im vorliegenden Zusammenhang SCHEFER/HESS-KLEIN, Behindertengleichstellungsrecht, S. 181 ff.

Einrichtungen des öffentlichen Verkehrs müssen nach Art. 4 VböV sicher **auffindbar, erreichbar und benutzbar** sein. Art. 3 VAböV verankert zudem mit Bezug auf alle Verkehrsträger eine Pflicht, unter gewissen Voraussetzungen bei Haltepunkten **Parkplätze für Gehbehinderte** zu erstellen. 3.569

Besonders **detaillierte Bestimmungen** für die Bauten und Anlagen des öffentlichen Verkehrs betreffen unter anderem den Kontrast selbstleuchtender Anzeigen sowie anderer Informations- und Funktionselemente, die Rutschfestigkeit und optischen Eigenschaften von Bauten und Anlagen, die Kommunikationssysteme, die Beleuchtung von und die taktilen Informationen auf Perrons, die Billettautomaten und -entwerter (Art. 4–8 VAböV) und etwa die maximale Niveaudifferenz und Spaltbreite zwischen dem Perron und dem Einstiegsbereich von Bussen (Art. 13 VAböV) und Seilbahnen (Art. 18 VAböV). Für einige dieser Anforderungen verweist die VAböV auf die EN 16584 (Art. 4 Abs. 1 und 2, Art. 5 Abs. 2 VAböV). Diese europarechtlichen Normen finden damit auch auf gewisse Bauten und Anlagen des öffentlichen Verkehrs in der Schweiz Anwendung.[1030] 3.570

Spezifisch für den **Eisenbahnverkehr** enthält AB 34 Ziff. 2 AB-EBV Anforderungen an den Bau und die Signalisation von Perrons. Sie gehen über die entsprechenden Bestimmungen der TSI PRM 2014 und der sie ausführenden Europäischen Normen EN 16584[1031] hinaus, indem sie der autonomen Benützungsmöglichkeit und damit einem niveaugleichen Einstieg in die Fahrzeuge Priorität einräumen.[1032] 3.571

Art. 7 Anhang 2 AB-EBV enthält jedoch ein Verbot von Leitlinien auf Perrons. Diese Regelung erschwert oder verunmöglicht es sehbehinderten Menschen, sich autonom gefahrlos auf den Bahnsteigen bewegen zu können. Sie wird deshalb überarbeitet. 3.572

Für den **Schiffsverkehr** legen die AB-SBV spezifische Regelungen für den behindertengerechten Bau von Landungsanlagen fest.[1033] 3.573

Für den **Seilbahnverkehr** enthalten die Art. 16 und 18 Abs. 1 lit. b VAböV besondere Anforderungen an die bauliche Ausgestaltung von Stationsanlagen.[1034] Die letztere Bestimmung verweist für den niveaugleichen Einstieg ausdrücklich auf die TSI PRM 2014. 3.574

Bauten und Anlagen im **Autobus- und Trolleybusverkehr,** d.h. insbesondere Haltestellen, unterstehen den spezifischen Bestimmungen von Art. 10–12 und Art. 13 lit. a VAböV. Die letztere Bestimmung verweist für den niveaugleichen Einstieg auf die TSI PRM 2014. Auf Autobushaltestellen kommen zudem gegebenenfalls kantonale und kommunale Regelungen zur Anwendung.[1035] 3.575

1030 Siehe dazu näher Rz. 3.614.

1031 Siehe dazu näher Rz. 3.607.

1032 Siehe dazu näher Rz. 3.612.

1033 Siehe etwa die Verweise in AB 6 Ziff. 1 auf AB 42 Ziff. 1.5–1.10, Ziff. 2.4–2.7 und Ziff. 3 AB-SBV. Diese Anforderungen gelten auch für Landungsanlagen auf dem Gebiet der Schweiz im grenzüberschreitenden Schiffsverkehr auf Grenzgewässern; siehe Schefer/Hess-Klein, Behindertengleichstellungsrecht, S. 169–172.

1034 Ansonsten verweist Art. 9 Abs. 4 SebG ausdrücklich auf das BehiG.

1035 Siehe etwa für den Kanton Zürich AFV ZH/ZVV ZH, Hindernisfreie Bushaltestellen.

3.576 Am 1. Dezember 2014 erliess der Schweizerische Verband der Strassen- und Verkehrsfachleute VSS die Norm SN 640 075. Sie enthält detaillierte Anforderungen auch an die Ausgestaltung von **Haltestellen im Strassenverkehr.**[1036] Sie kommt dann zur Anwendung, wenn kantonales oder kommunales Recht darauf verweist, oder als Auslegungshilfe bei offenen staatlichen Bestimmungen.[1037] Zudem verweist 12 VAböV mit Bezug auf taktile Markierungen für Sehbehinderte im Autobus- und Trolleybusverkehr auf die VSS-Norm 640 852 vom Mai 2005.

3.577 Im **Luftverkehr** bestehen demgegenüber keine spezifischen baurechtlichen Anforderungen, welche über die allgemeinen Regelungen des BehiG, der VböV und der VAböV (mit den Verweisen auf die SIA-Norm 500, die TSI-PRM 2014 und die EN 16584) hinausgehen. Insbesondere die PRM-Verordnung der EU[1038], welche für die Schweiz im Rahmen des Luftverkehrsabkommens (LuftV) zur Anwendung gelangt, enthält keine Pflichten zur Anpassung der Bauten und Anlagen.

f) Verhältnismässigkeit von Anpassungsmassnahmen

3.578 Anpassungsmassnahmen sind im Rahmen der Verhältnismässigkeit erforderlich. In einer nicht abschliessenden Aufzählung führt Art. 11 Abs. 1 BehiG den wirtschaftlichen Aufwand, Anliegen des Umweltschutzes, des Natur- und Heimatschutzes[1039] sowie der Verkehrs- und Betriebssicherheit als Interessen auf, die im Rahmen einer **Güterabwägung** mit den geforderten Anpassungsmassnahmen in einen Ausgleich zu bringen sind.[1040] Das Gewicht des Rechtsanspruchs auf Schutz vor Benachteiligung hängt etwa von der Zahl der Benützer einer Baute oder einer Anlage, von deren Bedeutung für Menschen mit Behinderung oder von ihrem provisorischen oder dauerhaften Charakter ab (Art. 6 Abs. 1 BehiV).

3.579 Für Bauten und Anlagen ausserhalb des öffentlichen Verkehrs hält Art. 12 Abs. 1 BehiG fest, dass **Anpassungsmassnahmen,** deren Aufwand 5 Prozent des Gebäudeversicherungswertes vor der Erneuerung (Art. 7 Abs. 1 BehiV) bzw. des Neuwertes oder 20 Prozent der Erneuerungskosten[1041] übersteigt, unverhältnismässig seien. Massgeblich sind jene Erneuerungskosten, die entstehen, wenn die Anpas-

1036 Siehe Ziff. 26.

1037 Siehe BAV, Erläuterungen VAböV 2016, S. 2.

1038 Verordnung 1107/2006/EG des Europäischen Parlaments und des Rates vom 5. Juli 2006 über die Rechte von behinderten Flugreisenden und Flugreisenden mit eingeschränkter Mobilität (ABl. L 204 vom 26. Juli 2006, S. 1). Siehe auch die dazugehörigen Auslegungsrichtlinien der Kommission vom 11. Juni 2012, SWD(2012) 171 final.

1039 Dazu etwa BGer, Urteil 1C_394/2010 vom 10. Juni 2011 betreffend die Erstellung eines Lifts zu einer Kapelle aus dem 16. Jh. oder VGer VS, Urteil AC.2010.0155 vom 27. April 2011, E. 3 betreffend den Einbau eines Treppenlifts in der Eingangshalle eines denkmalgeschützten Museumsgebäudes.

1040 Illustrativ für weitere Interessen VGer LU, Urteil V 10 232 vom 18. Oktober 2010, E. 5 ff.: Unterschreitung des gesetzlichen Gebäudeabstandes zur Realisierung von Anpassungsmassnahmen.

1041 Massgeblich sind die voraussichtlichen Baukosten ohne besondere Massnahmen für Menschen mit Behinderung; Art. 7 Abs. 2 BehiV.

sung im Baugesuch vorgesehen ist – und nicht jene, die im Rahmen der Nachbesserung eines ursprünglich mangelhaften Gesuchs anfallen.[1042]

Erscheinen jene Massnahmen unverhältnismässig, die erforderlich wären, um eine Benachteiligung von Menschen mit Behinderung nach Art. 2 Abs. 3 BehiG zu beseitigen oder zu unterlassen, sind angemessene **Ersatzmassnahmen** zu treffen (Art. 12 Abs. 3 BehiG). Diese Verpflichtung soll nach dem Gesetzeswortlaut nur das Gemeinwesen oder konzessionierte Unternehmen treffen, gilt u.E. aber auch für Private. 3.580

g) Rechtsansprüche

Art. 7 BehiG räumt Menschen mit Behinderung, die beim Zugang zu einer Baute oder Anlage aus baulichen Gründen gegenüber Menschen ohne Behinderung benachteiligt werden, einen Rechtsanspruch auf **Unterlassung und Beseitigung** ein. Der Anspruch erstreckt sich grundsätzlich auf alle Anpassungsmassnahmen, die für eine Unterlassung oder Beseitigung erforderlich sind. Wären diese unverhältnismässig, wandelt er sich in einen Anspruch auf verhältnismässige Ersatzmassnahmen. Alle Rechtsansprüche nach Art. 7 BehiG sind von Amtes wegen durchzusetzen. 3.581

Die Rechtsansprüche nach Art. 7 BehiG umfassen inhaltlich auch die in den konkretisierenden Verordnungen und in den durch Verweis rechtsverbindlichen **privaten Regelwerken** – wie insbesondere der SIA-Norm 500 – verankerten Massnahmen zum behindertengerechten Bauen. Erreichen diese nicht das für eine Beseitigung oder Verhinderung einer Benachteiligung erforderliche Niveau, stützt sich der Anspruch direkt auf das BehiG. 3.582

Voraussetzung für das Bestehen eines Anspruches nach Art. 7 Abs. 1 BehiG bei öffentlich zugänglichen Bauten, Wohnbauten und Bauten mit Arbeitsplätzen (d.h. ausserhalb des öffentlichen Verkehrs), ist, dass ein **Baubewilligungsverfahren** durchgeführt wird. Der Anspruch bezieht sich auf die vom Baubewilligungsverfahren direkt betroffenen Gebäudeteile sowie auf jene, die in einem funktionalen Zusammenhang dazu stehen, indem sie etwa eine Nutzungs- oder Zweckänderung erfahren.[1043] 3.583

Im Bereich des öffentlichen Verkehrs nach Art. 3 lit. b BehiG findet der Anspruch seine Rechtsgrundlage in Art. 7 Abs. 2 BehiG. Im Unterschied zu Bauten nach Art. 3 lit. a, c und d besteht er **unabhängig von einem konkreten Bewilligungsverfahren.** Er richtet sich gegen jene Unternehmen oder Gemeinwesen, in deren Eigentum[1044] die fragliche Einrichtung steht. 3.584

Gemäss Art. 7 Abs. 2 BehiG kann der Betroffene von der «zuständigen Behörde verlangen, dass das konzessionierte Unternehmen die Benachteiligung beseitigt oder unterlässt». Mit Bezug auf Bauten und Anlagen ist die Beschränkung auf **«konzessionierte Unternehmen»** 3.585

1042 Botschaft BehiG 2001, S. 1782.

1043 BGE 134 II 249, E. 4.5.

1044 So ausdrücklich Botschaft BehiG 2001, S. 1781.

zu eng: Die Erstellung einer Haltestelle im Autobusverkehr untersteht kantonalem Recht und benötigt keine Konzession nach Bundesrecht. Es ist jedoch unbestritten, dass der Anspruch nach Art. 7 Abs. 2 BehiG auch etwa gegenüber einer Gemeinde besteht, die eine solche Haltestelle baut, obwohl sie kein konzessioniertes Unternehmen darstellt.

h) Verfahrensrechtliche Fragen

aa) Baubewilligungs- und Plangenehmigungsverfahren

3.586 Bei Bauten und Anlagen nach Art. 3 lit. a, c und d BehiG, d.h. **ausserhalb des öffentlichen Verkehrs,** räumt Art. 7 Abs. 1 lit. a BehiG Menschen mit Behinderung Parteistellung[1045] im kantonalen Bewilligungsverfahren oder im bundesrechtlichen Plangenehmigungsverfahren[1046] ein. Voraussetzung ist, dass sie durch das Bauprojekt benachteiligt würden. Eine darüber hinausgehende besondere Betroffenheit ist nicht erforderlich.[1047]

3.587 Mit Bezug auf Bauten und Anlagen des **öffentlichen Verkehrs** nach Art. 3 lit. b BehiG gilt nach Art. 7 Abs. 2 BehiG Analoges. Entsprechend kommt Menschen mit Behinderung, die durch das Bauprojekt benachteiligt würden, im Plangenehmigungsverfahren nach EBG[1048], nach SebG[1049] und nach LFG[1050] und im kantonalen Baubewilligungsverfahren[1051] Parteistellung zu.

3.588 Das **Verfahren** zur Beurteilung einer Beschwerde nach Art. 7 Abs. 2 BehiG richtet sich grundsätzlich nach VwVG sowie – im Plangenehmigungsverfahren – nach EBG, SebG, LFG resp. MG und dem dazugehörigen Verordnungsrecht. Auf Beschwerden gegen Verfügungen, die im Zusammenhang mit Autobushaltestellen gestützt auf kantonales Recht ergehen, ist grundsätzlich das kantonale Prozessrecht anwendbar.

1045 Zum Begriff der Partei etwa Kölz/Häner/Bertschi, Verwaltungsverfahren, Rz. 442 ff. m.H.

1046 Ein bundesrechtliches Plangenehmigungsverfahren ausserhalb des öffentlichen Verkehrs findet sich insbesondere in Art. 126 MG; zur Parteistellung Kölz/Häner/Bertschi, Verwaltungsverfahren, Rz. 446.

1047 Dies ergibt sich aus BGer, Urteil 1C_394/2010 vom 10. Juni 2011; siehe Schefer/Hess-Klein, Behindertengleichstellungsrecht, S. 96.

1048 Siehe Art. 18 ff. EBG und die VPVE. Das eisenbahnrechtliche Plangenehmigungsverfahren kommt auch auf feste Anlagen und Nebenanlagen im Trolleybusverkehr (Art. 11 Abs. 2 TrG und Art. 5 der Vollziehungsverordnung zum Bundesgesetz über die Trolleybusunternehmungen [Trolleybus-Verordnung] vom 6. Juli 1951 [SR 744.211]) und auf Hafenanlagen (Art. 8 Abs. 2 BSG) zur Anwendung.

1049 Siehe Art. 9 ff. SebG und Art. 11 ff. SebV; subsidiär gelangt das Verfahren nach EBG zur Anwendung; siehe Art. 16 SebG. Art. 9 Abs. 4 SebG weist ausdrücklich darauf hin, dass im seilbahnrechtlichen Plangenehmigungsverfahren «die Bedürfnisse der Menschen mit Behinderungen im Sinne des Behindertengleichstellungsgesetzes [...] zu berücksichtigen» sind. Entsprechend sind im Plangenehmigungsverfahren «Unterlagen betreffend Behindertengerechtigkeit» einzureichen; Art. 11 Abs. 1 lit. b SebV.

1050 Siehe Art. 37 ff. LFG und Art. 27a ff. VIL.

1051 Grundsätzlich ist ein solches – und nicht ein bundesrechtliches Plangenehmigungsverfahren – etwa beim Bau einer Autobushaltestelle durchzuführen.

bb) Gesuchstellung und Beschwerderecht ausserhalb eines Baubewilligungs- oder Plangenehmigungsverfahrens

Der Anspruch auf Zugang zu Bauten und Anlagen des öffentlichen Verkehrs ist 3.589
ausserhalb von Baubewilligungs- oder Plangenehmigungsverfahren beim Unternehmen oder Gemeinwesen geltend zu machen, in dessen Eigentum die Einrichtung steht. Wenn das Unternehmen oder Gemeinwesen **verfügungsbefugt** ist, stellt die verkehrsrechtliche Aufsichtsbehörde die zuständige Beschwerdeinstanz dar. Dies ist im Autobus-, Trolleybus-, Schiffs-, Eisenbahn- und Seilbahnverkehr das Bundesamt für Verkehr, im Luftverkehr das Bundesamt für Zivilluftfahrt. Fehlt die Verfügungsbefugnis und nimmt das fragliche Unternehmen die anbegehrten Anpassungsmassnahmen nicht vor, ist ein Gesuch bei der verkehrsrechtlichen Aufsichtsbehörde (BAV resp. BAZL) zu stellen.

cc) Geltendmachung von Ansprüchen nach Abschluss eines Verfahrens

Nach Abschluss eines Baubewilligungsverfahrens kann der Anspruch auf Beseiti- 3.590
gung einer Benachteiligung ausserhalb des öffentlichen Verkehrs dann im **Zivilverfahren** geltend gemacht werden, «wenn das Fehlen der gesetzlich gebotenen Vorkehren im Baubewilligungsverfahren nicht erkennbar war» (Art. 7 Abs. 1 lit. b BehiG). Dies ist dann der Fall, wenn die fraglichen Anpassungsmassnahmen keine bewilligungsrelevanten Aspekte darstellten. Mit der Zivilklage können aber lediglich Benachteiligungen beseitigt werden, die aus dem Bauprojekt selber hervorgehen.[1052]

Wurde trotz Bewilligungspflicht kein Baubewilligungsverfahren durchgeführt oder 3.591
wurde in Abweichung von der Baubewilligung gebaut, hat die Behörde nachträglich ein solches einzuleiten und gegebenenfalls die **Herstellung des rechtmässigen Zustands** anzuordnen; das Beschreiten des Zivilwegs ist diesfalls nicht erforderlich.

Ist zum Zeitpunkt der Durchführung eines verkehrsrechtlichen Plangenehmigungs- 3.592
verfahrens kaum abschätzbar, wie die Ansprüche nach Art. 7 Abs. 2 BehiG betroffen werden, erstreckt sich die Rechtsbeständigkeit der Plangenehmigungsverfügung nicht auf sie. Entsprechend können sie in einem **späteren Verwaltungsverfahren** geltend gemacht werden. Analoges gilt dann, wenn ein vereinfachtes Plangenehmigungsverfahren ohne Publikation und öffentliche Auflage durchgeführt wird und Menschen mit Behinderung deshalb keine Möglichkeit hatten, ihre Ansprüche geltend zu machen.[1053]

1052 BGE 134 II 249, E. 4.2 und 5.3.

1053 Zur beschränkten Rechtsbeständigkeit von Plangenehmigungsverfügungen in solchen Konstellationen BGE 140 II 214, E. 3.1.

dd) Beschwerderecht von Behindertenorganisationen

3.593 Art. 9 BehiG räumt den Behindertenorganisationen von gesamtschweizerischer Bedeutung, die seit mindestens zehn Jahren bestehen, ein **ideelles Verbandsbeschwerderecht** ein.[1054] Voraussetzung ist, dass Benachteiligungen in Frage stehen, «die sich auf eine grosse Zahl Behinderter auswirken». Die bundesgerichtliche Praxis zu dieser wenig reflektierten Voraussetzung ist zu Recht grosszügig. So bejahte das Gericht beispielsweise das Beschwerderecht von Behindertenorganisationen mit Bezug auf den Zugang zu einer historischen Wallfahrtskirche[1055] oder zu einem Kino[1056].

3.594 Art. 5 BehiV regelt die Einzelheiten; eine **Liste der entsprechenden Organisationen** findet sich im Anhang zur BehiV; sie ist deklaratorischer Natur.[1057]

3.595 Soweit Bauten und Anlagen betroffen sind, besteht das ideelle Verbandsbeschwerderecht nach Art. 9 Abs. 3 lit. b BehiG generell in den **Verfahren zur Erteilung einer Bewilligung** für den Bau oder die Erneuerung von Bauten und Anlagen. Darunter fällt auch das Zivilverfahren nach Art. 7 Abs. 1 lit. b BehiG.

3.596 Das zivilrechtliche Klageverfahren nach Art. 7 Abs. 1 lit. b BehiG besteht zusätzlich zum **Verbandsklagerecht nach Art. 89 ZPO.**[1058] Es stellt einen Sonderfall des Verfahrens nach Art. 9 Abs. 3 lit. b BehiG dar und fällt nicht unter das Zivilverfahren nach Art. 9 Abs. 3 lit. a BehiG; dieses steht ausschliesslich bei Dienstleistungen Privater – und nicht bei baurechtlichen Streitigkeiten – zur Verfügung.

3.597 Das **Plangenehmigungsverfahren nach Art. 126 MG** ist in Art. 9 Abs. 3 lit. b BehiG nicht aufgeführt. Aus den Materialien ergibt sich kein Hinweis, dass sich der Gesetzgeber dieser Unterlassung bewusst war; ein tragfähiger Grund dafür ist nicht erkennbar.

3.598 Dabei ist in Erinnerung zu rufen, dass das BehiG und mit ihm die SIA-Norm 500 auch auf die Bauten und Anlagen des VBS Anwendung finden (Art. 8 Abs. 1 lit. a BehiV i.V.m. Art. 8 Abs. 1 lit. b VILB), sofern sie nicht zur Kampf- und Führungsinfrastruktur der Armee gehören (Art. 2 lit. c Ziff. 2 BehiV).

3.599 Entsprechend stellt das Plangenehmigungsverfahren nach Art. 126 MG ein «Verfahren zur Erteilung einer Bewilligung für den Bau oder die Erneuerung von Bauten und Anlagen» nach Art. 9 Abs. 3 lit. b BehiG dar.

3.600 Nach Art. 9 Abs. 3 lit. c BehiG besteht das Verbandsbeschwerderecht auch in sämtlichen **verkehrsrechtlichen Plangenehmigungsverfahren.**

3.601 Mit dem Verbandsbeschwerderecht nach Art. 9 Abs. 3 lit. b und c BehiG können **Ansprüche nach Art. 7 BehiG** geltend gemacht werden.

1054 Dazu MEIER, Ideelles Verbandsbeschwerderecht, S. 144–169.

1055 BGer, Urteil 1C_394/2010 vom 10. Juni 2011, E. 2.3.

1056 BGE 138 I 475, E. 1.1 und BGer, Urteil 4A_369/2012 vom 10. Oktober 2012 mit Bezug auf Dienstleistungen; Gleiches müsste auch bezüglich baurechtlicher Fragen gelten.

1057 BGer, Urteil 1C_394/2010 vom 10. Juni 2011, E. 2.3.

1058 Siehe dazu analog die Begründung in SCHEFER/HESS-KLEIN, Behindertengleichstellungsrecht, S. 320 f.

3. Zur SIA-Norm 500

Der Schweizerische Ingenieur- und Architektenverein (SIA), ein Verein des Privatrechts, wurde im Jahr 1837 gegründet und formuliert in einem sehr breiten Normenwerk weithin anerkannte Regeln der Baukunde. Die aktuellen Regeln über das **hindernisfreie Bauen** finden sich in der SIA-Norm 500 («Hindernisfreie Bauten»)[1059], die im Jahr 2009 die bisherige Norm SN 521 500 («Behindertengerechtes Bauen») aus dem Jahr 1988 abgelöst hatte. Zahlreiche kantonale und bundesrechtliche Erlasse verweisen auf sie und verleihen ihr dadurch rechtliche Verbindlichkeit.[1060] 3.602

Die SIA-Norm 500 folgt derselben Systematik **wie das BehiG** und erfasst entsprechend öffentlich zugängliche Gebäude, Wohngebäude und Bauten mit Arbeitsplätzen. In materieller Hinsicht konkretisiert SIA 500 das BehiG, geht aber verschiedentlich über dessen Anforderungen hinaus. Die Regeln von SIA 500 verstehen sich nicht als Ergebnisse von Güterabwägungen im Rahmen des Grundsatzes der Verhältnismässigkeit; SIA 500 hält ausdrücklich fest, dass Verhältnismässigkeitsüberlegungen vorbehalten bleiben.[1061] 3.603

Die Regeln über die **öffentlich zugänglichen Gebäude** von SIA 500 Ziff. 3–8 konkretisieren im Wesentlichen die Anforderungen des BehiG. In inhaltlicher Hinsicht umschreibt SIA 500 Ziff. 1.3.2.2 den Begriff der öffentlich zugänglichen Baute weitgehend in Übereinstimmung mit Art. 2 lit. c BehiV. 3.604

Deutliche Erweiterungen gegenüber dem BehiG und seinem Verordnungsrecht enthält SIA 500 bei den **Wohnbauten.** Das BehiG verlangt die Zugänglichkeit der Wohnungen in Bauten mit mehr als acht Wohneinheiten; Regelungen über die Benützbarkeit im Innern der Wohnungen enthält das Gesetz nicht. SIA 500 Ziff. 9.1.3 überlässt den minimalen Schwellenwert dem Gesetzgeber und verlangt für Bauten mit Wohnungen generell, dass mindestens ein Vollgeschoss stufenlos zugänglich ist und die übrigen Geschosse bei Bedarf – etwa durch den Einbau eines Aufzugs – erschlossen werden können. Darüber hinaus sind die Wohnungen im Innern so zu bauen, dass sie den Bedürfnissen von Menschen mit Behinderung entsprechen oder ihnen angepasst werden können (SIA 500 Ziff. 10). 3.605

Die Regeln über die **Bauten mit Arbeitsplätzen** nach SIA 500 Ziff. 11 und 12 konkretisieren das Verbot der Benachteiligung nach Art. 7 BehiG. Sie stellen klar, dass für Bereiche, die Besuchern offenstehen, die Anpassungsvorschriften für öffentlich zugängliche Bauten und Anlagen gelten. 3.606

1059 Die SIA-Norm 500 ist nur kostenpflichtig auf der privaten Internetseite shop.sia.ch > Normenwerk > Architekt zugänglich.

1060 Siehe im Bundesrecht etwa die Verweise in Art. 8 BehiV für Bauten des Bundes und solche, die von ihm subventioniert werden (Rz. 3.559), oder in Art. 2 Abs. 1 VAböV für Bauten des öffentlichen Verkehrs. Siehe auch AB 2.3 Ziff. 1k AB-EBV, wonach die SIA-Norm 500 bei der Ermittlung der anerkannten Regeln der Technik «zu konsultieren» ist. Zu den kantonalen Verweisen SCHEFER/HESS-KLEIN, Behindertengleichstellungsrecht, S. 73 mit Fn. 165 und 167.

1061 SIA-Norm 500, Vorwort.

4. Zu den TSI PRM 2014 und den EN 16584

a) Geltung

3.607 Art. 52 Abs. 6 des **Landverkehrsabkommens** zwischen der Schweiz und der EU (LandV) verpflichtet die Schweiz, gleichwertige Regelungen mit den in Anhang I aufgeführten Rechtsakten der EU zu erlassen. Abschnitt 4 von Anhang I LandV führt die Interoperabilitätsrichtlinie für das Eisenbahnsystem (InteropRL) auf. Diese enthält grundlegende Anforderungen an das Eisenbahnsystem (Art. 4 und Anhang III InteropRL). Diese grundlegenden Anforderungen werden von der Europäischen Kommission in verschiedenen Verordnungen über die «technischen Spezifikationen für die Interoperabilität» (TSI) näher ausgeführt (für jedes Teilsystem eine TSI). Vorliegend relevant ist die TSI für Menschen mit Behinderungen von 2014, die sog. TSI-PRM 2014. Diese wiederum wird vom Europäischen Komitee für Normung (CEN), in welchem auch die Schweiz Mitglied ist, u.a. in den Europäischen Normen EN 16584[1062] präzisiert.

3.608 Um der Verpflichtung der Schweiz nach Art. 52 Abs. 6 LandV nachzukommen, ermächtigen Art. 23a und 23f EBG den Bundesrat, die grundlegenden technischen Anforderungen im Bahnbereich festzulegen und verpflichten ihn, dabei das **internationale Recht** zu berücksichtigen. Das BAV konkretisiert die grundlegenden technischen Anforderungen und bezeichnet dabei soweit möglich harmonisierte internationale Normen.

3.609 Die Botschaft zu Art. 23f EBG hält ausdrücklich fest, dass der Bundesrat gestützt auf diese Bestimmung die TSI zur Anwendung bringen wird.[1063] Entsprechend verweist Anhang 7 EBV auf die **TSI PRM 2014**[1064]. Damit gelangt die TSI PRM 2014 in der Schweiz jedoch nicht vollumfänglich zur Anwendung; den Kreis jener Bestimmungen, die rechtsverbindlich übernommen werden, legt die VAböV[1065] fest.

3.610 Nach Art. 2 Abs. 1 und 2 VAböV findet die TSI PRM 2014 in der Schweiz grundsätzlich nur auf Fahrzeuge, nicht jedoch auf Bauten und Anlagen des öffentlichen Verkehrs Anwendung. Insbesondere die Regeln über die zulässige **Niveaudifferenz und Spaltbreite** werden in der TSI PRM 2014 grundsätzlich zu den Fahrzeugen gezählt. Beim Autobus-, Trolleybus- und Seilbahnverkehr betreffen sie aber in besonderem Masse auch die Infrastruktur. Entsprechend halten Art. 13 lit. a und Art. 18 Abs. 1 lit. a VAböV fest, dass die Regeln von Anhang Ziff. 2.3 TSI PRM 2014 auch auf den Autobus-, Trolleybus- und Seilbahnverkehr Anwendung finden.

1062 Die am 1. Juli 2016 in Kraft getretenen revidierten Bestimmungen der VAböV verweisen auf den definitiven Entwurf der EN 16584 (FprEN), weil die Norm zu diesem Zeitpunkt von der CEN noch nicht endgültig verabschiedet worden war (siehe BAV, Erläuterungen VAböV 2016, S. 2). Es ist vorgesehen, zu einem späteren Zeitpunkt mit einer «kleinen» Revision der VAböV auf die dannzumal verabschiedeten Normtexte zu verweisen.

1063 BBl 2011, 961.

1064 Zu dieser EU-Verordnung Rz. 3.607.

1065 Dazu BAV, Erläuterungen VAböV 2016, S. 1.

Nach AB 53.1 Ziff. 6.1 AB-EBV gilt Ziff. 2.3 TSI PRM 2014 auch für den **Eisenbahnverkehr.** Diese Regel betrifft aber allein die Fahrzeuge.[1066] 3.611

Damit schränkt die VAböV die **Anwendbarkeit der TSI PRM 2014** in zweifacher Weise ein: Erstens findet die TSI PRM 2014 in der Schweiz im Bereich der Infrastruktur grundsätzlich nur auf jene Bauten und Anlagen Anwendung, die direkt mit den Fahrzeugen in Verbindung stehen und deshalb für die Interoperabilität der Eisenbahn von zentraler Bedeutung sind.[1067] Zweitens gelangen auch in diesem engen Bereich nur einzelne Regeln der TSI PRM 2014 zur Anwendung: So erachtet die TSI PRM 2014 beispielsweise den niveaugleichen Einstieg und den Einstieg mithilfe beispielsweise eines Hublifts als gleichwertig, während das Schweizer Recht eine Priorität für den niveaugleichen Einstieg kennt (die detaillierten Regeln darüber enthalten AB 34 Ziff. 2 AB-EBV[1068]). Die VAböV verweist entsprechend nur auf die technischen Regeln der TSI PRM 2014 über den niveaugleichen Einstieg, nicht aber auf jene über die Gleichwertigkeit der beiden Varianten. Die schweizerischen Regeln gehen damit in diesem Bereich zugunsten der Rechte von Menschen mit Behinderung im Sinne eines niveaugleichen Einstiegs erheblich über die europarechtlichen Normen hinaus.[1069] 3.612

Der Grundsatz, wonach die VAböV betreffend Bauten und Anlagen lediglich jene Bestimmungen der TSI PRM 2014 übernimmt, welche das **Zusammenspiel von Infrastruktur und Fahrzeugen** betreffen, erfährt aber seinerseits wieder Ausnahmen. So gelten beispielsweise in den nachfolgend genannten Fällen die Regeln der TSI PRM 2014, obwohl diese nicht das angesprochene Zusammenspiel betreffen.[1070] 3.613

Nicht auf die TSI PRM 2014, sondern direkt auf deren Konkretisierungen in den **Europäischen Normen EN 16584** verweisen Art. 4–6 VAböV: Die anwendbaren Regeln über den Kontrast selbstleuchtender Anzeigen (Art. 4 Abs. 1 VAböV), die Rutschfestigkeit und optischen Eigenschaften von Bauten und Anlagen (Art. 4 Abs. 2 VAböV) sowie die Anforderungen an die Ausgestaltung der Kommunikations- und Notrufsysteme finden sich in den EN 16584. 3.614

Dieser **selektiven Übernahme der TSI PRM 2014** und ihrer Konkretisierung in den EN 16584 steht eine bemerkenswerte Ausdehnung des Anwendungsbereichs der beiden europäischen Regelungswerke im Bereich der Fahrzeuge (nicht von Bauten und Anlagen) gegenüber. Während diese europarechtlich lediglich auf den Eisenbahnverkehr Anwendung finden, gelten sie in der Schweiz nach Art. 1 Abs. 1 lit. a VAböV für den öffentlichen Verkehr «im Allgemeinen», d.h. auch für den Autobus- und Trolleybusverkehr, die Seilbahnen, die Schifffahrt und den Luftverkehr. Nach 3.615

1066 Siehe dazu Rz. 3.615.
1067 Die Schweiz hat deshalb der Europäischen Kommission gestützt auf Art. 17 InteropRL eine «notifizierte nationale technische Vorschrift» (NNTV) für alle Vorschriften der TSI-PRM 2014 übermittelt, die nicht das Zusammenwirken von Fahrzeugen und Infrastruktur betreffen. Siehe BAV, Erläuterungen VAböV 2016, S. 2, sowie Notifizierte Nationale Technische Vorschriften (NNTV) 2016, gültig ab 1. Januar 2016, mit Bezug auf Anhang 7 EBV.
1068 Siehe dazu Rz. 3.571.
1069 Auch diesbezüglich hat die Schweiz der Kommission eine NNTV (Fn. 1067) übermittelt.
1070 Für ein weiteres Beispiel siehe Rz. 3.611.

Art. 15a EBV gelten sie zudem auch für nicht interoperable Strecken, sofern keine abweichenden nationalen Bestimmungen bestehen. So gelten sie auch etwa für Strassenbahnen, den Vororts- und Regionalverkehr nach Art. 1 Abs. 3 InteropRL, die nach Art. 2 Abs. 2 TSI PRM 2014 von deren Geltungsbereich ausgenommen sind. Damit soll eine gewisse Einheitlichkeit in den Regelungen des öffentlichen Verkehrs sichergestellt werden.

3.616 Der **praktische Nutzen** einer einheitlichen Regelung für alle Verkehrsträger wird allerdings dadurch vermindert, dass die technischen Umstände und praktischen Bedürfnisse, etwa jene von Trolleybussen gegenüber jenen von Luftfahrzeugen, sehr unterschiedlich sein können.

b) Materieller Gehalt

3.617 Der niveaugleiche Einstieg ist nach Ziff. 2.3 Anhang TSI PRM 2014 so zu gewährleisten, dass die Spaltbreite zwischen Türschwelle (oder Schiebetritt) und Perron nicht mehr als 75 mm und die Niveaudifferenz nicht mehr als 50 mm beträgt. Diese Werte gelten einheitlich für die Eisenbahn, d.h. sowohl für die Normal- als auch die Schmalspur, unabhängig davon, ob sie interoperabel sind oder nicht, den Autobus- und den Trolleybusverkehr (Art. 13 lit. a VAböV) sowie für Seilbahnen (Art. 18 Abs. 1 lit. b VAböV). Da im Eisenbahnverkehr der Bau der Perrons normiert ist und die Fahrzeuge spurgeführt verkehren, betreffen die Anforderungen an die **Spaltbreite und die Niveaudifferenz** die Fahrzeuge; dort finden sich die entsprechenden Verweise auf die TSI PRM 2014 (AB 53.1 Ziff. 6.1 AB-EBV).

3.618 Mit dieser Übernahme der TSI PRM 2014 erfolgt ein **Rückschritt** gegenüber der früher geltenden Regelung: Im Eisenbahn-, Autobus- und Trolleybusverkehr sowie im Seilbahnverkehr war nach AB 66 Ziff. 7.1.1 AB-EBV (i.K. bis 30. Juni 2016), Art. 14 lit. a VAböV (i.K. bis 30. Juni 2016) und Art. 19 Abs. 1 lit. b VAböV (i.K. bis 30. Juni 2016) eine Niveaudifferenz und Spaltbreite von entweder 50/50 mm oder 30/70 mm einzuhalten.

3.619 Der Verordnungsgeber (das UVEK) stützt sich bei dieser Neuerung auf eine **Studie der Schweizerischen Fachstelle Barrierefreier öffentlicher Verkehr** (BöV), die festhält, dass Schnittstellen mit nur einem Absatz von Rollstühlen bis zu einer Spaltbreite von 100 mm befahren werden können.[1071] In ihrer Vernehmlassungseingabe zur Revision der VAböV hält die Dachorganisation Inclusion Handicap, in welcher die BöV organisatorisch aufgegangen ist, demgegenüber fest, die Studie erscheine aus heutiger Sicht als überholt.[1072]

1071 BöV, Schnittstellenstudie, S. 5.

1072 Integration Handicap, Anhörung: Teilrevision der Ausführungsbestimmungen zur Eisenbahnverordnung (AB-EBV), Teilrevision der Verordnung des UVEK über die technischen Anforderungen an die behindertengerechte Gestaltung des öffentlichen Verkehrs (VABöV) sowie neue Richtlinien des BAV über den Mindestanteil autonom benutzbarer Fernverkehrszüge und zum Erlass von Betriebs- und Fahrdienstvorschriften, 21. August 2015, S. 5 f. (www.inclusion-handicap.ch > Politik > Gleichstellung: Weitere Positionen > VAböV).

B. Parkplatzvorschriften*

Literatur

Ernst Basler und Partner/INTERFACE Politikstudien Forschung Beratung, Verkehrslenkende Massnahmen; Frey Fritz, Erstellungspflicht; Griffel Alain, Rechtsfragen; Griffel Alain/Rausch Heribert, Kommentar USG, Ergänzungsband, Art. 12 Rz. 8 ff.; Zaugg Aldo/Ludwig Peter, Kommentar BauG BE, Art. 16–18.

Amtliche Publikationen

AGR BE (Hrsg.), Leitfaden Abstellplätze; BAFU (Hrsg.), Luftschadstoff-Emissionen; BAFU/ARE, Rundschreiben; Baudirektion ZH, Wegleitung Parkplatz-Bedarf; BVU AG (Hrsg.), Gesamtplan Verkehr.

1. Grundlagen

a) Zweck der Parkplatzvorschriften

Unter baurechtlichen Gesichtspunkten bezwecken Parkplatzvorschriften, dass für die Fahrzeuge der Benutzer einer Baute oder Anlage (d.h. Bewohner, Angestellte, Kunden, Besucher) eine genügende Anzahl von Abstellplätzen **auf privatem Grund** zur Verfügung steht. Die Fahrzeuge sollten grundsätzlich nicht auf öffentlichem Grund abgestellt werden (vgl. § 242 Abs. 2 PBG ZH). In diesem Zusammenhang steht vor allem die Mindestanzahl der Abstellplätze im Vordergrund. Es soll verhindert werden, dass Bauherrschaften – allenfalls aus Kostengründen – zu wenige Parkplätze bauen und den Benutzern zur Verfügung stellen. 3.620

Daneben haben Parkplatzvorschriften umweltrechtliche Relevanz. Im Sinne der **Luftreinhaltung** und des **Lärmschutzes** stehen die Höchstzahlen von Abstellplätzen im Vordergrund. Mit Parkraumbeschränkungen sollen Luftschadstoff- und Lärmimmissionen vermindert werden.[1073] Dem gleichen Zweck dienen auch Bewirtschaftungspflichten und Fahrtenmodelle. 3.621

Der Grundsatz, dass Abstellplätze **unterirdisch oder überdeckt** anzulegen sind (§ 244 Abs. 3 PBG ZH), ist durch den Lärmschutz (Geräusche durch Öffnen und Schliessen der Türen, Motorengeräusche) und die Siedlungsentwicklung (Einordnung und Ästhetik) motiviert. Solche Vorschriften können als Konkretisierung des Vorsorgeprinzips im Lärmschutz betrachtet werden. Soweit dies im konkreten Fall technisch und betrieblich möglich sowie wirtschaftlich tragbar ist, kann die Bauherrschaft zur Erstellung unterirdischer Abstellplätze verpflichtet werden (Art. 11 Abs. 2 USG; Art. 7 Abs. 1 LSV).[1074] 3.622

---

* Der Autor dankt Alexander Geml, MLaw, für seine sehr wertvolle Unterstützung.

1073 Griffel/Rausch, Kommentar USG, Ergänzungsband, Art. 12 Rz. 9 m.w.H.
1074 BGer, Urteil 1A.62/1997 und 1P.150/1997 vom 24. Oktober 1997, E. 3 und 4 (ZBl 1998 437 ff.).

3.623 Im Weiteren gewinnen bei zunehmend überlasteter Strassenverkehrs-Infrastruktur in den Städten und Agglomerationen die **verkehrs- und raumplanerischen Gesichtspunkte** an Bedeutung. Die Begrenzung des Parkplatzangebots – insbesondere für den Zielverkehr – kann auch als verkehrsplanerisches Mittel eingesetzt werden.

b) Bundesrecht und Rechtsprechung des Bundesgerichts

3.624 Das **öffentliche Baurecht** ist grundsätzlich Sache der Kantone. Das Bundesrecht enthält keine konkreten baurechtlichen Vorgaben in Bezug auf Fahrzeugabstellplätze. Hingegen ergeben sich aus dem **Umweltrecht** des Bundes und der Rechtsprechung verschiedene Anforderungen in Bezug auf (private) Fahrzeugabstellplätze. Im Fokus stehen dabei vor allem grössere Bauten und Anlagen (vor allem sog. verkehrsintensive Einrichtungen).

3.625 Insbesondere **Parkraumbeschränkungen, Bewirtschaftungspflichten** und **Fahrtenmodelle** stützen sich in erster Linie auf das Umweltrecht des Bundes und die Rechtsprechung des Bundesgerichts. Es handelt sich um Massnahmen, die der Verminderung der Belastung mit Luftschadstoffen dienen.[1075]

c) Kantonales und kommunales Recht

3.626 Die wichtigsten Grundsätze zu den Parkplatzvorschriften sind in den **kantonalen Baugesetzen** statuiert. So finden sich etwa im PBG ZH Bestimmungen zur Zahl der erforderlichen Parkplätze (Grundsatz), zur Erstellungspflicht, zu Lage und Gestaltung sowie zu Gemeinschaftsanlagen und Ersatzabgaben (§§ 242 ff.).

3.627 Kantonales Verordnungsrecht zu Parkplatzvorschriften gibt es im Kanton Zürich nicht. Ein entsprechendes Rechtsetzungsprojekt wurde Ende 2013 vom Regierungsrat aufgegeben. Der Regierungsrat stellte fest, dass er keine mehrheitsfähige kantonale Lösung vorlegen konnte. Stattdessen beauftragte er die Bau- und die Volkswirtschaftsdirektion, die Wegleitung zur Regelung des Parkplatzbedarfs in kommunalen Erlassen von 1997 zu überarbeiten bzw. zu aktualisieren.[1076] Demensprechend regeln die Gemeinden in ihren Nutzungsplanungen die Detailvorschriften in Bezug auf Parkplätze (insbesondere deren erforderliche und zulässige Anzahl). Dabei sind sie gehalten, sich an der kantonalen Wegleitung zu orientieren.

3.628 Im Kanton Bern hingegen enthält die Bauverordnung **Detailbestimmungen** zu den Parkplätzen einschliesslich der Berechnungsmethoden (Art. 49 ff. BauV BE).

d) Problempunkte und Kritik

3.629 Entscheidend für die Schadstoffbelastung durch den motorisierten Individualverkehr (MIV) sind die Fahrten (d.h. die Anzahl, Länge und Route) und die Emissionen

---

1075 Vgl. zu diesen Instrumenten Griffel/Rausch, Kommentar USG, Ergänzungsband, Art. 12 Rz. 9–11.

1076 RR ZH, RRB Nr. 1424/2013 vom 11. Dezember 2013; zur Wegleitung vgl. Rz. 3.645 f.

der einzelnen Fahrzeuge. Insofern ist die Steuerung des MIV – indirekt – durch die Anzahl der vorhandenen privaten Abstellplätze **keine präzise Methode** zur Emissionsverminderung. Durch eine Beschränkung der Abstellplätze an einem Zielort (z.B. Einkaufszentrum) können Stau und Suchverkehr entstehen, was in Bezug auf Umweltschutz und Verkehrsplanung unerwünscht ist. Ausserdem kann durch eine – für den Autofahrer – ungünstige Parkplatzsituation Ausweichverkehr in andere Gemeinden, Kantone oder ins Ausland entstehen. Fraglich ist, wie gross der Umsteigeeffekt auf den öffentlichen Verkehr ist. An zentral gelegenen, gut mit öffentlichen Verkehrsmitteln erschlossenen Standorten wird dieser Effekt grösser sein als an peripheren Standorten.[1077]

Fahrtenmodelle, bei welchen festgelegt wird, wie viele Autofahrten (Zu- und Wegfahrten) ein Areal bzw. die im Areal zulässigen Nutzungen maximal auslösen dürfen, scheinen eine geeignetere Massnahme zur Verkehrssteuerung zu sein. Allerdings ist diese Massnahme politisch umstritten und in vielen Kantonen gesetzlich nicht geregelt. Ohne gesetzliche Grundlage können Fahrtenmodelle der Bauherrschaft wohl nicht aufgezwungen werden.[1078] 3.630

e) Entwicklungen

Mit den immer emissionsärmeren Verbrennungsmotoren und einer zu erwartenden zunehmenden Elektrifizierung des MIV nehmen die Schadstoffemissionen des Verkehrs ab[1079], und die lufthygienischen Motive für Verkehrsbeschränkungsmassnahmen verlieren an Bedeutung. Wichtiger werden hingegen die Raum- und die Verkehrsplanung. Gemäss einem **Rundschreiben** der Bundesämter für Umwelt und für Raumentwicklung (BAFU und ARE) vom 9. April 2013 muss vor der Anordnung von verkehrslenkenden Massnahmen (bei verkehrsintensiven Einrichtungen), die sich auf das USG stützen, im Einzelfall sorgfältig geprüft werden, ob die Massnahmen noch verhältnismässig sind.[1080] 3.631

2. Vorgaben des Bundesrechts

a) Umweltrecht

Für lufthygienisch übermässig belastete Gebiete, d.h. in lufthygienischen Sanierungsgebieten, sind Massnahmen zu ergreifen, wenn feststeht oder zu erwarten ist, dass die schädlichen und lästigen Einwirkungen durch mehrere Quellen verursacht werden. Diese Massnahmen sind im Rahmen eines **Massnahmenplans** zu koordinieren und sollen die Einwirkungen vermindern oder beseitigen (Art. 44a Abs. 1 3.632

1077 Vgl. zum Ganzen Ernst Basler und Partner/INTERFACE Politikstudien Forschung Beratung, Verkehrslenkende Massnahmen.
1078 BGE 131 II 81, E. 4.1.
1079 BAFU, Luftschadstoff-Emissionen.
1080 BAFU/ARE, Rundschreiben, S. 3.

USG; Art. 31 ff. LRV).[1081] Inhalt eines Massnahmenplans können Anordnungen in Bezug auf Fahrzeugabstellplätze sein. Im Vordergrund stehen dabei Beschränkungen der Anzahl der zulässigen Abstellplätze und die Pflicht zu deren Bewirtschaftung (Erhebung eines lenkungswirksamen Entgelts für die Benutzung). Der Massnahmenplan ist behördenverbindlich und nach aussen grundsätzlich nicht direkt anwendbar (Art. 44a Abs. 2 USG).[1082]

3.633 Bei neuen stationären Anlagen wird unterschieden, ob es sich um **durchschnittliche** oder überdurchschnittliche Emittenten handelt. Erstere unterliegen einerseits dem allgemeinen Vorsorgeprinzip und haben ihre Emissionen insoweit zu begrenzen, als dies technisch und betrieblich möglich sowie wirtschaftlich tragbar ist (Art. 11 Abs. 2 USG). Andererseits sind die Vorschriften des entsprechenden Massnahmenplans bzw. dessen Umsetzungsakte anwendbar.

3.634 Handelt es sich hingegen um einen **überdurchschnittlichen** Emittenten, so sind verschärfte Massnahmen anzuordnen. Bestehen keine entsprechenden rechtlichen Grundlagen oder sind sie unzureichend, können Massnahmen auch direkt gestützt auf das USG angeordnet werden (gestützt auf Art. 11 Abs. 3 und 12 USG). In diesem Rahmen können auch Inhalte des Massnahmenplans (unter anderem Empfehlungen über die Anzahl der Abstellplätze) im Einzelfall direkt angewendet werden.[1083] Die Anordnung der Parkplatzbewirtschaftung («Parkgebühren») kann unmittelbar gestützt auf Art. 12 Abs. 1 lit. c USG getroffen werden.[1084]

3.635 Die **Abgrenzung** zwischen durchschnittlichen und überdurchschnittlichen Emissionen erfolgt mit Blick auf die entsprechende Nutzungszone. Emissionen gelten als durchschnittlich, wenn sie typischerweise mit Anlagen dieser Zone verbunden sind.[1085] Die entsprechenden Nutzungszonen können auch relativ klein sein. Das Bundesgericht lässt zu, dass in Sonderzonen für verkehrsintensive Einrichtungen diese als Massstab für die Durchschnittlichkeit herangezogen werden.[1086]

b) Raumplanungsrecht

3.636 Das Raumplanungsrecht des Bundes hat nur indirekte Bedeutung für die (kantonalen) Parkplatzvorschriften. Vorhaben mit gewichtigen Auswirkungen auf Raum und Umwelt bedürfen einer **Grundlage im Richtplan** (Art. 8 Abs. 2 RPG). Betroffen sind unter anderem verkehrsintensive Einrichtungen wie Einkaufszentren.[1087]

1081 Ausführlich zum Massnahmenplan Rz. 4.215 ff.

1082 Fritzsche/Bösch/Wipf, Planungs- und Baurecht, S. 704.

1083 BGE 124 II 272, E. 4.

1084 BGer, Urteil 1C_463/2011 vom 30. August 2012, E. 4.3.

1085 BGE 124 II 272, E. 4 c/ee.

1086 BGer, Urteil 1C_405/2012 vom 12. September 2013, E. 3 (URP 2014 30 ff., mit kritischer Anmerkung von Ursula Brunner auf S. 38 ff.); vgl. auch VGer ZH, Urteil VB.2013.00688 vom 16. Januar 2014, E. 6.

1087 BAFU/ARE, Rundschreiben, S. 3.

3. Kantonale Regelungen

Da der Bund über keine Kompetenzen in Bezug auf das Baurecht im engeren Sinn verfügt, liegt die Zuständigkeit hierfür bei den Kantonen (Art. 42 Abs. 1 BV). Aufgrund dieser Kompetenzverteilung stehen auch Regelungen über Parkplätze im Verantwortungsbereich der Kantone. Allerdings ergeben sich zwischen den kantonalen Vorschriften über Parkplätze und der umfassenden Rechtsetzungskompetenz des Bundes im Umweltschutz (Art. 74 BV) regelmässig Berührungspunkte, insbesondere was luft- und lärmrelevante Aspekte betrifft. 3.637

a) Erstellungspflicht; Ersatzabgabe

Die **Pflicht zur Erstellung** von Parkplätzen ist in den verschiedenen Kantonen relativ ähnlich geregelt.[1088] So sind Abstellplätze in der Regel in den folgenden Fällen zu schaffen (§ 243 Abs. 1 PBG ZH; § 55 Abs. 1 BauG AG; Art. 16 Abs. 1 BauG BE; § 1 Abs. 1 PPV BS; § 106 Abs. 1 RBG BL; § 93 Abs. 1 StrG LU; Art. 72 Abs. 1 BauG SG): 3.638

- Neuerstellung einer Baute oder Anlage;
- bauliche Änderung eines (erheblichen) Teils der Baute oder Anlage;
- bauliche Änderung der Baute oder Anlage, durch welche eine wesentlich andere Nutzung als bisher ermöglicht wird;
- Nutzungsänderung, welche aller Voraussicht nach wesentlich andere Verkehrsbedürfnisse schafft.

Keine materiellen Aussagen zur Erstellungspflicht machen die Kantone Graubünden und Zug (Art. 24 Abs. 3 Ziff. 4 KRG GR; § 17 Abs. 1 PBG ZG). 3.639

Im Kanton Zürich ist die Pflicht zur Erstellung von Abstellplätzen mehrstufig geregelt. Zunächst sieht § 244 Abs. 1 PBG ZH vor, dass die Abstellplätze auf dem Baugrundstück oder in nützlicher Entfernung davon liegen müssen. Mithin wird eine **Realerfüllungspflicht** statuiert. Ist dem Baupflichtigen die Realerfüllung aufgrund der örtlichen Verhältnisse nicht möglich oder zumutbar, so kann gemäss § 245 Abs. 2 PBG ZH die Schaffung öffentlicher oder privater Gemeinschaftsanlagen durch die Gemeinde verfügt und geordnet werden. Ist auch eine Beteiligung an einer Gemeinschaftsanlage innert nützlicher Frist nicht möglich, so hat der Grundeigentümer laut § 246 Abs. 1 PBG ZH der Gemeinde eine Ersatzabgabe zu leisten. Ähnliche Regelungen finden sich auch in anderen Kantonen (vgl. Art. 16 Abs. 1 i.V.m. Art. 18 Abs. 1 BauG BE). 3.640

Bezüglich der Ausgestaltung der **Ersatzabgabe** bestehen zwischen den Kantonen einige Verschiedenheiten. So richtet sich die an die Gemeinde zu leistende Ersatzabgabe gemäss § 246 Abs. 3 PBG ZH nach den durchschnittlichen Kosten privater Parkplätze in der jeweiligen Region. Hinzu kommen weitere zu berücksichtigende Faktoren, bspw. ob die Abstellplätze offen oder gedeckt erstellt werden 3.641

1088 Ausführlich zur Erstellungspflicht im Kanton Zürich Frey, Erstellungspflicht.

könnten oder müssten, Wertverluste für das betroffene Grundstück oder die Nähe des Grundstückes zu einer bestehenden oder geplanten öffentlichen Parkierungsanlage. Die Einnahmen müssen von den Gemeinden in einen zweckgebundenen Fonds gelegt werden. Dieser darf laut § 247 Abs. 1 PBG ZH nur verwendet werden, um Parkraum in der Nähe des belasteten Grundstückes zu schaffen oder den öffentlichen Verkehr in einer nützlichen Entfernung zum Grundstück zu fördern. Art. 56 Abs. 1 BauV BE sieht vor, dass die Gemeinde in ihrem Baureglement bestimmt, ob eine Ersatzabgabe erhoben und für welche Zwecke sie verwendet wird. § 58 Abs. 1 BauG AG hingegen schreibt vor, dass regelmässig eine Ersatzabgabe zu entrichten ist, wenn weniger Parkplätze erstellt werden als die Verordnung fordert; lediglich die Bemessung der Höhe steht gemäss § 58 Abs. 3 BauG AG der Gemeinde zu. Auch § 58 Abs. 4 BauG AG statuiert eine Zweckbindung der Ersatzabgaben.

b) Parkplatzbeschränkungen

3.642 Die Kantone kennen regelmässig auch Vorschriften zur Beschränkung oder zum Verbot von Abstellflächen. § 242 Abs. 2 PBG ZH sieht vor, dass die Zahl der Parkplätze tiefer angesetzt und die Gesamtzahl begrenzt werden kann, wenn hierfür ein **überwiegendes öffentliches Interesse** besteht. Ein solches kann aufgrund verkehrstechnischer Überlegungen oder des Schutzes von Wohngebieten, von Natur- und Heimatschutzobjekten, der Luft oder von Gewässern bestehen. Ähnliche Regelungen finden sich unter anderem in § 55 Abs. 3 BauG AG, § 70 Abs. 2 RBV BL, § 74 Abs. 2 BPG BS und Art. 72bis BauG SG. Andere Kantone ergänzen diese Gründe mit weiteren Überlegungen. So halten § 94 lit. b und d StrG LU fest, dass auch eine bereits genügende verkehrsmässige Erschliessung berücksichtigt werden muss und dass für das Ortsbild wichtige Grün- und Freiflächen nicht zweckentfremdet werden dürfen. Noch einen Schritt weiter geht der Kanton Bern, wo Art. 16 Abs. 3 BauG BE regelt, dass wohnhygienisch oder für das Orts- oder Landschaftsbild wertvolle Bäume, Vorgärten, Innenhöfe und ähnliche Objekte nicht zugunsten von Abstellflächen beseitigt oder beansprucht werden dürfen.

3.643 Sind bestimmte Voraussetzungen erfüllt, kann auch bei **bestehenden Bauten und Anlagen** die Schaffung oder Aufhebung von Parkplätzen verlangt werden. Dabei ist es nicht nötig, dass bauliche oder nutzungsmässige Änderungen vorliegen. Auslöser für eine solche Verpflichtung, das Angebot an Abstellflächen zu vergrössern oder zu verkleinern, können regelmässige Verkehrsstörungen oder andere Übelstände sein. Auch wenn die Anzahl der Beschäftigtenparkplätze die bewilligte Anzahl Parkplätze erheblich übersteigt, kann regulierend eingegriffen werden (§ 243 Abs. 2 PBG ZH). Während die zürcherische Regelung eher ausführlich ist und auch die Aufhebung von bestehenden Abstellflächen erfasst, sehen die meisten anderen Kantone lediglich vor, dass bei entsprechenden Umständen eine Vergrösserung des Parkplatzangebotes vorgeschrieben werden kann (Art. 16 Abs. 2 BauG BE; § 55 Abs. 2 BauG AG; Art. 72 Abs. 2 BauG SG).[1089]

1089 Zur Aufhebung bestehender Parkplätze eingehend GRIFFEL, Rechtsfragen; ferner GRIFFEL/RAUSCH, Kommentar USG, Ergänzungsband, Art. 16 Rz. 12, Art. 44a Rz. 6 f.

c) Minimal erforderliche und maximal zulässige Anzahl Parkplätze

Für die Bauherrschaft, aber in manchen Fällen auch für die Nachbarn oder beschwerdeberechtigten Verbände ist es von grosser Bedeutung, wie viele Parkplätze erstellt werden müssen bzw. dürfen. Die entsprechenden Regelungen und **Berechnungsweisen** der Kantone basieren teils auf völlig verschiedenen Überlegungen und Modellen; sie werden im Folgenden beispielhaft aufgezeigt. 3.644

Im **Kanton Zürich** enthalten weder Gesetzes- noch Verordnungsrecht detaillierte Berechnungsregeln zum Parkplatzbedarf. Einschlägig ist vielmehr die **Wegleitung** zur Regelung des Parkplatz-Bedarfs in kommunalen Erlassen der Baudirektion[1090]. Die Wegleitung enthält die erforderlichen Arbeitsschritte zur Bestimmung des sog. massgeblichen Bedarfs in kommunalen Erlassen und dessen Anwendung bei Erteilung der Baubewilligung. Die Gemeinden können die Regelungen in der Bau- und Zonenordnung oder in einer separaten Verordnung festhalten. 3.645

Die Wegleitung sieht vor, dass zunächst der Grenzbedarf berechnet werden muss. Beim Grenzbedarf (auch Normalbedarf) handelt es sich um diejenige Anzahl Parkplätze, welche benötigt wird, wenn ein Gebiet ausschliesslich mit dem Auto erreichbar ist. Gleichzeitig berücksichtigt er bereits einen für den Fahrtzweck üblichen Anteil an Langsamverkehr (Fuss- und Veloverkehr). Der Grenzbedarf beträgt beispielsweise für die Nutzungsart «Wohnen» einen Parkplatz pro 80 m^2 Grundfläche oder einen Parkplatz pro Wohnung. Nach Ermittlung des Grenzbedarfs werden die örtlichen Verhältnisse überprüft und in die Bewertung einbezogen. Entscheidend sind hier die Erschliessung durch den öffentlichen Verkehr (Zuweisung zu einer von fünf Güteklassen), der Gemeindetyp (für Wohngemeinden wird lediglich ein Minimum an Parkplätzen vorgeschrieben, während in Zielgemeinden auch ein Maximum festgelegt wird) sowie weitere spezielle Verhältnisse (Luftbelastung, Überlastung des Strassensystems, Ortsbildschutz). Nach Berücksichtigung all dieser Faktoren gibt eine Tabelle Aufschluss über den massgeblichen Bedarf an Parkplätzen. Bei der Prüfung eines Baugesuches sind anschliessend noch die besonderen örtlichen Verhältnisse zu prüfen, wie z.B. schützenswerte Vorgärten oder beschränkte Zufahrten. Zudem kann berücksichtigt werden, ob die Realerfüllung nicht möglich oder zulässig ist. Aufgrund dieser Überlegungen resultiert schliesslich die erforderliche (und bei Zielgemeinden auch die maximal zulässige) Anzahl von Parkplätzen. 3.646

Eine andere Berechnungsweise wird im **Kanton Bern** angewendet. Dort wird die Anzahl der Abstellplätze vorab durch eine Bandbreite begrenzt, innerhalb derer die gesuchstellende Partei die Anzahl festlegt (Art. 50 Abs. 1 BauV BE). Dieser Antrag ist für die Baubehörde bindend.[1091] Bei der Erstellung einer Wohnung (bzw. eines Einfamilienhauses) beträgt die Bandbreite beispielsweise ein bis vier Abstellplätze (Art. 51 Abs. 1 lit. a BauV BE). Für andere Nutzungen, wie beispielsweise Restaurants, Spitäler oder Schulen, gibt Art. 52 BauV BE eine Berechnungsweise vor, bei welcher in jedem Fall eine obere und untere Grenze der Bandbreite errechnet wird. Zudem gelten für «Städte und Agglomerationen» und den übrigen Kanton verschiedene Bandbreiten. Art. 54 BauV BE bildet schliesslich die Grundlage für die Berücksichtigung besonderer Verhältnisse. Im Übrigen ist auf den Leitfaden zur 3.647

1090 BAUDIREKTION ZH, Wegleitung Parkplatz-Bedarf.

1091 ZAUGG/LUDWIG, Kommentar BauG BE, Art. 16–18 Rz. 15.

Berechnung der erforderlichen Anzahl Abstellplätze nach Art. 49 bis 56 BauV der drei zuständigen Berner Direktionen[1092] hinzuweisen.

3.648 Zu erwähnen ist auch, dass im Kanton Bern seit dem 1. August 2014 in Art. 54a ff. BauV BE eine Grundlage für die Erstellung von motorfahrzeugfreien und **motorfahrzeugarmen Wohnüberbauungen** besteht. Dieser immer mehr gefragten Wohnform (unter anderem für Studenten- oder Alterswohnungen) tragen bisher nur wenige kantonale Regelungen Rechnung. Der Kanton Basel-Stadt sieht in § 8 Abs. 1 PPV BS immerhin vor, dass für jede Wohnung ein Parkplatz erstellt werden «kann», und schafft so ebenfalls die Grundlage für solche Wohnüberbauungen.

3.649 Abschliessend sei zur Berechnung des Parkplatzbedarfs auf den Kanton Aargau verwiesen. Dort legt § 43 Abs. 1 BauV AG fest, dass für die Berechnung der Parkfelderanzahl von Personenwagen die **VSS-Norm SN 640 281** «Parkieren; Angebot an Parkfeldern für Personenwagen» vom 1. Februar 2006 zur Anwendung kommt.

d) Anforderungen an Parkplätze

3.650 Damit die Abstellplätze den Benutzern und Besuchern von Bauten und Anlagen sinnvoll dienen können, müssen sie in einer **nützlichen Entfernung** zu diesen erstellt werden. Nützlich ist die Entfernung dann, wenn davon ausgegangen werden kann, dass die Abstellplätze von durchschnittlichen Benutzern oder Besuchern auch aufgesucht werden.[1093] In der Regel wird gefordert, dass die Parkplätze primär auf dem gleichen Grundstück zu erstellen sind. Es ist allerdings unter Umständen auch möglich, die Parkplätze auf einem in der Nähe gelegenen anderen Grundstück zu erstellen oder die Nutzung von bereits vorhandenen, in der Nähe gelegenen Parkplätzen für das betroffene Grundstück zu sichern.

3.651 So sieht § 244 Abs. 1 PBG ZH vor, dass Abstellplätze «auf dem Grundstück oder in nützlicher Entfernung davon liegen» müssen. Ähnliche Vorschriften finden sich in anderen Kantonen (vgl. § 55 Abs. 1 BauG AG; Art. 16 Abs. 1 BauG BE). Die Rechtsprechung hat im Kanton Zürich zu § 244 Abs. 1 PBG ZH den Grundsatz entwickelt, dass eine Entfernung von **300 m** im Innenstadtbereich ohne weiteres als «nützliche Entfernung» im Sinne des PBG anzusehen ist.[1094] Diese Entfernung gilt auch in anderen Kantonen als nützlich. So fordert beispielsweise der Kanton Basel-Stadt in § 11 Abs. 1 PPV BS ebenfalls eine Entfernung von höchstens 300 m zum Baugrundstück. Je nach den Umständen können aber auch andere Distanzen als nützlich erachtet werden. So beurteilte die damalige Baurekurskommission des Kantons Zürich eine Entfernung von 400 m als nützlich, wobei das Grundstück in der Kernzone inmitten des Zentrums einer Stadt gelegen war und in der Umgebung nur Kurzzeitabstellplätze mit Parkingmetern, nicht aber öffentliche Dauerparkplätze vorhanden waren.[1095] Mitunter müssen also dort, wo klare gesetzliche Vor-

1092 AGR BE, Leitfaden Abstellplätze.
1093 VGer ZH, Urteil VB.2005.00226 vom 8. Dezember 2005, E. 8.2.
1094 VGer ZH, Urteil VB.2007.00067 vom 25. April 2007, E. 4.2 m.w.H.
1095 BRK ZH, Urteil BRKE III Nr. 325/1987, E. 5 (BEZ 1988 Nr. 12).

schriften fehlen, auch die örtlichen Verhältnisse und die Art des Bauwerks berücksichtigt werden.

Die **rechtliche Sicherung** von Parkplätzen auf Fremdgrundstücken ist von erheblicher Bedeutung, um die Zweckbestimmung der Parkplätze zu erhalten, solange sie benötigt werden. Der Kanton Basel-Stadt schreibt in § 11 Abs. 1 PPV BS vor, dass das Recht, Parkplätze auf einem anderen Grundstück zu erstellen, im Grundbuch einzutragen ist. Auch die Kantone Basel-Landschaft (§ 106 Abs. 3 RBG BL) und Luzern (§ 93 Abs. 6 StrG LU) kennen eine ähnliche Regelung. Allerdings fehlt es in den meisten anderen Kantonen an klaren Vorschriften. Wo dies der Fall ist, kommen verschiedene Sicherungsmöglichkeiten in Betracht. Denkbar sind insbesondere die Begründung von Mit- bzw. Gesamteigentum an den Abstellplätzen, der Erwerb eines Baurechts im Sinne von Art. 675 ZGB, die Errichtung einer Dienstbarkeit[1096] oder auch ein langfristiger Mietvertrag.[1097] Da Mietverträge ablaufen oder gekündigt werden können und der Verwaltungsaufwand zu gross ist, um regelmässig zu überprüfen, ob entsprechende Mietverträge noch bestehen, ist es möglich und zu empfehlen, eine Anzeige- oder Meldepflicht im Falle der Auflösung im Grundbuch einzutragen. Dies hat zulasten des Baugrundstücks zu geschehen.[1098] 3.652

Nicht nur die nützliche Erreichbarkeit von Parkplätzen muss sichergestellt werden, sondern auch deren **Verkehrssicherheit** (§ 244 Abs. 2 PBG ZH; § 113 Abs. 1 BauG AG). Hierunter fallen beispielsweise die Sichtweite in Richtung der Fahrstreifenmitte der übergeordneten Strasse oder die maximale Neigung ab der Strassengrenze. Entsprechende Regelungen zu Parkplätzen und deren Zufahrten finden sich in der Regel im kantonalen Verordnungsrecht (z.B. § 16 VSiV ZH; Art. 6 BauV BE). Wo solche Vorschriften fehlen, muss auf die anerkannten Regeln der Baukunde abgestellt werden, so bspw. auf die verschiedenen VSS-Normen. 3.653

Auch bezüglich der **Gestaltung der Parkplätze** herrscht eine grosse Vielfalt zwischen den Kantonen. Im Kanton Aargau legt § 56 Abs. 2 BauG AG beispielsweise fest, dass Parkierungsanlagen flächensparend anzulegen sind. Dies bedeutet konsequenterweise, dass grössere Parkierungsanlagen in mehrgeschossiger Bauweise auszuführen sind (§ 56 Abs. 3 BauG AG). Gemäss Art. 70 Abs. 3 RBV BL sieht der Kanton Basel-Landschaft vor, dass offene Abstellplätze nach Möglichkeit unversiegelt, d.h. wasserdurchlässig zu gestalten sind. Insgesamt sind konkrete Vorschriften zur Gestaltung von Parkplätzen nur sehr spärlich auf Gesetzes- oder Verordnungsstufe geregelt. Im Kanton Zürich gibt es keine kantonalen Vorschriften zur Ausgestaltung von Parkplätzen. Im kommunalen Recht wird auf die verschiedenen VSS-Normen verwiesen (vgl. Art. 9 Abs. 4 PPVO Stadt Zürich[1099]). 3.654

1096 Fritzsche/Bösch/Wipf, Planungs- und Baurecht, S. 710.

1097 Rechenschaftsbericht des Verwaltungsgerichts des Kantons Zürich 1987, Nr. 74.

1098 BRK ZH, Urteil BRKE I Nr. 0049/2008 vom 29. Februar 2008, E. 3.5 (BEZ 2008 Nr. 43); weitere Ausführungen bei Fritzsche/Bösch/Wipf, Planungs- und Baurecht, S. 710.

1099 Verordnung über private Fahrzeugabstellplätze (Parkplatzverordnung) vom 11. Dezember 1996 mit Änderung vom 7. Juli 2010 (AS 741.500; in Kraft seit 10. Juli 2014).

e) Kantonale Richtlinien

3.655 Wie in Rz. 3.645 f. erwähnt, ist im **Kanton Zürich** mangels gesetzlicher Regelung die Wegleitung zur Regelung des Parkplatz-Bedarfs in kommunalen Erlassen der Baudirektion massgebend. Bei der Wegleitung handelt es sich ausdrücklich nicht um eine Baudirektions-Weisung.[1100] Sie ist daher nicht verbindlich, sondern stellt ein Hilfsmittel dar.[1101] Obschon die Wegleitung für die Festlegung des Parkplatzbedarfs in kommunalen Erlassen geschaffen wurde, kann sie auch als Anwendungshilfe im Einzelfall herangezogen werden.[1102]

3.656 Im **Kanton Bern** können Bauwillige die Anzahl der gewünschten Parkplätze wie erwähnt innerhalb einer gewissen Bandbreite selbst bestimmen, wobei die Baubehörde an diese Festlegung gebunden ist.[1103] Aus diesem Grund richtet sich der Leitfaden zur Berechnung der erforderlichen Anzahl Abstellplätze nach Art. 49–56 BauV[1104] zumindest sprachlich direkt an die Bauwilligen und nicht an die kommunalen Behörden.

3.657 Im **Kanton Aargau** haben die Gemeinden gemäss § 54a Abs. 2 BauG AG einen kommunalen Gesamtplan Verkehr zu erstellen, wenn ein Parkleitsystem eingeführt, die Anzahl Parkfelder über § 56 BauG AG hinaus beschränkt oder eine Bewirtschaftung der Parkfelder auf privatem Grund vorgeschrieben werden soll. Für den kommunalen Gesamtplan Verkehr hat das Departement Bau, Verkehr und Umwelt eine Empfehlung herausgegeben (Stand August 2011), welche detaillierte Ausführungen zu Parkplätzen enthält.[1105]

4. Kommunale Regelungen

a) Kommunales Baurecht

3.658 Wo es – wie im Kanton Zürich – keine detaillierten kantonalen Vorschriften in Bezug auf die erforderliche und zulässige **Anzahl** von Abstellplätzen gibt, sind die Gemeinden für den Erlass der entsprechenden Normen zuständig. Subsidiär können auch Empfehlungen (wie die Zürcher Wegleitung[1106]) oder die einschlägigen VSS-Normen zur Anwendung kommen.

b) Systeme der Bestimmung des Parkplatzbedarfs

3.659 Wo kantonale Regelungen zur Bestimmung des Parkplatzbedarfs fehlen, können die Gemeinden – im Rahmen des kantonalrechtlich Zulässigen – entsprechende Nor-

---

1100 Baudirektion ZH, Wegleitung Parkplatz-Bedarf, Vorwort, S. 2.
1101 Fritzsche/Bösch/Wipf, Planungs- und Baurecht, S. 706.
1102 Fritzsche/Bösch/Wipf, Planungs- und Baurecht, S. 706.
1103 Zaugg/Ludwig, Kommentar BauG BE, Art. 16–18 Rz. 15.
1104 AGR BE, Leitfaden Abstellplätze.
1105 BVU AG, Gesamtplan Verkehr.
1106 Vgl. Rz. 3.645 f.

men erlassen. Dabei kann auf Nutzungsart, Geschossfläche, Erschliessungsqualität des öffentlichen Verkehrs und allenfalls besondere Verhältnisse abgestellt werden.

c) Technische Vorschriften

Für technische Details können die Gemeinden auf die einschlägigen **VSS-Normen** 3.660
verweisen.

d) Veloabstellplätze

Die Gemeinden können auch Vorschriften über Veloabstellplätze erlassen, wenn 3.661
das kantonale Recht dies vorsieht bzw. zulässt. Die Parkplatzverordnung der Stadt Zürich sieht beispielsweise vor, dass für jeweils 40 m² Wohnnutzung, für 300 m² Dienstleistung oder Gewerbe und für 160 m² Verkaufsfläche je ein Veloabstellplatz zu erstellen ist (Art. 8bis PPVO Stadt Zürich[1107]). Die BauV des Kantons Bern kennt zum Teil erheblich höhere Zahlen von Veloabstellplätzen (Art. 54c BauV BE). Für Wohnungen werden mindestens zwei Abstellplätze verlangt. Bei Verkaufsgeschäften sind für 100 m² Bruttogeschossfläche drei Veloabstellplätze zu erstellen.

C. Bauphysikalische und sicherheitspolizeiliche Anforderungen*

Literatur

CIPOLAT URS A., Notfall- und Evakuierungsorganisation; FRITZSCHE CHRISTOPH, Absturzsicherheit; FRITZSCHE CHRISTOPH/BÖSCH PETER/WIPF THOMAS, Planungs- und Baurecht, S. 997 ff., 1028 ff.; FÜEG REGINA, Brandschutzvorschriften; GANZ GEORGE M., Brandschutzbestimmungen; NEERACHER JÜRG, Brandschutz im Kanton Zürich; REMUND PETER, Norm SIA 358; SIEGENTHALER THOMAS, Erdbebensicherheit; SUTER BERNHARD, Norm SIA 358.

Amtliche Publikationen

BAFU, Baugrundklassen; BAFU, Erdbebenertüchtigung von Bauwerken; BFU, Sicherheit im Wohnungsbau; VKF, Revision Brandschutzvorschriften.

1. Normen der Statik

§ 59 Abs. 1 BPG BS hält kurz und präzis fest: *Bauten und Anlagen müssen sicher* 3.662
sein. In fast allen Kantonen lassen sich Bestimmungen mit der Vorgabe finden, dass Bauten so zu erstellen sind, dass weder Personen noch Sachen gefährdet

---

1107 Vgl. Fn. 1099.

* Ich danke Herrn THOMAS GAUTSCHI und Frau SANDRA SCHWARZ, Amstein + Walthert AG, Zürich, für ihre wertvollen Hinweise.

werden.[1108] Aufgrund der hohen Technizität können jedoch allgemein gehaltene Sicherheitsvorschriften in kantonalen Bauerlassen allein nur schwer dem Anliegen der Sicherheit genügen. So erstaunt es nicht, dass überwiegend **technische Normen** von privaten Organisationen in Anspruch genommen werden.

3.663 Art. 3 lit. c THG beschreibt technische Normen als *«nicht rechtsverbindliche, durch normenschaffende Organisationen aufgestellte Regeln, Leitlinien oder Merkmale»*. Technische Normen sind demnach im Ausgangspunkt unverbindlich. Auf die Frage, wie ihnen rechtliche **Verbindlichkeit** verschafft werden soll, antworten die Kantone mit unterschiedlichen rechtsetzungstechnischen Instrumenten. Technische Normen können insbesondere «anerkannte Regeln der Baukunde» (z.B. im Sinn von § 239 Abs. 1 PBG ZH) darstellen; zuweilen wird auch ausdrücklich auf sie verwiesen (z.B. in Art. 32 Abs. 1 LSV oder in Anhang 2 Ziff. 512 LRV).[1109] Die häufige Bezugnahme auf solche technischen Normen unterstreicht nicht zuletzt deren praktische Relevanz. So anerkennt auch das Bundesgericht ihre Bedeutung.[1110]

3.664 Die Verbindlichkeit technischer Normen privater Organisationen ist nicht unproblematisch: Während staatliches Recht veröffentlicht werden muss[1111], unterstehen private Normen keiner Publikationspflicht, weshalb sie mitunter nicht leicht zugänglich sind.[1112] Zudem sind sie dem demokratischen Rechtsetzungsprozess entzogen; so existiert z.B. kein Vernehmlassungsverfahren.

3.665 In der Praxis spielen im Bereich der Statik vor allem die **Normen SIA 260–267,** die Tragwerksnormen, eine herausragende Rolle. Sie haben folgende Überschriften:

- SIA 260 «Grundlagen für die Projektierung von Tragwerken»
- SIA 261 «Einwirkungen auf Tragwerke»
- SIA 262 «Betonbau»
- SIA 263 «Stahlbau»
- SIA 264 «Stahl-Beton-Verbundbau»
- SIA 265 «Holzbau»
- SIA 266 «Mauerwerksbau»
- SIA 267 «Geotechnik»

3.666 2011 ist die Normenreihe SIA 269 «Grundlagen der Erhaltung von Tragwerken» dazugekommen. Die Norm SIA 269 ist die grundlegende Norm auf dem Gebiet der

1108 Einen Überblick zur Ausgestaltung der verschiedenen kantonalen Erlasse bietet BFU, Sicherheit im Wohnungsbau, S. 8 ff.

1109 Vgl. zu den Möglichkeiten der Übernahme technischer Normen auf der Ebene der Rechtsetzung Remund, Norm SIA 358, S. 40 f.; Brunner, Technische Normen, S. 87 ff. Zur Zulässigkeit von Verweisen BGE 136 I 316, E. 2.4.

1110 BGE 118 IV 130, E. 3a; BGE 140 II 33, E. 4.3; BGE 139 III 165, E. 4.3.3.1.

1111 Für das Bundesrecht vgl. Art. 1 ff. PublG; für das kantonale und kommunale Recht gelten kantonale Publikationsvorschriften.

1112 Vgl. Uhlmann/Gili, Private Normen, S. 13.

Erhaltung von Tragwerken und wird für die Einwirkungen und die verschiedenen Bauweisen durch die Normen SIA 269/1–7 ergänzt.

Von zunehmender Bedeutung sind zudem auch auf europäischer Ebene die sog. **Eurocodes.** Sie beinhalten die europäischen Standards in Bezug auf die Konstruktion von Gebäuden und anderen Ingenieurbauten. Sie wurden von Fachleuten der Mitgliedstaaten des Europäischen Komitees für Normung (CEN) geschaffen. Die Eurocodes können in der Schweiz als Alternative zu den SIA-Normen zwischen Planer und Bauherr projektbezogen vereinbart werden. Sie bestehen aus: 3.667

- SN EN 1990 Eurocode 0 «Grundlagen der Tragwerksplanung»
- SN EN 1991 Eurocode 1 «Einwirkung auf Tragwerke»
- SN EN 1992 Eurocode 2 «Bemessung und Konstruktion von Stahlbeton- und Spannbetontragwerken»
- SN EN 1993 Eurocode 3 «Bemessung und Konstruktion von Stahlbauten»
- SN EN 1994 Eurocode 4 «Bemessung und Konstruktion von Verbundtragwerken aus Stahl und Beton»
- SN EN 1995 Eurocode 5 «Bemessung und Konstruktion von Holzbauten»
- SN EN 1996 Eurocode 6 «Bemessung und Konstruktion von Mauerwerksbauten»
- SN EN 1997 Eurocode 7 «Entwurf, Berechnung und Bemessung in der Geotechnik»
- SN EN 1998 Eurocode 8 «Auslegung von Bauwerken gegen Erdbeben»
- SN EN 1999 Eurocode 9 «Bemessung und Konstruktion von Aluminiumtragwerken»

2. Brandschutz

a) Brandschutzvorschriften

Um technischen Handelshemmnissen entgegenzutreten, wurde 1998 die Interkantonale Vereinbarung zum Abbau technischer Handelshemmnisse (IVTH) geschaffen. Das Interkantonale Organ Technische Handelshemmnisse (IOTH) erhielt die Kompetenz, Vorschriften über die Anforderungen an Bauwerke zu erlassen (Art. 1 Abs. 2 lit. b i.V.m. Art. 6 IVTH). So erklärte das IOTH die **Brandschutznorm (BSN)** und alle dazugehörigen **Richtlinien** der Vereinigung Kantonaler Feuerversicherungen per 1. Januar 2005 für verbindlich. Mit dem Beitritt aller Kantone zum Konkor- 3.668

dat konnte eine Vereinheitlichung der kantonalen Bestimmungen erzielt werden. Diese Normen sind unmittelbar anwendbar.[1113]

3.669 Es könnten Bedenken auftreten, ob die **unmittelbare Anwendbarkeit** tatsächlich gegeben ist, zumal die Brandschutzvorschriften das Produkt einer privaten Organisation darstellen und sich ihre Verbindlichkeit im Rahmen einer zulässigen Verweisung bewegen muss.[1114] So wird die Auffassung vertreten, dass erst der Verweis im kantonalen Erlass die Norm zu direkt anwendbarem Recht macht.[1115] Andere Stimmen in der Literatur sehen aber keine Probleme der unmittelbaren Anwendbarkeit, weil gerade durch das Konkordat eine hinreichende Legitimation vorliege.[1116] Die praktische Tragweite dieser Frage ist gering, da die meisten Kantone mit Verweisen in ihren Erlassen operieren.[1117]

3.670 Die Brandschutznorm gibt den geltenden **Sicherheitsstandard** vor und liefert damit das Grundgerüst für den baulichen und technischen sowie für den abwehrenden Brandschutz (Art. 5 BSN). Gemäss Art. 4 Abs. 1 lit. a und b BSN bestehen die Brandschutzvorschriften aus der Brandschutznorm und den Brandschutzrichtlinien. Die Brandschutzrichtlinien präzisieren den vorgegebenen Rahmen mit ausführlichen Anforderungen und Massnahmen (Art. 6 BSN). Hilfreich im Umgang mit diesen Normen sind die Brandschutzerläuterungen, Arbeitshilfen und Merkblätter, die von der Vereinigung Kantonaler Feuerversicherungen (VKF) zur Verfügung gestellt werden.[1118]

b) Brandschutzanforderungen

3.671 Die Brandschutzvorschriften gelten gemäss Art. 2 Abs. 1 BSN für neue Bauten und Anlagen sowie sinngemäss für Fahrnisbauten. Bestehende Bauten und Anlagen sind nach Art. 2 Abs. 2 BSN verhältnismässig anzupassen, wenn wesentliche bauliche oder betriebliche Veränderungen, Erweiterungen oder Nutzungsänderungen vorgenommen werden (lit. a) oder die Gefahr für Personen besonders gross ist (lit. b). Es wird insbesondere angestrebt, dass Bauten und Anlagen so erstellt, betrieben und instand gehalten werden, dass die **Sicherheit von Personen und Tieren** gewährleistet ist (Art. 8 lit. a BSN). Brände und Explosionen sollen aber auch präventiv verhindert werden (lit. b). Die Eigentümer- und Nutzerschaft trifft nach Art. 20 BSN eine Unterhaltspflicht.

3.672 Für die Beurteilung der Brandschutzanforderungen liefert Art. 9 Abs. 1 BSN Kriterien.[1119] Die erwähnten Schutzziele werden mit den Standardkonzepten nach Art. 10 BSN erreicht. Ein solches Konzept besteht aus einem baulichen Konzeptteil, der

1113 BGer, Urteil 1C_303/2010 vom 28. September 2010, E. 2.1; VGer SG, Urteil B2013/257 vom 28. April 2015, E. 4.3.1 f.; davon (irrtümlich?) abweichend BGer, Urteil 2C_720/2012 vom 1. Februar 2013, E. 3.4.

1114 Vgl. BGE 136 I 316, E. 2.4.

1115 Fritzsche/Bösch/Wipf, Planungs- und Baurecht, S. 1028.

1116 Ganz, Brandschutzbestimmungen, S. 85; Füeg, Brandschutzvorschriften, S. 71 f.

1117 Beispielsweise § 1 der Verordnung des Kantons Zürich über den vorbeugenden Brandschutz (VVB) vom 8. Dezember 2004 (LS 861.12).

1118 www.praever.ch > Brandschutz > Erlaeuterungen/Arbeitshilfen/Merkblätter.

1119 Art. 13 BSN enthält zugehörige Definitionen.

die baulichen Brandschutzmassnahmen definiert, und einem ergänzenden Löschanlagenkonzept, darin werden anerkannte stationäre Löschanlagen berücksichtigt (lit. a und b). In Ausnahmefällen können auch alternative Brandschutzkonzepte erarbeitet werden (Art. 11 Abs. 1 BSN). In diesen alternativen Brandschutzkonzepten muss die Gleichwertigkeit zu den Standardkonzepten ausgewiesen werden. Über die Gleichwertigkeit entscheidet die Brandschutzbehörde. Die **Nachweise für alternative Brandschutzkonzepte** werden schliesslich gemäss Art. 12 Abs. 2 BSN geführt und von der Brandschutzbehörde auf Vollständigkeit, Nachvollziehbarkeit und Plausibilität geprüft.

c) Neuerungen

Im Jahr 2010 wurde die VKF mit der Gesamtrevision der Brandschutzbestimmungen beauftragt. Die neuen Brandschutzvorschriften sind am 1. Januar 2015 in Kraft getreten. Wichtige **Änderungen** im Überblick: 3.673

- Neu werden Brandschutzmassnahmen nach der Gebäudehöhe festgelegt. Die bisherige Regelung richtete sich nach der Anzahl Geschosse. Die Hochhausgrenze wurde von 25 auf 30 m erhöht.
- Zur Gewährleistung des Personenschutzes sind zwei neue Richtlinien dazugekommen: «Qualitätssicherung im Brandschutz» sowie «Nachweisverfahren im Brandschutz».[1120]
- Für Gebäude mit max. 600 m^2 Gesamtgeschossfläche sind keine Brandschutzmassnahmen mehr erforderlich (Vorbehalt: spezifische Nutzungen).
- Für Flucht- und Rettungswege gilt: Bei einer Geschossfläche bis zu 900 m^2 ist nur noch eine Treppenanlage notwendig. Bei grösseren Geschossflächen sind die maximal zulässigen Fluchtwegdistanzen zu beachten.
- In einigen Bereichen wurde die Brandabschnittsgrösse für Industrie- und Gewerbe um bis zu 50% aufgestockt.[1121]

3. Erdbebensicherheit

Erdbebengerechtes Bauen bedeutet, im Ereignisfall Personen vor einstürzenden Bauwerken zu schützen, Schäden soweit wie möglich zu begrenzen, die Funktionstüchtigkeit von Bauwerken zu gewährleisten und Folgeschäden zu minimieren.[1122] 3.674

1120 Abrufbar unter www.praever.ch > Brandschutz > Vorschriften 2015 (Gültig ab 1.1.2015) > Richtlinien.

1121 VKF, Revision Brandschutzvorschriften, S. 3, 11.

1122 BAFU, Erdbebengerechtes Bauen (www.bafu.admin.ch > Themen A–Z > Erdbeben > Schutz vor Erdbeben > Erdbebengerechtes Bauen).

3.675 Im Bereich der erdbebensicheren Gestaltung von Bauwerken sind die in Rz. 3.665 angeführten **SIA-Normen 260–267** von ausserordentlicher Relevanz.[1123] Die Bestimmungen beziehen sich auf die Erdbebenzonen, die Erdbebenstärken, den Einfluss des Bodens, die Bedeutung des Bauwerks, den Entwurf des Tragwerks und der nicht tragenden Bauteile sowie die Berechnung und die Gestaltung in verschiedenen Bauweisen mit unterschiedlichen Baustoffen. Die Anforderungen an die Erdbebensicherheit der Bauwerke sind erhöht worden, da die geltenden SIA-Normen (im Gegensatz zu den Vorgängernormen) von wesentlich höheren Erdbebeneinwirkungen ausgehen.[1124]

3.676 Für die erdbebensichere **Errichtung** von Bauten ist besonders auf die Norm SIA 261 hinzuweisen. Ausgangspunkt ist die Tragsicherheit, d.h. die Baute muss hinreichend standfest sein, um die in der Norm aufgeführten Erdbebeneinwirkungen abzuwehren. Eine wichtige Rolle spielen folgende drei Parameter: die Erdbebenzone, d.h. die Region mit einem einheitlichen Gefährdungsniveau, die Baugrundklasse, verstanden als Klassierung des lokalen Baugrunds in eine von sechs definierten Klassen, und die Bauwerksklasse, d.h. die Zuordnung eines Bauwerks zu einer bestimmten Klasse nach Relevanz und Schadenspotenzial.[1125]

3.677 Für die Bemessung und Überprüfung der Bauwerke bei der Bestimmung der Erdbebeneinwirkungen, aber auch für das Verständnis der Baugrundklassen nach der Norm SIA 261 sei auf die BAFU-Publikation «Baugrundklassen» hingewiesen. Für die Beurteilung von Einzelfragen ist die SIA-Dokumentation D 0227 «Erdbebensicherheit von Gebäuden, Rechts- und Haftungsfragen» sehr nützlich. Besonders Haftungsfragen bei mangelhafter Erdbebensicherheit sind von nicht zu unterschätzender Bedeutung.[1126]

4. Absturzsicherheit

3.678 Zwar kennen einige Kantone Geländervorschriften[1127], die der Absturzsicherheit dienen, doch stehen auch in diesem Bereich die SIA-Normen im Vordergrund. Die **Norm SIA 358** befasst sich mit der Projektierung von Schutzelementen, d.h. der Planung von Geländern und Brüstungen. Diese Schutzelemente sollen so positioniert und gestaltet werden, dass sie gegen konkrete Gefährdungen in Hochbauten und an deren Zugängen Schutz bieten können. Nicht in den Anwendungsbereich der Norm fallen Bauten, für die besondere Vorschriften und Richtlinien gelten,

1123 Für die Bemessung und Konstruktion von Bauwerken des Hoch- und Ingenieurbaus in Erdbebengebieten sind die Normen zum Eurocode 8 (Auslegung von Bauwerken gegen Erdbeben) einschlägig.

1124 FRITZSCHE/BÖSCH/WIPF, Planungs- und Baurecht, S. 998.

1125 BAFU, Erdbebengerechte Neubauten (www.bafu.admin.ch > Themen A–Z > Erdbeben > Schutz vor Erdbeben > Erdbebengerechtes Bauen > Neubauten); weiterführend BAFU, Erdbebengerechter Entwurf (www.bafu.admin.ch > Publikationen > Naturgefahren und Erdbeben > Erdbebengerechter Entwurf von Hochbauten).

1126 Ausführlich SIEGENTHALER, Erdbebensicherheit; BACHMANN, Haftungsfolgen Erdbebensicherheit.

1127 Vgl. Übersicht in BFU, Sicherheit im Wohnungsbau, S. 20 ff.

sowie Abschnitte von Bauten, die nur für speziell instruiertes Personal zugänglich sind (Ziffern 0.1.1–0.1.3).

Die Norm enthält genaue Vorgaben für die Höhen der Schutzvorrichtungen, die Materialien und die Details der Ausführung. Bei der Beurteilung des von der Baute oder Anlage ausgehenden **Risikos** wird von einer normalen Benutzung und normalem Verhalten ausgegangen (Ziff. 1.2). Das schliesst alle erfahrungsgemäss auftretenden Geschehnisse im Rahmen der Eigenverantwortung ein.[1128] Erfasst wird auch das erhöhte Risiko aufgrund des Verhaltens vorschulpflichtiger Kinder, die nur beschränkt in der Lage sind, Gefahren einzuschätzen.[1129] 3.679

Zu den **Anforderungen** im Einzelnen: Bei mehr als fünf Treppenstufen sind auf einer Höhe von 90 cm Handläufe zu befestigen. Bei Treppengeländern ist darauf zu achten, dass diese mindestens 90 cm hoch sind. Der Abstand zwischen der unteren Traverse des Treppengeländers und der Stufenkante soll maximal 5 cm betragen. Eine Absturzsicherung ist bei Treppenpodesten, Balkonen und Terrassen mit einer Absturzhöhe von über 1 m unabdingbar. Geländer und Brüstungen benötigen zudem eine Mindesthöhe von 100 cm (Ziffern 2–3.1 Norm SIA 358). Von diesen Anforderungen kann abgewichen werden, solange das Schutzziel nachweislich durch andere Massnahmen erreicht wird (Ziffer 0.3.1).[1130] 3.680

Bei **Haftungsfragen** nach Art. 58 OR (Werkeigentümerhaftung) ist allerdings Folgendes zu beachten: Der Umstand allein, dass eine ältere Baute die höheren Sicherheitsstandards der SIA-Norm nicht erfüllt, reicht nicht aus, um sie als mangelhaft zu qualifizieren. Dennoch kann ein Mangel im Unterhalt vorliegen, wenn keine Massnahmen zur Reduktion der Gefahren der Baute oder Anlage ergriffen wurden.[1131] Für den Eigentümer oder die Eigentümerin hat das zur Konsequenz, dass er bzw. sie periodisch überprüfen muss, ob die eigene Baute den aktuellen Sicherheitsstandards gerecht wird. 3.681

D. Wohn- und Arbeitshygiene

Literatur

Fisk William J./Lei-Gomez Quanhong/Mendell Mark J., Dampness and mold; Fritzsche Christoph/Bösch Peter/Wipf Thomas, Planungs- und Baurecht, S. 741 ff.; Geiser Thomas/Müller Roland, Arbeitsrecht, S. 339 ff; Griffel Alain, Raumplanungs- und Baurecht, S. 156 f.; Zwiener Gerd/Lange Frank-Michael, Gebäudeschadstoffe.

1128 Suter, Norm SIA 358, S.7; Fritzsche/Bösch/Wipf, Planungs- und Baurecht, S. 999.
1129 Fritzsche, Absturzsicherheit, S. 9.
1130 Die Norm SIA 358, Ausgabe 1996, wurde 2010 einer Teilrevision unterzogen, hauptsächlich um die Ziffer 0.3 «Ausnahmen» neu zu formulieren. Diese sah einen Vorbehalt für selbst genutztes Eigentum vor, welcher zunehmend auf Kritik gestossen war; statt vieler Fritzsche, Absturzsicherheit, S. 9.
1131 BGer, Urteil 4A_382/2012 vom 3. Oktober 2012, E. 3.2.

Amtliche Publikationen

BAG, Formaldehyd Innenraumluft; BAG, Nationaler Radonaktionsplan; BAG, Radonhandbuch; BAG, Richtwert PCB; BVU AG, Luftqualität in Schulhäusern; SECO, Wegleitung ArGV 3 und 4; SUVA, Grenzwerte; WHO, Selected Pollutants.

1. Rechtsgrundlagen

3.682 Abfallverordnung (VVEA); Arbeitsgesetz (ArG); Bauarbeitenverordnung (BauAV); Bauproduktegesetz (BauPG); Chemikaliengesetz (ChemG); Chemikalienverordnung (ChemV); Chemikalien-Risikoreduktions-Verordnung (ChemRRV); Strahlenschutzverordnung (StSV); Umweltschutzgesetz (USG); Verordnung 3 zum Arbeitsgesetz (ArGV 3); Verordnung 4 zum Arbeitsgesetz (ArGV 4); Bundesgesetz über die Unfallversicherung (UVG); Verordnung über die Unfallverhütung (VUV).

2. Einleitung

3.683 Auf Gesetzesebene existieren keine Definitionen zu den Begriffen Wohn- und Arbeitshygiene.

3.684 In der Praxis beschäftigt sich der Bereich der **Wohnhygiene** mit den Faktoren, welche das physische und psychische Wohlbefinden in einer Wohnung bedingen, insbesondere mit dem Wärme- und Feuchtigkeitsschutz, dem Schallschutz und der Beleuchtung.[1132] Von aktuellem Interesse ist die Vermeidung von Innenraumbelastungen, unter anderem durch Asbest, CO_2, Formaldehyd, VOC, SVOC, PAK, PCB, Holzschutzmittel, Radon oder andere schädigende Einflüsse. Die **Arbeitshygiene**[1133] beschäftigt sich dementsprechend mit der physischen und psychischen Gesundheit am Arbeitsplatz.

3.685 Die Bereiche Wohn- und Arbeitshygiene zielen demnach in erster Linie auf den Schutz des Polizeiguts **Gesundheit** ab.

3.686 Vorschriften bezüglich der Wohnhygiene befinden sich, mit Ausnahme des Radons (Art. 110 StSV), des Immissionsschutzrechts[1134], der Chemikaliengesetzgebung[1135] und des Bauproduktegesetzes[1136], weitgehend in den kantonalen und kommunalen Bauvorschriften. Im Gegensatz dazu sind Vorschriften im Bereich der Arbeits-

---

1132 Vgl. BRK ZH, Urteil BRKE I Nr. 0067/2008 vom 4. April 2008, E. 4.3 (BEZ 2008 Nr. 27).

1133 Die Schweizerische Gesellschaft für Arbeitshygiene bezeichnet die Arbeitshygiene als Fachdisziplin, «(...) welche die Gefahren für die Gesundheit im Arbeitsumfeld evaluiert, bewertet, überprüft, feststellt, vorhersieht und kommuniziert, mit dem Ziel, die Gesundheit und das Wohlbefinden der Arbeitenden zu schützen und insgesamt die Sicherheit der Allgemeinheit zu fördern» (www.sgah.ch).

1134 Zum Immissionsschutz vgl. 4. Teil Ziff. IV nachstehend.

1135 Z.B. das Asbestverwendungsverbot gemäss Anhang 1.6 lit. a Ziff. 2 ChemRRV.

1136 Gemäss Art. 3 Abs. 2 lit. c BauPG müssen Bauwerke bei normaler Instandhaltung über einen wirtschaftlich angemessenen Zeitraum die Anforderungen an die Hygiene, Gesundheit und den Umweltschutz erfüllen.

hygiene weitgehend auf Bundesebene geregelt (ArG, ArGV 1–4, UVG, VUV, ChemG, ChemV, BauAV).

Für die spezifisch gesundheitspolizeilichen Anliegen werden in Baugesetzen vielfach **Generalklauseln** verwendet, welche vorschreiben, dass Bauten und Anlagen nach Fundation, Konstruktion und Material den anerkannten Regeln der Baukunde (z.B. § 239 Abs. 1 Satz 1 PBG ZH) sowie den entsprechenden Anforderungen der Gesundheit und Hygiene entsprechen müssen (z.B. sinngemäss in Art. 21 BauG BE; Art. 15 Abs. 1 BauG UR; Art. 48 Abs. 1 BauG OW; § 143 Abs. 1 PBG SO; Art. 39 BauG SH; § 239 Abs. 3 PBG ZH). Insbesondere sollen sie in Bezug auf sanitäre Einrichtungen, Raum- und Fenstergrössen, Besonnung, Belichtung und Belüftung, Trockenheit und Schutz vor Kälte, Wärme und Lärm den Anforderungen entsprechen, die zum Schutze der Gesundheit notwendig sind (vgl. § 143 Abs. 3 PBG SO; Art. 53 Abs. 1 BauG SG; § 52 Abs. 2 BauG AG). Die Einzelheiten werden meist in den Vollzugsverordnungen geregelt. Aufgrund des Verweises auf die Regeln der Baukunde haben technische Regelwerke privater Organisationen, insbesondere die Normen des Schweizerischen Ingenieur- und Architektenvereins (SIA-Normen), eine grosse Bedeutung.[1137] 3.687

Im Bereich der Arbeitshygiene enthalten das ArG und UVG sowie die zugehörigen Verordnungen zahlreiche **Arbeitnehmerschutzbestimmungen,** welche die Arbeitshygiene betreffen. Diese Vorschriften können einen Einfluss auf die bauliche Ausgestaltung eines Betriebs und somit auf ein baubewilligungspflichtiges Vorhaben haben (vgl. Art. 11 ff. ArGV 3 und Art. 33 ff. VUV). Im Rahmen der Erstellung oder der Umgestaltung industrieller bzw. besonders gefährlicher Betriebe (vgl. Art. 5 ArG, Art. 8 ArG i.V.m. Art. 1 Abs. 2 ArGV 4) ist deshalb gemäss Art. 7 ArG eine **Plangenehmigung** der kantonalen Behörde erforderlich. Die besonderen Anforderungen an den Bau und die Einrichtung von Betrieben, die der Plangenehmigung unterliegen, sind in der ArGV 4 geregelt. Zudem wird für gewerbliche Betriebe in den meisten Kantonen eine Planbegutachtung vorgenommen, in der die zuständige Behörde die gesetzlichen Anforderungen an den Arbeitnehmerschutz untersucht.[1138] Das Plangenehmigungs- bzw. das Planbegutachtungsverfahren bezweckt im Sinne einer präventiven Kontrolle, dass die Vorschriften über Gesundheitsschutz und Unfallverhütung am Arbeitsplatz bereits in der Planungsphase eines Betriebs und nicht erst nach Betriebsaufnahme beurteilt werden. 3.688

1137 Griffel, Raumplanungs- und Baurecht, S. 134.

1138 In Basel-Stadt und Solothurn wird beispielsweise die Planbegutachtung als integrierter Bestandteil in den Bauentscheid aufgenommen (vgl. § 5 Abs. 2 Einführungsgesetz des Kantons Basel-Stadt zum Bundesgesetz über die Arbeit in Industrie, Gewerbe und Handel [Arbeitsgesetz] vom 29. Juni 1967 [SG 812.100]; § 9 Abs. 2 Einführungsgesetz des Kantons Solothurn zum Bundesgesetz über die Arbeit in Industrie, Gewerbe und Handel vom 13. Juni 2010 [BG 822.13]).

3. Allgemeine bauliche Anforderungen

a) Mindestfläche und -höhe von Räumen

3.689 Für die Einhaltung der Wohnhygiene müssen Wohn- und Aufenthaltsräume aus Gründen des physischen und psychischen Wohlbefindens bestimmte Mindestanforderungen an Fläche und Höhe erfüllen.[1139] Vorschriften zu diesem Bereich sind in erster Linie den kantonalen und kommunalen Bauerlassen zu entnehmen (vgl. z.B. Art. 303 PBG ZH; Art. 69 RPBR FR; Art. 67 BauV BE). Auf Bundesebene enthält die Verordnung über Nettowohnflächen und Raumprogramm sowie Ausstattung von Küche und Hygienebereich Vorschriften bezüglich Mindestflächen und -höhen von Innenräumen.[1140] Gemäss Art. 2 dieser Verordnung müssen für den dauernden Aufenthalt bestimmte Räume eine Fläche von mindestens 10 m^2 aufweisen. Kleinere Räume werden zugelassen, sofern sie mit anderen Räumen zusammengelegt werden können. Unterschiede bestehen bei der minimalen lichten Höhe von Wohn- und Aufenthaltsräumen. In Basel-Stadt beträgt sie beispielsweise 2.3–2.5 m, in Nidwalden 2.1 m in Einfamilienhäusern und 2.2 m in Mehrfamilienhäusern.

3.690 Für Betriebe, die dem Arbeitsgesetz unterstehen, enthält die ArGV 3 in Art. 12 eine Vorschrift zum minimalen Raumvolumen. Betriebe, welche der Plangenehmigungspflicht unterliegen, haben gemäss Art. 5 ArGV 4, abhängig von der jeweiligen Bodenfläche, unterschiedliche Raumhöhen einzuhalten. Die Behörde kann in gewissen Fällen geringere Raumhöhen zulassen (Art. 5 Abs. 3 ArGV 4).

b) Belichtung, Belüftung, Besonnung

3.691 Eine ausreichende Belichtung, Belüftung und Besonnung ist für das Wohlbefinden wichtig. Die entsprechenden Anforderungen sind in den einschlägigen kantonalen und kommunalen Baugesetzen und -verordnungen geregelt (z.B. Art. 64 BauV BE; Art. 151–153 PBG LU; Art. 301–303 PBG ZH). Im Baubewilligungsverfahren wird die Einhaltung der notwendigen Frischluftzufuhr (SIA-Norm Nr. 180) in der Regel nicht geprüft. Eine Ausnahme stellen z.B. Gastwirtschaftsbetriebe in der Stadt Zürich dar.[1141]

3.692 Im Bereich der Arbeitshygiene enthalten Art. 17 und 18 ArGV 4 entsprechende Vorschriften betreffend Licht und Raumluft für Betriebe, die der Plangenehmigungs-

---

1139 Raumnutzer emittieren CO_2. Bei ungenügend zur Verfügung stehender Frischluft werden rasch Werte erreicht, die zu Beeinträchtigungen des Wohlbefindens wie Kopfschmerzen und Müdigkeit führen. In älteren Bauten können aufgrund des natürlichen Luftwechsels auch in kleinen Räumen mit 10 m^2 Grundfläche die Anforderungen an CO_2 eingehalten werden. Bei den heutigen Wärmedämmvorschriften ist der natürliche Luftaustausch demgegenüber nahe bei null. Ohne Zusatzmassnahmen wie kontrollierte Lüftung oder intensives regelmässiges Lüften lassen sich die CO_2-Werte nicht mehr einhalten.

1140 Diese Verordnung wurde gestützt auf Art. 48 VWEG erlassen und ist deshalb nur im Bereich der eidgenössischen Wohnbau- und Eigentumsförderung anwendbar.

1141 www.stadt-zuerich.ch/gud > Umwelt > Bauen > UGZ Baubewilligungsverfahren > Lufttechnische Anlagen > Lüftungen in Gastwirtschaftsbetrieben.

pflicht unterliegen. Für die übrigen dem ArG unterstellten Betriebe sind entsprechende Vorschriften der ArGV 3 zu entnehmen (Art. 15 ff. ArGV 3).

4. Exkurs: Innenraumbelastungen in Wohn- und Aufenthaltsräumen

a) Einleitung

Unter Innenraumbelastung versteht man die Exposition durch chemische Ausgasungen, z.B. aus Bau- und anderen Materialen, sowie durch biologische Stoffe wie **Schimmelpilze** und **Bakterien.** Verschiedene kantonale Baugesetze enthalten allgemeine Vorschriften, welche die Vermeidung bzw. die Reduktion von Beeinträchtigungen der Gesundheit durch Innenraumbelastungen zum Ziel haben.[1142] In der Praxis zeigt sich zunächst, dass Innenraumbelastungen im Rahmen des Baubewilligungsverfahrens nicht immer genügend Rechnung getragen wird.[1143] Zudem können Innenraumbelastungen auch durch «Baufehler» und unsachgemässe Nutzung entstehen.[1144] 3.693

Nachstehend wird auf die aus der Sicht der Praxis zentralen Innenraumbelastungen, namentlich aufgrund von CO_2, Radon, VOC, Gerüchen, Formaldehyd, Schimmelpilzen, Feuchtigkeit, welche während der Nutzungsdauer entstehen, sowie auf die Asbest- und PCB-Problematik bei baulichen Eingriffen eingegangen. 3.694

b) Umgang mit Belastungen während der Nutzung

Die SIA-Norm Nr. 180 verlangt, dass die **CO_2**-Konzentrationen 1000–1400 ppm nicht überschreiten. Solche Werte werden ohne Zusatzmassnahmen vor allem in Schulhäusern und Sitzungszimmern oft nicht eingehalten.[1145] Im Rahmen von Baubewilligungen wird ein entsprechender Nachweis in der Regel nicht verlangt. 3.695

Radon ist ein natürlich im Boden vorkommendes Edelgas. In Gebäude eingedrungene radonhaltige Bodenluft verursacht rund 40 Prozent der durchschnittlichen Strahlenbelastung der Bevölkerung. Knapp 10 Prozent aller Lungenkrebserkrankungen sind auf Radon zurückzuführen.[1146] Die Schweiz gehört gemäss internationalen Vergleichen zu einem Hochrisikoland.[1147] Für Radonkonzentrationen in 3.696

1142 Beispielsweise schreibt Art. 150 Abs. 1 PBG LU vor, dass zum Schutz der Gesundheit bei der Bautechnik und bei der Wahl der Baumaterialien die Erkenntnisse der Bautechnik mitberücksichtigt werden sollen (vgl. auch Art. 21 BauG BE; Art. 79 Ziff. 2–4 KRG GR; § 239 Ziff. 3 PBG ZH; Art. 53 Ziff. 1 BauG SG).

1143 In Bezug auf die CO_2-Problematik wird z.B. in Sitzungsräumen und Schulzimmern oft nicht auf eine genügende Frischluftzufuhr geachtet.

1144 Schimmelpilze können z.B. durch Wärmebrücken und/oder durch falsche Platzierung der Möbel bzw. ungenügende Frischluftzufuhren (Lüften) entstehen.

1145 Z.B. BVU Aargau, Luftqualität in Schulhäusern.

1146 Vgl. BAG, Radonhandbuch.

1147 WHO, Selected Pollutants, 2010, S. 347 ff.

Wohn- und Aufenthaltsräumen gilt ein über ein Jahr gemittelter Grenzwert von 1000 Becquerel pro Kubikmeter (Bq/m^3; vgl. Art. 110 Abs. 1 StSV). Bei Neu- und Umbauten sowie bei Sanierungen gilt ein Richtwert von 400 Bq/m^3 (Art. 110 Abs. 4 StSV). In Gebieten mit erhöhten Radongaskonzentrationen legen die Kantone für Räume, in denen der Grenzwert nach Art. 110 Abs. 1 StSV überschritten ist, die zu treffenden Sanierungsmassnahmen fest (Art. 116 Abs. 1 StSV). Bei Grenzwertüberschreitungen mussten die Sanierungsmassnahmen bis spätestens 20 Jahre nach dem Inkrafttreten der Strahlenschutzverordnung am 1. Oktober 1994 durchgeführt sein (Art. 116 Abs. 3 StSV). Aufgrund neuer Erkenntnisse sollen die Richt- und Grenzwerte nach Art. 110 StSV durch einen Referenzwert für Radongaskonzentration in Gebäuden (im Jahresmittelwert) von 300 Bq/m^3 ersetzt werden.[1148] Der neue Referenzwert soll vor allem bei Neubauten und Renovationen eingehalten werden. Eine entsprechende Revision der StSV ist in Vernehmlassung.[1149] Im Rahmen des Baubewilligungsverfahrens wird das Radonrisiko, mit Ausnahme einzelner Kantone bzw. Gemeinden[1150], in den meisten Kantonen nicht geprüft.

3.697 In der Schweiz gibt es für Immissionen durch VOC und Gerüche in Innenräumen keine Grenz- oder Richtwerte; dies im Gegensatz zur Aussenluft (vgl. dazu LRV). Luftfremdstoffe können jedoch auch in Innenräumen in Konzentrationen auftreten, die für die Gesundheit schädlich sind.[1151] Zuständig für diesen Bereich sind die Kantone resp. Gemeinden. Im Bereich der Arbeitshygiene sind nach Art. 11 Abs. 2 ArGV 3 Baumaterialien zu verwenden, die nicht zu Gesundheitsbeeinträchtigungen führen. Auf kantonaler Ebene sind ebenfalls eher allgemein gehaltene Bestimmungen zu finden. So heisst es z.B. in § 2 Abs. 1 der Verordnung über allgemeine und Wohnhygiene des Kantons Zürich[1152], dass gefährliche oder belästigende Immissionen aller Art, wie namentlich Verunreinigungen der Luft, zu vermeiden sind. Gemäss Art. 4 der Energieverordnung des Kantons Aargau[1153] müssen Räume genügend belüftet werden, sodass eine Anreicherung von Schad- und Geruchsstoffen und Bauschäden durch zu hohe Raumfeuchte vermieden wird. Als Beurteilungskriterium stehen für einzelne Stoffe z.B. die gesundheitlich/toxikologisch begründeten Richtwerte des Deutschen Umweltbundesamts zur Verfügung.[1154] Nicht herangezogen werden dürfen indes die Maximalen Arbeitsplatzkonzentrationswerte (MAK-

1148 BAG, Nationaler Radonaktionsplan; weiterführend: www.bag.admin.ch > Themen > Strahlung, Radioaktivität und Schall > Radon.

1149 Vgl. www.bag.admin.ch > Themen > Strahlung, Radioaktivität und Schall > Rechtliche Grundlagen > Revision der Verordnungen im Strahlenschutz.

1150 Gemäss Art. 81 Abs. 2 Ziff. 27 MBauG14 vom 18. Juni 2014 – eines unverbindlichen Musterbaugesetzes für die Gemeinden des Kantons Graubünden – ist dem Baugesuch ein Formular beizulegen, in welchem bestätigt wird, dass die erforderlichen Massnahmen zum Schutz gegen Radon getroffen wurden.

1151 Vgl. zu den Wohngiften: www.bag.admin.ch > Themen > Chemikalien > Wohngifte.

1152 (Zürcher) Verordnung über allgemeine und Wohnhygiene vom 20. März 1967 (LS 710.3).

1153 (Aargauer) Energieverordnung (EnergieV, SAR 773.211).

1154 Näheres dazu: www.umweltbundesamt.de > Themen > Gesundheit > Kommissionen und Arbeitsgruppen > Ausschuss für Innenraumrichtwerte.

Werte), welche nur den beruflichen Umgang mit bestimmten Arbeitsstoffen betreffen.[1155]

Formaldehyd in der Innenraumluft kann Schleimhäute der Augen und der oberen Atemwege reizen. Folgen davon sind Beschwerden wie Augenbrennen, Stechen in der Nase und im Hals, wässriger Schnupfen oder Verstopfen der Nase. Bei anhaltender Reizung können unspezifische Beschwerden wie Kopfschmerzen, Müdigkeit und Unwohlsein hinzukommen.[1156] Das BAG hat einen Richtwert von 125 µg Formaldehyd pro m^3 festgelegt.[1157] Dieser Richtwert ist als Schwelle zu einer Gesundheitsgefährdung zu verstehen. Ist er überschritten, sollen umgehend Massnahmen zur Senkung der Belastung getroffen werden. Für **PCB** hat das BAG Richtwerte von 2 µg PCB/m^3 für Räume, in denen sich Personen bis zu 24 Stunden pro Tag (Daueraufenthalt) befinden, und von 6 µg PCB/m^3 für solche mit einer Aufenthaltsdauer von maximal 8 Stunden pro Tag (Tagesaufenthalt) festgelegt.[1158] 3.698

Schimmel und **Feuchtigkeit** können die Gesundheit von Raumnutzern ebenfalls beeinträchtigen.[1159] Hier kommen Rechtserlasse zur Sicherheit und zum Schutz der Gesundheit in kantonalen und kommunalen Baugesetzen zur Anwendung. In Art. 11 Abs. 1 ArGV 3 wird ein Schutz der Aussenwände und Bedachungen gegen Feuchtigkeit und Kälte verlangt. 3.699

Im Rahmen des Baubewilligungsverfahrens wird nicht geprüft, ob die ins Haus geführten **Trinkwasserleitungen** den Anforderungen der Lebensmittelgesetzgebung genügen (vgl. Anhang Ziff. 2 FIV[1160]).[1161] 3.700

c) Umgang mit Asbest und PCB bei Um- und Rückbauten

In Gebäuden dürfen seit dem 1. März 1989 keine asbesthaltigen Produkte mehr eingebaut werden (z.B.: Faserzement, Feuerschutzplatten, Spritzasbest). Seit 1994 ist in der Schweiz die Verwendung sämtlicher Asbest-Erzeugnisse verboten (Anhang 1.6 ChemRRV). Eine generelle Sanierungspflicht für bereits eingebaute Asbestprodukte besteht aber nicht. Bei Eingriffen an asbesthaltigen Materialen, d.h. bei Um- oder Rückbauten, ist zwingend die EKAS-Richtlinie Nr. 6503 zu beachten. Diese Richtlinie stützt sich u.a. auf Art. 3 Abs. 1bis BauAV, in welcher für den Arbeitgeber eine Ermittlungspflicht für Asbest- und PCB-Vorkommen vorgeschrieben ist. Bei bewilligungspflichtigen Bauten trifft den Bauherrn seit dem 1. Januar 2016 eine Abklärungspflicht im Zusammenhang mit umwelt- und gesundheitsgefährden- 3.701

1155 Vgl. SUVA, Grenzwerte.

1156 WHO, Selected Pollutants, S. 103 ff.

1157 BAG, Formaldehyd Innenraumluft (www.bag.admin.ch > Themen > Chemikalien > Themen A–Z > Formaldehyd).

1158 BAG, Richtwert PCB (www.bag.admin.ch > Themen > Chemikalien > Themen A–Z > PCB).

1159 Ausführlich dazu Fisk/Lei-Gomez/Mendell, Dampness and mold.

1160 Verordnung des EDI über Fremd- und Inhaltsstoffe in Lebensmitteln vom 26. Juni 1995 (FIV, SR 817.021.23).

1161 Eine Überprüfung wäre angebracht, da sich in der Praxis immer wieder zeigt, dass Schwermetall- und Bisphenol A-Gehalte aufgrund von Ablösungen von Trinkwasserleitungen die Grenzwerte gemäss Anhang Ziff. 2 FIV überschreiten.

den Stoffen wie Asbest und PCB (Art. 16 Abs. 1 VVEA).[1162] Bei Asbestvorkommen ist anhand eines Bewertungsschemas bzw. mit Raumluftmessungen der Zeitpunkt eines Sanierungsbedarfs abzuklären. Gemäss EKAS-Richtlinie Nr. 6503 kommt bei der Beurteilung der Asbestfaserkonzentration das Minimierungsgebot zur Anwendung. Dieses gilt als eingehalten, wenn 1/10 des **MAK-Wertes,** d.h. 1000 LAF/m^3, nicht überschritten wird.

E. Haustechnik*

Literatur

Fritzsche Christoph/Bösch Peter/Wipf Thomas, Planungs- und Baurecht, S. 1003 ff.; Hettich Peter/Peng Gian Luca, Solaranlagen; Jäger Christoph, Solaranlagen; Walker Späh Carmen, Energetische Gebäudesanierungen.

Amtliche Publikationen

BAFU, Kaminempfehlungen; BAFU, Messempfehlungen Feuerungen.

1. Feuerungsanlagen

a) Bundesrechtliche Anforderungen

3.702 Feuerungsanlagen, d.h. Anlagen, die Raum- und Prozesswärme erzeugen sowie zur Erwärmung von Brauchwasser dienen, sind ein essenzieller Bestandteil der Haustechnik. Ihre Bewilligung richtet sich grundsätzlich nach den jeweiligen kantonalen Bestimmungen. Obgleich Feuerungen aus dem Alltag nicht wegzudenken sind, stellen sie durch die Produktion von Luftschadstoffen eine Gefährdung für Gesundheit und Umwelt dar. Der Bund erliess deshalb zur Begrenzung dieser Emissionen in der **Luftreinhalte-Verordnung (LRV)** Vorschriften zum Inverkehrbringen und Betrieb von Feuerungsanlagen, zur Kaminhöhe und zur Brennstoffqualität.

3.703 Art. 3 Abs. 1 LRV gibt vor, dass neue stationäre Anlagen[1163] so ausgerüstet und betrieben werden müssen, dass sie die in Anhang 1 LRV festgelegten Emissionsbegrenzungen einhalten. Die spezifischen Emissionsbegrenzungen für den Betrieb von Feuerungsanlagen sind **Anhang 3 LRV** zu entnehmen (Art. 3 Abs. 2 lit. b LRV). Sie gelten nach Anhang 3 Ziff. 1 Abs. 1 lit. a–d LRV für Feuerungsanlagen, die der Raumheizung, der Erzeugung von Prozesswärme, der Erzeugung von Warm- oder Heisswasser sowie der Dampferzeugung dienen.

1162 Diese Regelung tangiert grundsätzlich Bauten, die vor 1990 erstellt worden sind.

* Ich danke Herrn Thomas Gautschi und Frau Sandra Schwarz, Amstein + Walthert AG, Zürich, sowie Herrn Jürg Herzog, Siemens Schweiz AG, für ihre wertvollen Hinweise.

1163 Vgl. die Legaldefinition in Art. 2 Abs. 1 und 4 LRV.

Bestehende Anlagen werden ebenso erfasst (Art. 7 LRV), da sie gemäss Art. 16 Abs. 1 USG der **Sanierungspflicht** unterliegen.[1164] Die Emissionsbegrenzungsvorschriften gelten somit auch für Altanlagen, d.h. Anlagen, die älter sind als die Vorschrift, der sie nicht genügen.[1165] Dadurch wird der umweltrechtliche Grundsatz der Gleichbehandlung von alten und neuen Anlagen umgesetzt.[1166] Für Feuerungsanlagen sind die Sanierungsfristen gemäss Art. 10 LRV längst abgelaufen und die Sanierungen dementsprechend seit geraumer Zeit abgeschlossen; dies unter dem Vorbehalt, dass neue Anlagen gegebenenfalls an jüngere, strengere Vorschriften angepasst werden müssen.[1167] 3.704

Feuerungsanlagen werden in der Regel alle zwei Jahre kontrolliert (Art. 13 Abs. 3 LRV). Die **Kontrollen** werden von Feuerungskontrolleuren durchgeführt. Je nach Kanton handelt es sich entweder um amtliche oder um private Kontrolleure. Im Kanton Zürich können die Gemeinden zwischen dem «Modell 1», der Kontrolle durch die amtliche Feuerungskontrollstelle, und dem «Modell 2», der Kontrolle durch eine private Fachfirma, wählen.[1168] 3.705

Neben der Luftreinhalte-Verordnung statuiert auch das **Energiegesetz (EnG)** Anforderungen, unter anderem für Feuerungsanlagen. Das EnG bezweckt die Sicherstellung einer wirtschaftlichen und umweltverträglichen Bereitstellung und Verteilung der Energie, die sparsame und rationelle Energienutzung sowie die verstärkte Nutzung von einheimischen und erneuerbaren Energien (Art. 1 Abs. 2). So werden die Kantone gemäss Art. 9 Abs. 1 in Bezug auf den Gebäudebereich verpflichtet, im Rahmen ihrer Gesetzgebung günstige Rahmenbedingungen für die sparsame und rationelle Energienutzung sowie die Nutzung erneuerbarer Energien zu schaffen. Sie erlassen nach Art. 9 Abs. 3 und 4 insbesondere Vorschriften über: 3.706

- den maximal zulässigen Anteil nicht erneuerbarer Energien zur Deckung des Wärmebedarfs für Heizung und Warmwasser;
- die Neuinstallation und den Ersatz von ortsfesten elektrischen Widerstandsheizungen;
- Zielvereinbarungen mit Grossverbrauchern;
- die verbrauchsabhängige Heiz- und Warmwasserkostenabrechnung bei Neubauten und bei wesentlichen Erneuerungen bestehender Gebäude;
- die Erzeugung erneuerbarer Energien und die Energieeffizienz;

  Bei beheizten Gebäuden, welche mindestens den Minergie-, MuKEn- oder einen vergleichbaren Standard erreichen, wird bei der Berechnung von Abständen und bei Baulinien eine Überschreitung von maximal 20 cm für die Wärmedämmung oder für Anlagen zur besseren Nutzung einheimischer erneuerbarer Energien nicht mitgezählt.

1164 Vgl. dazu Rz. 4.203 ff.
1165 Schrade/Wiestner, in: Kommentar USG, Art. 16 Rz. 16.
1166 BGE 131 II 103, E. 2.1.2.
1167 Vgl. Griffel, Umweltrecht, S. 79 f.
1168 Vgl. www.awel.zh.ch > Betriebe & Anlagen > Feuerungen > Feuerungskontrolle.

- die Angabe des Energieverbrauchs von Gebäuden (Gebäudeenergieausweis).

3.707 Die einschlägigen Normen sind den jeweiligen kantonalen Erlassen zu entnehmen. In diesem Zusammenhang zu beachten sind die **Mustervorschriften der Kantone im Energiebereich (MuKEn)** der Konferenz Kantonaler Energiedirektoren.

b) Technische Vorschriften als Stand der Technik

3.708 Neben den bundesrechtlichen Vorgaben zur Luftreinhaltung und zum Energieverbrauch spielen im Bereich Feuerungsanlagen viele technische Normen privater Organisationen eine wichtige Rolle. Sie stellen den Stand der Technik dar und sollen eine sichere und reibungslose Funktionsweise der Anlagen gewährleisten. Insbesondere sind folgende **SIA-Normen** praxisrelevant:

- SIA 380 «Grundlagen für energetische Berechnungen von Gebäuden»
- SIA 380/1 «Thermische Energie im Hochbau»
- SIA 380/3 «Wärmedämmung von Leitungen, Kanälen und Behältern in Gebäuden»
- SIA 384/1 «Heizungsanlagen in Gebäuden – Grundlagen und Anforderungen»
- SIA 384/3 «Heizungsanlagen in Gebäuden – Energiebedarf»
- SIA 384.201 «Heizungsanlagen in Gebäuden – Verfahren zur Berechnung der Norm-Heizlast»

3.709 Auch der Schweizerische Verein von Gebäudetechnik-Ingenieuren (SWKI) liefert Richtlinien, die für die Planung, den Bau und den Betrieb von gebäudetechnischen Anlagen – unter anderem auch für Feuerungsanlagen – als Stand der Technik gelten. Die **SWKI-Richtlinien** sind mit den SIA-Normen kompatibel.[1169] Die wichtigsten Richtlinien im Überblick:

- SWKI 91-1 «Be- und Entlüftung von Heizräumen»
- SWKI 93-1 «Sicherheitstechnische Einrichtungen für Heizungsanlagen»
- SWKI 94 2 A «Devis Wärmetechnische Anlagen – Bedingungen, Vorschriften, Projektgrundlagen»
- SWKI 94 2 B «Devis Wärmetechnische Anlagen – Material-Vorschriften»
- SWKI 2002-1 «Wasser-Wärmespeicher»
- SWKI 2003-3 «Rückkühlung»
- SWKI BT102-01 «Wasserbeschaffenheit für Gebäudetechnik-Anlagen»
- SWKI VA300-01 «Wärmerückgewinnung in Raumlufttechnischen Anlagen»

1169 www.swki.ch > Richtlinien.

Schliesslich sind auch die **Brandschutzvorschriften** (insbesondere die Richtlinie 24–15 «Wärmetechnische Anlagen») der Vereinigung Kantonaler Feuerversicherungen (VKS) zu berücksichtigen.[1170] 3.710

2. Elektrotechnische Anlagen (Hausinstallationen)

Der Bund erlässt Vorschriften über den Transport und die Lieferung elektrischer Energie (Art. 91 Abs. 1 BV). Mit dem **Elektrizitätsgesetz (EleG)** regelt er die Erstellung und den Betrieb elektrischer Stark- und Schwachstromanlagen. Dazu gehören auch Hausinstallationen, die einen wesentlichen Bestandteil der Haustechnik bilden. Hausinstallationen sind elektrische Einrichtungen in Häusern, zugehörigen Räumen und Nebengebäuden, bei denen nicht höhere als die vom Bundesrat als zulässig erklärten elektrischen Spannungen verwendet werden (Art. 14 EleG). Für die Erstellung oder Änderung einer Stark- bzw. Schwachstromanlage ist grundsätzlich eine Plangenehmigung nach Art. 16 Abs. 1 EleG erforderlich. Hausinstallationen sind jedoch gemäss Art. 1 Abs. 3 der Verordnung über das Plangenehmigungsverfahren für elektrische Anlagen (VPeA) von der Pflicht ausgenommen. 3.711

Die Höhe der zulässigen elektrischen Spannungen hat der Bundesrat in der **Niederspannungs-Installationsverordnung (NIV)** festgelegt. Die Verordnung regelt die Arbeiten an elektrischen Niederspannungsinstallationen (elektrische Installationen) und deren Kontrolle. Nach Art. 2 Abs. 1 lit. a sind Hausinstallationen elektrische Installationen. Die Verordnung gilt für elektrische Installationen, die mit Starkstrom, jedoch mit maximal 1000 V Wechselspannung oder 1500 V Gleichspannung betrieben (Art. 1 Abs. 2 lit. a) oder mit entsprechenden Spannungen gespeist, aber mit Hochspannung betrieben werden (Art. 1 Abs. 2 lit. b). Für elektrische Installationen mit einer maximalen Betriebsspannung von 50 V Wechselspannung oder 120 V Gleichspannung und einem maximalen Betriebsstrom von 2 A gelten gemäss Art. 1 Abs. 3 nur die allgemeinen Bestimmungen der Verordnung, d.h. die Art. 1–5; können solche Installationen Personen oder Sachen gefährden, so gilt sie jedoch im vollen Umfang. 3.712

Insbesondere für die Erstellung, Änderung und Instandstellung elektrischer Installationen ist eine **Installationsbewilligung** nach Art. 6 NIV erforderlich. Diese wird vom Eidgenössischen Starkstrominspektorat (ESTI) erteilt. Eine Installationsbewilligung benötigt ferner, wer elektrische Erzeugnisse an elektrische Installationen fest anschliesst oder solche Anschlüsse unterbricht, ändert oder instandstellt. Für Installationen gemäss Art. 12 ff. NIV können eingeschränkte Installationsbewilligungen erteilt werden. 3.713

Keine Installationsbewilligung benötigen fachkundige Personen für Installationsarbeiten in von ihnen bewohnten oder in ihrem Eigentum stehenden Wohn- und zugehörigen Nebenräumen, ferner Personen, die in von ihnen bewohnten Wohn- und zugehörigen Nebenräumen 3.714

1170 Abrufbar unter www.praever.ch > Brandschutz > Vorschriften 2015 (Gültig ab 1.1.2015) > Richtlinien.

unter bestimmten Voraussetzungen Installationsarbeiten ausführen oder Beleuchtungskörper und zugehörige Schalter montieren oder demontieren (Art. 16 Abs. 1 und 2 NIV).

3.715 Im Kontext mit elektrischen Hausinstallationen ist auch die **Verordnung über den Schutz vor nichtionisierender Strahlung (NISV)** zu beachten. Die Verordnung soll Menschen vor schädlicher oder lästiger nichtionisierender Strahlung schützen (Art. 1). Sie legt in Anhang 1 Ziff. 42 fest, dass Hausinstallationen nach dem anerkannten Stand der Technik auszuführen sind.[1171] Exemplarisch werden einzelne wenige Massnahmen angeführt. Die NISV regelt allerdings nur die technischen Anforderungen für neue Anlagen; Anhang 1 Ziff. 4 enthält für Hausinstallationen insbesondere keine anlagespezifischen Emissionsgrenzwerte. Auch unterstehen elektrische Hausinstallationen nicht der Meldepflicht (Art. 11 Abs. 1).

3.716 Das Elektrizitätsgesetz und die einschlägigen Verordnungen zielen primär auf die Sicherheit der elektrotechnischen Anlagen ab. Zusätzlich müssen aber auch die **energierechtlichen Vorgaben** eingehalten werden.[1172]

3. Anlagen zur Energiegewinnung

a) Solaranlagen

3.717 Solaranlagen, d.h. Sonnenkollektoren zur Warmwasseraufbereitung oder Heizungsunterstützung und Photovoltaikanlagen zur Stromerzeugung, können in der Haustechnik eine umweltfreundliche Alternative zu fossilen Energieträgern darstellen. Sie werden im **Raumplanungsgesetz (RPG)** und in Art. 32a und 32b RPV spezifisch geregelt. Im Grundsatz unterstehen Anlagen, so auch Solaranlagen, der Bewilligungspflicht nach Art. 22 RPG. Seit der Revision von Art. 18a RPG von 2012 hat jedoch ein Paradigmenwechsel zugunsten der Solarenergieförderung stattgefunden:[1173] So sind Solaranlagen in einer Bau- oder Landwirtschaftszone unter bestimmten Voraussetzungen von der Bewilligungspflicht befreit. Sie unterstehen nur noch einem Meldeverfahren. Dazu müssen die Anlagen auf einem Dach genügend angepasst sein.

3.718 Als **genügend angepasst** gelten Solaranlagen gemäss Art. 32a Abs. 1 RPV dann, wenn sie:

- die Dachfläche im rechten Winkel um höchstens 20 cm überragen (lit. a),
- von vorne und von oben gesehen nicht über die Dachfläche hinausragen (lit. b),
- nach dem Stand der Technik reflexionswirksam ausgeführt werden (lit. c) und
- als kompakte Fläche zusammenhängen (lit. d).

3.719 Art. 18a Abs. 2 PRG ermöglicht den Kantonen, darüber hinaus weitere Solaranlagetypen von der Baubewilligungspflicht zu befreien. Der Verzicht auf ein Bau-

---

1171 So im Übrigen auch Art. 3 Abs. 1 NIV.
1172 Vgl. dazu Rz. 3.706 f.
1173 Ausführlich Jäger, S. 2 f.; vgl. ferner Rz. 5.285.

bewilligungsverfahren entbindet allerdings nicht von der Pflicht zur **Einhaltung der Vorschriften,** namentlich der massgeblichen Brandschutzvorschriften und der Bestimmungen zu den elektrischen Installationen.

Zudem ist auf das **Elektrizitätsrecht** hinzuweisen: Art. 1 Abs. 1 VPeA in der Fassung von 2013 unterstellt Energieerzeugungsanlagen mit einer Leistung von über 30 kVA, die mit einem Verteilnetz verbunden sind, und gewisse Schwachstromanlagen der Plangenehmigungspflicht. Demnach bedürfen Solaranlagen mit einer Leistung bis 30 kVA (zuvor 3 kVA einphasig bzw. 10 kVA mehrphasig) keiner Plangenehmigung des ESTI mehr. Auch in dieser Hinsicht besteht also eine Erleichterung für Solaranlagen. 3.720

b) Wärmepumpenanlagen

Wärmepumpen wandeln die Energie der Umgebung, die durch Sonneneinstrahlung, Erdwärme und Niederschläge gespeichert wird, in Wärme um. Sie können massgeblich zur Erreichung klima- und energiepolitischer Ziele beitragen, da sie die Energie aus CO_2-neutralen Energiequellen beziehen. Neben den allgemeinen technischen Normen, die in Rz. 3.708 ff. für Feuerungsanlagen aufgeführt wurden, ist die **SWKI-Richtlinie 92-1** «Hydraulische Schaltungen von Wärmepumpen-Heizungsanlagen» zu berücksichtigen. 3.721

Soll Umweltwärme als Quelle genutzt werden, muss eine **kantonale Bewilligung** bzw. **Konzession** beantragt werden. In diesem Kontext sind auch folgende Normen zu berücksichtigen: 3.722

- SIA 384/6 «Erdwärmesonden»
- SIA 384/7 «Grundwasserwärmenutzung»
- SWKI 2003-3 «Rückkühlung»

Da der Betrieb von Wärmepumpen den Einsatz von Kältemitteln erfordert, sind zudem die entsprechenden Regelungen der **Chemikalien-Risikoreduktions-Verordnung (ChemRRV)** zu beachten. Im Dezember 2013 trat eine wesentliche Änderung des Anhangs 2.10 «Kältemittel» in Kraft: Die Bewilligungspflicht für Kälteanlagen und Wärmepumpen mit in der Luft stabilen Kältemitteln wurde aufgehoben. Ausserdem gelten seit 2015 Grenzwerte für die erlaubte Kältemittelmenge pro erzeugter Kälteleistung.[1174] 3.723

1174 Vgl. www.bafu.admin.ch > Chemikalien > Fachinformationen > Bestimmungen und Verfahren > Kältemittel.

VIII. Exkurs: Baustellenrecht

Literatur

BACHMANN DOMINIK, Hammerschlagrecht; CERCLE BRUIT, Anwendungshilfe; GEBHARDT DANIEL, Abwehrrechte; KEEL ALOIS, Entsorgungskonzept; LINIGER HANS U., Baustellenprobleme; SCHAUB CHRISTOPH, Baustellenrecht; STÖRI FRIDOLIN, Baustellen.

Amtliche Publikationen

BAFU, Baulärm-Richtlinie; BAFU, Bauschutt-Richtlinie; BAFU, Luftreinhaltung auf Baustellen; BUWAL, Aushubrichtlinie; BUWAL, Bautransporte; BUWAL, Bodenschutz-Leitfaden; BUWAL, Wegleitung Bodenaushub; SUVA, Grenzwerte.

A. Vorbemerkungen

3.724 Es existiert kein eigenständiges formelles öffentliches Baustellenrecht. Allerdings haben sich in einigen Bereichen **baustellenrelevante Besonderheiten** herausgebildet. Auf diese soll im Folgenden eingegangen werden.

3.725 Zahlreiche Problembereiche des Baustellenrechts – z.B. Luftreinhaltung, Lärmschutz, Schutz vor Erschütterungen – betreffen den **Immissionsschutz** gemäss Art. 11 ff. USG. Insbesondere sind Emissionen im Rahmen der Vorsorge so weit zu begrenzen, als dies technisch und betrieblich möglich und wirtschaftlich tragbar ist (Art. 11 Abs. 2 USG); dies gilt auch für Baustellen.

B. Die Baustelle

3.726 Unter Baustelle ist das – in der Phase des Bauprozesses – zur Errichtung, Änderung, Erneuerung oder Beseitigung von Bauten und Anlagen beanspruchte Areal zu verstehen.[1175]

3.727 Die Baustelle als solche ist im Gegensatz zu der zu erstellenden Baute oder Anlage üblicherweise nicht Gegenstand des Baubewilligungsverfahrens (Art. 22 RPG)[1176]; im Rahmen einer Baubewilligung wird die Behörde meist aber auch Anordnungen bezüglich der Errichtung und des Betriebs der Baustelle erlassen.[1177]

1175 Vgl. SCHAUB, Baustellenrecht, S. 287; BAFU, Baulärm-Richtlinie, S. 23.
1176 Vgl. § 1 lit. c BVV ZH.
1177 SCHAUB, Baustellenrecht, S. 291.

C. Problembereiche

1. Luftreinhaltung

a) Generell

Der Immissionsschutz wird betreffend die Luftreinhaltung durch die LRV konkretisiert. Für Baustellen sieht die **LRV** in **Anhang 2 Ziff. 88** besondere Bestimmungen vor. Abs. 1 regelt – in Übereinstimmung mit Art. 11 Abs. 2 USG – den Grundsatz: 3.728

«Die Emissionen von Baustellen sind insbesondere durch Emissionsbegrenzungen bei den eingesetzten Maschinen und Geräten sowie durch geeignete Betriebsabläufe so weit zu begrenzen, als dies technisch und betrieblich möglich und wirtschaftlich tragbar ist. [...]»

Zur Konkretisierung der besonderen Bestimmungen hat das BAFU die **Richtlinie «Luftreinhaltung auf Baustellen»** erlassen. Diese enthält einen Katalog betrieblicher und technischer Massnahmen zur Reduktion der Luftschadstoff-Emissionen auf Baustellen.[1178] Die sog. Basismassnahmen – welche die «gute Baustellenpraxis» widerspiegeln sollen – sind der Massnahmenstufe A zugeordnet. Die Massnahmenstufe B setzt sich aus den Basismassnahmen sowie weiteren spezifischen Massnahmen zusammen. 3.729

Eine Baustelle wird als Ganzes entweder der **Massnahmenstufe A** oder der **Massnahmenstufe B** zugewiesen. Die strengere Massnahmenstufe B gelangt zur Anwendung, wenn einer der folgenden Schwellenwerte überschritten ist:[1179] 3.730

- Dauer (ländlich: 1.5 Jahre, Agglomeration/innerstädtisch: 1 Jahr);
- Fläche (ländlich: 10 000 m^2, Agglomeration/innerstädtisch: 4000 m^2);
- Kubaturen (ländlich: 20 000 m^3, Agglomeration/innerstädtisch: 10 000 m^3).

Bei speziellen Baustellen (z.B. kurze Dauer mit sehr hohen Emissionen) kann die Behörde einzelfallweise entscheiden.[1180] 3.731

Baustellen sind üblicherweise sowohl als Ganzes (bei Terrainveränderungen[1181]) als auch betreffend die darin enthaltenen Bauten und ortsfesten Einrichtungen als stationäre Anlagen gemäss Art. 7 USG Abs. 7 i.V.m. Art. 2 Abs. 1 LRV zu qualifizieren. Damit kämen grundsätzlich die allgemeinen, stoffbezogenen Emissionsbegrenzungen nach **Anhang 1 LRV** zur Anwendung. Diese werden aber von der baustellenspezifischen Emissionsregelung nach Anhang 2 Ziff. 88 LRV verdrängt. Die übrigen Anforderungen von Anhang 1 LRV bleiben anwendbar.[1182] 3.732

1178 BAFU, Luftreinhaltung auf Baustellen, S. 15 ff.
1179 BAFU, Luftreinhaltung auf Baustellen, S. 14.
1180 BAFU, Luftreinhaltung auf Baustellen, S. 14.
1181 Es fragt sich jedoch, ob nur dauerhafte Terrainveränderungen erfasst werden (vgl. SCHAUB, Baustellenrecht, S. 290 Fn. 14).
1182 Vgl. BAFU, Luftreinhaltung auf Baustellen, S. 8.

3.733 Bei Überschreiten der **Immissionsgrenzwerte** haben die Behörden zur Reduzierung der Belastung verschärfte Massnahmen anzuordnen (Art. 11 Abs. 3 USG i.V.m. Art. 5 LRV).

b) Baumaschinen

3.734 Besondere Anforderungen gelten für Baumaschinen und deren **Partikelfiltersysteme** (Art. 19a f. i.V.m. Anhang 4 Ziff. 3 LRV). Die LRV erklärt Abgasvorschriften für Baumaschinen der EU (97/68/EG)[1183] für verbindlich und statuiert zusätzlich einen Grenzwert für die Anzahl Partikel, welche neue Maschinen und Geräte mit einer Leistung ab 18 kW emittieren dürfen. Dieser Grenzwert kann nach dem aktuellen Stand der Technik nur mit einem Partikelfiltersystem erreicht werden.[1184] Für Maschinen unter 18 kW gelten keine Grenzwerte.[1185]

3.735 Der Bundesrat plant, spezifische Bestimmungen zur **Abgaswartung** und **Kontrolle** von Baumaschinen zu erlassen (Art. 13 Abs. 3 i.V.m. Anhang 4 Ziff. 34 E-LRV).[1186]

3.736 Betreffend **Bautransporte** von oder zu Baustellen ist die BUWAL-Vollzugshilfe «Luftreinhaltung bei Bautransporten» einschlägig.[1187]

c) Umgang mit Holz

3.737 Grundsätzlich darf auf Baustellen kein Holz verbrannt werden (vgl. Art. 30c Abs. 2 USG bzw. Art. 26a LRV). **Altholz** (gebrauchtes Holz), das auf Baustellen z.B. im Rahmen von Gebäudeabbrüchen, Renovationen oder Umbauten regelmässig anfällt, gilt nicht als Holzbrennstoff (Art. 21 i.V.m. Anhang 5 Ziff. 31 Abs. 2 lit. a LRV), sondern ist in speziellen Altholzfeuerungen, KVAs oder Zementöfen zu verbrennen.[1188] Gleiches gilt gemäss Art. 21 i.V.m. Anhang 5 Ziff. 31 Abs. 2 lit. a LRV für **Restholz von Baustellen** (z.B. Gerüstbretter, Schaltafeln oder Kanthölzer). Wegen seiner sehr hohen Schadstoffbelastung wird es wie Altholz klassiert.[1189]

1183 Richtlinie 97/68/EG des Europäischen Parlaments und des Rates vom 16. Dezember 1997 zur Angleichung der Rechtsvorschriften der Mitgliedstaaten über Massnahmen zur Bekämpfung der Emission von gasförmigen Schadstoffen und luftverunreinigenden Partikeln aus Verbrennungsmotoren für mobile Maschinen und Geräte (ABl. L 59 vom 27.2.1998, S. 1).

1184 BAFU, Erläuternder Bericht LRV 2007, S. 2.

1185 Vgl. BAFU, Erläuternder Bericht LRV 2007, S. 3.

1186 UVEK, Erläuternder Bericht LRV 2014, S. 2 ff.

1187 Vgl. dazu SCHAUB, Baustellenrecht, S. 307.

1188 Vgl. BAFU, Erläuternder Bericht LRV 2012, S. 1. Vgl. auch Art. 24 sowie Anhang 4 Ziff. 2.1 lit. b VVEA.

1189 UVEK, Erläuternder Bericht LRV 2007, S. 5.

2. Lärm

a) Generell

Bezüglich des Lärms wird der Immissionsschutz durch die LSV konkretisiert. Gemäss Art. 6 LSV hat das BAFU Richtlinien über bauliche und betriebliche Massnahmen zur Begrenzung des Baulärms zu erlassen. Diesem Auftrag entsprach das BAFU mit dem Erlass der **Baulärm-Richtlinie.** 3.738

Solange Baulärm bundesrechtlich nur im Rahmen einer Richtlinie statt auf Verordnungsstufe geregelt ist, bleiben die Kantone gemäss Art. 65 Abs. 1 USG befugt, gewisse eigene (ergänzende bzw. verschärfende) Bestimmungen wie z.B. eine Bewilligungspflicht für Nacht-Bauarbeiten zu erlassen.[1190] 3.739

In der Baulärm-Richtlinie werden – aufgrund der «grossen Komplexität»[1191] und «vorübergehenden Natur»[1192] des Baustellenrechts – keine Grenzwerte festgesetzt. Stattdessen enthält sie einen Katalog mit baulichen und betrieblichen **Massnahmen** zur Begrenzung des Baulärms. Ob Massnahmen anzuordnen sind, wird bezüglich zweier Kategorien geprüft bzw. entschieden, und zwar:[1193] 3.740

- für Bauarbeiten (generell);
- für lärmintensive Bauarbeiten (spezifische lärmintensive Tätigkeiten).[1194]

Die Baulärm-Richtlinie unterscheidet die drei **Massnahmenstufen A, B und C;** Stufe C sieht die strengsten Massnahmen vor. Die Ermittlung der anwendbaren Massnahmenstufe richtet sich kumulativ nach:[1195] 3.741

- der Dauer, während der die Räume mit lärmempfindlicher Nutzung den Bauarbeiten ausgesetzt sind (lärmige Bauphase) bzw. der Dauer der lärmintensiven Bauarbeiten (unterschieden wird zwischen den Zeiträumen «1 bis 8 Wochen», «9 Wochen bis 1 Jahr» und «mehr als 1 Jahr»); sowie
- der Lärmempfindlichkeit der betroffenen Gebiete (Empfindlichkeitsstufen gemäss Art. 43 LSV; unterschieden wird zwischen den Lärmempfindlichkeitsstufen «ES I», «ES II und III» sowie «ES IV»).

Es sind nicht strikt alle Massnahmen der jeweiligen Massnahmenstufe zu ergreifen, sondern jene, die im konkreten Einzelfall als **wirkungsvoll und verhältnismässig** erscheinen. Der Katalog ist nicht abschliessend.[1196] 3.742

1190 BGer, Urteil 6B_87/2008 vom 31. Juli 2008, E. 3.4.

1191 BGer, Urteil 6B_87/2008 vom 31. Juli 2008, E. 3.3.

1192 Wolf, in: Kommentar USG, Art. 25 Rz. 29.

1193 Vgl. BAFU, Baulärm-Richtlinie, S. 14.

1194 Z.B. Säge- oder Sprengarbeiten (BAFU, Baulärm-Richtlinie, S. 23).

1195 Siehe dazu BAFU, Baulärm-Richtlinie, S. 14.

1196 Cercle Bruit, Anwendungshilfe, S. 8.

3.743 Während Zeiten mit erhöhtem Ruheanspruch – z.B. über Mittag, abends sowie an Sonn- und allgemeinen Feiertagen – wird die Massnahmenstufe **verschärft** (und zwar von Massnahmen der Stufe A und B auf die je nächsthöhere Stufe).[1197]

3.744 Von den Massnahmen gemäss Katalog kann **ganz abgesehen** werden, wenn der Abstand der Baustelle zu den nächstgelegenen Räumen mit lärmempfindlicher Nutzung mehr als 600 m beträgt. Bewegt sich der Abstand bloss in einem Rahmen zwischen 300 m und 600 m, müssen zusätzlich folgende Voraussetzungen erfüllt sein:[1198]

- die lärmige Bauphase dauert weniger als eine Woche;
- die lärmintensiven Bauarbeiten dauern weniger als eine Woche;
- keinerlei Bauarbeiten finden in der Nacht statt.

3.745 In diesen Fällen sind dennoch die **üblichen Vorsorgemassnahmen** zu treffen. Das heisst, es sind alle technisch und betrieblich möglichen sowie wirtschaftlich tragbaren Lärmschutzmassnahmen zu realisieren (Art. 11 Abs. 2 USG).[1199]

b) Bautransporte

3.746 Die Baulärm-Richtlinie sieht Massnahmen betreffend Bautransporte vor, sofern Fahrten auf dem Strassennetz stattfinden. Es gilt mindestens die **Massnahmenstufe A,** die zur Anwendung kommt, wenn kumulativ folgende Voraussetzungen erfüllt sind:[1200]

- Bautransporte finden ausschliesslich am Tag zwischen 6 und 22 Uhr statt;
- die Anzahl Bautransporte an 10 Arbeitstagen beträgt höchstens je 300 Fahrten pro Tag und an den anderen Tagen im Durchschnitt höchstens 50 Fahrten pro Tag;
- die projektierte Anlage unterliegt nicht der Umweltverträglichkeitsprüfung.

3.747 Ansonsten wird die einschlägige Massnahmenstufe (A oder B) **für Tag- und Nachttransporte getrennt** nach der vorhandenen Verkehrsmenge auf der Strasse, der Lärmempfindlichkeit der betroffenen Gebiete und dem zusätzlichen Strassenverkehr durch Bautransporte bestimmt.[1201]

1197 BAFU, Baulärm-Richtlinie, S. 14.
1198 BAFU, Baulärm-Richtlinie, S. 14.
1199 Vgl. BAFU, Baulärm-Richtlinie, S. 14.
1200 BAFU, Baulärm-Richtlinie, S. 15.
1201 Siehe dazu BAFU, Baulärm-Richtlinie, S. 15 f.

3. Umgang mit Bauabfällen und Aushub

a) Generell

Das USG unterscheidet zwischen Siedlungsabfällen (Art. 31b USG) und übrigen Abfällen (Art. 31c USG). Baustellenabfälle gehören zu den übrigen Abfällen, die gemäss Art. 31c Abs. 1 USG vom **Inhaber** – üblicherweise von einer auf der Baustelle tätigen Unternehmung – zu entsorgen sind.[1202] Die **VVEA** als einschlägige Verordnung enthält in Art. 16–20 spezifische Regelungen betreffend Bauabfälle. 3.748

Art. 16 Abs. 1 VVEA verpflichtet den Inhaber der Bauabfälle zur Erstellung eines **Entsorgungskonzepts,**[1203] sofern voraussichtlich mehr als 200 m³ Bauabfälle anfallen (lit. a) oder Bauabfälle mit umwelt- oder gesundheitsgefährdenden Stoffen wie PCB, PAK, Blei oder Asbest zu erwarten sind (lit. b): Die Bauherrschaft hat im Rahmen des Baubewilligungsgesuchs Angaben über die Art, Qualität und Menge der anfallenden Abfälle und über die vorgesehene Entsorgung zu machen. 3.749

Nach Art. 17 VVEA sind **Sonderabfälle**[1204] – wenn möglich auf der Baustelle (vgl. Abs. 2) – von den **übrigen Bauabfällen** zu trennen und separat zu entsorgen (Abs. 1). Die übrigen Bauabfälle sind gemäss Abs. 1 folgendermassen zu trennen: 3.750

«a. abgetragener Ober- und Unterboden, jeweils möglichst sortenrein;
b. unverschmutztes Aushub- und Ausbruchmaterial, Aushub- und Ausbruchmaterial, das die Anforderungen nach Anhang 3 Ziff. 2 erfüllt, und übriges Aushub- und Ausbruchmaterial, jeweils möglichst sortenrein;
c. Ausbauasphalt, Betonabbruch, Strassenaufbruch, Mischabbruch, Ziegelbruch und Gips, jeweils möglichst sortenrein;
d. weitere stofflich verwertbare Abfälle wie Glas, Metalle, Holz und Kunststoffe, jeweils möglichst sortenrein;
e. brennbare Abfälle, die nicht stofflich verwertbar sind;
f. andere Abfälle.»

Die Behörde kann im Interesse einer besseren Verwertung eine weiter gehende Trennung der Abfälle verlangen (Art. 17 Abs. 3 VVEA). 3.751

Im Übrigen sei auf die baustellenrelevante Regelung zum Umgang mit mineralischen Abfällen aus dem **Abbruch von Bauwerken** hingewiesen (Art. 20 VVEA). Teerhaltiger Ausbauasphalt wird ab dem 1. Januar 2026 – nach einer Übergangszeit von zehn Jahren ab Inkrafttreten der VVEA – dem Recyclingkreislauf entzogen und ist zu behandeln (Art. 20 Abs. 2 VVEA i.V.m. Art. 52 VVEA).[1205] 3.752

In Art. 24 VVEA finden sich schliesslich Regeln zur Verwertung von Abfällen bei der Herstellung von **Zement und Beton.** 3.753

1202 TSCHANNEN, in: Kommentar USG, Art. 31c Rz. 9; SCHAUB, Baustellenrecht, S. 294.
1203 Vgl. BAFU, Erläuterungen TVA (VVEA) 2014, S. 17.
1204 Die Definition von Sonderabfall findet sich in Art. 2 Abs. 2 lit. a VeVA.
1205 Vgl. BAFU, Normkonzept TVA (VVEA) 2011, S. 13 f.; BAFU, Erläuterungen TVA (VVEA) 2014, S. 22. Momentaner Stand der Technik ist die thermische Behandlung.

3.754 Mit dem Erlass der VVEA wurden einige Vorgaben auf Verordnungsstufe gehoben, die bis anhin in der Bauschutt-Richtlinie geregelt waren. Diese ist bloss noch ergänzend von Bedeutung.

3.755 Als relevante private Norm ist auf die **SIA-Empfehlung 430** «Entsorgung von Bauabfällen»[1206] hinzuweisen, die in einigen Kantonen für rechtsverbindlich erklärt wurde.[1207]

b) Aushub

3.756 Regeln zur Verwertung von Aushub- und Ausbruchmaterial finden sich in Art. 19 VVEA. Als Grundsatz gilt: Verwertung vor Ablagerung (Art. 30 Abs. 2 USG). Das den überwiegenden Teil ausmachende **unverschmutzte** Aushub- und Ausbruchmaterial (vgl. Anhang 3 Ziff. 1 VVEA) ist einer der folgenden, gleichwertigen Verwertungsarten zuzuführen (Art. 19 Abs. 1 VVEA):

«a. als Baustoff auf Baustellen oder Deponien;
b. als Rohstoff für die Herstellung von Baustoffen;
c. für die Wiederauffüllung von Materialentnahmestellen; oder
d. für bewilligte Terrainveränderungen.»

3.757 **Leicht verschmutztes** Aushub- und Ausbruchmaterial (vgl. Anhang 3 Ziff. 2 VVEA) kann als Rohstoff für die Herstellung von hydraulisch oder bituminös gebundenen Baustoffen (Art. 19 Abs. 2 lit. a VVEA), als Baustoff auf Deponien der Typen B–E (lit. b), als Ersatzrohmaterial für die Herstellung von Zementklinker (lit. c) oder bei Tiefbauarbeiten auf dem durch Abfälle belasteten Standort, auf dem das Material anfällt, sofern eine allenfalls notwendige Behandlung des Materials auf dem belasteten Standort erfolgt[1208] (lit. d), verwendet werden. **Verschmutztes** Aushub- und Ausbruchmaterial (vgl. Anhang 3 Ziff. 2 VVEA e contrario) darf nicht verwertet werden (Art. 19 Abs. 3 VVEA), sondern ist zu behandeln oder auf entsprechenden Deponien (Typen C–E) abzulagern.[1209] Ausnahmen gelten nur, wenn die besonderen Anforderungen nach Anhang 5 Ziff. 2.3 VVEA erfüllt sind. Dann ist eine Verwertung erlaubt, und zwar als Baustoff auf Deponien der Typen C–E (Art. 19 Abs. 3 lit. a VVEA), ferner im Rahmen der Sanierung der Altlast, auf der das Material anfällt, soweit eine allenfalls notwendige Behandlung auf oder direkt neben der Altlast erfolgt (lit. b).

3.758 **Abgetragener Ober- und Unterboden** ist unter den drei genannten Voraussetzungen möglichst vollständig zu verwerten (Art. 18 Abs. 1 VVEA).[1210] Gemäss Art. 7

1206 SIA, Empfehlung 430, Ausgabe 1993, Entsorgung von Bauabfällen – bei Neubau-, Umbau- und Abbrucharbeiten (Norm SN 509 430), Zürich 1993.

1207 Vgl. § 3 i.V.m. Anhang Ziff. 2.61 BBV I ZH. Vgl. dazu auch Keel, Entsorgungskonzept, 32 f.

1208 Art. 3 AltlV bleibt vorbehalten.

1209 Vgl. BAFU, Erläuterungen TVA (VVEA) 2014, S. 18.

1210 Er muss sich aufgrund seiner Eigenschaften für die vorgesehene Verwertung eignen (lit. a), die Richtwerte nach Anhang 1 und 2 VBBo einhalten (lit. b) und darf weder Fremdstoffe noch invasive gebietsfremde Organismen enthalten (lit. c).

VBBo muss der Ober- und Unterboden getrennt abgetragen und verwertet werden (Art. 18 Abs. 2 VVEA).

Bis zum Erlass der VVEA war die Aushubrichtlinie des BUWAL von grosser Bedeutung. Ihr Inhalt wurde zu wesentlichen Teilen in die VVEA überführt; sie verliert damit an Relevanz. 3.759

Nach Art. 7 VBBo ist mit ausgehobenem Boden so umzugehen, dass er wieder als Boden eingesetzt werden kann. Wird ausgehobener Boden wieder als Boden verwendet (z.B. für Rekultivierungen oder Terrainveränderungen), muss er so aufgebracht werden, dass die Fruchtbarkeit des vorhandenen und die des aufgebrachten Bodens durch physikalische Belastungen höchstens kurzfristig beeinträchtigt werden und dass der vorhandene Boden chemisch nicht zusätzlich belastet wird. 3.760

4. Gewässerschutz

Der Gewässerschutz ist auf Baustellen z.B. beim Umgang mit Kühl- oder Reinigungsmitteln, beim Bauen, Betanken, Auswaschen und beim Wegschwemmen durch Regenwasser relevant.[1211] Nebst den allgemeinen Regelungen des GSchG[1212] existiert eine **Sonderregelung** betreffend das Baustellenrecht. Abwasser von Baustellen darf im Rahmen der allgemeinen Anforderungen für Industrieabwasser (vgl. dazu Anhang 3.2 GSchV) in ein Gewässer oder in die öffentliche Kanalisation eingeleitet werden (Art. 15 i.V.m. Anhang 3.3 Ziff. 23 Abs. 1 GSchV), sofern auch die besonderen Einleitungsvoraussetzungen nach Anhang 3.3 Ziff. 23 Abs. 2 GSchV eingehalten werden. 3.761

Als wichtige private Norm ist die **SIA-Empfehlung 431** «Entwässerung von Baustellen»[1213] zu nennen, die in gewissen Kantonen für beachtlich erklärt wurde.[1214] 3.762

5. Übriges

Ebenfalls baustellenrelevant sind das Altlastenrecht[1215], der Schutz vor Erschütterungen[1216], der Schutz vor Störfällen[1217] sowie das Chemikalienrecht[1218], worauf mangels materiellrechtlicher Besonderheiten hier lediglich verwiesen sei. 3.763

Zu erwähnen sind sodann die Regelungen des **arbeitsrechtlichen Gesundheitsschutzes** (Art. 6 ArG, BauAV) und der **Unfallverhütung** (VUV). Die SUVA hat 3.764

1211 Schaub, Baustellenrecht, S. 297.
1212 Siehe dazu Rz. 4.124 ff.
1213 SIA, Empfehlung SIA 431, Ausgabe 1997, Entwässerung von Baustellen (Norm SN 509 431), Zürich 1997.
1214 Vgl. Anhang Ziff. 2.71 BBV I ZH.
1215 Siehe Rz. 4.356 ff.
1216 Siehe Rz. 4.338 ff.
1217 Siehe Rz. 4.343 ff. Vgl. auch Schaub, Baustellenrecht, S. 282 f.
1218 Vgl. dazu Griffel, Umweltrecht, S. 160 f.

gestützt auf Art. 50 Abs. 3 VUV – ausgehend von einem Arbeitstag von acht Stunden – maximale Arbeitsplatzkonzentrationswerte für gas-, dampf- oder staubförmige Stoffe sowie Grenzwerte für physikalische Einwirkungen (z.B. Schall und Vibrationen) festgelegt.[1219] Darüber hinaus sind betreffend Baustellen auf und unmittelbar neben der **Fahrbahn** das SVG und die dazugehörige Signalisationsverordnung zu beachten (Art. 9 und Art. 80 f. SSV).

3.765 Als baustellenspezifische privatrechtliche Regelung ist schliesslich das **Hammerschlagrecht** nach Art. 695 ZGB zu nennen, in dessen Rahmen die Kantone die Kompetenz erhalten, über das Recht zum Betreten des Nachbargrundstücks eigene Vorschriften zu erlassen.[1220]

1219 SUVA, Grenzwerte.
1220 Vgl. § 229 PBG ZH. Zum Ganzen BACHMANN, Hammerschlagrecht, S. 5 ff.

4. TEIL:

Besondere Voraussetzungen der Bewilligungsfähigkeit von Bauten und Anlagen

Inhaltsübersicht

I. Zweitwohnungsbau

Literatur

ALIG JONAS, Wohnungsbegriff ZWG; ALIG JONAS, Zweitwohnungsgesetz 2016; ALIG JONAS, Zweitwohnungsgesetz 2014; ALIG JONAS/GRIFFEL ALAIN, in: Basler Kommentar BV, Art. 75b; BIANCHI FRANÇOIS, Résidences secondaires; DETTWILER EMANUEL, Zweitwohnungsgesetz; GRIFFEL ALAIN, Zweitwohnungsinitiative; MÖSCHING FABIAN, Zweitwohnungen; NUSSBAUMER MARKUS, Monster-Paragraph; RUCH ALEXANDER, in: St. Galler Kommentar BV, Art. 75b; WALDMANN BERNHARD, Zweitwohnungen.

A. Verfassungsgrundlage

Für den Erlass von Regelungen im Bereich des Zweitwohnungsbaus waren bis zur Annahme der Zweitwohnungsinitiative am 11. März 2012 die **Kantone bzw.** 4.1

Gemeinden zuständig. Die Zweitwohnungs-Gesetzgebung wurde dem Raumplanungsrecht zugeordnet[1], wo der Bund nur über eine Grundsatzgesetzgebungskompetenz (Art. 75 BV) verfügt.

4.2 Seit der Annahme der Zweitwohnungsinitiative durch Volk und Stände – womit die Artikel 75b und 197 Ziff. 9 Eingang in die Bundesverfassung fanden – besteht eine umfassende, nachträglich derogatorische Rechtsetzungskompetenz des **Bundes** im Bereich der Beschränkung des Zweitwohnungsanteils.[2] Wo der Bund keine abschliessende Regelung getroffen bzw. keine Vorgaben gemacht hat, bleiben die Kantone bzw. Gemeinden zuständig.

4.3 Art. 75b Abs. 1 BV statuiert eine **Zweitwohnungsbeschränkung:** «Der Anteil von Zweitwohnungen am Gesamtbestand der Wohneinheiten und der für Wohnzwecke genutzten Bruttogeschossfläche einer Gemeinde ist auf höchstens 20 Prozent beschränkt.»

4.4 Mit der Volksinitiative wurden raumplanerische, ökologische und sozioökonomische **Ziele** verfolgt. Art. 75b BV soll überdimensionierte und meist leer stehende Infrastrukturen verhindern («kalte Betten»), eine verschwenderische Bodennutzung zügeln und den die lokale Bevölkerung verdrängenden Effekt steigender Boden- und Wohnungspreise abwehren.[3]

B. Zweitwohnungsgesetz

1. Grundlegendes

a) Überblick

4.5 Das ZWG ist am 1. Januar 2016 in Kraft getreten. Es besteht aus 28 Artikeln, die in acht Kapitel gegliedert sind. Vorab werden die Begriffe Wohnung, Zweitwohnung und die Berechnung des Zweitwohnungsanteils definiert. Abgesehen davon stellt es im Wesentlichen eine von Vollzugs- und Strafbestimmungen flankierte Ausnahmeregelung von der verfassungsmässigen Zweitwohnungsbeschränkung dar.[4]

b) Zweitwohnungsbegriff

4.6 In Art. 2 Abs. 1 regelt das ZWG den Begriff der **Wohnung.** Demnach ist eine Wohnung eine Gesamtheit von Räumen, die:

«a. für eine Wohnnutzung geeignet sind;
b. eine bauliche Einheit bilden;

---

1 BGE 135 I 233 E. 2.7.
2 ALIG/GRIFFEL, in: Basler Kommentar BV, Art. 75b Rz. 8.
3 Vgl. Botschaft Zweitwohnungsinitiative 2008, S. 8765.
4 Vgl. ALIG, Zweitwohnungsgesetz 2014, Rz. 6.

c. einen Zugang entweder von aussen oder von einem gemeinsam mit anderen Wohnungen genutzten Bereich innerhalb des Gebäudes haben;
d. über eine Kocheinrichtung verfügen; und
e. keine Fahrnis darstellen.»

Über das Erfordernis der **Kocheinrichtung** wird eine Abgrenzung von Einzelzimmern in Hotels oder Altersheimen vorgenommen; ferner – mit dem Begriff **Fahrnis** – von mobilen Unterkünften.[5] 4.7

Eine Wohnung gilt gemäss Art. 2 Abs. 2 ZWG dann als **Erstwohnung,** wenn sie von mindestens einer Person genutzt wird, die gemäss Einwohnerregister in der Gemeinde niedergelassen ist (Art. 3 lit. b RHG). Die rechtliche Ausgestaltung der Nutzung (z.B. Miete) ist unerheblich. 4.8

Auch Personen ohne Wohnsitz in der Gemeinde können – unter Vorbehalt der Bestimmungen des BewG betreffend Personen im Ausland – über Eigentum an Erstwohnungen verfügen; ihnen bleibt dann aber unter Umständen[6] bis zu einem allfälligen Wechsel des Hauptwohnsitzes die Eigennutzung versagt. 4.9

In Art. 2 Abs. 3 ZWG werden Wohnungen definiert, die **den Erstwohnungen gleichgestellt** sind. Dies sind Wohnungen, die: 4.10

«a. zu Erwerbs- oder Ausbildungszwecken dauernd bewohnt werden;
b. von einem Privathaushalt dauernd bewohnt werden, der im gleichen Gebäude eine andere Wohnung dauernd bewohnt;
c. von Personen dauernd bewohnt werden, die sich nicht beim Einwohneramt melden müssen, insbesondere von diplomatischem Personal und Asylsuchenden;
d. seit höchstens zwei Jahren leer stehen, bewohnbar sind und zur Dauermiete oder zum Kauf angeboten werden (Leerwohnungen);
e. zu landwirtschaftlichen Zwecken genutzt werden und wegen der Höhenlage nicht ganzjährig für landwirtschaftliche Zwecke zugänglich sind;
f. durch Unternehmen zur kurzzeitigen Unterbringung von Personal genutzt werden;
g. als Dienstwohnungen für Personen, die insbesondere im Gastgewerbe, in Spitälern und in Heimen tätig sind, genutzt werden;
h. rechtmässig vorübergehend anders als zum Wohnen genutzt werden.»

Bei Wohnungen nach **lit. a–c** ist gefordert, dass sie «dauernd bewohnt» sind. Für eine Nutzung gemäss lit. a wird eine Person nach Art. 3 lit. c RHG den Status eines (Wochen-)Aufenthalters in der Gemeinde haben müssen.[7] Die zuständige Behörde, sinnvollerweise das kommunale Personenmeldeamt, hat abzuklären, ob die Voraussetzungen erfüllt sind: Vom Wohnungsnutzer wird der Nachweis einer – selbständigen oder unselbständigen – beruflichen Tätigkeit oder des Besuchs einer Ausbildungsanstalt in der nahen Umgebung zu erbringen sein. 4.11

---

5 Vgl. dazu Alig, Wohnungsbegriff ZWG, Rz. 11 ff.
6 Vgl. Rz. 4.10 ff. sowie 4.23.
7 Vgl. Mösching, Zweitwohnungen, S. 195 f.; Botschaft ZWG 2014, S. 2287 ff.

4.12 Mit **lit. e–g** werden dagegen Wohnungen erfasst, deren Typus auf eine intensive Auslastung schliessen lässt. Deshalb wird bloss die Nutzung im entsprechenden Sinn verlangt und nicht, dass sie «dauernd bewohnt» sind.

4.13 Als gemäss **lit. h** rechtmässig vorübergehend anders als zum Wohnen genutzt gelten etwa Praxen und Büroräumlichkeiten, die sich in Wohnungen nach Art. 2 Abs. 1 ZWG befinden.

4.14 Führen **bauliche Änderungen** dazu, dass es sich nicht mehr um eine Wohnung gemäss ZWG handelt (etwa durch das Entfernen der Kocheinrichtung), so werden die Räumlichkeiten auch nicht mehr den Erstwohnungen zugerechnet.[8]

4.15 Als **Zweitwohnungen** gelten schliesslich diejenigen Wohnungen, die keine Erstwohnungen sind und diesen auch nicht gleichgestellt sind (Art. 2 Abs. 4 ZWG).

c) Zweitwohnungsbeschränkung

4.16 Mit Art. 4 ZWG werden die Gemeinden verpflichtet, jährlich ein **Wohnungsinventar** zu erstellen (womit dem Art. 75b Abs. 2 BV inhärenten Gesetzgebungsauftrag nachgekommen wird). Auf dessen Grundlage wird der Zweitwohnungsanteil festgelegt (Art. 5 ZWG).[9]

4.17 Auf die Umsetzung der von Art. 75b Abs. 1 BV statuierten zweiten Tatbestandsvariante, welche auf die für Wohnzwecke genutzte Bruttogeschossfläche abstellt, wird problematischerweise verzichtet.[10]

4.18 Art. 6 Abs. 1 ZWG statuiert – in Übereinstimmung mit Art. 75b Abs. 1 BV – ein **grundsätzliches Bewilligungsverbot** für Zweitwohnungen, das für Gemeinden zum Tragen kommt, deren Zweitwohnungsanteil 20 Prozent überschreitet.

4.19 In Art. 6 Abs. 2 werden dann aber sogleich die **mannigfaltigen Ausnahmen** vom Grundsatz aufgezählt.[11]

d) Kantonale Kompetenzen und Aufgaben

4.20 Art. 3 ZWG definiert Aufgaben und Kompetenzen der Kantone. Ihnen ist es nach Abs. 1 überlassen, der sog. **Zweitwohnungsbeschränkung i.w.S.,** d.h. dem finalen Normgehalt von Art. 75b Abs. 1, der auf die Einhaltung der 20-Prozent-Obergrenze abzielt[12], zum Durchbruch zu verhelfen und «bei Bedarf» im Richtplan Massnahmen zur Förderung einer besseren Auslastung der Zweitwohnungen sowie zur Förderung von Hotellerie und preisgünstigen Erstwohnungen festzulegen. Gestützt auf Abs. 2 können die Kantone und – im Rahmen der kantonalen Zuständigkeit[13] – die

---

8 Vgl. Bianchi, résidences secondaires, S. 295; Alig, Wohnungsbegriff ZWG, Rz. 17.
9 Vgl. dazu aber Art. 1 f. ZWV.
10 Vgl. dazu Alig/Griffel, in: Basler Kommentar BV, Art. 75b Rz. 21.
11 Dazu sogleich Rz. 4.21 f. sowie 4.24 ff.
12 Vgl. Alig/Griffel, in: Basler Kommentar BV, Art. 75b Rz. 13.
13 Botschaft ZWG 2014, S. 2300.

Gemeinden Vorschriften erlassen, um die Erstellung und Nutzung von Wohnungen stärker einzuschränken, als es im ZWG vorgesehen ist.

2. Neue Zweitwohnungen mit «warmen Betten»

a) Grundregel

In Art. 7 Abs. 1 ZWG ist die Bewilligung neuer **Wohnungen mit Nutzungsbeschränkung** (d.h. mit Einschränkung der freien Nutzbarkeit) geregelt. Eine neue Wohnung entsteht durch einen Neubau oder durch die Umgestaltung einer Baute, die bisher noch keine Wohnungen enthielt.[14] In Frage kommt die Bewilligung als Erstwohnung bzw. einer Erstwohnung gleichgestellte Wohnung (lit. a) oder als eine der zwei Typen der touristisch bewirtschafteten Wohnungen (lit. b). 4.21

Nach Eintritt der Rechtskraft der Baubewilligung weist die Baubewilligungsbehörde das Grundbuchamt an, die Nutzungsbeschränkung im **Grundbuch** anzumerken (Art. 7 Abs. 4 ZWG). 4.22

b) Erstwohnungen bzw. ihnen gleichgestellte Wohnungen

Wird eine Wohnung nach Art. 7 Abs. 1 lit. a ZWG bewilligt, so ist nur die Nutzung durch Personen mit **Hauptwohnsitz** in der Gemeinde bzw. als **einer Erstwohnung gleichgestellte Wohnung** zulässig.[15] Mangelt es einem Bauvorhaben an der Eignung zur Erstwohnungsnutzung[16] oder steht von vornherein fest, dass keine Nachfrage nach der vorliegenden Art der Wohnung besteht[17], so ist die Bewilligung zu verweigern. 4.23

c) Touristisch bewirtschaftete Wohnungen

Als **touristisch bewirtschaftet** im Sinne von Art. 7 Abs. 2 ZWG gilt eine Wohnung, die «dauerhaft zur ausschliesslich kurzzeitigen Nutzung durch Gäste zu markt- und ortsüblichen Bedingungen angeboten wird».[18] 4.24

«Dauerhaft angeboten» ist eine Wohnung, die insbesondere auch während der Hauptsaison zur Verfügung steht; sie kann dann grundsätzlich nicht vom Eigentümer bzw. von der Eigentümerin selbst genutzt werden. Im Zeitraum der Hauptsaison wird eine höchstens dreiwöchige Eigennutzung (bzw. Nutzung durch Familienmitglieder, Freunde oder Bekannte) als zulässig erachtet.[19] 4.25

---

14 Botschaft ZWG 2014, S. 2303.
15 Vgl. Rz. 4.8 ff.
16 Vgl. BGer, Urteil 1C_542/2014 vom 14. August 2015, E. 3 m.w.H., E. 4.1.
17 Vgl. BGer, Urteil 1C_874/2013 vom 4. April 2014, E. 4.5.
18 Vgl. eingehend zum Ganzen Alig, Zweitwohnungsgesetz 2016, S. 234 ff.
19 Botschaft ZWG 2014, S. 2304.

4.26 Erfolgt die Nutzung durch die genannten Personen jedoch mittels – sowie nach den Konditionen – einer allgemein zugänglichen **Vertriebsplattform,** so gilt dies nicht als Eigennutzung.[20]

4.27 Mit der Formulierung «dauerhaft angeboten» soll eine **«gewisse Intensität der Nutzung»** sichergestellt werden.[21] Damit ist auch vorausgesetzt, dass eine bewirtschaftete Wohnung kommerziell in Vertrieb genommen und vermarktet wird.[22] Eine bestimmte Nutzungsintensität kann freilich nicht garantiert werden: Bei fehlender Nachfrage kommt eine bewirtschaftete Wohnung einer klassischen Zweitwohnung nahe.

4.28 Muss zum Zeitpunkt des Baubewilligungsentscheids mit hoher Wahrscheinlichkeit davon ausgegangen werden, dass sich keine wesentliche Nutzungsintensität sicherstellen lässt – z.B. weil die Nutzungsbeschränkungen mehrerer ähnlicher Objekte in der betreffenden Gemeinde nach Art. 14 ZWG sistiert sind[23] –, ist die Baubewilligung m.E. zu verweigern.

4.29 Infolge der Charakterisierung einer bewirtschafteten Wohnung als «zur ausschliesslich kurzzeitigen Nutzung durch Gäste» fällt ihre **dauerhafte Vermietung** ausser Betracht.

4.30 Die Ausgestaltung der Wohnung und die finanziellen Konditionen ihrer Vermietung haben **markt- und ortsüblichen Bedingungen** zu genügen – die Wohnungen müssen «attraktiv sein und den lokalen Preisverhältnissen Rechnung tragen».[24]

4.31 Zulässig sind zwei Typen touristisch bewirtschafteter Wohnungen:

- Nach Art. 7 Abs. 2 lit. a ZWG sind **Einliegerwohnungen** bewilligungsfähig: Dabei handelt es sich um Wohnungen, die sich im selben Gebäude befinden, in dem die Eigentümerin – der eine «aktive Gastgeberrolle» zugedacht ist – ihren Hauptwohnsitz hat. Abhängig vom Bestehen einer Erstwohnungsnutzung durch die selbst nutzende Eigentümerin, lassen sich maximal vier Einliegerwohnungen errichten und bewirtschaften.[25]
- Art. 7 Abs. 2 lit. b ZWG statuiert die Zulässigkeit **strukturiert bewirtschafteter Wohnungen.** Das sind Wohnungen, die «nicht auf die persönlichen Bedürfnisse des Eigentümers oder der Eigentümerin zugeschnitten» sind und «im Rahmen eines strukturierten Beherbergungsbetriebs bewirtschaftet» werden. Ein strukturierter Beherbergungsbetrieb liegt gemäss Art. 4 ZWV vor, wenn ein Betrieb hotelmässige Dienstleistungen und Infrastrukturen – z.B. Rezeption, Zimmerdienst, Restaurants[26] – umfasst, die typischerweise von der Mehrheit der Gäste beansprucht werden (lit. a); wenn er ein hotelähnliches Betriebskonzept aufweist (lit. b) und wenn die Bewirtschaftung im Rahmen eines einheitlichen Betriebs sichergestellt ist (lit. c). Die Wohnungen können im Eigentum des strukturierten Beherbergungsbetriebs stehen oder Stockwerkeigentum einzelner Privater

20 ARE, Erläuterungen ZWV 2015, S. 5 f.
21 Botschaft ZWG 2014, S. 2303.
22 Vgl. Botschaft ZWG 2014, S. 2303.
23 Vgl. Rz. 4.58 f.
24 Botschaft ZWG 2014, S. 2303.
25 Botschaft ZWG 2014, S. 2303.
26 ARE, Erläuterungen ZWV 2015, S. 5.

darstellen. Aus der Einschränkung, dass die Wohnungen nicht auf die persönlichen Bedürfnisse des Eigentümers bzw. der Eigentümerin ausgerichtet werden dürfen, ergibt sich, dass die Wohnungen «einheitlich» zu sein oder auf einem «gemeinsamen Konzept» zu beruhen haben.[27]

3. Neue Zweitwohnungen mit «kalten Betten»

a) Durch strukturierte Beherbergungsbetriebe

aa) Erstellung «kalter Betten»

Art. 8 ZWG sieht grosszügige Ausnahmen für die Hotellerie vor.[28] Abs. 1 ermöglicht strukturierten Beherbergungsbetrieben unter fünf kumulativ zu erfüllenden Bedingungen die Erstellung von Wohnungen ohne Nutzungsbeschränkung (in der Folge, der zu erwartenden Nutzweise entsprechend: «kalte Betten»), die sich **frei nutzen, vermieten oder verkaufen** lassen[29]. Dazu wird vorausgesetzt, dass: 4.32

«a. der Betrieb nur mit dem Ertrag aus der Erstellung solcher Wohnungen wirtschaftlich geführt oder weitergeführt werden kann;
b. die Eigentümerin oder der Eigentümer beziehungsweise die Betreiberin oder der Betreiber auf Verlangen den Nachweis erbringt, dass der Ertrag aus den Wohnungen in den Bau oder Betrieb der strukturierten Beherbergung investiert wird;
c. die Hauptnutzfläche dieser Wohnungen einen Anteil von 20 Prozent der gesamten Hauptnutzfläche der Zimmer und der Wohnungen nicht übersteigt;
d. die Wohnungen mit dem strukturierten Beherbergungsbetrieb eine bauliche und funktionale Einheit bilden, es sei denn, Gründe des Ortsbild- oder Denkmalschutzes stehen dem entgegen; und
e. keine überwiegenden Interessen entgegenstehen.»

Eine **bauliche und funktionale Einheit** im Sinne von lit. d bilden Häusergruppen, die über eine gemeinsame Erschliessung, eine zentrale Parkierung und über Gemeinschaftseinrichtungen verfügen, die auch von den Wohnungseigentümern mitbenutzt werden können.[30] 4.33

Abs. 2 statuiert eine Sonderregelung für – unter den Voraussetzungen von Abs. 1 erstellte – Wohnungen, die zwar als «kalte Betten» **vermietet, nicht aber veräussert** werden. Die Hauptnutzfläche dieser neuen Wohnungen darf einen Anteil von 33 Prozent der gesamten Hauptnutzfläche nach Abs. 1 lit. c betragen (Satz 1). Die Veräusserungsbeschränkung ist im Grundbuch anzumerken (Satz 2). 4.34

Abs. 3 zielt auf die rechtliche Klärung derjenigen Situationen ab, in denen sowohl Wohnungen «nach Absatz 1» als auch solche nach Abs. 2 erstellt werden; gemeint sind mit Ersterem offenbar allein jene Wohnungen, die sich frei veräussern lassen. 4.35

---

27 Botschaft ZWG 2014, S. 2304.
28 Die Regelung in Art. 8 ZWG erweist sich als klar verfassungswidrig (vgl. ALIG/GRIFFEL, in: Basler Kommentar BV, Art. 75b Rz. 40). Aufgrund von Art. 190 BV wird dies hinzunehmen sein.
29 Botschaft ZWG 2014, S. 2307.
30 Botschaft ZWG 2014, S. 2307.

Mit einer technokratisch formulierten **Berechnungsmethode** soll sichergestellt werden, dass sich die in Abs. 2 vorgesehenen 33 Prozent dann verringern. Diese gelten als Höchstanteil für die Erstellung beider Kategorien von Wohnungen, reduziert «um den Wert, der sich daraus ergibt, dass der Quotient aus der Fläche der Wohnungen nach Absatz 1 und der Summe der Flächen der Wohnungen nach den Absätzen 1 und 2 mit 13 Prozent multipliziert wird».[31]

4.36 Als **Formel** lässt sich dies folgendermassen darstellen (x = Fläche der Wohnungen nach Abs. 1; y = Fläche der Wohnungen nach Abs. 2):

Höchstanteil Zweitwohnungen (in Prozent der gesamten Hauptnutzfläche der Zimmer und Wohnungen) = $33 - \frac{x}{x+y} \times 13$.[32]

bb) Umnutzung strukturierter Beherbergungsbetriebe

4.37 Gemäss Art. 8 Abs. 4 ZWG kann ein strukturierter Beherbergungsbetrieb, der am 11. März 2012 schon bestanden hat, zu bis zu 50 Prozent der Hauptnutzfläche in «kalte Betten» **umgenutzt** werden, wenn:

«a. er eine minimale Bewirtschaftungsdauer von 25 Jahren aufweist;
b. er nicht mehr wirtschaftlich weitergeführt und auch nicht in touristisch bewirtschaftete Wohnungen umgenutzt werden kann;
c. die Tatsache, dass der betreffende Beherbergungsbetrieb nicht mehr wirtschaftlich weitergeführt werden kann, nicht durch ein Fehlverhalten der Eigentümerin oder des Eigentümers beziehungsweise der Betreiberin oder des Betreibers verursacht worden ist; und
d. keine überwiegenden Interessen entgegenstehen.»

4.38 Der Begriff der **Umnutzung** gemäss Abs. 4 ist nicht eng zu verstehen. Anlässlich einer Umnutzung müssen auch bauliche Massnahmen – namentlich zum Einbau einer Kocheinrichtung – möglich sein. Zu den zulässigen baulichen Änderungen zählt m.E. auch eine neue Raumaufteilung des Hotels (insbesondere das räumliche Verbinden von Hotelzimmern). Klar über das Mass einer Umnutzung hinausgehen würden Änderungen an den statisch wichtigen Elementen des Hotelgebäudes.[33] Neue «kalte Betten» sind im Rahmen von Abs. 4 allein innerhalb der bestehenden Kubatur des Betriebs bewilligungsfähig.

4.39 Zum Zeitpunkt der Umnutzung muss der strukturierte Betrieb noch bestehen. Neben einer partiellen Umnutzung in «kalte Betten» steht das ZWG der **Umwandlung** eines strukturierten Beherbergungsbetriebs in Erstwohnungen oder zu gewerblichen Zwecken wohl grundsätzlich nicht entgegen.[34] Einschränkungen können sich jedoch aus dem übrigen Bundesrecht und insbesondere aus dem kantonalen und kommunalen Recht ergeben. Kantone und Gemeinden können im Übri-

31 Vgl. Bischofberger, Amtl. Bull. SR 2014, S. 942.
32 Nussbaumer, Monster-Paragraph, S. 438.
33 Vgl. zur Praxis bei Zweckänderungen gemäss Art. 24d Abs. 1 und 2 RPG Rz. 3.247.
34 Vgl. Theiler, Amtl. Bull. SR 2015 111 f.; Bundesrätin Leuthard, Amtl. Bull. SR 2015 112.

gen gezielte Massnahmen ergreifen, um unerwünschte Umnutzungen zu verhindern (Art. 3 Abs. 2 ZWG).[35]

b) In schützenswerter Bausubstanz

aa) Innerhalb der Bauzonen

Gemäss Art. 9 Abs. 1 ZWG sind neue «kalte Betten» in geschützten oder ortsbildprägenden Bauten innerhalb der Bauzonen bewilligungsfähig, wenn: 4.40

«a. die Baute in ihrem Schutzwert nicht beeinträchtigt wird, insbesondere die äussere Erscheinung und die bauliche Grundstruktur des Gebäudes im Wesentlichen unverändert bleiben;
b. eine dauernde Erhaltung der Baute nicht anders sichergestellt werden kann; und
c. keine überwiegenden Interessen entgegenstehen.»

In jedem Fall müssen die **übrigen Voraussetzungen** des Bundesrechts und des kantonalen Rechts eingehalten werden (Art. 9 Abs. 3 ZWG). 4.41

Als **geschützte Bauten** im Sinn von Art. 9 ZWG kommen nur mittels individuell-konkreter Schutzanordnung unter Schutz gestellte Baudenkmäler in Frage.[36] Die «Schutzwürdigkeit» einer Baute richtet sich nach der kantonalen Gesetzgebung über den Denkmalschutz und ist im Einzelfall durch eine Fachkommission (Denkmalpflegekommission) oder eine spezialisierte Verwaltungsabteilung festzustellen. 4.42

Beim Begriff der **ortsbildprägenden Baute,** der erst im Rahmen der parlamentarischen Beratungen in Abs. 1 aufgenommen wurde, handelt es sich um einen unbestimmten Rechtsbegriff. Der Bundesrat hat den Begriff in der Verordnung präzisiert: Gemäss Art. 6 Abs. 1 ZWV werden materiell jene Gebäude erfasst, die «durch ihre Lage und Gestalt wesentlich zur erhaltenswerten Qualität des Ortsbildes und zur Identität des Ortes beitragen». In Frage kommen nur «qualitätsvolle Bauten und Ensembles».[37] Formell ist erforderlich, dass die Bauten in einem kantonalen Verfahren als ortsbildprägend bestimmt wurden (vgl. Art. 6 Abs. 2 ZWV). Die Kantone haben mehrere Möglichkeiten, dieses Verfahren zu regeln: im Baugesetz analog zum Unterschutzstellungsverfahren, über die Ausarbeitung eines Inventars oder als Auftrag an die Gemeinden, die Bauten im Rahmen der Nutzungsplanung zu bezeichnen.[38] 4.43

Art. 9 Abs. 1 lit. a ZWG entspricht dem gemäss Art. 24d Abs. 2 RPG auf schützenswerte Bauten und Anlagen ausserhalb der Bauzonen Anwendung findenden **Kriterium von Art. 24d Abs. 3 lit. b RPG,** wonach die äussere Erscheinung und die bau- 4.44

35 Botschaft ZWG 2014, S. 2307.
36 So Botschaft ZWG 2014, S. 2308. Dies schliesst andere Arten der Unterschutzstellung – etwa mittels Massnahmen des Planungsrechts oder durch verwaltungsrechtlichen Vertrag – aber wohl nicht aus (vgl. z.B. § 205 PBG ZH).
37 ARE, Erläuterungen ZWV 2015, S. 7.
38 ARE, Erläuterungen ZWV 2015, S. 7.

liche Grundstruktur im Wesentlichen unverändert bleiben müssen. Ein analoges Verständnis ist angebracht: Die ursprüngliche Nutzung muss «ablesbar» bleiben; Erweiterungen sind ausgeschlossen.[39]

4.45 Art. 9 Abs. 1 lit. b ZWG führt nach dem Verständnis des Bundesrats dazu, dass Bewilligungen «nur subsidiär zu anderen Nutzungsmöglichkeiten gewährt werden».[40] Ist die **Sicherstellung der dauernden Erhaltung** anders – d.h. im bisherigen Rahmen, mittels einer Erstwohnungsnutzung oder durch eine Nutzung als touristisch bewirtschaftete Wohnung – möglich, so erweist sich eine Umnutzung in «kalte Betten» unzulässig.

4.46 Gemäss Art. 9 Abs. 1 lit. c ZWG ist in jedem Fall eine **umfassende Interessenabwägung** vorzunehmen, in die sämtliche relevanten öffentlichen und privaten Interessen einzubeziehen sind.

4.47 Art. 8 Abs. 4 ZWG stellt die **lex specialis** für die Umnutzung strukturierter Beherbergungsbetriebe dar. Eine Umwandlung nach Art. 9 Abs. 1 ZWG fällt für diese ausser Betracht.

bb) Ausserhalb der Bauzonen

4.48 Ausserhalb der Bauzonen richtet sich die Zulässigkeit der Umwandlung **schützenswerter Bausubstanz**[41] gemäss Abs. 2 «nach den Bestimmungen der Raumplanungsgesetzgebung».

4.49 Damit ist Folgendes gemeint: Gebäude – namentlich Maiensässe und Alphütten – lassen sich in «kalte Betten» umwandeln, wenn sie den Voraussetzungen nach Art. 24d Abs. 2 RPG (als schützenswerte Bauten) oder jenen nach Art. 24 RPG i.V.m. Art. 39 Abs. 2–5 RPV (als landschaftsprägende Bauten) entsprechen.

c) Im Rahmen der Schluss- und Übergangsbestimmungen

4.50 Art. 26 Abs. 1 ZWG lässt neue «kalte Betten» zu, wenn sie Gegenstand eines – vor Annahme der Zweitwohnungsinitiative genehmigten – projektbezogenen und mindestens zu einem wesentlichen Teil auf die Erstellung von Zweitwohnungen ausgerichteten **Sondernutzungsplans** bilden.

4.51 Art. 27 ZWG regelt, dass neue «kalte Betten» bewilligt werden können, wenn die Baubewilligungsbehörde vor dem 18. Dezember 2007 (dem Tag der Einreichung der Zweitwohnungsinitiative), aufgrund einer **hinreichend detaillierten Voranfrage,** ihre Bewilligungsfähigkeit in einer schriftlichen Antwort bejaht hat.

4.52 Art. 25 Abs. 2 ZWG sieht unter dem Titel «Übergangsbestimmungen» eine Sonderregelung für Baubewilligungen vor, die vor dem 11. März 2012 rechtskräftig erteilt

---

39 Vgl. Dupré, in: Kommentar RPG, Art. 24d Rz. 40 ff.
40 Botschaft ZWG 2014, S. 2308.
41 Vgl. die Sachüberschrift von Art. 9 ZWG, vgl. ferner Fässler, Amtl. Bull. NR 2015 56.

worden sind und einen zeitlichen Aufschub der Ausführung im Rahmen einer **Kontingentierung** anordnen.

4. Umgang mit bestehenden Wohnungen

Art. 10–12 ZWG regeln den Umgang mit bestehenden Wohnungen. In Art. 10 ZWG wird der Begriff der **altrechtlichen Wohnung** definiert, ohne dass eine Differenzierung zwischen Erst- und Zweitwohnungen vorgenommen würde: Als altrechtliche Wohnungen gelten Wohnungen, die am Tag der Annahme der Zweitwohnungsinitiative – am 11. März 2012 – rechtmässig bestanden oder bereits rechtskräftig bewilligt waren. 4.53

Altrechtliche Wohnungen sind unter Vorbehalt bestehender oder künftiger Nutzungsbeschränkungen des kantonalen oder kommunalen Rechts **in der Art der Wohnnutzung frei** (Art. 11 Abs. 1 ZWG); sie lassen sich sowohl als Erst- als auch als Zweitwohnungen nutzen.[42] Art. 12 ZWG sieht einen Korrekturmechanismus vor: Kantone und Gemeinden sind gehalten, die zur Verhinderung von Missbräuchen und unerwünschten Entwicklungen notwendigen Massnahmen zu ergreifen (Abs. 1). Die Kantone können die freie Umnutzbarkeit einschränken (Abs. 2). 4.54

Altrechtliche Wohnungen können im Rahmen der vorbestehenden Hauptnutzfläche **erneuert, umgebaut und wiederaufgebaut** werden. Dabei dürfen zusätzliche, neue Wohnungen mit «kalten Betten» geschaffen werden (Art. 11 Abs. 2 ZWG). 4.55

Werden keine neuen Wohnungen geschaffen, so kann eine altrechtliche Wohnung innerhalb der Bauzonen um maximal 30 Prozent der am 11. März 2012 bestandenen Hauptnutzfläche **vergrössert** werden (Art. 11 Abs. 3 ZWG). Erweiterungen, die über dieses Mass hinausgehen, sind nur zulässig, wenn für die Wohnung eine Nutzungsbeschränkung als Erstwohnung oder – sofern die spezifischen Bewilligungsvoraussetzungen erfüllt sind – als touristisch bewirtschaftete Wohnung angeordnet und ins Grundbuch eingetragen wird (Art. 11 Abs. 4 ZWG). Ausserhalb der Bauzonen sind Erweiterungen im Rahmen der einschlägigen Vorschriften des RPG möglich (Art. 11 Abs. 2 Satz 3 ZWG). 4.56

Art. 11 ZWG regelt allein, in welchem Umfang Änderungen bzw. Erweiterungen an einer altrechtlichen Baute zulässig sind, ohne dass diese den Status «altrechtlich» verliert. Er sagt noch nichts darüber aus, ob eine Änderung bzw. Erweiterung im Einzelfall erlaubt ist. Innerhalb der Bauzonen ist dies primär im Rahmen des kantonalen bzw. kommunalen Baurechts zu beantworten; ausserhalb der Bauzonen ist vorrangig das RPG massgebend. 4.57

42 Die freie Umwandelbarkeit altrechtlicher Erstwohnungen erweist sich als nicht verfassungskonform (vgl. Alig/Griffel, in: Basler Kommentar BV, Art. 75b Rz. 43; Ruch, in: St. Galler Kommentar BV, Art. 75b Rz. 39, 42).

5. Änderung und Sistierung

4.58 Art. 13 ZWG statuiert eine **Baubewilligungspflicht** für Änderungen der Nutzungsbeschränkungen: Ihr unterstellt sind der Wechsel von einer Erstwohnungsnutzung zu einer Nutzung als touristisch bewirtschaftete Wohnung (lit. a) sowie der Wechsel der Nutzung von der einen zur anderen Kategorie der touristisch bewirtschafteten Wohnungen (lit. b). Für die Umnutzung einer touristisch bewirtschafteten Wohnung in eine Erstwohnung bedarf es keiner Bewilligung (vgl. dazu Art. 7 Abs. 1 ZWV). Es besteht aber eine Meldepflicht (Art. 7 Abs. 2 ZWV).

4.59 Art. 14 ZWG sieht die Möglichkeit vor, Nutzungsbeschränkungen vorläufig auszusetzen. Die Baubewilligungsbehörde **sistiert** sie auf Gesuch der Eigentümerin bzw. des Eigentümers hin während einer bestimmten Dauer, wenn alternativ die Kriterien nach Abs. 1 lit. a oder nach Abs. 1 lit. b erfüllt sind.

- Nach **Abs. 1 lit. a** ist vorausgesetzt, dass «die Nutzungsbeschränkung infolge besonderer Umstände wie Todesfall, Wohnsitzwechsel oder Zivilstandsänderung vorübergehend nicht eingehalten werden kann». Die Baubewilligungsbehörde hat die Sistierung auf längstens zwei Jahre zu befristen. Bei triftigen Gründen kann sie ausnahmsweise um zwei Jahre verlängert werden (Art. 8 Abs. 1 ZWV). Nach Ablauf dieser zwei Jahre kommt eine Verlängerung der Sistierung nur noch unter den Voraussetzungen von Art. 14 Abs. 1 lit. b ZWG in Frage (Art. 8 Abs. 2 ZWV).
- **Abs. 1 lit. b** verlangt, dass «die Eigentümerin oder der Eigentümer nachweist, die Wohnung öffentlich ausgeschrieben und erfolglos nach Personen gesucht zu haben, die die Wohnung gegen angemessenes Entgelt rechtmässig nutzen». Gemäss Art. 9 Abs. 2 ZWV muss der Eigentümer bzw. die Eigentümerin in jedem Fall belegen, dass «regelmässig Inserate auf marktübliche Art und Weise erschienen sind» (lit. a), «die Wohnung zu markt- und ortsüblichen Bedingungen ausgeschrieben worden ist» (lit. b) und «die Wohnung für eine Mieterin bzw. einen Mieter oder eine Käuferin bzw. einen Käufer jederzeit bezugsbereit gewesen ist» (lit. c). Die Sistierung ist von der Baubewilligungsbehörde auf längstens zwei Jahre zu befristen (Art. 9 Abs. 1 ZWV). Wird der Nachweis erbracht, dass ihre Voraussetzungen weiterhin erfüllt sind, besteht jeweils ein Anspruch[43] auf eine Verlängerung um höchstens zwei Jahre (Art. 14 Abs. 2 ZWG, vgl. dazu Art. 9 Abs. 1 ZWV). Damit lässt sich die Sistierung grundsätzlich unbeschränkt wiederholen.

6. Vollzug, Strafbestimmungen und Intertemporalrecht

4.60 Die Regelung des **Vollzugs** wird zu weiten Teilen den Kantonen überlassen. Das ZWG statuiert immerhin, dass die Kantone eine Aufsichtsbehörde betreffend den Vollzug des ZWG einzurichten haben (Art. 15 ZWG). Zudem werden Meldepflichten

43 ARE, Erläuterungen ZWV 2015, S. 8.

der Einwohnerkontrolle und des Grundbuchamts festgeschrieben (Art. 16 ZWG). Art. 17 ZWG regelt das amtliche Vorgehen bei unrechtmässiger Nutzung einer Wohnung.

In Art. 21 und 22 ZWG sind **Strafbestimmungen** statuiert. Geahndet werden vorsätzliche und fahrlässige Missachtung einer Nutzungsbeschränkung (Art. 21 ZWG) sowie unrichtige oder unvollständige Angaben bzw. das arglistige Benutzen eines Irrtums der Behörden im Zusammenhang mit einer Nutzungsbeschränkung (Art. 22 ZWG). 4.61

Art. 25 ZWG enthält **Übergangsbestimmungen.** Das ZWG ist auf alle Baugesuche anwendbar, die zum Zeitpunkt seines Inkrafttretens noch nicht rechtskräftig entschieden waren (Abs. 1). Abs. 3 regelt den Fall, in dem sich der Zweitwohnungsanteil einer Gemeinde auf 20 Prozent oder weniger verringert hat. Abs. 4 legt fest, dass die vor dem 31. Dezember 2012 gemäss kantonalem Verfahrensrecht rechtskräftig erteilten Baubewilligungen «gültig» bleiben. Ebenso sieht Abs. 5 vor, dass die nach dem 1. Januar 2013 bis zum Inkrafttreten dieses Gesetzes gemäss kantonalem Verfahrensrecht erteilten Baubewilligungen «gültig» bleiben, «soweit sie sich auf die Verordnung vom 22. August 2012 über Zweitwohnungen[44] abstützen». 4.62

II. Ortsbildschutz und Denkmalpflege

Literatur

Dajcar Nina, Natur- und Heimatschutz-Inventare; Dajcar Nina/Griffel Alain, in: Basler Kommentar BV, Art. 78; Engeler Walter, Baudenkmal; Gredig Markus, UNESCO-Welterbe; Hänni Peter, Planungsrecht, S. 402 ff.; Häuptli-Schwaller Erica, in: Kommentar BauG AG, § 42; Joller Christoph, Denkmalpflegerische Massnahmen; Jud Barbara, Bundesinventare; Keller Peter M./Zufferey Jean-Baptiste/Fahrländer Karl Ludwig (Hrsg.), Kommentar NHG; Leimbacher Jörg, BGE Rüti; Marti Arnold, in: St. Galler Kommentar BV, Art. 78; Marti Arnold, Urteilsbesprechung BGer 1C_434/2012; Marti Arnold, Schutzkonzept; Marti Arnold, Urteilsbesprechung BGer 1P.678/2004; Marti Arnold, Bundesinventare; Martin Dieter J./Krautzberger Michael (Hrsg.), Handbuch; Rausch Heribert/Marti Arnold/Griffel Alain, Umweltrecht, Rz. 492 ff.; Sidi-Ali Karin, Protection des biotopes; Streiff Oliver, Baukultur; Wiederkehr Schuler Elisabeth, Denkmal- und Ortsbildschutz; Zaugg Aldo/Ludwig Peter, Kommentar BauG BE, Art. 9 f.; Zimmerlin Erich, Baugesetz AG, § 159; Zingg Max, Natur- und Heimatschutz.

Amtliche Publikationen

BABS (Hrsg.), KGS-Gesetz; EDI (Hrsg.), Einführung; EDI (Hrsg.), Erläuterungen; EDI/EKD (Hrsg.), Umgebung; EKD (Hrsg.), Leitsätze.

44 AS 2012 4583.

A. Ortsbildschutz

1. Begriffliches

4.63 Unter Orts-, Quartier- und Strassenbildern sind Gruppen von Siedlungsbauten zu verstehen, die durch ihre Art, Form oder Struktur besonders geprägt werden[45]; der Begriff bezeichnet den Gesamteindruck, der sich aus dem Zusammenwirken der verschiedenen Gebäude unter sich und mit ihrer Umgebung ergibt.[46] **Ortsbildpflege oder Ortsbildschutz** erfasst alle Massnahmen, die der Erfassung und Erforschung, der Erhaltung und Gestaltung sowie dem Schutz von Ortsbildern als Gruppen von Siedlungsbauten dienen.[47]

2. Rechtliche Grundlagen

a) Bundesrecht

aa) Grundsätzliche Kompetenzverteilung

4.64 Für den Natur- und Heimatschutz sind die Kantone zuständig; Art. 78 Abs. 1 BV hält damit bloss deklaratorisch fest, was ohnehin gilt (Art. 42 Abs. 1 BV). Diese Kompetenzverteilung hat primär Bedeutung für die Bereiche des Landschafts-, Ortsbild- und Denkmalschutzes, während für den Naturschutz in Art. 78 Abs. 4 BV eine umfassende Gesetzgebungskompetenz des Bundes verankert ist.[48]

bb) Schutzverpflichtung bei Wahrnehmung einer Bundesaufgabe

4.65 Art. 78 Abs. 2 BV enthält die **Selbstverpflichtung des Bundes,** bei der Erfüllung von Bundesaufgaben[49] Rücksicht auf die Anliegen des Natur- und Heimatschutzes zu nehmen. Landschaften, Ortsbilder, geschichtliche Stätten sowie Natur- und Kulturdenkmäler sind zu schonen und ungeschmälert zu erhalten, wenn das öffentliche Interesse es gebietet.

4.66 Adressaten dieser Schutzverpflichtung sind neben den Bundesbehörden auch **kantonale Behörden,** die eine Bundesaufgabe erfüllen (Art. 3 Abs. 1 NHG).

4.67 Art. 2 Abs. 1 NHG führt in nicht abschliessender Weise aus, was unter der **Erfüllung einer Bundesaufgabe** zu verstehen ist. Entscheide kantonaler Behörden über Vorhaben, die voraussichtlich nur mit Beiträgen nach Art. 2 Abs. 1 lit. c NHG verwirk-

---

45 BGE 111 Ib 257, E. 1a; EJPD/BRP, Erläuterungen, Art. 17 Rz. 20; ROHRER, in: Kommentar NHG, 1. Kap. Rz. 33.

46 ZIMMERLIN, Baugesetz AG, § 159 Rz. 3.

47 ROHRER, in: Kommentar NHG, 1. Kap. Rz. 33 f. Zum Begriff des Denkmalschutzes bzw. der Denkmalpflege vgl. Rz. 4.81.

48 MARTI, in: St. Galler Kommentar BV, Art. 78 Rz. 5.

49 Vgl. Rz. 4.67 f.

licht werden, sind der Erfüllung von Bundesaufgaben gleichgestellt (Art. 2 Abs. 2 NHG).

Nicht jede Anwendung von Bundesrecht durch kantonale oder kommunale Behörden ist gleichzusetzen mit der Erfüllung einer Bundesaufgabe; eine solche wird angenommen, wenn der bundesrechtliche Auftrag die Gefahr der Beeinträchtigung schützenswerter Natur, Orts- oder Landschaftsbilder in sich birgt und deshalb die Rücksichtnahme auf die Anliegen des Natur- und Heimatschutzes sichergestellt werden muss.[50] Nach ständiger Rechtsprechung kann eine Bundesaufgabe namentlich dann vorliegen, wenn eine kantonale Behörde eine raumplanungsrechtliche Ausnahmebewilligung gemäss Art. 24 ff. RPG oder eine Rodungsbewilligung erteilt.[51] Nicht anders verhält es sich bei der Anwendung der Vorschriften über den Biotopschutz (Art. 18 ff. NHG) und bei der Bewilligung von Eingriffen in ein Gewässer gemäss BGF oder fischereirechtlichen Bewilligungen. Zu den Bundesaufgaben gehören auch der Gewässerschutz (insbesondere gewässerschutzrechtliche Ausnahmebewilligungen[52]) sowie die Sicherung angemessener Restwassermengen, der Schutz von Mooren und Moorlandschaften von besonderer Schönheit und nationaler Bedeutung sowie von wildlebenden Säugetieren und Vögeln, aber auch die Erteilung einer Baubewilligung für eine Mobilfunkanlage.[53] Auch die Anwendung von Art. 18a Abs. 3 RPG (Bewilligung einer Solaranlage auf einem Denkmal) ist eine Bundesaufgabe, soweit ein Bezug zum Natur-, Landschafts- und Heimatschutz sowie zur Denkmalpflege besteht.[54] Demgegenüber gilt die Nutzungsplanung grundsätzlich nicht als Bundesaufgabe[55], hier gilt eine mittelbare Berücksichtigungspflicht der Anliegen des Natur- und Heimatschutzes.[56] 4.68

Das NHG unterteilt die Schutzobjekte (Landschafts- und Ortsbilder, geschichtliche Stätten und Natur- und Kulturdenkmäler) nach ihrer Bedeutung in Objekte von nationaler, regionaler und lokaler Bedeutung (Art. 4 NHG) und verpflichtet den Bundesrat, nach Anhörung der Kantone **Inventare der national bedeutenden Schutzobjekte** zu erstellen (Art. 5 NHG). Durch die Aufnahme eines Objektes von nationaler Bedeutung in ein Inventar des Bundes wird dargetan, dass es in besonderem Masse die ungeschmälerte Erhaltung, jedenfalls aber unter Einbezug von Wiederherstellungs- oder angemessenen Ersatzmassnahmen die grösstmögliche Schonung verdient (Art. 6 Abs. 1 NHG). Ein Abweichen von der ungeschmälerten Erhaltung im Sinne der Inventare darf bei Erfüllung einer Bundesaufgabe nur in Erwägung gezogen werden, wenn ihr bestimmte gleich- oder höherwertige Interessen von ebenfalls nationaler Bedeutung entgegenstehen (Art. 6 Abs. 2 NHG). 4.69

---

50 BGE 139 II 271, E. 9.4; BGE 131 II 545, E. 2.2; Zufferey, in: Kommentar NHG, Art. 2 Rz. 13.
51 Dazu und zum Folgenden BGE 139 II 271, E. 9.2.
52 BGer, Urteil 1C_482/2012 vom 14. Mai 2014, E. 3.5.
53 BGE 131 II 545, E. 2.2.
54 BGer, Urteil 1C_179/2015 vom 11. Mai 2016, E. 2.4.
55 BGE 135 II 209, E. 3; Dajcar, Natur- und Heimatschutz-Inventare, S. 32; Leimbacher, BGE Rüti, S. 13.
56 BGE 135 II 209, E. 2.1; Dajcar, Natur- und Heimatschutz-Inventare, S. 176 ff.; Leimbacher, BGE Rüti, S. 15 ff., 36 ff.; Jud, Bundesinventare, S. 9; Rz. 4.76 ff.

4.70 Gemäss Art. 3 Abs. 1 und 3 NHG sind die Schutzobjekte unabhängig von der Bedeutung des Objektes im Sinne von Art. 4 NHG zu schonen und, falls das allgemeine Interesse an ihnen überwiegt, ungeschmälert zu erhalten.[57] Die hier geforderte Interessenabwägung ist – im Gegensatz zur Abwägung bloss der Interessen von nationaler Bedeutung im Sinne von Art. 6 Abs. 2 NHG – eine umfassende. Dabei ist nicht nur zu prüfen, ob auf die geplanten, das Schutzobjekt beeinträchtigenden Bauten und Anlagen gänzlich verzichtet werden könnte (so ausdrücklich Art. 3 Abs. 2 lit. a NHG), sondern es müssen auch Alternativen dazu geprüft werden, sofern diese ernsthaft in Betracht fallen.[58]

4.71 Die Ortsbilder von nationaler Bedeutung wurden im **ISOS,** dem Bundesinventar der schützenswerten Ortsbilder der Schweiz von nationaler Bedeutung, erfasst. Sie sind im Anhang 1 zur VISOS festgehalten.[59] Das ISOS kommt seiner Natur nach einem Sachplan oder Konzept im Sinne von Art. 13 RPG gleich.[60] In einem jüngeren Urteil hat das Bundesgericht die Analogie zu Sachplänen und Konzepten allerdings nicht mehr als Begründungselement herangezogen.[61]

cc) Förderungs- und Schutzmassnahmen

4.72 Der Bund kann Bestrebungen des Natur- und Heimatschutzes unterstützen und Objekte von gesamtschweizerischer Bedeutung vertraglich oder durch Enteignung erwerben oder sichern (Art. 78 Abs. 3 BV). Dabei geht es insbesondere um die Förderung von Bestrebungen Dritter durch Beiträge und Abgeltungen.[62] Schutzobjekte von gesamtschweizerischer Bedeutung kann der Bund erwerben und notfalls enteignen, wobei auch vorsorgliche Schutzmassnahmen zulässig sind (Art. 15 f. NHG). Davon wird angesichts der primären Zuständigkeit der Kantone nur zurückhaltend Gebrauch gemacht.[63]

---

57 BGer, Urteil 1C_108/2014 vom 23. September 2014, E. 4.3.

58 BGer, Urteil 1C_108/2014 vom 23. September 2014, E. 4.3.

59 Sie sind mitsamt der Ortsbildaufnahme auffindbar über das geografische Informationssystem des Bundes (www.bak.admin.ch > Kulturerbe > Heimatschutz und Denkmalpflege > Bundesinventar ISOS). Die Ortsbildaufnahme der Objekte von lokaler oder regionaler Bedeutung kann ebenfalls über das Bundesamt für Kultur, Sektion Heimatschutz und Denkmalpflege, ISOS, bezogen werden. Zur grundsätzlichen Charakterisierung des ISOS vgl. Leimbacher, BGE Rüti, S. 24 f.

60 BGE 135 II 209, E. 2.1; Marti, Bundesinventare, S. 628 ff.; Leimbacher, in: Kommentar NHG, Art. 6 Rz. 28; eingehend Leimbacher, BGE Rüti, S. 46 ff. und 99 ff.; Rausch/Marti/Griffel, Umweltrecht, Rz. 535, 565; Hänni, Planungsrecht, S. 427; Sidi-Ali, Protection des biotopes, S. 73; kritisch Dajcar, Natur- und Heimatschutz-Inventare, S. 197 ff. und auch Griffel, Entwicklungen 2009, S. 85.

61 BGer, Urteil 1C_130/2014 und 1C_150/2014 vom 6. Januar 2015, E. 3.2.

62 Marti, in: St. Galler Kommentar BV, Art. 78 Rz. 11.

63 Marti, in: St. Galler Kommentar BV, Art. 78 Rz. 14.

b) Staatsvertragliche Verpflichtungen

Auf der Basis des im Rahmen der UNESCO abgeschlossenen **Übereinkommens zum Schutz des Kultur- und Naturgutes der Welt**[64] wird unter der Bezeichnung «Liste des Erbes der Welt» eine Liste des Kultur- und Naturgutes geführt, das von aussergewöhnlichem universellem Wert ist, wobei die Aufnahme eines Objekts in diese Liste der Zustimmung des betreffenden Staates bedarf.[65] 4.73

Das Europarat-**Übereinkommen zum Schutz des baugeschichtlichen Erbes in Europa**[66] (auch «Übereinkommen von Granada») verpflichtet die Vertragsparteien u.a. zur Inventarisierung der schutzwürdigen Baudenkmäler, Baugruppen und Stätten sowie dazu, geeignete rechtliche Schutzmassnahmen zu treffen. Diese Bestimmungen richten sich jedoch nicht direkt an die rechtsanwendenden Behörden, sondern verpflichten die Vertragsstaaten zum Erlass entsprechender Normen, d.h. zur Rechtsetzung; es handelt sich somit um Gesetzgebungsaufträge und nicht um direkt anwendbare Bestimmungen.[67] 4.74

Das **Haager Abkommen für den Schutz von Kulturgut bei bewaffneten Konflikten**[68] beinhaltet (teilweise) unmittelbar wirksame Verpflichtungen der Vertragsstaaten zum Schutz von Kulturgütern[69] im Rahmen bewaffneter Konflikte. Das Abkommen wurde im Kulturgüterschutzgesetz (KGSG) umgesetzt (vgl. Rz. 4.88). 4.75

c) Kantonales Recht

Die Hauptverantwortung zur Schaffung eines wirksamen Ortsbildschutzes verbleibt angesichts der bundesrechtlichen Kompetenzverteilung bei den Kantonen. Mit Art. 4a VISOS werden die Kantone im Sinne von Art. 6 Abs. 4 RPG explizit verpflichtet, das ISOS bei der Erstellung ihrer **Richtpläne** nach den Art. 6–12 RPG zu berücksichtigen.[70] Im Rahmen der bundesrätlichen Genehmigung der Richtpläne (Art. 11 Abs. 1 RPG) wird die Umsetzung dieser Pflicht geprüft.[71] Damit erlangen 4.76

---

64 Übereinkommen zum Schutz des Kultur- und Naturgutes der Welt vom 23. November 1972 (SR 0.451.41); vgl. dazu Engeler, Baudenkmal, S. 95 ff.

65 In der Schweiz umfasst das UNESCO-Welterbe elf Stätten. Darunter befinden sich u.a. die Altstadt von Bern und der Stiftsbezirk St. Gallen (informativ: www.unesco.ch > Wie? > Kultur > Welterbe).

66 Übereinkommen zum Schutz des baugeschichtlichen Erbes in Europa vom 3. Oktober 1985 (SR 0.440.4).

67 BGer, Urteil 1A.115/2001 vom 8. Oktober 2001, E. 2g; Engeler, Baudenkmal, S. 98.

68 Haager Abkommen für den Schutz von Kulturgut bei bewaffneten Konflikten vom 14. Mai 1954 (SR 0.520.3); Ausführungsbestimmungen des Haager Abkommens für den Schutz von Kulturgut bei bewaffneten Konflikten vom 14. Mai 1954 (SR 0.520.31); Zweites Protokoll zum Haager Abkommen von 1954 für den Schutz von Kulturgut bei bewaffneten Konflikten vom 26. März 1999 (SR 0.520.33).

69 Dazu gehören neben eigentlichen Denkmälern auch «Gruppen von Bauten, die als Ganzes von historischem oder künstlerischem Interesse sind» (Art. 1 lit. a Haager Abkommen).

70 Dies geschieht in der Regel in der Form der Festsetzung der Ortsbilder von nationaler Bedeutung, gelegentlich auch jener von regionaler oder lokaler Bedeutung; vgl. Leimbacher, BGE Rüti, S. 16 ff. und 52 ff.

71 Leimbacher, BGE Rüti, S. 74 ff.; Jud, Bundesinventare, S. 12 ff.

die Ortsbilder zunächst einen behördenverbindlichen Schutz, der die Gemeinden in der Ausfüllung ihres Planungsspielraums im Rahmen der Nutzungsplanung einschränkt.[72] Entsprechend findet das ISOS Eingang in die Nutzungsplanung.[73]

4.77 Die konkrete Umsetzung des ISOS[74] erfolgt somit in der Regel im Rahmen der Umsetzung der behördenverbindlichen Richtplanung in die **grundeigentümerverbindliche Nutzungsplanung.**[75] Art. 17 Abs. 1 lit. c RPG (i.V.m. Art. 14 Abs. 2 RPG) weist die Kantone an, für bedeutende Ortsbilder, geschichtliche Stätten sowie Natur- und Kulturdenkmäler Schutzzonen auszuscheiden oder andere geeignete Schutzmassnahmen zu ergreifen.[76] Damit werden keine neuen Schutzobjekte geschaffen; welche Schutzobjekte in Schutzzonen einzuweisen sind, ergibt sich aus den Spezialnormen des Natur- und Heimatschutzrechts[77] oder eben aus dem kantonalen Richtplan (vgl. hier wiederum Art. 4a VISOS). Art. 17 Abs. 1 lit. c RPG weist aber darauf hin, mit welchem Instrument Ortsbilder primär zu schützen sind.[78] Ortsbildschutz ist eine raumwirksame Tätigkeit und unterliegt daher den Grundsätzen des Raumplanungsgesetzes; insbesondere besteht für die zu treffenden Massnahmen eine Planungspflicht (Art. 2 RPG).[79]

4.78 Neben den Schutzzonen oder dem Erlass einschränkender Schutzvorschriften im Rahmen der Nutzungsplanung können auch **andere Schutzmassnahmen zugunsten des Ortsbildes** getroffen werden, sofern diese den angestrebten Schutz ebenfalls gewährleisten.[80] Darunter fallen insbesondere Schutzinventare, Schutzverordnungen, Schutzverfügungen, Schutzvereinbarungen, die Enteignung oder vorsorgliche Massnahmen[81], wobei die Zuständigkeiten, die Verfahren und die konkreten Rechtswirkungen der einzelnen Massnahmen kantonal unterschiedlich geregelt sind.

4.79 Die Pflicht zur Berücksichtigung des ISOS findet ihren Niederschlag jedoch nicht nur über die Richtplanung in der Anwendung der die Schutzanliegen umsetzen-

72 WALDMANN/HÄNNI, Kommentar RPG, Art. 17 Rz. 21; LEIMBACHER, in: Kommentar NHG, Art. 6 Rz. 28 f.; kritisch DAJCAR, Natur- und Heimatschutz-Inventare, S. 192 ff.

73 BGE 135 II 209, E. 2.1.

74 Die Umsetzung des ISOS bzw. des damit angestrebten Schutzes für das Ortsbild verlangt eine Auseinandersetzung mit den im ISOS vorgenommenen örtlichen Differenzierungen (Gebiete und Baugruppen; Umgebungszonen und Umgebungsrichtungen) und Erhaltungszielen im Einzelfall.

75 LEIMBACHER, BGE Rüti, S. 19 ff. und 79 ff.; DAJCAR, Natur- und Heimatschutz-Inventare, S. 176 ff.

76 BGE 135 II 209, E. 2.1; WALDMANN/HÄNNI, Kommentar RPG, Art. 17 Rz. 3; LEIMBACHER, BGE Rüti, S. 19 ff.

77 EJPD/BRP, Erläuterungen, Art. 17 Rz. 4; HALLER/KARLEN, Raumplanungsrecht, Rz. 270; RAUSCH/MARTI/GRIFFEL, Umweltrecht, Rz. 518; MOOR, in: Kommentar RPG, Art. 17 Rz. 13 und 29; WALDMANN/HÄNNI, Kommentar RPG, Art. 17 Rz. 3; also etwa aus dem NHG mit Ausführungsbestimmungen, aber auch aus den kantonalen Gesetzen über den Schutz von Kulturgütern.

78 WALDMANN/HÄNNI, Kommentar RPG, Art. 17 Rz. 3.

79 RAUSCH/MARTI/GRIFFEL, Umweltrecht, Rz. 513.

80 RAUSCH/MARTI/GRIFFEL, Umweltrecht, Rz. 533; LEIMBACHER, BGE Rüti, S. 85 f.

81 RAUSCH/MARTI/GRIFFEL, Umweltrecht, Rz. 533 ff.

den (Nutzungs-)Planung. Vielmehr muss für **einzelfallweise Veränderungen in einem Ortsbild** von nationaler Bedeutung von Bundesrechts wegen die erforderliche Interessenabwägung[82] im Lichte der Heimatschutzanliegen vorgenommen werden.[83] Das ist insbesondere der Fall, wenn von der Grundnutzungsordnung abgewichen werden soll.[84]

Neben den bedeutenden (inventarisierten) Ortsbildern, zu deren Schutz spezielle Massnahmen im Rahmen der Nutzungsplanung ergriffen werden, sind Ortsbilder unabhängig von ihrer Bedeutung und unabhängig davon, ob eine Bundesaufgabe betroffen ist[85], einer Verunstaltung oder Beeinträchtigung nicht schutzlos preisgegeben. Die kantonalen Planungs- und Baugesetze bzw. die kommunalen Baureglemente enthalten für die bauliche Tätigkeit im gesamten Gemeindegebiet anwendbare **ästhetische Generalklauseln** – u.U. mit qualifizierten Anforderungen, was die Rücksichtnahme auf Schutzobjekte anbelangt (so § 238 Abs. 2 PBG ZH) –, die eine Verunstaltung oder eine Beeinträchtigung untersagen oder die einwandfreie Einordnung von Bauten und Anlagen in bestehende Ortsbilder verlangen.[86] 4.80

B. Denkmalpflege

1. Begriffe und Abgrenzungen

Denkmalpflege bezeichnet als Oberbegriff alle Tätigkeiten, die auf den Erhalt von Denkmälern gerichtet sind.[87] Die Definitionen der kantonalen Gesetze zur Denkmalpflege nennen in der Regel ein Bündel sich begrifflich teilweise überschneidender Kriterien, nach denen ein öffentliches Interesse an der Erhaltung einer Sache und somit ihre Denkmaleigenschaft begründet sein muss.[88] 4.81

Das **Baudenkmal** ist ein in historischer, gesellschaftlicher, politischer, wirtschaftlicher, wissenschaftlicher, baukünstlerischer, handwerklicher oder technischer Hinsicht herausragender Zeuge einer Situation, oder es bildet zusammen mit Landschaft oder Siedlung eine Einheit, weshalb seine Erhaltung im Interesse der 4.82

82 Vgl. dazu LEIMBACHER, BGE Rüti, S. 113 ff.
83 BGE 135 II 209, E. 2.1 und 5.6; BGer, Urteil 1C_470/2009 vom 3. Mai 2010, E. 3.3; LEIMBACHER, BGE Rüti, S. 36 ff. und 88 ff.
84 BGE 135 II 209, E. 2.1 und 5.6.
85 Vgl. dazu Art. 3 Abs. 3 NHG und Rz. 4.70.
86 Siehe Rz. 3.439 ff.
87 ROHRER, in: Kommentar NHG, 1. Kap. Rz. 36; JOLLER, Denkmalpflegerische Massnahmen, S. 6 f.; ENGELER, Baudenkmal, S. 11 ff.
88 Vgl. etwa § 24 Abs. 1 lit. a KG AG; Art. 10a BauG BE; vgl. EKD, Leitsätze, S. 14.

Öffentlichkeit liegt.[89] Entsprechend können auch Industriegebäude oder technische Anlagen (etwa Bahnanlagen) Baudenkmäler sein.[90]

4.83 Schutzobjekte im Sinne der Denkmalpflege im weiteren Sinne sind auch **archäologische Fundstätten,** wenn ihre Erhaltung aus historischen oder wissenschaftlichen Gründen im Interesse der Öffentlichkeit liegt.[91]

4.84 Ortsbildschutz und Denkmalpflege lassen sich nicht strikt trennen. Während der Ortsbildschutz primär die äussere, optisch wahrnehmbare räumliche Erscheinung der Siedlungen im Visier hat, verlangt die Denkmalpflege nach dem **Schutz der historischen Substanz** von Bauten.[92] Diese Schutzzwecke müssen nicht notwendigerweise übereinstimmen, da ein Objekt auch denkmalschutzwürdig sein kann, wenn es im Ortsbild keine oder gar eine negative Bedeutung hat. Indem Baudenkmäler jedoch auch in ihrer äusseren Wirkung nicht beeinträchtigt werden dürfen (Umgebungsschutz)[93], sind sie in jedem Fall ortsbildrelevant. Demgegenüber lässt sich mit Ästhetikvorschriften kein Substanzschutz für Bauten erreichen.[94]

4.85 **Denkmalpflegerische Schutzmassnahmen** umfassen in der Regel ein Veränderungsverbot oder einen entsprechenden Bewilligungsvorbehalt, die sich nach Massgabe des Verhältnismässigkeitsprinzips integral auf die gesamte Bausubstanz oder im Detail umschriebene Teile davon beziehen. Damit verbunden sind üblicherweise eine Unterhaltspflicht und das Verbot, die Umgebung des Denkmals zu beeinträchtigen.[95]

2. Rechtliche Grundlagen

a) Bundesrecht

4.86 Als Teilbereich des Heimatschutzes liegt der Denkmalschutz primär in der **Zuständigkeit der Kantone** (Art. 78 Abs. 1 BV).[96] Der Bund, seine Anstalten und Betriebe sowie die Kantone sorgen bei der Erfüllung der Bundesaufgaben dafür, dass das heimatliche Landschafts- und Ortsbild, geschichtliche Stätten sowie Natur- und Kulturdenkmäler geschont werden und, wo das allgemeine Interesse an ihnen überwiegt, ungeschmälert erhalten bleiben (Art. 78 Abs. 2 BV; Art. 3 Abs. 1 NHG).

---

89 Vgl. etwa § 24 Abs. 1 KG AG; vgl. auch ROHRER, in: Kommentar NHG, 1. Kap. Rz. 35; SCHÜRMANN, Planungsrecht, S. 421 f.; eingehend ENGELER, Baudenkmal, S. 13 f.; RAUSCH/MARTI/GRIFFEL, Umweltrecht, Rz. 524; JOLLER, Denkmalpflegerische Massnahmen, S. 4 f.; BGE 129 I 219, E. 2e; BGE 118 Ia 384, E. 5a; BGer, Urteil 1C_300/2011 vom 3. Februar 2012, E. 5.1.1; EKD, Leitsätze, S. 13.

90 BGE 121 II 8, E. 3b; RAUSCH/MARTI/GRIFFEL, Umweltrecht, Rz. 524.

91 ROHRER, in: Kommentar NHG, 1. Kap Rz. 41.

92 ROHRER, in: Kommentar NHG, 1. Kap. Rz. 39; EKD, Leitsätze, S. 22.

93 ROHRER, in: Kommentar NHG, 1. Kap. Rz. 39; EKD, Umgebung; EKD, Leitsätze, S. 24 f.

94 GRIFFEL, Raumplanungs- und Baurecht, S. 154 mit Hinweis.

95 Vgl. etwa § 31 f. KG AG, Art. 5 Abs. 2 DPG BE und Art. 10b Abs. 1 BauG BE; vgl. JOLLER, Denkmalpflegerische Massnahmen, S. 130 ff.; ENGELER, Baudenkmal, S. 126 ff., 160 f. und 146 ff.

96 Vgl. dazu Rz. 4.64.

Es ist in erster Linie Sache der Kantone, darüber zu befinden, welche Objekte schützenswert, also Denkmäler sind.[97] Der Bund kann jedoch insbesondere **Kulturdenkmäler von nationaler Bedeutung** vertraglich oder, wenn dies nicht möglich ist, auf dem Weg der Enteignung erwerben oder sichern (Art. 15 Abs. 1 NHG). Soweit der Schutz des Objekts anderweitig sichergestellt ist, entfallen derartige Massnahmen.[98] Bei unmittelbarer Gefahr kann das UVEK oder das EDI ein solches Objekt durch befristete Massnahmen unter den Schutz des Bundes stellen und die nötigen Sicherungen zu seiner Erhaltung anordnen (Art. 16 NHG). 4.87

b) Staatsvertragliche Verpflichtungen

Das Zweite Protokoll vom 26. März 1999 zum Haager Abkommen von 1954[99], im Jahr 2004 durch die Schweiz ratifiziert, fordert in Art. 5 explizit «die Erstellung von Verzeichnissen» von Kulturgütern. Gestützt auf Art. 2 Abs. 1 KGSV sowie Art. 4 lit. d KGSG[100] wurden jene Kulturgüter, die es vorrangig zu schützen gilt, im **KGS-Inventar** erfasst. Dieses Inventar umfasst u.a. bedeutende Einzelbauten, archäologische Fundstellen sowie ausnahmsweise Ensembles[101], nicht aber Ortsbilder, da in einem bewaffneten Konflikt lediglich Einzelbauten als zu respektierende Objekte bezeichnet werden können. Beim KGS-Inventar handelt es sich nicht um ein umfassendes Denkmalverzeichnis, bestehend aus sämtlichen Objekten der kantonalen Schutzinventare, sondern um ein Verzeichnis der Kulturgüter von nationaler und regionaler Bedeutung, die im Anwendungsbereich dieses Gesetzes liegen. Es entsteht als Auswahl aus den Listen der Kantone, wird in Zusammenarbeit mit den Kantonen erarbeitet und schliesslich dem Bundesrat zur Verabschiedung unterbreitet (Art. 4 lit. d KGSG). Das lässt den Schluss zu, dass Objekte, die auf kantonaler Ebene keinen Schutz geniessen, auch nicht in das KGS-Inventar aufgenommen werden. Es ist denn auch kein Rechtsmittelverfahren vorgesehen, mit dem sich betroffene Private gegen die Aufnahme ins KGS-Inventar zur Wehr setzen könnten. Sie sollen lediglich informiert werden.[102] Die zuständigen Behörden treffen alle zivilen Schutzmassnahmen materieller oder organisatorischer Art, die geeignet sind, schädigende Auswirkungen eines bewaffneten Konfliktes, einer Katastrophe oder einer Notlage auf Kulturgüter zu verhindern oder zu mildern (Art. 6 Abs. 3 KGSG). Soweit also in diesem Bereich Massnahmen zu treffen sind, ist das KGS-Inventar massgebend. 4.88

---

97 BGE 120 Ia 270, E. 3b; BGE 118 Ia 384, E. 4b; BGer, Urteil 1P.79/2005 vom 13. September 2005, E. 4.1; BGer, Urteil 1P.637/1997 vom 6. Mai 1998, E. 2 (ZBl 2000 99 ff.); BGer, Urteil 1C_300/2011 vom 3. Februar 2012, E. 5.1.1.

98 Rohrer, in: Kommentar NHG, Art. 15 Rz. 8.

99 Vgl. Rz. 4.75.

100 Das totalrevidierte KGSG bezieht sich nicht mehr allein auf bewaffnete Konflikte, sondern auch auf Katastrophen und Notlagen. Der Bund stützt seine im totalrevidierten KGSG erweiterten Kompetenzen auf Art. 61 Abs. 2 BV (Zivilschutz) ab.

101 Daneben auch Sammlungen in Museen, Archiven und Bibliotheken.

102 «Bei allen bezeichneten Kulturgütern, die im Eigentum Privater stehen, muss eine Mitteilung über die Vorbereitung und Durchführung der Schutzmassnahmen an die Eigentümer erfolgen» (Botschaft Revision KGSG 2013, S. 9007).

c) Kantonales Recht

4.89 In den Kantonen werden üblicherweise (kommunale oder kantonale) **Denkmalverzeichnisse (Inventare)** mit jeweils unterschiedlichen Rechtswirkungen geführt.[103] So ist das Bauinventar des Kantons Aargau über die kommunal schutzwürdigen Objekte (§ 26 Abs. 2 KG AG) nicht grundeigentümerverbindlich, sondern eine Planungsgrundlage. Die Gemeinden berücksichtigen im Rahmen der Interessenabwägung beim Erlass der Nutzungsplanung sowie der Landschaftsinventarpläne das kantonale Bauinventar der Kulturobjekte.[104] Davon zu unterscheiden ist das Inventar der Baudenkmäler, das die vom Kanton unter Schutz gestellten Baudenkmäler unter Einschluss derer Bestandteile und des Zugehörs umfasst (§ 26 Abs. 1 KG AG).

4.90 Anders die Rechtslage im Kanton Zürich. Mit der Aufnahme eines Gebäudes ins kommunale Denkmalschutz-Inventar durch Beschluss des Gemeinderates (§ 4 KNHV ZH) wird festgestellt, dass eine Schutzvermutung besteht. Das Objekt ist damit noch nicht eigentümerverbindlich, sondern nur behördenverbindlich geschützt. Ein definitiver (positiver oder negativer) Schutzentscheid ist zu treffen, falls der Eigentümer dies wünscht und ein aktuelles Interesse glaubhaft macht (sogenanntes Provokationsbegehren gemäss § 213 PBG ZH) oder wenn aufgrund eines Bauvorhabens oder anderer Umstände oder geplanter Massnahmen der mögliche Schutzzweck eines Objekts, wie er im Inventar festgelegt ist, beeinträchtigt werden könnte. In diesem Fall teilt die zuständige Behörde dem Eigentümer die Einleitung eines Schutzabklärungsverfahrens mit (sogenannte Inventareröffnung, § 209 PBG ZH), das nach längstens einem Jahr zu einem positiven oder negativen Unterschutzstellungsentscheid führen muss. Eine vorsorgliche Massnahme oder definitive Unterschutzstellung ist auch ohne vorgängige Inventaraufnahme möglich (§ 210 PBG ZH).[105]

4.91 Die Massnahmen der Kantone auf dem Gebiet des Denkmalschutzrechts sind weniger durch das Raumplanungsrecht geprägt als die Massnahmen zum Ortsbildschutz. Denkmalpflegerische Schutzmassnahmen können jedoch als eigentliche Schutzzonen (oder überlagernde Zonen) im Sinne von Art. 17 Abs. 1 lit. c RPG über ganze Gebiete erlassen werden[106], aber auch die Unterschutzstellung einzelner Objekte kann im **Verfahren der Nutzungsplanung** erfolgen.

4.92 Daneben bestehen aber auch spezielle Rechtsgrundlagen für separate, ausserhalb der Nutzungsplanung ablaufende **Unterschutzstellungsverfahren** durch die Gemeinden oder der Kantone.

---

103 Rausch/Marti/Griffel, Umweltrecht, Rz. 534.
104 Richtplan Kanton Aargau vom 20. September 2011, Kap. S 1.5, Beschluss 1.3.
105 Fritzsche/Bösch/Wipf, Planungs- und Baurecht, S. 201 ff.
106 Rausch/Marti/Griffel, Umweltrecht, Rz. 534.

III. Natur- und Landschaftsschutz; Gewässerschutz; Walderhaltung

A. Natur- und Landschaftsschutz*

Literatur

AEMISEGGER HEINZ/HAAG STEPHAN, Gutachten; DAJCAR NINA, Natur- und Heimatschutz-Inventare; DAJCAR NINA/GRIFFEL ALAIN, in: Basler Kommentar BV, Art. 78; FAHRLÄNDER KARL LUDWIG, in: Kommentar NHG, Art. 18 und 18a; FAVRE ANNE-CHRISTINE, in: Kommentar NHG, Art. 3; FISCH CHRISTOPH, Neuerungen; GREDIG MARKUS, Kultur- und Naturgut der Welt; GREDIG MARKUS, UNESCO-Welterbe; GRIFFEL ALAIN, Umweltrecht, S. 210 ff.; GRIFFEL ALAIN, Änderung; HÄNNI PETER, Planungsrecht, S. 420 ff.; JENNI HANS-PETER, in: Kommentar NHG, Art. 21 und 22; JUD BARBARA, Bundesinventare; KELLER PETER M., Naturschutzrecht; KELLER PETER M., Auengebiete; KELLER PETER M., Natur- und Landschaftsschutzgebiete; LEIMBACHER JÖRG, BGE Rüti; LEIMBACHER JÖRG, Bundesinventare; LEIMBACHER JÖRG, in: Kommentar NHG, Art. 6; MARTI ARNOLD, Schutzkonzept; MARTI ARNOLD, in: St. Galler Kommentar BV, Art. 78; MARTI ARNOLD, Bundesinventargebiete und Pärke; MARTI ARNOLD, Bundesinventare; MAURER HANS, in: Kommentar NHG, Art. 18b; RAUSCH HERIBERT, Umwelt und Raumplanung; RAUSCH HERIBERT/MARTI ARNOLD/GRIFFEL ALAIN, Umweltrecht, S. 163 ff.; SCHAUB CHRISTOPH, Ufervegetation; SCHIBLI BEATRIX, BLN-Revision; SEITZ ANDREAS, Öffentliches Interesse; SEITZ ANDREAS/ZIMMERMANN WILLI, Rechtsprechung; SIDI-ALI KARIN, Protection des biotopes; SIDI-ALI KARIN, Convention alpine; TSCHANNEN PIERRE/MÖSCHING FABIAN, Eingriffsinteressen; VALLENDER KLAUS A./MORELL RETO, Umweltrecht, S. 367 ff.; VONLANTHEN-HEUCK JENNIFER, Quelllebensräume; WAGNER PFEIFER BEATRICE, Besondere Regelungsbereiche, S. 248 ff.; WALDMANN BERNHARD, Schutz; WILD FLORIAN, Kommissionen; WILD FLORIAN, Biotopschutz; WILD FLORIAN/KILCHHOFER CHRISTIAN, Pärke; WYSS BRIGIT, Pärke.

Amtliche Publikationen

ARE/ASTRA/BAFU/BAK (Hrsg.), Berücksichtigung Bundesinventare; BAFU/BAV/ASTRA/ARE (Hrsg.), Zerschneidung von Lebensräumen; BUWAL/WSL (Hrsg.), Moore und Moorschutz; BUWAL (Hrsg.), Wiederherstellung; BUWAL (Hrsg.), Grossschutzgebiete; BUWAL (Hrsg.), Ufervegetation.

1. Bundesrecht

a) Massgebende Vorschriften (Übersicht) und Vollzugshilfen

Im Vordergrund stehen folgende **Erlasse:** 4.93

- Bundesgesetz über den Natur- und Heimatschutz (NHG) von 1966;
- Verordnung über den Natur- und Heimatschutz (NHV) von 1991.

* Ich danke Prof. WILLI ZIMMERMANN für die kritische Durchsicht des Manuskripts.

4.94 Weitere Erlasse und Einzelnormen mit Bezug zum Natur- und Landschaftsschutz:

- Bundesgesetz über die Jagd und den Schutz wildlebender Säugetiere und Vögel (Jagdgesetz, JSG) von 1986 (v.a. Art. 11, Ausscheidung von Schutzgebieten);
- Bundesgesetz über die Fischerei (BGF) von 1991 (Regelungen zum Arten- und Biotopschutz im Zusammenhang mit einheimischen Fischen, Krebsen und Fischnährtieren; vgl. Art. 1 Abs. 1 lit. a);
- Bundesgesetz über den Schweizerischen Nationalpark im Kanton Graubünden (Nationalparkgesetz) von 1980[107];
- Verordnung über die Pärke von nationaler Bedeutung (Pärkeverordnung, PäV) von 2007;
- Ausgewählte Einzelnormen: Art. 6 und 17 RPG (Richtplanung und Schutzzonen); Art. 36 Abs. 2 FMG (sog. Site-Sharing von Fernmeldeanlagen, das dem Natur- und Landschaftsschutz dienlich sein kann); Art. 9 EntG (Erhaltung von Naturschönheiten und Schonung der Landschaft bei Enteignungen); Art. 22 WRG (Wahrung der Schönheit der Landschaften bei der Errichtung von Wasserkraftwerken); Art. 20 Abs. 3 WaG (Möglichkeit des Verzichts auf die Pflege und Nutzung des Waldes aus ökologischen und landschaftlichen Gründen); Art. 38 WaG (Förderung der biologischen Vielfalt des Waldes).

4.95 Der Bund hat in folgenden Verordnungen sog. **Bundesinventare** für Schutzobjekte von nationaler Bedeutung ausgeschieden:

- Mit Grundlage in Art. 5 NHG: Verordnung über das Bundesinventar der Landschaften und Naturdenkmäler von 1977 (VBLN); Verordnung über das Bundesinventar der schützenswerten Ortsbilder der Schweiz (VISOS) von 1981; Verordnung über das Bundesinventar der historischen Verkehrswege der Schweiz (VIVS) von 2010.
- Mit Grundlage in Art. 18a NHG: Verordnung über den Schutz der Auengebiete von nationaler Bedeutung (Auenverordnung; AuenV) von 1992; Verordnung über den Schutz der Amphibienlaichgebiete von nationaler Bedeutung (Amphibienlaichgebiete-Verordnung; AlgV) von 2001; Verordnung über den Schutz der Trockenwiesen und -weiden von nationaler Bedeutung (Trockenwiesenverordnung, TwwV) von 2010.
- Mit Grundlage in Art. 78 Abs. 5 BV und Art. 23a i.V.m. Art. 18a NHG: Verordnung über den Schutz der Hoch- und Übergangsmoore von nationaler Bedeutung (Hochmoorverordnung; HMV) von 1991; Verordnung über den Schutz der Flachmoore von nationaler Bedeutung (Flachmoorverordnung; FMV) von 1994.
- Mit Grundlage in Art. 78 Abs. 5 BV und Art. 23b ff. NHG: Verordnung über den Schutz der Moorlandschaften von besonderer Schönheit und von nationaler Bedeutung (Moorlandschaftsverordnung; MLV) von 1996.

---

107 Bundesgesetz über den Schweizerischen Nationalpark im Kanton Graubünden vom 19. Dezember 1980 (SR 454).

- Mit Grundlage in Art. 11 JSG (und für die Wasser- und Zugvogelreservate von internationaler Bedeutung in der Ramsar-Konvention[108]): Verordnung über die eidgenössischen Jagdbanngebiete (VEJ) von 1991; Verordnung über die Wasser- und Zugvogelreservate von internationaler und nationaler Bedeutung (WZVV) von 1991.

Folgende **Staatsverträge** sind in Bezug auf die Thematik des vorliegenden Bandes bedeutsam (die Aufzählung ist nicht abschliessend; die Umsetzung der Abkommen erfolgt durch das Bundesrecht):[109] 4.96

- Europäisches Landschaftsübereinkommen vom 20. Oktober 2000.[110] Ziel der «Europäischen Landschaftskonvention» ist die Förderung von Landschaftsschutz, -pflege und -planung sowie die Organisation der europäischen Zusammenarbeit in Landschaftsfragen (Art. 3).
- Übereinkommen zum Schutz des Kultur- und Naturgutes der Welt vom 23. November 1972.[111] Ziel des «UNESCO-Übereinkommens» ist die Bewahrung ausgewählter Teile des weltweiten Kultur- und Naturerbes. In der Schweiz gehören z.B. das Weingebiet Lavaux, das Jungfrau-Aletschgebiet oder die Tektonikarena Sardona dazu.[112]
- Übereinkommen über die Erhaltung der europäischen wildlebenden Pflanzen und Tiere und ihrer natürlichen Lebensräume vom 19. September 1979.[113] Die «Berner-Konvention» bezweckt gemäss ihrem Art. 1 Abs. 1, «wildlebende Pflanzen und Tiere sowie ihre natürlichen Lebensräume, insbesondere die Arten und Lebensräume, deren Erhaltung die Zusammenarbeit mehrerer Staaten erfordert, zu erhalten und eine solche Zusammenarbeit zu fördern».
- Übereinkommen vom 2. Februar 1971 über Feuchtgebiete, insbesondere als Lebensraum für Wasser- und Watvögel, von internationaler Bedeutung. Die Schutzobjekte der «Ramsar-Konvention» werden in der WZVV aufgeführt.

Vollzugshilfen: 4.97

BAFU, Trockenwiesen; BUWAL, Amphibienlaichgebiete; BUWAL, Ufervegetation; BUWAL, Moorlandschaften; BUWAL, Auenverordnung.

108 Übereinkommen über Feuchtgebiete, insbesondere als Lebensraum für Wasser- und Watvögel, von internationaler Bedeutung vom 2. Februar 1971 (SR 0.451.45).

109 Weiterführend WAGNER PFEIFER, Besondere Regelungsbereiche, Rz. 1193 ff.

110 SR 0.451.3.

111 SR 0.451.41.

112 Vgl. GREDIG, Kultur- und Naturgut der Welt.

113 SR 0.455.

b) Hauptelemente des Bundesgesetzes über den Natur- und Heimatschutz und der zugehörigen Verordnungen

aa) Zweck

4.98 Das NHG bezweckt den Schutz, die Pflege und die Erhaltung von Landschaften, Ortsbildern, geschichtlichen Stätten sowie Natur- und Kulturdenkmälern, aber auch der einheimischen Tier- und Pflanzenwelt, ihrer biologischen Vielfalt und ihrer Lebensräume (vgl. Art. 1 NHG). Bedeutsam ist hierbei nebst den erforderlichen Pflegemassnahmen der **Schutz vor menschlichen Eingriffen** (wie beispielsweise durch Bauprojekte oder zu intensive Freizeitnutzungen).[114]

bb) Geltungsbereich

4.99 Der Bund verfügt im Sachbereich Natur- und Heimatschutz über unterschiedlich weit reichende Gesetzgebungskompetenzen, was sich auf den Geltungsbereich des NHG auswirkt. Art. 78 Abs. 1 BV verweist auf die Zuständigkeit der Kantone; es handelt sich dabei um eine rein deklaratorische Feststellung, die aus Gründen der föderalistischen Rücksichtnahme in den Verfassungsartikel aufgenommen wurde.[115] Für die Kompetenzverteilung zwischen Bund und Kantonen sind Art. 78 Abs. 2–5 BV massgeblich. Für den Sachbereich **Naturschutz** – hierzu gehören zum einen der Biotopschutz, also die Erhaltung von Lebensräumen für Pflanzen und Tiere, zum andern aber auch der Artenschutz, der den Schutz von Tier- und Pflanzenarten z.B. durch Jagd- oder Pflückverbote beinhaltet – verfügt der Bund über eine umfassende Rechtsetzungskompetenz mit nachträglich derogatorischer Wirkung (Art. 78 Abs. 4 BV).[116] Dies gilt ebenso für **Moore und Moorlandschaften** von besonderer Schönheit und gesamtschweizerischer Bedeutung (Art. 78 Abs. 5 BV).[117] Im NHG sind für den Naturschutz und den Schutz dieser besonderen Moore und Moorlandschaften Art. 18 ff. einschlägig.

4.100 Eingeschränkt ist die Bundeskompetenz im Sachbereich (allgemeiner) **Landschaftsschutz,** Ortsbild- und Denkmalschutz, da Art. 78 BV dafür – im Gegensatz zum Moorlandschafts- oder Biotopschutz – keine über den zweiten Absatz hinausgehenden Spezialregelungen enthält. Gemäss Art. 78 Abs. 2 BV nimmt der Bund bei der Erfüllung seiner Aufgaben Rücksicht auf die Anliegen des Natur- und Heimatschutzes. Mit dieser Selbstverpflichtung wird ihm keine darüber hinausgehende Rechtsetzungskompetenz eingeräumt; vielmehr ist deren Umfang von anderen Kompetenzbestimmungen abhängig. Diese untypische Kompetenzbestimmung hat ihren

---

114 Siehe für die Abgrenzung zum Schutzziel des USG Rausch/Marti/Griffel, Umweltrecht, Rz. 494.

115 Marti, in: St. Galler Kommentar BV, Art. 78 Rz. 4 f.; Dajcar/Griffel, in: Basler Kommentar BV, Art. 78 Rz. 8 f., je m.w.H.

116 Statt vieler Marti, in: St. Galler Kommentar BV, Art. 78 Rz. 15 ff.

117 Statt vieler Marti, in: St. Galler Kommentar BV, Art. 78 Rz. 22 ff.

Grund in der grossen föderalistischen Rücksichtnahme bei der Schaffung des Natur- und Heimatschutzartikels im Jahr 1962.[118]

Die Vorgaben des Art. 78 Abs. 2 BV setzt das NHG im 1. Abschnitt in Art. 2–12g um: 4.101
Damit wirkt sich die beschränkte Bundeskompetenz sowohl auf die dort enthaltenen Schutzvorgaben (Art. 3 und 6 NHG) wie auch auf das ideelle Verbandsbeschwerderecht (Art. 12 ff. NHG) aus, die nur bei der **Erfüllung einer Bundesaufgabe** direkte Wirkung entfalten. Art. 2 NHG zählt beispielhaft auf, wann die Erfüllung einer Bundesaufgabe vorliegt. Dies kann von der handelnden Institution abhängen (z.B. wenn Anstalten und Betriebe des Bundes tätig sind, vgl. Abs. 1 lit. a) oder von bestimmten Verwaltungsakten (z.B. der Erteilung einer Plangenehmigung oder einer Rodungsbewilligung, vgl. Abs. 1 lit. b). Ebenso kann die finanzielle Unterstützung eines Projekts durch den Bund ein Anknüpfungspunkt sein (Abs. 1 lit. c und Abs. 2). Um die Erfüllung einer Bundesaufgabe kann es namentlich auch beim Vollzug von Bundesrecht durch kantonale oder kommunale Behörden gehen (Art. 3 Abs. 1 erster Satzteil NHG).

Zur Frage, was als Erfüllung einer Bundesaufgabe aufzufassen ist, besteht eine 4.102
reichhaltige **bundesgerichtliche Praxis.** Das Bundesgericht hat das Vorliegen einer Bundesaufgabe beispielsweise in folgenden Fällen bejaht: Planung, Errichtung und Veränderungen von Nationalstrassen und Eisenbahnen; gewässerschutzrechtliche Bewilligungen, Rodungsbewilligungen, Waldfeststellungsverfahren, Projekten, die dem Natur-, Moor- und/oder Moorlandschaftsschutz zuwiderliefen sowie Ausnahmebewilligungen für Bauten und Anlagen ausserhalb der Bauzonen. Grundsätzlich nicht als Erfüllung einer Bundesaufgabe gelten die Nutzungsplanung und die Erteilung von Baubewilligungen, es sei denn, Gegenteiliges ergebe sich aus einer anderen bundesrechtlichen Regelung wie z.B. dem Biotopschutz oder dem Zweitwohnungsartikel (Art. 75b BV).[119] Verneint hat das Bundesgericht das Vorliegen einer Bundesaufgabe in der Regel im Zusammenhang mit dem Landschaftsschutz und dem Schutz des baulichen Erbes, solange nicht ein bundesrechtlicher Anknüpfungspunkt vorlag (z.B. über die Finanzierung[120]). So genügt die Aufnahme eines Schutzobjekts in das ISOS-Inventar nicht, damit bei einem allfälligen Eingriff die Erfüllung einer Bundesaufgabe vorliegen würde.[121] Kurz zusammengefasst geht das Bundesgericht tendenziell von der Erfüllung einer Bundesaufgabe aus, wenn eine hinreichend detaillierte bundesrechtliche Norm als Anknüpfungspunkt vorliegt.[122]

---

118 Marti, in: St. Galler Kommentar BV, Art. 78 Rz. 6 ff.; Dajcar/Griffel, in: Basler Kommentar BV, Art. 78 Rz. 14 ff., je m.w.H.

119 In seiner neusten Praxis geht das BGer davon aus, dass es sich auch bei der Bewilligungserteilung für eine neue landwirtschaftliche Siedlung in der Landwirtschaftszone um die Erfüllung einer Bundesaufgabe handelt; BGer, Urteil 1C_17/2015 vom 16. Dezember 2015, E. 1.1 (URP 2016 37 ff.).

120 BGer, Urteil 1C_700/2013 vom 11. März 2014, E. 2.5 (URP 2014 282 ff.).

121 BGer, Urteil 1C_700/2013 vom 11. März 2014, E. 2.4 (URP 2014 282 ff.).

122 Für eine Zusammenfassung der Praxis siehe BGE 139 II 271, E. 9 und 10 sowie zu Art. 75b BV als Bundesaufgabe E. 11. Aus der neueren Praxis: BGer, Urteil 1C_700/2013 vom 11. März 2014, E. 2.2 (URP 2014 282 ff.); eingehend Tschannen/Mösching, Eingriffsinteressen,

cc) Landschaftsschutz

4.103 – Als **Grundnorm** für den Schutz von Landschafts- und Ortsbildern, geschichtlichen Stätten sowie Natur- und Kulturdenkmälern bei der Erfüllung von Bundesaufgaben ist Art. 3 NHG massgeblich. Diese Rechtsgrundlage ist beizuziehen, wenn es nicht um Bundesinventare geht, für die Art. 6 NHG einen verstärkten Schutz statuiert. Nach Art. 3 Abs. 1 NHG sorgen der Bund, seine Anstalten und Betriebe sowie die Kantone dafür, dass u.a. das Landschaftsbild geschont wird und, wo das allgemeine Interesse daran überwiegt, ungeschmälert erhalten bleibt. Art. 3 NHG soll der ganzen Landesfläche bei der Erfüllung von Bundesaufgaben einen minimalen Schutz bieten.[123] Dies ergibt sich aus Art. 3 Abs. 3 Satz 1 NHG, wonach diese Pflicht unabhängig von der Bedeutung des Objekts im Sinne von Art. 4 NHG, der zwischen Objekten von nationaler und regionaler respektive lokaler Bedeutung unterscheidet, gilt. Diese Pflicht erfüllen die Adressaten der Norm nach Art. 3 Abs. 2 NHG, indem sie eigene Bauten und Anlagen entsprechend gestalten und unterhalten oder gänzlich auf ihre Errichtung verzichten (lit. a), Konzessionen und Bewilligungen nur unter Bedingungen oder Auflagen erteilen oder verweigern (lit. b) oder Beiträge nur bedingt gewähren oder ablehnen (lit. c).

Als Schutzkonzept sieht Art. 3 NHG eine **Interessenabwägung** vor, d.h. die zu berücksichtigenden Interessen sind nicht an spezielle Voraussetzungen gebunden, sondern alle relevanten Interessen können in die Interessenabwägung einfliessen; zur Abwägung gehört auch die Prüfung verschiedener Varianten.[124] Auch wenn Wiederherstellungs- oder Ersatzmassnahmen in Art. 3 NHG nicht ausdrücklich vorgesehen sind, ergibt sich aus dem Schonungsgrundsatz eine Pflicht, anlässlich der Interessenabwägung Wiederherstellungs- bzw. Ersatzmassnahmen einfliessen zu lassen.[125] Allerdings dürfen Massnahmen nicht weiter gehen, als es der Schutz des Objekts und seiner Umgebung erfordert (Art. 3 Abs. 3 Satz 2 NHG).

Die **Bedeutung** von Art. 3 NHG in der bundesgerichtlichen Praxis hat in den letzten Jahren zugenommen. In einem Urteil zum Ausbau eines Bergrestaurants auf dem Weisshorngipfel bei Arosa wies das Bundesgericht darauf hin, die Schonung des Landschaftsbilds nach Art. 3 NHG habe in die Prüfung der Ausnahmebewilligung nach Art. 24 RPG einzufliessen.[126] Weiter hat das Bundesgericht im Zusammenhang mit der Frage, ob ein Teilstück einer Starkstromleitung als Freileitung geführt werden kann oder verkabelt werden muss, ausgeführt, Eingriffe in das Landschaftsbild würden nach Art. 3 NHG eine umfassende Interessenabwägung voraussetzen. Dies gelte auch für Landschaften von mittlerer bzw. loka-

---

S. 10 ff.; Dajcar, Natur- und Heimatschutz-Inventare, S. 24 ff.; Seitz/Zimmermann, Rechtsprechung, S. 111 ff.

123 Vgl. Marti, Schutzkonzept, S. 763 f.

124 Eingehend Favre, in: Kommentar NHG, Art. 3, v.a. Rz. 3 f., 7 f., 12 ff.

125 Ausführlich BVGer, Urteil A-1251/2012 vom 15. Januar 2014, E. 25 (URP 2015 27 ff.; ZBl 2015 17 ff.).

126 BGE 136 II 214, E. 3.1.

ler Bedeutung. Wenn Kabelanlagen aufgrund technischer Fortschritte leistungsfähiger, zuverlässiger und kostengünstiger würden, mindere dies das Gewicht der gegen eine (Teil-)Verkabelung sprechenden Gründe. Dies könne dazu führen, dass das Interesse an der ungeschmälerten Erhaltung einer Landschaft von mittlerer bzw. nur lokaler Bedeutung im Einzelfall überwiege. In diesem Zusammenhang sei auch die zunehmende Verbauung des Schweizer Mittellandes zu berücksichtigen, da unbeeinträchtigte Landschaften immer seltener würden und das Interesse an ihrer Erhaltung zunehme.[127] Sodann entschied das Bundesgericht betreffend ein Nationalstrassenprojekt beim Gubrist-Tunnel, dass auch die Erhaltung einer an sich nicht besonders schützenswerten Landschaft geprüft werden müsse, wenn diese aufgrund der örtlichen Gegebenheiten einen hohen Stellenwert für die Bevölkerung habe.[128] Im zu beurteilenden Fall war die starke Zersiedelung der Region Limmattal und der selten gewordene Ausblick auf eine unverbaute, landwirtschaftlich genutzte Ebene ausschlaggebend.

– Ein im Vergleich zu Art. 3 NHG verstärkter Schutz besteht gemäss Art. 6 NHG 4.104
für die **Bundesinventare** nach Art. 5 NHG, d.h. das BLN, das ISOS und das IVS.[129] Das für den Landschaftsschutz besonders bedeutsame BLN hat der Bundesrat 1977 erstellt und später ergänzt. Es umfasst 162 Schutzobjekte auf ca. 19 Prozent der Landesfläche. Die Objekte sind in der VBLN aufgelistet, die Schutzziele und die Abgrenzungen in den Objektblättern umschrieben respektive dargestellt.[130] Die Objektblätter, insbesondere die früher oft sehr allgemein gehaltenen Schutzziele, haben die Bundesbehörden in den letzten Jahren überarbeitet, aber die Neuerungen noch nicht verabschiedet.[131]

Ausgangspunkt des Schutzes ist der in Art. 6 Abs. 1 NHG enthaltene Grundsatz, wonach durch die Aufnahme eines Objekts von nationaler Bedeutung in ein Bundesinventar dargetan wird, dass es in besonderem Masse die **ungeschmälerte Erhaltung,** jedenfalls aber unter Einbezug von Wiederherstellungs- oder angemessenen Ersatzmassnahmen die grösstmögliche Schonung verdient. Indes besteht kein völliges Veränderungsverbot.[132]

Wenn es um die Zulässigkeit eines Eingriffs in ein BLN-, ISOS- oder IVS-Objekt geht, ist zunächst danach zu fragen, ob das jeweilige **Schutzziel** überhaupt betroffen ist. Dies ist zum einen anhand der Schutzzielumschreibung im Objektblatt zu ermitteln, zum andern kann eine Begutachtung durch eine Fachkommission erfolgen. Wenn das Schutzziel durch ein Projekt nicht betroffen ist, sind die Eingriffsvoraussetzungen nach Art. 6 NHG nicht relevant. Praxisgemäss

---

127 BGE 137 II 266, E. 4, v.a. 4.2; siehe auch BGE 139 II 499, E. 4.3 und 7.3.1; BGer, Urteil 1C_398/2012 vom 27. Mai 2013, E. 6 (URP 2013 736 ff.).

128 BGer, Urteil 1C_108/2014 und 1C_110/2014 vom 23. September 2014, E. 4, v.a. E. 4.2 (URP 2015 64 ff.; ZBl 2015 33 ff.).

129 Vgl. zum Ortsbildschutz Rz. 4.63 ff.

130 Siehe für die Objektbeschreibungen www.bafu.admin.ch > Themen > BLN; siehe auch www.map.geo.admin.ch für eine interaktive Karte des BLN und der anderen Bundesinventare.

131 Laut Rechtsetzungsprogramm des BAFU 2015–2020 wurde dies im Zusammenhang mit der Energiestrategie 2050 sistiert.

132 Leimbacher, in: Kommentar NHG, Art. 6 Rz. 5 ff.

wird teilweise auch ein sog. «leichter» Eingriff toleriert, ohne dass die strengen Anforderungen des Art. 6 NHG erfüllt sein müssen; in diesen Fällen genügt eine einfache Interessenabwägung.[133]

Nach Art. 6 Abs. 2 NHG darf ein Abweichen von der ungeschmälerten Erhaltung im Sinne der Inventare bei der Erfüllung einer Bundesaufgabe nur in Erwägung gezogen werden, wenn der ungeschmälerten Erhaltung bestimmte gleich- oder höherwertige Interessen von ebenfalls nationaler Bedeutung entgegenstehen. Damit sieht Art. 6 Abs. 2 NHG eine **qualifizierte Interessenabwägung** vor.[134]

Es gibt keine Legaldefinition der **Interessen von nationaler Bedeutung.** Auch sind der Praxis keine klaren Leitlinien für die Qualifikation zu entnehmen; die Lehre postuliert, dass zwischen dem nationalen Interesse an der Erfüllung einer bestimmten Staatsaufgabe an sich und der Verwirklichung im konkreten Einzelvorhaben unterschieden wird.[135] Es ist in zwei Schritten zunächst zu entscheiden, ob eine bestimmte Staatsaufgabe abstrakt als von nationalem Interesse zu qualifizieren ist, bevor festgestellt werden kann, ob bezogen auf den konkreten Einzelfall ebenfalls ein nationales Interesse vorliegt.[136] Das Bundesgericht hat z.B. folgende Interessen als von nationaler Bedeutung qualifiziert, wobei es stark einzelfallabhängig argumentiert, weshalb die Beispiele nicht vorbehaltlos übertragbar sind: ausreichende Energieversorgung und die dafür notwendige internationale Anbindung des Übertragungsleitungsnetzes, die Errichtung einer Richtstrahlantenne für ein leistungsfähiges Fernmeldenetz, Hochwasserschutz an der Thur und die Landesverteidigung. Hingegen stufte das Bundesgericht z.B. in folgenden Fällen die Interessen als nicht von nationaler Bedeutung ein: Wasserentnahme zur Energiegewinnung mit einem Kleinkraftwerk, die Gewinnung von Hartgesteinschotter, wenn die Versorgung dank anderer Abbaureserven gedeckt werden kann, die Errichtung eines neuen Bootsstegs, der Umbau eines Bootshafens oder der Bau eines Fahrwegs zur Bewirtschaftung einer Alp.[137]

Wenn feststeht, dass die Eingriffsinteressen von nationaler Bedeutung sind, erfolgt schliesslich die eigentliche **Interessenabwägung,** aufgrund der entschieden wird, ob das Schutzobjekt ungeschmälert zu erhalten oder ob der Eingriff – allenfalls unter Einschränkungen – zulässig ist. Bei dieser Interessenabwägung sind auch Alternativstandorte respektive Varianten für weniger weit gehende Eingriffe zu berücksichtigen. Als Orientierungshilfe für den gewünsch-

---

133 Vgl. TSCHANNEN/MÖSCHING, Eingriffsinteressen, S. 14 ff.; DAJCAR, Natur- und Heimatschutz-Inventare, S. 126 ff.; mit einer grafischen Übersicht dieser Unterscheidungen und deren Auswirkungen auf die Anwendung von Art. 6 NHG JUD, Bundesinventare, S. 9; SEITZ/ZIMMERMANN, Rechtsprechung, S. 132 ff.; LEIMBACHER, in: Kommentar NHG, Art. 6 Rz. 5, 11 ff.

134 Statt vieler aus der neueren Literatur TSCHANNEN/MÖSCHING, Eingriffsinteressen, S. 7.

135 Eingehend TSCHANNEN/MÖSCHING, Eingriffsinteressen, v.a. S. 18 ff.

136 Vgl. GRIFFEL, Umweltrecht, S. 220 f.

137 Vgl. die Übersichten und Hinweise in TSCHANNEN/MÖSCHING, Eingriffsinteressen, S. 26 ff.; DAJCAR, Natur- und Heimatschutz-Inventare, S. 135 ff.; SEITZ/ZIMMERMANN, Rechtsprechung, S. 134 ff.; RAUSCH/MARTI/GRIFFEL, Umweltrecht, Rz. 557.

ten Soll-Zustand eines Schutzobjekts dienen u.a. die in den Objektblättern aufgeführten Schutzziele und allfällige Fachgutachten.

Von der Systematik her sind **Wiederherstellungs- oder angemessene Ersatzmassnahmen** erst zu prüfen, wenn ein Eingriff aufgrund der Interessenabwägung als zulässig erachtet wird. Es zeigt sich aber in der Praxis, dass dieses Vorgehen kaum umgesetzt wird, sondern eine Gesamtbeurteilung unter Einbezug der Wiederherstellungs- oder Ersatzmassnahmen erfolgt.[138]

– Von grosser Bedeutung sind die **Gutachten der Fachkommissionen,** da die Behörden nur aus wichtigen Gründen davon abweichen dürfen.[139] Gemäss Art. 25 Abs. 1 NHG bestellt der Bundesrat eine oder mehrere beratende Kommissionen für den Naturschutz, den Heimatschutz und die Denkmalpflege. Er hat dies mit der Schaffung der Eidgenössischen Natur- und Heimatschutzkommission (ENHK) und der Eidgenössischen Kommission für Denkmalpflege (EKD) getan (Art. 23 Abs. 4 NHV). Die Kantone bezeichnen ebenfalls Fachstellen (Art. 25 Abs. 2 NHG und Art. 26 NHV). 4.105

Die sog. **obligatorische Begutachtung** von Projekten hinsichtlich ihrer Auswirkungen auf BLN-, ISOS- und IVS-Objekte durch eine Fachkommission ist erforderlich, wenn Eingriffe das Objekt erheblich beeinträchtigen könnten oder sich in diesem Zusammenhang grundsätzliche Fragen stellen (Art. 7 Abs. 2 Satz 1 NHG).[140] Die Kommission gibt in ihrem Gutachten an, ob das Objekt ungeschmälert zu erhalten oder wie es zu schonen ist (Art. 7 Abs. 2 Satz 2 NHG), d.h. sie konkretisiert die Schutzziele und nimmt eine Einschätzung über die Auswirkungen vor. Ob ein Gutachten notwendig ist, beurteilt je nach Zuständigkeit das BAFU, das BAK oder das ASTRA respektive die kantonale Fachstelle (Art. 7 Abs. 1 NHG i.V.m. Art. 23 Abs. 1 NHV).

Neben diesen obligatorischen Gutachten können die Fachkommissionen in wichtigen Fällen von sich aus eine sog. **fakultative Begutachtung** vornehmen (Art. 8 Satz 1 NHG).[141] Die Praxis lässt dies auch bei anderen als BLN-, ISOS- oder IVS-Objekten zu.[142]

dd) Biotopschutz

– Ob ein **schutzwürdiges Biotop** vorliegt, ergibt sich zum einen aus den Inventaren des Bundes und der Kantone. Als Biotop-Bundesinventare gelten das Auen-, das Amphibienlaichgebiete- und das Trockenwiesen-Inventar, aber auch das Wasser- und Zugvogelreservate-Inventar sowie das Jagdbanngebiete-Inventar. 4.106

---

138 Anschaulich zu einer Gesamtinteressenabwägung BGE 127 II 273, E. 4.

139 Statt vieler BGE 136 II 214, E. 5; aus der neueren Praxis BGer, Urteil 1C_893/2013 und 1C_895/2013 vom 1. Oktober 2014, E. 5.3.3.

140 Vgl. BGE 138 II 281, E. 4; BGE 138 II 23, E. 4.

141 Vgl. BGE 136 II 214, E. 4.

142 BGE 136 II 214, E. 4.1; zum Ganzen ausführlich SEITZ/ZIMMERMANN, Rechtsprechung, S. 138 ff.; siehe auch WAGNER PFEIFER, Besondere Regelungsbereiche, Rz. 1046 ff.

Zum andern kann aber auch ein schutzwürdiges Biotop vorliegen, wenn ein Gebiet nicht in ein Inventar aufgenommen worden ist. Wenn dies vermutet wird, ist anhand der Kriterien von Art. 18 Abs. 1bis NHG i.V.m. Art. 14 Abs. 3 NHV und der im Anhang der NHV enthaltenen Auflistungen von schützenswerten Lebensraumtypen (Anhang 1), der geschützten Pflanzen (Anhang 2), der geschützten Tiere (Anhang 3) sowie der kantonal zu schützenden Arten (Anhang 4) zu ermitteln, ob man es mit einem schutzwürdigen Biotop zu tun hat.[143]

4.107 – Das **Schutzkonzept** für den Schutz vor menschlichen Eingriffen ist für den Biotopschutz vergleichbar mit dem soeben beschriebenen für den Landschaftsschutz; bei Eingriffen ist ebenfalls eine **Interessenabwägung** vorzunehmen. Die allgemeine Rechtsgrundlage für den Schutz aller Biotope findet sich in Art. 18 Abs. 1ter NHG:

«Lässt sich eine Beeinträchtigung schutzwürdiger Lebensräume durch technische Eingriffe unter Abwägung aller Interessen nicht vermeiden, so hat der Verursacher für besondere Massnahmen zu deren bestmöglichem Schutz, für Wiederherstellung oder ansonsten für angemessenen Ersatz zu sorgen.»

Nach einer Abklärung der **Schutzzielverträglichkeit** eines Eingriffs ist eine Interessenabwägung vorzunehmen, wobei sich Eingriffe in Objekte von nationaler Bedeutung nur mit einem Eingriffsinteresse von nationaler Bedeutung rechtfertigen lassen (Art. 4 Abs. 2 AuenV, Art. 7 Abs. 1 AlgV, Art. 7 Abs. 1 TwwV). Das Bundesgericht hat für Jagdbanngebiete Parallelen zum Schutz von BLN-Objekten gezogen und ebenfalls Interessen von nationaler Bedeutung verlangt.[144] Bei der Interessenabwägung ist wiederum darauf zu achten, dass Alternativprojekte geprüft wurden, dass das Projekt standortgebunden ist (Art. 14 Abs. 6 NHV) und dass bei der Zulassung eines Eingriffs Wiederherstellungs- respektive Ersatzmassnahmen zu treffen sind.[145]

4.108 – Für den **Schutz der Ufervegetation** enthält das NHG Spezialbestimmungen[146], die einen weiter gehenden Schutz gewährleisten und den allgemeinen Biotopschutzregelungen vorgehen. Zur Ufervegetation zählen Schilf- und Binsenbestände, Auenvegetationen sowie andere natürliche Pflanzengesellschaften im Uferbereich; dazu gehört je nach Vegetation, Topografie und Charakteristik des Gewässers auch ein grösserer Bereich im Wasser mit Wasserpflanzen.[147] Je

143 Sidi-Ali, Protection des biotopes, S. 89 ff.; Seitz/Zimmermann, Rechtsprechung, S. 154 ff.; Fahrländer, in: Kommentar NHG, Art. 18 Rz. 13 ff.; siehe auch BGer, Urteil 1C_164/2012 vom 30. Januar 2013, E. 6; BGer, Urteil 1A.173/2001 vom 26. April 2002, E. 4.3; zur Koordination mit einem Strassenprojekt VGer ZH, VB.2013.00532, VB.2013.00648 vom 3. April 2014, E. 3–5 (URP 2014 688 mit Anmerkungen von Arnold Marti).

144 BGE 134 II 97, E. 3, v.a. 3.5.2.

145 Sidi-Ali, Protection des biotopes, S. 91 ff., 108 ff.; Seitz/Zimmermann, Rechtsprechung, S. 161 ff.; Rausch/Marti/Griffel, Umweltrecht, Rz. 578 ff.; eingehend BUWAL, Wiederherstellung, v.a. S. 19 ff.

146 Vgl. auch Abschnitt III. B. (Gewässerschutz).

147 Anschaulich BGer, Urteil 1C_448/2011 vom 5. Juli 2012, E. 2.7 (URP 2012 671 ff.); siehe auch BGer, Urteil 1C_378/2009 vom 14. Januar 2010, E. 3.2; BGE 110 Ib 117, E. 3a; ausführlich BUWAL, Ufervegetation, v.a. S. 15 ff. und Schaub, Ufervegetation.

nach Vegetation kann gleichzeitig auch Wald vorliegen; dann gelten bei Eingriffen (zusätzlich) die Vorgaben des Waldrechts.[148]

Die Ufervegetation darf weder gerodet noch überschüttet, noch auf andere Weise zum Absterben gebracht werden (Art. 21 Abs. 1 NHG). Die Zonen mit Ufervegetation müssen nicht in einem eigenen Verfahren ausgeschieden werden, sondern der Schutz gilt unmittelbar aufgrund von Art. 21 NHG.[149] Art. 22 Abs. 2 NHG lässt indes ausnahmsweise Eingriffe in die Ufervegetation zu. Die zuständige Behörde kann die **Beseitigung der Ufervegetation** bewilligen, wenn zwei Voraussetzungen kumulativ erfüllt sind: Das Vorhaben muss standortgebunden sein und zu den durch die Wasserbaupolizei- oder Gewässerschutzgesetzgebung erlaubten Fällen gehören.[150]

ee) Schutz ausgewählter Moore und Moorlandschaften

Im Gegensatz zum Schutzkonzept Interessenabwägung, das im allgemeinen Landschafts- und Biotopschutz Anwendung findet, statuiert Art. 78 Abs. 5 BV, der aufgrund der Rothenthurm-Initiative in die Bundesverfassung aufgenommen wurde, für Moore und Moorlandschaften von besonderer Schönheit und gesamtschweizerischer Bedeutung einen **fast absoluten Schutz** vor Eingriffen: Demnach dürfen darin weder Anlagen gebaut noch Bodenveränderungen vorgenommen werden; ausgenommen sind Einrichtungen, die dem Schutz oder der bisherigen landwirtschaftlichen Nutzung der Moore und Moorlandschaften dienen. Mit dieser Verfassungsgrundlage wurde die Interessenabwägung bereits auf abstrakter Ebene zugunsten des Schutzes vorweggenommen; sie ist im Einzelfall nicht mehr möglich.[151] 4.109

Für Moorlandschaften hat der Gesetzgeber diese Vorgaben insofern **relativiert,** als Art. 23d Abs. 1 NHG festhält, die Gestaltung und Nutzung von Moorlandschaften seien zulässig, soweit sie der Erhaltung der für die Moorlandschaften typischen Eigenheiten nicht widersprächen. Das Bundesgericht legt Art. 23d NHG sehr restriktiv aus, um die Differenz zu Art. 78 Abs. 5 BV möglichst gering zu halten.[152] 4.110

Schutzobjekte sind nicht sämtliche Moore oder Moorlandschaften, sondern nur jene von besonderer Schönheit und gesamtschweizerischer Bedeutung. Die Moore können nach naturwissenschaftlichen Kriterien bestimmt werden, was bei Moorlandschaften schwieriger ist. Für die Bestimmung der letztgenannten hat der 4.111

---

148 BGE 130 II 313, E. 3.2.

149 Eingehend SIDI-ALI, Protection des biotopes, S. 163 ff.; SEITZ/ZIMMERMANN, Rechtsprechung, S. 171 ff. sowie JENNI, in: Kommentar NHG, Art. 21 sowie Art. 22 Rz. 11 ff.

150 BGE 130 II 313, E. 3; s.a. BGer, Urteil 1C_544/2013 vom 24. Oktober 2013, E. 3.3; BGer, Urteil 1C_448/2011 vom 5. Juli 2012, E. 2 (URP 2012 671 ff.); BGer, Urteil 1A.30/2006 vom 10. Oktober 2006, E. 3; zum Ganzen aus der neusten Literatur SCHAUB, Ufervegetation.

151 Grundlegend WALDMANN, Schutz; siehe auch DAJCAR, Natur- und Heimatschutz-Inventare, S. 141 ff.; SEITZ/ZIMMERMANN, Rechtsprechung, S. 177 ff.; SIDI-ALI, Protection des biotopes, S. 35 ff., 147 ff.

152 Statt vieler BGE 138 II 281, E. 6.2 f.; BGE 138 II 23, E. 3.3; BGer, Urteil 1C_515/2012 und 1C_517/2012 vom 17. September 2013, E. 5 f.

Gesetzgeber in Art. 23b NHG eine Legaldefinition geschaffen. Demnach ist eine Moorlandschaft eine in besonderem Mass durch Moore geprägte, naturnahe Landschaft, deren moorfreier Teil zu den Mooren in enger ökologischer, visueller, kultureller oder geschichtlicher Beziehung steht (Abs. 1). Von besonderer Schönheit und von nationaler Bedeutung ist eine Moorlandschaft gemäss Art. 23b Abs. 2 NHG, wenn sie in ihrer Art einmalig ist (lit. a) oder in einer Gruppe vergleichbarer Moorlandschaften zu den wertvollsten gehört (lit. b).[153]

4.112 Der Bundesrat hat mit dem Hochmoor-, dem Flachmoor- und dem Moorlandschafts-Inventar drei **Inventare** geschaffen, in denen er ausgewählte Schutzobjekte auflistet und dadurch zur Rechtssicherheit beiträgt. Allerdings kann gerichtlich überprüft werden, ob die Inventarisierung den verfassungsrechtlichen und den gesetzlichen Vorgaben entsprechend erfolgt ist. In einem jüngeren Entscheid hat das Bundesgericht die Abgrenzung einer Moorlandschaft beanstandet, da sie im Hinblick auf ein künftiges Strassenprojekt von einer Interessenabwägung beeinflusst, nicht objektiven Kriterien gefolgt und zu eng festgesetzt worden war.[154]

ff) Pärke von nationaler Bedeutung

4.113 Mit Art. 23e–23m NHG hat der Bund Regelungen zu Pärken von nationaler Bedeutung erlassen und auf den 1. Dezember 2007 in Kraft gesetzt. Als Pärke in Frage kommen Gebiete mit hohen Natur- und Landschaftswerten, wobei das Gesetz die drei Kategorien Nationalpark, Regionaler Naturpark und Naturerlebnispark unterscheidet (Art. 23e NHG).[155]

4.114 Die Kategorie **Nationalpark** nach NHG schränkt die zulässigen Nutzungen am meisten ein. Ein Nationalpark nach NHG besteht aus einer Kernzone, in der die Natur sich selbst überlassen wird und die für die Allgemeinheit nur beschränkt zugänglich ist. Die Nutzungsmöglichkeiten in der Kernzone sind folglich stark eingeschränkt, z.B. dürfen keine Bauten und Anlagen erstellt werden und die land- und waldwirtschaftliche Nutzung ist eingeschränkt (vgl. Art. 17 PäV). In der Umgebungszone wird die Kulturlandschaft naturnah bewirtschaftet und vor nachteiligen Eingriffen geschützt (Art. 23f NHG und Art.16–18 PäV).

4.115 **Regionale Naturpärke** können in einem grösseren, teilweise besiedelten Gebiet geschaffen werden. Darin werden die Qualität von Natur und Landschaft erhalten und aufgewertet sowie die nachhaltig betriebene Wirtschaft gestärkt und die Vermarktung ihrer Waren und Dienstleistungen gefördert (Art. 23g NHG und Art. 19–21 PäV).[156]

---

153 Statt vieler BGE 138 II 281, E. 5; BGer, Urteil 1C_515/2012 und 1C_517/2012 vom 17. September 2013, E. 4.

154 BGE 138 II 281, E. 5; siehe auch BGE 127 II 184 E. 5, wo die Perimeterfestlegung nicht korrigiert wurde.

155 Eingehend MARTI, Bundesinventargebiete und Pärke; WILD/KILCHHOFER, Pärke; WYSS, Pärke; siehe auch WAGNER PFEIFER, Besondere Regelungsbereiche, Rz. 1178 ff.

156 BGE 139 II 499, E. 4.3 zur Berücksichtigung der Schutzziele des Naturparks Binntal im Zusammenhang mit der Beurteilung, ob eine Starkstromleitung verkabelt werden solle.

Naturerlebnispärke schliesslich sind Gebiete von eher geringer Fläche, die in der Nähe eines dichtbesiedelten Raumes liegen, der einheimischen Tier- und Pflanzenwelt unberührte Lebensräume bieten, der Allgemeinheit Naturerlebnisse ermöglichen und auch der Umweltbildung dienen. Die Kernzone umfasst mindestens 4 km^2. Darin ist die zulässige Nutzung stark eingeschränkt, z.B. dürfen keine Bauten und Anlagen erstellt werden und die land- und waldwirtschaftliche Nutzung ist ausgeschlossen (Art. 23h NHG und Art. 22–24 PäV). Damit weist diese Kategorie Parallelen zur Kategorie Nationalpark auf. Bislang ist erst ein Naturerlebnispark geschaffen worden, der Wildnispark Zürich-Sihlwald[157]. 4.116

Neben diesen Regelungen besteht das **Nationalparkgesetz** weiter, das die Rechtsgrundlage des 1914 gegründeten Schweizerischen Nationalparks bildet. 4.117

2. Verhältnis Bundesrecht – kantonales Recht

a) Bedeutung der bundesrechtlichen Vorgaben

Das RPG enthält verschiedene Bezüge zum Natur- und Landschaftsschutz (vgl. Art. 1 Abs. 2 lit. a, Art. 3 Abs. 2, Art. 6 Abs. 2 lit. b, Art. 15 Abs. 3, Art. 17, Art. 18a Abs. 3). Die Vorgaben des NHG müssen von den Kantonen in unterschiedlichem Umfang berücksichtigt werden: 4.118

- Den drei **Bundesinventaren BLN, ISOS und IVS** kommt aufgrund der eingeschränkten Bundeskompetenz in Art. 78 Abs. 2 BV bei der kantonalen Raumplanung, die grundsätzlich keine Erfüllung von Bundesaufgaben darstellt, keine direkte Verbindlichkeit zu.

  Das Bundesgericht hat aber in seiner neueren Praxis zum ISOS festgehalten, dass Bundesinventare wie das ISOS auch bei der Erfüllung von kantonalen (und kommunalen) Aufgaben von Bedeutung sind. Es führt im Zusammenhang mit der Schutznorm von Art. 6 NHG aus:

  «Das ISOS gilt lediglich bei der Erfüllung von Bundesaufgaben (...) in unmittelbarer Weise. Bei der Erfüllung von kantonalen (und kommunalen) Aufgaben – wozu im Grundsatz die Nutzungsplanung zählt – wird der Schutz von Ortsbildern durch kantonales (und kommunales) Recht gewährleistet. Dies ergibt sich verfassungsrechtlich aus Art. 78 Abs. 1 BV, wonach die Kantone für den Natur- und Heimatschutz zuständig sind. Auch bei der Erfüllung von kantonalen (und kommunalen) Aufgaben sind Bundesinventare wie das ISOS indes von Bedeutung. Die Pflicht zur Beachtung findet ihren Niederschlag zum einen in der Anwendung der die Schutzanliegen umsetzenden (Nutzungs-)Planung, zum andern darin, dass im Einzelfall erforderliche Interessenabwägungen im Lichte der Heimatschutzanliegen vorzunehmen sind. Das ist insbesondere der

157 Vgl. für eine Übersicht www.bafu.admin.ch > Themen > Pärke > Verzeichnis der Schweizer Pärke.

Fall, wenn durch einen Quartierplan von der Grundnutzungsordnung abgewichen werden soll (...).»[158]

Angesichts der Begründung des Bundesgerichts und der Vergleichbarkeit der drei Inventare ISOS, IVS und BLN kann davon ausgegangen werden, dass diese Überlegungen auch für das BLN und das IVS gelten.[159] Der Bundesrat hat die Pflicht zur Berücksichtigung dieser Inventare bei der Erstellung der Richtpläne ausdrücklich in den entsprechenden drei **Inventarverordnungen** festgehalten (Art. 2a VBLN, Art. 4a VISOS und Art. 9 VIVS).[160]

- Direkt verbindlich sind die **übrigen Bundesinventare.** Die Inventar-Verordnungen des Bundes halten ausdrücklich fest, dass Pläne und Vorschriften, welche die zulässige Nutzung des Bodens im Sinne der Raumplanungsgesetzgebung regeln, mit diesen Inventar-Verordnungen übereinstimmen müssen (Art. 5 Abs. 2 lit. a AuenV, Art. 8 Abs. 2 AlgV, Art. 8 Abs. 3 lit. a TwwV, Art. 5 Abs. 1 lit. a HMV, Art. 5 Abs. 2 lit. a FMV/MLV; siehe auch Art. 6 Abs. 2 WZVV/VEJ).

b) Übertragung von Aufgaben an die Kantone

4.119 Im Zusammenhang mit dem allgemeinen Landschaftsschutz überträgt der Bund den Kantonen – abgesehen von der bereits genannten Berücksichtigungspflicht – keine Aufgaben. Anders ist es beim Biotopschutz sowie beim Moor- und Moorlandschaftsschutz nach Art. 78 Abs. 5 BV. So obliegt den Kantonen der **Vollzug** des Schutzes und des Unterhalts (Art. 18a Abs. 2 i.V.m. Art. 23a NHG, Art. 18b Abs. 1 NHG). Dazu gehören z.B. die Detailabgrenzung der Schutzobjekte des Bundes[161], die Ausscheidung von Pufferzonen für Moorbiotope[162] oder die Sicherung der erforderlichen Pflege (zum Ganzen Art. 14 Abs. 2 NHV sowie bei Bundesinventaren die jeweils einschlägigen Inventarverordnungen). Die Kantone sind auch für die Markierung der Wasser- und Zugvogelreservate und der Jagdbanngebiete sowie der Information der Öffentlichkeit verantwortlich (Art. 7 WZVV/VEJ). Sie konkretisieren die Schutzziele der Moorlandschaften von besonderer Schönheit und gesamtschweizerischer Bedeutung und setzen die Schutzziele durch (Art. 23c Abs. 2 NHG). Sodann fördern sie die Ufervegetation (Art. 21 Abs. 2 NHG) und die Vernetzung von Lebensräumen. Weiter gewährleisten die Kantone den ökologischen Ausgleich[163] in intensiv genutzten Gebieten (Art. 18b Abs. 2 NHG, Art. 15 NHV).[164]

---

158 BGer, Urteil 1C_130/2014 und 1C_150/2014 vom 6. Januar 2015, E. 3.2. Siehe dazu auch BGE 135 II 209, E. 2.1; vgl. Leimbacher, BGE Rüti.

159 Leimbacher, BGE Rüti, S. 34.

160 Ausführlich zur Berücksichtigungspflicht aus der neueren Lehre Leimbacher, BGE Rüti, v.a. S. 12 ff., 43 ff.; ebenso ARE/ASTRA/BAFU/BAK, Berücksichtigung Bundesinventare; siehe auch Jud, Bundesinventare, S. 9 ff.; Marti, Bundesinventare, S. 628 ff.

161 Vgl. BGE 138 II 281, E. 5; BGE 127 II 184, E. 3c.

162 Anschaulich BGer, Urteil 1C_489/2011 vom 21. Juni 2012, E. 2–6.

163 Vgl. Maurer, in: Kommentar NHG, Art. 18b Rz. 31 ff.

164 Weiterführend Wagner Pfeifer, Besondere Regelungsbereiche, Rz. 1078 ff., 1146 ff.; Dajcar, Natur- und Heimatschutz-Inventare, S. 152 ff.; Sidi-Ali, Protection des biotopes,

Als **Instrument** steht die Ausscheidung der Schutzobjekte in den Richt- und Nutzungsplänen im Vordergrund. Auf Nutzungsplanebene erfolgt dies v.a. durch Schutzzonen[165] oder andere Massnahmen nach Art. 17 RPG.[166] Je nach Schutzobjekt und -ziel ist eine angepasste (v.a. landwirtschaftliche) Nutzung zulässig. Daneben kommen insbesondere der Abschluss von Vereinbarungen über die Nutzung und Pflege (vgl. Art. 18c NHG) und der Erlass von Schutzverordnungen oder -verfügungen in Frage. Mit welchen Instrumenten die Kantone dieser Aufgabe nachkommen, ist grundsätzlich ihnen überlassen, allerdings müssen sie dem Biotopschutz (wie auch dem ökologischen Ausgleich) in der Zonenplanung materiell Rechnung tragen.[167] Nach der Rechtsprechung des Bundesgerichts kann dies beispielsweise bedeuten, dass beim Fehlen der für den Biotopschutz notwendigen Erhebungen oder bei deren Unvollständigkeit oder Ungenügen eine raumplanerische Interessenabwägung und die darauf beruhende Nutzungsplanung fehlerhaft sind.[168] 4.120

3. Kantonales Recht

Im Sachbereich Natur- und Heimatschutz gibt es auch eigenständige Regelungsbereiche der Kantone. Dies ist hauptsächlich im Sachbereich **Landschaftsschutz** der Fall, wo es für die Kantone – abgesehen von den vorangehend erwähnten Besonderheiten bei der Erfüllung von Bundesaufgaben und der Pflicht zur Berücksichtigung der drei Bundesinventare BLN, ISOS und IVS – keine verbindlichen bundesrechtlichen Vorgaben gibt. Der Bund hat zwar im Jahr 1997 im vom Bundesrat verabschiedeten «Landschaftskonzept Schweiz» und im darauf beruhenden, 2003 erstellten «Leitbild Landschaft 2020» dargelegt, mit welchen Instrumenten und Massnahmen eine nachhaltige Landschaftsentwicklung erfolgen kann; diese sind aber für die Kantone nicht verpflichtend.[169] Bund, Kantone, Städte und Gemeinden haben sich im Jahr 2012 auf das sog. «Raumkonzept Schweiz» geeinigt, das auch bezüglich Landschaftsschutz als Orientierungshilfe dienen soll.[170] 4.121

Im Sachbereich **Biotopschutz** verpflichtet der Bund die Kantone, für den Schutz der Biotope von regionaler und lokaler Bedeutung zu sorgen, d.h. es steht den Kantonen nicht frei, ob sie diesbezüglich tätig werden wollen (Art. 18b Abs. 1 NHG, siehe auch Art. 14 Abs. 3–5 NHV). Ihnen kommt aber bei der Umsetzung dieses bundesrechtlichen Auftrags ein erheblicher Ermessensspielraum zu, insbesondere 4.122

S. 182 ff.; Rausch/Marti/Griffel, Umweltrecht, v.a. Rz. 527 ff.; Fahrländer, in: Kommentar NHG, Art. 18a Rz. 15 ff., 54 ff.; Maurer, in: Kommentar NHG, Art. 18b Rz. 1 ff.

165 BGer, Urteil 1C_56/2014 und 1C_58/2014 vom 20. August 2014, E. 2.2 und 3 zur Koordination mit der übrigen Nutzungsplanung.

166 Vgl. BGE 132 II 10, E. 2.2.

167 Sidi-Ali, Protection des biotopes, S. 162 f., 193 ff.; Seitz/Zimmermann, Rechtsprechung, S. 169 f.; Rausch/Marti/Griffel, Umweltrecht, Rz. 527 ff., 582 ff.; siehe auch BGer, Urteil 1C_134/2014 vom 15. Juli 2014, E. 3.3; BGer, Urteil 1C_487/2011 vom 29. März 2012, E. 2; BGer, Urteil 1C_98/2012 vom 7. August 2012, E. 8.2; BGE 118 Ib 485, E. 3c.

168 BGer, Urteil 1C_134/2014 vom 15. Juli 2014, E. 3.3.

169 Vgl. www.bafu.admin > Themen > Landschaft > Landschaftskonzept Schweiz.

170 Vgl. Bundesrat/KdK/BPUK/SSV/SGV, Raumkonzept Schweiz.

wenn es um die Beurteilung der lokalen Verhältnisse geht.[171] Zudem sind die Kantone frei, zusätzliche Lebensraumtypen eigenständig unter Schutz zu stellen; beispielsweise hat das Bundesgericht die generelle Unterschutzstellung von Hecken im kantonalen Recht als zulässig erachtet. Es begründete dies damit, das Bundesrecht stelle nicht sämtliche Hecken unter Schutz, sondern beziehe sich bloss auf schutzwürdige Hecken einer gewissen Grösse. Soweit das kantonale Recht einen weiter gehenden Heckenschutz vorsehe, komme diesem selbständige Bedeutung zu. So könne das kantonale Recht einen Biotoptyp von Gesetzes wegen generell unter Schutz stellen. Eine derartige kantonale Regelung sei mit der umfassenden Gesetzgebungskompetenz des Bundes im Sachbereich Biotopschutz nach Art. 78 Abs. 4 BV vereinbar. Die Schutzvorschriften von Art. 18 i.V.m. Art. 18b NHG würden Raum für eine generelle (kantonale) Unterschutzstellung eines bundesrechtlich nur im Einzelfall geschützten Biotoptyps lassen.[172]

4.123 Aufgrund dieses Spielraums der Kantone ist bei Vorhaben in Gebieten, in denen der Natur- und Landschaftsschutz eine Rolle spielen könnte, stets auch das kantonale Recht zu beachten. Der **Kanton Zürich** beispielsweise hat in Art. 103 seiner Kantonsverfassung festgehalten, dass Kanton und Gemeinden für die Erhaltung und den Schutz der Tier- und Pflanzenwelt, die Erhaltung von wertvollen Landschaften, Ortsbildern, Gebäudegruppen und Einzelbauten sowie von Naturdenkmälern und Kulturgütern sorgen. Das Zürcher Planungs- und Baugesetz (PBG ZH) enthält einschlägige Bestimmungen (vgl. v.a. den dritten Titel «Natur- und Heimatschutz» ab § 203). Sodann hat der Kanton Zürich verschiedene Schutzverordnungen und -beschlüsse erlassen.[173]

B. Gewässerschutz*

Literatur

Blind Sonia, Zugang; Brunner Arnold, Landwirtschaft, S. 541 ff.; Brunner Ursula, Bauen im Uferbereich; Bütler Michael, Skigebiete, S. 430 f.; Bütler Michael, Gletscher, S. 61 ff., 305, 311 ff., 325 f., 367 ff., 392 ff.; Epiney Astrid/Scheyli Martin, Umweltvölkerrecht, S. 171 ff.; Fritzsche Christoph, Entschädigungspflicht; Griffel Alain, Umweltrecht, S. 171 ff.; Griffel Alain, Grundprinzipien; Haeberli Wilfried/Bütler Michael/Huggel Christian/Müller Hansruedi/Schleiss Anton (Hrsg.), Neue Seen, S. 53 ff.; Hänni Peter, Planungsrecht, S. 457 ff.; Hettich Peter/Jansen Luc/Norer Roland (Hrsg.), Kommentar GSchG/WBG (konnte nicht mehr eingearbeitet werden); Huber-Wälchli Veronika/Keller Peter M., Rechtsprechung 2003–2012; Huber-Wälchli

171 BGE 118 Ib 485, E. 3; BGer, Urteil 1C_56/2014 und 1C_58/2014 vom 20. August 2014, E. 2.1.
172 BGE 133 II 220, E. 2.2 und 2.3.
173 Z.B. die kantonale Natur- und Heimatschutzverordnung vom 20. Juli 1977 (KNHV ZH) mit allgemeinen Bestimmungen, die Verordnung zum Schutze des Landschaftsbildes am Albispass vom 2. Juli 1953 (LS 702.332) oder den Beschluss des Regierungsrates über das Naturschutzreservat Dietikon vom 25. September 1958 (LS 702.315).

* Für die Durchsicht des Manuskripts und der Belegstellen danke ich Frau Marlene Gafner.

Nina Dajcar
Michael Bütler

VERONIKA/KELLER PETER M., Zehn Jahre Rechtsprechung; HUNGER REGULA, Sanierungspflicht, S. 195 ff.; JANSEN LUC, Renaturation; LAGGER SIEGFRIED, Gewässerschutzrecht; METTLER CHRISTOPH, Industrieabwasserentsorgung; RAUSCH HERIBERT/MARTI ARNOLD/GRIFFEL ALAIN, Umweltrecht, S. 117 ff.; RUCH ALEXANDER, Umwelt – Boden – Raum, S. 538 ff.; STUTZ HANS W., Gewässerraum; STUTZ HANS W., Raumbedarf; STUTZ HANS W., Abwasserrecht; WAGNER PFEIFER BEATRICE, Besondere Regelungsbereiche, S. 201 ff.; WAGNER PFEIFER BEATRICE, Umweltrecht II, S. 126 ff.

Amtliche Publikationen

BAFU (Hrsg.), Raum den Gewässern; BAFU (Hrsg.), Strukturen der Fliessgewässer; BAFU (Hrsg.), Revitalisierung; BUWAL (Hrsg.), Regenwasser; BUWAL (Hrsg.), Wegleitung Entwässerung von Verkehrswegen; BUWAL/BWG/BLW/ARE (Hrsg.), Leitbild Fliessgewässer.

1. Massgebende Vorschriften

a) Bundesrecht

aa) Verfassungsrechtliche Grundlagen und Staatsverträge

Die **verfassungsrechtlichen Grundlagen** zum Wasser finden sich in Art. 76 BV. Der Bund sorgt im Rahmen seiner Zuständigkeiten für die haushälterische Nutzung und den Schutz der Wasservorkommen sowie für die Abwehr schädigender Einwirkungen des Wassers (Abs. 1). Er verfügt über eine Grundsatzgesetzgebungskompetenz betreffend die Erhaltung und Erschliessung der Wasservorkommen, die Nutzung der Gewässer zur Energieerzeugung und für Kühlzwecke sowie andere Eingriffe in den Wasserkreislauf (Abs. 2). In den Bereichen des Gewässerschutzes, der Sicherung angemessener Restwassermengen, des Wasserbaus, der Sicherheit der Stauanlagen und der Beeinflussung der Niederschläge kommt dem Bund eine umfassende Gesetzgebungskompetenz zu (Abs. 3).[174] 4.124

Hinzuweisen ist auf **Staatsverträge,** an denen die Schweiz beteiligt ist.[175] Diese betreffen Grenzgewässer oder den Schutz der Meere bzw. der Meeresumwelt.[176] 4.125

bb) Zweck und Inhalt des Gewässerschutzgesetzes

Das **Gewässerschutzgesetz** (GSchG) aus dem Jahre 1991 und die dazugehörige Gewässerschutzverordnung (GSchV) bezwecken, die Gewässer vor nachteiligen Einwirkungen zu schützen, d.h. vor Verunreinigungen und anderen Eingriffen, welche die Gestalt oder die Funktion eines Gewässers beeinträchtigen (Art. 1 i.V.m. 4.126

174 Näheres zum Wasserartikel bei MARTI, in: St. Galler Kommentar BV, Art. 76 Rz. 1 ff.

175 Dazu WAGNER PFEIFER, Besondere Regelungsbereiche, Rz. 1023 ff.; EPINEY/SCHEYLI, Umweltvölkerrecht, S. 171 ff.

176 Beispiele: Übereinkommen zum Schutz des Rheins vom 12. April 1999 (SR 0.814.284); Seerechtsübereinkommen der Vereinten Nationen vom 10. Dezember 1982 (SR 0.747.305.15).

Art. 4 lit. c GSchG).[177] Die ökologischen Ziele für Gewässer werden im Anhang 1 zur GSchV umschrieben; sie sind bei Massnahmen an Gewässern zu berücksichtigen.[178] Das GSchG gilt nach Art. 2 für alle ober- und unterirdischen Gewässer (vgl. Art. 4 lit. a und b GSchG). Es umfasst Bestimmungen zur Reinhaltung der Gewässer (qualitativer Gewässerschutz), zur Sicherung angemessener Restwassermengen (quantitativer Gewässerschutz) und zur Verhinderung und Behebung anderer nachteiliger Einwirkungen auf Gewässer (Renaturierung der Gewässer). Unter Renaturierung werden Massnahmen verstanden, die zu einer Aufwertung beeinträchtigter Gewässer beitragen (Revitalisierung und Sanierung der Wasserkraftnutzung).[179]

cc) Reinhaltung der Gewässer

4.127 Verschiedene Vorgaben stellen die Reinhaltung der Gewässer nach dem Vorsorgeprinzip[180] (Art. 1 Abs. 2 USG) sicher: Gemäss Art. 3 GSchG ist jedermann verpflichtet, alle nach den Umständen gebotene Sorgfalt anzuwenden, um nachteilige Einwirkungen auf die Gewässer zu vermeiden. In verschiedenen Normen im GSchG und in der GSchV wird diese **allgemeine Sorgfaltspflicht** mittels Handlungs- und Unterlassungspflichten konkretisiert; dabei sind auch Regelungsbereiche wie das Stoff-, Abfall- oder das Landwirtschaftsrecht zu beachten. Das generelle **Verunreinigungsverbot** für Gewässer in Art. 6 GSchG untersagt das mittelbare oder unmittelbare Einbringen oder Versickernlassen von Stoffen, die Wasser verunreinigen können (Abs. 1)[181]; ausserdem das Ablagern oder Ausbringen gewässergefährdender Stoffe ausserhalb eines Gewässers, sofern dadurch eine konkrete Verunreinigungsgefahr entsteht (Abs. 2). Als Verunreinigung gilt eine nachteilige physikalische, chemische oder biologische Veränderung des Wassers (Art. 4 lit. d GSchG). Jede nicht ausdrücklich erlaubte Verunreinigung ist damit verboten. Wer die Sorgfaltspflichten missachtet oder gegen das Verunreinigungsverbot verstösst, macht sich nach Art. 71 Abs. 1 lit. a bzw. Art. 70 Abs. 1 lit. a GSchG strafbar.[182] Im Anhang 2 zur GSchV werden die Anforderungen an die Wasserqualität für oberirdische (in Ziff. 1) und unterirdische Gewässer (in Ziff. 2) detailliert festgelegt.

177 Zu Entstehung und Entwicklung der Gewässerschutzgesetzgebung: Rausch/Marti/Griffel, Umweltrecht, Rz. 368 ff.; Botschaft GSchG 1987, S. 1 ff.; www.bafu.admin.ch > Themen A–Z > Wasser.

178 Rausch/Marti/Griffel, Umweltrecht, Rz. 380; Lagger, Gewässerschutzrecht, S. 477 f.

179 Vgl. Bericht Pa.Iv. GSchG 2008, S. 8048; Stutz, Raumbedarf, S. 6 Fn. 2.

180 Dazu Griffel, Grundprinzipien, Rz. 136 f.; Rausch/Marti/Griffel, Umweltrecht, Rz. 41 ff., 381.

181 Dazu BGE 125 II 29 ff., insb. E. 3 (Bekämpfung nicht einheimischer Krebse); Griffel, Umweltrecht, S. 172; Rausch/Marti/Griffel, Umweltrecht, Rz. 382; vgl. auch Botschaft GSchG 1987, S. 1109.

182 Rausch/Marti/Griffel, Umweltrecht, Rz. 382; Lagger, Gewässerschutzrecht, S. 474 f.; zu Sorgfaltspflicht und Gewässerverunreinigungsverbot: Stutz, Abwasserrecht, S. 109 ff.

dd) Zur Abwasserbeseitigung und Entwässerungsplanung

Die Regeln zur **Abwasserbeseitigung** stellen sicher, dass das Verunreinigungsverbot für Gewässer eingehalten werden kann. Das Abwasser von rund 97 Prozent der Schweizer Bevölkerung gelangt heute in die Kläranlage.[183] Gemäss Art. 7 Abs. 1 GSchG darf verschmutztes Abwasser mit Bewilligung der kantonalen Behörde in ein Gewässer eingeleitet werden, wenn es zuvor (mit technischen Mitteln) behandelt wurde (Behandlungsgebot); dasselbe gilt für das Versickernlassen (zu den Abwasser-Definitionen: Art. 4 lit. e und f GSchG).[184] Die Kantone sorgen für die Erstellung öffentlicher Kanalisationen und zentraler Abwasserreinigungsanlagen, welche fachgerecht zu betreiben und zu unterhalten sind (Art. 10 Abs. 1 GSchG, Art. 13 GSchV). Dies gilt für die Reinigung von verschmutztem Abwasser aus Bauzonen (im Sinne von Art. 15 RPG) oder aus bestehenden Gebäudegruppen ausserhalb der Bauzonen (z.B. Weiler), für welche die besonderen Verfahren der Abwasserbeseitigung nach Art. 13 GSchG keinen ausreichenden Schutz der Gewässer gewährleisten oder nicht wirtschaftlich sind (Art. 10 Abs. 1 lit. a und b GSchG). 4.128

Im Bereich **öffentlicher Kanalisationen** muss das verschmutzte Abwasser in die Kanalisation geleitet werden (Anschlusspflicht, Art. 11 Abs. 1 GSchG). Der Inhaber der Kanalisation (also die öffentliche Hand) ist verpflichtet, das Abwasser abzunehmen und der zentralen Abwasserreinigungsanlage zuzuführen (Art. 11 Abs. 3 GSchG, Abnahmepflicht).[185] Der Bereich öffentlicher Kanalisationen umfasst die Bauzonen (lit. a) und weitere Gebiete, in denen eine Kanalisation erstellt wurde (lit. b) bzw. in welchen ein Anschluss zweckmässig und zumutbar ist (lit. c). Zweckmässig ist der Anschluss nach Art. 12 Abs. 1 lit. a GSchV, wenn er sich einwandfrei und mit normalem baulichem Aufwand herstellen lässt. Nicht finanzielle, sondern technische Gesichtspunkte sind relevant; zu berücksichtigen sind z.B. topografische und baugrundspezifische Verhältnisse. Keine übermässige Erschwerung bedeuten in der Regel die Notwendigkeit einer Pumpe bzw. Druckleitung oder der Umstand, dass eine Strasse unterquert werden muss.[186] Zumutbar ist der Anschluss, wenn dessen Kosten diejenigen für vergleichbare Anschlüsse innerhalb der Bauzone nicht wesentlich überschreiten (Art. 12 Abs. 1 lit. b GSchV). Massgebend ist der sog. Einwohnergleichwert (EGW), der auf die durchschnittliche Menge Schmutzwasser pro Einwohner abstellt und sich in objektivierter Betrachtungsweise nach der möglichen Nutzung des Gebäudes bei voller Auslastung richtet und nicht nach der effektiven Anzahl der Bewohner.[187] Anschlusskosten von 6800 Franken pro EGW für eine Leitung von 120 m Länge sind zumutbar.[188] 4.129

---

183 RAUSCH/MARTI/GRIFFEL, Umweltrecht, Rz. 383 ff.; zum gesetzlichen Abwasserentsorgungskonzept: STUTZ, Abwasserrecht, S. 123 ff.; zur Abwasserbeseitigung vgl. auch Botschaft GSchG 1987, S. 1109 ff.

184 Zum Abwasserbegriff eingehend: STUTZ, Abwasserrecht, S. 69 ff.

185 RAUSCH/MARTI/GRIFFEL, Umweltrecht, Rz. 389 ff.; STUTZ, Abwasserrecht, S. 139 ff.

186 BGer, Urteil 1A.1/2001 vom 7. Mai 2001, E. 2b; GRIFFEL, Umweltrecht, S. 177 f.

187 Vgl. WAGNER PFEIFER, Besondere Regelungsbereiche, Rz. 859 f.; RAUSCH/MARTI/GRIFFEL, Umweltrecht, Rz. 390; Botschaft GSchG 1987, S. 1114 ff.

188 BGE 132 II 515, E. 5.

4.130 **Ausserhalb des Bereichs öffentlicher Kanalisationen,** d.h. in abgelegenen oder dünn besiedelten Gebieten, ist das Abwasser nicht durch zentrale Abwasserreinigungsanlagen zu behandeln. Es ist entsprechend dem Stand der Technik zu entsorgen, wenn der Schutz der ober- und unterirdischen Gewässer gewährleistet ist (Art. 13 Abs. 1 i.V.m. Art. 10 Abs. 2 GSchG). Zu prüfen sind je unter bestimmten Voraussetzungen die Einleitung in Gewässer (Art. 6 GSchV), das Versickernlassen (Art. 8 GSchV) oder die Verwertung zusammen mit dem Hofdünger (Art. 12 Abs. 4 GSchG). Fallen alle diese Varianten ausser Betracht, muss das verschmutzte Abwasser in einer abflusslosen Grube (geschlossener Sammelbehälter) gesammelt und regelmässig einer zentralen Abwasserreinigungsanlage oder einer besonderen Behandlung (z.B. in einer Kleinkläranlage) zugeführt werden (Art. 9 Abs. 1 GSchV).[189]

4.131 Die Kantone sorgen für eine kommunale und, soweit notwendig, für eine regionale **Entwässerungsplanung** (Art. 7 Abs. 3 GSchG, Art. 4 und 5 GSchV).[190] Das Instrument des generellen Entwässerungsplans (GEP) gewährleistet mit einer ganzheitlichen Betrachtungsweise des Wasserhaushalts in den Gemeinden einen sachgemässen Gewässerschutz und eine zweckmässige Siedlungsentwässerung (Art. 5 Abs. 1 GSchV). Dabei ist das verschmutzte von nicht verschmutztem Abwasser zu trennen (System der Abwassertrennung, vgl. Art. 3 ff. GSchV).[191] Die Voraussetzungen für die Einleitung von verschmutztem Abwasser in Gewässer bzw. in die öffentliche Kanalisation sind in Art. 6 bzw. 7 GSchV festgelegt. Grundsätzlich ist das Versickernlassen von verschmutztem Abwasser verboten; Ausnahmen sind unter restriktiven Voraussetzungen möglich (Art. 8 GSchV).

4.132 Art. 12 GSchG regelt **Sonderfälle** im Bereich öffentlicher Kanalisationen, so eine Vorbehandlungspflicht (Abs. 1 und 2) für gewerbliche oder industrielle Abwässer, welche z.B. toxische Stoffe enthalten.[192] Zur Beseitigung von Industrieabwasser gilt grundsätzlich der (jeweils aktuelle) Stand der Technik, welcher in der GSchV samt Anhängen umschrieben wird.[193] Zu beachten ist das zweistufige Schutzkonzept mit verschärften oder erleichterten Anforderungen nach Art. 7 Abs. 2 und 3 GSchV. Für landwirtschaftliche Betriebe mit Nutztierhaltung (erheblicher Rindvieh- und Schweinebestand) gelten die Vorgaben von Art. 12 Abs. 4 und 5 sowie Art. 14 GSchG (Verwertung des häuslichen Abwassers).[194]

4.133 **Nicht verschmutztes Abwasser** (insbesondere Niederschlagswasser) ist nach den Anordnungen der kantonalen Behörden grundsätzlich versickern zu lassen (Versickerungsgebot). Auch eine Verwertung als Brauchwasser (z.B. für Bewässerungszwecke) ist zulässig.[195] Subsidiär kann es in ein oberirdisches Gewässer eingelei-

---

189 Dazu Stutz, Abwasserrecht, S. 133 f.; Rausch/Marti/Griffel, Umweltrecht, Rz. 393.

190 Zur Entwässerungsplanung: Rausch/Marti/Griffel, Umweltrecht, Rz. 386–388; Ruch, Umwelt – Boden – Raum, Rz. 1837–1841.

191 Vgl. Lagger, Gewässerschutzrecht, S. 478; Wagner Pfeifer, Besondere Regelungsbereiche, Rz. 866.

192 Beispiel: BGE 119 Ib 492 ff. (Vorbehandlung von Küchenabwasser).

193 Vgl. die Anhänge 3.1, 3.2 und 3.3 zur GSchV; Näheres bei Lagger, Gewässerschutzrecht, S. 480 ff.; Mettler, Industrieabwasserentsorgung, S. 37 ff.; Stutz, Abwasserrecht, S. 151 ff.

194 Dazu Botschaft GSchG 1987, S. 1115 ff.; Wagner Pfeifer, Besondere Regelungsbereiche, Rz. 891 ff.

195 Dazu BGer, Urteil 1C_157/2009 vom 26. November 2009, E. 5.4; BUWAL, Regenwasser, S. 5 ff.

tet werden. Falls dies auch nicht möglich ist, darf das Niederschlagswasser gestützt auf den Entwässerungsplan oder eine kantonale Bewilligung in die Kanalisation eingeleitet werden (Art. 7 Abs. 2 GSchG). Es gilt der Grundsatz der geringstmöglichen Belastung des Kanalisationssystems.[196] Stetig anfallendes, nicht verschmutztes Abwasser (Sicker-, Quell-, Kühl- oder Drainagewasser) darf deshalb grundsätzlich nicht einer zentralen Abwasserreinigungsanlage zugeleitet werden (Art. 12 Abs. 3 und Art. 76 GSchG).[197]

ee) Abwassertechnische Voraussetzungen bei Bauprojekten

Baubewilligungen dürfen nach Art. 17 GSchG für Neu- und Umbauten nur erteilt werden, wenn: im Bereich öffentlicher Kanalisationen gewährleistet ist, dass das verschmutzte Abwasser in die Kanalisation eingeleitet oder landwirtschaftlich verwertet wird (lit. a); ausserhalb des Bereichs öffentlicher Kanalisationen die zweckmässige Beseitigung des verschmutzten Abwassers durch besondere Verfahren gewährleistet ist (lit. b); gewährleistet ist, dass Abwasser, das sich für die Behandlung in einer zentralen Abwasserreinigungsanlage nicht eignet, zweckmässig beseitigt wird (lit. c). Ausnahmen sieht Art. 18 GSchG für kleinere Gebäude und Anlagen vor, die sich im Bereich öffentlicher Kanalisationen befinden, aber aus zwingenden Gründen noch nicht an die Kanalisation angeschlossen werden können. Die Baubewilligung darf erteilt werden, wenn der Anschluss kurzfristig möglich ist und das Abwasser in der Zwischenzeit auf eine andere befriedigende Weise beseitigt wird. Die kantonale Gewässerschutzfachstelle ist vorgängig anzuhören. Nach der Rechtsprechung ist massgeblich, ob nur eine geringe Menge von Abwasser erzeugt wird.[198] 4.134

Art. 22 Abs. 2 lit. b RPG setzt für eine Baubewilligung voraus, dass das benötigte Land erschlossen ist. **Erschliessung** bedeutet (neben einer für die betreffende Nutzung hinreichenden Zufahrt), dass die erforderlichen Wasser-, Energie- und Abwasserleitungen so nahe an das Bauland bzw. Grundstück heranführen, dass ein Anschluss ohne erheblichen Aufwand möglich ist (Art. 19 Abs. 1 RPG). Die hinreichende Erschliessung (Grob- und Feinerschliessung gemäss Art. 4 WEG) stellt eine wichtige Bauvoraussetzung dar (Baureife von Grundstücken) und gilt für alle Nutzungszonen, d.h. Bauland und Nichtbauland.[199] 4.135

ff) Zur Bedeutung des Verursacherprinzips

Wer Massnahmen nach dem GSchG verursacht, trägt nach dem Verursacherprinzip die Kosten dafür (Art. 3a GSchG). Dies gilt für die **Kosten von Massnah-** 4.136

196 BGer, Urteil 2P.144/2006 vom 27. Juli 2006, E. 3.2.1; GRIFFEL, Umweltrecht, S. 174.

197 Botschaft GSchG 1987, S. 1115; RAUSCH/MARTI/GRIFFEL, Umweltrecht, Rz. 392.

198 Zum Begriff des kleineren Gebäudes: BGer, Urteil 1C_419/2011 vom 18. Juni 2012, E. 5.1 (URP 2012 681 ff.); WAGNER PFEIFER, Besondere Regelungsbereiche, Rz. 856.

199 Zur Erschliessung vgl. die Ausführungen unter Rz. 3.269 ff.; BGE 127 I 103, E. 7d; zum Kanalisationsanschluss als Erschliessungsvoraussetzung: BGE 118 Ia 151, E. 6e; BGE 117 Ib 308, E. 4a.

men, welche die Behörden zur Abwehr einer unmittelbar drohenden Gefahr für die Gewässer sowie zur Feststellung und zur Behebung eines Schadens treffen (Art. 54 GSchG); zu erwähnen sind antizipierte Ersatzvornahmen wegen Öl- oder anderer Unfälle.[200] Auch bei der Deckung der Betriebs- und Unterhaltskosten von Abwasseranlagen (Art. 60a GSchG) durch periodische Benützungsgebühren spielt das Verursacherprinzip eine Rolle. Hingegen richten sich einmalige Anschlussgebühren oder Anschlussbeiträge für die Abwasseranlagen nach anderen sachbezogenen Kriterien (wie Gebäudeversicherungswert, Rauminhalt des Gebäudes, Bruttogeschossfläche).[201]

gg) Schutz und Erhaltung von Grundwasservorkommen

4.137 Die Grundlagen des **planerischen Schutzes** der Gewässer werden an anderer Stelle besprochen.[202] Nachfolgend wird die Frage der Zulässigkeit von baulichen Auswirkungen auf das Grundwasser kurz erläutert. In den besonders gefährdeten Bereichen bedürfen die Erstellung und die Änderung von Bauten und Anlagen sowie Grabungen, Erdbewegungen und ähnliche Arbeiten einer kantonalen Bewilligung, wenn sie die Gewässer gefährden können (Art. 19 Abs. 2 GSchG). Für welche Bauten, Anlagen, Bereiche und Tätigkeiten in den besonders gefährdeten Bereichen eine solche Bewilligung erforderlich ist, zählt Art. 32 Abs. 2 GSchV auf. Diesfalls müssen die Gesuchsteller nachweisen, dass die Anforderungen zum Schutze der Gewässer erfüllt sind und die dafür notwendigen Unterlagen (gegebenenfalls hydrogeologische Abklärungen) beibringen (Art. 32 Abs. 3 GSchV). Die Behörde erteilt eine Bewilligung, wenn mit Auflagen und Bedingungen ein ausreichender Schutz der Gewässer gewährleistet werden kann; sie legt dabei auch die Anforderungen an die Stilllegung der Anlagen fest (Art. 32 Abs. 3 GSchV).

4.138 Die Kantone scheiden Schutzzonen für die im öffentlichen Interesse liegenden Grundwasserfassungen und -anreicherungsanlagen aus; sie legen die notwendigen Eigentumsbeschränkungen fest (Art. 20 Abs. 1 GSchG). Zu beachten sind jeweils die Schutzzonenpläne und -reglemente von Kantonen bzw. Gemeinden. **Grundwasserschutzzonen** bestehen aus dem Fassungsbereich (Zone S1), der engeren Schutzzone (Zone S2) und der weiteren Schutzzone (Zone S3 bzw. S_h und S_m), vgl. Art. 29 Abs. 2 und Anhang 4 Ziff. 12 GSchV. Für diese verschiedenen Zonen sind abgestufte Nutzungseinschränkungen festgelegt. Anhang 4 Ziff. 221–223 GSchV zählt detailliert auf, welche Bauten, Anlagen und Tätigkeiten in welchen Bereichen oder Zonen unzulässig bzw. welche baulichen Eingriffe erlaubt sind. So sind in den Zonen S3 und S_m z.B. industrielle und gewerbliche Betriebe, von denen eine Gefahr für das Grundwasser ausgeht, nicht zulässig. In der Zone S2 ist insbesondere das Erstellen von Anlagen untersagt; Ausnahmen aus wichtigen Gründen sind möglich, wenn eine Gefährdung der Trinkwassernutzung ausgeschlossen werden kann. In

200 Zum Verursacherprinzip vgl. Griffel, Grundprinzipien, Rz. 207 ff., 320 ff.; Wagner Pfeifer, Besondere Regelungsbereiche, Rz. 999 ff., mit Verweisen auf die Rechtsprechung.
201 Griffel, Umweltrecht, S. 178–180, mit Hinweisen auf die Rechtsprechung.
202 Dazu Rz. 1.99 ff.; Wagner Pfeifer, Besondere Regelungsbereiche, Rz. 905 ff.

der Zone S1 dürfen nur bauliche Eingriffe und andere Tätigkeiten ausgeführt werden, welche der Trinkwasserversorgung dienen.[203]

Schliesslich scheiden die Kantone Areale aus, die für die künftige Nutzung und Anreicherung von Grundwasservorkommen von Bedeutung sind. In diesen Arealen dürfen keine Bauten und Anlagen erstellt oder Arbeiten ausgeführt werden, die künftige Nutzungs- und Anreicherungsanlagen beeinträchtigen könnten (Art. 21 Abs. 1 GSchG). 4.139

Um die **Grundwasservorkommen** zu erhalten, sorgen die Kantone dafür, dass einem solchen langfristig nicht mehr Wasser entnommen wird, als ihm zufliesst. Kurzfristig darf mehr Wasser entnommen werden, sofern dadurch die Qualität des Grundwassers und die Vegetation nicht beeinträchtigt werden (Art. 43 Abs. 1 GSchG). Im Zusammenhang mit Bauvorhaben ist insbesondere zu beachten, dass Speichervolumen und Durchfluss nutzbarer Grundwasservorkommen durch Einbauten nicht wesentlich und dauernd verringert werden dürfen (Art. 43 Abs. 4 GSchG). 4.140

hh) Zum Gewässerraum

Der mit der Revision im Jahre 2009 eingefügte Art. 36a GSchG verpflichtet die Kantone, nach Anhörung der betroffenen Kreise den Raumbedarf der oberirdischen Gewässer festzulegen (unabhängig von einem Revitalisierungs- oder Hochwasserschutzprojekt).[204] Dieser **Gewässerraum** gewährleistet nach Abs. 1 die natürlichen Funktionen der Gewässer (lit. a), den Schutz vor Hochwasser (lit. b) und die Gewässernutzung (lit. c). Die Kantone sorgen dafür, dass der Gewässerraum bei der Richt- und Nutzungsplanung berücksichtigt sowie extensiv gestaltet und bewirtschaftet wird (Abs. 3). In der GSchV finden sich dazu detaillierte Vorgaben (Art. 41a ff.). Innerhalb des Gewässerraums ist die Errichtung von Bauten und Anlagen grundsätzlich verboten (Art. 41c Abs. 1 GSchV). Nach der Umsetzung einer ersten Revisionsetappe auf Anfang 2016 soll mit einer zweiten Revision der GSchV der Handlungsspielraum der Kantone erweitert werden. Das Inkrafttreteten der revidierten Verordnungsbestimmungen ist per Anfang 2017 geplant und trotz Durchführung einer Vernehmlassung absehbar. Die Revision wird zu einer Abschwächung der Schutzanliegen führen (Verzichtmöglichkeit auf Ausscheidung des Gewässerraums bei sehr kleinen Gewässern, Erweiterung der Tatbestände für Ausnahmebewilligungen betreffend Bauten und Anlagen im Gewässerraum).[205] 4.141

Die **Übergangsbestimmungen** der GSchV zur Änderung vom 4. Mai 2011 schreiben den Kantonen vor, den Gewässerraum bis Ende Dezember 2018 festzulegen. Im Bundesrecht bleibt die Frage des anwendbaren Verfahrens und der Mitwirkung von 4.142

---

203 Dazu auch Griffel, Umweltrecht, S. 181 ff.

204 Bericht Pa.Iv. GSchG 2008, S. 8059 f.; BAFU, Erläuterungen GSchV 2011, S. 2; Wagner Pfeifer, Besondere Regelungsbereiche, Rz. 843–846.

205 Vgl. die Unterlagen (insbesondere den erläuternden Bericht des BAFU vom 23. Mai 2016) zum Verordnungspaket Umwelt Frühling 2017 unter www.admin.ch > Bundesrecht > Vernehmlassungen > Laufende Vernehmlassungen und Anhörungen.

Betroffenen offen.[206] Solange die Kantone den Gewässerraum nicht ausgeschieden haben, wird er (seit dem 1. Juni 2011) bundesrechtlich bestimmt und ist von Amtes wegen zu berücksichtigen. Der übergangsrechtliche Gewässerraum beträgt bei Fliessgewässern auf einem beidseitigen Streifen: 8 m plus die Breite der bestehenden Gerinnesohle bei Fliessgewässern mit einer Gerinnesohle bis 12 m Breite (Abs. 2 lit. a); 20 m bei Fliessgewässern mit einer bestehenden Gerinnesohle von mehr als 12 m Breite (lit. b). Bei stehenden Gewässern (Seen) mit einer Wasserfläche von mehr als 0,5 ha beträgt die Gewässerraumbreite 20 m (lit. c).

4.143 Art. 41a und 41b GSchV stellen **Minimalanforderungen** für die **Kantone** zur Bestimmung des Gewässerraums für Fliessgewässer und für stehende Gewässer auf. Der Gewässerraum besteht bei Fliessgewässern aus dem Raum für eine natürliche Gerinnesohle und den beiden Uferstreifen.[207] Weil der Gewässerraum einen Korridor darstellt, muss das Fliessgewässer nicht in der Mitte des Gewässerraums liegen (dies im Unterschied zur dargelegten übergangsrechtlichen Regelung der GSchV).[208] Art. 41a GSchV sieht in bestimmten aufgezählten Schutzgebieten grössere Gewässerräume vor als in den übrigen Gebieten (Abs. 1 und 2). Für die genauen Vorgaben zur Bestimmung der Gewässerraumbreite je nach Gerinnesohlenbreite sei auf Art. 41a GSchV und auf die Materialien verwiesen.[209]

4.144 Die **Breite des Gewässerraums** für Fliessgewässer muss bei Vorliegen einer der in Art. 41a Abs. 3 GSchV genannten Gründe erhöht werden. Sie kann in dicht überbauten Gebieten den baulichen Gegebenheiten angepasst werden, soweit der Schutz vor Hochwasser gewährleistet ist (Art. 41a Abs. 4 GSchV).[210] Die Revisionsvorlage sieht zudem Anpassungen an die topografischen Verhältnisse in Gewässerabschnitten vor (nArt. 41a Abs. 4 lit. b GSchV). Je nach Umständen können die Kantone auf die Festlegung des Gewässerraums verzichten (z.B. wenn sich das Gewässer im Wald befindet, eingedolt oder künstlich angelegt ist). Nach dem Vernehmlassungsentwurf für die zweite Etappe der Revision zur GSchV soll ein Verzicht auch möglich werden, wenn das Gewässer sehr klein ist (nArt. 41a Abs. 5 GSchV). Dem Verzicht dürfen nach Art. 41a Abs. 5 GSchV keine überwiegenden Interessen entgegenstehen (z.B. Nutzungs- und Schutzkonflikte).[211]

4.145 Die Breite des Gewässerraums bei stehenden Gewässern ist in Art. 41b Abs. 1 GSchV geregelt. Auch hier sind Gründe für eine Erhöhung, eine Anpassung bzw. einen

---

206 Die Festsetzung des Gewässerraums kann im Rahmen der kommunalen Nutzungsplanung erfolgen, möglich sind auch kantonale Nutzungspläne oder eine kantonale Fachplanung, dazu BGE 139 II 470, E. 4.3; Stutz, Gewässerraum, S. 116 f.; Stutz, Raumbedarf, S. 9, 16 ff.

207 Die natürliche Breite der Gerinnesohle wird bei verbauten Fliessgewässern mit einem Korrekturfaktor ermittelt; dazu BAFU, Erläuterungen GSchV 2011, S. 11.

208 BAFU, Erläuterungen GSchV 2011, S. 10; Stutz, Raumbedarf, S. 17 f.

209 BAFU, Erläuterungen GSchV 2011, S. 10–13.

210 Die Kantone können den für die verschiedenen Schutzobjekte (wie geschlossene Siedlungen, landwirtschaftliche Flächen etc.) zu erreichenden Schutzgrad festlegen: Stutz, Raumbedarf, S. 7 f.

211 Grundsätzlich umfasst die Ausscheidung von Gewässerräumen auch eingedolte Gewässer: VGer ZH, Urteil AN.2012.00001 vom 26. Juni 2012, E. 4.1 (BEZ 2012 Nr. 35); BAFU, Erläuterungen GSchV 2011, S. 12; Stutz, Gewässerraum, S. 110; zu Gletscherseen: Haeberli/Bütler/Huggel/Müller/Schleiss, Neue Seen, S. 96 f.

Verzicht auf die Festlegung des Gewässerraums zu berücksichtigen (Abs. 2–4).[212] Zu beachten ist zudem, dass der Raum, den das Gewässer selber einnimmt, nicht Teil des Gewässerraums bildet (vgl. Art. 41b Abs. 1 GSchV), während bei Fliessgewässern auch das Gewässer selber als Gewässerraum gilt.[213]

Die Errichtung von Bauten und Anlagen ist in einem relativ breiten, bei Fliessgewässern beidseitigen Uferstreifen grundsätzlich unzulässig: Im übergangsrechtlichen und im kantonal festgesetzten Gewässerraum dürfen im Sinne einer **extensiven Gestaltung** nur standortgebundene, im öffentlichen Interesse liegende Anlagen wie Fuss- und Wanderwege, Flusskraftwerke oder Brücken erstellt werden (Art. 41c Abs. 1 GSchV).[214] In Schluchten oder durch Felsen eingeengten Platzverhältnissen können Anlagen im Gewässerraum standortgebunden sein, wenn sie an diesem Ort unverzichtbar notwendig sind (z.B. Fahrwege, Leitungen). Fahrwege mit befestigter Oberfläche wie landwirtschaftliche Güterwege oder Unterhaltswege sind in der Regel nicht gestattet. Auch Hochwasserschutzdämme sind, soweit möglich, ausserhalb des Gewässerraums anzulegen.[215] 4.146

Weitere Ausnahmen betreffen land- und forstwirtschaftliche Spur- und Kieswege im Fall von topografisch beschränkten Platzverhältnissen (Art. 41c Abs. 1 lit. b GSchV). Zudem sind Ausnahmen möglich für (zwingend) standortgebundene Teile von Anlagen, die der Wasserentnahme oder -einleitung dienen (Art. 41c Abs. 1 lit. c GSchV), z.B. Anlagen zur Erhaltung und Verbesserung von Struktur und Wasserhaushalt des Bodens (Drainagen, Bewässerung), zur Wärmenutzung oder zu Kühlzwecken.[216] 4.147

In **dicht überbauten Gebieten** kann die Behörde für zonenkonforme Anlagen Ausnahmen bewilligen, soweit keine überwiegenden Interessen entgegenstehen (Art. 41c Abs. 1 lit. a GSchV). Dies ermöglicht eine Siedlungsentwicklung nach innen und eine städtebauliche Verdichtung (z.B. durch das Füllen von Baulücken).[217] Zum Begriff des dicht überbauten Gebiets liegen ein Merkblatt des ARE und des BAFU[218] sowie Gerichtsentscheide vor. Er deckt sich nicht mit der weitgehenden Überbauung im Sinne von Art. 36 Abs. 3 RPG. Die Tatsache, dass sich ein Grundstück in der Bauzone befindet, ist für sich allein nicht ausschlaggebend.[219] Eine sachgerechte Planung setzt nach dem Bundesgericht einen genügend gross gewählten Perimeter voraus (Gemeindegebiet). Der Begriff des «dicht überbauten Gebiets» ist restriktiv auszulegen.[220] Nach der erwähnten zweiten Revisionsetappe zur GSchV 4.148

---

212 Bericht Pa.Iv. GSchG 2008, S. 8059; BAFU, Erläuterungen GSchV 2011, S. 13 f.

213 Stutz, Gewässerraum, S. 119 Fn. 56.

214 Zu Pumpwerken für Beschneiungsanlagen vgl. Bütler, Skigebiete, S. 430 f.

215 BAFU, Erläuterungen GSchV 2011, S. 14 f.

216 BAFU, Erläuternder Bericht GSchV 2015, S. 8 f., 11 sowie Erläuternder Bericht GSchV 2016, S. 4 f.

217 BAFU, Erläuterungen GSchV 2011, S. 15.

218 ARE/BAFU, Merkblatt Gewässerraum im Siedlungsgebiet.

219 VGer ZH, Urteil VB.2013.00340 vom 5. September 2013, E. 4.4.1–4.6 (dicht überbautes Gebiet verneint); ARE/BAFU, Merkblatt Gewässerraum im Siedlungsgebiet, S. 3; Stutz, Raumbedarf, S. 18.

220 BGE 140 II 428, E. 7 f.; dazu URP 2014 565 ff.; BGE 140 II 437, E. 5–5.4 mit Verweis auf den Bericht Pa.Iv. GSchG 2008, S. 8059; dazu URP 2014 582 ff. Vgl. auch Stutz, Gewässerraum, S. 103 f.

sollen weitere Ausnahmebewilligungen ermöglicht werden: Einerseits zur Schliessung von Baulücken ausserhalb von dicht überbauten Gebieten und andererseits für die Errichtung von Kleinanlagen, welche der (privaten) Gewässernutzung dienen (nArt. 41e Abs. 1 lit. a^{bis} und d GSchV).

4.149 Ist das Kriterium des dicht überbauten Gebiets (bzw. der Revisionstatbestände) erfüllt, gilt es zu prüfen, ob der Erteilung einer Ausnahmebewilligung **überwiegende öffentliche Interessen** entgegenstehen. Bei der umfassenden Interessenabwägung sind insbesondere die Anliegen des Hochwasserschutzes, des Natur- und Landschaftsschutzes und das Interesse der Öffentlichkeit an einem erleichterten Zugang zu den Gewässern im Sinne von Art. 3 Abs. 2 RPG zu berücksichtigen.[221]

4.150 Rechtmässig erstellte und bestimmungsgemäss nutzbare Anlagen im Gewässerraum sind in ihrem **Bestand** grundsätzlich **geschützt** (Besitzstandsgarantie, Art. 41c Abs. 2 GSchV i.V.m. Abs. 2 der Übergangsbestimmungen zur Änderung vom 4. Mai 2011). Der notwendige Unterhalt von bestehenden Anlagen ist zulässig.[222] Wenn möglich, sollen Fahrwege, Leitungen oder weitere vergleichbare Anlagen (allenfalls sogar Gebäude) aus dem Gewässerraum verlegt werden, wenn dies für ein Hochwasserschutz- oder Revitalisierungsprojekt erforderlich und verhältnismässig ist.[223]

4.151 Sobald die Kantone den Gewässerraum festgelegt haben, darf dieser nach Art. 36a Abs. 3 GSchG i.V.m. Art. 41c Abs. 3 und 4 GSchV nur noch **extensiv bewirtschaftet** werden. Insbesondere dürfen im Gewässerraum keine Dünger und Pflanzenschutzmittel ausgebracht werden (Art. 41c Abs. 3 GSchV).[224]

ii) Verbauung, Korrektion und Eindolung von Fliessgewässern

4.152 Fliessgewässer dürfen nach Art. 37 Abs. 1 GSchG nur **verbaut oder korrigiert** werden, wenn der Schutz von Menschen oder erheblichen Sachwerten es erfordert (lit. a), dies für die Schiffbarmachung oder eine im öffentlichen Interesse liegende Nutzung der Wasserkraft nötig ist (lit. b), dies erforderlich ist für die Errichtung einer (absolut) standortgebundenen Deponie, in welcher ausschliesslich unverschmutztes Aushub-, Abraum- und Ausbruchmaterial abgelagert wird (lit. b^{bis}) oder wenn dadurch der Zustand eines bereits verbauten oder korrigierten Gewässers im Sinne dieses Gesetzes verbessert werden kann (lit. c). Nach dem Bundesgericht setzt lit. a (zum Hochwasserschutz) nicht voraus, dass eine hohe Gefährdung durch einen nicht korrigierten Bach besteht oder dass durch dessen Korrektion eine starke Verbesserung des Schutzes erfolgt.[225]

---

221 BGE 140 II 437, E. 6; BAFU, Erläuterungen GSchV 2011, S. 15.

222 BAFU, Erläuterungen GSchV 2011, S. 15; STUTZ, Gewässerraum, S. 103.

223 Bericht Pa.Iv. GSchG 2008, S. 8060; BAFU, Erläuterungen GSchV 2011, S. 15.

224 BAFU, Erläuterungen GSchV 2011, S. 15 f.; BAFU/BLW/ARE, Merkblatt Gewässerraum und Landwirtschaft; STUTZ, Gewässerraum, S. 100 ff. Zur Frage der Zulässigkeit von Massnahmen gegen die natürliche Ufererosion vgl. Art. 41c Abs. 5 GSchV; dazu BAFU, Erläuterungen GSchV 2011, S. 16.

225 BGer, Urteil 1C_109/2010 vom 8. September 2010, E. 6.3.5.

Bei der Verbauung und Korrektion von Fliessgewässern muss der **natürliche Gewässerverlauf** möglichst beibehalten oder wiederhergestellt werden. Gewässer und Gewässerraum müssen gemäss Art. 37 Abs. 2 GSchG so gestaltet werden, dass sie einer vielfältigen Tier- und Pflanzenwelt als Lebensraum dienen können (lit. a), die Wechselwirkungen zwischen ober- und unterirdischem Gewässer weitgehend erhalten bleiben (lit. b) und eine standortgerechte Ufervegetation gedeihen kann (lit. c). In überbauten Gebieten kann die Behörde Ausnahmen von Abs. 2 bewilligen («harte» Verbauung). Für die Schaffung künstlicher Fliessgewässer gilt Abs. 2 sinngemäss (Art. 37 Abs. 3 und 4 GSchG).[226] 4.153

Grundsätzlich dürfen Fliessgewässer nicht **überdeckt oder eingedolt** werden (Art. 38 Abs. 1 GSchG). Die Behörde kann nach Art. 38 Abs. 2 GSchG Ausnahmen bewilligen für: Hochwasserentlastungs- und Bewässerungskanäle (lit. a); Verkehrsübergänge (lit. b); Übergänge land- und forstwirtschaftlicher Güterwege (lit. c); kleine Entwässerungsgräben mit zeitweiser Wasserführung (lit. d); den Ersatz bestehender Eindolungen und Überdeckungen, sofern eine offene Wasserführung nicht möglich ist oder für die landwirtschaftliche Nutzung erhebliche Nachteile mit sich bringt (lit. e).[227] 4.154

jj) Zur Revitalisierung von Gewässern

Nach Art. 38a GSchG sorgen die Kantone für die **Revitalisierung von Gewässern,** dies auch unabhängig von Hochwasserschutz- oder anderen konkreten Projekten. Sie berücksichtigen dabei den Nutzen für die Natur und die Landschaft sowie die wirtschaftlichen Auswirkungen, die sich aus der Revitalisierung ergeben (Abs. 1). Sie planen die Revitalisierungen und legen den Zeitplan dafür fest. Sie sorgen dafür, dass diese Planung bei der Richt- und Nutzungsplanung berücksichtigt wird (Abs. 2). Als Revitalisierung gilt die Wiederherstellung der natürlichen Funktionen eines verbauten, korrigierten, überdeckten oder eingedolten oberirdischen Gewässers mit baulichen Massnahmen (Art. 4 lit. m GSchG). Gut ein Viertel der stark verbauten Gewässerabschnitte soll sukzessive revitalisiert werden.[228] 4.155

Gemäss Art. 41d GSchV erarbeiten die Kantone Grundlagen, die für die **Planung der Gewässerrevitalisierungen** nötig sind.[229] Die Planung erstreckt sich über einen Zeitraum von jeweils 20 Jahren und legt die zu revitalisierenden Gewässerabschnitte, die Art der Revitalisierungsmassnahmen und im Rahmen einer Prioritätenordnung die Umsetzungsfristen fest. Nach der bundesgerichtlichen Rechtsprechung dürfen Bauten und Anlagen, welche die künftige Revitalisierungsplanung 4.156

226 RAUSCH/MARTI/GRIFFEL, Umweltrecht, Rz. 426; Botschaft GSchG 1987, S. 1141–1143.

227 Botschaft GSchG 1987, S. 1143 f.; HUBER-WÄLCHLI/KELLER, Zehn Jahre Rechtsprechung, S. 50–52.

228 Bericht Pa.iV. GSchG 2008, S. 8051 f., 8060; BAFU, Erläuterungen GSchV 2011, S. 2; BAFU, Revitalisierung, S. 11 f.; JANSEN, Renaturation, S. 126 ff.; ferner MAURER, Revitalisierung, S. 441 ff.

229 Vgl. dazu BAFU, Erläuterungen GSchV 2011, S. 17–19; BAFU, Revitalisierung, S. 11 ff.

negativ präjudizieren oder vereiteln könnten, im Gewässerraum nicht mehr bewilligt werden.[230]

kk) Schüttungen in Seen

4.157 Art. 39 GSchG untersagt, **feste Stoffe** in Seen einzubringen, auch wenn sie Wasser nicht verunreinigen können. Die kantonale Behörde kann Seeschüttungen gemäss Abs. 2 unter restriktiven Bedingungen ausnahmsweise bewilligen: für standortgebundene Bauten in überbauten Gebieten, wenn überwiegende öffentliche Interessen eine Schüttung erfordern und sich der angestrebte Zweck anders nicht erreichen lässt (lit. a) oder wenn dadurch eine Flachwasserzone verbessert werden kann (lit. b). Die Schüttungen sind so natürlich wie möglich zu gestalten, und zerstörte Ufervegetation ist zu ersetzen (Abs. 3). Nach der Rechtsprechung sind Schüttungen nur für standortgebundene Vorhaben zulässig, d.h. für Bauten und Anlagen, die auf genau diesen Standort angewiesen sind und sich landseits nicht realisieren lassen (Beispiel Uferweg). So ist es nicht zulässig, ein bestehendes Gewässer mitsamt dessen Gewässerraum aufzuschütten, um Wohnüberbauungen darauf zu erstellen.[231]

ll) Zum Geschiebehaushalt der Gewässer und zur Ausbeutung von Material

4.158 Der **Geschiebehaushalt** im Gewässer darf nach Art. 43a GSchG durch Anlagen nicht so verändert werden, dass die einheimischen Tiere und Pflanzen, deren Lebensräume, der Grundwasserhaushalt und der Hochwasserschutz wesentlich beeinträchtigt werden. Die Inhaber der Anlagen (z.B. Wasserkraft- und Kieswerke, Flussverbauungen und Geschiebesammler) treffen dazu geeignete Massnahmen zur Sicherung bzw. Reaktivierung eines ausgeglichenen Geschiebehaushalts (Abs. 1 und 2). Sanierungsmassnahmen richten sich nach Art. 83a und b GSchG i.V.m. Art. 42a–c GSchV.[232]

4.159 Wer Kies, Sand oder anderes **Material ausbeuten** oder vorbereitende Grabungen dazu vornehmen will, braucht gemäss Art. 44 GSchG eine Bewilligung. Die Bewilligung für solche Arbeiten darf gemäss Abs. 2 nicht erteilt werden: in Grundwasserschutzzonen (lit. a), unterhalb des Grundwasserspiegels bei einem Grundwasservorkommen, das sich nach Menge und Qualität für die Wassergewinnung eignet (lit. b) und in Fliessgewässern, wenn der Geschiebehaushalt nachteilig beeinflusst wird (lit. c). Zur Ausbeutung im Gewässerschutzbereich A_u vgl. Anhang 4 Ziff. 211 Abs. 3 GSchV.

---

230 BGer, Urteil 1C_821/2013 und 1C_825/2013 vom 30. März 2015, E. 6.5–6.5.4; BGer, Urteil 1C_164/2012 vom 30. Januar 2013, E. 8.4.1.

231 BGE 130 II 313, E. 3.6; BGer, Urteil 1C_821/2013 und 1C_825/2013 vom 30. März 2015, E. 6.3, 6.4.6; Botschaft GSchG 1987, S. 1144 f.; Huber-Wälchli/Keller, Zehn Jahre Rechtsprechung, S. 52 f.; Huber-Wälchli/Keller, Rechtsprechung 2003–2012, S. 252 f.; Brunner, Bauen im Uferbereich, S. 754.

232 BAFU, Erläuterungen GSchV 2011, S. 23–26; Bericht Pa.Iv. GSchG 2008, S. 8051, 8062.

mm) Zugänglichkeit von See- und Flussufern

Das Bundesrecht gewährleistet kein ausdrückliches Recht auf freien **Zugang zu See- und Flussufern.**[233] Die zuständigen Behörden sollen See- und Flussufer freihalten und den öffentlichen Zugang sowie die Begehung erleichtern (Art. 3 Abs. 2 lit. c RPG). Nach dem Bundesgericht ist eine Verbesserung gegenüber der bestehenden Lage (keine konkrete Zielvorgabe) gemeint.[234] Ausserdem sieht Art. 3 Abs. 3 FWG vor, dass Wanderwegnetze insbesondere für die Erholung geeignete Gebiete und schöne Landschaften (u.a. Ufer) erschliessen. Das Bundesrecht gebietet eine ufernahe Wegführung, wo immer eine solche sinnvoll, möglich und zumutbar ist.[235] 4.160

b) Verhältnis Bundesrecht – kantonales Recht

Die **bundesrechtlichen Gewässerschutznormen** stellen insofern zwingendes Recht dar, als die Kantone es jedenfalls nicht abschwächen dürfen (ausser das Bundesrecht sehe die Möglichkeit von Erleichterungen selber vor, z.B. Art. 6 Abs. 4 GSchV). Nach dem Bundesgericht stellt das gewässerschutzrechtliche Reinhaltungsgebot abschliessendes Bundesrecht dar. Es lasse keinen Raum für ergänzendes bzw. strengeres kantonales Recht. Gleich verhalte es sich insofern beim Gesetzesvollzug; die in der Praxis verlangten Standards beim qualitativen Gewässerschutz müssten bundesweit einheitlich sein.[236] Hingegen dürfen die Kantone breitere Gewässerräume ausscheiden als im Bundesrecht vorgesehen (siehe Art. 41a Abs. 1 und 2 sowie Art. 41b Abs. 1 GSchV).[237] 4.161

c) Kantonales Recht

Die **Kantone vollziehen das GSchG,** soweit nicht Art. 48 GSchG den Vollzug dem Bund überträgt. Sie erlassen die erforderlichen Vorschriften (Art. 45 GSchG, Art. 45 Abs. 1 GSchV); so z.B. zur Festlegung der Gewässerräume oder betreffend Landumlegungen.[238] Der Bund beaufsichtigt den Vollzug des GSchG und der GSchV. Das kantonale Recht bestimmt die für den Vollzug des Gewässerschutzrechts zuständigen Behörden. Meist ist die Abwasserreinigung Aufgabe der Gemeinden.[239] 4.162

Seit einigen Jahrzehnten sind Bemühungen von Kantonen und Gemeinden im Gange, die **Zugänglichkeit der Seeufer** zu verbessern. Massgebend sind die kantonalen Raumpläne und Regelungen sowie die tatsächlichen Umstände im Einzelfall. Im kantonalen Richtplan kann die Förderung des Zugangs zu See- und Fluss- 4.163

---

233 BLIND, Zugang, S. 2; Art. 699 ZGB (Zutrittsrecht) führt das Betreten von See- und Flussufern nicht auf.

234 BGer, Urteil 1C_157/2014 vom 4. November 2015, E. 3 (Zürcher Seeuferwege).

235 BGE 118 Ia 394, E. 3a.

236 BGer, Urteil 1C_390/2008 vom 15. Juni 2009, E. 2.3; kritisch STUTZ, Grundwasserschutz, S. 673 ff., und HUBER-WÄLCHLI/KELLER, Rechtsprechung 2003–2012, S. 211 ff.

237 BGE 139 II 470, E. 4.3; STUTZ, Gewässerraum, S. 110.

238 Bericht Pa.Iv. GSchG 2008, S. 8059 f., 8064; STUTZ, Raumbedarf, S. 15 ff.

239 STUTZ, Abwasserrecht, S. 125.

ufern verankert sein.[240] Das Berner Gesetz über See- und Flussufer verpflichtet die Gemeinden, sog. Uferschutzpläne zu erstellen.[241] Im Übrigen sei auf Beispiele aus der Gerichtspraxis verwiesen.[242]

2. Praxishinweis

4.164 Aus prozessualer Sicht ist bedeutsam, dass **neue Bestimmungen des Gewässerschutzrechts** mindestens im bundesgerichtlichen Beschwerdeverfahren auf alle hängigen Bau- und Planverfahren sofort anwendbar sind, sofern sie der Durchsetzung wichtiger öffentlicher Interessen dienen.[243] Diese bundesgerichtliche Rechtsprechung müsste auch auf das kantonale Rechtsmittelverfahren durchschlagen.[244]

C. Walderhaltung*

Literatur

BLOETZER GOTTHARD, Forstpolizei; BRUNNER URSULA/LOOSER MARTIN, Luft und Wald; BÜHLMANN LUKAS/KISSLING SAMUEL, Waldrodung; BÜTLER MICHAEL, Illegale Bauten; BÜTLER MICHAEL, Haftung; GRIFFEL ALAIN, Umweltrecht, S. 196 ff.; GRIFFEL ALAIN, Wald; GRIFFEL ALAIN, Waldkriterien; HÄNNI PETER, Planungsrecht, S. 444 ff.; HOFFMANN KRISTIN/GRIFFEL ALAIN, in: Basler Kommentar BV, Art. 77; JAISSLE STEFAN M., Waldbegriff; KEEL ALOIS/ZIMMERMANN WILLI, Rechtsprechung; KELLER HELEN/HAUSER MATTHIAS, Volksinitiative; MARTI ARNOLD, in: St. Galler Kommentar BV, Art. 77; NAY GIUSEP, Rechtsprechung; RAUSCH HERIBERT/MARTI ARNOLD/GRIFFEL ALAIN, Umweltrecht, S. 139 ff.; SAPUTELLI MAJA, Waldflächen; SCHÄRER WERNER, Vollzugsbehörde; SEITZ ANDREAS/ZIMMERMANN WILLI, Ausführungsgesetzgebungen; VALLENDER KLAUS A./MORELL RETO, Umweltrecht, S. 345 ff.; WAGNER PFEIFER BEATRICE, Besondere Regelungsbereiche, S. 326 ff.; WILD FLORIAN, Neuregelungen; WILD-ECK STEPHAN, Sportanlage; ZIMMERMANN WILLI, Jahresrückblick; ZUFFEREY ROGER, Activités.

Amtliche Publikationen

BAFU (Hrsg.), Rodungen und Rodungsersatz; BAFU (Hrsg.), Waldpolitik 2020.

240 Z.B. Kanton Zürich, Richtplan, 3 Landschaft, Punkte 3.4.1 a und 3.5.3 c.

241 Gesetz über See- und Flussufer (See- und Flussufergesetz, SFG) vom 6. Juni 1982 (BSG 704.1).

242 BGE 118 Ia 394 ff.; BGer, Urteil 1P.562/2000 vom 8. November 2011; BGer, Urteil 1C_210/2008 vom 26. Juni 2008; BGer, Urteil 1C_296/2007 vom 15. Mai 2008; VGer ZH, Urteil VB.2012.00609 vom 29. Mai 2013; zum Ganzen: BLIND, Zugang, S. 1 ff.

243 Beispiele aus der Rechtsprechung: BGer, Urteil 1C_505/2011 vom 1. Februar 2012, E. 3.1.3; BGE 139 II 470, E. 4.2; Urteil 1C_821/2013 und 1C_825/2013 vom 30. März 2015, E. 5.1 f.

244 Zur Zürcher Praxis vgl. z.B. MARCO DONATSCH, in: Kommentar VRG, § 20a Rz. 23 ff. und § 52 Rz. 44 ff.

* Ich danke Prof. WILLI ZIMMERMANN für die kritische Durchsicht des Manuskripts.

Michael Bütler
Nina Dajcar

1. Massgebende Vorschriften

a) Bundesrecht

Im Vordergrund stehen folgende Erlasse: 4.165

- Bundesgesetz über den Wald (Waldgesetz, WaG) von 1991;
- Verordnung über den Wald (Waldverordnung, WaV) von 1992.

Das Raumplanungsrecht spielt in Bezug auf den Wald eine wichtige Rolle; siehe vor allem Art. 1, Art. 3, Art. 6 und die Rückverweisung aufs Waldrecht in Art. 18 Abs. 3 RPG. 4.166

Für die in diesem Fachhandbuch interessierenden Aspekte des Waldrechts hat der Bund keine Staatsverträge unterzeichnet. 4.167

b) Kantonales Recht

Das Waldrecht des Bundes lässt den Kantonen aufgrund der Grundsatzkompetenz in Art. 77 BV einen gewissen Spielraum. Typische kantonale Regelungsgegenstände sind im Zusammenhang mit dem Waldbegriff die Bestimmung der quantitativen Werte (Art. 2 Abs. 4 WaG), Bestimmungen zur Mehrwertabschöpfung (Art. 9 WaG), die Regelungen zu nachteiligen Nutzungen, die noch keine Rodung darstellen (Art. 16 WaG), zum Waldabstand (Art. 17 WaG) und zur Waldbewirtschaftung (Art. 20 ff. WaG). Der Vollzug des Waldrechts obliegt grundsätzlich den Kantonen; sie erlassen die notwendigen Vorschriften (Art. 50 WaG; vgl. aber den Vorbehalt in Art. 49 WaG). 4.168

2. Elemente der Walderhaltung

a) Walderhaltung

Das **Walderhaltungsgebot** ist ein zentrales Element des WaG. Es ist sowohl im Zweckartikel, der auf den Erhalt der Fläche und der räumlichen Verteilung hinweist (Art. 1 Abs. 1 lit. a WaG), wie auch in Art. 3 WaG («Die Waldfläche soll nicht vermindert werden») enthalten. Diese beiden Bestimmungen zielen auf die quantitative Erhaltung ab. Das WaG bezweckt aber auch die qualitative Erhaltung resp. die Förderung der Waldqualität (vgl. Art. 1 Abs. 1 lit. b WaG).[245] 4.169

245 Wagner Pfeifer, Besondere Regelungsbereiche, Rz. 1372. Für aktuelle Bestrebungen zum Schutz des Waldes vor biotischen Gefahren wie z.B. dem eingeschleppten asiatischen Laubholzbockkäfer vgl. Botschaft WaG 2014, S. 4926 ff., und zur Förderung der biologischen Vielfalt a.a.O., S. 4936 ff.

b) Waldbegriff und Waldfeststellung

4.170 Das Bundesrecht definiert, wann Wald im Rechtssinne vorliegt, und verwendet dafür **qualitative Merkmale:** Jede Fläche, die mit Waldbäumen oder Waldsträuchern bestockt ist und Waldfunktionen erfüllen kann, gilt als Wald. Nicht massgebend sind Entstehung, Nutzungsart und Bezeichnung im Grundbuch (Art. 2 Abs. 1 WaG).

4.171 Somit ist zum einen vorausgesetzt, dass eine **forstliche Vegetation** vorliegt. Anhang 11 der PSV enthält eine (nicht abschliessende) Auflistung von Waldbäumen und -sträuchern (vgl. Art. 2 lit. h PSV). Zu beachten ist, dass die forstliche Vegetation nicht naturnah resp. einheimisch sein muss, um als Wald zu gelten.[246] Nach Art. 2 Abs. 2 lit. a WaG gelten auch Weidwälder, bestockte Weiden (Wytweiden, vgl. für die Definition Art. 2 WaV)[247] und Selven (das sind z.B. Kastanienbestockungen, die in der Regel beweidet werden) als Wald. Ebenso als Wald gelten unbestockte oder ertraglose Flächen eines Waldgrundstückes, wie Blössen, Waldstrassen und andere forstliche Bauten und Anlagen (Art. 2 Abs. 2 lit. b WaG), sowie Grundstücke, für die eine Aufforstungspflicht besteht (Art. 2 Abs. 2 lit. c WaG). In einem Negativkatalog nimmt Art. 2 Abs. 3 WaG aber bestimmte Typen von Baumvorkommen vom Waldbegriff aus, nämlich isolierte Baum- und Strauchgruppen, Hecken, Alleen, Garten-, Grün- und Parkanlagen[248], Baumkulturen, die auf offenem Land zur kurzfristigen Nutzung angelegt worden sind, sowie Bäume und Sträucher auf Einrichtungen zur Stauhaltung und in deren unmittelbarem Vorgelände (siehe dazu auch Art. 3 WaV).[249]

4.172 Zum andern muss die Fläche **Waldfunktionen** erfüllen können. Art. 77 Abs. 1 BV und Art. 1 Abs. 1 lit. c WaG nennen ausdrücklich die Schutz-, Wohlfahrts- und Nutzfunktion. Der Wald erfüllt Schutzfunktionen, wenn er als Schutz- oder Bannwald gegen Lawinen, Steinschlag und Ähnliches dient. Wohlfahrtsfunktionen erfüllt der Wald, indem er zu Erholungszwecken und Freizeitnutzungen beansprucht werden kann, aber auch als (naturnahes) Ökosystem oder landschaftsprägendes Element.[250] Die Nutzfunktion schliesslich bezieht sich auf die Holznutzung (vgl. Art. 1 Abs. 1 lit. d WaG und Art. 20 ff. WaG).[251]

4.173 Das Waldrecht enthält nebst den eben genannten qualitativen auch **quantitative Kriterien** (Art. 2 Abs. 4 WaG i.V.m. Art. 1 Abs. 1 WaV). Deren Festsetzung überlässt das Bundesrecht innerhalb eines in Art. 1 Abs. 1 WaV definierten Bereichs den Kantonen. Dieser gibt für die Fläche einen Schwellenwert von 200–800 m^2 (lit. a) und für die Breite von 10–12 m vor (lit. b), dies je mit Einschluss eines zweckmässigen

---

246 Wagner Pfeifer, Besondere Regelungsbereiche, Rz. 1380 ff.; ausführlich zur Vegetation BGE 124 II 165, E. 8.

247 Vgl. BGE 120 Ib 339, E. 5.

248 Zur Auslegung des Begriffs Grünanlage siehe BGE 124 II 85, E. 4.

249 Rausch/Marti/Griffel, Umweltrecht, Rz. 440 ff. m.w.H.

250 BGE 124 II 85, E. 3d/bb.

251 Zum Ganzen Keel/Zimmermann, Rechtsprechung, S. 246 ff.; Wagner Pfeifer, Besondere Regelungsbereiche, Rz. 1383 ff.; Jaissle, Waldbegriff, S. 4 ff.

Waldsaums.[252] Als Mindestalter der Bestockung auf Einwuchsflächen bestimmt das Bundesrecht einen Schwellenwert von 10–20 Jahren (lit. c).[253] Die Kantone sollen nicht schematisch die in der WaV enthaltenen Höchstwerte als massgebend erklären, sondern unter Beachtung der örtlichen Gegebenheiten vom in Art. 1 Abs. 1 WaV vorgesehenen Ermessensspielraum Gebrauch machen.[254]

Den quantitativen Kriterien kommt nur eine **Hilfsfunktion** zu: Wenn sie erfüllt sind, ist grundsätzlich davon auszugehen, dass eine Bestockung als Wald gilt, womit keine weiteren Untersuchungen zur Waldqualität erforderlich sind.[255] Bei Flächen, welche die Schwellenwerte unterschreiten, kann es sich dennoch um Wald handeln; dies ist im Einzelfall zu prüfen. Nach der Praxis des Bundesgerichts erfüllen Waldflächen ab 500 m² in der Regel Waldfunktionen.[256] 4.174

Aufgrund des auf qualitativen Kriterien beruhenden Waldbegriffs ist es möglich, dass neuer Wald entsteht, wenn der Aufwuchs forstlicher Vegetation nicht verhindert wird; der Waldbegriff wird deshalb auch als «dynamisch» bezeichnet.[257] Dieser wird aber zunehmend durch einen **«statischen» Waldbegriff** abgelöst, weil der Dynamik Schranken gesetzt werden. Bis Mitte 2013 galt der statische Waldbegriff nur gegenüber Bauzonen (aArt. 10 WaG). Mit der auf den 1. Juli 2013 in Kraft gesetzten Revision des WaG hat der Bundesgesetzgeber die Regelungen zum statischen Waldbegriff erweitert. So haben die Kantone die Möglichkeit, Gebiete, in denen sie eine Zunahme des Waldes verhindern wollen, im Richtplan zu bezeichnen (Art. 10 Abs. 2 lit. b WaG i.V.m. Art. 12a WaV).[258] 4.175

Im **Waldfeststellungsverfahren** kann, wer ein schutzwürdiges Interesse nachweist, feststellen lassen, ob eine Fläche Wald ist (Art. 10 Abs. 1 WaG). Das schutzwürdige Interesse ist gleich zu verstehen wie in der allgemeinen Regelung von Art. 25 VwVG. Es ist in der Regel z.B. beim Eigentümer eines Grundstücks, auf dem möglicherweise Wald besteht, oder beim Nachbareigentümer, für den die Waldfeststellung Auswirkungen haben kann, zu bejahen.[259] Von Amtes wegen ist beim Erlass und bei der Revision von Nutzungsplänen in Gebieten, in denen Bauzonen an den Wald grenzen oder in Zukunft grenzen sollen, eine Waldfeststellung anzuordnen. Dies gilt ebenso seit der WaG-Revision von 2012 in Gebieten ausserhalb der Bauzonen, in denen der Kanton eine Zunahme des Waldes verhindern will (Art. 10 Abs. 2 WaG). Ein Waldfeststellungsverfahren kann indes auch aus anderen Gründen geboten sein. So muss es z.B. anlässlich eines Verfahrens zur Bestimmung der Standard- 4.176

---

252 BGE 124 II 165, E. 6 zum Waldsaum.

253 Zur Umsetzung in den Kantonen SEITZ/ZIMMERMANN, Ausführungsgesetzgebungen, S. 348 f.

254 BGE 125 II 440, E. 2 und 3 zum Ausführungsrecht des Kantons Zürich, der in § 2 des kantonalen Waldgesetzes die bundesrechtlich vorgesehene Höchstgrenze von 800 m² Fläche, 12 m Breite und ein Alter von 20 Jahren als Minimalerfordernis festsetzt, was vom Bundesgericht geschützt wurde; SEITZ/ZIMMERMANN, Ausführungsgesetzgebungen, S. 348 f.

255 BGE 122 II 72, E. 3b.

256 BGE 124 II 165, E. 2c; BGE 122 II 72, E. 3b.

257 BGE 137 II 182, E. 3.7.2.1.

258 Zum Ganzen HOFFMANN/GRIFFEL, in: Basler Kommentar BV, Art. 77 Rz. 15; SAPUTELLI, Waldflächen, S. 8 f.

259 RAUSCH/MARTI/GRIFFEL, Umweltrecht, Rz. 446.

arbeitskraft eines Landwirtschaftsbetriebs durchgeführt werden, wenn die landwirtschaftlich nutzbare Fläche auch vom Waldanteil abhängt.[260]

4.177 Die **Waldfeststellungsverfügung** hält fest, ob eine bestockte oder unbestockte Fläche Wald ist oder nicht, und gibt deren Koordinaten an; sie bezeichnet in einem Plan Lage und Ausmasse des Waldes sowie die Lage der berührten Grundstücke (Art. 12 WaV). Ob Wald vorliegt, ergibt sich anhand der vorgängig aufgezeigten objektiven Kriterien; bei deren Untersuchung bleibt kein Raum für eine Interessenabwägung.[261]

4.178 Für die Beurteilung der Waldqualität ist der Zeitpunkt des erstinstanzlichen Entscheids massgeblich. Nachträgliche Eingriffe in die Bestockung haben grundsätzlich keinen Einfluss auf die allfällige Waldeigenschaft.[262] Wenn allerdings seit dem erstinstanzlichen Entscheid ein Hindernis, das damals das Aufkommen des Waldes verhindert hatte, entfernt wurde, kann es sachgerecht sein, dieses nachträgliche Wegfallen zu beachten.[263] Falls in die allfällige Waldfläche bereits eingegriffen worden ist, z.B. durch das Fällen von Bäumen oder Terrainveränderungen, erfolgt die Waldfeststellung soweit vorhanden anhand der verfügbaren Dokumentation (auch Luftaufnahmen) aus der massgeblichen Zeit.[264]

4.179 Für den Erlass der Waldfeststellungsverfügung sind grundsätzlich die Kantone **zuständig** (Art. 10 Abs. 1 WaG). Im Zusammenhang mit einem Rodungsgesuch richtet sich die Zuständigkeit nach Art. 6 WaG (vgl. Art. 10 Abs. 3 WaG).

c) Rodungsbewilligung

aa) Definition der Rodung

4.180 Eine Rodung im Sinne des WaG liegt vor, wenn eine «dauernde oder vorübergehende **Zweckentfremdung von Waldboden»** vorgenommen wird (Art. 4 WaG). Somit ist nicht ausschlaggebend, ob Bäume gefällt werden, sondern wie sich ein Vorhaben auf den Waldboden auswirkt.

4.181 Als Zweckentfremdung von Waldboden gilt auch die Zuweisung von Wald zu einer **Nutzungszone;** gemäss Art. 12 WaG bedarf dies einer Rodungsbewilligung.[265] Hingegen gilt nach Art. 4 lit. b WaV die Zuweisung von Wald in eine Schutzzone nach Art. 17 RPG nicht als Rodung, sofern das Schutzziel mit der Walderhaltung im Einklang steht.

260 BGE 137 II 182, E. 3.7.3.2 und 3.7.4.

261 BGE 124 II 85, E. 3e; BGer, Urteil 1C_307/2009 und 1C_309/2009 vom 16. Februar 2010, E. 5.

262 BGE 124 II 85, E. 4d. Aus der neueren Praxis: BGer, Urteil 1C_187/2014 vom 13. November 2014, E. 5.2.2; BGer, Urteil 1C_460/2012 vom 25. November 2013, E. 4 f.

263 BGer, Urteil 1A.30/2004 vom 11. August 2004, E. 2.2.2, in dem das BGer entschied, die Vorinstanz habe bei der Prüfung der tatsächlichen Verhältnisse zu Recht berücksichtigt, dass eine Elektrizitätsfreileitung, die den natürlichen Baumwuchs behindert hatte, zwischenzeitlich abgebrochen worden war.

264 Als Beispiel BGer, Urteil 1C_460/2012 vom 25. November 2013, E. 4 f.

265 Vgl. zu den hohen Anforderungen der Praxis Bühlmann/Kissling, Waldrodung, vor allem S. 8 ff.; Keel/Zimmermann, Rechtsprechung, S. 270 ff.

bb) Voraussetzungen für die Erteilung einer Rodungsbewilligung

Rodungen sind verboten (Art. 5 Abs. 1 WaG). Das WaG sieht jedoch die Möglichkeit einer **Ausnahmebewilligung** vor, die unter den nachfolgend dargelegten kumulativen Voraussetzungen erteilt werden kann: 4.182

- Art. 5 Abs. 2 WaG sieht eine **Interessenabwägung** vor; der Gesuchsteller muss nachweisen, dass für die Rodung wichtige Gründe bestehen, die das Interesse an der Walderhaltung überwiegen. Nicht als wichtige Gründe gelten finanzielle Interessen, wie die möglichst einträgliche Nutzung des Bodens oder die billige Beschaffung von Land für nichtforstliche Zwecke (Art. 5 Abs. 3 WaG). Wichtige Gründe können z.B. bei Anlagen zur Trinkwasserversorgung, zur Rohstoffgewinnung oder zur Energieversorgung gegeben sein.[266] In welchen Fällen die Interessen an der Walderhaltung überwiegen, lässt sich nicht abstrakt umschreiben.[267]
- Zudem muss das Werk, für das gerodet werden soll, auf den vorgesehenen Standort angewiesen sein (Art. 5 Abs. 2 lit. a WaG). Es genügt eine relative **Standortgebundenheit,** d.h. es muss objektive Gründe für die Wahl des Standorts geben, aber es muss sich nicht um den einzig möglichen handeln, zumal in der Regel gewisse Wahlmöglichkeiten bestehen. Im Zusammenhang mit der Standortgebundenheit ist abzuklären, ob geeignetere Alternativstandorte in Frage kommen.[268]
- Weiter muss das Werk die **Voraussetzungen der Raumplanung**[269] sachlich erfüllen (Art. 5 Abs. 2 lit. b WaG).
- Sodann darf die Rodung zu **keiner erheblichen Gefährdung der Umwelt** führen (Art. 5 Abs. 2 lit. c WaG). Diese Voraussetzung bezieht sich zum einen auf die Schutzfunktionen des Waldes, aber auch auf Umwelteinwirkungen, wie z.B. Gewässerverschmutzungen oder Lärmeinwirkungen, die aufgrund der Zweckentfremdung des Waldbodens drohen könnten.[270]
- Schliesslich ist dem **Natur- und Heimatschutz** Rechnung zu tragen (Art. 5 Abs. 4 WaG). Dabei sind der ökologische und landschaftliche Wert des zu rodenden Waldes ebenso wie die Auswirkung der Rodung und des zu erstellenden Werks zu berücksichtigen.[271]

Rodungsbewilligungen sind **befristet** zu erteilen (Art. 5 Abs. 5 WaG), wobei weder das WaG noch die WaV Fristen vorgeben. 4.183

266 WAGNER PFEIFER, Besondere Regelungsbereiche, Rz. 1401.
267 Vgl. BÜHLMANN/KISSLING, Waldrodung, S. 5, 8 ff.; KEEL/ZIMMERMANN, Rechtsprechung, S. 261 ff.
268 Vgl. BÜHLMANN/KISSLING, Waldrodung, S. 5 und 12; KEEL/ZIMMERMANN, Rechtsprechung, S. 263 f.
269 Siehe zur Zonenkonformität im Wald auch Rz. 3.93.
270 Vgl. BÜHLMANN/KISSLING, Waldrodung, S. 12 f.
271 Vgl. KEEL/ZIMMERMANN, Rechtsprechung, S. 265 f.

cc) Zuständigkeit und Koordination

4.184 Die Zuständigkeit für die Rodungsbewilligung ergibt sich aus Art. 6 WaG. Da sie sich nach der **Hauptzuständigkeit** für die Genehmigung des Werks richtet, kann eine Bundesbehörde oder eine kantonale Behörde zuständig sein (Art. 6 Abs. 1 WaG). Bei Zuständigkeit einer Bundesbehörde ist das Rodungsgesuch bei der Leitbehörde einzureichen; für Werke, für welche die Kantone zuständig sind, ist das Gesuch der nach kantonalem Recht zuständigen Behörde einzureichen (Art. 5 Abs. 1 WaV). Ist die Rodungsfläche grösser als 5000 m^2 (vgl. Art. 6 Abs. 2 WaV für die Bestimmung der Fläche) oder liegt der zu rodende Wald in mehreren Kantonen, so hört die kantonale Behörde, die über eine Ausnahmebewilligung entscheidet, das BAFU an (Art. 6 Abs. 2 WaG). Wenn der Bund zuständig ist, hört er die betroffenen Kantone an (Art. 6 Abs. 1 WaV i.V.m. Art. 49 WaG).

4.185 Die Rodungsbewilligung befreit nicht von der Einholung einer gemäss Raumplanungsgesetz vorgesehenen **Baubewilligung** (Art. 11 Abs. 1 WaG); in der Regel ist dies eine Ausnahmebewilligung nach Art. 24 ff. RPG. Bei grösseren Vorhaben kann eine Planungspflicht bestehen. Nach der Zuweisung von Wald zu einer Bauzone ist eine ordentliche Baubewilligung einzuholen.[272]

dd) Rodungsersatz

4.186 Grundsätzlich ist für jede Rodung in derselben Gegend mit standortgerechten Arten **Realersatz** zu leisten (Art. 7 Abs. 1 WaG), da die Waldfläche nicht vermindert werden soll (Art. 3 WaG). Art. 8 WaV umschreibt den Inhalt des Realersatzes näher. Prioritär ist Realersatz in der Nähe der Rodung zu prüfen. Ausnahmen vom Grundsatz des Realersatzes sind indes möglich; diese Möglichkeit wurde mit einer Gesetzesrevision von 2012 erweitert: So können gemäss Art. 7 Abs. 2 WaG in Gebieten mit zunehmender Waldfläche (lit. a; vgl. für Details Art. 8a WaV) oder in den übrigen Gebieten ausnahmsweise zur Schonung von landwirtschaftlichem Kulturland (z.B. von Fruchtfolgeflächen) sowie ökologisch oder landschaftlich wertvoller Gebiete (lit. b; vgl. Art. 9 WaV) anstelle von Realersatz «gleichwertige Massnahmen» zugunsten des Natur- und Landschaftsschutzes getroffen werden.[273]

4.187 Ein **Verzicht auf Rodungsersatz** ist nach Art. 7 Abs. 3 WaG möglich bei Rodungen von in den letzten 30 Jahren eingewachsenen Flächen für die Rückgewinnung von landwirtschaftlichem Kulturland (lit. a; siehe auch Art. 7 Abs. 4 WaG, wonach im Fall einer anderen Nutzung nachträglich Rodungsersatz zu leisten ist), zur Gewährleistung des Hochwasserschutzes und zur Revitalisierung von Gewässern (lit. b; siehe auch Art. 9a WaV) sowie für den Erhalt und die Aufwertung von Biotopen nach Art. 18a und 18b NHG (lit. c).[274]

---

272 Vgl. Rausch/Marti/Griffel, Umweltrecht, Rz. 470 ff.
273 Vgl. Saputelli, Waldflächen, S. 6 ff.
274 Zum Ganzen BAFU, Rodungen und Rodungsersatz, vor allem S. 14 ff.

d) Bewilligung für forstliche Bauten und Anlagen sowie für nichtforstliche Kleinbauten und -anlagen

Nicht als Rodung und damit nicht als Zweckentfremdung des Waldes gilt nach Art. 4 WaV die Beanspruchung von Wald für forstliche Bauten und Anlagen sowie für nichtforstliche Kleinbauten und -anlagen.[275] 4.188

Wie bereits erwähnt, gelten Waldstrassen und andere **forstliche Bauten und Anlagen** als Wald (Art. 2 Abs. 2 lit. b WaG). Damit ist z.B. für Zufahrtsstrassen für die Waldbewirtschaftung oder forstliche Werkhöfe keine Ausnahme vom Rodungsverbot nach Art. 5 WaG erforderlich. Es genügt – da zonenkonform – eine ordentliche Baubewilligung nach Art. 22 RPG (Art. 11 Abs. 1 WaG i.V.m. Art. 13a Abs. 1 WaV), in welche die zuständige kantonale Forstbehörde einzubeziehen ist (Art. 14 Abs. 1 WaV). Die Waldverordnung enthält allerdings in Art. 13a Abs. 2 gewisse Einschränkungen. So setzt die Bewilligung voraus, dass die Bauten und Anlagen der regionalen Bewirtschaftung des Waldes dienen (lit. a), dass für sie der Bedarf ausgewiesen, ihr Standort zweckmässig und ihre Dimensionierung den regionalen Verhältnissen angepasst ist (lit. b) und dass ihr keine überwiegenden öffentlichen Interessen entgegenstehen (lit. c).[276] 4.189

Schwierigkeiten bereitet bisweilen die Abgrenzung zwischen dem Vorliegen einer Rodung und den **nichtforstlichen Kleinbauten und -anlagen,** welche die Schwelle für das Vorliegen einer Rodung noch nicht überschreiten. Entscheidend sind der Umfang und die Intensität der Beanspruchung des Waldbodens, wobei das Bundesgericht einen strengen Massstab ansetzt, damit der Zweck der Waldgesetzgebung nicht in Frage gestellt wird. Art. 14 Abs. 2 WaV bestimmt, dass Ausnahmebewilligungen für nichtforstliche Kleinbauten oder -anlagen im Wald nach Art. 24 RPG nur im Einvernehmen mit der zuständigen kantonalen Forstbehörde erteilt werden dürfen. 4.190

Typische Beispiele für Nutzungen, die noch keine Rodung darstellen, sind Rastplätze, Feuerstellen, Sport- und Lehrpfade, erdverlegte Leitungen und Kleinantennenanlagen.[277] Nicht als nichtforstliche Kleinbauten erachtete das Bundesgericht die Beanspruchung von 370 m² Waldfläche für Pferdestallungen mit Vorplatz, unter anderem weil es die Nutzung dieser Fläche als sehr intensiv einschätzte; für die Errichtung dieser Anlage wäre eine Rodungsbewilligung erforderlich gewesen.[278] In einem Bundesgerichtsurteil, in dem es um die Bewilligung für Probebohrungen für den Gesteinsabbau ging, die während vier Wochen stattfinden und ca. 100 m² Waldfläche beanspruchen sollten, erachtete es die Schwelle zur Rodung insbesondere aufgrund des punktuellen Eingriffs und der zeitlichen Beschränkung noch nicht als überschritten.[279] 4.191

---

275 BGE 139 II 134, E. 6.2; BGer, Urteil 1A.32/2004 vom 30. September 2004, E. 3 und 4.3.

276 Vgl. KEEL/ZIMMERMANN, Rechtsprechung, S. 272 ff.; grundlegend BGE 123 II 499, E. 2 und 3.

277 BGE 139 II 134, E. 6.2; ausführlich BGer, Urteil 1A.32/2004 vom 30. September 2004, E. 3.1; s.a. KEEL/ZIMMERMANN, Rechtsprechung, S. 259 f. und 275 f.

278 BGer, Urteil 1A.32/2004 vom 30. September 2004, E. 3.

279 BGE 139 II 134, E. 6.3.

e) Schutz des Waldes vor anderen Beeinträchtigungen

4.192 In seinem vierten Abschnitt enthält das WaG Regelungen zum Schutz des Waldes vor anderen Beeinträchtigungen als durch forstliche Bauten und Anlagen oder Vorhaben, die eine Rodungsbewilligung voraussetzen:

- Nach Art. 16 WaG können die Kantone sogenannte **nachteilige Nutzungen,** die keine Rodung im Sinne von Art. 4 WaG darstellen[280], jedoch die Funktionen oder die Bewirtschaftung des Waldes gefährden oder beeinträchtigen und damit grundsätzlich unzulässig sind, aus wichtigen Gründen unter Auflagen und Bedingungen bewilligen. Damit ist für Bewilligungen nach Art. 16 WaG das kantonale Recht zu konsultieren; die kantonalen Ausführungsbestimmungen bedürfen zu ihrer Gültigkeit der Genehmigung des Bundes (Art. 52 WaG). Wenn es um nachteilige Nutzungen im Sinne von Art. 16 WaG geht, die im Rahmen eines Projekts zu beurteilen sind, das in die Zuständigkeit einer Bundesbehörde fällt, ist die Bewilligung von dieser Behörde zu erteilen.[281]
- Art. 17 WaG enthält Grundsatzbestimmungen zum **Waldabstand.** Demnach sind Bauten und Anlagen in Waldesnähe nur zulässig, wenn sie die Erhaltung, Pflege und Nutzung des Waldes nicht beeinträchtigen (Abs. 1). Die Kantone schreiben einen angemessenen Mindestabstand für Bauten und Anlagen vom Waldrand vor; sie berücksichtigen dabei die Lage und die zu erwartende Höhe des Bestandes (Abs. 2).[282] 2015 wurde eine Präzisierung der Regelung durch einen neuen Abs. 3 verabschiedet; demnach sollen die zuständigen Behörden aus wichtigen Gründen die Unterschreitung des Mindestabstands unter Auflagen und Bedingungen bewilligen können; die Zuständigkeit richtet sich hierbei nach der Zuständigkeit in der Hauptsache, d.h. die Ausnahmebewilligung kann gegebenenfalls auch von einer Bundesbehörde erteilt werden.[283] Damit ist bezüglich Waldabstand das kantonale Recht zu konsultieren; dieses ist vom Bund zu genehmigen (Art. 52 WaG).[284]
- Schliesslich enthält Art. 18 WaG den Grundsatz, dass im Wald keine **umweltgefährdenden Stoffe** verwendet werden dürfen; Ausnahmen regelt die Umweltschutzgesetzgebung.[285]

---

280 Siehe für Beispiele und zur Abgrenzung zur Rodung Rz. 4.180 und 4.190 f.

281 Vgl. KEEL/ZIMMERMANN, Rechtsprechung, S. 275 f.; anschaulich BGE 139 II 134 ff. Zur Klärung der Zuständigkeitsordnung in Art. 16 WaG durch eine Umformulierung: Botschaft WaG 2014, S. 4923 f.

282 Vgl. aus der neusten Praxis BGer, Urteil 1C_415/2014 vom 1. Oktober 2015, E. 2.

283 Vgl. Botschaft WaG 2014, S. 4924. Im Parlament war diese Ergänzung unbestritten, vgl. Geschäftsnummer 14.046.

284 Weiterführend KEEL/ZIMMERMANN, Rechtsprechung, S. 277 ff.; aus der neueren Praxis BGer, Urteil 1C_386/2014 vom 13. November 2014, E. 3; BGer, Urteil 1C_288/2012 vom 24. Juni 2013, E. 6.2.

285 Weiterführend WAGNER PFEIFER, Besondere Regelungsbereiche, Rz. 1427 ff.

IV. Immissionsschutz

Literatur

Favre Anne-Christine, Protection; Griffel Alain, Umweltrecht, S. 69 ff.; Griffel Alain, Grundprinzipien; Griffel Alain/Rausch Heribert, Kommentar USG, Ergänzungsband, Art. 11–25; Hänni Peter, Planungsrecht, S. 378 ff.; Jäger Christoph, Rechtsprechung; Jäger Christoph, Bauen; Muggli Rudolf, Alltags- und Freizeitlärm; Rausch Heribert/Marti Arnold/Griffel Alain, Umweltrecht, Rz. 169 ff.; Ruch Alexander, Umwelt – Boden – Raum, Rz. 1617 ff.; Schaub Christoph, Heute erschlossen; Tschannen Pierre, Bau- und Nutzungsbeschränkungen; Vallender Klaus A./Morell Reto, Umweltrecht; VUR/Keller Helen (Hrsg.), Kommentar USG, Art. 11–25; Waldmann Bernhard/Hänni Peter, Handkommentar RPG, Art. 3; Walker Urs, Rechtsfragen; Widmer Dreifuss Thomas, Sportanlagen, S. 287 ff.; Wittwer Benjamin, Mobilfunkanlagen; Zürcher Alexander, Emissionsbegrenzung.

Amtliche Publikationen

BAFU/BAKOM/ARE/BPUK/SSV/SGV (Hrsg.), Leitfaden Mobilfunk; FAT, Mindestabstände von Tierhaltungsanlagen. Vgl. ferner die in den nachfolgenden Abschnitten aufgeführten Vollzugshilfen.

A. Allgemeine Einleitung

1. Einordnung und Begriffe

a) Zweck und Abgrenzungen

Der öffentlichrechtliche Immissionsschutz des USG ist im Wesentlichen im 1. Kapitel des 2. Titels (Art. 11–25 USG) geregelt. Er bezweckt, schädliche oder lästige Einwirkungen auf den Menschen und seine natürliche Umwelt in Form von Luftverschmutzung, Lärm, Erschütterungen und Strahlung zu vermeiden oder zumindest zu begrenzen. Schutzgut ist in erster Linie die **Gesundheit des Menschen;** damit decken die genannten Bestimmungen einen wichtigen Teil des Schutzauftrags gemäss Art. 74 BV und Art. 1 Abs. 1 USG ab. 4.193

Das Schutzkonzept ist allerdings in mehrfacher Hinsicht eingegrenzt. Es setzt zunächst auf vorwiegend technische Massnahmen und ein polizeirechtliches Instrumentarium.[286] Zudem werden nur Emissionen erfasst, die durch den **Bau oder Betrieb von Anlagen** erzeugt werden. Ohne solchen Anlagebezug muss der Schutz vor Immissionen anderweitig geregelt werden, beispielsweise in Ortspolizeireglementen. Das USG geht allerdings von einem weiten Anlagebegriff aus (Art. 7 Abs. 7 USG), den die Rechtsprechung zusätzlich extensiv auslegt. So wurden unter anderem auch Kinderspielplätze, Glockentürme, Open-Air-Veranstaltungen, künstlich angelegte (Frosch-)Weiher und Ähnliches als Anlage im Sinne des USG einge- 4.194

286 Vgl. Ruch, Umwelt – Boden – Raum, Rz. 1622.

stuft.[287] Der umweltrechtliche Anlagebegriff kann, muss sich aber nicht mit dem Begriff der Bauten und Anlagen gemäss Art. 22 Abs. 1 RPG zur Baubewilligungspflicht decken.[288] Schliesslich will das USG Emissionsquellen bzw. Technologien nicht verhindern, sondern lediglich die Emissionen mit Massnahmen an der Quelle möglichst weitgehend, aber verhältnismässig, begrenzen.[289]

4.195 Der **privatrechtliche Immissionsschutz** nach Art. 679 f. und 684 ZGB und der umweltrechtliche Immissionsschutz überschneiden sich und sind nebeneinander anwendbar. Allerdings geht dieses Schutzkonzept von einem weiter gefassten Einwirkungsbegriff aus als das umweltrechtliche Immissionsschutzkonzept.[290] In der Rechtsanwendung versuchen die Gerichte jedoch, die beiden Konzepte im Sinne der Einheitlichkeit der Rechtsordnung aneinander anzugleichen.[291]

b) Einwirkungen, Emissionen und Immissionen

4.196 Der Begriff der **Einwirkungen,** wie ihn Art. 74 BV und Art. 7 Abs. 1 USG verwenden resp. definieren, ist weiter gefasst als derjenige der Immissionen. Er umfasst sämtliche für den Menschen sowie die Flora und Fauna nachteiligen Veränderungen des Umweltzustandes, die durch den Menschen verursacht sind.[292] Allerdings beschränkt sich das USG auf materielle, d.h. physikalisch, chemisch oder biologisch nachweisbare Zustandsänderungen. Ideelle Immissionen im Sinne von Beeinträchtigungen des seelischen Empfindens bleiben ausgeklammert.[293]

4.197 Luftverunreinigungen, Lärm, Erschütterungen und Strahlen werden «beim Austritt aus Anlagen als **Emissionen,** am Ort ihres Einwirkens als **Immissionen** bezeichnet» (Art. 7 Abs. 2 USG).[294] Beide Orte stellen mögliche Interventionspunkte dar, wobei die Belastung am Emissions- und am Immissionsort nicht die gleiche sein muss.[295] Erfasst werden auch Sekundäremissionen, wenn sie einer Anlage zugerechnet werden können, z.B. durch den Verkehr von und zu einer Anlage.[296]

---

287 Vgl. die Übersicht bei GRIFFEL/RAUSCH, Kommentar USG, Ergänzungsband, Art. 7 Rz. 25, und bei KELLER, in: Kommentar USG, Art. 7 Rz. 36. Hingegen verneinte das Bundesgericht die Anlageeigenschaft beispielsweise für bewirtschaftete Felder und Äcker (vgl. BGE 133 II 370, E. 6.4).

288 Vgl. KELLER, in: Kommentar USG, Art. 7 Rz. 38; RUCH, in: Kommentar RPG, Art. 22 Rz. 24 f. (häufiges Unterscheidungsmerkmal: Dauerhaftigkeit).

289 Vgl. BGE 116 Ib 159, E. 6b.

290 Vgl. sogleich Rz. 4.196 zum Einwirkungsbegriff.

291 Vgl. zum gegenseitigen Verhältnis z.B. BGE 138 III 49 ff.; BGE 132 III 49 ff.; BGE 126 III 223 ff.; GRIFFEL, Umweltrecht, S. 70 f.; MUGGLI, Alltags- und Freizeitlärm, S. 54.

292 Vgl. VALLENDER/MORELL, Umweltrecht, § 4 Rz. 14; RUCH, Umwelt – Boden – Raum, Rz. 8; GRIFFEL, Umweltrecht, S. 71.

293 Vgl. BGer, Urteil 1A.120/2005 vom 31. Mai 2006, E. 8.1; zum Begriff der ideellen Immissionen vgl. z.B. BGer, Urteil 1C_66/2010 vom 6. September 2010, E. 4.3.2; BGer, Urteil 1C_262/2007 vom 31. Januar 2008, E. 3.4; GRIFFEL/RAUSCH, Kommentar USG, Ergänzungsband, Art. 7 Rz. 9.

294 Hervorhebungen hinzugefügt.

295 Vgl. GRIFFEL, Umweltrecht, S. 71 f.

296 SCHRADE/LORETAN, in: Kommentar USG, Art. 11 Rz. 17c.

2. Schutzkonzept

a) Elemente des Schutzkonzepts

Das Konzept des USG zum Schutz des Menschen und der Umwelt vor schädlichen oder lästigen Einwirkungen durch Luftverschmutzung, Lärm, Erschütterungen und Strahlung besteht aus verschiedenen Elementen:[297] 4.198

- **Quellenprinzip:** Das USG verlangt, dass der Schutz vor übermässigen Immissionen, wenn immer möglich, durch die Bekämpfung der Einwirkungen am Ort ihres Entstehens erfolgen muss (Emissionsbegrenzung). Häufig ist ein wirksamer Schutz ansonsten gar nicht anders möglich.[298]
- **Vorsorgliche und nachträgliche Massnahmen:** Das Konzept des Immissionsschutzes beruht auf zwei Pfeilern. Einerseits müssen die Emissionen bei neuen oder wesentlich geänderten Anlagen im Voraus begrenzt werden (zweistufiges Schutzkonzept; Art. 11 f. USG); andererseits unterliegen bestehende Anlagen, die den Umweltvorschriften nicht (mehr) genügen, der Sanierungspflicht (Art. 16 ff. USG).
- **Zweistufiges Schutzkonzept:** Das Konzept der Emissionsbegrenzung an der Quelle umfasst zwei Stufen. Erstens müssen Emissionen unabhängig von der bestehenden Umweltbelastung in Konkretisierung des Vorsorgeprinzips so weit begrenzt werden, als dies technisch und betrieblich möglich und wirtschaftlich tragbar ist (Art. 11 Abs. 2 USG). Steht fest oder ist zu erwarten, dass diese Massnahmen zum Schutz vor schädlichen oder lästigen Immissionen am Einwirkungsort nicht genügen, so müssen auf der zweiten Stufe unter Berücksichtigung der bestehenden Umweltbelastung verschärfte Massnahmen zur Emissionsbegrenzung ergriffen werden. Die wirtschaftliche Tragbarkeit verliert gegenüber den Interessen am Immissionsschutz an Gewicht und steht der Anordnung der Massnahmen grundsätzlich nicht mehr entgegen, wobei das Verhältnismässigkeitsprinzip nach wie vor zu beachten ist (vgl. Art. 11 Abs. 3 USG).
- **Belastungsgrenzwerte:** Die Schädlichkeit oder Lästigkeit der Immissionen bestimmt sich anhand von Immissionsgrenzwerten. Werden diese überschritten, so sind die betreffenden Emissionen grundsätzlich unzulässig.[299] Der Umkehrschluss greift allerdings nicht: Unterhalb dieser Schwelle müssen Emissionen im Sinne des Vorsorgeprinzips mit Massnahmen der ersten Stufe (Art. 11 Abs. 2 USG) weiter begrenzt werden. Daneben bestehen teilweise weitere Grenzwerte (Planungswert, Anlagegrenzwert).

297 Vgl. zum Folgenden: Ruch, Umwelt – Boden – Raum, Rz. 1628 ff.; Rausch/Marti/Griffel, Umweltrecht, Rz. 173 ff.; Griffel, Umweltrecht, S. 75 ff.

298 Botschaft USG 1979, S. 789.

299 Zu Relativierungen kommt es vor allem im Bereich des Lärmschutzes (vgl. Art. 20 und 25 USG; Rz. 4.250 ff. und 4.253 ff.).

b) Vorsorgliche Emissionsbegrenzung

4.199 Art. 11 Abs. 2 USG konkretisiert im Bereich des Immissionsschutzes das Vorsorgeprinzip (Art. 1 Abs. 2 USG). Danach muss jede einzelne Emission an der Quelle, ohne Rücksicht auf den bestehenden Umweltzustand, vermieden oder begrenzt werden, soweit dies technisch und betrieblich möglich sowie wirtschaftlich tragbar ist. Damit soll die Umweltbelastung möglichst weit unterhalb der Schädlichkeits- und Lästigkeitsgrenze gehalten werden.[300] Unnötige Emissionen, die sich ohne weiteres vermeiden lassen, sollen tatsächlich vermieden werden, und es soll von vornherein eine optimale, nicht veraltete Technologie zum Einsatz kommen.[301]

4.200 Zu den **Voraussetzungen** vorsorglicher Emissionsbegrenzungen kann auf die lehrbuchartige Definition von Art. 4 Abs. 2 und 3 LRV verwiesen werden, die sich verallgemeinern lässt:

- Begrenzungsmassnahmen sind **technisch und betrieblich möglich,** wenn sie bei vergleichbaren Anlagen im In- oder Ausland erfolgreich erprobt oder bei Versuchen erfolgreich eingesetzt wurden und nach den Regeln der Technik auf andere Anlagen übertragen werden können. Es muss sich um eine ausgereifte, marktfähige Lösung handeln, die sich nach praktischen Erfahrungen im Betrieb einsetzen lässt (keine Prototypen).[302]
- Die **wirtschaftliche Tragbarkeit** einer Massnahme wird nicht nach individuellen Gegebenheiten eines Betriebs ermittelt, sondern anhand eines mittleren, wirtschaftlich gesunden Betriebs der betreffenden Branche (vgl. Art. 4 Abs. 3 LRV). Der Massstab ist somit ein objektivierter Standardbetrieb.[303] Bei Emittenten, die keine gewinnorientierte Tätigkeit verfolgen, ist allgemein die Zumutbarkeit im Rahmen der Verhältnismässigkeitsprüfung massgebend.[304]

Zum Verhältnis des Vorsorgeprinzips zum Verhältnismässigkeitsprinzip hält das Bundesgericht fest, dass auch Massnahmen der Vorsorge nur angeordnet werden dürfen, wenn sie verhältnismässig sind. Das Verhältnismässigkeitsprinzip beschränke insofern die materielle Tragweite des Vorsorgeprinzips.[305] Ob in diesem Sinn bei Emissionen mit Bagatellcharakter auf vorsorgliche Massnahmen gänzlich verzichtet werden darf, ist umstritten; die Rechtsprechung des Bundesgerichts dazu ist noch nicht gefestigt.[306]

---

300 Vgl. Botschaft USG 1979, S. 790.

301 Vgl. BGE 140 II 33, E. 4.1; Rausch/Marti/Griffel, Umweltrecht, Rz. 178. Ganz zu vermeiden sind auch Emissionen, die ausschliesslich auf eine Störung abzielen oder durch eine illegale Tätigkeit erzeugt werden (vgl. Griffel/Rausch, Kommentar USG, Ergänzungsband, Art. 11 Rz. 15).

302 Vgl. Schrade/Loretan, in: Kommentar USG, Art. 11 Rz. 26.

303 Vgl. Botschaft USG 1979, S. 790; Schrade/Loretan, in: Kommentar USG, Art. 11 Rz. 29a und 34; Zürcher, Emissionsbegrenzung, S. 183.

304 Vgl. BGE 127 II 306, E. 8; Schrade/Loretan, in: Kommentar USG, Art. 11 Rz. 35a; Griffel/Rausch, Kommentar USG, Ergänzungsband, Art. 11 Rz. 13 a.E.

305 Vgl. BGE 129 II 331, E. 4.3; BGE 127 II 306, E. 8; eingehend: Griffel, Grundprinzipien, Rz. 149 ff.

306 Vgl. BGE 140 II 33, in der Amtlichen Sammlung nicht publizierte E. 3.2; BGE 133 II 169, E. 3.2; Jäger, Rechtsprechung, S. 417.

c) Verschärfte Emissionsbegrenzung

Die zweite Massnahmenstufe umschreibt Art. 11 Abs. 3 USG wie folgt: «Die Emissionsbegrenzungen werden verschärft, wenn feststeht oder zu erwarten ist, dass die Einwirkungen unter Berücksichtigung der bestehenden Umweltbelastung schädlich oder lästig werden.» In dieser Situation besteht bzw. droht somit insgesamt eine Umweltbelastung, welche **über den IGW** liegt, sodass die Immissionen nach dem Gesetzeskonzept schädlich oder lästig sind. Das rechtfertigt weiter gehende Massnahmen an der Quelle, die zwar verhältnismässig bleiben, aber grundsätzlich keine Rücksicht auf die wirtschaftliche Tragbarkeit oder betriebliche Gegebenheiten mehr nehmen müssen, wie sie im Rahmen der Vorsorge noch zu beachten sind. Das kann auch ein Verbot der Anlage einschliessen.[307] 4.201

d) Belastungsgrenzwerte

Zur Beurteilung der schädlichen oder lästigen Einwirkungen legt der Bundesrat durch Verordnung **Immissionsgrenzwerte** fest, wobei er auch die Wirkungen auf Personengruppen mit erhöhter Empfindlichkeit, wie Kinder, Kranke, Betagte und Schwangere, berücksichtigt (Art. 13 USG; vgl. auch Art. 14 und 15 USG).[308] Es gilt damit ein **objektivierter Massstab,** der etwas über der Empfindlichkeit der Durchschnittsbevölkerung liegt und sich nach wissenschaftlichen Erkenntnissen oder der Erfahrung zu richten hat, nicht aber nach der technischen Realisierbarkeit oder den Kosten.[309] Bestehen für gewisse Immissionen keine Grenzwerte, müssen die Vollzugsbehörden die Schädlichkeit oder Lästigkeit nach dem gleichen Massstab im Einzelfall ermitteln und beurteilen.[310] Weitere Belastungsgrenzwerte bestehen z.B. in Form von Planungswerten und Alarmwerten im Bereich des Lärmschutzes (vgl. Art. 19 und 23 USG). Fehlen Belastungsgrenzwerte in der LSV, muss die Störungswirkung anhand der gesetzlichen Kriterien im Einzelfall beurteilt werden.[311] 4.202

e) Sanierungspflicht und Erleichterungen

Mit der Sanierungspflicht nach Art. 16 ff. setzt das USG im Grundsatz die **Gleichbehandlung von bestehenden (altrechtlichen) und neuen Anlagen** um.[312] Massgebendes Stichdatum für diese Unterscheidung ist das Inkrafttreten des USG am **1. Januar 1985.** Vor diesem Datum rechtskräftig bewilligte ortsfeste Anlagen müssen saniert werden, wenn sie den Vorschriften des USG und der Ausführungsverordnungen nicht entsprechen. Konkret sind deren Inhaber namentlich verpflichtet, 4.203

307 Vgl. RAUSCH/MARTI/GRIFFEL, Umweltrecht, Rz. 180; GRIFFEL, Umweltrecht, S. 77.
308 Vgl. ZÜRCHER, Emissionsbegrenzung, S. 74.
309 Vgl. Botschaft USG 1979, S. 793.
310 Vgl. Botschaft USG 1979, S. 793.
311 Vgl. Rz. 4.249.
312 Vgl. GRIFFEL, Umweltrecht, S. 78 f.

die IGW sowie das Vorsorgeprinzip gemäss Art. 11 Abs. 2 USG einzuhalten und ihre Emissionen entsprechend zu begrenzen.[313]

4.204 Erweist sich eine Sanierung im Einzelfall als unverhältnismässig, können die Behörden in gewissen Grenzen Erleichterungen gewähren (Art. 17 Abs. 1 und 2 USG).

4.205 Erleichterungen werden in erster Linie in Form von Fristerstreckungen, durch Reduktion des Sanierungsumfangs oder – als ultima ratio – durch vollständige, befristete oder unbefristete Befreiung einer Altanlage von der Sanierungspflicht gewährt.[314]

B. Lufthygiene

1. Massgebende bundesrechtliche Vorschriften und Vollzugshilfen

a) Regelung im Umweltschutzgesetz

aa) Rechtsgrundlagen

4.206 Das Lufthygienerecht ist zusammen mit den anderen Immissionsarten im Wesentlichen unter dem zweiten Titel des USG, in den Art. 11–14 und Art. 16–18, geregelt. Das Gesetz enthält ansonsten, anders als beim Schutz vor Lärm und Erschütterungen, lediglich in Art. 14 USG eine ausdrücklich auf die Luftreinhaltung zugeschnittene, ergänzende Bestimmung. Weiter stellt Artikel 44a USG mit dem Massnahmenplan ein besonderes Vollzugsinstrument für den Sanierungsfall zur Verfügung.

bb) Schutzkonzept

4.207 Der Schutz vor Luftverunreinigungen folgt dem **allgemeinen Schutzkonzept:**[315] Luftverunreinigungen, die durch den Bau oder Betrieb von Anlagen verursacht werden, müssen in erster Linie und unabhängig von der Vorbelastung der Luft vorsorglich an der Quelle begrenzt werden, soweit diese Begrenzung technisch und betrieblich möglich sowie wirtschaftlich tragbar ist (Art. 11 Abs. 1 und Abs. 2 USG). Steht fest oder ist zu erwarten, dass sie zusammen mit allenfalls bereits bestehenden Luftbelastungen zu schädlichen oder lästigen Immissionen in der Umgebung führen, sind die Emissionsbegrenzungen zu verschärfen (Art. 11 Abs. 3 USG).

4.208 Von diesem Schutzkonzept erfasste **Luftverunreinigungen** sind nach der gesetzlichen Begriffsdefinition alle «Veränderungen des natürlichen Zustandes der Luft, namentlich durch Rauch, Russ, Staub, Gase, Aerosole, Dämpfe, Geruch oder Abwärme» (Art. 7 Abs. 3 USG). Der Schutz umfasst somit nicht nur eigentliche Luftschadstoffe, sondern jegliche Zustandsveränderungen, die für den Menschen und

313 Vgl. BGer, Urteil 1A.34/1997 vom 18. März 1998, E. 3b (URP 1998 529 ff.); GRIFFEL, Umweltrecht, S. 78 ff.; ZÜRCHER, Emissionsbegrenzung, S. 151.
314 Vgl. SCHRADE/WIESTNER, in: Kommentar USG, Art. 17 Rz. 33.
315 Vgl. dazu Rz. 4.198 ff.

die Umwelt schädlich oder zumindest lästig sein können (wie im Fall von Gerüchen oder Abwärme). In der Praxis stellen heute vor allem noch Stickstoffdioxide (NO_2), Ozon (O_3) und lungengängiger Feinstaub (PM10) ein Problem dar[316], mithin primär Emissionen des Motorfahrzeugverkehrs.

Der Grundsatz der **Bekämpfung an der Quelle** ist gerade im Bereich der Luftreinhaltung von zentraler Bedeutung, da hier eine andere Form der Vermeidung oder Begrenzung, etwa auf dem Ausbreitungsweg oder am Immissionsort, naturgemäss nicht machbar ist. Einmal in der Umgebungsluft, werden Schadstoffe häufig weiträumig verfrachtet und sind Gegenstand von Transmissionsvorgängen, d.h. sie reagieren chemisch mit und zu anderen Stoffen, welche am Empfangsort als Immission einwirken. 4.209

Zur **Emissionsbegrenzung** stehen die Massnahmen nach Art. 12 Abs. 1 USG zur Verfügung. Sie sind teilweise geradezu auf die Luftreinhaltung zugeschnitten, sodass der Massnahmenkatalog in diesem Bereich in seiner ganzen Breite zum Einsatz kommt.[317] So hat der Bundesrat insbesondere Emissionsgrenzwerte für Luftschadstoffe sowie Vorschriften über Brenn- und Treibstoffe erlassen. 4.210

Bestehende Anlagen, die in ihrer Umgebung über den Immissionsgrenzwerten liegende Luftverunreinigungen verursachen, müssen **saniert** werden (Art. 16 Abs. 1 USG). Tragen mehrere Anlagen zur Überschreitung bei, ist nach dem Lastengleichheitsprinzip sicherzustellen, dass nicht nur neue, sondern auch bestehende Emittenten angemessene Beiträge an die Sanierung im lufthygienischen Belastungsgebiet leisten.[318] Sanierungserleichterungen dürfen nur bis zu den Immissionsgrenzwerten gewährt werden (Art. 17 Abs. 2 USG). 4.211

cc) Immissionsgrenzwerte

Ein lufthygienischer Immissionsgrenzwert entspricht der maximal zulässigen Konzentration eines bestimmten Schadstoffs in der Aussenluft. Das Gesetz gibt in Art. 14 USG die **Grundsätze** vor, nach welchen der Bundesrat die Immissionsgrenzwerte festzulegen hat: 4.212

«Die Immissionsgrenzwerte für Luftverunreinigungen sind so festzulegen, dass nach dem Stand der Wissenschaft oder der Erfahrung Immissionen unterhalb dieser Werte
a. Menschen, Tiere und Pflanzen, ihre Lebensgemeinschaften und Lebensräume nicht gefährden;
b. die Bevölkerung in ihrem Wohlbefinden nicht erheblich stören;
c. Bauwerke nicht beschädigen;
d. die Fruchtbarkeit des Bodens, die Vegetation und die Gewässer nicht beeinträchtigen.»

Die massgebenden Grundlagen der Immissionsgrenzwerte unterliegen somit dem **Wandel in Technik und Wissenschaft,** sodass der Bundesrat die Immissionsgrenzwerte bei relevanten bzw. signifikanten neuen Forschungserkenntnissen (Grundla- 4.213

316 Vgl. Griffel, Umweltrecht, S. 87.
317 Vgl. Griffel, Umweltrecht, S. 89; Rausch/Marti/Griffel, Umweltrecht, Rz. 193 ff.
318 Vgl. Rz. 4.215 ff.

gen- oder Ressourcenforschung) oder auch bei Änderungen im Erfahrungswissen anzupassen hat.[319]

4.214 Ist in einem Gebiet der Immissionsgrenzwert eines Luftschadstoffs überschritten, spricht man von einem **lufthygienischen Belastungsgebiet,** welches zu sanieren ist.

dd) Massnahmenplan

4.215 Die Sanierung von lufthygienischen Belastungen erweist sich als komplex, weil die Luftschadstoffe in der Regel nicht von einer einzigen Anlage, sondern **durch mehrere Quellen** verursacht werden. Steht in solchen Situationen fest oder ist zu erwarten, dass der IGW eines Luftschadstoffs (oder von mehreren Luftschadstoffen) überschritten wird, so ist der rechtsgleiche Gesetzesvollzug mittels individuell-konkreter Anordnungen gegenüber den Anlageinhabern nicht möglich, ohne eine **Gesamtsicht** in Bezug auf alle Emittenten und ihren Verursachungsanteil zu haben. Die zuständige Behörde muss deshalb zunächst einen Plan der Massnahmen erstellen, die zur Verminderung oder Beseitigung dieser Einwirkungen innert angesetzter Frist beitragen (sog. Massnahmenplan; Art. 44a Abs. 1 USG i.V.m. Art. 31 LRV).

4.216 Funktion und Zweck des Massnahmenplans ist es, in einem lufthygienischen Belastungsgebiet gestützt auf eine Gesamtbetrachtung die geeigneten und verhältnismässigen (verschärften) Emissionsbegrenzungen und Sanierungsbeiträge der einzelnen Emittenten auszuwählen und deren Anordnung gegenüber den einzelnen Anlageinhabern zu koordinieren **(Koordinationsinstrument).** Der Massnahmenplan soll sicherstellen, dass sowohl neuen als auch bestehenden Emittenten ihrer Bedeutung entsprechende Beiträge zur Verbesserung der Luftqualität auferlegt werden. Er steht damit im Dienste des Lastengleichheitsprinzips (Gleichbehandlung von neuen und alten Anlagen)[320] und des Prinzips der ganzheitlichen Betrachtungsweise (Art. 8 USG).[321] Ziel ist es, die Immissionsgrenzwerte für Luftschadstoffe durch gleichwertige (aber nicht zwingend gleiche) Sanierungsbeiträge aller Emittenten einzuhalten.[322]

4.217 Der Massnahmenplan ist als Vollzugsinstrument nur **behördenverbindlich** (vgl. Art. 44a Abs. 2 erster Satz USG). Das Bundesgericht qualifiziert ihn als «behördenverbindliche Verwaltungsverordnung».[323] Er kann lediglich vorfrageweise im Rahmen eines gegen die Anordnung der Massnahme gerichteten Rechtsmittels angefochten bzw. überprüft werden.

4.218 Aus seiner Funktion und Rechtswirkung folgt, dass der Massnahmenplan wie auch Art. 44a USG **keine Rechtsgrundlagen** für Emissionsbegrenzungs- oder Sanie-

---

319 Vgl. Schrade/Loretan, in: Kommentar USG, Art. 14 Rz. 11 ff., insb. Rz. 11a.
320 Vgl. BGE 118 Ib 26, E. 5d; BGE 125 II 129, E. 10b.
321 Vgl. z.B. BGE 131 II 103, E. 3.1; BGE 125 II 129, E. 7b und 10b; BGE 124 II 272, E. 4a.
322 Vgl. Griffel, Umweltrecht, S. 97.
323 Vgl. BGE 131 II 470, E. 4.1; kritisch Griffel/Rausch, Kommentar USG, Ergänzungsband, Art. 44a Rz. 20.

rungsmassnahmen bieten. Solche Massnahmen müssen sich vielmehr auf andere (genügende) Rechtsgrundlagen abstützen lassen, sei es, je nach Art der Massnahme, auf Art. 12 Abs. 1 USG, die kantonale Bau- und Planungsgesetzgebung, die Verkehrsgesetzgebung oder eine andere spezialgesetzliche Grundlage. Der Massnahmenplan hat insofern auch auszuweisen, für welche Massnahmen solche rechtlichen Grundlagen bestehen und für welche solche erst noch geschaffen werden müssen (vgl. Art. 44a Abs. 2 zweiter Satz USG).

b) Übersicht zur Luftreinhalte-Verordnung

aa) Aufbau und Geltungsbereich

Die LRV umfasst materiell im Wesentlichen drei Teile: In **allgemeiner** Hinsicht definiert sie Zweck, Geltungsbereich und zentrale Begriffe (Art. 1 und 2). Anschliessend folgt das Kapitel über **Emissionen** (Art. 3–26b) mit Vorschriften zur Emissionsbegrenzung bei neuen und bei bestehenden stationären Anlagen, zur Kontrolle solcher Anlagen, zu den Emissionen von Fahrzeugen und Verkehrsanlagen, zum Inverkehrbringen von Feuerungsanlagen, Brenn- und Treibstoffen und zum Verbrennen von Abfällen. Im Kapitel über **Immissionen** (Art. 27–34) finden sich sodann die Vorschriften zur Ermittlung und Beurteilung von Immissionen und zum Massnahmenplan. Ergänzt werden die Vorschriften durch **sieben Anhänge,** welche die Emissionsbegrenzungen für Luftschadstoffe und für bestimmte Anlagen sowie die Immissionsgrenzwerte regeln. 4.219

Hinsichtlich der **Quellen von Luftschadstoffen** unterscheidet die LRV stationäre Anlagen, Fahrzeuge und Verkehrsanlagen. Als stationäre Anlagen gelten Bauten und andere ortsfeste Einrichtungen, Terrainveränderungen, Geräte und Maschinen sowie Lüftungsanlagen, welche die Abgase von Fahrzeugen sammeln und als Abluft an die Umwelt abgeben (Art. 2 Abs. 1 LRV). Fahrzeuge im Sinne der LRV sind alle Motorfahrzeuge, Luftfahrzeuge, Schiffe und Eisenbahnen (Art. 2 Abs. 2 LRV). Strassen, Flugplätze, Geleise und andere Anlagen, bei denen die Abgase von Fahrzeugen nicht gesammelt und als Abluft an die Umwelt abgegeben werden, gelten als Verkehrsanlagen (Art. 2 Abs. 3 LRV). 4.220

Neue stationäre Anlagen sind alle Anlagen, die bei Inkrafttreten der LRV am 1. März 1986 noch nicht bestanden haben bzw. für welche noch keine rechtskräftige Baubewilligung oder Planungsgenehmigung erteilt wurde (Art. 42 Abs. 1 LRV).[324] Darüber hinaus gelten all diejenigen Anlagen als neu, die umgebaut, erweitert oder instandgestellt werden, wenn dadurch höhere oder andere Emissionen zu erwarten sind oder mehr als die Hälfte der Kosten aufgewendet wird, die eine neue Anlage verursachen würde (Art. 2 Abs. 4 LRV).[325] 4.221

---

324 Zur partiellen Gesetzwidrigkeit dieser Regelung in sanierungsrechtlicher Hinsicht vgl. GRIFFEL/RAUSCH, Kommentar USG, Ergänzungsband, Art. 16 Rz. 8.

325 Kritisch zu dieser Bestimmung: GRIFFEL/RAUSCH, Kommentar USG, Ergänzungsband, Art. 18 Rz. 4.

bb) Emissionsbegrenzungen

4.222 Im Sinne des Quellenprinzips sind Emissionen möglichst nahe am Ort ihrer Entstehung möglichst **vollständig zu erfassen** und so **abzuleiten,** dass keine übermässigen Immissionen entstehen. Sie müssen in der Regel über Kamine oder Abluftkanäle über Dach abgeleitet werden; es gelten dabei nach Anhang 6 bestimmte Mindesthöhen für Kamine (Art. 6 LRV).

4.223 Neue, aber auch bestehende stationäre Anlagen müssen so ausgerüstet und betrieben werden, dass die Emissionen im Rahmen des Vorsorgeprinzips begrenzt werden (vgl. Art. 3 Abs. 1 sowie Art. 7 LRV). Die LRV konkretisiert dieses Prinzip und schreibt in Anhang 1 **allgemeine vorsorgliche Emissionsbegrenzungen** vor, welche grundsätzlich alle Anlagen betreffen. Sie legt für die einzelnen emittierten Stoffe, wie insbesondere anorganische oder organische, gas- oder dampfförmige, krebserzeugende Stoffe und Staub, maximal zulässige Emissionen in Form von Grenzwerten fest.

4.224 Für bestimmte besondere Anlagen sind gegenüber Anhang 1 **abweichende oder ergänzende Emissionsbegrenzungen** anwendbar, welche in den Anhängen 2 bis 4 geregelt sind und als speziellere Vorschriften vorgehen (vgl. Art. 3 Abs. 2 LRV):

- Anhang 2: Industrielle Anlagen, landwirtschaftliche Anlagen oder Abfallanlagen;
- Anhang 3: Feuerungsanlagen;
- Anhang 4: Feuerungsanlagen sowie Baumaschinen und Arbeitsgeräte.

4.225 Die in den Anhängen zur LRV festgelegten Emissionsgrenzwerte sind verbindlich. Sie konkretisieren das Vorsorgeprinzip **abschliessend,** bestimmen mithin das Mass des technisch und betrieblich Möglichen und des wirtschaftlich Tragbaren.[326] Nur dort, wo die Bestimmungen als Mindestvoraussetzungen ausgestaltet sind, können die Anforderungen im Sinne des Vorsorgeprinzips unter Berücksichtigung des Verhältnismässigkeitsprinzips verschärft werden.[327]

4.226 Sieht die LRV für bestimmte Emissionen **keine Begrenzungen** vor oder sind diese im Einzelfall nicht anwendbar, kommt der allgemeine Vorsorgegrundsatz uneingeschränkt zum Tragen: Die Emissionen sind im Einzelfall so weit zu begrenzen, als dies technisch und betrieblich möglich und wirtschaftlich tragbar ist (Art. 4 Abs. 1 LRV).

4.227 Verursacht eine einzelne Anlage übermässige Immissionen, sind verschärfte Emissionsbegrenzungen bzw. die Sanierung anzuordnen (Art. 5 und 9 LRV).[328] Auch für **bestehende stationäre Anlagen,** die den Anforderungen der LRV nicht entsprechen, greift die Sanierungspflicht (vgl. Art. 8 Abs. 1 LRV). Das massgebende Stichdatum ist das Inkrafttreten der LRV am 1. März 1986 resp. des USG am 1. Januar 1985 (Art. 42 Abs. 1 LRV). Die Sanierung wird unter Einräumung einer Frist durch

326 Vgl. BGE 124 II 517, E. 4b; GRIFFEL, Umweltrecht, S. 90.
327 Vgl. SCHRADE/WIESTNER, in: Kommentar USG, Art. 16 Rz. 53.
328 In der Praxis verursachen aber häufiger mehrere Quellen Grenzwertüberschreitungen, sodass die Sanierung im Rahmen eines Massnahmenplans erfolgen muss (vgl. dazu Rz. 4.215 ff.).

die Vollzugsbehörde angeordnet (Art. 8 Abs. 2 Satz 1 LRV); sie umfasst die notwendigen Massnahmen, damit die IGW eingehalten und die Emissionen im Rahmen der Vorsorge weiter begrenzt sind (vgl. Art. 7 f. LRV), sei es – je nach Situation – allein oder als Beitrag im Verbund mit anderen sanierungspflichtigen Anlagen.[329]

Die ordentliche **Sanierungsfrist** beträgt fünf Jahre (Art. 10 Abs. 1 LRV). Die Frist kann unter bestimmten Voraussetzungen bis auf 30 Tage verkürzt (Art. 10 Abs. 2 und 4 LRV) oder bis maximal zehn Jahre verlängert werden (Art. 10 Abs. 3 LRV). Für die Dauer der Sanierung kann die Behörde als vorsorgliche Massnahmen notfalls bzw. bei hoher Gesundheitsgefährdung und damit Sanierungsdringlichkeit Betriebseinschränkungen oder die Stilllegung der Anlage verfügen (Art. 8 Abs. 2 zweiter Satz LRV). 4.228

Erweist sich eine Sanierung im Einzelfall als unverhältnismässig, gewähren die Behörden dem Anlageninhaber **Erleichterungen** (Art. 17 Abs. 1 USG), welche in erster Linie in der Verlängerung der Sanierungsfrist, aber auch in einer Reduktion des Sanierungsumfangs bestehen können. Anders als beim Lärmschutz gelten aber die IGW als Obergrenze der Sanierungserleichterungen (Art. 17 Abs. 2 USG). 4.229

Für die **Emissionsmessungen und -kontrollen** sind die Behörden zuständig (Art. 13 Abs. 1 LRV); die Messungen müssen die für die Beurteilung wichtigen Betriebszustände erfassen (Art. 14 Abs. 1 LRV). Allerdings treffen die Inhaber und Betreiber von Anlagen, die Luftverunreinigungen verursachen, besondere **Abklärungs- und Meldepflichten.** Insbesondere müssen sie den zuständigen Behörden nach Art. 12 LRV eine Emissionserklärung einreichen. Diese enthält auf Messungen oder Materialbilanzen gestützte Auskünfte über Art und Menge der Emissionen, den Ort, die Höhe und den zeitlichen Verlauf des Ausstosses sowie über alle weiteren Bedingungen des Ausstosses, die für die Beurteilung der Emissionen nötig sind. Überdies können die Inhaber von zu überprüfenden Anlagen von der zuständigen Behörde verpflichtet werden, geeignete Messplätze auf ihren Anlagen einzurichten und zugänglich zu machen (Art. 14 Abs. 3 LRV). 4.230

cc) Immissionsgrenzwerte

Art. 14 USG hält in Konkretisierung von Art. 13 USG die Kriterien fest, nach welchen der Bundesrat die Immissionsgrenzwerte für Luftschadstoffe festzulegen hat; Anhang 7 zur LRV enthält diese Immissionsgrenzwerte. Zum einen gelten **Kurzzeitgrenzwerte,** welche zeitlich begrenzte Spitzenbelastungen erfassen und Sofortmassnahmen auslösen, zum anderen **Langzeitgrenzwerte,** welche eine Dauerbelastung abbilden; sie liegen tiefer als die Ersteren. Die Mittelung der Schadstoffkonzentration erfolgt insofern über unterschiedliche Zeiträume, wie etwa Jahresmittelwerte, 24-h-Mittelwerte, die höchstens einmal pro Jahr überschritten werden dürfen, sowie ½-h-Mittelwerte, die sich sowohl auf Jahre wie auch auf Monate beziehen. 4.231

---

329 Vgl. Rz. 4.215 (Massnahmenplan).

4.232 Für die **Ermittlung und Beurteilung** der Immissionen sind die Kantone zuständig; sie erheben Stand, Entwicklung und Ausmass der Immissionen auf ihrem Gebiet nach den Empfehlungen des BAFU (Art. 27 LRV). Die Anlageninhaber können verpflichtet werden, im Rahmen des Baubewilligungsverfahrens bzw. der UVP Immissionsprognosen zu erstellen (vgl. Art. 28 LRV) oder die Immissionen im betroffenen Gebiet messtechnisch zu überwachen (Art. 29 LRV).

c) Vollzugshilfen

4.233 Das BAFU hat gestützt auf Art. 38 USG für den Vollzug des Lufthygienerechts **rund vierundzwanzig Vollzugshilfen** erlassen.[330] Sie betreffen Messempfehlungen für emittierende Anlagen (z.B. Feuerungen) oder Immissionsmessungen, Ausrüstungsanforderungen (z.B. Partikelfiltersysteme), Anwendungsanforderungen (z.B. für Korrosionsschutzarbeiten), bauliche Anforderungen (z.B. zur Mindesthöhe von Kaminen), spezifische Luftreinhaltungsthemen der Landwirtschaft (z.B. Verwendung von Nährstoffen und Düngern oder die Ammoniak-Minderung bei der landwirtschaftlichen Nutztierhaltung) sowie Fragen der VOC-Abgabe und der Emissionsbegrenzung auf Baustellen oder bei Kieswerken, Steinbrüchen und ähnlichen Anlagen. Folgende Vollzugshilfen sind in der Praxis von allgemeinerer Bedeutung:

- Emissionsmessung bei stationären Anlagen. Emissions-Messempfehlungen (2013);
- Mindesthöhe von Kaminen über Dach. Kamin-Empfehlungen (2013);
- Luftreinhaltung auf Baustellen. Richtlinie über betriebliche und technische Massnahmen zur Begrenzung der Luftschadstoff-Emissionen von Baustellen (Baurichtlinie Luft; 2009);
- Immissionsmessung von Luftfremdstoffen. Messempfehlungen (2004);
- Verbrennen von Abfällen, Alt- und Restholz in Holzfeuerungen und im Freien (1996).

2. Verhältnis zum Raumplanungsrecht und Spielräume für kantonales Recht

4.234 Nach dem **Planungsgrundsatz** von Art. 3 Abs. 3 lit. b RPG sollen «Wohngebiete vor schädlichen oder lästigen Einwirkungen wie Luftverschmutzung, Lärm und Erschütterungen möglichst verschont werden». Das RPG nimmt somit ausdrücklich Bezug auf den umweltrechtlichen Immissionsschutz und will mit seinem Instrumentarium übermässigen Immissionen präventiv entgegenwirken.[331]

330 Abrufbar unter www.bafu.admin.ch > Publikationen, Medien > Vollzugshilfen > Luft: Vollzugshilfen.

331 Vgl. Griffel/Rausch, Kommentar USG, Ergänzungsband, Vorbem. zu Art. 11–25 Rz. 5 ff.; Waldmann/Hänni, Handkommentar RPG, Art. 3 Rz. 38.

Eine spezifischere Verknüpfung der Luftreinhaltung mit der Raumplanung besteht bei den **Massnahmenplänen nach Art. 44a USG** und Art. 31 LRV. Dabei handelt es sich zwar um eine spezialgesetzliche Planung nach USG, jedoch ist in lufthygienischen Belastungsgebieten eine enge Koordination vor allem mit der Richtplanung, aber auch mit der Nutzungsplanung gemäss RPG angezeigt.[332] Standortplanungen, Ansiedlungen von Infrastrukturen und die Verkehrsplanung beeinflussen den Zustand der Luft massgebend. Die raumplanerischen Massnahmen müssen deshalb auf die luftreinhalterechtlichen Sanierungsmassnahmen abgestimmt bzw. in den Dienst der Verbesserung der Luftqualität gestellt werden. Der Massnahmenplan Lufthygiene hat deshalb auch solche planerischen Massnahmen anzusprechen.[333] 4.235

Das Lufthygienerecht ist praktisch **abschliessend bundesrechtlich geregelt;** es verbleibt kaum Spielraum für materielle Vorschriften des kantonalen Rechts im Sinne von Art. 65 USG. Hingegen liegt der Vollzug bei den Kantonen (vgl. Art. 36 i.V.m. Art. 41 USG). Spielraum besteht demnach bei Regelung der Vollzugsorganisation, aber auch für Praxisfestlegungen hinsichtlich auslegungs- und konkretisierungsbedürftiger Bundesvorschriften. Zudem haben die Kantone Rechtsetzungskompetenzen in wichtigen Schnittstellenbereichen, wie etwa Raumplanung, Verkehr und Energie, und können mit dortigen Vorschriften die Luftreinhaltung funktional beeinflussen, z.B. im Gebäudebereich (vgl. Art. 89 Abs. 4 BV) oder durch eine zweckmässige Siedlungsentwicklung, die kurze Wege zwischen Wohnen, Arbeit und Freizeit anstrebt (Reduktion der sog. Zwangsmobilität). 4.236

3. Praxishinweise

Das Bundesgericht unterscheidet im Zusammenhang mit der Massnahmenplanung durchschnittliche und **überdurchschnittliche Emittenten.** Bei Letzteren können Emissionsbegrenzungsmassnahmen auch ohne Grundlage im Massnahmenplan direkt gestützt auf Art. 11 Abs. 3 und Art. 12 USG angeordnet werden.[334] 4.237

Die kantonalen Vollzugsinstanzen haben bei der **Bewirtschaftung von Parkplätzen** verkehrsintensiver Anlagen Gebühren für die Benützung von Besucher- und Kundenparkplätzen vorzusehen; dabei handelt es sich um eine Betriebsvorschrift gestützt auf Art. 12 Abs. 1 lit. c USG. Gemäss Bundesgericht müssen Parkplatzgebühren so ausgestaltet sein, dass sie effektiv zur Emissionsreduktion beitragen, das heisst den Verkehr mit diesem Ziel lenken. Die Lenkungswirkung muss sich insbesondere bei der Festsetzung der Gebührenhöhe niederschlagen und einen wirksamen Anreiz schaffen, auf die Benutzung des Autos zu verzichten. Zu beachten ist 4.238

332 Vgl. dazu z.B. BGE 131 II 103, E. 3.2.3; TSCHANNEN, Bau- und Nutzungsbeschränkungen, S. 495.

333 Vgl. z.B. BGE 124 II 272, E. 4c/bb; WALDMANN/HÄNNI, Handkommentar RPG, Art. 3 Rz. 39.

334 BGer, Urteil 1A.251/1993 vom 17. Mai 1995, E. 4b und 4d (URP 1995 498 ff.); BGE 124 II 272, E. 4c/ee.

auch der Grundsatz der Lastengleichheit bzw. der Gleichbehandlung der Gewerbegenossen.[335]

4.239 Im Bereich der Luftreinhaltung geben in der Praxis **Geruchsimmissionen** immer wieder zu Konflikten Anlass, hauptsächlich im Zusammenhang mit Landwirtschaftsbetrieben in der Nähe zur Bauzone. Zur Emissionsbegrenzung von Gerüchen aus der landwirtschaftlichen Tierhaltung müssen die Betriebe unter anderem die nach den anerkannten Regeln der Tierhaltung erforderlichen Mindestabstände zu «bewohnten Zonen» einhalten (Ziff. 512 Anhang 2 zur LRV), wobei diese Abstände über den Wortlaut hinaus gegenüber allen Wohnhäusern gelten.[336] Die LRV verweist dabei ausdrücklich auf die Empfehlungen der Eidgenössischen Forschungsanstalt für Betriebswirtschaft und Landtechnik Tänikon (ART, früher: FAT). Auch bei Biogasanlagen in der Landwirtschaft sind, nebst technischen Vorkehren (Filteranlagen o.Ä.), Mindestabstände zu beachten.[337]

C. Lärmbekämpfung

1. Massgebende bundesrechtliche Vorschriften und Vollzugshilfen

a) Regelung im Umweltschutzgesetz

aa) Rechtsgrundlagen

4.240 Die Lärmbekämpfung unterliegt den allgemeinen Vorschriften zum Immissionsschutz (Art. 11–14 und 16–18 USG). Darüber hinaus enthält das USG für den Schutz vor Lärm und Erschütterungen einen eigenen Abschnitt mit **zusätzlichen Vorschriften,** welche das Schutzkonzept auf Gesetzesstufe konkretisieren (vgl. Art. 19–25 USG). Sie erlauben allerdings in erster Linie, zugunsten bestimmter Anlagen (und zulasten der Anwohnerschaft) vom Schutzkonzept in praktisch sehr erheblicher Weise abzuweichen.[338]

4.241 In Bezug auf **Eisenbahnlärm** ist das Bundesgesetz über die Lärmsanierung der Eisenbahnen sowie die dazugehörige Ausführungsverordnung zu beachten. Sie regeln die Lärmsanierung der Eisenbahnen durch Massnahmen an Schienenfahrzeugen, an der Fahrbahn, auf dem Ausbreitungsweg des Schalls und an bestehenden Gebäuden (vgl. Art. 1 Abs. 1 BGLE). Dabei handelt es sich um spezialgesetz-

---

335 BGer, Urteil 1C_463/2011 vom 30. August 2012, E. 3.4.1–3.4.4 (URP 2013 123 ff.); vgl. auch BGE 137 II 58, E. 6.7.2, zu emissionsabhängigen Flughafengebühren.

336 Vgl. BGE 126 II 43, E. 4; vgl. auch BGer, Urteil 1C_306/2010 vom 2. Dezember 2010, E. 3.2.

337 Vgl. BGer, Urteil 1C_437/2009 vom 16. Juni 2010, E. 6.3 (ZBl 2011 209 ff.). Der in diesem Entscheid zitierte Leitfaden «Biogasanlagen in der Landwirtschaft» empfiehlt Abstände von 200 bis 300 Metern.

338 RAUSCH/MARTI/GRIFFEL, Umweltrecht, Rz. 269, 289 ff., 297 ff.

liche Vorschriften, welche den allgemeinen Vorschriften zur Sanierung (Art. 16 ff. USG) vorgehen.[339]

bb) Schutzkonzept

Die Lärmbekämpfung folgt dem **zweistufigen Schutzkonzept** und der Sanierungspflicht des USG.[340] In erster Linie muss der Lärm, der durch den Bau oder Betrieb von Anlagen verursacht wird, vorsorglich und unabhängig von der allenfalls bereits bestehenden Lärmbelastung an der Quelle begrenzt werden, soweit diese Begrenzung technisch und betrieblich möglich und wirtschaftlich tragbar ist (Art. 11 Abs. 1 und Abs. 2 USG). Steht fest oder ist zu erwarten, dass der Lärm dieser Anlagen zusammen mit den Emissionen anderer Lärmquellen zu schädlichen oder lästigen Immissionen in der Umgebung führt, sind die Emissionsbegrenzungen zu verschärfen (Art. 11 Abs. 3 USG). Dem Lärm gleichgestellt sind Infra- und Ultraschall (vgl. Art. 7 Abs. 4 USG). 4.242

Geräte, Maschinen, Fahrzeuge, Schiffe und Luftfahrzeuge sind den ortsfesten Anlagen gleichgestellt (Art. 7 Abs. 7 Satz 2 USG). Nebst der LSV bestehen hierzu teilweise weitere Verordnungen, vor allem die Schall- und Laserverordnung (SLV), die Maschinenlärmverordnung (MaLV) und die Verordnung über die Emissionen von Luftfahrzeugen (VEL); letztere beide wurden vom UVEK erlassen. 4.243

Das Zweistufenkonzept wird im Bereich der Lärmbekämpfung als Besonderheit durch eine **dritte Stufe** erweitert, indem das USG unter Umständen auch (nur) **Schallschutzmassnahmen am Immissionsort** vorsieht. Damit wird vom Quellenprinzip abgewichen und das Schutzkonzept stark relativiert, da diese (Ersatz-) Massnahmen die Lärmbetroffenen nicht gleich gut schützen bzw. nicht die gleiche Lebensqualität gewährleisten. Diese gesetzlich angelegten Relativierungen sind im Zusammenhang mit dem Bau und Betrieb von neuen und der Sanierung von bestehenden öffentlichen oder konzessionierten Anlagen vorgesehen, um diese nicht durch Massnahmen zur Emissionsbegrenzung an der Quelle und auf dem Ausbreitungsweg zu verunmöglichen oder übermässig zu erschweren (vgl. Art. 20 Abs. 1 und Art. 25 Abs. 3 USG).[341] Schallschutzmassnahmen am Immissionsort sind sodann ausnahmsweise auch vorgesehen, um im Dienste der raumplanerischen Verdichtung oder anderer überwiegender Interessen Bauprojekte im lärmbelasteten Gebiet zu ermöglichen (vgl. Art. 31 Abs. 2 LSV).[342] 4.244

Die umweltrechtlich begründeten **Massnahmen zur Emissionsbegrenzung** richten sich nach Art. 12 Abs. 1 USG. Es handelt sich um technische, bauliche, betriebliche, verkehrslenkende, -beschränkende oder -beruhigende Massnahmen an der ortsfesten Anlage (Schallquelle) oder auf dem Ausbreitungsweg des Schalls (vgl. Art. 2 Abs. 3 LSV; typisches Beispiel ist die Lärmschutzwand). Schallschutzmassnahmen am Empfangs- bzw. Immissionsort stellen demgegenüber blosse **Ersatzmassnah-** 4.245

339 Vgl. dazu Rz. 5.76 f.
340 Vgl. dazu Rz. 4.198 ff.
341 Vgl. dazu Rz. 4.250 ff.
342 Vgl. dazu auch Rz. 4.253 ff.

men dar, welche die lärmempfindlichen Räume eines Gebäudes abschirmen, nicht aber den Aussenraum (Vorgartenland, Balkone etc.) mitschützen. Typisches Beispiel sind Schallschutzfenster, welche nur im geschlossenen Zustand wirken.[343]

cc) Belastungsgrenzwerte und Lärmempfindlichkeitsstufen

4.246 Das Lärmschutzrecht kennt **drei Arten von Belastungsgrenzwerten:** Immissionsgrenzwerte, Planungswerte und Alarmwerte. Sie sind auf Verordnungsstufe in Form von Grenzwertschemata in dB(A) für verschiedene («technische») Lärmarten nach Tageszeit und Lärmempfindlichkeit des betroffenen Gebiets unterschiedlich festgelegt und haben je eine eigene Funktion:

- **Immissionsgrenzwerte (IGW)** markieren die Schwelle der Schädlichkeit oder Lästigkeit. Überschreiten Lärmimmissionen diese Werte (oder drohen diese zu überschreiten), gilt der Lärm als übermässig, d.h. als lästig oder für die Gesundheit des Menschen längerfristig schädlich. Als Folge davon müssen gemäss Art. 11 Abs. 3 USG an der Quelle verschärfte Massnahmen zur Emissionsbegrenzung bzw. zur Sanierung getroffen werden. Immissionsseitig ist die Einhaltung der IGW Baubewilligungsvoraussetzung für Gebäude mit lärmempfindlichen Räumen (Art. 22 USG). Der Bundesrat hat die IGW so festzulegen, dass nach dem Stand der Wissenschaft oder der Erfahrung Immissionen unterhalb dieser Werte die Bevölkerung in ihrem Wohlbefinden «nicht erheblich stören» (Art. 15 USG).

  Massgebend ist nicht das rein subjektive Empfinden, sondern eine objektivierte Lärmempfindlichkeit, welche sich grundsätzlich an der gesamten Bevölkerung orientiert, allerdings unter besonderer Berücksichtigung verletzlicher Personen (Kinder, Kranke, betagte Personen etc.), sodass eine gegenüber der Durchschnittsbevölkerung erhöhte Lärmempfindlichkeit resultiert. Die IGW wurden so festgelegt, dass sich 15 bis 25 Prozent der Befragten noch immer stark belästigt fühlten.[344]

- **Planungswerte (PW)** liegen in der Regel 5 dB(A) tiefer als die IGW. In Gebieten, in welchen die Lärmbelastung noch gering ist, soll dieses Lärmniveau respektive die «Marge» bis zu den IGW möglichst lange erhalten bleiben. Emissionsseitig ist die Einhaltung der PW Baubewilligungsvoraussetzung für neue Anlagen und für bestehende, aber wesentlich geänderte oder erweiterte Anlagen, wenn diese durch die Änderung konstruktiv, funktional oder vom Zweck her einer neuen Anlage gleichkommen (Art. 25 Abs. 1 USG).[345] Immissionsseitig bildet die Einhaltung der PW Voraussetzung zur Einzonung oder Erschliessung neuer Bauzonen für lärmempfindliche Nutzungen (Art. 24 USG). Die PW konkretisieren – allerdings nicht abschliessend[346] – das Vorsorgeprinzip.

---

343 Vgl. Zäch/Wolf, in: Kommentar USG, Art. 20 Rz. 27.
344 Vgl. Zäch/Wolf, in: Kommentar USG, Art. 15 Rz. 24 ff.; Griffel, Umweltrecht, S. 103.
345 Vgl. Rz. 4.267 ff. und 4.287; BGE 123 II 325, E. 4c/aa; BGE 116 Ib 435, E. 5d/bb.
346 Vgl. Rz. 4.286; Griffel, Grundprinzipien, Rz. 107 f.

- **Alarmwerte (AW)** liegen, je nach Lärmart, rund 5–15 dB(A) über den IGW. Sie zeigen eine alarmierend hohe Lärmbelastung an, sodass die Sanierung der emittierenden Anlagen dringlich ist (vgl. Art. 19 USG). In der Umgebung bestehender Verkehrsanlagen müssen bei Überschreiten der AW Schallschutzfenster eingebaut werden (Art. 20 Abs. 1 USG). Privaten Anlagen dürfen Sanierungserleichterungen höchstens bis zu den AW gewährt werden (vgl. Art. 17 Abs. 2 USG).

Die Belastungsgrenzwerte, insbesondere die Immissionsgrenzwerte, dienen dem Schutz des Menschen; sie definieren das zulässige Mass der Lärmbelastung **am Ort der Einwirkung,** konkret am lärmempfindlichen Gebäude (Art. 20–22, 24 USG). Die LSV spricht präziser von Gebäuden mit lärmempfindlichen Räumen (vor allem Wohnräume), welche gemäss Art. 2 Abs. 6 LSV definiert sind (vgl. Art. 1 Abs. 2 lit. b–e und 41 Abs. 1 LSV). 4.247

Im Rahmen der Nutzungsplanung muss jeder Nutzungszone nach Art. 14 ff. RPG eine der vier in Art. 43 Abs. 1 LSV definierten **Lärmempfindlichkeitsstufen I–IV** zugeordnet werden (vgl. Art. 44 Abs. 1 und 2 LSV). Diese Stufen bezeichnen die Lärmsensibilität der Umgebung, wobei die Stufe I für Zonen mit erhöhtem Lärmschutzbedürfnis steht und das in den Zonen zulässige Lärmniveau bis zur Stufe IV für sehr lärmige Anlagen ansteigt. Die Lärmempfindlichkeitsstufen verknüpfen die Belastungsgrenzwerte mit der Raumplanung; die Grenzwerte erhalten dadurch einen **räumlichen Geltungsbereich,** der parzellenscharf bestimmt ist. Lärmempfindlichkeitsstufen gelten stets für alle Lärmarten gemäss den Anhängen der LSV. 4.248

Enthält die LSV **keine Belastungsgrenzwerte** für eine bestimmte Lärmart, was insbesondere auf menschlichen Verhaltenslärm, Lärm von Tieren, Kirchenglocken und andere nicht technische Lärmarten zutrifft (sog. Alltagslärm), muss die Bewilligungs- bzw. Vollzugsbehörde die Störwirkung des Lärms **im Einzelfall** beurteilen. Dabei hat sie im konkreten Fall gestützt auf Art. 15 USG und unter Berücksichtigung von Art. 19 und 23 USG nach den gleichen Kriterien vorzugehen wie der Verordnungsgeber (vgl. Art. 40 Abs. 3 LSV).[347] 4.249

dd) Bestehende lärmerzeugende Anlagen

Ortsfeste Anlagen, die beim Inkrafttreten des USG am 1. Januar 1985 bereits bestanden, müssen **saniert** werden, wenn sie den umweltrechtlichen Anforderungen nicht oder nicht mehr genügen (insbesondere die IGW nicht einhalten). Es können Erleichterungen bis höchstens zu den AW gewährt werden (vgl. Art. 16 Abs. 1, Art. 17 USG). Die nähere Ausgestaltung der Sanierungspflicht erfolgt, wie auch im Zusammenhang mit dem Umbau und der Erweiterung solcher Anlagen (Art. 18 USG), erst auf Verordnungsstufe (vgl. Art. 13 ff. LSV).[348] 4.250

347 Vgl. Rz.4.290 f.
348 Vgl. Rz. 4.270 ff.

4.251 Hingegen sieht das Gesetz zugunsten bestehender öffentlicher oder konzessionierter Anlagen – in der Praxis vor allem Verkehrsinfrastrukturanlagen – bedeutende **Relativierungen** des Lärmschutzes vor, welche Art. 20 Abs. 1 USG wie folgt regelt:

«Lassen sich die Lärmimmissionen auf bestehende Gebäude in der Umgebung von bestehenden Strassen, Flughäfen, Eisenbahnanlagen oder anderen öffentlichen oder konzessionierten ortsfesten Anlagen durch Massnahmen bei der Quelle nicht unter den Alarmwert herabsetzen, so werden die Eigentümer der betroffenen Gebäude verpflichtet, Räume, die dem längeren Aufenthalt von Personen dienen, mit Schallschutzfenstern zu versehen oder durch ähnliche bauliche Massnahmen zu schützen».

4.252 Diese etwas verklausulierte Bestimmung enthält im Wesentlichen drei Aussagen: Mit Sanierungserleichterungen dürfen die genannten Anlagen Lärmimmissionen über den IGW und sogar **über den AW** erzeugen, sofern alle verhältnismässigen Sanierungsmassnahmen (Lärmschutzwände, lärmarme Strassenbeläge u.Ä.) getroffen wurden. Damit soll der Weiterbetrieb solcher Anlagen ermöglicht werden, unter Schonung der Anlageinhaber vor hohen Sanierungskosten. Ab dem Überschreiten der AW treten anstelle der Sanierung der Lärmquelle **passive Schallschutzmassnahmen;** Eigentümer von Gebäuden mit lärmempfindlichen Räumen müssen Schallschutzfenster einbauen oder andere Abschirmungsmassnahmen ausführen (lassen). Die **Kosten** der notwendigen Schallschutzmassnahmen hat der Anlageinhaber zu tragen, sofern das Baugesuch für das lärmbetroffene Gebäude nicht zu einem Zeitpunkt eingereicht worden ist, in welchem die IGW bereits überschritten oder das Infrastrukturprojekt öffentlich aufgelegt war (vgl. Art. 20 Abs. 2 USG). Bei einer Lärmbelastung im Bereich ab dem Überschreiten der IGW bis zum Erreichen der AW sind somit weder die Gebäudeeigentümer noch die Anlageinhaber massnahmen- bzw. kostentragungspflichtig.[349]

ee) Neue lärmerzeugende Anlagen

4.253 Neue ortsfeste Anlagen dürfen gemäss Art. 25 Abs. 1 USG grundsätzlich nur errichtet werden, wenn «die durch diese Anlagen allein erzeugten Lärmimmissionen die **Planungswerte** in der Umgebung nicht überschreiten». Damit wird konzeptionell im Dienste des Vorsorgeprinzips sichergestellt, dass die Lärmbelastung durch bestehende und neu hinzukommende Anlagen insgesamt möglichst lange unter der Schädlichkeitsschwelle der IGW bleibt.[350] Zusätzlich muss der Anlageinhaber weitere Begrenzungsmassnahmen ergreifen, wenn diese technisch und betrieblich möglich und wirtschaftlich zumutbar sind (vgl. Art. 7 Abs. 1 LSV).

4.254 Das Gesetz sieht in Art. 25 Abs. 2 USG eine **erste Ausnahmemöglichkeit** zu diesem Grundsatz vor. Die Vollzugsbehörde kann unter drei kumulativen Voraussetzungen zugunsten des Anlageprojekts Erleichterungen gewähren: Erstens muss

---

349 Vgl. zum Ganzen RAUSCH/MARTI/GRIFFEL, Umweltrecht, Rz. 289 ff.; GRIFFEL, Umweltrecht, S. 109 ff. Anders bei der Sanierung von Eisenbahnanlagen, wo sich der Bund ab Überschreiten der IGW auch an freiwilligen passiven Schallschutzmassnahmen finanziell beteiligt (vgl. Art. 10 BGLE).

350 RAUSCH/MARTI/GRIFFEL, Umweltrecht, Rz. 297.

an der neuen Anlage «ein überwiegendes öffentliches, namentlich raumplanerisches Interesse» bestehen, zweitens muss die Einhaltung der PW das Anlageprojekt unverhältnismässig belasten und drittens dürfen Erleichterungen nur bis zu den IGW gewährt werden (vgl. Art. 25 Abs. 2 USG; Art. 7 Abs. 2 LSV). Diese letzte Voraussetzung soll den Gesundheitsschutz der Lärmbetroffenen trotz der Erleichterung gewährleisten.[351]

Für öffentliche Infrastrukturanlagen – Strassen, Flughäfen, Eisenbahnanlagen oder 4.255
andere öffentliche oder konzessionierte Anlagen – enthält das USG eine noch weiter gehende **zweite Ausnahmemöglichkeit.** Nach Art. 25 Abs. 3 USG darf das Überschreiten der IGW in Form von Erleichterungen erlaubt werden, wenn sich die IGW durch Massnahmen an der Quelle nicht (in verhältnismässiger Weise) einhalten lassen. Zur Kompensation sieht das Gesetz vor, dass auf Kosten des Anlageeigentümers an den lärmbetroffenen Gebäuden Schallschutzfenster oder ähnliche bauliche Massnahmen realisiert werden (vgl. Art. 25 Abs. 3 USG). Eine Befreiungsmöglichkeit von der Kostentragungspflicht hat der Inhaber neuer Anlagen nicht.[352]

ff) Einzonung und Erschliessung von Bauzonen

Art. 24 USG stellt im Dienste des Vorsorgeprinzips lärmschutzrechtliche Anforde- 4.256
rungen an die **Nutzungsplanung,** welche ansonsten in der Zuständigkeit der Kantone (und Gemeinden) liegt; deren Spielraum wird insofern bundesrechtlich eingeschränkt.

Neue Bauzonen für Wohngebäude oder andere Gebäude mit lärmempfindlichen 4.257
Räumen dürfen danach nur in Gebieten geschaffen werden, in denen «die Lärmimmissionen die Planungswerte nicht überschreiten oder in denen diese Werte durch planerische, gestalterische oder bauliche Massnahmen eingehalten werden können» (Art. 24 Abs. 1 Satz 1 USG). Die Umzonung von Bauzonen (von einer Bauzonenart in eine andere) gilt ex lege nicht als Ausscheidung einer neuen Bauzone, auch wenn die Lärmempfindlichkeit der zugelassenen Nutzungen steigt (Art. 24 Abs. 1 Satz 2 USG; Art. 29 LSV).

Altrechtliche Bauzonen für Wohngebäude oder andere Gebäude mit lärmempfindli- 4.258
chen Räumen, die vor dem 1. Januar 1985 ausgeschieden wurden, aber noch nicht erschlossen sind, dürfen nur **erschlossen** werden, wenn die Planungswerte zumindest im «überwiegenden Teil dieser Zone» eingehalten sind oder mit Massnahmen eingehalten werden können (Art. 24 Abs. 2 USG). Die Verordnung spricht umgekehrt davon, dass «in kleinen Teilen der Bauzone» Ausnahmen von der Einhaltung der PW gestattet werden können (Art. 30 Abs. 2 LSV).[353] Sind diese Anforderungen nicht erfüllt, muss das Gebiet – im Rahmen der Nutzungsplanung, nicht gestützt auf Art. 24 Abs. 2 USG – in eine weniger lärmempfindliche Nutzungszone umgezont

351 RAUSCH/MARTI/GRIFFEL, Umweltrecht, Rz. 298; GRIFFEL, Umweltrecht, S. 113.

352 GRIFFEL, Umweltrecht, S. 113 f.

353 Bezugsgrösse ist grundsätzlich der noch nicht voll erschlossene Teil einer Nutzungszone, soweit er für Gebäude mit lärmempfindlichen Räumen bestimmt ist (vgl. BGE 123 II 337, E. 8c).

werden. Ist auch dies nicht möglich, besteht ein **Erschliessungsverbot** (Art. 24 Abs. 2 USG; Art. 30 LSV).[354] Nicht erschlossene Bauzonen können nicht überbaut werden (vgl. Art. 22 Abs. 2 lit. b RPG).

4.259 In der Praxis ist unklar, was gilt, wenn eine Nutzungszone zwar grundsätzlich erschlossen ist, aber für eine andere oder neue Nutzung, beispielsweise im Rahmen einer Umzonung in eine andere Zonenart, Anpassungen der Erschliessung notwendig werden, etwa bei der Umnutzung von Industriebrachen oder bei der Ansiedlung von verkehrsintensiven Einrichtungen an Orten mit ungenügend dimensioniertem Verkehrsnetz.[355] Die Kantone kennen hierzu unterschiedliche Vollzugspraxen.

gg) Baubewilligungen im lärmbelasteten Gebiet

4.260 Lärmschutzrechtliche Anforderungen bestehen auch für Baubewilligungen von Gebäuden mit lärmempfindlichen Räumen. Neue Gebäude müssen generell mit einem **angemessenen baulichen Schutz gegen Aussen- und Innenlärm** versehen werden (Schalldämmung der Bauteile; Art. 21 Abs. 1 USG; Art. 32 ff. LSV).

4.261 Baubewilligungen für neue Gebäude in lärmbelasteten Gebieten werden sodann grundsätzlich nur erteilt, wenn die **Immissionsgrenzwerte eingehalten** sind. Diese Vorschrift will sicherstellen, dass keine neuen lärmempfindlichen Räume entstehen, deren Bewohner oder Benutzer schädlichem oder lästigem Lärm ausgesetzt sind; sie soll ferner Anreiz bieten, die Lärmbelastung an der Quelle zu reduzieren (und Kostenfolgen für den Verursacher zu vermeiden).[356] Diese Anforderung ist eingehalten, wenn das Gebiet entweder noch keine übermässige Lärmbelastung aufweist oder das Gebäude durch gestalterische oder bauliche Massnahmen gegen den Lärm abgeschirmt wird. Dies kann durch eine angepasste **(Lärmschutz-)Architektur** erfolgen, insbesondere durch eine Grundrissoptimierung mit Orientierung der lärmempfindlichen Räume auf die lärmabgewandte Seite, vorgeschobene Gebäuderiegel mit anderen Nutzungen oder Lärmschutzwände (vgl. Art. 22 Abs. 2 USG; Art. 31 Abs. 1 LSV).[357]

4.262 Ziel dieser Massnahmen muss sein, dass die IGW am massgebenden Ermittlungsort in der Mitte der offenen Fenster von lärmempfindlichen Räumen eingehalten sind (Art. 39 Abs. 1 LSV).[358]

4.263 Können die IGW auf diese Weise nicht eingehalten werden, ist die Baubewilligung für neue Gebäude mit lärmempfindlichen Räumen zu verweigern. Dieses **Bauverbot** kann nur ausnahmsweise überwunden werden, wenn gemäss Art. 31 Abs. 2 LSV an der Errichtung des Gebäudes ein überwiegendes Interesse besteht und die kantonale Behörde zustimmt. Der Entscheid über die Zustimmung verlangt eine **Interessenabwägung.** Das Interesse an der Realisierung des Gebäudes ist den Anliegen

---

354 Wolf, in: Kommentar USG, Art. 24 Rz. 29; Griffel, Umweltrecht. S. 116 f.
355 Vgl. dazu Schaub, Heute erschlossen.
356 Vgl. Griffel, Umweltrecht. S. 116 f.
357 Vgl. Wolf, in: Kommentar USG, Art. 22 Rz. 18, 25 ff.; Griffel, Umweltrecht, S. 118 f.
358 Vgl. Wolf, in: Kommentar USG, Art. 22 Rz. 25, sowie zur sog. «Lüftungsfenster-Praxis» Rz. 4.278.

des Lärmschutzes gegenüberzustellen und gegen diese abzuwägen. Die Baubewilligung darf nur erteilt werden, wenn ein überwiegendes öffentliches Interesse für die Errichtung des Gebäudes spricht, etwa (und primär) das raumplanerische Interesse an der Schliessung einer Baulücke.[359]

b) Übersicht zur Lärmschutz-Verordnung

aa) Geltungsbereich und Aufbau der Verordnung

Die LSV regelt die **Begrenzung von Aussenlärmemissionen,** die beim Bau und Betrieb neuer und bestehender Anlagen erzeugt werden. Sie enthält überdies Vorschriften zum Schallschutz gegen Aussen- und Innenlärm an neuen Gebäuden, zum raumplanerischen und baurechtlichen Schutz gegen Lärm und setzt den Rahmen für den Vollzug der Lärmbekämpfung mit Vorgaben zur Ermittlung und Beurteilung von Aussenlärmimmissionen. Nicht anwendbar ist die LSV dagegen auf Lärm innerhalb von Betriebsarealen und auf Infra- und Ultraschall (vgl. Art. 1 Abs. 2 und 3 LSV). 4.264

Nach allgemeinen Bestimmungen zu Zweck, Geltungsbereich und Begriffen orientiert sich der Aufbau der Verordnung grundsätzlich an den verschiedenen **Lärmquellen:** Emissionsbegrenzung bei Fahrzeugen, beweglichen Geräten und Maschinen (2. Kapitel), Emissionsbegrenzungen und Schallschutzmassnahmen bei neuen und geänderten ortsfesten Anlagen (3. Kapitel) sowie bei bestehenden ortsfesten Anlagen, inkl. Sanierungen und deren Finanzierung (4. Kapitel). Weitere zwei Kapitel betreffen die lärmschutzrechtlichen Anforderungen an Nutzungsplanungen und Baubewilligungen (5. Kapitel) und den Schallschutz an neuen Gebäuden (6. Kapitel). Vorschriften zur Ermittlung, Beurteilung und Kontrolle regeln den Vollzug der Lärmbekämpfung (7. Kapitel). Nach Schluss- und Übergangsbestimmungen enthält die LSV **neun Anhänge** zu verschiedenen Lärmarten (mit Belastungsgrenzwerten). 4.265

bb) Emissionsbegrenzung bei neuen und geänderten ortsfesten Anlagen

Nebst der Konkretisierung von Art. 25 Abs. 1 und 2 USG für neue Anlagen regelt die LSV hauptsächlich und in Konkretisierung von Art. 18 USG, welche lärmschutzrechtlichen Anforderungen bei der **Änderung ortsfester Anlagen** gelten (vgl. Art. 8–10 LSV). 4.266

Auf Änderungen von **neuen Anlagen** sind alle Vorschriften anwendbar wie bei der erstmaligen Erstellung einer solchen Anlage; insbesondere gelten somit die Planungswerte (Art. 25 Abs. 1 USG; Art. 8 Abs. 4 i.V.m. Art. 7 LSV).[360] Diesem Begrenzungsregime sind auch gewisse **Änderungen von bestehenden, altrechtlichen Anlagen** unterworfen: 4.267

---

359 Vgl. BGer, Urteil 1C_704/2013 vom 17. September 2014, E. 6.2; vgl. auch BGE 134 II 152, E. 11.1, sowie Wolf, in: Kommentar USG, Art. 22 Rz. 34 f.; Griffel, Umweltrecht, S. 120; Jäger, Bauen, S. 5 ff.

360 Vgl. BGE 125 II 643, E. 17a; Wolf, in: Kommentar USG, Art. 25 Rz. 45.

- Änderung einer bestehenden Anlage, welche beim Inkrafttreten des USG noch keine störenden Lärmimmissionen verursachte.[361] Immerhin bleiben diese Anlagen insofern privilegiert, als sie das bisherige Mass an Immissionen beibehalten dürfen, auch wenn die PW überschritten sind (kein Sanierungsfall).[362]
- Änderung einer bestehenden Anlage, wenn sie «in konstruktiver oder funktionaler Beziehung so weit verändert wird, dass der weiterbestehende Teil der Anlage von geringerer Bedeutung erscheint als der erneuerte Teil» (sog. übergewichtige Erweiterung)[363], den Charakter einer neubauähnlichen Umgestaltung hat (z.B. Ersatzneubau bzw. Wiederaufbau) oder der Zweck der Anlage vollständig geändert wird (vgl. Art. 2 Abs. 2 LSV).

4.268 Alle anderen Änderungen von bestehenden Anlagen, die Immissionen über den IGW verursachen und insoweit Sanierungsbedarf aufweisen, richten sich nach Art. 18 USG. Danach dürfen sie nur umgebaut oder erweitert werden, wenn sie **gleichzeitig saniert** werden. Nach dem gesetzgeberischen Konzept können und sollten Sanierungserleichterungen dabei aufgehoben oder eingeschränkt werden.[364] Art. 8 LSV konkretisiert diese Bestimmung und differenziert danach, ob es sich um eine wesentliche oder unwesentliche Änderung handelt:[365]

- **Unwesentliche Änderungen** – «reine Unterhalts- und Reparaturarbeiten, die nur der Erhaltung der Bausubstanz und der Funktionstüchtigkeit der Anlage dienen und weder die innere oder äussere Gestalt noch die Zweckbestimmung verändern»[366] – lösen für sich keine Pflicht zur Sanierung der bestehenden Anlage(teile) aus. Die Lärmemissionen der neuen oder geänderten Anlageteile müssen indessen im Rahmen der Vorsorge begrenzt werden (vgl. Art. 8 Abs. 1 LSV).[367]
- Bei **wesentlichen Änderungen** sind die Lärmemissionen der gesamten Anlage mindestens so weit zu begrenzen, dass die Immissionsgrenzwerte eingehalten sind (vgl. Art. 8 Abs. 2 LSV).[368] Mit anderen Worten muss anlässlich des Änderungsprojekts gleichzeitig saniert werden, auch wenn die bestehenden Anlageteile selber nicht von der Änderung betroffen sind.

Wesentliche Änderungen sind nach Art. 8 Abs. 3 LSV «Umbauten, Erweiterungen und vom Inhaber der Anlage verursachte Änderungen des Betriebs, wenn zu erwarten ist, dass die Anlage selbst oder die Mehrbeanspruchung bestehender Verkehrsanlagen wahrnehmbar stärkere Lärmimmissionen erzeugen. Der Wiederaufbau von Anlagen gilt in jedem Fall als wesentliche Änderung». Das Bundesgericht hielt dazu in einem jüngsten Entscheid

361 Vgl. VGer ZH, Urteil VB.2001.00176 vom 16. November 2001, E. 3b (URP 2002 129 ff.).
362 Dazu und zum Ganzen: Wolf, in: Kommentar USG, Art. 25 Rz. 46.
363 Vgl. BGE 141 II 483, E. 3.3.3, unter Verweis auf BGE 116 Ib 435, E. 5d/bb, BGE 123 II 325, E. 4c/aa, und BGE 125 II 643, E. 17a. Kritisch dazu Urteilsanmerkung von Griffel in URP 2016 19 ff.
364 Vgl. Botschaft USG 1979 S. 798.
365 Vgl. Botschaft USG 1979, S. 798; BGE 115 Ib 456, E. 5b.
366 Vgl. Schrade/Wiestner, in: Kommentar USG, Art. 18 Rz. 2, 16.
367 Vgl. zuletzt BGE 141 II 483, E. 3.3.1.
368 Vgl. BGE 141 II 483, E. 3.3.2.

erstmals fest, dass für diese Beurteilung nicht nur, wie dies der Wortlaut der Bestimmung nahelegt, die Lärmauswirkungen des Projekts entscheidend seien, sondern «aufgrund einer **gesamthaften Betrachtung** entschieden werden [muss], ob die Änderung gewichtig genug ist, um als ‹wesentlich› qualifiziert und den Rechtsfolgen von Art. 18 USG i.V.m. Art. 8 Abs. 2 LSV unterstellt zu werden». Zu berücksichtigen seien insbesondere auch der Umfang der baulichen Massnahmen und die Kosten. Nähere sich das Projekt unter diesen Gesichtspunkten einem Neubau bzw. Wiederaufbau an, namentlich wenn die Lebensdauer der Gesamtanlage erheblich verändert werde, so sei die Änderung auch dann in der Regel als erheblich einzustufen, wenn die Anlage gleichzeitig saniert wird.[369]

Neuen oder wesentlich geänderten Anlagen werden auch die auf den Zufahrtsstrassen erzeugten zusätzlichen Lärmeinwirkungen zugerechnet. Art. 9 LSV hält dazu fest, dass die **Mehrbeanspruchung der Verkehrsanlage** nicht zur Überschreitung der IGW (lit. a) oder, und dies ist der praktisch wichtigere Fall, bei bereits überschrittenen IGW zu «wahrnehmbar stärkeren Lärmimmissionen» führen darf (lit. b). Die Rechtsprechung geht davon aus, dass zusätzlicher Lärm ab einer Erhöhung des Verkehrs um rund 25 Prozent bzw. ab einer Zunahme des Lärms um 1 dB(A) wahrnehmbar ist.[370]

Art. 10 und 11 LSV führen Art. 25 Abs. 3 USG näher aus und regeln die Modalitäten der **passiven Schallschutzmassnahmen,** welche als Kompensation für gewährte Erleichterungen am Immissionsort getroffen werden müssen, wenn dort die IGW überschritten werden. Von solchen Erleichterungen können nur die im Gesetz genannten öffentlichen oder konzessionierten Anlagen profitieren, nicht dagegen private Anlagen. Massnahmenverpflichtet sind die Eigentümer der Gebäude mit lärmempfindlichen Räumen, kostenpflichtig dagegen der Anlageinhaber. Art. 10 Abs. 3 LSV hält sodann fest, in welchen Fällen auf diese Ersatzmassnahmen gänzlich verzichtet werden darf, etwa bei überwiegenden Interessen des Ortsbildschutzes oder der Denkmalpflege. 4.269

cc) Sanierung bestehender ortsfester Anlagen

Art. 13 und 14 LSV konkretisieren die **«rein» lärmrechtlichen Sanierungen** gemäss Art. 16 f. USG für bestehende Anlagen, welche nicht geändert werden, aber über den IGW liegende Lärmimmissionen erzeugen. Art. 13 Abs. 1 LSV bezeichnet nur Anlagen als sanierungspflichtig, welche wesentlich zu dieser Überschreitung beitragen.[371] Die Sanierung erfolgt in erster Linie durch Massnahmen der Emissionsbegrenzung an der Quelle; Ziel ist es, die IGW einzuhalten und alle im Rahmen des Vorsorgeprinzips angezeigten zusätzlichen Massnahmen vorzukehren (vgl. Art. 13 Abs. 2 und 3 LSV). 4.270

---

369 BGE 141 II 483, E. 4.6 (Hervorhebung hinzugefügt). Vgl. auch bereits in diesem Sinn die Lehre, z.B. Schrade/Wiestner, in: Kommentar USG, Art. 18 Rz. 17 und 22; Widmer Dreifuss, Sportanlagen, S. 306.

370 Vgl. z.B. BGE 136 II 281, E. 2.3 ff.; BGer, Urteil 1C_204/2012 vom 25. April 2013, E. 4; Wolf, in: Kommentar USG, Vorbem. zu Art. 19–25 Rz. 7.

371 Zum zu engen Wortlaut dieser Bestimmung vgl. Griffel/Rausch, Kommentar USG, Ergänzungsband, Art. 16 Rz. 14, m.w.H.

4.271 In der Annahme, die IGW könnten durch Massnahmen am Immissionsort eingehalten werden, lässt Art. 13 Abs. 4 LSV bei nicht erschlossenen Bauzonen, in denen die IGW überschritten sind (lit. a), den **Verzicht auf die Sanierung** zu; ebenso wenn die IGW aufgrund kantonaler (oder kommunaler) Vorkehren im Rahmen der Raumplanung eingehalten werden können (lit. b). Die genaue Tragweite der zweiten Variante ist noch weitgehend ungeklärt, insbesondere wie diese Massnahmen von u.U. unterschiedlichen Akteuren sachgerecht miteinander verknüpft werden können.[372]

4.272 Im Gegensatz zu Neubauten oder wesentlichen Anlageänderungen können hier **Erleichterungen** nach Art. 17 USG bis zu den AW auch für private Anlagen gewährt werden, für öffentliche oder konzessionierte Anlagen (vor allem Verkehrsinfrastrukturen) gar darüber hinaus (Art. 17 Abs. 2, Art. 20 Abs. 1 USG; Art. 14 Abs. 2 LSV). Dies aus Gründen der Verhältnismässigkeit oder aufgrund entgegenstehender, überwiegender öffentlicher Interessen (vgl. Art. 14 Abs. 1 LSV). Passive Schallschutzmassnahmen am Immissionsort müssen bei bestehenden öffentlichen oder konzessionierten Anlagen erst ab Überschreiten des AW ergriffen werden. Massnahmenverpflichtet sind die Eigentümer lärmbetroffener Gebäude, kostentragungspflichtig grundsätzlich und nur für die Erstellungkosten die Inhaber der Anlage (vgl. Art. 20 Abs. 2 USG; Art. 15 f. LSV).[373] Die LSV nimmt diese Schutzlücke zwischen den IGW und den AW in Übereinstimmung mit dem USG hin und setzt darauf, dass der technische Fortschritt bei der Lärmbekämpfung an der Quelle Abhilfe schaffen werde.[374]

4.273 Die bestehenden, übermässig lärmemittierenden Anlagen mussten innerhalb einer **Sanierungsfrist** von fünfzehn Jahren ab Inkrafttreten der LSV, d.h. bis am 1. April 2002, saniert sein (Art. 17 Abs. 3 LSV). Diese Frist wurde bei der Sanierung der öffentlichen Verkehrsanlagen durchgehend verpasst und in der Folge auf Verordnungsstufe verlängert. Bei den Nationalstrassen ist die Sanierungsfrist am 31. März 2015 und bei den zivilen Flugplätzen am 31. Mai 2016 mittlerweile definitiv abgelaufen, bei den Hauptstrassen und den übrigen Strassen wird sie voraussichtlich ebenfalls ohne weitere Verlängerung am 31. März 2018 ablaufen (Art. 17 Abs. 4 und 6 lit. b LSV). Für Eisenbahnanlagen gelten die Sanierungsfristen nach BGLE.

dd) Lärmschutzanforderungen an Planungen und Baubewilligungen

4.274 Das Lärmbekämpfungsrecht ist bereits auf Gesetzesstufe eng mit dem Raumplanungsrecht verknüpft (vgl. Art. 22 und 24 USG).[375] Die LSV wiederholt, ergänzt und präzisiert die Gesetzesregelung:

- In Bezug auf die lärmschutzrechtlichen Anforderungen an die Ausscheidung neuer und die Erschliessung bestehender **Bauzonen** wiederholt die LSV im Wesentlichen, aber mit grösserer Klarheit, die Regelung des Gesetzes (vgl.

372 Vgl. BGE 138 II 379, E. 5.5, 5.6.1 und 5.6.2 (URP 2012 548 ff.).
373 Beim Eisenbahnlärm ist immerhin eine Kostenbeteiligung des Bundes an den freiwilligen Einbau von Schallschutzfenstern vorgesehen (Art. 10 Abs. 2 BGLE).
374 Vgl. Ruch, Umwelt – Boden – Raum, Rz. 1741.
375 Vgl. Rz. 4.256 ff. und 4.260 ff.

Art. 29 und 30 LSV). Art. 30 LSV präzisiert zudem, dass für die Erschliessung Ausnahmen für «kleine Teile der Bauzone» zulässig sind (gebiets- und nicht parzellenbezogene Betrachtungsweise).[376]

- Auf Stufe der **Baubewilligung** für Gebäude mit lärmempfindlichen Räumen, die in Gebieten mit übermässiger Lärmbelastung errichtet werden sollen, konkretisiert Art. 31 Abs. 1 LSV die Massnahmen, mit welchen diese Gebäude zur Einhaltung der IGW von der Lärmquelle abzuschirmen sind. Nicht der Lärmverursacher, sondern die Grundeigentümer tragen die Kosten dieser Lärmschutzmassnahmen (vgl. Art. 31 Abs. 3 LSV).[377] Lassen sich die IGW auf diese Weise nicht einhalten, sieht Art. 31 Abs. 2 LSV die bereits erwähnte **Ausnahme** vor, wonach unter einer materiellen und einer formellen Voraussetzung (Interessenabwägung und Zustimmungserfordernis) trotzdem gebaut werden darf.[378] Folge einer solchen Ausnahmebewilligung ist, dass erhöhte Anforderungen an die Schalldämmung der Aussenbauteile des betroffenen Gebäudes gelten (vgl. Art. 32 Abs. 2 LSV).

Mit Änderung vom 28. November 2014 wurden in Form eines neuen Art. 31a «Besondere Bestimmungen bei **Flughäfen mit Verkehr von Grossflugzeugen**» in die LSV eingefügt, die seit 1. Februar 2015 in Kraft stehen.[379] Er statuiert auf Verordnungsstufe die Legalfiktion, dass die PW und die IGW für Fluglärm eingehalten sind, wenn die in dieser Bestimmung detailliert aufgeführten baulich-technischen Massnahmen am Gebäude mit lärmempfindlichen Räumen getroffen werden. Mit diesen Ersatzmassnahmen am Immissionsort sollen Einzonungen, Erschliessungen und Baubewilligungen im fluglärmbelasteten Gebiet ermöglicht werden. Art. 31a LSV stellt eine lex specialis mit einer nicht unproblematischen Präjudizwirkung für die Lärmbekämpfung allgemein dar. 4.275

ee) Ermittlung und Beurteilung von Lärmimmissionen

Die Vollzugsbehörden haben Aussenlärmimmissionen von ortsfesten Anlagen zu ermitteln oder ihre Ermittlung anzuordnen, wenn Grund zur Annahme besteht, dass die Belastungsgrenzwerte überschritten sind oder deren Überschreitung zu erwarten ist, wobei gewisse konkret bevorstehende Situationsänderungen zu berücksichtigen sind (vgl. Art. 36 Abs. 1 und 2 LSV). Für öffentliche oder konzessionierte 4.276

376 Vgl. Rz. 4.258; Griffel, Umweltrecht, S. 117.

377 A.M. Griffel, Grundprinzipien, Rz. 262; Favre, Protection, S. 275 Fn. 1152; Griffel/Rausch, Kommentar USG, Ergänzungsband, Art. 22 Rz. 11.

378 Die Gesetzeskonformität ist umstritten: verneinend Griffel/Rausch, Kommentar USG, Ergänzungsband, Art. 22 Rz. 7; Rausch/Marti/Griffel, Umweltrecht, Rz. 311; bejahend VGer ZH, Urteil VB.2013.00289 vom 11. Juli 2013, E. 6.3 (BEZ 2013 Nr. 23), mit abweichender Minderheitsmeinung; Wolf, in: Kommentar USG, Art. 22 Rz. 33; Jäger, Bauen, S. 6; Frage offengelassen in BGer, Urteil 1C_704/2013 und 1C_742/2013 vom 17. September 2014, E. 6 (URP 2014 643 ff.).

379 Hervorhebung hinzugefügt. Diese Vorschrift wird auch als «Lex Flughafen Zürich» bezeichnet, da sie in erster Linie auf die Situation rund um diesen Flughafen zugeschnitten ist.

ortsfeste Anlagen sowie Eisenbahnen besteht ein Lärmbelastungskataster bzw. ein Emissionsplan (Art. 36 Abs. 2 und Art. 37 LSV).

4.277 Lärmimmissionen werden je nach Lärmart anhand von **Berechnungen oder Messungen** nach einer bundesrechtlich vorgegebenen Methodik ermittelt (Art. 38 LSV). Bei bestehenden Gebäuden liegt der massgebende **Ermittlungsort** in der Mitte der offenen Fenster von lärmempfindlichen Räumen (vgl. Art. 39 Abs. 1 LSV). Daraus folgt, dass das Lärmschutzkonzept der LSV nicht nur das Rauminnere vor übermässigem Lärm schützen will, sondern auch die gebäudenahen Aussenräume (wie z.B. Balkone, Garten); Schallschutzfenster oder ähnlich wirkende Schallschutzmassnahmen stellen deshalb blosse Ersatzmassnahmen im Rahmen von Erleichterungen und Ausnahmen dar.[380]

4.278 Einige Kantone beschränken die Ermittlung der Lärmbelastung allerdings auf die sog. **«Lüftungsfenster»** des lärmempfindlichen Raumes. Gemäss dieser Vollzugspraxis genügt es, wenn die IGW mindestens an dem am wenigsten lärmexponierten Fenster eingehalten sind, soweit dieses aus wohnhygienischer Sicht eine genügend grosse Fläche zur Lüftung des Raumes aufweist. Diese Praxis drängt damit den Anwendungsbereich der Ausnahmeregelung nach Art. 31 Abs. 2 LSV zurück, da die Anforderung von Art. 31 Abs. 1 LSV erfüllt ist, wenn die IGW am ruhigsten Fenster eingehalten sind.[381] Verschärfend tritt hinzu, dass auch in Bezug auf die Frage, was ein Fenster und welches dessen Mitte ist, unterschiedliche Regelungen und Praxen in den Kantonen bestehen. Das Bundesgericht hat die Lüftungsfensterpraxis vor Kurzem im Leitentscheid «Niederlenz» für rechtswidrig erklärt.[382]

4.279 Für einige häufige, oft als besonders störend empfundene Schall- bzw. Lärmquellen (Strassenverkehr, Flughäfen und Flugfelder, Industrie- und Gewerbebetriebe, Schiessanlagen) hat der Bundesrat in den **Anhängen 3 bis 9** zur LSV objektive Beurteilungskriterien in Form von **Belastungsgrenzwerten** aufgestellt, die auf die durchschnittliche Wahrnehmung normal lärmempfindlicher Personen abgestützt sind.[383] Diese Kriterien sind auf technischen (Aussen-)Lärm zugeschnitten und auf anderen Lärm (wie z.B. Innenlärm) und andere Lärmquellen (wie z.B. Lärm von Menschen und Tieren) nicht oder nur eingeschränkt übertragbar. Diese Werte berücksichtigen auch, dass der Lärm in der Nacht als wesentlich störender empfunden wird als am Tag; die nachts geltenden Grenzwerte liegen deshalb in der Regel 10 dB(A) unter den IGW und PW sowie 5 dB(A) unter den AW, die für den Tag gelten.

4.280 Die Belastungsgrenzwerte beziehen sich in der Regel auf den sog. **Beurteilungspegel Lr,** manchmal auf den Maximalpegel Lmax (vgl. Art. 38 Abs. 1 LSV), die in dB(A) ausgedrückt werden und die Intensität des Schalldrucks, die Häufigkeit und Dauer der Lärmereig-

380 Vgl. Rz. 4.252 und 4.255.

381 Die Zulässigkeit dieser Praxis ist umstritten: verneinend Jäger, Bauen, S. 10 f.; kritisch auch Griffel/Rausch, Kommentar USG, Ergänzungsband, Art. 22 Rz. 5, m.w.H.; die Bundesrechtskonformität bejahend VGer ZH, Urteil VB.2014.00307 und VB.2014.00309 vom 16. April 2015, E. 11.3–11.7 (BEZ 2015 Nr. 13; Beschwerde am BGer hängig).

382 BGE 142 II 100.

383 Vgl. z.B. BGE 133 II 292, E. 3.2.

nisse sowie die spezifische, lärmartabhängige Störwirkung berücksichtigen.[384] Der Mensch nimmt – je nach seiner subjektiven Einstellung zur Lärmquelle bzw. je nach Lärmcharakteristik – den Lärm unterschiedlich störend wahr; diesem Umstand wird durch den Korrekturfaktor «K» im Beurteilungspegel Lr Rechnung getragen. Dies führt dazu, dass Industrie- und Gewerbelärm stets mit einem Malus, Strassenlärm neutral und Eisenbahnlärm mit einem Bonus (sog. Schienen-Bonus)[385] bewertet wird. Diese Korrekturen basieren auf wissenschaftlichen Erhebungen aus der Zeit vor Erlass der Belastungsgrenzwerte der LSV. Es bestehen zumindest Hinweise darauf, dass sie das Empfinden und die Wahrnehmung der Bevölkerung heute nicht mehr bei allen Lärmarten bzw. in jeder Hinsicht adäquat abbilden.[386]

c) Vollzugshilfen

Das BAFU hat im Bereich des Lärmschutzes **rund fünfzehn Vollzugshilfen** erlassen.[387] Diese wie auch weitere Richtlinien haben, insbesondere bei Lärmarten ohne Belastungsgrenzwert (Alltagslärm), für die Lärmbeurteilung und -bekämpfung eine grosse Bedeutung. Das Bundesgericht anerkennt in ständiger Rechtsprechung, dass nebst amtlichen Vollzugshilfen auch fachlich genügend abgestützte ausländische oder private Richtlinien eine Entscheidungshilfe bieten können, sofern die Kriterien, auf welchen diese Unterlagen beruhen, mit denjenigen des schweizerischen Lärmschutzrechts vereinbar sind.[388] 4.281

Die folgenden Vollzugshilfen und Richtlinien seien besonders hervorgehoben: 4.282

- Baulärm-Richtlinie (2006): Diese Richtlinie wurde gestützt auf Art. 6 LSV durch das BAFU erlassen. Der Lärm von Baustellen wird, da dieser nur vorübergehend auftritt, nicht vom allgemeinen Immissionsschutzkonzept erfasst, sondern im Rahmen dieser Richtlinie, je nach Art der Baustelle und Lärmquellen, mit Massnahmen verschiedener Stufen (Massnahmenstufen A–C) begrenzt.
- Beurteilung Alltagslärm, inkl. eines rechnerischen Beurteilungstools (2014): Nebst den Grundlagen der Lärmbeurteilung von Lärmarten ohne Belastungsgrenzwert in der LSV bietet diese Vollzugshilfe zu den häufigsten Arten von Alltagslärm je eine anschauliche Übersicht und Hilfestellung mit Beurteilungskriterien, darunter Lärm von Kinderkrippen, Kirchen- und Kuhglocken, Lärm von Kunstinstallationen, Laubbläsern, Modellfahrzeugen, Musikspielen, Tierhaltung, Veranstaltungen im Freien etc.

---

384 Zu den akustischen Zusammenhängen vgl. z.B. Griffel, Umweltrecht, S. 100 f.; Wolf, in: Kommentar USG, Vorbem. zu Art. 19–25 Rz. 1 ff.

385 Vgl. z.B. BGer, Urteil 1C_375/2009 vom 10. Mai 2010, E. 6.2.

386 Vgl. BGE 137 II 58, E. 5.3.5 (URP 2011 18 ff.).

387 Abrufbar unter www.bafu.admin.ch > Publikationen, Medien > Vollzugshilfen > Lärm: Vollzugshilfen.

388 Vgl. z.B. BGE 133 II 292, E. 3.3; BGer, Urteil 1C_169/2008 vom 5. Dezember 2008, E. 3.4 f. (URP 2009 123 ff.).

- Lärm von Sportanlagen (2013): Diese Vollzugshilfe zeigt auf, wie die Deutsche Sportanlagenverordnung[389] mit ihren Beurteilungskriterien und Richtwerten zur Störwirkung von Lärmimmissionen, die durch den Lärm von und aus Sportanlagen verursacht werden, auf das System des schweizerischen Lärmschutzrechts adaptiert werden kann.[390]
- Leitfaden Strassenlärm (2006): Diese Vollzugshilfe stellt die Grundlagen, Beurteilungsparamter, die Methodik und mögliche Massnahmen (insbesondere die Eigenschaften von lärmarmen Strassenbelägen) dar, welche im Rahmen von Strassensanierungen in Betracht gezogen werden sollen.
- Wirtschaftliche Tragbarkeit und Verhältnismässigkeit von Lärmschutzmassnahmen (2006): Diese Vollzugshilfe konkretisiert die Tragbarkeits- und Verhältnismässigkeitsprüfung (sog. WT-Index) im Zusammenhang mit Lärmschutzmassnahmen. Sie stellt eine Weiterentwicklung und Optimierung eines Modells dar, welche das BAFU in der Schriftenreihe Umwelt Nr. 301 publizierte.
- Eine wichtige Richtlinie für die Beurteilung von Lärmimmissionen, welche von öffentlichen Gaststätten ausgehen, stellt die **Vollzugshilfe des «Cercle Bruit»**[391] dar. Nebst dem eigentlichen Betriebslärm, der aus unterschiedlichen Komponenten wie menschlichen Stimmen, Musik etc. bestehen kann, berücksichtigt die Richtlinie auch den zurechenbaren Kundenverkehr, Parkplatzlärm und Verkehrslärm (Sekundärlärm).[392] Diese Vollzugshilfe wird zurzeit überarbeitet.

2. Verhältnis zum Raumplanungsrecht und Spielräume für kantonales Recht

4.283 Die Vorschriften des Lärmschutzes sind eng verzahnt mit dem Bau- und Planungsrecht. Das Raumplanungsrecht stellt nach dem **Planungsgrundsatz** von Art. 3 Abs. 3 lit. b RPG, wonach Wohngebiete vor schädlichen oder lästigen Einwirkungen möglichst zu verschonen sind, seine Instrumente in den Dienst des präventiven Umweltschutzes. Dieser Grundsatz wird bundesrechtlich durch die Anforderungen an das Ausscheiden neuer und das Erschliessen bestehender Bauzonen[393] sowie an die Erteilung von Baubewilligungen für lärmemittierende Anlagen und Gebäude mit lärmempfindlichen Räumen[394] konkretisiert. Die Belastungsgrenzwerte der LSV sind über die Lärmempfindlichkeitsstufen, welche in der Nutzungsplanung jeder

---

389 Vgl. Achtzehnte Verordnung zur Durchführung des Bundes-Immissionsschutzgesetzes (Sportanlagenlärmschutzverordnung, 18. BImSchV), abrufbar unter www.gesetze-im-internet.de > Volltextsuche > Sportanlagenlärmschutzverordnung.

390 Vgl. hierzu BGE 133 II 292, E. 3.

391 Cercle Bruit, Vereinigung kantonaler Lärmschutzfachleute (CB), Ermittlung und Beurteilung der Lärmbelastung durch den Betrieb öffentlicher Lokale, Vollzugshilfe vom 10. März 1999 (Änderung vom 30. März 2007), abrufbar unter www.cerclebruit.ch > Vollzugsordner > Alltagslärm > Gartenwirtschaft.

392 Vgl. dazu z.B. BGer, Urteil 1C_311/2007 vom 21. Juli 2008, E. 3.4 (URP 2008 599 ff.).

393 Vgl. Rz. 4.256 ff. und 4.274.

394 Vgl. Rz. 4.260 ff. und 4.274.

Nutzungszone zwingend zugeordnet werden müssen, direkt mit der Raumplanung verknüpft; dadurch wird ihr räumlicher Geltungsbereich festgelegt.[395]

Diese Anforderungen sind von ihrer Funktion her bau- und planungsrechtlicher Natur und sollen einen schweizweit geltenden Mindeststandard gewährleisten. Entsprechend werden die Kompetenzen und der **Spielraum der Kantone und Gemeinden** eingeschränkt. Dennoch verbleibt ihnen innerhalb der lärmschutzrechtlichen Vorgaben nach wie vor ein grosser Spielraum, sei es bei der Zuordnung von Lärmempfindlichkeitsstufen zu den jeweiligen Nutzungszonen des kantonalen Rechts, der Gewährung von Erleichterungen und Ausnahmebewilligungen für Wohngebäude im lärmbelasteten Gebiet oder bei der Definition des notwendigen Erschliessungsgrads einer Bauzone. Gestützt auf ihre originäre verfassungsrechtliche Zuständigkeit in der Raumplanung können die Kantone und Gemeinden raumplanerische Massnahmen ergreifen, die sich auch unter dem Gesichtspunkt des Lärmschutzes positiv auswirken. Dies beispielsweise durch die zweckmässige Zuordnung von Arbeits- und Wohnzonen oder im Rahmen von Sondernutzungsplanungen und Arealüberbauungen, indem eine hohe Lebensqualität unter anderem durch ein ruhiges Wohnumfeld angestrebt wird (Ausscheidung und Erhaltung von Grünräumen, Blockrandbebauung, Schaffung von «Ruhe-Inseln», verkehrsfreien oder -beruhigten Flanierzonen u.Ä.). 4.284

Im **Ortspolizeirecht** der Gemeinden finden sich mitunter auch Vorschriften zu lärmigen Tätigkeiten oder zur Nachtruhe, die sich auch lärmmindernd auswirken. Sie haben eine eigenständige Bedeutung, wenn sie den Lärm ausserhalb des Baus und Betriebs von Anlagen betreffen, etwa im öffentlichen Raum. Sodann können Ortspolizeireglemente im Rahmen der Beurteilung von Lärm, für welchen keine Belastungsgrenzwerte existieren (sog. Alltagslärm), oder von Anlagen, welche als Hauptzweck die Schallerzeugung verfolgen (z.B. Kirchenglocken), eine Rolle spielen (Ortsüblichkeit des Lärms, Tradition etc.).[396] 4.285

3. Praxishinweise

a) Bewilligungsfähigkeit von lärmerzeugenden Anlagen

Die **Planungswerte** konkretisieren den vorsorglichen, vorbeugenden Immissionsschutz im Sinne des Planungsgrundsatzes von Art. 3 Abs. 3 lit. b RPG und das Vorsorgeprinzip, legen aber das Mass der vorsorglichen Emissionsbegrenzung gemäss Art. 11 Abs. 2 USG nicht abschliessend fest. Das Vorsorgeprinzip verlangt unabhängig von der Einhaltung der PW, dass der Anlageinhaber im Rahmen der Vorsorge zusätzlich alle verhältnismässigen Massnahmen an der Anlage trifft, sofern dadurch mit relativ geringem Aufwand eine wesentliche zusätzliche Reduktion der Lärmemissionen erreicht werden kann (vgl. Art. 7 Abs. 1 lit. a LSV).[397] 4.286

395 Vgl. Rz. 4.248.
396 Vgl. dazu Rz. 4.290 f.
397 Vgl. BGE 141 II 476, E. 3.2; BGer, Urteil 1A.252/1995 vom 9. Oktober 1996, E. 3b (URP 1997 35 ff.); vgl. auch BGE 127 II 306, E. 8; BGer, Urteil 1C_299/2009 vom 12. Januar 2010, E. 3.2.

4.287 Im Leiturteil vom 14. Oktober 2015 stellte das Bundesgericht unter Verweis auf die Lehre und die Gesetzesmaterialien erstmals klar, dass eine **wesentliche Änderung** einer bestehenden Anlage im Sinne von Art. 8 Abs. 2 und 3 LSV auch ohne Lärmzunahme vorliegen und die vorzeitige Sanierungspflicht gemäss Art. 18 USG auslösen kann. Die gleichzeitige Sanierung rechtfertige sich zwecks Kostenersparnis und zur Verhinderung von Fehlinvestitionen auch dann, wenn das Ausmass der Änderung erheblich sei, weil sie die Bausubstanz stark verändere, namentlich die Lebensdauer des Bauwerks verlängere, oder erhebliche Kosten verursache.[398]

4.288 Die in den Anhängen zur LSV zu einzelnen Lärmarten enthaltenen Berechnungsformeln dürfen nicht schematisch angewandt werden. Für die Zulässigkeit des von einer Anlage erzeugten Lärms ist vielmehr anhand der Umstände des Einzelfalles zu prüfen, ob auf die effektive Betriebsdauer der Lärmquelle selbst oder auf den Gesamtbetrieb abzustellen ist. Bei Verkehrsanlagen bewirkt die Umrechnung des Lärms auf eine bestimmte Zeitdauer (Mittelungspegel) eine **«Lärmverdünnung».** Diese zeitliche Umrechnung des Lärms führt zu einer bloss theoretischen Lärmverteilung, ungeachtet von Spitzenbelastungen. Das Lärmmuster einer Bauschuttaufbereitungsanlage, in welcher nebst anderen Maschinen ein sehr lauter mobiler Brecher zum Einsatz kommt, ist mit einer Verkehrsanlage nicht vergleichbar. Die Berechnungsformel für Industrie- und Gewerbelärm (Anhang 6 zur LSV) muss somit nach dem Schutzzweck des USG angewandt werden, d.h. die Lärmbelastung muss auf die effektive Betriebsdauer des mobilen Brechers (Lärmspitzen) und nicht auf die Betriebszeit der gesamten Anlage umgerechnet werden.[399]

4.289 Im Zusammenhang mit dem **Fluglärm** rund um den Flughafen Zürich erachtete das Bundesgericht die Grenzwerte gemäss Anhang 5 zur LSV als ergänzungsbedürftig. «Die Resultate der Lärmstudie legen nahe, dass der Schlaf in den frühen Morgenstunden speziell anfällig ist für Störungen durch Fluglärm. Zwar korrespondiert der über 16 Stunden gemittelte Leq im Allgemeinen gut mit der Wahrscheinlichkeit einer starken Störung (...). Konzentriert sich jedoch der Fluglärm auf eine kurze Zeitspanne zu einer besonders sensiblen Tageszeit, schlägt sich dies im 16-Stunden-Leq nicht nieder, obwohl der Lärm lästig und – insbesondere bei **Aufwachreaktionen** – sogar schädlich sein kann (...). Insofern erscheinen die geltenden Grenzwerte ergänzungsbedürftig.» Das Bundesgericht liess (noch) offen, ob und in welcher Form die Bevölkerung durch Anpassung der Grenzwerte der LSV vor Aufwachreaktionen vor 22:00 Uhr und nach 06:00 Uhr zu schützen ist, schloss eine solche Anpassung aber nicht aus.[400]

4.290 Für **Lärm ohne Belastungsgrenzwerte** (Alltagslärm, Verhaltenslärm etc.), welcher von einer Anlage ausgeht, muss die Störungswirkung im Einzelfall beurteilt werden.[401] Gemäss der bundesgerichtlichen Praxis sind im Rahmen dieser Einzelfall-

398 Vgl. BGE 141 II 483, E. 4.3–4.6. Noch offengelassen: BGer, Urteil 1C_372/2009 vom 18. August 2010, E. 3.2 (URP 2010 723 ff.).

399 BGE 138 II 331, insb. E. 4.3 und 4.5.

400 BGE 137 II 58, E. 5.3.5 (Hervorhebung hinzugefügt).

401 Vgl. Rz. 4.202 und 4.290.

beurteilung der Charakter des Lärms, Zeitpunkt und Häufigkeit seines Auftretens sowie die Lärmempfindlichkeit bzw. Lärmvorbelastung zu berücksichtigen.[402]

Gleiches gilt im Übrigen auch für Tätigkeiten, bei welchen die Lärmerzeugung nicht unerwünschte Folge ist, sondern den **eigentlichen Zweck** der Tätigkeit ausmacht (z.B. bei Kirchenglockenläuten, Brauchtumsanlässen o.Ä.); in solchen Fällen stehen nicht Massnahmen zur Lärmbegrenzung, sondern zur Einschränkung der Betriebszeiten im Vordergrund. Es ist eine Interessenabwägung zwischen dem Ruhebedürfnis der Bevölkerung und den Interessen an dieser Tätigkeit vorzunehmen, wobei auch lokale Anschauungen und Traditionen berücksichtigt werden dürfen.[403] 4.291

b) Bewilligungsfähigkeit von lärmempfindlichen Nutzungen

Die **Zuordnung von Lärmempfindlichkeitsstufen** hängt vor allem von den Eigenschaften der jeweiligen Zone gemäss Nutzungsplan ab. Nur in Gebieten, in denen die zulässigen Aktivitäten in einer Zone nicht klar definiert sind, kann von den tatsächlich ausgeübten Tätigkeiten und den darin bestehenden Lärmbelastungen ausgegangen werden.[404] 4.292

Um Lärmvorbelastungen in einem Gebiet Rechnung tragen zu können, sieht die LSV die Möglichkeit der **Aufstufung** vor (Art. 43 Abs. 2 LSV); ein Gebiet mit hoher Lärmbelastung, z.B. entlang einer Strasse, kann dabei im Umfang einer Bautiefe beispielsweise einer Lärmempfindlichkeitsstufe III zugewiesen werden, während der restliche Teil dieser Nutzungszone in der Lärmempfindlichkeitsstufe II verbleibt. Davon darf jedoch nur mit Zurückhaltung Gebrauch gemacht werden. Eine Aufstufung kommt nur für ein beschränktes, lärmvorbelastetes Gebiet in Betracht, wenn eine Umzonung in eine weniger empfindliche Nutzungszone ausgeschlossen ist, die emittierende Anlage nicht saniert werden kann und keine «Lärmreserve» geschaffen wird.[405] 4.293

In der Praxis wichtig ist die Frage, wann eine bestehende Bauzone trotz Überschreitens der PW in gewissen Gebieten noch erschlossen werden darf (Art. 24 Abs. 2 USG; Art. 30 Abs. 2 LSV). Das Bundesgericht bejahte eine **Ausnahme im Sinne von Art. 30 Abs. 2 LSV** bei einer Baulücke von 2000 m^2, verneinte sie aber bei einer Fläche von 20 000 bis 25 000 m^2, wobei nicht allein die Fläche, sondern alle Umstände des Einzelfalls massgebend sind.[406] 4.294

---

402 Vgl. z.B. BGE 133 II 292, E. 3.3.

403 Vgl. etwa BGE 126 II 300 ff.; BGer, Urteil 1A.159/2005 vom 20. Februar 2006, E. 3.2 und E. 3.3 (URP 2006 740 ff.); BGer, Urteil 1C_297/2009 vom 18. Januar 2010 (URP 2010 269 ff.); Ruch, Umwelt – Boden – Raum, Rz. 1744 ff.

404 BGer, Urteil 1A.20/2007 vom 23. Oktober 2007, E. 4.2; s. auch BGer, Urteil 1C_453/2007 vom 10. März 2008, E. 7.

405 Vgl. z.B. BGer, Urteil 1C_196/2008 vom 13. Januar 2009, E. 2.3 und 2.6 (URP 2009 500 ff.); BGer, Urteil 1A.20/2007 vom 23. Oktober 2007, E. 4.2 und 4.3 (URP 2008 570 ff.); Griffel/Rausch, Kommentar USG, Ergänzungsband, Art. 15 Rz. 23, m.w.H.

406 Vgl. BGer, Urteil 1A.130/2005 vom 11. Oktober 2005, E. 4.1.4; BGer, Urteil 1C_318/2010 vom 13. Dezember 2010, E. 4.4.

4.295 Im Zusammenhang mit dem Bau einer temporären Asylunterkunft setzte sich das Bundesgericht einlässlich mit den unterschiedlichen Auffassungen zur Gesetzmässigkeit der **Ausnahme von Art. 31 Abs. 2 LSV** auseinander, liess diese Frage aber letztlich offen. Das Bundesgericht liess die Überschreitung der Immissionsgrenzwerte in der Nacht direkt gestützt auf Art. 22 USG zu und schützte die Baubewilligung. «Art. 22 USG sieht zwar nach seinem Wortlaut keine Ausnahmen von der Einhaltung der Immissionsgrenzwerte vor und enthält insoweit auch keine ausdrückliche Delegationsnorm an den Bundesrat zur Schaffung einer Ausnahmeregelung. Indessen war sich der Gesetzgeber bewusst, dass eine strikte Rechtsanwendung in bestimmten Fällen zu unerwünschten Ergebnissen führen kann (...). Art. 22 USG schliesst somit die Anwendung des Verhältnismässigkeitsgrundsatzes im Einzelfall nicht aus».[407]

c) Weitere Fragen

4.296 Nach einem Grundsatzurteil des Bundesgerichts schliesst die umweltrechtliche Sanierung nicht aus, dass der Anlageinhaber unter Umständen zusätzlich eine **Enteignungsentschädigung** infolge Unterdrückung der nachbarrechtlichen Abwehrrechte bezahlen muss. Dies dann, wenn Erleichterungen gewährt werden und dem Grundstück auch bei passiven Schallschutzmassnahmen am Gebäude (Art. 25 Abs. 3 USG) ein Minderwert verbleibt.[408] Angesichts der abgelaufenen oder in absehbarer Zeit ablaufenden Sanierungsfristen gemäss Art. 17 LSV wird diese Frage an praktischer Relevanz gewinnen.

4.297 Planerische, gestalterische oder bauliche Massnahmen im Anwendungsbereich von Art. 22 und 24 USG treffen den Gebäudeeigentümer (vgl. auch Art. 31 Abs. 3 LSV), was dem **Verursacherprinzip** zuwiderläuft.[409] In einem ersten Leitentscheid zu dieser Frage hielt das Bundesgericht fest, dass eine vollständige Überwälzung der Kosten für die Lärmschutzwände auf die Grundeigentümer dem Verursacherprinzip widerspreche und der Kanton als Werkeigentümer und Bauherr der Autobahn als Verursacher (Zustandsstörer) zum Kreis der Kostenpflichtigen zu zählen sei.[410] In einem zweiten Leitentscheid ging es davon aus, dass sich die IGW bei der Überbauung am Immissionsort durch einfache bauliche und gestalterische Massnahmen einhalten lassen und somit der Anlageinhaber gemäss Art. 13 Abs. 4 lit. b LSV von weiteren Massnahmen befreit werden könne. Sollte sich allerdings im Zeitpunkt der Überbauung ergeben, dass diese einfachen bauseitigen Massnahmen nicht ausreichen, sondern erhebliche Zusatzkosten für die Einhaltung der IGW anfallen, so müssten diese Kosten vom Bund als Inhaber der betreffenden Nationalstrasse getragen werden.[411]

407 BGer, Urteil 1C_704/2013 und 1C_742/2013 vom 17. September 2014, E. 6.4 (URP 2014 643 ff., mit Anmerkung von ANNE-CHRISTINE FAVRE). Vgl. sog. «Lüftungsfensterpraxis» Rz. 4.278.

408 Vgl. BGE 130 II 394, E. 9.2 und 10.

409 Vgl. GRIFFEL/RAUSCH, Kommentar USG, Ergänzungsband, Art. 22 Rz. 11 bzw. Art. 24 Rz. 11 f.

410 Vgl. BGE 132 II 371.

411 BGE 138 II 379, E. 5.6.1 und 5.6.2.

Schliesslich ist darauf hinzuweisen, dass ein Gebäude, dessen Fassade den (Strassen-)Lärm auf das gegenüberliegende Gebäude wirft (Reflexion), gemäss bundesgerichtlicher Praxis dadurch nicht zur lärmerzeugenden Anlage im Sinne von Art. 1 Abs. 2 lit. a LSV wird. Vielmehr sind die **Reflexionen** von Strassenlärm an einem Wohngebäude Teil der Lärmemissionen der Strasse, was unter Umständen deren Sanierungspflicht auslöst.[412] 4.298

D. Schutz vor nichtionisierenden Strahlen

1. Massgebende bundesrechtliche Vorschriften und Vollzugshilfen

a) Regelung im Umweltschutzgesetz

aa) Rechtsgrundlagen

Der umweltrechtliche Einwirkungsbegriff erfasst auch Strahlen (Art. 7 Abs. 1 USG), wobei darunter einschränkend nur die **nichtionisierende Strahlung (NIS)** zu verstehen ist, wie sie durch elektrische Anlagen, vor allem Mobilfunkantennen und Starkstromleitungen bzw. -anlagen, erzeugt wird. Hingegen ist der Schutz vor ionisierender Strahlung[413] davon ausgenommen und Gegenstand der Strahlenschutz- und der Kernenergiegesetzgebung (Art. 3 Abs. 2 USG). 4.299

Der Schutz vor NIS ist zusammen mit den anderen Immissionsarten im Wesentlichen unter dem zweiten Titel des USG in den Artikeln 11–14 und 16–18 geregelt. Auf Verordnungsstufe wird das Schutzkonzept durch die Verordnung über den Schutz vor nichtionisierender Strahlung **(NISV)** konkretisiert. Zum Schutz des Publikums vor schädlichen Laserstrahlen hat der Bundesrat zudem die Schall- und Laserverordnung **(SLV)** erlassen, welche unter anderem den Einsatz und Betrieb von Laserlichtanlagen an Veranstaltungen regelt. 4.300

Weiter ist darauf hinzuweisen, dass der Bundesrat im Jahr 2014 über den Entwurf zu einem neuen Bundesgesetz über den Schutz vor Gefährdungen durch nichtionisierende Strahlung und Schall (NISSG) ein Vernehmlassungsverfahren durchgeführt und das Gesetz inzwischen zuhanden des Parlaments verabschiedet hat.[414] Dieses Gesetz soll vor NIS durch elektrische Geräte schützen. Dagegen bliebe es für Immissionen von ortsfesten Anlagen beim Schutz durch USG und NISV.[415] 4.301

---

412 Vgl. BGer, Urteil 1A.118/1995 vom 19. März 1996, E. 3b (URP 1996 680 ff.).

413 «Strahlen, deren Energie zur Herauslösung von Elektronen aus der Elektronenhülle ausreicht» (Anhang 1 StSV).

414 BBl 2014 3213; Botschaft NISSG 2015, S. 465 ff.

415 Vgl. Art. 1 Abs. 2 und 3 E-NISSG, BBl 2016 517. Vgl. zur Abgrenzung auch Botschaft NISSG 2015, S. 495.

bb) Schutzkonzept

4.302 Der Schutz vor NIS folgt dem **allgemeinen Immissionsschutzkonzept** des USG[416]; auf Gesetzesstufe ergeben sich keine konzeptionellen Besonderheiten oder Abweichungen. Zu erwähnen ist immerhin, dass als Grundlage für die Festlegung von IGW und zur Beurteilung von Immissionen in Form von NIS im Einzelfall Art. 14 USG analog herangezogen wird.[417]

4.303 Nichtionisierende Strahlen, die durch den Bau oder Betrieb von Anlagen verursacht werden, müssen somit in erster Linie und unabhängig von der Vorbelastung vorsorglich an der Quelle begrenzt werden, soweit diese Begrenzung technisch und betrieblich möglich und wirtschaftlich tragbar ist (Art. 11 Abs. 1 und Abs. 2 USG). Steht fest oder ist zu erwarten, dass sie, allenfalls zusammen mit bereits bestehenden Strahlbelastungen von Anlagen, zu schädlichen oder lästigen Immissionen in der Umgebung führen, sind verschärfte Emissionsbegrenzungen zu treffen (Art. 11 Abs. 3 USG). Bestehende Anlagen unterliegen der Sanierungspflicht, wenn sie übermässig Immissionen erzeugen (Art. 16 Abs. 1 USG).

4.304 Die umweltrechtlich vorgesehenen Massnahmen zur Emissionsbegrenzung ergeben sich aus dem abschliessenden Katalog von Art. 12 Abs. 1 USG. Im Bereich der NIS stehen in erster Linie technische und betriebliche Vorkehren an den Anlagen zur Verfügung.

b) Übersicht zur NIS-Verordnung

aa) Geltungsbereich und Aufbau

4.305 Die NISV erfasst die nichtionisierende Strahlung nicht umfassend, sondern schützt lediglich vor **elektrischen und magnetischen Feldern im Frequenzbereich von 0 Hertz bis 300 Gigahertz,** die durch ortsfeste Anlagen erzeugt werden (Art. 2 Abs. 1 lit. a NISV). Zudem regelt sie die Immissionsermittlung und -beurteilung und stellt Anforderungen an die Nutzungsplanung (Art. 2 Abs. 1 lit. b und c NISV). Ähnlich wie beim Lärm wird auch in diesem Bereich die Strahlung in Betrieben vom Geltungsbereich ausgeklammert (Art. 2 Abs. 2 lit. a NISV). Im Gegensatz zu anderen Immissionsarten verzichtet die Verordnung auf die Gleichstellung von ortsfesten Anlagen und beweglichen (elektrischen) Geräten. Deren Strahlenemissionen und ihre Begrenzung sind somit nicht Gegenstand der NISV (Art. 2 Abs. 2 lit. d NISV).[418]

4.306 Nach Zweck, Geltungsbereich und wichtigen Begriffsdefinitionen ist die Verordnung im Wesentlichen in drei Kapitel gegliedert, welche sich den **Emissionen** (2. Kapitel), den **Immissionen** (3. Kapitel) sowie den Anforderungen an die **Ausscheidung von Bauzonen** (4. Kapitel) widmen. Innerhalb der Emissionsbegrenzungen finden sich gemeinsame sowie je besondere Vorschriften für neue und alte Anla-

---

416 Vgl. Rz. 4.198.

417 Vgl. SCHRADE/LORETAN, in: Kommentar USG, Art. 14 Rz. 3; BGer, Urteil 1C_338/2007 vom 24. April 2008, E. 4 (URP 2008 369 ff.).

418 Vgl. BGE 126 II 399, E. 3a.

gen. Ergänzend statuieren Art. 10–12 NISV die in diesem hochtechnischen Bereich besonders wichtigen Mitwirkungs- und Meldepflichten des Anlagebetreibers. **Zwei Anhänge** legen für verschiedene Anlagetypen vorsorgliche Emissionsbegrenzungen (Anhang 1), darunter namentlich Anlagegrenzwerte, und Immissionsgrenzwerte (Anhang 2) fest.

bb) Emissionsbegrenzungen

Anlagen, welche nichtionisierende Strahlen emittieren, müssen so erstellt und betrieben werden, dass sie die **vorsorglichen Emissionsbegrenzungen** gemäss Anhang 1 zur NISV einhalten. Diese Anforderungen gelten für neue und für alte Anlagen gleichermassen (vgl. Art. 4 Abs. 1 NISV). Falls der Anhang keine Regelung enthält, gilt subsidiär die allgemeine Pflicht zur vorsorglichen Emissionsbegrenzung an der Quelle gemäss Art. 11 Abs. 1 und 2 USG (vgl. Art. 4 Abs. 2 NISV). 4.307

Anhang 1 zur NISV definiert für **acht Anlagetypen** vorsorgliche Emissionsbegrenzungen, jeweils gesondert für neue und alte Anlagen. Dieser Katalog umfasst Stromübertragungsleitungen, Transformatorenstationen, Unterwerke und Schaltanlagen, elektrische Hausinstallationen, Eisenbahnen und Strassenbahnen, Sendeanlagen für Mobilfunk, drahtlose Teilnehmeranschlüsse, Rundfunk und übrige Funkanwendungen sowie Radaranlagen. Dabei werden jeweils anlagetypbezogen der Geltungsbereich, Begriffe, der massgebende Betriebszustand, die Anlagegrenzwerte sowie allenfalls besondere Vorschriften für alte oder neue Anlagen festgelegt. 4.308

Das wichtigste Instrument der Vorsorge ist der **Anlagegrenzwert.** Er ist «eine Emissionsbegrenzung für die von einer Anlage allein erzeugte Strahlung» (Art. 3 Abs. 6 NISV) und im Anhang 1 zur NISV jeweils pro Anlagetyp festgelegt. Allerdings handelt es sich nicht um einen Emissionsgrenzwert, sondern um eine Betriebsvorschrift gemäss Art. 12 Abs. 1 lit. c USG.[419] Die Anlagen müssen diesen Grenzwert, je für die von ihnen erzeugte Strahlung, im massgebenden Betriebszustand an allen Orten mit empfindlicher Nutzung (OMEN) einhalten.[420] 4.309

Der Anlagegrenzwert darf nicht mit dem Immissionsgrenzwert verwechselt werden, welcher die thermischen Wirkungen dieser Strahlung auf den Menschen berücksichtigt und begrenzt.[421] Der wesentlich tiefere Anlagegrenzwert bezweckt, durch die zusätzliche Begrenzung der Strahlung vorsorglich eine Sicherheitsmarge zu schaffen, welche den vermuteten, aber wissenschaftlich (noch) nicht nachgewiesenen nichtthermischen Wirkungen von NIS Rechnung tragen soll (biologische Effekte, Elektrosensibilität).[422] 4.310

Als **Orte mit empfindlicher Nutzung (OMEN)** gelten nach der Legaldefinition in Art. 3 Abs. 3 lit. a–c NISV Räume in Gebäuden, in denen sich Personen regelmässig während längerer Zeit aufhalten, öffentliche oder private, raumplanungsrechtlich 4.311

---

419 Vgl. Griffel/Rausch, Kommentar USG, Ergänzungsband, Art. 12 Rz. 3.

420 Vgl. z.B. für Mobilfunkantennen Art. 4 Abs. 1 NISV in Verbindung mit Ziff. 64 und 65 des Anhangs 1. Vgl. auch Rz. 4.315.

421 Vgl. dazu Rz. 4.318 ff.

422 Vgl. BGE 126 II 399, E. 3b.

festgesetzte Kinderspielplätze sowie Bereiche von unüberbauten Grundstücken, in denen solche Nutzungen zulässig sind.

4.312 Aus Praktikabilitätsgründen gelten als OMEN generalisiert Räume in Gebäuden, in denen sich Menschen bei der bestimmungsgemässen Nutzung während 800 Stunden pro Jahr oder rund zwei Stunden täglich aufhalten können.[423] Daran anknüpfend qualifizierte das Bundesgericht z.B. Badezimmer als OMEN, da zumindest in Mehrpersonenhaushalten eine solche jährliche Aufenthaltsdauer sehr wahrscheinlich und andererseits Badezimmer heute nicht selten als «Wellness-Oasen» mit teils fliessenden Übergängen zu anderen Wohnräumen konzipiert seien.[424]

4.313 Steht fest oder ist zu erwarten, dass ein oder mehrere Immissionsgrenzwerte des Anhangs 2 zur NISV durch eine einzelne Anlage allein oder durch mehrere Anlagen zusammen überschritten werden, so sind **ergänzende oder verschärfte Emissionsbegrenzungen** anzuordnen, sodass die IGW eingehalten werden (vgl. Art. 5 Abs. 1 und 2 NISV). Anders als bei den Anlagegrenzwerten wird somit unter Umständen auf eine anlageübergreifende Gesamtbetrachtung abgestellt; zudem müssen die IGW nicht nur an Orten mit empfindlicher Nutzung, sondern überall eingehalten sein, wo sich Menschen (auch nur kurzfristig) aufhalten können (Art. 13 Abs. 1 NISV).

cc) Neue und alte Anlagen; Änderung von Anlagen

4.314 Um eine neue Anlage handelt es sich, wenn sie nach Inkrafttreten der NISV am **1. Februar 2000 rechtskräftig bewilligt** wird, um eine alte Anlage, wenn der Entscheid, die den Bau oder Betrieb ermöglicht, in diesem Zeitpunkt noch nicht gefällt bzw. rechtskräftig war (vgl. Art. 3 Abs. 1 NISV). Nutzungsreserven bzw. künftige Nutzungsmöglichkeiten sind, vor allem in Bezug auf die Einhaltung der Anlagegrenzwerte, bei der Bewilligung von NIS-Anlagen grundsätzlich nicht zu berücksichtigen.[425]

4.315 Alte Anlagen müssen die vorsorglichen Emissionsbegrenzungen gemäss Anhang 1 zur NISV, insbesondere die Anlagegrenzwerte, sowie die Immissionsgrenzwerte gemäss Anhang 2 zur NISV gleichermassen einhalten wie neue Anlagen. Andernfalls unterliegen sie der **Sanierungspflicht** (Art. 7 Abs. 1 NISV). Nach der bundesgerichtlichen Rechtsprechung gilt für alte wie auch für neue Anlagen eine Anpassungspflicht, wenn durch tatsächliche Veränderungen im Umfeld nach Errichtung der Anlage der Anlagegrenzwert an weiteren Punkten eingehalten werden muss, etwa durch Ausschöpfung von Nutzungsreserven oder Überbauung bislang unbebauter Nachbargrundstücke.[426]

423 Walker, Rechtsfragen, S. 110 ff.

424 BGer, Urteil 1C_34/2009 vom 19. Juni 2009, E. 3.2 (URP 2009 531 ff.); Griffel, Umweltrecht, S. 125.

425 Vgl. BGer, Urteil 1C_468/2011 vom 18. Juni 2012, E. 4.4 (URP 2013 61 ff.).

426 Vgl. auch Rz. 4.325; BGE 128 II 340, E. 3.7, 4.1 und 4.1.1; Griffel/Rausch, Kommentar USG, Ergänzungsband, Art. 16 Rz. 18; Wittwer, Mobilfunkanlagen, S. 81 f.

Die **Sanierungsfrist** für die vorsorglichen Emissionsbegrenzungen richtet sich nach Anhang 1 oder beträgt, falls dort keine Frist gesetzt wird, höchstens fünf Jahre. Die Behörden können die Sanierungsfrist aus Gründen der wirtschaftlichen Tragbarkeit um höchstens die Hälfte verlängern (vgl. Art. 8 Abs. 1 NISV). Für ergänzende oder verschärfte Emissionsbegrenzungen beträgt die Sanierungsfrist höchstens drei Jahre, mit Verkürzungsmöglichkeit auf minimal drei Monate, wenn die Massnahmen ohne erhebliche Investitionen getroffen werden können (vgl. Art. 8 Abs. 2 NISV). 4.316

Bei der **Änderung** von neuen Anlagen gelten die gleichen Anforderungen an die Emissionsbegrenzung wie für den Bau neuer Anlagen (vgl. Art. 6 NISV). Für die Änderung von Altanlagen sind dagegen besondere Vorschriften anwendbar: An OMEN, bei welchen der Anlagegrenzwert überschritten ist, darf die Situation durch die Änderung nicht verschlechtert und an den anderen OMEN muss der Anlagegrenzwert eingehalten werden (Art. 9 Abs. 1 NISV). Anhang 1 zur NISV sieht gewisse Ausnahmemöglichkeiten vor (vgl. z.B. Ziff. 17 oder Ziff. 57). 4.317

dd) Immissionsgrenzwerte

Die Immissionsgrenzwerte im Anhang 2 zur NISV beruhen auf wissenschaftlich anerkannten Erkenntnissen zur Wirkung, welche die nichtionisierende Strahlung auf die Gesundheit des Menschen hat. Bisher konnten in diesem Sinn erst **thermische Wirkungen** nachgewiesen werden, d.h. intensive, hochfrequente NIS kann zu einer Erwärmung des menschlichen Körpergewebes führen und verschiedene Folgereaktionen auslösen. Diese Effekte sollen mit den IGW auf ein unschädliches Mass begrenzt werden.[427] 4.318

Der Forschungsstand und damit auch das Grenzwertsystem sind insofern lückenhaft, als nichtthermische, biologische Auswirkungen solcher Strahlung, auch von geringerer Intensität, auf den Menschen bisher nicht wissenschaftlich erhärtet werden konnten. Rechtlich greift aber auch ohne wissenschaftliche Gewissheit das Vorsorgeprinzip: Die NISV ordnet bei den wichtigsten Anlagetypen in Form der Anlagegrenzwerte vorsorglich zusätzliche Emissionsbegrenzungen an (vgl. Art. 4 NISV).[428] Damit soll den vermuteten nichtthermischen Auswirkungen Rechnung getragen und das Risiko von Gesundheitsschädigungen möglichst gering gehalten werden. 4.319

Die IGW im Anhang 2 zur NISV entsprechen den Grenzwerten, welche die **Internationale Kommission zum Schutz vor nichtionisierender Strahlung** (ICNIRP) erarbeitet hat.[429] Für die elektrische Feldstärke, die magnetische Feldstärke sowie die magnetische Flussdichte werden in diesem Anhang für zwölf resp. dreizehn Frequenzbereiche zwischen 0 Hertz bis 300 Gigahertz Grenzwerte festgelegt. Dabei handelt es sich teilweise um Mittelungswerte über sechs Minuten, teilweise um Maximalwerte der Feldstärke bzw. -dichte, wobei auf die Effektivwerte abzustellen ist. 4.320

---

427 Vgl. BGE 126 II 399, E. 3; Griffel, Umweltrecht, S. 125; Wittwer, Mobilfunkanlagen, S. 57 f.
428 Vgl. BGE 126 II 399, E. 3b; vgl. auch Rz. 4.309.
429 Vgl. BGE 126 II 399, E. 3b.

ee) Vollzug und Mitwirkung

4.321 Der Vollzug der NISV obliegt grundsätzlich den **Kantonen,** ausser wenn Bundesbehörden andere Bundesgesetze auf Gegenstände anwenden, welche unter diese Verordnung fallen. Zu denken ist vor allem an Plangenehmigungen für Bauprojekte in der Zuständigkeit von Bundesbehörden (z.B. Stromübertragungsleitungen).

4.322 Die Inhaber der Anlage, welche in der Regel über einen Vorsprung an technischem Sach- und Fachwissen verfügen (etwa betreffend Netzplanung im Fernmeldebereich), sind verpflichtet, den Behörden alle notwendigen Auskünfte zu erteilen sowie Messungen und Abklärungen durchzuführen oder zu dulden (**Mitwirkungspflicht;** vgl. Art. 10 NISV). Eine wichtige Grundlage für die Strahlungsprognose im Baubewilligungsverfahren bildet das **Standortdatenblatt,** welches der Anlageinhaber einzureichen hat (Meldepflicht, Art. 11 Abs. 1 NISV). Im Standortdatenblatt müssen sämtliche für die Beurteilung der Strahlung erforderlichen technischen Daten und Informationen enthalten sein, wie vor allem zum massgebenden Betriebszustand (Sendeleistung), zu den OMEN und zur Einhaltung der Anlagegrenzwerte (vgl. Art. 11 Abs. 2 NISV).[430]

4.323 Die Kontrolle der Behörden erfolgt durch **Abnahmemessungen** oder periodische Messungen nach Inbetriebnahme der Anlage, im Bereich der Mobilfunkanlagen in der Regel über ein **softwarebasiertes Qualitätssicherungssystem** (vgl. Art. 12 NISV).[431]

c) Vollzugshilfen

4.324 Im Hinblick auf die Kontrolle der Einhaltung der Anlagegrenzwerte und die dazu anzuwendende Mess- und Berechnungsmethodik verweist Art. 12 Abs. 2 Satz 2 NISV ausdrücklich auf Empfehlungen des BAFU. Dieses hat dazu und zu weiteren Themen verschiedene Vollzugshilfen und Empfehlungen erlassen, welche schwergewichtige Fragen im Zusammenhang mit Mobilfunkanlagen regeln (Auswahl):[432]

- Mobilfunk-Basisstationen (GSM): Messempfehlung (2002) mit präzisierender Mitteilung betreffend NIS-Abnahmemessung bei GSM-Basisstationen mit EDGE-Betrieb (Entwurf, 2005);
- Mobilfunk- und WLL-Basisstationen: Vollzugsempfehlung zur NISV (2002) mit ergänzendem und präzisierendem Nachtrag (2013);
- Mobilfunk-Basisstationen (UMTS-FDD): Messempfehlung (Entwurf, 2003);
- Rundfunk- und Funkrufsendeanlagen: Vollzugsempfehlung (Entwurf, 2005);

430 Vgl. zum notwendigen Inhalt auch BGer, Urteil 1C_12/2008 vom 27. Januar 2009, E. 3.4; BGer, Urteil 1A.160/2004 vom 10. März 2005, E. 3 (URP 2005 576 ff.).

431 Vgl. dazu Rz. 4.332.

432 Abrufbar unter www.bafu.admin.ch > Publikationen, Medien > Vollzugshilfen > Elektrosmog und Licht: Vollzugshilfen.

- Qualitätssicherung zur Einhaltung der Grenzwerte der NISV bei Basisstationen für Mobilfunk und drahtlose Teilnehmeranschlüsse: Empfehlung und Rundschreiben (2006);
- Hochspannungsleitungen: Vollzugshilfe (2007);
- div. Beispiele und Muster betreffend das Standortdatenblatt für Mobilfunkanlagen.

2. Verhältnis zum Raumplanungsrecht und Spielräume für kantonales Recht

Die NISV stellt zum Schutz der Bevölkerung vor NIS Anforderungen an die Aus- 4.325
scheidung von neuen **Bauzonen** auf. Danach dürfen Bauzonen nur dort ausgeschieden werden, wo die Anlagegrenzwerte von bestehenden und raumplanungsrechtlich festgesetzten NIS-Anlagen eingehalten sind oder mit planerischen oder baulichen Massnahmen eingehalten werden können (Art. 16 NISV). Auf diese Weise soll sichergestellt werden, dass nicht nachträglich OMEN entstehen, an welchen die Anlagegrenzwerte überschritten sind, mit der Folge, dass bestehende oder neue Anlagen anpassungspflichtig werden. Diese Regelung gilt allerdings nur für Bauzonen, die nach dem Inkrafttreten der NISV am 1. Februar 2000 ausgeschieden worden sind. Bei bestehenden Bauzonen muss der Inhaber der NIS-emittierenden Anlagen dafür sorgen, dass die Anlagegrenzwerte an allen, auch erst nachträglich entstandenen OMEN eingehalten sind. Die NISV macht dagegen die Erschliessung von (bestehenden) Bauzonen und die Erteilung von Baubewilligungen nicht von der Einhaltung der Anlagegrenzwerte abhängig. Für ein Bauverbot neuer empfindlicher Nutzungen besteht keine gesetzliche Grundlage, mit der Folge, dass OMEN auch nachträglich geschaffen werden können.[433]

Abgesehen davon ist es grundsätzlich Sache des kantonalen und gegebenenfalls 4.326
des kommunalen Rechts und der Nutzungsplanung festzulegen, in welchen Bauzonen Infrastrukturbauten – wie Mobilfunkanlagen, Transformatorenstationen, Energieleitungen und Ähnliches – generell oder über eine Ausnahmebewilligung zulässig sind (vgl. Art. 22 Abs. 2 lit. a und Art. 23 RPG).[434]

In der Praxis geht es hauptsächlich um **Standorte von Mobilfunkanlagen.** Posi- 4.327
tivplanungen im Sinne einer Festsetzung solcher Standorte im Rahmen der Nutzungsplanung sind aber kaum praktikabel, da den Gemeinden das dafür erforderliche technische Wissen zur Netzplanung fehlt. Sie können stattdessen entweder eine Negativplanung vornehmen, welche in bestimmten, schutzwürdigen Gebieten oder auf Schutzobjekten die Erstellung von Mobilfunkantennen untersagt, oder ein Kaskadenmodell vorsehen, das Mobilfunkanlagen in erster Linie in den Arbeitszonen, in zweiter Linie in den übrigen (gemischten) Bauzonen und in dritter Pri-

433 Vgl. Rz. 4.315; BGE 133 II 370, E. 7; BGer, Urteil 1C_148/2007 vom 15. Januar 2008, E. 2.2 (URP 2008 346 ff.).
434 Vgl. BGE 141 II 245, E. 2.1; BGE 138 II 173, E. 5.3.

orität in den Wohnzonen zulässt.[435] Ein solches Kaskadenmodell sieht auch der durch drei Bundesämter sowie Organisationen der Kantone und Gemeinden herausgegebene «Leitfaden Mobilfunk für Gemeinden und Städte»[436] vor. Ein gänzliches Verbot oder eine übermässig einschränkende Nutzungsplanung ist dagegen bundesrechtlich unzulässig; der Immissionsschutz vor NIS ist durch die Umweltschutzgesetzgebung des Bundes abschliessend geregelt.[437]

4.328 Aus dem raumplanerischen Grundsatz der Trennung von Bau- und Nichtbaugebiet folgt, dass Infrastrukturanlagen zur Erschliessung oder Versorgung des Siedlungsgebiets grundsätzlich **innerhalb der Bauzonen** zu errichten sind.[438] Mobilfunkanlagen sind dort gemäss bundesgerichtlicher Rechtsprechung zonenkonform, wenn sie hinsichtlich Standort und Ausgestaltung in einer unmittelbaren funktionellen Beziehung zum Ort stehen, an dem sie errichtet werden sollen, und im Wesentlichen Bauzonenland abdecken.[439]

3. Praxishinweise

4.329 Die NISV ist auf den Schutz des Menschen zugeschnitten, obwohl das USG, zumindest vom Wortlaut her, gleichberechtigt[440] auch den Schutz von Tieren (und Pflanzen) bezweckt (vgl. Art. 1 Abs. 1 USG). Dazu fehlen aber bislang die notwendigen wissenschaftlichen Grundlagen. Das Bundesgericht hielt zum **Geltungsbereich** fest, dass Tiere, konkret Tauben oder Fledermäuse, durch die Anlagegrenzwerte mitgeschützt seien, soweit sich ihre Behausung in der Nähe eines Wohnhauses (OMEN) befinde. Die Mobilfunkstrahlung stelle aber den eigentlichen Zweck der Anlage dar; dieser würde verunmöglicht oder beeinträchtigt, wenn vorsorgliche Emissionsbegrenzungen im Sinne des USG im gesamten Luftraum eingehalten werden müssten.[441]

4.330 Im Zusammenhang mit Mobilfunkanlagen ist entscheidend, ob alle an einem Mast oder in einem bestimmten Perimeter angebrachten Sendeanlagen eine Anlage oder aber mehrere Anlagen darstellen, da der Anlagegrenzwert durch jede einzelne Anlage einzuhalten ist.[442] Nachdem das **Anlageperimetermodell** vom Bundesgericht als rechtswidrig erklärt worden war, enthält der geänderte Anhang 1 Ziffer 62 zur NISV nun eine entsprechende Definition zu den Antennengruppen, die in einem

435 Vgl. BGE 133 II 353, E. 4.2; BGE 138 II 173, E. 6.4–6.6.
436 BAFU/BAKOM/ARE/BPUK/SSV/SGV, Leitfaden Mobilfunk, S. 34 ff.
437 BGE 141 II 245, E. 7.1; BGE 133 II 321, E. 4.3.4.
438 Vgl. zu Standorten ausserhalb der Bauzone Rz. 3.143; BGE 141 II 245, E. 2, 7.8 und 7.9; BGE 138 II 570, E. 4; BGE 133 II 321, E. 4.3.3.
439 BGE 141 II 245, E. 2.1; BGE 133 II 321, E. 4.3.1 und 4.3.2; vgl. auch BGE 138 II 173, E. 5.3.
440 Vgl. zum anthropozentrischen Ansatz des USG Griffel, in: Basler Kommentar BV, Art. 74 Rz. 24 ff.
441 Vgl. BGer, Urteil 1C_338/2007 vom 24. April 2008, E. 3 und 4.3; BGer, Urteil 1C_450/2010 vom 12. April 2011, E. 3.2 und 3.6.
442 Vgl. Rz. 4.309; Art. 3 Abs. 6 NISV.

engen räumlichen Zusammenhang stehen und deshalb als eine einzige Anlage gelten.[443]

Das Bundesgericht unterstrich, dass die **Anlagegrenzwerte** Instrumente der Vorsorge sind und deren Nichteinhaltung nicht mit dem Entstehen von lästigen und schädlichen Einwirkungen auf Menschen gleichgesetzt werden kann.[444] Bei der Erstellung einer Mobilfunkanlage sind die geltenden Immissions- und Anlagegrenzwerte der NISV massgebend. Eine Mobilfunkanlage darf an einem OMEN somit den Anlagegrenzwert ausschöpfen. **Aktuellere Studien** sind nicht zu berücksichtigen, da diese entweder den wissenschaftlichen Massstäben nicht genügen oder noch nicht auf ihre Zuverlässigkeit überprüft worden sind.[445] 4.331

Die Einhaltung der in der Baubewilligung maximal zugelassenen Sendeleistung (ERP)[446] einer Mobilfunkanlage wurde herkömmlicherweise durch bauliche Vorkehren sichergestellt. Als Alternative dazu anerkennt das Bundesgericht jedoch auch, die Einhaltung der NIS-Grenzwerte mittels eines **softwarebasierten Qualitätssicherungssystems** (QS-System)[447] sicherzustellen bzw. zu überwachen. Diese Systeme sind besonders dann unabdingbar, wenn der Betrieb der Anlage mit einer niedrigeren als der maximalen ERP bewilligt worden ist, die Leistung mithin durch Fernsteuerung erhöht werden kann.[448] Ab Einführung des QS-Systems musste sich das Bundesgericht mehrfach zu dessen Zulässigkeit und Modalitäten äussern.[449] Dieses System ist heute als zulässige Alternative zu baulichen Vorkehrungen anerkannt und genügt grundsätzlich den Anforderungen an eine wirksame Kontrolle der Emissionsbegrenzungen.[450] 4.332

Jede Messung ist unvermeidbar mit einer Unsicherheit behaftet, die dann relevant wird, wenn der Messwert in die Nähe eines Entscheidungswertes kommt. Bei der Messung der Strahlung von Mobilfunkanlagen darf die **Messunsicherheit** im Vorsorgebereich, d.h. bei den Anlagegrenzwerten, weder dazugerechnet noch abgezogen werden. Sie spielt bei der Berechnung der Strahlungsprognose im Standortdatenblatt keine Rolle. Die Berücksichtigung zulasten der Antennenbetreiber würde auf eine unzulässige Verschärfung des Anlagegrenzwertes hinauslaufen. Sie kommt deshalb von vornherein nur bei der Abnahmemessung oder allenfalls bei den Immissionsgrenzwerten (dort zulasten der Betreiber) in Frage.[451] Zurzeit 4.333

---

443 Vgl. dazu BGer, Urteil 1C_40/2007 vom 6. November 2007, E. 6.5 (URP 2008 354 ff.); Griffel/Rausch, Kommentar USG, Ergänzungsband, Art. 12 Rz. 4.

444 Vgl. Rz. 4.310; BGE 133 II 370, E. 7.2.

445 BGer, Urteil 1C_118/2010 vom 20. Oktober 2010, E. 4.1 ff.

446 Effective radiated power (ERP).

447 BAFU, Qualitätssicherung zur Einhaltung der Grenzwerte der NISV bei Basisstationen für Mobilfunk und drahtlose Teilnehmeranschlüsse, vom 16. Januar 2006.

448 BGE 128 II 378, E. 4; BGer, Urteil 1A.160/2004 vom 10. März 2005, E. 3 (URP 2005 576 ff.).

449 Vgl. Jäger, Rechtsprechung, S. 480 ff.

450 BGer, Urteil 1C_642/2013 vom 7. April 2014, E. 6.

451 Vgl. BGer, Urteil 1C_132/2007 vom 30. Januar 2008, E. 4.5 und 4.6 (URP 2008 377 ff.). Vgl. dazu auch BGer, Urteil 1A.57/2006 und 1A.167/2006 vom 6. September 2006, E. 6 (URP 2006 821 ff.).

besteht keine Möglichkeit, mit moderneren Messeinrichtungen und Techniken die Unsicherheit bzw. allfällige Messungenauigkeiten zu verringern.[452]

E. Schutz vor Lichtimmissionen

4.334 **Künstliches Licht** besteht aus elektromagnetischen Strahlen und fällt unter den Einwirkungsbegriff gemäss Art. 7 Abs. 1 USG; es wird damit ebenfalls vom zweistufigen Schutzkonzept zur Emissionsbegrenzung bzw. von der Sanierungspflicht erfasst, sofern die Lichtemissionen durch den Bau oder Betrieb einer ortsfesten Anlage erzeugt werden.[453] Aufgrund der gesetzlichen Gleichstellung von Geräten und Maschinen (Art. 7 Abs. 7 Satz 2 USG) sind auch weitere, mobile Emittenten erfasst. Hingegen ist die NISV, welche nur für elektrische oder magnetische Felder im Frequenzbereich von 0 bis 300 Gigahertz gilt, auf sichtbares Licht nicht anwendbar.

4.335 Mangels Konkretisierung auf Verordnungsebene, namentlich durch Immissions-, Planungs- oder Anlagegrenzwerte, müssen Lichtimmissionen bzw. deren Schädlichkeit oder Lästigkeit **im Einzelfall** unmittelbar gestützt auf die Art. 11 bis 14 USG sowie Art. 16 bis 18 USG beurteilt werden. Die Vollzugsbehörde kann sich gemäss bundesgerichtlicher Rechtsprechung auch in diesem Bereich im Rahmen der Einzelfallbeurteilung auf amtliche oder private Fachnormen und Publikationen abstützen.[454]

4.336 Dazu gehören insbesondere die folgenden **Vollzugshilfen und Richtlinien:**

- die vom BAFU herausgegebenen «Empfehlungen zur Vermeidung von Lichtemissionen»[455];
- die SIA-Norm 491 zur Vermeidung von unnötigen Lichtemissionen im Aussenraum[456];
- die Richtlinie 150 der Commission Internationale de l'Eclairage[457];
- die Hinweise zur Messung, Beurteilung und Minderung von Lichtimmissionen der deutschen Bund/Länder-Arbeitsgemeinschaft.[458]

---

452 Vgl BGer, Urteil 1C_122/2014 vom 23. Oktober 2014, E. 6; vgl. auch BGer, Urteil 1C_132/2007 vom 30. Januar 2008, E. 4.4.

453 Vgl. BGE 140 II 214, E. 3.2; BGE 140 II 33, E. 4–4.2. Zur Blendwirkung einer Solaranlage vgl. BGer, Urteil 1C_177/2011 vom 9. Februar 2012, E. 5.2 (URP 2012 315 ff.).

454 Vgl. BGE 140 II 214, E. 3.3 und 3.4; BGE 140 II 33, E. 4.2; Griffel/Rausch, Kommentar USG, Ergänzungsband, Art. 14 Rz. 11.

455 BUWAL, Empfehlungen zur Vermeidung von Lichtemissionen, Ausmass, Ursachen und Auswirkungen auf die Umwelt, Bern, 2005, abrufbar unter www.bafu.admin.ch > Publikationen, Medien > Publikationen > Landschaft.

456 SIA (Hrsg.), Vermeidung unnötiger Lichtemissionen im Aussenraum, 2013.

457 Commission Internationale de l'Eclairage CIE (Hrsg.), Guide on the Limitation of the Effects of Obtrusive Light from Outdoor Lighting Installations, CIE 150:2003, 2003.

458 Deutsche Bund/Länder-Arbeitsgemeinschaft für Immissionsschutz (LAI), Hinweise zur Messung, Beurteilung und Minderung von Lichtimmissionen, Beschluss vom 13. September 2012, abrufbar unter www.lai-immissionsschutz.de. Vgl. BGE 140 II 33, E. 4.3 und 5.4.

Das Bundesgericht hält fest, dass **unnötige Lichtemissionen im Aussenraum** im Rahmen der Vorsorge vermieden werden müssen:[459] 4.337

«Unnötig in diesem Sinne sind Beleuchtungen und Lichtemissionen, die nicht dem Beleuchtungszweck dienen (...). Zu beleuchten ist nur, was beleuchtet werden muss, wobei die notwendigen Bedürfnisse mit der geringstmöglichen Gesamtlichtmenge abzudecken sind (...). Zur Vermeidung von Lichtemissionen sollten nur Leuchten verwendet werden, die eine präzise Lichtlenkung aufweisen; wenn dies nicht möglich ist, sind die Leuchtkörper mit einer Abschirmung zu versehen, die Licht nur dorthin strahlen lässt, wo es einem klar definierten Beleuchtungszweck dient. (...) Leuchten sind nur in den dafür klar nützlichen Zeiträumen einzuschalten und ansonsten auszuschalten (Zeitschaltuhren; Bewegungsmelder) oder zumindest abzusenken (...). Anzustreben ist eine Synchronisation mit dem Nachtruhefenster (wie beim Lärmschutz) von 22.00 Uhr bis 06.00 Uhr (...). Auch die Lichtspektren sind bezüglich ihrer Auswirkungen auf Mensch und Natur anzupassen (...)».

F. Schutz vor Erschütterungen

Das USG erfasst auch Erschütterungen, soweit sie für den Menschen wahrnehmbar sind und durch den Bau oder Betrieb von Anlagen erzeugt werden (vgl. Art. 7 Abs. 1 und Art. 11 Abs. 1 USG). Darunter fallen **Schwingungen des Bodens (Vibrationen),** die über der Fühlschwelle durch Einwirkung auf den Körper direkt oder allenfalls indirekt (beispielsweise in Form von klirrenden Gläsern oder wackelnden Bildern) wahrnehmbar sind.[460] Nicht jede wahrnehmbare Erschütterung ist auch störend; die Störwirkung beurteilt sich vielmehr nach Art. 15 USG.[461] 4.338

Der Erschütterungsschutz weist einen **engen Bezug zum Lärmschutz** auf, namentlich zum Schutz vor Körperschall. Dies zeigt sich auch in der gesetzlichen Regelung, welche Erschütterungen bei den Immissionsgrenzwerten (Art. 15 USG) und bei den «zusätzlichen Vorschriften» im 4. Abschnitt neben dem Lärmschutz explizit anspricht. Allerdings sehen die wenigsten dieser Bestimmungen spezifische Massnahmen gegen übermässige Erschütterungen vor. Einzig für den Bau von neuen Gebäuden mit Räumen, die dem längeren Aufenthalt von Personen dienen, muss ein angemessener baulicher Schutz auch gegen Erschütterungen vorgesehen werden (Art. 21 Abs. 1 USG). Hingegen gibt es nur für Lärm Planungs- und Alarmwerte, nicht aber für Erschütterungen.[462] 4.339

Abgesehen davon folgt der Erschütterungsschutz dem **allgemeinen Immissionsschutzkonzept des USG:**[463] Emissionen, die zu wahrnehmbaren Erschütterungen führen können, sind an der Quelle vorsorglich zu begrenzen (Art. 11 Abs. 1 und 4.340

459 BGE 140 II 214, E. 4.1, unter Verweis auf die zitierten Fachnormen und Richtlinien. Vgl. auch BGE 140 II 33, E. 5.5 und 5.6.
460 WOLF, in: Kommentar USG, Vorbem. zu Art. 19–25 Rz. 49 und 52 f.
461 WOLF, in: Kommentar USG, Vorbem. zu Art. 19–25 Rz. 52.
462 Vgl. WOLF, in: Kommentar USG, Vorbem. zu Art. 19–25 Rz. 54.
463 Vgl. Rz. 4.198.

2 USG). Steht fest oder ist zu erwarten, dass sie unter Berücksichtigung bestehender Erschütterungsbelastungen schädlich oder lästig werden bzw. erheblich stören können, so müssen die Massnahmen zur Emissionsbegrenzung verschärft werden (Art. 11 Abs. 3, Art. 15 USG). Es stehen die in Art. 12 Abs. 1 USG aufgezählten Begrenzungsmassnahmen zur Verfügung, wobei es aufgrund der Art der Emissionen konkret um Bau- und Ausrüstungsvorschriften oder um Verkehrs- und Betriebsvorschriften geht. Dabei haben Massnahmen an der Quelle in der Praxis absolute Priorität, da sich Erschütterungen auf dem Ausbreitungsweg nicht mehr wirkungsvoll begrenzen lassen.[464]

4.341 Der Bundesrat hat den Schutz vor schädlichen und lästigen Erschütterungen bislang auf Verordnungsstufe noch nicht konkretisiert. Eine entsprechende Ausführungsverordnung ist seit vielen Jahren geplant, verzögert sich aber.[465] Die Immissionsgrenzwerte müssen somit jeweils im Rahmen einer **Einzelfallbeurteilung** gestützt auf Art. 13 und 15 USG festgelegt und Massnahmen direkt gestützt auf Art. 11 und 12 bzw. Art. 16 USG angeordnet werden.[466]

4.342 Für Eisenbahnanlagen – in der Praxis wohl die wichtigste und häufigste Quelle von Erschütterungen – besteht eine Verwaltungsverordnung aus dem Jahr 1999, die das (damalige) Bundesamt für Umwelt, Wald und Landschaft (BUWAL) in Zusammenarbeit mit dem Bundesamt für Verkehr (BAV) erlassen hat. Diese «Weisung für die Beurteilung von Erschütterungen und Körperschall bei Schienenverkehrsanlagen (BEKS) vom 20. Dezember 1999» gilt für die Beurteilung von Erschütterungen bei neuen und bestehenden Schienenverkehrsanlagen sowie von Körperschall bei neuen und bei Um- und Ausbauten von bestehenden Schienenverkehrsanlagen. Sie verweist für die Erschütterungen auf die Deutsche Industrie-Norm (DIN) 4150 «Erschütterungen im Bauwesen, Teil 2: Einwirkungen auf Menschen in Gebäuden»; für abgestrahlten Körperschall statuiert sie eigene Planungs- und Immissionsrichtwerte.

V. Störfallvorsorge*

Literatur

BRAHIER JEAN-MICHEL, Installations dangereuses; ERRASS CHRISTOPH, Katastrophenschutz; GRIFFEL ALAIN/RAUSCH HERIBERT, Kommentar USG, Ergänzungsband, Art. 10; LUSTENBERGER ERIK, Koordination; MUGGLI RUDOLF, Störfallvorsorgerecht; ROMY ISABELLE/BRAHIER JEAN-MICHEL, OPAM; SEILER HANSJÖRG, in: Kommentar USG, Art. 10.

464 Vgl. WOLF, in: Kommentar USG, Vorbem. zu Art. 19–25 Rz. 54.
465 Vgl. auch GRIFFEL/RAUSCH, Kommentar USG, Ergänzungsband, Art. 15 Rz. 32.
466 Vgl. z.B. BVGer, Urteil A-3930/2011 vom 29. Mai 2012, E. 5.5.1–5.5.3.

* Dank an lic. iur. SIEGFRIED LAGGER und Dr. sc. nat. MARTIN MERKOFER für die Durchsicht des Entwurfs und die wertvollen Kommentare.

Christoph Jäger
Mark Govoni

Amtliche Publikationen

ARE/BAFU/BAV/BFE/ASTRA (Hrsg.), Planungshilfe Störfallvorsorge; BAFU (Hrsg.), Mengenschwellen StFV; BAFU bzw. BUWAL (Hrsg.), Handbuch I/II/III StFV; BUWAL (Hrsg.), Beurteilungskriterien I/II StFV.

A. Massgebende bundesrechtliche Vorschriften und Vollzugshilfen

1. Umweltschutzgesetz

Die Störfallvorsorge beziehungsweise der Katastrophenschutz wird in **Art. 10 USG** geregelt. Der Zweck dieser Norm liegt darin, den Menschen und seine natürliche Umwelt vorsorglich vor schweren Schäden zu schützen, die als Folge eines ausserordentlichen Ereignisses auftreten können. Die Normadressaten sind gemäss Art. 10 Abs. 1 und 3 USG in erster Linie die Inhaber von gefährlichen Anlagen. Im Weiteren haben die Kantone im Rahmen der Vorbereitung von Notfallmassnahmen die Aufgabe, die Dienste für den Katastrophenschutz zu koordinieren und eine Meldestelle zu bezeichnen (Art. 10 Abs. 2 USG). Schliesslich kann der Bundesrat gemäss Art. 10 Abs. 4 USG bestimmte Produktionsverfahren oder Lagerhaltungen verbieten, wenn die Bevölkerung und die natürliche Umwelt auf keine andere Weise ausreichend geschützt werden können.[467] 4.343

In Übereinstimmung mit Art. 1 Abs. 1 USG beschränkt sich der **Geltungsbereich** von Art. 10 USG auf Schäden, welche durch menschliche Einwirkungen auf die Umwelt verursacht werden. Im Weiteren gilt der Vorbehalt anderer Gesetze gemäss Art. 3 USG auch für den Katastrophenschutz. Nicht vom Geltungsbereich nach Art. 10 USG erfasst sind demnach z.B. Naturkatastrophen, Unfälle bei Atom- und Stauanlagen sowie kriegerische Ereignisse. 4.344

Damit eine **Katastrophe** im Sinne von Art. 10 Abs. 1 USG vorliegt, müssen die beiden Elemente «ausserordentliches Ereignis» und «erhebliche Einwirkungen beziehungsweise schwere Schädigung» kumulativ gegeben sein.[468] Den praktischen Problemen im Zusammenhang mit der Feststellung der schweren Schädigung respektive der Schadensmöglichkeit ist die Störfallverordnung dadurch ausgewichen, dass sie den Geltungsbereich mit Mengenschwellen festgelegt hat.[469] 4.345

2. Störfallverordnung

Der Zweck der Störfallverordnung besteht gemäss Art. 1 Abs. 1 StFV darin, die Bevölkerung und die Umwelt vor schweren Schädigungen infolge Störfällen zu 4.346

---

467 Seiler, in: Kommentar USG, Art. 10 Rz. 5.
468 Errass, Katastrophenschutz, S. 127 f.
469 Seiler, in: Kommentar USG, Art. 10 Rz. 27 ff.; Errass, Katastrophenschutz, S. 152 ff.

schützen. Ihr **Geltungsbereich** umfasst grundsätzlich vier Bereiche (Art. 1 Abs. 2), nämlich Betriebe mit Stoffen, Erzeugnissen oder Sonderabfällen (lit. a), Betriebe mit Organismen (lit. b), Verkehrswege (lit. c–e) und die mit Änderung vom 13. Februar 2013 neu aufgenommenen Rohrleitungsanlagen (lit. f).

4.347 Um ihren Zweck zu verwirklichen, implementiert die Störfallverordnung ein System der **staatlich kontrollierten Eigenverantwortung** der Anlagebetreiber.[470] Umgesetzt wird dieses System, indem die Betreiber im Rahmen eines zweistufigen Verfahrens zuerst einen Kurzbericht (Art. 5 StFV) und, falls eine schwere Schädigung möglich ist, eine Risikoermittlung (Art. 6 Abs. 4 i.V.m. Anhang 4 StFV) erstellen. Sowohl der Kurzbericht als auch die Risikoermittlung werden von der Vollzugsbehörde geprüft und beurteilt (Art. 6 Abs. 1 und 7 Abs. 1 StFV). Zweck dieser Beurteilung ist festzustellen, ob das von der Anlage ausgehende Risiko tragbar ist oder nicht. Unabhängig von dieser Beurteilung müssen die Inhaber von Anlagen, welche in den Geltungsbereich der Störfallverordnung fallen, im Sinne des Vorsorgeprinzips alle zur Verminderung des Risikos geeigneten Massnahmen treffen, die nach dem Stand der Sicherheitstechnik verfügbar, aufgrund ihrer Erfahrung ergänzt und wirtschaftlich tragbar sind (Art. 3 StFV). Bleibt das Risiko trotzdem untragbar, so ordnet die Vollzugsbehörde die erforderlichen zusätzlichen Sicherheitsmassnahmen an. Zu diesen gehören nötigenfalls auch Betriebs- und Verkehrsbeschränkungen sowie Betriebs- und Verkehrsverbote (Art. 8 StFV).

3. Vollzugshilfen

4.348 In Anbetracht der Tatsache, dass weder Art. 10 USG noch die Störfallverordnung die Kriterien zur Beurteilung der Frage, ob ein Risiko tragbar ist oder nicht, im Detail festlegen, kommt den Richtlinien des BAFU (damals BUWAL) zu den **Beurteilungskriterien**[471] eine grosse Bedeutung zu. Gemäss den betreffenden Richtlinien wird die Tragbarkeit des Risikos anhand eines Wahrscheinlichkeits-/Ausmass-Diagramms beurteilt. Weitere wichtige Vollzugshilfen sind die Handbücher I, II und III zur Störfallverordnung[472] sowie die Vollzugshilfe zu den Mengenschwellen[473].[474]

B. Verhältnis zum Raumplanungsrecht

1. Standortwahl und Sicherheitsabstände

4.349 Art. 10 Abs. 1 USG enthält eine nicht abschliessende Aufzählung von **Massnahmen,** mithilfe derer das vorgegebene Ziel, nämlich der Schutz der Menschen und ihrer

470 Errass, Katastrophenschutz, S. 268 ff.
471 BUWAL, Beurteilungskriterien I/II StFV.
472 BAFU bzw. BUWAL, Handbuch I/II/III StFV.
473 BAFU, Mengenschwellen StFV.
474 Für eine Übersicht über alle Vollzugshilfen des BAFU im Bereich Störfallvorsorge siehe: www.bafu.admin.ch > Themen > Störfallvorsorge > Vollzugshilfen.

natürlichen Umwelt, erreicht werden soll. Neben den technischen Sicherheitsvorkehren, der Überwachung des Betriebs und der Alarmorganisation gehören auch die Wahl eines geeigneten Standorts und die Einhaltung der erforderlichen Sicherheitsabstände dazu.

Der Inhaber einer gefährlichen Anlage ist als Adressat von Art. 10 Abs. 1 USG und in seiner Eigenschaft als Störer dazu verpflichtet, bereits bei der Standortwahl eine Risikobeurteilung vorzunehmen und dabei insbesondere auf die Bevölkerungsdichte in der Umgebung und das Vorhandensein von allenfalls gefährdeten Gewässern zu achten.[475] Im Weiteren muss auch der Inhaber einer bereits bestehenden Anlage die erforderlichen Sicherheitsabstände gemäss Art. 3 Abs. 1 und 3 i.V.m. Anhang 2.1 lit. a StFV jederzeit und grundsätzlich unabhängig davon, ob das Risiko tragbar ist oder nicht, den Veränderungen in der Umgebung anpassen, wenn dies wirtschaftlich tragbar ist.[476] Schliesslich kann der Anlageinhaber von den Planungsbehörden wegen des **Störerprinzips** auch nicht verlangen, die Nutzung der Nachbargrundstücke mittels planerischer Massnahmen einzuschränken.[477] Im Einzelfall kann das bedeuten, dass der Inhaber einer gefährlichen Anlage, welche sich neben einer noch unüberbauten Bauzone befindet, die hypothetische Überbauung der Nachbargrundstücke im Rahmen der Risikoanalyse bereits abstrakt berücksichtigen muss.[478] Liegt zum betreffenden Zeitpunkt noch kein konkretes Bauprojekt vor, muss sich der Inhaber nach dem «Worst-Case-Szenario», d.h. der gemäss Nutzungsplan respektive Überbauungsordnung maximal möglichen Personendichte, richten.[479] 4.350

2. Koordination mit der Richt- und Nutzungsplanung

Die einseitige Lösung von Konflikten zwischen Störfallvorsorge einerseits und Siedlungsentwicklung andererseits, welche sich ausschliesslich am verwaltungsrechtlichen Störerprinzip orientiert und die Planungspflicht von Bund, Kanton und Gemeinden ausser Acht lässt, kann früher oder später dazu führen, dass viele gefährliche Anlagen ihren Betrieb einschränken, verlegen oder ganz aufgeben müssen. In Anbetracht der Tatsache, dass die betreffenden Anlagen die Bevölkerung nicht nur stören beziehungsweise gefährden, sondern diese auch mit wichtigen Gütern versorgen und Arbeitsplätze schaffen, haben Bund, Kantone und Gemeinden ein Interesse daran, den Bestand der betreffenden Anlagen zu schützen. Dies ist jedoch nur möglich, wenn sie ihre **Planungspflicht** gemäss Art. 2 RPG wahrnehmen und die mit Planungsaufgaben betrauten Behörden die Planungsgrundsätze gemäss Art. 3 RPG beachten.[480] 4.351

---

475 SEILER, in: Kommentar USG, Art. 10 Rz. 71 ff.; BAFU bzw. BUWAL, Handbuch I StFV, S. 22.

476 SEILER, in: Kommentar USG, Art. 10 Rz. 72 i.V.m. Rz. 64; GRIFFEL/RAUSCH, Kommentar USG, Ergänzungsband, Art. 10 Rz. 8 ff. (mit Rechtsprechungshinweisen).

477 BVGer, Urteil A-5781/2007 vom 18. Juni 2008, E. 4.3.4 f.

478 BGer, Urteil 1A.14/2005 und 1A.18/2005 vom 8. August 2006, E. 6.

479 Dazu kritisch ROMY/BRAHIER, OPAM, S. 110 ff.

480 Dazu ausführlich BRAHIER, Installations dangereuses, S. 281 ff.

4.352 Art. 11a StFV hält im Rahmen einer Konkretisierung der in den Art. 2, 3 Abs. 3 lit. b und 6 Abs. 2 lit. c RPG geregelten Pflichten fest, wie die Koordination zwischen der Störfallvorsorge und der Richt- sowie der Nutzungsplanung umgesetzt werden soll. Der Zweck von Art. 11a StFV liegt darin, dass die Planungsbehörde gestützt auf die Information der Vollzugsbehörde abschätzen kann, wie das von einer gefährlichen Anlage ausgehende Risiko durch die Planänderung beeinflusst wird und wie sie diesem Risiko bei ihrem Entscheid Rechnung tragen kann. Dazu bezeichnet die Vollzugsbehörde gemäss Art. 11a Abs. 2 StFV in einem ersten Schritt den an die gefährliche Anlage angrenzenden Bereich, in welchem die Erstellung von neuen Bauten und Anlagen zu einer erheblichen Erhöhung des Risikos führen kann (sogenannter **Konsultationsbereich**). Bevor die zuständige Behörde über eine Änderung der Richt- oder Nutzungsplanung entscheidet, holt sie zur Beurteilung des Risikos in einem zweiten Schritt die Stellungnahme der Vollzugsbehörde ein.[481]

C. Praxishinweise

1. Hinweise für die Inhaber von gefährlichen Anlagen

4.353 Die Inhaber von gefährlichen Anlagen neben noch unüberbauten Wohn- oder anderen Bauzonen haben in ihrer Eigenschaft als Störer grundsätzlich keine Möglichkeit, die Überbauung von Nachbargrundstücken und die damit verbundene Zunahme des Störfallrisikos zu verhindern. Falls sie in einem konkreten Fall zur Einsprache respektive Beschwerde legitimiert sind, können sie ein Bauvorhaben jedoch verzögern. In den meisten Fällen genügt die Möglichkeit einer Projektverzögerung bereits, um mit den Eigentümern der Nachbargrundstücke eine gemeinsame Lösung zu finden.

2. Hinweise für die Eigentümer von Bauten und Anlagen neben gefährlichen Anlagen

4.354 Gestützt auf Art. 10 USG und die Störfallverordnung können die Nachbarn gefährlicher Anlagen nicht dazu verpflichtet werden, sich selbst vor Störfällen zu schützen. Ist die vorgesehene Nutzung auf einem Nachbargrundstück zonenkonform, so haben die Eigentümer das Recht, das Grundstück entsprechend zu nutzen, auch wenn dadurch das Störfallrisiko untragbar wird. Wollen die Eigentümer jedoch vermeiden, dass die Inhaber von gefährlichen Anlagen gegen ihre Bauvorhaben Einsprache erheben und sie damit verzögern, haben sie ein Interesse daran, mit diesen eine einvernehmliche Lösung zu suchen.

481 Dazu ausführlich ARE/BAFU/BAV/BFE/ASTRA, Planungshilfe Störfallvorsorge.

3. Hinweise für die Vollzugs- und die Planungsbehörden

Voraussetzung für eine effektive Störfallvorsorge ist eine **gute Zusammenarbeit** zwischen Vollzugs- und Planungsbehörden. Art. 11a StFV und die diesbezügliche Planungshilfe des Bundes[482] sowie mehrere Richtlinien von Kantonen[483] legen dar, wie die Störfallvorsorge mit der Richt- und Nutzungsplanung koordiniert werden soll und wie Nutzungskonflikte vorsorglich gelöst werden können.[484] Eine wirksame Massnahme ist u.a. die Festlegung von Vorranggebieten für gefährliche Anlagen im kantonalen Richtplan[485]. In der näheren Umgebung des Vorranggebietes dürfen keine Nutzungen zugelassen werden, die das Störfallrisiko wesentlich vergrössern. Hingegen können andere gefährliche Anlagen im Kanton, welche an einem ungünstigen Standort errichtet wurden, in diese Vorranggebiete verlegt werden. Die gemäss Art. 11a Abs. 2 StFV zu bezeichnenden Konsultationsbereiche können als Grundlage für die Festlegung der Vorranggebiete verwendet werden. 4.355

VI. Bauen auf belasteten Standorten (Altlastenrecht)

Literatur

Adler Denis Oliver/Hauser Lars, Haftung; Brunner Ursula, Flickenteppich; Caluori Corina, Verursacherbegriff; Chaulmontet Sébastien, Verursacherhaftungen; Cummins Mark, Kostenverteilung; Dillon Sibylle/Lagger Siegfried, Aktuelle Fragen; Lehmann Lorenz, Risiko Altlasten; Lehmann Lorenz, Folgen; Lehmann Lorenz, Klarheit; Liniger Hans U., Altlasten und kein Ende; Liniger Hans U., Unternehmensübernahmen; Liniger Hans U., Bauen; Liniger Hans U./Conrad Curdin, Rechtsnachfolge; Liniger Hans U./Werder Michael/Spinnler Sabina, Konkurs; Mettler Christoph/Weider Elfi/Wiegers Simone, Kauf; Rey Alexander, Altlastenbearbeitung; Romy Isabelle, Points essentiels; Romy Isabelle, Questions; Romy Isabelle, Croisée; Romy Isabelle/Zufferey Jean-Baptiste, Sicherstellung; Rüegg Erich, Sanierungsbedürftigkeit; Rüegg Erich, Haftung; Scherrer Karin, Altlastensanierung; Stutz Hans W., Revidiertes Altlastenrecht; Stutz Hans W./Wille Barbara, Ansätze; Trüeb Hans Rudolf, Bauherrenaltlast; Trüeb Hans Rudolf, Verwertung; Tschannen Pierre/Frick Martin, Verursacherbegriff; Wagner Pfeifer Beatrice, Neue Risiken; Wagner Pfeifer Beatrice, Besondere Regelungsbereiche, Rz. 681 ff.; Wagner Pfeifer Beatrice, Deponien; Zwicker Stefan/Schumacher Reto, Sicherstellung.

482 ARE/BAFU/BAV/BFE/ASTRA, Planungshilfe Störfallvorsorge.
483 Vgl. z.B. AWEL ZH, Störfallvorsorge; Kanton Luzern, Arbeitshilfe Störfallvorsorge; Vollzugsstellen der Störfallverordnung der Kantone AG, BS, FR, LU und ZH, Störfallvorsorge Beurteilungskriterien.
484 Zu den Herausforderungen in der Praxis vgl. Lustenberger, Koordination, S. 43 ff.
485 Vgl. z.B. Kanton Basel-Landschaft, Kantonaler Richtplan, Dezember 2015 (www.baselland.ch > Bau, Umwelt > Raumplanung > Richtplanung), S. 32 f.

Amtliche Publikationen

BAFU (Hrsg.), Altlastenbearbeitung; BAFU (Hrsg.), Bauvorhaben; BAFU (Hrsg.), Evaluation; BUWAL (Hrsg.), Erstellung Kataster; BUWAL (Hrsg.), Aushubrichtlinie.

A. Allgemeines zur Regelung im Umweltschutzgesetz und in der Altlasten-Verordnung

1. Einleitung

4.356 Das Schweizerische Altlastenrecht findet sich zur Hauptsache im 4. Abschnitt des Kapitels über Abfälle im USG und in der Verordnung über die Sanierung von belasteten Standorten (Altlasten-Verordnung, AltlV). Regelungsgegenstand von Art. 32c USG und der AltlV sind **belastete Standorte.** Dabei handelt es sich gemäss Art. 2 Abs. 1 AltlV um Orte, deren Belastung von Abfällen stammt und die örtlich begrenzt sind. Die Definition des Abfallbegriffs richtet sich nach Art. 7 Abs. 6 USG. Was die Entstehung der Belastung betrifft, werden die drei Typen Ablagerungs-, Betriebs- und Unfallstandorte unterschieden (Art. 2 Abs. 1 lit. a–c AltlV). Örtlich begrenzt sind diejenigen Standorte, deren räumliche Ausdehnung lateral klar definiert ist.[486] An dieser Voraussetzung fehlt es beispielsweise, wenn die Abfälle über den Luftpfad (z.B. aus Fabrikkaminen) diffus über grosse Flächen verteilt worden sind.[487] Für die räumliche Abgrenzung des belasteten Standortes ist grundsätzlich die konkrete Belastungssituation und nicht die Parzellengrenze massgebend.[488]

4.357 Das Ziel der Altlastenbearbeitung besteht gemäss Art. 32c Abs. 1 USG darin, dass Deponien und andere durch Abfälle belastete Standorte (belastete Standorte) **saniert** werden, wenn sie zu schädlichen oder lästigen Einwirkungen führen oder die konkrete Gefahr besteht, dass solche Einwirkungen entstehen. Als wichtiges Instrument zur Erreichung dieses Ziels haben die Kantone gemäss Art. 32c Abs. 2 USG die Aufgabe, einen öffentlich zugänglichen **Kataster** der belasteten Standorte (KbS) zu erstellen.

4.358 Der **Vollzug** des Altlastenrechts in der Schweiz hat schon einiges bewirkt: In den Katastern der Kantone und der Bundesämter sind heute rund 38 000 Standorte erfasst. Davon sind aufgrund der heutigen Erkenntnisse ca. 10 Prozent als sanierungsbedürftig eingestuft. Ca. 1000 Altlasten sind bislang saniert worden.[489]

4.359 Es fällt auf, dass die bisherigen, zahlreichen **Revisionen** des erst 1995 ins Umweltschutzgesetz eingefügten Abschnitts über die Sanierung belasteter Standorte fast ausschliesslich die Frage der Kostentragung und nicht die Massnahmen des Alt-

---

486 BUWAL, Erstellung Kataster, S. 12.

487 Solche Abfallvorkommen werden u.U. als Bodenbelastungen nach den Art. 33–35 USG behandelt.

488 Tschannen, in: Kommentar USG, Art. 32c Rz. 9; BGer, Urteil 1C_44/2013 und 1C_46/2013 vom 16. Januar 2014, E. 5.1 (URP 2014 265 ff.); BGE 136 II 377, E. 2.4.

489 BAFU, Altlastenbearbeitung, S. 5.

lastenrechts betrafen.[490] Letztere sind in der Verordnung über die Sanierung von belasteten Standorten (AltlV) detailliert geregelt und wurden bisher nur punktuell angepasst.[491]

2. Belastete, überwachungsbedürftige und sanierungsbedürftige Standorte

Vom Begriff des belasteten Standorts ist derjenige der **Altlast** strikt zu trennen. 4.360 Während für die Qualifikation eines Ortes als belasteter Standort das Vorhandensein von Abfällen ausreicht, liegt ein sanierungsbedürftiger Standort, d.h. eine Altlast, gemäss Art. 2 Abs. 2 und 3 AltlV nur dann vor, wenn die am betreffenden Standort vorhandenen Abfälle zu schädlichen oder lästigen Einwirkungen führen oder wenn die konkrete Gefahr besteht, dass solche Einwirkungen entstehen. Die Altlasten-Verordnung definiert für die massgebenden vier Schutzgüter Grundwasser, Oberflächengewässer, Luft und Boden unterschiedliche Konzentrationswerte, deren Überschreitung eine schädliche bzw. lästige Einwirkung darstellt und somit die Sanierungsbedürftigkeit des Standortes zur Folge hat (Art. 9–12 und Anhänge 1–3 AltlV). Für die betroffenen Inhaber der Standorte bedeutet dies Folgendes: Bei einem «gewöhnlichen» belasteten Standort sind zum Schutz der Umwelt (abgesehen vom Eintrag in den Kataster) keine weiteren Massnahmen nötig; solche ergeben sich erst dann, wenn (z.B. im Rahmen eines Bauprojektes) ein Eingriff in den belasteten Untergrund stattfindet. Bei einem sanierungsbedürftigen belasteten Standort hingegen sind i.d.R. Sanierungsmassnahmen zu treffen, um die schädlichen bzw. lästigen Einwirkungen zu beseitigen bzw. zu unterbinden.

Die **Abgrenzung** von belasteten und sanierungsbedürftigen Standorten ist sowohl 4.361 für den Vollzug des Altlastenrechts als auch für die Frage der Kostentragung entscheidend und deshalb auch bei der Ausgestaltung von Verträgen, die belastete Standorte zum Gegenstand haben, von grosser Bedeutung.[492]

Die AltlV kennt noch eine dritte Kategorie von Standorten: diejenigen, bei denen ein 4.362 **Überwachungsbedarf** besteht. Ein solcher ist stets dann gegeben, wenn Anhaltspunkte für Einwirkungen auf Grundwasser oder Oberflächengewässer vorhanden sind, diese die Schwelle der Schädlichkeit (bzw. die entsprechenden Konzentrationswerte) aber noch nicht übersteigen (Art. 9 Abs. 1 und Art. 10 Abs. 1 AltlV). Mit der Überwachung wird sichergestellt, dass eine allfällige Veränderung der Intensität der Einwirkungen festgestellt wird und nötigenfalls zusätzliche Massnahmen getroffen werden können.

490 BRUNNER, Flickenteppich, S. 522 f.
491 AS 2012 2905 und AS 2015 317.
492 LEHMANN, Risiko Altlasten, S. 105 ff.

3. Schrittweise Bearbeitung nach AltlV

4.363 Die Altlastenbearbeitung ist ein iterativer Prozess: In einem ersten Schritt werden die belasteten Standorte von den kantonalen Fachstellen systematisch und aufgrund von historischen Informationen und Hinweisen ermittelt und nach Anhörung des Inhabers **im Kataster eingetragen** (Art. 5 Abs. 1 und 2 AltlV). Ein technischer Nachweis für das Vorhandensein von Abfällen ist dabei nicht zwingend. Gemäss Art. 5 Abs. 3 AltlV erfolgt ein Eintrag immer dann, wenn feststeht oder mit grosser Wahrscheinlichkeit zu erwarten ist, dass der Standort belastet ist. Der Katastereintrag muss soweit möglich Angaben über Lage, Art und Menge der an den Standort gelangten Abfälle, bereits durchgeführte Untersuchungen, festgestellte Einwirkungen und gefährdete Umweltbereiche enthalten (Art. 5 Abs. 3 AltlV). Fast alle kantonalen Kataster sind heute auf GIS-basierten Plattformen online abrufbar[493]; sie unterscheiden sich jedoch stark im Informationsgehalt und im Detaillierungsgrad.

4.364 Anschliessend an den Katastereintrag muss die Behörde eine **erste Beurteilung** vornehmen und die Standorte in folgende zwei Kategorien einteilen: Standorte, bei denen keine schädlichen oder lästigen Einwirkungen zu erwarten sind, und Standorte, bei denen untersucht werden muss, ob sie überwachungs- oder sanierungsbedürftig sind (Art. 5 Abs. 4 AltlV).

4.365 Bei der zweiten Kategorie werden sodann mittels historischer und technischer Untersuchungen Arten und Mengen von Stoffen am Standort, deren Freisetzungsmöglichkeiten sowie die Bedeutung der betroffenen Umweltbereiche ermittelt (Art. 7 AltlV). Aufgrund dieser **Voruntersuchung** beurteilt die Behörde, ob der Standort nach den Artikeln 9–12 AltlV überwachungs- oder sanierungsbedürftig ist, und vermerkt dies im Kataster (Art. 8 AltlV).

4.366 Bei überwachungsbedürftigen Standorten ordnet die Behörde die notwendigen **Überwachungsmassnahmen** an, bei sanierungsbedürftigen verlangt sie eine **Detailuntersuchung.** Mit dieser werden Art, Lage und Konzentration der am Standort vorhandenen umweltgefährdenden Stoffe, Art, Fracht und zeitlicher Verlauf der tatsächlichen oder möglichen Einwirkungen auf die Umwelt sowie die Lage und Bedeutung der gefährdeten Umweltbereiche ermittelt (Art. 14 AltlV). Wird der Sanierungsbedarf durch die Detailuntersuchung bestätigt, so beurteilt die Behörde Ziele und Dringlichkeit der Sanierung (Art. 15 AltlV) und verlangt ein **Sanierungsprojekt** (Art. 17 AltlV). Dieses wird von der Behörde beurteilt, und mittels **Sanierungsverfügung** werden die abschliessenden Ziele, die zu treffenden Sanierungsmassnahmen sowie die erforderliche Erfolgskontrolle und die einzuhaltenden Fristen festgelegt (Art. 18 AltlV).

4.367 Gemäss Art. 16 AltlV muss das Ziel der Sanierung mit Massnahmen erreicht werden, mit denen entweder die umweltgefährdenden Stoffe beseitigt werden **(Dekon-**

493 Eine Sammlung von direkten Links auf die kantonalen Kataster findet sich im Internetauftritt des BAFU (www.bafu.admin.ch > Themen > Altlasten > Fachinformationen > Grundlagen > Altlastenbearbeitung > Stand der Bearbeitung > Online-Kataster von Kantonen und Bundesstellen).

tamination) oder mit denen die Ausbreitung der umweltgefährdenden Stoffe langfristig verhindert und überwacht wird **(Sicherung).**

Das BAFU vertritt die Auffassung, nur solche Sanierungsmassnahmen seien zulässig, bei denen die Standorte nach maximal 25 bis 50 Jahren ohne weitere aktive Massnahmen sich selbst überlassen werden können. Es beruft sich dabei auf den Grundsatz, wonach das Altlastenproblem in ein bis zwei Generationen gelöst werden müsse.[494] In der Literatur wird diese Haltung mit Verweis auf die fehlende gesetzliche Grundlage und den Wortlaut von Art. 16 Abs. 1 lit. b AltlV kritisiert.[495] In der Praxis ist die Wahl zwischen kurzfristig realisierbaren Dekontaminations- und langfristig aufrechtzuhaltenden Sicherungsmassnahmen häufig sehr eng mit der letztlich entscheidenden Frage der Verhältnismässigkeit der verschiedenen Varianten verknüpft. 4.368

4. Realleistungs- und Kostentragungspflicht

Im Zusammenhang mit der Durchführung von altlastenrechtlichen Massnahmen sind folgende **zwei Aspekte** stets auseinanderzuhalten: Die Frage, welcher Beteiligte die erforderlichen Untersuchungs- oder Sanierungsmassnahmen durchzuführen hat, zielt auf die Realleistungspflicht ab. Bei der Frage, wer die erforderlichen Massnahmen finanzieren muss, geht es um die Kostentragungspflicht. 4.369

Gemäss Art. 20 AltlV steht der Behörde bei der Zuordnung der **Realleistungspflicht** ein Auswahlermessen zu. Dabei stellt Art. 20 Abs. 1 AltlV die Grundsatznorm bzw. den Regelfall dar. Grundsätzlich sind die erforderlichen Massnahmen vom Standortinhaber durchzuführen. In Anwendung von Art. 20 Abs. 2 und Abs. 3 AltlV kann die Behörde aber auch Dritte zur Realleistung verpflichten, wenn diese die Belastung des Standortes nachgewiesenermassen verursacht haben (gilt für Sanierungsmassnahmen) bzw. wenn zumindest ein Grund besteht, dies anzunehmen (gilt für Untersuchungs- und Überwachungsmassnahmen). 4.370

Die **Rechtsprechung** hat für die Ausübung dieses Ermessens bislang folgende Leitplanken definiert: «Es sind Fälle denkbar, in denen nur die Heranziehung des Dritten ermessensfehlerfrei ist und somit aus Kann-Vorschrift eine Verpflichtung der Behörde zur Heranziehung des Dritten folgt. Eine derartige Konstellation ist z.B. denkbar, wenn die Verursachungssituation klar ist und bereits feststeht, dass der Dritte als hauptverantwortlicher Verursacher einer Altlast i.S. von Art. 32d Abs. 2 Satz 2 USG sämtliche Kosten tragen muss (vorausgesetzt, er ist auch tatsächlich in der Lage, die entsprechenden Massnahmen durchzuführen bzw. durchführen zu lassen).»[496] «Bilden mehrere Grundstücke *einen* belasteten Standort, so ist es sachgerecht und im Sinne einer effizienten Altlastenbearbeitung, vorerst *einen* Inhaber zu den notwendigen Untersuchungen zu verpflichten.»[497] 4.371

---

494 BAFU, Evaluation, S. 13 und 18.

495 METTLER, Bonfol, S. 778.

496 BGer, Urteil 1A.214/1999 vom 3. Mai 2000, E. 2h (URP 2000 590 ff.; ZBl 2001 536 ff.); siehe dazu auch VGer ZH, Urteil VB.2014.00113 vom 21. August 2014, E. 3.5 (URP 2015 137 ff.).

497 BGE 136 II 370, E. 2.4. Zur Frage, ob der Entscheid über die Zuordnung der Realleistungspflicht einen Zwischenentscheid im Sinne von Art. 93 BGG darstellt, vgl. GRIFFEL/RAUSCH,

4.372 Während sich die Zuordnung der Realleistungspflicht an den polizeirechtlichen Grundsätzen des Störerprinzips orientiert und deshalb denjenigen ins Recht fasst, der aufgrund seiner sachlichen und persönlichen Nähe zum Gefahrenherd oder zur Störung am ehesten geeignet und dazu in der Lage ist, den polizeiwidrigen Zustand zu beseitigen[498], knüpft die **Kostentragungspflicht** an das Verursacherprinzip an. Nach Art. 32d Abs.1 USG sind die Kosten für notwendige Massnahmen zur Untersuchung, Überwachung und Sanierung belasteter Standorte vom Verursacher zu tragen.[499]

B. Massnahmen beim Bauen auf belasteten Standorten

4.373 Die soeben dargestellten Regelungen bilden Grundlage für den kantonalen Vollzug der USG-Thematik belastete Standorte/Altlasten durch die zuständigen Fachbehörden. Im alltäglichen Umgang mit Bauprojekten und Immobilien stellen sie aber nur eine Facette der Altlastenthematik dar. Im Folgenden soll deshalb der Fokus etwas verschoben und der Blick darauf gerichtet werden, welche Besonderheiten sich für Bauprojekte ergeben, wenn sie auf belasteten Standorten erstellt werden. Dabei werden zuerst die erforderlichen Massnahmen beim Bauen auf belasteten Standorten beleuchtet. Anschliessend ist der Frage nach der Kostentragung für diese Massnahmen nachzugehen.

1. Bewilligung für Handänderung nach Art. 32d^{bis} Abs. 3 USG

4.374 Die erste Besonderheit ist nicht erst beim Bau, sondern bereits bei der Handänderung von belasteten Grundstücken zu beachten. Seit der USG-Revision vom 22. März 2013 bedürfen nämlich sowohl die **Veräusserung** als auch die **Teilung** eines Grundstücks, auf dem sich ein im Kataster eingetragener Standort befindet, gemäss Abs. 3 des neu eingefügten Art. 32d^{bis} USG einer Bewilligung der Behörde. Diese wird erteilt, wenn vom Standort keine schädlichen oder lästigen Einwirkungen zu erwarten sind (lit. a), die Kostendeckung für die zu erwartenden Massnahmen sichergestellt ist (lit. b) oder wenn ein überwiegendes öffentliches Interesse an der Veräusserung oder an der Teilung besteht (lit. c).

4.375 Da dieser Artikel erst seit dem 1. Juli 2014 in Kraft ist, liegen noch wenige Erfahrungen aus der Praxis vor. So ist beispielsweise noch nicht klar, welche **Veräusserungstatbestände** unter die Bewilligungspflicht fallen. Dies ist sicher für Verkauf, Tausch und Schenkung eines Grundstücks der Fall. Die Kantone unterstellen auch

---

Kommentar USG, Ergänzungsband, Art. 32c Rz. 9. Zu dieser Frage sei hier noch angefügt, dass der nicht wiedergutzumachende Nachteil gemäss Art. 93 Abs. 1 lit. a BGG auch darin bestehen kann, dass die Qualifikation des Realleistungspflichtigen als hauptverantwortlicher Verursacher auch zu einer für den Beschwerdeführer ungünstigen Präjudizierung des Kostenverteilungsverfahrens führen kann.

498 Scherrer, Altlastensanierung, S. 19.

499 Vgl. Rz. 4.392 ff.

die Begründung eines selbständigen und dauernden Baurechts[500], eines Miteigentumsanteils sowie die Veräusserung von Kaufrechten, die Sacheinlage oder Sachübernahme nach Handelsrecht und Vermögensübertragungen oder Abspaltungen nach Fusionsrecht dem Anwendungsbereich von Art. 32d^bis^ USG. Allgemein anerkannt ist, dass beim Erwerb eines Grundstücks durch Erbschaft und beim Verkauf der Aktien einer Gesellschaft, welche Eigentümerin eines Grundstücks ist, keine Veräusserung vorliegt.[501]

Um den mit der Ausdehnung des Anwendungsbereichs der Bewilligungspflicht auf alle belasteten Standorte verbundenen bürokratischen Aufwand möglichst gering zu halten, haben einzelne Kantone und Bundesämter sog. **Allgemeinverfügungen** erlassen. Damit wird allen Inhabern von Grundstücken, auf denen sich ein im Kataster eingetragener Standort befindet, von welchem keine schädlichen oder lästigen Auswirkungen zu erwarten sind, die Bewilligung zur Veräusserung oder Teilung gemäss Art. 32d^bis^ lit. a USG generell erteilt.[502] 4.376

Was die Form der **Sicherstellung** gemäss Art. 32d^bis^ Abs. 3 lit. b USG betrifft, so kommen die Hinterlegung des Sicherstellungsbetrags bei der Behörde oder auf einem Sperrkonto bei einer Bank, die Errichtung eines Grundpfandrechts durch den Eigentümer, die Verpfändung von beweglichen Sachen, Bankgarantien, Versicherungsgarantien und ähnliche Instrumente in Frage.[503] Wichtig ist, dass die sicherzustellende Summe nur dem Verursacheranteil des Verkäufers an den Kosten für notwendige Massnahmen entsprechen darf. 4.377

2. Verknüpfung Baubewilligungsverfahren und Altlastenbearbeitung

Eine weitere Besonderheit des Bauens auf belasteten Standorten besteht darin, dass für bauliche Eingriffe in Grundstücke, die im KbS erfasst sind, in vielen Kantonen entweder eine spezielle Bewilligung der zuständigen Fachbehörden oder mindestens die Einreichung einer Voruntersuchung gemäss Art. 7 AltlV zusammen mit dem Baugesuch erforderlich ist. Diese Anforderungen basieren auf kantonalen Regelungen, welche eine **Koordination** von Baubewilligungsverfahren, Altlastenbearbeitung und Abfallbeseitigung bezwecken.[504] Dabei geht es einerseits um die 4.378

---

500 In der Literatur wird dies kontrovers diskutiert; befürwortend ZWICKER/SCHUMACHER, Sicherstellung, S. 791; ablehnend WAGNER PFEIFER, Neue Risiken, S. 155.

501 WAGNER PFEIFER, Besondere Regelungsbereiche, Rz. 759 f.; ZWICKER/SCHUMACHER, Sicherstellung, S. 791.

502 Allgemeinverfügung Nr. 945 der Baudirektion des Kantons Zürich vom 18. Juni 2014, publiziert im Amtsblatt des Kantons Zürich Nr. 027 vom 4. Juli 2014; Allgemeinverfügung des Amtes für Umweltschutz und Energie des Kantons Basel-Landschaft vom 17. Februar 2015, publiziert im Amtsblatt des Kantons Basel-Landschaft Nr. 9 vom 26. Februar 2015; Allgemeinverfügung des VBS vom 9. Dezember 2014, publiziert in BBl 2014 9194.

503 ZWICKER/SCHUMACHER, Sicherstellung, S. 790.

504 Z.B. § 16 AbfG TG, § 7 BVV ZH, § 36 USG BL; in allen Kantonen werden Merkblätter veröffentlicht, welche die zu beachtenden Besonderheiten beim Bauen auf belasteten Standorten darstellen.

Sicherstellung des Vollzugs von Art. 3 AltlV, andererseits um die Gewährleistung der rechtskonformen Beseitigung der anfallenden Bauabfälle.

3. Altlastenrechtlich notwendige Untersuchungs- und Sanierungsmassnahmen; Bedeutung von Art. 3 AltlV

4.379 Das schweizerische Altlastenrecht enthält mit **Art. 3 AltlV** nur eine einzige Bestimmung, welche sich dem Thema Bauen auf belasteten Standorten widmet. Diese Bestimmung schreibt vor, dass belastete Standorte durch die Erstellung oder Änderung von Bauten und Anlagen nur verändert werden dürfen, wenn sie nicht sanierungsbedürftig sind und durch das Vorhaben nicht sanierungsbedürftig werden (lit. a) oder wenn ihre spätere Sanierung durch das Vorhaben nicht wesentlich erschwert wird (lit. b).

4.380 Soll auf einem belasteten Standort gebaut werden, so ist also in Anwendung von Art. 3 AltlV in allen Fällen zuerst die **altlastenrechtliche Qualifikation** des Standortes zu klären. Handelt es sich um einen belasteten Standort, bei welchem nach Einschätzung der Behörden keine schädlichen oder lästigen Einwirkungen zu erwarten sind (Art. 5 Abs. 4 lit. a AltlV), so sind keine weiteren altlastenrechtlichen Massnahmen notwendig. Bei einem untersuchungsbedürftigen Standort nach Art. 5 Abs. 4 lit. b AltlV ist zwingend eine Voruntersuchung nach Art. 7 AltlV durchzuführen. Ergibt diese weder einen Überwachungs- noch einen Sanierungsbedarf, so sind keine weiteren altlastenrechtlichen Massnahmen notwendig.

4.381 Erweist sich der Standort nach der Voruntersuchung als **überwachungsbedürftig,** so ist in einem nächsten Schritt in Anwendung von Art. 3 lit. a AltlV zu prüfen, ob der Standort durch das Bauvorhaben sanierungsbedürftig werden kann. Wenn dies der Fall ist[505], so sind vorbeugende Massnahmen zur Verhinderung der Sanierungsbedürftigkeit vorzunehmen.[506] Ergibt sich, dass das Bauprojekt auf dem überwachungsbedürftigen Standort nicht zu einem Sanierungsbedarf führt, so ist gemäss Art. 3 lit. b AltlV weiter zu prüfen, ob das Vorhaben eine spätere Sanierung wesentlich erschwert.[507] Wenn diese Voraussetzung erfüllt ist, sind im Rahmen des Bauprojektes wiederum vorsorglich Massnahmen zu treffen, damit das Eintreten des wesentlichen Erschwernisses verhindert werden kann.[508] Für die Beantwortung der Frage, in welchen Fällen eine spätere Sanierung notwendig werden kann, liegen

505 Dies ist beispielsweise denkbar, wenn ein bisher nicht genutzter Deponiestandort überbaut wird, der keine schädlichen Einwirkungen auf Gewässer bewirkt, die Überbauung aber dazu führt, dass Deponiegase neu an Orte gelangen können, wo sich Personen regelmässig während längerer Zeit aufhalten; so kann sich durch das Bauprojekt ein Sanierungsbedarf hinsichtlich des Schutzgutes Luft gemäss Art. 11 AltlV ergeben.

506 BAFU, Bauvorhaben, S. 13.

507 Eine wesentliche Erschwernis liegt z.B. vor, wenn die spätere Sanierung gegenüber einer Sanierung vor oder während des Bauvorhabens wegen diesem mit einem wesentlichen technischen oder wirtschaftlichen Mehraufwand verbunden ist (BAFU, Bauvorhaben, S. 14).

508 BAFU, Bauvorhaben, S. 12.

jedoch zurzeit keine schriftlich verfügbaren und verlässlichen Kriterien vor.[509] Auch hier ist unklar, ob es sich bei den zu treffenden Massnahmen um eine (vorgezogene) Sanierung nach Art. 32c Abs. 1 handelt (was m.E. richtig wäre) oder ob diese Vorkehren als vorbeugende Massnahmen zu qualifizieren sind, die nur wegen eines Bauprojekts auf einem belasteten Standort erforderlich sind.[510]

Erweist sich ein Standort nach der Voruntersuchung als **sanierungsbedürftig,** so ist eine Detailuntersuchung vorzunehmen und ein Sanierungsprojekt zu erarbeiten. Gemäss Art. 3 lit. b AltlV kann das Bauprojekt in solchen Fällen nur realisiert werden, wenn die Sanierung gleichzeitig mit dem Bauprojekt erfolgt oder die spätere Sanierung durch das Vorhaben nicht wesentlich erschwert wird. 4.382

Wie erwähnt, bildet die Voruntersuchung in solchen Fällen Bestandteil der einzureichenden **Baugesuchsunterlagen.** Deshalb muss sie bereits während der Planungsphase des Bauvorhabens durchgeführt werden. Angesichts des Zeitbedarfs für eine Voruntersuchung ist sonst mit erheblichen Verzögerungen sowie erhöhten Kosten bei der Realisierung des Bauvorhabens zu rechnen. 4.383

4. Abfallrechtlich notwendige Massnahmen

Bei allen Bauprojekten fallen durch Aushubtätigkeiten und Rückbau bestehender Gebäudesubstanz **Bauabfälle** an. Bei Vorhaben auf belasteten Standorten liegt es nahe, dass diese Bauabfälle (unabhängig von der altlastenrechtlichen Qualifikation des Standortes) mit umweltgefährdenden Schadstoffen belastet sind. Aus diesen Gründen sind beim Bauen auf belasteten Standorten regelmässig auch verschiedene abfallrechtlich notwendige Massnahmen umzusetzen. 4.384

Gemäss Art. 17 Abs. 1 VVEA muss, wer Bau- oder Abbrucharbeiten durchführt, Sonderabfälle von den übrigen Abfällen trennen. Weiter sind die übrigen Abfälle auf der Baustelle möglichst sortenrein in die folgenden Kategorien zu **trennen:** abgetragener Boden (lit. a), unverschmutztes und schwach verschmutztes Aushub- und Abraummaterial (lit. b), Ausbauasphalt, Betonabbruch, Strassenaufbruch, Mischabbruch, Ziegelbruch und Gips (lit. c), weitere stofflich verwertbare Abfälle wie Glas, Metalle, Holz und Kunststoffe (lit. d), brennbare Abfälle, die nicht stofflich verwertbar sind (lit. e) und andere Abfälle (lit. f). Nach Art. 17 Abs. 3 VVEA kann die Behörde eine weiter gehende Trennung verlangen, wenn dadurch zusätzliche Anteile der Abfälle verwertet werden können. 4.385

---

509 Solche finden sich insbesondere nicht in der Vollzugshilfe des BAFU (BAFU, Bauvorhaben). Gemäss ungeschriebener Praxis der Kantone sind folgende Aspekte zu berücksichtigen: bisherige Ergebnisse der Überwachung, Gehalt und Freisetzbarkeit der in den Abfällen vorhandenen Schadstoffe, Schutzgutsituation (z.B. Abstand zwischen Oberkante Terrain und Grundwasser) etc.; vgl. zum Ganzen auch Rey, Altlastenbearbeitung, S. 577 f.

510 Dies entspricht der Auffassung des BAFU (BAFU, Belastete Standorte, S. 12) und des Bundesgerichts (BGer, Urteil 1C_44/2013 und 1C_46/2013 vom 16. Januar 2014, E. 8 [URP 2014 265 ff.]).

4.386 In der Praxis teilt man die mineralischen Bauabfälle je nach Schadstoffgehalt in die folgenden Kategorien ein:[511] **u**nverschmutztes Material (Anhang 3 Ziff. 1 VVEA), **t**olerierbares Material (neu schwach verschmutztes Material, Anhang 3 Ziff. 2 VVEA), **I**nertstoffmaterial (neu Material, welches auf der Deponie Typ B abgelagert werden darf, Anhang 5 Ziff. 2 VVEA), **R**est-/**R**eaktorstoffmaterial (neu Material, welches auf den Deponien Typ C oder E abgelagert werden darf, Anhang 5 Ziff. 3 und 5 VVEA). Materialien, welche die Grenzwerte für Rest-/Reaktorstoff überschreiten, werden in der Regel nur noch als Sonderabfälle bezeichnet.

4.387 Sodann sind die getrennten Bauabfälle (vom Bauherrn resp. von dem beauftragten Bauunternehmen als Abfallinhaber i.S.v. Art. 31c Abs. 1 USG) rechtskonform zu **entsorgen.**

4.388 Gemäss Art. 7 Abs. 6bis USG kommen grundsätzlich die Verwertung und die Ablagerung in Frage. Die neue VVEA richtet den Fokus auf die **Verwertung** und schreibt für jede Materialkategorie vor, auf welche Art und Weise sie zu verwerten ist. So muss beispielsweise unverschmutztes Aushubmaterial entweder als Baustoff auf Baustellen oder Deponien, als Rohstoff für die Herstellung von Baustoffen, für die Wiederauffüllung von Materialentnahmestellen oder für bewilligte Terrainveränderungen verwendet werden (Art. 19 Abs. 1 VVEA). Es wird sogar festgelegt, dass mineralische Bauabfälle nur dann auf den Deponietypen A oder B abgelagert werden dürfen, wenn stofflich verwertbare Anteile vorgängig entfernt werden (Anhang 5 Ziff. 1 lit. a und Ziff. 2.1 lit. g VVEA). Gemäss Art. 12 Abs. 1 VVEA kann die Behörde vom Bauherrn verlangen, dass er für eine zusätzliche stoffliche Verwertung bestimmter Abfälle sorgt, wenn die Verwertung die Umwelt weniger belastet als eine andere Entsorgung (lit. a) und die Herstellung neuer Produkte (lit. b). Einzelne Kantone schreiben gestützt auf die analoge Bestimmung in der bisherigen TVA vor, dass gewisse Bauabfälle nicht deponiert werden dürfen, sondern verwertet werden müssen.[512]

4.389 Um die Einhaltung dieser Anforderungen kontrollieren zu können, verlangt Art. 16 Abs. 1 VVEA, dass die Bauherrschaft der für die Bewilligung zuständigen Behörde Angaben über die Art, Qualität und Menge der anfallenden Bauabfälle und über die vorgesehene Entsorgung macht. Ein solches **Entsorgungskonzept** ist immer dann zu erstellen, wenn entweder voraussichtlich mehr als 200 m^3 Bauabfälle anfallen oder wenn Bauabfälle mit umwelt- oder gesundheitsgefährdenden Stoffen wie polychlorierte Biphenyle (PCB), polycyclische aromatische Kohlenwasserstoffe (PAK), Blei oder Asbest zu erwarten sind. Dieser neue Anwendungsbereich des Entsor-

511 In Klammer wird jeweils die Quelle für die massgebenden Grenzwerte angegeben, die nicht überschritten werden dürfen. Der fett markierte Buchstabe diente in der bisherigen Praxis als Abkürzung für die Bezeichnung der Materialkategorie; mit dem Inkrafttreten der VVEA per 1. Januar 2016 wurden neu alle Grenzwerte im Anhang zu dieser Verordnung aufgeführt. Infolge der neuen Terminologie für die verschiedenen Deponietypen wird eine Anpassung der Materialbezeichnungen nötig sein; eine solche findet sich aber in der VVEA nicht für alle Materialkategorien und wird sich in der Praxis etablieren müssen.

512 So hat beispielsweise der Kanton Zürich gestützt auf Art. 12 Abs. 3 TVA und auf § 16a des kantonalen Abfallgesetzes vom 25. September 1994 (LS 712.1) eine Verwertungsregel eingeführt, welche vom Bauherrn die Erreichung einer nach Abfallkategorie abgestuften, fest definierten Verwertungsquote verlangt (AWEL, Verwertungsregel für die Entsorgung von belasteten Bauabfällen, März 2014). Vgl. zur Zulässigkeit solcher Regelungen Trüeb, Verwertung.

gungskonzepts bringt es mit sich, dass ab dem 1. Januar 2016 bei allen Um- und Rückbauvorhaben, bei denen mit dem Vorhandensein von umwelt- oder gesundheitsgefährdenden Schadstoffen in der bestehenden Bausubstanz zu rechnen ist[513], von der Bauherrschaft entsprechende Abklärungen zu veranlassen sind.

An dieser Stelle sei noch erwähnt, dass nach geltendem Recht Gebäude, die mit umweltgefährdenden Stoffen wie z.B. **Asbest** belastet sind, nicht in den Geltungsbereich des Altlastenrechts fallen.[514] Das bedeutet, dass bei Bauprojekten im Zusammenhang mit asbestbelasteten Gebäuden nur (aber immerhin) die soeben geschilderten abfallrechtlichen und zusätzlich auch die arbeitsschutzrechtlichen Bestimmungen zu beachten sind.[515] 4.390

C. Kosten beim Bauen auf belasteten Standorten

Im vorangehenden Abschnitt wurde die Unterscheidung zwischen altlastenrechtlich und abfallrechtlich notwendigen Massnahmen betont. Dies ist deshalb zentral, weil die öffentlichrechtlichen Regeln für die Kostenanlastung für die beiden Arten von Massnahmen sehr unterschiedlich sind.[516] Insbesondere wenn im Rahmen eines Bauprojekts auf einem belasteten Standort gleichzeitig altlastenrechtliche Sanierungsmassnahmen durchgeführt und baubedingt schadstoffbelastete Bauabfälle entsorgt werden (diese Entsorgung ist eine abfallrechtliche Massnahme, obwohl sie umgangssprachlich häufig auch als «Sanierung» bezeichnet wird), ist es oft schwierig (aber nötig), diese Massnahmen im Hinblick auf die Kostentragung voneinander zu unterscheiden und sie separat zu dokumentieren. 4.391

1. Kosten für altlastenrechtlich notwendige Massnahmen

a) Kostenverteilung gemäss Art. 32d USG

Kosten für altlastenrechtlich notwendige Untersuchungs-, Überwachungs- und Sanierungsmassnahmen sind nach Art. 32d Abs. 1 USG vom **Verursacher** zu tra- 4.392

513 Für Asbest ist das grundsätzlich bei jedem Gebäude der Fall, welches vor dem Verbot der Asbestanwendung im Jahr 1990 erstellt worden ist.

514 BGE 136 II 142 ff. Das Bundesgericht argumentiert, ein Gebäude mit asbesthaltigen Bauteilen stelle keinen Ablagerungsort dar und es handle sich auch nicht um einen Betriebs- oder einen Unfallstandort gemäss Art. 2 AltlV (E. 3.2). Die Aufzählung in Art. 2 Abs. 1 AltlV sei abschliessend (E. 3.2.3); Art. 32c ff. USG und Art. 2 Abs. 1 AltlV würden es für sich genommen nicht erlauben, eine generelle Verpflichtung zur Sanierung von asbestbelasteten Gebäuden zu begründen (E. 3.2.4).

515 Art. 3 Abs. 1bis, Art. 60 Abs. 2 lit. c und Art. 60a–60c BauAV sowie zahlreiche Richtlinien und Publikationen der SUVA (www.suva.ch > Prävention > Arbeit > Asbest > Handeln).

516 Davon sind die privatrechtlichen Regelungen beispielsweise in Kaufverträgen über belastete Grundstücke zu unterscheiden. Solche sollten sich stets zur Zuordnung der Realleistungs- und Kostentragungspflichten im Innenverhältnis der Parteien und deren Verhältnis zu den öffentlichrechtlichen Regelungen äussern. Vgl. LEHMANN, Risiko Altlasten, S. 112 ff.

gen. Sind mehrere Verursacher beteiligt, so tragen sie die Kosten gemäss Art. 32d Abs. 2 USG entsprechend ihren Anteilen an der Verursachung. In erster Linie trägt die Kosten, wer die Massnahmen durch sein Verhalten verursacht hat. Wer lediglich als Inhaber des Standortes beteiligt ist, trägt keine Kosten, wenn er bei Anwendung der gebotenen Sorgfalt von der Belastung keine Kenntnis haben konnte. Nach Art. 32d Abs. 3 USG trägt das zuständige Gemeinwesen den Kostenanteil der Verursacher, die nicht ermittelt werden können oder zahlungsunfähig sind.

4.393 Diese Bestimmungen erscheinen auf den ersten Blick einfach und klar. Bei der konkreten Anwendung stellt sich aber stets eine Vielzahl von Einzelfragen. Diese sind in der zahlreich vorhandenen Literatur zwar einlässlich diskutiert worden, in der Praxis waren sie aber bisher nur vereinzelt Gegenstand von Präjudizien. An dieser Stelle wird deshalb in erster Linie auf die verschiedenen einschlägigen Fachpublikationen verwiesen.[517] Sodann ist auf drei Einzelfragen kurz einzugehen, die jüngst Gegenstand von Entscheidungen waren oder die von besonderer Tragweite sind:

4.394 Im Entscheid Illiswil hat sich das Bundesgericht einlässlich mit der Kostenpflicht des Inhabers des belasteten Standortes auseinandergesetzt.[518] Es hat festgehalten, dass Wortlaut und Entstehungsgeschichte von Art. 32d USG für eine Gleichsetzung des Verursacher- und des Störerbegriffs sprechen.[519] Die Auslegung von Art. 32d USG ergebe, dass ein Standortinhaber, der das Grundstück bereits mit der Belastung erworben habe, als Zustandsstörer zu den potenziell zahlungspflichtigen Personen gehöre, soweit er sich nicht nach Art. 32d Abs. 2 Satz 3 USG von der Haftung befreien könne.[520] Die Praxis, wonach 10 bis 30 Prozent der Kosten auf den schuldlosen **Zustandsstörer** entfallen, müsse aber präzisiert werden. Ein Kostenanteil von 10 Prozent ergebe sich nicht bereits aus der Eigentümerstellung zum Zeitpunkt der Kostenverteilungsverfügung, sondern erscheine nur dann gerechtfertigt, wenn weitere Umstände hinzutreten, z.B. wenn die betroffene Person schon im Zeitpunkt der Belastung für den Standort verantwortlich war und diese daher hätte verhindern können, wenn sie für den Verursachungsanteil ihres Rechtsvorgängers haftet (kraft Geschäftsübernahme oder als Erbe) oder wenn sie durch die Belastung und/oder Sanierung einen (nicht unwesentlichen) wirtschaftlichen Vorteil erlangt hat oder erlangen wird.[521]

4.395 Eine andere heikle Thematik betrifft die **Rechtsnachfolge:** Es stellt sich hier die Frage, ob die Verursacherhaftung des Verhaltensstörers bei natürlichen und juristischen Personen übertragen wird. Für die Universalsukzession infolge Erbschaft bei natürlichen Personen hat das Bundesgericht entschieden, dass die Schulden des Verhaltensstörers, die mit dieser Eigenschaft zusammenhängen, in die Erbmasse fallen und auf die Erben übergehen, falls nach der Rechtslage im Zeitpunkt

---

517 TSCHANNEN, in: Kommentar USG, Art. 32d; GRIFFEL/RAUSCH, Kommentar USG, Ergänzungsband, Art. 32d; SCHERRER, Altlastensanierung, S. 79 ff.; CUMMINS, Kostenverteilung.
518 Vgl. dazu auch CALUORI, Verursacherbegriff.
519 BGE 139 II 106, E. 3.4 und 3.5.
520 BGE 139 II 106, E. 3.6.
521 BGE 139 II 106, E. 5.6.

des Erbfalls eine Sanierungspflicht bestand.[522] Für die Rechtsnachfolge bei juristischen Personen existieren noch keine höchstrichterlichen Entscheide.[523] Hier ist stets zu prüfen, ob es sich bei der Rechtsnachfolge um eine Fusion, eine Spaltung oder eine Vermögensübertragung handelt.[524] In der Literatur wird für den in der Praxis recht häufigen Fall, in dem der die Belastung verursachende Betrieb und das Betriebsgrundstück auf zwei verschiedene Rechtsträger übertragen werden, die Auffassung vertreten, dass die Verursacherhaftung (ähnlich einer Realobligation) mit dem Betriebsteil verknüpft ist und auf den Erwerber des Betriebs übergeht.[525]

Eine andere offene Frage ist die, ob bei Deponiestandorten die **Lieferanten der Abfälle** als Verursacher kostenpflichtig werden. In der Literatur wird dies kontrovers diskutiert: Während TSCHANNEN/FRICK eine solche Haftung für die Fälle befürworten, in denen Abfälle mit einer besonderen Gefährlichkeit abgeliefert werden[526], lehnt dies WAGNER PFEIFER mit dem Verweis auf die bei der Verursachung zu beachtenden Risikosphären ab.[527] Präjudizien zu diesem wichtigen Thema gibt es noch keine. 4.396

b) Sicherstellung gemäss Art. 32d^{bis} USG

Gemäss der neuen Gesetzesbestimmung Art. 32d^{bis} Abs. 1 USG haben die Behörden seit dem 1. November 2013 die Möglichkeit, vom Verursacher zu verlangen, die Deckung seines voraussichtlichen Anteils an den Kosten für Untersuchung, Überwachung und Sanierung in geeigneter Form sicherzustellen, wenn von einem belasteten Standort schädliche oder lästige Einwirkungen zu erwarten sind. Die Höhe der Sicherstellung wird nach Abs. 2 insbesondere unter Berücksichtigung der Ausdehnung sowie der Art und Intensität der Belastung festgelegt. Sie wird 4.397

522 BGer, Urteil 1A.273–274/2005 und 1P.669/2005 vom 25. September 2006, E. 5.2 und E. 5.3; BGE 139 II 106, E. 5.3.2; Im Urteil 1C_418/2015 vom 25. April 2016 hat das Bundesgericht präzisiert, dass eine solche Rechtsgrundlage seit dem Inkrafttreten des Gewässerschutzgesetzes vom 8. Oktober 1971 bestand (E. 6.4). Zudem hat es deutlich gemacht, dass die zweite Voraussetzung der Übertragung der Kostentragungspflicht des Verhaltensverursachers an seine Erben, nämlich die Möglichkeit zur Ausschlagung der Erbschaft, die Vorhersehbarkeit der Sanierungspflicht in diesem Zeitpunkt bedinge (E. 6.3). Siehe zum Ganzen auch GRIFFEL/RAUSCH, Kommentar USG, Ergänzungsband, Art. 32d Rz. 7; WAGNER PFEIFER, Besondere Regelungsbereiche, Rz. 800 ff.; ADLER/HAUSER, Haftung, S. 275; SCHERRER, Altlastensanierung, S. 97.

523 Abgesehen vom Hinweis in BGE 119 V 389, E. 6b, wo das Bundesgericht im Fall des Übergangs einer Kollektivgesellschaft in eine AG mittels Sacheinlagevertrag die privatrechtliche Bestimmung des Art. 181 OR analog auch auf öffentlichrechtliche Forderungen anwendete, und von der Erwägung in BGE 139 II 106, E. 5.3.2, wo es ohne einlässliche Begründung erwähnte, dass ein Übergang der Kostenpflicht des Verhaltensverursachers im Fall der Universalsukzession bei Fällen der Vermögens- oder Geschäftsübernahme erfolgen könne.

524 WAGNER PFEIFER, Besondere Regelungsbereiche, Rz. 810 ff.

525 LINIGER/CONRAD, Rechtsnachfolge, S. 240 und 247; in die gleiche Richtung WAGNER PFEIFER, Besondere Regelungsbereiche, Rz. 814. Diese Rechtsauffassung wurde geteilt in VGer ZH, Urteil VB.2014.00113 vom 21. August 2014, E. 4.4.; a.M. VGer SO, Urteil VWBES.2014.440 vom 31. August 2015, E. 6.2.4.

526 TSCHANNEN/FRICK, Verursacherbegriff, S. 12.

527 WAGNER PFEIFER, Deponien, S. 133 f.

angepasst, wenn dies aufgrund eines verbesserten Kenntnisstands gerechtfertigt ist. Voraussetzung für die Sicherstellung ist, dass Indizien vorliegen, aus denen sich die Vermutung ergibt, dass ein **Ausfallrisiko** vorhanden ist, weil sich der Verursacher möglicherweise seinen Verpflichtungen entziehen will.[528]

4.398 Sind **mehrere Verursacher** vorhanden, so trifft sie die Sicherstellungspflicht für ihre jeweiligen Kostenanteile. Eine spätere Kostenverteilerverfügung wird durch die Sicherstellungspflicht nicht vorweggenommen. Es ist aber davon auszugehen, dass Sicherstellungsverfügungen zu ähnlich langwierigen Verfahren führen werden, wie das heute bei den Kostenverteilungsentscheiden der Fall ist.[529]

4.399 Die neue Regelung soll nach dem Willen des Gesetzgebers dazu beitragen, dass die vom Gemeinwesen zu tragenden Ausfallkosten verringert werden können.[530] Ob dieses Ziel in der Praxis erreicht wird, lässt sich heute allerdings noch nicht beurteilen.

c) VASA-Abgeltungen nach Art. 32e USG

4.400 In Anwendung von Art. 32e Abs. 1 USG und Art. 2–8 VASA erhebt der Bund eine **Abgabe** auf der Ablagerung von Abfällen. Aus dem Ertrag dieser VASA-Abgaben werden gemäss Art. 32e Abs. 3 USG u.a. **Abgeltungen** an die altlastenrechtlich notwendigen Massnahmen bei Siedlungsabfalldeponien geleistet und den Gemeinwesen Ausfallkosten ersetzt. Abgegolten werden je nach Tatbestand pauschal 30 oder 40 Prozent der anrechenbaren Kosten (Art. 32e Abs. 4 lit. b und d USG).

4.401 Will ein Bauherr in den Genuss solcher Abgeltungen kommen, muss er einerseits dafür sorgen, dass das Abgeltungsverfahren rechtzeitig eingeleitet wird[531], und andererseits beachten, dass nur Massnahmen abgegolten werden, die umweltverträglich sind und dem Stand der Technik entsprechen (Art. 32d Abs. 4 USG).[532]

4.402 Weil sich weder aus Art. 32e USG noch aus der VASA ergibt, wer Ansprüche auf VASA-Abgeltungen erheben darf, ist in der Literatur umstritten, ob auch Private abgeltungsberechtigt

528 ROMY/ZUFFEREY, Sicherstellung, S. 8.

529 Dies hat einerseits damit zu tun, dass die Entscheide zwar urteilsähnlichen Inhalt haben, in der Praxis aber oft von juristisch nicht geschulten und prozessual unerfahrenen Verwaltungsfachleuten gefällt werden müssen. Andererseits haben auch die übergeordneten Verwaltungsinstanzen und die zuständigen Verwaltungsgerichte erst sehr beschränkte Erfahrungen im Zusammenhang mit der Anwendung von Art. $32d^{bis}$ USG, was der raschen Entscheidfindung ebenfalls nicht zuträglich ist.

530 UREK-S, Bericht vom 18. März 2012, BBl 2012 9391 ff., S. 9394.

531 Art. 14 VASA sieht nämlich vor, dass die Kantone das BAFU anhören müssen, bevor sie eine Untersuchungs-, Überwachungs- oder Sanierungsmassnahme anordnen, die Kosten von mehr als CHF 250 000 nach sich zieht. Dies erfordert gerade bei Sanierungen im Zusammenhang mit Bauprojekten eine frühzeitige Planung. Zudem werden VASA-Abgeltungen gemäss Art. 16 Abs. 3 VASA (abgesehen von definierten Ausnahmefällen) nur ausbezahlt, wenn mit der Durchführung der Massnahmen nach Zusicherung der Abgeltungen begonnen wird.

532 Vgl. dazu auch DILLON/LAGGER, Aktuelle Fragen, S. 637 ff.

sind.[533] In der Praxis werden Abgeltungen für altlastenrechtliche Massnahmen bei Siedlungsabfalldeponien oder bei Schiessanlagen regelmässig an Private ausbezahlt bzw. angerechnet, wenn diese entsprechende Kosten gestützt auf Art. 32d USG tragen müssen.

d) Kostentragung für Massnahmen gestützt auf Art. 3 AltlV

Ob Kosten für Massnahmen, die aufgrund von Art. 3 AltlV erforderlich werden, als notwendige **Massnahmen i.S.v. Art. 32d Abs. 1 USG** zu qualifizieren sind und auf dem Weg der Kostenverteilungsverfügung nach Art. 32d Abs. 4 USG auf die Verursacher überwälzt werden können, wurde bis anhin vom Bundesgericht noch nicht beurteilt. Das Bundesgericht hat jedoch in einem Fall, in dem es um die Anwendung von Art. 32e USG ging, entschieden, dass es sich bei Massnahmen nach Art. 3 AltlV nicht um eine Sanierung i.S.v. Art. 32c Abs. 1 USG handle; im zu beurteilenden Fall stehe ein Bauprojekt auf einem nicht sanierungsbedürftigen Standort in Frage, weshalb Art. 3 lit. a AltlV Anwendung finde. Bei Einhaltung der Voraussetzungen dieses Artikels handle es sich weder vor noch nach der Durchführung des Bauprojekts um einen sanierungsbedürftigen Standort. Zweck der Massnahmen im Sinne dieser Bestimmung sei nicht, eine Altlast zu beseitigen, sondern die Entstehung einer solchen zu verhindern (als Voraussetzung für die Zulässigkeit eines freiwillig durchgeführten Bauprojekts).[534] Diese Auffassung führt im Ergebnis dazu, dass Bauherren Kosten für Massnahmen nach Art. 3 AltlV nicht auf die Verursacher überwälzen können. 4.403

Meines Erachtens vermag diese Argumentation schon aus systematischen Gründen nicht zu überzeugen. Sanierungspflichten, wie sie in Art. 3 AltlV enthalten sind, gehören korrekterweise auf Gesetzesstufe. Mangels einer anderen Sanierungspflicht auf Gesetzesstufe können «vorbeugende Massnahmen», die sich (wie hier) aufgrund einer Nutzungsänderung ergeben, als (vorgezogene) Sanierungen nur unter Art. 32c Abs. 1 USG subsumiert werden. Somit handelt es sich dabei auch um notwendige Massnahmen, deren Kosten nach Art. 32d USG zu verteilen sind. Dass allein die Nutzungsänderung bzw. das Bauprojekt dazu führe, dass Art. 32c und 32d USG nicht mehr angewendet werden könnten (wie das das Bundesgericht seiner Begründung zugrunde legt), ist ebenfalls unzutreffend. Deutlich wird dies beispielsweise anhand der altlastenrechtlichen Bearbeitung von Schiessanlagen: Solange diese für den Schiessbetrieb genutzt werden, besteht hinsichtlich des Schutzguts Boden kein Sanierungsbedarf. Sobald aber der Schiessbetrieb eingestellt und das Terrain wieder einer landwirtschaftlichen Nutzung zugeführt wird, ergibt sich aufgrund von Art. 12 und Anhang 3 AltlV ein Sanierungsbedarf. Hier käme niemand auf die Idee, die Anwendung von Art. 32c und 32d USG mit der Begründung abzulehnen, dass die Massnahmen nur wegen der Nutzungsänderung notwendig seien. Die Tatsache, dass die Massnahmen ausschliesslich wegen der Realisierung eines Bauprojekts erforderlich werden, kann also nicht dazu führen, dass Art. 32c und 32d USG nicht mehr anwendbar sind, muss aber insofern berücksichtigt werden, als der Bauherr als Mitverursacher zu qualifizieren ist.[535] 4.404

---

533 Vgl. BGer, Urteil 1C_44/2013 und 1C_46/2013 vom 16. Januar 2014, E. 1.2, m.w.H. (URP 2014 265 ff.).

534 BGer, Urteil 1C_414/2014 vom 2. März 2015, E. 2.3.3.

535 Vgl. dazu auch STUTZ/WILLE, Ansätze, S. 59.

e) Vereinzelte Verfahrensfragen

4.405 Werden für die Realisierung eines Bauprojekts altlastenrechtliche Massnahmen notwendig und will der Bauherr deren Kosten auf Dritte (Verursacher) abwälzen, so kann dies u.U. mit einem aufwendigen Verfahren und grossen **Zeitverzögerungen** verbunden sein. Die Kantone müssen nämlich in solchen Fällen den Entscheid über die durchzuführenden Massnahmen (i.d.R. die Sanierungsverfügung) nicht nur an den Bauherrn, sondern auch an die potenziell Kostenpflichtigen adressieren. Somit werden auch die beteiligten Verursacher zu Verfahrensparteien, was regelmässig zu längeren Verfahrensdauern und zu Unsicherheiten über den Ausgang der Verfahren führt.

4.406 Der Kanton Zürich hat in diesem Zusammenhang das «abgekürzte Verfahren» eingeführt. Wenn der Bauherr schriftlich bestätigt, dass er die Kosten der notwendigen Massnahmen selber tragen wird und auf die Durchführung eines Kostenverteilungsverfahrens verzichtet, wird von einer Verfahrensbeteiligung der Verursacher abgesehen.[536]

4.407 Dieses Problem stellt sich in akzentuierter Form, wenn gleichzeitig **VASA-Abgeltungen** beantragt werden, weil in solchen Fällen vor dem kantonalen Massnahmenentscheid auch noch das BAFU angehört werden muss (Art. 14 Abs. 1 VASA).

2. Kosten für abfallrechtlich notwendige Massnahmen

a) Kostenverteilung gemäss Art. 32b^{bis} USG

4.408 Art. 32b^{bis} Abs. 1 USG räumt dem Inhaber eines Grundstücks, welcher Material aus einem **belasteten, aber nicht sanierungsbedürftigen Standort** entfernt, die Möglichkeit ein, zwei Drittel der Mehrkosten für die Untersuchung und Entsorgung des Materials von den Verursachern der Belastung und den früheren Inhabern des Standorts zu verlangen. Dies ist allerdings nur möglich, wenn folgende drei Voraussetzungen kumulativ erfüllt sind: Die Verursacher haben keine Entschädigung für die Belastung geleistet oder die früheren Inhaber haben beim Verkauf des Grundstücks keinen Preisnachlass wegen der Belastung gewährt (lit. a), die Entfernung des Materials ist für die Erstellung oder Änderung von Bauten notwendig (lit. b), und der Inhaber hat das Grundstück zwischen dem 1. Juli 1972 und dem 1. Juli 1997 erworben (lit. c).

4.409 Wohl weil dieser **zivilrechtliche Haftungsanspruch** durch die zahlreichen Voraussetzungen stark eingeschränkt ist und weil es sich bei dieser Norm um eine undurchdachte und unausgereifte Regelung handelt[537], deren Geltendmachung mit grossen Rechtsunsicherheiten verbunden ist, liegen bisher keine Präjudizien zu

536 www.awel.zh.ch > Abfall, Rohstoffe & Altlasten > Altlasten > Kosten > Bewilligung zur Veräusserung oder Teilung eines Grundstückes.

537 GRIFFEL/RAUSCH, Kommentar USG, Ergänzungsband, Art. 32b^{bis} Rz. 27 f.

Art. 32b^{bis} USG vor. Weiter gehende Ausführungen dazu finden sich in den entsprechenden Fachpublikationen.[538]

b) Kostentragung nach Art. 32 USG

Abgesehen von Art. 32b^{bis} USG existiert im öffentlichen Recht keine Rechtsgrundlage, welche es dem Bauherrn ermöglicht, Kosten für abfallrechtlich notwendige Massnahmen auf Dritte (insbesondere auf den Verursacher der Abfälle) zu überwälzen. Vielmehr kommt hier stets Art. 32 Abs. 1 USG zur Anwendung, wonach die Kosten der rechtskonformen Entsorgung der Bauabfälle (mangels anderer Regelung durch den Bundesrat) durch den **Abfallinhaber** zu tragen sind. 4.410

Dies gilt auch für **Mehrkosten,** die dem Bauherrn dadurch entstehen, dass die von den Baumassnahmen betroffenen Gebäude mit Schadstoffen (z.B. Asbest oder PCB) belastet sind. Das Bundesgericht hat entschieden, dass schadstoffbelastete Gebäude keine belasteten Standorte darstellen, weshalb Art. 32d USG in solchen Fällen nicht zur Anwendung gelangt.[539] Um sich vor solchen Kostenfolgen zu schützen, sind deshalb auch hier zivilrechtliche Regelungen in Verträgen für den Bauherrn notwendig und empfehlenswert.[540] 4.411

538 Chaulmontet, Verursacherhaftungen, S. 299 ff.; Griffel/Rausch, Kommentar USG, Ergänzungsband, Art. 32b^{bis}; Wagner Pfeifer, Besondere Regelungsbereiche, Rz. 765 ff.; Trüeb, Bauherrenaltlast; Rüegg, Haftung.

539 BGE 136 II 142, E. 3.2.4.

540 Lehmann, Risiko Altlasten, S. 117; Mettler/Weider/Wiegers, Kauf, S. 138 ff.

5. TEIL:

Zusätzlich zu beachtende, Anlagetyp-spezifische Bewilligungs-voraussetzungen

Inhaltsübersicht

I. Abfallanlagen

Literatur

Brunner Ursula, Stand der Technik; Brunner Ursula/Tschannen Pierre, in: Kommentar USG, Vorbem. zu Art. 30–32e; Griffel Alain/Rausch Heribert, Kommentar USG, Ergänzungsband, Vorbem. zu Art. 30–32e, Art. 30e, 30h–31a; Tschannen Pierre, in: Kommentar USG, Art. 30e, 30h–31a.

A. Massgebende Vorschriften und Geltungsbereich derselben

1. Massgebende Vorschriften

Das **Umweltschutzgesetz** (USG) enthält Anforderungen an die Errichtung und den Betrieb von Abfallanlagen. Diese sollen sicherstellen, dass weder von den Abfällen in den Anlagen noch von den Abfallanlagen selbst schädliche oder lästige Emissio- 5.1

nen ausgehen.[1] Das USG beschränkt sich auf die Regelung der Grundzüge. Deren Konkretisierung obliegt gemäss Art. 30h Abs. 1 dem Bundesrat, der entsprechende technische und organisatorische Vorschriften in der **Verordnung über die Vermeidung und die Entsorgung von Abfällen** (VVEA) erlassen hat.

5.2 Darüber hinaus sind die Bestimmungen des Raumplanungs- und Baurechts, die **Luftreinhalte-Verordnung** (LRV, insb. Anhang 2 Ziff. 7), die Verordnung über die Umweltverträglichkeitsprüfung (UVPV) und das Gewässerschutzrecht zu beachten.

5.3 Gemäss dem Anhang der UVPV unterstehen der **Pflicht zur Umweltverträglichkeitsprüfung:** Vergärungsanlagen mit einer Behandlungskapazität von mehr als 5000 t Substrat (Frischsubstanz) pro Jahr (Nr. 21.2a); Anlagen für die Trennung oder mechanische Behandlung von mehr als 10 000 t Abfällen pro Jahr (Nr. 40.7a); Anlagen für die biologische Behandlung von mehr als 5000 t Abfällen pro Jahr (Nr. 40.7b); Anlagen für die thermische oder chemische Behandlung von mehr als 1000 t Abfällen pro Jahr (Nr. 40.7c) sowie Zwischenlager für mehr als 5000 t Sonderabfälle (Nr. 40.8). Für Deponien der Typen C, D und E bestimmt sich die UVP-Pflicht nach kantonalem Recht (Nr. 40.4).[2]

2. Sachlicher Geltungsbereich

5.4 Art. 30h Abs. 1 USG definiert **Abfallanlagen** als «Anlagen zur Entsorgung von Abfällen». Den Begriff der Entsorgung führt Art. 7 Abs. 6bis USG aus. Den Abfallanlagen werden sämtliche ortsfeste Einrichtungen und Terrainveränderungen sowie Geräte, Maschinen und Fahrzeuge, die diesem Zweck dienen, zugerechnet. Das sind beispielsweise Zwischenlager, Verbrennungsanlagen, Kompostierungs- und Vergärungsanlagen oder auch Deponien. Als Abfallanlagen gelten ferner Betriebsteile von Produktionsanlagen, soweit die Abfallentsorgung aufgrund und im Rahmen der Güterproduktion stattfindet. Typischerweise werden etwa in Zementwerken Abfälle zur Gewinnung betriebsnotwendiger thermischer Energie verfeuert. Der hierfür verwendete Anlagenteil gilt als Abfallanlage im Sinne des USG.[3]

5.5 Nicht unter den Begriff der Abfallanlagen fallen hingegen die dem Gewässerschutzrecht unterstellten Abwasserreinigungsanlagen. Ebensowenig wird die blosse Zwischenlagerung von unverschmutztem Aushubmaterial erfasst, sofern die Verwertung dieses Materials in einem sachdienlichen Konzept vorgesehen ist.[4]

1 Siehe Art. 1 lit. a sowie Art. 27 Abs. 1 lit. a VVEA.

2 Der Abfallanlagebegriff der UVPV ist deutlich enger gefasst als derjenige des USG bzw. der VVEA. So unterstellt beispielsweise die UVPV in ihrem Anhang Vergärungsanlagen (Nr. 21.2a) den Anlagen zur Energiegewinnung (Nr. 21) und nicht den Abfallanlagen (Nr. 4); vgl. BAFU, UVP-Handbuch, S. 7.

3 Tschannen, in: Kommentar USG, Art. 30h Rz. 9.

4 Tschannen, in: Kommentar USG, Art. 30h Rz. 9.

B. Hauptelemente der Regelung im Umweltschutzgesetz

1. Pflicht der Kantone zur Abfallplanung und zur Zusammenarbeit

Das Abfallrecht will eine möglichst verlässliche, ökologisch vertretbare und wirtschaftliche Abfallentsorgung gewährleisten. Grundlage hierfür ist eine bedarfsgerechte Planung, die Überkapazitäten vermeidet. Sie basiert auf Angaben über die anfallenden Abfallarten und -mengen, über Vermeidungs- und Verwertungsmassnahmen sowie über den Bedarf an Entsorgungsanlagen einschliesslich der für diese geeigneten Standorte. Art. 31 USG verpflichtet die Kantone, eine solche **Bedarfs- und Standortplanung** vorzunehmen (Abs. 1) und diese dem Bund zu übermitteln (Abs. 2).[5] 5.6

In der Abfallplanung sind alle unter das USG fallenden Abfallkategorien zu erfassen, wobei sich je nach Abfallkategorie die erforderliche Aussagedichte und die Funktion der Planung unterscheiden. Für **Siedlungsabfälle**[6], die gemäss Art. 31b Abs. 1 USG dem Entsorgungsmonopol der Kantone unterstehen, ist der Bedarf an Entsorgungsanlagen konkret auszuweisen und sind Standorte explizit zu definieren.[7] Damit ist auch die Pflicht verbunden, diese Standorte und die zum Betrieb der Anlagen benötigten Transportwege mittels der Instrumente der Raumplanung, namentlich der Richt- und Nutzungsplanung, festzulegen (Art. 5 Abs. 2 VVEA; vgl. Art. 8 Abs. 2 RPG)[8] und (inter-)kantonale Einzugsgebiete zu bestimmen (Art. 31b Abs. 2; Art. 4 Abs. 1 lit. e VVEA). 5.7

Die Bedarfs- und Standortplanung betreffend die **übrigen Abfälle,** d.h. betreffend die gemäss Art. 31c Abs. 1 USG von den Inhabern zu entsorgenden Abfälle, hat weniger detailliert zu erfolgen. Sie darf jedenfalls nicht so weit gehen, die Grösse oder den Standort der Abfallanlagen vorzugeben.[9] Diese Entscheidungen sind Sache der privaten Entsorgungsunternehmen. Der Abfallplanung kommt aber eine wichtige unterstützende Funktion zu: Durch die Lokalisierung geeigneter Standorte und deren raumplanerische Festlegung schaffen die Kantone die für die privaten Anlagebetreiber nötigen Entscheidungsgrundlagen. Soweit nötig erleichtern die Kantone die Entsorgung der übrigen Abfälle mit geeigneten Massnahmen; insbesondere mit der Festlegung von Einzugsgebieten (Art. 31c Abs. 2 USG; siehe ferner Abs. 3). 5.8

Die Abfallplanung erfolgt rollend, mindestens aber alle fünf Jahre (Art. 4 Abs. 3 VVEA). Besondere Aufmerksamkeit haben die Kantone – aufgrund der zunehmenden Verknappung geeigneter Standorte – der **Deponieplanung** zu widmen. 5.9

---

5 Siehe auch Art. 4 Abs. 1 VVEA; Botschaft USG 1993, S. 1494.
6 Zum Begriff siehe Art. 3 lit. a VVEA.
7 Botschaft USG 1993, S. 1494.
8 BAFU, Erläuterungen TVA (VVEA) 2014, S. 11.
9 TSCHANNEN, in: Kommentar USG, Art. 31 Rz. 16, 30.

5.10 Gegenüber Privaten entfalten die Planungen keine direkten **Rechtswirkungen.** Das kantonale Recht kann die Abfallplanung allerdings für behördenverbindlich erklären.

5.11 Abfallanlagen, die der **Planungspflicht nach dem Raumplanungsrecht** unterstehen – das sind regelmässig grössere Abfall- und Deponievorhaben –, bedürfen zu ihrer Realisierung einer Grundlage in den relevanten Richt- bzw. Nutzungsplänen. Anlagestandorte, die der Richtplan bereits ausweist, sind in jedem Fall behördenverbindlich (Art. 9 Abs. 1 RPG); allfällige nutzungsplanerische Vorkehrungen entfalten darüber hinaus auch gegenüber den Grundeigentümern Verbindlichkeit (Art. 21 Abs. 1 RPG).

5.12 Mit Blick auf das Ziel einer möglichst effizienten, umweltschonenden Abfallentsorgung und weil geeignete Standorte für Abfallanlagen nicht in jedem Kanton zur Verfügung stehen, verpflichtet Art. 31a Abs. 1 USG die Kantone zur **Zusammenarbeit,** und zwar mindestens im Bereich des kantonalen Entsorgungsmonopols, der Deponieplanung und der Festlegung von Einzugsgebieten. Nötigenfalls sind kantonsübergreifende Planungsregionen festzulegen (Art. 4 Abs. 2 VVEA).

2. Bewilligungspflicht und Bedarfsnachweis bei Deponien

5.13 Art. 30e Abs. 2 USG unterstellt die Errichtung und den Betrieb von Deponien – das sind Abfallanlagen, in denen Abfälle kontrolliert abgelagert werden (Art. 3 lit. k VVEA) – einer **Bewilligungspflicht.** Den Kantonen steht es frei, eine solche auch für weitere Abfallanlagetypen vorzusehen. Die bundesrechtliche Bewilligungspflicht ist umweltpolizeilich motiviert; wirtschaftslenkende Zwecke wären verfassungsrechtlich unzulässig – allenfalls sind sie aber als unvermeidbare Nebenwirkungen hinzunehmen.[10]

5.14 Die Erteilung der Errichtungsbewilligung setzt den Nachweis voraus, «dass die Deponie nötig ist» (Art. 30e Abs. 2 USG; siehe auch Art. 39 Abs. 1 lit. a VVEA). Dieser **Bedarfsnachweis** wird eingefordert, um die Zahl der bestehenden Deponien möglichst zu minimieren; dies, weil Deponien grossflächig Raum beanspruchen, geeignete Deponiestandorte rar sind, Überkapazitäten den wirtschaftlichen Betrieb der Anlagen beeinträchtigen und weil von jeder – auch rechtmässig – betriebenen Deponie Umweltrisiken ausgehen.[11]

5.15 Die Errichtungsbewilligung kann nur dann erteilt werden, wenn sowohl der Deponiestandort als auch der Deponiebedarf in der **kantonalen Abfallplanung** ausgewiesen sind.[12]

5.16 Konkret haben die Gesuchstellenden im Bewilligungsverfahren glaubhaft zu machen, «dass aufgrund der Abfallplanung (Art. 31 USG) mit einer entsprechenden Menge Deponiegut zu rechnen ist, welches nicht auf einer schon bestehenden inländischen (Art. 30 Abs. 3 USG)

10 Tschannen, in: Kommentar USG, Art. 30e Rz. 27.

11 BAFU, Erläuterungen TVA (VVEA) 2014, S. 31. Art. 37 Abs. 1 VVEA legt deshalb auch Mindestgrössen für Deponien fest.

12 BAFU, Erläuterungen TVA (VVEA) 2014, S. 31.

Deponie abgelagert werden kann. Dabei ist auch die ausserkantonale Deponiekapazität in Rechnung zu stellen».[13]

C. Übersicht zum Verordnungsrecht

1. Verordnung über die Vermeidung und die Entsorgung von Abfällen

a) Allgemeine Bestimmungen

Die VVEA, welche per 1. Januar 2016 die Technische Verordnung über Abfälle (TVA) ablöste, enthält detaillierte Anforderungen an die bauliche und konstruktive Ausstattung der verschiedenen Abfallanlagen, an die betrieblichen Abläufe, die Qualifikation des Personals sowie die Kontrolle der Anlagen durch die Behörden. 5.17

Die Regelungen über die Abfallanlagen finden sich im **4. Kapitel.** Den Spezialbestimmungen zu ausgewählten Anlagenkategorien wurden allgemeine Vorschriften vorangestellt. Darin enthalten sind: 5.18

- das Kriterium des **Stands der Technik** (zum Begriff siehe Art. 3 lit. m)[14] als primäre Anforderung an den Betrieb und die Errichtung von Abfallanlagen (Art. 26 Abs. 1);

  Je nach Anlagetyp sind spezifische Anforderungen an den Stand der Technik zu stellen. Für die spezialgesetzlich geregelten Anlagetypen konkretisiert diese die VVEA selbst. Weitere Vorgaben finden sich in den Vollzugshilfen des Bundes (vgl. Art. 46). Teilweise werden sie durch die kantonalen Behörden festgelegt.[15]

- Allgemeine organisatorische und technische **Anforderungen an den Betrieb** von Abfallanlagen (Art. 27);

  Danach sind die Anlageninhaberinnen und -inhaber u.a. zur regelmässigen Kontrolle und Wartung ihrer Anlagen, zur Materialbuchhaltung sowie allenfalls zur Erstellung eines Betriebsreglements verpflichtet. Sie haben sicherzustellen, dass sie selber und das Personal über die erforderlichen Fachkenntnisse verfügen, dass nur zugelassene Abfälle in den Anlagen entsorgt und dass Rückstände umweltverträglich entsorgt werden. Der Energiegehalt von Abfällen ist bei deren Entsorgung neu soweit zu nutzen, wie dies der Stand der Technik erlaubt. Bisher galt diese Vorgabe nur für KVAs verbindlich. Die Spezialbestimmungen (Art. 29 ff.) können weiter gehende Anforderungen für einzelne Anlagetypen formulieren.[16]

- Anforderungen an die **Überwachung und Behebung von Mängeln** (Art. 28).

---

13 TSCHANNEN, in: Kommentar USG, Art. 30e Rz. 27.

14 BAFU, Erläuterungen TVA (VVEA) 2014, S. 12 m.w.H.; zur Bedeutung des Stands der Technik im Abfallrecht siehe BRUNNER, Stand der Technik.

15 BAFU, Erläuterungen TVA (VVEA) 2014, S. 10, 24.

16 BAFU, Erläuterungen TVA (VVEA) 2014, S. 8.

b) Besondere Bestimmungen

5.19 Kapitel 4 enthält für vier Anlagetypen über die allgemeinen Bestimmungen hinausgehende organisatorische und technische Anforderungen:

- **Zwischenlager** (Art. 29–30): Neben den abfallrechtlichen Anforderungen ist das Gewässerschutzrecht (insbesondere betreffend die Abwasserbeseitigung) zu beachten.[17] Die Zwischenlagerung von gär- und fäulnisfähigen Abfällen ist unzulässig.
- Anlagen zur **thermischen Behandlung** von Abfällen (Art. 31–32): Siedlungsabfälle und Abfälle vergleichbarer Zusammensetzung, brennbare Anteile von Bauabfällen und andere brennbare Abfälle dürfen thermisch behandelt werden, wobei Art. 32 Abs. 2 lit. a für Siedlungsabfälle und Abfälle vergleichbarer Zusammensetzung neu Mindestanforderungen an den energetischen Wirkungsgrad festlegt. Danach sind mindestens 55 Prozent des Energiegehalts ausserhalb der Anlage zu nutzen.
- **Kompostierungs- und Vergärungsanlagen** (Art. 33–34): Die Anforderungen an die Errichtung von Kompostierungs- und Vergärungsanlagen ergeben sich primär aus dem Gewässerschutzrecht (Umgang mit Abwasser) sowie dem Luftreinhalterecht (Vermeidung der Emission klimawirksamer Gase, insbesondere Methan, sowie von Stoffen, die Geruchsbelästigungen hervorrufen).
- **Deponien** (Art. 35–43; Anhang 2: Anforderungen an Standort und Bauwerk von Deponien; ferner Anhang 5: Anforderung an Abfälle zur Ablagerung).

  Neu werden nicht mehr drei, sondern **fünf Deponietypen** unterschieden (Art. 35 Abs. 1). Dabei kann jede Deponie aus mehreren Kompartimenten (das sind durch bauliche Massnahmen abgegrenzte Teile von Deponien) verschiedenen Typs bestehen (Art. 35 Abs. 2; Anhang 2 Ziff. 2.3). Deren Errichtung und Betrieb untersteht der Bewilligungspflicht nach Art. 38–40, wobei für die Bewilligungserteilung insbesondere die Anforderungen nach Anhang 2, die primär dem Gewässerschutz sowie dem Schutz vor Havarien durch Naturgefahren dienen, erfüllt sein müssen.

  Anhang 2 Ziff. 1.1.1 schliesst Gewässerschutzzonen und -areale als Deponiestandorte aus. Ebenso sind Deponiestandorte in überschwemmungs-, steinschlag-, rutschungs- oder besonders erosionsgefährdeten Gebieten verboten (Ziff. 1.1.2). Im Bereich unterirdisch nutzbarer Gewässer können ausschliesslich Deponien und Kompartimente des Typs A bewilligt werden. Ziff. 1.1.3 erklärt immerhin Deponien und Kompartimente des Typs B im Randgebiet solcher Gewässer für zulässig. Bei der Planung von Deponiestandorten sind die einschlägigen Gewässerschutzkarten zu konsultieren und geologische bzw. hydrologische Abklärungen zu treffen.[18]

  Vor dem Inkrafttreten der VVEA in Betrieb genommene Deponien und Kompartimente bedürfen bis spätestens 31. Dezember 2020 einer neuen **Betriebsbewilligung,** sollen sie weiterbetrieben werden (Art. 53 Abs. 1). Teil des Bewil-

17 Siehe auch BAFU, Erläuterungen TVA (VVEA) 2014, S. 25.
18 BAFU, Erläuterungen TVA (VVEA) 2014, S. 41.

ligungsverfahrens bildet eine Gefährdungsabschätzung. Das BAFU stellt den kantonalen Behörden hierfür eine Vollzugshilfe zur Verfügung.[19] Betriebsbewilligungen sind generell auf höchstens fünf Jahre zu befristen (Art. 40 Abs. 4).

c) (Thermische) Verwertung von Abfällen in Zementwerken

Die (thermische) Verwertung von Abfällen in Zementwerken war bis zum Inkrafttreten der VVEA in der sogenannten Zementrichtlinie des BAFU (die auf Anhang 2 aZiff. 111 Abs. 2 LRV[20] referenzierte) geregelt. Neu finden sich die relevanten Bestimmungen in der VVEA selbst, namentlich in Art. 24 sowie Anhang 4, der die Anforderungen an Abfälle für die Herstellung von Zement und Beton konkretisiert. Die entsprechende LRV-Bestimmung sowie die **Zementrichtlinie** wurden **aufgehoben.**[21] 5.20

2. Luftreinhalte-Verordnung

Anhang 2 Ziff. 7 LRV enthält für Abfallanlagen, in denen Abfälle verbrannt oder thermisch zersetzt werden (siehe Art. 26a LRV; Art. 32 VVEA), je nach Art der zu verbrennenden Abfälle spezifisch zu beachtende Emissionsgrenzwerte, ferner Angaben zu deren Berechnung sowie weitere technische Anforderungen. Namentlich werden folgende Anlagen erfasst: 5.21

- Anlagen zum Verbrennen von Siedlungs- und Sonderabfällen (Ziff. 71);
- Anlagen zum Verbrennen von Altholz, Papier- und ähnlichen Abfällen (Ziff. 72);
- Anlagen zum Verbrennen von Sulfit-Ablauge aus der Zellstoffherstellung (Ziff. 73);
- Anlagen zum Verbrennen von biogenen Abfällen und Erzeugnissen der Landwirtschaft (Ziff. 74).

Die Verbrennung von Abfällen in Kleinanlagen ist – abgesehen von Sulfit-Ablauge aus der Zellstoffherstellung – verboten.[22] 5.22

Für Abfallanlagen, die nicht von Anhang 2 Ziff. 7 LRV erfasst werden, gelten die in der LRV festgelegten Immissionsgrenzwerte, soweit diese anwendbar sind. Als lex specialis gehen die Bestimmungen der LRV entsprechenden Regelungen der VVEA vor.[23] 5.23

19 BAFU, Erläuterungen TVA (VVEA) 2014, S. 35 f. m.w.H.
20 AS 1992 124.
21 BAFU, Erläuterungen TVA (VVEA) 2014, S. 23, 35.
22 Vgl. Anhang 2 LRV, Ziff. 718, 728 sowie 743.
23 BAFU, Erläuterungen TVA (VVEA) 2014, S. 26.

II. Verkehrsanlagen

A. Nationalstrassen

Literatur

HÄNER ISABELLE, Strassenrecht, S. 187 ff.; KERN MARKUS, Alpenschutz; KEUSEN ULRICH, Strassenrecht; LENDI MARTIN/VOGEL STEFAN, in: St.Galler Kommentar BV, Art. 83 und 84; STRÜTT ADRIAN, Nationalstrassenrecht.

Amtliche Publikationen

Botschaft Anpassung Netzbeschluss 2012.

1. Grundlagen

a) Rechtsquellen

5.24 Gemäss Art. 83 BV stellt der Bund die Errichtung eines Netzes von Nationalstrassen und deren Benützbarkeit sicher. Der Umsetzung dieses Auftrags dient namentlich das **Bundesgesetz über die Nationalstrassen (NSG).** Ergänzende Ausführungsbestimmungen finden sich in der Nationalstrassenverordnung (NSV). Vorliegend interessieren davon primär die Bestimmungen betreffend Planung und Bau (v.a. Art. 9 ff. NSG und Art. 8 ff. NSV). Die zu Nationalstrassen erhobenen Strecken werden im Bundesbeschluss über das Nationalstrassennetz[24] bezeichnet.

b) Abgrenzung zur kantonalen Strassenhoheit

5.25 Die Nationalstrassen stehen – als wichtigste Strassenverbindungen von gesamtschweizerischer Bedeutung – unter der Hoheit und im Eigentum des Bundes (Art. 8 Abs. 1 NSG). Neben dem Strassenkörper gehören dazu alle Anlagen, die zur technisch richtigen Ausgestaltung der Strassen erforderlich sind. Hierzu zählen insbesondere Kunstbauten, Anschlüsse, Rastplätze, Signale, Einrichtungen für den Betrieb und Unterhalt der Strassen, Bepflanzungen sowie Böschungen, deren Bewirtschaftung dem Anstösser nicht zugemutet werden kann (Art. 6 NSG).

5.26 Bis zur Neuregelung durch die NFA handelte es sich bei den Nationalstrassen um eine Gemeinschaftsaufgabe von Bund und Kantonen.[25] Neu obliegen Bau und Unterhalt ausschliesslich dem Bund. Übergangsrechtlich bleiben die Kantone weiterhin für die Fertigstellung der zum Zeitpunkt der Neuregelung bereits beschlossenen Nationalstrassen zuständig (Art. 197 Ziff. 3 BV).

24 Bundesbeschluss über das Nationalstrassennetz vom 21. Juni 1960 (SR 725.113.11).
25 HÄNER, Strassenrecht, Rz. 16 f.; LENDI/VOGEL, in: St.Galler Kommentar BV, Art. 83 Rz. 2 f.

2. Planung und Projektierung von Nationalstrassen

Die Planung und Projektierung der Nationalstrassen erfolgt gestuft in mehreren Phasen: 5.27

a) Allgemeine Linienführung

Über die allgemeine Linienführung und die Art der zu errichtenden Nationalstrassen zu entscheiden, ist Aufgabe der **Bundesversammlung,** wobei dieser ein erheblicher Gestaltungsspielraum zukommt (Art. 11 Abs. 1 NSG).[26] Die erforderlichen Planungsarbeiten werden vom zuständigen Bundesamt unter Einbezug der interessierten Bundesstellen und Kantone durchgeführt (Art. 10 NSG). Zu berücksichtigen gilt es dabei den Sachplan Verkehr, obwohl dieser im NSG direkt keine Erwähnung findet.[27] 5.28

Die Umsetzung des Planungsauftrages erfolgte in grundlegender Weise durch den **Netzbeschluss von 1960,** welcher mit gewissen Änderungen im Wesentlichen bis heute Bestand hat.[28] Die vom Bund geplante Neufassung[29] scheiterte (indirekt) an der Ablehnung der damit verbundenen Änderung des Nationalstrassenabgabegesetzes (Erhöhung Vignettenpreis) in der Volksabstimmung vom 24. November 2013.[30] Der Netzbeschluss soll nun in Verbindung mit der NAF-Vorlage revidiert werden.[31] 5.29

b) Generelles Projekt

Das generelle Projekt fixiert die genaue Streckenführung inkl. Ausbaustandard (unterirdische Abschnitte, Anzahl Fahrspuren) und gibt Aufschluss über die Anschlusspunkte an das übrige Strassennetz sowie die erforderlichen Kreuzungsbauwerke (Art. 12 NSG, Art. 10 NSV). Der Stand der Planungsarbeiten soll dabei grundsätzlich so weit fortgeschritten sein, dass keine wesentlichen Verschiebungen und Änderungen mehr zu erwarten sind. Verlangt ist zudem eine Abstimmung mit dem kantonalen Richtplan. 5.30

Die generelle Projektierung wird vom zuständigen Bundesamt in Zusammenarbeit mit den interessierten Bundesstellen und Kantonen durchgeführt und vom **Bundesrat** genehmigt (Art. 13 und Art. 20 NSG). Da Bundesratsbeschlüsse grundsätzlich nicht anfechtbar sind, kann gegen das generelle Projekt direkt kein Rechtsmittel 5.31

26 Biaggini, Kommentar BV, Art. 83 Rz. 4.
27 Häner, Strassenrecht, Rz. 29 f.; Keusen, Strassenrecht, Rz. 10.29.
28 Botschaft Anpassung Netzbeschluss 2012, S. 751.
29 Dazu Botschaft Anpassung Netzbeschluss 2012, S. 755 ff.
30 BBl 2014 1773, 1777. Die Ausserkraftsetzung des alten Netzbeschlusses wurde darum vorläufig aufgeschoben, vgl. AS 2015 2260 f.
31 Botschaft NAF 2015, S. 2167 f.; BBl 2015 2203 ff.

erhoben werden.[32] Im Rahmen eines Beschwerdeverfahrens gegen das Ausführungsprojekt lässt sich das generelle Projekt jedoch insoweit thematisieren, als noch vorgebracht werden kann, die Linienführung verstosse im zu beurteilenden Bereich gegen Bundesrecht.[33]

5.32 Zur vorsorglichen Freihaltung des Strassenraums können in dieser Phase **Projektierungszonen** festgelegt werden (Art. 14 ff. NSG). Zuständig dafür ist das UVEK. Innerhalb von Projektierungszonen dürfen ohne Bewilligung keine Neubauten oder wertvermehrenden Umbauten ausgeführt werden.

c) Ausführungsprojekt

5.33 Die Ausführungsprojekte geben Aufschluss über Art, Umfang und Lage des Werkes samt allen Nebenanlagen, die Einzelheiten seiner bautechnischen Gestaltung und die Baulinien (Art. 21 NSG). Mit anderen Worten wird die Linienführung parzellenscharf sowie grundeigentümerverbindlich fixiert. Dabei werden beidseits der projektierten Strasse **Baulinien** festgelegt (Art. 22 ff. NSG). Diese dienen der Verkehrssicherheit, der Wohnhygiene und zukünftigen Ausbaubedürfnissen.[34] Die eher moderaten Ausmasse vermögen allerdings kaum einen ausreichenden Immissionsschutz zu gewährleisten.[35] Wegen der geringen Eingriffstiefe dürften auch nur selten die Voraussetzungen einer materiellen Enteignung erfüllt sein (Art. 25 NSG; weiter gehende Baubeschränkungen können sich aber aufgrund der Lärmbelastung ergeben: Art. 22 USG).[36] Gegenstand des Ausführungsprojekts bilden überdies allfällige Schutz- und Folgevorkehren, welche im Umfeld der Strasse aufgrund des Baus erforderlich werden.[37] Betroffene erhalten im Rahmen des Plangenehmigungsverfahrens (gemäss Art. 26 ff. NSG) die Möglichkeit, **Einsprache** zu erheben.

5.34 Die **Plangenehmigung** für das Ausführungsprojekt, welche das **UVEK** erteilt, ergeht im Rahmen eines koordinierten Verfahrens, erfasst also sämtliche nach Bundesrecht notwendigen Bewilligungen und beinhaltet eine umfassende Interessenabwägung. Auch über allfällig erforderliche Enteignungen ist im Rahmen des Plangenehmigungsverfahrens zu entscheiden.[38] Kantonale Genehmigungen sind daneben nicht erforderlich; das kantonale Recht ist aber zu berücksichtigen, soweit es Bau und Betrieb der Nationalstrassen nicht übermässig einschränkt (Art. 26 Abs. 3 NSG). Das Gesuch wird den betroffenen Kantonen übermittelt und diese erhalten

---

32 Häner, Strassenrecht, Rz. 35; Strütt, Nationalstrassenrecht, S. 59 ff.; BGer, Urteil 1C_544/2008, 1C_548/2008, 1C_550/2008 vom 27. August 2009, E. 6.2.

33 Bosonnet, Plangenehmigungsverfahren, S. 225 ff.; Häner, Strassenrecht, Rz. 35; BGE 118 Ib 206, E. 8b.

34 Strütt, Nationalstrassenrecht, S. 34, 64 ff.

35 Vgl. Rz. 5.41.

36 Häner, Strassenrecht, Rz. 39.

37 Zu denken ist etwa an Ersatzvorkehren zugunsten von in Mitleidenschaft gezogenen öffentlichen Einrichtungen – wie Strassen, Brücken oder Leitungen – oder Schutzmassnahmen zur Erhaltung schützenswerter Landschaften, Ortsbilder und Denkmäler. Vgl. Häner, Strassenrecht, Rz. 38; BGE 122 II 165, E. 14.

38 Häner, Strassenrecht, Rz. 41, 56.

die Möglichkeit, sich innert drei Monaten dazu zu äussern; zudem wird es in den amtlichen Publikationsorganen der betroffenen Kantone und Gemeinden publiziert und 30 Tage lang öffentlich aufgelegt (Art. 27b NSG). Während der öffentlichen Auflage läuft die Einsprachefrist. Wer keine Einsprache erhebt, bleibt vom weiteren Verfahren ausgeschlossen (Art. 27d NSG; vgl. auch Rz. 7.40).

Das für den Bau benötigte Land muss, soweit ein freihändiger Kauf nicht möglich ist, mittels **Landumlegungs- oder Enteignungsverfahren** erworben werden (Art. 30 Abs. 1 NSG). Vereinbarungen über einen freihändigen Erwerb, welche nach Auflage der Ausführungsprojekte geschlossen werden, stellen öffentlichrechtliche Verträge dar.[39] Werden im Zusammenhang mit dem Bau oder Ausbau einer Nationalstrasse öffentliche Einrichtungen (wie Verkehrswege oder Leitungen) tangiert, so ist nach Massgabe des öffentlichen Interesses für deren Fortbenützung zu sorgen (Art. 42 Abs. 2 NSG; zu den Kostenfolgen vgl. Art. 45 Abs. 1 und Art. 47 Abs. 1 NSG).[40] 5.35

3. Kriterien zur Beurteilung von Nationalstrassenprojekten

a) Erforderliche Abwägung

Art. 5 Abs. 1 NSG misst im Rahmen der Projektierung den verkehrstechnischen Anforderungen sowie der sicheren, wirtschaftlichen Abwicklung des Verkehrs grosses Gewicht bei. Art. 5 Abs. 2 NSG stellt indessen klar, dass für die Beurteilung des Projekts eine umfassende Interessenabwägung zu erfolgen hat, wobei sich die in der genannten Bestimmung enthaltene Aufzählung als nicht abschliessend erweist.[41] Obwohl nicht ausdrücklich erwähnt, sind auch umweltrechtliche Aspekte angemessen zu berücksichtigen. Dagegen kann dem Bodenpreis beim Vergleich mehrerer Standorte in unterschiedlichen Nutzungszonen keine ausschlaggebende Bedeutung zukommen.[42] Den äusseren Rahmen der Überlegungen bilden die Vorgaben und Wertungen, welche bereits der Gesetzgeber vorgenommen hat. Massgebliche Bedeutung kommt sodann den Stellungnahmen der Fachbehörden zu. Einen gangbaren Interessenausgleich gilt es namentlich mittels **Projektänderungen** und/oder **Nebenbestimmungen** (Bedingungen, Auflagen) herzustellen.[43] Neue Lösungsvarianten sind dabei möglichst frühzeitig und nicht erst im Beschwerdeverfahren einzubringen.[44] Die Pflicht zu einer vertieften Überprüfung bedingt, dass es sich um echte Alternativen handelt, die sich als realistisch und einigermassen ausgereift erweisen.[45] 5.36

39 Häner, Strassenrecht, Rz. 51.
40 BVGer, Urteil A-1239/2012 vom 18. Dezember 2013, E. 5.
41 Strütt, Nationalstrassenrecht, S. 33 f.; BVGer, Urteil A-1851/2012 vom 8. Juli 2013, E. 5.1.
42 BVGer, Urteil A-1851/2012 vom 8. Juli 2013, E. 9.4.
43 BGer, Urteil 1C_108/2014, 1C_110/2014 vom 23. September 2014, E. 4.3 (ZBl 2015 33 ff.; URP 2015 64 ff.).
44 BVGer, Urteil A-7810/2010 vom 15. Juli 2011, E. 3.
45 BVGer, Urteil A-4832/2012, A-4875/2012 vom 1. Mai 2013, E. 6.3.

b) Natur- und Heimatschutz

5.37 Der Bau einer Nationalstrasse bildet eine Bundesaufgabe im Sinne von Art. 2 NHG, sodass gegen entsprechende Entscheide namentlich das besondere Beschwerderecht gemäss Art. 12 ff. NHG zur Verfügung steht. Das Bundesgericht hat im Zusammenhang mit der geplanten Lückenschliessung bei der Zürcher Oberlandautobahn klargestellt, dass auch die Planung einer Strasse im Rahmen eines kantonalen Verfahrens unter Art. 2 NHG fällt, wenn die Strasse voraussichtlich in das Nationalstrassennetz aufgenommen und deshalb mit Bundesmitteln finanziert werden soll.[46]

5.38 Gemäss Art. 7a NSV (eingefügt 2012) werden die Massnahmen, welche aus Gründen des Natur- und Heimatschutzes erforderlich sind, im Rahmen des Ausführungsprojekts bestimmt. Dies ist insofern konsequent, als es im Rahmen des Ausführungsprojekts generell auch die notwendigen Schutzvorkehren verbindlich zu fixieren gilt. Selbstverständlich muss den Aspekten des Natur- und Heimatschutzes aber bereits in der vorgelagerten Planung die gebotene Beachtung geschenkt werden; dies fordern sowohl Art. 5 Abs. 2 NSG wie auch Art. 3 Abs. 1 NHG.

c) Umweltschutz

5.39 Im Rahmen der dreistufigen Planung und Projektierung von Nationalstrassen wird eine **gestaffelte Umweltverträglichkeitsprüfung** vorgenommen (Art. 16 NSV).[47] Dabei soll eine schrittweise, dem jeweiligen Konkretisierungsgrad des Projekts entsprechende Überprüfung und Optimierung der umweltrechtlich relevanten Auswirkungen erfolgen.[48]

5.40 Planerisch-bauliche Massnahmen zur Minimierung der Lärmbelastung betreffen insbesondere die geografische bzw. ober-/unterirdische Linienführung, die Gestaltung der Anlagen (Tieferlegung der Strasse, Art des Belags) oder die Erstellung zusätzlicher Schutzbauten (Schallschutzwände/-wälle).[49]

5.41 Die gemäss Art. 22 NSG i.V.m. Art. 13 NSV festzulegenden Baulinien, welche je nach Strassenklasse zwischen 15 und 25 Meter betragen, sind für den Schutz der Anwohner vor Lärm ungenügend.[50] Dort, wo im Umfeld der Nationalstrassen die Immissionsgrenzwerte überschritten werden, müssen somit Art. 22/24 USG und Art. 29 ff. LSV für den notwendigen Schutzabstand sorgen.[51]

5.42 Soweit sich übermässige Immissionen von Nationalstrassen nicht durch zumutbare Massnahmen vermeiden lassen und diese Einwirkungen für den Eigentümer eines Nachbargrundstücks unvorhersehbar waren, ihn (durch IGW-Überschreitungen) in spezieller Weise treffen sowie einen schweren Schaden verursachen, ist der Bund

46 BGE 138 II 281, E. 4.4.1.
47 Häner, Strassenrecht, Rz. 27.
48 Strütt, Nationalstrassenrecht, S. 121 ff.
49 Strütt, Nationalstrassenrecht, S. 154 ff. Vgl. daneben Rz. 4.240 ff.
50 Häner, Strassenrecht, Rz. 39; Strütt, Nationalstrassenrecht, S. 65.
51 Häner, Strassenrecht, Rz. 39.

als Strasseneigentümer verpflichtet, die nachbarlichen Abwehransprüche (Art. 679, Art. 684 ZGB) mittels **formeller Enteignung** zu entziehen und zu entschädigen.[52]

4. Nebenanlagen

Zu den Nebenanlagen gehören Einrichtungen, welche zusätzliche Bedürfnisse des Strassenverkehrs abdecken, wie Tankstellen oder Raststätten (Art. 7 NSG, Art. 6 NSV). Unter Vorbehalt der bundesrechtlichen Bestimmungen und der Projektgenehmigung durch die zuständigen Bundesbehörden ist die Erteilung der erforderlichen Rechte für den Bau, die Erweiterung und die Bewirtschaftung der Nebenanlagen Sache der Kantone. 5.43

5. Sonderregeln für Strassen im Alpengebiet

Gemäss Art. 84 Abs. 3 BV darf die Transitstrassen-Kapazität im Alpengebiet nicht erhöht werden. Konkretisiert wird die Vorgabe durch Art. 2 f. STVG.[53] Dies zeitigt massgebliche Auswirkungen auf die betreffenden Nationalstrassenverbindungen, welche grundsätzlich nicht weiter ausgebaut werden dürfen. Der alpenquerende Gütertransitverkehr soll vielmehr von der Strasse auf die Schiene verlagert werden (Art. 84 Abs. 2 BV). Trotz des sehr strikt formulierten Verfassungswortlauts wird dieses Ziel in erster Linie über Infrastruktur- und Lenkungsmassnahmen angestrebt.[54] Wesentliche Elemente bilden dabei der Bau der NEAT und die leistungsabhängige Schwerverkehrsabgabe. Angedacht ist zudem die Einführung einer Alpentransitbörse, über welche Rechte für alpenquerende Fahrten schwerer Güterverkehrsfahrzeuge versteigert werden. Der Bundesrat ist aufgerufen, mit dem Ausland die hierfür erforderlichen völkerrechtlichen Verträge abzuschliessen (Art. 6 GVVG). 5.44

B. Eisenbahnanlagen

Literatur

Bosonnet Roger, Plangenehmigungsverfahren; Kern Markus/König Peter, Öffentlicher Verkehr; König Peter, UVP-Pflicht; Riva Enrico, Kostentragung; Ruch Alexander, Eisenbahnrecht; Stückelberger Ueli/Haldimann Christoph, Schienenverkehrsrecht.

Amtliche Publikationen

Botschaft FABI 2012.

52 Gossweiler, Entschädigungen, Rz. 307 ff.; Häner, Strassenrecht, Rz. 57 ff.
53 Dazu Kern, Alpenschutz, S. 1287 f.
54 Lendi/Vogel, in: St. Galler Kommentar BV, Art. 84 Rz. 6, 13 ff.

1. Grundlagen

a) Rechtsquellen

5.45 Wichtigste Grundlage des Eisenbahnrechts ist das **Eisenbahngesetz (EBG).** Dies gilt in besonderem Mass für die infrastrukturbezogenen Regelungen, welche nachfolgend im Vordergrund stehen. Zentrale Fragen betreffend den Personentransport sind daneben (seit 1998) im Personenbeförderungsgesetz (PBG) geregelt. In den letzten Jahren wurde das Eisenbahngesetz mehrfach revidiert, was der Übersichtlichkeit des Gesetzes und des Bewilligungswesens nicht sonderlich zuträglich war. Konkretisierende Vorschriften finden sich in den zugehörigen Verordnungen.[55] Die Lärmsanierung im Bahnbereich ist Gegenstand einer speziellen Regelung (BGLE und VLE), welche die Bestimmungen des Umweltschutzgesetzes und der Lärmschutzverordnung ergänzt.[56] Separat geordnet sind ausserdem die Anschlussgleise.[57] Ende August 2015 ging der Vorentwurf für ein Bundesgesetz über die Organisation der Bahninfrastruktur in die Vernehmlassung. Mit der Vorlage soll vor allem die Gefahr von Diskriminierungen bei der Infrastrukturnutzung verringert werden.[58]

5.46 Der Ausbau der Eisenbahninfrastruktur durch die aktuell laufenden Grossprojekte wurde bisher über eine Abfolge von besonderen Erlassen angegangen.[59] Gemäss **FABI** wird der weitere langfristige Ausbau der Bahninfrastruktur zukünftig im Rahmen eines Strategischen Entwicklungsprogramms (STEP) festgelegt (Art. 48b ff. EBG).[60] Im Sinne einer rollenden Planung werden die Ausbauprogramme periodisch überprüft und aktualisiert. Über die einzelnen Ausbauschritte entscheidet jeweils das Parlament.

b) Begriff der Eisenbahnanlagen

5.47 Unter einer Eisenbahn versteht man gemeinhin ein **schienengebundenes Verkehrssystem** für den Transport von Gütern und Personen. Zu den Eisenbahnen gehören Normal- und Schmalspurbahnen inklusive Strassen- und Zahnradbahnen.[61] Standseilbahnen unterstehen, obwohl sie auf Schienen laufen, der Seilbahn-

55 Vgl. die Verordnung über die Konzessionierung, Planung und Finanzierung der Bahninfrastruktur (KPFV) vom 14. Oktober 2015 (SR 742.120), die Verordnung über Bau und Betrieb der Eisenbahnen (Eisenbahnverordnung, EBV) vom 23. November 1983 (SR 742.141.1) oder die Verordnung über das Plangenehmigungsverfahren für Eisenbahnanlagen (VPVE) vom 2. Februar 2000 (SR 742.142.1).

56 Vgl. Rz. 5.76.

57 Dazu Rz. 5.47 und 5.75.

58 Kritisch dazu NZZ vom 21. November 2015, S. 19.

59 Vgl. etwa Bundesgesetz betreffend das Konzept BAHN 2000 vom 19. Dezember 1986 (SR 742.100), Bundesgesetz über den Bau der schweizerischen Eisenbahn-Alpentransversale (Alpentransit-Gesetz, AtraG) vom 4. Oktober 1991 (SR 742.104), Bundesgesetz über den Anschluss der Ost- und der Westschweiz an das europäische Eisenbahn-Hochleistungsnetz (HGV-Anschluss-Gesetz, HGVAnG) vom 18. März 2005 (SR 742.140.3), Bundesgesetz über die zukünftige Entwicklung der Bahninfrastruktur (ZEBG) vom 20. März 2009 (SR 742.140.2).

60 Vgl. Botschaft FABI 2012, S. 1634 ff.

61 STÜCKELBERGER/HALDIMANN, Schienenverkehrsrecht, Rz. 1.

gesetzgebung.[62] Anschlussgleise sind zwar Eisenbahnen im technischen Sinn; sie fallen aber nicht unter das EBG, sondern haben in Art. 12 ff. Gütertransportgesetz (GüTG) eine eigenständige Regelung erfahren.[63]

Eisenbahnanlagen umfassen neben den eigentlichen Streckenbauten auch weitere betriebliche Einrichtungen wie Stellwerke, Lokomotivdepots, Werkstätten oder Rangieranlagen.[64] Ferner gehören dazu auch die Stark- oder Schwachstromanlagen, die ganz oder überwiegend dem Betrieb einer Eisenbahn dienen (Art. 1 Abs. 1 VPVE; Art. 1 Abs. 4 VPeA). Abzugrenzen sind die eisenbahnrechtlichen Bauten von den **Nebenanlagen.**[65] Damit von einer Eisenbahnanlage gesprochen werden kann, ist sachlich und räumlich ein enger bzw. überwiegender Zusammenhang zum Bahnbetrieb erforderlich.[66] Eine stillgelegte Strecke stellt keine Eisenbahnanlage mehr dar.[67] 5.48

c) Abgrenzung zu verkehrsbezogenen Regelungen

Die Eisenbahngesetzgebung umfasst neben den vorliegend im Zentrum stehenden infrastrukturbezogenen Bestimmungen auch eine eingehende Regulierung des Verkehrs, wobei zwischen Personen- und Güterverkehr unterschieden wird.[68] Allgemein setzt die Durchführung von Eisenbahnfahrten eine Zulassung als Eisenbahnverkehrsunternehmen (Netzzugangsbewilligung) voraus (Art. 8c Abs. 1 EBG).[69] Die gewerbsmässige Beförderung von Reisenden mit regelmässigen Fahrten auf einer Eisenbahnstrecke erfordert zudem eine Personenbeförderungskonzession (Art. 6 PBG). Geregelt wird auch die Zulassung von Rollmaterial. Die Inbetriebsetzung von Fahrzeugen ist abhängig von einer Betriebsbewilligung bzw. Typenzulassung (Art. 18w f. EBG). 5.49

2. Planung und Bewilligung von Eisenbahnanlagen

a) Sachplan Verkehr, Teil Infrastruktur Schiene (SIS)

Der Sachplan Verkehr, Teil Infrastruktur Schiene (SIS), befasst sich mit Planung, Bau, Betrieb, Unterhalt und Nutzung der Schieneninfrastrukturen von gesamtschweizerischer Bedeutung, die sich im Kompetenzbereich des Bundes befinden.[70] 5.50

---

62 Dazu Rz. 5.105 ff.

63 Vgl. Rz. 5.75.

64 König, UVP-Pflicht, S. 43.

65 Zu diesen Rz. 5.72 f.

66 Bosonnet, Plangenehmigungsverfahren, S. 84 f.; Ruch, Eisenbahnrecht, S. 526; BGer, Urteil 1A.147/1994 vom 23. Mai 1995, E. 2b (ZBl 1996 373 ff.); BGE 127 II 227, E. 4.

67 BGer, Urteil 1A.339/2005 vom 8. Mai 2006, E. 2.

68 Kern/König, Öffentlicher Verkehr, Rz. 9.10.

69 Daneben ist – analog zur Sicherheitsgenehmigung bei der Infrastruktur – eine Sicherheitsbescheinigung nötig.

70 Kern/König, Öffentlicher Verkehr, Rz. 9.84; Stückelberger/Haldimann, Schienenverkehrsrecht, Rz. 20.

Aufgabe des SIS ist es, die beabsichtigte langfristige Entwicklung der Schieneninfrastruktur aufzuzeigen und mit der Raumplanung abzustimmen. Dabei gilt es, die verschiedenen involvierten Interessen in Ausgleich zu bringen. Der **Konzeptteil** enthält allgemeine Grundlagen für die Planung und Weiterentwicklung der Schieneninfrastruktur. Der **Objektteil** umfasst die detaillierten Objektblätter, welche – bezogen auf einzelne Teilräume – die konkreten räumlichen Vorhaben darstellen.

5.51 Der SIS ist seinerseits eingebettet in den Sachplan Verkehr, der die planerischen Grundlagen des gesamten Verkehrssystems umreisst und die Koordination der verschiedenen Verkehrsträger (Strasse, Schiene, Luft, Wasser) untereinander und mit der Raumentwicklung sicherstellen soll.[71]

5.52 Für Behörden und Konzessionäre ist der Sachplan verbindlich (Art. 22 Abs. 1 und 2 RPV). Bei der Umsetzung von Infrastrukturvorhaben sind die relevanten Vorgaben grundsätzlich zu berücksichtigen. Abweichungen haben sich auf untergeordnete Fragen zu beschränken.

b) Infrastrukturkonzession

5.53 Für den Bau und Betrieb einer Eisenbahninfrastruktur ist eine Infrastrukturkonzession erforderlich (Art. 5 EBG). Damit wird vor allem bezweckt, dass nur Strecken erstellt werden, die einen genügenden verkehrstechnischen Nutzen bringen und zufriedenstellend betrieben werden können (Art. 6 Abs. 1 und 2 EBG).[72]

5.54 In Zukunft wird auch die **SBB** eine entsprechende Grundlage benötigen. Die bestehende Infrastruktur gilt noch bis zum 31. Dezember 2020 als konzessioniert.[73]

5.55 Zuständig für die Erteilung ist der Bundesrat, für die Änderung und Erneuerung das UVEK. Die maximal mögliche Dauer beträgt 50 Jahre. Begründen lässt sich dieser Zeitrahmen vor allem mit der Lebens- und Amortisationsdauer von Bahnanlagen.[74] Das Gesuch hat insbesondere einen Grundlagenbericht, die notwendigen technischen Unterlagen, Angaben zum Verhältnis zur massgeblichen Sach- und Raumplanung, einen Umweltverträglichkeitsbericht (1. Stufe) sowie eine Wirtschaftlichkeitsrechnung zu beinhalten (Art. 8 Abs. 2 KPFV). Vor der Erteilung führt das BAV eine Anhörung unter den betroffenen Kantonen und Unternehmen durch (Art. 9 KPFV). Aufgrund der Ansiedlung des Entscheids auf Stufe Bundesrat besteht gegen die Konzessionserteilung direkt keine Beschwerdemöglichkeit.[75]

c) Sicherheitsgenehmigung

5.56 Für den Betrieb der Infrastruktur ist zusätzlich eine Sicherheitsgenehmigung erforderlich (Art. 5 Abs. 4 EBG). Erteilt wird diese vom BAV für maximal fünf Jahre.

71 WAGNER PFEIFER, Besondere Regelungsbereiche, Rz. 1676.
72 STÜCKELBERGER/HALDIMANN, Schienenverkehrsrecht, Rz. 23.
73 Übergangsbestimmung zur Änderung des EBG vom 20. März 2009.
74 KERN/KÖNIG, Öffentlicher Verkehr, Rz. 9.72.
75 BGer, Urteil 1C_544/2008, 1C_548/2008, 1C_550/2008 vom 27. August 2009, E. 6.2.

Geprüft werden damit das Sicherheitsmanagementsystem (SMS) und die Vorkehrungen, welche auf den Strecken für die Gewährleistung eines sicheren Betriebs erforderlich sind (Art. 8a EBG).

d) Plangenehmigung

Für Erstellung bzw. Änderung von Anlagen, die ganz oder überwiegend dem Eisenbahnverkehr dienen, bedarf es einer Plangenehmigung (Art. 18 EBG; Art. 6 EBV). Mit dieser werden sämtliche nach Bundesrecht notwendigen Bewilligungen erteilt; es handelt sich mit anderen Worten um ein **konzentriertes Entscheidverfahren,** das – soweit erforderlich – auch enteignungsrechtliche Aspekte abdeckt. Je nach Tragweite einer geplanten Eisenbahnanlage ist eine Umweltverträglichkeitsprüfung erforderlich (Art. 10a USG, Ziff. 12 Anhang UVPV).[76] Kantonale Bewilligungen und Pläne sind daneben nicht vonnöten; das kantonale Recht ist aber zu berücksichtigen, soweit es das Eisenbahnunternehmen in der Erfüllung seiner Aufgaben nicht unverhältnismässig einschränkt. 5.57

Vorhaben, die sich erheblich auf Raum und Umwelt auswirken, benötigen grundsätzlich eine Grundlage auf **Sachplanebene,** damit sie bewilligungsfähig sind (Art. 18 Abs. 5 EBG).[77] Ist das nicht der Fall, muss zunächst der Sachplan angepasst werden, bevor die Plangenehmigung erteilt werden kann. Auf diese Weise wird die notwendige Abstimmung eisenbahnrechtlicher Projekte mit der Raumplanung gewährleistet. Bei der Umsetzung übergeordneter Festlegungen kommt der Plangenehmigung eine **konkretisierende planerische Funktion** zu.[78] 5.58

Die am Verfahren zu beteiligenden Fachstellen des Bundes werden durch die Leitbehörde angehört, und im Falle von Differenzen wird eine **Bereinigung** nach Art. 62b RVOG durchgeführt (Art. 18g EBG). Die Kantone sind zu einer Stellungnahme einzuladen; ferner ist das Gesuch in den amtlichen Publikationsorganen der betroffenen Kantone und Gemeinden zu veröffentlichen und während 30 Tagen öffentlich aufzulegen (Art. 18d EBG). Betroffene Privatpersonen sowie Gemeinden, welche sich zum Gesuch äussern möchten, sind gehalten, während der Auflagefrist **Einsprache** zu erheben; wer dies unterlässt, ist vom weiteren Verfahren ausgeschlossen (Art. 18f EBG; vgl. auch Rz. 7.44). 5.59

Zuständig für die Erteilung ist das BAV (Art. 18 Abs. 2 EBG). Ergänzende Bestimmungen zu den gesetzlichen Vorgaben (Art. 18 ff. EBG) finden sich in der Verordnung über das Plangenehmigungsverfahren für Eisenbahnanlagen. Dort wird u.a. der erforderliche Inhalt des Plangenehmigungsgesuchs umrissen (Art. 3 VPVE) und für die Gesuchsbehandlung sind Fristen vorgesehen (Art. 8 VPVE). Gemäss Art. 2 VPVE können Plangenehmigungs- und Konzessionsverfahren zusammengelegt werden. 5.60

---

76 Vgl. auch Rz. 5.71.
77 Vgl. auch Bosonnet, Plangenehmigungsverfahren, S. 302.
78 Bosonnet, Plangenehmigungsverfahren, S. 46.

5.61 Für örtlich begrenzte Vorhaben mit lediglich unwesentlichen Auswirkungen auf Raum und Umwelt bzw. Dritte gelangt gemäss Art. 18i Abs. 1 EBG ein **vereinfachtes Verfahren** zur Anwendung. In absolut untergeordneten bzw. unproblematischen Fällen kann gemäss Art. 1a VPVE auf ein Plangenehmigungsverfahren gänzlich verzichtet werden.

e) Betriebsbewilligung

5.62 Eine separate Betriebsbewilligung ist erforderlich, wenn der Betrieb einer Anlage anlässlich der Plangenehmigung noch nicht abschliessend beurteilbar ist (Art. 18w EBG; Art. 8 EBV).[79] Geprüft werden dabei in erster Linie sicherheitstechnische Belange. Das BAV erteilt die Betriebsbewilligung, wenn die Gesuchstellerin den Sicherheitsnachweis erbracht hat und das Vorhaben den massgebenden Vorschriften entspricht.

f) Weitere erforderliche Bewilligungen bzw. Genehmigungen

aa) Typenzulassung

5.63 Für einzelne **standardisierte** Bau- oder Anlageelemente kann eine Typenzulassung erfolgen (Art. 18x EBG, Art. 7 EBV). Denkbar ist das z.B. für Schienentypen oder bestimmte Sicherungsanlagen.[80] In diesem Fall muss für das betreffende Bauteil im Rahmen der Plangenehmigung keine besondere Prüfung mehr erfolgen.

bb) Sondernutzungskonzessionen

5.64 Strassenbahnen benötigen für den in Anspruch genommenen **öffentlichen Grund** im Regelfall ergänzend eine Sondernutzungskonzession nach kantonalem Recht. Dass eine entsprechende Zusicherung vorliegt, bildet eine Voraussetzung der Konzessionierung auf Bundesebene (Art. 6 Abs. 4 EBG).

cc) Kreuzungen

5.65 Neue Kreuzungen sowie die Änderung oder Verlegung bestehender Kreuzungen von Eisenbahnen mit öffentlichen oder privaten Strassen und Wegen bedürfen gemäss Art. 24 EBG einer Genehmigung des BAV.[81] Mit der Kostenverteilung unter den involvierten Parteien befassen sich Art. 25 ff. EBG.[82]

---

79 Stückelberger/Haldimann, Schienenverkehrsrecht, Rz. 39 f.
80 Stückelberger/Haldimann, Schienenverkehrsrecht, Rz. 41.
81 Dazu Kern/König, Öffentlicher Verkehr, Rz. 9.99.
82 Riva, Kostentragung, S. 336 ff.

3. Kriterien zur Beurteilung von Eisenbahnprojekten

a) Einzubeziehende Gesichtspunkte

Der Bau einer neuen Eisenbahnstrecke setzt gemäss Art. 6 Abs. 1 und 2 EBG insbesondere voraus, dass daran ein genügendes öffentliches Interesse besteht und keine überwiegenden öffentlichen Interessen, etwa des Umweltschutzes oder der Raumplanung, entgegenstehen. Die Anforderungen an Eisenbahnanlagen werden in Art. 17 Abs. 1 EBG in allgemeiner Weise umrissen. Zu berücksichtigen sind die Anforderungen des Verkehrs und des Umweltschutzes, der Stand der Technik sowie die Bedürfnisse mobilitätsbehinderter Menschen. In eine ähnliche Richtung weist auch Art. 3 EBV. Gemäss Art. 19 EBG sind sodann die notwendigen Sicherheitsvorkehren zu treffen. 5.66

Die genannten Gesichtspunkte gilt es auf den **verschiedenen Konkretisierungsebenen** der Planung und Projektierung sachgerecht umzusetzen. Einerseits sind Mehrfachprüfungen derselben Fragen wenn möglich zu vermeiden; andererseits darf die notwendige Gesamtsicht durch die Aufteilung der Prüfung nicht verloren gehen. Auf Stufe Konzession und Plangenehmigung kommt raumplanerischen und umweltschutzrechtlichen Überlegungen eine grosse Bedeutung zu. Dabei sind auch die Notwendigkeit eines Projekts sowie die Standortwahl angemessen zu hinterfragen, jedenfalls soweit diese Weichenstellungen nicht durch übergeordnete (politische) Akte bereits abschliessend fixiert wurden.[83] 5.67

b) Interoperabilität

Mit der Übernahme der **Interoperabilitätsrichtlinie der EU** durch Art. 23a ff. EBG sollen technische Hindernisse im grenzüberschreitenden Betrieb abgebaut und ein möglichst durchgängiges, effizientes Verkehrsangebot ermöglicht werden.[84] Normalspurbahnen müssen die Anforderungen an die Interoperabilität grundsätzlich erfüllen, wobei das Schweizerische Netz in einen voll und einen nur teilweise interoperablen Bereich aufgeteilt ist (Art. 15a, Anhänge 5 und 6 EBV). Ausgenommen bleiben dagegen Meterspur- oder Spezialbahnen (z.B. Zahnradbahnen). 5.68

c) Behindertengleichstellung

Einrichtungen des öffentlichen Verkehrs, insbesondere auch Bauten und Anlagen von Eisenbahnen, sind behindertengerecht auszugestalten (Art. 3 Abs. 2 EBV; Art. 3 lit. b, Art. 22 BehiG; VböV). Benachteiligungen von Behinderten bei der Benutzung der öffentlich zugänglichen Infrastrukturen (z.B. Perrons) gilt es zu vermeiden.[85] 5.69

---

83 Bosonnet, Plangenehmigungsverfahren, S. 34 ff.; BGE 124 II 146, E. 3a.
84 Kern/König, Öffentlicher Verkehr, Rz. 9.91.
85 Ausführlich zum Ganzen Rz. 3.526 ff.

d) Umweltschutz

5.70 Da die schweizerischen Eisenbahnen fast durchgehend elektrifiziert sind und die Luftverschmutzung als Problemfaktor damit weitgehend wegfällt, bildet bei Streckenausbauten der **Lärm** das dominierende, bei Neubauten in jedem Fall ein zentrales Umweltthema.[86] Zur Lärmsanierung vgl. Rz. 4.241 und 5.76 f.

5.71 Gemäss Ziff. 12.1 Anhang UVPV ist für neue Eisenbahnlinien eine **zweistufige UVP** vorzunehmen, wobei die erste Stufe im Zusammenhang mit der Erteilung der Infrastrukturkonzession zu erfolgen hat. Die zweite Stufe ist anschliessend auf Ebene der Plangenehmigung angesiedelt. Bei anderen Eisenbahnbauten im Sinne von Ziff. 12.2 findet die UVP, soweit eine solche erforderlich ist[87], insgesamt im Plangenehmigungsverfahren statt.[88]

4. Angrenzende Anlagen

a) Nebenanlagen

5.72 Bauten und Anlagen, die nicht ganz oder überwiegend dem Eisenbahnbetrieb dienen (Nebenanlagen), unterstehen dem **kantonalen Recht** (Art. 18m EBG). Die Abgrenzung hat aufgrund funktioneller Kriterien zu erfolgen.[89]

5.73 Bei Bauvorhaben, welche sowohl Eisenbahn- wie auch Nebenanlagen umfassen, ist eine verfahrenstechnische Aufteilung nur sinnvoll, wenn die einzelnen Teile unabhängig voneinander behandelt werden können. Ansonsten sind die Teile aus koordinationsrechtlichen Gründen wenn möglich in einem Verfahren zu beurteilen. Hierzu empfiehlt sich eine Verständigung unter den beteiligten Behörden, wobei die Wahl des massgeblichen Verfahrens im Regelfall aufgrund der im Vordergrund stehenden Zielsetzung des Vorhabens vorzunehmen ist.[90]

b) Kreuzungen

5.74 Kreuzungsbauwerken zwischen verschiedenen Verkehrsinfrastrukturen, insbesondere Strassen- und Schienenanlagen, kommt ein **gemischter Charakter** zu.[91] Ausschlaggebend für das massgebliche Verfahren ist auch hier in erster Linie, welches Vorhaben konkret im Vordergrund steht.[92]

---

86 Bosonnet, Plangenehmigungsverfahren, S. 246 f.
87 Für Bauten, deren Kostenvoranschlag (exkl. Sicherungsanlagen) weniger als 40 Millionen Franken beträgt, ist grundsätzlich keine UVP vonnöten.
88 Bosonnet, Plangenehmigungsverfahren, S. 256.
89 Dazu Rz. 5.48.
90 Stückelberger/Haldimann, Schienenverkehrsrecht, Rz. 36.
91 BGE 127 II 227, E. 4.
92 Stückelberger/Haldimann, Schienenverkehrsrecht, Rz. 36.

c) Anschlussgleise

Einen Sonderstatus nehmen die Anschlussgleise ein, die der Erschliessung von Privatgrundstücken (z.B. Industriearealen) dienen. Diese sind zwar Eisenbahngleise im technischen Sinn, die dem Güterverkehr dienen; sie stellen aber **keine Eisenbahnanlagen** im Sinn des Eisenbahngesetzes dar.[93] Für die Bahnen besteht eine Pflicht zur Gewährung des Anschlusses, wenn dieser weder die sichere Abwicklung des Bahnbetriebs noch den künftigen Ausbau der Bahnanlagen beeinträchtigt und ein Bedürfnis ausgewiesen ist (Art. 15 Abs. 1 GüTG). Die Beziehungen zwischen Anschliesser und Infrastrukturbetreiberin werden mittels einem Anschlussvertrag geregelt (Art. 17 GüTG). Kantone und Gemeinden sind verantwortlich für die Schaffung der notwendigen raumplanerischen Grundlagen (Art. 12 GüTG). Gestützt darauf kann das Projekt grundsätzlich durch eine Baubewilligung nach kantonalem Recht genehmigt werden; zusätzlich ist die Zustimmung des BAV erforderlich, welches auch für die Erteilung einer allfälligen Betriebsbewilligung nach Art. 18w EBG zuständig ist (Art. 13 GüTG). 5.75

5. Lärmsanierung

Die Lärmsanierung der Eisenbahnen hat im BGLE und in der VLE eine gesonderte Regelung erfahren.[94] Im Vordergrund stehen technische **Massnahmen an Rollmaterial und Fahrweg** (Art. 2 Abs. 1 BGLE). Soweit diese Mittel nicht ausreichen, sind **Massnahmen gegen die Ausbreitung des Lärms** zu treffen (Schallschutzwände; Art. 2 Abs. 2 BGLE). Damit soll eine Verminderung der Lärmbetroffenen um mindestens zwei Drittel erreicht werden. Das verbleibende Drittel ist mittels gebäudebezogenen Vorkehren (Schallschutzfenster) zu schützen. Die vorgenannten Aufgaben waren bis zum 31. Dezember 2015 durchzuführen (Art. 3 Abs. 1 BGLE).[95] Art. 7a BGLE sieht ab 2016 ergänzende Massnahmen vor und ermöglicht es, unbefriedigende Ergebnisse der bisherigen Lärmsanierung zu beheben und beispielsweise Lärmschutzwände zu verlängern oder Lücken zwischen solchen zu schliessen.[96] Auf diese Weise soll ein Schutzgrad von ca. 80 Prozent erreicht werden. 5.76

Falls sich übermässige Immissionen mittels geeigneter (Sanierungs-)Massnahmen nicht beseitigen lassen und sie für einen Grundeigentümer nicht vorhersehbar waren, ihn (durch IGW-Überschreitungen) in spezieller Weise treffen sowie einen schweren Schaden verursachen, ist der Infrastrukturbetreiber verpflichtet, die Nachbarrechte (Art. 679, Art. 684 ZGB) des Betroffenen mittels **formeller Enteignung** zu entziehen und zu entschädigen.[97] Trotz der sanierungsrechtlichen Sonderordnung gelangen dabei grundsätzlich dieselben Massstäbe zur Anwendung wie gegenüber anderen Verkehrsträgern. Ein zureichender sachlicher Grund, im Eisen- 5.77

93 KÖNIG, UVP-Pflicht, S. 40; BOSONNET, Plangenehmigungsverfahren, S. 84; STÜCKELBERGER/HALDIMANN, Schienenverkehrsrecht, Rz. 118.

94 Zum Geltungsbereich vgl. BVGer A-4918/2011, A-4924/2011 vom 4. Juni 2012, E. 3.4.

95 Vgl. aber auch die Übergangsregelung in Art. 16 VLE.

96 Botschaft BGLE 2012, S. 509, 520; GOSSWEILER, Entschädigungen, Rz. 247.

97 GOSSWEILER, Entschädigungen, Rz. 307 ff.

bahnrecht lediglich von einer eingeschränkten Entschädigungspflicht auszugehen, ist nicht ersichtlich.[98] Auch dürften ergänzende Sanierungsmassnahmen (deren Frist läuft noch bis 31. Dezember 2025; Art. 3 Abs. 2 BGLE) Entschädigungsansprüche nur noch dann zu hemmen vermögen, wenn die Umsetzung unmittelbar ansteht und eine grundlegende Verbesserung zu erwarten ist.[99]

C. Flugplätze

Literatur

Hafner Felix/Meyer Christoph, Einfluss; Hirsbrunner Simon, Auswirkungen; Jaag Tobias/Hänni Julia, Infrastruktur der Luftfahrt; Vogel Stefan, Luftfahrtinfrastruktur; Walpen Adrian, Bau und Betrieb.

Amtliche Publikationen

Botschaft LFG 2009; UVEK, Bericht LFG 1+.

1. Grundlagen

a) Rechtsquellen

5.78 Das Luftfahrtrecht hat durch den Bund gestützt auf Art. 87 BV eine weitgehend abschliessende Regelung erfahren. Im Vordergrund steht dabei das **Luftfahrtgesetz (LFG),** welches in Art. 36 ff. auch Bau und Betrieb der erforderlichen Infrastrukturanlagen regelt. Konkretisiert wird das LFG über eine Vielzahl von Verordnungen, u.a. durch die Verordnung über die Infrastruktur der Luftfahrt (VIL). Aufgrund des **Luftverkehrsabkommens** mit der Europäischen Gemeinschaft[100] gewinnt daneben das Recht der EU zunehmend an Bedeutung.[101]

5.79 Am 5. Juni 2015 wurde die **Teilrevision 1+** des Luftfahrtgesetzes in die Vernehmlassung geschickt. Nachdem zunächst eine umfassendere (zweite) Teilrevision geplant war, mit der namentlich der Bundeseinfluss auf die Landesflughäfen gestärkt werden sollte, beschränkt sich die jetzige Vorlage auf eine Reihe mehr technischer Anpassungen. Für Flugplätze wird u.a. ein neues, differenziertes Konzessionierungs- und Bewilligungssystem vorgeschlagen.[102]

---

98 So auch Gossweiler, Entschädigungen, Rz. 851 ff.

99 Gossweiler, Entschädigungen, Rz. 475. Vgl. auch BGE 130 II 394, E. 10, wonach die bevorstehende Sanierung einer Verkehrsanlage das Entstehen des enteignungsrechtlichen Entschädigungsanspruchs nur dann zu hemmen vermag, wenn feststeht oder höchstwahrscheinlich ist, dass durch Massnahmen an der Quelle übermässige Immissionen vollständig beseitigt werden können und damit eine dauernde Unterdrückung der nachbarlichen Abwehrrechte vermieden werden kann.

100 Abkommen zwischen der Schweizerischen Eidgenossenschaft und der Europäischen Gemeinschaft über den Luftverkehr vom 21. Juni 1999 (SR 0.748.127.192.68).

101 Vogel, Luftfahrtinfrastruktur, Rz. 8.3.

102 Vgl. UVEK, Bericht LFG 1+, S. 3 f.

b) Anlagearten

aa) Flugplätze; Flugplatzanlagen

Flugplätze sind mittels Sachplan festgelegte Anlagen für die Ankunft und den Abflug von Luftfahrzeugen, für deren Stationierung und Wartung, für den Verkehr von Passagieren und für den Umschlag von Gütern (Art. 2 lit. a VIL). Dabei ist zwischen zwei Kategorien zu differenzieren: Bei **Flughäfen,** welche der Abwicklung des Linien- und Charterverkehrs dienen und damit Einrichtungen des öffentlichen Verkehrs bilden[103], besteht ein Zulassungszwang, wonach die Anlagen grundsätzlich allen im nationalen und internationalen Luftverkehr zugelassenen Luftfahrzeugen zur Verfügung zu stellen sind (Art. 36a Abs. 2 LFG, Art. 2 lit. c VIL). Als **Flugfelder** eingestuft werden dagegen auf Privatverkehr ausgerichtete Flugplätze ohne Zulassungszwang (Art. 2 lit. b VIL[104]). 5.80

Bauten und Anlagen, die ganz oder überwiegend dem Betrieb eines Flugplatzes dienen (sog. **Flugplatzanlagen,** vgl. Art. 2 lit. e VIL), unterstehen einem bundesrechtlichen Bewilligungsregime, indem Erstellung und Änderung eine Plangenehmigung nach Art. 37 ff. LFG[105] erfordern. Die Qualifizierung als Flugplatzanlage setzt einen sachimmanenten, unmittelbaren Zusammenhang mit dem Betrieb des Flugplatzes voraus.[106] Nicht um Flugplatzanlagen handelt es sich bei Dachziegelklammerungen, welche in der Umgebung eines Flugplatzes vorgenommen werden; daran ändert auch der Umstand nichts, dass die Klammerung allenfalls im Rahmen eines Plangenehmigungsverfahrens angeordnet werden kann. Vielmehr geht es – ähnlich wie bei Schallschutzmassnahmen – um Folgevorkehren aufgrund betrieblicher oder baulicher Änderungen auf einem Flugplatz, welche als Auflage in die betreffende Genehmigungsverfügung aufgenommen werden.[107] Ebenso wenig handelt es sich bei der Befeuerung von Luftfahrthindernissen um Flugplatzanlagen.[108] Abzugrenzen sind die luftfahrtrechtlichen Bauten schliesslich von den Nebenanlagen.[109] 5.81

bb) Flugsicherungsanlagen

Flugsicherungsanlagen sind radioelektrische Navigations- und Übermittlungseinrichtungen für die Leitung und sichere Durchführung des Luftverkehrs (Art. 2 lit. j VIL). Auch für deren Erstellung ist eine Plangenehmigung des Bundes erforderlich, wobei die Vorschriften betreffend Flugplatzanlagen sinngemäss zur Anwendung gelangen (Art. 40f Abs. 1 und 2 LFG). 5.82

---

103 Jaag/Hänni, Infrastruktur der Luftfahrt, Rz. 14; Vogel, Luftfahrtinfrastruktur, Rz. 8.4; Walpen, Bau und Betrieb, S. 30.

104 Vgl. aber auch Art. 20 VIL.

105 Dazu Rz. 5.87 ff.

106 Vogel, Luftfahrtinfrastruktur, Rz. 8.22; Walpen, Bau und Betrieb, S. 207.

107 BGer, Urteil 1A.244/2003, 1A.259/2003 vom 31. März 2003, E. 6.1, geht von Vorrichtungen im Sinne von Art. 7 Abs. 3 EntG aus. Vgl. auch Walpen, Bau und Betrieb, S. 208.

108 BGer, Urteil 1A.250/2003 vom 31. März 2003, E. 8.

109 Zu diesen Rz. 5.102 f.

2. Planung und Bewilligung von Flugplätzen

a) Sachplan Infrastruktur der Luftfahrt (SIL)

5.83 Im Sachplan Infrastruktur der Luftfahrt (SIL) umschreibt der Bund die infrastrukturpolitischen Ziele, welche im Bereich Aviatik verfolgt werden sollen, sowie die Rahmenbedingungen für die bauliche und betriebliche Ausgestaltung der entsprechenden Anlagen. Während der **konzeptionelle Abschnitt** die Rahmenbedingungen und generelle Ausrichtung der Zivilluftfahrt festlegt, enthalten die **Objektblätter** detaillierte, anlagebezogene Angaben für die einzelnen Flugplätze, indem der Zweck, das beanspruchte Areal, die Grundzüge der Nutzung, die Erschliessung sowie die Rahmenbedingungen zum Betrieb bestimmt werden (Art. 3a Abs. 2 VIL).[110]

5.84 Der Sachplan bildet die Basis für die Erteilung der Betriebskonzession, die Bewilligung von Bauten und Anlagen mittels Plangenehmigung sowie die Genehmigung des Betriebsreglements. Wichtige Interessenabwägungen und Ermessensentscheide sind grundsätzlich von der Sachplanbehörde vorzunehmen.[111] Die Festlegungen sind für die Behörden aller Stufen wie auch für den Flugplatzhalter verbindlich (Art. 22 Abs. 1 und 2 RPV). Die Rechtmässigkeit eines konkreten Projekts wird jedoch erst im zugehörigen Plangenehmigungs- oder Betriebsreglementsbewilligungsverfahren geprüft.[112] Sprengt ein Bauvorhaben oder eine betriebliche Massnahme den Rahmen des SIL, muss dieser vorab entsprechend abgeändert werden. Abweichungen von untergeordneter Bedeutung dürften jedoch auch ohne vorgängige SIL-Anpassung erlaubt sein.[113]

b) Betriebskonzession und Betriebsbewilligung

5.85 Die Führung eines **Flughafens** setzt eine Betriebskonzession voraus, welche das Recht und die Pflicht beinhaltet, einen dem öffentlichen Verkehr dienenden Flugplatz ordnungsgemäss zu betreiben (Art. 36a Abs. 1–2 LFG). Für deren Erteilung ist das UVEK zuständig. Die Geltungsdauer beträgt 50 Jahre bei Landesflughäfen bzw. 30 Jahre bei Regionalflughäfen (Art. 13 VIL). Im Rahmen der Betriebskonzession wird über Standort und Stellenwert eines Flughafens und die Wahl des Konzessionsnehmers entschieden.[114] Die Ausgestaltung der Infrastruktur und des Betriebs bildet dagegen nicht Gegenstand der Konzession (Art. 10 Abs. 2 VIL). Bauliche Fragen werden über das Plangenehmigungsverfahren geprüft; betriebliche Aspekte sind im Betriebsreglement zu klären. Entsprechend muss das Gesuch vor allem betreiberbezogene Informationen enthalten, indem es nachzuweisen gilt, dass die verantwortliche Gesellschaft in organisatorischer, fachlicher und finanzieller Hinsicht die notwendigen Voraussetzungen erfüllt (Art. 11 VIL). Zudem ist die Erteilung der Konzession an die Erwartung geknüpft, dass die Anlage in Übereinstim-

110 Hafner/Meyer, Einfluss, S. 733; Jaag/Hänni, Infrastruktur der Luftfahrt, Rz. 41.
111 Vogel, Luftfahrtinfrastruktur, Rz. 8.10; Walpen, Bau und Betrieb, S. 115, 136.
112 Hafner/Meyer, Einfluss, S. 733; Walpen, Bau und Betrieb, S. 135.
113 Walpen, Bau und Betrieb, S. 135.
114 Vogel, Luftfahrtinfrastruktur, Rz. 8.13; Walpen, Bau und Betrieb, S. 161.

mung mit der SIL-Planung steht und sich das angedachte Betriebsreglement als genehmigungsfähig erweist. Damit kann auch die notwendige (inhaltliche) Koordination mit den entsprechenden Verfahren sichergestellt werden. Ein eigentliches Einspracheverfahren – wie bei der Plangenehmigung und beim Betriebsreglement – ist nicht zwingend durchzuführen, aber es sind jedenfalls die betroffenen Kantone anzuhören.[115] Das in Art. 11 f. VIL geregelte Verfahren gelangt auch für die Übertragung oder die Erneuerung einer Konzession zur Anwendung (Art. 14 Abs. 1 VIL).

Für ein **Flugfeld** ist lediglich eine Betriebsbewilligung des BAZL erforderlich 5.86 (Art. 17 ff. VIL). Deren Erteilung erfolgt unbefristet. Unter den Voraussetzungen von Art. 22 Abs. 1 VIL kann sie jedoch entschädigungslos geändert oder entzogen werden.

c) Plangenehmigung

Flugplatzanlagen dürfen nur mit einer Plangenehmigung erstellt oder geändert 5.87 werden (Art. 37 LFG). Genehmigungsbehörde ist bei Flughäfen das UVEK, bei Flugfeldern das BAZL. Mit der Plangenehmigung werden sämtliche nach Bundesrecht erforderlichen Bewilligungen erteilt. Die Bewilligungsbehörde hat umfassend über sämtliche relevanten Aspekte zu entscheiden. Einzelne Punkte dürfen mit anderen Worten nicht abgespalten und in ein separates Verfahren verwiesen werden.[116] Auch die – grundsätzlich zulässige – Aufteilung eines Projekts in mehrere Etappen darf nicht dazu führen, dass die Gesamtauswirkungen ungeprüft bleiben.[117] Soweit im Rahmen der Plangenehmigung planerische Fragen geklärt werden, kommt ihr auch die Funktion eines Sondernutzungsplans zu.[118] Falls Bauvorhaben Anpassungen im Betriebsreglement bedingen oder mit solchen zusammenhängen, gilt es die beiden Verfahren zu koordinieren (Art. 27c VIL). Das kantonale Recht ist so weit zu berücksichtigen, als es Bau und Betrieb des Flugplatzes nicht unverhältnismässig einschränkt.

Art. 27a^bis VIL umschreibt den notwendigen **Inhalt** des Plangenehmigungsge- 5.88 suchs. Enthalten muss dieses namentlich das Bauprojekt mit allen Unterlagen, eine Begründung des Vorhabens, die erforderlichen umweltrechtlichen Nachweise, Angaben über die Abstimmung mit der Raumplanung und die Einhaltung sonstiger Rechtsvorgaben, Belege zu den betrieblichen Auswirkungen und zur Flugsicherheit sowie allfällige mit dem Projekt verbundene Änderungen des Betriebsreglements.

Das Gesuch wird in den amtlichen Publikationsorganen der tangierten Kantone und 5.89 Gemeinden publiziert und während 30 Tagen öffentlich aufgelegt (Art. 37d Abs. 2 LFG). Betroffene Privatpersonen oder Gemeinden können innerhalb dieser Frist **Einsprache** erheben (Art. 37f Abs. 1 und 3 LFG; vgl. auch Rz. 7.47). Die Teilnahme am Einspracheverfahren ist Voraussetzung, um ein Rechtsmittel gegen den Ent-

115 Walpen, Bau und Betrieb, S. 163; BGer, Urteil 1A.61/2003 vom 8. Juli 2003, E. 5.2.
116 Walpen, Bau und Betrieb, S. 217.
117 BGE 124 II 293, E. 26b.
118 Vogel, Luftfahrtinfrastruktur, Rz. 8.25; Walpen, Bau und Betrieb, S. 210.

scheid in der Sache erheben zu können, da es ansonsten am Erfordernis der formellen Beschwer fehlt. Die zuständigen Fachstellen des Bundes sind zu einer Stellungnahme einzuladen. Kommt es zwischen diesen Stellen und der Leitbehörde zu Differenzen, ist ein **Bereinigungsverfahren** nach Art. 62b RVOG durchzuführen (Art. 37g LFG). Die betroffenen Kantone erhalten die Möglichkeit, sich innerhalb von drei Monaten zum Gesuch zu äussern (Art. 37d Abs. 1 LFG).

5.90 Soweit für die Verwirklichung von Bauten und Anlagen eine **Enteignung** von dinglichen Rechten an Grundstücken erforderlich ist, sind im Rahmen der Plangenehmigung auch allfällige enteignungsrechtliche Einsprachen zu beurteilen (Art. 37h Abs. 1 LFG); zugehörige Entschädigungsforderungen werden dagegen nachgelagert durch die Eidg. Schätzungskommissionen behandelt.

5.91 Bei Vorhaben von untergeordneter Bedeutung sowie für die Beurteilung von Detailplänen bei bereits genehmigten Projekten sieht Art. 37i LFG ein **vereinfachtes Verfahren** vor. Publikation und öffentliche Auflage fallen hier weg. Allenfalls Betroffene sind direkt zu begrüssen oder können vorab ihr schriftliches Einverständnis erklären. In Zweifelsfällen soll grundsätzlich ein ordentliches Verfahren durchgeführt werden.

5.92 In den **Fällen von Art. 28 VIL**[119] kann ganz auf eine Plangenehmigung verzichtet werden und genügt es, dem BAZL eine vorgängige Meldung zu erstatten. Soweit dieses innert zehn Arbeitstagen eine luftfahrtspezifische Prüfung verlangt, muss mit dem Baubeginn jedoch zugewartet werden, bis deren Ergebnis vorliegt.

5.93 Zur Freihaltung von Grundstücken für zukünftige Flughafenanlagen stehen gemäss Art. 37n ff. LFG **Projektierungszonen** und **Baulinien** zur Verfügung.

d) Betriebsreglement

5.94 Der Flugplatzhalter muss ein Betriebsreglement erlassen, das vom BAZL zu genehmigen ist (Art. 36c LFG). In diesem gilt es insbesondere die Organisation des Flugplatzes, die Betriebszeiten, die An- und Abflugverfahren[120], die Benützung der Flugplatzanlagen sowie die Bodenabfertigungsdienste zu regeln (Art. 23 VIL). Das Gesuch muss neben einem Textentwurf Angaben über die Folgen für Raum und Umwelt und in den vorgesehenen Fällen einen UVB enthalten (Art. 24 lit. a–b VIL).

---

119 Dazu gehören etwa: Baubaracken sowie Werk- und Lagerplätze, die einer Baustelle dienen und nach Beendigung der Bauarbeiten beseitigt werden (lit. a), oder gewöhnliche Unterhalts- und Instandstellungsarbeiten an Bauten und Anlagen sowie geringfügige bauliche Änderungen im Innern von Gebäuden (lit. g).

120 Die Regelung des Flugplatzbetriebs basiert in der Regel auf einer Mehrzahl von Konzepten, welche in Abhängigkeit von Wetterbedingungen und allfälligen (v.a. lärmbedingten) Flugbeschränkungen in einer geordneten Abfolge zur Anwendung gelangen. Leistungsschwache oder aus anderen Gründen wenig geeignete Konzepte kommen dabei in der Regel nur zum Einsatz, wenn dies aus zwingenden Gründen erforderlich ist. Zudem besteht ein hohes Interesse an einem möglichst stabilen Betrieb, da häufige Betriebsumstellungen die Flugsicherung stark beanspruchen und mit betrieblichen Nachteilen (Verspätungen, Kapazitätseinbussen) verbunden sind.

Soweit erforderlich sind weiter flugbetriebsrelevante Belege zu erbringen, die Auswirkungen auf die Lärmbelastung aufzuzeigen und Entwürfe von allfällig zu ändernden Sicherheitszonen einzureichen (Art. 24 lit. c–e VIL). Voraussetzung, dass das Gesuch genehmigt werden kann, ist, dass die Vorgaben des SIL und die weiteren Anforderungen von Art. 25 Abs. 1 VIL eingehalten werden. Bei der Festlegung der Betriebszeiten sind die Schranken gemäss Art. 39 ff. VIL zu beachten.

Das BAZL hat als Leitbehörde die Stellungnahmen der betroffenen Fachbehörden des Bundes einzuholen. Ein allfällig erforderliches Bereinigungsverfahren richtet sich nach Art. 62b RVOG. Im Falle von **wesentlichen Änderungen**[121] mit Auswirkungen auf die **Fluglärmbelastung** erhalten die tangierten Kantone vom BAZL die Möglichkeit, innert einer dreimonatigen Frist zum Gesuch Stellung zu nehmen (Art. 36d Abs. 1 LFG). Überdies ist das Gesuch in den amtlichen Publikationsorganen der betroffenen Kantone und Gemeinden zu publizieren und 30 Tage öffentlich aufzulegen. Während dieser Frist können Betroffene und Gemeinden Einsprache erheben (wer dies unterlässt, bleibt vom anschliessenden Rechtsmittelverfahren ausgeschlossen; Art. 36d Abs. 2, 4–5 LFG). Diese Vorgaben gelten entgegen dem zu engen Wortlaut von Art. 36d LFG nicht nur für (nachträgliche) Änderungen, sondern auch für den erstmaligen Erlass eines Betriebsreglements.[122] 5.95

Soweit die Betriebsreglementsänderung in Konnex zu einer Plangenehmigung steht, müssen die beiden Verfahren miteinander koordiniert werden (Art. 36c Abs. 4 LFG, Art. 27c Abs. 2 VIL). Falls die Voraussetzungen von Art. 36 lit. c VwVG erfüllt sind, hat neben der Eröffnung gegenüber den Parteien eine Publikation in einem amtlichen Blatt zu erfolgen. Ist die Genehmigung rechtskräftig, werden die wesentlichen Benutzungsvorschriften des Betriebsreglements im Luftfahrthandbuch **(Aeronautical Information Publication, AIP)** veröffentlicht (Art. 25a VIL). 5.96

3. Kriterien zur Beurteilung von Flugplatzanlagen

a) Luftfahrtspezifische Anforderungen

aa) Vorgaben durch ICAO und EU

Das Luftfahrtrecht wird sehr stark durch die Normen und Empfehlungen der Internationalen Zivilluftfahrt-Organisation (ICAO) beeinflusst. Art. 3 Abs. 1bis VIL sieht eine **unmittelbare Anwendbarkeit** der dort genannten Vorschriften (u.a. Annex 14 «Aerodromes») vor. Entsprechend spielen diese Bestimmungen bei Bewilligungsverfahren betreffend Flugplätze und hier insbesondere im Rahmen der luftfahrtspezifischen Prüfung eine wichtige Rolle. Durch die mit dem Luftverkehrsabkommen verbundene Übernahme des einschlägigen EU-Rechts werden die Vorgaben der ICAO zunehmend durch jene der Europäischen Agentur für Flugsicherheit (EASA) überlagert. 5.97

121 Wann dies der Fall ist, entscheidet das BAZL aufgrund objektiver Kriterien (Wahrnehmbarkeit, Anzahl Betroffener). Vgl. Walpen, Bau und Betrieb, S. 182.

122 Walpen, Bau und Betrieb, S. 182.

bb) Luftfahrtspezifische Prüfung

5.98 Bei allen baulichen und betrieblichen Änderungen auf einem Flugplatz, auch soweit es sich um genehmigungsfreie Vorhaben oder Nebenanlagen handelt, kann das BAZL eine luftfahrtspezifische Projektprüfung vornehmen (Art. 9 VIL). Untersucht wird dabei, ob die Anforderungen gemäss Art. 3 VIL erfüllt und geordnete Betriebsabläufe sichergestellt sind. Prüfungsgegenstand bilden namentlich die geltenden Sicherheitsabstände zu Pisten, Rollwegen und Abstellflächen sowie die Hindernisfreiheit, die Auswirkungen bezüglich Sicherheitsmassnahmen im Luftverkehr und die Notwendigkeit einer Veröffentlichung im Luftfahrthandbuch (AIP).

b) Umweltschutz

5.99 Auch im Bereich des Umweltschutzes spielen bei Flugplätzen internationale Vorgaben eine nicht zu unterschätzende Rolle. Von der Schweiz übernommen wurde namentlich die Richtlinie 2002/30/EG des Europäischen Parlaments und des Rates vom 26. März 2002 über Regeln und Verfahren für lärmbedingte Betriebsbeschränkungen auf Flughäfen der Gemeinschaft[123], welche wiederum dem sog. **Balanced Approach** der ICAO[124] folgt. Dieser sieht für die Fluglärmreduktion ein vierstufiges Modell vor, mit dem ein maximaler Umweltnutzen bei möglichst geringen Kosten angestrebt wird. Einschneidende Betriebsbeschränkungen sollen im Grundsatz erst ins Auge gefasst werden, wenn Lärmreduktionen an der Quelle (lärmgünstigeres Fluggerät), raumplanerische Massnahmen sowie operationelle Optimierungen (lärmmindernde Betriebsverfahren) nicht zum gewünschten Erfolg führen.[125]

5.100 Neuanlagen im Sinne von Ziff. 14 Anhang UVPV sowie Änderungen bestehender Flugplatzanlagen, welche die Voraussetzungen von Art. 2 UVPV erfüllen, erfordern eine **Umweltverträglichkeitsprüfung.**[126]

5.101 Zur Lärmsanierung vgl. Rz. 4.240 ff. Für zu duldende übermässige Immissionen ist vom Flughafenhalter eine Entschädigung aus **formeller Enteignung** der Nachbarrechte geschuldet, wenn die Voraussetzungen der Unvorhersehbarkeit, der Spezialität und der Schwere gegeben sind.[127]

---

123 Diese wurde (in der EU) auf den 13. Juni 2016 durch die VO (EU) Nr. 598/2014 vom 16. April 2014 über Regeln und Verfahren für lärmbedingte Betriebsbeschränkungen auf Flughäfen der Union im Rahmen eines ausgewogenen Ansatzes sowie zur Aufhebung der Richtlinie 2002/30/EG abgelöst. Inwieweit diese Änderung auch im Verhältnis zur Schweiz nachvollzogen wird, entscheidet der gemischte Ausschuss Luftverkehr.

124 Document 9829 (AN/451) Guidance on the Balanced Approach to Aircraft Noise Management.

125 Hirsbrunner, Auswirkungen, S. 89; Plüss, Öffentliche Interessen, S. 114; Walpen, Bau und Betrieb, S. 73 f.

126 Vgl. Walpen, Bau und Betrieb, S. 226 ff.; Art. 74a Abs. 2 VIL sah überdies eine übergangsrechtliche Sonderregelung für die Erneuerung der Betriebskonzessionen der Landesflughäfen (Zürich und Genf) im Jahre 2001 vor.

127 Gfeller, Immissions- und Überflugsenteignungen, S. 52 ff.; Plüss, Öffentliche Interessen, S. 248 ff.; Vogel, Luftfahrtinfrastruktur, Rz. 8.64 ff.

4. Nebenanlagen

Im Umfeld eines Flugplatzes angesiedelte Bauten und Anlagen gelten als Nebenanlagen, wenn sie zu diesem höchstens in einer mittelbaren bzw. lockeren Beziehung stehen (Art. 37m Abs. 1 LFG, Art. 2 lit. f VIL). Sie unterstehen **kantonalem Baurecht,** dürfen die Flugsicherheit und den Flugplatzbetrieb aber nicht beeinträchtigen. Entsprechend ist das BAZL vor der Bewilligungserteilung anzuhören (Art. 37m Abs. 2 LFG). Zudem darf es Rechtsmittel des kantonalen und des eidgenössischen Rechts ergreifen (Art. 37m Abs. 4 LFG). 5.102

Die Abgrenzung von Flugplatz- und Nebenanlagen muss aufgrund einer ganzheitlichen funktionellen Betrachtungsweise erfolgen.[128] Bei **gemischten Bauten** soll in der Regel nur ein einziges Bewilligungsverfahren zur Anwendung gelangen, wobei darauf abzustellen ist, ob das Gesamtbauwerk von der Funktion her überwiegend dem Luftverkehr dient oder nicht.[129] 5.103

5. Beschränkte Zulassung von Gebirgslandeplätzen

Gebirgslandeplätze sind Landestellen, die auf einer Höhe von mehr als 1100 Metern über Meer liegen. Sie dienen zu Ausbildungs- und Übungszwecken sowie für Personentransporte zu touristischen Zwecken (Art. 54 VIL). Ihre Zahl wurde durch Verordnungsänderung vom 21. Oktober 2015[130] (von bisher 48) auf 40 begrenzt. Auch bei bereits bestehenden Gebirgslandeplätzen können nachträglich erforderliche Nutzungseinschränkungen angeordnet werden.[131] 5.104

D. Seilbahnen und Skilifte

Literatur

Bütler Michael, Skigebiete, S. 431 ff.; Hepp Marcel/Stückelberger Ueli, Seilbahnrecht, S. 491 ff.

Amtliche Publikationen

Botschaft SebG 2004; BAFU/BAV, Vollzugshilfe Seilbahnvorhaben.

128 Dazu Rz. 5.81.
129 Walpen, Bau und Betrieb, S. 208 f.
130 AS 2015 4423.
131 BVGE 2011/59 1193, E. 6.3.

1. Grundlagen

a) Rechtsquellen

5.105 Nach Art. 87 BV verfügt der Bund im Bereich der Seilbahnen über eine umfassende Kompetenz, welche er indessen nicht voll ausschöpft.[132] Die Seilbahngesetzgebung des Bundes orientiert sich inhaltlich stark am einschlägigen EU-Recht.[133] Das **Seilbahngesetz (SebG)** wird durch die Seilbahnverordnung (SebV) sowie eine Reihe weiterer Verordnungen ergänzt.[134] Aufgrund des Verweises in Art. 16 SebG gelangen für das Plangenehmigungsverfahren subsidiär die Bestimmungen des Eisenbahn- (EBG) und des Enteignungsgesetzes (EntG) zur Anwendung.

5.106 Um zu gewährleisten, dass bei Seilbahnvorhaben die Anliegen der Raumplanung sowie des Landschafts-, Natur- und Umweltschutzes angemessene Berücksichtigung finden, wurde durch die zuständigen Bundesstellen eine **Vollzugshilfe** ausgearbeitet. Ihr kommt kein Rechtssatzcharakter zu; sie kann und soll von den rechtsanwendenden Behörden aber als Auslegungshilfe herangezogen werden.[135]

b) Erfasste Anlagen

5.107 Der Seilbahngesetzgebung unterstehen alle Seilbahnen, die der Personenbeförderung dienen, namentlich Luftseilbahnen, Standseilbahnen, Skilifte sowie ähnliche Transportanlagen mit Seilantrieb (Art. 2 Abs. 1 SebG); nicht geregelt werden dagegen Materialseilbahnen.[136] Ausdrücklich ausgenommen sind überdies Bergbauanlagen, nicht ortsfeste Seilbahnen, Vergnügungsanlagen, militärische Objekte sowie Aufzüge (Art. 2 Abs. 2 SebG).

5.108 In Bezug auf Luftseilbahnen ist zu unterscheiden zwischen Pendel- und Umlaufbahnen.[137] Bei **Pendelbahnen** läuft eine Kabine auf einem oder mehreren Tragseilen und wird mittels Zugseil hin und her bewegt. Bei einer **Umlaufbahn** werden Kabinen (Gondeln) oder Sessel umlaufend (also im Gegenverkehr auf zwei Fahrbahnseiten) bewegt.

---

132 HEPP/STÜCKELBERGER, Seilbahnrecht, Rz. 8, 10, 16.

133 HEPP/STÜCKELBERGER, Seilbahnrecht, Rz. 21 ff.

134 Verordnung über die Sicherheitsanforderungen an Umlaufbahnen mit kuppelbaren Klemmen (Umlaufbahnverordnung) vom 11. April 1986 (SR 743.121.1); Verordnung über die Sicherheitsanforderungen an Umlaufbahnen mit festen Klemmen (Sesselbahnverordnung) vom 12. Januar 1987 (SR 743.121.2); Verordnung über die Sicherheitsanforderungen an Pendelbahnen (Pendelbahnverordnung) vom 18. Februar 1988 (SR 743.121.3); Verordnung über die Sicherheitsanforderungen an Standseilbahnen (Standseilbahnverordnung) vom 17. Juni 1991 (SR 743.121.6).

135 BAFU/BAV, Vollzugshilfe Seilbahnvorhaben, S. 8; VGer ZH, Urteil VB.2013.00722 vom 4. September 2014, E. 5.1.

136 HEPP/STÜCKELBERGER, Seilbahnrecht, Rz. 16.

137 HEPP/STÜCKELBERGER, Seilbahnrecht, Rz. 2.

c) Zuständigkeiten und Verfahren

Bewilligungstechnisch ist gemäss Art. 3 SebG zu differenzieren zwischen Seilbahnen, für welche Bundesbehörden verantwortlich sind, und solchen, bei denen der Vollzug an die Kantone delegiert ist.[138] Unter die Bewilligungshoheit des **Bundes** fallen Seilbahnen, die für die regelmässige und gewerbsmässige Personenbeförderung bestimmt sind und die darum über eine Personenbeförderungskonzession (gemäss Art. 6 PBG) verfügen müssen. Die **Kantone** kümmern sich dagegen um diejenigen Bahnen, die keine Personenbeförderungskonzession benötigen, insbesondere Skilifte und Kleinluftseilbahnen, die für höchstens acht Personen je Fahrtrichtung zugelassen sind. In ihrem Zuständigkeitsbereich dürfen die Kantone ergänzende oder abweichende Regelungen erlassen, soweit die Bestimmungen des Seilbahngesetzes und der EG-Seilbahnrichtlinie dies zulassen (Art. 4 Abs. 4 SebV). Analog zum Bewilligungsverfahren ist auch die Aufsicht geregelt (Art. 22 SebG). 5.109

2. Planung und Bewilligung von Seilbahn- und Skiliftprojekten

a) Grundsätzliches zu den erforderlichen Bewilligungen

Für Anlagen im Verantwortungsbereich des **Bundes** sind – neben der (Personenbeförderungs-)Konzession – eine Plangenehmigung und eine Betriebsbewilligung vonnöten (Art. 3 Abs. 1 SebG). Für die Erteilung zuständig ist in allen Fällen das BAV. Die vorgängige Ausarbeitung eines Sachplanes ist nicht erforderlich. Die notwendige Abstimmung mit der Raumplanung erfolgt einmal über die im Landschaftskonzept Schweiz enthaltenen Ziele und Grundsätze[139]; zudem gilt es die raumplanerischen Vorgaben der betroffenen Kantone einzuhalten.[140] Nicht näher eingegangen wird nachfolgend auf das Erfordernis der Personenbeförderungskonzession.[141] 5.110

Die Ausgestaltung der Bewilligungen für Bau und Betrieb einer **kantonalen** Anlage richtet sich in dem Rahmen, welchen das Bundesrecht den Kantonen zur Verfügung stellt, nach kantonalem Recht.[142] 5.111

Zu beachten ist, dass Seilbahnen potenzielle **Luftfahrthindernisse** darstellen (Art. 2 lit. k VIL), die gemäss Art. 63 f. VIL einer Bewilligung des BAZL bedürfen. 5.112

b) Plangenehmigung

Mit der Plangenehmigung werden sämtliche für den Bau der Seilbahn erforderlichen Bewilligungen erteilt (Art. 9 Abs. 1 SebG). Das kantonale Recht ist dabei zu berücksichtigen, soweit es die Seilbahnunternehmung in der Erfüllung von Aufgaben nicht unverhältnismässig einschränkt. Die Plangenehmigung ist zeitgleich mit 5.113

138 HEPP/STÜCKELBERGER, Seilbahnrecht, Rz. 17 ff.
139 Botschaft SebG 2004, S. 906; BAFU/BAV, Vollzugshilfe Seilbahnvorhaben, S. 32.
140 BÜTLER, Skigebiete, S. 434; BAFU/BAV, Vollzugshilfe Seilbahnvorhaben, S. 16 ff., 26 f.
141 Dazu HEPP/STÜCKELBERGER, Seilbahnrecht, Rz. 52 ff.
142 HEPP/STÜCKELBERGER, Seilbahnrecht, Rz. 44.

der Konzession zu erteilen (Art. 9 Abs. 2 SebG). Eine **Umweltverträglichkeitsprüfung** ist bei Seilbahnen mit Bundeskonzession sowie Skiliften zur Erschliessung neuer Geländekammern oder für den Zusammenschluss von Schneesportgebieten vorzunehmen (Ziff. 60.1 und 60.2 Anhang UVPV).

5.114 Eidgenössisch konzessionierte Seilbahnen verfügen gemäss Art. 7 SebG über das **Enteignungsrecht.** Vorausgesetzt wird dabei eine entsprechende Nutzungsplanung durch die Kantone.[143]

5.115 Das Gesuch wird den betroffenen Kantonen zur Stellungnahme zugestellt (Art. 12 Abs. 1 SebG). Private und Gemeinden wahren ihre Rechte mittels **Einsprache** während der öffentlichen Auflage; wer dies unterlässt, bleibt vom weiteren Verfahren ausgeschlossen (Art. 13 SebG; vgl. auch Rz. 7.53).

5.116 Für unwesentliche bzw. zeitlich befristete Vorhaben enthält Art. 15 SebG ein **vereinfachtes Verfahren.**

5.117 Wird der Betrieb eingestellt, ist die Anlage auf Kosten des Eigentümers zu beseitigen (Art. 19 SebG). Auf eine vollständige Wiederherstellung des ursprünglichen Zustands kann gegebenenfalls aus Gründen der Verhältnismässigkeit verzichtet werden.

c) Betriebsbewilligung

5.118 Für den Betrieb der Seilbahn ist eine Betriebsbewilligung einzuholen (Art. 17 SebG). Der Anlagenbetreiber muss dafür die notwendigen Nachweise erbringen und die verlangten Dokumente vorlegen (Art. 30 SebV). Gelingt ihm dies nicht vollständig, ist neben der Bewilligungsverweigerung auch eine Erteilung unter Auflagen denkbar.[144] Betriebsbewilligungen werden in der Regel bis zum Ablauf der Konzession, also für maximal 25 Jahre, erteilt.

d) Kantonale Bewilligungen

5.119 Bei Skiliften, Kleinseilbahnen sowie anderen Anlagen, die keiner Personenbeförderungskonzession bedürfen, ist für Bau und Betrieb eine kantonale Bewilligung erforderlich (Art. 3 Abs. 2, Art. 17 Abs. 1 lit. b SebG, Art. 4 Abs. 1 SebV). Sofern die Anlagen dabei nicht gemäss Art. 8 VPB vom Personenbeförderungsregal ausgenommen sind, benötigen sie überdies eine kantonale Bewilligung zur Personenbeförderung, welche in der Regel zusammen mit der Baubewilligung erteilt wird (Art. 4a SebV, Art. 7 PBG, Art. 7 VPB).

---

143 HEPP/STÜCKELBERGER, Seilbahnrecht, Rz. 93 f.; VGer ZH, Urteil VB.2013.00722 vom 4. September 2014, E. 5.3.

144 BVGer, Urteil A-523/2010 vom 19. Oktober 2010, E. 5.5.5.

3. Nebenanlagen

Bauten und Anlagen, die nicht überwiegend dem Seilbahnbetrieb dienen (sog. Nebenanlagen)[145], unterstehen den allgemeinen raumplanungs-, bau- und umweltrechtlichen Vorschriften von Bund und Kantonen (Art. 10 SebG). 5.120

4. Sonderregeln betreffend Hochgebirge und Gletscher

Hochgebirge und Gletscher dürfen nur erschlossen werden, wenn sie sich im Bereich grösserer Tourismusorte befinden, sie für die touristische Nutzung überdurchschnittlich geeignet sind und es sich nicht um besonders wertvolle Landschaften handelt (Art. 7 SebV).[146] 5.121

III. Anlagen zur Erzeugung, Übertragung oder Lagerung von Energie

A. Einleitung

1. Energierecht – ein Rechtsgebiet im Wandel

Als am 18. Juli 1879 im Speisesaal des Hotel Kulm in St. Moritz das erste elektrische Licht der Schweiz erstrahlte, nahm eine Entwicklung ihren Lauf, die in der damaligen Zeit noch niemand erahnen konnte. Der Hotelier Johannes Badrutt hatte am nahe gelegenen Brattasbach eine 4 PS-Wechselstrom-Dynamomaschine installieren lassen, um Strom für die Hotelbeleuchtung zu gewinnen.[147] Die darauf einsetzende **Elektrifizierung** veränderte das Leben der Menschen und deren Verhältnis zu jederzeit verfügbaren Energieressourcen grundlegend. 5.122

Die Bedeutung der Energiegewinnung und -versorgung nahm im Laufe der Zeit in gesellschaftlicher, wirtschaftlicher und politischer Hinsicht stetig zu. Zugleich wuchs das Bewusstsein, dass die Wohlfahrt einer Gesellschaft von einer **hinreichenden Energieversorgung** abhing. Nach dem Zweiten Weltkrieg setzte die Erschliessung der vorhandenen einheimischen Wasserkräfte in Grosskraftwerken ein, um den steigenden Energiehunger von Industrie und Bevölkerung zu stillen. 5.123

---

145 Gemäss Botschaft SebG 2004, S. 904, gehören dazu beispielsweise Abfahrtspisten, Beschneiungsanlagen, Parkplätze, Restaurants etc. Dem Begriff der bundesrechtlich geregelten Seilbahnanlagen liegt damit (etwa im Vergleich zu den Flugplatzanlagen, worunter je nachdem auch Restaurants oder Parkhäuser fallen können, vgl. BGE 124 II 75, E. 4) ein eher enges Verständnis zugrunde.

146 Bütler, Skigebiete, S. 435 f.; BAFU/BAV, Vollzugshilfe Seilbahnvorhaben, S. 30 f.

147 Hansjürg Gredig/Walter Willi, Unter Strom. Wasserkraftwerke und Elektrifizierung in Graubünden 1879–2000, Chur 2006, S. 17; Ruth Spitzenpfeil, Endlich nicht mehr grün im Gesicht, NZZ vom 21. Juli 2014, S. 16.

Ende der 60er-Jahre folgte die kommerzielle Nutzung der Kernenergie. Die Ölkrise der 70er-Jahre führte einer breiten Bevölkerungsschicht vor Augen, dass die jederzeitige Verfügbarkeit von Energie keine Selbstverständlichkeit und die Schweiz zur Deckung ihres Bedarfs an fossilen Energieträgern vom Ausland abhängig war.

5.124 Als sich am 26. April 1986 im ukrainischen Kernkraftwerk Tschernobyl ein Reaktorunglück mit unmittelbaren Auswirkungen auch auf die Schweiz ereignete, beeinflusste dies die öffentliche Meinung über die Kernenergienutzung und somit auch über die Zielsetzungen der schweizerischen Energiepolitik nachhaltig. Der nukleare Unfall führte zu einem 10-jährigen Moratorium für den Bau neuer Kernkraftwerke sowie zur Aufnahme eines **Energieartikels** in die Bundesverfassung, der eine «sichere, wirtschaftliche und umweltschonende Energieversorgung» vorschrieb. Am 11. März 2011 ereignete sich vor der japanischen Küste ein Erdbeben, das in der Folge ein weiteres Reaktorunglück im Kernkraftwerk Fukushima auslöste. Auch dieser Vorfall führte zu einer Zäsur in der schweizerischen Energiepolitik und veranlasste den Bundesrat, eine Strategie für den vollständigen und endgültigen Ausstieg aus der Kernenergienutzung zu entwerfen.

5.125 All diese Entwicklungen zeigen, dass sich das Energierecht stets in einem **Spannungsverhältnis** zwischen den Anforderungen an eine hinreichende und wirtschaftliche Landesversorgung, dem Sicherheitsbedürfnis der Bevölkerung sowie den Vorgaben des Umweltschutzes bewegt. Ferner besteht gemeinhin der Anspruch, dass das Energierecht stets mit der technologischen Entwicklung Schritt hält und unmittelbare Antworten auf die aktuellen Problemstellungen liefert. Die Kadenz, in der die energierechtlichen Grundlagen überarbeitet werden, nimmt fortlaufend zu.

5.126 Aktuell steht die Schweiz vor einem grundlegenden Umbau des Energiesystems. Das eidgenössische Parlament berät die **Energiestrategie 2050,** die den vollständigen Ausstieg aus der Kernenergienutzung, eine verstärkte Förderung der erneuerbaren Energien und eine erhebliche Reduktion des Energieverbrauchs bis zum Jahre 2050 zum Ziel hat.[148] Die Vorlage beinhaltet zahlreiche Gesetzesänderungen, deren Beratung durch die eidgenössischen Räte im Zeitpunkt der Drucklegung des vorliegenden Werkes noch nicht abgeschlossen war. Die nachfolgenden Ausführungen basieren auf den aktuell geltenden rechtlichen Grundlagen. Es ist absehbar, dass diese im Zuge der parlamentarischen Beratungen der Energiestrategie 2050 eine Revision erfahren werden. Das Energierecht bleibt im Wandel.

2. Eckpunkte eines funktionalen Rechtsgebietes

5.127 Energienutzung stellt in physikalischer Hinsicht stets eine Energieumwandlung dar. Energie wird in diesem Sinne weder gewonnen noch vernichtet. Aus Lageenergie wird Bewegungsenergie, aus Bewegungsenergie wird elektrische Energie, aus elektrischer Energie wird Wärme. Der Umwandlungsvorgang hat je nach Energieträger und Nutzungsart unterschiedliche technische, raumrelevante oder ökologi-

148 Botschaft Energiestrategie 2050; vgl. ferner die Absicht des Bundesrates, einen Verfassungsartikel über ein Klima- und Energielenkungssystem einzuführen (BBl 2015 2556).

sche Auswirkungen. Die dadurch betroffenen Sachgebiete und Rechtsbereiche sind zu vielfältig, um in einer einzigen Gesetzeskodifikation erfasst werden zu können. Die Betrachtung und Beurteilung eines Vorhabens erfolgt deshalb **funktional,** d.h. in Bezug auf die Auswirkungen, die der jeweiligen Anlage im Einzelnen zuzurechnen sind.

Das Energierecht umfasst (a) die Energiegesetzgebung im engeren Sinn, die eine wirtschaftliche und umweltverträgliche Versorgung, eine sparsame und rationelle Nutzung sowie die Förderung einheimischer erneuerbarer Energien vorschreibt, (b) das Wasserrecht, das die Nutzung der Wasserkräfte regelt, sowie (c) das Elektrizitätsrecht, das sich mit der Stromversorgung, der Übertragung und Verteilung sowie mit der Sicherheit im Bereich elektrischer Energie beschäftigt. Darüber hinaus weist das Energierecht zahlreiche **Schnittstellen** zu anderen Rechtsgebieten auf, namentlich zur Umweltschutzgesetzgebung (insbesondere in den Bereichen Gewässerschutz, Luft, Lärm, Strahlung, Boden, Natur- und Landschaft, Wald und Fischerei), ferner zum Raumplanungsrecht und zum Enteignungsrecht. 5.128

Eine grosse Herausforderung im Bereich des Energierechts besteht darin, im Rahmen des jeweiligen Bewilligungsverfahrens für den Bau und Betrieb von Anlagen zur Erzeugung, Übertragung oder Lagerung von Energie die Schnittstellen zu sämtlichen betroffenen Rechtsbereichen auszumachen und sowohl eine verfahrensrechtliche als auch eine materielle **Koordination bzw. Konzentration** der zahlreichen Bewilligungen stufengerecht zu gewährleisten. 5.129

B. Hydroelektrische Anlagen

Literatur

BLUNSCHY SCHEIDEGGER JSABELLE, Kommentar WNG; CAVIEZEL GIERI, Wasserrechtskonzessionen; DUBACH WERNER, Wohlerworbene Rechte; ECKERT MAURUS, Restwassermengen; FOURNIER JACQUES, Concessions hydroélectriques; FREI BERNHARD, Restwassersanierung; GÄCHTER THOMAS, Durchsetzung; GADIENT ULRICH, Heimfall; GEISER KARL/ABBÜHL JOHANN JACOB/BÜHLMANN FRITZ, Kommentar WRG; HUBER-WÄLCHLI VERONIKA/KELLER PETER M., Rechtsprechung 2003–2012, S. 234 ff.; HUBER-WÄLCHLI VERONIKA/KELLER PETER M., Zehn Jahre Rechtsprechung, S. 26 ff.; HUNGER REGULA, Sanierungspflicht; JAGMETTI RICCARDO, Energierecht, Rz. 4101 ff.; KELLER PETER M., Änderung; LARGEY THIERRY, Assainissement; RIVA ENRICO, Wasserkraftanlagen; RIVA ENRICO, Wohlerworbene Rechte; STRUB DOMINIK, Wohlerworbene Rechte; WYER HANS, Öffentliche Abgaben; WYER HANS, Nutzung der Wasserkraft; WYER HANS, Rechtsfragen.

Amtliche Publikationen

BAFU (Hrsg.), UVP-Handbuch; BAFU (Hrsg.), Schutz- und Nutzungsplanung; BUWAL (Hrsg.), Restwassermengen; BUWAL (Hrsg.), Restwassersanierung; BUWAL (Hrsg.), UVP von Wasserkraftanlagen.

1. Überblick

5.130 Bei der **Energieerzeugung** in hydroelektrischen Anlagen wird die im Wasser gespeicherte Lage- und Bewegungsenergie in elektrische Energie umgewandelt. Hierbei wird das Gefälle eines Fliessgewässerabschnittes genutzt, indem der Gewässerlauf eingestaut (Durchlaufkraftwerk) oder indem dem Gewässer Wasser entnommen und auf einer tieferen Höhenkote zurückgegeben wird (Ausleitkraftwerk). Ferner wird danach unterschieden, ob das zufliessende Wasser unmittelbar den Turbinen der Kraftwerkszentrale zugeführt und verarbeitet wird (Laufkraftwerk) oder ob die entnommenen Wassermengen in einem Speicher zwischengelagert und zeitlich versetzt verarbeitet werden (Speicherkraftwerk). In letzterem Fall kann die Anlagendisposition des Kraftwerkes Pumpen umfassen, die einen Umwälzbetrieb, mithin eine mehrmalige Verarbeitung des Wassers durch Umlagerung zwischen zwei in der Höhenlage unterschiedlichen Wasserbecken, ermöglichen (Pumpspeicherkraftwerk).

5.131 Über die Wasservorkommen verfügen laut Art. 76 Abs. 4 BV die Kantone. Einzelne von ihnen haben die Gewässerhoheit nachgelagerten Körperschaften übertragen. Die Nutzung der Wasserkräfte erfolgt entweder im Rahmen einer Selbstnutzung durch die berechtigten Gemeinwesen oder auf der Grundlage einer Wasserrechtskonzession durch Dritte. Auf eine Verleihung von Wassernutzungsrechten besteht kein Anspruch. Indes ist das Verfahren auf Erteilung einer **Wasserrechtskonzession** sowie der für den Bau und Betrieb eines Wasserkraftwerkes erforderlichen Genehmigungen und Bewilligungen normiert. Hydroelektrische Anlagen berühren die verschiedensten Rechtsbereiche. Das Verleihungs- und Bewilligungsverfahren hat sicherzustellen, dass eine umfassende Prüfung sämtlicher Voraussetzungen, die für den Bau und Betrieb des Werkes erfüllt sein müssen, erfolgt und dass alle für die Realisierung des Vorhabens erforderlichen Bewilligungen erteilt werden.

5.132 Die Schranken der Wasserkraftnutzung sind zunächst in der **Wasserrechtsgesetzgebung** selber zu finden. Diese normiert das Verhältnis der energetischen Nutzung des Wassers zu anderen Aufgaben im öffentlichen Interesse, namentlich der Wahrung der Wasserbaupolizei, der Schönheit der Landschaft, der Fischerei sowie der Schifffahrt (Art. 21–24 WRG). Ferner äussert sich die Wasserrechtsgesetzgebung zur Flösserei, zu hydrometrischen Einrichtungen sowie zum Verhältnis mehrerer Nutzungsberechtigter untereinander (Art. 28–37 WRG). Von grösserer praktischer Bedeutung sind die Bestimmungen über die Verleihung von Wasserrechten (Art. 38 ff. WRG). Im Rahmen des Verleihungs- und Bewilligungsverfahrens wird sodann die Einhaltung einschränkender Vorgaben aus weiteren betroffenen Rechtsbereichen geprüft, namentlich aus dem Gewässer- und Umweltschutzrecht, der Fischereigesetzgebung, dem Natur- und Landschaftsschutzrecht sowie dem Raumplanungsrecht.

2. Massgebende Vorschriften

a) Bundesrecht

Beim Bau von Wasserkraftwerken und der Nutzung der Wasserkräfte zur Erzeugung elektrischer Energie sind auf Bundesebene hauptsächlich folgende Erlasse zu berücksichtigen: 5.133

- Bundesgesetz über die Nutzbarmachung der Wasserkräfte (Wasserrechtsgesetz, WRG) von 1916;
- Verordnung über die Nutzbarmachung der Wasserkräfte (Wasserrechtsverordnung, WRV) von 2000;
- Verordnung über die Berechnung des Wasserzinses (Wasserzinsverordnung, WZV) von 1918;
- Bundesgesetz über die Stauanlagen (Stauanlagengesetz, StAG) von 2010;
- Stauanlagenverordnung (StAV) von 2012;
- Bundesgesetz betreffend die elektrischen Schwach- und Starkstromanlagen (Elektrizitätsgesetz, EleG) von 1902;
- Verordnung über das Plangenehmigungsverfahren für elektrische Anlagen (VPeA) von 2000;
- Energiegesetz (EnG) von 1998;
- Energieverordnung (EnV) von 1998;
- Bundesgesetz über die Enteignung (EntG) von 1930;
- Bundesgesetz über den Umweltschutz (Umweltschutzgesetz, USG) von 1983;
- Verordnung über die Umweltverträglichkeitsprüfung (UVPV) von 1988;
- Bundesgesetz über den Natur- und Heimatschutz (NHG) von 1966;
- Bundesgesetz über den Gewässerschutz (Gewässerschutzgesetz, GSchG) von 1991;
- Gewässerschutzverordnung (GSchV) von 1998;
- Bundesgesetz über die Fischerei (BGF) von 1991;
- Bundesgesetz über den Wald (Waldgesetz, WaG) von 1991.

b) Kantonales Recht

In den Kantonen existieren zahlreiche, teils unterschiedlich ausgestaltete Regelungen im Bereich der Wasserkraftnutzung. Im Sinne einer nicht abschliessenden Auflistung sind nachfolgend die wichtigsten Erlasse in den Kantonen mit den grössten Wasserkraftvorkommen aufgeführt: 5.134

- Gesetz über die Nutzbarmachung der Wasserkräfte des Kantons Wallis von 1990;
- Wasserrechtsgesetz des Kantons Graubünden (BWRG) von 1995;
- Legge sull'utilizzazione delle acque del Cantone Ticino del 2002;
- Wassernutzungsgesetz des Kantons Bern (WNG) von 1997;
- Wassernutzungsgesetz des Kantons Aargau (WnG) von 2008.

3. Die Konzeption des Wasserrechts

a) Die Grundordnung auf Verfassungsebene

5.135 Art. 76 BV erfasst das **Wasserrecht gesamtheitlich.** Der Verfassungsgeber äussert sich als Erstes zum Spannungsfeld zwischen Schutz- und Nutzungsaspekten, ohne jedoch eine Priorisierung vorzunehmen (Art. 76 Abs. 1 BV). Er erteilt Gesetzgebungsaufträge und unterscheidet hierbei zwischen Rechtsbereichen, in denen dem Bund lediglich eine Grundsatzgesetzgebungskompetenz zukommt (Art. 76 Abs. 2 BV), und Aspekten, die dem Bund zur umfassenden Regelung übertragen werden (Art. 76 Abs. 3 BV). Art. 76 Abs. 4 BV statuiert die kantonale Gewässerhoheit, mithin die Sachherrschaft der Kantone über die Gewässer und damit die Berechtigung, über die Wasservorkommen zu verfügen. Demgegenüber entscheidet der Bund unter Beizug der betroffenen Kantone über Rechte an internationalen Wasservorkommen sowie – im Falle einer Nichteinigung – über Rechte an interkantonalen Gewässerstrecken (Art. 76 Abs. 5 BV). Schliesslich wird der Bund in Art. 76 Abs. 6 BV verpflichtet, sowohl bei der Rechtsetzung als auch bei der Rechtsanwendung in seinem Zuständigkeitsbereich auf die Anliegen der Kantone Rücksicht zu nehmen.

b) Gesetzgebungskompetenzen

aa) Grundsatzgesetzgebungskompetenz

5.136 Laut Art. 76 Abs. 2 BV legt der Bund die Grundsätze über die Erhaltung und Erschliessung der Wasservorkommen, über die Nutzung der Gewässer zur Energieerzeugung und für Kühlzwecke sowie über andere Eingriffe in den Wasserkreislauf fest. Der Bund verfügt damit **im Bereich der Wasserkraftnutzung** (nur) über eine Grundsatzgesetzgebungskompetenz. Für Regelungen, die über das Grundsätzliche hinausgehen, sind die Kantone zuständig. Dabei fällt die kantonale Gesetzgebungsbefugnis im Bereich der Wasserkraftnutzung dahin, soweit der Bund von seiner Rechtsetzungskompetenz Gebrauch gemacht hat.

5.137 Der Bund hat den Kantonen möglichst grosse Gestaltungsfreiheit zu belassen und den kantonalen Besonderheiten Rechnung zu tragen (Art. 46 Abs. 3 BV). Er ist ferner gehalten, eine generelle Ordnung zu schaffen, die sich auf die massgebenden Gesichtspunkte bezieht und einen hohen Abstrahierungsgrad aufweist. Dies schliesst allerdings nicht aus, dass einzelne Bestimmungen einen Detaillierungsgrad aufweisen, der es erlaubt, sie ohne nähere Ausgestaltung durch den kantonalen Gesetzgeber direkt auf den Einzelfall anzuwenden. Für welche Fragen dies zutrifft, muss der Bundesgesetzgeber entscheiden.[149] Das **kantonale Wasserrecht** spielt im täglichen Rechtsverkehr indes eine grosse Rolle. Dies ist nicht zuletzt historisch begründet. Gerade im Wasserrecht bereitet deshalb die Abgrenzung zwischen ausführenden kantonalen Bestimmungen und solchen, die in Konkurrenz zu bundesrechtlichen Detailregelungen stehen, oftmals Schwierigkeiten.

bb) Umfassende Gesetzgebungskompetenz

Im Bereich des Gewässerschutzes, der Sicherung angemessener Restwassermengen, des Wasserbaus sowie der Stauanlagensicherheit kommt dem Bund gemäss Art. 76 Abs. 3 BV eine umfassende Gesetzgebungskompetenz zu. Damit verbunden ist in casu ein Gesetzgebungsauftrag.[150] Soweit der Bund seine Rechtsetzungskompetenzen nach Art. 76 Abs. 3 BV wahrgenommen hat, bleibt für selbständiges kantonales Recht kein Raum mehr.[151] 5.138

c) Sachbezogene Regelungen auf Gesetzesstufe

Die Gesetzgebungskompetenzen des Bundes führten bisher zu **keiner Kodifikation** des Wasserrechts. Entsprechende Versuche scheiterten an der Erkenntnis, dass es schwierig wäre, ein derart umfassendes Gesetz zu erlassen, ohne in die sich seit Jahrzehnten bewährten Strukturen der Kompetenzaufteilung zwischen Bund und Kantonen grundlegend einzugreifen.[152] Es blieb deshalb bei sachbezogenen Regelungen in mehreren Bundesgesetzen. 5.139

Die Regelungen zu den **verschiedenen Sachbereichen** des Wasserrechts sind heute vor allem im WRG, im GSchG, im WBG sowie im StAG zu finden. Die Nutzung des Wassers und namentlich der Wasserkräfte tangiert aber auch Sachbereiche, die vorwiegend von der Umweltschutzgesetzgebung, insbesondere vom USG, NHG, BGF und WaG, erfasst werden. Schliesslich gilt es zu beachten, dass raumrelevante Vorhaben in bzw. an Gewässern (Wasserkraftwerke, Hochwasserschutzmassnahmen, Gewässerrevitalisierungen etc.) stets auch im Lichte der Raumplanungsgesetzgebung zu beurteilen sind.[153] 5.140

4. Die Gewässerhoheit

a) Kantonale Gewässerhoheit

Gemäss Art. 76 Abs. 4 BV liegt die Gewässerhoheit bei den Kantonen. Das kantonale Recht bestimmt, welchem Gemeinwesen (Kanton, Bezirk, Gemeinde oder 5.141

---

149 Jagmetti, Energierecht, Rz. 1322.
150 Caluori/Griffel, in: Basler Kommentar BV, Art. 76 Rz. 29.
151 BGer, Urteil 1C_390/2008 vom 15. Juni 2009, E. 2.3.
152 Botschaft GSchG 1987, 1077.
153 Vgl. Art. 1 Abs. 2 lit. c und d RPV.

andere Körperschaft des öffentlichen Rechts) die Verfügung über die Wasserkraft der öffentlichen Gewässer innerkantonal zusteht (Art. 2 Abs. 1 WRG). Die meisten Kantone haben sich die **Sachherrschaft** über die Gewässer selber vorbehalten. Abweichende Regelungen sind einzig in vier Kantonen anzutreffen:

- im Kanton Graubünden liegt die Gewässerhoheit durchwegs bei den Gemeinden[154];
- im Kanton Wallis liegt die Gewässerhoheit über die Rhone und den Genfersee beim Kanton, die übrigen Gewässer stehen unter der Sachherrschaft der Gemeinden[155];
- im Kanton Uri wird unterschieden zwischen kantonalen Gewässern und solchen, die der Hoheit der Korporation Uri und Ursern unterstehen[156];
- im Kanton Schwyz steht das Verfügungsrecht über die Wasserkraft einzeln bezeichneter Fliessgewässer den Bezirken (eigentliche Gemeinwesen mit Rechtspersönlichkeit) zu, während die Hoheit über die verbleibenden Gewässer beim Kanton liegt.[157]

b) Ausnahmen von der kantonalen Gewässerhoheit

aa) Internationales Verhältnis

5.142 Gewässerstrecken, welche die **Landesgrenze berühren,** gelten als internationale Gewässer (Art. 7 WRG). Art. 76 Abs. 5 BV weist die Entscheidungskompetenz bezüglich internationaler Wasservorkommen dem Bund zu. Diese Kompetenz korrespondiert mit der in Art. 54 Abs. 1 BV verankerten umfassenden Zuständigkeit des Bundes für auswärtige Angelegenheiten.[158] Die betroffenen Kantone sind jedoch beizuziehen und anzuhören (Art. 76 Abs. 5 BV; Art. 7 WRG). Deren Anliegen sind zu berücksichtigen (Art. 76 Abs. 6 BV). Der Bund hat von dieser Kompetenz bis anhin bereits in mehreren Fällen Gebrauch gemacht und mit den betroffenen Nachbarstaaten Staatsverträge zur Regelung der Nutzbarmachung internationaler Gewässerstrecken abgeschlossen.

5.143 Für die Wasserkraftnutzung an internationalen Gewässerstrecken liegen derzeit **Staatsverträge** mit Frankreich für den Ausbau der Wasserkräfte bei Emosson[159], für die Gewinnung der Wasserkräfte der Rhone[160], über die Verleihung der Wasserkräfte des Doubs[161] sowie

154 Art. 83 Abs. 2 KV GR; Art. 119 des Einführungsgesetzes zum ZGB (BR 210.100); Art. 4 BWRG GR.
155 Art. 163 Abs. 1 und 3 des Einführungsgesetzes zum ZGB (SGS VS 211.1); Art. 2 des Gesetzes über die Wasserläufe (SGS VS 121.1); Art. 4 des Gesetzes über die Nutzbarmachung der Wasserkräfte (SGS VS 721.8).
156 Art. 3 und 4 i.V.m. Art. 9 des Gewässernutzungsgesetzes (RB 40.4101).
157 Art. 4 Abs. 1 i.V.m. Art. 1 des Wasserrechtsgesetzes (SRSZ 451.100).
158 Vgl. dazu Häfelin/Haller/Keller, Bundesstaatsrecht, Rz. 1123.
159 SR 0.721.809.349.1.
160 SR 0.721.809.349.2.
161 SR 0.721.809.349.5.

betreffend die Ableitung des Rheins[162] vor. Im Verhältnis zu Italien sind die Nutzbarmachung der Wasserkräfte des Spöl[163] sowie die Verleihung der Wasserkräfte des Reno die Lei[164] staatsvertraglich geregelt. Mit Österreich hat die Schweiz ein Abkommen über die Nutzbarmachung des Inn und seiner Zuflüsse abgeschlossen.[165]

Die **Zuständigkeit,** mittels Bundeskonzession die Wasserrechte für den schweizerischen Wasser- und Gefällsanteil an internationalen Gewässerstrecken zu verleihen, fällt dem UVEK zu (Art. 38 Abs. 3 WRG). 5.144

bb) Interkantonales Verhältnis

Erstreckt sich die Nutzung eines Gewässerabschnitts über das Territorium mehrerer Kantone oder umfasst eine Kraftwerksanlage die Nutzung von Gewässerstrecken auf dem Gebiete unterschiedlicher Kantone, bedarf es **getrennter, aufeinander abgestimmter Verleihungen** aller betroffenen Gemeinwesen. Es steht diesen frei, die Konzessionsinhalte vorgängig mittels einer Grundsatzvereinbarung zu koordinieren. Können sich die Verleihungsbehörden interkantonal nicht einigen, entscheidet gemäss Art. 76 Abs. 5 BV der Bund. Das Bundesrecht definiert die Zuständigkeiten und das Vorgehen (Art. 6, 38 und 68 WRG). 5.145

cc) Verkehrsbetriebe des Bundes

Der Bund ist berechtigt, für seine Verkehrsbetriebe die Benutzung eines Gewässers in Anspruch zu nehmen (Art. 76 Abs. 4 BV, Art. 12 WRG). Der Gesetzgeber ermächtigt ihn, die **Gewässernutzung ex lege** auszuüben. Mit anderen Worten bedarf es für diese Inanspruchnahme keiner Konzession des betroffenen Gemeinwesens. Dafür hat der Bund das verfügungsberechtigte Gemeinwesen nach Massgabe von Art. 13 WRG schadlos zu halten und einen Steuerausgleich im Sinne von Art. 14 WRG zu entrichten. In der Praxis ist eine Inanspruchnahme von Gewässern für die Verkehrsbetriebe des Bundes direkt gestützt auf Art. 12 WRG bisher einzig im Falle des Kraftwerkes Rupperswil-Auenstein im Kanton Aargau erfolgt. In allen anderen Fällen hat der Bund aus politischer Rücksichtnahme Wasserrechtskonzessionen erworben.[166] 5.146

Die gesetzliche Regelung in den Art. 12 ff. WRG zielt darauf ab, dem Bund die Produktion der für seine Verkehrsbetriebe benötigten Energie zu erleichtern. Hierfür erfährt die kantonale Gewässerhoheit eine Einschränkung, indem das verleihungsberechtigte Gemeinwesen in seiner Verfügungsfreiheit beschnitten wird. Ferner statuiert der Gesetzgeber (einschränkende) Vorgaben bezüglich der für die Gewässernutzung zu entrichtenden wirtschaftlichen Leistungen. Der Anwendungsbereich der Art. 12 ff. WRG ist entsprechend **eng auszulegen.** Die Verarbeitung des beanspruchten Wassers zu Traktionsenergie (Bahnstrom in der Frequenz von 16.7 Hz) entspricht ohne weiteres der gesetzlichen Zielsetzung. Wird hingegen kommerziell 5.147

162 SR 0.721.809.349.7.
163 SR 0.721.809.454.1.
164 SR 0.721.809.454.2.
165 SR 0.721.809.454.2.
166 WYER, Rechtsfragen, S. 27.

verwertbarer Wechselstrom in der Frequenz von 50 Hz produziert, ist der Verwendungszweck der produzierten Energie auf die Bedürfnisse des Bahnbetriebs zu beschränken. Mit der Privilegierung der Verkehrsbetriebe in Art. 12 ff. WRG nicht vereinbar wäre demnach eine Inanspruchnahme von Wasserkräften zur kommerziellen Verwertung des produzierten Stroms. Hierfür müsste der Bund von den verleihungsberechtigten Gemeinwesen ordentliche Wasserrechtskonzessionen erwerben.

5. Die Einräumung des Nutzungsrechts

a) Die Wasserrechtskonzession

5.148 Die Nutzung der Wasserkraft eines öffentlichen Gewässers stellt eine Sondernutzung dar und kann lediglich gestützt auf einen der gesetzlich vorgegebenen **Rechtstitel** erfolgen, nämlich

- im Rahmen der Selbstnutzung nach Massgabe eines entsprechenden Beschlusses oder Erlasses des verfügungsberechtigten Gemeinwesens (Art. 3 Abs. 1 WRG);
- gestützt auf eine Wasserrechtskonzession, welche die Mindestanforderungen von Art. 54 WRG erfüllt und im dafür vorgesehenen Verfahren vom zuständigen Organ verliehen worden ist (Art. 3 Abs. 1 WRG);
- im Falle der Nutzung durch ein Gemeinwesen auch in anderer Form als der der Konzession (Art. 3 Abs. 2 WRG);
- durch den Bund für seine Verkehrsbetriebe unmittelbar gestützt auf Art. 12 WRG.

5.149 Die Nutzung der öffentlichen Gewässer untersteht ausschliesslich dem **öffentlichen Recht.** Die Überlassung von Wasserrechten zur Nutzung derselben kann somit nicht in den Formen des Zivilrechts erfolgen.[167] Selbst wenn zum Zwecke der Wassernutzung Verpachtungen oder ähnliche Nutzungsüberlassungsverträge abgeschlossen werden, kann es sich dabei nicht um zivilrechtliche Verträge, sondern regelmässig nur um öffentlichrechtliche Verleihungen handeln.[168] Folglich kommen auch bei solchen Vereinbarungen die wasserrechtlichen Vorschriften zur Anwendung.

5.150 Von den eingangs genannten Rechtstiteln ist die Einräumung einer Wasserrechtskonzession an eine **privatrechtliche Gesellschaft** die mit Abstand am häufigsten vorkommende Form der Nutzungsüberlassung. Die Konzession ist teils mitwirkungsbedürftige Verfügung, teils verwaltungsrechtlicher Vertrag. Über die Abgren-

---

167 Davon ausgenommen sind sog. ehehafte Wasserrechte. Dabei handelt es sich um ausschliesslich private Rechte, die ihren Ursprung in einer Rechtsordnung haben, die nicht mehr besteht, und welche nach neuem Recht nicht mehr begründet werden können, aber auch unter der geltenden Rechtsordnung weiter bestehen (vgl. BGer, Urteil 2P.256/2002 vom 24. März 2003, E. 1.2.2).

168 BGE 88 I 18, E. 6; Theo Guhl/Alfred Koller, Das Schweizerische Obligationenrecht, 9. Aufl., Zürich 2000, § 44 Rz. 9.

zung und Unterscheidung zwischen rechtsgeschäftlichen und hoheitlichen Elementen besteht in der Lehre und Rechtsprechung keine einheitliche Auffassung.[169] Dies dürfte mitunter auf den Umstand zurückzuführen sein, dass die Fallkonstellationen in der Praxis sehr vielfältig sind, was eine verallgemeinernde Definition erschwert. Es gilt deshalb jeweils im Einzelfall zu beurteilen, ob bei der sich stellenden Rechtsfrage das einseitig-hoheitliche oder das vertragliche Element überwiegt.

Die Verleihung von Wasserrechten steht der zuständigen Behörde desjenigen Kantons zu, in dessen **Gebiet** die in Anspruch genommene Gewässerstrecke liegt (Art. 38 Abs. 1 WRG). In jenen Kantonen, welche die Gewässerhoheit nachgelagerten Körperschaften übertragen haben, gilt dies analog für die Körperschaften und deren Gebiete.[170] 5.151

Art. 60 Abs. 3bis WRG regelt eine während langer Zeit kontrovers diskutierte Frage und bestimmt, dass Wasserrechtskonzessionen **ohne Ausschreibung** verliehen werden können. Die Verleihung hat in einem diskriminierungsfreien und transparenten Verfahren zu erfolgen. Unter mehreren Bewerbern gebührt demjenigen der Vorzug, dessen Unternehmen dem öffentlichen Wohl in grösserem Masse dient bzw., wenn sie darin einander gleichstehen, demjenigen, durch dessen Unternehmen für die wirtschaftliche Ausnutzung des Gewässers am besten gesorgt ist (Art. 41 WRG). 5.152

Die Weitergabe von Nutzungsrechten von einem Rechtssubjekt auf ein anderes hat in der Form einer **Konzessionsübertragung** nach Massgabe des öffentlichen Rechts zu erfolgen. Die Konzession kann gemäss Art. 42 Abs. 1 WRG nur mit Zustimmung der Verleihungsbehörde auf einen anderen übertragen werden, was insofern ein entsprechendes wasserrechtliches Verfahren voraussetzt. Die Behörde soll ihre Zustimmung nicht verweigern, wenn der neue Erwerber allen Erfordernissen der Konzession genügt und keine Gründe des öffentlichen Wohls der Übertragung entgegenstehen (Art. 42 Abs. 2 WRG). 5.153

Die Konzessionsübertragung in einem formellen Verfahren stellt sicher, dass der neue Konzessionär in sämtliche Rechte und Pflichten des vormaligen Konzessionärs eintritt. Für das in der Praxis anzutreffende Konstrukt der **«Subkonzession»**, welche die Rechte und Pflichten aus dem Konzessionsverhältnis auf mehrere Rechtssubjekte aufteilen will, bleibt somit kein Raum. Bis zum Vorliegen eines rechtskräftigen Entscheids der zuständigen wasserrechtlichen Genehmigungsbehörde über eine Konzessionsübertragung bleibt der in der Konzession bezeichnete Konzessionär Träger sämtlicher Rechte und Pflichten aus dem Verleihungsverhältnis. 5.154

---

169 Vgl. Übersicht bei JAGMETTI, Energierecht, Rz. 1526; ferner BGer, Urteil 2C_258/2011 vom 30. August 2012 (Etzelwerk) zur Auslegung von Wasserrechtskonzessionen.

170 Vgl. im Kanton Graubünden Art. 7 BWRG, wonach die Gemeinden jeweils die Wasserkräfte ihrer Gewässer verleihen; vgl. auch Rz. 5.141.

b) Der Konzessionsinhalt

aa) Obligatorischer Inhalt

5.155 Die Wasserrechtskonzession ist regelmässig das Ergebnis intensiv geführter Verhandlungen. Allerdings untersteht die Ausgestaltung des Wasserrechtsverhältnisses nicht der freien Parteidisposition. Nebst den zu beachtenden Vorschriften des öffentlichen Rechts stellt das Bundesrecht inhaltliche **Mindestanforderungen** an Wasserrechtskonzessionen und schreibt vor, welche Aspekte obligatorisch festgelegt werden müssen. Art. 54 WRG lautet wie folgt:

«Alle Konzessionen sollen bestimmen:
a. die Person des Konzessionärs;
b. den Umfang des verliehenen Nutzungsrechtes mit Angabe der nutzbaren Wassermenge und der Dotierwassermenge pro Sekunde sowie die Art der Nutzung;
c. bei Ableitungen und Speicherungen die einzuhaltende Restwassermenge pro Sekunde sowie Ort und Art der Registrierung;
d. weitere Bedingungen und Auflagen, die gestützt auf andere Bundesgesetze festgelegt werden;
e. die Dauer der Konzession;
f. die dem Konzessionär auferlegten wirtschaftlichen Leistungen wie Wasserzins, Pumpwerkabgabe, Abgabe von Wasser oder elektrischer Energie und andere Leistungen, die sich nach Massgabe besonderer Vorschriften aus der Nutzung der Wasserkraft ergeben;
g. die Beteiligung des Konzessionärs am Unterhalt und an der Korrektion des Gewässers;
h. die Fristen für den Beginn der Bauarbeiten und die Eröffnung des Betriebes;
i. die allfälligen Rechte auf Beanspruchung des Heimfalls und auf Rückkauf des Werkes;
k. das Schicksal der Anlagen beim Ende der Konzession;
l. das Schicksal allfälliger Ersatzleistungen an andere Konzessionäre beim Ende von deren Konzessionen.»

5.156 Zu beachten sind gegebenenfalls weiter gehende, auf kantonaler Ebene vorgeschriebene Inhalte[171], soweit diese nicht im Widerspruch zum übergeordneten Bundesrecht stehen.

5.157 Liegt die Konzessionserteilung in der Zuständigkeit des Kantons, hat dieser dafür zu sorgen, dass die obligatorischen Konzessionsinhalte unmittelbar in die **Konzessionsurkunde** Eingang finden. Gleiches gilt für das zuständige Departement bei Bundeskonzessionen. Liegt die Gewässerhoheit hingegen bei Bezirken, Gemeinden oder anderen Körperschaften des öffentlichen Rechts, bedarf die Einräumung der Nutzungsrechte einer Genehmigung des Kantons (Art. 4 Abs. 1 WRG). Im Zuge dieses konstitutiven Genehmigungsverfahrens hat der Kanton allfällig lückenhafte Konzessionen zu vervollständigen. Zur Bestimmung des massgebenden Konzessionsinhalts sind in diesen Fällen sowohl die Konzession als auch der kantonale Genehmigungsentscheid heranzuziehen.

---

171 Beispielsweise im Kanton Graubünden die Versicherungspflicht des Konzessionärs gemäss Art. 23 Abs. 1 lit. h BWRG.

bb) *Fakultativer Inhalt*

Die Wasserrechtskonzession ist nicht auf die in Art. 54 WRG aufgeführten obligatorischen Inhalte beschränkt. Im Sinne einer nicht abschliessenden Auslegeordnung nennt Art. 55 WRG **weitere mögliche Aspekte** eines Verleihungsverhältnisses: 5.158

«Die Konzessionen können auch andere als die gesetzlich vorgeschriebenen Bestimmungen enthalten, insbesondere:
a. über die Verwendung der nutzbar gemachten Wasserkraft;
b. über den Ausweis eines genügenden Baukapitals und die Bau- und die jährlichen Betriebsrechnungen des Unternehmens;
c. über die Beteiligung des verleihenden Gemeinwesens an der Verwaltung und am Gewinn des Unternehmens;
d. über die Tarife für die Abgabe der erzeugten elektrischen Energie, über die unentgeltlich oder zu Vorzugspreisen abzugebende elektrische Energie, über die Herabsetzung der Strompreise bei erhöhtem Gewinn, über die Versorgung einer Gegend mit elektrischer Energie.»

Bei der Verhandlung oder Festlegung konzessionsvertraglicher Bestimmungen bleibt stets zu prüfen, ob diese in der konkreten Ausgestaltung mit den **Vorgaben des öffentlichen Rechts** vereinbar sind. Dies gilt selbst dann, wenn sie einen der in Art. 55 WRG aufgeführten Aspekte regeln. Bei neu zu erteilenden Konzessionen sind namentlich die in Art. 55 lit. d WRG genannten Inhalte auf ihre Konformität mit den Bestimmungen des StromVG zu prüfen. Letzteres regelt namentlich die Anschlusspflicht des Netzbetreibers, den Netzzugang und die Netznutzung sowie die Versorgung der festen Endverbraucher. 5.159

c) Die Person des Konzessionärs

Zum obligatorischen Inhalt einer Konzession gehört gemäss Art. 54 lit. a WRG die Bezeichnung der Person des Konzessionärs. Dieser ist im Verhältnis zum verfügungsberechtigten Gemeinwesen Träger der Rechte und Pflichten aus der Wasserrechtskonzession. Er ist ferner gegenüber den Aufsichtsbehörden verantwortlich für die Befolgung der gesetzlichen Vorgaben, der verfügten Auflagen sowie für die Einhaltung der in der Konzession festgelegten Regelungen. Die Konzession ist stets an ein **bestimmtes Rechtssubjekt** gebunden. Die Rechte und Pflichten des Konzessionärs können nur auf dem Wege einer formellen Konzessionsübertragung von einer Rechtsperson an eine andere weitergegeben werden.[172] Davon unberührt ist der in der Praxis viel häufigere Verkauf von Aktien einer Kraftwerksgesellschaft, der aus wasserrechtlicher Sicht[173] keiner Zustimmung bedarf.[174] 5.160

---

172 Vgl. Rz. 5.153 f.

173 Bei Partnerwerken untersteht die Veräusserung von Aktien allerdings oft einschränkenden Bestimmungen in privatrechtlichen Aktionärsbindungsverträgen.

174 JAGMETTI, Energierecht, Rz. 4220.

5.161 Als Konzessionär kann eine **natürliche Person, eine Personen- oder Kapitalgesellschaft** auftreten, soweit sie imstande ist, die gesetzlichen und konzessionsvertraglichen Voraussetzungen zu erfüllen (vgl. Art. 40 WRG). In der Regel wird die Wasserrechtskonzession an eine bestehende Gesellschaft erteilt, die das Vorhaben entweder selber realisiert oder hierfür eigens eine neue Gesellschaft gründet. Wird etappenweise vorgegangen, bedarf es zur Übertragung der Nutzungsrechte an die neue Gesellschaft einer Konzessionsübertragung. Falls die Konzessionserteilung und die Gesellschaftsgründung von Beginn weg in rascher Abfolge geplant sind, erfolgt regelmässig eine Konzessionserteilung direkt an die zu gründende Gesellschaft. Hierbei werden die Vorarbeiten durch eine bereits bestehende Gesellschaft oder ein Konsortium verschiedener Gesellschaften geleistet. Sobald die Konzession rechtskräftig erteilt ist, wird für die Realisierung des Vorhabens eine eigene Gesellschaft gegründet, die sodann Konzessionärin und Trägerin sämtlicher Rechte und Pflichten wird. Da die Konzession im Einverständnis mit dem verleihungsberechtigten Gemeinwesen bereits auf die zu gründende Gesellschaft lautet, bedarf es keiner formellen Konzessionsübertragung. Die Aufsichtsbehörde wird allerdings prüfen, ob die neu gegründete Gesellschaft den wasserrechtlichen Vorgaben entspricht. Werden wichtige Pflichten verletzt, kann die Konzession u.U. als verwirkt erklärt werden.[175]

d) Die Definition des Umfangs des verliehenen Nutzungsrechts

5.162 Die Definition des Umfangs des verliehenen Nutzungsrechts stellt die wichtigste Bestimmung einer Wasserrechtskonzession dar. Die Verleihung hat das genutzte Gewässer zu bezeichnen sowie die zur Erzeugung elektrischer Energie **nutzbare Wassermenge** zu bestimmen (Art. 54 lit. a WRG). Die nutzbare Wassermenge wird nur in seltenen Fällen als fixe Zahl definiert. Sie stellt in der Regel eine rechnerische Grösse dar, die sich aus den Zuflussmengen, der Schluckfähigkeit der Anlagen sowie dem nutzbaren Gefälle ergibt. Zur Bestimmbarkeit der verliehenen Wassermenge sind deshalb in der Konzession die Schluckfähigkeit der Anlagen in l/s oder m^3/s sowie die Koten der Wasserentnahme und Wasserrückgabe zu definieren.[176]

5.163 Wesentlichen Einfluss auf die nutzbare Wassermenge hat ferner jene Wassermenge, die aus ökologischen Gründen im genutzten Gewässer zu belassen ist. Diese Menge wird im wasserrechtlichen Verleihungsverfahren entweder über einen nach der Wasserentnahme einzuhaltenden **Restwasserabfluss** oder über eine **Dotierwasserabgabe** an der Fassungsstelle festgelegt. Während die Restwassermenge die tatsächliche Abflussgrösse im Gewässer an einer definierten Stelle bezeichnet, wird mit der Dotierung bestimmt, welche Wassermenge vom Konzessionär ins Gewässer abzugeben ist, um den gewünschten Restwasserabfluss zu erreichen (vgl. Art. 4 lit. k und l GSchG). Bei der Festlegung der Dotierwassermenge sind somit namentlich allfällige Versickerungen oder Zuflüsse zu berücksichtigen.

175 Vgl. Rz. 5.256.
176 Vgl. Art. 10 BWRV GR, der diese Angaben in der Konzession explizit verlangt.

Die Hydrologie eines Gewässers ist natürlicherweise nicht konstant. Sie unterliegt in Abhängigkeit von äusseren Faktoren täglichen, jahreszeitlichen sowie jährlichen Schwankungen. Als Bezugsgrösse werden deshalb statistisch erhobene Mittelwerte herangezogen.[177] Das wasserrechtliche Verleihungsverfahren umfasst die Festlegung der gewässerschutzrechtlich vorgeschriebenen Restwassermengen (Art. 29 ff. GSchG).[178] Hierbei wird den hydrologischen Schwankungen Rechnung getragen, was nach konstanter Praxis zu jahreszeitlich **abgestuften Dotierwassermengen** führt (vgl. Art. 35 GSchG). In jüngster Zeit ist ein Trend zu einer weiteren Flexibilisierung der Dotierwassermengen festzustellen. In aktuellen Kraftwerksprojekten werden deshalb aus gewässerökologischen Gründen anstelle von jährlich gleichbleibenden, saisonal unterschiedlichen Restwassermengen sog. simultan-abflussdynamische Dotierwassermengen beantragt. Hierbei bemisst sich die vom Konzessionär abzugebende Dotierwassermenge nach den unmittelbaren Zuflussmengen zur Wasserfassung. Diese Form der Dotierung erlaubt, den Restwasserabfluss in der genutzten Gewässerstrecke der aktuellen, natürlichen Gewässerdynamik anzugleichen. 5.164

Beispiel einer simultan-abflussdynamischen Dotierregelung: 5.165

«Die Konzessionärin ist verpflichtet, eine simultan-abflussdynamische Dotierwassermenge entsprechend 30 Prozent des Zuflusses zur Wasserfassung X abzugeben.

Die minimale Dotierwassermenge beträgt 200 l/s.

Ab einer Zuflussmenge zur Wasserfassung X von 5000 l/s ist der gesamte Zufluss abzüglich 1500 l/s in den Unterlauf des Gewässers abzugeben.

Massgebend für die Ermittlung der Zuflüsse zur Wasserfassung X ist die Messstelle Y.»

Unabhängig davon, welcher Ansatz zur Festlegung der erforderlichen Dotier- oder Restwassermengen gewählt wird, muss aus wasserrechtlicher Sicht in jedem Fall gewährleistet werden, dass der Umfang des verliehenen Nutzungsrechts aus der Wasserrechtskonzession (gegebenenfalls mit Verweis auf die dazugehörigen technischen Unterlagen oder anhand des konstitutiven Genehmigungsentscheids des Kantons) **objektiv bestimmbar** ist. Regelungen, die eine Ermittlung der nutzbaren Wassermenge nicht zulassen, sind mit Art. 54 lit. b WRG nicht vereinbar. 5.166

177 Vgl. beispielsweise Art. 4 lit. h GSchG, der zur Festlegung der Abflussmenge Q_{347} eine zehnjährige Referenzperiode verlangt.
178 Vgl. Rz. 5.182 ff.

e) Gemischte Nutzungen

5.167 Gemäss Art. 54 lit. b WRG hat sich die Konzession zur **Art der Nutzung** zu äussern. Wasserrechtsverleihungen für hydroelektrische Anlagen sehen deshalb stets die Produktion von elektrischer Energie als Nutzungszweck vor. Dies bedeutet allerdings nicht, dass weitere Nutzungen unzulässig wären. In der Praxis sind vereinzelt gemischte Nutzungen zu finden, beispielsweise die Verwendung von Wassermengen zu Beschneiungszwecken im Winter. Voraussetzung hierfür bildet in jedem Fall die Zustimmung des verfügungsberechtigten Gemeinwesens, mithin eine ausdrückliche Regelung der gemischten Nutzung in der Konzession. Aus der Verleihung muss hervorgehen, welche Wassermengen für die Produktion von Elektrizität zur Verfügung stehen und welche Mengen einer fremden Nutzung zugeordnet sind. Dies kann mittels quantitativer und zeitlicher Angaben erfolgen.

f) Der Wasserzins

5.168 Der Wasserzins ist das Entgelt, das der Konzessionär dem Träger der Gewässerhoheit für die zur Nutzung überlassenen Wasserkräfte zu entrichten hat. Er ist eine Kausalabgabe und als Preis für die Ressource Wasser zu verstehen.[179] Die gesetzliche Grundlage zur Erhebung des Wasserzinses bildet Art. 49 WRG. Der Wasserzins ist im Rahmen der Konzessionsverhandlungen zwischen dem Konzessionär und dem verfügungsberechtigten Gemeinwesen festzulegen. Die Parteien sind hierbei allerdings nicht frei, das Bundesrecht auferlegt ihnen verschiedene Schranken. Art. 49 WRG definiert das **bundesrechtliche Wasserzinsmaximum.** Dieses ist zwingender Natur und kann auch im gegenseitigen Einvernehmen nicht überschritten werden. Die Festlegung erfolgt durch den Gesetzgeber und ist somit regelmässig Gegenstand politischer Auseinandersetzungen. Derzeit beträgt das bundesrechtliche Wasserzinsmaximum CHF 110 pro kW Bruttoleistung. Die nächste Anpassung steht per Ende 2019 an (Art. 49 Abs. 1bis WRG).

5.169 Bundesrechtlich vorgegeben ist ferner die **Berechnung des Wasserzinses.** Die hierfür massgebende Bruttokraft entspricht der mittleren mechanischen Bruttoleistung des Wassers, die anhand der nutzbaren Gefälle und Wassermengen zu ermitteln ist (Art. 51 WRG). Die detaillierte Berechnungsweise des Wasserzinses ist in der WZV festgelegt. Wasserkraftwerke von unter 1 MW Bruttoleistung sind von der Wasserzinspflicht befreit. Bei Leistungen zwischen 1 und 2 MW Bruttoleistung gelangen reduzierte Ansätze zur Anwendung (Art. 49 Abs. 4 WRG). Während der Bauphase eines Kraftwerkes kommt der Konzessionär in den Genuss von Ermässigungen (Art. 50 WRG).

5.170 Zahlreiche Konzessionen enthalten die Regelung, dass der vom Konzessionär zu entrichtende Wasserzins dem jeweils geltenden bundesrechtlichen Wasserzinsmaximum entspricht. Dies hat zur Folge, dass der Wasserzins bei jeder Änderung des WRG entsprechend anzupassen ist. Der (in Konzessionen ebenfalls häufig anzutreffende) allgemeine Vorbehalt künftigen Rechts bildet demgegenüber keine genügende Grundlage, um eine **Wasserzinsanpassung**

179 Jagmetti, Energierecht, Rz. 4533.

vorzunehmen.[180] Wird in der Konzession ein bestimmter Betrag ohne Anpassungsklausel festgelegt, erfolgt bei einer Gesetzesänderung ebenfalls keine automatische Anpassung.[181]

g) Weitere wirtschaftliche Leistungen

aa) Gratis- und Vorzugsenergie

Zahlreiche Konzessionen verpflichten den Konzessionär, dem verfügungsberechtigten Gemeinwesen **Strom zu Vorzugsbedingungen** abzugeben. Terminologisch wird zwischen Gratis-, Vorzugs- und Zusatzenergie unterschieden, die unter dem Überbegriff der Konzessionsenergie zusammengefasst sind. Als Gratisenergie wird eine kostenlose Lieferung von konzessionsvertraglich definierten Energiemengen an das Gemeinwesen bezeichnet. Bei der Vorzugsenergie handelt es sich um Energielieferungen, die zu – ebenfalls konzessionsvertraglich definierten – vergünstigten Konditionen abgegeben werden. Da auch Vorzugsenergie in der Regel mengenmässig begrenzt ist, erfolgt die Lieferung von darüber hinausgehenden Energiemengen unter dem Titel der Zusatzenergie. 5.171

Die konzessionsvertragliche Verpflichtung zur Lieferung von vergünstigter Energie ist für den Konzessionär mit Risiken verbunden, namentlich unter Berücksichtigung der bis zu 80-jährigen Konzessionsdauer. Die Konzessionen sehen deshalb oft **Einschränkungen** vor. Diese reichen von Mengenangaben (Anzahl kWh) über eine Eingrenzung des Absatzgebietes (z.B. Bauzonen der Verleihungsgemeinde) bis zur Vorgabe des Verwendungszwecks (z.B. Ausschluss gewerblicher oder industrieller Betriebe). Die verfügungsberechtigten Gemeinwesen haben ihrerseits verschiedene Möglichkeiten, die Konzessionsenergie in Wert zu setzen. Sie können damit als Endversorger im Konzessionsgebiet auftreten, die Energie dem Konzessionär gegen Entrichtung eines Aufgeldes überlassen oder die Energie – soweit die Konzession dies zulässt – an einen Dritten verkaufen. 5.172

Die **Gratis- und Vorzugsenergiemengen** sowie deren Lieferbedingungen bilden regelmässig Gegenstand der Konzessionsverhandlungen. Erfolgt die Energieabgabe zwecks Versorgung des Konzessionsgebiets mit elektrischer Energie, ist in Bezug auf die Gesamtbelastung des Konzessionärs Art. 48 Abs. 2 WRG zu beachten, der bestimmt, dass die dem Konzessionär abverlangten Leistungen in ihrer Gesamtheit die Ausnützung der Wasserkräfte nicht wesentlich erschweren dürfen. Erfolgt demgegenüber der Bezug von Gratis- und Vorzugsenergie durch das verfügungsberechtigte Gemeinwesen zwecks Verwertung und Erzielung zusätzlicher Einnahmen, darf die Gesamtheit der periodischen Abgaben das bundesrechtliche Wasserzinsmaximum nicht übersteigen (Art. 49 Abs. 2 WRG).[182] 5.173

bb) Weitere Leistungen

Wasserrechtskonzessionen können in Abhängigkeit von den konkreten Verhältnissen und Bedürfnissen der Parteien **vielfältige Leistungen** enthalten. Die Dispo- 5.174

---

180 BGE 126 II 171, E. 3c und E. 4c/cc.
181 JAGMETTI, Energierecht, Rz. 4535.
182 JAGMETTI, Energierecht, Rz. 4544; BGE 109 Ia 134, E. 5a.

sitionsfreiheit der Parteien findet ihre Grenze an den Bestimmungen des öffentlichen Rechts. Zu beachten ist namentlich der soeben erwähnte Art. 48 WRG, der die Gesamtbelastung des Konzessionärs aus energiewirtschaftlichen Gründen limitiert.

5.175 Im Sinne einer nicht abschliessenden Aufzählung seien folgende «weiteren Leistungen» genannt, die in Wasserrechtskonzessionen typischerweise vorkommen können: Bau und Unterhalt von Strassen, Bau und Unterhalt elektrischer Leitungen, Betrieb einer Seilbahn auch für die Öffentlichkeit sowie die Besorgung der öffentlichen Beleuchtung.

h) Die Pumpspeicherung

5.176 Inhalt von Wasserrechtskonzessionen für Durchlauf- und Ausleitkraftwerke bildet die Nutzung der Wasserkräfte eines Gewässerabschnitts, definiert durch die nutzbare Wassermenge und das nutzbare Gefälle. Das verliehene Recht umfasst ein einmaliges Verarbeiten dieser Wasserkräfte, d.h. die Entnahme des Wassers auf einer höheren Kote und dessen Rückgabe auf einer tieferen Kote. Von einer solchen Konzession demnach nicht abgedeckt ist die Pumpspeicherung, bei der **Wasser** zwischen zwei in der Höhenlage unterschiedliche Becken umgewälzt und dadurch **mehrfach verarbeitet** wird. Hierfür bedarf es einer Pumpwerkkonzession.[183] Diese kann durchaus gleichzeitig mit der ordentlichen Wasserrechtskonzession im Zuge desselben Rechtsaktes verliehen werden, bedarf aber einer ausdrücklichen Regelung. Die Eigentümer von Pumpwerken haben nebst dem Wasserzins regelmässig eine Pumpwerkabgabe zu entrichten.[184] Reine Zubringerpumpen gelten nicht als Pumpwerke.[185]

i) Die Konzessionsdauer

5.177 Art. 58 WRG bestimmt, dass Konzessionen für **höchstens 80 Jahre** von der Eröffnung des Betriebes an erteilt werden können. Die gesetzliche Vorgabe einer Höchstdauer gründet in der heutigen Rechtsanschauung, dass Sondernutzungsrechte nicht auf unbefristete Dauer erteilt werden können und dass das verfügungsberechtigte Gemeinwesen deshalb von Zeit zu Zeit Gelegenheit erhalten muss, zu prüfen, ob die Sondernutzung mit dem öffentlichen Interesse noch in Einklang steht. Wäre das durch Konzession dem Privaten eingeräumte Recht ein «ewiges», würde dies darauf hinauslaufen, dass sich das Gemeinwesen seiner Rechte und seiner Hoheit entäusserte, was nicht zulässig ist.[186]

5.178 Die Kantone haben teils kürzere[187], teils abgestufte[188] Konzessionsdauern eingeführt. Bei der Festlegung der Konzessionsdauer im konkreten Anwendungsfall ste-

183 Vgl. im Kanton Graubünden die ausdrückliche Regelung in Art. 9 BWRG.
184 Vgl. im Kanton Graubünden Art. 34 BWRG und im Kanton Wallis Art. 68 WNG.
185 Vgl. im Kanton Graubünden Art. 14 der Verordnung über die Wasser- und Pumpwerksteuer (BR 810.115) und im Kanton Wallis Art. 68 WNG.
186 BGE 127 II 69, E. 4c.
187 Vgl. Übersicht bei Jagmetti, Energierecht, Rz. 4209, Fn. 243.
188 Vgl. im Kanton Graubünden Art. 24 BWRG.

hen letztlich stets **wirtschaftliche Faktoren** im Vordergrund. Der Bau eines Wasserkraftwerks mit den dazugehörigen Stauanlagen, Stollen und mechanischen Ausrüstungen ist sehr kapitalintensiv. Die Erstellungsinvestitionen müssen auf das Ende der Konzession abgeschrieben sein, weil nach Ablauf der Verleihung der Heimfall eintritt. Je kürzer die Konzessionsdauer ausfällt und je weniger Jahre für die Amortisation zur Verfügung stehen, desto höher fallen die jährlichen Gestehungskosten des Werks aus. Die Konzessionsdauer wirkt sich deshalb unmittelbar auf die Wirtschaftlichkeit und in der Folge auf die Realisierbarkeit des Vorhabens aus. Seitens des verfügungsberechtigten Gemeinwesens besteht demgegenüber ein Interesse an einer kürzeren Konzessionsdauer, weil dadurch der Heimfall der Kraftwerksanlagen früher eintritt und die Nutzungsrechte innerhalb einer bestimmten Zeitspanne öfter verliehen werden können. Die Konzessionsdauer bildet deshalb regelmässig Gegenstand der Konzessionsverhandlungen.

In der Praxis wird bei der Realisierung von Grosswasserkraftwerken die gesetzlich zuläs- 5.179
sige Höchstdauer regelmässig ausgeschöpft. Gleiches gilt bei Konzessionserneuerungen für bestehende Werke, die erheblichen Investitionsbedarf für die Ertüchtigung der Anlage, deren Modernisierung oder Ausbau aufweisen. Ferner kann auch eine hohe Heimfallverzichtsentschädigung[189] an das verfügungsberechtigte Gemeinwesen eine lange Amortisationsdauer erforderlich machen. Kürzere Konzessionsdauern sind hingegen anzutreffen, wenn die wesentlichen Teile einer Anlage bereits erstellt worden sind und nach der Konzessionserneuerung ohne grössere Investitionen weiterverwendet werden können.

j) Heimfall

Als Heimfallrecht wird die Befugnis des Inhabers der Gewässerhoheit bezeichnet, 5.180
nach Beendigung des Konzessionsverhältnisses die vom Konzessionär erstellten wasserführenden Anlagen samt den damit verbundenen dinglichen Rechten unentgeltlich zu erwerben.[190] Anlagen zur Erzeugung und Fortleitung elektrischer Energie können gegen eine billige Entschädigung übernommen werden (Art. 67 Abs. 1 lit. a und b WRG). Das WRG begründet zugunsten des verfügungsberechtigten Gemeinwesens kein gesetzliches Heimfallrecht. Dessen Bestand und Inhalt kann sich nach der bundesrechtlichen Regelung nur aus dem konkreten Wasserrechtverhältnis ergeben.[191] Hierzu ist das Heimfallrecht **in der Wasserrechtskonzession** zu verankern (Art. 54 lit. i WRG). Der wahre Sinn der Konzession kann sich allenfalls nicht allein aus dem reinen Wortlaut, sondern auch aus anderen Elementen ergeben.[192]

Fehlt eine Regelung des Heimfalls in der Konzession, ist im Einzelfall zu prüfen, ob allenfalls 5.181
aufgrund ergänzenden kantonalen Rechts ein **gesetzliches Heimfallrecht** besteht. Das Bun-

189 Vgl. Rz. 5.262 f.
190 GADIENT, Heimfall, S. 81.
191 JAGMETTI, Energierecht, Rz. 4604; a.M. GADIENT, Heimfall, S. 88.
192 BGer, Urteil 2C_258/2011 vom 30. August 2012, E. 4 (Etzelwerk) mit zahlreichen Verweisen auf Literatur und Praxis.

desgericht hat diese Möglichkeit gestützt auf die einschlägige Literatur vorbehalten.[193] Bei der Annahme eines gesetzlichen Heimfallrechts ohne jegliche Grundlage in der Konzession ist allerdings grosse Zurückhaltung geboten. Dagegen spricht zuerst einmal die klare Regelung in Art. 54 lit. i WRG. Ferner stellt das Heimfallrecht nach Auffassung des Bundesgerichts ein vertragliches Element der Konzession dar, zumal es unterschiedlich geregelt bzw. darauf verzichtet werden kann.[194] Unter vertraglichen Gesichtspunkten gehört das Heimfallrecht aufgrund seiner Bedeutung zu den regelungsbedürftigen essentialia negotii. Unabhängig davon, ob im Einzelfall von einem gesetzlichen Heimfallrecht ausgegangen wird oder nicht, ist aus Gründen der Rechtssicherheit sowie mit Blick auf das mit der Heimfallfrage verbundene Konfliktpotenzial zu empfehlen, in der Konzession klar zu regeln, ob die Kraftwerksanlagen des Konzessionärs einem Heimfall unterliegen oder nicht.[195]

6. Die Schranken der Gewässernutzung

a) Gewässerschutz

aa) Restwassermenge

5.182 Gemäss Art. 29 lit. a GSchG ist die den Gemeingebrauch übersteigende Wasserentnahme aus einem Fliessgewässer mit ständiger Wasserführung bewilligungspflichtig. Diese **Bewilligung** umfasst auch die fischereilichen Aspekte (Art. 8 Abs. 4 BGF). Voraussetzung zur Erteilung der Bewilligung bildet insbesondere die Gewährleistung einer angemessenen Mindestrestwassermenge gemäss den Bestimmungen von Art. 31 ff. GSchG.[196]

5.183 Ausgehend von der Abflussmenge Q_{347} wird die Mindestrestwassermenge nach Art. 31 Abs. 1 GSchG formelhaft berechnet. Bei der Abflussmenge Q_{347} handelt es sich um eine statistische Grösse, welche gemittelt über 10 Jahre den Wert der an 347 Tagen des Jahres durchschnittlich erreichten oder überschrittenen Abflussmenge wiedergibt (Art. 4 lit. h GSchG).[197] Darauf abgestützt wird in einem zweiten Schritt geprüft, ob die Anforderungen nach Art. 31 Abs. 2 GSchG, namentlich an die Wasserqualität (lit. a), an die Speisung der Grundwasservorkommen (lit. b), bezüglich seltener Lebensräume und -gemeinschaften (lit. c) sowie für eine freie Fischwanderung (lit. d), erfüllt sind. Ist dies nicht der Fall, so muss die ermittelte Wassermenge entsprechend erhöht oder es müssen andere geeignete Massnahmen ergriffen werden. Die Anforderungen nach Art. 31 Abs. 2 GSchG bilden einen integrierenden Bestandteil der Bestimmung der **Mindestrestwassermenge.**

5.184 Die Mindestrestwassermenge kann bei Vorliegen einer der **Ausnahmetatbestände** von Art. 32 GSchG tiefer angesetzt werden. Es sind dies:

---

193 BGer, Urteil 2C_258/2011 vom 30. August 2012, E. 3 (Etzelwerk); durch kantonale Gesetzesvorschriften begründete Heimfallrechte ausdrücklich bejahend GADIENT, Heimfall, S. 88.

194 BGer, Urteil 2C_258/2011 vom 30. August 2012, E. 4.1 (Etzelwerk).

195 Für weiter gehende Ausführungen zum Heimfall wird auf Rz. 5.259 ff. verwiesen.

196 Zur Sanierung bestehender Restwasserstrecken vgl. Rz. 5.246 ff.

197 Demnach handelt es sich bei Gewässern, die im 10-Jahres-Mittel maximal 18 Tage pro Jahr trocken liegen, immer noch um solche mit ständiger Wasserführung.

- Wasserentnahmen aus einem Gewässer, das höher als 1700 m ü.M. liegt;
- Wasserentnahmen aus Nichtfischgewässern;
- Wasserentnahmen aus Gewässern mit geringem ökologischem Potenzial;
- Wasserentnahmen im Rahmen einer Schutz- und Nutzungsplanung;
- Wasserentnahmen in Notsituationen zur Trinkwasserversorgung, zu Löschzwecken und zur landwirtschaftlichen Bewässerung.

Namentlich die **Schutz- und Nutzungsplanung** erlangt in der Praxis grosse Bedeu- 5.185
tung, da die schematisch vorgegebenen Mindestrestwassermengen der natürlichen Vielfalt der Abflussverhältnisse in den verschiedenartigen Gewässern nicht immer gerecht werden.

Dies wird anhand des folgenden **Beispiels** veranschaulicht: Der Lago Bianco auf dem Ber- 5.186
ninapass entwässerte sich im ursprünglichen Zustand über den Pila-Bach nach dem Puschlav. Das sehr kalte und schwebstoffreiche Wasser des Lago Bianco bot im Pila-Bach einen rauen und unwirtlichen Lebensraum. Seit dem Bau der Kraftwerksanlagen im Puschlav vor über 100 Jahren fliesst kein Restwasser mehr ab. Dadurch hat sich ein wertvolles Bachbiotop mit Quellwasser entwickelt. Dieses würde durch eine Dotierung mit trübem Wasser aus dem Lago Bianco wieder beeinträchtigt. Aus fischereilicher Sicht ist dies unerwünscht, aus naturkundlicher Sicht nicht erforderlich. Anlässlich der Neukonzessionierung der Puschlaver Werke ist deshalb im Rahmen einer Schutz- und Nutzungsplanung auf eine Dotierung des Pila-Baches verzichtet worden. Als Ausgleich für diesen Dotierverzicht sind an anderer Stelle ökologische Ersatzmassnahmen getroffen worden.

Bei der Erteilung der Wasserentnahmebewilligung gemäss Art. 29 ff. GSchG hat 5.187
die zuständige Behörde in einem letzten Schritt die berechnete Mindestrestwassermenge in dem Ausmass zu erhöhen, als es sich aufgrund einer **Interessenabwägung** für und gegen die vorgesehene Wasserentnahme ergibt (Art. 33 Abs. 1 GSchG). Als Interessen für die Wasserentnahme führt Art. 33 Abs. 2 GSchG namentlich die öffentlichen Interessen an, denen die Wasserentnahme dienen soll (lit. a), die wirtschaftlichen Interessen des Wasserherkunftsgebietes (lit. b), die wirtschaftlichen Interessen desjenigen, der Wasser entnehmen will (lit. c) sowie die Energieversorgung, wenn ihr die Wasserentnahme dienen soll (lit. d). Als Interessen gegen die Wasserentnahme nennt Art. 33 Abs. 3 GSchG insbesondere die Bedeutung der Gewässer als Landschaftselement (lit. a), die Bedeutung als Lebensraum für die davon abhängige Tier- und Pflanzenwelt (lit. b), die Erhaltung der Wasserqualität (lit. c), die Erhaltung eines ausgeglichenen Grundwasserhaushaltes (lit. d) sowie die Sicherstellung der landwirtschaftlichen Bewässerung (lit. e).

Als **öffentliche Interessen an der Wasserentnahme** gelten namentlich die pro- 5.188
grammatischen Zubaumengen, die in Art. 1 Abs. 4 EnG im Bereich der Wasserkraftnutzung zur Erreichung der politischen Energieziele vorgegeben werden.[198] Unter

198 Vgl. hierzu auch BGer, Urteil 1A.104/2001 vom 15. März 2002, E. 5.5. In BGE 140 II 262 hat das Bundesgericht allerdings im Zusammenhang mit einem Kleinwasserkraftwerk festgehalten, dass der Gesetzgeber der energiepolitischen Zielvorgabe und dem darauf gerichteten Förderungsinstrumentarium kein erhöhtes Gewicht gegenüber den ebenfalls in Verfassung und

die wirtschaftlichen Interessen des Wasserherkunftsgebiets fallen insbesondere die Beschäftigung von Arbeitnehmern in peripheren Regionen, die Schaffung qualifizierter Arbeitsplätze sowie Steuer- und Wasserzinseinnahmen. Unter den Aspekt der Energieversorgung sind die technischen Möglichkeiten zur Abdeckung von Spitzenlasten und zur Speicherung der Stromproduktion aus stochastisch erzeugenden Anlagen zu subsumieren, mithin die systembedingte Notwendigkeit von (Pump-)Speicherkraftwerken.[199]

5.189 Im Rahmen der Interessenabwägung nach Art. 33 GSchG sind ferner die **Interessen gegen die Wasserentnahme** soweit zu berücksichtigen, als ihnen in Anwendung von Art. 31 Abs. 2 GSchG noch nicht Rechnung getragen worden ist. Der landschaftliche Aspekt fällt deshalb regelmässig am stärksten ins Gewicht.

bb) Schwall- und Sunk

5.190 Speicherkraftwerke sind in ihrer Funktionsweise darauf hin ausgelegt, die Stromproduktion an der aktuellen Nachfrage auszurichten. Hierfür wird Wasser in einen Speicher eingelagert und bedarfsgerecht abturbiniert, was unterhalb der Wasserrückgabe im Gewässer zu kurzfristigen künstlichen **Wasserstandschwankungen** führt. Laut Art. 39a GSchG sind solche Änderungen des Wasserabflusses, welche die einheimischen Tiere und Pflanzen sowie deren Lebensräume wesentlich beeinträchtigen, von den Inhabern der Wasserkraftwerke mit baulichen Massnahmen zu verhindern oder zu beseitigen. Eine wesentliche Beeinträchtigung durch Schwall und Sunk liegt gemäss Art. 41e GSchV vor, wenn

- die Abflussmenge bei Schwall mindestens 1,5-mal grösser ist als bei Sunk und
- die standortgerechte Menge, Zusammensetzung und Vielfalt der pflanzlichen und tierischen Lebensgemeinschaften nachteilig verändert werden, insbesondere weil regelmässig und auf unnatürliche Weise Fische stranden, Fischlaichplätze zerstört werden, Wassertiere abgeschwemmt werden, Trübungen entstehen oder die Wassertemperatur in unzulässiger Weise verändert wird.

5.191 Bei den **baulichen Massnahmen** zur Schwall/Sunk-Dämpfung dachte der Gesetzgeber in erster Linie an Schwall-Ausgleichsbecken. In der Praxis stossen solche Bauwerke angesichts der erforderlichen Dimensionen und des Landbedarfs sowie aufgrund von Konflikten mit anderen umweltrechtlichen Aspekten, namentlich betreffend den Landschaftsschutz und das Grundwasser, auf erhebliche Hindernisse. Aktuell werden deshalb vermehrt separate Ableitungen des Betriebswassers bis zum nächsten stehenden Gewässer geprüft. Sofern es die Gefällsver-

Gesetz verankerten Anliegen des Umwelt-, Natur- und Landschaftsschutzes verliehen habe (E. 8.4.1).

199 Bei der Nutzung sog. neuer erneuerbarer Energien, wie Wind und Sonne, richtet sich die Stromproduktion nach der (unbeeinflussbaren) Verfügbarkeit des Energieträgers, nicht nach dem aktuellen Bedarf. Da im elektrischen Verteilnetz selber aus physikalischen Gründen keine relevanten Mengen an Strom zwischengespeichert werden können, bedarf es Speicher- und Reguliermöglichkeiten, um die elektrische Versorgung aufrechtzuerhalten. Diese Funktion wird durch (Pump-)Speicherkraftwerke wahrgenommen.

hältnisse erlauben, kann die Ableitung sogar mit einer Stromproduktion verbunden werden. Diese Lösungen sind allerdings stets mit sehr hohen Kosten verbunden.

Art. 39a GSchG hält fest, dass die Behörde auf Antrag des Inhabers eines Wasserkraftwerks anstelle von baulichen Massnahmen betriebliche anordnen kann. Das Einverständnis des Kraftwerkbetreibers wird deshalb verlangt, weil die betriebliche Einschränkung unmittelbar die Qualität der Stromproduktion eines Speicherkraftwerkes beschneidet. Die Schwierigkeit bei der Festlegung von **betrieblichen Massnahmen** liegt somit darin, die energiewirtschaftlichen Vorteile eines Speicherkraftwerkes durch betriebliche Vorgaben nicht zunichte zu machen.[200] 5.192

cc) Geschiebehaushalt

Stauseen und Wasserfassungen können den Geschiebehaushalt eines Gewässers negativ beeinflussen, indem sie die **Feststoffe** im eingestauten Bereich **zurückhalten** und den Geschiebetrieb unterbinden. Gemäss Art. 43a GSchG darf der Geschiebehaushalt im Gewässer durch Anlagen nicht so verändert werden, dass die einheimischen Tiere und Pflanzen, deren Lebensräume, der Grundwasserhaushalt und der Hochwasserschutz wesentlich beeinträchtigt werden. Die Inhaber der Anlagen haben hierzu geeignete Massnahmen zu treffen. Eine wesentliche Beeinträchtigung liegt vor, wenn die Anlage die morphologischen Strukturen oder die morphologische Dynamik des Gewässers nachteilig verändert (Art. 42a GSchV). Die vom Inhaber der Anlage zu treffenden Massnahmen haben sich laut Art. 43a Abs. 2 GSchG nach folgenden Kriterien zu richten: 5.193

- dem Grad der Beeinträchtigungen des Gewässers;
- dem ökologischen Potenzial des Gewässers;
- der Verhältnismässigkeit des Aufwandes;
- den Interessen des Hochwasserschutzes;
- den energiepolitischen Zielen zur Förderung erneuerbarer Energien.

b) Fischerei

Mit dem Bau von Wasserkraftwerken sind regelmässig **technische Eingriffe** in Gewässer verbunden. Diese bedürfen einer fischereirechtlichen Bewilligung im Sinne von Art. 8 BGF. Die Bewilligung muss allerdings nicht separat erteilt werden, wenn gleichzeitig eine bewilligungspflichtige Wasserentnahme nach Art. 29 ff. GSchG erfolgt. Die Anlage hat den Anforderungen von Art. 9 BGF zu entsprechen. Bei der Wasserkraftnutzung stehen diesbezüglich zwei Massnahmen im Vordergrund: 5.194

---

200 Vgl. zur Thematik INTERNATIONALE REGIERUNGSKOMMISSION ALPENRHEIN, Projektgruppe Energie, Schwallreduktion bzw. Hochwasserspitzenminderung im Alpenrhein, Mögliche Massnahmen und deren Auswirkungen, Juni 2004 (www.alpenrhein.net > Publikationen).

- Der Inhaber der Kraftwerksanlage muss die erforderlichen Vorkehrungen treffen, um die freie **Fischwanderung** sicherzustellen (Art. 9 Abs. 1 lit. b BGF; Art. 23 WRG). Hierzu sind namentlich beim Fassungsbauwerk Fischaufstiegs- und Fischabstiegshilfen zu erstellen. Vorauszusetzen ist allerdings, dass es sich beim genutzten Gewässer um ein Fischgewässer handelt.
- Ferner ist mit geeigneten Massnahmen zu verhindern, dass Fische und Krebse durch bauliche Anlagen oder Maschinen getötet oder verletzt werden (Art. 9 Abs. 1 lit. d BGF; Art. 23 WRG). Die Umsetzung dieser Vorgabe erfolgt hauptsächlich dadurch, dass die Einlassöffnung zum Triebwasserweg mit einem Rechen versehen wird. Die Rechenanordnung und der Rechenabstand sind zum einen ausschlaggebend für die Wirksamkeit der technischen Einrichtung gegen das **Eindringen von Fischen,** zum andern beschlagen sie auch die Effizienz der Anlage, da sie die Fassungskapazität, die Strömungsgeschwindigkeit und den Staudruck des gefassten Wassers beeinflussen. Die konkrete Ausgestaltung der Massnahme bildet Gegenstand des wasserrechtlichen Verleihungs- und Bewilligungsverfahrens.

5.195 Die Fischerei stellt verbreitet ein kantonales Regalrecht dar.[201] In den Wasserrechtskonzessionen wird deshalb regelmässig festgelegt, dass der Konzessionär eine Schmälerung des **Fischertragsvermögens** aufgrund der Gewässernutzung und der damit verbundenen technischen Eingriffe zu entschädigen habe. Entsprechende Bestimmungen finden sich teils auch in der kantonalen Fischereigesetzgebung.[202]

c) Natur- und Landschaftsschutz

5.196 Hydroelektrische Anlagen können in einem **Spannungsverhältnis** zum Natur- und Landschaftsschutz stehen, insbesondere wenn Anlageteile innerhalb von inventarisierten Objekten verwirklicht werden sollen. Gemäss Art. 6 NHG wird durch die Aufnahme eines Objekts von nationaler Bedeutung in ein Inventar des Bundes dargetan, dass es in besonderem Masse die ungeschmälerte Erhaltung, jedenfalls aber unter Einbezug von Wiederherstellungs- oder angemessenen Ersatzmassnahmen die grösstmögliche Schonung verdient. Ein Abweichen von der ungeschmälerten Erhaltung im Sinne der Inventare darf bei Erfüllung einer Bundesaufgabe nur in Erwägung gezogen werden, wenn ihr bestimmte gleich- oder höherwertige Interessen von ebenfalls nationaler Bedeutung gegenüberstehen.[203]

---

201 Vgl. beispielsweise im Kanton Graubünden Art. 85 Abs. 1 Ziff. 3 KV; abweichend im Kanton Basel-Landschaft § 126 Abs. 1 der Kantonsverfassung (SGS BL 100), wonach das Fischereiregal den Gemeinden zusteht.

202 Vgl. beispielsweise im Kanton Graubünden Art. 22 des Kantonalen Fischereigesetzes (BR 760.100).

203 Für eine weiter gehende Darlegung der Aspekte des Natur- und Landschaftsschutzes wird auf Rz. 4.93 ff. verwiesen.

7. Weitere bundesrechtliche Vorgaben

a) Stauanlagensicherheit

Das **Bauen oder Ändern** einer Stauanlage bedarf gemäss Art. 6 Abs. 1 StAG einer Plangenehmigung der zuständigen Behörde. Unter das Stauanlagengesetz fallen Anlagen, die eine Stauhöhe von mindestens 10 Metern oder von mindestens 5 Metern und zugleich einen Stauraum von mehr als 50 000 m^3 aufweisen. Ferner kann die Aufsichtsbehörde des Bundes Stauanlagen mit geringeren Ausmassen dem StAG unterstellen, wenn sie ein besonderes Gefährdungspotenzial darstellen (Art. 2 StAG). Grosse Stauanlagen unterstehen der direkten Aufsicht des Bundes (Art. 22 Abs. 2 StAG). Als grosse Stauanlagen gelten laut Art. 3 Abs. 2 StAG solche 5.197

- mit einer Stauhöhe von mindestens 25 Metern;
- mit einer Stauhöhe von mehr als 15 Metern und mit mehr als 50 000 m^3 Stauraum;
- mit einer Stauhöhe von mehr als 10 Metern und mit mehr als 100 000 m^3 Stauraum;
- mit mehr als 500 000 m^3 Stauraum.

Soweit der Bau oder die Änderung einer Anlage nach einem anderen Gesetz genehmigt werden muss, wird mit dem Entscheid über die Genehmigung nach jenem Gesetz auch über die **Erteilung der Plangenehmigung** im Sinne des StAG entschieden (Art. 6 Abs. 2 StAG). Die Plangenehmigung ist zu erteilen, wenn die Anforderungen an die technische Sicherheit erfüllt werden (Art. 6 Abs. 3 StAG). 5.198

Bei grossen Stauanlagen prüft das Bundesamt für Energie das Vorhaben auf seine Vereinbarkeit mit dem StAG. Ist das Bundesamt nicht Genehmigungsbehörde, so teilt es der entscheidenden Behörde das Ergebnis seiner **sicherheitstechnischen Prüfung** mit. Soweit die technische Sicherheit der Anlage es erfordert, beantragt es der Genehmigungsbehörde Auflagen für den Bau (Art. 6 Abs. 5 StAG). Die übrigen Anlagen unterstehen der Aufsicht der Kantone, die ihrerseits eine Aufsichtsbehörde bezeichnen müssen (Art. 23 StAG). Die Genehmigungsbehörde nimmt das Ergebnis der sicherheitstechnischen Prüfung und die beantragten Auflagen betreffend die technische Sicherheit in ihrem Entscheid auf (Art. 6 Abs. 6 StAG). 5.199

Nebst der Plangenehmigung ist für die **Inbetriebnahme** einer Stauanlage eine separate Bewilligung der Aufsichtsbehörde erforderlich. Diese dient der Überprüfung, ob die Anforderungen an die technische Sicherheit der Anlage eingehalten sind (Art. 7 StAG). 5.200

b) Elektrizitätsgesetzgebung

Die Erstellung oder Änderung von Starkstromanlagen setzt eine **elektrizitätsrechtliche Plangenehmigung** voraus (Art. 16 EleG). Von der Genehmigungspflicht erfasst sind namentlich Hochspannungsanlagen sowie Energieerzeugungsanlagen 5.201

mit einer Leistung von mehr als 30 kVA, die mit einem Verteilnetz verbunden sind (Art. 1 Abs. 1 lit. a und b VPeA). Beim Bau von hydroelektrischen Anlagen ist somit dem Umstand Rechnung zu tragen, dass sowohl für die Generatoren in den Maschinenzentralen – sobald sie den eingangs genannten Schwellenwert überschreiten – als auch für die Energieableitung bis zum Einspeisepunkt ins elektrische Übertragungs- oder Verteilnetz Plangenehmigungen einzuholen sind.

5.202 Das **Plangenehmigungsverfahren** dient der Beurteilung aller sicherheitsrelevanten Aspekte, möglicher Einflüsse des Vorhabens auf und durch andere Anlagen oder Objekte, der Auswirkungen auf Umwelt und Landschaft sowie der Abstimmung mit der Raumplanung, insbesondere mit den Richt- und Nutzungsplänen der Kantone (Art. 2 Abs. 1 VPeA). Genehmigungsbehörde ist das Eidgenössische Starkstrominspektorat (ESTI), gegebenenfalls das Bundesamt für Energie, wenn das ESTI Differenzen mit Einsprechern oder den beteiligten Bundesbehörden nicht ausräumen konnte (Art. 16 Abs. 2 EleG).

5.203 Das ordentliche Plangenehmigungsverfahren ist in den Art. 16 ff. EleG geregelt. Es folgt dem Konzentrationsprinzip, wonach mit der Plangenehmigung sämtliche nach Bundesrecht erforderlichen Bewilligungen erteilt werden (Art. 16 Abs. 3 EleG). Ist eine **Plangenehmigung für Gemeinschaftsanlagen**[204] zu erteilen, wird das Verfahren laut Art. 16 Abs. 6 EleG von der Genehmigungsbehörde durchgeführt, die für den hauptsächlichen Teil der Anlage zuständig ist.[205]

c) Rodungen

5.204 Bau und Betrieb von hydroelektrischen Anlagen können zu einer Zweckentfremdung von Waldflächen führen. Solche Eingriffe bedürfen einer **Rodungsbewilligung** nach Art. 5 WaG.[206]

8. Das Verleihungs- und Bewilligungsverfahren

a) Grundsätze

5.205 Eine detaillierte Darlegung der Verfahrensaspekte sowie der Umweltverträglichkeitsprüfung erfolgt im 7. Teil.[207] Der Rechtsschutz wird im 8. Teil behandelt.[208] An dieser Stelle wird deshalb lediglich auf die wichtigsten Grundsätze sowie auf **wasserrechtliche Besonderheiten** eingegangen.

5.206 Während das Verleihungs- und Bewilligungsverfahren bei Bundeskonzessionen in den Art. 62 ff. WRG umfassend normiert ist, obliegt die Regelung des Verfah-

204 Als solche gelten gemeinsame elektrische Anlagen, beispielsweise der Eisenbahnen und der allgemeinen Stromversorgung (vgl. Botschaft Bundeskoordinationsgesetz 1998, S. 2629).
205 Für weiter gehende Ausführungen zu den elektrischen Netzen wird auf Rz. 5.398 ff. verwiesen.
206 Eine detaillierte Darlegung der Aspekte der Walderhaltung erfolgt in Rz. 4.165 ff.
207 Rz. 7.24 ff. und 7.146 ff.
208 Rz. 8.1 ff.

rens bei kantonalen Gewässerstrecken vorbehältlich der bundesrechtlichen Vorgaben den Kantonen (Art. 60 WRG). Das Verleihungs- und Bewilligungsverfahren umfasst mehrere Stufen, deren Abwicklung von den jeweiligen Verfahrensvorschriften bestimmt wird. Die erste Stufe beinhaltet die Einräumung des Nutzungsrechts durch **Erteilung einer Konzession** (Verleihung). Sie schliesst die vorangegangenen Konzessionsverhandlungen zwischen dem Inhaber der Gewässerhoheit und dem Konzessionär ab. Der Schwerpunkt dieses Verleihungsverfahrens liegt in der Festsetzung der wasserrechtlichen Eckwerte des Nutzungsrechts, in der Bestimmung der Grundkonzeption der Anlagen sowie in der Beurteilung der zu erwartenden Auswirkungen des künftigen Kraftwerkbetriebes.

Die zweite Stufe umfasst sämtliche Aspekte, die im Rahmen der ersten Stufe noch 5.207
nicht bzw. noch nicht abschliessend beurteilt worden sind. Sie setzt die Erarbeitung eines Detailprojekts voraus, das die Erteilung der zur Verwirklichung des Vorhabens noch erforderlichen spezialrechtlichen Bewilligungen erlaubt. Der Schwerpunkt dieses **Plan- bzw. Projektgenehmigungsverfahrens** liegt in der Beurteilung der Bauphase des Projekts sowie in der Ausführung der Auflagen aus der ersten Stufe.

Bedeutenden Einfluss auf das Verleihungs- und Bewilligungsverfahren haben die 5.208
Bestimmungen des Umweltrechts. Die Realisierung von Speicher- und Laufkraftwerken sowie von Pumpspeicherwerken mit einer installierten Leistung von mehr als 3 MW **unterliegt einer UVP** (Anhang zur UVPV, Anlagetyp Nr. 21.3 lit. a und b). Die UVP ist in den Art. 10a ff. USG geregelt. Sie ist von der Behörde durchzuführen, die im Rahmen des Konzessions- oder Genehmigungsverfahrens über das Projekt entscheidet (Art. 5 UVPV). Die UVP für Wasserkraftwerke ist mehrstufig ausgestaltet. Die erste Stufe erfolgt im Konzessions- bzw. Konzessionsgenehmigungsverfahren, die zweite Stufe in einem Verfahren, das durch das kantonale Recht zu bestimmen ist. Hierbei handelt es sich um ein Plan- oder Projektgenehmigungsverfahren.

Ist zu erwarten, dass ein Wasserkraftprojekt mit erheblichen nachteiligen **Umwelt-** 5.209
auswirkungen auf einen Nachbarstaat verbunden ist, sind die Bestimmungen der Espoo-Konvention[209] zu berücksichtigen. Diese statuiert Mindestanforderungen an die Dokumentation zur UVP sowie umfassende Informations- und Mitwirkungsrechte des betroffenen Nachbarstaats.

Das Verleihungs- und Bewilligungsverfahren hat ferner den Grundsätzen der **Ver-** 5.210
fahrenskonzentration oder -koordination zu entsprechen, wonach die Leitbehörde dafür zu sorgen hat, dass alle für die Verwirklichung des Vorhabens erforderlichen Bewilligungen soweit möglich in einem einheitlichen Entscheid erteilt werden (Konzentration) oder aber inhaltlich aufeinander abgestimmt und gemeinsam eröffnet werden (Koordination), sodass sie einem einheitlichen Rechtsmittelverfahren unterliegen.[210]

---

209 Übereinkommen über die Umweltverträglichkeitsprüfung im grenzüberschreitenden Rahmen vom 25. Februar 1991 (SR 0.814.06).

210 Vgl. BGE 116 Ib 50 ff. (Chrüzlen).

5.211 Schliesslich enthält das **WRG** selber **einzelne Vorschriften,** die sowohl im Bundesverfahren als auch in den kantonalen Verleihungsverfahren eingehalten werden müssen. Laut Art. 39 WRG berücksichtigt die Behörde bei der Verleihung das öffentliche Wohl, die wirtschaftliche Ausnutzung des Gewässers und die an ihm bestehenden Interessen. Zudem muss das geplante Vorhaben dem Bundesamt für Energie zu einer wasserwirtschaftlichen Zweckmässigkeitsprüfung unterbreitet werden (Art. 5 Abs. 2 WRG). Art. 60 Abs. 2 WRG statuiert eine Pflicht zur Publikation und öffentlichen Auflage des Konzessionsgesuchs mit den dazugehörigen Unterlagen. Damit verbunden ist die Möglichkeit, gegen die Verleihung Einsprache wegen Verletzung öffentlicher oder privater Interessen zu erheben.[211]

b) Das Konzessions- bzw. Konzessionsgenehmigungsverfahren

aa) Bei kantonaler Gewässerhoheit

5.212 Die meisten Kantone haben sich die Gewässerhoheit und damit das Verfügungsrecht über die öffentlichen Gewässer selber vorbehalten. In diesen Fällen erfolgt die **Konzessionserteilung** durch die zuständige kantonale Behörde. Die Kantone sind im Rahmen der bundesrechtlichen Vorgaben bei der Ausgestaltung des Konzessionsverfahrens frei. Sie haben hierfür teils ein Verwaltungsverfahren in der Zuständigkeit einer Verwaltungs- bzw. Exekutivbehörde (Departement oder Regierung), teils ein demokratisches Entscheidverfahren durch ein Parlament gewählt.[212]

5.213 Unabhängig davon, welche Verfahrensart zur Anwendung gelangt, hat das kantonale Verfahrensrecht zu gewährleisten, dass die **Prüfung und Beurteilung** des Vorhabens sowie die anschliessende Konzessionserteilung nach Massgabe der eingangs genannten Grundsätze[213] erfolgt.

bb) Bei Konzessionen von Bezirken, Gemeinden oder anderen Körperschaften des öffentlichen Rechts

5.214 Steht die Hoheit über die Wasserkraft Bezirken, Gemeinden oder anderen Körperschaften des öffentlichen Rechts zu, so bedürfen die Einräumung eines Nutzungsrechts an Dritte und die Benützung durch die Verfügungsberechtigten selbst gemäss Art. 4 Abs. 1 WRG jeweils der **Genehmigung** der kantonalen Behörde. Die Verleihung eines Wasserrechts erfolgt in diesen Fällen in zwei Schritten. In einem ersten Schritt verhandelt der Konzessionär mit dem Inhaber der Gewässerhoheit den Konzessionsinhalt. Nach Abschluss der Konzessionsverhandlungen erteilt die zuständige Behörde des Gemeinwesens dem Konzessionär die Konzession. Die Verleihung erfolgt in der Regel in einem direktdemokratischen Verfahren.[214] In einem zweiten Schritt muss die erteilte Konzession der zuständigen kantonalen Behörde zur Genehmigung unterbreitet werden. Die Konzessionsgenehmigung hat konsti-

---

211 JAGMETTI, Energierecht, Rz. 4408 ff.

212 JAGMETTI, Energierecht, Rz. 4412; vgl. insbesondere die detaillierte Übersicht nach Kantonen in Fn. 542 und 544.

213 Vgl. Rz. 5.205 ff.

214 Vgl. Übersicht der kantonalen Regelungen bei JAGMETTI, Energierecht, Rz. 4412, Fn. 544.

tutiven Charakter und erfolgt in einem Verwaltungsverfahren, das die Prüfung und Beurteilung des Vorhabens auf seine Vereinbarkeit mit den gesetzlichen Vorgaben nach Massgabe der eingangs genannten Grundsätze[215] gewährleistet.

Zur Veranschaulichung des **Verfahrensablaufs** diene das Beispiel des Kantons Graubünden. Der Konzessionär verhandelt zuerst den Konzessionsinhalt mit der verfügungsberechtigten Gemeinde. Nach Abschluss der Verhandlungen wird die Konzession der Stimmbürgerschaft unterbreitet und je nach Zuständigkeitsordnung in der Gemeindeverfassung entweder von der Gemeindeversammlung oder in einer Urnenabstimmung erteilt.[216] Einzig Entscheide über Konzessionsänderungen von untergeordneter Natur sowie die Übertragung einer Konzession dürfen – eine entsprechende Delegationsnorm vorausgesetzt – dem Gemeindevorstand übertragen werden. Die von den Gemeinden erteilten Konzessionen bedürfen zu ihrer Gültigkeit der Genehmigung der Kantonsregierung.[217] Letztere schliesst das Konzessionsgenehmigungsverfahren ab, in das mitunter die UVP 1. Stufe eingebettet ist.[218] 5.215

Der Verleihungsbehörde des innerkantonalen Gemeinwesens fehlen oftmals die personellen Ressourcen sowie das erforderliche Spezialwissen, um sämtliche Aspekte des wasserrechtlichen Verhältnisses und das geplante Vorhaben als solches umfassend beurteilen zu können. Die erteilte Konzession ist deshalb nach Massgabe des Prüfungsergebnisses im kantonalen Konzessionsgenehmigungsverfahren soweit erforderlich **zu ergänzen oder zu korrigieren.** Der Inhalt der verliehenen Rechte ergibt sich in diesen Fällen stets aus der Konzession und dem dazugehörigen kantonalen Genehmigungsentscheid. Dieser umfasst auch die erforderlichen Bewilligungen (z.B. die gewässerschutzrechtliche Wasserentnahmebewilligung nach Art. 29 GSchG) sowie die behördlich verfügten Auflagen. 5.216

cc) Bei Bundeskonzessionen

Zuständig für die Erteilung einer Bundeskonzession ist das UVEK (Art. 38 Abs. 3 WRG). Der Verfahrensablauf ist in den Art. 62 ff. WRG geregelt. Eine Besonderheit des Bundesverfahrens liegt darin, dass im Gegensatz zu den meisten kantonalen Regelungen zwingend ein **einstufiges Verfahren** durchzuführen ist (Art. 62 WRG). Dies bedeutet, dass ein Vorhaben, das in die Zuständigkeit des Bundes fällt, bei der Gesuchseinreichung stets einen Detaillierungsgrad aufweisen muss, der die Durchführung der UVP 1. und 2. Stufe sowie die Erteilung aller für die Ausführung des Projekts erforderlichen (Bau-)Bewilligungen zulässt (Art. 62 Abs. 1 und 3 WRG). 5.217

Das **WRG regelt** die Gesuchseinreichung, die Aussteckung des Werks, das verwaltungsinterne Mitwirkungsverfahren sowie die Publikation und öffentliche Auflage des Projekts (Art. 62a ff. WRG). Es ordnet ferner die Einbettung eines allfälligen Enteignungsverfahrens ins Konzessionsverfahren (Art. 62d ff. WRG). Für örtlich 5.218

---

215 Rz. 5.205 ff.

216 Art. 10 BWRG GR.

217 Art. 11 und 52 ff. BWRG GR.

218 Ziff. 21.3 des Anhangs zur Kantonalen Verordnung über die Umweltverträglichkeitsprüfung (KVUVP, BR 820.150).

begrenzte Vorhaben sowie Anlagen mit unerheblichen Auswirkungen auf Raum und Umwelt sieht Art. 62h WRG die Möglichkeit eines vereinfachten Verfahrens vor.

dd) Die Rechtswirkung der Konzessionserteilung

5.219 Sieht das kantonale Recht eine mehrstufige Prüfung in verschiedenen Verfahrensschritten vor, so ist die Prüfung bei jedem Verfahrensschritt so weit durchzuführen, als die Auswirkungen des Projekts auf die Umwelt für den jeweiligen Entscheid bekannt sein müssen (Art. 6 UVPV). Mit dieser Abstufung nimmt die UVPV darauf Rücksicht, dass Grossanlagen vom Stadium der allgemeinen Planung bis zur Detailprojektierung notwendigerweise in Etappen festgelegt werden müssen und auf **abgeschlossene Projektierungsschritte** nicht vorbehaltlos zurückgekommen werden soll.[219] Die Abgrenzung der Themenbereiche, welche der 1. oder der 2. UVP-Stufe zuzuordnen sind, hängt somit unter Berücksichtigung der anlagenbezogenen Spezialgesetzgebung davon ab, wie weit die Umweltauswirkungen des Projekts für den jeweiligen Entscheid bekannt sein müssen und wie weit sie aufgrund des Projektierungsstands schon beurteilt werden können. Der anzuwendende Massstab ergibt sich infolgedessen aus der Tragweite des betreffenden Entscheids.[220]

5.220 Im Wasserrecht ist zu berücksichtigen, dass mit dem Abschluss des Verleihungsverfahrens, d.h. mit der Erteilung oder Genehmigung der Konzession, wohlerworbene Rechte des Konzessionärs begründet werden.[221] Die **wasserrechtlichen Eckwerte** der Konzession, namentlich die nutzbare Wassermenge und die erforderlichen Restwassermengen, sind damit rechtsverbindlich festgelegt. Dem Konzessionsentscheid liegt ferner ein positives Ergebnis der UVP 1. Stufe zugrunde und damit die Feststellung, dass das Vorhaben mit den Bestimmungen der Umweltschutzgesetzgebung grundsätzlich vereinbar ist (vgl. Art. 3 UVPV).

5.221 Die **Konzessionserteilung präjudiziert** somit die anschliessende Plan- oder Projektgenehmigung in dem Sinne, dass in die verliehenen Nutzungsrechte nicht mehr ohne weiteres eingegriffen werden kann. Alsdann hat sich die UVP 2. Stufe nicht mehr mit Aspekten zu befassen, die auf der vorangehenden Stufe geprüft worden sind. Die Realisierbarkeit des Vorhabens darf deshalb nach der Konzessionserteilung im Grundsatz nicht mehr in Frage gestellt werden.

ee) Enteignungen

5.222 In der Praxis kommen dem Erwerb und der Sicherung der für die Realisierung des Wasserkraftwerks benötigten Grundstücke und dinglichen Rechte, aber auch der Ablösung allfälliger entgegenstehender Nutzungsrechte, grosse Bedeutung zu. Für den Fall, dass mit den Betroffenen keine einvernehmliche Lösung gefunden werden kann, sieht Art. 46 WRG ein **Enteignungsrecht des Konzessionärs** vor. Dem-

219 BGE 118 Ib 206, E. 8c.
220 Rausch/Keller, in: Kommentar USG, Art. 9 Rz. 62b; BAFU, UVP-Handbuch, Modul 3: Verfahren, Ziff. 4.
221 Vgl. Rz. 5.232 ff.

nach soll die Verleihungsbehörde, wenn im konkreten Anwendungsfall Gründe des öffentlichen Wohls vorliegen, dem Konzessionär das Recht gewähren, die benötigten Rechte zwangsweise zu erwerben. Bezüglich des Verfahrens und der Entschädigungspflicht verweist Art. 47 WRG auf das EntG.[222]

Verweigert die kantonale Behörde einer dem öffentlichen Wohl dienenden Unternehmung die Einräumung der erforderlichen Enteignungsrechte, können diese laut Art. 19 WRG subsidiär durch das **UVEK** gewährt werden. Auch in diesem Falle gelten für des Verfahren und die Entschädigungspflicht die Bestimmungen des EntG. 5.223

c) Die Plan- oder Projektgenehmigung

aa) Der Inhalt der Plan- oder Projektgenehmigung

Sieht das kantonale Recht die Möglichkeit einer Etappierung des Verleihungs- und Bewilligungsverfahrens vor, folgt auf die Konzessionserteilung ein Plan- oder Projektgenehmigungsverfahren. In diesem Verfahren sind alle noch ausstehenden und für die Verwirklichung des Vorhabens erforderlichen **Bewilligungen** zu erteilen. Verfahrensgegenstand bilden mit anderen Worten sämtliche Aspekte des Vorhabens, die nicht bereits im Zuge der Konzessionserteilung rechtskräftig entschieden worden sind und für die Realisierung des Vorhabens nach Massgabe des eingereichten Projektdossiers noch beurteilt werden müssen. 5.224

Gemäss Ziff. 21.3 des Anhangs zur UVPV setzt die Plan- oder Projektgenehmigung die Durchführung der **UVP 2. Stufe** voraus.[223] In diesem Zusammenhang ist zu beachten, dass nach der bundesgerichtlichen Rechtsprechung auf der 1. Stufe sämtliche Aspekte von grundsätzlicher Bedeutung behandelt werden müssen, die bei der 2. Stufe nicht mehr in Frage gestellt werden dürfen. In das Verfahren der 2. Stufe können demnach lediglich jene Fragen verwiesen werden, denen bei gesamthafter Betrachtung untergeordnete Bedeutung zukommt.[224] 5.225

Dies bietet unter anderem in Bezug auf die zu erteilende **Ausnahmebewilligung** für Bauten und Anlagen ausserhalb der Bauzonen **nach Art. 24 RPG** Schwierigkeiten. Die Detailplanung ist aus Gründen der Zweckmässigkeit – zumindest bei Grossprojekten – im Zeitpunkt der Konzessionserteilung meist noch nicht abgeschlossen. Das kantonale Recht trägt diesem Umstand in der Regel Rechnung und ordnet deshalb die Erteilung der erforderlichen Bau- und Ausnahmebewilligung nach Raumplanungsrecht dem Plan- oder Projektgenehmigungsverfahren zu.[225] Um dennoch alle Entscheide stufengerecht zu fällen, behelfen sich die Behörden in der Praxis damit, dass sie die umfassende Interessenabwägung, welche Voraussetzung für die Ausnahmebewilligung nach Art. 24 RPG bildet, bereits im Konzessionsverfahren vornehmen. Überwiegen die Interessen an der Realisierung des Vor- 5.226

---

222 Gleichlautend: Art. 60 Abs. 3 BWRG im Kanton Graubünden. Für die anderen Kantone vgl. die Übersicht bei JAGMETTI, Energierecht, Rz. 4549, Fn. 865.

223 Vgl. im Kanton Graubünden Ziff. 21.3 des Anhangs zur KVUVP (Fn. 218).

224 BGer, Urteil 1A.104/2001 vom 15. März 2002, E. 2.1 (KW Eglisau).

225 So ausdrücklich Art. 58 Abs. 1 BWRG im Kanton Graubünden.

habens, wird die Ausnahmebewilligung nach Art. 24 RPG unter dem Vorbehalt in Aussicht gestellt, dass die übrigen Bewilligungsvoraussetzungen im nachfolgenden Verfahrensschritt erfüllt werden. Im Plan- oder Projektgenehmigungsverfahren wird das Vorhaben anhand der dannzumal vorliegenden Detailpläne beurteilt. Sind sämtliche Voraussetzungen erfüllt, wird die Bewilligung erteilt.

bb) Praktische Schwierigkeiten im wasserrechtlichen Plan- oder Projektgenehmigungsverfahren

5.227 In der Praxis bietet die **Koordination von Bewilligungen,** deren Erteilung in der Zuständigkeit von Bundesämtern liegen, mit dem kantonalen wasserrechtlichen Genehmigungsverfahren regelmässig Schwierigkeiten. Während das StAG die Integration der erforderlichen Bewilligungen ins kantonale Verfahren ausdrücklich regelt[226], sind die Lösungsansätze in anderen Bundesgesetzen, allen voran im EleG, lediglich angedeutet. Gemäss Art. 16 Abs. 6 EleG ist das Plangenehmigungsverfahren für Gemeinschaftsanlagen von der Genehmigungsbehörde durchzuführen, die für den hauptsächlichen Teil der Anlage zuständig ist. Ferner besteht laut Art. 17 Abs. 2 EleG die Möglichkeit, Detailpläne gestützt auf ein bereits genehmigtes Projekt im vereinfachten Verfahren zu genehmigen. Um die Zielsetzungen des Koordinationsgebots zu erfüllen, müssen diese Bestimmungen auch auf kantonale Verfahren bzw. auf Projekte, die von kantonalen Behörden genehmigt worden sind, angewendet werden können.

5.228 Zur **Integration** der elektrizitätsrechtlichen Plangenehmigung ins wasserrechtliche Verleihungs- und Bewilligungsverfahren bieten sich folgende zwei Möglichkeiten an:

a. Die wasserrechtliche Leitbehörde fordert das ESTI auf, das Vorhaben auf seine Vereinbarkeit mit dem EleG zu prüfen und das Ergebnis seiner Prüfung der Entscheidbehörde gegebenenfalls unter Angabe der erforderlichen Auflagen mitzuteilen. In Analogie zum StAG wird die elektrizitätsrechtliche Plangenehmigung mit dem kantonalen wasserrechtlichen Entscheid konzentriert.

b. Im wasserrechtlichen Verleihungs- und Bewilligungsverfahren werden sämtliche massgebenden Aspekte beurteilt und entschieden. Das ESTI äussert sich in seinem Fachbereich zuhanden der wasserrechtlichen Entscheidbehörde mittels Stellungnahme. Die rein elektrizitätsrechtlichen Fragen werden durch das ESTI nachlaufend zum wasserrechtlichen Verfahren in einem vereinfachten Plangenehmigungsverfahren gemäss Art. 17 EleG entschieden. Hierbei stützt sich das ESTI auf das bereits genehmigte Projekt und genehmigt lediglich die Detailpläne (Art. 17 Abs. 2 EleG).

5.229 Schwierigkeiten können ferner dadurch entstehen, dass bei Grossprojekten die **Genehmigung und der Baustart** des Vorhabens aufgrund von weiterführenden Planungs- und Projektierungsarbeiten oder submissionsrechtlicher Vergabeverfahren zeitlich weit auseinanderliegen. Dadurch steigt das Risiko, dass bereits definierte Detaillösungen vor oder im Laufe der Bauausführung überarbeitet werden müssen oder dass bereits erteilte Bewilligungen nicht mehr den aktuellen Verhältnissen entsprechen. Gegebenenfalls müssten Bewilligungen neu erteilt werden.

226 Vgl. Rz. 5.198.

Ferner entspricht es der Realität von Planungsprozessen, dass selbst bei vollständig ausgearbeiteten Projekten, die den Vorgaben des Genehmigungsverfahrens genügen, Aspekte übrig bleiben, die erst im Zuge einer weiter gehenden Detailprojektierung, nach Abschluss der Arbeitsvergaben an Unternehmen oder erst zeitnah vor der Bauausführung festgelegt und bewilligt werden können.

Die dargelegte Problematik lässt sich entschärfen, indem das Vorhaben sowohl 5.230
bezüglich einzelner Teilprojekte als auch hinsichtlich des Detaillierungsgrades **verfahrensrechtlich gestaffelt** wird. Hierbei werden diejenigen Aspekte, die unter Wahrung der verfahrens- und materiellrechtlichen Vorgaben (namentlich des Grundsatzes der ganzheitlichen Beurteilung eines Vorhabens) im Plan- oder Projektgenehmigungsverfahren beurteilt und entschieden werden müssen, von jenen Aspekten getrennt, die in nachlaufende Verfahren verwiesen werden können. Eine solche Vorgehensweise ist bisweilen auch in einzelnen Bundesgesetzen vorgesehen, indem dem Hauptverfahren ein nachlaufendes Verfahren angefügt wird, das der Kontrolle und Bewilligung von Detailplänen dient (vgl. Art. 17 Abs. 2 EleG und Art. 18i Abs. 2 EBG).[227] Die bundesgerichtliche Rechtsprechung lässt es zu, die Prüfung und Entscheidung von Detailpunkten eines Projekts auch dann in ein nachlaufendes Bewilligungsverfahren bzw. Detailprojektierungsverfahren zu verweisen, wenn eine entsprechende gesetzliche Regelung fehlt.[228]

Das Bundesgericht stellt für **nachlaufende Bewilligungs- bzw. Detailprojektierungsverfahren** indessen klare Schranken und Voraussetzungen auf. Allfällige Parteirechte sind umfassend zu wahren, der Entscheid ist in eine Verfügung zu kleiden und der Rechtsschutz ist im vollen Umfang zu gewähren. Ferner muss sich die verfeinernde Projektplanung an die vorausgehende Plan- oder Projektgenehmigung halten, die im nachfolgenden Verfahren nicht mehr in Frage gestellt werden kann. Die Kernpunkte und der Rahmen des Projekts müssen folglich in der Plan- oder Projektgenehmigung selber enthalten sein, zudem muss bereits in diesem Genehmigungsentscheid festgestellt werden, dass dem fraglichen Projektteil aus umweltrechtlicher Sicht grundsätzlich nichts entgegensteht. Die Umweltverträglichkeit des Projektabschnitts muss ohne die noch vorzunehmende verfeinerte Planung beurteilt werden können.[229] Dies schliesst allerdings nicht aus, dass die UVP im nachlaufenden Verfahren gegebenenfalls ergänzt werden muss, soweit dies zur umfassenden Beurteilung der Umweltverträglichkeit noch erforderlich ist. 5.231

9. Rechte und Pflichten des Konzessionärs

a) Das wohlerworbene Recht zur Nutzung des Gewässers

Laut Art. 43 WRG verschafft die Konzession dem Konzessionär nach Massgabe des 5.232
Verleihungsaktes ein **wohlerworbenes Recht** auf die Benutzung des Gewässers. Das einmal verliehene Nutzungsrecht kann nur aus Gründen des öffentlichen Wohles und gegen volle Entschädigung «zurückgezogen oder geschmälert» werden. Der Wesensgehalt und die Tragweite wohlerworbener Rechte sind insbesondere durch

227 Riva, Wasserkraftanlagen, S. 7.
228 BGE 121 II 378, E. 6; Riva, Wasserkraftanlagen, S. 7.
229 BGE 121 II 378, E. 6b–c; Riva, Wasserkraftanlagen, S. 8 f.

die bundesgerichtliche Rechtsprechung[230] herausgearbeitet und in der Literatur[231] umfassend diskutiert worden, wobei die einzelnen Meinungen teilweise divergieren. Eine einheitliche Auffassung besteht im Anknüpfungspunkt für den besonderen Schutz der wohlerworbenen Rechte, der gemäss Bundesgericht im Vertrauensschutz (Art. 9 BV) und in der Eigentumsgarantie (Art. 26 BV) zu erblicken ist.

5.233 Im Wasserrecht kommt der **Vertrauensschutz** dem Wesen der wohlerworbenen Nutzungsrechte mit Blick auf deren Entstehung und Ausgestaltung näher als die Garantie des (zeitlich unlimitierten) Eigentums. Für das Verständnis und die Beurteilung wasserrechtlicher Verhältnisse gilt stets zu beachten, dass dem Verleihungsakt regelmässig intensive Verhandlungen über den Konzessionsinhalt vorausgehen. Das Resultat ist ein vielschichtiges Verleihungsverhältnis, in dem zum einen Umfang und Dauer des Nutzungsrechts und zum anderen die hierfür zu erbringenden Leistungen sorgfältig austariert werden. Wird dieses Gleichgewicht nicht gefunden, scheitern die Verhandlungen und damit auch das Vorhaben.[232] Gestützt auf die verliehene Konzession und im Vertrauen auf deren Beständigkeit über die vereinbarte Konzessionsdauer tätigt der Konzessionär hohe Investitionen.[233] Diese fallen allesamt zu Beginn des Konzessionsverhältnisses an, wodurch dem Konzessionär die Möglichkeit genommen ist, investitionsseitig auf spätere Veränderungen zu reagieren.

5.234 Zur Veranschaulichung diene das Beispiel der Kraftwerke Hinterrhein AG, deren Anlagen zwischen 1956 und 1963 mit einem Aufwand von damals rund 620 Mio. Franken gebaut wurden. Das Investitionsvolumen in diesen sieben Jahren entsprach dem dreifachen schweizerischen Bruttoinlandprodukt jener Zeit. Der Bauentscheid fiel mitten in eine Rezession. Es ist davon auszugehen, dass der Bauentscheid im damaligen Marktumfeld nicht getroffen worden wäre, wenn seitens des Konzessionärs nicht die Gewissheit bestanden hätte, für die nächsten 80 Jahre nutzungsseitig **klare Rahmenbedingungen** vorzufinden.

5.235 Die Zulässigkeit eines Eingriffs in verliehene Wasserrechte ist deshalb stets auch im Lichte einer **ex-ante-Betrachtung** zu beurteilen, indem berücksichtigt wird, welche Rechte dem Konzessionär im Verleihungszeitpunkt zugesichert worden sind und worauf er bei der Vornahme seiner Investitionen vertrauen durfte.[234]

5.236 Vom wohlerworbenen Recht umfasst sind nicht sämtliche einzelnen Konzessionsbestimmungen, sondern nur der Kern, mithin die **Substanz des Rechts.** Bei der Wasserkraftnutzung gehören dazu insbesondere die Dauer, die konzedierte Wasser-

230 Statt vieler BGE 107 Ib 140 (KW Ilanz I) sowie BGE 110 Ib 160 (KW Ilanz II).

231 Statt vieler DUBACH, Wohlerworbene Rechte; STRUB, Wohlerworbene Rechte; RIVA, Wohlerworbene Rechte; JAGMETTI, in: Kommentar aBV, Art. 24bis Rz. 41.

232 Erfolgt die Verleihung in einem Verwaltungsverfahren, das die Mitwirkung des Konzessionärs auf ein Minimum reduziert, entscheidet der Konzessionär nach Erteilung der Konzession, ob er diese annimmt oder darauf verzichtet.

233 BGE 119 Ib 254, E. 5a.

234 A.M. KATHRIN KLETT, Verfassungsrechtlicher Schutz «wohlerworbener Rechte» bei Rechtsänderungen, Diss. Bern, Bern 1984, wonach sich die Frage, welche «subjektiven Ansprüche» vom Bundesrecht als «wohlerworbene Rechte» qualifiziert werden, aus einer Interessenabwägung ex post ergebe (S. 114 Ziff. 146 und S. 233 Ziff. 250).

menge und der Wasserzins.[235] Der Bestandesschutz des wohlerworbenen Rechts hat zweierlei Ausgestaltungen. Erstens ist das wohlerworbene Recht gegen Einschränkung oder Aufhebung durch Einzelakt geschützt. Eingriffe sind nur unter den Voraussetzungen von Art. 36 BV zulässig und bei Eingriffen in die Substanz des Rechts voll zu entschädigen (Art. 43 Abs. 2 WRG). Zweitens ist das wohlerworbene Recht gesetzesbeständig. Es bleibt also während seiner Dauer so bestehen, wie es nach der Rechtsordnung im Zeitpunkt seiner Begründung eingeräumt worden ist. Eine Anpassung an neues Recht findet nur soweit statt, als nicht in die Substanz des verliehenen Rechts eingegriffen wird.[236] Nach neuerer Doktrin reicht der Schutz wohlerworbener Rechte nicht weiter als das, was die Eigentumsgarantie und der verfassungsmässige Vertrauensschutz an Schutzwirkung zu entfalten vermögen.[237]

b) Bau-, Nutzungs- und Unterhaltspflicht

aa) Baufristen

Die Festlegung einer Baufrist für die Realisierung des Vorhabens bildet gemäss Art. 54 lit. h WRG obligatorischen Konzessionsinhalt. Mit der Vorgabe einer Frist bezweckt das verfügungsberechtigte Gemeinwesen in erster Linie, dass die Gewässerstrecke, deren Wasserkräfte an einen Konzessionär verliehen worden sind, **nicht** über eine längere Zeitspanne **ungenutzt brachliegt.** Die Baufrist soll sicherstellen, dass der Konzessionär die Planungen für die Bauausführung vorantreibt und das Vorhaben beförderlich realisiert. Eine Missachtung der auferlegten Baufristen kann zur Verwirkung der Konzession führen (Art. 65 lit. a WRG). 5.237

Vor allem bei Grossprojekten gilt es allerdings zu beachten, dass nach der Genehmigung des Vorhabens aufgrund von weiterführenden Planungs- und Projektierungsarbeiten oder submissionsrechtlicher Vergabeverfahren bis zum Baustart mehrere Jahre vergehen können. Diesem Umstand kann mit **etappierten Fristen** und Erstreckungsmöglichkeiten Rechnung getragen werden. 5.238

bb) Pflicht zur Nutzung der verliehenen Wasserkräfte

Solange eine rechtsgültige Konzession besteht, kann das Gemeinwesen über die verliehenen Wasserkräfte nicht anderweitig verfügen. Die Verleihung eines Wasserrechts beinhaltet deshalb nicht nur ein Nutzungsrecht, sondern auch eine Nutzungspflicht. Kommt der Konzessionär dieser Pflicht nicht nach, kann die Verleihungsbehörde die Konzession **als verwirkt erklären.** Die Verwirkung kann laut Art. 65 lit. b WRG ausgesprochen werden, wenn der Konzessionär den Betrieb zwei Jahre unterbricht und binnen angemessener Frist nicht wieder aufnimmt. Die Verleihungsbehörde hat die Verwirkung der Konzession in einem Verwaltungsverfahren unter Wahrung der Parteirechte des Konzessionärs zu verfügen.[238] Es gilt 5.239

---

235 Jagmetti, Energierecht, Rz. 1530.
236 Jagmetti, Energierecht, Rz. 1531 m.w.H.
237 Riva, Wohlerworbene Rechte, S. 127.
238 Jagmetti, Energierecht, Rz. 4623.

allerdings zu beachten, dass dem Verhältnismässigkeitsprinzip und dem Vertrauensschutz als Grundlage der wohlerworbenen Rechte, in die mit einer Verwirkungserklärung eingegriffen würde, in einem solchen Fall grosse Bedeutung zukäme.

cc) Betrieb und Unterhalt

5.240 Aufgrund der Sorgfaltspflicht jedes Inhabers einer Anlage, deren Sicherheit zu gewährleisten, ist der Konzessionär zum Unterhalt seiner Kraftwerksanlagen verpflichtet.[239] Die bundesrechtliche Unterhaltspflicht bezieht sich auf die dem Heimfall unterliegenden Anlageteile, während die Kantone teilweise allgemeinere Unterhaltsregelungen getroffen haben.[240] Art. 67 Abs. 3 WRG gibt den Massstab vor. Demnach ist der Konzessionär verpflichtet, die heimfallbelasteten Anlagen und Einrichtungen in **betriebsfähigem Zustand** zu halten. Mit dieser Regelung wollte der Gesetzgeber verhindern, dass der Konzessionär seine Anlagen gegen Ende der Konzessionsdauer ungenügend unterhält und verlottern lässt.[241] Als Unterhalt von Bauwerken wird im Allgemeinen die laufende, dauernde Instandhaltung verstanden, die von der Reinigung bis zur Reparatur beschädigter Teile reicht. Unterhaltsarbeiten bezwecken damit in erster Linie den laufenden Substanz- und Werterhalt und sind insofern konservierender Natur.[242] Unter die Unterhaltspflicht des Konzessionärs fallen demnach alle Vorkehrungen, die dazu bestimmt sind, die Gebrauchstauglichkeit der Anlage bis zum Ende der Konzession zu sichern. Anlageteile, deren Lebensdauer vor Ablauf der Konzession endet, müssen ersetzt werden, beschädigte Anlageteile sind zu reparieren oder zu ersetzen, zudem ist die ganze Anlage zu warten und zu reinigen.

dd) Modernisierung und Erweiterung

5.241 Investitionen, die **über den Unterhalt hinausgehen,** sind prinzipiell freiwillig, der Konzessionär ist zu solchen Massnahmen nicht verpflichtet. Dabei handelt es sich um Investitionen, die für den Betrieb und Unterhalt von Kraftwerksanlagen, d.h. für das gute Funktionieren bzw. die Funktionsfähigkeit der Anlage im Sinne der gesetzlichen und konzessionsvertraglichen Vorgaben, nicht notwendig sind. Die Abgrenzung zum Betrieb und Unterhalt ergibt sich aus der Systematik von Art. 67 Abs. 3 und 4 WRG. In der Regel werden solche Investitionen aus energiewirtschaftlichen Überlegungen getätigt; sie konzentrieren sich deshalb auf eine Anpassung an den

---

239 Jagmetti, Energierecht, Rz. 4509.

240 Vgl. im Kanton Graubünden Art. 29 BWRG.

241 Geiser/Abbühl/Bühlmann, Kommentar WRG, Art. 67 S. 204.

242 Enrico Riva, Kostentragung für den Unterhalt und die Erneuerung von Kreuzungsbauwerken Schiene – Strassen, ZBl 1993 333 ff., S. 340; Pierre Tschannen/Thomas Locher, Massnahmenzuständigkeit und Kostentragungspflicht bei Kreuzungen zwischen Strassen und Gewässer, in: Verwaltungsorganisationsrecht – Staatshaftungsrecht – öffentliches Dienstrecht: Jahrbuch 2011, hrsg. von der Schweizerischen Vereinigung für Verwaltungsorganisationsrecht (SVVOR), Bern 2012, S. 57 ff., 61.

Stand der Technik oder einen Ersatz zur Produktionssteigerung. Der Gesetzgeber unterscheidet dabei zwischen Modernisierungs- und Erweiterungsinvestitionen.

Unter **Modernisierungsinvestitionen** werden Investitionen in den Umbau, die Erneuerung bzw. die Anpassung von baulichen und hydraulischen Anlageteilen oder von elektrischen und mechanischen Einrichtungen an die herrschende Technik des Wasserwerks verstanden.[243] Sie beschränken sich nicht auf einen blossen Ersatz eines Anlageteils, dessen Lebensdauer abgelaufen ist. Mit anderen Worten können sich Modernisierungsinvestitionen auch auf Anlageteile beziehen, deren Lebensdauer noch nicht erreicht ist. 5.242

Erweiterungsinvestitionen gehen darüber hinaus und umfassen Investitionen, welche eine Erhöhung der Leistung oder der mittleren Produktionserwartung durch den Ausbau von hydraulischen oder elektromechanischen Anlageteilen bewirken.[244] Als Erweiterungsinvestitionen gelten demnach jene Investitionen, welche die ursprüngliche (Bau-)Substanz des Werks verändern und dadurch auch seinen Gebrauchswert vermehren.[245] 5.243

Um aus energiepolitischen Gründen Modernisierungs- und Erweiterungsinvestitionen in bestehende Wasserkraftwerke zu fördern, statuiert Art. 67 Abs. 4 WRG einen Rechtsanspruch des Konzessionärs auf Entrichtung einer **Restwertentschädigung,** wenn die Investitionen in Absprache mit dem verfügungsberechtigten Gemeinwesen vorgenommen werden und bis zum Konzessionsende nicht abgeschrieben werden können. Wird keine anderslautende Abmachung getroffen, entspricht die Vergütung höchstens dem Restwert der Investition bei branchenüblicher Abschreibung unter Berücksichtigung der Veränderung des Geldwerts (Art. 67 Abs. 4 Satz 2 WRG).[246] 5.244

c) Pflicht zur Erbringung der wirtschaftlichen Leistungen

Als Gegenstück zu den verliehenen Nutzungsrechten hat der Konzessionär die mit der Konzession festgelegten und gegebenenfalls in der Konzessionsgenehmigung verfügten wirtschaftlichen Leistungen zu erbringen. Kommt er dieser Pflicht nicht nach und sind vom Versäumnis wesentliche Leistungen betroffen, kann die Verleihungsbehörde die Konzession **als verwirkt erklären.** Die Verwirkung kann laut Art. 65 lit. c WRG ausgesprochen werden, wenn der Konzessionär wichtige Pflichten trotz Mahnung gröblich verletzt. Wie bei einer Verletzung der Nutzungspflicht hat die Verleihungsbehörde eine Verwirkung der Konzession in einem Verwaltungsverfahren unter Berücksichtigung des Verhältnismässigkeitsprinzips und des Vertrauensgrundsatzes sowie unter Wahrung der Parteirechte des Konzessionärs zu verfügen. 5.245

243 Wyer, Rechtsfragen, S. 92.
244 Wyer, Rechtsfragen, S. 93.
245 Tschannen/Locher, (Fn. 242), S. 62.
246 Vgl. dazu Amtl. Bull. SR 1996, S. 108, Votum Bundesrat Leuenberger.

10. Sanierungstatbestände

a) Restwassersanierung

5.246 Laut Art. 80 Abs. 1 GSchG muss ein durch Wasserentnahmen wesentlich beeinflusstes **Fliessgewässer** unterhalb der Entnahmestelle auf Anordnung der Behörde so weit **saniert werden,** als dies ohne entschädigungsbegründende Eingriffe in bestehende Wassernutzungsrechte möglich ist. Gemäss Art. 80 Abs. 2 GSchG ordnet die Behörde weiter gehende Sanierungsmassnahmen an, wenn es sich um Fliessgewässer in Landschaften oder Lebensräumen handelt, die in nationalen oder kantonalen Inventaren aufgeführt sind, oder wenn dies andere überwiegende öffentliche Interessen fordern. In diesen Fällen ist der Konzessionär nach Massgabe des EntG zu entschädigen.

5.247 In wasserrechtlicher Hinsicht darf die Restwassersanierung im Normalfall also – wenn keine überwiegenden öffentlichen Interessen vorliegen – keinen entschädigungsbegründenden Eingriff in bestehende Wassernutzungsrechte zur Folge haben. Art. 80 GSchG liegt die vom Bundesgericht in den beiden Ilanzer-Entscheiden[247] entwickelte Substanztheorie zugrunde.[248] Danach ist ein **Eingriff** in ein wohlerworbenes Recht zulässig und nicht entschädigungspflichtig, wenn die Substanz des Rechts gewahrt bleibt. Dies ist der Fall, solange sich der Eingriff in das Recht des Konzessionärs für diesen noch als **wirtschaftlich tragbar** erweist.

5.248 Die Ermittlung des **Umfangs des trag- bzw. zumutbaren Eingriffs** in die verliehenen Wassernutzungsrechte stellte über viele Jahre die eigentliche Pièce de Résistance beim Vollzug der Restwassersanierung dar. Mittlerweile ist diese Rechtsfrage höchstrichterlich entschieden worden. Demnach gelten bei relativ ungünstigen betrieblichen Verhältnissen Produktions- bzw. Erlöseinbussen im Umfang von 1 bis 2 Prozent bei Ausschöpfung des Optimierungspotenzials in der Regel noch als zumutbar. Bei durchschnittlichen Verhältnissen sind Massnahmen mit Produktions- bzw. Erlöseinbussen von bis zu 5 Prozent zu erwägen. Bei guter bis sehr guter Ertragslage und entsprechend abgeschriebenen Anlagen können sich Sanierungsmassnahmen rechtfertigen, die noch weiter gehen und Produktions- bzw. Erlösminderungen von über 5 Prozent zur Folge haben.[249]

5.249 Zu den **möglichen Sanierungsmassnahmen** gehören nicht nur die Erhöhung der Dotierwassermenge, sondern auch bauliche, betriebliche und weitere Massnahmen wie die künstliche Grundwasseranreicherung oder Bewässerung.[250]

---

247 BGE 107 Ib 140 sowie BGE 110 Ib 160; vgl. Rz. 5.266 ff.

248 Botschaft GSchG 1987, S. 1170.

249 BGE 139 II 28, E. 2.7.4 (Misoxer KW); vgl. zum Ganzen Riva, Wohlerworbene Rechte.

250 BGE 139 II 28, E. 2.7.3 (Misoxer KW); Botschaft GSchG 1987, S. 1170; BUWAL, Restwassersanierung, Anhang 6.1.

b) Weitere Sanierungstatbestände nach GSchG und BGF

Neue Anlagen haben mitunter Massnahmen zur Verhinderung oder Beseitigung von **Schwall und Sunk** (Art. 39a GSchG), zur Gewährleistung eines hinreichenden **Geschiebehaushalts** (Art. 43a GSchG) sowie zur Sicherstellung der freien **Fischwanderung** (Art. 31 Abs. 2 lit. d GSchG und Art. 9 Abs. 1 lit. b BGF) vorzusehen.[251] 5.250

Art. 83a GSchG und Art. 10 BGF statuieren die Pflicht der Inhaber bestehender Wasserkraftwerke, bis zum Ende des Jahres 2030 **Sanierungsmassnahmen** zu treffen, die geeignet sind, die eingangs genannten Vorgaben auch bei bestehenden, auf der Basis bereits verliehener Wasserrechte betriebenen Anlagen umzusetzen. Sämtliche Kosten, die dem Konzessionär aus der Umsetzung dieser Massnahmen erwachsen, werden ihm durch die nationale Netzgesellschaft erstattet (Art. 15a[bis] EnG). Das Verfahren zur Erlangung einer Entschädigung ist in Art. 17d ff. EnV detailliert geregelt. 5.251

11. Konzessionsende

a) Durch Ablauf der Konzessionsdauer

aa) Die gesetzliche Regelung

Läuft die konzessionsvertraglich festgelegte Dauer[252] ab, **erlischt die Konzession** ohne weiteres (Art. 64 lit. a WRG). Es bedarf mit anderen Worten keiner Verfügung der Verleihungsbehörde, die das wasserrechtliche Verhältnis beenden würde. Mit dem zeitlichen Ablauf des Nutzungsrechts fällt das verliehene Sondernutzungsrecht dahin und die volle Verfügungsgewalt des Gemeinwesens über die Gewässer lebt eo ipso wieder auf. 5.252

Massgebend für den Beginn der Konzessionsdauer und damit für die Berechnung des Konzessionsendes ist nicht der Verleihungsakt, sondern die **Eröffnung des Betriebs** (Art. 58 WRG). Darunter ist die Aufnahme der kommerziellen Nutzung der Anlage zu verstehen, mithin der Zeitpunkt der dauernden Abgabe von Energie in das elektrische Netz.[253] Inbetriebsetzungshandlungen wie Probeläufe und Teilbetriebe führen noch nicht zur Eröffnung des Betriebs. Um Rechtsstreitigkeiten im Heimfallzeitpunkt vorzubeugen, empfiehlt es sich, das konkrete Inbetriebsetzungsdatum mit dem Kollaudationsakt[254] festzulegen. 5.253

---

251 Vgl. Rz. 5.190 ff. und 5.193 f.

252 Vgl. Rz. 5.177 ff.

253 So ausdrücklich Art. 15 BWRV für den Kanton Graubünden.

254 Im Rahmen der Kollaudation stellt die wasserrechtliche Aufsichtsbehörde fest, ob das Werk entsprechend der Verleihung und den erteilten Bewilligungen gebaut worden ist. Das Ergebnis dieser Prüfung wird in einer Verfügung an den Konzessionär festgehalten (vgl. im Kanton Graubünden Art. 26 BWRG und Art. 14 BWRV).

bb) Unbefristete Nutzungsrechte

5.254 Die Erteilung einer unbefristeten Konzession ist nicht zulässig. Art. 54 lit. e WRG schreibt die Festlegung der Konzessionsdauer als obligatorischen Konzessionsinhalt vor. Ferner würde eine unbefristete Konzession dem Grundsatz der Unveräusserlichkeit öffentlicher Gewalt zuwiderlaufen und wäre insofern mit der öffentlichen Ordnung nicht vereinbar. Daraus folgt, dass es ein wohlerworbenes Recht auf dauerhafte Sondernutzung nicht geben kann. Nennt die Konzessionsurkunde keine zeitliche Befristung, ist die **Dauer der Konzession zu beschränken** und durch richterliche Lückenfüllung zu bestimmen.[255]

b) Verzicht, Verwirkung und Rückkauf

5.255 Nebst dem Erlöschen der Konzession durch Ablauf ihrer Dauer nennt Art. 64 WRG den **ausdrücklichen Verzicht.** Durch eine entsprechende Erklärung kann der Konzessionär das Wasserrechtsverhältnis beenden und sich dadurch von seinen wirtschaftlichen Leistungspflichten befreien. Bei einem Verzicht bleibt dem Gemeinwesen das Recht vorbehalten, das Werk nach Massgabe der Konzessionsbestimmungen über den Rückkauf oder Heimfall zu erwerben (Art. 69 Abs. 3 WRG).

5.256 Bei der **Verwirkung** handelt es sich um ein Zwangsmittel des Gemeinwesens zur Durchsetzung des öffentlichen Rechts.[256] Art. 65 WRG definiert die einzelnen Verwirkungsgründe:

- die Missachtung konzessionsvertraglich festgelegter Fristen;
- das Ungenutztlassen der verliehenen Wasserkräfte;
- die grobe Verletzung wichtiger Pflichten trotz Mahnung.

5.257 Die Verwirkung der Konzession ist in einem Verwaltungsverfahren unter Berücksichtigung des Verhältnismässigkeitsprinzips und des Vertrauensgrundsatzes sowie unter Wahrung der Parteirechte des Konzessionärs **zu verfügen.**[257] Wie beim Verzicht ist das Gemeinwesen berechtigt, das Werk nach Massgabe der Konzessionsbestimmungen über den Rückkauf oder Heimfall zu erwerben.

5.258 Mit dem **Rückkauf** behält sich das verfügungsberechtigte Gemeinwesen bei der Konzessionserteilung das Recht vor, das Verleihungsverhältnis vorzeitig zu beendigen und die dem Heimfall unterworfenen Anlagen gegen volle Entschädigung zu erwerben (Art. 63 WRG). Ein allfälliges Rückkaufsrecht ist zwingend in der Konzession zu verankern (Art. 54 lit. i WRG). Der Rückkauf darf erst nach Ablauf des zweiten Drittels der Konzessionsdauer erfolgen und ist mindestens fünf Jahre im Voraus anzukündigen (Art. 63 Abs. 2 WRG).

255 BGE 127 II 69, E. 4c und 5b.
256 JAGMETTI, Energierecht, Rz. 4623.
257 JAGMETTI, Energierecht, Rz. 4623.

c) Der Heimfall

aa) Die Ausübung des Heimfallrechts

Inhalt und Umfang des Heimfallrechts ergeben sich in erster Linie aus der Konzession. Soweit diese lediglich den Bestand des Heimfallrechts statuiert oder auf die gesetzlichen Bestimmungen verweist, gelangt die Regelung von Art. 67 Abs. 1 WRG zur Anwendung.[258] Demnach ist das verleihungsberechtigte Gemeinwesen beim Eintritt des Heimfalls befugt: 5.259

«a. die auf öffentlichem oder privatem Boden errichteten Anlagen zum Stauen oder Fassen, Zu- oder Ableiten des Wassers, die Wassermotoren mit den Gebäuden, in denen sie sich befinden, und den zum Betriebe des Wasserwerks dienenden Boden unentgeltlich an sich zu ziehen;

b. Anlagen zum Erzeugen und Fortleiten elektrischer Energie gegen eine billige Entschädigung zu übernehmen.»

Mit anderen Worten berechtigt das Heimfallrecht das verleihungsberechtigte Gemeinwesen, nach Beendigung des Konzessionsverhältnisses die sog. **nassen Anlageteile** unentgeltlich und die sog. **trockenen Anlageteile** gegen eine angemessene Entschädigung an sich zu ziehen. Die Grenzziehung zwischen den nassen und den trockenen Anlageteilen erfolgt nach gefestigter Vollzugspraxis bei der Antriebswelle zwischen Turbine und Generator. 5.260

Nach Ausübung des Heimfallrechts ist das verleihungsberechtigte Gemeinwesen **Eigentümer der Kraftwerksanlagen.** Es kann diese im Rahmen einer Selbstnutzung seiner Wasserkräfte weiterbetreiben oder die Nutzungsrechte einem Dritten verleihen und diesem gleichzeitig die Anlagen verkaufen. 5.261

bb) Der Verzicht auf den Heimfall

Das verleihungsberechtigte Gemeinwesen hat die Möglichkeit, im Zeitpunkt des Heimfalls auf die Ausübung seines Heimfallrechts zu verzichten. Ein solcher **Verzicht** erfolgt insbesondere dann, wenn das verleihungsberechtigte Gemeinwesen entscheidet, dem bisherigen Konzessionär eine neue Wasserrechtskonzession zu erteilen, damit dieser die Anlagen für eine weitere Konzessionsdauer weiterbetreibt. In diesem Falle lässt sich das Gemeinwesen den Heimfallverzicht entschädigen. 5.262

Der **Heimfallverzichtsentschädigung** liegt der Gedanke zugrunde, dass der Konzessionär im Zuge der Konzessionserneuerung vom Gemeinwesen die unentgeltlich heimgefallenen Anlageteile wieder erwerben müsste, um den Kraftwerksbetrieb weiterführen zu können. Demzufolge entspricht die Heimfallverzichtsentschädigung wirtschaftlich einem Kaufpreis für die bestehenden nassen Anlageteile. Die Bemessung dieser Entschädigung ist grundsätzlich eine Verhandlungssache zwischen dem Konzessionär und dem verleihungsberechtigten Gemeinwesen. Hier- 5.263

258 Im Einzelfall ist jeweils zu prüfen, ob allenfalls ergänzende kantonale Bestimmungen zur Anwendung gelangen.

bei ist allfällig ergänzendes kantonales Recht zu berücksichtigen.[259] Eine Heimfallverzichtsentschädigung steht nicht im Konflikt mit den in Art. 48 und 49 WRG festgelegten Belastungsschranken, zumal sie in wirtschaftlicher Hinsicht nicht das abgelaufene Konzessionsverhältnis beschlägt, sondern das neue. Die Heimfallverzichtsentschädigung tritt gewissermassen an die Stelle der Erstellungskosten der Anlage bei einer erstmaligen Verleihung.[260]

d) Die Konzessionserneuerung

5.264 Die Erneuerung einer abgelaufenen Konzession ist aus rechtlicher Sicht grundsätzlich gleich zu behandeln wie die **Verleihung einer neuen Konzession.** Art. 58a WRG enthält verschiedene Regelungen, welche die Planungs- und Rechtssicherheit der beteiligten Parteien im Hinblick auf das Konzessionsende und die daran anschliessende Konzessionserneuerung erhöhen sollen. Laut Art. 58a Abs. 1 WRG kann die Erneuerung bereits vor dem eigentlichen Konzessionsende auf diesen Zeitpunkt hin vorgenommen werden. Ferner muss ein Gesuch um Erneuerung einer bestehenden Konzession mindestens 15 Jahre vor deren Ablauf gestellt werden. Mindestens 10 Jahre vor Ablauf der Konzession müssen die zuständigen Behörden entscheiden, ob sie grundsätzlich zu einer Erneuerung bereit sind (Art. 58a Abs. 2 WRG). Für den Fall, dass an die abgelaufene Konzession nicht unmittelbar eine neue anschliesst, legt Art. 58a Abs. 3 WRG fest, dass spätestens 5 Jahre nach dem Konzessionsende die Restwasservorschriften ohne Einschränkungen angewendet werden müssen. Schliesslich hat die Inkraftsetzung einer vorzeitig erneuerten Konzession spätestens 25 Jahre nach dem Konzessionsentscheid zu erfolgen (Art. 58a Abs. 4 Satz 2 WRG).

e) Sicherung und Rückbau der Anlagen

5.265 Endet die Konzession durch Ablauf ohne Heimfall, gegebenenfalls durch Verwirkung oder Verzicht, und enthält die Konzession keine Vorschriften, so verbleiben kraft Akzessionsprinzip die auf privatem Boden errichteten Anlagen beim bisherigen Eigentümer, während die auf öffentlichem Boden stehenden Anlagen an das verleihungsberechtigte Gemeinwesen übergehen (Art. 69 Abs. 1 WRG). Werden die Anlagen nach Konzessionsablauf **nicht weiter benutzt,** ist der Konzessionär gemäss Art. 66 WRG verpflichtet, jene Sicherungsarbeiten vorzunehmen, die durch die Ausserbetriebnahme des Werks nötig werden. Die Konzession kann abweichende bzw. weiter gehende Bestimmungen enthalten, die bis zum Rückbau der Anlagen reichen können.[261]

---

259 Vgl. im Kanton Graubünden Art. 45 i.V.m. Art. 44 BWRG, wonach die Entschädigung nach den dannzumal allgemein anerkannten Grundsätzen der Unternehmensbewertung zu bestimmen ist.

260 Vgl. zum Ganzen Wyer, Rechtsfragen, S. 124 ff.

261 Jagmetti, Energierecht, Rz. 4613.

12. Bundesgerichtliche Leitentscheide

a) Kraftwerke Ilanz I und II (BGE 107 Ib 140; BGE 110 Ib 160)

Im Laufe der Jahre 1962 bis 1964 erteilten mehrere Gemeinden der Nordostschweizerischen Kraftwerke AG (NOK) die Konzessionen für die Nutzung des Vorderrheins auf der Strecke zwischen Tavanasa und Ilanz (Kraftwerk Ilanz I) sowie verschiedener Seitenbäche (Kraftwerk Ilanz II) mit einer gemeinsamen Zentrale in Ilanz. In den Konzessionen für das Kraftwerk Ilanz I übertrugen die Gemeinden der Bündner Regierung die Kompetenz, im Zuge der Konzessionsgenehmigung die unterhalb Tavanasa im Flussbett zu belassende Mindestrestwassermenge im Einvernehmen mit den interessierten Gemeinden und nach Anhörung der Beliehenen festzulegen. Die Frage der Mindestrestwassermenge wurde von der Regierung zuerst offengelassen. Nach einer vierjährigen Versuchszeit legte die Regierung eine teils befristete, teils endgültige **Restwasserregelung** fest. Nach Abschluss der Bauarbeiten erteilte die Regierung der Konzessionärin auf entsprechende Intervention des kantonalen Fischereiverbandes hin eine fischereirechtliche Bewilligung für den Bau und Betrieb der Kraftwerksanlagen. Die Bewilligung enthielt gestützt auf Art. 25 des Bundesgesetzes über die Fischerei vom 14. Dezember 1973 (aFG)[262] einen Vorbehalt zur Neufestlegung der Mindestrestwasserabflüsse im Vorderrhein. Diese Bewilligung wurde vom Fischereiverband und Mitbeteiligten, von der Konzessionärin sowie von neuen Konzessionsgemeinden angefochten. 5.266

In BGE 107 Ib 140 hielt das Bundesgericht fest, dass die Wassernutzungsrechte, die der NOK in den Jahren 1962 bis 1964 erteilt worden waren, von Gesetzes wegen wohlerworbene Rechte seien. Durch spätere Gesetze könne ein solches Recht grundsätzlich nicht aufgehoben oder eingeschränkt werden. Rechte, die durch Konzessionen verliehen wurden, könnten somit durch die künftige Gesetzgebung nicht entschädigungslos aufgehoben oder sonstwie in ihrer **Substanz** beeinträchtigt werden. Dagegen sei es nicht ausgeschlossen, Gesetze anzuwenden, die nach erfolgter Konzessionierung in Kraft getreten seien, sofern die neuen Normen keinen Eingriff in die Substanz des wohlerworbenen Rechts zur Folge hätten (E. 3b). Vorliegend hätten in der fischereirechtlichen Bewilligung nur solche Einschränkungen angeordnet werden dürfen, die nicht in die Substanz der wohlerworbenen Rechte eingreifen. Demzufolge wären keine Massnahmen im Rahmen der Vorschrift für Neuanlagen (Art. 25 aFG), sondern nur solche im Rahmen der Bestimmung für bestehende Anlagen (Art. 26 aFG) zulässig gewesen (E. 6). Das Bundesgericht hob deshalb die fischereirechtliche Bewilligung teilweise auf. 5.267

Im Anschluss an dieses Verfahren erteilte die Bündner Regierung der Konzessionärin eine neue fischereirechtliche Bewilligung, in der sie gegenüber der ursprünglichen Verleihung **erhöhte Restwassermengen** festlegte. Dagegen führten der Fischereiverband und mehrere Mitbeteiligte wiederum Beschwerde. 5.268

In BGE 110 Ib 160 bestätigte das Bundesgericht seine Erwägungen aus dem vorangegangenen Urteil (E. 5a) und gelangte zum Ergebnis, die von der Regierung 5.269

262 AS 1975 2345.

gewählte Restwasserregelung gehe zwar weiter als jene in der Konzession, dieser Eingriff in die wohlerworbenen Rechte greife aber deren Substanz nicht an. Der aus der gewählten Dotiervariante resultierende prozentuale Mindererlös von 3,7 Prozent sei für die Konzessionärin allerdings nur deshalb **tragbar,** weil er sich sowohl auf den Vorbehalt in der Konzessionsgenehmigung als auch auf Art. 26 aFG abstütze. Mit dieser Restwasserregelung könnten die Interessen der Fischerei erheblich verbessert werden. Damit stehe der Beschluss der Regierung im Einklang mit Art. 26 aFG (E. 7b). Die Beschwerden wurden deshalb abgewiesen.

b) Kraftwerk Curciusa (BGE 119 Ib 254)

5.270 In den 50er-Jahren erteilten die Gemeinden des Misox und Calancatals mehrere Konzessionen zur Nutzung der Wasserkräfte der Moesa und Calancasca. In der Folge wurden die Kraftwerksstufen Isola–Spina, Valbella–Spina und Spina–Soazza genehmigt, gebaut und in Betrieb genommen. Demgegenüber wurde die Baufrist für das ursprünglich geplante Kraftwerk Curciusa–Pian San Giacomo (KW Curciusa) mehrmals verlängert. In den 80er-Jahren plante die Misoxer Kraftwerke AG (MKW) eine **Projektänderung** für das KW Curciusa. Dieses sollte nicht mehr als übliches Gravitationswerk, sondern als Saison-Speicherwerk zur Umlagerung von Sommer- in Winterstrom betrieben werden. Die Projektmodifikation sah eine Erhöhung des Winterenergieanteils der MKW von vormals ca. 18 Prozent auf neu 82 Prozent vor. Hierzu hätte mitunter das ursprünglich vorgesehene Fassungsvermögen des geplanten Stausees Curciusa von 27,6 Mio. m^3 auf 60 Mio. m^3 Nutzvolumen erweitert werden müssen. Ferner wäre die Stauhöhe des Wassers neu auf 2205 m ü.M. anstelle der ursprünglich geplanten Höhe von 2164,50 m ü.M. zu liegen gekommen. Im Zusammenhang mit dieser Neukonzeption wäre auf die geplante oberirdische Zentrale Pian San Giacomo verzichtet und an deren Stelle eine unterirdische Kavernenzentrale erstellt worden.

5.271 Das Bundesgericht hatte sich in BGE 119 Ib 254 mit den für die Projektänderung des KW Curciusa erforderlichen Konzessionsnachträgen zu befassen. Es hielt fest, diese Nachträge würden eine so weit gehende Änderung des ursprünglich vorgesehenen Nutzungskonzepts bedeuten, dass sie und auch die damit verbundene Verlängerung der Konzessionen einer **Neukonzessionierung** gleichkämen. Sowohl hinsichtlich der formellen als auch der materiellen Anforderungen sei daher grundsätzlich neues Recht zu beachten (E. 5, 9 und 10). Zudem führte das Bundesgericht aus, die Erstellung der Anlage bedürfe nebst der Verleihung der Wasserkraftnutzung auch der Erteilung verschiedener Spezialbewilligungen. Es genüge daher dem Koordinationsgebot, wenn die Regierung als Genehmigungs- und Bewilligungsbehörde mit ihrem Entscheid die Umweltverträglichkeit des Werks feststelle (E. 6). Da das Vorhaben zusammen mit den bestehenden Werken Spina I und Soazza eine Gesamtanlage bilde, welche die Umwelt erheblich belasten könne, sei aber auch für die veränderte Betriebsführung in diesen Werken eine UVP nötig (E. 7).

c) Kraftwerk Eglisau (BGer, Urteil 1A.104/2001 vom 15. März 2002)

Die Wasserkräfte des Rheins werden in der Staustufe Eglisau seit 1920 energetisch genutzt. Die Konzession der NOK lief 1993 ab. Das UVEK erteilte 1998 eine neue Konzession für ein gegenüber der bisherigen Nutzung **erweitertes Kraftwerksprojekt.** Diese Konzession wurde vom Fischereiverband des Kantons Zürich und Mitbeteiligten angefochten. 5.272

Mit Urteil vom 15. März 2002 hielt das Bundesgericht fest, bei **zweistufigen Verleihungs- und Bewilligungsverfahren** werde zunächst über die Konzession und über die notwendigerweise mit der Verleihung verbundenen Bewilligungen entschieden. Anschliessend werde ein Baubewilligungsverfahren mit Planauflage durchgeführt, in dem die Konzession im Einzelnen umgesetzt und konkretisiert werde. Auf der ersten Stufe müssten sämtliche Aspekte von grundsätzlicher Bedeutung behandelt werden, die bei der zweiten Stufe nicht mehr in Frage gestellt werden dürften. Dazu gehöre insbesondere die Feststellung, dass dem fraglichen Projekt aus umweltrechtlicher Sicht grundsätzlich nichts entgegensteht. In das nachfolgende Verfahren zweiter Stufe dürften regelmässig nur Fragen verwiesen werden, denen bei gesamthafter Beurteilung lediglich untergeordnete Bedeutung zukomme (E. 2.1). 5.273

Unter Berücksichtigung des Umstandes, dass die Stauhaltung des Rheins bei Eglisau bereits seit 1920 bestand und gesetzlich ein zweistufiges Verfahren vorgesehen war, machte es nach Auffassung des Bundesgerichts vorliegend keinen Sinn, die Erteilung der neuen Konzession bis zum Vorliegen sämtlicher notwendiger Abklärungen hinauszuzögern. Dies hätte Nachteile für die Energiegewinnung (keine Erhöhung der Kraftwerkskapazität) und für Natur und Umwelt zur Folge (spätere Realisierung der in der neuen Konzession vorgesehenen Schutz-, Ausgleichs- und Ersatzmassnahmen). **Verfahrensverzögerungen** wären demgegenüber in Kauf zu nehmen, wenn es sich um eine Erstkonzessionierung, d.h. um einen schwerwiegenden Eingriff in ein noch weitgehend intaktes Fischgewässer handeln würde. Die Beschwerde wurde in der Folge abgewiesen. 5.274

C. Solarenergieanlagen

Literatur

Hürlimann-Kaup Bettina/Oswald Diana, Fotovoltaikdienstbarkeit; Jäger Christoph, Solaranlagen; Jagmetti Riccardo, Energierecht, Rz. 7301 ff.; Pahud de Mortanges René/Süess Raimund, Solarpanels; Pinelli Davide, Erneuerbare Energien, S. 125 ff.

Amtliche Publikationen

BFE, Gebäudeintegrierte Photovoltaikanlagen; Bundesrat, Solarwärme und Photovoltaik.

1. Überblick

5.275 Solare Strahlungsenergie kann auf vielfältige Weise energetisch genutzt werden. Im Vordergrund stehen die Wärmegewinnung für Haushalt und Gewerbe, die Erzeugung elektrischer Energie sowie die Produktion von Brennstoffen. **Sonnenenergie** ist in ihrem natürlichen Vorkommen keiner rechtlichen Herrschaft unterworfen und stellt im Ausgangszustand weder Rechtsobjekt noch öffentliche Sache im Gemeingebrauch dar.[263]

5.276 In menschlichen Zeitdimensionen betrachtet ist die Sonne eine unerschöpfliche Energiequelle. Entsprechend grosse Bedeutung wird der Sonnenenergienutzung in der Energie- und Klimapolitik eingeräumt. Auf rechtlicher Ebene hat sich dies in Förderbestimmungen und planungsrechtlichen Erleichterungen niedergeschlagen, die zu einem **grossflächigen Ausbau** mit Solarenergieanlagen führen sollen.

5.277 Auf regulatorischer Ebene noch wenig beachtet werden hingegen die Gewinnung der Rohstoffe zur Produktion der Solarzellen bzw. deren Herstellung als solches sowie die **Entsorgung der Anlagen** am Ende ihrer Lebensdauer.

2. Massgebende Vorschriften

a) Bundesrecht

5.278 Auf den Bau und Betrieb von Solarenergieanlagen sind auf Bundesebene hauptsächlich folgende Erlasse anwendbar:

- Raumplanungsgesetz (RPG) von 1979;
- Raumplanungsverordnung (RPV) von 2000;
- Bundesgesetz betreffend die elektrischen Schwach- und Starkstromanlagen (Elektrizitätsgesetz, EleG) von 1902;
- Verordnung über das Plangenehmigungsverfahren für elektrische Anlagen (VPeA) von 2000;
- Energiegesetz (EnG) von 1998;
- Energieverordnung (EnV) von 1998;
- Stromversorgungsgesetz (StromVG) von 2007;
- Bundesgesetz über den Umweltschutz (Umweltschutzgesetz, USG) von 1983;
- Verordnung über die Umweltverträglichkeitsprüfung (UVPV) von 1988;
- Bundesgesetz über den Natur- und Heimatschutz (NHG) von 1966.

263 Jagmetti, Energierecht, Rz. 7301.

b) Kantonales Recht

Nebst den bundesrechtlichen Vorgaben, die namentlich in den Bereichen Raumplanung, Natur- und Heimatschutz sowie Energie im Gebäudebereich die kantonalen Kompetenzen einschränken[264], sind namentlich das **kantonale Raumplanungsrecht** sowie die kommunalen Baugesetze zu berücksichtigen. 5.279

3. Die gesetzliche Konzeption der Sonnenenergienutzung

a) Sonnenenergie als Gemeingut

Die Sonnenenergie als Naturkraft ist ein Gemeingut. Sie fällt weder unter den Sachbegriff des ZGB noch stellt sie in ihrer Ursprungsform ein Rechtsobjekt dar. Demzufolge kann sie auch nicht als öffentliche Sache im Gemeingebrauch gelten. Die Zulässigkeit ihrer Nutzung hängt somit nicht von der Gebrauchsintensität ab. Mit anderen Worten stellt die Sonnenenergienutzung keine konzessionspflichtige Sondernutzung dar. Da die Sonnenenergie unerschöpflich ist, sind auch keine staatlichen Monopole zu deren Nutzung geschaffen worden.[265] Daraus folgt, dass für den Betrieb von Solarenergieanlagen **keine Nutzungsrechte** an der Sonnenergie erworben werden müssen. 5.280

b) Typisierung der Solarenergieanlagen

aa) In technischer Hinsicht

Solarenergieanlagen sind vorab dahingehend zu unterscheiden, ob sie der Erzeugung von Wärme (thermische Solaranlagen) oder von elektrischer Energie (Photovoltaikanlagen) dienen. Die **Wärmegewinnung** erfolgt, indem die Sonneneinstrahlung zum Aufheizen einer Trägerflüssigkeit (in der Regel Wasser mit Zusätzen) genutzt wird. Die Wärmeübertragung auf die Trägerflüssigkeit erfolgt in Paneelen, Röhren, Matten etc., die an sonnenexponierten Standorten angebracht werden. Der häufigste Anwendungsfall ist im Bereich der Haustechnik von Gebäuden anzutreffen, wo die Sonneneinstrahlung anstelle oder in Ergänzung zu fossilen Energieträgern zur Erwärmung des Brauchwarmwassers genutzt wird. Die Wassererhitzung für gewerbliche Prozesse erfolgt in technischer Hinsicht auf vergleichbare Weise. 5.281

Demgegenüber dienen **Photovoltaikanlagen** der Umwandlung von solarer Strahlungsenergie in elektrische Energie. Der Umwandlungsvorgang erfolgt in Solarzellen mithilfe des sog. photoelektrischen Effekts. Die erzeugte Elektrizität kann direkt genutzt, in Akkumulatoren gespeichert oder in Stromnetze eingespeist werden. Photovoltaikanlagen können als alleinstehende Anlagen oder in Verbindung mit einer Baute oder Anlage (Gebäude, Schallschutzwand, Lawinenverbauung etc.) erstellt werden. Ferner können sie als eigentliches Stromkraftwerk zur Elektrizitäts- 5.282

264 Dazu kritisch: JÄGER, Solaranlagen, S. 19.
265 JAGMETTI, Energierecht, Rz. 7301 f.

erzeugung und Einspeisung ins Stromnetz konzipiert sein oder der primären Versorgung eines angeschlossenen Verbrauchers dienen.

bb) Nach UVPV

5.283 **Photovoltaikanlagen** sind einer UVP zu unterziehen, wenn sie nicht an Gebäuden angebracht sind und ihre installierte Leistung 5 MW übersteigt (Anhang zur UVPV, Ziff. 21.9). Die elektrische Leistungsgrenze, die zu einer UVP-Pflicht führt, entspricht – nach heutigen durchschnittlichen Standards – einem Solarkraftwerk mit Modulfeldern von ca. 30 000 m^2 Fläche.

cc) Nach EnG

5.284 Die **energierechtlichen Förderbestimmungen** für Photovoltaikanlagen unterscheiden drei Anlagetypen (Anhang 1.2 der EnV, Ziff. 2):

- Freistehende Anlagen, die keine konstruktive Verbindung zu Bauten haben (z.B. aufgeständerte Anlagen);
- angebaute Anlagen, die konstruktiv mit Bauten oder sonstigen Infrastrukturanlagen verbunden sind und einzig der Stromproduktion dienen (z.B. Module, die mittels Befestigungssystemen auf Dächern montiert sind), und
- integrierte Anlagen, die konstruktive Bestandteile einer Baute bilden und neben der Stromproduktion zusätzlich dem Witterungsschutz, dem Wärmeschutz oder der Absturzsicherung dienen.

c) Die gesetzliche Förderung von Solarenergieanlagen

aa) In planungsrechtlicher Hinsicht

5.285 Abweichend vom Grundprinzip der Baubewilligungspflicht (Art. 22 Abs. 1 RPG) befreit Art. 18a Abs. 1 RPG Solarenergieanlagen auf Dächern in Bau- und Landwirtschaftszonen von der Einholung einer Baubewilligung, wenn sie genügend angepasst sind (vgl. dazu Art. 32a Abs. 1 RPV). Das Bundesrecht unterstellt solche Vorhaben lediglich einer **Meldepflicht** und räumt der Nutzung der Sonnenenergie auf bestehenden und neuen Bauten gegenüber ästhetischen Anliegen ein vorrangiges Interesse ein. Die Privilegierung von Solarenergieanlagen im Baubewilligungsverfahren gründet in der energie- und klimapolitischen Zielsetzung zur vermehrten Nutzung erneuerbarer Energien.[266]

5.286 Laut Art. 89 Abs. 4 BV sind die Kantone zuständig für Massnahmen, die den Verbrauch von Energie in Gebäuden betreffen. Dies umfasst mitunter die materielle Gesetzgebung im genannten Bereich. Die Kantone erfüllen ihren verfassungsrechtlichen Auftrag durch die gemeinsame Erarbeitung und Abstimmung der energie-

---

266 JÄGER, Solaranlagen, S. 2 f., m.w.H.

rechtlichen Vorschriften. Hierzu legt die EnDK Mustervorschriften vor, die den Kantonen als Grundlage für den Gesetzgebungsprozess dienen. Ziff. 1.26 der MuKEn 2014 (Mustervorschriften der Kantone im Energiebereich) begründet eine Pflicht zur **Eigenstromerzeugung in Neubauten.** Mit der Übernahme dieser Musterbestimmung ins kantonale Recht würde künftig jeder Bauherr verpflichtet, bei Neubauten mindestens 10 W pro m^2 Energiebezugsfläche mittels einer am Gebäude installierten Elektrizitätserzeugungsanlage selber zu produzieren (Ziff. 1.27 MuKEn 2014). Eine Verankerung dieser Vorschrift im kantonalen Energierecht würde faktisch dazu führen, dass jede Neubaute mit einer Photovoltaikanlage ausgerüstet werden müsste, um die energetischen Anforderungen für eine Baubewilligung zu erfüllen.

bb) Anschluss- und Abnahmepflicht des Netzbetreibers

Art. 5 Abs. 2 StromVG verpflichtet die Betreiber von elektrischen Verteilnetzen, 5.287 alle Elektrizitätserzeuger, innerhalb sowie ausserhalb der Bauzonen, an ihr Elektrizitätsnetz anzuschliessen. Diese **Anschlusspflicht** soll gewährleisten, dass die – unter anderem in Photovoltaikanlagen – produzierte Energie in ein Elektrizitätsnetz eingespeist und abtransportiert werden kann. Die zu erstellende elektrische Anschlussleitung zwischen der Energieerzeugungsanlage und dem Anschluss- bzw. Einspeisepunkt des Verteilnetzes gilt als Bestandteil der Anlage (Anhang 1.2 der EnV, Ziff. 1.1). Deren Kosten stellen individuelle Netzkosten dar (Art. 14 Abs. 3 lit. d StromVG) und sind durch den Anlageninhaber zu tragen. Die Bestimmung des Anschlusspunktes erfolgt durch den Netzbetreiber.

Über den rein physischen Anschluss hinaus statuiert Art. 7a Abs. 1 EnG die Pflicht 5.288 der Netzbetreiber, in ihrem Netzgebiet die gesamte **Elektrizität,** die aus neuen Photovoltaikanlagen mit mehr als 10 kW Nennleistung gewonnen wird, in einer für das Netz geeigneten Form **abzunehmen.**

cc) Förderbeiträge

Betreiber von neuen Photovoltaikanlagen mit einer Nennleistung unter 30 kW kön- 5.289 nen die Entrichtung einer **Einmalvergütung** beantragen (Art. 7a^{bis} Abs. 1 EnG). Diese Einmalvergütung beträgt höchstens 30 Prozent der bei der Inbetriebnahme massgeblichen Investitionskosten von Referenzanlagen (Art. 7a^{ter} Abs. 1 EnG). Die Anspruchsberechtigung, das Verfahren sowie die Ansätze der Einmalvergütung sind in den Art. 6b–6d EnV sowie im Anhang 1.8 der EnV geregelt.

Für Photovoltaikanlagen mit einer Nennleistung zwischen 10 kW und 30 kW kann 5.290 alternativ zur Einmalvergütung eine **Einspeisevergütung** nach Art. 7a EnG beansprucht werden. Anlagen mit einer Nennleistung von 30 kW und mehr haben nur Zugang zum Einspeisevergütungssystem. Dieses ist dahingehend ausgestaltet, dass dem Produzenten die ins elektrische Verteilnetz eingespeiste Energie über die Bilanzgruppe für erneuerbare Energien[267] vergütet wird. Die Vergütung richtet sich nach den im Erstellungsjahr geltenden Gestehungskosten von Referenzanlagen, die der jeweils effizientesten Technologie entsprechen (Art. 7a Abs. 2 EnG), und wird über einen Zeitraum von 20 Jahren gewährt. Die Einzelheiten des Einspeisevergütungssystems, namentlich das Anmelde- und Bescheidverfahren, sind in den Art. 3 ff. EnV sowie im Anhang 1.2 EnV geregelt.

4. Bewilligungsvoraussetzungen und Bewilligungsverfahren

a) Auswirkungen und Beeinträchtigungen

5.291 Solarenergieanlagen können je nach Typus, Grösse und Lage bzw. Standort zu erheblichen **raumrelevanten Auswirkungen** führen. Sie sind namentlich geeignet, die Landschaft, das Ortsbild oder den Charakter einzelner Gebäude wesentlich zu beeinflussen. Ferner vermögen sie die Umwelt und Nachbarschaft durch Blendwirkung zu beeinträchtigen.

b) Planungsrechtliche Vorschriften

5.292 Grundsätzlich unterstehen auch Solarenergieanlagen der **Baubewilligungspflicht,** die als letzte Stufe der planerischen Entscheidfolge sicherstellen soll, dass das Vorhaben vor der Ausführung auf seine Vereinbarkeit mit dem Nutzungsplan und den weiteren Vorschriften des Bundesrechts sowie des kantonalen und kommunalen Rechts überprüft wird (Art. 22 RPG).[268] Allerdings macht der Gesetzgeber aus energie- und klimapolitischen Gründen eine gewichtige Ausnahme vom Bewilligungserfordernis und unterstellt den am häufigsten vorkommenden Anlagetypus lediglich einer Meldepflicht an die zuständige Baubewilligungsbehörde.

5.293 Von der Baubewilligungspflicht **befreit** werden laut Art. 18a Abs. 1 und 3 RPG und Art. 32a Abs. 1 RPV Solarenergieanlagen, die kumulativ folgende Voraussetzungen erfüllen:

- Die Solarenergieanlage muss in einer Bau- oder Landwirtschaftszone liegen;
- sie muss auf einem Dach installiert sein;
- sie muss genügend angepasst sein und
- sie darf nicht auf Kultur- und Naturdenkmälern von kantonaler oder nationaler Bedeutung liegen (hierzu Art. 32b RPV).

267 Eine Bilanzgruppe ist ein rechtlicher Zusammenschluss von Teilnehmern am Elektrizitätsmarkt, die gegenüber der nationalen Netzgesellschaft eine gemeinsame Mess- und Abrechnungseinheit innerhalb der Regelzone Schweiz bilden (Art. 2 Abs. 1 lit. e StromVV).

268 Jäger, Solaranlagen, S. 7.

Baubewilligungspflichtig bleiben somit namentlich Solarenergieanlagen in Schutzzonen nach Art. 17 RPG[269], Anlagen an Fassaden oder unbedachten Bauten und Installationen sowie freistehende oder aufgeständerte Anlagen im Gelände.[270] 5.294

Das **Gestaltungskriterium,** wonach die Solarenergieanlage genügend angepasst sein muss, wird in Art. 32a Abs. 1 RPV ausgeführt. Besonders hervorzuheben sind die Vorgabe eines maximal zulässigen Abstandes zwischen Solarenergieanlage und Dach von 20 cm (lit. a) sowie das Erfordernis einer zusammenhängenden kompakten Fläche (lit. d). Diese beiden Bestimmungen führen in der praktischen Anwendung dazu, dass Solarenergieanlagen auf Flachdächern vom Privileg der Baubewilligungsfreiheit faktisch ausgenommen sind.[271] 5.295

c) Spezialgesetzliche Vorschriften

Das Erstellen von Starkstromanlagen oder bestimmten Schwachstromanlagen setzt eine **Plangenehmigung** nach Art. 16 Abs. 1 EleG voraus. Im vorliegenden Zusammenhang sind namentlich Photovoltaikanlagen mit einer Leistung von über 30 kVA, die mit einem Verteilnetz verbunden sind, dem elektrizitätsrechtlichen Plangenehmigungsverfahren unterstellt (Art. 1 Abs. 1 lit. b VPeA). Das Verfahren richtet sich nach Art. 16 ff. EleG und Art. 2 ff. VPeA. Mit der Plangenehmigung erteilt die zuständige Behörde – im Regelfall das ESTI – sämtliche nach Bundesrecht erforderlichen Bewilligungen. Die planerische Privilegierung nach Art. 18a RPG, die den Vorrang der Sonnenenergienutzung vor ästhetischen Aspekten statuiert, befreit Photovoltaikanlagen nicht von der elektrizitätsrechtlichen Plangenehmigung, welche in erster Linie der Vermeidung von Gefahren und Schäden dient. 5.296

5. Praxishinweise

Im Urteil 1C_177/2011 vom 9. Februar 2012 hatte sich das Bundesgericht mit den umweltrechtlichen Aspekten der **Blendwirkung** einer Solarenergieanlage zu befassen. Es hielt zunächst in grundsätzlicher Hinsicht fest, das Umweltschutzgesetz bezwecke unter anderem den Schutz von Menschen, Tieren und Pflanzen, ihrer Lebensgemeinschaften und Lebensräume vor schädlichen und lästigen Einwirkungen. Als Einwirkungen würden nach Art. 7 USG unter anderem Strahlen gelten, die durch den Bau und Betrieb von Anlagen erzeugt werden[272]. Dazu gehöre auch das Sonnenlicht, das von einer Solarenergieanlage reflektiert wird. Für den Schutz vor sichtbarem Licht bestünden allerdings bis anhin keine bundesrechtlich verbindlichen Regelungen, weshalb die rechtsanwendenden Behörden in Beachtung von Art. 12 Abs. 2 USG unmittelbar Art. 11–14 und Art. 16–18 USG anzuwenden hätten (E. 5.2). In casu verneinte das Bundesgericht eine erhebliche Störung des Wohlbe- 5.297

---

269 Jäger, Solaranlagen, S. 4.
270 Jäger, Solaranlagen, S. 9, m.w.H.
271 Jäger, Solaranlagen, S. 9 f.
272 Vgl. dazu Griffel/Rausch, Kommentar USG, Ergänzungsband, Art. 7 Rz. 11.

findens im Sinne von Art. 14 lit. b USG, auch wenn die Blendwirkung von Personen mit erhöhter Empfindlichkeit als unangenehm empfunden werden könnte (E. 5.3).

5.298 Das Bundesgericht hielt weiter fest, Emissionen seien gemäss Art. 11 Abs. 2 USG unabhängig von der bestehenden Umweltbelastung im Rahmen der **Vorsorge** so weit zu begrenzen, als dies technisch und betrieblich möglich und wirtschaftlich tragbar sei. Allerdings müssten Emissionen von anderen Quellen als von marktwirtschaftlich geführten Unternehmen nicht nach dem Kriterium der wirtschaftlichen Tragbarkeit, sondern im Rahmen der allgemeinen Verhältnismässigkeitsprüfung beurteilt werden. Im vorliegenden Fall bestanden nach Auffassung des Bundesgerichts keine verhältnismässigen Massnahmen zur Reduktion der Blendwirkungen (E. 6.3 f.).

5.299 Abschliessend wies das Bundesgericht darauf hin, dass beim Anbringen von Sonnenkollektoren der **technologische Fortschritt** auf diesem Gebiet nicht ausser Acht gelassen werden dürfe. Das Vorsorgeprinzip verpflichte vielmehr dazu, Produkte mit möglichst niedriger Blendwirkung zu verwenden. Diese bundesrechtliche Pflicht gelte auch dort, wo Solarenergieanlagen von der Baubewilligungspflicht ausgenommen seien (E. 6.5).

5.300 Der vorliegende Entscheid fördert eine Problematik zutage, die in der Praxis nicht unterschätzt werden darf. Auch Anlagen, die gemäss Art. 18a RPG von der Baubewilligungspflicht befreit sind, müssen materiell rechtskonform sein. Da kein Baubewilligungsverfahren durchgeführt wird und dadurch eine entsprechende materielle Prüfung durch die Baubewilligungsbehörde fehlt, verlagern sich allfällige Streitigkeiten über die Rechtskonformität der Anlage (bspw. hinreichende Vorkehrungen zur Begrenzung der Blendwirkung der Anlage) auf die Phase nach Erstellung der Anlage. Für den Bauherrn dürfte es deshalb unter Umständen von Vorteil sein, trotz Befreiung um eine Baubewilligung in einem ordentlichen Baubewilligungsverfahren zu ersuchen.

D. Anlagen zur Nutzung der Windenergie

Literatur

Jagmetti Riccardo, Energierecht, Rz. 7301 ff.; Klaber Fabian, Windenergieanlagen; Pinelli Davide, Erneuerbare Energien, S. 125 ff.

Amtliche Publikationen

ARE GR/AEV GR, Windenergieanlagen; BFE/BAFU/ARE (Hrsg.), Windenergieanlagen; BFE/BAFU/ARE (Hrsg.), Windkraftanlagen in Wäldern; BFE/BUWAL/ARE (Hrsg.), Konzept Windenergie.

1. Überblick

5.301 Bereits seit der zweiten Hälfte des 12. Jahrhunderts machen sich die Menschen die **Windkraft** maschinell zunutze, indem sie Windmühlen zum Getreidemahlen und zur Entwässerung von Landschaften einsetzen.[273] Die energie- und klimapolitisch motivierte Förderung der Stromerzeugung aus Windenergie hat in den letzten Jahren insbesondere in den Nachbarländern der Schweiz zu einem massiven Zubau von Windenergieanlagen geführt. In der Schweiz verläuft diese Entwicklung aufgrund der ungünstigeren Topografie und der weniger konstanten Windverhältnisse langsamer. Trotzdem soll nach der Energiestrategie 2050 in den kommenden Jahrzehnten ein Ausbau der Windenergieproduktion auf 4000 GWh erfolgen.[274]

Wie die Sonnenenergie ist auch die Windkraft in ihrem natürlichen Vorkommen 5.302
keiner rechtlichen Herrschaft unterworfen und stellt im Ausgangszustand weder Rechtsobjekt noch öffentliche Sache im Gemeingebrauch dar.[275] Zentral für die Planung und den Bau von Windenergieanlagen ist deren Eingliederung in die räumliche Ordnung. Das grösste Konfliktpotenzial besteht bezüglich deren Auswirkungen auf Landschaft und Kulturgüter sowie im Zusammenhang mit Lärmimmissionen, Schattenwurf, dem Schutz von Vögeln und Fledermäusen.

2. Massgebende Vorschriften

a) Bundesrecht

Beim Bau und Betrieb von Windenergieanlagen sind auf Bundesebene hauptsäch- 5.303
lich nachfolgende Bestimmungen zu beachten:

- Raumplanungsgesetz (RPG) von 1979;
- Bundesgesetz betreffend die elektrischen Schwach- und Starkstromanlagen (Elektrizitätsgesetz, EleG) von 1902;
- Verordnung über das Plangenehmigungsverfahren für elektrische Anlagen (VPeA) von 2000;
- Energiegesetz (EnG) von 1998;
- Energieverordnung (EnV) von 1998;
- Stromversorgungsgesetz (StromVG) von 2007;
- Bundesgesetz über den Umweltschutz (Umweltschutzgesetz, USG) von 1983;
- Verordnung über die Umweltverträglichkeitsprüfung (UVPV) von 1988;
- Bundesgesetz über den Natur- und Heimatschutz (NHG) von 1966;
- Bundesgesetz über den Wald (Waldgesetz, WaG) von 1991;
- Verordnung über die Infrastruktur der Luftfahrt (VIL) von 1994.

273 Klaber, Windenergieanlagen, S. 8.
274 Botschaft Energiestrategie 2050, S. 7646 ff.
275 Jagmetti, Energierecht, Rz. 7301.

b) Kantonales Recht

5.304 Die Kantone verfügen über einen grossen Spielraum bezüglich der Wahl der Massnahmen zur Förderung erneuerbarer Energien. Das kantonale Recht hat die Bedingungen für eine Bewilligung zum Bau einer Windenergieanlage zu regeln und hierbei die Vereinbarkeit der Anlage mit den Bestimmungen des Bundesrechts zu gewährleisten.[276] Aktuell finden vorrangig die jeweiligen kantonalen **Raumplanungsgesetze** Anwendung. Sie geben die für den Bau von Windenergieanlagen zu durchlaufenden Planungs- und Bewilligungsverfahren vor. Angesichts des Spannungsverhältnisses zwischen energie- und klimapolitischen Zielsetzungen einerseits und der zunehmenden Sensibilität der Bevölkerung hinsichtlich Windenergieanlagen andererseits ist allerdings abzusehen, dass die Kantone zumindest einzelne Fragen der Windenergienutzung durch den Erlass entsprechender spezialrechtlicher Bestimmungen regeln werden.[277]

3. Die gesetzliche Konzeption der Windenergienutzung

a) Windenergie als Gemeingut

5.305 Die Windenergie ist wie die Sonnenenergie als Naturkraft ein Gemeingut. Mangels Erfassung und Begrenzung stellt sie kein Rechtsobjekt dar. Demzufolge kann sie auch nicht als öffentliche Sache im Gemeingebrauch gelten. Die Nutzung der Windenergie ist keine konzessionspflichtige Sondernutzung. Die Begründung eines staatlichen Monopols würde an den fehlenden Voraussetzungen scheitern, sei es an einer verfassungsmässigen Grundlage auf Bundesebene, sei es am öffentlichen Interesse an einer Zuteilung der unerschöpflichen Energiequelle.[278] Für den Betrieb von Windenergieanlagen müssen somit **keine Nutzungsrechte** an der Windkraft erworben werden.[279]

b) Typisierung der Windenergieanlagen

aa) In technischer Hinsicht

5.306 Die **technische Entwicklung** im Bereich der Windenergienutzung weist eine starke Dynamik auf. Heute üblich und verbreitet sind Anlagenkonzepte mit einer horizontalen Drehachse. Die Anlagen bestehen in der Regel aus einem Fundament, einem Turm (aus Stahl oder Beton), Rotorblättern auf einer Nabe sowie einer Gondel, die mitunter den Generator beherbergt. Zur Anlage gehören zudem stets ein Transformator sowie ein Netzanschluss. Solche Windenergieanlagen sind skalierbar. Die

---

276 BGE 132 II 408, E. 4.5.1 (Pra 2007 Nr. 66).

277 Vgl. beispielsweise Botschaft der Regierung des Kantons Graubünden an den Grossen Rat, Bericht über die Strompolitik des Kantons Graubünden, Heft Nr. 6/2012–2013, S. 371 (www.gr.ch > Institutionen > Parlament > Botschaften); vgl. ferner die in den Kantonen Aargau, Solothurn und Luzern lancierten oder bereits eingereichten Initiativen gegen Windenergieanlagen.

278 Jagmetti, Energierecht, Rz. 7301 f.

279 BGE 132 II 408, E. 4.5.1 (Pra 2007 Nr. 66).

Bandbreite typischer in der Schweiz kommerziell eingesetzter Anlagen umfasst derzeit Nennleistungen von 600–2500 kW bei einer Gesamthöhe von 72–145 Metern.[280] Sie können als Einzelanlagen oder in einer gemeinsamen Anordnung als Windpark errichtet werden. Nichtkommerziell betriebene Anlagen sind auch in viel kleineren Dimensionen erhältlich. Ferner existieren Anlagenkonzepte mit vertikalen Drehachsen, namentlich der sog. Darrieus-Rotor, dessen Flügelblätter am oberen und unteren Ende der Welle befestigt sind und bogenförmig nach aussen ragen, oder der zylinderförmige Windturm mit karussellartig senkrecht angeordneten Flügelelementen.

bb) Nach UVPV

Die UVPV knüpft bei Windenergieanlagen an die **installierte Leistung** an. Der Pflicht zur UVP unterstehen demnach Anlagen, die den Grenzwert von 5 MW überschreiten (Anhang zur UVPV Ziff. 21.8). 5.307

Allerdings sind bis heute in der Schweiz keine Einzelanlagen in Betrieb, die diesen Leistungswert erreichen würden. Massgebend ist deshalb, wie die UVP-Pflicht bei Anlagen zu beurteilen ist, die im Verbund, mithin innerhalb eines **Windparks,** eine installierte Leistung von 5 MW gesamthaft überschreiten. Ausgehend vom umweltrechtlichen Grundsatz der ganzheitlichen Betrachtungsweise sind einzelne Windenergieanlagen als Teile einer UVP-pflichtigen Gesamtanlage zu betrachten, wenn zwischen ihnen ein hinreichend enger räumlicher und funktionaler Zusammenhang besteht und der Schwellenwert für die UVP gesamthaft überschritten wird.[281] Bei Windparks dürften die Kriterien für eine Qualifikation als Gesamtanlage in aller Regel erfüllt sein. 5.308

cc) Nach EnG

Die **energierechtlichen Förderbestimmungen** für Windenergieanlagen unterscheiden zwei Anlagenkategorien (Anhang 1.3 der EnV, Ziff. 2): 5.309

- Kleinwindanlagen, die eine elektrische Nennleistung bis und mit 10 kW aufweisen;
- Grosswindanlagen mit einer elektrischen Nennleistung von über 10 kW.

Im Gegensatz zur umweltrechtlichen Betrachtungsweise gelten bei der energierechtlichen Förderung mehrere Windenergieanlagen in einer gemeinsamen räumlichen Anordnung (Windpark) je einzeln als selbständige Anlagen (Anhang 1.3 der EnV, Ziff. 1.1). 5.310

---

280 Klaber, Windenergieanlagen, S. 20 ff.; ARE GR/AEV GR, Windenergieanlagen, S. 5 ff.; BFE/BUWAL/ARE, Konzept Windenergie, S. 11 ff. (bei Drucklegung des vorliegenden Werkes in Überarbeitung).

281 Griffel/Rausch, Kommentar USG, Ergänzungsband, Art. 10a Rz. 21; Klaber, Windenergieanlagen, S. 120 f.

c) Die gesetzliche Förderung von Windenergieanlagen

aa) Anschluss- und Abnahmepflicht des Netzbetreibers

5.311 Art. 5 Abs. 2 StromVG verpflichtet die Betreiber von elektrischen Verteilnetzen, alle Elektrizitätserzeuger innerhalb sowie ausserhalb der Bauzonen an ihr Elektrizitätsnetz anzuschliessen. Diese **Anschlusspflicht** soll gewährleisten, dass die unter anderem in Windenergieanlagen produzierte Energie in ein Elektrizitätsnetz eingespeist und abtransportiert werden kann. Die zu erstellende elektrische Anschlussleitung zwischen der Energieerzeugungsanlage und dem Anschluss- bzw. Einspeisepunkt des Verteilnetzes gilt als Bestandteil der Anlage (Anhang 1.3 der EnV, Ziff. 1.1). Deren Kosten stellen individuelle Netzkosten dar (Art. 14 Abs. 3 lit. d StromVG) und sind durch den Anlageninhaber zu tragen. Die Bestimmung des Anschlusspunktes erfolgt durch den Netzbetreiber.

5.312 Über den rein physischen Anschluss hinaus statuiert Art. 7a Abs. 1 EnG die Pflicht der Netzbetreiber, in ihrem Netzgebiet die gesamte **Elektrizität,** die aus neuen Windenergieanlagen gewonnen wird, in einer für das Netz geeigneten Form **abzunehmen,** sofern sich diese Neuanlagen am betreffenden Standort eignen. Zur Beurteilung der Standorteignung legt das BFE in einer Empfehlung entsprechende Kriterien fest (Art. 3a^{bis} EnV).

bb) Förderbeiträge

5.313 Betreiber von neuen Windenergieanlagen können eine **Einspeisevergütung** nach Art. 7a EnG beanspruchen. Das Einspeisevergütungssystem ist dahingehend ausgestaltet, dass dem Produzenten die ins elektrische Verteilnetz eingespeiste Energie über die Bilanzgruppe für erneuerbare Energien[282] vergütet wird. Die Vergütung richtet sich nach den im Erstellungsjahr geltenden Gestehungskosten von Referenzanlagen, die der jeweils effizientesten Technologie entsprechen (Art. 7a Abs. 2 EnG), und wird über einen Zeitraum von 20 Jahren gewährt. Die Einzelheiten des Einspeisevergütungssystems, namentlich das Anmelde- und Bescheidverfahren, sind in den Art. 3 ff. EnV sowie im Anhang 1.3 der EnV geregelt.

4. Bewilligungsvoraussetzungen und Bewilligungsverfahren

a) Auswirkungen und Beeinträchtigungen

5.314 Windenergieanlagen verändern die **Landschaft.** Dies gilt sowohl für Natur- als auch für Kulturlandschaften. Hierbei fällt ins Gewicht, dass Windenergieanlagen nicht als statische Objekte wahrgenommen werden. Es ist vielmehr die Bewegung der drehenden Rotoren, die oft als störend empfunden wird. Windenergieanlagen verursachen ferner Lärmimmissionen, die wesentlich vom Anlagentyp, der Topografie und den meteorologischen Verhältnissen abhängen. In faunistischer Hinsicht können

282 Zur Bilanzgruppe siehe Fn. 267.

vor allem Vögel und Fledermäuse von Windenergieanlagen betroffen sein, namentlich in Bezug auf ihre Zugkorridore, Balz- und Brutgebiete, Winterquartiere etc. Je nach Standort werden Waldflächen durch die Anlage oder deren Erschliessungseinrichtungen (Zufahrt, Anschluss ans elektrische Netz) berührt. Schliesslich können Windenergieanlagen Luftfahrthindernisse darstellen, Funk- und Navigationsanlagen beeinflussen oder die Funktion von meteorologischen Radargeräten stören.[283]

b) Planungsrechtliche Vorschriften

Soweit das kantonale Recht kein spezialgesetzliches Verfahren vorsieht, folgt die 5.315
Bewilligung von Windenergieanlagen den Bestimmungen des Raumplanungsrechts. Windenergieanlagen bedürfen demnach einer raumplanungsrechtlichen **Baubewilligung.** Diese kann nur erteilt werden, wenn die Windenergieanlage dem Zweck der Nutzungszone, in der sie zu stehen kommt, entspricht und das Land erschlossen ist (Art. 22 Abs. 2 RPG) oder sie einen Standort ausserhalb der Bauzonen erfordert und keine überwiegenden Interessen entgegenstehen (Art. 24 RPG).[284] Der Weg der Ausnahmebewilligung steht indes nur Windenergieanlagen offen, die nicht der Planungspflicht nach Art. 2 RPG unterliegen. Dabei kann es sich lediglich um Kleinanlagen handeln. Anlagen mit einer Gesamthöhe von über 30 Metern sind in jedem Fall als planungspflichtig anzusehen.[285]

Untersteht ein Vorhaben aufgrund seiner Raumwirksamkeit der Planungspflicht, 5.316
sind vorgängig die zu dessen Realisierung erforderlichen planerischen Grundlagen zu schaffen. Zwecks Abstimmung der raumwirksamen Tätigkeiten ist die Nutzung der Windenergie in den kantonalen **Richtplan** aufzunehmen. Dieser kann sich zu den strategischen Grundsätzen äussern und das generelle Vorgehen bei der Planung von Windenergieanlagen festlegen. Bezüglich der Standortanforderungen für die Anlagen und insbesondere mit Blick auf das Spannungsverhältnis zwischen Windenergieförderung und Landschaftsschutz hat der Richtplan die anwendbaren Kriterien vorzugeben. Hierbei ist sowohl eine Positivplanung (Interessengebiete) als auch eine Negativplanung (Vorbehalts- und Ausschlussgebiete) oder allenfalls eine Kombination von beidem möglich.[286] Als Kriterien für die Standortbeurteilung sind namentlich beizuziehen:[287]

- das Windpotenzial;
- das Vorliegen von Schutzgebieten (Ausschlussgebieten) von nationaler oder kantonaler Bedeutung;
- die Topografie und das Landschaftsbild mit allfälligen Vorbelastungen;
- die Möglichkeit zur Anlagenkonzentration;

---

283 BFE/BAFU/ARE, Windenergieanlagen, S. 18 ff.
284 Vgl. Rz. 3.117 ff.
285 BFE/BAFU/ARE, Windenergieanlagen, S. 38; KLABER, Windenergieanlagen, S. 68 ff.
286 BFE/BAFU/ARE, Windenergieanlagen, S. 25 ff.; KLABER, Windenergieanlagen, S. 52 f.
287 ARE GR/AEV GR, Windenergieanlagen, S. 15.

- die Erschliessungssituation (Zufahrtsstrasse, Anschluss ans elektrische Netz);
- der Abstand zu besiedeltem Gebiet;
- die Auswirkungen auf Flora und Fauna sowie
- die Abstände zu Flugeinrichtungen, Antennen und Leitungen.

5.317 Die Erstellung von Windenergieanlagen, die der Planungspflicht unterliegen, erfordert sodann eine hierfür geeignete kantonale **Nutzungszone.**[288] In den Zonenbestimmungen sind nebst den üblichen Elementen der Zonendefinition die anlagenspezifischen Vorgaben zu regeln, namentlich die Dimensionen der Anlagen, der Immissionsschutz, die genaue Standortfestlegung, die Mindestabstände zu benachbarten Nutzungen etc.[289] Für die Genehmigung des Nutzungsplans ist der Nachweis zu erbringen, dass dieser mit dem kantonalen Richtplan übereinstimmt (Art. 26 Abs. 2 RPG).

c) Spezialgesetzliche Vorschriften

5.318 Das Erstellen von Starkstromanlagen oder bestimmten Schwachstromanlagen setzt eine **Plangenehmigung** nach Art. 16 EleG voraus. Im vorliegenden Zusammenhang sind namentlich Windenergieanlagen mit einer Leistung von über 30 kVA, die mit einem Verteilnetz verbunden sind, dem elektrizitätsrechtlichen Plangenehmigungsverfahren unterstellt (Art. 1 Abs. 1 lit. b VPeA). Das Verfahren richtet sich nach Art. 16 ff. EleG und Art. 2 ff. VPeA. Nach der gesetzlichen Konzeption erteilt die zuständige Behörde mit der Plangenehmigung sämtliche nach Bundesrecht erforderlichen Bewilligungen (Art. 16 Abs. 3 EleG). Ferner ist das Plangenehmigungsverfahren bei Gemeinschaftsanlagen von der Genehmigungsbehörde durchzuführen, die für den hauptsächlichen Teil der Anlage zuständig ist (Art. 16 Abs. 6 EleG). Die elektrizitätsrechtliche Plangenehmigung ist mit dem kantonalen Bewilligungsverfahren für die Windenergieanlage zu koordinieren bzw. nach Möglichkeit auf geeignete Weise ins kantonale Verfahren zu integrieren.[290]

5.319 Die Erstellung oder Änderung von Bauten und Anlagen bedarf laut Art. 63 VIL einer **luftfahrtrechtlichen Bewilligung** des BAZL, wenn sie

- in einer überbauten Zone eine Höhe oder einen lotrecht gemessenen Bodenabstand von 60 Metern und mehr erreichen (lit. a);
- in einem anderen Gebiet als einer überbauten Zone eine Höhe oder einen lotrecht gemessenen Bodenabstand von 25 Metern und mehr erreichen (lit. b) oder
- eine massgebliche Fläche eines Hindernisbegrenzungsflächen-Katasters durchstossen (lit. c).

---

288 Nebst Bauzonen und weiteren kantonalen Zonen der Grundnutzungsordnung bieten sich auch Sondernutzungspläne an.

289 BFE/BAFU/ARE, Windenergieanlagen, S. 34.

290 Vgl. Rz. 5.228.

Kommerzielle Windenergieanlagen dürften aufgrund des Höhenkriteriums in der Regel der Bewilligungspflicht unterliegen. Das Gesuch um Bewilligung ist an die kantonale Meldestelle zuhanden des BAZL einzureichen, das im Einvernehmen mit dem VBS über die Anlage entscheidet (Art. 64 ff. VIL). 5.320

5. Praxishinweise

In BGE 132 II 408 ff.[291] setzte sich das Bundesgericht mit einem Nutzungsplan für Windenergieanlagen in **Crêt-Meuron** auseinander. Es gelangte zum Ergebnis, der Kanton habe in casu die nötigen Massnahmen getroffen, um die Erstellung zweier Windparks zu ermöglichen. Es bestehe damit ein öffentliches Interesse an der Realisierung des Projekts. Dem Umstand, dass der Anteil der Windenergie an der Herstellung und am Verbrauch von Elektrizität klein sei, komme kein entscheidendes Gewicht zu (E. 4.5.1). Die kantonalen Zonen zum Schutze des Jurakamms und der Jurawälder umfassen einen bedeutenden Teil des Kantonsgebiets. Dabei kämen nicht allen Teilen dieser Zonen die gleichen natur- und landschaftsschützerischen Qualitäten zu. Insofern müsse der Schutz nicht in allen Gebieten der Jurakämme in gleicher Weise gewährleistet werden. Das konkrete Windparkvorhaben stelle denn auch keinen erheblichen Eingriff in die betroffene Landschaft dar (E. 4.5.3). Das kantonale Verwaltungsgericht habe dem Landschaftseingriff eine übermässige Bedeutung beigemessen und das öffentliche Interesse an der Realisierung einer Anlage zur Herstellung von Windenergie nicht in genügendem Masse berücksichtigt. Eine korrekte Interessenabwägung hätte geboten, die Realisierung des Windparks nicht grundsätzlich zu verhindern (E. 4.5.4). 5.321

E. Anlagen zur Nutzung der Erdwärme

Literatur

Bose Rita Jaya, Grundwasser, S. 101 ff.; Conrad Curdin, Untergrund; Ender Thomas, Untergrund; Hofmann Yann, Sous-sol; Huser Meinrad, Untergrund; Jagmetti Riccardo, Energierecht, Rz. 7401 ff.; Oliver Gisela, Mustergesetz; Wiederkehr René/Abegg Andreas, Geothermie.

Amtliche Publikationen

BAFU (Hrsg.), Erdwärmenutzung; BFE (Hrsg.), Geothermie.

1. Überblick

Die **Nutzung der Erdwärme** erfolgt in einem breiten Anwendungsbereich. Dieser reicht von einfachen Wärmepumpenanlagen in der Haustechnik, wo mittels Kollek- 5.322

291 Pra 2007 Nr. 66.

toren oder Sonden in bodennahen Erdschichten ein Wärmeaustausch vorgenommen wird, über die thermische Nutzung von Grundwasser bis zur tiefen Geothermie. Der vorliegende Abschnitt befasst sich hauptsächlich mit den anlagenspezifischen Aspekten der Erdwärmenutzung.

5.323 Die Berechtigung zur Nutzung der Erdwärme hängt massgeblich davon ab, in welche Tiefen bzw. in welche Erdschichten vorgestossen wird. Erfolgt ein Wärmeaustausch mittels Erdregister oder Erdsonden in geringer Tiefe, mithin in jenem Bereich, der im Sinne von Art. 667 Abs. 1 ZGB noch dem **Grundeigentum** zugeordnet wird, ist die Erdwärmenutzung nicht von einer Rechtsverleihung abhängig.[292] Nach der genannten Bestimmung des ZGB reicht das Grundeigentum nur so weit ins Erdreich, als für dessen Ausübung ein Interesse besteht. Der darunter liegende Raum gehört nicht zum Privateigentum und gilt als öffentlicher Untergrund, welcher der kantonalen Hoheit untersteht (vgl. Art. 664 ZGB).[293] Je nach Ausgestaltung des kantonalen Rechts sind für die Erdwärmegewinnung im öffentlichen Untergrund Monopol- oder Sondernutzungskonzessionen zu erwerben.[294]

2. Massgebende Vorschriften

a) Bundesrecht

5.324 Beim Bau und Betrieb von Anlagen zur Nutzung der Erdwärme finden auf Bundesebene hauptsächlich nachfolgende Erlasse Anwendung:

- Raumplanungsgesetz (RPG) von 1979[295];
- Bundesgesetz über den Gewässerschutz (Gewässerschutzgesetz, GSchG) von 1991;
- Gewässerschutzverordnung (GSchV) von 1998;
- Energiegesetz (EnG) von 1998;
- Energieverordnung (EnV) von 1998.

b) Kantonales Recht

5.325 Die rechtliche Ordnung der Untergrundnutzung fällt in den Kantonen sehr heterogen aus. Bezüglich der **Gewinnung von Erdwärme** haben bis heute nur einzelne Kantone explizite Regelungen erlassen, namentlich in folgenden Gesetzen:

292 Jagmetti, Energierecht, Rz. 7418.

293 Vgl. dazu BGE 119 Ia 390 ff.

294 Jagmetti, Energierecht, Rz. 7419 f.

295 Es ist davon auszugehen, dass im Zuge der 2. Etappe der RPG-Teilrevision, über welche von Dezember 2014 bis Mai 2015 ein Vernehmlassungsverfahren durchgeführt wurde, der Untergrund als explizit zu regelnder Raum aufgenommen wird (vgl. Bundesrat, Untergrund, S. 11 f.).

- Gesetz des Kantons Basel-Stadt betreffend die Einführung des Schweizerischen Zivilgesetzbuches (EG ZGB) vom 27. April 1911;
- Gesetz des Kantons Uri über das Bergregal und die Nutzung des Untergrundes (BUG) vom 26. November 1995;
- Gesetz des Kantons Schwyz über das Bergregal und die Nutzung des Untergrundes vom 10. Februar 1999;
- Bergregalgesetz des Kantons Bern (BRG) vom 18. Juni 2003;
- Gesetz des Kantons Aargau über die Nutzung des tiefen Untergrunds und die Gewinnung von Bodenschätzen (GNB) vom 19. Juni 2012;
- Gesetz des Kantons Luzern über die Gewinnung von Bodenschätzen und die Nutzung des Untergrunds vom 6. Mai 2013.

Angesichts des ausgewiesenen **Regelungsbedarfs** für die energetische Unter- 5.326
grundnutzung ist damit zu rechnen, dass in den meisten Kantonen in absehbarer Zeit gesetzliche Bestimmungen über die Erdwärmenutzung folgen werden. Beachtenswert ist in diesem Zusammenhang das Mustergesetz der Nordostschweizer Kantone über die Nutzung des Untergrundes.[296]

3. Die gesetzliche Konzeption der Erdwärmenutzung

a) Einräumung der Nutzungsrechte

Einige Kantone unterstellen die Nutzung der Erdwärme ausserhalb des Grundei- 5.327
gentums dem Bergregal.[297] Dadurch wird diese Art der Wärmegewinnung dem Kanton oder einem von ihm durch **Monopolkonzession** berechtigten Dritten vorbehalten. Andere Kantone kennen zwar ebenfalls ein Bergregal, ordnen diesem die Erdwärme aber ausdrücklich oder stillschweigend nicht zu. In diesen Fällen ist die Erdwärmenutzung als Beanspruchung des öffentlichen Untergrundes zu betrachten, was die Erteilung einer **Sondernutzungskonzession** durch das verfügungsberechtigte Gemeinwesen erfordert.[298] Gleiches gilt in jenen Kantonen, die keine explizite Regelung der Untergrundnutzung kennen. Die Sachherrschaft des Gemeinwesens über den herrenlosen Boden umfasst in diesen Fällen auch den Untergrund jenseits der Grenze des Grundeigentums.

Aktuell zeichnet sich eine Tendenz ab, die **Grenze** zwischen privatem Grundeigentum und 5.328
dem öffentlichen Untergrund bei einer Tiefe von rund 400 Metern zu ziehen. Im Kanton Aargau benötigen Erdwärmesonden bis zu einer Tiefe von 400 Metern keine Konzession (§ 2 Abs. 3 GNB). Im Kanton Bern wird unter der Nutzung von Erdwärme aus tiefen Erdschichten der Entzug von Erdwärme aus mehr als 500 Metern Tiefe verstanden (Art. 3 Abs. 2 BRG). Im Kanton Luzern bedarf die Erdwärmenutzung bis zu einer Tiefe von 400 Metern keiner Bewilligung und Konzession im Sinne der Untergrundnutzung (§ 4 Abs. 3 lit. a des Gesetzes über

---

296 Oliver, Mustergesetz, S. 382 ff.
297 Vgl. die Regelungen in den Kantonen BE, BS, AR, TG, GL; Jagmetti, Energierecht, Rz. 7419.
298 Jagmetti, Energierecht, Rz. 7419 f.; Ender, Untergrund, S. 365 f.

die Gewinnung von Bodenschätzen und die Nutzung des Untergrunds). Das Mustergesetz der Nordostschweizer Kantone über die Nutzung des Untergrundes entbindet Anlagen zur Erdwärmenutzung bis zu einer Tiefe von 499 Metern von einer Bewilligungspflicht nach diesem Gesetz (§ 4 Abs.1 lit. d).[299]

5.329 Erfolgt die **Wärmeentnahme aus einem Grundwasservorkommen,** handelt es sich um die Nutzung eines öffentlichen Gewässers. Wie bei Oberflächengewässern bedarf die Wasserentnahme zur Wärmegewinnung der Einräumung einer Sondernutzungskonzession, soweit die Entnahme den Gemeingebrauch übersteigt.[300]

b) Typisierung der Anlagen zur Erdwärmenutzung

aa) In technischer Hinsicht

5.330 Anlagen zur Nutzung der Erdwärme bestehen aus einem unterirdischen Teil, der eine oder mehrere Bohrungen erfordert, sowie einem oberirdischen Teil mit Wärmetauscher und Energieverteilung sowie einer Konversionsanlage im Falle der Stromproduktion. Es lassen sich folgende **Nutzungstypen** unterscheiden:[301]

- die untiefe Geothermie, die vorwiegend im Bereich der Haustechnik Anwendung findet und bei der mittels Erdwärmesonden, flächig verteilten Erdregistern, Erdwärmekörben oder Energiepfählen in geringer Tiefe Wärmeströme genutzt werden (Wärmepumpen);
- die Nutzung der Wärme von Grundwasservorkommen in bodennahen Erdschichten, indem dem Grundwasserkörper eine bestimmte Wassermenge entnommen und nach Entzug der darin gespeicherten Wärme wieder zurückgegeben wird (Grundwasserwärmepumpen);
- die hydrothermale Nutzung, bei der natürlich auftretenden tiefen Aquiferen (wasserführenden Gesteinsschichten) heisses Wasser entnommen wird;
- die petrothermale Nutzung, bei der in grosser Tiefe Spalten im Fels aufgebrochen werden, um das darin hineingepresste Wasser zu erhitzen (Hot-Dry-Rock-Verfahren).

5.331 Je nach Temperaturniveau der geförderten Erdwärme lässt sich diese zu Heizzwecken, zum Betrieb von Dampfturbinen und damit zur Stromproduktion oder für eine gekoppelte Wärme-Stromproduktion nutzen.

bb) Nach UVPV

5.332 Das Umweltrecht unterscheidet bei Anlagen zur Nutzung der Erdwärme (einschliesslich der Wärme von Grundwasser) nach der **thermischen Leistung.** Anlagen mit mehr als 5 MWth unterstehen der UVP (Anhang zur UVPV, Ziff. 21.4).

---

299 Oliver, Mustergesetz, S. 389 f.
300 Jagmetti, Energierecht, Rz. 7423.
301 BFE, Geothermie, S. 4 ff.; Jagmetti, Energierecht, Rz. 7417; Anhang 1.4 zur EnV, Ziff. 1.1.

c) Die gesetzliche Förderung von Anlagen zur Erdwärmenutzung

aa) Anschluss- und Abnahmepflicht des Netzbetreibers

Soweit in Geothermieanlagen Strom erzeugt wird, verpflichtet Art. 5 Abs. 2 StromVG die Betreiber von elektrischen Verteilnetzen, solche Anlagen an ihr Elektrizitätsnetz anzuschliessen. Diese **Anschlusspflicht** soll gewährleisten, dass der produzierte Strom in ein Elektrizitätsnetz eingespeist und abtransportiert werden kann. 5.333

Über den rein physischen Anschluss hinaus statuiert Art. 7a Abs. 1 EnG die Pflicht der Netzbetreiber, in ihrem Netzgebiet die gesamte **Elektrizität,** die aus der Nutzung der Geothermie gewonnen wird, in einer für das Netz geeigneten Form **abzunehmen,** sofern sich diese Neuanlagen am betreffenden Standort eignen. 5.334

bb) Energetische Förderung

Das Energiegesetz fördert Geothermieanlagen, in denen Erdwärme gewonnen und zugleich Strom erzeugt wird. Hierfür stehen zwei Fördersysteme bereit. Projekte der tiefen Geothermie weisen ein nicht unerhebliches Fündigkeits- und Bohrkostenrisiko auf, weil nicht mit jeder vorgenommenen Bohrung die erwarteten Bedingungen vorgefunden werden. Zur **Risikoabsicherung** der Bohr- und Testkosten des Projekts können über die nationale Netzgesellschaft Bürgschaften gewährt werden (Art. 15a EnG). Die Anspruchsberechtigung, die abgesicherten Kosten sowie das Verfahren sind in den Art. 17a–17c EnV sowie in Anhang 1.6 der EnV geregelt. 5.335

Für Geothermieanlagen, welche die Mindestanforderungen an den Gesamtnutzungsgrad (Nutzungsgrad Wärme in Relation zum Nutzungsgrad Strom) erfüllen, kann ferner eine **Einspeisevergütung** nach Art. 7a EnG beansprucht werden. Das Einspeisevergütungssystem ist dahingehend ausgestaltet, dass dem Produzenten die ins elektrische Verteilnetz eingespeiste Energie über die Bilanzgruppe für erneuerbare Energien[302] vergütet wird. Die Vergütung richtet sich nach den im Erstellungsjahr geltenden Gestehungskosten von Referenzanlagen, die der jeweils effizientesten Technologie entsprechen (Art. 7a Abs. 2 EnG). Sie ist bei Geothermieanlagen zudem abhängig von der elektrischen Nennleistung. Die Vergütung wird über einen Zeitraum von 20 Jahren gewährt. Die Einzelheiten des Einspeisevergütungssystems, namentlich das Anmelde- und Bescheidverfahren, sind in den Art. 3 ff. EnV sowie in Anhang 1.4 der EnV geregelt. 5.336

4. Bewilligungsvoraussetzungen und Bewilligungsverfahren

a) Auswirkungen und Beeinträchtigungen

Die Erstellungsphase von Geothermieanlagen ist regelmässig mit **Baustellenimmissionen** wie Lärm, Staub und Erschütterungen verbunden. Deren Intensität hängt wesentlich von der Grösse der zu realisierenden Anlage ab. Da bei Anlagen zur 5.337

302 Zur Bilanzgruppe siehe Fn. 267.

Nutzung der Erdwärme konzeptbedingt Bohrlöcher gemacht werden, besteht ferner Konfliktpotenzial im Bereich des Gewässerschutzes. **Gewässerverunreinigungen** können sowohl während des Baus als auch im Betrieb eintreten. Das Risiko von Gewässerverunreinigungen, namentlich durch austretende Flüssigkeiten, besteht sowohl bei einfachen Wärmepumpenanlagen mit Erdsonden wie auch bei der tiefen Geothermie und bei der thermischen Grundwassernutzung. Das Verunreinigungsrisiko hängt allerdings wesentlich von der Wahl des Anlagenstandorts ab.

5.338 Wie jüngste Erfahrungen zeigen, kann die Anwendung des Hot-Dry-Rock-Verfahrens, namentlich das Einpressen von Wasser in tiefe Gesteinsschichten, zu einem Abbau von natürlich aufgebauten Spannungen im Untergrund führen und dadurch **Erdbeben** auslösen.

5.339 In der **Stadt Basel** haben solche Erderschütterungen im Dezember 2006 und Januar 2007 zu Schäden am umliegenden Gebäudebestand geführt. Dies bewog die Projektverantwortlichen letztlich dazu, das Vorhaben zu sistieren. Auch im Sittertobel konnte das Geothermie-Projekt der **Stadt St. Gallen** nicht umgesetzt werden. Grund dafür waren die unzureichende Wasserfündigkeit, die verursachten Erdbeben sowie das unerwartete Anfahren eines Gasvorkommens in den erschlossenen Gesteinsschichten.

b) Planungsrechtliche Vorschriften

5.340 Anlagen zur Nutzung der Erdwärme bedürfen einer raumplanungsrechtlichen **Baubewilligung.** Bilden sie Bestandteil der Haustechnik eines Gebäudes, erfolgt deren Prüfung und Bewilligung im Rahmen des Gesamtbauvorhabens nach den Bestimmungen der anwendbaren Baugesetzgebung.

5.341 Die Baubewilligung für eine **eigenständige Geothermieanlage** setzt voraus, dass das Vorhaben dem Zweck der Nutzungszone, in der sie zu stehen kommt, entspricht und das Land erschlossen ist (Art. 22 Abs. 2 RPG) oder sie einen Standort ausserhalb der Bauzonen erfordert und keine überwiegenden Interessen entgegenstehen (Art. 24 RPG).[303] Für Bauten und Anlagen, die ihrer Natur nach nur in einem Planungsverfahren angemessen erfasst werden können, dürfen indes keine Ausnahmebewilligungen erteilt werden. Zieht ein nicht zonenkonformes Vorhaben durch seine Ausmasse oder seine Natur bedeutende Auswirkungen auf die bestehende Nutzungsordnung nach sich, so darf es erst nach einer entsprechenden Änderung des Zonenplans oder nach Erlass eines entsprechenden Sondernutzungsplans bewilligt werden.[304]

5.342 Bei raumwirksamen Projekten sind demzufolge vorgängig die erforderlichen planerischen Grundlagen zu schaffen. Laut Art. 8 Abs. 2 RPG bedürfen Vorhaben mit gewichtigen Auswirkungen auf Raum und Umwelt einer Grundlage im **Richtplan.** Für die Beurteilung der Richtplanrelevanz ist mitunter entscheidend, ob angesichts der Auswirkungen des Vorhabens eine vorgängige umfassende Interessenabwägung notwendig erscheint, die nur durch den Prozess der Richtplanung garan-

303 Vgl. Rz. 3.117 ff.
304 BGE 120 Ib 207, E. 5.

tiert werden kann.[305] Demnach sind insbesondere grössere Geothermieanlagen im Richtplan festzusetzen, um eine Abstimmung der raumwirksamen Tätigkeiten vorzunehmen und namentlich divergierende Interessen an der Raumbeanspruchung und der Nutzung des Untergrunds im betroffenen Gebiet zu klären.

Der Bundesrat schlägt in seiner **Energiestrategie 2050** vor, die Kantone zu verpflichten, ein Konzept für den Ausbau erneuerbarer Energien zu erarbeiten (Art. 11 E-EnG) und auf dessen Grundlage im kantonalen Richtplan Gebiete auszuscheiden, die sich grundsätzlich für die Nutzung erneuerbarer Energien eignen (Art. 13 E-EnG). Durch solche behördenverbindliche, raumplanerische Festlegungen sollen Projekte bessere Realisierungschancen haben, und die zu durchlaufenden Bewilligungsverfahren sollen kurz gehalten werden.[306] 5.343

Bei Anlagen der tiefen Geothermie ergibt sich der Standort vorab nach Massgabe der erschliessbaren Wärmevorkommen bzw. der erwarteten und vorsondierten Bedingungen im Untergrund. Liegt dieser Standort innerhalb einer bereits bestehenden Bauzone, ist diese gegebenenfalls an die veränderten Anforderungen anzupassen. Befindet sich das zu erschliessende Wärmevorkommen hingegen ausserhalb der Bauzonen, ist für die Realisierung der Geothermieanlage eine geeignete **Nutzungszone** zu schaffen oder ein Sondernutzungsplan zu erlassen. In den Zonenbestimmungen sind die anlagenspezifischen Vorgaben zu regeln, namentlich die Dimensionen der Anlage, der Immissionsschutz, die genaue Standortfestlegung, die Mindestabstände zu benachbarten Nutzungen etc. Für die Genehmigung des Nutzungsplans ist der Nachweis zu erbringen, dass dieser mit dem kantonalen Richtplan übereinstimmt (Art. 26 Abs. 2 RPG). 5.344

c) Spezialgesetzliche Vorschriften

Thermische Grundwassernutzungen wie auch die Erstellung von Bauten und Anlagen, Grabungen, Bohrungen und ähnliche Arbeiten in besonders gefährdeten **Gewässerschutzbereichen** bedürfen einer kantonalen Bewilligung nach Art. 19 Abs. 2 GSchG, wenn sie die Gewässer gefährden können. Der Gesuchsteller muss in diesem Fall in der Regel mittels hydrogeologischer Abklärungen nachweisen, dass die Anforderungen zum Schutz der Umwelt erfüllt sind. Die Bewilligung wird erteilt, wenn mit Auflagen und Bedingungen ein ausreichender Schutz der Gewässer gewährleistet werden kann, insbesondere auch hinsichtlich einer späteren Stilllegung der Anlage (Art. 32 Abs. 4 GSchV). Als Ausschlussgebiete für die Erdwärmenutzung gelten namentlich Grundwasservorkommen, die der Trinkwasserversorgung dienen oder dienen können, Grundwasserschutzzonen, Grundwasserschutzareale, Gebiete mit sehr hoher Wasserdurchlässigkeit sowie Rutschgebiete.[307] 5.345

---

305 BGE 137 II 254, E. 3.2; BGer, Urteil 1C_283/2012 vom 2. April 2014, E. 2.3.2.
306 Botschaft Energiestrategie 2050, S. 7664.
307 BAFU, Erdwärmenutzung, S. 14.

F. Anlagen zur thermischen Energieerzeugung

Literatur

Burkhardt Andrea, CO_2-Gesetz, S. 77; Jagmetti Riccardo, Energierecht, Rz. 3301 ff., 3501 ff. und 7601 ff.

Amtliche Publikationen

BAFU (Hrsg.), Emissionshandelssystem; BAFU (Hrsg.), CO_2-Abgabebefreiung; Bundesrat, WKK-Strategie.

1. Überblick

5.346 Unter dem Titel **thermische Energieerzeugung** öffnet sich ein weites Feld energetischer Anwendungen. Dieses reicht von einfachen haustechnischen Installationen bis zu Grosskraftwerken. Es umfasst sowohl reine Heizungsanlagen zur Erzeugung von Raum- oder Prozesswärme als auch kombinierte Anlagen, die gleichzeitig Wärme und Elektrizität produzieren. Ferner können thermische Energieerzeugungsanlagen zum einen mit erneuerbaren, zum anderen mit fossilen Energieträgern betrieben werden.

5.347 In der **Energiestrategie 2050** wird davon ausgegangen, dass die Stromnachfrage künftig unter anderem aus fossil betriebenen, kombinierten thermischen Energieerzeugungsanlagen, insbesondere Wärme-Kraft-Koppelungs-Anlagen (WKK-Anlagen) und Gaskombikraftwerken (GuD), gedeckt wird.[308] Allerdings könnten die meisten kombinierten Anlagen derzeit unter Berücksichtigung der preisbildenden Faktoren (namentlich Grösse der Anlage, Jahresbetriebsstunden, Einsatzregime, Gas- und Strommarktpreise, Wärmeabsatzpreise sowie Kosten der CO_2-Kompensation) nicht wirtschaftlich betrieben werden.[309] Ob solche Anlagen künftig (vermehrt) zum Einsatz kommen, hängt demnach stark von den Marktbedingungen, aber auch von allfälligen Fördermechanismen und vom Zugang zum europäischen Emissionshandel ab.[310]

5.348 Damit der Einsatz fossiler Technologien die klimapolitischen Ziele des Bundes nicht gefährdet, sind die Kraftwerksbetreiber nach den Bestimmungen des CO_2-Gesetzes verpflichtet, die verursachten **CO_2-Emissionen** vollständig zu kompensieren.[311] Betreffend die weiteren **Schadstoffe** (NO_x und CO) sowie die **Feinstaubemissionen** definiert die LRV die einzuhaltenden Grenzwerte.

308 Botschaft Energiestrategie 2050, S. 7633.
309 Bundesrat, WKK-Strategie, S. 13 f.
310 Botschaft Energiestrategie 2050, S. 7631 ff.
311 Botschaft Energiestrategie 2050, S. 7633.

2. Massgebende Vorschriften

a) Bundesrecht

Auf den Bau und Betrieb von Anlagen zur thermischen Energieerzeugung sind auf Bundesebene hauptsächlich folgende Erlasse anwendbar: 5.349

- Energiegesetz (EnG) von 1998;
- Energieverordnung (EnV) von 1998;
- CO_2-Gesetz von 2011;
- CO_2-Verordnung von 2012;
- Bundesgesetz über den Umweltschutz (Umweltschutzgesetz, USG) von 1983;
- Verordnung über die Umweltverträglichkeitsprüfung (UVPV) von 1988;
- Luftreinhalte-Verordnung (LRV) von 1985;
- Lärmschutz-Verordnung (LSV) von 1986;
- Bundesgesetz über den Gewässerschutz (Gewässerschutzgesetz, GSchG) von 1991;
- Gewässerschutzverordnung (GSchV) von 1998.

b) Kantonales Recht

Gemäss Art. 89 Abs. 4 BV sind für Massnahmen, die den **Verbrauch von Energie in Gebäuden** betreffen, vor allem die Kantone zuständig. Art. 9 Abs. 1 EnG verpflichtet die Kantone, im Rahmen ihrer Gesetzgebung günstige Rahmenbedingungen für die sparsame und rationelle Energienutzung sowie die Nutzung erneuerbarer Energien zu schaffen. Sie haben insbesondere Vorschriften über den maximal zulässigen Anteil nicht erneuerbarer Energien zur Deckung des Wärmebedarfs für Heizung und Warmwasser in Gebäuden zu erlassen (Art. 9 Abs. 3 lit. a EnG). 5.350

Bei der Erfüllung ihres Gesetzgebungsauftrages stimmen sich die Kantone ab, indem sie gemeinsam energierechtliche Vorschriften erarbeiten. Dies erfolgt über die EnDK, welche Mustervorschriften erlässt, die den Kantonen als Grundlage für den Rechtsetzungsprozess dienen. Die MuKEn (Mustervorschriften der Kantone im Energiebereich) enthalten zahlreiche Vorschiften betreffend **energetische Vorgaben** für Anlagen zur thermischen Energieerzeugung.[312] Bei der Beurteilung solcher Anlagen sind somit nebst den massgebenden bundesrechtlichen Bestimmungen stets auch jene des jeweiligen kantonalen Energiegesetzes beizuziehen. 5.351

312 Vgl. MuKEn 2014, Teil C., D. und F.

5.352 Das **Bewilligungsverfahren** für Anlagen zur thermischen Energieerzeugung untersteht den Regelungen des kantonalen Rechts. Die Ausgestaltung des Verfahrens hängt wesentlich davon ab, um welchen Anlagentyp es sich handelt.[313]

3. Der rechtliche Rahmen für die thermische Energieerzeugung

a) Typisierung der Anlagen

aa) Nach verwendetem Energieträger

5.353 Thermische Energieerzeugungsanlagen können zum einen mit **erneuerbaren Energieträgern** betrieben werden. Darunter fallen namentlich Erd- und Umgebungswärme (Wasser, Luft)[314] sowie Biomasse (Holzschnitzel, Pellets, Stückgut etc.). Zum anderen werden thermische Energieerzeugungsanlagen mit **fossilen Energieträgern** befeuert, allen voran Kohle, Erdöl und Gas.

bb) In technischer Hinsicht

5.354 Thermische Energieerzeugungsanlagen sind in technischer Hinsicht vorab dahingehend zu unterscheiden, ob sie lediglich der Erzeugung von Wärme dienen oder ob sie sowohl Wärme als auch elektrische Energie produzieren. Reine **Heizungsanlagen** werden vorwiegend zur Deckung des Raumwärmebedarfs in Gebäuden oder zur Erzeugung von Prozesswärme in Industrie und Gewerbe eingesetzt.

5.355 Unter **Wärme-Kraft-Kopplungs-Anlagen** (WKK-Anlagen) werden thermische Stromerzeuger verstanden, die aus fossilen Energieträgern oder Biomasse innerhalb eines gekoppelten Prozesses sowohl Wärme als auch Strom produzieren.[315] WKK-Anlagen werden mit Vorteil bei hohem, konstantem und langandauerndem Temperaturbedarf eingesetzt, beispielsweise bei Industrieprozessen, grossen Heimen und Spitälern.[316]

5.356 In **Gaskombikraftwerken** (GuD) werden die Funktionsweisen eines Gasturbinenkraftwerks und eines Dampfkraftwerks miteinander verbunden. Hierbei treibt das zugeführte Gas eine Turbine an, die über einen Generator Strom erzeugt. Die Abwärme der Gasturbine (heisse Abgase) dient als Wärmequelle für einen nachgeschalteten Dampferzeuger, der auf eine Dampfturbine einwirkt. Die Dampfturbine ist wiederum an einen Generator gekoppelt.[317]

5.357 Als **Kohlekraftwerk** wird ein Dampfkraftwerk bezeichnet, bei dem Braun- oder Steinkohle als Hauptbrennstoff verwendet wird. Die Kohle dient der Erhitzung von Wasser, das verdampft und eine Turbine mit gekoppeltem Stromgenerator antreibt. In der Schweiz existieren keine kohlebefeuerten Dampfkraftwerke. Es gibt hier-

313 Vgl. Rz. 5.389 ff.; JAGMETTI, Energierecht, Rz. 3304.
314 Vgl. dazu auch Rz. 5.322 ff.
315 VSE, Wärme-Kraft-Koppelung (WKK) (www.strom.ch > Download), S. 2.
316 VSE, Wärme und Strom aus fossilen Brennstoffen (www.strom.ch > Download), S. 1.
317 VSE, Gaskombikraftwerk (GuD) (www.strom.ch > Download), S. 2.

zulande keine förderwürdigen Kohleressourcen und demnach keine potenziellen Kraftwerksstandorte in der Nähe von Fördergebieten. Zudem ist angesichts des hohen CO_2-Ausstosses die Akzeptanz von Kohlekraftwerken in der Bevölkerung nicht gegeben.[318]

cc) Nach UVPV

Das Umweltrecht unterscheidet bei Anlagen zur thermischen Energieerzeugung nach der **Feuerungswärmeleistung** oder nach der **pyrolitischen Leistung.** Der UVP-Pflicht unterliegen bei Verwendung von fossilen Energieträgern Anlagen mit einer Leistung von mehr als 50 MWth. Werden erneuerbare oder kombinierte (fossile und erneuerbare) Energieträger eingesetzt, beträgt der Schwellenwert 20 MWth (Anhang zur UVPV, Ziff. 21.2). 5.358

b) Energierechtliche Vorschriften

Das Festlegen von Massnahmen betreffend den Energieverbrauch bzw. die **Energienutzung im Gebäudebereich** ist im Rahmen der bundesrechtlichen Vorgaben Sache der Kantone (Art. 89 Abs. 4 BV, Art. 9 EnG).[319] Angesichts der Fülle und des Detailierungsgrades kantonaler Energiebestimmungen muss hier auf eine Darlegung der im Einzelnen getroffenen Regelungen verzichtet werden.[320] 5.359

Das Bundesrecht schreibt als Zielsetzung eine **sparsame und rationelle Energienutzung** vor (Art. 2 Abs. 2 lit. b EnG). Dies bedeutet laut Art. 3 Abs. 2 EnG vor allem, den Energieeinsatz so tief als möglich zu halten (lit. a), einen hohen Energiewirkungsrad zu erzielen (lit. c) und die verwendbare Abwärme zu nutzen (lit. d). 5.360

Art. 6 EnG statuiert für mit fossilen Brennstoffen betriebene Elektrizitätserzeugungsanlagen eine **Bewilligungspflicht.** Zuständig sind die Kantone. In Übereinstimmung mit den soeben erwähnten Zielsetzungen des Energiegesetzes muss die Bewilligungsbehörde prüfen, ob der Energiebedarf der Anlage nicht mittels erneuerbarer Energien sinnvoll gedeckt und ob die erzeugte Abwärme sinnvoll genutzt werden kann. 5.361

Die Betreiber elektrischer Verteilnetze sind nach Art. 7 EnG verpflichtet, die mittels Einsatz fossiler oder erneuerbarer Energie produzierte Elektrizität in einer für das Netz geeigneten Form abzunehmen und zu vergüten.[321] Bei der Produktion von Elektrizität aus fossilen Energien gilt diese **Abnahmepflicht** allerdings nur, wenn die Elektrizität regelmässig produziert und gleichzeitig die erzeugte Wärme genutzt wird. Zudem verlangt Art. 2a Abs. 2 EnV beim Einsatz fossiler Energien, dass der 5.362

---

318 VSE, Kohlekraftwerke (www.strom.ch > Download), S. 1.

319 Vgl. Rz. 5.350 f.

320 Vgl. dazu aber die Übersicht bei Jagmetti, Energierecht, Rz. 8522 Fn. 277 und 278, sowie MuKEn 2014, Teil C., D. und F.

321 Davon ausgenommen ist die Elektrizität aus Wasserkraftanlagen mit einer Leistung über 10 MW (Art. 7 Abs. 1 EnG).

Gesamtnutzungsgrad von Elektrizität und Wärme mindestens 80 Prozent beträgt.[322] Bei Anlagen, die mit erneuerbaren Energien betrieben werden, richten sich die Mindestanforderungen an den Gesamtnutzungsgrad nach den Anhängen 1.4 und 1.5 zur EnV.

c) CO_2-Gesetzgebung

5.363 Zur Verminderung der Treibhausgasemissionen, die aus der energetischen Nutzung fossiler Energieträger herrühren, erhebt der Bund eine **CO_2-Abgabe** auf die Herstellung, die Gewinnung und Einfuhr von Brennstoffen (Art. 29 Abs. 1 CO_2-Gesetz). Die CO_2-Abgabe ist als Lenkungsabgabe ausgestaltet. Die daraus erzielten Erträge werden mittels Rückerstattungen (Art. 31 CO_2-Gesetz), energetischer Förderprogramme (Art. 34 f. CO_2-Gesetz) sowie Verteilmechanismen (Art. 36 CO_2-Gesetz) an Bevölkerung und Wirtschaft zurückgegeben. Wer Anlagen zur thermischen Energieerzeugung mit fossilen Energien betreibt, trägt beim Erwerb des benötigten Brennstoffs die darauf lastende Abgabe.[323]

5.364 **Fossil-thermische Kraftwerke** dürfen gemäss Art. 22 Abs. 1 CO_2-Gesetz nur erstellt und betrieben werden, wenn sich deren Betreiber dem Bund gegenüber verpflichten, die verursachten CO_2-Emissionen vollumfänglich zu kompensieren und das Kraftwerk nach dem aktuellen Stand der Technik zu betreiben. Hierzu ist ein minimaler Gesamtwirkungsgrad zu gewährleisten.

5.365 Als fossil-thermische Kraftwerke gelten Anlagen, die aus fossilen Energieträgern entweder nur Strom oder gleichzeitig auch Wärme produzieren (Art. 22 Abs. 4 CO_2-Gesetz). Der **Gesamtwirkungsgrad** eines Kraftwerks muss laut Art. 81 Abs. 1 CO_2-Verordnung mindestens 62 Prozent betragen. Diese energetische Vorgabe lässt sich nur durch eine Kombination von Strom- und Wärmeproduktion erreichen[324], wodurch reine Stromerzeugungsanlagen an neuen Standorten faktisch ausgeschlossen bzw. nicht bewilligungsfähig sind. Anlagen an einem Standort, an dem bereits früher ein Kraftwerk betrieben wurde, müssen demgegenüber einen Gesamtwirkungsgrad von mindestens 58,5 Prozent erreichen (Art. 81 Abs. 2 CO_2-Verordnung). Kombinierte Anlagen, die primär auf die Produktion von Wärme ausgelegt sind, gelten nur als fossil-thermische Anlagen, wenn sie eine Gesamtleistung von mehr als 100 MW aufweisen (Art. 22 Abs. 4 lit. b CO_2-Gesetz) und einen Gesamtwirkungsgrad von mindestens 80 Prozent erreichen (Art. 80 CO_2-Verordnung).

5.366 Nicht als fossil-thermische Kraftwerke im Sinne von Art. 22 CO_2-Gesetz gelten ferner Anlagen, die eine Gesamtleistung von weniger als 1 MW aufweisen, im Testbetrieb laufen, der

322 Von dieser letztgenannten Anforderung ausgenommen sind Kehrichtverbrennungsanlagen (Art. 2a Abs. 2 EnV).

323 Abgabepflichtig im steuerrechtlichen Sinne ist nicht der Endverbraucher, sondern die steuerpflichtige Person nach den Bestimmungen des Mineralölsteuergesetzes, mithin der Importeur oder der zugelassene Lagerinhaber (Art. 30 lit. b CO_2-Gesetz i.V.m. Art. 9 MinöStG). Beim Verkauf des Brennstoffs wird die CO_2-Abgabe auf den Erwerber überwälzt (Art. 95 CO_2-Verordnung).

324 Botschaft Revision CO_2-Gesetz 2009, S. 7493; VSE, Gaskombikraftwerk (GuD) (www.strom.ch > Download), S. 7.

Forschung und Entwicklung dienen oder die Entsorgung von Siedlungs- und Sonderabfällen bezwecken (Art. 82 CO_2-Verordnung).

Die Verpflichtung zur vollständigen **Kompensation** der verursachten CO_2-Emissionen im Sinne von Art. 22 Abs. 1 lit. a CO_2-Gesetz wird in einem Kompensationsvertrag zwischen dem Kraftwerksbetreiber und dem BAFU geregelt (Art. 84 CO_2-Verordnung). Die zulässigen Kompensationsmassnahmen sind in Art. 83 CO_2-Verordnung definiert. Sie dürfen nur bis zu 50 Prozent durch den Erwerb ausländischer Emissionsminderungszertifikate kompensiert werden (Art. 22 Abs. 2 CO_2-Gesetz). Für den Rest müssen Massnahmen im Rahmen von inländischen Klimaschutzprojekten getroffen oder Bescheinigungen für Emissionsverminderungen im Inland erworben werden.[325] 5.367

Durch die vollständige Kompensation der verursachten CO_2-Emissionen leisten fossil-thermische Kraftwerke ihren Reduktionsbeitrag. Sie sollen deshalb nicht zusätzlich mit der **CO_2-Abgabe** auf Brennstoffe belastet werden. Art. 25 CO_2-Gesetz **befreit** diese Kraftwerke von der CO_2-Abgabe.[326] 5.368

Fossil betriebene Anlagen zur thermischen Energieerzeugung, die nicht als Kraftwerke im Sinne von Art. 22 CO_2-Gesetz gelten, sind unter bestimmten Voraussetzungen verpflichtet oder berechtigt, am **Emissionshandelssystem** nach Art. 15 ff. CO_2-Gesetz teilzunehmen. Eine Verpflichtung besteht für Unternehmen, die fossile oder teilweise fossile Energieträger verbrennen bei einer Gesamtfeuerungsleistung von über 20 MW (Anhang 6 zur CO_2-Verordnung, Ziff. 1).[327] Eine Teilnahmeberechtigung besteht für Unternehmen, die mit fossilen Energien Kälte oder Wärme für im Einzelnen definierte Tätigkeiten erzeugen (Anhang 7 zur CO_2-Verordnung, Ziff. 20). Durch die Teilnahme am Emissionshandelssystem müssen die betroffenen Unternehmen dem Bund jährlich im Umfang der verursachten Emissionen Emissionsrechte oder Emissionsminderungszertifikate abgeben (Art. 16 CO_2-Gesetz). Im Gegenzug wird ihnen die CO_2-Abgabe auf Brennstoffen zurückerstattet (Art. 17 CO_2-Gesetz). 5.369

d) Weitere umweltrechtliche Vorschriften

aa) Gewässerschutzgesetz

Die Inanspruchnahme eines Gewässers zur Deckung des Kühlbedarfs einer thermischen Energieerzeugungsanlage untersteht den Bestimmungen des GSchG. Die Zuführung von **Kühlwasser** mittels Wasserentnahmen aus einem Gewässer erfordert eine Bewilligung nach Art. 29 GSchG. Bewilligungsvoraussetzung bildet insbesondere die Gewährleistung angemessener Mindestrestwassermengen im genutz- 5.370

325 Botschaft Revision CO_2-Gesetz 2009, S. 7493.

326 Die Befreiung erfolgt durch eine Rückerstattung der auf Brennstoffen entrichteten CO_2-Abgabe. Hierzu hat das befreite Unternehmen der Eidgenössischen Zollverwaltung ein Rückerstattungsgesuch einzureichen (Art. 96 ff. CO_2-Verordnung).

327 Davon ausgenommen ist die Verbrennung von fossilen oder teilweise fossilen Energieträgern in ortsfesten Anlagen, deren Hauptzweck die Entsorgung von Siedlungsabfällen ist.

ten Gewässerabschnitt nach den Bestimmungen von Art. 31 ff. GSchG. Zudem ist vor allem bei thermischen Energieerzeugungsanlagen zu beachten, dass die Rückgabe des Kühlwassers nicht zu einer übermässigen Erwärmung des Gewässers führen darf.

5.371 Die **Temperatur** eines oberirdischen Fliessgewässers oder des Grundwassers darf durch Wärmeeintrag oder -entzug gegenüber dem möglichst unbeeinflussten Zustand um höchstens 3°C (in Gewässerabschnitten der Forellenregion um höchstens 1.5°C) verändert werden. Die Wassertemperatur darf hierbei 25°C nicht übersteigen. Diese Anforderungen gelten nach weitgehender Durchmischung (Anhang 2 Ziff. 12 Abs. 4 GSchV für oberirdische Gewässer und Anhang 2 Ziff. 21 Abs. 3 GSchV für Grundwasser). Bei der Nutzung stehender Gewässer zur Kühlung dürfen die natürlichen Temperaturverhältnisse, die Nährstoffverteilung sowie, insbesondere im Uferbereich, die Lebens- und Fortpflanzungsbedingungen für die Organismen nicht nachteilig verändert werden (Anhang 2 Ziff. 13 Abs. 3 lit. a GSchV).

5.372 Darüber hinaus ist zu beachten, dass die Wasserentnahme aus einem öffentlichen Gewässer zu Kühlzwecken der Einräumung einer **Sondernutzungskonzession** durch den Hoheitsträger bedarf, soweit die Entnahme über den gesteigerten Gemeingebrauch hinausgeht.

bb) Luftreinhalte-Verordnung

5.373 Bei Anlagen zur thermischen Energieerzeugung handelt es sich um stationäre Anlagen im Sinne von Art. 2 Abs. 1 lit. a LRV. Neue stationäre Anlagen müssen so ausgerüstet und betrieben werden, dass sie die in den Anhängen zur LRV festgelegten **vorsorglichen Emissionsbegrenzungen** einhalten (Art. 3 LRV). Für thermische Energieerzeugungsanlagen sind nebst den in Anhang 1 LRV festgelegten allgemeinen Emissionsbegrenzungen vor allem die Anhänge 2 und 3 LRV massgebend. Anhang 2 Ziff. 82 definiert die Grenzwerte für stationäre Verbrennungsmotoren. In Anhang 2 Ziff. 83 sind die Vorgaben für Gasturbinen geregelt. Die ergänzenden und abweichenden Emissionsbegrenzungen für Feuerungsanlagen, die der Raumheizung, der Erzeugung von Prozesswärme, Warm- oder Heisswasser sowie Dampf dienen, sind in Anhang 3 festgehalten. Ferner legt Anhang 5 die Anforderungen an Heizöle und andere flüssige Brennstoffe fest.

5.374 Wer eine stationäre Anlage betreibt oder errichten will, die Luftverunreinigungen verursacht, hat gemäss Art. 12 Abs. 1 LRV der Behörde mittels **Emissionserklärung** Auskunft über die Art und Menge der Emissionen (lit. a.), den Ort, die Höhe und den zeitlichen Verlauf des Ausstosses (lit. b.) sowie die weiteren Bedingungen des Ausstosses, die für die Beurteilung der Emissionen nötig sind (lit. c), Auskunft zu erteilen. Die Behörde überwacht die Einhaltung der Emissionsbegrenzungen (Art. 13 LRV).

5.375 Das **Inverkehrbringen** bestimmter Feuerungsanlagen ist nur erlaubt, wenn deren Konformität mit den luftreinhaltetechnischen Anforderungen nachgewiesen ist. Art. 20 LRV listet die davon betroffenen Feuerungsanlagen im Einzelnen auf. Die Anforderungen an die Anlagen sind in Anhang 4 LRV definiert. Der Konformitätsnachweis ist nach Massgabe von Art. 20a LRV zu erbringen.

Trotz Einhaltung der Emissionsgrenzwerte durch die einzelnen Verursacher können übermässige Immissionen auftreten. Kommt es zu **Überschreitungen der Immissionsgrenzwerte,** hat die zuständige kantonale Behörde einen Massnahmenplan zu erstellen und bei stationären Anlagen ergänzende oder verschärfte Emissionsbegrenzungen festzulegen. Bei bestehenden Anlagen sind die Sanierungsfristen zu verkürzen (Art. 31 f. LRV).[328] 5.376

cc) Lärmschutz-Verordnung

Thermische Energieerzeugungsanlagen gelten als ortsfeste Anlagen (Art. 2 LSV) 5.377
und werden den Industrie- und Gewerbeanlagen gleichgestellt (Anhang 6 LSV, Ziff. 1 Abs. 2). Die **Lärmemissionen** neuer Anlagen müssen nach den Anordnungen der Vollzugsbehörde so weit begrenzt werden, als dies technisch und betrieblich möglich sowie wirtschaftlich tragbar ist. Ortsfeste Anlagen dürfen nur errichtet werden, wenn die durch sie erzeugten **Lärmimmissionen** die Planungswerte in der Umgebung nicht überschreiten (Art. 25 Abs. 1 USG; Art. 7 Abs. 1 LSV). Die Belastungsgrenzwerte für Industrie- und Gewerbeanlagen sind in Anhang 6 LSV, Ziff. 2, tabellarisch aufgeführt und zum einen nach Massgabe der Empfindlichkeitsstufe festgelegt, zum anderen in Planungswert, Immissionsgrenzwert und Alarmwert unterteilt.

Besteht ein überwiegendes öffentliches, namentlich auch raumplanerisches Inte- 5.378
resse an einer Anlage und würde die Einhaltung der Planungswerte zu einer unverhältnismässigen Belastung für das Projekt führen, können **Erleichterungen** gewährt werden. Dabei dürfen jedoch die Immissionsgrenzwerte nicht überschritten werden, es sei denn, es handle sich um öffentliche oder konzessionierte ortsfeste Anlagen. Im letztgenannten Fall müssen auf Kosten des Eigentümers der Anlage die vom Lärm betroffenen Gebiete durch bauliche Massnahmen geschützt werden (Art. 25 Abs. 2 und 3 LSV).[329]

e) Lagerung und Umschlag fossiler Brenn- und Treibstoffe

Fossile Brenn- und Treibstoffe stellen wassergefährdende Flüssigkeiten dar, zumal 5.379
sie eine nachteilige physikalische, chemische oder biologische Veränderung des Wassers im Sinne von Art. 4 lit. d GSchG herbeiführen können. Anlagen zur Lagerung oder für den Umschlag fossiler Brenn- und Treibstoffe bedürfen deshalb einer **gewässerschutzrechtlichen Bewilligung,** wenn sie in besonders gefährdeten Bereichen erstellt werden sollen (Art. 19 Abs. 2 GSchG). Darunter fallen gemäss Art. 32 GSchV insbesondere Lageranlagen für wassergefährdende Flüssigkeiten, die in kleinen Mengen Wasser verunreinigen können, mit einem Nutzvolumen von mehr als 2000 l je Lagerbehälter (lit. h), Lageranlagen für wassergefährdende Flüssigkeiten in Grundwasserschutzzonen und -arealen mit einem Nutzvolumen von mehr als 450 l (lit. i) sowie Umschlagplätze für wassergefährdende Flüssigkeiten

---

328 Für eine umfassende Darlegung der Aspekte der Lufthygiene vgl. Rz. 4.206 ff.
329 Für eine umfassende Darlegung der Aspekte des Lärmschutzes vgl. Rz. 4.240 ff.

(lit. j). Die Behörde erteilt eine Bewilligung, wenn mit Auflagen und Bedingungen ein ausreichender Schutz der Gewässer gewährleistet werden kann. Sie legt dabei auch die Anforderungen an die Stilllegung der Anlagen fest (Art. 32 Abs. 4 GSchV).

5.380 In den **Gewässerschutzbereichen A_u und A_o** dürfen keine Anlagen erstellt werden, die eine besondere Gefahr für ein Gewässer darstellen. Nicht zulässig ist insbesondere das Erstellen von Lagerbehältern mit mehr als 250 000 l Nutzvolumen und mit Flüssigkeiten, die in kleinen Mengen Wasser verunreinigen können. Die Behörde kann aus wichtigen Gründen Ausnahmen gestatten (Anhang 4 zur GSchV, Nr. 211 Abs. 1).

5.381 In den **Grundwasserschutzzonen S3, S_m und S_h** nicht zugelassen sind erdverlegte Lagerbehälter mit wassergefährdenden Flüssigkeiten, oberirdische Lagerbehälter mit mehr als 450 l Nutzvolumen je Schutzbauwerk[330] sowie Betriebsanlagen mit wassergefährdenden Flüssigkeiten mit mehr als 2000 l Nutzvolumen (Anhang 4 zur GSchV, Nr. 221 Abs. 1 lit. g–i, Nr. 221bis Abs. 1 lit. g–i und Nr. 221ter Abs. 1).

5.382 In der **Grundwasserschutzzone S1** und **S2** ist jede Lagerung und jeder Umschlag von fossilen Brenn- und Treibstoffen unzulässig (Anhang 4 zur GSchV, Nr. 222 und 223). Ferner dürfen wassergefährdende Flüssigkeiten nicht in unterirdischen **Kavernenspeichern** gelagert werden, wenn sie dabei mit Grundwasser in Berührung kommen (Art. 24 GSchG).

5.383 Lager für Gas, Brennstoff und Treibstoff, die bei Normalbedingungen mehr als 50 000 m^3 Gas bzw. 5000 m^3 Flüssigkeit enthalten, unterliegen der **UVP-Pflicht** (Anhang zur UVPV, Ziff. 22.3).

5.384 Art. 22 GSchG verpflichtet die Inhaber von Anlagen mit wassergefährdenden Flüssigkeiten, dafür zu sorgen, dass die zum Schutz der Gewässer erforderlichen baulichen und apparativen Vorrichtungen erstellt, regelmässig kontrolliert und einwandfrei betrieben und gewartet werden. Für Lageranlagen, die einer gewässerschutzrechtlichen Bewilligung bedürfen, werden detaillierte **Kontroll-, Überwachungs- und Meldepflichten** statuiert. Vorgaben bestehen zudem für die fachlichen Qualifikationen des eingesetzten Personals (Art. 22 GSchG; Art. 32a GSchV).

f) Transport fossiler Brenn- und Treibstoffe

5.385 Der Transport gefährlicher Güter **auf der Strasse** ist sowohl durch nationale[331] als auch durch internationale[332] Normen geregelt. Diese ordnen im Wesentlichen einschränkende Voraussetzungen oder den Ausschluss von Gütertransporten, Anforderungen an Fahrzeuge und deren Führer, die Handhabung der transportierten Güter, besondere Verkehrsregeln für den Transport gefährlicher Güter sowie die erforderliche Haftpflichtversicherung.[333]

330 Ausgenommen sind freistehende Lagerbehälter mit Heiz- oder Dieselöl zur Energieversorgung von Gebäuden oder Betrieben für längstens zwei Jahre. Das gesamte Nutzvolumen darf höchstens 30 m^3 je Schutzbauwerk betragen.

331 Verordnung über die Beförderung gefährlicher Güter auf der Strasse (SDR).

332 Europäisches Übereinkommen über die internationale Beförderung gefährlicher Güter auf der Strasse (ADR) vom 30. September 1957 (SR 0.741.621).

333 Im Einzelnen: Jagmetti, Energierecht, Rz. 3522 m.w.H.

Der Inhaber eines **Verkehrswegs** muss gemäss Art. 3 Abs. 1 StFV alle zur Verminderung des Risikos geeigneten Massnahmen treffen, die nach dem Stand der Sicherheitstechnik verfügbar, aufgrund seiner Erfahrung ergänzt und wirtschaftlich tragbar sind. Dazu gehören Massnahmen, mit denen das Gefahrenpotenzial herabgesetzt, Störfälle verhindert und deren Einwirkungen begrenzt werden. Beim Treffen der Sicherheitsmassnahmen hat der Inhaber eines Verkehrswegs nach den Anhängen 2.1 und 2.4 der StFV vorzugehen. 5.386

Auch der Transport gefährlicher Güter **auf der Schiene** untersteht umfangreichen nationalen[334] und internationalen[335] Normen. Die Zielsetzung dieser Bestimmungen für den Transport von flüssigen Brenn- und Treibstoffen besteht darin, die Sicherheit und den Gewässerschutz zu gewährleisten.[336] Für die Betriebssicherheit und die Sicherheitsvorkehrungen bei Eisenbahnanlagen gelten spezialrechtliche Bestimmungen im Eisenbahngesetz und in der Eisenbahnverordnung. Ferner finden die soeben dargelegten Vorgaben der Störfallverordnung für die Inhaber eines Verkehrswegs Anwendung. 5.387

In der **Binnenschifffahrt** ist der Transport wassergefährdender Güter, namentlich flüssiger Brenn- und Treibstoffe, verboten (Art. 75 Abs. 1 BSV). Davon ausgenommen ist die Beförderung von Motorfahrzeugen und ihren Anhängern auf den Fährstrecken Horgen–Meilen und Beckenried–Gersau (Art. 75 Abs. 2 BSV). 5.388

4. Bewilligungsverfahren

Das **Bewilligungsverfahren** für Anlagen zur thermischen Energieerzeugung untersteht den Regelungen des kantonalen Rechts und hängt wesentlich davon ab, um welchen Anlagentyp es sich handelt. Soweit der Kanton hierfür kein spezialgesetzliches Verfahren vorsieht, werden thermische Energieerzeugungsanlagen im Baubewilligungsverfahren beurteilt.[337] 5.389

Die meisten thermischen Energieerzeugungsanlagen sind Raumheizungen und bilden **Bestandteil der Haustechnik eines Gebäudes.** Deren Prüfung und Bewilligung erfolgt im Rahmen des Gesamtbauvorhabens nach den Bestimmungen der anwendbaren Baugesetzgebung. 5.390

Selbständige Anlagen, namentlich thermische Kraftwerke, haben die Planungs- und Bewilligungsverfahren nach Massgabe des jeweiligen kantonalen Raumplanungsgesetzes zu durchlaufen. Die Baubewilligung für solche Anlagen setzt voraus, dass das Vorhaben dem Zweck der Nutzungszone, in der sie zu stehen kommt, entspricht und das Land erschlossen ist (Art. 22 Abs. 2 RPG) oder dass sie einen 5.391

334 Verordnung über die Beförderung gefährlicher Güter mit Eisenbahnen und Seilbahnen (RSD) vom 31. Oktober 2012 (SR 742.412).

335 Übereinkommen über den internationalen Eisenbahnverkehr (COTIF 1980) vom 9. Mai 1980 (SR 0.742.403.1), Anhang B, Anlage I «Ordnung für die internationale Eisenbahnbeförderung gefährlicher Güter (RID)».

336 Jagmetti, Energierecht, Rz. 3525 m.w.H.

337 Jagmetti, Energierecht, Rz. 3304.

Standort ausserhalb der Bauzonen erfordert und keine überwiegenden Interessen entgegenstehen (Art. 24 RPG). Für Bauten und Anlagen, die ihrer Natur nach nur in einem Planungsverfahren angemessen erfasst werden können, dürfen indes keine Ausnahmebewilligungen erteilt werden. Zieht ein nicht zonenkonformes Vorhaben durch seine Ausmasse oder seine Natur bedeutende Auswirkungen auf die bestehende Nutzungsordnung nach sich, so darf es erst nach einer entsprechenden Änderung des Zonenplans oder nach Erlass eines entsprechenden Sondernutzungsplans bewilligt werden.[338]

5.392 Bei raumwirksamen Projekten sind demzufolge vorgängig die erforderlichen planerischen Grundlagen zu schaffen. Laut Art. 8 Abs. 2 RPG bedürfen Vorhaben mit gewichtigen Auswirkungen auf Raum und Umwelt einer Grundlage im **Richtplan.** Für die Beurteilung der Richtplanrelevanz ist mitunter entscheidend, ob angesichts der Auswirkungen des Vorhabens eine vorgängige umfassende Interessenabwägung notwendig erscheint, die nur durch den Prozess der Richtplanung garantiert werden kann.[339]

5.393 Bei grossen thermischen Energieerzeugungsanlagen, namentlich bei WKK-Anlagen und GuD-Kraftwerken, kann sich ein planerischer Koordinationsbedarf auch zwecks Sicherstellung der Verfügbarkeit eines **geeigneten Standortes** bzw. aufgrund der **eingeschränkten Standortwahl** ergeben. Grosse thermische Energieerzeugungsanlagen sind auf nahegelegene Infrastrukturanlagen angewiesen, wie beispielsweise die Anbindung an eine bestehende Gaspipeline und den Anschluss an eine bestimmte Spannungsebene des elektrischen Netzes. Ferner kann eine sinnvolle Nutzung der erzeugten Abwärme nur stattfinden, wenn sich entsprechende Abnehmer in der Nähe befinden.

5. Praxishinweis

5.394 Im Urteil 1C_36/2011 vom 8. Februar 2012 hatte sich das Bundesgericht mit einer **Änderung des Zonenreglements** in der Gemeinde Muttenz zu befassen. Nach der neuen Regelung waren in den Gewerbe- und Industriezonen Elektrizitätserzeugungsanlagen, welche mit Erdöl, Erdgas oder Kohle betrieben werden, nicht mehr zulässig. Der Gemeinderat konnte bei der Baubewilligungsbehörde Ausnahmen davon beantragen, wenn die Abwärme genutzt wurde und der Gesamtnutzungsgrad mindestens 85 Prozent betrug. Die Grundeigentümerin und Projektantin eines **Gaskombikraftwerks** auf einer Parzelle in der Industriezone führte Beschwerde und machte geltend, die geänderte Bestimmung des Zonenreglements verletze Bundesrecht, zumal die CO_2-Gesetzgebung des Bundes abschliessend sei. Ferner bestehe kein Raum für planungsrechtliche Anordnungen der Gemeinde zur Reduktion der CO_2-Emissionen. Die Änderung des Zonenreglements bewirke faktisch ein Verbot von Elektrizitätserzeugungsanlagen, die mit fossilen Brennstoffen betrieben würden. Der Bau solcher Anlagen mit dem geforderten Gesamtwirkungsgrad von 85 Prozent sei heute technisch nicht möglich.

338 BGE 120 Ib 207, E. 5; siehe Rz. 3.105 ff.
339 BGE 137 II 254, E. 3.2; BGer, Urteil 1C_283/2012 vom 2. April 2014, E. 2.3.2; siehe Rz. 3.1 ff.

Das Bundesgericht hielt zunächst fest, dass für die Erteilung einer Bewilligung für Bau und Betrieb von fossil-thermischen Kraftwerken der **Standortkanton** zuständig sei. Die Planung und Errichtung solcher Anlagen sei im Bundesrecht nicht umfassend geregelt. Soweit das Bundesrecht keine für die zuständigen Bau- und Planungsbehörden verbindlichen Vorschriften enthalte, gelange das Planungs- und Baurecht der Kantone und Gemeinden zur Anwendung (E. 3.3). Die Gemeinde Muttenz bringe mit der umstrittenen Zonenvorschrift klar zum Ausdruck, dass in ihren Industrie- und Gewerbezonen Elektrizitätserzeugungsanlagen, die mit fossilen Brennstoffen (Erdöl, Erdgas oder Kohle) betrieben werden, unzulässig seien. Eine solche Vorschrift sei vor dem Hintergrund der Kompetenz der Gemeinde, im Rahmen der Zonenplanung Art und Mass der Nutzung zu bestimmen, grundsätzlich nicht zu beanstanden. Der Gemeinde sei es nicht verwehrt, im Rahmen der Nutzungsplanung bei überwiegendem öffentlichem Interesse bestimmte Anlagen unter Berücksichtigung des übergeordneten Rechts auszuschliessen oder auf die Ausscheidung bestimmter Zonen zu verzichten (E. 4.2). 5.395

Die Regelung im **CO_2-Gesetz,** wonach nur für abgabebefreite Kraftwerke eine Baubewilligung erteilt werden dürfe, stelle keine Verpflichtung für die Kantone dar, sämtliche Anlagen zu bewilligen, welche die Voraussetzungen der CO_2-Gesetzgebung erfüllen. Die Kantone seien namentlich aufgrund ihrer Raumplanungskompetenzen weiterhin zuständig, die im Bundesrecht nicht abschliessend geordneten Anforderungen an eine Baute zu regeln und zu beurteilen. So seien die Kantone in der Lage, namentlich auch Gesichtspunkte des vorsorglichen Umweltschutzes sowie andere Aspekte der Siedlungsentwicklung zu berücksichtigen. Weitere Bewilligungsanforderungen ergäben sich unter anderem aus Art. 22 RPG und aus dem kantonalen Bau- und Planungsrecht. Der Auffassung der Beschwerdeführerin, das CO_2-Gesetz verbiete den Kantonen und Gemeinden generell den Erlass planerischer Anordnungen über fossil-thermische Kraftwerke, könne somit nicht zugestimmt werden (E. 5.3.1). 5.396

Allerdings werde mit dem im Bundesrecht festgelegten minimalen Gesamtwirkungsgrad von 62 Prozent zum Ausdruck gebracht, dass an der Förderung von Anlagen, die diesen Grad erreichen, ein öffentliches Interesse bestehe. Andere von der Gemeinde und vom Kanton dargelegte raumplanerische Interessen könnten gegen die Zulässigkeit fossil-thermischer Kraftwerke an einem bestimmten Standort oder in einer bestimmten Nutzungszone sprechen. Die verschiedenen Interessen seien im Nutzungsplanungsverfahren im Rahmen einer **Interessenabwägung** zu gewichten. Dabei könne sich unter dem Vorbehalt übergeordneter planerischer Festlegungen ergeben, dass ein fossil-thermisches Kraftwerk in einer bestimmten Nutzungszone nicht zugelassen werden könne, weil überwiegende raumplanerische Interessen dagegen sprechen. Indessen gehe es unter den Gesichtspunkten des öffentlichen Interesses und der Verhältnismässigkeit bei der Einschränkung der Eigentumsgarantie und der Wirtschaftsfreiheit nicht an, dass in einer kommunalen Nutzungsvorschrift die Ansiedlung von neuen fossil-thermischen Kraftwerken erwogen werde, die kaum wirtschaftlich betrieben werden könnten. Eine solche Bestimmung liege nicht im öffentlichen Interesse und erscheine im Hinblick auf das Ziel einer geordneten Siedlungsentwicklung und sicheren Energieversorgung 5.397

weder geeignet noch erforderlich. Sie widerspreche damit auch dem Grundsatz der Verhältnismässigkeit. Der zweite Satz der umstrittenen Zonenbestimmung, wonach fossil-thermische Elektrizitätserzeugungsanlagen nur bewilligt werden könnten, wenn deren Gesamtnutzungsgrad mindestens 85 Prozent betrage, sei somit mit den Art. 26 und 27 BV nicht vereinbar (E. 5.4).

G. Elektrische Netze

Literatur

FOURNIER JACQUES, Concessions hydroélectriques; JAGMETTI RICCARDO, Energierecht, Rz. 6211 ff.; RECHSTEINER STEFAN/WALDNER MICHAEL, Netzgebietszuteilung; STRUB DOMINIK, Wohlerworbene Rechte, S. 219 ff.; WEBER ROLF H., Risiken und Kosten; WEBER ROLF H./KRATZ BRIGITTA, Elektrizitätswirtschaftsrecht.

Amtliche Publikationen

BAFU (Hrsg.), Hochspannungsleitungen; BFE (Hrsg.), Bericht Kabel-Freileitung; BFE, Ergebnisse Kabel-Freileitung; BFE, Kostenvergleich; BFE/BAFU/ARE/ELCOM, Bewertungsschema; BFE/BAFU/ARE/ELCOM, Handbuch.

1. Überblick

5.398 Die schweizerische **Stromversorgung** war über eine lange Zeit durch rechtliche und faktische Monopole geprägt. Gestützt auf das Kartellgesetz hat das Bundesgericht im Jahr 2003 Dritten das Recht auf Netzzugang zugesprochen und damit den freien Strommarkt geöffnet.[340] Ab 1. Januar 2008 trat stufenweise das StromVG in Kraft. Dieses statuiert im Wesentlichen eine Marktöffnung in zwei Etappen, legt die Regeln für den Verteilnetzbetrieb fest und schreibt die Bildung einer nationalen Netzgesellschaft für das schweizerische Übertragungsnetz vor.

5.399 Während die Bereiche Stromproduktion, Handel, Verkauf und Vertrieb dem freien Markt geöffnet worden sind, bleiben das Übertragungs- und Verteilnetz sowie die Versorgung der Endkunden mit einem Jahresverbrauch von weniger als 100 MWh als **Monopolbereiche** bestehen. Aufgrund der strategischen Bedeutung der elektrischen Netze für die Landesversorgung sowie zur Verhinderung von Missbräuchen statuiert das StromVG für das Übertragungsnetz sowie für die Verteilnetze detaillierte Regelungen.

5.400 Laut Art. 34 Abs. 3 StromVG soll eine **vollständige Marktöffnung** für sämtliche Endverbraucher zu einem späteren Zeitpunkt durch einen Bundesbeschluss erfol-

340 BGE 129 II 497 ff.

gen. Dieser Bundesbeschluss untersteht dem fakultativen Referendum.[341] Die im ersten Massnahmenpaket zur Umsetzung der Energiestrategie 2050 vorgesehenen Massnahmen sind nach Auffassung des Bundesrates mit der vollständigen Strommarktöffnung vereinbar.[342]

Allerdings weist ein Grossteil der Anlagen des schweizerischen Übertragungsnetzes ein Alter von über 40 Jahren auf und genügt den heutigen und künftigen Anforderungen nur noch bedingt. Teil der Energiestrategie 2050 bildet deshalb die **Strategie Stromnetze.** Diese soll mitunter die Engpassbeseitigung und den Netzausbau beschleunigen, indem Vorgaben an den Ausbau definiert werden und die Entscheidfindung bezüglich der Ausführung der Leitungszüge als Kabel- oder Freileitung verbessert wird.[343] 5.401

2. Massgebende Vorschriften

a) Bundesrecht

Auf den Bau und Betrieb elektrischer Netze finden insbesondere nachfolgende bundesrechtliche Erlasse Anwendung: 5.402

- Stromversorgungsgesetz (StromVG) von 2007;
- Stromversorgungsverordnung (StromVV) von 2008;
- Bundesgesetz betreffend die elektrischen Schwach- und Starkstromanlagen (Elektrizitätsgesetz, EleG) von 1902;
- Verordnung über das Plangenehmigungsverfahren für elektrische Anlagen (VPeA) von 2000;
- Starkstromverordnung von 1994;
- Leitungsverordnung (LeV) von 1994;
- Verordnung über den Schutz vor nichtionisierender Strahlung (NISV) von 1999;
- Bundesgesetz über den Natur- und Heimatschutz (NHG) von 1966;
- Bundesgesetz über den Wald (Waldgesetz, WaG) von 1991;
- Bundesgesetz über die Enteignung (EntG) von 1930.

341 Vgl. Bundesbeschluss über die zweite Etappe der Strommarktöffnung, Vernehmlassungsvorlage des UVEK vom 22. Januar 2015 (www.admin.ch > Bundesrecht > Vernehmlassungen > Abgeschlossene Vernehmlassungen und Anhörungen).

342 Botschaft Energiestrategie 2050, S. 7583.

343 Vgl. Strategie Stromnetze, Vernehmlassungsvorlage des UVEK vom 16. März 2015 (www.admin.ch > Bundesrecht > Vernehmlassungen > Abgeschlossene Vernehmlassungen und Anhörungen).

b) Kantonales Recht

5.403 Das Bundesrecht weist den Kantonen gestützt auf Art. 30 Abs. 1 StromVG Vollzugsaufgaben zu. Deren Umsetzung erfordert den Erlass **kantonaler Ausführungsgesetze.** Die Kantone haben hierbei teils unterschiedliche Lösungsansätze gewählt, weshalb bei der Beurteilung des Einzelfalls stets die entsprechende kantonale Gesetzesgrundlage beizuziehen ist.

c) Richtlinien und Branchendokumente

5.404 Gemäss dem in Art. 3 Abs. 2 StromVG verankerten Prinzip der Subsidiarität sind sowohl der Bund wie auch die Kantone dazu verpflichtet, vor dem Erlass von Ausführungsvorschriften Vereinbarungen privater Organisationen zu prüfen und diese allenfalls in ihr Ausführungsrecht zu übernehmen. Vor diesem Hintergrund hat der VSE zahlreiche Richtlinien und Branchendokumente erarbeitet. Als sog. Schlüsseldokumente sind für den Bau und Betrieb elektrischer Netzanlagen namentlich nachfolgende **Branchenempfehlungen** zu beachten:[344]

- Marktmodell für die elektrische Energie – Schweiz (MMEE-CH);
- Netznutzungsmodell für das schweizerische Übertragungsnetz (NNMÜ – CH);
- Netznutzungsmodell für das schweizerische Verteilnetz (NNMV – CH);
- Transmission Code (TC – CH);
- Metering Code (MC – CH);
- Distribution Code Schweiz (DC – CH).

3. Die gesetzliche Konzeption des Transports elektrischer Energie

a) Die sieben Netzebenen

5.405 Die Infrastruktur für den Transport elektrischer Energie wird in insgesamt sieben Netzebenen unterteilt. Ausgehend von der elektrischen Spannung wird differenziert zwischen dem Übertragungsnetz (220 kV/380 kV), den überregionalen Verteilnetzen (36 kV bis 220 kV), den regionalen Verteilnetzen (1 kV bis 36 kV) und den lokalen Verteilnetzen (0.4 kV bis 1 kV). Zwischen diesen Spannungsbereichen befinden sich jeweils die Ebenen der Transformierung.

---

344 Sämtliche Branchendokumente sind abrufbar unter www.strom.ch > Download. Vgl. zur Veröffentlichung der Richtlinien Art. 27 Abs. 4 StromVV.

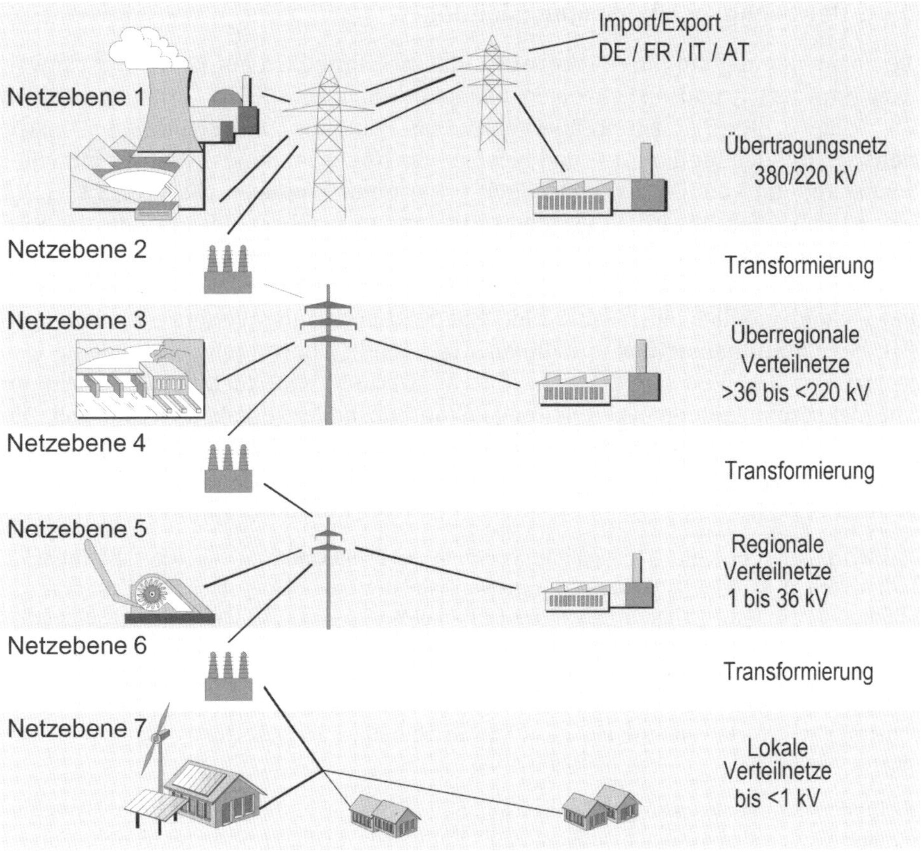

(Quelle: VSE)

b) Das schweizerische Übertragungsnetz

Das schweizerische Übertragungsnetz besteht aus einer Vielzahl elektrischer Anlagen, namentlich aus Leitungen, Schaltfeldern etc.[345] Das Eigentum an diesen Anlagen lag aufgrund historisch gewachsener Verhältnisse bis zur Strommarktliberalisierung bei den Überlandwerken. Seit dem Inkrafttreten des StromVG ist die **nationale Netzgesellschaft** – die «swissgrid ag» – für den Betrieb des Übertragungsnetzes verantwortlich (Art. 18 Abs. 1 und Art. 20 StromVG). Die Überlandwerke sind in diesem Zusammenhang übergangsrechtlich verpflichtet worden, ihr Eigentum an den Anlagen der höchsten Netzebene auf die nationale Netzgesellschaft zu übertragen. Im Gegenzug sind ihnen Aktien an der swissgrid ag zugewiesen worden (Art. 33 Abs. 4 StromVG). 5.406

345 Vgl. zur Abgrenzung zwischen Übertragungsnetz und den übrigen Verteilnetzen BVGer, Urteil A-102/2011 vom 11. Juli 2011.

c) Der Sachplan Übertragungsleitungen

5.407 Die Plangenehmigung für ein Vorhaben, das sich erheblich auf Raum und Umwelt auswirkt, setzt grundsätzlich einen Sachplan nach Art. 13 RPG voraus (Art. 16 Abs. 5 EleG). Der SÜL ist ein übergeordnetes Planungs- und Koordinationsinstrument des Bundes für den Aus- und Neubau der Hochspannungsleitungen mit einer Nennspannung von 220 kV und höher sowie einer Frequenz von 50 Hz (Art. 1a Abs. 1 VPeA). Verantwortlich für die Erarbeitung und Führung des SÜL ist das BFE in Zusammenarbeit mit dem ARE. Im Sachplanverfahren werden der Bedarf sowie Korridorvarianten von Leitungsprojekten beurteilt, allfällige Konflikte identifiziert und Lösungsmöglichkeiten erarbeitet. Nach Abschluss des Verfahrens werden im SÜL der **Planungskorridor** und die anzuwendende Übertragungstechnologie festgesetzt (Art. 1d VPeA sowie Art. 14 ff. RPV). Darunter fällt auch der Entscheid, ob eine elektrische Leitung als Freileitung zu führen ist oder verkabelt werden soll. Die Klärung muss möglichst früh, mithin bereits im SÜL-Verfahren, erfolgen, da sich nicht alle Standorte für eine Verkabelung eignen.[346] Der SÜL ist behördenverbindlich (Art. 22 f. RPV).

5.408 Die Beurteilung, ob eine Hochspannungsleitung als **Freileitung** erstellt oder als **Kabel** im Boden verlegt werden soll, muss im Einzelfall auf der Grundlage objektiver Kriterien vorgenommen werden.[347] Hierzu haben das BFE, das BAFU, das ARE und das Fachsekretariat der ElCom ein Bewertungsschema für Übertragungsleitungen erarbeitet. Es dient der Interessenabwägung und bildet somit Entscheidgrundlage für die Festsetzung eines Leitungskorridors. Das Bewertungsschema Übertragungsleitungen besteht aus vier gleichwertigen Pfeilern, nämlich «Raumentwicklung», «Umweltschonung», «technische Aspekte» und «Wirtschaftlichkeit».

5.409 Die Pfeiler «Raumentwicklung», «Umweltschonung» und «technische Aspekte» sind so gestaltet, dass die jeweiligen Gegebenheiten eines Vorhabens qualitativ bewertet werden können. Die Stärken und Schwächen der einzelnen Korridorvarianten bleiben transparent. Der vierte Pfeiler «Wirtschaftlichkeit» besteht im Wesentlichen aus einer Kosten- bzw. Kosten/Nutzen-Tabelle. Ferner hat der Projektant bei der Einreichung seines SÜL-Gesuchs nachzuweisen, dass das Projekt ein sicheres, leistungsfähiges und effizientes Übertragungsnetz gewährleistet. Die Beurteilung der Zweckmässigkeit des Vorhabens erfolgt durch die ElCom.[348]

5.410 Von der Sachplanpflicht im Sinne von Art. 16 Abs. 5 EleG können neue Vorhaben ausgenommen werden, die nicht länger als 5 Kilometer sind, keine Schutzgebiete nach eidgenössischem und kantonalem Recht berühren und die Anforderungen der NISV einhalten, ohne eine Ausnahmebewilligung zu beanspruchen (Art. 1a Abs. 2 VPeA). Weiter gehende **Ausnahmemöglichkeiten** bestehen für den Ersatz, die Änderung und den Ausbau bestehender Leitungen (Art. 1a Abs. 3 VPeA). Das BFE entscheidet nach Rücksprache mit den zuständigen Fachstellen des Bundes

346 BFE, Bericht Kabel-Freileitung, S. 2, sowie zur Integration des Beurteilungsschemas Kabel-Freileitung ins SÜL-Verfahren S. 3 ff.; BFE/BAFU/ARE/ElCom, Handbuch, S. 6; BGer, Urteil 1C_172/2011 vom 15. November 2011, E. 4.3.2–4.3.6 (URP 2012 238 ff.).

347 Vgl. dazu BGE 137 II 266 ff.

348 BFE/BAFU/ARE/ElCom, Bewertungsschema, S. 3.

und der betroffenen Kantone, ob ein SÜL-Verfahren durchgeführt werden muss (Art. 1a Abs. 4 VPeA).

d) Regionale und lokale Verteilnetze

Sowohl SÜL-pflichtige Anlagen als auch überregionale, regionale und lokale Verteilnetze, die keiner Sachplanpflicht unterliegen, sind im **Plangenehmigungsverfahren** nach Art. 16 ff. EleG zu beurteilen.[349] 5.411

e) Verhältnis zur raumplanungsrechtlichen Erschliessung

Die **lokalen Verteilnetze** dienen mitunter der elektrischen Erschliessung von Grundstücken in den Bauzonen. Die Erschliessungspflicht trifft laut Art. 19 Abs. 2 RPG die Gemeinwesen. Sie können die hierfür erforderliche Verteilnetzinfrastruktur entweder selber erstellen (in der Regel durch ein gemeindeeigenes Elektrizitätswerk) oder durch einen Dritten erstellen lassen. Die Aufgabenerfüllung durch einen Dritten erfordert eine formelle Regelung sowie die Erteilung einer Sondernutzungskonzession für die Benutzung des öffentlichen Grundes. Laut Art. 5 Abs. 1 StromVG obliegt es den Kantonen, den in ihrem Territorium tätigen Netzbetreibern mittels Verfügung exklusiv ein bestimmtes Netzgebiet zuzuordnen. Innerhalb dieses Netzgebiets haben die Netzbetreiber die im StromVG definierten Aufgaben zu erfüllen, namentlich die in Art. 5 Abs. 2 bezeichneten Anschlüsse zu gewährleisten. 5.412

Die Bestimmungen des StromVG gehen als **lex specialis** den raumplanungsrechtlichen Vorschriften vor.[350] Auch kostenseitig gelangen raumplanungsrechtliche Bestimmungen nur subsidiär zur Anwendung. Die Aufwendungen für den Bau, Betrieb und Unterhalt des lokalen Verteilnetzes bis zum Netzanschlusspunkt (vgl. Rz. 5.414) stellen anrechenbare Netzkosten dar (Art. 15 StromVG), die über das Netznutzungsentgelt solidarisiert und der Gesamtheit der Endverbraucher im Netzgebiet angelastet werden (Art. 14 StromVG). Der Leitungsabschnitt zwischen dem Netzanschlusspunkt und der Grenzstelle (vgl. Rz. 5.414) gilt als Netzanschluss. Er gehört noch zum elektrischen Verteilnetz, wird aber dem Netzanschlussnehmer in der Regel individuell in Rechnung gestellt (Art. 14 Abs. 3bis StromVG). 5.413

---

349 Vgl. Rz. 5.415 ff.
350 Rechsteiner/Waldner, Netzgebietszuteilung, S. 1289.

5.414

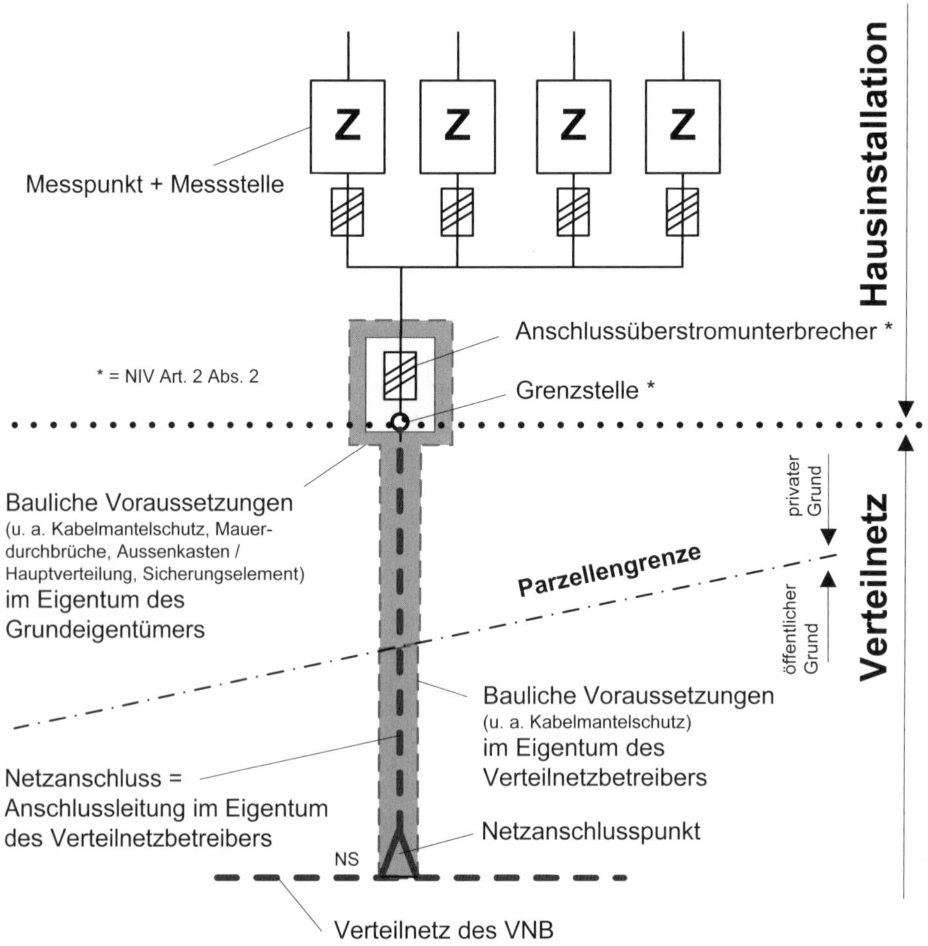

Legende

VN(B)	Verteilnetz(Betreiber)
HI	Hausinstallation
Z	Zähler / Messstelle / Messpunkt
NS	Niederspannung (z.B. 0.4 kV)

o	Grenzstelle
Z	VNB Zähler / Messstelle
▨	Sicherung / Schutz
△	Netzanschlusspunkt

(Quelle: VSE, Distribution Code Schweiz 2014, S. 52)

4. Bewilligungsvoraussetzungen und Bewilligungsverfahren

a) Plangenehmigungsverfahren nach EleG

Elektrische Übertragungs- und Verteilnetze sind Starkstromanlagen. Deren Erstellung setzt eine **Plangenehmigung** nach Art. 16 EleG voraus. Bei Vorhaben, die sich erheblich auf Raum und Umwelt auswirken, folgt das Plangenehmigungsverfahren auf das Sachplanverfahren. Das Plangenehmigungsverfahren richtet sich nach Art. 16 ff. EleG und Art. 2 ff. VPeA. Demnach prüft die zuständige Behörde, ob ein konkretes Bauprojekt den gesetzlichen Vorgaben, mitunter jenen des Raumplanungs- und des Umweltrechts, sowie den geltenden Sicherheitsvorschriften entspricht. Ferner beurteilt sie, ob das Bauvorhaben mit den Interessen Betroffener vereinbar ist. Laut Art. 16 Abs. 3 EleG werden mit der Plangenehmigung sämtliche nach Bundesrecht erforderlichen Bewilligungen erteilt. Die Genehmigungsbehörde entscheidet insbesondere auch über enteignungsrechtliche Einsprachen (Art. 16h Abs. 1 EleG). Das Enteignungsrecht als solches steht der Unternehmung, die um eine Plangenehmigung nachsucht, von Gesetzes wegen zu (Art. 43 Abs. 1 EleG).[351] Bei unstrittigen Vorhaben sowie bei solchen, in denen Einsprachen oder Differenzen zwischen beteiligten Behörden ausgeräumt werden konnten, erteilt das ESTI die Plangenehmigung. In den übrigen Fällen entscheidet das BFE (Art. 16h Abs. 2). Ist eine Gemeinschaftsanlage zu beurteilen, wird das Plangenehmigungsverfahren von jener Behörde durchgeführt, die für den hauptsächlichen Teil der Anlage zuständig ist (Art. 16 Abs. 5 EleG). Mit anderen Worten wird das Plangenehmigungsverfahren für die elektrische Anlage mit dem Leitverfahren der Hauptanlage konzentriert.[352] 5.415

In einzelnen Fällen ist anstatt eines ordentlichen ein **vereinfachtes Plangenehmigungsverfahren** durchzuführen. Laut Art. 17 Abs. 1 EleG gilt dies für 5.416

- örtlich begrenzte Vorhaben mit wenigen, eindeutig bestimmbaren Betroffenen (lit. a);
- Anlagen, deren Änderung das äussere Erscheinungsbild nicht wesentlich verändert, keine schutzwürdigen Interessen Dritter berührt und sich nur unerheblich auf Raum und Umwelt auswirkt (lit. b);
- Anlagen, die spätestens nach drei Jahren wieder entfernt werden oder die der Baustromversorgung dienen (lit. c).

Ebenfalls im vereinfachten Verfahren werden Detailpläne bewilligt, die sich auf ein bereits genehmigtes Projekt stützen. Im vereinfachten Verfahren wird das Projektgenehmigungsgesuch nicht publiziert und nicht öffentlich aufgelegt. Die Genehmigungsbehörde unterbreitet die Planvorlage den Betroffenen, soweit diese nicht bereits vorgängig ihre schriftliche Einwilligung zum Vorhaben gegeben haben (Art. 17 Abs. 3 EleG). 5.417

351 Botschaft Bundeskoordinationsgesetz 1998, S. 2601; Jagmetti, Energierecht, Rz. 6273.
352 Vgl. bei Wasserkraftwerken Rz. 5.203 und 5.227 f.

b) Weitere spezialgesetzliche Vorschriften

5.418 Die **Starkstromverordnung** legt die technischen Sicherheitsvorschriften für die Erstellung, den Betrieb und die Instandhaltung elektrischer Anlagen fest. Wo die Verordnung keine Vorschriften enthält, gelten die anerkannten Regeln der Technik gemäss den international harmonisierten Normen bzw., wo solche fehlen, die schweizerischen Fachnormen (Art. 4 Starkstromverordnung). Die Starkstromverordnung regelt die Anforderungen an elektrische Verteilanlagen inkl. Freiluftanlagen und Transformatorenstationen (Art. 20 ff.). Sie definiert die erforderlichen Schutzmassnahmen (Art. 53 ff.) und ordnet die Arbeiten an Starkstromanlagen (Art. 66 ff.). Sie statuiert ferner Vorschriften zur Kontrolle und Instandhaltung von Starkstromanlagen (Art. 17 ff.).

5.419 Subsidiär zur Starkstromverordnung findet bei der Erstellung, beim Betrieb und bei der Instandhaltung von elektrischen Leitungen die **Leitungsverordnung** Anwendung (Art. 2 lit. b Starkstromverordnung). Diese enthält insbesondere Bauvorschriften für Starkstrom-Freileitungen (Art. 29 ff. LeV) und für Starkstrom-Kabelleitungen (Art. 73 ff. LeV). Sie regelt zudem Annäherungen, Parallelführungen und Kreuzungen von elektrischen Leitungen unter sich (Art. 78 ff. LeV) sowie von elektrischen Leitungen mit anderen Anlagen (Art. 97 ff. LeV).

5.420 Die **NISV** bezweckt den Schutz der Menschen vor schädlicher oder lästiger nichtionisierender Strahlung und regelt die Begrenzung der Emissionen von elektrischen und magnetischen Feldern von 0 Hz bis 300 GHz (Strahlung), die beim Betrieb ortsfester Anlagen erzeugt werden (Art. 2 Abs. 1 lit. a NISV). Darunter fallen namentlich elektrische Frei- und Kabelleitungen, Transformatorenstationen, Unterwerke und Schaltanlagen. Diese Anlagen müssen so erstellt und betrieben werden, dass sie die in Anhang 1 NISV festgelegten vorsorglichen Emissionsbegrenzungen einhalten (Art. 4 Abs. 1 NISV). Bei den genannten elektrischen Anlagen beträgt der einzuhaltende Anlagegrenzwert für den Effektivwert der magnetischen Flussdichte 1 mT (Anhang 1 NISV, Ziff. 14, 24 und 34). Neue Frei- und Kabelleitungen müssen den Anlagegrenzwert im massgebenden Betriebszustand an Orten mit empfindlicher Nutzung einhalten. Gleiches gilt für neue und alte Transformatorenstationen sowie für neue und alte Unterwerke sowie Schaltanlagen (Anhang 1 NISV, Ziff. 15, 25 und 35). Als Orte mit empfindlicher Nutzung gelten (Art. 3 Abs. 3 NISV):

- Räume in Gebäuden, in denen sich Personen regelmässig während längerer Zeit aufhalten (lit. a);
- öffentliche oder private, raumplanungsrechtlich festgesetzte Kinderspielplätze (lit. b);
- diejenigen Bereiche von unüberbauten Grundstücken, in denen die vorgenannten Nutzungen zugelassen sind (lit. c).

5.421 Der Nachweis über die Einhaltung der Bestimmungen der NISV eines Vorhabens ist im Gesuchsdossier unter anderem durch ein Standortdatenblatt der Anlage (vgl. Art. 11 NISV) sowie eine Planbeilage mit dem **Untersuchungs- und Legitimationsperimeter** zu erbringen. Der Untersuchungsperimeter ist ein Korridor beidseits einer Frei- oder Kabelleitung, der dazu dient, diejenigen Orte mit empfindlicher Nutzung zu identifizieren, die im Standortdatenblatt detailliert dokumentiert sind. Die Ausdehnung des Untersuchungsperimeters ist so bemessen, dass der Anlagegrenzwert von 1 μT grundsätzlich nur in seinem Innern erreicht oder überschritten wird. Der Legitimationsperimeter ist ebenfalls ein Korridor beidseits einer Frei- oder Kabelleitung. Er ist breiter als der Untersuchungsperimeter und dient der Entscheidung, ob ein Anwohner oder Grundeigentümer – in Bezug auf die NIS-Belange – zur Einsprache oder Beschwerde in Plangenehmigungs- oder Sanierungsverfahren berechtigt ist. Seine Breite ist von der Leiteranordnung und den massgebenden Strömen abhängig.[353]

5. Praxishinweise

Das Bundesgericht hatte sich 2011 im Urteil **«Riniken»** (BGE 137 II 266 ff.) mit der Frage zu befassen, ob eine elektrische Leitung im Kanton Basel-Landschaft als Freileitung gezogen oder in den Boden verlegt werden müsse. Es hielt darin fest, dass in der bisherigen Rechtsprechung für die Verkabelung von Hochspannungsleitungen jeweils hohe Anforderungen an die **Schutzwürdigkeit des Gebiets** gestellt worden seien. Dies habe auf der Einschätzung beruht, dass die Freileitung aus technischer und energiewirtschaftlicher Sicht die beste Lösung darstelle. So sei das Bundesgericht bislang davon ausgegangen, dass die Verkabelung nicht nur um ein Mehrfaches teurer als die Freileitung, sondern auch mit bedeutenden betrieblichen Nachteilen verbunden sei, insbesondere einer erhöhten Störungsanfälligkeit, einem grösseren zeitlichen Aufwand für Reparaturen und einer geringeren Lebensdauer. Sobald aber Kabelanlagen aufgrund technischer Fortschritte leistungsfähiger, zuverlässiger und kostengünstiger würden, mindere dies das Gewicht der gegen eine (Teil-)Verkabelung sprechenden Gründe. Dies könne dazu führen, dass das Interesse an der ungeschmälerten Erhaltung einer Landschaft von mittlerer bzw. nur lokaler Bedeutung im Einzelfall überwiege (E. 4.2). 5.422

Nach Auffassung des Bundesgerichts ist ferner kein Grund ersichtlich, bei der Interessenabwägung ausschliesslich auf die Investitionskosten abzustellen, unter Vernachlässigung der **Betriebskosten und** insbesondere der **Stromverlustkosten.** Schon aus betriebswirtschaftlicher Sicht erscheine es geboten, möglichst alle während der Lebensdauer der Anlage anfallenden Kosten zu berücksichtigen. Hinzu komme, dass der Stromverlustanteil auch aus ökologischer Sicht ein wichtiges Kriterium darstelle, das bei einer umfassenden Interessenabwägung nicht ausser Acht gelassen werden dürfe. Art. 89 Abs. 1 BV und Art. 3 EnG würden eine sparsame und rationelle Energieverwendung gebieten; dazu zähle auch ein effizienter Energietransport mit möglichst kleinem Verlustanteil (E. 4.3). 5.423

Die Berücksichtigung dieser Aspekte führte vor Bundesgericht zu einer **Gewichtsverschiebung** bei der Interessenabwägung. Es gelangte in Abweichung zur Vorinstanz zum Ergebnis, das Interesse an der ungeschmälerten Erhaltung der betroffenen Landschaft durch eine Teilverkabelung der Hochspannungsleitung würde in casu überwiegen (E. 7.2).[354] 5.424

---

353 BAFU, Hochspannungsleitungen, S. 27 und 66 ff.
354 Kritisch: Weber, Risiken und Kosten.

H. Rohrleitungsanlagen

Literatur

JAGMETTI RICCARDO, Energierecht, Rz. 3601 ff.

Amtliche Publikationen

BAFU (Hrsg.), UVP-Handbuch; BFE, Bodenschutzrichtlinien; ERI, Bauvorhaben.

1. Überblick

5.425 Das **schweizerische Rohrleitungsnetz** weist eine Länge von insgesamt rund 2500 km auf, wovon 2300 km auf Gasleitungen und 200 km auf Ölleitungen entfallen.[355] Bedeutende Infrastrukturanlagen sind insbesondere der zwischenzeitlich stillgelegte bzw. streckenweise umgenutzte Oleodotto del Reno von Genua nach Ingolstadt, der die Schweiz vom Splügenpass bis nach St. Margarethen durchmisst, der Oléoduc du Rhône, der als Nordost-Ast der zentraleuropäischen Pipeline vom italienischen Ferrera Erbognone über den Grossen St. Bernhard nach Collombey-Muraz führt, sowie das Transitgas-Transportsystem, das von Holland und Dünkirchen herkommend die Schweiz über Wallbach bzw. Rodersdorf zum Griesspass durchquert.[356]

5.426 Das **Rohrleitungsrecht** regelt die Beförderung flüssiger oder gasförmiger Brenn- und Treibstoffe. Es wird charakterisiert durch eine Aufteilung der Anlagenaufsicht zwischen Bund und Kantonen. Diese Zweiteilung schlägt sich auch in regulatorischer Hinsicht nieder. Auf Anlagen unter Bundesaufsicht finden sämtliche Bestimmungen des eidgenössischen Rohrleitungsrechts Anwendung, während Anlagen unter kantonaler Aufsicht diesem nur partiell unterliegen.

2. Massgebende Vorschriften

a) Bundesrecht

5.427 Auf den Bau und Betrieb von Rohrleitungsanlagen sind auf Bundesebene hauptsächlich folgende Erlasse anwendbar:

- Bundesgesetz über Rohrleitungsanlagen zur Beförderung flüssiger oder gasförmiger Brenn- oder Treibstoffe (Rohrleitungsgesetz, RLG) von 1963;
- Rohrleitungsverordnung (RLV) von 2000;
- Verordnung über Sicherheitsvorschriften für Rohrleitungsanlagen (RLSV) von 2007;

355 Stand Ende 2013; www.bfe.admin.ch/eri > Rohrleitungsnetz.
356 JAGMETTI, Energierecht, Rz. 3601 ff., Fn. 467, 481 und 483.

- Verordnung über den Schutz vor Störfällen (Störfallverordnung, StFV) von 1991;
- Bundesgesetz über den Gewässerschutz (Gewässerschutzgesetz, GSchG) von 1991;
- Gewässerschutzverordnung (GSchV) von 1998;
- Bundesgesetz über den Wald (Waldgesetz, WaG) von 1991;
- Bundesgesetz über den Natur- und Heimatschutz (NHG) von 1966.

b) Kantonales Recht

Gemäss den bundesrechtlichen Vorgaben beschränkt sich das kantonale Recht auf die **Regelung des Verfahrens** für den Bau und den Betrieb sowie die **Kontrolle** der unter kantonaler Aufsicht stehenden Rohrleitungsanlagen. Eine Enumeration der einzelnen Ausführungsgesetze würde den Rahmen der vorliegenden Darstellung sprengen. 5.428

3. Die Konzeption des Rohrleitungsrechts

a) Gesetzgebungskompetenzen

Art. 91 Abs. 2 BV statuiert eine umfassende, nachträglich derogierende Gesetzgebungskompetenz des **Bundes** betreffend Rohrleitungsanlagen zur Beförderung flüssiger oder gasförmiger Brenn- und Treibstoffe.[357] Der Bund hat seine Regelungsbefugnis mit dem Erlass des RLG, der RLV und der RLSV ausgeübt. Den Kantonen verbleibt lediglich die Festlegung der Zuständigkeiten zur Erfüllung der ihnen zugewiesenen Aufgaben und des dabei anwendbaren Verfahrens, namentlich für den Bau und den Betrieb sowie die Kontrolle der unter ihrer Aufsicht stehenden Rohrleitungsanlagen (Art. 52 Abs. 3 RLG, Art. 28 RLV). 5.429

b) Sachlicher Geltungsbereich

Das RLG findet Anwendung auf Rohrleitungsanlagen zur **Beförderung** flüssiger oder gasförmiger Brenn- und Treibstoffe wie Erdöl, Erdgas und andere Kohlenwasserstoffe oder Kohlenwasserstoffgemische[358] (Art. 1 Abs. 1 RLG, Art. 1 RLV). Davon ausgenommen sind demzufolge Rohrleitungen, die zu einer Lager-, Umschlags-, Aufbereitungs- oder Verwertungseinrichtung gehören und das Areal dieser Einrichtung um höchstens 100 Meter überschreiten, ferner Rohrleitungen, die von der Station der Unternehmung zu den Verbrauchern führen und nicht länger als 100 Meter sind (Art. 3 Abs. 1 RLV). Vom Geltungsbereich ebenfalls nicht erfasst sind Fernwärme- und Wasserleitungen.[359] 5.430

---

357 Kern, in: Basler Kommentar BV, Art. 91 Rz. 20.

358 Bspw. Raffineriegase, Erdöldestillate oder flüssige Rückstände der Erdölraffination.

359 Jagmetti, Energierecht, Rz. 3604.

c) Anlagenkategorien

5.431 Die Anlagen im Geltungsbereich des RLG sind in zwei Kategorien unterteilt, die sich hinsichtlich Zuständigkeit und der auf sie anwendbaren Bestimmungen unterscheiden.

5.432 Der **Bundesaufsicht** unterstehen Rohrleitungsanlagen,

- deren Durchmesser und Betriebsdruck eine bestimmte Grösse überschreiten[360] (Art. 1 Abs. 2 lit. a RLG);
- die dem Bund oder einer Anstalt des Bundes gehören (Art. 2 Abs. 1 lit. b RLV);
- welche die Landesgrenze kreuzen, ausgenommen jedoch Verteilleitungen von Stadtgas im engeren Wirtschaftsgebiet des Gasversorgungsunternehmens, soweit diese aufgrund ihres Durchmessers und Betriebsdrucks nicht durch das erstgenannte Kriterium erfasst werden (Art. 1 Abs. 2 lit. b RLG).

5.433 Auf diese Anlagen sind die Bestimmungen des RLG und der dazugehörigen Verordnungen in vollem Umfang anwendbar.

5.434 Die übrigen Anlagen im Geltungsbereich des RLG stehen unter der **Aufsicht der Kantone.** Auf sie finden lediglich die Art. 33–47a RLG sowie die RLSV[361] Anwendung (Art. 41 RLG).

d) Rohrleitungsanlagen und umweltrechtliche Vorschriften

5.435 Rohrleitungsanlagen im Sinne von Art. 1 Abs. 2 RLG, mithin Anlagen unter Bundesaufsicht, für die eine ordentliche Plangenehmigung nach Art. 2 Abs. 1 RLG erforderlich ist, sind einer **UVP** zu unterziehen (Anhang zur UVPV, Anlagetyp Nr. 22.1). Demgegenüber sind Rohrleitungsanlagen unter Bundesaufsicht, auf die gemäss Art. 24 Abs. 1 RLG das vereinfachte Plangenehmigungsverfahren Anwendung findet, von der UVP befreit. Für UVP-pflichtige Anlagen statuiert Art. 7 RLV inhaltliche Vorgaben an den UVB. Nebst den in Art. 10b USG und Art. 7–11 UVPV definierten Anforderungen hat der UVB einen Kurzbericht nach Art. 5 Abs. 3 StFV, gegebenenfalls eine Risikoermittlung im Sinne von Anhang 4.4 StFV, einen hydrologisch-geologischen Bericht sowie Bodenschutzkartierungen nach den Vorgaben des zuständigen Bundesamtes[362] zu enthalten.

5.436 Rohrleitungsanlagen bedürfen einer **gewässerschutzrechtlichen Bewilligung** für die Erstellung und Änderung von Bauten und Anlagen in besonders gefährdeten Bereichen (Art. 19 Abs. 2 GSchG), wenn sie durch solche führen. Diese Bewilli-

---

360 Das Kriterium gilt als erfüllt, wenn das Produkt aus dem genehmigten Betriebsdruck (Pa) und dem Aussendurchmesser in Meter grösser ausfällt als 200 000 Pa Meter (200 bar cm) und zugleich der genehmigte Betriebsdruck 500 000 Pa (5 bar) übersteigt. Der Druck ist jeweils als Überdruck zu verstehen (Art. 2 Abs. 1 lit. a RLV).

361 Gasleitungen, die für einen maximalen Betriebsdruck bis 500 000 Pa (5 bar) erstellt werden, unterstehen nur den Art. 2 und 3 Abs. 1 und 2 lit. b–e RLSV.

362 BFE, Bodenschutzrichtlinien.

gung wird mit der Plangenehmigung erteilt (Art. 2 Abs. 3 RLG). In den Grundwasserschutzzonen S3, S_m und S_h sind nur Gasleitungen zulässig (Anhang 4 zur GSchV Ziff. 221 Abs. 1 lit. e, Ziff. 221bis Abs. 1 lit. e und Ziff. 221ter Abs. 1). In den Grundwasserschutzzonen S1 und S2 sowie in Grundwasserschutzarealen sind sämtliche Rohrleitungsanlagen unzulässig (Anhang 4 zur GSchV, Ziff. 222 Abs. 1 lit. a und Ziff. 223). Im Gewässerschutzbereich A_u dürfen keine Anlagen erstellt werden, die unter dem mittleren Grundwasserspiegel liegen. Ausnahmen können bewilligt werden, soweit die Durchflusskapazität des Grundwassers gegenüber dem unbeeinflussten Zustand um höchstens 10 Prozent vermindert wird (Anhang 4 zur GSchV, Ziff. 211 Abs. 2).[363]

Die Verordnung über den Schutz vor **Störfällen** gilt für Rohrleitungsanlagen, die 5.437
der RLV unterstehen und die Kriterien in Anhang 1.3 StFV erfüllen. Für solche Anlagen sind Sicherheitsmassnahmen gemäss Anhang 2.1 und 2.5 StFV zu treffen. Ferner muss der Inhaber der Rohrleitungsanlage einen Kurzbericht nach Art. 5 Abs. 3 StFV erstellen. Die Vollzugsbehörde prüft den Bericht insbesondere darauf hin, ob die Einschätzung der Wahrscheinlichkeit eines Störfalls mit schwerer Schädigung plausibel ist (Art. 6 Abs. 2 lit. c StFV). Gelangt die Vollzugsbehörde zu einem abweichenden Ergebnis, verfügt sie die Erstellung einer Risikoermittlung nach Anhang 4.4 StFV. Letztere kann zur Anordnung zusätzlicher Sicherheitsmassnahmen führen (Art. 8 StFV).

Beim Bau und Betrieb einer Rohrleitungsanlage im bzw. durch **Wald** ist im Einzel- 5.438
fall anhand der gesamten Umstände zu prüfen, ob eine Rodungsbewilligung nach Art. 5 WaG erforderlich ist. Über diese Ausnahmebewilligung wird bei Anlagen unter Bundesaufsicht im Rahmen des Plangenehmigungsverfahrens entschieden (Art. 2 Abs. 3 RLG).

Laut Art. 4 WaG gilt die dauernde oder vorübergehende Zweckentfremdung von Waldboden 5.439
als **Rodung.** Davon ausgenommen ist allerdings die Beanspruchung von Waldboden durch nichtforstliche Kleinbauten und -anlagen (Art. 4 lit. a WaV). In der Botschaft werden erdverlegte Leitungen diesen Kleinanlagen zugeordnet, da sie das Bestandesgefüge des Waldes nicht beeinträchtigten.[364] Demgegenüber hält das Bundesgericht fest, die Funktionsbezeichnung einer Baute oder Anlage könne kaum das entscheidende Kriterium für ihre Qualifizierung als Kleinbaute oder -anlage sein. Die Beurteilung habe vielmehr in erster Linie mit Blick auf Umfang und Intensität des beanspruchten Waldbodens zu erfolgen, wobei ein strenger Massstab anzusetzen sei.[365]

Werden beim Bau einer Rohrleitungsanlage **schutzwürdige Lebensräume** nach 5.440
Art. 18 Abs. 1 NHG beeinträchtigt, sind hierfür Schutz- und Wiederherstellungsmassnahmen oder allenfalls angemessene Ersatzmassnahmen zu treffen (Art. 18 Abs. 1ter NHG). Da Rohrleitungsanlagen in der Regel unterirdisch verlaufen, führt deren Erstellung meist nur zu temporären Eingriffen.

---

363 JAGMETTI, Energierecht, Rz. 3622.
364 Botschaft WaG 1988, S. 191.
365 BGer, Urteil 1A.32/2004 vom 30. September 2004, E. 3.1.1 und 3.1.3.

4. Das Bewilligungsverfahren

a) Rohrleitungsanlagen unter Bundesaufsicht

5.441 Die Erstellung von Rohrleitungsanlagen, die unter die Bundesaufsicht fallen, setzt eine **Plangenehmigung** nach Art. 2 RLG voraus. Das Plangenehmigungsverfahren richtet sich nach Art. 2, 3 und 21 ff. RLG sowie Art. 5 ff. RLV. Es ist als konzentriertes Entscheidverfahren ausgestaltet.[366] Mit der Plangenehmigung werden sämtliche nach Bundesrecht erforderlichen Bewilligungen erteilt (Art. 2 Abs. 3 RLG). Entscheidbehörde ist das BFE (Art. 2 Abs. 1 RLG i.V.m. Art. 5 Abs. 1 RLSV).

5.442 Laut Art. 2 Abs. 4 RLG sind nebst der Plangenehmigung **keine kantonalen Bewilligungen und Pläne** erforderlich. Die Plangenehmigung ist zugleich Baubewilligung, was für die Realisierung des Vorhabens genügt, zumal die Genehmigungsbehörde mit ihrem Entscheid die zulässige Nutzung des Bodens festlegt. Der Plangenehmigung kommt in diesem Sinne Sondernutzungsplancharakter zu. Mit anderen Worten darf die Zulässigkeit eines Rohrleitungsvorhabens nicht davon abhängig gemacht werden, dass hierfür vorgängig geeignete Nutzungszonen ausgeschieden worden sind. Dies schliesst allerdings nicht aus, dass kantonales Recht (inklusive die kantonale und kommunale Nutzungsplanung) berücksichtigt wird, soweit die Betreiberin der Rohrleitungsanlage in der Erfüllung ihrer Aufgaben nicht unverhältnismässig eingeschränkt wird.[367]

5.443 Nicht als Bewilligungsvoraussetzung, jedoch aus planerischen Überlegungen erscheint eine Aufnahme der Rohrleitungsanlagen in die kantonale **Richtplanung** angezeigt, zumal die Anlagen in die räumliche Koordination einzubeziehen sind.[368] Ebenso steht Art. 2 Abs. 4 RLG einer Umsetzung der auf Rohrleitungsanlagen anwendbaren Sicherheitsvorschriften mit den Mitteln der **Nutzungsplanung** nicht entgegen.[369]

5.444 Die für Rohrleitungsanlagen massgebenden **Sicherheitsvorschriften** sind in der RLSV festgelegt. Bei der Planung und beim Bau von Rohrleitungsanlagen sind namentlich die Vorgaben an die Trasseeführung sowie bezüglich der Sicherheitsabstände zu befolgen (Art. 8–16 RLSV). Demnach dürfen Rohrleitungsanlagen namentlich nicht durch Bauzonen führen. Davon ausgenommen sind Anlagen zur Versorgung solcher Gebiete, soweit ein definierter Betriebsdruck nicht überschritten wird. Abstandsvorschriften bestehen für den Raum zwischen Rohrleitungsanlagen und Fundamenten, stammbildenden Pflanzen, anderen Leitungen, Gebäuden und Orten mit häufigen Menschenansammlungen, Strassen, Eisenbahnen und Fliessgewässern. Art. 16 RLSV verlangt schliesslich die Einrichtung von Schutzbereichen um Nebenanlagen von Rohrleitungen.

---

366 JAGMETTI, Energierecht, Rz. 3628.

367 Botschaft Bundeskoordinationsgesetz 1998, S. 2639 mit Verweis auf S. 2618; JAGMETTI, Energierecht, Rz. 3616.

368 JAGMETTI, Energierecht, Rz. 3615.

369 JAGMETTI, Energierecht, Rz. 3616; vgl. auch Art. 11a StFV.

Nebst der Plangenehmigung ist eine **Betriebsbewilligung** des BFE erforderlich (Art. 30 Abs. 1 RLG). Die Voraussetzungen für die Erteilung dieser Betriebsbewilligung sind in Art. 30 Abs. 2 lit. a–c RLG definiert. Das Gesuch um Erteilung der Betriebsbewilligung ist dem BFE nach Erstellung der Rohrleitungsanlage einzureichen. Diesem sind ein Betriebsreglement, eine Bestätigung über den Abschluss einer Haftpflichtversicherung sowie eine Bestätigung über die Verteilung der Mitteilungssignale an Gemeinden und Rettungsdienste beizulegen (Art. 19 RLV). Vor Erteilung der Betriebsbewilligung erfolgt eine Abnahmeprüfung der Rohrleitungsanlage durch das ERI (Art. 20 RLV). 5.445

Die häufigste Unfallursache bei Rohrleitungsanlagen sind Schäden, die aus Unachtsamkeit bei Grab- und ähnlichen Arbeiten Dritter entstehen. Laut Art. 28 RLG darf die Bewilligung zur Errichtung und Änderung von **Bauten und Anlagen Dritter** deshalb nur mit Zustimmung des BFE erteilt werden, wenn das Drittvorhaben eine Rohrleitungsanlage kreuzt oder deren Betriebssicherheit beeinträchtigen kann.[370] Die Zustimmung des BFE ist rechtzeitig vor Baubeginn einzuholen (Art. 26 Abs. 1 RLV). Diese Pflicht trifft die Eigentümer der umliegenden Grundstücke und beginnt mit Eintritt der Rechtskraft der Plangenehmigungsverfügung (Art. 26 Abs. 3 und 4 RLV). 5.446

b) Rohrleitungsanlagen unter kantonaler Aufsicht

Rohrleitungsanlagen unter kantonaler Aufsicht unterstehen bezüglich des Zulassungsverfahrens einzig den Art. 41–43 RLG. Art. 42 Abs. 1 RLG statuiert eine **Bewilligungspflicht.** Zuständige Behörde ist die Kantonsregierung oder eine von ihr bezeichnete Stelle. Bewilligungsvoraussetzungen bilden die auch für Rohrleitungsanlagen unter Bundesaufsicht geltenden Kriterien gemäss Art. 3 lit. a–d RLG. Aus anderen Gründen darf die Bewilligung nicht verweigert oder an einschränkende Bedingungen und Auflagen geknüpft werden (Art. 42 Abs. 2 RLG). 5.447

Die innerkantonale **Zuständigkeit** und das konkrete **Bewilligungsverfahren** sind durch die Kantone zu regeln (Art. 52 Abs. 3 i.V.m. Art. 28 RLV). 5.448

370 Vgl. zur Präzisierung dieser Kriterien Art. 26 Abs. 2 RLV sowie ERI, Bauvorhaben.

IV. Wasserbauliche Anlagen

Literatur

Marti Arnold, in: St. Galler Kommentar BV, Art. 76; Mühlberger de Preux Cornélia, Hochwasserschutz.

Amtliche Publikationen

BAFU, Wasserbau und Ökologie; BWG, Wegleitung Hochwasserschutz.

A. Rechtsquellen; Terminologie

1. Rechtsquellen

5.449 Das Wasserbaurecht ist in den folgenden Erlassen geregelt:

- Bundesgesetz über den Wasserbau (WBG) von 1991;
- Verordnung über den Wasserbau (Wasserbauverordnung, WBV) von 1994.

5.450 Neben dem Raumplanungs- und Baurecht weist insbesondere auch das Gewässerschutzgesetz (GSchG) von 1991 einen engen Bezug zum Wasserbau auf, ferner

- das Bundesgesetz über den Wald (Waldgesetz, WaG) von 1991;
- das Bundesgesetz über die Fischerei (BGF) von 1991;
- das Bundesgesetz über den Natur- und Heimatschutz (NHG) von 1966.

2. Terminologie

5.451 Als **Wasserbau** werden gemeinhin «alle künstlichen Eingriffe in die Wasserläufe» verstanden; mithin die Erstellung neuer und die Korrektur bestehender Gewässerstrecken sowie die Gewässerverbauung.[371] Eine Legaldefinition des Begriffs der **wasserbaulichen Anlagen** lässt sich weder dem Wasserbaugesetz noch der entsprechenden Verordnung entnehmen. Aus der Zweckbestimmung von Art. 1 WBG kann immerhin abgeleitet werden, dass es sich bei wasserbaulichen Anlagen um bauliche Massnahmen (Schutzbauwerke) handelt, die dem Hochwasserschutz, d.h. dem «Schutz von Menschen und erheblichen Sachwerten vor schädlichen Auswirkungen des Wassers, insbesondere vor Überschwemmungen, Erosionen und Feststoffablagerungen», dienen. Typische Beispiele für solche Anlagen sind Blockrampen[372],

371 Marti, in: St. Galler Kommentar BV, Art. 76 Rz. 21.

372 Blockrampen dienen der Stabilisierung der Gewässersohle (BWG, Wegleitung Hochwasserschutz, S. 60).

Buhnen[373] und Murbrecher[374]; nicht aber Talsperren, die in den Anwendungsbereich des Stauanlagengesetzes (StAG) fallen.[375]

Die unter das Wasserbaugesetz fallenden Massnahmen werden mit dem in Art. 1 Abs. 1 WBG verwendeten Begriff des Hochwasserschutzes nur unvollständig umschrieben. Gemeint sind alle Massnahmen gegen **Gefährdungen,** die vom Wasser selbst ausgehen, sowie solche, bei denen das Gewässer die Gefährdung weitergibt (bspw. Rutschungen von Seitenhängen). (Bauliche) Massnahmen gegen Gefährdungen, die vom Grundwasser ausgehen, werden hingegen nicht erfasst.[376] 5.452

B. Zuständigkeiten; gesetzliche Anforderungen an wasserbauliche Anlagen

1. Zuständigkeiten

Dem **Bund** steht im Bereich des Wasserbaus eine umfassende Gesetzgebungskompetenz zu (Art. 76 Abs. 3 BV), die er mit dem Erlass des WBG wahrgenommen hat. Das Gesetz normiert die Grundzüge des Wasserbaus, insbesondere zentrale Eckpfeiler des Hochwasserschutzes (Art. 3), ökologische Anforderungen an den Wasserbau (Art. 4) sowie Subventionsvorschriften (Art. 6–10). Im Übrigen ist der Hochwasserschutz Aufgabe der Kantone (Art. 2, 12 WBG), wobei dem Bund aber eine wichtige Aufsichts- und Steuerungsfunktion zukommt (Art. 11 Abs. 2 und 3 WBG, Art. 16–18a WBV).[377] 5.453

Die Realisierung konkreter Hochwasserschutzprojekte liegt in der Verantwortung der **Kantone.** Sie erlassen die erforderlichen Vorschriften zur Ausführung des Bundesrechts (Art. 25 WBV) und regeln insbesondere auch die innerkantonalen Zuständigkeiten und Verfahren (Art. 5 WBG).[378] Ihnen steht es frei, den Hochwasserschutz an die Gemeinden zu delegieren.[379] 5.454

---

373 Buhnen sind Bauwerke, die mehr oder weniger quer zur Hauptfliessrichtung eines Gewässers stehen und ein Bach- oder Flussufer gegen Erosion schützen (BWG, Wegleitung Hochwasserschutz, S. 61).

374 Murbrecher oder auch Murbremsen sind Schutzbauwerke, mit denen Murgänge gezielt in Gebieten mit geringem Schadenpotenzial zur Ablagerung gebracht werden (BWG, Wegleitung Hochwasserschutz, S. 61).

375 BWG, Wegleitung Hochwasserschutz, S. 60 f.

376 Botschaft Neuverteilung 1988, S. 1389.

377 BWG, Wegleitung Hochwasserschutz, S. 23 m.w.H.; Marti, in: St. Galler Kommentar BV, Art. 76 Rz. 21.

378 BWG, Wegleitung Hochwasserschutz, S. 23.

379 Botschaft Neuverteilung 1988, S. 1388.

2. Gesetzliche Anforderungen an wasserbauliche Anlagen

5.455 Der Hochwasserschutz hat in den vergangenen Jahrzehnten einen grundlegenden Wandel erfahren. Standen früher die reine Gefahrenabwehr sowie bauliche Massnahmen im Vordergrund, wird heute der Prävention ein höherer Stellenwert eingeräumt. Es gilt den natürlichen Charakter der Fliessgewässer zu erhalten resp. wiederherzustellen. Entsprechend gibt Art. 3 WBG eine klare **Rangordnung** der zu treffenden Massnahmen vor: Danach ist der Hochwasserschutz primär «durch den Unterhalt der Gewässer und raumplanerische Massnahmen» zu gewährleisten (Abs. 1; vgl. Art. 23 WBV). Wasserbauliche Eingriffe wie Verbauungen, Eindämmungen, Korrektionen, Geschiebe- und Hochwasserrückhalteanlagen sowie alle weiteren Vorkehrungen, die Bodenbewegungen verhindern, sollen nur dann getroffen werden, wenn der Hochwasserschutz nicht anders sicherzustellen ist (Abs. 2; vgl. auch Art. 37 Abs. 1 lit. a GSchG). Liegt diese Voraussetzung vor, erweisen sich bauliche Eingriffe in Fliessgewässer auch dann als zulässig, wenn die Hochwassersituation hierdurch nur leicht verbessert wird.[380] In jedem Fall sind Hochwasserschutzmassnahmen mit Massnahmen aus anderen Bereichen – beispielsweise forstliche Massnahmen, Meliorationen, Strassenbau sowie Massnahmen des Gewässerschutzes – gesamthaft und in ihrem Zusammenwirken zu beurteilen (Abs. 3).[381]

5.456 Die für einen effektiven Hochwasserschutz unvermeidbaren wasserbaulichen Eingriffe haben gemäss Art. 4 Abs. 2 WBG möglichst **naturnah** zu erfolgen: Das heisst zunächst, dass der natürliche Gewässerverlauf möglichst beizubehalten oder wiederherzustellen ist (Satz 1). Die Gewässer und der Gewässerraum müssen gemäss Satz 2 ferner so gestaltet sein, dass sie «einer vielfältigen Tier- und Pflanzenwelt als Lebensraum dienen können» (lit. a), «die Wechselwirkungen zwischen ober- und unterirdischen Gewässern weitgehend erhalten bleiben» (lit. b) und «eine standortgerechte Ufervegetation gedeihen kann» (lit. c). Elementare ökologische Prozesse und ein Mindestmass an Eigendynamik im Gewässerraum sollen auf diese Weise bewahrt resp. reaktiviert werden.

5.457 Die **ökologischen Anforderungen,** die das Wasserbaurecht an wasserbauliche Anlagen stellt, sind mit jenen des Gewässerschutzrechts – namentlich mit Art. 36a–39 sowie Art. 44 GSchG – abgestimmt, d.h. identisch.[382]

5.458 Die gesetzlichen Grundlagen des Wasserbaus und jene des Gewässerschutzes nehmen teilweise ausdrücklich, teilweise implizit aufeinander Bezug. So erlaubt etwa Art. 37 Abs. 1 lit. a GSchG Verbauung und Korrektion von Fliessgewässern zum Zwecke des Hochwasserschutzes gemäss Art. 3 Abs. 2 WBG und verpflichtet Art. 21 Abs. 2 WBV – unter Verweis auf Art. 36a GSchG – die Kantone, den Raumbedarf der Gewässer (Gewässerraum) festzulegen

---

380 Bezugnehmend auf Art. 37 Abs. 1 lit. a GSchG hielt das Bundesgericht konkret fest: «Diese Bestimmung setzt nicht voraus, dass eine hohe Gefährdung besteht oder dass durch die Korrektion eine starke Verbesserung des Schutzes erfolgt.» (BGer, Urteil 1C_109/2010 vom 8. September 2010, E. 6.3.5 [URP 2010 717 ff.]).

381 Botschaft Neuverteilung 1988, S. 1389; siehe auch Mühlberger de Preux, Hochwasserschutz, S. 21.

382 BAFU, Machen wir die Schweiz noch schöner – Chancen und Herausforderungen des revidierten Gewässerschutzgesetzes, Umwelt 3/2011, S. 6.

(ausdrückliche Bezugnahme). Teilweise finden sich gleichlautende Bestimmungen in beiden Regelungsbereichen, wie etwa Art. 4 Abs. 2 und 3 WBG, der Art. 37 Abs. 2 und 3 GSchG wortwörtlich entspricht (implizite Bezugnahme).[383]

Für die Errichtung und den Unterhalt wasserbaulicher Anlagen gewährt der Bund den Kantonen – in der Regel auf der Grundlage von Programmvereinbarungen – **Abgeltungen** (Art. 6–10 WBG sowie Art. 2–12 WBV). 5.459

Massnahmen i.S.v. Art. 4 WBG resp. Art. 37 GSchG, die innerhalb eines Hochwasserschutzprojekts ergriffen werden, sind keine Revitalisierungsleistungen i.S.v. Art. 38a GSchG und damit auch nicht nach Art. 62b GSchG förderungsberechtigt. Nur wenn der Perimeter von Hochwasserschutzprojekten über das für den Hochwasserschutz Erforderliche hinaus konzipiert wird, d.h. wenn die gesetzlichen Mindestanforderungen an den naturnahen Hochwasserschutz übertroffen werden, ist eine eigentliche Revitalisierung im Sinne des Gewässerschutzgesetzes gegeben und werden die hierfür vorgesehenen Abgeltungen gesprochen.[384] 5.460

C. Praxishinweise

Der Bund hat für den Hochwasserschutz an Fliessgewässern eine **Wegleitung** erarbeitet, die sich primär an Behörden, Verbände und Wasserbaufachleute richtet, die aber auch Grundeigentümer und Grundeigentümerinnen sowie Versicherungen ansprechen will. Darin enthalten sind nicht nur Anregungen zur Massnahmenplanung, zum Verfahren auf Bundes- und kantonaler Ebene sowie zur Projektierung; es werden auch konkrete wasserbauliche Massnahmen erläutert.[385] 5.461

Auf der Grundlage der Erkenntnisse des transdisziplinären Forschungsprojekts «Integrales Flussgebietsmanagement» hat das BAFU zudem die **Merkblattsammlung «Wasserbau und Ökologie»** erarbeitet, welche unter anderem auf wichtige Vollzugshilfen im Bereich des Wasserbaus verweist.[386] 5.462

383 Vgl. Bericht Pa.Iv. GSchG 2008, S. 8059.
384 BAFU, (Fn. 382), S. 6.
385 BWG, Wegleitung Hochwasserschutz; zu wasserbaulichen Massnahmen siehe insb. S. 58 ff.
386 BAFU, Wasserbau und Ökologie.

6. TEIL:

Rechtliches Regime von rechtswidrigen Bauten und Anlagen

Inhaltsübersicht

I. Einleitung*

Das vorliegende Kapitel behandelt das rechtliche Schicksal von Bauten und Anlagen, denen eine **Rechtswidrigkeit** anhaftet, weil sie ohne Baubewilligung oder in Abweichung von einer solchen erstellt oder genutzt werden (Ziff. II) oder weil sie nach ihrer Erstellung in Widerspruch zu neuen Rechts- und Nutzungsvorschriften geraten sind (Ziff. III). Der Begriff der Rechtswidrigkeit umfasst dabei den Verstoss gegen die für den Bau und Betrieb von Bauten und Anlagen geltenden Rechtsvorschriften des Bundes-, des kantonalen sowie des kommunalen Rechts sowie die Verletzung der sich aus den grundeigentümerverbindlichen Plänen ergebenden Nutzungsvorschriften. Die zu beachtenden Vorschriften können sowohl materieller als auch formeller Natur sein, und sie können sich sowohl aus rechtsetzenden Erlassen als auch aus Nutzungsplänen ergeben. 6.1

II. Ursprünglich rechtswidrige Bauten und Anlagen

Literatur

BAUMANN ANDREAS, in: Kommentar BauG AG, §§ 159–162; BEELER URS, Widerrechtliche Baute; BERNER MISCHA, Planungs- und Baurecht, §§ 1056 ff., 1293 ff.; BOVAY BENOÎT/DIDISHEIM RAYMOND/SULLIGER DENIS/THONNEY THIERRY, Droit de la construction, S. 487 ff.; FRITZSCHE CHRISTOPH/BÖSCH PETER/WIPF THOMAS, Planungs- und Baurecht, S. 475 ff.; GEBHARDT DANIEL/MEYER CHRISTOPH/NERTZ CHRISTOPH/PIOLINO MARINA, Baubewilligung, S. 138 ff.; GRIFFEL ALAIN, Raumplanungs- und Baurecht, S. 199 ff.; HÄNNI PETER, Planungsrecht, S. 350 ff., 356 ff.; HEER BALTHASAR, Bau- und Planungsrecht, Rz. 1197 ff.; MÄDER CHRISTIAN, Baubewilligungsverfahren; RUCH ALEXANDER, in: Kommentar RPG, Art. 22 Rz. 57 ff.; RUOSS FIERZ MAGDALENA, Illegales Bauen; ZAUGG ALDO/LUDWIG PETER,

---

* Für die Sichtung und Kontrolle der kantonalen Rechtsgrundlagen danke ich meinen Mitarbeitenden ANDREAS BÜRGLER (MLaw), ANGELIKA SPIESS (MLaw, RA) und FLORIAN BERGAMIN (BLaw) ganz herzlich.

Kommentar BauG BE, Art. 45–52; ZEN-RUFFINEN PIERMARCO/GUY-ECABERT CHRISTINE, Aménagement du territoire, Rz. 958 ff., 977 ff.

A. Begriff und Übersicht

6.2 Als «ursprünglich» rechtswidrig gelten Bauten und Anlagen, die von Anfang an – also bereits ab dem Zeitpunkt ihrer Errichtung – im Widerspruch zu den geltenden Vorschriften stehen. Dieser Widerspruch kann formeller (A.) oder/und materieller (B.) Natur sein.

Schema 1: Ursprünglich rechtswidrige Bauten und Anlagen 6.3

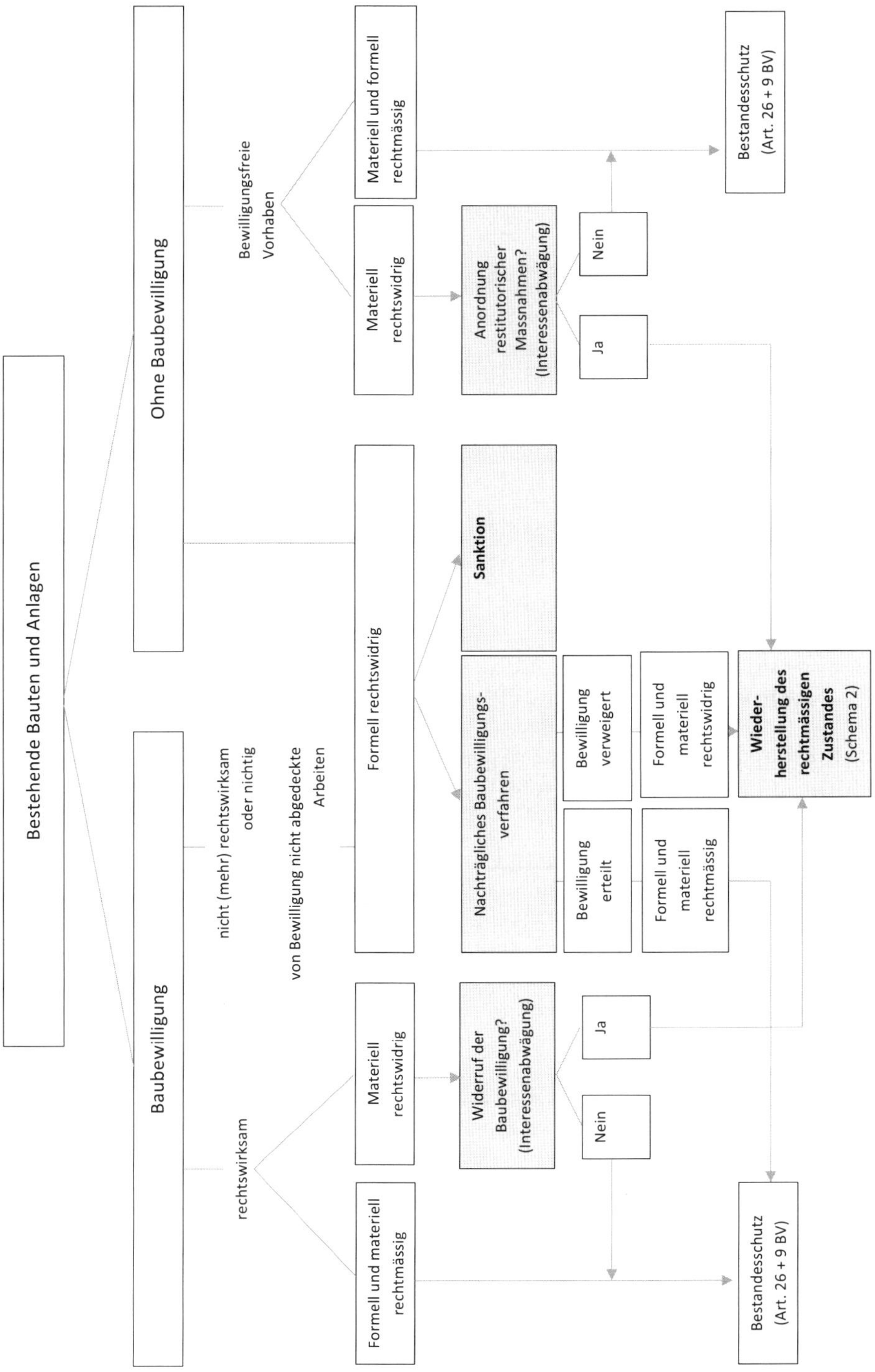

B. Formell rechtswidrige Bauten und Anlagen

1. Begriff und Erscheinungsformen

6.4 Bauten und Anlagen dürfen nur auf der Grundlage einer Baubewilligung errichtet oder geändert werden (Art. 22 Abs. 1 RPG). Bauvorhaben oder Nutzungsänderungen, die nicht vollumfänglich durch eine rechtsgültige und rechtswirksame Baubewilligung abgedeckt sind, gelten – ungeachtet der Einhaltung der einschlägigen materiellen Vorschriften und unabhängig vom Verschulden der Beteiligten – als **formell rechtswidrig.**[1]

6.5 Im Vordergrund stehen Bauten und Anlagen, die in Missachtung der Grundsätze von Art. 22 Abs. 1 RPG[2] oder des allfälligen strengeren kantonalen Rechts **ohne Baubewilligung** oder in **Abweichung** einer solchen errichtet oder geändert worden sind.[3] Als formell rechtswidrig erweisen sich darüber hinaus aber auch[4]

- die Errichtung oder Änderung von Bauten und Anlagen aufgrund einer noch nicht rechtskräftigen, einer nicht mehr rechtswirksamen[5] oder einer nichtigen[6] Baubewilligung;
- das Unterlassen der Anzeige bei Kleinbauvorhaben gemäss kantonalem Recht; oder
- die Nichteinholung der erforderlichen Spezialbewilligung(en).

2. Nachträgliches Baubewilligungsverfahren

6.6 Stellt die Behörde im Rahmen der Baukontrolle oder später von Amtes wegen oder auf Anzeige hin fest, dass eine Baute oder Anlage ohne Baubewilligung errichtet oder geändert worden ist, hat sie – bevor sie restitutorische Massnahmen[7] einleitet – vorab zu prüfen, ob die ausgeführten Arbeiten **nachträglich bewilligt** werden können. Einer besonderen Rechtsgrundlage für die Durchführung eines nachträglichen Baubewilligungsverfahrens bedarf es nicht[8]: Zum einen bleibt das Vorhaben kraft Art. 22 Abs. 1 RPG bewilligungspflichtig und zum andern erweist sich der Abbruchbefehl für eine formell rechtswidrige, aber möglicherweise materiell

---

1 Mäder, Baubewilligungsverfahren, Rz. 614 ff.
2 Vgl. Rz. 2.80 ff.
3 Beeler, Widerrechtliche Baute, S. 39 f.; Griffel, Raumplanungs- und Baurecht, S. 199.
4 Vgl. für eine umfassende Übersicht Ruoss Fierz, Illegales Bauen, S. 20 ff.
5 Die Rechtswirksamkeit entfällt etwa bei Ablauf der im kantonalen Recht geregelten Geltungsdauer oder in der Baubewilligung vorgesehenen Befristung oder auch beim Eintritt einer in der Baubewilligung enthaltenen Resolutivbedingung.
6 Dazu Rz. 6.25.
7 Vgl. Rz. 6.28 ff.
8 Beeler, Widerrechtliche Baute, S. 62.

rechtskonforme Baute als unverhältnismässiger Eingriff in die Eigentumsgarantie (Art. 26 BV).[9]

Auf die Durchführung eines nachträglichen Baubewilligungsverfahrens kann allerdings **ausnahmsweise verzichtet** werden, nämlich dann, wenn die ausgeführten Arbeiten klarerweise nicht der Bewilligungspflicht unterliegen[10] oder wenn sie offensichtlich materiell rechtswidrig sind.[11] 6.7

Das nachträgliche Bewilligungsverfahren wird regelmässig durch «Gesuch» eingeleitet, welches der Eigentümer auf **Aufforderung der Baubehörde** einreicht. Gemäss einer verbreiteten Lehrauffassung ist eine Verfahrenseinleitung indes auch ohne Gesuchstellung zulässig und u.U. sogar geboten[12]: Zwar lässt sich die «Gesuchs»einreichung als solche nicht vollstrecken[13]; weigert sich der Bauherr zur Einreichung der notwendigen Unterlagen (insbesondere der Pläne), hat die Behörde das Verfahren dennoch von Amtes wegen durchzuführen und nötigenfalls selbst die notwendigen Pläne zu besorgen oder nachträglich zu erstellen bzw. erstellen zu lassen. Überhaupt bestehen für den Bauherrn in diesem Verfahren erhöhte Mitwirkungspflichten.[14] Sind die Bauarbeiten noch nicht abgeschlossen, hat die Behörde einen Baustopp[15] und andere erforderliche **vorsorgliche Massnahmen** zu verfügen. Im Übrigen richtet sich das **Verfahren** sinngemäss nach den Bestimmungen, die für das Bauvorhaben gegolten hätten. Insbesondere sind die abgeschlossenen und evtl. noch vom Bauherrn geplanten Arbeiten öffentlich bekannt zu machen, damit Drittbetroffene ihre Rechte in gehöriger Weise wahrnehmen können.[16] 6.8

Bei der Prüfung der Bewilligungsfähigkeit der ohne Bewilligung erstellten oder geänderten Bauten und Anlagen ist gemäss bundesgerichtlicher Rechtsprechung[17] grundsätzlich auf den **Rechtszustand** abzustellen, der **im Zeitpunkt der Errichtung der Baute** gegolten hat. Kann die Baute jedoch nach dem im Zeitpunkt des Entscheids geltenden «milderen» Recht bewilligt werden, ist ausnahmsweise dieses anzuwenden. Eine weitere Ausnahme macht das Bundesgericht in Fällen rechtsmissbräuchlichen Verhaltens, wenn nämlich der Bauherr bewusst keine Bewilligung einholt, weil er weiss, dass vor der Erteilung der Bewilligung neues strengeres Recht in Kraft treten wird; die Anwendung des zum Zeitpunkt der Errichtung 6.9

---

9 Mäder, Baubewilligungsverfahren, Rz. 644; Ruoss Fierz, Illegales Bauen, S. 120 m.w.H.

10 In unklaren Fällen ist die Bewilligungspflicht der ausgeführten Arbeiten und Nutzungsänderungen im nachträglichen Baubewilligungsverfahren abzuklären.

11 Vgl. auch BGer, Urteil 1C_427/2014 vom 25. März 2015, E. 5.2.

12 Vgl. etwa Baumann, in: Kommentar BauG AG, § 159 Rz. 38; Fritzsche/Bösch/Wipf, Planungs- und Baurecht, S. 482; Ruoss Fierz, Illegales Bauen, S. 120 f. Anders Zaugg/Ludwig, Kommentar BauG BE, Art. 46 Rz. 14; ferner Art. 167 Abs. 2–3 RPBG FR, wonach die Oberamtsperson der Eigentümerschaft eine angemessene Frist zur Einreichung eines (nachträglichen) Baubewilligungsgesuchs setzt und bei Nichtbefolgung Wiederherstellungsmassnahmen anordnen kann.

13 Mäder, Baubewilligungsverfahren, Rz. 649 (Fn. 18).

14 Mäder, Baubewilligungsverfahren, Rz. 650.

15 Griffel, Raumplanungs- und Baurecht, S. 200.

16 Ruoss Fierz, Illegales Bauen, S. 128 f.; vgl. auch Mäder, Baubewilligungsverfahren, Rz. 652 f.

17 BGE 123 II 248, S. 252, E. 3a/bb; BGE 102 Ib 64, S. 69, E. 4.

der Baute geltenden milderen Rechts verdient bei einem solchen Verhalten keinen Rechtsschutz.[18]

6.10 Können die Bauarbeiten oder Nutzungsänderungen nachträglich bewilligt werden, wird der Mangel der formellen Rechtswidrigkeit geheilt.[19] Vorbehalten bleiben indes strafrechtliche und verwaltungsrechtliche Sanktionen.[20] Ist eine nachträgliche Baubewilligung nicht möglich, sind die Bauarbeiten oder Nutzungsänderungen nicht nur formell, sondern auch materiell rechtswidrig. In solchen Fällen treten zu den Sanktionen restitutorische Massnahmen hinzu.[21]

3. Sanktionen

a) Strafrechtliche Sanktionen gemäss Bundesrecht

6.11 Das Bundesrecht kennt weder im StGB noch im Nebenstrafrecht Bestimmungen, welche das Bauen ohne oder in Abweichung von der Baubewilligung sanktionieren. Vorbehalten bleiben im Einzelfall erfüllte **Spezialstraftatbestände** wie z.B. Art. 227 StGB (Verursachung eines Einsturzes), Art. 229 StGB (Gefährdung durch Verletzung der Regeln der Baukunde) oder Art. 290 StGB (Siegelbruch). Ferner sieht das **Nebenstrafrecht** mehrere Strafbestimmungen mit einer Verbindung zu widerrechtlichen Bautätigkeiten vor (z.B. Art. 61 USG, Art. 24 NHG, Art. 42 WaG, Art. 70 GSchG).

b) (Verwaltungs-)Strafrechtliche Sanktionen gemäss kantonalem Recht

6.12 Die Kantone sind befugt, Widerhandlungen gegen das kantonale Verwaltungsrecht mit Sanktionen zu bedrohen (Art. 335 Abs. 2 StGB).[22] Entsprechend belegen alle Kantone in ihren Planungs- und Baugesetzen die rechtswidrige Erstellung und Änderung von Bauten mit einer Sanktion. Solche Sanktionen werden **unabhängig von restitutorischen Massnahmen**[23] verhängt, zumal sie sich in ihrer Zielsetzung von diesen unterscheiden: Während restitutorische Massnahmen verschuldensunabhängig auf die Beseitigung des rechtswidrigen Zustands ausgerichtet sind, wollen Sanktionen verschuldete Gesetzesverletzungen sühnen und im Sinne der General- und Individualprävention die Durchsetzung der Bauvorschriften auf

---

18 BGE 104 Ib 301, S. 304, E. 5c.
19 Mäder, Baubewilligungsverfahren, Rz. 656.
20 Vgl. Rz. 6.11 ff.
21 Vgl. Rz. 6.28 ff.
22 Zaugg/Ludwig, Kommentar BauG BE, Art. 50 Rz. 1.
23 Dazu Rz. 6.28 ff.

mittelbarem Weg erreichen.[24] Die Sanktionen müssen auch ausgesprochen werden, wenn eine Baute oder Nutzungsänderung nachträglich bewilligt werden kann.[25]

In der **Umschreibung der Tatbestände** weichen die kantonalen Regelungen teilweise erheblich voneinander ab. Eine grosse Mehrheit der Kantone hat die Tatbestände zu widerrechtlichem Bauen als Blankettstrafnormen ausgestaltet, die sich dadurch charakterisieren, dass sie in generalklauselartiger Formulierung Widerhandlungen gegen die kantonalen und kommunalen Bauvorschriften und die darauf gestützten Pläne und Verfügungen unter Strafandrohung stellen.[26] In anderen Kantonen knüpft die Sanktionierung explizit an die Errichtung, Änderung oder Umnutzung von Bauten und Anlagen ohne oder in Abweichung einer Baubewilligung an.[27] In einigen Kantonen kann die strafbare Widerhandlung nur durch einen bestimmten **Täterkreis** begangen werden (sog. echtes Sonderdelikt).[28] In anderen Kantonen trifft die Strafbarkeit jeden, der für die widerrechtliche Handlung verantwortlich ist.[29] 6.13

Die allgemeinen Bestimmungen des StGB finden keine direkte Anwendung, sodass die Kantone beispielsweise auch die Strafbarkeit von **juristischen Personen** vorsehen können.[30] 6.14

Einige Kantone verweisen auf die Bestimmungen des allgemeinen Teils des StGB. In solchen Fällen gilt das StGB allerdings nicht als Bundes-, sondern als kantonales Recht. **Fahrlässigkeit** ist demnach nur strafbar, soweit es das kantonale Recht ausdrücklich vorsieht.[31] 6.15

24 CHRISTIAN SCHUHMACHER, Erscheinungswesen und Kritik des Verwaltungsstrafrechts des Kantons Zürich, in: Staats- und Verwaltungsrecht auf vier Ebenen, Festschrift für Tobias Jaag, hrsg. von Markus Rüssli, Julia Hänni und Reto Häggi Furrer, Zürich/Basel/Genf 2012, S. 289 ff., 291.

25 BEELER, Widerrechtliche Baute, S. 106; vgl. Rz. 6.10.

26 Vgl. z.B. Art. 122 BauG AR; Art. 91 BauG AI; § 136 RBG BL; § 66 Abs. 1 lit. b BPV BS; Art. 173 RPBG FR; Art. 137 LCI GE; Art. 95 KRG GR; Art. 55 LConstr. NE; Art. 171 PBG NW; Art. 62 BauG OW; Art. 85 BauG SH; § 153 PBG SO; § 117 PBG TG; Art. 46 LEC TI; Art. 120 PBG UR; Art. 130 LATC VD; Art. 54 Abs. 1 lit. b–c BauG VS; § 70 PBG ZG; § 340 PBG ZH. Im Kanton Luzern werden die Bestimmungen, deren Verstoss sanktioniert wird, einzeln aufgezählt (§ 213 Abs. 1 PBG LU). – Für SCHUHMACHER (Fn. 24) verstossen solche Generalklauseln gegen das Legalitätsprinzip; anders BGer, Urteil 6B_844/2013, 6B_890/2013, 6B_891/2013 vom 20. Februar 2014, E. 3.

27 Vgl. z.B. § 92 PBG SZ; ähnlich auch § 160 BauG AG; Art. 50 BauG BE; Art. 80 Abs. 1 RBG GL; Art. 40 LCAT JU; Art. 132 BauG SG; Art. 54 Abs. 1 lit. a BauG VS.

28 Vgl. z.B. § 117 PBG TG (Grundeigentümer, Bauherr oder sonstiger Berechtigter, Projektverfasser, Unternehmer, Bauleiter oder für die Ausübung von Arbeiten Verantwortliche); ähnlich auch § 160 Abs. 2 BauG AG; Art. 91 BauG AI; § 50 Abs. 1 BauG BE; Art. 80 Abs. 2 RBG GL; § 153 Abs. 1 PBG SO; § 92 Abs. 2 PBG SZ; § 70 Abs. 2 PBG ZG.

29 Vgl. Art. 54 Abs. 1 lit. a BauG VS.

30 So z.B. in den Kantonen AG (subsidiär), FR (alternativ), GE (subsidiär), GL (subsidiär), NW (subsidiär), ZG (subsidiär). Andere Kantone sehen demgegenüber die Bestrafung der handelnden natürlichen Personen (AI, TG, VS) bzw. eine solidarische Haftung der Gesellschaft für die den handelnden Personen auferlegte Busse vor (BE, GR, JU, NE, TI, ZH). – Vgl. zur Befugnis der Kantone, Verwaltungsstrafen auch für juristische Personen vorzusehen, BGer, Urteil 1C_638/2012 vom 14. Januar 2014, E. 9.3.

31 Vgl. Art. 12 StGB.

6.16 Mit Bezug auf die **Sanktionen** sehen praktisch alle Kantone[32] eine **Busse** vor, wobei hinsichtlich der Höhe dieser Busse beträchtliche Unterschiede bestehen. Nur wenige Kantone schreiben einen Minimalbetrag[33], viele aber einen Höchstbetrag[34] vor. Für leichte Fälle sind teilweise tiefere Höchstbeträge[35] oder ein anderer Rahmen[36] oder die Möglichkeit einer Reduktion der Busse[37] vorgesehen. Ebenso wird in qualifizierten Fällen (subjektiver oder objektiver Natur) der Höchstbetrag erhöht[38] oder die Behörde zu einer uneingeschränkten Erhöhung der Busse ermächtigt.[39] Wie jede andere Strafe ist auch die Verwaltungsstrafe höchstpersönlicher Natur; die Auferlegung einer Gesamtbusse unter solidarischer Haftbarkeit der Verurteilten ist damit nicht vereinbar und verletzt die Unschuldsvermutung.[40]

6.17 In den meisten Kantonen werden die Bussen durch die Staatsanwaltschaft[41] oder eine spezielle Übertretungsstrafbehörde[42] ausgesprochen. Nur wenige Kantone legen die **Zuständigkeit** in die Hände von Verwaltungsbehörden[43], dies allenfalls auch nur für leichte Fälle bzw. geringe Bussbeträge.[44]

6.18 Die Schweizerische Strafprozessordnung (StPO) findet auf das **Verfahren** zur Beurteilung kantonaler Verwaltungsstraftatbestände keine Anwendung (vgl. Art. 1

32 Im Kanton OW kann die Busse in schweren Fällen oder bei wiederholten Zuwiderhandlungen mit einer **Freiheitsstrafe** von bis zu drei Jahren verbunden werden (Art. 62 Abs. 2 BauG). § 153 Abs. 1 PBG SO sieht alternativ zur Busse eine **Haftstrafe** vor.

33 Vgl. z.B. AR (CHF 500); BE (CHF 1000, in leichten Fällen CHF 50); BL (CHF 50); GE (CHF 100); GR (CHF 200); VD (CHF 200); VS (CHF 1000).

34 Vgl. AG (CHF 50 000); AI (CHF 50 000); AR (CHF 50 000); BE (CHF 40 000, in schweren Fällen CHF 100 000); BL (CHF 50 000, in schweren Fällen CHF 100 000); BS (CHF 10 000); FR (CHF 50 000, in schweren Fällen CHF 500 000); GE (CHF 20 000 bzw. 150 000); GL (CHF 30 000); GR (CHF 40 000); JU (CHF 40 000, in schweren Fällen CHF 70 000); LU (CHF 20 000; in schweren Fällen CHF 40 000); NE (CHF 40 000); NW (CHF 100 000, in besonders schweren Fällen CHF 200 000); OW (CHF 20 000; vgl. auch Fn. 32); SG (CHF 30 000), SH (CHF 50 000, in schweren Fällen CHF 100 000); SO (CHF 10 000); SZ (CHF 50 000); TG (CHF 20 000, in schweren Fällen CHF 100 000); TI (je nach Widerhandlung CHF 500, 5 000 oder 10 000); UR (CHF 50 000); VD (CHF 200 000); VS (CHF 100 000, in schweren Fällen CHF 200 000); ZG (CHF 100 000); ZH (CHF 50 000 CHF; bei Fahrlässigkeit CHF 5000).

35 Art. 91 Abs. 2 BauG AI (CHF 5 000); Art. 50 Abs. 4 BauG BE (CHF 1000); vgl. auch für fahrlässige Widerhandlungen § 340 Abs. 2 PBG ZH (CHF 5000).

36 Vgl. 50 Abs. 4 BauG BE (CHF 50 bis 1000).

37 Art. 54 Abs. 5 BauG VS; vgl. auch Art. 2 Abs. 1 UeStG SG und § 340 Abs. 3 PBG ZH (Verzicht auf eine Bestrafung).

38 Vgl. die Hinweise in Fn. 34 hiervor.

39 § 160 Abs. 3 BauG AG; Art. 80 Abs. 3 RBG GL; Art. 95 Abs. 1 KRG GR; Art. 2 Abs. 2 UeStG SG; § 92 Abs. 1 PBG SZ; § 117 Abs. 2 PBG TG Art. 46 Abs. 2 LEC TI; § 340 Abs. 1 PBG ZH.

40 BGer, Urteil 1C_396/2015 vom 13. November 2015, E. 5.3.

41 In BS werden allerdings die Ermittlungen durch das Bau- und Verkehrsdepartement geführt.

42 Wie z.B. besondere Untersuchungsbeamte (SO, ZG), der «préfet» (FR, VD) oder das Statthalteramt (ZH).

43 GE (département de l'aménagement du logement et de l'énergie); GR (kommunale Baubehörde oder kantonale Bewilligungsbehörde für Bauten ausserhalb der Bauzone); UR (Baubehörde, aber mit Anfechtung bei der Staatsanwaltschaft); TI (Gemeindeverwaltung).

44 AG (Gemeinderat für Bussen bis CHF 2000); AI (Baubewilligungsbehörde für leichte Fälle bis CHF 5000). Der Kanton SG kennt ein «besonderes Bussenerhebungsverfahren auf der Stelle» für Bussen bis CHF 300.

Abs. 1 StPO e contrario).[45] Die meisten Kantone haben sie allerdings hierfür für anwendbar erklärt; die StPO wird in solchen Fällen als kantonales und nicht als Bundesrecht angewendet. Nur noch in wenigen Kantonen werden Bussen im Rahmen eines Verwaltungsverfahrens nach kantonalem Verwaltungsrechtspflegegesetz ausgesprochen.[46]

Unabhängig von der zuständigen Behörde, vom anwendbaren Verfahrensrecht und der allfälligen Anwendung der allgemeinen Bestimmungen des StGB (kraft Verweisung) handelt es sich in materieller Hinsicht um Verfahren über **«strafrechtliche Anklagen» i.S.v. Art. 6 Ziff. 1 EMRK.**[47] Es gelangen daher unabhängig von der kantonalen Zuständigkeits- und Verfahrensregelung die besonderen Minimalgarantien für Strafverfahren – wie etwa die Grundsätze «ne bis in idem», «in dubio pro reo» und «nemo tenetur se ipsum accusare», aber auch das strafrechtliche Legalitätsprinzip («nulla poena sine lege certa» [Art. 7 EMRK]) – zur Anwendung.[48] 6.19

Das Bussenverfahren läuft unabhängig von einem allfälligen Wiederherstellungsverfahren. Es ist dem Betroffenen daher auch selbständig das rechtliche Gehör zu gewähren; ein blosser Verweis auf die Anhörung im Wiederherstellungsverfahren genügt nicht.[49] 6.20

c) Administrative Rechtsnachteile

Gewinne und andere Vorteile, die ein Bauherr durch die Errichtung oder Änderung von Bauten und Anlagen ohne Baubewilligung oder in Missachtung derselben erlangt hat, können nur gestützt auf eine hinreichende gesetzliche Grundlage eingezogen werden.[50] Einige Kantone haben für die **Einziehung von Vermögenswerten** eine eigenständige Rechtsgrundlage in ihren Baugesetzen geschaffen[51], während in anderen Kantonen aufgrund der Verweisung auf den Allgemeinen Teil des StGB die Regelung von Art. 70 StGB als Grundlage herangezogen werden kann.[52] 6.21

---

45 BGer, Urteil 6B_844/2013, 6B_890/2013, 6B_891/2013 vom 20. Februar 2014, E. 2.2.1.

46 So in den Kantonen TI (Gemeinderecht, kantonales Verwaltungsverfahrensrecht); UR (Anfechtung bei der Staatsanwaltschaft); ferner (teilweise) auch in den Kantonen AI (Bussen der Baubewilligungsbehörden bis CHF 5000), GR (Bussen der kommunalen Baubehörden), SH (Bussen der Baubewilligungsbehörden).

47 So analog BGE 138 I 367, E. 5.2 (Pra 2013 Nr. 48) hinsichtlich einer vom kantonalen Recht vorgesehenen Sanktion bei Verstoss gegen die Regeln des öffentlichen Beschaffungswesens. Vgl. hingegen BGer, Urteil 1C_638/2012 vom 14. Januar 2014, E. 9.3, wo das Bundesgericht die Frage der Rechtsnatur einer Verwaltungsstrafe (Busse von CHF 50 000) offengelassen hat.

48 BGer, Urteil 6B_844/2013, 6B_890/2013, 6B_891/2013 vom 20. Februar 2014, E. 3.1 (für den Grundsatz «nulla poena sine lege certa»). Vgl. auch BGer, Urteil 1C_4/2012, 1C_14/2012, 1C_18/2012 vom 19. April 2012, E. 5.

49 Vgl. BGer, Urteil 1C_4/2012, 1C_14/2012, 1C_18/2012 vom 19. April 2012, E. 4.

50 Häfelin/Müller/Uhlmann, Verwaltungsrecht, Rz. 1520.

51 Vgl. z.B. Art. 50 Abs. 3 BauG BE; § 136 Abs. 3 RBG BL; Art. 86 Abs. 3 BauG SH.

52 Vgl. für den Kanton Luzern BGE 141 IV 305, E. 6.3–6.4; BGE 141 IV 317, E. 5.4 sowie die Anmerkungen von Gerold Steinmann in ZBl 2015 563 f.

C. Materiell rechtswidrige Bauten und Anlagen

6.22 Als materiell rechtswidrig gelten Bauten und Anlagen, die mit dem geltenden Recht nicht im Einklang stehen. Für die Beschreibung ihres rechtlichen Schicksals ist zwischen Bauten, die formell rechtmässig (1.), und Bauten, die formell rechtswidrig sind (2.), zu unterscheiden.

1. Formell rechtmässige, aber materiell rechtswidrige Bauten und Anlagen

6.23 Auch Bauten, die gestützt auf eine (rechtswirksame) **Baubewilligung** errichtet oder geändert worden sind, können materiell rechtswidrig sein. Dies ist der Fall, wenn sie mit den einschlägigen öffentlichrechtlichen Vorschriften des Planungs-, Bau und Umweltrechts in Widerspruch stehen, auf eine fehlerhafte Ermessensausübung zurückzuführen sind oder auf einer unrichtigen oder unvollständigen Sachverhaltsermittlung beruhen.[53]

6.24 Vor Eintritt der Rechtskraft der Baubewilligung lässt sich die Entstehung einer rechtswidrigen Baute oder Anlage im Rahmen eines **Anfechtungsstreitverfahrens** verhindern. Bleibt die Baubewilligung indes unangefochten, darf trotz materieller Rechtswidrigkeit gebaut werden. Es entsteht «ein formell rechtmässiges, materiell aber baurechtswidriges Bauwerk».[54]

6.25 Vorbehalten bleiben Baubewilligungen, die **nichtig** sind und daher keine Rechtswirksamkeit entfalten können. Gestützt auf nichtige Baubewilligungen realisierte Bauvorhaben sind nicht nur materiell, sondern auch formell rechtswidrig.[55] Nichtigkeit i.S. von absoluter Unwirksamkeit ist allerdings nur dann anzunehmen, wenn die Verfügung einen besonders schweren Mangel aufweist, der Mangel offensichtlich oder zumindest leicht erkennbar ist und die Annahme der Nichtigkeit die Rechtssicherheit nicht ernsthaft gefährdet.[56] Diese Voraussetzungen sind typischerweise bei funktionellen und sachlichen Unzuständigkeiten der entscheidenden Behörde[57] sowie bei qualifizierten Verfahrensfehlern erfüllt. Demgegenüber haben inhaltliche Mängel nur dann die Nichtigkeit einer Verfügung zur Folge, wenn sie ausserordentlich schwerwiegend sind.[58]

6.26 Ausserhalb solcher Nichtigkeitsgründe, die von den Behörden von Amtes wegen jederzeit zu beachten sind, bleiben unangefochtene fehlerhafte Baubewilligungen

---

53 Ruoss Fierz, Illegales Bauen, S. 169.

54 Ruoss Fierz, Illegales Bauen, S. 169; vgl. auch BGer, Urteil 1A.108/2004 vom 17. November 2004, E. 3.3.4 (URP 2005 243 ff.).

55 Vgl. Rz. 6.5.

56 Statt vieler BGE 138 II 501, E. 3.1; BGE 137 I 273, E. 3.1; BGE 136 II 489, E. 3.3.

57 Vgl. BGE 111 Ib 213, E. 5b (Erteilung einer Ausnahmebewilligung nach Art. 24 RPG durch die Gemeinde ohne Zustimmung der kantonalen Behörde).

58 Statt vieler BGE 138 II 501, E. 3.1; BGE 137 I 273, E. 3.1. Vgl. immerhin BGer, Urteil 2C_49/2014 vom 30. Januar 2015, E. 4.3 (Nichtigkeit einer Auflage, die in offensichtlichem Widerspruch zur grundbuchlichen Situation steht).

rechtswirksam und gestützt darauf errichtete Bauten und Anlagen in ihrem Bestand geschützt. Will die Behörde ihre Anpassung an den rechtmässigen Zustand verlangen, muss sie zunächst die ursprünglich fehlerhafte Baubewilligung widerrufen. Ein **Zurückkommen auf die rechtskräftige (fehlerhafte) Baubewilligung** ist auch ohne ausdrückliche Rechtsgrundlage möglich und u.U. gar geboten, nach ständiger bundesgerichtlicher Rechtsprechung aber nur zulässig, wenn sich aufgrund einer Werteabwägung im Einzelfall ergibt, dass das Interesse an der richtigen Durchsetzung des objektiven Rechts dasjenige an der Wahrung der Rechtssicherheit bzw. am Vertrauensschutz überwiegt.[59] Bei Baubewilligungen fallen die **Rechtssicherheit** und der **Vertrauensschutz** besonders ins Gewicht, weil solche Bewilligungen aus einem Einsprache- und Ermittlungsverfahren hervorgehen, in welchem die sich gegenüberstehenden Interessen allseitig zu prüfen und gegeneinander abzuwägen waren.[60] Wurde die Baubewilligung in einem Beschwerdeverfahren bestätigt, kann der Beschwerdeentscheid nur noch in einem Revisionsverfahren korrigiert werden. Grundsätzlich nicht mehr widerrufen werden kann eine Baubewilligung ferner dann, wenn der gutgläubige[61] Bauherr von ihr bereits Gebrauch gemacht und das Bauvorhaben vollendet hat.[62] Während der Bauphase kommt ein Widerruf nur zur Durchsetzung besonders gewichtiger öffentlicher Interessen und gegen eine Entschädigung (Vertrauensschaden[63]) in Frage, wobei die Baubewilligung mit wachsendem Fortschritt der Bauarbeiten an Bestandeskraft gewinnt.[64] Vor Beginn der Bauarbeiten kommt dem Vertrauensschutz hingegen ein geringeres Gewicht zu.[65]

Die Anordnung restitutorischer Massnahmen ist erst dann zulässig, wenn der Widerruf der ursprünglichen (fehlerhaften) Baubewilligung rechtskräftig ist.[66] 6.27

59 Statt vieler BGE 137 I 69, E. 2.3; BGE 134 II 142, in der Amtlichen Sammlung nicht publizierte E. 5.3.

60 Beeler, Widerrechtliche Baute, S. 48; Häfelin/Müller/Uhlmann, Verwaltungsrecht, Rz. 1250; Hänni, Planungsrecht, S. 350 f.; Ruoss Fierz, Illegales Bauen, S. 172.

61 Differenzierend Ruoss Fierz (Illegales Bauen, S. 174), die den Widerruf lediglich dann absolut ausschliesst, wenn der Bauherr bewusst falsche oder missverständliche Angaben gemacht hat.

62 Griffel, Raumplanungs- und Baurecht, S. 200; Ruoss Fierz, Illegales Bauen, S. 172 f. – Vgl. aber für den (nicht unproblematischen) Widerruf einer rechtskräftigen Baubewilligung, von welcher der Bauherr bereits Gebrauch gemacht hatte BGer, Urteil 2C_960/2013, 2C_968/2013, 2C_973/2013 vom 28. Oktober 2014 (Sachverhalt, Abschnitt E); ferner BGer, Urteil 1C_740/2013 vom 6. Mai 2015, E. 5–8 (Widerruf einer Baubewilligung durch die Aufsichtsbehörde; in diesem Fall hatte der Bauherr allerdings seine Vertrauensposition geschwächt, indem er in der Bauausführung wesentlich von den bewilligten Plänen abgewichen war).

63 Vgl. hierzu etwa BGE 109 Ib 246, E. 4b; Mäder, Baubewilligungsverfahren, Rz. 427 m.w.H. Vgl. für den Ersatz des Vertrauensschadens infolge des Widerrufs einer Baubewilligung, von welcher der Eigentümer bereits Gebrauch gemacht hatte, BGer, Urteil 2C_960/2013, 2C_968/2013, 2C_973/2013 vom 28. Oktober 2014, E. 3–4.

64 Vgl. differenzierend nach dem Zeitpunkt des Widerrufs Ruoss Fierz, Illegales Bauen, S. 172 ff.; ferner Pfisterer, Besitzstandsgarantie, S. 40 f.

65 Mäder, Baubewilligungsverfahren, Rz. 422.

66 Ruoss Fierz, Illegales Bauen, S. 174.

2. Formell und materiell rechtswidrige Bauten und Anlagen

a) Grundsatz

6.28 Ohne Baubewilligung errichtete oder geänderte Bauten und Anlagen, die auch nachträglich nicht bewilligt werden können, sind sowohl formell als auch materiell rechtswidrig.[67] In solchen Fällen sind die zuständigen Behörden grundsätzlich zur Anordnung der **Wiederherstellung des rechtmässigen Zustandes** verpflichtet. Einer besonderen Rechtsgrundlage bedarf es hierfür nicht. Vielmehr sind es die Vorschriften des Planungs-, Bau- und Umweltrechts selbst, welche zu ihrer Geltung die Beseitigung rechtswidriger Bauten und Nutzungsänderungen und die Herstellung des rechtmässigen Zustandes verlangen.

6.29 In diesem Sinne hält auch das Bundesgericht im Kontext der Vorschriften zum Bauen ausserhalb der Bauzonen fest, dass der Anordnung der Wiederherstellung des rechtmässigen Zustandes massgebendes Gewicht für den ordnungsgemässen Vollzug des Raumplanungsrechts zukomme: «Werden illegal errichtete, dem RPG widersprechende Bauten nicht beseitigt, sondern auf unabsehbare Zeit geduldet, so wird der Grundsatz der Trennung von Bau- und Nichtbaugebiet in Frage gestellt und rechtswidriges Verhalten belohnt. Formell rechtswidrige Bauten, die auch nachträglich nicht legalisiert werden können, müssen daher grundsätzlich beseitigt werden.»[68]

6.30 Entsprechend finden sich in allen Kantonen mehr oder weniger ausführliche Bestimmungen zur Beseitigung rechtswidriger Bauten und zur Wiederherstellung des rechtmässigen Zustands.[69]

6.31 Die Anordnung restitutorischer Massnahmen wird verbreitet in das **(Entschliessungs-) Ermessen** der zuständigen Behörden gelegt.[70] Auch ein solches, gesetzlich eingeräumtes Ermessen ist aber pflichtgemäss, unter Einbezug aller rechtlichen Interessen und insbesondere unter Berücksichtigung der allgemeinen Prinzipien des Verfassungs- und Verwaltungsrechts[71] auszuüben. So können der Verhältnismässigkeitsgrundsatz und das Rechtsgleichheitsgebot den ganzen oder teilweisen Verzicht auf restitutorische Massnahmen rechtfertigen oder gar gebieten.[72] Umgekehrt dürfen die einzuhaltenden Bauvorschriften durch einen solchen Verzicht nicht faktisch ausser Kraft gesetzt werden.[73]

6.32 Im Rahmen **restitutorischer** Massnahmen kann die zuständige Behörde verlangen, dass an bestehenden Bauten und Anlagen Änderungen oder Anpassungen vorgenommen werden, die Bauwerke abgebrochen werden und das Gelände wiederum in seinen ursprünglichen Zustand umgestaltet wird. Hinsichtlich des Inhalts der restitutorischen Massnahmen kommt der Behörde ein gewisses (Rechtsfolge-) Ermessen zu, das insbesondere im Lichte des Verhältnismässigkeitsgrundsatzes auszuüben ist.

---

67 Vgl. bereits oben Rz. 6.10.
68 BGE 136 II 359, E. 6 m.w.H.
69 Vgl. statt vieler Art. 46 f. BauG BE; Art. 167 und 171 RPBG FR; § 209 f. PBG LU; Art. 130 f. BauG SG; Art. 130 Abs. 2–3 LATC VD; § 341 PBG ZH.
70 So z.B. in Art. 167 Abs. 3 RPBG FR.
71 Vgl. Rz. 6.33.
72 Vgl. Rz. 6.39 ff. und 6.43.
73 Vgl. zum Ganzen Ruoss Fierz, Illegales Bauen, S. 52 f.

b) Schranken

Die grundsätzliche Pflicht der Behörden, für die Wiederherstellung des rechtmässigen Zustandes zu sorgen, bedeutet nicht, dass rechtswidrige Bauten automatisch abgebrochen und rechtswidrige Nutzungsänderungen in allen Fällen rückgängig gemacht werden müssen. Vielmehr hat die Behörde **im Einzelfall** zu prüfen, ob und inwieweit die allgemeinen Prinzipien des Verfassungs- und Verwaltungsrechts der Anordnung eines Abbruchs oder anderer restitutorischer Massnahmen entgegenstehen.[74] Schranken können sich insbesondere aus dem Vertrauensgrundsatz (aa), dem Verhältnismässigkeitsprinzip (bb), dem Rechtsgleichheitsgebot (cc) und infolge Zeitablaufs (dd) ergeben. 6.33

Schema 2: Schranken restitutorische Massnahmen 6.34

Formell und materiell rechtswidrige Bauten und Anlagen oder Nutzungsänderungen (vgl. Schema 1; Rz. 6.3)

Restitutorische Massnahmen?

Legalitätsprinzip Durchsetzung der einschlägigen Vorschriften des Planungs-, Bau- und Umweltrechts	⟷	Vertrauensgrundsatz (Art. 9 BV) Verhältnismässigkeitsprinzip (Art. 5 Abs. 2 BV) Rechtsgleichheitsgebot (Art. 8 BV) Zeitablauf – kantonalrechtliche Fristen – BGer: Verwirkung nach 30 Jahren

aa) Vertrauensgrundsatz

Einer Wiederherstellung des rechtmässigen Zustandes können zunächst der Grundsatz von Treu und Glauben (Art. 5 Abs. 3 BV) und **Gründe des Vertrauensschutzes** (Art. 9 BV) entgegenstehen. Eine Berufung auf den Vertrauensgrundsatz fällt aber nur in Betracht, wenn zum einen die Bauherrschaft aufgrund eines behördlichen Verhaltens, das geeignet war, Vertrauen zu begründen, annehmen durfte, sie sei 6.35

74 BGE 136 II 359, S. 365, E. 6; BGE 111 Ib 213, E. 6; BGE 108 Ia 216, E. 4; BGer, Urteil 1C_730/2013 vom 4. Juni 2014, E. 8.1.

zur Errichtung oder Änderung der Baute berechtigt gewesen, und zum andern dem Vertrauensschutz keine überwiegenden öffentlichen Interessen entgegenstehen.[75]

6.36 Als Vertrauensgrundlage kommen insbesondere **Zusicherungen** und (fehlerhafte) **Auskünfte** in Frage, wonach ein bestimmtes bauliches Vorhaben oder eine Nutzungsänderung keiner Baubewilligung bedürfen bzw. ohne Bewilligung zulässig sind. Die Bauherrschaft wird in ihrem Vertrauen auf die Auskunft aber nur geschützt, wenn

- die Auskunft von der hierfür zuständigen Behörde (oder von einer Behörde, die sie in guten Treuen als zuständig betrachten durfte) erteilt wurde;
- die Auskunft sich auf ein konkretes, die auskunftsersuchende Person direkt betreffendes Vorhaben bezog, inhaltlich bestimmt war und vorbehaltlos erfolgte;
- die Bauherrschaft die Unrichtigkeit der Auskunft weder erkannte noch hätte erkennen müssen[76];
- sie gestützt auf diese Auskunft Arbeiten oder Nutzungsänderungen vorgenommen hat, ohne hierfür eine Baubewilligung einzuholen;
- sich nach der Auskunftserteilung weder die Rechtslage noch der Sachverhalt geändert haben; und
- dem Vertrauensschutz keine überwiegenden öffentlichen Interessen entgegenstehen.

6.37 Auf den Vertrauensschutz kann sich ferner auch berufen, wer gestützt auf eine **Baubewilligung** angenommen hat und (unter Anwendung zumutbarer Sorgfalt) annehmen durfte, die erstellte Baute oder die von ihm ausgeübte Nutzung seien rechtmässig bzw. stünden mit der Baubewilligung in Einklang.[77] Dies gilt sogar für rechtsunwirksame Baubewilligungen[78], sofern der Bauherr die Rechtsunwirksamkeit der Baubewilligung nicht erkannte und auch nicht erkennen musste.[79] Auch in diesen Fällen bleibt das Vertrauen ohne Schutz, wenn schwerwiegende öffentliche Interessen gegen den Fortbestand der Baute bzw. die Fortsetzung der Nutzung sprechen.[80]

---

75 Vgl. auch BGer, Urteil 1C_730/2013 vom 4. Juni 2014, E. 8.1; BGE 136 II 359, E. 7.1. Zu den allgemeinen Voraussetzungen des Vertrauensschutzes statt vieler BGE 130 I 26, E. 8.1 m.w.H.

76 An die für den guten Glauben vorausgesetzte Sorgfalt der Bauherrschaft dürfen allerdings keine allzu strengen Massstäbe gesetzt werden. Das Vertrauen ist erst dann nicht mehr gerechtfertigt, wenn die Unrichtigkeit der Auskunft ohne weiteres erkennbar gewesen wäre. Immerhin muss sich die Bauherrschaft das Wissen (bzw. «Wissenmüssen») ihres Architekten (oder Rechtsbeistandes) anrechnen lassen; vgl. BGE 132 II 21, S. 38 f., E. 6.2.2; BGE 111 Ib 213, S. 222, E. 6a.

77 BGE 136 II 359, E. 7.1; BGE 132 II 21, E. 6.

78 Vgl. Rz. 6.5.

79 Vgl. BGE 111 Ib 213, E. 6a, betreffend eine nichtige Baubewilligung (die erforderliche Ausnahmebewilligung nach Art. 24 RPG wurde entgegen Art. 25 RPG lediglich durch die Gemeinde erteilt); im konkreten Fall fehlte es allerdings am guten Glauben der Bauherrschaft.

80 BGE 132 II 21, E. 6 in fine.

Sodann kann auch das **Verhalten der (zuständigen) Behörden** nach Entdeckung der formellen Rechtswidrigkeit einer Baute oder einer Nutzung geeignet sein, beim Betroffenen ein berechtigtes Vertrauen in die Rechtmässigkeit seines Handelns zu begründen, das er der Wiederherstellung des rechtmässigen Zustandes entgegensetzen kann. Ein **passives Verhalten** der Behörden vermag allerdings nur unter besonderen Umständen vertrauenserweckend zu wirken, nämlich dann, wenn die Behörde von der Rechtswidrigkeit weiss und bewusst nichts dagegen unternimmt, sodass (in guten Treuen) angenommen werden kann, sie verzichte definitiv auf ein Einschreiten. Die bloss vorübergehende Duldung eines rechtswidrigen Zustands – etwa ein Abwarten mit der Anordnung restitutorischer Massnahmen oder ein Hinausschieben der Vollstreckung eines Abbruchbefehls – vermag allein nicht zu genügen.[81] 6.38

bb) Verhältnismässigkeit

Ferner kann der Bauherr restitutorischen Massnahmen das Verhältnismässigkeitsprinzip entgegenhalten. Demnach muss der Abbruch einer Baute geeignet und erforderlich sein, um den rechtmässigen Zustand wiederherzustellen, und das öffentliche Interesse an der restitutorischen Massnahme muss die entgegenstehenden privaten Interessen überwiegen.[82] 6.39

Die **Eignung** ist zu bejahen, wenn mit der restitutorischen Massnahme die rechtsgleiche Anwendung und Durchsetzung der verletzten Bauvorschriften sichergestellt werden kann. Ungeeignet ist der Abbruch etwa bei einer Anlage, die in einem Naturschutzgebiet liegt, wenn die Abbrucharbeiten das Schutzgebiet stärker beeinträchtigen würden als ein Belassen des widerrechtlichen Zustands.[83] Lässt sich der ursprüngliche Zustand nicht mehr herstellen, können gleichwertige Kompensationsmassnahmen angeordnet werden.[84] 6.40

Eine restitutorische Massnahme ist **erforderlich,** wenn sich das Ziel der Wiederherstellung nicht mit Massnahmen erreichen lässt, die für den Betroffenen weniger einschneidend sind.[85] So ist der Abbruch einer Baute nicht erforderlich, wenn sich der rechtmässige Zustand auch durch einen Umbau wiederherstellen lässt. Betrifft 6.41

---

81 Vgl. auch HÄFELIN/MÜLLER/UHLMANN, Verwaltungsrecht, Rz. 651 m.w.H. Aus der (sehr restriktiven) Praxis im Zusammenhang mit Bauten *ausserhalb* der Bauzonen: BGE 136 II 359, E. 7.1–7.3 (Voraussetzungen des Vertrauensschutzes nicht erfüllt bei einer illegal erstellten und kontinuierlich ausgebauten Waldhütte, obwohl die Behörden eine Abbruchverfügung während Jahrzehnten nicht vollstreckt und das Grundstück an die Abwasserkanalisation angeschlossen hatten); BGE 132 II 21, E. 6.2 (Dulden der unzulässigen gewerblichen Nutzung einer Scheune; Voraussetzungen des Vertrauensschutzes verneint). *Innerhalb* der Bauzonen vermag die Duldung eines rechtswidrigen Zustandes aber tendenziell beim Betroffenen rascher ein schützenswertes Vertrauen zu begründen.

82 Vgl. BGer, Urteil 1C_730/2013 vom 4. Juni 2014, E. 8.3.

83 Vgl. für den Moorschutz BGE 123 II 248, E. 4b; WALDMANN, Schutz, S. 337.

84 Vgl. BGer, Urteil 1C_688/2013 vom 17. April 2014, E. 6.2.

85 BGer, Urteil 1C_730/2013 vom 4. Juni 2014, E. 8.3.1.

die Rechtswidrigkeit nur einen Teil der Anlage, ist es nicht erforderlich, die ganze Anlage abzubrechen.

6.42 Unter der **Verhältnismässigkeit i.e.S.** pflegt das Bundesgericht das öffentliche Interesse an der Wiederherstellung des rechtmässigen Zustandes den privaten Interessen des Bauherrn gegenüberzustellen.[86] Die Gewichtung des öffentlichen Interesses an der Wiederherstellung des rechtmässigen Zustands hängt von der Wichtigkeit der verletzten Bauvorschriften und dem Ausmass der Gesetzesverletzung ab. Erheblich (und in der Regel überwiegend) ist das öffentliche Interesse an der Wiederherstellung bei einer Verletzung des grundlegenden Prinzips der Trennung von Bau- und Nichtbaugebiet[87], bei der Missachtung von sicherheitspolizeilichen Vorschriften[88] sowie bei widerrechtlichen Bauten in Schutzgebieten[89] oder geschützten Ortsbildern,[90] hingegen nicht bei allgemeinen Ästhetikvorschriften.[91] Ferner erweist sich ein Wiederherstellungsbefehl als unverhältnismässig, wenn die Abweichung vom Gesetz gering ist und die berührten allgemeinen Interessen den Schaden, der dem Eigentümer durch die Wiederherstellung entstünde, nicht zu rechtfertigen vermögen. Wiegt ein Verstoss gegen Bauvorschriften aber so schwer, dass er den Widerruf einer Baubewilligung, von der bereits Gebrauch gemacht worden ist, rechtfertigt, erscheint es nur folgerichtig, dass auch die Wiederherstellung des rechtmässigen Zustandes verlangt wird.[92] Auf privater Seite sind in erster Linie wirtschaftliche Interessen – insbesondere die Investitionskosten für den rechtswidrig erstellten Bau oder die rechtswidrige Nutzung, der Nutzungsverlust sowie die Rückbaukosten – zu berücksichtigen; daneben können aber auch ideelle Interessen betroffen sein. War der Bauherr allerdings nicht gutgläubig, muss er in Kauf nehmen, «dass die Behörden aus grundsätzlichen Erwägungen, nämlich zum Schutz der Rechtsgleichheit und der baulichen Ordnung, dem Interesse an der Wiederherstellung des gesetzmässigen Zustands erhöhtes Gewicht beimessen und die dem Bauherrn allenfalls erwachsenden Nachteile nicht oder nur in verringertem Masse

---

86 Vgl. BGE 136 II 359, E. 9; BGE 132 II 21, E. 6.4; BGE 123 II 248, E. 4; BGE 111 Ib 213, E. 6b.

87 Vgl. BGE 111 Ib 213, S. 225, E. 6b, wonach es bei Verletzungen der Bestimmungen über das Bauen ausserhalb der Bauzonen um «die Glaubwürdigkeit von Raumplanung und Rechtsstaat» geht; ferner BGE 132 II 21, S. 40, E. 6.4; BGer, Urteil 1C_143/2015 vom 13. November 2015, E. 2.3–2.4; BGer, Urteil 1C_61/2014 vom 30. Juni 2015, E. 5; BGer, Urteil 1C_270/2014 vom 4. Juni 2015, E. 5.3; BGer, Urteil 1C_544/2014 vom 1. April 2015, E. 4.2; BGer, Urteil 1C_730/2013 vom 4. Juni 2014, E. 8.3.2.

88 Vgl. BGer, Urteil 1C_616/2014 vom 12. Oktober 2015, E. 4.5. Vgl. ebenso für Interessen der Verkehrssicherheit BGer, Urteil 1C_460/2015 vom 6. Mai 2016, E. 9.5 (Verbot der Fremdparkierung auf dem Vorplatz eines rechtswidrig umgenutzten Gebäudes).

89 Vgl. BGE 136 II 359, E. 9 (Hochmoor); BGE 132 II 21, S. 40, E. 6.4 (BLN-Objekt); BGE 123 II 248, E. 4b (Moorlandschaft); BGer, Urteil 1C_730/2013 vom 4. Juni 2014, E. 8.3.2 (BLN-Objekt); BGer, Urteil 1C_618/2014 vom 29. Juli 2015, E. 5 (Schutzzone).

90 BGer, Urteil 1C_342/2014 vom 23. März 2015, E. 5.4 (Kernzone).

91 BGer, Urteil 1C_740/2013 vom 6. Mai 2015, E. 5.4 i.V.m. E. 8.3.

92 BGer, Urteil 1C_740/2013 vom 6. Mai 2015, E. 10.5.

berücksichtigen».[93] In jedem Fall muss aber die zur Wiederherstellung des rechtmässigen Zustands eingeräumte Frist angemessen (verhältnismässig) sein.[94]

cc) Rechtsgleichheit

Da Art. 8 Abs. 1 BV grundsätzlich keinen Anspruch auf **Gleichbehandlung im Unrecht** gewährt, kann der Bauherr einem Wiederherstellungsbefehl nicht entgegenhalten, dass die Behörde bei anderen vergleichbaren rechtswidrigen Bauten keine restitutorischen Massnahmen angeordnet hat.[95] Wenn dagegen die Behörden in ständiger Praxis darauf verzichten, einer bestimmten Bauvorschrift durch die Anordnung von restitutorischen Massnahmen zum Durchbruch zu verhelfen, und dabei zu erkennen geben, dass sie diese Praxis auch in Zukunft nicht aufgeben werden, kann der Bauherr in einer mit den anderen Fällen vergleichbaren Situation[96] verlangen, dass diese gesetzeswidrige Begünstigung auch ihm gewährt werde.[97] Allerdings können selbst in solchen Fällen gewichtige öffentliche Interessen sowie berechtigte Interessen eines privaten Dritten im Einzelfall die gesetzmässige Rechtsanwendung und -durchsetzung verlangen.[98] 6.43

dd) Zeitablauf

In einigen **Kantonen** wird die Befugnis der Baubehörde zur Anordnung von Wiederherstellungsmassnahmen **zeitlich beschränkt.**[99] Ob es sich dabei um Verwirkungs- oder Verjährungsfristen handelt, ist durch Auslegung der entsprechenden kantonalen Vorschriften zu ermitteln.[100] Die Anwendung dieser kantonalrechtlichen Fristen muss aber auf Bautätigkeiten und Nutzungsänderungen beschränkt bleiben, die kantonalem Recht widersprechen. Der Durchsetzung von bundesrechtlichen Grundsätzen und Vorschriften können sie hingegen nicht wirksam entgegengehalten werden.[101] 6.44

Unabhängig von gesetzlichen Vorschriften muss die Möglichkeit, restitutorische Massnahmen zu verlangen, im Interesse der Rechtssicherheit und in Berücksichtigung praktischer Überlegungen – eine zuverlässige Abklärung der tatsächlichen und rechtlichen Verhältnisse ist nach langer Zeit oft kaum noch möglich – zeitlich begrenzt sein.[102] Vor diesem Hintergrund geht das Bundesgericht davon aus, 6.45

---

93 BGE 132 II 21, S. 39 f., E. 6.4; vgl. BGE 123 II 248, E. 4a; BGE 111 Ib 213, E. 6b; BGE 108 Ia 216, E. 4b; BGer, Urteil 1C_299/2015 vom 13. April 2016, E. 5.3.

94 Vgl. BGer, Urteil 1C_498/2015 vom 22. März 2016, E. 3.1 (Frist von drei Monaten für die Entfernung einer Gartenanlage gerechtfertigt).

95 BGE 123 II 248, S. 254, E. 3c.

96 Dazu BGE 136 II 359, E. 10.

97 BGE 123 II 248, S. 254, E. 3c.

98 BGE 123 II 248, S. 254, E. 3c; BGE 108 Ia 212, E. 4a–b.

99 Vgl. z.B. Art. 46 Abs. 3 BauG BE; Art. 51 Abs. 5 BauG VS.

100 Demgegenüber spricht das Bundesgericht pauschal von «kantonalen Verwirkungsfristen»; vgl. BGE 136 II 359, E. 7; BGer, Urteil 1C_784/2013 vom 23. Juni 2014, E. 5.1.

101 So (aber etwas zurückhaltender) auch RUOSS FIERZ, Illegales Bauen, S. 62 f.

102 Vgl. BGer, Urteil 1C_726/2013 vom 24. November 2014, E. 4.

dass der Anspruch der Behörden auf Wiederherstellung des rechtmässigen Zustandes grundsätzlich **nach 30 Jahren verwirkt.**[103] In Anlehnung an die Extratabularersitzung gemäss Art. 662 ZGB wird angenommen, dass der Eigentümer einer Baute den rechtswidrigen Zustand bei einem Nichteinschreiten des Gemeinwesens nach dieser Frist gewissermassen ersitzen kann. Die Verwirkung kann allerdings schon früher eintreten, wenn der Betroffene, der in gutem Glauben gehandelt hat, annehmen darf, die Behörde habe bereits vor Ablauf der 30-Jahresfrist definitiv auf ein Einschreiten zur Durchsetzung der verletzten Vorschriften verzichtet.[104] Umgekehrt kann eine Wiederherstellung auch noch nach 30 Jahren verlangt werden, soweit dies zum Schutz von Polizeigütern i.e.S. (wie z.B. der Sicherheit und Gesundheit von Personen) erforderlich ist.[105] Diese Praxis ist vor dem Hintergrund der Unverjährbarkeit polizeilich motivierter «Ansprüche» zu sehen. Ob andere öffentliche Interessen eine Wiederherstellung unabhängig vom Zeitablauf rechtfertigen, ist indes fraglich.[106]

6.46 Das Bundesgericht hat den Grundsatz der Verwirkung des Wiederherstellungsanspruchs zunächst für das Forstrecht entwickelt[107] und später auf den Abbruch einer Baute innerhalb der Bauzonen angewendet.[108] In der Lehre wird zu Recht gefordert, diesen Grundsatz unverändert auf Bauten ausserhalb der Bauzonen zu übertragen[109]; das Bundesgericht hat die Frage jedoch bisher offengelassen.[110]

6.47 Die Verwirkungsfrist **beginnt** gemäss bundesgerichtlicher Rechtsprechung mit der Fertigstellung der rechtswidrigen Baute bzw. des rechtswidrigen Anlageteils zu laufen.[111] Wird die Baute allerdings im Laufe dieser 30 Jahre laufend verändert und/oder erweitert, tritt keine Verwirkung ein; vielmehr wird mit jeder wesentlichen Veränderung und Erweiterung erneut ein rechtswidriger Zustand geschaffen, der die Verwirkungsfrist auslöst.[112] Hingegen tritt die Verwirkung grundsätzlich ein, wenn die Grösse, die Funktion und auch die Raumeinteilung während des Laufs der dreissigjährigen Verwirkungsfrist weitgehend unverändert geblieben sind.[113]

6.48 So wie die ausserordentliche Ersitzung von Grundeigentum einen unangefochtenen Besitz voraussetzt (Art. 662 ZGB) und nach den Vorschriften zur Verjährung

---

103 BGE 136 II 359, E. 8; BGE 132 II 21, E. 6.3; BGE 107 Ia 121 ff. Gemäss Ruoss Fierz (Illegales Bauen, S. 65 f.) handelt es sich der Sache nach eher um eine (absolute) Verjährungsfrist.

104 BGer, Urteil 1C_726/2013 vom 24. November 2014, E. 4; BGE 132 II 21, E. 6.3.

105 BGer, Urteil 1C_139/2014 vom 17. März 2015, E. 5.1; BGer, Urteil 1C_726/2013 vom 24. November 2014, E. 4.

106 Bejahend allerdings BGer, Urteil 1C_726/2013 vom 24. November 2014, E. 4 m.w.H.

107 BGE 105 Ib 265 ff.

108 BGE 107 Ia 121 ff.

109 Christoph De Quervain, Verjähren die Ansprüche auf Wiederherstellung des rechtmässigen Zustands generell nach 30 Jahren?, in: VLP-ASPAN Raum & Umwelt 5/2004, S. 51 f.

110 BGE 136 II 359, E. 8.1; BGE 132 II 21, E. 6.3; vgl. jüngst BGer, Urteil 1C_726/2013 vom 24. November 2014, E. 4.

111 BGE 136 II 359, E. 8.3; BGE 107 Ia 121, E. 1b; BGer, Urteil 1C_1/2015 vom 10. August 2015, E. 1.1–2.3 (eine erst später eintretende Kenntnis der Behörden hat auf den Beginn des Fristenlaufs keinen Einfluss).

112 So BGE 136 II 359, E. 8.3, mit Bezug auf eine frühere Waldhütte, die kontinuierlich verändert, vergrössert und in ein Ferienhaus umgebaut worden ist.

113 BGer, Urteil 1C_726/2014 vom 24. November 2014, E. 5.

unterbrochen werden kann (Art. 663 ZGB), nimmt das Bundesgericht an, dass die 30-jährige Verwirkungsfrist jedenfalls durch die Feststellung der Rechtswidrigkeit einer Baute in einem Baubewilligungsverfahren **neu ausgelöst** wird.[114] Die Frist ist gewahrt, wenn der Abbruchbefehl innerhalb der 30-jährigen Frist ergeht[115]; seine Rechtskraft wird für die Fristwahrung nicht vorausgesetzt.

c) Entscheid und Vollstreckung

Die Anordnung der Wiederherstellung des rechtmässigen Zustands kann – je nach den Umständen und den involvierten Interessen – entweder in den nachträglichen **negativen Bauentscheid**[116] integriert oder aber später **separat verfügt** werden.[117] 6.49

Die zuständige Behörde ist verpflichtet, rechtskräftige Abbruchbefehle mit den im kantonalen Recht vorgesehenen Instrumenten und unter Wahrung der rechtsstaatlichen Grundsätze zu **vollstrecken.** Gemäss Bundesgericht ist es unter dem Gesichtspunkt der Verfahrensökonomie sowie aus Gründen der Rechtssicherheit und Rechtsgleichheit bzw. zur Wahrung allfälliger Drittinteressen geboten, die Anordnung zum Abbruch von ohne Bewilligung errichteten, nicht bewilligungsfähigen Bauten unmittelbar mit der Androhung der Ersatzvornahme zu verbinden, sofern keine besonderen Umstände für ein Zuwarten der Androhung sprechen.[118] 6.50

Die Wiederherstellungsverfügung wirkt als Dauerverfügung unbefristet in die Zukunft und unterliegt keiner Vollstreckungsverjährung. Nach Ablauf der 30-jährigen Verwirkungsfrist kann sie allerdings grundsätzlich nicht mehr vollstreckt werden.[119] 6.51

III. Nachträglich rechtswidrig gewordene Bauten und Anlagen

Literatur

Beeler Urs, Widerrechtliche Baute; Berner Mischa, Planungs- und Baurecht, §§ 1104 ff.; Biaggini, Eigentumsgarantie; Bovay Benoît/Didisheim Raymond/Sulliger Denis/Thonney Thierry, Droit de la construction, S. 355 ff.; Favez, Garantie; Gebhardt Daniel/Meyer Christoph/Nertz Christoph/Piolino Marina, Baubewilligung, S. 178 ff.; Gisler Mark, Wiederaufbaurecht; Griffel Alain, Raumplanungs- und Baurecht, S. 194 ff.; Griffel

114 BGer, Urteil 1C_784/2013 vom 23. Juni 2014, E. 5.4.

115 Anders Ruoss Fierz (Illegales Bauen, S. 66), wonach es zur Wahrung der Frist genügt, wenn die Behörde gegen die Baurechtswidrigkeit tätig wird und ein nachträgliches Baubewilligungsverfahren einleitet; der Abbruchbefehl könne auch später ergehen.

116 Vgl. Rz. 6.10.

117 Mäder, Baubewilligungsverfahren, Rz. 657; Ruoss Fierz, Illegales Bauen, S. 130.

118 BGer, Urteil 1C_730/2013 vom 4. Juni 2014, E. 6.4; vgl. auch BGer, Urteil 1C_299/2015 vom 13. April 2016, E. 3.2.

119 BGer, Urteil 1C_784/2013 vom 23. Juni 2014, E. 7.2.

Alain, Intertemporales Recht; Griffel Alain, Spannungsfeld; Griffel Alain/Rausch Heribert, Kommentar USG, Ergänzungsband, Art. 16–18; Hänni Peter, Planungsrecht, S. 351 f.; Heer Balthasar, Bau- und Planungsrecht, Rz. 744 ff.; Hunger Regula, Sanierungspflicht; Kappeler Rudolf, Regelung; Mäder Christian, Baubewilligungsverfahren; Ruoss Fierz Magdalena, Illegales Bauen; Schrade André/Wiestner Heidi, in: Kommentar USG, Art. 16–18; Sommerhalder Forestier, in: Kommentar BauG AG, § 68; Wagner Pfeifer Beatrice, Umweltrecht I, Rz. 390 ff.; Willi Konrad, Besitzstandsgarantie; Zaugg Aldo/Ludwig Peter, Kommentar BauG BE, Art. 3.

A. Ausgangslage und Fragestellung

6.52 Mit der Baubewilligung wird das Recht eingeräumt, ein bestimmtes Bauvorhaben oder eine bestimmte Nutzungsänderung zu verwirklichen, die Baute ihrem Zweck entsprechend zu nutzen und in ihrem Bestand zu erhalten, was auch spätere Arbeiten der Instandhaltung (Unterhalt i.e.S.), der Instandstellung (Reparaturen) und der Modernisierung (Renovation) miteinschliesst.[120] Der Eigentümer einer solchen Baute oder Anlage kann sich für diese Arbeiten auf den Vertrauensgrundsatz (Art. 9 BV), die Eigentumsgarantie (Art. 26 BV) und – gegenüber neuen, einschränkenden Voraussetzungen – auf die Besitzstandsgarantie (Art. 9 und 26 BV) berufen und muss hierfür keine neue Baubewilligung einholen. Die ursprünglich erteilte Baubewilligung regelte somit einen **Dauersachverhalt.** Hatte die Baute oder Anlage den im Zeitpunkt ihrer Bewilligung geltenden Rechts- und Planungsvorschriften entsprochen (sog. «ursprünglich materiell rechtmässige Bauten und Anlagen»[121]), geniesst sie für die Dauer ihrer Existenz einen **besonderen Bestandesschutz.**[122] Derselbe Schutz kommt auch für Bauten und Nutzungsänderungen zum Tragen, die gemäss früherem Recht bewilligungsfrei zulässig waren.[123]

6.53 Treten nun nach der Bewilligung bzw. Errichtung der Baute **neue (einschränkende) Rechtsvorschriften** in Kraft oder werden die **planerischen Vorschriften revidiert,** werden rechtmässig erstellte oder geänderte Bauten und Anlagen nicht automatisch, sondern lediglich in dem Umfang «rechtswidrig»[124], in welchem das neue Recht auf bestehende Bauten und Anlagen Anwendung findet. Will der Gesetzgeber das neue Recht auf bestehende Bauten und Anlagen zur Anwendung bringen, liegt keine (echte) Rückwirkung vor, da es sich nicht um eine Regulierung eines in der Vergangenheit abgeschlossenen Sachverhalts, sondern um eine Anpassung

120 Vgl. zu den Rechtswirkungen einer Baubewilligung auch Mäder, Baubewilligungsverfahren, Rz. 24 und 432.

121 Zum Begriff eingehend Willi, Besitzstandsgarantie, S. 22 ff.

122 Vgl. Rz. 6.56 ff.

123 Ruoss Fierz, Illegales Bauen, S. 31; Willi, Besitzstandsgarantie, S. 26.

124 Genau genommen werden ursprünglich rechtmässig erstellte Bauten und Anlagen auch durch nachträgliche Rechtsänderungen nicht «rechtswidrig» (so auch Beeler, Widerrechtliche Baute, S. 12). Vielmehr geraten sie in ein Spannungsverhältnis zum neuen Recht, das seine Durchsetzung verlangt. Umfang und Inhalt der Anpassung knüpfen nicht an der «Rechtswidrigkeit» der altrechtlichen Anlage an, sondern ergeben sich aus einer Interessenabwägung (Rz. 6.58). Vorliegend wird aber die geläufige Terminologie übernommen.

eines Dauersachverhalts an neues Recht handelt.[125] Dennoch können Gesetzgeber und rechtsanwendende Behörden bauliche und nutzungsmässige **Anpassungen** an die neuen Vorschriften nur soweit verlangen, als dies mit den verfassungsrechtlich geschützten Interessen (Art. 9 und Art. 26 BV) des Eigentümers am Bestand und an der Weiternutzung seiner rechtmässig erstellten Baute vereinbar ist. Diese verfassungsrechtlichen Interessen werden in Lehre und Rechtsprechung unter dem Begriff der sog. **«Besitzstandsgarantie»** zusammengefasst und in der Gesetzgebung von Bund und Kantonen konkretisiert (B.). Ob und inwieweit rechtmässig erstellte Bauten und Anlagen an das neue Recht angepasst werden müssen, ist grundsätzlich im Einzelfall aufgrund einer Abwägung zwischen dem Interesse an der Anwendung der neuen Vorschriften bzw. der darin zum Ausdruck kommenden öffentlichen Interessen und der Besitzstandsgarantie zu entscheiden.[126] Nicht selten wird diese Abwägung vom Gesetzgeber in generell-abstrakter Weise vorweggenommen (C.).

Schema 3: Nachträglich rechtswidrige Bauten 6.54

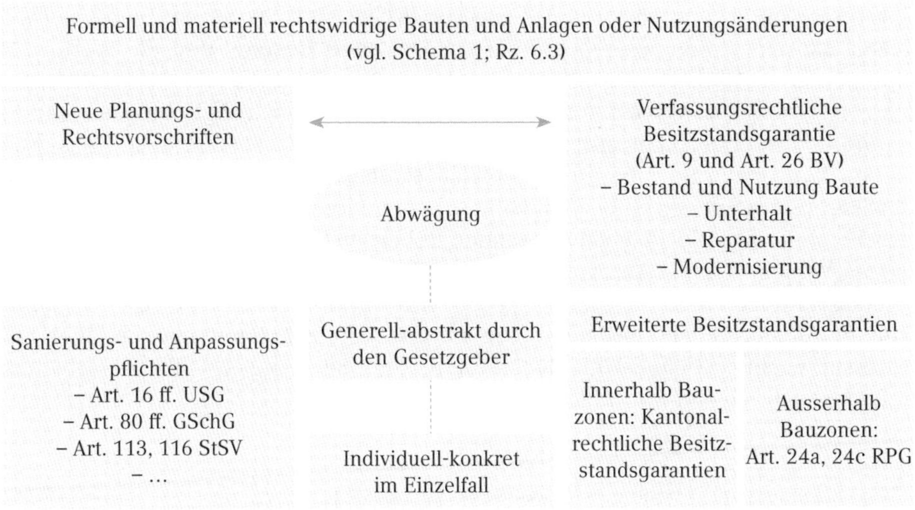

Im Unterschied zu Bauten und Anlagen, die auf einer rechtlich fehlerhaften Baubewilligung beruhen[127], wird die Anwendung der neuen Vorschriften nicht über den Widerruf der Baubewilligung, sondern durch den Erlass einer neuen, *pro futuro* wirkenden Verfügung **(Anpassungs- oder Sanierungsverfügung)** sichergestellt.[128] 6.55

125 Griffel, Intertemporales Recht, S. 23; zur Nichtanwendbarkeit des Rückwirkungsverbots auch Willi, Besitzstandsgarantie, S. 32 f.
126 Griffel, Raumplanungs- und Baurecht, S. 195; Griffel, Intertemporales Recht, S. 24 f.
127 Vgl. Rz. 6.26.
128 Vgl. auch Griffel, Intertemporales Recht, S. 23.

B. Besitzstandsgarantie

1. Verfassungsrechtliche Besitzstandsgarantie

6.56 Gemäss Rechtsprechung und Lehre kann sich der Eigentümer für den Bestand und die Nutzung seiner bestehenden, rechtmässig erstellten Baute oder Anlage sowie den Schutz seiner getätigten Investitionen unabhängig von gesetzlichen Regelungen auf die verfassungsrechtlich gewährleistete Besitzstandsgarantie berufen, die einerseits aus **Art. 26 BV** (Eigentumsgarantie) und andererseits aus **Art. 9 BV** (Vertrauensschutz) abgeleitet wird.[129]

6.57 In sachlicher Hinsicht gilt die Besitzstandsgarantie für **bestehende Bauten und Anlagen,** die ursprünglich formell oder zumindest materiell rechtmässig errichtet wurden[130], aber nachträglich infolge einer Änderung von Rechts- und/oder Planungsvorschriften rechtswidrig geworden sind.[131]

6.58 Die Besitzstandsgarantie schützt den Fortbestand der (Eigentums-)Rechte, die ihr Träger unter dem bisherigen Recht verwirklicht hat. In diesem Sinne gewährleistet sie dem jeweiligen Eigentümer zunächst **den Bestand und die Weiternutzung einer rechtmässig bewilligten bzw. erstellten Baute und Anlage** und bietet ihm im Grundsatz **Schutz vor einer Anpassung an nachträgliche Rechtsänderungen.**[132] In erster Linie adressiert sie sich an den Gesetzgeber, beim Erlass von neuen Bauvorschriften die unter der bisherigen Eigentumsordnung rechtmässig realisierten Nutzungen zu beachten und das neue Recht «schonungsvoll» einzuführen.[133] Aber auch die rechtsanwendenden Behörden haben bei der Anwendung der neuen Vorschriften die Ansprüche aus dem Besitzstand im Einzelfall gebührend zu berücksichtigen. In beiden Fällen ist die Anwendung neuer eigentumsbeschränkender Vorschriften auf bestehende, rechtmässig erstellte Bauten und Anlagen nur zulässig, wenn gewichtige öffentliche Interessen dies gebieten und das Verhältnismässigkeitsprinzip gewahrt bleibt.[134]

---

129 Eingehend Willi, Besitzstandsgarantie, S. 42 ff., 57 ff.; ferner Griffel, Spannungsfeld, S. 181; Pfisterer, Besitzstandsgarantie, S. 93 ff. Das Bundesgericht leitet die Besitzstandsgarantie überdies aus dem Rückwirkungsverbot ab (vgl. BGer, Urteil 1P.418/2002 vom 16. Dezember 2002, E. 3.1.1). – Für die Abgrenzung zur Bestandesgarantie (Art. 26 Abs. 1 BV) vgl. statt vieler Waldmann, in: Basler Kommentar BV, Art. 26 Rz. 45.

130 Darunter fallen neben den nach früherem Recht bewilligten Bauten und Anlagen auch Bauvorhaben, die im Moment ihrer Errichtung bewilligungsfrei zulässig waren oder aber nach dem damals geltenden Recht bewilligungsfähig gewesen wären. Schliesslich erstreckt sich der Schutz der Besitzstandsgarantie auch auf Bauten und Anlagen, die erst nach ihrer Erstellung rechtmässig geworden sind. Vgl. zum Ganzen statt vieler Gisler, Wiederaufbaurecht, S. 29; Mäder, Baubewilligungsverfahren, Rz. 628; Willi, Besitzstandsgarantie, S. 22 f.; Zaugg/Ludwig, Kommentar BauG BE, Art. 3 Rz. 2.

131 Zu den Anwendungsvoraussetzungen der Besitzstandsgarantie eingehend Willi, Besitzstandsgarantie, S. 12 ff.

132 Willi, Besitzstandsgarantie, S. 42 f.; BGer, Urteil 1P.418/2002 vom 16. Dezember 2002, E. 3.1.1.

133 Biaggini, Eigentumsgarantie, Rz. 22.

134 BGer, Urteil 1P.418/2002 vom 16. Dezember 2002, E. 3.1.1; BGE 113 Ia 119, E. 2a.

Die **Interessen am Besitzstand überwiegen** v.a. in Fällen, in denen die Anpassung der Baute an neue Vorschriften frühere bauliche Investitionen in erheblichem Mass obsolet machen würde und/oder für den Eigentümer mit erheblichen finanziellen Aufwendungen verbunden wäre.[135] 6.59

Umgekehrt besteht regelmässig ein die Besitzstandsinteressen **überwiegendes öffentliches Interesse** an der Anpassung bestehender Bauten und Anlagen an neue polizeilich motivierte Bauvorschriften (wie etwa im Bereich des Brandschutzes, der technischen Sicherheit oder der Verkehrssicherheit). Relativ schwach gewichtet wird die Besitzstandsgarantie ferner dann, wenn die infolge des neuen Rechts geforderten Anpassungen die rechtmässig erstellte Baute als solche nicht direkt berühren und für den Eigentümer nur geringfügige Aufwendungen zur Folge haben.[136] 6.60

Darüber hinaus umfasst die verfassungsrechtliche Besitzstandsgarantie auch das Recht, die zur Bestandeserhaltung nötigen **Unterhaltsarbeiten** vorzunehmen.[137] Darunter fallen sämtliche Arbeiten zur Instandhaltung, Instandsetzung (Reparaturen) und Modernisierung (Renovationen), soweit Umfang, Erscheinung, Bestimmung und Wert der Anlage unverändert bleiben.[138] 6.61

Nicht mehr in den Schutzbereich der verfassungsrechtlichen Besitzstandsgarantie fallen hingegen **Umbauten, Erweiterungen, Zweckänderungen** oder der **Wiederaufbau.**[139] Solche Vorhaben unterstehen nicht mehr dem früheren Recht, sondern den im Zeitpunkt ihrer Bewilligung geltenden (neuen) Vorschriften. Wird allerdings anlässlich eines Umbaus oder einer Erweiterung die Anpassung der gesamten Baute oder Anlage an das neue Recht verlangt[140], handelt es sich dabei um eine rechtfertigungsbedürftige Einschränkung der Besitzstandsgarantie.[141] 6.62

2. Erweiterte (gesetzliche) Besitzstandsgarantien

Sowohl auf Bundesebene als auch in den Kantonen finden sich gesetzliche Regelungen, welche den Umfang der verfassungsrechtlich gewährleisteten und in Lehre und Rechtsprechung konkretisierten Besitzstandsgarantie wiedergeben. Zulässig 6.63

135 Willi, Besitzstandsgarantie, S. 47.

136 Vgl. Willi, Besitzstandsgarantie, S. 49, mit dem Hinweis auf die Schaffung von Spiel- und Ruheflächen.

137 BGer, Urteil 1P.418/2002 vom 16. Dezember 2002, E. 3.1.1.

138 Gebhardt/Meyer/Nertz/Piolino, Baubewilligung, S. 180 f.; Gisler, Wiederaufbaurecht, S. 41 f.; Willi, Besitzstandsgarantie, S. 43 f. A.M. Zaugg/Ludwig, Kommentar BauG BE, Art. 3 Rz. 1a und 3, wonach das im bernischen Recht garantierte Recht zur «zeitgemässen Erneuerung» über die verfassungsrechtliche Besitzstandsgarantie hinausreiche.

139 Vorbehalten bleiben gesetzgeberische Erweiterungen der Besitzstandsgarantie (Rz. 6.63 ff.).

140 Vgl. z.B. Art. 41g Abs. 2 LEC TI.

141 Vgl. Griffel, Spannungsfeld, S. 184 f., mit Hinweis auf sicherheitspolizeiliche Bestimmungen und Regelungen über behindertengerechtes Bauen; vgl. zum (beschränkten) Umfang der Anpassungspflicht von Art. 3 lit. a i.V.m. Art. 7 Abs. 1 lit. a BehiG BGE 134 II 249, E. 3.4–3.5 und 4.

sind auch gesetzliche Erweiterungen der Besitzstandsgarantie.[142] Während innerhalb der Bauzonen die kantonalrechtlichen Festschreibungen der Besitzstandsgarantie zu beachten sind (a), wird der Gehalt der Besitzstandsgarantie für altrechtliche Bauten ausserhalb der Bauzonen abschliessend durch das Bundesrecht umschrieben (b). Davon abzugrenzen sind gesetzliche Bestimmungen, welche die Abwägung zwischen dem öffentlichen Interesse an der Anpassung altrechtlicher Anlagen an das neue Recht und dem Besitzstand in generell-abstrakter Weise vorwegnehmen.[143]

a) Innerhalb der Bauzonen

6.64 Praktisch alle Kantone[144] kennen in ihren Planungs- und Baugesetzen Vorschriften, welche den Inhalt der Besitzstandsgarantie mehr oder weniger weitgehend[145] über das verfassungsrechtliche Minimum hinaus erweitern. Die **kantonalen Regelungen zur (erweiterten) Besitzstandsgarantie** gelten nur für altrechtliche Bauten innerhalb der Bauzonen, die infolge der Änderung von Bauvorschriften oder Plänen rechtswidrig bzw. zonenwidrig geworden sind. Sie betreffen nicht die Bewilligungspflicht[146], sondern die Bewilligungsfähigkeit eines Bauvorhabens.[147]

6.65 Einzelne Kantone **unterscheiden** für die Regelung des Umfangs der erweiterten Besitzstandsgarantie zwischen Bauten, die infolge einer Nutzungsplanänderung zonenwidrig geworden sind, und solchen, die mit neuen Bauvorschriften in Widerspruch stehen.[148] In einigen Kantonen finden sich neben allgemeinen auch spezialgesetzliche Umschreibungen der erweiterten Besitzstandsgarantie.[149] Teilweise werden auch die Gemeinden zu weiterführenden Regelungen ermächtigt[150]; eine solche Ermächtigung kann auch implizit erfolgen.[151]

---

142 Vgl. BGer, Urteil 1P.418/2002 vom 16. Dezember 2002, E. 3.1.1; BGE 113 Ia 119, E. 2a. Kritisch zum Begriff der (erweiterten) Besitzstandsgarantie Kappeler, Besitzstandsgarantie, Rz. 782 ff.

143 Vgl. Rz. 6.69 ff.

144 Keine allgemeine Regelung zur erweiterten Besitzstandsgarantie kennen die Kantone GE, GL, GR, JU und NE. Immerhin finden sich in den Kantonen GL (Art. 22 Abs. 2 BauG), GR (Art. 55 Abs. 2 KRG) und NE (Art. 76 Abs. 2 LCAT) punktuelle Bestimmungen für bestehende Bauten, die mit neu festgelegten Baulinien in Widerspruch geraten sind; vgl. ausserdem Art. 28 Abs. 2 KRG GR bezüglich bestehender Bauten und Anlagen, die dem Zweck einer Zone für öffentlichen Bauten und Anlagen widersprechen.

145 Vgl. Rz. 6.66.

146 Diese richtet sich nach Art. 22 Abs. 1 RPG und allfälligen strengeren kantonalen Vorschriften.

147 Gisler, Wiederaufbaurecht, S. 28.

148 Vgl. § 109 f. RBG BL; Art. 139 Abs. 2 Ziff. 1–2 PBG NW; Art. 55 Abs. 1–2 BauG OW; Art. 77^{quater} BauG SG; § 72 Abs. 2 PBG SZ; § 72 Abs. 1–2 PBG ZG.

149 Vgl. statt vieler § 78 BPG BS (Installationen zur Wärme- oder Schalldämmung); Art. 77ter BauG SG (Ausbau von Dach- und Untergeschossen in Gebäuden, die vor Einführung einer Ausnützungsziffer errichtet wurden); § 72 Abs. 4 PBG SZ (nachträgliche Aussenisolation); Art. 40 PBG UR (bestehende Bauten und Anlagen in Gefahrenzonen); § 101 PBG ZH (bestehende Anlagen innerhalb eines Baulinienbereichs).

150 Vgl. Art. 3 Abs. 4 BauG BE; Art. 69 Abs. 4 RPBG FR; Art. 41g Abs. 3 LEC TI.

151 Vgl. für das aargauische Recht Sommerhalder Forestier, in: Kommentar BauG AG, § 68 Rz. 8 f.

Auch bezüglich des **Umfangs** der erweiterten Rechte bestehen zwischen den kantonalen Regelungen teilweise erhebliche Unterschiede.[152] Diese Vielfalt ist auf eine unterschiedliche Abwägung zwischen dem öffentlichen Interesse an der Durchsetzung neuer Vorschriften und dem Interesse der Eigentümer an der Fortentwicklung ihrer Bauten und Anlagen zurückzuführen.[153] 6.66

- Einige Kantone erstrecken die Besitzstandsgarantie über das verfassungsrechtliche Minimum hinaus auf den **Umbau** einer bestehenden Baute oder Anlage[154], wobei der Begriff des Umbaus nicht in allen Kantonen deckungsgleich ausgelegt wird. Als Umbau gilt gewöhnlicherweise jede Veränderung des bestehenden Baukörpers ohne Änderung des Gebäudevolumens, wie z.B. die Beseitigung von Trennwänden oder die Umgestaltung eines Estrichs zu Wohnzwecken[155], solange sie nicht einem Neubau gleichkommen. Etwas weiter gehen jene Kantone, die einen neubauähnlichen Umbau gestatten.[156]
- Viele Kantone lassen sodann die **(angemessene) Erweiterung** altrechtlicher Bauten und Anlagen zu.[157] Es handelt sich dabei – mit kantonalrechtlichen Nuancierungen – um Umbauten, die zu einer Vergrösserung des bestehenden Bauvolumens führen, wie An- und Aufbauten oder Unterkellerungen.[158] Die Angemessenheit der Erweiterung wird normalerweise in Funktion der Vergrösserung der Bruttogeschossfläche bestimmt.[159]
- Zum erweiterten Besitzstand gehört in einigen Kantonen – allerdings in unterschiedlichem Ausmass und unter unterschiedlich strengen Voraussetzungen –

---

152 Vgl. hierzu auch die Übersicht bei Willi, Besitzstandsgarantie, S. 75 f.

153 Willi, Besitzstandsgarantie, S. 74.

154 Vgl. § 68 Abs. 1 lit. b BauG AG; Art. 3 Abs. 2 BauG BE; § 109 Abs. 1 RBG BL (nur für zonenfremd gewordene Bauten); § 77 Abs. 3 BPG BS; § 178 Abs. 2 PBG LU; Art. 77bis Abs. 2 BauG SG; § 34ter Abs. 1 PBG SO (teilweise Änderung); Art. 80 Abs. 2 LATC VD; Art. 3 Abs. 1 BauG VS; § 72 Abs. 1–2 PBG ZG; § 357 Abs. 1 PBG ZH.

155 Vgl. Kappeler, Regelung, Rz. 179; ferner Sommerhalder Forestier, in: Kommentar BauG AG, § 68 Rz. 23 (zum aargauischen Recht); Zaugg/Ludwig, Kommentar BauG BE, Art. 3 Rz. 3 (zum bernischen Recht).

156 Art. 139 Abs. 2 Ziff. 2 PBG NW (nur für Bauten und Anlagen, die baupolizeilichen Bestimmungen widersprechen); Art. 55 Abs. 2 BauG OW (nur für Bauten, die den Bauvorschriften widersprechen).

157 Vgl. § 68 Abs. 1 lit. b BauG AG; Art. 94 Abs. 2 BauG AR; Art. 3 Abs. 2 BauG BE; § 109 Abs. 1 RBG BL (nur für zonenfremd gewordene Bauten); § 77 Abs. 3 BPG BS; Art. 69 Abs. 2 RPBG FR; § 178 Abs. 2 PBG LU; Art. 139 Abs. 2 Ziff. 1–2 PBG NW; Art. 55 BauG OW (angemessene Erweiterung für zonenwidrig gewordene Anlagen; Erweiterung für bauvorschriftswidrig gewordene Anlagen); Art. 77bis und Art. 77quater BauG SG (Erweiterung bzw. angemessene Erweiterung); Art. 49 Abs. 1 BauG SH; § 72 Abs. 2 PBG SZ (nur für zonenwidrig gewordene gewerbliche und industrielle Betriebe und Anlagen; vgl. dazu Gisler, Wiederaufbaurecht, S. 31); § 94 Abs. 1 PBG TG; Art. 80 Abs. 2 LATC VD; Art. 3 Abs. 1 BauG VS; § 72 Abs. 1–2 PBG ZG (angemessene Erweiterung für zonenfremd gewordene Anlagen; Erweiterung für bauvorschriftswidrig gewordene Anlagen); § 357 Abs. 1 PBG ZH.

158 Vgl. Kappeler, Regelung, Rz. 180 ff.; Zaugg/Ludwig, Kommentar BauG BE, Art. 3 Rz. 3 (zum bernischen Recht).

159 Vgl. (für das aargauische Recht) Sommerhalder Forestier, in: Kommentar BauG AG, § 68 Rz. 22.

auch die **Zweckänderung** altrechtlicher Bauten und Anlagen.[160] Damit werden über die Zuführung zu einer zonenkonformen Nutzung hinaus im Grundsatz auch Umnutzungen für zulässig erklärt, die eine bestehende zonenwidrige Nutzung durch eine neue zonenwidrige Nutzung ersetzen.[161]

– Schliesslich gestatten einige Kantone den **Wiederaufbau** altrechtlicher Bauten, die durch Naturgewalt oder andere unverschuldete Einwirkungen zerstört worden sind, innerhalb einer bestimmten Frist.[162] Andere Kantone erweitern das Recht auf Wiederaufbau auf freiwillig abgebrochene Bauten und Anlagen.[163]

6.67 Die allgemeinen Voraussetzungen, unter welchen Arbeiten und Änderungen an nachträglich rechtswidrig gewordenen Bauten und Anlagen zulässig sind, werden durchwegs ähnlich umschrieben.[164] Im Allgemeinen wird verlangt, dass dem Vorhaben keine überwiegenden öffentlichen oder privaten (nachbarlichen) Interessen entgegenstehen und die Abweichung zum geltenden Recht nicht wesentlich verstärkt wird. Letzteres trifft zu, wenn das Vorhaben zu einer Verletzung zusätzlicher geltender Vorschriften führt oder wenn eine bereits verletzte Vorschrift in noch stärkerem Ausmass verletzt wird[165], indem die Auswirkungen des Vorhabens den bereits bestehenden rechtswidrigen Zustand weiter verstärken.[166] Für weiter gehende Abweichungen vom geltenden Recht bedürfte es einer (kantonalrechtlichen) Ausnahmebewilligung.

b) Ausserhalb der Bauzonen

6.68 Für altrechtliche Bauten und Anlagen ausserhalb der Bauzonen wird der Umfang der (erweiterten) Besitzstandsgarantie **abschliessend im Bundesrecht geregelt** (vgl. im Allgemeinen Art. 24c Abs. 2–3 RPG und Art. 41 f. RPV; für Zweckänderungen ohne bauliche Massnahmen Art. 24a RPG). Im Einzelnen kann auf den Beitrag von Jonas Alig und Kristin Hoffmann in diesem Band verwiesen werden.[167]

---

160 Vgl. § 68 Abs. 1 lit. b BauG AG; Art. 94 Abs. 2 lit. b BauG AR (Ermessensentscheid); § 109 Abs. 1 RBG BL (teilweise Zweckänderung für zonenfremd gewordene Bauten); § 77 Abs. 3 BPG BS; Art. 69 Abs. 2 RPBG FR; § 178 Abs. 2 PBG LU (teilweise Nutzungsänderung); Art. 77bis Abs. 2 BauG SG; Art. 49 Abs. 1 BauG SH; § 94 Abs. 1 PBG TG; § 72 Abs. 1 PBG ZG (teilweise Zweckänderung für zonenfremd gewordene Bauten); § 357 Abs. 1 PBG ZH (nur sofern sich die Baute nicht für eine zonengemässe Nutzung eignet; dazu Griffel, Raumplanungs- und Baurecht, S. 196 f.).

161 Vgl. dazu und insbesondere zum zürcherischen Recht Willi, Besitzstandsgarantie, S. 75, 78 f., 94, 109 f.

162 § 68 Abs. 1 lit. c BauG AG; Art. 48 Abs. 3 BauG SH; § 72 Abs. 3 PBG SZ; § 94 Abs. 2 PBG TG; Art. 126 Abs. 2 PBG UR; Art. 80 Abs. 3 LATC VD; Art. 4 BauG VS.

163 Art. 7 Abs. 1 BauG AI (hier werden der Abbruch und Wiederaufbau unter die zeitgemässe Erneuerung subsumiert!); Art. 69 Abs. 4 RPBG FR (nur in Kernzonen mit historisch gewachsener Bausubstanz in Schutzzonen oder -perimetern nach Massgabe der kommunalen Vorschriften); Art. 54 Abs. 2 BauG OW; Art. 77bis Abs. 1 BauG SG.

164 Willi, Besitzstandsgarantie, S. 74.

165 Vgl. (zu Art. 77bis Abs. 2 BauG SG) Heer, Bau- und Planungsrecht, Rz. 751.

166 Vgl. (zu Art. 3 Abs. 2 BauG BE) Zaugg/Ludwig, Kommentar BauG BE, Art. 3 Rz. 4.

167 Vgl. Rz. 3.175 ff.

C. Rechtssatzmässige Abwägungen mit der Besitzstandsgarantie

1. Im Allgemeinen

Es bleibt dem Gesetzgeber vorbehalten, die Anpassung bestehender Bauten und Anlagen an das neue Recht zu verlangen und dabei die Abwägung mit der (erweiterten) Besitzstandsgarantie generell-abstrakt vorwegzunehmen oder mit generalklauselartigen Vorgaben den rechtsanwendenden Behörden zu überlassen.[168] 6.69

Als Beispiele für **Bundesvorschriften,** welche die Anpassung altrechtlicher Bauten und Anlagen an das neue Recht verlangen und dabei die Abwägung mit der Besitzstandsgarantie zumindest in den Grundzügen vorwegnehmen, können etwa die Vorschriften über die Sanierungspflicht im USG (Art. 16–18)[169], im GSchG (Art. 80 ff.) oder in der Strahlenschutzverordnung (StSV; Art. 113, 116) erwähnt werden. Im Bereich der Behindertengleichstellung hat der Gesetzgeber entschieden, dass die Anpassungspflicht bei bestehenden Gebäuden nur diejenigen Gebäude- und Anlageteile erfasst, die vom bewilligungspflichtigen Änderungsvorhaben berührt sind.[170] Die getroffenen Abwägungen sind für die rechtsanwendenden Behörden verbindlich (Art. 190 BV). 6.70

In den **kantonalen** Baugesetzen finden sich vereinzelt ebenfalls Bestimmungen, welche die Anpassung altrechtlicher Bauten und Anlagen an die neuen Vorschriften verlangen[171] oder auf spezialgesetzliche Anpassungs- und Sanierungspflichten verweisen.[172] Teilweise wird auch vorgeschrieben, dass Bauten und Anlagen bei bewilligungsfähigen Änderungen soweit möglich, sinnvoll und nötig an die geltenden Vorschriften anzupassen sind.[173] In der Regel wird allerdings die Bestimmung von Umfang und Modalitäten solcher Anpassungen der einzelfallweisen Interessenabwägung durch die Baubehörden überlassen. Generell-abstrakte Abwägungen können vom Bundesgericht ebenfalls auf ihre Vereinbarkeit mit der verfassungsrechtlichen Besitzstandsgarantie überprüft werden. 6.71

168 Zum Ganzen WILLI, Besitzstandsgarantie, S. 64 f.

169 Vgl. Rz. 6.72 ff.

170 So BGE 134 II 249, E. 4.3, zu Art. 7 Abs. 1 lit. a i.V.m. Art. 3 lit. a BehiG und Art. 2 lit. a BehiV.

171 So z.B. Art. 70 Abs. 1 RPBG FR: «Wenn ein überwiegendes öffentliches Interesse und Gründe der Siedlungsgestaltung es rechtfertigen, kann der Gemeinderat von der Eigentümerschaft verlangen, eine Baute oder Anlage innert einer angemessenen Frist den Vorschriften des Gesetzes, den Plänen und den Reglementen anzupassen.» Vgl. ferner auch Art. 7 Abs. 3 BauG AI; Art. 3 Abs. 2 BauG VS.

172 Vgl. z.B. Art. 3 Abs. 4 BauG BE; § 79 Abs. 3 BPG BS; Art. 77bis Abs. 3 BauG SG.

173 So § 94 Abs. 3 PBG TG; vgl. auch Art. 41g Abs. 2 LEC TI.

2. Die Sanierungspflicht gemäss USG im Besonderen

6.72 **Art. 16 Abs. 1 USG** statuiert im Bereich der Immissionsschutzvorschriften eine generelle Sanierungspflicht (a).[174] Mit dieser Regelung hat der Bundesgesetzgeber den Grundsatz der Gleichbehandlung von neuen und alten Anlagen normiert[175] und damit das Interesse an der Durchsetzung der Umweltschutzvorschriften im Grundsatz höher gewichtet als die Besitzstandsgarantie.[176] Wo die Sanierung aber im Einzelfall zu unverhältnismässigen Einschränkungen der Besitzstandsgarantie (Art. 9 und 26 BV) führen würde, haben die Behörden gemäss Art. 17 Abs. 1 USG Erleichterungen zu gewähren (b). Schliesslich stellt Art. 18 USG den Umbau und die Erweiterung sanierungsbedürftiger Altanlagen unter den Vorbehalt, dass sie gleichzeitig saniert werden (c).

6.73 Die Feinabstimmung mit der Besitzstandsgarantie ergibt sich allerdings erst aus den **Ausführungsvorschriften,** die der Bundesrat gestützt auf Art. 16 Abs. 2 USG erlassen hat. So finden sich die detaillierten Bestimmungen über die zu sanierenden Anlagen, den Umfang der zu treffenden Sanierungsmassnahmen, die Sanierungsfristen und das Verfahren in der LSV (Art. 13 ff.), der LRV (Art. 7 ff.) und in der NISV (Art. 7 ff.).[177] Zu berücksichtigen sind überdies auch **spezialgesetzliche** Bestimmungen, wie etwa das Bundesgesetz vom 24. März 2000 über die Lärmsanierung der Eisenbahnen (BGLE).[178] Im Folgenden können lediglich die Grundzüge dieser Vorschriften skizziert werden.

a) Sanierungspflicht

6.74 Der Sanierungspflicht unterstehen alle Anlagen i.S.v. Art. 7 Abs. 7 USG, die einerseits vor dem Inkrafttreten des USG (1. Januar 1985)[179] entweder errichtet und betrieben wurden oder aber an diesem Stichtag über eine rechtskräftige Bewilligung verfügten (sog. **«altrechtliche» Anlagen**) und andererseits mit dem Inkraft-

---

174 Davon abzugrenzen sind die Vorschriften zur Sanierung von Deponien und anderen durch Abfälle belasteten Standorte (Art. 32c–e USG; Art. 1 ff. Altlastenverordnung [AltlV]) sowie die Regelung der Sanierung für belastete Böden (Art. 35 USG; Verordnung über Belastungen des Bodens, VBBo).

175 Statt vieler BGE 131 II 103, S. 108, E. 2.1.2; SCHRADE/WIESTNER, in: Kommentar USG, Vorbem. zu Art. 16 bis 18 Rz. 6.

176 GRIFFEL/RAUSCH, Kommentar USG, Ergänzungsband, Vorbem. zu Art. 16–18 Rz. 3.

177 Keine Ausführungsvorschriften existieren hingegen für den Schutz vor Erschütterungen. Hier gilt (übergangsmässig) die Weisung des BUWAL/BAV für die Beurteilung von Erschütterungen und Körperschall bei Schienenverkehrsanlagen (BEKS) vom 20. Dezember 1999. Vgl. zur Sanierungspflicht bei Erschütterungen eingehender HUNGER, Sanierungspflicht, S. 93 ff.

178 Die Geltungsdauer dieses Gesetzes war ursprünglich bis zum 31. Dezember 2015 befristet, wurde aber bis zum 31. Dezember 2028 verlängert (Art. 15 Abs. 4 BGLE). Vgl. dazu auch die Verordnung über die Lärmsanierung der Eisenbahnen vom 14. November 2001 (VLE).

179 Massgebend für die Abgrenzung zwischen Alt- und Neuanlagen ist grundsätzlich das Inkrafttreten des USG (HUNGER, Sanierungspflicht, S. 4 f.). In diesem Sinne (nun) auch Art. 47 LSV; anders knüpfen Art. 42 Abs. 1 LRV und Art. 3 Abs. 1–2 NISV am Inkrafttreten der jeweiligen Verordnung (1. März 1986 bzw. 1. Februar 2000) an. Zum Ganzen auch GRIFFEL/RAUSCH, Kommentar USG, Ergänzungsband, Art. 16 Rz. 8.

treten der Immissionsschutzvorschriften des USG, der dazugehörigen Ausführungsvorschriften oder anderer Bundesgesetze rechtswidrig geworden sind.[180] Zu den altrechtlichen Anlagen gehören auch jene, die zwar nach dem 1. Januar 1985, aber vor dem Inkrafttreten strengerer Ausführungsverordnungen bewilligt wurden, sowie solche, die zwar in Übereinstimmung mit dem USG erstellt wurden, aber infolge späterer Revisionen der Ausführungsverordnungen rechtswidrig geworden sind.[181]

Keine direkte Anwendung findet Art. 16 USG auf ursprünglich rechtswidrige Anlagen; diese unterliegen der Wiederherstellungspflicht.[182] Ferner sind rechtskonform erstellte Altanlagen, die erst nach dem Inkrafttreten des USG infolge von Umbauten oder Nutzungsänderungen rechtswidrig geworden sind, hinsichtlich der neuen Anlageteile wie Neuanlagen zu behandeln.[183] 6.75

Der **Sanierungstatbestand** wird **ausgelöst,** wenn eine altrechtliche Anlage den Anforderungen des USG und seiner Ausführungsverordnungen nicht mehr entspricht.[184] Dazu gehören in erster Linie die Beachtung des vorsorglichen Schutzes vor Luftverunreinigungen, Lärm, Erschütterungen und Strahlen (Art. 11 Abs. 2 USG)[185] sowie die Einhaltung der durch den Bundesrat festgelegten oder im Einzelfall zu bestimmenden Grenzwerte bei schädlichen oder lästigen Einwirkungen (Art. 11 Abs. 3 und Art. 13 ff. USG).[186] 6.76

Im Rahmen seines Ermessens (Art. 16 Abs. 2 USG) hat der Bundesrat maximale bzw. ordentliche **Sanierungsfristen** festgelegt, innerhalb derer die Sanierungsmassnahmen durchgeführt sein müssen.[187] Im Bereich des Lärmschutzes und des Strahlenschutzes gelten zudem anlagespezifische Sanierungsfristen[188], die in der Vergangenheit teilweise wiederholt verlängert worden sind.[189] Nach Ablauf dieser Maximalfristen bleibt die Sanierungspflicht bestehen, und das Verhältnismässig- 6.77

---

180 Hunger, Sanierungspflicht, S. 4 f.; Schrade/Wiestner, in: Kommentar USG, Art. 16 Rz. 16 ff.

181 Hunger, Sanierungspflicht, S. 5; Schrade/Wiestner, in: Kommentar USG, Art. 16 Rz. 18; Wagner Pfeifer, Umweltrecht I, Rz. 394.

182 Griffel/Rausch, Kommentar USG, Ergänzungsband, Art. 16 Rz. 10.

183 BGE 133 II 292, in der Amtlichen Sammlung nicht publizierte E. 2.5.1 (URP 2008 3 ff.).

184 Vgl. für die Luftreinhaltung Art. 8 Abs. 1 LRV und für nicht ionisierende Strahlen Art. 7 Abs. 1 NISV. Enger (für den Lärm) Art. 13 Abs. 1 LSV, wonach die Sanierungspflicht nur für jene bestehenden ortsfesten Anlagen besteht, welche wesentlich zur Überschreitung der Immissionsgrenzwerte beitragen; diese Einengung bleibt indes angesichts des ohnehin geltenden Vorsorgeprinzips ohne Bedeutung; vgl. BGer, Urteil 1C_311/2007 vom 21. Juli 2008, E. 3.2 (URP 2008 599 ff.).

185 Vgl. Schrade/Wiestner, in: Kommentar USG, Art. 16 Rz. 24, mit dem Hinweis, dass die Anforderungen an die wirtschaftliche Tragbarkeit von vorsorglichen Emissionsbegrenzungen bei Altanlagen u.U. anders zu beurteilen sind als bei Neuanlagen.

186 Eingehend Hunger, Sanierungspflicht, S. 21 ff. (LRV), 60 ff. (LSV), 109 ff. (NISV).

187 Vgl. Art. 17 LSV (für den Eisenbahnlärm gilt Art. 3 BGLE); Art. 10 und 42 Abs. 2–3 LRV; Art. 8 NISV.

188 So für die Lärmsanierung von Nationalstrassen und Hauptstrassen (Art. 17 Abs. 4 LSV), von Militär- und zivilen Flugplätzen (Art. 17 Abs. 6 lit. a–b LSV), für zivile Schiessanlagen (Art. 17 Abs. 6 lit. c LSV) und für militärische Waffen-, Schiess- und Übungsplätze (Art. 17 Abs. 6 lit. d LSV); ferner für den Strahlenschutz Anhang 1 NISV.

189 Kritisch Griffel/Rausch, Kommentar USG, Ergänzungsband, Vorbem. zu Art. 16–18 Rz. 7.

keitsprinzip kann dem Interesse an der Durchsetzung der Immissionsschutzvorschriften grundsätzlich nicht mehr entgegengehalten werden, sodass Ausnahmen und Erleichterungen im Einzelfall nur in Härtefällen zulässig sind.[190]

6.78 Die **Sanierung** besteht in der Anpassung der altrechtlichen Anlage an die geltenden Vorschriften, dies primär über Emissionsbegrenzungen nach Art. 12 USG an der Quelle[191], subsidiär und – soweit geeignet – durch Massnahmen am Einwirkungsort.[192] Im «Notfall»[193] kann die Stilllegung der Anlage angeordnet werden (Art. 16 Abs. 4 USG).

6.79 Die Sanierungsmassnahmen müssen im Einzelfall **verfügt** werden, was die vorgängige Durchführung eines Verwaltungsverfahrens voraussetzt, in welchem dem Verpflichteten das rechtliche Gehör zu gewähren ist (vgl. auch Art. 16 Abs. 3 USG). Als Adressaten der Sanierungsverfügung kommen alle Personen in Frage, die für den Betrieb der Anlage faktisch verantwortlich sind (Eigentümer, Mieter, Pächter usw.).[194]

b) Erleichterungen im Einzelfall

6.80 Obwohl der Bundesgesetzgeber der Durchsetzung der Immissionsschutzvorschriften gegenüber den Eigentums- und Vertrauensinteressen der Privaten (Besitzstandsgarantie) im Grundsatz ein höheres Gewicht beimisst (Art. 16 Abs. 1 USG), verpflichtet er die Behörden, **im Einzelfall Erleichterungen** zu gewähren, wo Sanierungen unverhältnismässig wären (Art. 17 Abs. 1 USG).[195] Dies trifft etwa zu, wenn die Sanierung technisch oder betrieblich nicht möglich oder wirtschaftlich nicht tragbar wäre[196] bzw. wenn sie unverhältnismässige Betriebseinschränkungen oder Kosten verursachen würde.[197] Ebenso sind Erleichterungen angebracht, wenn der Sanierung überwiegende öffentliche Interessen (wie z.B. der Polizeigüterschutz, der Ortsbild-, Natur- und Landschaftsschutz oder die Landesverteidigung[198]) entgegenstehen.[199]

6.81 Im Rahmen der Festlegung der im Einzelfall gewährten Erleichterungen kommt der Vollzugsbehörde ein gewisses Ermessen zu. Dieses wird allerdings dadurch eingeschränkt, dass Erleichterungen nach dem Willen des Gesetzgebers Ausnahmecharakter haben und restriktiv gehandhabt werden sollen.[200] Ausserdem wird der

---

190 Vgl. auch GRIFFEL/RAUSCH, Kommentar USG, Ergänzungsband, Art. 16 Rz. 21.

191 Vgl. dazu konkretisierend Art. 9 LRV, Art. 13 LSV, Art. 7 NISV. Zum Ganzen eingehender HUNGER, Sanierungspflicht, S. 24 ff. (Lärm), 64 ff. (Luftverunreinigungen), 115 ff. (nichtionisierende Strahlen).

192 Vgl. zu passiven Schallschutzmassnahmen HUNGER, Sanierungspflicht, S. 70.

193 Dazu SCHRADE/WIESTNER, in: Kommentar USG, Art. 16 Rz. 100.

194 Zum Ganzen GRIFFEL/RAUSCH, Kommentar USG, Ergänzungsband, Art. 16 Rz. 2 f.

195 Dazu eingehender SCHRADE/WIESTNER, in: Kommentar USG, Art. 17 Rz. 16 ff.

196 So Art. 11 Abs. 1 LRV; vgl. auch Art. 8 Abs. 1 NISV.

197 So Art. 14 Abs. 1 lit. a LSV.

198 Dazu BGE 133 II 181, E. 7.1 (Schiessanlage).

199 So Art. 14 Abs. 1 lit. b LSV; vgl. auch Art. 7 Abs. 3 lit. b BGLE.

200 BGE 138 II 379, E. 5 m.w.H.

Umfang der möglichen Erleichterungen durch Art. 17 Abs. 2 USG[201] beschränkt. Vor diesem Hintergrund sind Erleichterungen in erster Linie über eine **Verlängerung der Sanierungsfrist** zu gewähren.[202] Bleibt die Unverhältnismässigkeit der geforderten Massnahmen auch bei einer Fristverlängerung bestehen, sind Erleichterungen in der Gestalt von **weniger einschneidenden Emissionsbegrenzungen** ins Auge zu fassen.[203] Eine **vollständige Befreiung** von der Sanierungspflicht kommt nur als «ultima ratio» in Frage.[204]

Im Rahmen der Gewährung von Erleichterungen dürfen aber die **Immissionsgrenzwerte** für Luftverunreinigungen und Erschütterungen sowie die **Alarmwerte** für Lärmimmissionen auf keinen Fall überschritten werden (Art. 17 Abs. 2 USG). 6.82
Sind diese Grenzwerte überschritten, hat der Eigentümer auch unverhältnismässige Einschränkungen seines Besitzstandes zu dulden. Ein Spielraum für eine einzelfallweise Abwägung besteht nicht mehr.[205]

Für öffentliche oder konzessionierte ortsfeste Anlagen (wie Strassen, Flughäfen oder Eisenbahnanlagen) lässt Art. 20 USG i.V.m. 14 Abs. 2 LSV (e contrario) aber sogar eine Überschreitung der Alarmwerte für unvermeidbare Lärmimmissionen zu. In solchen Fällen hat die Vollzugsbehörde jedoch die Eigentümer der lärmbelasteten bestehenden Gebäude zu verpflichten, die Fenster lärmempfindlicher Räume (Art. 2 Abs. 6 LSV) gegen Schall zu dämmen oder andere geeignete Schallschutzmassnahmen zu treffen (Art. 15 Abs. 1–2 LSV).[206] 6.83

c) Umbau und Erweiterung sanierungsbedürftiger Anlagen

Sanierungsbedürftige Altanlagen dürfen bereits aufgrund der verfassungsrechtlichen Besitzstandsgarantie **weiter genutzt** und **unterhalten** werden.[207] 6.84

In Art. 18 Abs. 1 USG wird diese Besitzstandsgarantie zwar um den **Umbau** und die **Erweiterung** der sanierungsbedürftigen Anlage erweitert. Umbau und Erweiterung sind allerdings nur zulässig, wenn die gesamte Anlage gleichzeitig saniert wird. Ausserdem können gewährte Erleichterungen im Fall eines Umbaus oder einer Erweiterung eingeschränkt oder ganz aufgehoben werden (Art. 18 Abs. 2 USG). Wenn also eine sanierungsbedürftige Anlage wesentlich geändert wird, wird sie unabhängig vom Ablauf der Sanierungsfrist **vollumfänglich sanierungspflichtig.**[208] 6.85

Änderungen an sanierungsbedürftigen Anlagen sind **wesentlich** i.S.v. Art. 18 USG, wenn die Anlage als Ganze dadurch wahrnehmbar mehr Emissionen verursacht oder wenn die Änderung – unabhängig von ihrem Einfluss auf die Emissionen – ein 6.86

201 Vgl. Rz. 6.82.
202 Vgl. explizit Art. 11 Abs. 2 LRV.
203 Vgl. Art. 11 Abs. 2 LRV; für Beispiele Hunger, Sanierungspflicht, S. 33 f., 74.
204 Zum Ganzen Schrade/Wiestner, in: Kommentar USG, Art. 17 Rz. 33. Vgl. ferner Art. 8 Abs. 3 LRV, wonach auf eine Sanierung verzichtet werden kann, wenn sich der Inhaber verpflichtet, die Anlage innert der Sanierungsfrist stillzulegen.
205 Schrade/Wiestner, in: Kommentar USG, Art. 17 Rz. 40.
206 Vgl. BGE 137 II 58, E. 5.1; zum Ganzen Hunger, Sanierungspflicht, S. 73.
207 Vgl. Rz. 6.56 ff.
208 BGE 137 II 58, E. 5.1.

erhebliches Ausmass annimmt, indem sie entweder die Bausubstanz stark verändert oder erhebliche Kosten verursacht.[209] Der Begriff der wesentlichen Änderung wird für Lärmimmissionen in Art. 8 Abs. 3 LSV konkretisiert[210]; im Ergebnis wird der Begriff aufgrund von Art. 2 Abs. 4 LRV enger gefasst. Er ist nach zwei Richtungen abzugrenzen: Zum einen von kleinen Änderungen wie Unterhalts- und Reparaturarbeiten, welche unter die verfassungsrechtliche Besitzstandsgarantie fallen und nicht die Sanierungspflicht der ganzen Anlage auslösen. Zum andern ist eine Abgrenzung zu neubauähnlichen Änderungen vorzunehmen, welche den Vorschriften für Neuanlagen unterliegen[211], sodass die erforderlichen Emissionsbegrenzungen für die ganze Anlage festzusetzen sind.[212]

209 Hunger, Sanierungspflicht, S. 23 f., 63; Schrade/Wiestner, in: Kommentar USG, Art. 18 Rz. 17.

210 Diese Umschreibung deckt aber den Umfang der «wesentlichen Änderungen» nicht abschliessend ab; vgl. BGE 141 II 483, E. 4.3–4.6, wonach sich das Kriterium der wesentlichen Änderung i.S.v. Art. 8 Abs. 2–3 LSV nicht allein nach der vorhersehbaren Erhöhung der Lärmimmissionen, sondern aufgrund einer gesamthaften Betrachtung (insbesondere bezüglich Umfang und Kosten der baulichen Massnahmen) entscheidet (Instandstellung und gleichzeitige Sanierung eines Nationalstrassenanschlusses); ferner auch BGer, Urteil 1C_372/2009 vom 18. August 2010, E. 3.2 (URP 2010 723 ff.) betreffend Bauten am Flughafen Payerne; aus der Kasuistik statt vieler BGer, Urteil 1C_278/2010 vom 31. Januar 2011, E. 3.2 (URP 2011 135 ff.) betreffend den Umbau eines Schulhausplatzes; BVGer, Urteil A-1251/2012 vom 15. Januar 2014, E. 21 (URP 2015 27 ff.) betreffend den Ausbau einer Nationalstrasse.

211 Schrade/Wiestner, in: Kommentar USG, Art. 18 Rz. 16.

212 Vgl. BGE 131 II 103, E. 2.1.2.

7. TEIL:

Verfahren; Umweltverträglichkeitsprüfung

Inhaltsübersicht

I. Vorbemerkungen zu Verfahren und Rechtsschutz

Literatur

BIAGGINI GIOVANNI, Kommentar BV, Art. 29, 29a und 30; CORBOZ BERNARD, in: Commentaire LTF, Art. 110, 111 und 112; EHRENZELLER BERNHARD, in: Basler Kommentar BGG, Art. 110, 111 und 112; HÄFELIN ULRICH/HALLER WALTER/KELLER HELEN, Bundesstaatsrecht, Rz. 827 ff.; KIENER REGINA, Unabhängigkeit; KIENER REGINA/KÄLIN WALTER, Grundrechte, S. 477 ff.; KIENER REGINA/RÜTSCHE BERNHARD/KUHN MATHIAS, Öffentliches Verfahrensrecht, Rz. 44 ff. und 179 ff.; KLEY ANDREAS, in: St.Galler Kommentar BV, Art. 29a; KÖLZ ALFRED/HÄNER ISABELLE/BERTSCHI MARTIN, Verwaltungsverfahren, Rz. 59 ff.; MAHON PASCAL, in: Petit Commentaire, Art. 29, 29a und 30; MÜLLER JÖRG PAUL/SCHEFER MARKUS, Grundrechte, S. 817 ff.; REICH JOHANNES, in: Basler Kommentar BV, Art. 30; RHINOW RENÉ/KOLLER HEINRICH/KISS CHRISTINA/THURNHERR DANIELA/BRÜHL-MOSER DENISE, Öffentliches Prozessrecht, Rz. 90 ff.; RHINOW RENÉ/SCHEFER MARKUS, Verfassungsrecht, Rz. 3020 ff.; SEILER HANSJÖRG, in: Handkommentar BGG, Art. 110, 111 und 112; STEINMANN GEROLD, in: St.Galler Kommentar BV, Art. 29 und 30 (Rz. 1 ff. und 43 ff.); THURNHERR DANIELA, Urteilsbesprechung BGer 1C_914/2013, BGE 140 I 326; THURNHERR DANIELA, Verwaltungsrechtspflege; THURNHERR DANIELA, Verfahrensgrundrechte; UHLMANN FELIX, Verfahrensgrundrechte; WALDMANN BERNHARD, in: Basler Kommentar BV, Art. 29 und 29a.

A. Überblick über die Instanzenzüge

Die bau- und planungsrechtlichen Verfahren weisen **vielfältige Erscheinungsformen** auf: Sie finden je nach Gegenstand auf kantonaler bzw. kommunaler Ebene oder vor Bundesbehörden statt. Dabei treten sie, abhängig von der Ausgestaltung 7.1

des Instanzenzugs und dem Verfahrensstadium, als nichtstreitige bzw. streitige Verwaltungsverfahren oder als verwaltungsgerichtliche Verfahren in Erscheinung.[1]

7.2 Das Verfahren vor den **kantonalen Behörden** richtet sich nach dem kantonalen Recht, wobei neben den allgemeinen Verfahrensbestimmungen regelmässig die besonderen Regeln auf spezialgesetzlicher Ebene zu beachten sind. Der Entscheidungsspielraum des kantonalen Gesetzgebers wird dabei durch verschiedene bundesrechtliche Vorgaben limitiert.[2] Kantonale Entscheide sind zunächst auf kantonaler Ebene – und zwar in der Regel in einem ersten Schritt verwaltungsintern und anschliessend vor einer oder mehreren gerichtlichen Instanzen – anfechtbar. Danach können sie mit Beschwerde in öffentlichrechtlichen Angelegenheiten dem Bundesgericht zur Prüfung unterbreitet werden (Art. 82 ff. BGG).[3] Spezifische Fragen wirft die Anfechtung planerischer Entscheide auf, die letztlich von der Qualifikation des jeweiligen Plans abhängt.

7.3 Auf **Bundesebene** finden sich die Verfahrensbestimmungen, die das Zustandekommen des erstinstanzlichen Entscheids regeln, im VwVG sowie den Spezialgesetzen. Anders als auf kantonaler Ebene fehlt es seit der Etablierung des Bundesverwaltungsgerichts – anderslautende spezialgesetzliche Vorgaben vorbehalten – an einem verwaltungsinternen Rechtsmittel. Entscheide von Bundesbehörden sind, punktuelle Ausnahmen im Bereich der Kernenergie vorbehalten (siehe Art. 32 Abs. 1 lit. e VGG), mit Beschwerde an das Bundesverwaltungsgericht (Art. 31 ff. VGG) und anschliessend mit Beschwerde in öffentlichrechtlichen Angelegenheiten beim Bundesgericht (Art. 82 ff. BGG) anfechtbar.

7.4 Soweit die Verletzung einer **Garantie der EMRK** geltend gemacht wird, besteht anschliessend die Möglichkeit einer Individualbeschwerde an den Europäischen Gerichtshof für Menschenrechte (EGMR) in Strassburg (Art. 34 f. EMRK). Im Fall des Obsiegens wird der innerstaatliche Entscheid gegebenenfalls in Revision gezogen (vgl. Art. 122 BGG, Art. 45 VGG und Art. 66 Abs. 2 lit. d VwVG).

B. Bundes- und kantonalrechtliche Vorgaben: Vielfalt und Vereinheitlichung

7.5 Die Suche nach dem **einschlägigen Recht** gestaltet sich in bau- und planungsrechtlichen Verfahren mitunter komplex. Ursächlich dafür ist, dass sowohl im Bund als auch in den Kantonen auf spezialgesetzlicher Ebene zahlreiche Bestimmungen statuiert werden, die von den allgemeinen Bestimmungen abweichen oder diese konkretisieren. Ins Gewicht fällt zudem, dass in den Kantonen eine beachtliche Verfahrensvielfalt besteht, da das öffentliche Verfahrens- und Prozessrecht keine

1 Zu diesen Begriffen statt vieler RHINOW/KOLLER/KISS/THURNHERR/BRÜHL-MOSER, Öffentliches Prozessrecht, Rz. 48 ff.

2 Dazu im Einzelnen Rz. 7.6 ff.

3 Die Ausnahmetatbestände von Art. 83 BGG sind für kantonale Entscheide in bau- und planungsrechtlichen Angelegenheiten nicht von Belang.

umfassende bundesrechtliche Vereinheitlichung erfahren hat.[4] Allerdings statuiert das Bundesrecht verschiedentlich Vorgaben an das kantonale Recht, die den Spielraum des kantonalen Gesetzgebers einschränken, gleichzeitig aber auch für eine gewisse Einheitlichkeit und einen verbesserten Individualrechtsschutz sorgen. Die entsprechenden Bestimmungen lassen sich nach vier Themenbereichen gliedern:[5]

Erstens ist auf die **spezialgesetzlichen Bestimmungen im RPG** hinzuweisen, die das Verfahren und den Rechtsschutz auf kantonaler Ebene massgeblich prägen. Relevant sind in diesem Kontext Art. 4 (Information und Mitwirkung), Art. 25 (kantonale Zuständigkeiten), Art. 25a (Grundsätze der Koordination), Art. 26 (Genehmigung der Nutzungspläne durch eine kantonale Behörde), Art. 31 (kantonale Fachstellen) und Art. 33 RPG (Rechtsschutz auf kantonaler Ebene). Ihnen gemeinsam ist, dass sie in der Regel der Umsetzung im kantonalen Recht bedürfen. Teile des Gehalts von Art. 33 RPG wurden in der Zwischenzeit durch die allgemeinen Vorgaben, welche das Bundesgerichtsgesetz an die kantonalen Vorinstanzen statuiert, überlagert. Sie verfügen seither nicht mehr über eigenständige Bedeutung.[6] 7.6

Zweitens finden sich in verschiedenen **Sachgesetzen des Bundes** Vorgaben, die von den kantonalen Behörden in bau- und planungsrechtlichen Verfahren zu beachten sind. Teilweise besteht diesbezüglich in den Kantonen gesetzgeberischer Umsetzungs- und Konkretisierungsbedarf, teilweise sind die betreffenden Normen unmittelbar anwendbar. Exemplarisch hinzuweisen ist in diesem Kontext auf die Bestimmungen zur Umweltverträglichkeitsprüfung (Art. 10a ff. USG sowie die UVPV)[7] und zu den spezialgesetzlichen Beschwerderechten von Verbänden, die auch zur Ergreifung von Rechtsmitteln auf kantonaler Ebene legitimieren bzw. dazu verpflichten (insb. Art. 55 ff. USG; Art. 12 ff. NHG; Art. 46 Abs. 3 WaG; Art. 9 BehiG).[8] 7.7

Drittens statuiert das **Bundesgerichtsgesetz,** wie bereits erwähnt, verschiedene Anforderungen an das Verfahren vor kantonalen Instanzen, die teilweise mit Blick auf die Einheit des Verfahrens für sämtliche Vorinstanzen des Bundesgerichts gelten, teilweise auf die letzte oder einzelne kantonale Instanzen beschränkt sind. Im Zentrum stehen dabei Art. 86 Abs. 2 (gerichtliche Vorinstanzen), Art. 110 (Kognition), Art. 111 (Parteistellung und Kognition) sowie Art. 112 BGG (Eröffnung der Entscheide). 7.8

---

4 Dazu THURNHERR, Verwaltungsrechtspflege, S. 217 ff.

5 Beziehen sich die betreffenden Bestimmungen auf Bereiche, in denen die Kantone Bundesrecht vollziehen, kommt dem Bund die Befugnis zu, in die kantonale Zuständigkeit zur Regelung von Organisation und Verfahren einzugreifen, soweit dies «für die Sicherstellung einer richtigen und rechtzeitigen Umsetzung des Bundesrechts durch die Kantone notwendig und verhältnismässig ist» (BGE 128 I 254, E. 3.8.2). Die Existenz einer Grundsatzgesetzgebungskompetenz – wie nota bene in der Raumplanung – schliesst dies nicht aus (BGE 128 I 254, E. 3.8.3). Gelangt kantonales Recht zur Anwendung, bedarf die Einschränkung der kantonalen Organisations- und Verfahrenshoheit einer Grundlage in der Verfassung. Von zentraler Bedeutung sind dabei die Verfahrensgarantien. Dazu KÖLZ/HÄNER/BERTSCHI, Verwaltungsverfahren, Rz. 106.

6 Dazu im Einzelnen Rz. 8.7 ff.

7 Dazu im Einzelnen Rz. 7.158 ff.

8 Dazu im Einzelnen Rz. 8.202 ff.

7.9 Viertens finden die **Verfahrensgarantien,** die in der BV sowie in internationalen Menschenrechtsübereinkommen (namentlich der EMRK und dem UNO-Pakt II) Verankerung gefunden haben, auch in Verfahren vor kantonalen Instanzen Anwendung. Die verfassungsrechtlichen Mindestanforderungen prozeduraler Gerechtigkeit, die von den Behörden auf sämtlichen staatlichen Ebenen zu beachten sind, werden im Folgenden kurz skizziert.

C. Grundrechtliche Anforderungen an Verfahren und Rechtsschutz

1. Überblick

7.10 Die im vorliegenden Kontext relevanten Verfahrensgarantien sind auf innerstaatlicher Ebene in Art. 29, 29a und 30 BV verankert: Während Art. 29 BV allgemeine Verfahrensgarantien statuiert, die in sämtlichen Verfahren vor Gerichts- und Verwaltungsinstanzen zum Tragen kommen, garantiert Art. 29a BV den Zugang zum Gericht. Art. 30 BV schliesslich stellt gewisse Anforderungen an das Gericht sowie das gerichtliche Verfahren. Dabei handelt es sich um **Mindestgarantien,** die vornehmlich dann zum Tragen kommen, wenn sich auf gesetzlicher Ebene keine entsprechenden Vorgaben finden oder diese bzw. die diesbezügliche Praxis dahinter zurückbleiben.[9]

7.11 Erst ansatzweise konkretisiert und noch nicht systematisch aufgearbeitet sind die Konsequenzen, die aus dem Grundsatz von **Treu und Glauben** im Prozess resultieren.[10] Als verfassungsrechtliche Anknüpfungspunkte für diese Garantie bieten sich dabei neben Art. 29 Abs. 1 auch Art. 5 Abs. 3 und Art. 9 BV an.[11] Anerkennung gefunden hat jedenfalls der Grundsatz, wonach den Parteien aus mangelhafter Eröffnung eines Entscheids kein Rechtsnachteil erwachsen darf.[12] Zu beachten ist, dass aufgrund von Art. 5 Abs. 3 BV nicht nur die Behörden, sondern auch die Privaten zu einem Handeln nach Treu und Glauben verpflichtet sind.

7.12 Die einschlägigen Bestimmungen auf **völkerrechtlicher Ebene** (namentlich Art. 6 EMRK und Art. 14 UNO-Pakt II) verfügen insofern über einen engeren sachlichen Geltungsbereich, als sie sich lediglich auf strafrechtliche Anklagen sowie Streitigkeiten über zivilrechtliche Ansprüche und Verpflichtungen beziehen. Da dieses Begriffspaar vom EGMR bzw. vom Menschenrechtsausschuss der UNO-Pakte auto-

---

9 Statt vieler BGE 141 I 70, E. 5.2; BGE 131 I 185, E. 2. Soweit Bundesrecht Anwendung findet, ist das Bundesgericht aufgrund von Art. 190 BV allerdings daran gebunden und kann, ausser es würde ein Auslegungsspielraum bestehen, nicht unter Bezugnahme auf die verfassungsrechtlichen Verfahrensgarantien davon abweichen. Resultieren diese Garantien auch aus der EMRK, der in Konfliktfällen regelmässig der Vorrang eingeräumt wird (statt vieler BGE 139 I 16, E. 5.1), kommt abweichendes Bundesrecht im Ergebnis indes nicht zur Anwendung.

10 Siehe Kiener/Kälin, Grundrechte, S. 495.

11 Vgl. BGE 141 I 60, E. 3.3.

12 Vgl. BGE 138 I 49, E. 8.3.2.

nom ausgelegt wird, finden die erwähnten Garantien auch in zahlreichen bau- und planungsrechtlichen Streitigkeiten Anwendung.[13] Die dabei statuierten Anforderungen gehen nicht über die Vorgaben der BV hinaus.[14] Sie sind daher insbesondere in zweierlei Hinsicht von Belang: Zum einen statuieren sie eine Schranke für Ausnahmen von der Rechtsweggarantie, zum anderen können Verletzungen von Art. 6 EMRK auch auf internationaler Ebene vor einer gerichtlichen Instanz (dem EGMR) geltend gemacht werden.

2. Allgemeine Verfahrensgarantien (Art. 29 BV)

Die allgemeinen Fairnessgarantien von Art. 29 BV beanspruchen grundsätzlich in sämtlichen «Verfahren vor Gerichts- und Verwaltungsinstanzen» Geltung. Die Rechtsprechung und die herrschende Lehre beschränken sie allerdings auf Rechtsanwendungsverfahren, die in **individuell-konkrete Hoheitsakte** münden.[15] Auf nichtstreitiger Ebene ist der Geltungsbereich der Verfahrensgarantien demgemäss auf den Erlass von Verfügungen sowie von Raumplänen, die aufgrund ihrer Struktur und ihres Inhalts Verfügungen gleichkommen, beschränkt. Nach vorliegend vertretener Ansicht besteht ein «Anspruch auf gleiche und gerechte Behandlung» allerdings in weiteren behördlichen Entscheidungsfindungsprozessen, die seitens der Betroffenen ein schutzwürdiges Interesse an solchen Garantien generieren. Letztere sind daher beispielsweise auch – wenngleich mit teilweise modifiziertem Gehalt – im Kontext von Realakten oder informellen Vorabsprachen zu gewähren.[16] 7.13

Art. 29 Abs. 1 BV, der auch als Anknüpfungspunkt und Sammelbecken für weitere, nicht explizit genannte Garantien dient, lässt sich in folgende **Teilgehalte** aufschlüsseln:[17] 7.14

- **Verbot der Rechtsverweigerung und der Rechtsverzögerung:** Dieses verpflichtet die Behörden, eine ihr frist- und formgerecht unterbreitete Angelegenheit tatsächlich an die Hand zu nehmen[18] und das Verfahren innert angemessener Frist abzuschliessen[19].
- **Verbot des überspitzten Formalismus:** Dieses richtet sich gegen jede Art prozessualer Formstrenge, die sich sachlich nicht rechtfertigen lässt und daher als exzessiv zu qualifizieren ist.[20]

---

13 Siehe dazu im Einzelnen Rz. 8.36 ff.

14 Siehe dazu statt vieler BGE 133 I 89, E. 3.2; dazu Müller/Schefer, Grundrechte, S. 937.

15 Statt vieler BGE 131 II 169, E. 2.2.3; Biaggini, Kommentar BV, Art. 29 Rz. 3; Kiener/Kälin, Grundrechte, S. 482 f.; Waldmann, in: Basler Kommentar BV, Art. 29 Rz. 12; offengelassen immerhin in BGer, Urteil 1C_448/2008 vom 13. März 2009, E. 5.1 (betreffend einen Realakt).

16 Eingehend dazu Thurnherr, Verfahrensgrundrechte, Rz. 509 ff.

17 Zur Tragweite dieser Bestimmung eingehend und statt vieler Steinmann, in: St.Galler Kommentar BV, Art. 29 Rz. 16 ff.; Waldmann, in: Basler Kommentar BV, Art. 29 Rz. 16 ff.

18 Statt vieler BGE 135 I 6, E. 2.1; BGE 134 I 229, E. 2.3.

19 Zu den Kriterien für die Beurteilung der Angemessenheit der Verfahrensdauer statt vieler BGE 135 I 265, E. 4.4; BGE 130 I 312, E. 5.2.

20 Statt vieler BGE 132 I 249, E. 5; BGE 128 II 139, E. 2a.

- **Anspruch auf eine richtig zusammengesetzte, unabhängige und unbefangene Behörde:** Art. 29 Abs. 1 BV wirkt insofern als Pendant zu den in Art. 30 Abs. 1 BV für gerichtliche Instanzen statuierten Vorgaben. Während bezüglich der ordnungsgemässen Zusammensetzungen und der Unparteilichkeit im Sinne der subjektiven Unabhängigkeit grundsätzlich dieselben Anforderungen wie an gerichtliche Behörden zu stellen sind, ist mit Blick auf die organisatorische (objektive) Unabhängigkeit den Besonderheiten hinsichtlich Funktion und Organisation der Verwaltungsbehörden Rechnung zu tragen.[21] Gesetzlich vorgesehene baurechtliche Vorentscheide begründen daher keine unzulässige Vorbefassung; allerdings muss in deren Kontext die verfahrensrechtliche Stellung Dritter gewahrt bleiben.[22]

  Der Anspruch auf unbefangene Entscheidträger ist beispielsweise verletzt, wenn Mitglieder der kommunalen Baubehörde sich bereits zu einem früheren Zeitpunkt in expliziter Weise zu konkreten Fragen geäussert haben, die sich auch im Bewilligungsverfahren stellen.[23]

  In seiner früheren Rechtsprechung verneinte das Bundesgericht die Ausstandspflicht eines Mitglieds des Gemeinderats, das mit raumplanerischen Entscheiden befasst war und im betroffenen Gebiet selbst über Land verfügte. Als Begründung wurde vorgebracht, dass die Behörden bei der Planung primär mit der Erfüllung öffentlicher Aufgaben und der Erreichung politischer Ziele betraut seien. Zudem würden strengere Ausstandspflichten eine erhebliche Erschwernis der kommunalen Selbstverwaltung im Bau- und Planungswesen bedeuten.[24] In einem später ergangenen Entscheid hat das Bundesgericht allerdings in begrüssenswerter Weise die Ausstandspflicht eines Gemeindeammanns bejaht, der zugleich Präsident der Planungskommission war, die über Grundstücke seines Schwiegervaters bzw. einer Erbengemeinschaft, deren Mitglied seine Ehefrau war, zu befinden hatte.[25]

- **Anspruch auf Wiedererwägung:** Dieser stellt keine eigentliche Garantie im Verfahren dar; vielmehr vermittelt er einen Anspruch auf Revision oder Wiedererwägung eines rechtskräftigen Entscheids, «wenn sich nachträglich herausstellt, dass [er] auf einer falschen tatsächlichen Grundlage beruht». Voraussetzung bildet, dass «ein klassischer Revisionsgrund vorliegt», mithin, dass «der Gesuchsteller erhebliche Tatsachen oder Beweismittel anführt, die ihm im früheren Verfahren nicht bekannt waren oder die schon damals geltend zu machen für ihn rechtlich oder tatsächlich unmöglich war oder keine Veranlassung bestand».[26]

7.15 Art. 29 Abs. 2 BV vermittelt den Parteien in knappen Worten einen Anspruch auf **rechtliches Gehör.** Hinter dieser Formulierung steht eine Reihe einzelner Ansprü-

21 BGE 140 I 326, E. 5.2.

22 Dazu Rz. 8.166 ff.

23 BGE 140 I 326, E. 6 und 7; dazu Thurnherr, Urteilsbesprechung BGer 1C_914/2013, BGE 140 I 326, S. 957 ff.

24 BGer, Urteil vom 9. Mai 1979 (ZBl 1979 488 f.); bestätigt in BGer, Urteil 1P.426/1999 vom 20. Juni 2000, E. 2a/aa (ZBl 2002 36 ff.); kritisch dazu Thurnherr, Verfahrensgrundrechte, Rz. 319 f.

25 BGer, Urteil 1P.316/2003 vom 14. Oktober 2003, E. 3.6.2 und 3.6.3 (ZBl 2005 634 ff.).

26 BGE 127 I 133, E. 6 m.w.H.

che, die einerseits den Parteien Subjektstellung im Verfahren einräumen und andererseits ein Mittel zur Sachaufklärung bilden.[27] Das rechtliche Gehör ist in raumplanungsrechtlichen Angelegenheiten insbesondere von der Information und Mitwirkung gemäss Art. 4 RPG zu unterscheiden, die sich auf den politischen Meinungsbildungsprozess beziehen.[28] Auch und vor allem im Dienste des Rechtsschutzes steht demgegenüber Art. 33 Abs. 1 RPG betreffend die öffentliche Auflage der Pläne. Diese Bestimmung limitiert allerdings im Ergebnis die Reichweite des Gehörsanspruchs: Nach – nicht kritiklos gebliebener – bundesgerichtlicher Rechtsprechung müssen Planentwürfe nämlich nicht öffentlich aufgelegt werden. Als Begründung hierfür wird vorgebracht, dass diese in Art. 33 Abs. 1 RPG nicht erwähnt werden.[29]

Der Gehörsanspruch umfasst folgende **Teilgehalte:**[30] 7.16

- **Recht auf Äusserung (rechtliches Gehör i.e.S.):** Dieses vermittelt den Betroffenen einen Anspruch darauf, sich vor Erlass eines Entscheids oder eines Urteils, das in ihre Rechtsstellung eingreift, zu äussern und ihre Sichtweise zu allen massgeblichen Fragen darzulegen.[31] In Verfahren mit einer grösseren Zahl von Betroffenen sind teilweise besondere Einwendungsverfahren vorgesehen, die der Gewährung des rechtlichen Gehörs dienen.[32] Wenngleich diese (auch auf kantonaler und kommunaler Ebene) teilweise als «Einsprache» bezeichnet werden, handelt es sich hierbei nicht um ein Rechtsmittel, sondern um eine spezifische Art und Weise der Einräumung des rechtlichen Gehörs, die prozessökonomisch motiviert ist.
- **Recht auf Stellungnahme** zu Eingaben von Gegenparteien und Dritten: Die Parteien verfügen gestützt darauf über das Recht, von jeder Eingabe an die Behörden Kenntnis zu nehmen und sich auf Wunsch dazu zu äussern.[33] Dieses – auf die Rechtsprechung des EGMR zurückgehende – unbeschränkte Replikrecht wurde vom Bundesgericht in einem Grundsatzurteil auf das gerichtliche Verfahren beschränkt.[34] Verwaltungsbehörden sind demgegenüber dann dazu verpflichtet, den Parteien eine Stellungnahme zur Vernehmlassung zuzustellen, wenn sich darin neue und erhebliche Gesichtspunkte finden, bezüglich derer noch keine Äusserungsmöglichkeit bestand.[35] In einem neueren Entscheid hat das Bundesgericht – allerdings ohne Bezugnahme auf das Replikrecht – die Bedeutung des Rechts auf Einsicht- und Stellungnahme auch im Verwaltungsverfahren betont.

---

27 Zur doppelten Zwecksetzung des rechtlichen Gehörs statt vieler BGE 135 II 286, E. 5.1.
28 Siehe dazu Waldmann/Hänni, Handkommentar RPG, Art. 4 Rz. 2.
29 BGE 135 II 286, E. 5.3; dazu Rz. 8.9.
30 Zu den einzelnen Teilgehalten eingehend und statt vieler Waldmann, in: Basler Kommentar BV, Art. 29 Rz. 40 ff.; Steinmann, in: St. Galler Kommentar BV, Art. 29 Rz. 42 ff.
31 Statt vieler BGE 134 I 140, E. 5.3.
32 Vgl. auf Bundesebene Art. 30a VwVG, der diese Möglichkeit vorsieht; als Beispiel für eine entsprechende spezialgesetzliche Bestimmung sei auf Art. 18f EBG hingewiesen.
33 Statt vieler BGE 139 I 189, E. 3.2; BGE 133 I 100, E. 4.4–4.6.
34 Siehe BGE 138 I 154, E. 2. Zu den Möglichkeiten der Einräumung des Replikrechts siehe Waldmann, in: Basler Kommentar BV, Art. 29 Rz. 48 m.w.H.
35 BGE 138 I 154, E. 2; BGE 133 I 100, E. 4.2.

Bei dessen Konkretisierung könne jedoch «den sachlichen Unterschieden zwischen den verschiedenen Behörden und Verfahrenskonstellationen Rechnung» getragen werden.[36]

- **Recht auf Mitwirkung an der Beweiserhebung:** Den Parteien kommt sodann das Recht zu, Beweise anzubieten, Beweismittel vorzubringen und mit Beweisanträgen gehört zu werden, sofern diese nicht offensichtlich untauglich sind.[37] Unter diesen Titel zu subsumieren ist auch das in baurechtlichen Angelegenheiten relevante Recht auf Teilnahme am Augenschein, sofern nicht überwiegende öffentliche oder private Interessen (insbesondere die Verhinderung der Vereitelung des Zwecks des Augenscheins) entgegenstehen.[38]
- **Recht auf Akteneinsicht:** Unabdingbare Voraussetzung für die effektive Wahrnehmung der Parteirechte bildet das Recht auf Einsichtnahme in sämtliche Dokumente, die geeignet sind, Entscheidgrundlage zu bilden.[39] Das Akteneinsichtsrecht kann zum Schutz überwiegender öffentlicher oder privater Interessen eingeschränkt werden.[40] Es setzt im Übrigen voraus, dass tatsächlich aussagekräftige Akten geführt werden.[41]
- **Recht auf Eröffnung und Begründung des Entscheids:** Die Eröffnung hat grundsätzlich individuell zu erfolgen; bei zahlreichen Drittbetroffenen ist die Bekanntmachung in einem amtlichen Publikationsorgan indes nicht ausgeschlossen.[42] Die Begründung soll die Parteien in die Lage versetzen, den behördlichen Entscheid nachzuvollziehen und in Kenntnis der rechtlichen und tatsächlichen Umstände über einen allfälligen Weiterzug zu entscheiden.[43]
- **Recht auf Vertretung und Verbeiständung:** Schliesslich verfügen die Parteien über das Recht, sich in Verfahren vor Gerichten und Verwaltungsbehörden durch einen Dritten vertreten zu lassen oder einen Beistand beizuziehen.[44]

7.17 Der Anspruch auf rechtliches Gehör ist grundsätzlich **formeller Natur.** Dies hat zur Folge, dass seine Verletzung unabhängig von den Erfolgsaussichten in der Sache selbst zur Aufhebung des angefochtenen Entscheids führt.[45] Nach der – nicht kritiklos gebliebenen – Heilungsthese können nicht besonders schwerwiegende Gehörsverletzungen vor der Rechtsmittelinstanz jedoch geheilt werden, sofern die unterbliebene Gehörsgewährung nachgeholt wird und die Rechtsmittelinstanz nicht über

---

36 BGer, Urteil 1C_159/2014 vom 10. Oktober 2014, E. 4.1; kritisch bezüglich der fehlenden Auseinandersetzung mit BGE 138 I 154 Gerold Steinmann, Urteilsbesprechung – Bundesgericht, I. öffentlich-rechtliche Abteilung, 10. Oktober 2014, 1C_159/2014, ZBl 2015 323 ff., S. 328.

37 Statt vieler BGE 141 I 60, E. 3.3; BGE 137 II 266, E. 3.2.

38 Statt vieler BGE 121 V 150, E. 4b.

39 Statt vieler BGE 130 II 473, E. 4.1.

40 Siehe den Katalog der Geheimhaltungsgründe für Verfahren vor Bundesbehörden in Art. 27 VwVG.

41 BGE 141 I 60, E. 4.3.

42 Siehe für Verfahren vor Bundesbehörden Art. 36 VwVG (unter Erwähnung weiterer Konstellationen, in denen die Eröffnung in einem amtlichen Blatt zulässig ist).

43 Statt vieler BGE 141 III 28, E. 3.2.4; BGE 133 I 270, E. 3.1.

44 Statt vieler BGE 132 V 443, E. 3.3.

45 Statt vieler BGE 137 I 195, E. 2.2; BGE 135 I 187, E. 2.2.

eine engere Kognition verfügt. Darüber hinaus können selbst schwerwiegende Gehörsverletzungen geheilt werden, wenn die Rückweisung zu einem formalistischen Leerlauf führte.[46]

Art. 29 Abs. 3 BV schliesslich statuiert einen – unter dem Vorbehalt bestimmter Voraussetzungen stehenden – Anspruch auf **unentgeltliche Prozessführung und unentgeltlichen Rechtsbeistand,** der dem Ziel der Herstellung von Waffengleichheit im Verfahren dient.[47] Der Anspruch auf unentgeltliche Prozessführung (unentgeltliche Rechtspflege i.e.S.) umfasst den gänzlichen oder teilweisen Verzicht auf die Erhebung von Gerichts- und Verfahrensgebühren sowie die Leistung von Kostenvorschüssen.[48] Der Anspruch auf unentgeltlichen Rechtsbeistand gewährleistet die amtliche Bestellung eines solchen sowie dessen Entschädigung durch das Gemeinwesen nach staatlichem Tarif.[49] Voraussetzungen für beide Ansprüche bilden die Bedürftigkeit sowie die Nichtaussichtslosigkeit des Begehrens.[50] Der Anspruch auf unentgeltliche Rechtspflege verlangt zudem die sachliche Notwendigkeit der Verbeiständung, die dann erfüllt ist, wenn die Angelegenheit aufgrund ihrer Komplexität den Beizug eines Rechtsvertreters erfordert.[51] Während sich auch juristische Personen auf die Teilgehalte von Art. 29 Abs. 1 und 2 BV berufen können, gilt dies für Abs. 3 lediglich in sehr eingeschränktem Mass, da juristische Personen «nicht arm oder bedürftig, sondern bloss zahlungsunfähig oder überschuldet [sind] und (...) in diesem Fall die gebotenen gesellschafts- und konkursrechtlichen Konsequenzen zu ziehen» haben.[52] 7.18

3. Anspruch auf Zugang zum Gericht (Art. 29a BV)

Die Rechtsweggarantie von Art. 29a BV vermittelt jeder Person «bei Rechtsstreitigkeiten Anspruch auf Beurteilung durch eine **richterliche Behörde**», wobei Bund und Kantone auf Gesetzesebene Ausnahmen vorsehen können. Erfüllt werden die Anforderungen der Rechtsweggarantie grundsätzlich nicht vom Bundesgericht (das gemäss Art. 97 BGG keine umfassende Prüfung des Sachverhalts und aufgrund von Art. 95 BGG grundsätzlich keine Kontrolle in Bezug auf kantonales Recht vornehmen kann[53]), sondern von seinen Vorinstanzen.[54] 7.19

46 Statt vieler BGE 137 I 195, E. 2.3.2; BGE 135 I 279, E. 2.6.1.

47 Zum Aspekt der Waffengleichheit statt vieler Kiener/Rütsche/Kuhn, Öffentliches Verfahrensrecht, Rz. 220 ff.; Rhinow/Koller/Kiss/Thurnherr/Brühl-Moser, Öffentliches Prozessrecht, Rz. 365 f.; siehe auch BGE 139 I 138, E. 4.2.

48 Dazu Steinmann, in: St.Galler Kommentar BV, Art. 29 Rz. 63 f.; Waldmann, in: Basler Kommentar BV, Art. 29 Rz. 70.

49 Dazu Waldmann, in: Basler Kommentar BV, Art. 29 Rz. 72 ff.

50 Statt vieler BGE 135 I 221, E. 5.1; BGE 129 I 129, E. 2.3.1.

51 Statt vieler BGE 130 I 180, E. 2.2; BGE 128 I 225, E. 2.5.2.

52 Vgl. BGE 131 II 306, E. 5.2.1.

53 Sofern nicht kantonale verfassungsmässige Rechte, die politischen Rechte oder interkantonales Recht zur Diskussion stehen; vgl. Art. 95 lit. c, d und e BGG.

54 Siehe BGE 139 I 129, E. 2 und 3.

7.20 Der **kantonale Handlungsspielraum** zur Statuierung von Ausnahmen von der Rechtsweggarantie ist stark limitiert, da die Kantone gemäss Art. 86 Abs. 3 BGG lediglich für «Entscheide mit vorwiegend politischem Charakter» anstelle eines Gerichts eine andere Behörde als unmittelbare Vorinstanz des Bundesgerichts einsetzen können. Die Anfechtung von Richtplänen durch Gemeinden, die eine Autonomieverletzung geltend machen, unterliegt den Regeln der Erlassanfechtung.[55] Die Kantone sind aufgrund von Art. 83 BGG daher nicht verpflichtet, auf kantonaler Ebene eine Anfechtungsmöglichkeit vorzusehen. Besteht eine solche, muss aufgrund von Art. 87 Abs. 2 i.V.m. 86 Abs. 3 BGG als Vorinstanz des Bundesgerichts nicht ein oberes kantonales Gericht eingesetzt werden, da der Richtplan vorwiegend politischen Charakter hat.[56]

7.21 Für die **bundesrechtlichen Verfahren** besteht – soweit vorliegend von Interesse – einzig für Verfügungen auf dem Gebiet der Kernenergie betreffend Rahmenbewilligungen von Kernenergieanlagen eine Ausnahme von der gerichtlichen Überprüfung (Art. 32 Abs. 1 lit. e Ziff. 1 VGG).[57]

4. Garantien im gerichtlichen Verfahren (Art. 30 Abs. 1 und 3 BV)

7.22 Art. 30 Abs. 1 BV nennt die Vorgaben, denen die **gerichtliche Instanz** zu genügen hat. Demgemäss muss die Beurteilung durch «ein durch Gesetz geschaffenes, zuständiges, unabhängiges und unparteiisches Gericht» erfolgen. Abs. 1 beinhaltet folgende Teilgehalte:[58]

- **Anspruch auf ein Gericht:** Als Gerichte gelten jene Behörden, die in einem justizförmigen Verfahren bindende Entscheide fällen und die nachfolgend erörterten Merkmale aufweisen.[59]
- **Anspruch auf ein durch Gesetz geschaffenes Gericht:** Das Gericht muss gestützt auf generell-abstrakte Verfahrensbestimmungen konstituiert und gemäss diesen Vorgaben zusammengesetzt sein.[60]
- **Anspruch auf ein unabhängiges Gericht:** Das Gericht muss so zusammengesetzt sein, dass es von den anderen Staatsgewalten (namentlich der Exekutive und der Legislative) unabhängig ist.[61]
- **Anspruch auf ein unparteiisches Gericht:** Gestützt darauf besteht ein Recht «auf einen unparteiischen, unbefangenen und unvoreingenommenen Richter».[62]

---

55 BGE 136 I 265, E. 1.1.
56 Dazu auch Rz. 8.41.
57 Dazu auch Rz. 8.84.
58 Dazu statt vieler und eingehend Kiener, Unabhängigkeit, S. 55 ff., Reich, in: Basler Kommentar BV, Art. 30 Rz. 11 ff. und Steinmann, in: St. Galler Kommentar BV, Art. 30 Rz. 7 ff., welche diese Garantie teilweise in weitere Aspekte aufschlüsseln.
59 Statt vieler BGE 134 I 16, E. 4.2; BGE 126 I 228, E. 2a/bb.
60 BGE 137 I 340, E. 2.2.
61 BGE 114 Ia 50, E. 3b.
62 BGE 114 Ia 50, E. 3c.

Damit sollen sachfremde Einflüsse ausgeschaltet und die Offenheit des Verfahrens sichergestellt werden.[63] Neben der unzulässigen Vorbefassung[64] fällt unter diesen Teilaspekt insbesondere die fehlende Unparteilichkeit aus Gründen, die in der Person des Richters oder dessen Beziehung zu den Verfahrensbeteiligten liegen[65].

Art. 30 Abs. 3 BV schliesslich statuiert einen Anspruch auf **öffentliche Gerichtsverhandlung und Urteilsverkündung** (Art. 30 Abs. 3 BV). Dieser darf nicht darüber hinwegtäuschen, dass Verfahren vor Verwaltungsgerichten in der Regel schriftlich durchgeführt werden.[66] Das Bundesgericht beschränkt Art. 30 Abs. 3 BV nämlich auf den Anwendungsbereich von Art. 6 Ziff. 1 EMRK[67], was zur Folge hat, dass die verfassungsrechtliche Garantie trotz ihres offen umschriebenen Geltungsbereichs im Ergebnis auf (vom EGMR allerdings autonom ausgelegte[68]) Zivil- und Strafsachen limitiert bleibt.[69] 7.23

II. Verfahren

Literatur

Aemisegger Heinz/Kuttler Alfred/Moor Pierre/Ruch Alexander/Tschannen Pierre (Hrsg.), Kommentar RPG; Bandli Christoph, Koordinationsgesetz; Baumann Andreas/van den Bergh Ralph/Grossweiler Martin/Häuptli Christian/Häuptli-Schwaller Erica/Sommerhalder Forestier Verena, Kommentar BauG AG; Berner Mischa, Planungs- und Baurecht; Bosonnet Roger, Plangenehmigungsverfahren; Fischer Ulrich, Atomanlagen; Fritzsche Christoph/Bösch Peter/Wipf Thomas, Planungs- und Baurecht; Gauderon Philippe, Approbation de plans; Gebhardt Daniel/Meyer Christoph/Nertz Christoph/Piolino Marina, Baubewilligung; Griffel Alain, Raumplanungs- und Baurecht; Griffel Alain, Verfahrenskoordination; Griffel Alain, Vorentscheide; Haller Walter/Karlen Peter, Raumplanungs-, Bau- und Umweltrecht; Häner Isabelle, Strassenrecht; Hänni Peter, Planungsrecht; Hepp Marcel/Stückelberger Ueli, Seilbahnrecht; Ivanov Daniela, Harmonisierung; Jaag Tobias/Hänni Julia, Infrastruktur der Luftfahrt; Jagmetti Riccardo, Energierecht; Kley-Struller Andreas, Anforderungen; Marti Arnold, Bauaussteckung; Marti Arnold, Bundeskoordinationsgesetz; Ruch Alexander, Umwelt – Boden – Raum; Sägesser Thomas, Handkommentar RVOG; Schmid Silvan, Kernenergiegesetz; Vogel Robert/Hartmann Stephan/Schib Werner, Schifffahrtsrecht; Waldmann Bernhard/Hänni Peter, Handkommentar RPG; Walker Späh Carmen, Aussteckung; Walpen Adrian, Bau und Betrieb; Wiederkehr René, Koordinationspflicht; Wipf Thomas, Koordinationsgesetz; Zaugg Aldo/Ludwig Peter, Kommentar BauG BE; Zufferey Roger, Coordination.

---

63 Reich, in: Basler Kommentar BV, Art. 30 Rz. 23.
64 Dazu statt vieler BGE 133 I 89, E. 3.2; BGE 131 I 24, E. 1.2.
65 Dazu statt vieler BGE 139 I 121, E. 5.1; BGE 137 I 227, E. 2.1.
66 Siehe dazu auch Reich, in: Basler Kommentar BV, Art. 30 Rz. 43.
67 Siehe BGE 128 I 288, E. 2.3 ff.
68 Zur Bedeutung von Art. 6 EMRK auf dem Gebiet des Raumplanungs- und Baurechts siehe Rz. 8.36 ff.
69 Kritisch statt vieler Müller/Schefer, Grundrechte, S. 966 f.; Rhinow/Koller/Kiss/Thurnherr/Brühl-Moser, Öffentliches Prozessrecht, Rz. 555.

Amtliche Publikationen

ARE, Ergänzung Leitfaden Richtplanung 2014; Botschaft AsylG 2014; Botschaft Bundeskoordinationsgesetz 1998.

A. Im Zuständigkeitsbereich von Bundesbehörden

1. Überblick

7.24 Der Bund hat keine allgemeine verfassungsmässige Kompetenz zur Regelung der Bewilligungsverfahren und der entsprechenden Behördenorganisation. Aus der Kompetenz zum Erlass von **Grundsätzen der Raumplanung** (Art. 75 Abs. 1 BV) sowie der Vorgabe, dass der Bund bei der Erfüllung seiner Aufgaben die Erfordernisse der Raumplanung zu beachten hat (Art. 75 Abs. 3 BV), lässt sich jedoch die Befugnis des Bundes ableiten, auch Vorschriften über das Verfahren aufzustellen. Daher finden alle Verfahrensvorschriften, welche der Durchsetzung der vom Bund aufgestellten materiellen Grundsätze dienen, ihre verfassungsrechtliche Grundlage in den genannten Bestimmungen. Wo der Bund die Kompetenz zur umfassenden Regelung einzelner Sachbereiche erhalten hat, kann er zudem nicht nur die wesentlichen Verfahrensvorschriften, sondern darüber hinaus auch Vorgaben zur Behördenorganisation aufstellen.[70]

7.25 Bis zur Revision des RPG im Jahr 1995 beschränkte sich der Bund weitgehend auf den Erlass von Grundsatzvorschriften zur Raumplanung und überliess damit die Regelung der Bewilligungsverfahren für Bauten und Anlagen weitestgehend den Kantonen. Nur in wenigen Fällen nahm der Bund selbst Vollzugsaufgaben in diesem Bereich wahr.[71] Mit der Revision des RPG sowie dem Erlass des Bundesgesetzes über die Koordination und Vereinfachung von Entscheidverfahren im Jahr 1999[72] erfolgte eine **grundsätzliche Neuordnung der Bewilligungsverfahren** für bodenbezogene Projekte.

2. Koordinationsgesetz des Bundes

7.26 Durch das Koordinationsgesetz ist nicht ein neues Bundesgesetz geschaffen worden. Vielmehr handelt es sich beim Koordinationsgesetz um einen Mantelerlass, mit welchem insgesamt 18 Bundesgesetze geändert und mit Bezug auf das Verfahren weitgehend vereinheitlicht wurden. Seit dieser Revision hat der Bund die Durchführung derjenigen Bewilligungsverfahren der Zuständigkeit einer einzigen Bundesbehörde unterstellt, bei welchen er über die verfassungsmässige Sachkompetenz verfügt. Die mit dem Koordinationsgesetz geschaffenen Verfahrensvorschrif-

---

70 Häfelin/Haller/Keller, Bundesstaatsrecht, Rz. 1102 ff.; Schweizer, in: St. Galler Kommentar BV, Art. 3 Rz. 30.

71 So beispielsweise im Bereich Nationalstrassen, Eisenbahnen oder Kernanlagen.

72 AS 1999 3071.

ten regeln die Koordination der von Bundesbehörden durchgeführten Verfahren. Alle anderen Bewilligungsverfahren werden von den Kantonen und Gemeinden nach der Zuständigkeitsordnung des jeweiligen kantonalen Rechts abgewickelt.[73] Diese Kompetenzaufteilung gilt für den gesamten Vollzug. Der Zuständigkeit für die Bewilligungsverfahren für Bauten und Anlagen folgen unter Vorbehalt einer speziellen Regelung auch die Aufsichts- und Kontrollfunktionen.[74]

a) Tragweite der Verfahrenskoordination

Bauprojekte müssen einer breiten Palette von materiellrechtlichen Anforderungen entsprechen. Die Einhaltung dieser Anforderungen wird im Rahmen des Bewilligungsverfahrens geprüft. Dabei zeigte sich in der früheren Praxis, dass der Ablauf des Bewilligungsverfahrens einen nicht zu unterschätzenden Einfluss auf die inhaltliche Prüfung und damit auch auf die Durchsetzung der materiellrechtlichen Vorschriften hat. Die Überlagerung der Zuständigkeiten verschiedener Prüf- und Bewilligungsbehörden führte dazu, dass in manchen Bewilligungsverfahren jeweils nur Einzelaspekte von Projekten geprüft und genehmigt wurden. Diese Aufteilung war geeignet, eine Gesamtschau über das ganze Projekt sowie eine materielle Koordination der Teilentscheide mit einer übergreifenden Interessenabwägung zu verhindern, und erschwerte damit in der Sache die Anwendung der bundesrechtlichen Vorschriften.[75] Aus diesem Grund entwickelte das Bundesgericht in einer Reihe von Entscheiden **bundesrechtliche Minimalanforderungen** an die materielle und formelle Koordination der Bewilligungsverfahren.[76] 7.27

Das **Koordinationsgesetz** von 1999 kodifiziert die bundesgerichtliche Rechtsprechung in seinem Anwendungsbereich, d.h. für Verfahren in der Vollzugszuständigkeit des Bundes.[77] Es geht vom Grundsatz aus, dass der Bund die Zuständigkeit zur Durchführung der Bewilligungsverfahren in denjenigen Bereichen hat, in denen er aufgrund der Verfassungsordnung zur materiellen Regelung zuständig ist. Bezüglich der militärischen Anlagen (Art. 60 BV), der Wasserkraftwerke (Art. 76 Abs. 2 BV), der Eisenbahnanlagen, der Seilbahnen, der Schifffahrt und der Luftfahrt (Art. 87 BV), der Atomkraftwerke (Art. 90 BV), der elektrischen Anlagen sowie der Rohrleitungsanlagen (Art. 91 Abs. 1 und 2 BV) verfügt er über eine umfassende Regelungskompetenz oder ist zumindest zum Erlass von Verfahrensrecht ermächtigt. Die frühere Aufteilung der Verfahren in verschiedene Teilbewilligungen wurde durch den **Grundsatz der Verfahrenskonzentration** abgelöst. Damit hat sich der Gesetzgeber gegen eine bloss materielle Koordination von verschiedenen, vor unterschied- 7.28

73 Zum Ganzen vgl. Botschaft Bundeskoordinationsgesetz 1998, S. 2593 ff.

74 Exemplarisch Art. 10 Abs. 2 EBG; Art. 41 Abs. 2 NSG; anders aber Art. 70 Abs. 1 lit. a KEG i.V.m. Art. 2 Abs. 1 ENSIG.

75 Kley-Struller, Anforderungen, S. 156 ff.

76 Grundlegend BGE 116 Ib 50 ff.; vgl. auch BGE 114 Ia 114, E. 4; BGE 113 Ib 225, E. 2c, je m.w.H.

77 BGE 133 II 181, E. 5.1.4; Bandli, Koordinationsgesetz, S. 515 ff.; Griffel, Verfahrenskoordination, S. 226 ff.; Griffel, Grundprinzipien, Rz. 416 ff.; Hänni, Planungsrecht, S. 476 f.; Ivanov, Harmonisierung, S. 109 ff.; Marti, Bundeskoordinationsgesetz, S. 294 ff.; Zufferey, Coordination, S. 232 ff.

lichen Behörden parallel geführten Verfahren entschieden. Für die Erteilung aller erforderlichen Bewilligungen ist nur noch eine einzige Behörde zuständig (konzentriertes Entscheidverfahren). Als Bewilligungsinstanz amtet regelmässig das sachlich zuständige Bundesamt. In Sachbereichen, in denen das Bundesamt selbst das Genehmigungsgesuch stellen muss, ist als entscheidende Behörde das in der Sache zuständige vorgesetzte Departement eingesetzt.[78]

b) Konzentriertes Entscheidverfahren

7.29 Das konzentrierte Entscheidverfahren kennzeichnet sich durch eine erhöhte Verantwortlichkeit der zuständigen Behörde. Diese hat als verfahrensleitende Instanz **(Leitbehörde)** für die erforderliche inhaltliche Koordination zu sorgen. Das bedeutet, dass diese Leitbehörde sämtliche sachlich zuständigen Fachstellen des Bundes am Verfahren beteiligen und anhören muss. Diese Fachstellen sind nur anzuhören; ihre Zustimmung ist nicht zwingend geboten.[79] Bei divergierenden Stellungnahmen der mitwirkenden Fachstellen muss die Leitstelle für die inhaltliche Bereinigung und Auflösung von Widersprüchen sorgen. Dabei wird keiner der mitwirkenden Fachstellen ein a-priori-Vorrang oder gar ein Vetorecht eingeräumt. Vielmehr wird im Rahmen eines Bereinigungsverfahrens versucht, unterschiedliche Auffassungen durch ein Gespräch zwischen der Leitbehörde und der betroffenen Fachstelle auszuräumen (Art. 62b Abs. 1 RVOG).[80] Zu diesem Bereinigungsgespräch können weitere Fachleute und Behörden beigezogen werden. Falls die Bereinigung gelingt, muss die Leitbehörde das Ergebnis in den Gesamtentscheid übernehmen. Falls die Bereinigung scheitert, hat die Leitbehörde im Rahmen des Gesamtentscheids über das Projekt auch über die umstrittene Frage oder den Widerspruch zu entscheiden (Art. 62b Abs. 3 RVOG). Abweichende Stellungnahmen von mitwirkenden Fachstellen, über die sich die Leitbehörde trotz Bereinigungsverfahren hinweggesetzt hat, sind offenzulegen (Art. 62b Abs. 3, 3. Satz RVOG). Die Leitbehörde weicht in der Praxis kaum ohne Not von der fachlich begründeten Auffassung einer Fachstelle ab. In der Regel gelingt eine Bereinigung, bei der die Fachbehörde ihre materiellen Anliegen wenigstens im Kern durchsetzt. Auch für die Leitbehörde gilt der Grundsatz, dass die korrekte Anwendung des materiellen Rechts im Zentrum des Bewilligungsverfahrens steht und dass dies der Überprüfung durch eine oder zwei gerichtliche Instanzen unterliegt.[81] Ein Abweichen von der Auffassung der Fachbehörde kommt für die Leitbehörde daher nur bei untergeordneten Detailfragen zur Vermeidung von Widersprüchen innerhalb des Entscheids in Betracht.[82]

---

78 Art. 26 Abs. 1 NSG; Art. 126 Abs. 1 MG.

79 Sägesser, Handkommentar RVOG, Art. 62a Rz. 8; Ivanov, Harmonisierung, S. 110; Zufferey, Coordination, S. 228 ff.; Bosonnet, Plangenehmigungsverfahren, S. 289 ff.

80 Sägesser, Handkommentar RVOG, Art. 62b Rz. 1 ff.; Wipf, Koordinationsgesetz, S. 80 ff.; Wiederkehr, Koordinationspflicht, S. 605 ff.

81 Sägesser, Handkommentar RVOG, Art. 62b Rz. 8 ff.

82 Botschaft Bundeskoordinationsgesetz 1998, S. 2600; Bandli, Koordinationsgesetz, S. 541 ff.

c) Berücksichtigung des kantonalen Rechts

Neben der bundesrechtlichen Bewilligung sind **keine weiteren kantonalen oder kommunalen Bewilligungen** erforderlich. Die Kantone werden vor der Entscheidung durch die Leitbehörde angehört; über Mitentscheidungsbefugnis verfügen sie jedoch nicht. Die Leitbehörde prüft und wendet auch das massgebliche kantonale oder kommunale Recht an. Dabei ist auf das kantonale Recht nur insoweit Rücksicht zu nehmen, als die Erstellung und der Betrieb der Baute oder Anlage dadurch nicht übermässig erschwert werden. Solche kantonalen Anforderungen haben ihren Ursprung häufig in Vorschriften des Bau-, Planungs-, Strassen-, Wasser-, Natur- und Heimatschutz- sowie Gewässerschutzrechts.[83] Im Einzelfall ist somit eine Abwägung der konkreten Interessenlage vorzunehmen.[84] Die entsprechende Interessenabwägung wird durch die Leitbehörde im Rahmen des Gesamtentscheids vorgenommen. Dabei darf von den Bundesbehörden erwartet werden, dass sie kompetenzgemäss erlassene Normen der Kantone und Gemeinden beachten, soweit damit eine sachgerechte Beurteilung schutzwürdiger Interessen ermöglicht wird.[85] Nicht in das Verfahren einbezogen werden die Gemeinden. Sie können sich jedoch wie Private mit einer Einsprache am Verfahren beteiligen und auf diese Weise ihre Interessen wahren.[86] 7.30

d) Zulässige Ausnahmen von der Verfahrenskoordination

Die Konzentration auf ein Leitverfahren erstreckt sich auf sämtliche Entscheidverfahren in der Vollzugszuständigkeit des Bundes, welche für die Realisierung eines raumrelevanten Projektes erforderlich sind. Zu koordinieren ist dabei die Anwendung aller materiellrechtlichen Vorschriften, welche für ein konkretes Projekt einschlägig sind und zwischen denen ein derart enger **Sachzusammenhang** besteht, dass sie nicht getrennt und unabhängig voneinander angewendet werden dürfen.[87] Dies bedeutet, dass gleichzeitig sowohl das eigentliche Plangenehmigungsverfahren für das Bauprojekt als auch allfällige Konzessions- bzw. Enteignungsverfahren in einem einzigen, konzentrierten Bewilligungsverfahren vor einer Leitbehörde auf Bundesebene abgewickelt werden. Separat durchgeführt werden einzig Verfahren, die für die Realisierung und die konkrete Ausgestaltung des Projektes nicht von zentraler Bedeutung und deshalb nicht in einem Gesamtverfahren mit den übrigen Aspekten zu koordinieren sind. So darf etwa über die Subventionierung eines Pro- 7.31

83 BGE 121 II 8, E. 2 ff.; Ivanov, Harmonisierung, S. 112 f.

84 BGer, Urteil 1C_582/2013 vom 25. September 2014 E. 2 ff.; BGE 118 Ib 576 E. 4b; BGE 110 Ib 260, E. 2c; VGer VD, Urteil AC 7521 vom 15. Juli 1992 E. 3a (RDAF 1993 209 ff.); Ivanov, Harmonisierung, S. 113.

85 BGE 121 II 378, E. 9; Botschaft Bundeskoordinationsgesetz 1998, S. 2598; Bandli, Koordinationsgesetz, S. 543.

86 Art. 27d Abs. 3 NSG; Art. 18f Abs. 3 EBG; Art. 36d Abs. 5 LFG; Art. 13 Abs. 2 SebG; Art. 46 Abs. 2 KEG; Art. 22a Abs. 3 RLG; Art. 16f Abs. 3 EleG; Art. 62e Abs. 3 WRG; Art. 126f Abs. 3 MG; Botschaft Bundeskoordinationsgesetz 1998, S. 2600; Bandli, Koordinationsgesetz, S. 543.

87 So grundlegend BGE 116 Ib 50, E. 4b; vgl. Waldmann/Hänni, Handkommentar RPG, Art. 25a Rz. 8 ff.; Marti, in: Kommentar RPG, Art. 25a Rz. 1 ff.

jektes in einem gesonderten Verfahren entschieden werden. Desgleichen wird über die finanziellen Folgen einer durch das Projekt genehmigten Enteignung im Rahmen eines eigenständigen Schätzungsverfahrens vor der Eidgenössischen Schätzungskommission befunden.

e) Besondere Vorschriften bei Rodungsbewilligungen

7.32 Die Zuständigkeit für Rodungsbewilligungen liegt bei derjenigen Behörde, welche für die Bewilligung des Vorhabens zuständig ist. Dies gilt unabhängig davon, ob es sich dabei um eine kantonale oder eidgenössische Behörde handelt. Um dennoch einen einheitlichen Vollzug im Bereich der Waldgesetzgebung zu gewährleisten, muss bei Rodungen im Kanton zwingend eine **kantonale** (und nicht kommunale) **Behörde** entscheiden (Art. 6 Abs. 2 WaG).[88] Zudem besteht bei Rodungen von Flächen über 5000 m^2 ein zwingendes Anhörungsrecht des BAFU, welches überdies zur Beschwerde gegen den kantonalen Entscheid legitimiert ist (Art. 46 Abs. 2 WaG).

f) Fristen und deren Wirkungen

7.33 Das Koordinationsgesetz schreibt vor, dass auf Verordnungsstufe für den Verfahrensabschluss Fristen vorgegeben werden müssen. Allerdings handelt es sich dabei durchwegs um **Ordnungsfristen,** welche keinen durchsetzbaren Rechtsanspruch auf fristgemässe Erledigung des Verfahrens vermitteln.[89] Das Interesse an der materiell korrekten Rechtsanwendung geht dem Beschleunigungsgebot nämlich vor. Dies schliesst namentlich die Genehmigungsfiktion bei Überschreitung der Bearbeitungsfrist aus.[90] Der zuständigen Behörde soll auch in komplexen Verfahren genügend Zeit zur materiellen Klärung der durch das Gesuch aufgeworfenen Fragen bleiben. Die Verletzung der Verfahrensfristen hat einzig zur Folge, dass die Leitbehörde dem Gesuchsteller unter Angabe der Gründe für die Verzögerung mitteilen muss, bis wann der abschliessende Entscheid getroffen werden kann (Art. 62c Abs. 2 RVOG).[91]

3. Verkehrsanlagen

a) Strassen

7.34 Der Bund baut, betreibt und unterhält die **Nationalstrassen** (Art. 83 Abs. 2 BV).[92] Alle übrigen Strassen fallen unter die kantonale Hoheit; der Bund ist dort nur zum

---

88 Hänni, Planungsrecht, S. 452.
89 Botschaft Bundeskoordinationsgesetz 1998, S. 2605 f.; Sägesser, Handkommentar RVOG, Art. 62c Rz. 2 f.; Wipf, Koordinationsgesetz, S. 205; Bandli, Koordinationsgesetz, S. 543 f.
90 Wipf, Koordinationsgesetz, S. 183 ff.; Bandli, Koordinationsgesetz, S. 544.
91 So auch Ruch, in: Kommentar RPG, Art. 25 Rz. 24.
92 Hänni, Planungsrecht, S. 498 ff.; Ruch, Umwelt – Boden – Raum, Rz. 1156 ff.

Erlass von Strassenverkehrsvorschriften sowie zur Oberaufsicht über Strassen von gesamtschweizerischer Bedeutung ermächtigt (Art. 82 Abs. 1 und 2 BV). Die Festlegung und Realisierung des Nationalstrassennetzes durch den Bund erfolgt in mehreren Stufen, welche auf die parallel dazu laufende Projektierung abgestimmt sind.[93]

Die Bundesversammlung erlässt zunächst einen einfachen Bundesbeschluss, den sogenannten **Netzbeschluss,** in welchem die allgemeine Linienführung und die Art der zu errichtenden Nationalstrassen festgelegt werden (Art. 1 und 11 NSG). Der Netzbeschluss ist nach Art. 11 NSG endgültig, d.h. er unterliegt weder dem Referendum noch einem Rechtsmittel.[94] 7.35

Im weiteren Verlauf der Projektierung ist für die Nationalstrassen ein **generelles Bauprojekt** auszuarbeiten, aus welchem die Linienführung der Strassen, die Anschlussstellen und die Kreuzungsbauwerke hervorgehen müssen (Art. 12 NSG).[95] Für das generelle Projekt wird – unter Einbezug der interessierten Kantone, der betroffenen Gemeinden und allenfalls der Grundeigentümer – ein Vernehmlassungsverfahren, nicht aber ein eigentliches Einspracheverfahren durchgeführt. Unter Berücksichtigung der Stellungnahmen aus dem Vernehmlassungsverfahren wird das generelle Projekt bereinigt (Art. 19 Abs. 1 und 2 NSG). Anschliessend unterliegt es der Genehmigung durch den Bundesrat, der abschliessend entscheidet (Art. 20 NSG). 7.36

Sodann ist ein detailliertes **Ausführungsprojekt** auszuarbeiten.[96] Dies gilt sowohl für das vor dem 1. Januar 2008 beschlossene Nationalstrassennetz, welches durch die Kantone zu erstellen ist, als auch für den Bau neuer und den Ausbau bestehender Nationalstrassen, die nun in die Zuständigkeit des ASTRA fallen (Art. 21 Abs. 2 NSG; Art. 197 Ziff. 3 BV). Das Ausführungsprojekt muss Art, Umfang und Lage des Werkes samt allen Nebenanlagen, die Einzelheiten seiner bautechnischen Gestaltung und die Baulinien enthalten (Art. 21 Abs. 1 NSG). Es ist im Rahmen eines Plangenehmigungsverfahrens zu bewilligen. 7.37

Leitbehörde für das **Plangenehmigungsverfahren** und zugleich Genehmigungsbehörde für das Ausführungsprojekt ist das UVEK. Das Plangenehmigungsverfahren wird primär nach den Vorschriften des NSG abgewickelt, subsidiär gelangen die Bestimmungen des EntG zur Anwendung (Art. 26a NSG). Kantonale Bewilligungen und Pläne sind nicht erforderlich, jedoch ist auf das kantonale Recht Rücksicht zu nehmen, soweit es Bau und Betrieb der Nationalstrassen nicht unverhältnismässig einschränkt (Art. 26 Abs. 3 NSG). Zu diesem Zweck werden die betroffenen Kantone zum Projekt angehört.[97] 7.38

Das NSG sieht neben dem **ordentlichen Plangenehmigungsverfahren** auch ein **vereinfachtes Plangenehmigungsverfahren** vor.[98] Das vereinfachte Verfahren wird bei Projekten von untergeordneter Tragweite durchgeführt. Als solche umschreibt das NSG örtlich begrenzte Vorhaben mit wenigen, eindeutig bestimmbaren Betrof- 7.39

93 BGE 124 II 460, E. 3; BGE 122 II 165, E. 13; Ruch, Umwelt – Boden – Raum, Rz. 1163 ff. Eingehend dazu Rz. 5.27 ff.

94 Häner, Strassenrecht, Rz. 29.

95 Häner, Strassenrecht, Rz. 33 ff.

96 Häner, Strassenrecht, Rz. 37 ff.

97 Häner, Strassenrecht, Rz. 41 ff.; Ruch, Umwelt – Boden – Raum, Rz. 1171; Botschaft Bundeskoordinationsgesetz 1998, S. 2598 mit Verweis auf die Regelung im EBG; BGE 118 Ib 569, E. 4b; BGE 115 Ib 166, E. 3.

98 Häner, Strassenrecht, Rz. 45.

fenen, die keine schutzwürdigen Interessen Dritter berühren und sich nur unerheblich auf Raum und Umwelt auswirken, sowie Provisorien, die spätestens nach drei Jahren wieder entfernt werden (Art. 28a Abs. 1 NSG). Im Zweifel ist das ordentliche Verfahren durchzuführen (Art. 28a Abs. 3 NSG), bei dem das Gesuch publiziert und während 30 Tagen öffentlich aufgelegt wird (Art. 27b Abs. 2 NSG). Demgegenüber entfällt die öffentliche Auflage beim vereinfachten Plangenehmigungsverfahren. Soweit für das Projekt Enteignungen erforderlich sind, müssen die aus dem Grundbuch ersichtlichen oder sonst bekannten Entschädigungsberechtigten persönlich angeschrieben werden (Art. 27c NSG i.V.m. Art. 31 Abs. 1 EntG).

7.40 Wer vom Gesuch berührt ist und ein schutzwürdiges Interesse an der Abweisung oder Änderung des Projektes hat, kann innerhalb der Auflagefrist mit **Einsprache** seine Einwendungen gegen das Projekt geltend machen. Auch die betroffenen Gemeinden müssen ihre Interessen einspracheweise geltend machen (Art. 27d Abs. 3 NSG). Die Einsprache stellt eine notwendige Beteiligung am Verfahren dar: Wer keine solche erhebt, ist vom weiteren Verfahren ausgeschlossen (Art. 27d Abs. 1 Satz 2 NSG). Dies gilt nicht nur in formeller, sondern auch in materieller Hinsicht. In der Einsprache sind sämtliche Einwände gegen das Projekt vorzubringen; erstmals in einem späteren Verfahrensstadium vorgebrachte Einwände sind nicht mehr zugelassen. Zudem sind auch alle enteignungsrechtlichen Forderungen geltend zu machen. Nachträgliche Einsprachen und Begehren sind nur noch unter der einschränkenden Voraussetzung von Art. 39 bis 41 EntG zulässig, d.h. bei Vorliegen triftiger Gründe für die Verspätung (Art. 27d Abs. 2 NSG).

7.41 Die verwaltungsinterne Bereinigung der Stellungnahmen der verschiedenen Fachstellen des Bundes erfolgt gemäss den Bestimmungen von Art. 62b ff. RVOG (Art. 27e NSG). Im Anschluss an die Bereinigung ergeht der Entscheid über das Ausführungsprojekt sowie über sämtliche mit Einsprache dagegen erhobenen Einwände. Da es sich um ein **konzentriertes Entscheidverfahren** handelt, werden in der Plangenehmigung sämtliche für die Ausführung des Projektes erforderlichen Bewilligungen erteilt. Soweit vor dem Plangenehmigungsentscheid keine gütliche (sog. freihändige) Einigung über die enteignungsrechtlichen Forderungen erfolgt ist, werden diese vom UVEK an die Eidgenössische Schätzungskommission (ESchK) zum Entscheid überwiesen (Art. 39 Abs. 2 und 3 NSG).

b) Eisenbahnen

7.42 Im Bereich des Schienenverkehrs regelt der Bund gemäss Art. 87 BV den Bau und Betrieb der Eisenbahnen umfassend.[99] Die Erstellung und der Betrieb der Eisenbahninfrastruktur wird von den **Eisenbahnunternehmen** wahrgenommen, welche über eine Infrastrukturkonzession verfügen (Art. 5 EBG). Diese Eisenbahnunternehmen treten denn auch im Plangenehmigungsverfahren für Eisenbahnanlagen als Gesuchsteller auf.

99 Hänni, Planungsrecht, S. 493 ff.; Gauderon, Approbation de plans, S. 341 ff.; Ruch, Umwelt – Boden – Raum, Rz. 1187 ff.

Die Zuständigkeit für die Durchführung von Bewilligungsverfahren hängt davon ab, ob die betreffende Anlage ganz oder überwiegend dem Eisenbahnbetrieb dient (Eisenbahnanlagen) oder nicht (Nebenanlagen). **Eisenbahnanlagen** dürfen nur im Plangenehmigungsverfahren genehmigt werden; kantonale Bewilligungen und Pläne sind nicht erforderlich (Art. 18 Abs. 1 und 4 EBG).[100] Demgegenüber unterstehen Nebenanlagen ausschliesslich dem kantonalen Recht (Art. 18m Abs. 1 EBG).[101] Die Abgrenzung zwischen Eisenbahnanlagen und Nebenanlagen fällt nicht immer leicht.[102] So wurde ein Anschlussgleis als Nebenanlage beurteilt[103], ebenso Mobilfunkanlagen[104], nicht jedoch ein Kreuzungsbauwerk zwischen Bahn und Strasse.[105] Insgesamt besteht zur Abgrenzungsfrage eine reichhaltige Rechtsprechung.[106] 7.43

Das **Plangenehmigungsverfahren** für die Erstellung oder Änderung von Eisenbahnanlagen wird grundsätzlich vom BAV als Leitbehörde im konzentrierten Entscheidverfahren geführt.[107] Auf die öffentliche Planauflage hin müssen sich alle interessierten Privaten und die Gemeinden mit einer Einsprache gegen das Projekt am Verfahren beteiligen; eine nachträgliche Einsprache ist nur bei Vorliegen triftiger Gründe möglich (Art. 18f Abs. 1 und 2 EBG).[108] Wer keine Einsprache erhebt, ist vom weiteren Verfahren ausgeschlossen (Art. 18f Abs. 1 EBG). Mit Einsprache müssen sowohl Einwände gegen das Projekt als auch enteignungsrechtliche Forderungen vorgebracht werden. Demgegenüber entfällt die öffentliche Auflage beim vereinfachten Plangenehmigungsverfahren, das bei Vorhaben von untergeordneter Bedeutung und geringen Auswirkungen, mit wenigen, eindeutig bestimmbaren Drittbetroffenen zur Anwendung gelangt (Art. 18i Abs. 1 und 2 EBG).[109] Nach dem Plangenehmigungsentscheid werden noch offene enteignungsrechtliche Forderungen an die ESchK zur Behandlung überwiesen (Art. 18k Abs. 1 und 2 EBG). 7.44

c) Trolleybusse

Bauten und Anlagen, die ganz oder überwiegend dem Bau oder Betrieb von Trolleybussen dienen, erfordern eine Plangenehmigung des BAV (Art. 11 Abs. 1 TrG).[110] Das Verfahren richtet sich nach dem EBG (Art. 11 Abs. 2 TrG). Damit kann für das 7.45

100 Zur Zulässigkeit der Anwendung kantonaler Vorschriften auf Bahnanlagen vgl. BGE 121 II 8, E. 2.
101 Stückelberger/Haldimann, Schienenverkehrsrecht, Rz. 35.
102 Vgl. Gauderon, Approbation de plans, S. 349 f.; Ruch, Umwelt – Boden – Raum, Rz. 1222 ff.; Ivanov, Harmonisierung, S. 120 ff.
103 BGer, Urteil 2A.507/2003 vom 29. November 2004, E. 4.2.3.
104 BGer, Urteil 1A.100/2006 vom 2. Oktober 2006, E. 2.3; BGer, Urteil 1A.140/2003 vom 18. März 2004, E. 2.
105 BGE 127 II 227, E. 4c.
106 BGE 133 II 49, E. 6 ff.; BGE 127 II 227, E. 4; BGE 122 II 265 ff. m.w.H.
107 Stückelberger/Haldimann, Schienenverkehrsrecht, Rz. 24 ff.; bei Grossprojekten gemäss Anhang zum EBG agiert das UVEK als Leitbehörde (Art. 18 Abs. 2 lit. b EBG).
108 BGE 133 II 30, E. 2.2; BGE 131 II 581, E. 2.2.2.
109 Gauderon, Approbation de plans, S. 356 f.
110 Häner, Strassenrecht, Rz. 185 ff.

Verfahren und die Abgrenzung der Zuständigkeiten bei Nebenanlagen auf das dort Ausgeführte verwiesen werden.[111]

d) Flugplätze

7.46 Im Bereich der Luftfahrt steht dem Bund gemäss Art. 87 BV eine umfassende Gesetzgebungskompetenz zu.[112] Der Betrieb von Flugplatzanlagen erfordert eine **Bundeskonzession** (Flughäfen) bzw. eine **Betriebsbewilligung** (Flugfelder), welche jedoch weder die baulichen noch die betrieblichen Rahmenbedingungen festlegen.[113] Das Plangenehmigungsverfahren für Bauten und Anlagen, die ganz oder überwiegend dem Betrieb eines Flugplatzes dienen (sog. Flugplatzanlagen), wird bei Flughäfen vom UVEK, bei Flugfeldern vom BAZL als Leitbehörde im konzentrierten Entscheidverfahren geführt.[114] Kantonale Bewilligungen oder Pläne sind nicht erforderlich (Art. 37 LFG).[115] Demgegenüber unterstehen Bauten und Anlagen, die nicht ganz oder überwiegend dem Flugplatzbetrieb dienen (sog. Nebenanlagen), ausschliesslich dem kantonalen Recht (Art. 37m LFG).[116]

7.47 Wer vom Gesuch berührt ist und ein schutzwürdiges Interesse an der Abweisung oder Änderung des Projektes hat, muss auf die öffentliche Planauflage hin in einer Einsprache alle Einwände gegen das Projekt vorbringen, um sich am **Plangenehmigungsverfahren** zu beteiligen; eine nachträgliche Einsprache ist nur bei Vorliegen triftiger Gründe möglich (Art. 37f Abs. 1 und 2 LFG).[117] Wer keine Einsprache erhebt, ist vom weiteren Verfahren ausgeschlossen (Art. 37f Abs. 1 LFG). Mit der Einsprache müssen sowohl Einwände gegen das Projekt als auch enteignungsrechtliche Forderungen vorgebracht werden. Beim vereinfachten Plangenehmigungsverfahren findet demgegenüber keine öffentliche Auflage statt. Dieses Verfahren kommt bei untergeordneten Vorhaben mit wenigen, genau bestimmbaren Betroffenen zur Anwendung, deren Auswirkungen als gering eingeschätzt werden können (Art. 37i Abs. 1 und 2 LFG). Soweit keine Einigung erzielt werden konnte, werden die enteignungsrechtlichen Forderungen nach dem Plangenehmigungsentscheid an die ESchK zur Behandlung überwiesen (Art. 37k Abs. 1 und 2 LFG).[118]

7.48 Jeder Flugplatzhalter muss ein vom BAZL zu genehmigendes **Betriebsreglement** erlassen, in welchem die im Sachplan Infrastruktur der Luftfahrt, in der Konzession oder in der Betriebsbewilligung sowie in der Plangenehmigung vorgegebenen Rah-

111 Vgl. BGE 133 II 49, E. 6.1; zum EBG Rz. 7.43 f.

112 Hänni, Planungsrecht, S. 503 ff.; Jaag, Flughäfen, S. 32; Ruch, Umwelt – Boden – Raum, Rz. 1278 ff.

113 BGE 124 II 293, E. 9 f.; Ruch, Umwelt – Boden – Raum, Rz. 1305; Walpen, Bau und Betrieb, S. 159 ff.

114 Zum Verfahren vgl. Walpen, Bau und Betrieb, S. 211 ff.

115 BGE 124 II 75, E. 4.

116 BGE 133 II 49, E. 6.1; Jaag/Hänni, Infrastruktur der Luftfahrt, Rz. 47 f.; Walpen, Bau und Betrieb, S. 225 ff.

117 Jaag/Hänni, Infrastruktur der Luftfahrt, Rz. 47 ff.

118 Walpen, Bau und Betrieb, S. 219.

menbedingungen konkret auszugestalten sind (Art. 36a–36d LFG).[119] Wesentliche Änderungen des Betriebsreglements, namentlich solche mit Auswirkungen auf die Fluglärmbelastung, werden öffentlich aufgelegt. Betroffene können sich mit einer Einsprache als Partei am weiteren Verfahren beteiligen (Art. 36d Abs. 4 LFG).

e) Schifffahrtsanlagen

Im Bereich der Schifffahrt auf schweizerischen Gewässern einschliesslich der Grenzgewässer steht dem Bund gemäss Art. 87 BV eine umfassende Gesetzgebungskompetenz zu. Bau, Änderung und Betrieb von Hafen-, Umschlags- und Landungsanlagen **(Hafenanlagen)** für die Schiffe des Bundes und öffentlicher Schifffahrtsunternehmen erfordern ausschliesslich eine Plangenehmigung des BAV (Art. 8 Abs. 1 BSG).[120] Alle übrigen Anlagen unterstehen der kantonalen Zuständigkeit (Art. 8 Abs. 4 BSG). Das Plangenehmigungsverfahren richtet sich sinngemäss nach den Vorschriften des EBG (Art. 8 Abs. 2 BSG).[121] 7.49

f) Seilbahnen

Auch im Bereich der Seilbahnen verfügt der Bund über eine umfassende Gesetzgebungskompetenz (Art. 87 BV).[122] Diese hat er für Seilbahnen, die der **Personenbeförderung** dienen (namentlich Luftseilbahnen, Standseilbahnen und Skilifte), mit dem Erlass des SebG ausgeschöpft (Art. 2 Abs. 1 SebG). Auf alle **übrigen Seilbahnen,** wie beispielsweise Aufzüge oder Jahrmarktgeräte, findet das SebG keine Anwendung[123]; für diese Anlagen gilt das kantonale Recht.[124] 7.50

Seilbahnen für die regelmässige und gewerbsmässige Personenbeförderung bedürfen einer **Personenbeförderungskonzession** (Seilbahn mit Bundeskonzession).[125] Sie unterliegen dem Plangenehmigungsverfahren, welches vom BAV als Leitbehörde im konzentrierten Entscheidverfahren durchgeführt wird (Art. 3 Abs. 1 SebG). Zudem benötigen sie eine Betriebsbewilligung, welche ebenfalls durch das BAV erteilt wird (Art. 17 Abs. 1 lit. a SebG). Auf Seilbahnen, die nicht konzessionspflichtig sind, findet sowohl für den Bau als auch für den Betrieb ein kantonales Bewilligungsverfahren Anwendung (Art. 3 Abs. 2 und 17 Abs. 1 lit. b SebG). Die Erstellung und Änderung von Bauten und Anlagen, die nicht überwiegend dem Betrieb der Seilbahn dienen (sog. Nebenanlagen), unterstehen den allgemeinen raumplanungs-, bau- und umweltrechtlichen Vorschriften von Bund und Kantonen (Art. 10 SebG). 7.51

---

119 BGE 126 II 522, E. 11d; BGE 124 II 293, E. 9; JAAG/HÄNNI, Infrastruktur der Luftfahrt, Rz. 65 ff.; RUCH, Umwelt – Boden – Raum, Rz. 1313; WALPEN, Bau und Betrieb, S. 218.

120 VOGEL/HARTMANN/SCHIB, Schifffahrtsrecht, Rz. 36.

121 Vgl. HÄNNI, Planungsrecht, S. 494; siehe zum EBG Rz. 7.43 f.

122 HÄNNI, Planungsrecht, S. 521 ff.; HEPP/STÜCKELBERGER, Seilbahnrecht, Rz. 17 ff.; RUCH, Umwelt – Boden – Raum, Rz. 1261 ff.

123 Vgl. die Aufzählung in Art. 2 Abs. 2 SebG.

124 BGE 133 II 49, E. 6.1; RUCH, Umwelt – Boden – Raum, Rz. 1266.

125 HEPP/STÜCKELBERGER, Seilbahnrecht, Rz. 52 ff.; RUCH, Umwelt – Boden – Raum, Rz. 1265.

7.52 Das **Plangenehmigungsverfahren** vor dem BAV als Leitbehörde wird nach den Grundsätzen des konzentrierten Entscheidverfahrens gemäss Art. 62a ff. RVOG durchgeführt.[126] Beim ordentlichen Plangenehmigungsverfahren findet eine öffentliche Planauflage statt, welche zugleich das Einspracheverfahren eröffnet. Die Kantone werden vom BAV angehört; das kantonale Recht ist zu berücksichtigen, soweit es die Seilbahnunternehmung in der Erfüllung von Aufgaben nicht unverhältnismässig einschränkt (Art. 12 Abs. 1 und 9 Abs. 1 SebG). Beim vereinfachten Plangenehmigungsverfahren entfällt die öffentliche Auflage (Art. 15 Abs. 4 SebG). Es wird bei Vorhaben von untergeordneter Tragweite angewendet, bei denen weder Dritte noch Raum und Umwelt wesentlich berührt werden (Art. 15 Abs. 1 SebG).

7.53 Sowohl die betroffenen Privaten als auch die Gemeinden haben zur Wahrung ihrer Interessen Einsprache zu erheben, um sich am Verfahren zu beteiligen (Art. 13 SebG). Im Unterschied zu anderen Verfahren im Zuständigkeitsbereich des Bundes sind **enteignungsrechtliche Forderungen** jedoch nicht bereits bei der Einsprache einzugeben. Ein allfälliges Enteignungsverfahren findet erst nach Abschluss des Plangenehmigungsverfahrens statt, wenn kein freihändiger Erwerb der erforderlichen Rechte möglich ist (Art. 7 Abs. 2 SebG).

4. Anlagen zur Erzeugung, Übertragung oder Lagerung von Energie

a) Kernenergie

7.54 Das politisch äusserst sensible Thema ist Gegenstand hängiger **Gesetzesrevisionen** und Volksinitiativen.[127] So hat das Parlament 2011 dem längerfristigen Ausstieg aus der Kernenergie im Grundsatz zugestimmt.[128] Vor diesem Hintergrund dürfte das nachfolgend geschilderte Bewilligungsverfahren praktisch nur noch für Entsorgungsanlagen relevant sein.

7.55 Die Gesetzgebung auf dem Gebiet der Kernenergie ist gemäss Art. 90 BV Bundessache.[129] Einrichtungen zur Nutzung von Kernenergie, zur Gewinnung, Herstellung, Verwendung, Bearbeitung oder Lagerung von Kernmaterialien sowie zur Entsorgung von radioaktiven Abfällen (Kernanlagen) müssen ein mehrstufiges Bewilligungsverfahren durchlaufen.[130] In einem ersten Schritt ist eine **Rahmenbewilligung** des Bundesrates erforderlich (Art. 12 Abs. 1 i.V.m. Art. 3 lit. d KEG).[131] Das Rahmenbewilligungsverfahren ist dem Verfahren auf Erlass eines Sachplans des Bundes nachgebildet; es trägt daher eher Züge eines Planungsverfahrens als eines

---

126 Hepp/Stückelberger, Seilbahnrecht, Rz. 45 ff.

127 Vgl. zum Ganzen Botschaft Energiestrategie 2050.

128 Motion Grunder Nr. 11.3426 «Keine neuen Rahmenbewilligungen für den Bau von Atomkraftwerken», von National- und Ständerat angenommen.

129 Hänni, Planungsrecht, S. 514 ff.; Ruch, Umwelt – Boden – Raum, Rz. 1372 ff.

130 BGE 139 II 185, E. 9; vgl. Schmid, Kernenergiegesetz, S. 763 ff.; Ivanov, Harmonisierung, S. 114 ff.

131 Jagmetti, Energierecht, Rz. 5421 ff.

eigentlichen Bewilligungsverfahrens. In der Rahmenbewilligung wird die Kernanlage in den Grundzügen festgelegt (Art. 14 Abs. 1 und 2 KEG). Auf die Erteilung einer Rahmenbewilligung besteht kein Rechtsanspruch (Art. 12 Abs. 2 KEG). Das Rahmenbewilligungsverfahren wird während dreier Monate öffentlich aufgelegt (Art. 45 KEG). Während dieser Zeit können Einwendungen von jedermann und Einsprachen von legitimierten Privaten und Gemeinden mit Parteistellung im Verfahren erhoben werden (Art. 46 Abs. 1 und 2 KEG).[132] Das BFE hört die betroffenen Kantone sowie die Fachstellen des Bundes im Rahmen eines konzentrierten Entscheidverfahrens an (Art. 44 und 47 KEG).[133] Der gestützt auf dessen Empfehlung ergehende Entscheid des Bundesrates ist der Bundesversammlung zur Genehmigung zu unterbreiten. Der Genehmigungsbeschluss der Bundesversammlung unterliegt dem fakultativen Referendum (Art. 48 Abs. 4 KEG). Gegen den Entscheid des Bundesrates ist sowohl gemäss Art. 32 Abs. 1 lit. e Ziff. 1 VGG die Beschwerde an das Bundesverwaltungsgericht als auch gemäss Art. 83 lit. n Ziff. 1 BGG die Beschwerde an das Bundesgericht unzulässig. Der Genehmigungsentscheid des Parlaments ist somit endgültig.[134]

Liegt eine rechtskräftige Rahmenbewilligung für eine Kernanlage vor, ist ein **Baubewilligungsverfahren** durchzuführen, wobei das UVEK als Leitbehörde agiert (Art. 15 und 49 ff. KEG).[135] In diesem konzentrierten Entscheidverfahren werden sämtliche erforderlichen Bewilligungen erteilt; kantonale Bewilligungen und Pläne sind nicht erforderlich (Art. 49 Abs. 2 und 3 KEG). Auf das kantonale Recht ist insoweit Rücksicht zu nehmen, als es das Projekt nicht übermässig einschränkt.[136] Betroffene Private und Gemeinden wahren ihre Interessen mittels Einsprache (Art. 55 KEG). Allerdings ist zu berücksichtigen, dass Fragen, über die in der Rahmenbewilligung entschieden worden ist, nicht mehr Gegenstand des Baubewilligungsverfahrens bilden.[137] Mit dem Bauentscheid wird auch über die enteignungsrechtlichen Einsprachen entschieden (Art. 57 KEG). Soweit noch offene enteignungsrechtliche Forderungen bestehen, findet nach Abschluss des Baubewilligungsverfahrens ein Schätzungsverfahren statt (Art. 58 Abs. 1 KEG). Der Bauentscheid des UVEK unterliegt der Beschwerde an das Bundesverwaltungsgericht (Art. 31 VGG sowie Art. 32 Abs. 1 lit. e VGG e contrario). 7.56

Schliesslich erfordern Kernanlagen eine **Betriebsbewilligung** (Art. 19 KEG).[138] Diese wird ebenfalls vom UVEK im konzentrierten Entscheidverfahren erteilt.[139] Die Vorschriften für das Baubewilligungsverfahren gelten dabei analog (Art. 61 KEG).[140] Es ist zulässig, die Betriebsbewilligung zeitgleich mit der Baubewilligung zu ertei- 7.57

132 BGE 140 II 315, E. 4.6 ff.; SCHMID, Kernenergiegesetz, S. 770 f.
133 RUCH, Umwelt – Boden – Raum, Rz. 1384.
134 HÄBERLI, in: Basler Kommentar BGG, Art. 83 Rz. 225 f.; RUCH, Umwelt – Boden – Raum, Rz. 1374.
135 JAGMETTI, Energierecht, Rz. 5429 ff.
136 Kritisch zur Beschränkung der Mitwirkung der Kantone: SCHMID, Kernenergiegesetz, S. 787 f.
137 SCHMID, Kernenergiegesetz, S. 771; RUCH, Umwelt – Boden – Raum, Rz. 1386.
138 Zum Verhältnis von Bewilligungs- und Aufsichtsverfahren vgl. BGE 139 II 185, E. 10.
139 JAGMETTI, Energierecht, Rz. 5436 ff.
140 SCHMID, Kernenergiegesetz, S. 775.

len.[141] Voraussetzung ist allerdings, dass die Betriebssicherheit bereits in dieser Phase abschliessend beurteilt werden kann (Art. 20 Abs. 2 KEG).

b) Rohrleitungsanlagen

7.58 Die Gesetzgebung über Rohrleitungsanlagen zur Beförderung flüssiger oder gasförmiger Brenn- oder Treibstoffe ist nach Art. 91 Abs. 2 BV Sache des Bundes.[142] Das RLG sieht vor, dass dem Bundesrecht unterstellte Rohrleitungsanlagen nur einem bundesrechtlichen **Plangenehmigungsverfahren** unterliegen und keine kantonalen Bewilligungen benötigen[143]; allerdings ist das kantonale Recht, namentlich auf dem Gebiet des Bau-, Planungs-, Strassen-, Wasser-, Natur- und Heimatschutz- oder Gewässerschutzrechts, zu berücksichtigen, soweit es für die Betreiber der Rohrleitungsanlage keine unverhältnismässige Einschränkung bedeutet (Art. 2 RLG). Das Plangenehmigungsverfahren wird durch das BFE im Sinne eines konzentrierten Bewilligungsverfahrens geführt (Art. 22b RLG).[144] Im Rahmen des ordentlichen Plangenehmigungsverfahrens wird ein Einspracheverfahren durchgeführt, an welchem sich sowohl die betroffenen Privaten mit Parteistellung wie auch die Gemeinden beteiligen müssen, um nicht vom weiteren Verfahren ausgeschlossen zu werden (Art. 22a Abs. 1 und 3 RLG). Gleichzeitig mit Einwänden gegen das Projekt sind auch enteignungsrechtliche Forderungen vorzubringen. Spätere Einwände gegen die Enteignung sind nur bei triftigen Gründen für das Versäumnis möglich (Art. 22a Abs. 2 RLG). Mit der Plangenehmigungsverfügung entscheidet das BFE auch über die enteignungsrechtlichen Einsprachen (Art. 23 Abs. 1 RLG).

c) Starkstromanlagen

7.59 Nach Art. 91 Abs. 1 BV erlässt der Bund Vorschriften über den Transport und die Lieferung elektrischer Energie.[145] Die Erstellung oder Änderung von Starkstromanlagen ist der **Plangenehmigungspflicht** durch eine Bundesbehörde unterstellt (Art. 16 Abs. 1 EleG). Die Zuständigkeit für den Plangenehmigungsentscheid hängt vom Zweck der Anlage ab: Handelt es sich um eine dem Bahn- oder Trolleybusbetrieb dienende Anlage, ist das BAV zuständige Leitbehörde (Art. 16 Abs. 2 lit. c EleG). In allen anderen Fällen obliegt die Plangenehmigung grundsätzlich dem Starkstrominspektorat (Art. 16 Abs. 2 lit. a EleG). Dies gilt indes nicht, wenn unerledigte Einsprachen vorliegen oder zwischen den beteiligten Bundesbehörden Differenzen bestehen. Diesfalls muss der Entscheid über die Plangenehmigung vom BFE gefällt werden (Art. 16 Abs. 2 lit. b EleG). Das Verfahren selbst wird vom Starkstrominspektorat als Leitbehörde im konzentrierten Entscheidverfahren geführt.[146] Einzige Besonderheit bildet die spezifische Art der Konfliktbereinigung bei Differenzen

141 Ruch, Umwelt – Boden – Raum, Rz. 1397.
142 Hänni, Planungsrecht, S. 508 ff.; Ruch, Umwelt – Boden – Raum, Rz. 1412 f.
143 Jagmetti, Energierecht, Rz. 3608.
144 Jagmetti, Energierecht, Rz. 3628 ff.
145 Hänni, Planungsrecht, S. 511 ff.; Ruch, Umwelt – Boden – Raum, Rz. 1404 ff.
146 Jagmetti, Energierecht, Rz. 6218.

zwischen den Fachstellen des Bundes. Zwar findet grundsätzlich das Bereinigungsverfahren gemäss Art. 62b RVOG Anwendung (Art. 16g EleG). Allerdings darf sich das Starkstrominspektorat entgegen Art. 62b Abs. 3 RVOG nicht über die Fachmeinung der anderen Behörden hinwegsetzen. Vielmehr muss es in diesen Fällen das Verfahren an das BFE zum Entscheid überweisen. Letzteres entscheidet anschliessend über die offenen Einsprachen sowie über die Berücksichtigung der Stellungnahmen der involvierten Fachstellen, wobei es die Einsprecher und die betroffenen Fachstellen, nicht aber die betroffenen Kantone, zum Bericht des Starkstrominspektorates anhört (Art. 6 Abs. 3 VPeA).

d) Wasserkraftwerke

Schliesslich unterliegen auch Wasserkraftwerke an internationalen Gewässern der bundesrechtlichen Zuständigkeit. An interkantonalen Gewässern wird die Zuständigkeit des Bundes begründet, wenn sich die betroffenen Kantone nicht einigen können.[147] In beiden Fällen sind die Kantone jedoch anzuhören (Art. 76 Abs. 5 BV; Art. 6 und 7 WRG). Das bundesrechtliche **Konzessionsverfahren** wird vom UVEK als Leitbehörde im konzentrierten Entscheidverfahren durchgeführt.[148] Zeitgleich mit dem Entscheid über die Konzession wird auch über die Genehmigung sämtlicher Pläne für die Erstellung oder Änderung der Anlagen für die Nutzung der Wasserkraft entschieden (Art. 62 Abs. 1 WRG). Die Erteilung der Konzession stellt keine Submission dar; gleichwohl unterstellt Art. 2 Abs. 7 BGBM die Übertragung der Nutzung von Monopolen auf Private der Ausschreibungspflicht.[149] Abweichend davon hält das WRG als jüngere lex specialis ausdrücklich fest, dass die Konzession ohne Ausschreibung verliehen werden darf, wobei immerhin ein diskriminierungsfreies und transparentes Verfahren durchzuführen ist (Art. 62 Abs. 2bis WRG). Hingegen hat für die Plangenehmigung im ordentlichen Verfahren eine Auflage stattzufinden, anlässlich derer den betroffenen Privaten und Gemeinden die Möglichkeit zur Einsprache eingeräumt werden muss (Art. 62e WRG). Die betroffenen Kantone sind anzuhören; das kantonale Recht ist zu berücksichtigen, soweit es den Konzessionär nicht übermässig einschränkt (Art. 62 Abs. 4 WRG). Das Bereinigungsverfahren innerhalb der Bundesverwaltung und die Entscheidfindung des UVEK erfolgen nach den Grundsätzen des konzentrierten Entscheidverfahrens. 7.60

Zusammenfassend kann festgehalten werden, dass alle Bewilligungsverfahren für **Infrastrukturanlagen** auf Bundesebene als konzentrierte Entscheidverfahren durchgeführt werden. Eine Leitbehörde bündelt die Beurteilungen der mitwirkenden Behörden, sorgt für die erforderliche Planauflage und erstellt einen Entscheid über das Projekt und die allfälligen Einsprachen. Unterschiede ergeben sich aus dem Erfordernis, eine allenfalls für die Projektrealisierung erforderliche Konzession 7.61

---

147 Ruch, Umwelt – Boden – Raum, Rz. 1334.

148 Jagmetti, Energierecht, Rz. 4402 ff.

149 Ruch, Umwelt – Boden – Raum, Rz. 1340; Alexander Rey/Benjamin Wittwer, Die Ausschreibungspflicht bei der Übertragung von Monopolen nach revidiertem Binnenmarktgesetz unter besonderer Berücksichtigung des Elektrizitätsbereichs, AJP 2007 585 ff.

zu erteilen. Ebenfalls nicht bei allen Anlagen ist zusätzlich zur Plangenehmigung für den Betrieb ein separates Bewilligungsverfahren erforderlich.

5. Weitere Bauten und Anlagen

a) Militärische Bauten und Anlagen

7.62 Bauten und Anlagen, die der Landesverteidigung dienen, unterliegen dem **Plangenehmigungsverfahren,** welches vom VBS als Leitbehörde im konzentrierten Entscheidverfahren durchgeführt wird (Art. 126 Abs. 1 MG).[150] Auch in diesem Verfahren sind keine kantonalen Bewilligungen erforderlich, wobei die Kantone jedoch angehört werden (Art. 126 Abs. 3 MG). Im ordentlichen Plangenehmigungsverfahren können sich betroffene Private sowie Gemeinden mit Einsprache als Partei beteiligen.[151] Dies gilt auch im vereinfachten Plangenehmigungsverfahren, das bei Vorhaben von untergeordneter Tragweite durchgeführt wird (Art. 128 MG). Das Verfahren zur Bereinigung innerhalb der Bundesverwaltung und der Entscheid des VBS erfolgen nach den Grundsätzen des konzentrierten Entscheidverfahrens (Art. 126g MG i.V.m. Art. 62b RVOG).

b) Nutzung von Bauten und Anlagen des Bundes als Asylunterkünfte

7.63 Anlagen und Bauten des Bundes können **ohne kantonale oder kommunale Bewilligungen** für maximal drei Jahre zur Unterbringung von Asylsuchenden genutzt werden, wenn die Zweckänderung keine erheblichen baulichen Massnahmen erfordert und keine wesentliche Änderung in Bezug auf die Belegung der Anlage oder Baute erfolgt (Art. 26a Abs. 1 AsylG). Diese Regelung ist als dringliche Änderung in das AsylG eingefügt worden und vorläufig bis September 2019 in Kraft, bis sie als Art. 24c AsylG in das ordentliche Recht überführt wird. Sie zielt vor allem auf Truppenunterkünfte, die vom Bund temporär für die Unterbringung von Asylsuchenden verwendet werden dürfen. Die Entbindung solcher Nutzungsänderungen von der Baubewilligungspflicht nach Art. 22 RPG soll dem Bund ein schnelles Reagieren auf veränderte Umstände und Bedürfnisse ermöglichen. Mit dieser Regelung werden die Rechtsmittelmöglichkeiten betroffener Privater abgeschnitten.[152] Die betroffenen Kantone und Standortgemeinden werden vom Bund vor der Inbetriebnahme der Unterkünfte immerhin angehört (Art. 26a Abs. 3 AsylG).[153] Die vorläufige Regelung wird ins ordentliche Recht überführt werden, indem ein bundesrechtliches **Plangenehmigungsverfahren** für Bauten und Anlagen eingeführt wird, die dem Bund zur Unterbringung von Asylsuchenden oder zur Durchführung von

---

150 BGE 131 II 743, E. 4.4; HÄNNI, Planungsrecht, S. 519 ff.; RUCH, Umwelt – Boden – Raum, Rz. 1483 ff.; für Anlagen, die sich erheblich auf Raum und Umwelt auswirken, ist nach Art. 126 Abs. 4 MG ein Sachplan erforderlich: BGE 128 II 1, E. 3.

151 BGE 133 II 188, E. 3.2.

152 BGer, Urteil 2C_246/2014 vom 7. August 2014, E. 4 und 5; BVGer, Urteil A-6258/2013 vom 28. Januar 2014, E. 1.7 ff.

153 Vgl. AS 2012 5359 und AS 2015 2047.

Asylverfahren dienen.[154] Die Regelung des Plangenehmigungsverfahrens gemäss Art. 95a ff. AsylG lehnt sich an die Vorschriften für andere Plangenehmigungsverfahren im Zuständigkeitsbereich des Bundes an. Das Verfahren richtet sich nach den Grundsätzen des konzentrierten Entscheidverfahrens (Art. 95h AsylG i.V.m. Art. 62b RVOG).

B. Im Zuständigkeitsbereich von kantonalen bzw. kommunalen Behörden

1. Planungsrechtliche Entscheide

a) Kantonale Richtpläne

Das Bundesrecht verpflichtet die Kantone, das Verfahren und die Zuständigkeiten zum Erlass der kantonalen Richtpläne zu regeln, wobei ihnen ein erheblicher Spielraum belassen wird (Art. 10 Abs. 1 und 36 Abs. 1 RPG). Bundesrechtlich werden den Kantonen diesbezüglich nur wenige Vorgaben gemacht. So müssen sie **Mindeststandards** bezüglich der Mitwirkungsrechte einhalten (Art. 4 Abs. 2 RPG), für die Öffentlichkeit der Richtpläne sorgen (Art. 4 Abs. 3 RPG), für eine adäquate Zusammenarbeit der Behörden sorgen (Art. 7 Abs. 1 und 3 RPG), die Gemeinden und andere Träger raumwirksamer Aufgaben in die Richtplanung einbeziehen (Art. 10 Abs. 2 RPG) sowie eine kantonale Fachstelle für Raumplanung einrichten (Art. 31 RPG). 7.64

Das **kantonale Recht** legt demgegenüber fest, wie die Planung durchgeführt wird, wer die Planungsaufträge erteilt und wie die involvierten Behörden zusammenarbeiten (Art. 6 und 7 RPG). Die Kantone bestimmen auch, welche Behörde den Richtplan festsetzt und in welcher Form dies zu geschehen hat. Bei der Umsetzung der bundesrechtlichen Vorgaben haben die Kantone unterschiedliche Lösungen gewählt. Allgemein gilt, dass die Gemeinden als Träger von eigenen planungsrechtlichen und baupolizeilichen Aufgaben eine wichtige Funktion bei der Erarbeitung der kantonalen Richtpläne innehaben. Diese kann von einer Anhörung in der Vernehmlassungsphase bis hin zu einer Beteiligung bei der Erarbeitung der Richtplanentwürfe reichen. Analoges gilt für die Regionen und regionalen Planungsträger, wie sie etwa in den Kantonen Zürich, Bern, Luzern und Waadt vorhanden sind.[155] Schliesslich muss auch die Öffentlichkeit im Verfahren auf Erlass und Änderung der Richtpläne in geeigneter Weise mitwirken können (Art. 4 Abs. 1 und 2 RPG). Dies geschieht üblicherweise im Rahmen von Vernehmlassungsverfahren und öffentlichen Planauflagen.[156] 7.65

Die Form des Beschlusses zum Erlass der Richtpläne wird nicht bundesrechtlich vorgegeben. Damit ist es den Kantonen überlassen, zu bestimmen, welches **Organ** 7.66

154 Botschaft AsylG 2014, S. 7991 ff.
155 Vgl. § 12 ff. PBG ZH; Art. 97 ff. BauG BE; § 1a ff. PBG LU; Art. 39 ff. LATC VD.
156 MUGGLI, in: Kommentar RPG, Art. 4 Rz. 24 ff.; HÄNNI, Planungsrecht, S. 140 ff.

die Richtpläne festsetzen soll. Die Richtpläne als behördenverbindliche Instrumente (Art. 9 Abs. 1 RPG) beinhalten Anweisungen an die mit der Raumplanung befassten Behörden. Diese Rechtsnatur legt die Zuständigkeit der kantonalen Regierung zum Beschluss über die Festsetzung nahe.[157] Aufgrund der grossen Tragweite, die der Richtplanung zukommt, ist es in den Kantonen aber auch verbreitet, dass die von der Regierung beschlossenen Richtpläne dem kantonalen Parlament zur Genehmigung oder mindestens zur Kenntnisnahme unterbreitet werden.[158] Schliesslich ist in einigen Kantonen auch vorgesehen, dass das Parlament über die Richtpläne beschliesst.[159]

7.67 Die kantonalen Richtpläne unterliegen gemäss Art. 11 Abs. 1 RPG der **Genehmigung durch den Bundesrat.** Mit dieser Genehmigung werden die mit dem kantonalen Beschluss nur für die kantonalen Behörden verpflichtenden Richtpläne auch für die Behörden des Bundes und der Nachbarkantone verbindlich (Art. 11 Abs. 2 RPG). Der bundesrätlichen Genehmigung unterliegt nur der Erlass oder die bestrittene Anpassung der Richtpläne. Bei unbestrittenen Anpassungen gelangt ein vereinfachtes Verfahren zur Anwendung. In diesen Fällen genügt die Genehmigung durch das UVEK (Art. 11 Abs. 2 RPV). Für die blosse Nachführung oder Fortschreibung der Richtpläne reicht sogar eine Mitteilung der Kantone an das ARE aus (Art. 11 Abs. 3 RPV).

7.68 Im Rahmen des **Genehmigungsverfahrens** vor dem Bundesrat wird geprüft, ob der kantonale Richtplan den bundesrechtlichen Anforderungen genügt, namentlich ob die bundesrechtlichen Planungs- und Abstimmungspflichten erfüllt sind (Art. 11 Abs. 1 RPG; Art. 10 Abs. 1 RPV). Neben der Kontrolle der formellen Anforderungen an die Richtpläne steht vor allem die Überprüfung der Planinhalte im Vordergrund. Die von Bundesrechts wegen erforderlichen Mindestinhalte der Richtpläne ergeben sich aus der Aufzählung in den Art. 8 und 8a RPG. Bei der Prüfung übt der Bund eine freie Rechtskontrolle aus. Soweit allerdings rein kantonale Aspekte betroffen sind, auferlegt er sich eine gewisse Zurückhaltung bei der Würdigung der örtlichen Verhältnisse.[160] Diese Zurückhaltung gilt jedoch nicht, wo es um die Prüfung der sachgerechten Berücksichtigung von Aufgaben des Bundes oder von überkantonalen Aufgaben geht.[161]

---

157 Vgl. § 94 Abs. 1 BPG BS; Art. 43 Abs. 1 BauG SG; Art. 14 Abs. 2 KRG GR; Art. 13 Abs. 1 lit. b LCAT NE.

158 Vgl. Art. 104 Abs. 3 und 5 BauG BE; § 7 PBG LU; Art. 10 BauG UR; § 5 ff. PBG SZ; § 3 f. BauG OW; Art. 11 Abs. 1 RBG GL; Art. 15 Abs. 2 RPBG FR; § 64 f. PBG SO; Art. 4 Abs. 2 BauG SH; Art. 12 Abs. 2 BauG AR; Art. 11 Abs. 1 BauG AI; § 2 ff. PBG TG; Art. 8 Abs. 2 KRPG VS; Art. 12 LEC TI; Art. 79 LCAT JU.

159 Vgl. § 32 Abs. 1 PBG ZH; Art. 12 Abs. 1 PBG NW; § 2 PBG ZG; § 11 Abs. 2 RBG BL; § 9 Abs. 4 BauG AG; Art. 8 Abs. 1 LATC VD; Art. 5 Abs. 5 LaLAT GE.

160 Vgl. Art. 2 Abs. 3 RPG; Tschannen, in: Kommentar RPG, Art. 11 Rz. 10.

161 Vgl. Art. 11 Abs. 2 RPG, wonach Richtpläne mit der Genehmigung durch den Bundesrat auch für Nachbarkantone verbindlich werden; Tschannen, in: Kommentar RPG, Art. 11 Rz. 9 ff.

b) Regionale Richtpläne

Die Kantone sind von Bundesrechts wegen verpflichtet, die Gemeinden und andere Träger raumwirksamer Aufgaben an der Richtplanung zu beteiligen (Art. 10 Abs. 2 RPG). Abhängig von der territorialen Organisation der Kantone sind daher auch die Regionen in die Richtplanung einzubeziehen. Darüber hinaus ist denkbar, dass das kantonale Recht die Regionen mit dem Erlass eigener Richtpläne beauftragt, in welchen sie ihre raumwirksamen Aufgaben planen und aufeinander abstimmen.[162] Für diese regionalen Richtpläne gelten in inhaltlicher Hinsicht sinngemäss die für die kantonalen Richtpläne massgeblichen Vorschriften. Naturgemäss sind auf regionaler Ebene jedoch **spezifischere Aussagen** zu den einzelnen Sachplanungen und den damit verbundenen räumlichen und inhaltlichen Zielen möglich als auf kantonaler Ebene.[163] Die regionalen Richtpläne sind ebenfalls mit den benachbarten Trägern von raumwirksamen Aufgaben abzustimmen. Das gilt unabhängig davon, ob diese Nachbarn innerhalb des eigenen Kantons liegen oder über Kantons- oder Landesgrenzen hinaus angrenzen. Schliesslich muss auch auf regionaler Ebene sichergestellt werden, dass die bundesrechtlichen Vorgaben an die Richtplanung – beispielsweise hinsichtlich der Mitwirkungsrechte (Art. 4 Abs. 2 RPG) oder der Öffentlichkeit der Richtpläne (Art. 4 Abs. 3 RPG) – eingehalten werden.[164] 7.69

Zu beachten ist, dass die Kantone die Aufgaben, welche sie aufgrund des RPG im kantonalen Richtplan erfüllen müssen, **nicht auf die regionalen Richtpläne verlagern** dürfen. Nicht an die regionale Stufe delegiert werden können daher die kantonale Raumentwicklungsstrategie, die Festlegung eines kantonalen Siedlungsgebietes sowie die übergeordneten Vorgaben des Kantons zur Sicherstellung der Bauzonendimensionierung.[165] 7.70

Die regionalen Richtpläne unterliegen der **Genehmigung durch eine kantonale Behörde.**[166] Anderes gilt, wenn sie durch eine kantonale Behörde festgesetzt werden.[167] Bereits mit ihrer Festsetzung werden die regionalen Richtpläne für die Behörden der Gemeinden und der Planungsregionen unmittelbar verbindlich. Sie erlangen mit der Genehmigung durch die kantonalen Behörden darüber hinaus auch für den Kanton Verbindlichkeit. Da es sich bei den regionalen Richtplänen nicht um kantonale Richtpläne handelt, unterliegen sie nicht der Genehmigung durch den Bund.[168] 7.71

c) Kommunale Richtpläne

Die kommunalen Richtpläne sind Ausdruck der starken Stellung der Gemeinden als Träger von raumwirksamen Aufgaben sowie von bedeutenden planungsrecht- 7.72

---

162 Hänni, Planungsrecht, S. 139 f.
163 So ausdrücklich § 30 Abs. 2 PBG ZH.
164 Tschannen, in: Kommentar RPG, Art. 4 Rz. 13 ff.
165 ARE, Ergänzung Leitfaden Richtplanung 2014, S. 7.
166 Vgl. Art. 61 Abs. 1 BauG BE; § 8 Abs. 3 PBG LU.
167 Vgl. § 32 Abs. 2 PBG ZH.
168 Tschannen, in: Kommentar RPG, Art. 11 Rz. 38.

lichen und baupolizeilichen Funktionen. Aus diesem Grund räumt bereits das RPG den Gemeinden einen Anspruch darauf ein, an der kantonalen Richtplanung mitzuwirken. Darüber hinaus verpflichten einige Kantone die Gemeinden zum Erarbeiten von eigenen Richtplänen oder stellen ihnen dies zumindest frei.[169] Das kantonale Recht legt die Mindestanforderungen an die kommunalen Richtpläne fest, hat dabei aber die **Mindestanforderungen** des Bundesrechts bezüglich Mitwirkungsrechten und Öffentlichkeit der Pläne zu berücksichtigen (Art. 4 Abs. 1–3 RPG).[170] Zudem können die Kantone weitere Minimalanforderungen aufstellen. So sehen diese häufig vor, dass die Gemeinden auf umfassende Richtpläne verzichten dürfen und sich auf Teilrichtpläne beschränken können.[171]

7.73 Die **Mitwirkung der Öffentlichkeit** wird in der Regel durch eine öffentliche Auflage der Planentwürfe sichergestellt. Während der Auflagedauer können sich alle interessierten Personen, Organisationen und Behörden zu den aufgelegten Entwürfen äussern.[172] Dieses Äusserungsrecht mündet nicht in ein Einwendungs- oder Einspracheverfahren. Die eingegangenen Bemerkungen und Hinweise sollen den verantwortlichen Behörden vielmehr eine Grundlage für allfällige Verbesserungen der Plangrundlagen liefern.[173]

7.74 Die kommunalen Richtpläne sind von dem nach kantonalem Recht zuständigen kommunalen Organ festzusetzen. Die **Zuständigkeiten** zur Festsetzung der kommunalen Richtpläne variieren stark; sie sind auch abhängig von der kommunalen Organisation. Verbreitet ist die Festsetzung der Richtpläne durch den Gemeinderat (Exekutive), durch die Gemeindeversammlung oder durch das Gemeindeparlament.[174] Mit dem Festsetzungsbeschluss werden die Richtpläne für die kommunalen Behörden verbindlich. In jedem Fall unterliegen die kommunalen Richtpläne der Genehmigung durch den Kanton. Zuständig dafür ist in der Regel der Regierungsrat, wobei bei integraler Genehmigung ohne Vorbehalt auch die Zuständigkeit der sachkompetenten Direktion oder des Departements verbreitet ist.[175] Mit dem Genehmigungsbeschluss werden die Richtpläne für die kantonalen Behörden und die Nachbargemeinden verbindlich.

---

169 § 31 PBG ZH; Art. 57 Abs. 1 BauG BE; Art. 41 RPBG FR; § 94 Abs. 2 BPG BS; § 14 Abs. 1 RBG BL; Art. 17 BauG AR; Art. 20 Abs. 1 KRG GR; Art. 17 LATC VD; Art. 10 LaLAT GE.

170 Muggli, in: Kommentar RPG, Art. 4 Rz. 17; Waldmann/Hänni, Handkommentar RPG, Art. 4 Rz. 6 f.

171 § 31 Abs. 1 und 2 PBG ZH; § 9 Abs. 1 PBG LU.

172 So ausdrücklich § 13 Abs. 3 PBG LU.

173 Waldmann/Hänni, Handkommentar RPG, Art. 4 Rz. 13 ff.; Muggli, in: Kommentar RPG, Art. 4 Rz. 24 ff.

174 Exekutive: Art. 25 Abs. 2 Gemeindegesetz BE (GG, BSG 170.11); § 94 Abs. 2 BPG BS; Gemeindeversammlung oder Gemeindeparlament: § 32 Abs. 3 PBG ZH; § 17 Abs. 2 RBG BL; Art. 17a Abs. 1 Ziff. 1 LATC VD.

175 § 2 PBG ZH; § 9 Abs. 3 PBG LU; § 94 Abs. 3 BPG BS; Genehmigung durch eine Dienststelle mit Beschwerdemöglichkeit an die Direktion: Art. 61 und 61a BauG BE.

d) Rahmennutzungspläne

Das Bundesrecht überlässt die Regelung von **Zuständigkeit und Verfahren** zum Erlass der Rahmennutzungspläne weitgehend den Kantonen. Vorgeschrieben werden nur wenige Mindestanforderungen. So müssen die Kantone dafür sorgen, dass die Bevölkerung bei Planungen in geeigneter Weise mitwirken kann (Art. 4 Abs. 2 RPG). Ferner verlangt das Bundesrecht die Öffentlichkeit der Pläne (Art. 4 Abs. 3 RPG). Im Planungsverfahren sind die Koordinationsgrundsätze sinngemäss anwendbar, um widersprüchliche Anordnungen zu vermeiden (Art. 25a Abs. 4 RPG). Schliesslich schreibt das RPG eine doppelte Überprüfung der Nutzungspläne vor: Einerseits wird verlangt, dass Nutzungspläne und deren Anpassungen durch eine kantonale Behörde genehmigt und erst mit dieser Genehmigung verbindlich werden (Art. 26 Abs. 1 und 3 RPG). Andererseits verlangt das Bundesrecht, dass die Kantone mindestens ein Rechtsmittel gegen Nutzungspläne vorsehen müssen, welches eine volle Überprüfung ermöglicht und mindestens die Legitimation wie bei der Beschwerde an das Bundesgericht gewährleistet (Art. 33 Abs. 2 und 3 RPG).[176] 7.75

Sämtliche Kantone sehen vor, dass die **Gemeinden** Rahmennutzungspläne erlassen müssen.[177] Sie stellen auf diese Weise sicher, dass die Planungspflichten des RPG tatsächlich wahrgenommen werden.[178] Daneben ist regelmässig vorgesehen, dass die **Kantone** selbst oder allenfalls die Regionen Nutzungspläne festsetzen können, welche für die öffentlichen Werke oder zu anderen überkommunalen Zwecken erforderlich sind.[179] Dabei handelt es sich aber in der Regel eher um Sondernutzungspläne, soweit solche kantonalen Pläne nur für einen begrenzten Perimeter erlassen werden. Die eigentliche Planung erfolgt bei der Nutzungsplanung durch die Exekutive, gegebenenfalls unter Beizug externer Fachleute.[180] Die Zuständigkeit für die Festsetzung der Rahmennutzungspläne liegt demgegenüber grundsätzlich bei der Legislative, d.h. dem Gemeindeparlament oder der Gemeindeversammlung, mit oder ohne Referendum.[181] 7.76

Die kommunalen Rahmennutzungspläne unterliegen zwingend der **Genehmigung** durch eine kantonale Behörde (Art. 26 Abs. 1 RPG). Die Kantone bezeichnen in der Regel den Regierungsrat oder das für Raumplanung zuständige Departement als Genehmigungsbehörde.[182] Teilweise wird die Zuständigkeit davon abhängig gemacht, ob die Genehmigung vorbehaltlos, nur mit Vorbehalten oder gar nicht 7.77

---

176 Vgl. BGE 127 II 238, E. 3b; vergleichbare Anforderungen an den kantonalen Rechtsschutz stellt auch Art. 110 BGG; dazu GRIFFEL, Raumplanungs- und Baurecht, S. 204 ff.

177 Dies gilt seit 2001 auch für BS, wo aber anstelle der fehlenden Einwohnergemeinde der Stadt Basel die kantonalen Organe handeln; vgl. § 103 Abs. 1 BPG BS.

178 Vgl. hierzu auch Art. 35 Abs. 1 lit. b RPG.

179 § 36 ff. PBG ZH; § 104 Abs. 1 BPG BS.

180 Vgl. § 5a LATC VD, der fachliche Anforderungen an die mit Planungsaufgaben betrauten Personen stellt.

181 Exemplarisch: § 88 PBG ZH; Art. 60a BauG BE; § 17 Abs. 1 lit. a PBG LU; § 105 Abs. 1 BPG BS; § 31 Abs. 1 RBG BL; Art. 30 Abs. 1 BauG SG; Art. 48 Abs. 1 KRG GR; Art. 58 LATC VD; vgl. HÄNNI, Planungsrecht, S. 236 f.

182 Exemplarisch: § 89 PBG ZH; Art. 61 Abs. 1 BauG BE; § 20 Abs. 1 PBG LU; § 114 Abs. 1 BPG BS; § 31 Abs. 5 RBG BL; Art. 58 Abs. 5 LATC VD.

erteilt werden kann.[183] Im Rahmen des kantonalen Genehmigungsverfahrens müssen die kommunalen Rahmennutzungspläne mindestens auf ihre Richtplankonformität überprüft werden (Art. 26 Abs. 2 RPG). Zudem sind sie auf ihre Übereinstimmung mit dem gesamten Bundesrecht zu prüfen. Es steht den Kantonen frei, die Prüfungsbefugnis auf weitere Aspekte wie die Zweckmässigkeit der Planung auszudehnen. Das Genehmigungsverfahren wird dann zur ganzheitlichen Überprüfung der Planung auf der Grundlage des übergeordneten Rechts und der Richtplanung. Allerdings darf das Genehmigungsverfahren nicht dazu führen, dass die Genehmigungsbehörde anstelle der kommunalen Behörde eine eigene Planung durchführt. Die Genehmigungsbehörde hat vielmehr den Ermessensspielraum der nachgeordneten Behörden zu wahren (Art. 2 Abs. 3 RPG). Die Genehmigung kann auch nur teilweise oder unter Bedingungen und Auflagen erteilt werden.[184] Solche Elemente des Genehmigungsbeschlusses werden Bestandteil der Rahmennutzungspläne und sind wie diese für die Grundeigentümer und Behörden verbindlich. Die Genehmigung durch die kantonale Behörde wirkt konstitutiv (Art. 26 Abs. 3 RPG).

7.78 Die bundesrechtlich vorgeschriebene zweifache Überprüfungsmöglichkeit im Rahmen der kantonalen Genehmigung und eines Rechtsmittelverfahrens gegen die Planfestsetzung führt dazu, dass diese beiden voneinander unabhängigen Verfahren zu **koordinieren** sind, damit es nicht zu widersprüchlichen Entscheiden kommt. Die bundesrechtliche Koordinationspflicht erstreckt sich daher auch auf diesen Aspekt des Planungsverfahrens (Art. 25a Abs. 4 RPG).[185] Wie diese Koordination sicherzustellen ist, bleibt den Kantonen überlassen. Nach der bundesgerichtlichen Rechtsprechung muss jedoch der Genehmigungsentscheid spätestens im Rahmen des Verfahrens vor der letzten kantonalen Rechtsmittelinstanz eingeholt und in die Beurteilung einbezogen werden.[186] Da die Rechtsmittelfrist zur Anfechtung eines Nutzungsplans nach dem kommunalen Beschluss bzw. nach Ablauf der Referendumsfrist zu laufen beginnt, sorgen die kantonalen Verwaltungsgerichte als obere Rechtsmittelinstanz im Rahmen der Instruktion für die erforderliche Koordination, indem sie die Rechtsmittelverfahren erst nach dem Vorliegen des kantonalen Genehmigungsentscheides abschliessen. Soweit als untere Rechtsmittelinstanz eine kantonale Verwaltungsbehörde eingesetzt ist, befindet diese mit dem Entscheid über das Rechtsmittel gleichzeitig auch über die Genehmigung des Plans, soweit sie dafür zuständig ist.[187]

7.79 Die mit Planungsaufgaben betrauten Behörden sorgen dafür, dass die **Bevölkerung** bei Planungen in geeigneter Weise mitwirken kann (Art. 4 Abs. 2 RPG). Sie haben sicherzustellen, dass abweichende Meinungen und Vorschläge im Entwurfsstadium eingebracht werden können und die planenden Behörden sich damit materiell auseinandersetzen, wobei jedoch kein Anspruch auf individuelle Beantwor-

---

183 § 114 Abs. 2 BPG BS; § 27 Abs. 1 BauG AG.

184 Ruch, in: Kommentar RPG, Art. 26 Rz. 17 f.; Waldmann/Hänni, Handkommentar RPG, Art. 26 Rz. 10 f.; vgl. beispielsweise Art. 61 Abs. 3 BauG BE; § 20 Abs. 3 PBG LU.

185 BGE 135 II 22, E. 1.2.3; Marti, in: Kommentar RPG, Art. 25a Rz. 46; Waldmann/Hänni, Handkommentar RPG, Art. 25a Rz. 77.

186 BGE 135 II 22, E. 1.2.4.

187 Siehe exemplarisch Art. 61 Abs. 1 BauG BE; § 31 Abs. 3 und § 32 Abs. 2 RBG BL.

tung der einzelnen Eingaben besteht.[188] Dieser Einbezug der Bevölkerung dient der **demokratischen Mitwirkung** im Planungsverfahren. Davon zu unterscheiden sind die aus dem Anspruch auf rechtliches Gehör abgeleiteten Anhörungsrechte in den bundesrechtlich geforderten Rechtsschutzverfahren (Art. 29 Abs. 2 BV und Art. 33 RPG). Diese rechtsstaatlichen Garantien bleiben vom planungsrechtlichen Mitwirkungsrecht unberührt.[189] Die demokratische und rechtsstaatliche und in diesem Sinn doppelte Funktion der Mitwirkungsrechte gilt es auch dort auseinanderzuhalten, wo die Kantone ein kombiniertes Verfahren vorsehen, welches beiden Mitwirkungsrechten dient.[190]

Über die konkrete **Ausgestaltung der Mitwirkung** entscheidet der kantonale Gesetzgeber. Gemäss der bundesgerichtlichen Rechtsprechung kann die kombinierte Mitwirkung auch erst nach der formellen Beschlussfassung durch die Planungsbehörde erfolgen, auch wenn der Standard der Gehörswahrung diesfalls nicht demjenigen im Einspracheverfahren entspricht.[191] Jedoch wird in der Regel die Mitwirkung durch die öffentliche Auflage der Planentwürfe sichergestellt.[192] Bestandteil der aufzulegenden Unterlagen sind dabei neben den eigentlichen Plänen auch die den Planinhalt beschreibenden Vorschriften, nicht jedoch die generell-abstrakten Vorschriften des kantonalen Baurechts.[193] Weiter gehende Verpflichtungen zur Veröffentlichung können sich aus dem kantonalen Recht ergeben. Danach sind in manchen Kantonen auch die den Planentwürfen zugrunde liegenden Berichte und Erläuterungen aufzulegen.[194] 7.80

Während der Planauflage können den Behörden **Anregungen** zur vorgesehenen Planung mitgeteilt werden, ohne dass es hierfür einer besonderen Legitimation bedürfte. Der Anspruch auf Mitwirkung besteht nicht absolut. Für untergeordnete Planänderungen, die das öffentliche Interesse nicht tangieren, kann daher die Mitwirkung zulässigerweise unterbleiben.[195] 7.81

Gleichzeitig mit der Auflage der Planentwürfe wird in vielen Kantonen ein **Einspracheverfahren** eröffnet. Die Beteiligung am Einspracheverfahren als Rechtsmittelverfahren setzt, anders als das allgemeine Mitwirkungsrecht, die Legitimation zur Ergreifung von Rechtsmitteln gegen den Nutzungsplan voraus.[196] Die öffentliche Planauflage dient auch der Wahrung des Anspruchs auf rechtliches Gehör der 7.82

---

188 Waldmann/Hänni, Handkommentar RPG, Art. 4 Rz. 15; Muggli, in: Kommentar RPG, Art. 4 Rz. 24.

189 BGE 135 II 286, E. 5.3; Waldmann/Hänni, Handkommentar RPG, Art. 4 Rz. 13; Muggli, in: Kommentar RPG, Art. 4 Rz. 25 ff.

190 Vgl. BGE 114 Ia 233, E. 2c; vgl. dazu Griffel, Raumplanungs- und Baurecht, S. 206.

191 BGE 135 II 286, E. 5.3; BGE 114 Ia 233, E. 2c; Hänni, Planungsrecht, S. 97.

192 Vgl. § 7 Abs. 2 PBG ZH; Art. 60 BauG BE; § 61 Abs. 1 PBG LU; § 109 Abs. 1 BPG BS; Art. 57 LATC VD; anders jedoch § 31 Abs. 1 RBG BL.

193 BGE 106 Ia 383, E. 3b.

194 § 7 Abs. 4 PBG ZH; § 109 Abs. 1 BPG BS; § 22 BauG AG; Art. 57 Abs. 1 LATC VD; Art. 36 KRPG VS.

195 Muggli, in: Kommentar RPG, Art. 4 Rz. 25; Waldmann/Hänni, Handkommentar RPG, Art. 4 Rz. 15; VGer ZH, Urteil VB.2013.00291 vom 21. Mai 2014, E. 3.3.

196 Zur Legitimation siehe Rz. 8.22 ff.

zur Anfechtung der Pläne legitimierten Privaten und Organisationen. Ihnen kommt insoweit Parteistellung zu.[197] Wo ein Einspracheverfahren durchgeführt wird, stellt die Beteiligung daran sowohl in formeller als auch in materieller Hinsicht eine Voraussetzung der Berechtigung zur Anfechtung der Pläne dar.[198] Die Einsprecher müssen daher konkrete Anträge zu den von ihnen geforderten Änderungen stellen. Neue Anträge können wegen der Beschränkung des Streitgegenstands im späteren Rechtsmittelverfahren nur noch vorgebracht werden, wenn sie im Einspracheverfahren noch nicht vorgebracht werden konnten.[199]

7.83 Soweit ein Mitwirkungsverfahren stattgefunden hat, führen **Änderungen** der aufgelegten Pläne unter dem Aspekt des demokratischen Mitwirkungsrechts nicht zu einer Wiederholung der Planauflage.[200] Hingegen müssen solche Änderungen unter dem Aspekt der Gewährung des rechtlichen Gehörs zu einer erneuten Äusserungsmöglichkeit der von den Änderungen Betroffenen führen. Dies geschieht regelmässig über eine erneute öffentliche Auflage, die sich jedoch lediglich auf die Planänderungen erstreckt.[201] In diesem Verfahrensstadium können sich Einsprachen nur noch gegen die aufgelegten Änderungen richten, da nur diese Verfahrensgegenstand bilden.[202]

e) Sondernutzungspläne

7.84 Das kantonale Recht kann neben den Rahmennutzungs- auch Sondernutzungspläne vorsehen. Dies ist in den Kantonen in mannigfaltiger Weise geschehen: Es findet sich eine Vielzahl **unterschiedlicher Arten** von Sondernutzungsplänen mit vielfältigen Bezeichnungen und Zielsetzungen.[203] So kennen die Kantone Sondernutzungspläne etwa als Gestaltungsplan[204], Sonderbauvorschriften[205], Überbauungsordnung[206], Bebauungsplan[207] oder Quartierplan[208]. Die Sondernutzungspläne unterscheiden sich durch ihren unterschiedlichen Regelungsgehalt. So werden neben nutzungsplanerischen Anordnungen teilweise weitere Aspekte wie die

---

197 Vgl. etwa Art. 6 VwVG; Muggli, in: Kommentar RPG, Art. 4 Rz. 25; Waldmann/Hänni, Handkommentar RPG, Art. 4 Rz. 15.

198 Vgl. für beschwerdeberechtigte Organisationen Art. 55b Abs. 2 USG und Art. 12c Abs. 2 NHG; auf kantonaler Ebene verallgemeinert: § 113 Abs. 4 BPG BS.

199 BGE 141 II 14, E. 4.4; BGE 141 II 50, E. 2.1; BGE 133 II 181, E. 3.2.1; so auch § 113 Abs. 4 BPG BS; Art. 30bis Abs. 1 lit. c BauG SG.

200 Muggli, in: Kommentar RPG, Art. 4 Rz. 25; Waldmann/Hänni, Handkommentar RPG, Art. 4 Rz. 15.

201 Art. 60 Abs. 3 BauG BE; § 61 Abs. 4 PBG LU; § 111 Abs. 2 BPG BS; § 31 Abs. 4 PBG TG.

202 So ausdrücklich § 61 Abs. 4 PBG LU; § 111 Abs. 2 BPG BS.

203 Eingehend hierzu Rz. 1.22 ff.

204 § 83 ff. PBG ZH; § 65 ff. PBG LU; Art. 28 BauG SG; § 23 f. PBG TG.

205 § 79 ff. PBG ZH. Demgegenüber sind Arealüberbauungen keine Sondernutzungspläne, sondern Bestandteile des Rahmennutzungsplans: vgl. § 69 ff. PBG ZH; § 39 ff. BauV AG; Griffel, Raumplanungs- und Baurecht, S. 61.

206 Art. 88 ff. BauG BE; Art. 22 f. BauG SG: Überbauungsplan.

207 § 65 ff. PBG LU; § 101 ff. BPG BS.

208 § 37 ff. RBG BL; Art. 64 ff. LATC VD.

Erschliessung oder Landumlegung geregelt.[209] Die Vielfalt der Sondernutzungspläne zeigt die praktische Bedeutung dieses Instruments für die Umsetzung der Ziele der Raumplanung. Als Nutzungspläne sind sie nicht nur behörden-, sondern auch grundeigentümerverbindlich (Art. 21 Abs. 1 RPG).[210]

Der **Erlass von Sondernutzungsplänen** kann im Rahmennutzungsplan vorgesehen sein, indem die konkrete Festlegung der Nutzung für eine Bauzone von einer Sondernutzungsplanung abhängig gemacht wird.[211] Regelmässig ist er aber bereits in den kantonalen Planungs- und Baugesetzen als in allen Zonen zulässige planerische Massnahme verankert. Sondernutzungspläne erlauben den zuständigen kommunalen Organen in der Regel ausdrücklich ein Abweichen von der baurechtlichen und nutzungsplanerischen Grundordnung oder zumindest von näher spezifizierten Vorschriften des kantonalen Rechts.[212] Zum Teil wird der Erlass von Sondernutzungsplänen jedoch ausdrücklich auf das Baugebiet beschränkt, um eine Ausweitung desselben ohne umfassende Planung zu verhindern.[213] 7.85

Grundsätzlich ist allen Sondernutzungsplänen gemeinsam, dass sie eine von der Grundordnung **abweichende Art der Bebauung oder Nutzung** für einen spezifischen Perimeter vorsehen.[214] Sondernutzungspläne sorgen somit für eine Umsetzung der raumplanerischen Ziele unter Berücksichtigung der besonderen Aspekte der entsprechenden Gebiete.[215] In diesem Sinne besteht am Erlass eines Sondernutzungsplans ein öffentliches Interesse. Allerdings führen Sondernutzungspläne gegenüber der Rahmennutzungsplanung üblicherweise zu einer Vergrösserung der zulässigen Nutzflächen oder zumindest zu einer höherwertigen Nutzung. Damit besteht auch ein hohes privates Interesse der Grundeigentümer am Erlass eines Sondernutzungsplans. Zu einer Vergrösserung der Bauzone über die in Art. 15 RPG umschriebene Fläche hinaus darf jedoch auch ein Sondernutzungsplan nicht führen.[216] Dem privaten Interesse wird in kantonalen Verfahrensvorschriften dadurch Rechnung getragen, dass der Anstoss zum Erlass eines Sondernutzungsplans in der Regel von den interessierten Grundeigentümern ausgeht. Umgekehrt wird eine Sondernutzungsplanung nur durchgeführt, wenn durch Zustimmung aller oder zumindest einer Mehrheit der betroffenen Grundeigentümer der Wille zur Umsetzung manifestiert wird.[217] Die Grundeigentümer können bei der Erarbeitung der Grundlagen der Sondernutzungsplanung mitwirken.[218] Ihnen können allerdings, zusätzlich zu einer allfälligen Mehrwertabschöpfung, auch die durch die Sonder- 7.86

---

209 Vgl. Ivanov, Harmonisierung, S. 327 ff.; Hänni, Planungsrecht, S. 244 ff.

210 So ausdrücklich Art. 57 Abs. 2 BauG BE, wonach die baurechtliche Grundordnung und Überbauungsordnungen als Nutzungspläne gelten; s. auch § 15 Abs. 2 PBG LU, wonach Bebauungs- und Gestaltungspläne für jedermann verbindlich sind.

211 Art. 92 ff. BauG BE: Zone mit Planungspflicht; § 25 RBG BL: Zone mit Quartierplanpflicht.

212 § 80 Abs. 1 und § 83 Abs. 1 PBG ZH; § 40 RBG BL; § 101 Abs. 1 BPG BS; vgl. Ivanov, Harmonisierung, S. 317 ff.

213 Siehe z.B. § 37 Abs. 1 RBG BL.

214 So z.B. § 80 PBG ZH; Art. 19 Abs. 1 BauG BE; § 68 PBG LU; § 101 BPG BS; Art. 72b LATC VD; vgl. Haller/Karlen, Raumplanungs-, Bau- und Umweltrecht, Rz. 304; Brandt/Moor, in: Kommentar RPG, Art. 18 Rz. 100 ff.

215 Brandt/Moor, in: Kommentar RPG, Art. 18 Rz. 100 f.

216 Brandt/Moor, in: Kommentar RPG, Art. 18 Rz. 101.

217 § 85 Abs. 2 PBG ZH; § 43 RBG BL; Art. 28b Abs. 2 BauG SG.

218 § 160a PBG ZH; Art. 53 Abs. 3 KRG GR; § 26 Abs. 2 PBG TG.

nutzungsplanung entstehenden Kosten der für die Planung zuständigen Gemeinde überbunden werden.[219]

7.87 Zur Festsetzung eines Sondernutzungsplans ist in der Regel dasselbe **Organ** zuständig, dem auch der Erlass des Rahmennutzungsplans obliegt. Die Kantone, die selber keine Rahmennutzungspläne erlassen, können für ihre Zwecke, namentlich zur Realisierung von öffentlichen Werken oder für überkommunale Aufgaben wie den Schutz von Naturobjekten oder Landschaften, Sondernutzungspläne erlassen.[220] Zur Festsetzung von kantonalen Sondernutzungsplänen ist üblicherweise das kantonale Fachdepartement zuständig.[221] Bei kommunalen Sondernutzungsplänen liegt die Zuständigkeit je nach Gemeindeorganisation beim Gemeindeparlament oder bei der Gemeindeversammlung, allenfalls unter Referendumsvorbehalt.[222] Wo gegenüber dem Rahmennutzungsplan die Parallelität der Form gewahrt wird, sind die in Sondernutzungsplänen enthaltenen Abweichungen gegenüber der Regelbauweise ebenso demokratisch legitimiert wie jene. Gleichwohl darf im Sondernutzungsplan nur unter Berücksichtigung der Raumplanungsgrundsätze von der allgemeinen Grundordnung abgewichen werden.[223] Für Sondernutzungspläne, welche sich an den Rahmen der grundsätzlich geltenden Grundordnung halten, sehen viele Kantone ein vereinfachtes Verfahren vor. Sie können von der Exekutive oder von der Legislative unter Ausschluss des Referendums abschliessend beschlossen werden.[224] Allerdings sind auch beim vereinfachten Verfahren die bundesrechtlichen Vorgaben bezüglich Mitwirkung der Bevölkerung und Rechtsmittel in jedem Fall zu wahren.

7.88 Das **Bundesrecht** statuiert keine spezifischen Vorgaben an Sondernutzungspläne. Es gelten daher dieselben Anforderungen wie für Rahmennutzungspläne. Die kommunalen Sondernutzungspläne sind wie alle Nutzungspläne von einer kantonalen Behörde zu genehmigen und werden erst mit der kantonalen Genehmigung verbindlich (Art. 26 Abs. 1 und 3 RPG). Die kantonalen Behörden müssen die Sondernutzungspläne mindestens auf Übereinstimmung mit den Richtplänen prüfen (Art. 26 Abs. 2 RPG). Das kantonale Recht kann auch hier eine weiter gehende Prüfung mit Blick auf die Rechtmässigkeit als solche oder gar auf die Zweckmässigkeit vorsehen.[225] Geprüft werden muss auch, ob die allenfalls im Sondernutzungsplan vorgesehenen Abweichungen das vom kantonalen Recht sowie vom Bundesrecht vorgesehene Mass nicht überschreiten.

---

219 § 177 Abs. 1 PBG ZH; § 45 Abs. 3 RBG BL; Ivanov, Harmonisierung, S. 326.

220 Vgl. § 17 Abs. 2 PBG LU; § 104 Abs. 1 BPG BS; § 12 Abs. 1 RBG BL.

221 § 2 lit. b PBG ZH; § 2 Abs. 1 PBG TG; abweichend: § 17 Abs. 2 PBG LU mit Zuständigkeit des Regierungsrats; § 105 Abs. 1 BPG BS mit Zuständigkeit des Kantonsparlaments.

222 § 88 PBG ZH; Art. 66 Abs. 2 BauG BE; § 17 Abs. 1 lit. a PBG LU; § 105 Abs. 1 BPG BS; Art. 17a Abs. 1 LATC VD; vgl. auch Haller/Karlen, Raumplanungs-, Bau- und Umweltrecht, Rz. 414 ff.; Ruch, in: Kommentar RPG, Art. 25 Rz. 16.

223 Vgl. BGer, Urteil 1C_800/2013 vom 29. April 2014, E. 2.2.2; Moor, in: Kommentar RPG, Art. 14 Rz. 80; Brandt/Moor, in: Kommentar RPG, Art. 18 Rz. 101.

224 Art. 66 Abs. 3 und 4 BauG BE; § 42 Abs. 1 RBG BL; § 106 Abs. 1 BPG BS.

225 Ruch, in: Kommentar RPG, Art. 26 Rz. 10 ff. und Rz. 27 ff.; Waldmann/Hänni, Handkommentar RPG, Art. 26 Rz. 15 ff.

Neben der bundesrechtlich vorgeschriebenen **Genehmigung** sind die Kantone auch verpflichtet, wenigstens ein **Rechtsmittel** gegen Sondernutzungspläne vorzusehen (Art. 33 Abs. 2 RPG; Art. 110 ff. BGG).[226] Damit unterliegen auch die Sondernutzungspläne von Bundesrechts wegen einer doppelten Kontrolle. Die für die Rahmennutzungspläne dargestellte Regelung der Koordination und Abstimmung des Genehmigungsverfahrens mit dem Rechtsmittelverfahren gilt daher auch für Sondernutzungspläne.[227] 7.89

Im Verfahren auf Erlass eines Sondernutzungsplans gilt ebenfalls die Pflicht, die Bevölkerung über die Ziele und den Ablauf der Planung zu unterrichten und für eine geeignete **Mitwirkung der Bevölkerung** zu sorgen (Art. 4 Abs. 1 und 2 RPG). Diese Verpflichtung wird üblicherweise durch eine öffentliche Auflage der Planentwürfe oder Pläne erfüllt.[228] Zudem sehen die Kantone in der Regel vor, dass auch im Verfahren der Sondernutzungsplanung von der Öffentlichkeit Anregungen vorgebracht und von den Betroffenen Einsprachen erhoben werden können. Damit findet die Verbindung des demokratischen Mitwirkungsrechts mit der Gewährung des Rechtsschutzes auch bei Sondernutzungsplänen statt.[229] 7.90

Wo Sondernutzungspläne im Hinblick auf ein **konkretes Bauprojekt** erlassen werden, können sie einen derart hohen Detaillierungsgrad aufweisen, dass dadurch das Bauprojekt bereits präjudiziert wird. Teilweise ist vorgesehen, dass der Sondernutzungsplan anstelle der für die Projektrealisation grundsätzlich erforderlichen Baubewilligung tritt, wenn er das Bauvorhaben mit der Genauigkeit der Baubewilligung festlegt.[230] In jedem Fall nimmt ein detaillierter Sondernutzungsplan wesentliche Teile des nachfolgenden Baubewilligungsverfahrens vorweg. Das Bundesrecht trägt diesem Umstand bei der Realisierung von Anlagen Rechnung, die der Umweltverträglichkeitsprüfung unterliegen. Für solche Anlagen muss die Umweltverträglichkeitsprüfung bereits im Verfahren der Sondernutzungsplanung durchgeführt werden, wenn dadurch eine umfassende Prüfung ermöglicht wird (Art. 5 Abs. 3 UVPV). Die Ergebnisse dieser Prüfung sind bei der Planfestsetzung im Sondernutzungsplan zu berücksichtigen. Bei detaillierten Sondernutzungsplanungen müssen allfällige Einwände gegen das Bauprojekt daher bereits im Planungsverfahren vorgebracht werden, da der Sondernutzungsplan aufgrund des Prinzips des einmaligen Rechtsschutzes im Rahmen des nachfolgenden Baubewilligungsverfahrens grundsätzlich nicht mehr angefochten werden kann.[231] Auch wenn noch ein Baubewilligungsverfahren durchgeführt wird, kann die grundsätzliche Realisierbarkeit des Bauvorhabens aufgrund der rechtskräftigen Sondernutzungsplanung nicht mehr in Frage gestellt werden. Gegenstand des nachfolgenden Baubewilligungsverfahrens können lediglich die technischen Detailfragen bilden, die nicht bereits vom Sondernutzungsplan festgelegt werden. 7.91

---

226 BGE 127 II 238, E. 3b; siehe dazu Rz. 8.14 ff.

227 Siehe zu den Rahmennutzungsplänen Rz. 7.77 ff.

228 Vgl. § 7 Abs. 2 PBG ZH; Art. 60 BauG BE; § 61 Abs. 1 PBG LU; § 109 Abs. 1 BPG BS; § 31 Abs. 1 RBG BL; Art. 57 LATC VD.

229 WALDMANN/HÄNNI, Handkommentar RPG, Art. 4 Rz. 15; MUGGLI, in: Kommentar RPG, Art. 4 Rz. 5 ff.; HALLER/KARLEN, Raumplanungs-, Bau- und Umweltrecht, Rz. 403 f.

230 So etwa Art. 88 Abs. 6 BauG BE oder Art. 69a Abs. 1 LATC VD.

231 BGE 131 II 103, E. 2.4.1; BGE 123 II 337, E. 3a; BGE 119 Ib 480, E. 5c.

2. Baubewilligungsverfahren

a) Koordinationspflicht

7.92 Bauten und Anlagen dürfen nur mit behördlicher Bewilligung errichtet oder geändert werden (Art. 22 Abs. 1 RPG).[232] Was Bauten und Anlagen sind, ist bundesrechtlich vorgegeben.[233] Die Bewilligungspflicht soll sicherstellen, dass Bauten und Anlagen sämtlichen Anforderungen des materiellen Rechts entsprechen. Neben den nutzungsplanerischen, baugesetzlichen und baupolizeilichen Vorschriften müssen Bauten und Anlagen vielfältigen weiteren Vorschriften des eidgenössischen, kantonalen und kommunalen Rechts entsprechen.[234] Für den Vollzug dieser materiellen Vorschriften ist eine Vielzahl von Behörden mit unterschiedlichen Verfahren zuständig. Das Bundesrecht überlässt die Regelung der Zuständigkeiten und Verfahren gemäss Art. 25 Abs. 1 RPG den Kantonen. Um sicherzustellen, dass trotz dieser Zuständigkeitsordnung widersprüchliche Entscheide vermieden werden, hat das Bundesrecht in Kodifikation der durch das Bundesgericht bereits zuvor aufgestellten Koordinationsgrundsätze **minimale Anforderungen** an die Ausgestaltung der kantonalen Verfahren statuiert.[235] Diese in Art. 25a RPG enthaltenen Vorschriften beanspruchen zunächst für sämtliche erstinstanzlichen Bewilligungsverfahren Geltung. Allerdings kommen sie nach Abs. 4 sinngemäss auch im Nutzungsplanverfahren zum Tragen. Für das Rechtsmittelverfahren verlangt schliesslich Art. 33 Abs. 4 RPG im Hinblick auf die Verfahrenskoordination, dass für die Anfechtung von Verfügungen gemäss Art. 25a Abs. 1 RPG eine einheitliche Rechtsmittelinstanz vorgesehen wird.[236]

7.93 Die Koordinationspflicht gilt in umfassender Weise für alle Verfahren, die zum Erlass von Verfügungen führen, welche für die Errichtung oder Änderung von Bauten und Anlagen im Sinne von Art. 22 RPG erforderlich sind.[237] Es werden somit alle **Bewilligungen, Plangenehmigungen oder Konzessionen,** unabhängig von ihrer Bezeichnung, erfasst. Die Koordinationspflicht bedingt keinen sachlichen Zusammenhang der Verfügung mit dem materiellen Bundesrecht. Zu koordinieren ist auch die Anwendung von materiellem kantonalem Recht, soweit dieses im Rahmen des Baubewilligungsverfahrens relevant ist. Dies trifft etwa auf eine kantonale Betriebsbewilligung zu.[238]

---

232 Vgl. zur historischen Entwicklung der Vorschrift: Hänni, Planungsrecht, S. 335 f.

233 BGer, Urteil 1C_285/2015 vom 19. November 2015, E. 3; BGE 140 II 473, E. 3.4.1; BGE 139 II 134, E. 5; BGE 123 II 256, E. 3; Waldmann/Hänni, Handkommentar RPG, Art. 22 Rz. 9 ff.

234 Siehe Rz. 2.16 ff.

235 Vgl. BGE 133 II 181, E. 5.1.4; BGE 129 II 63, E. 5; BGE 116 Ib 50 ff.; Botschaft Bundeskoordinationsgesetz 1998, S. 2591 ff.; Hänni, Planungsrecht, S. 478 ff.; Ivanov, Harmonisierung, S. 179 ff.

236 Siehe Rz. 8.32 ff.

237 Marti, in: Kommentar RPG, Art. 25a Rz. 15; Waldmann/Hänni, Handkommentar RPG, Art. 25a Rz. 21 ff.; Ivanov, Harmonisierung, S. 180 f.; Hänni, Planungsrecht, S. 475 ff.; Griffel, Verfahrenskoordination, S. 229.

238 Marti, in: Kommentar RPG, Art. 25a Rz. 17 ff.; Waldmann/Hänni, Handkommentar RPG, Art. 25a Rz. 22 f.

Die Koordinationspflicht besteht entgegen dem zu engen Wortlaut von Art. 25a Abs. 1 RPG nicht nur bei Verfügungen von verschiedenen Behörden. Vielmehr gilt sie auch, wenn nur eine **einzige Verfügung** über das Baugesuch ergeht, in die die Stellungnahmen und Mitberichte von Behörden einfliessen.[239] Sie umfasst somit auch die Anträge der Umweltschutzfachstellen im Rahmen der Umweltverträglichkeitsprüfung, welche nicht in einer selbständigen Verfügung, sondern mit der Baubewilligung verfügt werden. Ziel der Koordination bildet ein inhaltlich widerspruchsloser und auf einer vollständigen Durchführung des Bewilligungsverfahrens beruhender Entscheid. Ausnahmen von der Koordinationspflicht sind praxisgemäss allerdings zulässig für Bewilligungen von untergeordneter Bedeutung, bei welchen kein Koordinationsbedarf besteht und welche nicht in die Rechtsstellung Dritter eingreifen. Dies gilt etwa für Subventionsverfügungen.[240] Ebenso sind von der Koordination Entscheide ausgenommen, die aus sachlichen Gründen erst nach der Baubewilligung für die Anlage getroffen werden können, wie beispielsweise Betriebsbewilligungen.[241] Zulässig bleiben nach der Rechtsprechung auch gesetzlich ausdrücklich geregelte Teilentscheide über wesentliche Einzelfragen in Form von sog. Vorentscheiden oder generellen Bauentscheiden, soweit sie nicht die bundesrechtliche Koordinationspflicht unterlaufen.[242] 7.94

Das Bundesrecht schreibt den Kantonen nicht vor, auf welche Weise sie die Verfahrenskoordination sicherstellen müssen. Es stellt nur **Minimalanforderungen** an die Koordinationspflicht auf, mit denen eine «ausreichende Koordination» erreicht werden soll (Art. 25a Abs. 1 RPG).[243] Die mit der Koordination betraute Behörde muss die nötigen verfahrensleitenden Anordnungen treffen; sie sorgt für eine gemeinsame öffentliche Auflage aller Gesuchsunterlagen, holt von den kantonalen und eidgenössischen Behörden umfassende Stellungnahmen ein und sorgt schliesslich für eine gemeinsame oder zumindest gleichzeitige Eröffnung der jeweiligen Verfügungen (Art. 25a Abs. 2 lit. a–d RPG). Als inhaltlich wichtigste und anspruchsvollste Aufgabe muss die verantwortliche Behörde Gewähr dafür bieten, dass die Verfügungen keine Widersprüche enthalten (Art. 25a Abs. 3 RPG). 7.95

Die bundesrechtlichen Vorgaben zur Koordination bedeuten für die Kantone insofern eine Einschränkung ihrer Organisationshoheit, als sie im Baubewilligungsverfahren die Minimalanforderungen gemäss dem sog. **Koordinationsmodell** erfüllen müssen. Demgemäss ist eine Behörde als Leitbehörde zu bezeichnen, die dafür verantwortlich ist, dass die bundesrechtlichen Minimalanforderungen an die Verfahrenskoordination erfüllt werden. Dabei braucht diese Behörde selbst nicht eben- 7.96

---

239 Marti, in: Kommentar RPG, Art. 25a Rz. 15; Waldmann/Hänni, Handkommentar RPG, Art. 25a Rz. 23.

240 Marti, in: Kommentar RPG, Art. 25a Rz. 19; Waldmann/Hänni, Handkommentar RPG, Art. 25a Rz. 25 f.

241 Marti, in: Kommentar RPG, Art. 25a Rz. 19; Waldmann/Hänni, Handkommentar RPG, Art. 25a Rz. 25 f.; Zaugg/Ludwig, Kommentar BauG BE, Art. 2a Rz. 3a f.

242 BGE 130 II 30, E. 1.3.5; Marti, in: Kommentar RPG, Art. 25a Rz. 17; Waldmann/Hänni, Handkommentar RPG, Art. 25a Rz. 31 f.

243 Marti, in: Kommentar RPG, Art. 25a Rz. 20 ff.; Waldmann/Hänni, Handkommentar RPG, Art. 25a Rz. 34 f. und Rz. 38 ff.

falls als Bewilligungsbehörde in das Verfahren involviert zu sein. Dieses Modell hat die Mehrheit der Kantone übernommen.[244] Das Bundesrecht enthält keine Vorgaben darüber, wie im Hinblick auf die Bereinigung von Widersprüchen vorzugehen ist. In den Kantonen sind Lösungen üblich, die sich am Modell des Bundes für das konzentrierte Verfahren orientieren. Danach versucht die für die Koordination verantwortliche Leitbehörde, anhand einer Aussprache der beteiligten Behörden eine Bereinigung der Widersprüche zu erreichen.[245]

7.97 In anderen Kantonen hat sich das weiter gehende sog. **Konzentrationsmodell** etabliert.[246] Danach ergeht über das Baubegehren eine Gesamtverfügung durch die Leitbehörde. Diese Leitbehörde integriert sämtliche Stellungnahmen und Mitberichte anderer Behörden in ihrem Entscheid. Daneben werden keine zusätzlichen oder parallelen Verfahren geführt.[247]

b) Besondere Bewilligungsverfahren der Kantone

7.98 Einige Kantone sehen vor, dass wesentliche Vorfragen für die Projektierung zum Gegenstand eines speziellen Bewilligungsverfahrens gemacht werden können.[248] In diesem Verfahren wird ein verbindlicher **Vorentscheid** oder ein **genereller Bauentscheid** über die von der Bauherrschaft gestellten Grundsatzfragen zu einem spezifischen Bauprojekt gefällt.[249] Die Rechtsprechung hat das grosse praktische Bedürfnis erkannt, das hinter diesem Vorgehen steckt: Um unnötige Projektierungskosten zu vermeiden, soll möglichst früh über wesentliche Grundsatzfragen Rechtssicherheit gewonnen werden.[250] Das Vorentscheidverfahren ist zulässig, soweit dadurch nicht die raumplanungsrechtlich vorgeschriebene umfassende Beurteilung des gesamten Projektes sowie die Koordination der materiellen Vorschriften im Sinne von Art. 25a RPG verunmöglicht werden.[251] Zudem ist bei verbindlichen Vorentscheiden sicherzustellen, dass das rechtliche Gehör von Drittbetroffenen gewahrt wird.[252] Nach der Rechtsprechung genügt es nicht, wenn ohne

244 Waldmann/Hänni, Handkommentar RPG, Art. 25a Rz. 34 mit detaillierten Hinweisen auf die Rechtslage in den Kantonen.

245 Z.B. Art. 8 KoG BE; § 61 Abs. 3 PBV LU; § 55 Abs. 1 BauV AG; anders aber etwa Art. 7 VKoG SG, wonach die vorgesetzte Behörde als Schiedsstelle entscheidet, oder § 41 Abs. 1 BPV BS, wonach die Leitbehörde über die Stellungnahmen anhand einer Interessenabwägung entscheidet; s. auch die Nachweise bei Waldmann/Hänni, Handkommentar RPG, Art. 25a Rz. 54.

246 Waldmann/Hänni, Handkommentar RPG, Art. 25a Rz. 34; Ivanov, Harmonisierung, S. 187 f.

247 Marti, in: Kommentar RPG, Art. 25a Rz. 20; Waldmann/Hänni, Handkommentar RPG, Art. 25a Rz. 37 ff.

248 Exemplarisch: § 323 ff. PBG ZH; Art. 32d BauG BE; § 32 Abs. 1 BPV BS; § 121 RBG BL; § 108 PBG TG; § 62 BauG AG; Art. 119 LATC VD.

249 Ausführlich zum Vorentscheidverfahren BRG ZH, Urteil BRGE IV Nrn. 0039-0040/2014 vom 3. April 2014, E. 6.1 (BEZ 2014 Nr. 34).

250 Haller/Karlen, Raumplanungs-, Bau- und Umweltrecht, Rz. 782 ff.

251 BGE 140 I 326, E. 6.1; BGE 135 II 30, E. 1.3.5.

252 BGE 120 Ib 48, E. 2b in Bestätigung von BGer, Urteil 1P.224/1991 vom 9. September 1992, E. 2, wo sich das Bundesgericht jeweils auf Art. 33 Abs. 3 RPG abstützt. Kritisch dazu Griffel, Vorentscheide, S. 262 ff.

Ausschreibung ergangene Vorentscheide nur für Behörden und Gesuchsteller verbindlich sind. In einem solchen Verfahren entscheiden die Behörden, ohne dass Dritten ein Rechtsmittel dagegen zustünde, was zu einer Verletzung des Anspruchs auf rechtliches Gehör Dritter führt.[253] Aus diesem Grund müssen Vorentscheidgesuche grundsätzlich öffentlich ausgeschrieben werden.

Vom Vorentscheidverfahren zu unterscheiden sind sog. **Voranfragen.** Diese werden ausserhalb eines formellen Verfahrens gestellt und führen nicht zu einem Entscheid, sondern nur zu einer behördlichen Auskunft.[254] Deren Verbindlichkeit beruht auf dem Vertrauensprinzip (Art. 9 BV) und geht daher nur soweit, wie die Bauherrschaft gestützt auf die erhaltene Auskunft nachteilige Dispositionen getroffen hat und allfällige entgegenstehende Drittinteressen nicht überwiegen.[255] Allerdings werfen solche Auskünfte heikle Fragen mit Bezug auf die Vorbefassung der involvierten Behördenmitglieder auf, zumal mangels Durchführung eines formellen Verfahrens Dritte keine Parteirechte geltend machen können.[256] Zu unterscheiden ist dabei zwischen der Stellungnahme zu abstrakten Fragen, der Beantwortung konkreter Fragen in Bezug auf ein Bauvorhaben sowie der eigentlichen Beratung der Bauherrschaft.[257] Bei Äusserungen zu abstrakten Rechtsfragen besteht nach der Rechtsprechung keine Gefahr der Befangenheit.[258] Anders ist unter Umständen bei der umfangreichen und detaillierten Beantwortung konkreter und projektbezogener Fragen zu entscheiden, was zu einer unzulässigen Vorbefassung führen könne, insbesondere dann, wenn die Beantwortung von Fragen den Charakter einer Beratung der Bauherrschaft annimmt. Dies muss zum Ausstand der betreffenden Behördenmitglieder im anschliessenden formellen Verfahren führen.[259] 7.99

Neben dem eigentlichen Baubewilligungsverfahren kennen die meisten Kantone **besondere Bewilligungsverfahren** für spezifische Arten von Bauten und Anlagen. Diese müssen die bundesrechtlichen Minimalanforderungen gleichermassen erfüllen wie die standardmässigen Baubewilligungsverfahren. So werden etwa die für die Erschliessung erforderlichen Bauten und Anlagen in einem Erschliessungsplan festgesetzt, der im Verfahren der Nutzungsplanung erlassen wird.[260] Die Bewilligungsverfahren für diese nicht dem Vollzug durch eine Bundesbehörde unterstellten Infrastrukturanlagen wie Strassen und darin erstellte öffentliche Leitungen werden üblicherweise von denjenigen Behörden durchgeführt, welche diese Anlagen planen und erstellen. Die Beurteilung von Einwendungen gegen solche Projekte obliegt entweder der vorgesetzten Behörde, welche erstinstanzlich entschei- 7.100

253 BGE 140 I 326, E. 6.1; Hänni, Planungsrecht, S. 352 f.; differenziert Griffel, Vorentscheide, S. 262 ff.; Griffel, Raumplanungs- und Baurecht, S. 177.

254 Baumann, in: Kommentar BauG AG, § 60 Rz. 24; BGE 131 I 113, E. 3.4; RR OW, Urteil vom 21. Januar 1997, in: VVGE 1997 und 1998 Nr. 20, S. 55.

255 Haller/Karlen, Raumplanungs-, Bau- und Umweltrecht, Rz. 785; Baumann, in: Kommentar BauG AG, § 60 Rz. 23 f.

256 BGE 140 I 326, E. 6.3; BGer, Urteil 1C_150/2009 vom 8. September 2009, E. 3.5.5.

257 BGE 140 I 326, E. 3.

258 BGer, Urteil 1C_100/2012 vom 16. Oktober 2012, E. 2.2.

259 BGE 140 I 326, E. 6.3; BGer, Urteil 1C_150/2009 vom 8. September 2009, E. 3.5.5; Baumann, in: Kommentar BauG AG, § 60 Rz. 24.

260 Vgl. § 90 ff. PBG ZH; Art. 106 ff. BauG BE; § 40 PBG LU; § 97 f. BPG BS; Art. 8 ff. LRou VD.

det[261], oder wird zusammen mit dem Kreditbeschluss durch die dafür kompetente Behörde vorgenommen.[262]

c) Ordentliches Baubewilligungsverfahren

aa) Baugesuch

7.101 Das Baugesuch wird von der Bauherrschaft als Gesuchstellerin eingereicht. Die für das Baugesuch erforderlichen Unterlagen müssen den Regeln der Fachkunde entsprechen, weshalb sie zumeist durch eine **Fachperson** zu erstellen sind. Damit soll sichergestellt werden, dass das Bauprojekt auch gemäss den Regeln der Fachkunde projektiert und realisiert wird. Welche Qualifikationen eine Fachperson aufweisen muss, ist üblicherweise nicht abstrakt vorgegeben, sondern hängt vom jeweiligen Projekt ab.[263] Verlangt wird eine Ausbildung oder praktische Erfahrung, welche erfahrungsgemäss für die fachgerechte Projektierung Gewähr bietet. Wo der Fachperson eine besondere Rolle im Baubewilligungsverfahren zukommt, ist ein Wechsel der Fachperson während des Bewilligungsverfahrens oder nach dessen Abschluss im Rahmen der Bauausführung der Bewilligungsbehörde mitzuteilen, und hat die neue Fachperson die Übernahme der Verantwortung für das Baugesuch zu erklären.[264]

7.102 Üblicherweise wird für das Eintreten auf das Baugesuch verlangt, dass die gesuchstellende Bauherrschaft in **zivilrechtlicher** Hinsicht zur Realisierung des Projektes **berechtigt** ist. Dies verursacht keine Probleme, wo die Bauherrschaft zugleich Grundeigentümerin oder Baurechtsnehmerin ist. Wo die Bauherrschaft am Baugrundstück nur obligatorisch berechtigt ist, wird für die Einreichung des Baugesuchs die Zustimmung der Grundeigentümerschaft verlangt.[265] Bei Liegenschaften im Miteigentum (Stockwerkeigentum) und Gesamteigentum (z.B. Erbengemeinschaft) ist die Zustimmung der Eigentümergemeinschaft erforderlich, soweit das Bauprojekt nicht ausschliesslich das Sonderrecht berührt. Dabei handelt es sich um eine Ordnungsvorschrift, mit welcher sichergestellt werden soll, dass keine öffentlichrechtliche Bewilligung für ein zivilrechtlich unzulässiges Vorhaben ausgestellt wird. An einer solchen Bewilligung fehlt dem Gesuchsteller das schutzwürdige Interesse.[266]

---

261 So beispielsweise Art. 28 ff. SG BE; § 156 ff. BPG BS; Art. 8 ff. LRou VD.

262 So beispielsweise § 12 ff. StrG ZH; § 34 ff. StrG LU.

263 Vgl. FRITZSCHE/BÖSCH/WIPF, Planungs- und Baurecht, S. 276 ff.; ZAUGG/LUDWIG, Kommentar BauG BE, Art. 34 Rz. 2; BERNER, Planungs- und Baurecht, Rz. 909; HÄNNI, Planungsrecht, S. 343; anders aber Art. 106 ff. LATC VD und Art. 4 Abs. 2 LEC TI sowie für Planunterlagen im ordentlichen Baubewilligungsverfahren § 188 Abs. 3 PBG LU, wonach nur anerkannte Fachleute ein Baugesuch ausarbeiten dürfen.

264 Vgl. Art. 47a BewD BE; § 15 ff. ABPV BS.

265 ZAUGG/LUDWIG, Kommentar BauG BE, Art. 34 Rz. 10; BERNER, Planungs- und Baurecht, Rz. 910; vgl. Art. 10 Abs. 2 BewD BE; § 56 Abs. 2 PBV LU; § 38 Abs. 3 BPV BS; Art. 73 Abs. 1 RLATC VD.

266 FRITZSCHE/BÖSCH/WIPF, Planungs- und Baurecht, S. 278; ZAUGG/LUDWIG, Kommentar BauG BE, Art. 34 Rz. 10; BERNER, Planungs- und Baurecht, Rz. 929; BAUMANN, in: Kommentar BauG AG, § 60 Rz. 12; BAUMANN, Baubewilligungsverfahren, S. 74 f.

Auf dieses Zustimmungserfordernis ist deshalb beim Vorentscheidgesuch zu verzichten, da dessen positive Beantwortung noch keine Bauausführung erlaubt. Hier muss ein anderer Nachweis eines schutzwürdigen Interesses an der Beantwortung der Grundsatzfragen für das Eintreten hinreichend sein.[267] 7.103

Das Baugesuch ist je nach Bauprojekt in einer **Mehrzahl von Gesuchsexemplaren** einzureichen.[268] Dies bezweckt die Beschleunigung des Bewilligungsverfahrens, können die diversen Fachbehörden das Baugesuch auf diese Weise doch zumindest teilweise parallel bearbeiten.[269] Gleichzeitig besteht allerdings eine gewisse Gefahr, dass parallel arbeitende Fachbehörden in Unkenntnis der Auflagen anderer Behörden widersprüchliche Anordnungen treffen. Solche Widersprüche müssen von der Leitbehörde gemäss Art. 25a RPG bereinigt werden. 7.104

In den **Gesuchsunterlagen** ist das Bauprojekt vollständig darzustellen.[270] Verlangt werden in der Regel Projektpläne im Massstab 1:100 oder 1:50, nicht aber Ausführungspläne.[271] Ausführungspläne können jedoch erforderlich sein, wenn sie für die Beurteilung durch die Baubewilligungsbehörden relevant sind. Bei der Darstellung der Pläne sind die für die Prüfung des Projektes erforderlichen Masse anzugeben. Um den Projektumfang klar zum Ausdruck zu bringen, sind die Veränderungen gegenüber dem Ausgangszustand in unterschiedlichen Farben darzustellen.[272] 7.105

Neben den Plänen muss das Baugesuch durch **Baubeschriebe, Betriebskonzepte und Nutzungsangaben** konkretisiert werden.[273] Dazu gehören alle Nachweise, welche für die Beurteilung der Einhaltung der einschlägigen gesetzlichen Vorschriften erforderlich sind. Im Falle eines UVP-pflichtigen Vorhabens muss mit dem Baugesuch der Umweltverträglichkeitsbericht eingereicht werden. Auch bei nicht der UVP unterliegenden Projekten gehören zum vollständigen Baugesuch weitere relevante Nachweise, wie etwa Verkehrs- oder Immissionsprognosen, Lärmgutachten, Altlastenuntersuchungen oder Berichte über Störfallrisiken. Diese Nachweise sind durch die Bauherrschaft auf eigene Kosten erstellen zu lassen.[274] Es handelt sich dabei um Parteigutachten, welche von den Baubewilligungsbehörden im Rahmen der Bearbeitung des Baugesuchs geprüft werden. 7.106

Ist das Vorhaben auf eine Ausnahmebewilligung angewiesen, ist auch eine entsprechende **Begründung** erforderlich. Die Bauherrschaft hat dabei darzulegen, inwie- 7.107

---

267 Vgl. § 22 Abs. 1 ABPV BS; so auch BERNER, Planungs- und Baurecht, Rz. 931 für das nachträgliche Baugesuch.

268 § 6 BVV ZH; Art. 10 Abs. 6 BewD BE; § 55 Abs. 1 PBV LU; § 20 ABPV BS; § 51 Abs. 1 PBV TG; Art. 73 Abs. 2 RLATC VD.

269 FRITZSCHE/BÖSCH/WIPF, Planungs- und Baurecht, S. 288.

270 FRITZSCHE/BÖSCH/WIPF, Planungs- und Baurecht, S. 280 ff.; ZAUGG/LUDWIG, Kommentar BauG BE, Art. 34 Rz. 11; BERNER, Planungs- und Baurecht, Rz. 921 ff.; BAUMANN, in: Kommentar BauG AG, § 60 Rz. 6 ff.

271 § 3 Abs. 1 lit. b–d BVV ZH; Art. 14 Abs. 1 BewD BE; § 55 Abs. 2 PBV LU; § 26 Abs. 1 ABPV BS; § 51 Abs. 2 Ziff. 2 PBV TG; Art. 69 Abs. 1 Ziff. 2 RLATC VD.

272 § 4 BVV ZH; § 55 Abs. 4 PBV LU; § 35 Abs. 2 ABPV BS; Art. 69 Abs. 1 Ziff. 9 RLATC VD.

273 ZAUGG/LUDWIG, Kommentar BauG BE, Art. 34 Rz. 4.

274 BERNER, Planungs- und Baurecht, Rz. 927.

fern ein Ausnahmefall vorliegt, der zur Abweichung von Bauvorschriften berechtigt. Die Behörden sind nicht gehalten, von sich aus Ausnahmegründe zu suchen.[275]

bb) Vorprüfung

7.108 Im Rahmen der Vorprüfung entscheidet die Baubewilligungsbehörde über das Eintreten auf das Baugesuch. Zu prüfen ist in dieser Phase des Verfahrens, ob sämtliche **formellen Voraussetzungen** für die Behandlung des Baugesuches erfüllt sind.[276] Dazu gehört zunächst die Prüfung, ob überhaupt ein baubewilligungspflichtiges Vorhaben vorliegt und ob die örtliche und sachliche Zuständigkeit der Baubewilligungsbehörde gegeben ist. Ferner ist zu eruieren, ob die Unterschriften der Bauherrschaft und des Projektverfassers sowie die allenfalls erforderliche Zustimmungserklärung der Grundeigentümerschaft vorliegen. Im Weiteren sind die eingereichten Unterlagen auf Vollständigkeit und korrekte Darstellung zu prüfen.[277] In diesem Zusammenhang wird auch kontrolliert, ob die erforderliche Anzahl Gesuchsdossiers eingereicht wurden. Mangelt es an einzelnen dieser Voraussetzungen, so wird der Bauherrschaft Gelegenheit zur Verbesserung des Mangels eingeräumt bzw. das Baugesuch der Bauherrschaft formlos zur Verbesserung und erneuten Einreichung zurückgewiesen, sofern der Mangel einfach geheilt werden kann.[278] Kann oder will die Bauherrschaft den Mangel nicht beheben und besteht sie auf einem Entscheid, so wird ein formeller Nichteintretensentscheid gefällt.[279] Ein solcher kann wie ein Bauentscheid angefochten werden.[280]

7.109 Bei formell korrekten und vollständig eingereichten Baugesuchen legt die Baubewilligungsbehörde die **Verfahrensart** fest. Zu entscheiden ist, ob das ordentliche oder das vereinfachte Bewilligungsverfahren zur Anwendung gelangt.[281] Anschliessend erfolgt die Weiterbearbeitung durch die Baubewilligungsbehörde bzw. die einzelnen Fachstellen.

7.110 In diesem Stadium des Bewilligungsverfahrens erfolgt noch keine materielle Prüfung des Baugesuchs. Ausnahmsweise erlaubt das kantonale Verfahrensrecht indes in **klaren Fällen** materiell baurechtswidriger Vorhaben bereits in diesem Verfahrensstadium ein Nichteintreten verbunden mit einer Zurückweisung des Baugesuchs an die Bauherrschaft zur Verbesserung des Mangels.[282] Dabei handelt es sich nicht um einen abschliessenden Bauentscheid.

---

275 Zaugg/Ludwig, Kommentar BauG BE, Vorbem. zu Art. 26–31 Rz. 6 f.

276 Zaugg/Ludwig, Kommentar BauG BE, Art. 34 Rz. 22; Berner, Planungs- und Baurecht, Rz. 944; Baumann, in: Kommentar BauG AG, § 60 Rz. 25.

277 Fritzsche/Bösch/Wipf, Planungs- und Baurecht, S. 305 f.; Baumann, Baubewilligungsverfahren, S. 81.

278 Fritzsche/Bösch/Wipf, Planungs- und Baurecht, S. 302 f.

279 Fritzsche/Bösch/Wipf, Planungs- und Baurecht, S. 306.

280 Zaugg/Ludwig, Kommentar BauG BE, Art. 34 Rz. 22; Baumann, in: Kommentar BauG AG, § 60 Rz. 25; Baumann, Baubewilligungsverfahren, S. 81.

281 Berner, Planungs- und Baurecht, Rz. 943.

282 Art. 18 Abs. 2 BewD BE; Zaugg/Ludwig, Kommentar BauG BE, Art. 34 Rz. 23; Berner, Planungs- und Baurecht, Rz. 944; Gebhardt/Meyer/Nertz/Piolino, Baubewilligung, S. 80.

Die Bauherrschaft ist vielmehr berechtigt, auf der umfassenden materiellen Prüfung des Baugesuchs zu bestehen.[283]

cc) Aussteckung

Die Aussteckung dient der **Visualisierung des Bauprojekts im Gelände.**[284] Sie muss den Kubus des Bauprojekts in groben Umrissen aufzeigen. Verlangt wird daher nicht, dass sämtliche Vor- und Rücksprünge im Detail abgebildet sind. Auch genügt eine Genauigkeit im Dezimeterbereich.[285] Nur Projekte, welche im Gelände darstellbar sind, müssen ausgesteckt werden.[286] Bei reinen Innenumbauten oder Nutzungsänderungen ist eine Aussteckung nicht möglich. Die Aussteckung ist von der Bauherrschaft auf eigene Kosten vorzunehmen und von der Baubewilligungsbehörde zu prüfen. Technische Schwierigkeiten oder finanzieller Aufwand können keinen Verzicht auf die Aussteckung begründen.[287] 7.111

Mit der Aussteckung im Gelände sollen vom Bauprojekt Betroffene auf das Vorhaben aufmerksam gemacht werden. Gleichzeitig sollen sie sich eine Vorstellung vom Ausmass des Projektes machen können.[288] Die Details der Gestaltung des Bauprojektes ergeben sich jedoch nicht aus der Aussteckung, sondern aus den öffentlich aufliegenden Baugesuchsunterlagen. Die Aussteckung dient in diesem Sinne der Wahrung des **rechtlichen Gehörs** von Drittbetroffenen. Sie muss in der Regel vor der öffentlichen Auflage des Baugesuchs erfolgen und während der gesamten Dauer der öffentlichen Auflage stehen bleiben. Die Behörde kann auch eine längere Dauer anordnen.[289] 7.112

Selbstverständlich hilft die Aussteckung auch der **Bewilligungsbehörde** bei der Beurteilung des Projekts, namentlich in Bezug auf ästhetische oder städtebauliche Aspekte. Die Bewilligungsbehörde entscheidet deshalb darüber, ob und wann die Aussteckung nach der Beendigung der öffentlichen Auflage wieder abgebaut werden darf. Anstelle der Aussteckung wird vereinzelt bei der Bauparzelle durch die Baubewilligungsbehörde eine Hinweistafel angebracht.[290] 7.113

Die Bewilligungsbehörde kann auch **andere Arten** von Visualisierungen verlangen, insbesondere Modelle, Bemusterungen oder das Stellen einer Maquette vor Ort. Diese dienen 7.114

---

283 Gebhardt/Meyer/Nertz/Piolino, Baubewilligung, S. 80.

284 Berner, Planungs- und Baurecht, Rz. 941 f.; Baumann, in: Kommentar BauG AG, § 60 Rz. 33 f.

285 Walker Späh, Aussteckung, S. 5 ff.

286 Marti, Bauaussteckung, S. 226; Fritzsche/Bösch/Wipf, Planungs- und Baurecht, S. 308 f.; Gebhardt/Meyer/Nertz/Piolino, Baubewilligung, S. 81; Baumann, in: Kommentar BauG AG, § 60 Rz. 33; Baumann, Baubewilligungsverfahren, S. 83.

287 Fritzsche/Bösch/Wipf, Planungs- und Baurecht, S. 308.

288 Vgl. § 88 Abs. 1 RBV BL; Marti, Bauaussteckung, S. 224 f.; Hänni, Planungsrecht, S. 345.

289 Fritzsche/Bösch/Wipf, Planungs- und Baurecht, S. 309; Berner, Planungs- und Baurecht, Rz. 941.

290 So grundsätzlich in Basel-Stadt: § 46 Abs. 1 BPV BS; vgl. auch Art. 109 Abs. 3 LATC VD; Gebhardt/Meyer/Nertz/Piolino, Baubewilligung, S. 81; Fritzsche/Bösch/Wipf, Planungs- und Baurecht, S. 309; Berner, Planungs- und Baurecht, Rz. 941; Baumann, Baubewilligungsverfahren, S. 83.

jedoch nicht der Orientierung von Drittbetroffenen, sondern den Bewilligungsbehörden bei der Beurteilung des Baugesuchs.[291]

dd) Publikation des Gesuchs und öffentliche Auflage der Gesuchsunterlagen

7.115 Auf die öffentliche Auflage wird durch Publikation des Gesuchs in den amtlichen Anzeigern der Standortgemeinde und zuweilen auch in der Tagespresse hingewiesen. Diese Publikation dient den Drittbetroffenen zur **Wahrung ihrer Rechte** und enthält deshalb neben der Beschreibung des Gesuchsgegenstands eine Rechtsmittelbelehrung, sofern ein Einwendungsverfahren vorgesehen ist. Zudem wird darauf hingewiesen, dass die Gesuchsunterlagen öffentlich eingesehen werden können.[292] Falls für ein Vorhaben voraussichtlich ein Beschwerderecht gesamtschweizerischer Organisationen besteht, muss das Gesuch im kantonalen Publikationsorgan veröffentlicht werden (Art. 55a Abs. 1 und 2 USG; Art. 12b Abs. 1 und 2 NHG).[293] Eine ausschliessliche Publikation am lokalen Anschlagbrett der Gemeinde oder in kostenpflichtig zugänglichen Publikationsorganen genügt wohl nur beschränkt für die Wahrung der Parteirechte.[294] Wo die persönliche Mitteilung oder die Profilierung vorgesehen sind, vermögen sie aber für die Anstösser einen gewissen Ausgleich zu schaffen.[295]

7.116 Die Beschreibung des Gesuchsgegenstands in der Publikation muss die **wesentlichen Elemente** des geplanten Bauvorhabens umfassen. Naturgemäss kann dies nur in groben Kategorien geschehen. Potenziell vom Gesuch Betroffene sollen sich anhand dieser Publikation entscheiden können, ob sie die Gesuchsunterlagen einsehen wollen. Besondere Anforderungen an den Ausschreibungstext stellt das Bundesrecht bei UVP-pflichtigen Vorhaben im Hinblick auf das Verbandsbeschwerderecht auf.[296] Teilweise sehen auch die kantonalen Verfahrensordnungen vor, dass auf bestimmte Elemente eines Baugesuchs in der Publikation ausdrücklich hingewiesen werden muss. Dies ist etwa für Ausnahmegesuche der Fall.[297]

7.117 Manche kantonalen Verfahrensordnungen sehen vor, dass zusätzlich zur öffentlichen Publikation auch **persönliche Anzeigen** an gewisse Personenkreise verschickt werden, welche typischerweise von einem Bauprojekt berührt sein können. In der Regel sind dies die Eigentümer unmittelbar benachbarter Grundstücke oder allen-

---

291 § 310 Abs. 2 PBG ZH; § 55 Abs. 3 PBV LU; § 47 ABPV BS; vgl. FRITZSCHE/BÖSCH/WIPF, Planungs- und Baurecht, S. 287 f.

292 § 6 Abs. 2 PBG ZH; Art. 26 Abs. 3 BewD BE; § 193 Abs. 3 PBG LU; § 39 Abs. 1 lit. e ABPV BS.

293 Art. 20 Abs. 1 ZWG enthält jedoch eine einschränkende Sonderregelung, um zu verhindern, dass die Anforderungen von Art. 12b Abs. 1 NHG bzw. aus der darauf basierenden Rechtsprechung im Hinblick auf das Verbandsbeschwerderecht auf Zweitwohnungen angewendet werden können. Vgl. auch BGer, Urteil 1C_630/2014 vom 18. September 2015, E. 2.

294 STEINMANN, in: St. Galler Kommentar BV, Art. 29 Rz. 44; MARTI, Bauaussteckung, S. 225.

295 Vgl. BGer, Urteil 1C_532/2014 vom 29. April 2015, E. 2.2.1; BGE 127 II 227, E. 1b; BGE 116 Ia 215, E. 2; BGE 115 Ia 21, E. 3a; RUCH, in: Kommentar RPG, Art. 22 Rz. 45; MARTI, Bauaussteckung, S. 225.

296 Vgl. dazu GRIFFEL/RAUSCH, Kommentar USG, Ergänzungsband, Art. 55a Rz. 7.

297 Art. 26 Abs. 3 BewD BE; § 40 Abs. 1 lit. c ABPV BS; ZAUGG/LUDWIG, Kommentar BauG BE, Art. 35–35c Rz. 8 f.

falls die Anstösser in einer bestimmten Entfernung zum Baugrundstück.[298] Nicht persönlich orientiert werden hingegen die ebenfalls zur Einsprache legitimierten Inhaber dinglicher Rechte an den Nachbargrundstücken oder obligatorisch Berechtigte wie Mieter und Pächter.[299]

Das Baugesuch wird während der Auflagefrist in der Regel am Sitz der Baubehörde öffentlich aufgelegt. Dabei sind grundsätzlich sämtliche Gesuchsunterlagen öffentlich einsehbar.[300] Soweit die Bauherrschaft spezielle **Geheimhaltungsinteressen** geltend macht, muss sie diese gegenüber der Baubehörde begründen.[301] So können etwa Sicherheitsinteressen oder Geschäftsgeheimnisse einer öffentlichen Einsichtnahme entgegenstehen.[302] In der Regel werden sich solche Geheimhaltungsinteressen nur auf einzelne Teile des Baugesuchs beziehen. Allenfalls kann das Baugesuch in zwei separate Gesuche aufgeteilt werden. In einem öffentlich vollständig aufzulegenden Baugesuch wird das nach aussen relevant in Erscheinung tretende Bauprojekt eingegeben, während die nur im Innern vorzunehmenden Baumassnahmen ohne relevanten Aussenbezug, an denen in der Regel das eigentliche Geheimhaltungsinteresse besteht, Gegenstand eines separaten, nicht öffentlich aufzulegenden Baugesuchs bilden können. 7.118

Die **Einsichtnahme** in die Gesuchsunterlagen bedingt grundsätzlich keinen Interessennachweis. Die Legitimation ist erst im Fall der Ergreifung eines Rechtsmittels von Belang. Die Unterlagen können am Sitz der Bewilligungsbehörde eingesehen werden. Eine Ausleihe der Akten ist grundsätzlich nicht möglich, da die Unterlagen während der Auflagefrist der Öffentlichkeit zur Verfügung stehen müssen. Allerdings besteht gemäss bundesgerichtlicher Rechtsprechung ein Anspruch darauf, gegen Gebühr Kopien in den üblichen Formaten anzufertigen, soweit es für die Behörden nicht mit übermässigem Aufwand verbunden ist.[303] 7.119

ee) Einspracheverfahren

Das Einspracheverfahren dient dazu, bereits vor der ersten Instanz möglichen **Einwänden von Drittbetroffenen** Rechnung zu tragen. Dabei handelt es sich um ein Mittel zur Wahrung des rechtlichen Gehörs und nicht um ein Rechtsmittel, weshalb eigentlich ein Einwendungsverfahren vorliegt. Die Baubewilligungsbehörde soll ihren Bauentscheid in Kenntnis und nach Abklärung der sachlichen und rechtlichen Argumente von Drittbetroffenen fällen. Dies führt im Idealfall zu einer ver- 7.120

298 Z.B. Art. 27 BewD BE; § 193 Abs. 3 PBG LU: bis 25 Meter Entfernung; Art. 82 Abs. 1 und 2 BauG SG: bis 30 Meter Entfernung.

299 § 193 Abs. 3 PBG LU; Art. 82 Abs. 2 BauG SG; § 93 Abs. 2 RBV BL; vgl. dazu BERNER, Planungs- und Baurecht, Rz. 950.

300 FRITZSCHE/BÖSCH/WIPF, Planungs- und Baurecht, S. 313.

301 KGer FR, Urteil 601 2014 118 vom 23. Dezember 2014, E. 6g (FZR 2015 334); RR ZG, Urteil vom 8. August 2005, E. 3 (GVP 2005 268).

302 FRITZSCHE/BÖSCH/WIPF, Planungs- und Baurecht, S. 312.

303 BGE 126 I 7, E. 2b; BGE 117 Ia 424, E. 28b; BGE 116 Ia 325, E. 3d/aa; vgl. FRITZSCHE/BÖSCH/WIPF, Planungs- und Baurecht, S. 313; ZAUGG/LUDWIG, Kommentar BauG BE, Art. 35–35c Rz. 10.

besserten Rechtsanwendung, da Drittbetroffene häufig über detaillierte Informationen bezüglich Sachverhaltselementen verfügen, die für die Baubewilligung von Bedeutung sind.[304] Dies legt die Einrichtung eines Einspracheverfahrens nahe. Tatsächlich haben fast alle Kantone zur Drittbeteiligung ein solches Einspracheverfahren vorgesehen; in Zürich und Schaffhausen ist nur die Zustellung des baurechtlichen Entscheids zu verlangen (§ 315 Abs. 1 und 3 PBG ZH; Art. 62 Abs. 1 BauG SH), während in Genf Dritte auch ohne dies gegen die Baubewilligung rekurrieren können (Art. 145 Abs. 1 LCI GE). In diesen Kantonen können zwar auch Einwendungen gegen das Baugesuch eingereicht werden, jedoch ist dies nicht Voraussetzung für die Verfahrensbeteiligung.[305]

7.121 Das Einspracheverfahren wird durch die **öffentliche Planauflage** eröffnet. Innert der Einsprachefrist müssen Dritte mit begründeter Einsprache ihre Einwendungen gegen das Bauprojekt vorbringen. Wird dies unterlassen, so können sie sich später nicht mehr am weiteren Verfahren beteiligen.[306] Das Bundesrecht macht nur für den Anwendungsbereich des NHG die Vorgabe, dass die öffentliche Auflage in der Regel 30 Tage zu dauern hat (Art. 12b Abs. 1 Satz 2 NHG). Dies ist nach der Rechtsprechung dahingehend zu verstehen, dass in diesem Bereich Auflage- und Einsprachefristen von weniger als 20 Tagen unzulässig sind.[307] In den übrigen Bereichen haben die Kantone unterschiedliche Fristen festgelegt, die zwischen 10 und 30 Tagen variieren.[308]

7.122 Die Einsprache als formalisiertes Instrument zur Gewährung des rechtlichen Gehörs[309] und zur Verfahrensbeteiligung steht nicht der Allgemeinheit offen, sondern setzt eine entsprechende **Legitimation** voraus.[310] Bundesrechtlich wird verlangt, dass die Legitimation mindestens im gleichen Umfang gewährleistet wird wie für die Beschwerde in öffentlichrechtlichen Angelegenheiten an das Bundesgericht (Art. 33 Abs. 2 und 3 lit. a RPG; Art. 111 Abs. 1 BGG). In der Regel umschreiben die kantonalen Verfahrensvorschriften die Einsprachelegitimation in wörtlicher Anlehnung an die bundesrechtlichen Legitimationsvoraussetzungen gemäss Art. 89 Abs. 1 BGG oder Art. 48 Abs. 1 VwVG: Danach ist zur Einsprache legiti-

---

304 BAUMANN, in: Kommentar BauG AG, § 60 Rz. 70.

305 Vgl. § 315 Abs. 2 PBG ZH; Art. 63 Abs. 1 BauG SH; Art. 3 Abs. 2 LCI GE.

306 FRITZSCHE/BÖSCH/WIPF, Planungs- und Baurecht, S. 317; GEBHARDT/MEYER/NERTZ/PIOLINO, Baubewilligung, S. 86; BAUMANN, in: Kommentar BauG AG, § 60 Rz. 69 f.; BAUMANN, Baubewilligungsverfahren, S. 93.

307 BGE 135 II 78, E. 2.3.2; vgl. dazu GRIFFEL/RAUSCH, Kommentar USG, Ergänzungsband, Art. 55a Rz. 8, m.w.H.

308 **30 Tage:** Art. 31 Abs. 1 BewD BE; Art. 71 Abs. 1 RBG GL; Art. 140 Abs. 1 RPBG FR; § 48 Abs. 1 BPV BS; Art. 61 Abs. 3 BauG SH; § 60 Abs. 2 BauG AG; Art. 109 Abs. 1 LATC VD; Art. 41 Abs. 1 BauG VS; Art. 34 Abs. 3 LConstr. NE; Art. 3 Abs. 3 LCI GE; Art. 19 Abs. 1 DPC JU; **20 Tage:** § 315 Abs. 1 PBG ZH; § 193 Abs. 2 PBG LU; Art. 103 Abs. 2 PBG UR; § 78 Abs. 1 PBG SZ; Art. 147 Abs. 1 PBG NW; § 45 Abs. 1 PBG ZG; Art. 103 Abs. 1 BauG AR; Art. 81 Abs. 1 BauG AI; Art. 45 Abs. 1 KRVO GR; § 102 Abs. 1 PBG TG; **15 Tage:** Art. 6 Abs. 1 LEC TI; **14 Tage:** § 8 BauV SO; Art. 82 Abs. 3 BauG SG; **10 Tage:** Art. 30 Abs. 2 BauV OW; § 126 Abs. 1 RBG BL.

309 BAUMANN, in: Kommentar BauG AG, § 60 Rz. 68; BERNER, Planungs- und Baurecht, Rz. 955.

310 ZAUGG/LUDWIG, Kommentar BauG BE, Art. 35–35c Rz. 12 ff.; GEBHARDT/MEYER/NERTZ/PIOLINO, Baubewilligung, S. 87 ff.; BERNER, Planungs- und Baurecht, Rz. 957 ff.

miert, wer vom Bauprojekt besonders berührt ist und ein schutzwürdiges Interesse daran hat, dass es nicht bewilligt oder geändert wird.[311] Dabei ist die Legitimation nicht rügespezifisch. Ein Dritter kann nach der bundesgerichtlichen Rechtsprechung die Überprüfung eines Bauvorhabens im Lichte all jener Rechtssätze verlangen, die sich rechtlich oder tatsächlich auf seine Stellung auswirken können.[312] Entscheidend ist, dass ihm im Fall des Obsiegens ein praktischer Nutzen entsteht. Wer zur Einsprache legitimiert ist, darf somit alle Rügen vorbringen, welche ihm bei Berücksichtigung durch die Bewilligungsbehörde im Ergebnis einen Vorteil verschaffen, sei es, weil das Bauprojekt überhaupt nicht verwirklicht werden kann oder weil es zum Vorteil der Einsprecher abgeändert werden muss.[313]

Von Bundesrechts wegen ist die Befugnis zur Einsprache auch denjenigen **gesamtschweizerischen Organisationen** zuzuerkennen, welche gemäss Art. 55 ff. USG, Art. 12 ff. NHG oder Art. 9 BehiG zur Verbandsbeschwerde legitimiert sind. Diese Organisationen müssen eine Einsprache erheben, um ihr Beschwerderecht zu wahren, im Gegensatz zu Bundesbehörden, welchen die Behördenbeschwerde auch ohne vorgängige Einsprache offensteht (Art. 55b Abs. 2 USG; Art. 12c Abs. 2 NHG; Art. 9 Abs. 5 BehiG). Das Bundesrecht beschränkt die Legitimation der Organisationen auf diejenigen Rügen, welche sich aus dem Rechtsbereich ergeben, der Gegenstand ihres statutarischen Zwecks bildet.[314] Allerdings steht den Organisationen das Beschwerderecht zur Durchsetzung sämtlicher Vorschriften des Bundesumweltrechts zu, wozu nach der Rechtsprechung auch die Anliegen der Raumplanung gehören.[315] Einige Kantone räumen darüber hinaus auch **rein kantonalen Organisationen** in den Bereichen Umweltschutz, Natur- und Heimatschutz sowie Behindertengleichstellung analog zum Bundesrecht die Einsprachelegitimation ein.[316] Dadurch erhalten sie jedoch nicht auch zugleich eine Rechtsmittelbefugnis auf Bundesebene. Dieses Recht kann nach Art. 89 Abs. 2 lit. d BGG nur durch ein Bundesgesetz eingeräumt werden.[317] 7.123

Die in der Einsprache erhobenen Rügen legen in einigen Kantonen den **Streitgegenstand** für das weitere Verfahren fest (aspektmässige Umschreibung des Streitgegenstands). Im Rahmen eines späteren Beschwerdeverfahrens dürfen deshalb nur Rügen vorgebracht werden, die bereits im Einspracheverfahren zumindest sinngemäss vorgetragen worden sind.[318] Hiervon sind nur Rügen ausgenommen, die im Einspracheverfahren noch nicht vorgebracht werden konnten und zu denen 7.124

---

311 Vgl. Waldmann, in: Basler Kommentar BGG, Art. 89 Rz. 7 ff.; Häner, in: Kommentar VwVG, Art. 48 Rz. 1 ff.

312 BGE 137 II 30, E. 2.3; BGE 136 II 281, E. 2.3.1; BGE 133 II 249, E. 1.3.2.

313 Zaugg/Ludwig, Kommentar BauG BE, Art. 35–35c Rz. 22 ff.; Gebhardt/Meyer/Nertz/Piolino, Baubewilligung, S. 101 f.

314 Art. 55 Abs. 2 USG; Art. 12 Abs. 2 NHG; sinngemäss auch Art. 9 Abs. 3 lit. b i.V.m. Art. 7 Abs. 1 BehiG.

315 BGE 140 II 262, in der Amtlichen Sammlung nicht publizierte E. 1.3.

316 Z.B. Art. 35a BauG BE; § 26 NLG BS; Art. 84 Abs. 2–4 RPBG FR; Art. 140 Abs. 3 LCI GE.

317 BGer, Urteil 1C_633/2012 vom 26. Juni 2013, E. 2.1; BGer, Urteil 1C_367/2009 vom 27. Oktober 2009, E. 3; Waldmann, in: Basler Kommentar BGG, Art. 89 Rz. 64.

318 Art. 40 Abs. 2 BauG BE; § 92 Abs. 2 BPG BS; vgl. Zaugg/Ludwig, Kommentar BauG BE, Art. 40–41 Rz. 9a; Gebhardt/Meyer/Nertz/Piolino, Baubewilligung, S. 117 f.

der Bauentscheid Anlass gibt. Demgegenüber gilt nach bundesgerichtlicher Rechtsprechung die Festlegung des Streitgegenstands durch das Baugesuch (objektmässige Umschreibung des Streitgegenstands).[319] Die kantonalrechtliche Beschränkung der Rügegründe ist wegen Art. 111 Abs. 3 BGG dann nicht massgebend, wenn Rügen vorgebracht werden, die zulässigerweise auch erstmals vor dem Bundesgericht geltend gemacht werden könnten.

7.125 Da das Baubewilligungsverfahren die Überprüfung der **Einhaltung der öffentlichrechtlichen Rechtssätze** bezweckt, ist das Einspracheverfahren grundsätzlich auf öffentlichrechtlich begründete Einwendungen gegen das Baugesuch beschränkt. Auf privatrechtlich begründete Einwendungen haben die Baubewilligungsbehörden mangels Zuständigkeit nicht einzutreten, sondern müssen sie an das Zivilgericht verweisen. Vereinzelt wird der Baubewilligungsbehörde die Zuständigkeit zur Beurteilung gewisser zivilrechtlicher Einwendungen im Zusammenhang mit einem Baubewilligungsverfahren erteilt.[320]

7.126 Teilweise sehen die Kantone vor, dass über die Einsprachen eine **Einigungsverhandlung** zwischen Bauherrschaft und Einsprecher unter Leitung der Baubewilligungsbehörde durchgeführt werden kann.[321] Zweck dieser Einigungsverhandlung ist es, durch Modifikation des Bauprojekts oder detaillierte Erläuterung der Rechtslage einen Rückzug der Einsprache vor der Erteilung der Baubewilligung zu erreichen. Mit dem Rückzug der Einsprache scheiden Einsprecher aus dem Bewilligungsverfahren aus. Weder braucht über ihre Einsprache entschieden zu werden noch ist ihnen der Bauentscheid zu eröffnen. Es entfällt insoweit die formelle Beschwer, weshalb sie gegen den Bauentscheid kein Rechtsmittel ergreifen können.[322]

7.127 Mit dem Ziel des Rückzugs der Einsprache können auch **Vereinbarungen** zwischen Bauherrschaft und Einsprechenden abgeschlossen werden. Diese dürfen grundsätzlich einen beliebigen Inhalt aufweisen, wobei die Abgeltung des Rückzugs nur in dem Mass zulässig ist, als damit befürchtete Nachteile abgegolten werden.[323] Die Vereinbarung fliesst nur insoweit in die Baubewilligung ein, als sie Auswirkungen auf das Baugesuch hat.[324] Soll aber das Bauprojekt geändert werden, so muss bei wesentlichen Änderungen eine erneute Ausschreibung und Auflage der Projektänderung durchgeführt werden, da auch für solche Änderungen das rechtliche Gehör Drittbetroffener gewahrt werden muss. Selbstverständlich müssen Projektänderungen die öffentlichrechtlichen Vorschriften einhalten, damit eine Baubewil-

319 BGE 136 II 165, E. 5.2; BGE 131 II 200, E. 3.3.

320 Z.B. § 103 PBG TG: Rüge übermässiger Einwirkungen gemäss Art. 684 ZGB.

321 Art. 34 BewD BE; § 128 Abs. 4 RBG BL; Art. 14 Abs. 1 BauV VS.

322 Art. 39 BauG BE i.V.m Art. 37 Abs. 1 BewD BE; Art. 96 Abs. 1 RPBR FR; Zaugg/Ludwig, Kommentar BauG BE, Art. 38–39 Rz. 21; Baumann, in: Kommentar BauG AG, § 60 Rz. 71.

323 Eingehend dazu: BGer, Urteil 6P.5/2006 vom 12. Juni 2006; BGer, Urteil 6B_1049/2013 vom 4. Juli 2014, E. 1.3 ff.; BGE 123 III 101, E. 2c; BGE 115 II 232, E. 4b; Zaugg/Ludwig, Kommentar BauG BE, Art. 35–35c Rz. 35; Gebhardt/Meyer/Nertz/Piolino, Baubewilligung, S. 107; Baumann, in: Kommentar BauG AG, § 60 Rz. 90.

324 Zaugg/Ludwig, Kommentar BauG BE, Art. 35–35c Rz. 34; Baumann, in: Kommentar BauG AG, § 60 Rz. 72.

ligung erteilt werden kann. Schliesslich gilt es bei Vereinbarungen mit beschwerdeberechtigten Organisationen, die Schranken von Art. 55c USG und Art. 12d NHG zu beachten. Unzulässige Forderungen im Rahmen von Verhandlungen über eine Vereinbarung können dazu führen, dass die Behörde auf eine Einsprache nicht eintritt, auch wenn die bundesrechtlichen Bestimmungen ihrem Wortlaut nach nicht für erstinstanzliche Verfahren, sondern nur für Rechtsmittelverfahren gelten.[325]

ff) Bearbeitung durch kommunale und gegebenenfalls kantonale Fachstellen

Das Baugesuch ist im Rahmen des Bewilligungsverfahrens auf die Einhaltung sämtlicher relevanten öffentlichrechtlichen Vorschriften zu prüfen. Die **fachliche Zuständigkeit** für die Prüfung liegt entsprechend der kantonalen Behördenorganisation je nach Bauvorhaben bei einer Mehrzahl von kommunalen oder kantonalen Behörden. Das Bundesrecht enthält nur wenige Vorgaben zur Zuständigkeit. So ist vorgeschrieben, dass bei Bauvorhaben ausserhalb der Bauzonen eine kantonale Behörde darüber zu entscheiden hat, ob sie zonenkonform sind oder ob für sie eine Ausnahmebewilligung erteilt werden kann (Art. 25 Abs. 2 RPG).[326] Auch über Waldrodungen im Zusammenhang mit Bauvorhaben muss eine kantonale Behörde oder sogar eine Bundesbehörde entscheiden (Art. 6 Abs. 2 WaG). Weitere bundesrechtliche Vorgaben ergeben sich aus Sachgesetzen, welche die Anhörung einer Bundesbehörde zu Baugesuchen vorschreiben können (Art. 18m Abs. 2 EBG; Art. 37m Abs. 2 LFG). 7.128

Dem kantonalen Recht bleibt es überlassen, die **Form und Wirkung** der Fach- und Amtsberichte im Rahmen des Bewilligungsverfahrens zu regeln. Dabei ist von ausschlaggebender Bedeutung, ob das Verfahren dem Koordinations- oder dem Konzentrationsmodell folgt. In jedem Fall muss die Leitbehörde sicherstellen, dass die verschiedenen Stellungnahmen der mitwirkenden Behörden zu einem widerspruchsfreien Bauentscheid führen (Art. 25a Abs. 3 RPG). Dabei ist zu berücksichtigen, dass bundesrechtlich in bestimmten Fällen eine umfassende Interessenabwägung verlangt ist (vgl. Art. 24 lit. b RPG).[327] Dafür ist in einigen Kantonen ein behördeninternes Schlichtungsverfahren geschaffen worden.[328] Sofern das Baugesuch gemäss der Beurteilung einer Fachstelle nicht bewilligungsfähig ist, kann sich auch die Leitbehörde nicht darüber hinwegsetzen.[329] In diesem Fall ist das Baugesuch abzuweisen, womit den Gesuchstellern der Rechtsmittelweg offensteht.[330] 7.129

Die Kantone sind verpflichtet, für die Behandlung von Baugesuchen **Fristen** und deren Wirkungen festzulegen (Art. 25 Abs. 1bis RPG). Das Bundesrecht überlässt den Kantonen die konkrete Ausgestaltung, wobei in jedem Fall das Rechtsverzöge- 7.130

325 Siehe Art. 55c Abs. 3 USG; Art. 12d Abs. 3 NHG; so auch LUSTENBERGER, Verzichtsvereinbarung, Rz. 149; a.M. ZAUGG/LUDWIG, Kommentar BauG BE, Art. 38–39 Rz. 29.
326 Vgl. BGE 128 I 254, E. 3; WALDMANN/HÄNNI, Handkommentar RPG, Art. 25 Rz. 39 ff.
327 WALDMANN/HÄNNI, Handkommentar RPG, Art. 24 Rz. 23 f.
328 Art. 8 KoG BE; § 61 Abs. 3 PBV LU; Art. 7 VKoG SG.
329 So ausdrücklich § 17 Abs. 1 BPV BS.
330 § 12 Abs. 3 BVV ZH; § 61 Abs. 4 PBV LU; Art. 66 Abs. 5 BauG SH; vgl. MARTI, in: Kommentar RPG, Art. 25a Rz. 41; FRITZSCHE/BÖSCH/WIPF, Planungs- und Baurecht, S. 320 f.

rungsverbot die oberste Schranke markiert.[331] Vielfach bestehen nicht nur Fristen für die gesamthafte Behandlung der Baugesuche, sondern auch für das Tätigwerden jeder einzelnen mitwirkenden Behörde.[332] In der Regel handelt es sich dabei um Ordnungsfristen, deren Überschreitung dazu führt, dass die Baubewilligungsbehörde die Verzögerung gegenüber dem Baugesuchsteller begründen und eine neue Bearbeitungsfrist ansetzen muss.[333] Zum Teil berechtigt die Fristüberschreitung einer mitwirkenden Behörde die Leitbehörde dazu, von der regulären Zuständigkeitsordnung abzuweichen und eine andere Behörde mit der Bearbeitung zu betrauen oder externe Sachverständige zur Beurteilung des Baugesuchs beizuziehen.[334] Da das Bundesrecht eine behördliche Bewilligung für die Errichtung oder Änderung von Bauten und Anlagen erfordert (Art. 22 Abs. 1 RPG), muss in jedem Fall gewährleistet sein, dass trotz Fristüberschreitung eine materielle Beurteilung des Baugesuchs erfolgt.[335]

7.131 Die mitwirkenden Fachbehörden müssen sich nicht nur zum Baugesuch an sich äussern. Im Hinblick auf die verfassungsrechtlich verankerte Begründungspflicht (Art. 29 Abs. 2 BV) ist es überdies geboten, dass sie Kenntnis von allfälligen **Einsprachen** erhalten und sich zu den darin vorgebrachten, ihr Fachgebiet betreffenden Einwendungen äussern. Die Leitbehörde hat deshalb die eingegangenen Einsprachen den Fachbehörden ebenfalls zur Beurteilung vorzulegen.[336]

gg) Entscheideröffnung

7.132 Die bundesrechtliche **Koordinationspflicht** verpflichtet die Baubewilligungsbehörden, den Bauentscheid dem Baugesuchsteller gemeinsam oder gleichzeitig mit allen weiteren Verfügungen zu eröffnen, welche für die Realisierung des Bauprojekts erforderlich sind (Art. 25a Abs. 2 lit. d RPG). Die Eröffnung muss nicht zwingend durch die Baubewilligungsbehörde selbst erfolgen. Es reicht aus, wenn sie die Eröffnung aller Verfügungen zeitlich aufeinander abstimmt.[337] Unabhängig davon verlangt das Bundesrecht, dass alle diese Verfügungen einem einheitlichen Rechtsmittel bei der gleichen Instanz unterliegen (Art. 33 Abs. 4 RPG).

7.133 Gleichzeitig mit der Eröffnung des Bauentscheids an den Baugesuchsteller müssen allfällige **Einsprachen** beantwortet werden. Der Einspracheentscheid hat sich

---

331 WALDMANN/HÄNNI, Handkommentar RPG, Art. 25 Rz. 29.

332 Z.B. Art. 17 BewD BE; § 61 Abs. 3 PBV LU; § 42 BPV BS; Anhang 3 VKoV SG; Art. 55 RELConstr. NE.

333 So § 319 Abs. 3 PBG ZH; Art. 105 Abs. 3 PBG UR; § 46 Abs. 4 PBG ZG; Art. 109 Abs. 2 BauG AR; Art. 5 Abs. 3 KRG GR; § 5 Abs. 1 BauG AG; vgl. WALDMANN/HÄNNI, Handkommentar RPG, Art. 25 Rz. 32.

334 Siehe § 43 BPV BS; Art. 114 Abs. 4 LATC VD.

335 WALDMANN/HÄNNI, Handkommentar RPG, Art. 25 Rz. 29.

336 So ausdrücklich Art. 33 BewD BE; vgl. AEMISEGGER/HAAG, in: Kommentar RPG, Art. 33 Rz. 62; ZAUGG/LUDWIG, Kommentar BauG BE, Art. 35–35c Rz. 30; GEBHARDT/MEYER/NERTZ/PIOLINO, Baubewilligung, S. 108.

337 MARTI, in: Kommentar RPG, Art. 25a Rz. 37 f.; WALDMANN/HÄNNI, Handkommentar RPG, Art. 25a Rz. 63 f.

mit den Einsprachegründen auseinanderzusetzen und die Einsprechenden über den Bauentscheid in Kenntnis zu setzen. Zur Wahrung des rechtlichen Gehörs sind den Einsprechenden mindestens die Nebenbestimmungen des Bauentscheids zu bezeichnen, mit denen ihren Anliegen Rechnung getragen wird. Üblich, wenn auch nicht zwingend, ist, dass den Einsprechenden der gesamte Bauentscheid eröffnet wird.[338]

Der Bauentscheid muss neben dem Gesuchsteller unter Umständen **weiteren Adressaten** eröffnet werden. So steht je nach Bauprojekt und dem einschlägigen materiellen Recht diversen kantonalen oder eidgenössischen Behörden[339] und Organisationen[340] ein Beschwerderecht gegen Bauentscheide zu. Dieses Beschwerderecht können sie nur wahrnehmen, wenn ihnen der Bauentscheid eröffnet wird. 7.134

Bei Baugesuchen, welche der **Umweltverträglichkeitsprüfung** unterliegen, muss der Bauentscheid zusammen mit dem Umweltverträglichkeitsbericht öffentlich aufgelegt werden (Art. 20 Abs. 1 UVPV). Dies geschieht freilich nur zur Information der Öffentlichkeit. Ein Rechtsmittelverfahren wird dadurch nicht eingeleitet. 7.135

d) Vereinfachtes Verfahren; Anzeigeverfahren

Der Begriff «Bauten und Anlagen» ist bundesrechtlich vorgegeben.[341] Damit schreibt das Bundesrecht auch die Bewilligungspflicht für die Errichtung und Änderung von Bauten und Anlagen vor (Art. 22 Abs. 1 RPG). Dritten, die von solchen Vorhaben betroffen sind, ist im Bewilligungsverfahren das rechtliche Gehör zu gewähren. Namentlich ist ihnen zu ermöglichen, sich am Bewilligungsverfahren unter den gleichen Legitimationsvoraussetzungen wie bei der Beschwerde in öffentlichrechtlichen Angelegenheiten an das Bundesgericht als Partei zu beteiligen (Art. 33 Abs. 3 lit. a RPG; Art. 111 Abs. 1 BGG).[342] Diese zwingenden Vorgaben des Bundesrechts lassen den Kantonen nur einen **kleinen Spielraum,** um Bauvorhaben von untergeordneter Bedeutung in einem vereinfachten Verfahren ohne Aussteckung und öffentliche Gesuchsauflage zu bewilligen oder als bewilligungsfrei zu erklären. So fallen nur bauliche Kleinvorhaben, die weder private noch öffentliche Interessen tangieren, nicht von Bundesrechts wegen unter die Bewilligungspflicht.[343] In diesem Bereich können die Kantone ihrerseits eine Bewilligungspflicht vorsehen oder auf eine Bewilligung verzichten.[344] 7.136

---

338 Vgl. § 129 Abs. 1 RBG BL, wonach die Baubewilligung erst erteilt wird, wenn über die Einsprache rechtskräftig entschieden worden ist.

339 Vgl. z.B. Art. 56 USG; Art. 46 Abs. 2 WaG.

340 Vgl. z.B. Art. 55a USG; Art. 12b Abs. 1 NHG.

341 BGer, Urteil 1C_285/2015 vom 19. November 2015, E. 3; BGE 140 II 473, E. 3.4.1; BGE 139 II 134, E. 5; BGE 123 II 256, E. 3; Waldmann/Hänni, Handkommentar RPG, Art. 22 Rz. 9 ff.

342 BGE 120 Ib 379, E. 3c.

343 BGer, Urteil 1C_24/2015 vom 24. April 2015, E. 3.2; BGer, Urteil 1C_51/2015 vom 8. April 2015, E. 3.4; BGE 139 II 134, E. 5; BGE 123 II 256, E. 3; BGE 120 Ib 379, E. 3e; Waldmann/Hänni, Handkommentar RPG, Art. 22 Rz. 8 ff.; Ruch, in: Kommentar RPG, Art. 22 Rz. 23 ff.

344 Waldmann/Hänni, Handkommentar RPG, Art. 22 Rz. 18; Ivanov, Harmonisierung, S. 135.

7.137 Von Bundesrechts wegen **nicht bewilligungspflichtig** sind Kleinstvorhaben, die nur ein geringes Ausmass haben und weder öffentliche noch nachbarliche Interessen berühren. Darunter fallen zum Beispiel geringfügige bauliche Veränderungen im Innern von Gebäuden, untergeordnete Zweckänderungen ohne bauliche Massnahmen oder für kurze Zeit aufgestellte Zelte oder Wohnwagen. Wesentlich für die Frage, ob ein Kleinstvorhaben der Bewilligungspflicht untersteht oder nicht, sind die Art und die Empfindlichkeit der Umgebung, in welcher das Vorhaben realisiert werden soll.[345] Ebenfalls nicht der Bewilligungspflicht unterliegen von Bundesrechts wegen genügend angepasste Solaranlagen in Bau- und Landwirtschaftszonen; diese sind der zuständigen Behörde nur zu melden.[346] Die Kantone stellen regelmässig in ihren Bauverfahrensordnungen in kasuistischer Aufzählung einen Katalog von Vorhaben auf, welche als derart untergeordnet angesehen werden, dass sie bewilligungsfrei durchgeführt werden können.[347] Zu betonen ist, dass auch bei bewilligungsfrei zulässigen Vorhaben die materiellen Vorschriften anwendbar bleiben. Wenngleich dies aufgrund des Legalitätsprinzips von Art. 5 Abs. 1 BV selbstverständlich ist, betonen verschiedene kantonale Verfahrensordnungen diesen Umstand ausdrücklich.[348]

7.138 Bei gewissen Vorhaben, die von Bundesrechts wegen bewilligungspflichtig sind, gebietet es der Verhältnismässigkeitsgrundsatz, ein **vereinfachtes Bewilligungsverfahren** ohne öffentliche Planauflage durchzuführen.[349] Es handelt sich um Vorhaben von untergeordneter Tragweite, die aufgrund ihrer Art und Ausmasse, ihres Nutzungszwecks und den von ihnen erzeugten Immissionen objektiv kaum geeignet erscheinen, sich negativ auf benachbarte Grundeigentümer auszuwirken und die Interessen Dritter zu verletzen.[350]

7.139 Dazu gehören zunächst reine **Zweckänderungen,** die dem zonenmässigen Nutzungszweck entsprechen und für die Erschliessung keine Mehrbelastung bedeuten. Teilweise wird das vereinfachte Verfahren aber nur für Wohnnutzungen oder wohnverwandte Nutzungen unter Ausschluss der gewerblichen Nutzungen zugelassen.[351]

7.140 Ebenfalls von untergeordneter Bedeutung sind **Bagatellvorhaben,** die aufgrund ihrer Geringfügigkeit keine oder nur minimale Aussenwirkungen entfalten. Dabei ist all diesen Vorhaben gemeinsam, dass sie innerhalb des Baugebiets ausgeführt werden sollen oder ausserhalb des Baugebiets als grundsätzlich zonenkonform angesehen werden können.[352] Zu dieser Art Vorhaben gehören minimale Verän-

345 BGE 139 II 134, E. 5.2; BGer, Urteil 1C_658/2013 vom 24. Januar 2014, E. 4.1; BGer, Urteil 1C_790/2013 vom 27. August 2014, E. 2.3; BGer, Urteil 1C_509/2010 vom 16. Februar 2011, E. 2.3.1; BGE 118 Ib 1, E. 2c; Waldmann/Hänni, Handkommentar RPG, Art. 22 Rz. 13 ff.; Baumann, Baubewilligungsverfahren, S. 46 ff.

346 Art. 18a RPG i.V.m. Art. 32a RPV; vgl. hierzu Hettich/Peng, Solaranlagen, S. 1427 ff.

347 Exemplarisch § 1 BVV ZH; Art. 6 BewD BE; § 54 PBV LU; § 14 ABPV BS; § 49 BauV AG; Art. 40 KRVO GR; § 68a RLATC VD; Art. 6 DPC JU.

348 § 2 Abs. 2 BVV ZH; § 28 Abs. 2 BPV BS; Art. 40 Abs. 3 KRVO GR.

349 Waldmann/Hänni, Handkommentar RPG, Art. 22 Rz. 14.

350 Ruch, in Kommentar RPG, Art. 22 Rz. 53; Fritzsche/Bösch/Wipf, Planungs- und Baurecht, S. 321 f.

351 § 53 Abs. 2 lit. g PBV LU; Art. 85 Abs. 1 lit. c RPBR FR; § 12 Abs. 1 lit. e ABPV BS; Art. 82bis Abs. 3 BauG SG.

352 § 50 Abs. 1 lit. a BauV AG; Art. 11 Abs. 1 LEC TI.

derungen bestehender Bauten durch einzelne Fenster oder Türen[353] sowie wärmetechnische Gebäudesanierungen[354] und Kleinbauten wie Gartenhäuser oder Velounterstände.[355]

Zu den im vereinfachten Verfahren möglichen Vorhaben zählen auch solche, die aufgrund ihrer **zeitlichen Befristung** keine relevante Aussenwirkung erzeugen. Exemplarisch zu nennen sind saisonal aufgestellte Garteninstallationen, Festzelte oder andere Provisorien von kurzer Dauer.[356] 7.141

Schliesslich werden nach der Praxis vieler Baubewilligungsbehörden oder gemäss ausdrücklicher Vorschrift in Bauverfahrensordnungen **Änderungen von Baugesuchen** dann nicht in einem neuen ordentlichen, sondern in einem vereinfachten Baubewilligungsverfahren beurteilt, wenn trotz der Änderungen das ursprüngliche Bauprojekt in seinen Grundzügen gleich bleibt und die Änderungen keine nachbarlichen oder öffentlichen Interessen neu oder zusätzlich berühren.[357] In diesen Fällen gilt das rechtliche Gehör möglicher Drittbetroffener als durch die erste Publikation und die erfolgte öffentliche Auflage der Gesuchsunterlagen gewahrt. 7.142

In einigen Kantonen wird das vereinfachte Bewilligungsverfahren als **Anzeige- oder Meldeverfahren** durchgeführt.[358] Danach bedürfen bestimmte Bauvorhaben einer vorgängigen Anzeige an die Behörde. Verbietet die Behörde nicht innert einer definierten Frist die Bauausführung, so dürfen sie realisiert werden.[359] Allerdings muss auch ein solches Verfahren in jedem Fall der bundesrechtlichen Prüfungspflicht genügen. Deshalb muss zumindest gewährleistet sein, dass die Bauvorhaben die bundesrechtlichen Vorschriften einhalten.[360] 7.143

Weil bei bestimmten Vorhaben gewisse Unsicherheiten bezüglich ihrer Wirkung auf Dritte bestehen, wird für die Anwendbarkeit des vereinfachten Verfahrens zum Teil auch darauf abgestellt, ob die Betroffenen (d.h. die direkten Anstösser) im Voraus ihre **schriftliche Zustimmung** zum Vorhaben erteilt haben.[361] In diesen Fällen werden die Interessen der Drittbetroffenen durch das Erfordernis der Zustimmungserklärung als Voraussetzung des vereinfachten Verfahrens gewahrt.[362] 7.144

Wird auf die Publikation und eine öffentliche Auflage der Baugesuchsunterlagen verzichtet, besteht das Risiko, dass ungeachtet der kantonalen Verfahrensord- 7.145

---

353 § 14 lit. f BVV ZH; § 12 Abs. 1 lit. b und c ABPV BS.

354 § 53 Abs. 2 lit. c PBV LU; § 8 Abs. 2 BauV SO.

355 § 14 lit. m BVV ZH; § 12 Abs. 1 lit. i ABPV BS.

356 Art. 27 Abs. 1 lit. d BewD BE; § 53 Abs. 2 lit. f PBV LU.

357 Art. 43 Abs. 2 BewD BE; Art. 82bis Abs. 3 BauG SG.

358 Exemplarisch § 14 BVV ZH; § 4 BauV SO; § 13 ABPV BS; Art. 82ter BauG SG; Art. 50 f. KRVO GR.

359 § 13 Abs. 2 und § 18 Abs. 3 BVV ZH; § 75 Abs. 6 PBG SZ; Art. 82ter Abs. 2 BauG SG; Art. 51 Abs. 3 KRVO GR.

360 Vgl. Fritzsche/Bösch/Wipf, Planungs- und Baurecht, S. 328; Griffel, Raumplanungs- und Baurecht, S. 193 f.

361 Art. 27 Abs. 1 BewD BE; Art. 79 Abs. 1 PBG ZH; Art. 82bis Abs. 2 BauG SG; kritisch dazu: Ruch, in: Kommentar RPG, Art. 22 Rz. 53.

362 Vgl. zur Drittrechtsschutzproblematik Griffel, Raumplanungs- und Baurecht, S. 214 f.; Fritzsche/Bösch/Wipf, Planungs- und Baurecht, S. 323 f.

nung das **rechtliche Gehör Drittbetroffener** verletzt wird. Auch die Einholung von Zustimmungserklärungen der unmittelbaren Anstösser vermag dieses nicht auszuschalten, da unter Umständen ein weiterer Personenkreis vom Bauvorhaben betroffen sein könnte. Wird ein Entscheid über ein Bauvorhaben ohne die erforderliche Ausschreibung getroffen, kann der nach Art. 33 Abs. 3 lit. a RPG sowie Art. 111 Abs. 1 BGG vorgeschriebene Rechtsschutz nicht gewährleistet werden.[363] Dies hat zur Folge, dass die ohne Beteiligung Dritter erteilte Baubewilligung nachträglich anfechtbar wird.

III. Umweltverträglichkeitsprüfung

Literatur

Aemisegger Heinz, Umweltverträglichkeitsprüfung; Beyerlin Ulrich/Marauhn Thilo, International Environmental Law, S. 230 ff.; Bosonnet Roger, Plangenehmigungsverfahren, S. 246 ff.; Brunner Ursula, in: Kommentar USG, Art. 47; Buergisser Michel, Expériences; Bütler Michael, Skigebiete; Caviezel Gieri, Wasserrechtskonzessionen, S. 80 ff.; Eichbaum Niklaus, Einkaufszentren, S. 78 ff.; Epiney Astrid, Umweltrecht, S. 319 ff.; Epiney Astrid/Furger David/Heuck Jennifer, Umweltplanungsrecht, S. 5 ff. und 47 ff.; Greiner Andrea, Skisportanlagen, S. 145 ff.; Griffel Alain, Umweltrecht, S. 43 ff.; Griffel Alain, Grundprinzipien, Rz. 350 ff.; Griffel Alain/Rausch Heribert, Kommentar USG, Ergänzungsband, Vorbem. zu Art. 10a–10d und Art. 10a ff.; Häner Isabelle, Neuerungen; Hänni Peter, Planungsrecht, S. 407 ff.; Ivanov Daniela, Harmonisierung, S. 271 ff.; Jomini André, in: Commentaire LPE, Art. 10a–10c; Jomini André/Engel Oliver, in: Commentaire LPE, Art. 10d; Jungo Pierre-André, Umweltverträglichkeitsprüfung; Keller Peter M., Änderung; Loretan Theodor H., Rechtsfragen; Loretan Theodor H., Umweltverträglichkeitsprüfung; Merker Michael, Wasserkraft, Rz. 11.89 ff.; Muggli Rudolf, Umweltprüfung; Nicole Yves, Étude d'impact; Rausch Heribert, Einführung; Rausch Heribert/Keller Peter M., in: Kommentar USG, Art. 9; Rausch Heribert/Marti Arnold/Griffel Alain, Umweltrecht, Rz. 716 ff.; Ruch Alexander, Umwelt – Boden – Raum, Rz. 1034 f.; Sager Fritz/Schenkel Walter, Kurzbericht Evaluation UVP; Strütt Adrian, Nationalstrassenrecht, S. 117 ff.; Thurnherr Daniela, Umweltinformationen; Tschannen Pierre, Umsetzung; Vallender Klaus A./Morell Reto, Umweltrecht, S. 399 ff.; Wagner Pfeifer Beatrice, Besondere Regelungsbereiche; Wagner Pfeifer Beatrice, Umweltrecht I, Rz. 678 ff.; Walpen Adrian, Bau und Betrieb; Walti Stephanie, SUP; Widmer Dreifuss Thomas, Sportanlagen, S. 295 ff.; Wolf Robert, UVP; Zweidler Reinhard, Vereinfachung.

Amtliche Publikationen

BAFU (Hrsg.), UVP-Handbuch; Botschaft Aarhus-Konvention; Botschaft UNO/ECE-Übereinkommen Umweltverträglichkeitsprüfung 1995; Bundesrat, Bericht Vollzug UVP 2004; BUWAL (Hrsg.), UVP von Wasserkraftanlagen; BUWAL/ASB/SVI (Hrsg.), UVP bei Strassenverkehrsanlagen.

363 BGer, Urteil 1C_550/2011 vom 22. März 2012, E. 4; BGer, Urteil 1C_376/2011 vom 8. Februar 2012, E. 2; BGE 120 Ib 379, E. 3d.

David Dussy
Daniela Thurnherr

A. Grundlagen

1. Begriff, Bedeutung und Wesensmerkmale der UVP

Die seit der Gesetzesrevision vom 20. Dezember 2006[364] in Art. 10a–10d USG sowie in der (älteren) UVPV geregelte Umweltverträglichkeitsprüfung (UVP) bezweckt die frühzeitige und sorgfältige Abklärung und Beurteilung der voraussehbaren möglichen Auswirkungen einer Anlage auf die Umwelt. Die daraus resultierenden Erkenntnisse sollen die Bewilligungsbehörden in die Lage versetzen, ihre Entscheide fundiert und unter Berücksichtigung sämtlicher umweltrelevanter Implikationen eines Vorhabens zu treffen.[365] Als sachbereichsübergreifende **«Methode der Entscheidfindung»**[366] bleibt sie auf die Rechtsanwendung beschränkt, während die einzuhaltenden Standards aus dem materiellen Umweltrecht resultieren.[367] Insofern handelt es sich primär um eine «Normverträglichkeitsprüfung», wobei nicht zu verkennen ist, dass die einschlägigen Bestimmungen verschiedentlich einen beachtlichen Entscheidungsspielraum offenlassen.[368] Die UVP konkretisiert das Vorsorgeprinzip; zudem ermöglicht sie die integrale Beurteilung eines potenziell belastenden Projekts mit Blick auf den Sachverhalt ebenso wie in Bezug auf dessen rechtliche Würdigung.[369] 7.146

Das Verfahren der UVP kennzeichnet sich durch ein intensives **Zusammenwirken** von Gesuchsteller, Umweltschutzfachstelle (sowie gegebenenfalls weiterer involvierter Behörden) und Bewilligungsbehörde, denen spezifische Rollen bei der Vorbereitung und Fällung des Entscheids zugewiesen werden. Hauptanwendungsfeld bilden infrastrukturelle Anlagen eines bestimmten, in der UVPV näher definierten Ausmasses. Da solche Projekte regelmässig verschiedene Planungs- bzw. Bewilligungsstufen durchlaufen, ist die Festlegung des massgeblichen Verfahrens von zentraler Bedeutung. 7.147

Die UVP hat sich als Instrument zur Evaluation der Umweltrechtskonformität etabliert und vermag die ihr zukommenden Aufgaben gemäss einer empirischen Studie im Auftrag des (damaligen) BUWAL zu erfüllen.[370] Dass in der Vergangenheit versucht wurde, den Anwendungsbereich der UVP zu beschränken, hängt damit zusammen, dass das **Verbandsbeschwerderecht ideeller Organisationen** an die 7.148

---

364 In Kraft seit dem 1. Juli 2007; zur Entstehungsgeschichte dieses Normenkomplexes, dessen Gehalt sich nicht massgeblich von der Vorgängernorm (aArt. 9 USG) unterscheidet, JOMINI, in: Commentaire LPE, Art. 10a Rz. 4 ff.

365 Zu Bedeutung und Funktion der UVP statt vieler HÄNNI, Planungsrecht, S. 407 f.; LORETAN, Umweltverträglichkeitsprüfung, S. 20 ff.; RAUSCH/KELLER, in: Kommentar USG, Art. 9 Rz. 1 ff.; RAUSCH/MARTI/GRIFFEL, Umweltrecht, Rz. 722.

366 RAUSCH, Einführung, S. 370; RAUSCH/MARTI/GRIFFEL, Umweltrecht, Rz. 722; zur sachbereichsübergreifenden Natur RAUSCH/MARTI/GRIFFEL, Umweltrecht, Rz. 717.

367 GRIFFEL, Umweltrecht, S. 55 f.

368 GRIFFEL/RAUSCH, Kommentar USG, Ergänzungsband, Vorbem. zu Art. 10a–10d Rz. 26.

369 GRIFFEL, Umweltrecht, S. 44 m.H. auf Art. 10a Abs. 2 USG und Art. 9 Abs. 3 UVPV.

370 SAGER/SCHENKEL, Kurzbericht Evaluation UVP, S. 1 ff.; siehe auch BUNDESRAT, Bericht Vollzug UVP 2004, S. 1611 ff.

UVP-Pflichtigkeit eines Vorhabens gekoppelt ist[371] und über die Definition des Kreises der UVP-pflichtigen Anlagen daher die Reichweite des Verbandsbeschwerderechts gesteuert werden kann.[372]

7.149 Von der Umweltverträglichkeitsprüfung zu unterscheiden ist die – auf europa- und völkerrechtlicher Ebene verankerte – **Strategische Umweltprüfung.**[373] Diese setzt bereits auf der (Richt-)Planungsebene an und stellt sicher, dass ökologische Grundsatzfragen auf strategischer Ebene und losgelöst von konkreten Projekten eruiert und geklärt werden.[374] Auf Bundesebene ist sie nicht vorgesehen. Hingegen statuiert beispielsweise das Genfer Règlement d'application de l'ordonnance fédérale relative à l'étude de l'impact sur l'environnement vom 11. April 2001[375] Vorgaben hinsichtlich einer strategischen Umweltprüfung (siehe insb. Art. 3: Evaluation environnementale stratégique).[376]

7.150 Im geltenden Recht finden sich immerhin Ansätze einer Pflicht zur Beachtung des Umweltrechts im **Planungsverfahren:** Hinzuweisen ist insbesondere auf Art. 47 Abs. 1 RPV, wonach die Nutzungsplanbehörde der kantonalen Genehmigungsbehörde unter anderem Aufschluss darüber zu erteilen hat, wie der betreffende Plan den Anforderungen der Umweltschutzgesetzgebung Rechnung trägt.[377] Erforderlich sind dabei Ausführungen zur Lärm- und Luftbelastung, die mit den vorgesehenen Änderungen einhergehen, und zu den Auswirkungen einer Realisierung der plankonformen Bau- und Nutzungsmöglichkeiten auf die Belastungen der Umwelt, wobei die Intensität der Prüfung vom Detaillierungsgrad des Plans abhängt.[378] Wenngleich der Planungsbericht nicht Bestandteil des Nutzungsplans bildet, kommt ihm eine wichtige Funktion als Entscheidungsgrundlage für die Genehmigungsbehörde zu, die einem Nutzungsplan aus umweltrechtlichen Gründen die Genehmigung versagen kann.[379] Im Gegenzug muss die projektbezogene UVP «darlegen, wie die Umweltabklärungen berücksichtigt sind, die im Rahmen der Raumplanung durchgeführt worden sind» (Art. 9 Abs. 4 UVPV).

7.151 **Umweltgesichtspunkte** finden auf folgenden weiteren Wegen Eingang in den Planungsprozess: Die beschwerdeberechtigten Umwelt-, Natur- und Heimatschutzorganisationen verfügen bei der Erarbeitung der Richtpläne über eine Mitwirkungsmöglichkeit (Art. 10 Abs. 2 RPG). Art. 16 lit. b RPV sodann verpflichtet die zuständige Bundesbehörde, in den Erläute-

---

371 Siehe Art. 55 Abs. 1 USG und dazu Rz. 8.210. Dieser Konnex erfordert im Übrigen, dass bereits aus der Publikation des Bauvorhabens hervorgehen muss, ob dieses UVP-pflichtig ist.

372 Hinzuweisen ist insbesondere auf die Parlamentarische Initiative (02.436) von Ständerat Hans Hofmann aus dem Jahr 2002 mit dem Titel «Vereinfachung der Umweltverträglichkeitsprüfung sowie Verhinderung von Missbräuchen durch eine Präzisierung des Verbandsbeschwerderechts».

373 Dazu Walti, SUP, S. 93 ff.; ferner statt vieler Beyerlin/Marauhn, International Environmental Law, S. 230 ff.; Epiney, Umweltrecht, S. 319 ff.; Griffel, Umweltrecht, S. 56; Jomini, in: Commentaire LPE, Art. 10a Rz. 18; Wagner Pfeifer, Umweltrecht I, Rz. 746 ff.

374 Zur Berücksichtigung von Umweltanliegen im Planungsstadium de lege lata siehe sogleich Rz. 7.150.

375 RSG K 1 70.05.

376 Siehe dazu Buergisser, Expériences, S. 390 ff.

377 Siehe dazu Muggli, Umweltprüfung, S. 452 ff.; Rausch/Marti/Griffel, Umweltrecht, Rz. 737, sprechen in diesem Kontext von einer zumindest ansatzweisen «Planungs-UVP».

378 BGer, Urteil 1A.281/2005 vom 21. Juni 2006, E. 1.3; dazu auch Griffel, Raumplanungs- und Baurecht, S. 75 f.

379 Griffel, Raumplanungs- und Baurecht, S. 75.

rungen zum Sachplan Aufschluss zu erteilen über «die Art und Weise, wie den verschiedenen Interessen Rechnung getragen wurde (Art. 3)».[380]

2. Völkerrechtlicher Kontext

Die UVP bildet auch **Regelungsgegenstand umweltvölkerrechtlicher Übereinkommen.** Die einschlägigen Konventionen beziehen sich zum einen auf den grenzüberschreitenden Kontext, zum anderen statuieren sie bestimmte Vorgaben mit Blick auf die innerstaatliche Ausgestaltung der UVP. 7.152

Hinzuweisen ist zunächst auf das UNO/ECE-Übereinkommen über die Umweltverträglichkeitsprüfung im grenzüberschreitenden Rahmen vom 25. Februar 1991 (sog. **Espoo-Konvention**).[381] Dieses verpflichtet die Vertragsstaaten, für die in Anhang I genannten Projekte eine UVP durchzuführen, wenn die Realisierung des Projekts voraussichtlich erhebliche grenzüberschreitende nachteilige Umweltauswirkungen nach sich zieht (Art. 2 Ziff. 3). Darüber hinaus besteht – neben präzisen Vorgaben zum zwischenstaatlichen Informationsaustausch – eine Verpflichtung, der in- und ausländischen Öffentlichkeit die Möglichkeit der Beteiligung am Verfahren einzuräumen (Art. 2 Ziff. 4 und 6 sowie Art. 3 Ziff. 8).[382] Schliesslich werden in Anhang II spezifische Vorgaben an den Inhalt des Umweltverträglichkeitsberichts statuiert. Die Espoo-Konvention ist im zwischenstaatlichen Verkehr unmittelbar anwendbar; da im schweizerischen Recht keine konträr dazu lautenden Bestimmungen existierten, hatte die Ratifikation kaum gesetzgeberischen Anpassungsbedarf zur Folge.[383] Art. 6a UVPV äussert sich lediglich zur innerstaatlichen Zuständigkeit, wenn die Schweiz von einem ausländischen Projekt tangiert wird, das von der Espoo-Konvention erfasst ist, bzw. Ursprungspartei eines solchen Projekts ist.[384] Ausländische natürliche Personen und Gemeinden können sich im Übrigen (sei es als Partei oder interessierte Öffentlichkeit) unter denselben Voraussetzungen am Verfahren beteiligen, wie sie auch im innerstaatlichen Kontext gelten.[385] 7.153

Das Übereinkommen über den Zugang zu Informationen, die Öffentlichkeitsbeteiligung an Entscheidungsverfahren und den Zugang zu Gerichten in Umweltangelegenheiten vom 25. Juni 1998 (sog. **Aarhus-Konvention**)[386] statuiert Vorgaben hinsichtlich der UVP insbesondere im Zusammenhang mit der Öffentlichkeitsbeteiligung bei umweltrelevanten Entscheidungen über Anlagen (Art. 6). Zwar verlangt die Konvention nicht explizit, dass für die davon erfassten und in Anhang I genannten Anlagen eine UVP durchgeführt wird. Gemäss Art. 6 Ziff. 6 muss das Bewilligungsgesuch allerdings eine Beschreibung der erheblichen Auswirkungen auf die Umwelt sowie der zur Vermeidung oder Verringerung der Auswirkungen vorgesehenen Massnahmen enthalten. Diese Unterlagen entsprechen nach schweizerischem 7.154

---

380 Dazu Muggli, Umweltprüfung, S. 451; zum Ganzen Walti, SUP, S. 46 ff.; ferner Tschannen, Umsetzung, S. 415 ff.

381 SR 0.814.06; in Kraft getreten für die Schweiz am 10. September 1997. Dazu statt vieler Jomini, in: Commentaire LPE, Art. 10c Rz. 21 f.

382 Zu den Vorgaben mit Blick auf die Information Thurnherr, Umweltinformationen, S. 37 ff.

383 Siehe Botschaft UNO/ECE-Übereinkommen Umweltverträglichkeitsprüfung 1995, S. 397 ff.

384 Siehe dazu auch BAFU, UVP-Handbuch, Modul 3: Verfahren, S. 15 ff. und 24 f.

385 Dazu Rz. 8.158 ff.

386 SR 0.814.07; für die Schweiz in Kraft getreten am 1. Juni 2014. Eingehend dazu statt vieler Beyerlin/Marauhn, International Environmental Law, S. 236 ff.; Thurnherr, Umweltinformationen, S. 61 ff.

Recht dem Umweltverträglichkeitsbericht (Art. 10b USG).[387] Die Ratifikation der Aarhus-Konvention bedingte geringfügige Anpassungen an den Vorgaben zum UVP-Bericht (Art. 10b Abs. 2 lit. b USG: «Überblick über die wichtigsten allenfalls vom Gesuchsteller geprüften Alternativen»); überdies mussten zehn Industrie-Anlagetypen neu der UVP unterstellt werden.[388] Die konventionsrechtlichen Vorgaben zur Publikmachung des Projekts verursachten aufgrund der bestehenden spezialgesetzlichen Transparenzbestimmungen im schweizerischen Recht[389] keinen Anpassungsbedarf. Den Anforderungen hinsichtlich der Partizipationsmöglichkeiten (Art. 6 Ziff. 7 Aarhus-Konvention) sodann wird mit dem Petitionsrecht nach Art. 33 BV Genüge getan.[390]

7.155 Die **weiteren einschlägigen Protokolle** sind von der Schweiz bis anhin nicht ratifiziert worden. Dies gilt für das Verkehrsprotokoll[391] und das Energieprotokoll[392] zum Übereinkommen zum Schutz der Alpen vom 7. November 1991 (Alpenkonvention)[393] sowie das (von der Konferenz der Vertragsparteien der Espoo-Konvention beschlossene) Protokoll über die strategische Umweltprüfung vom 21. Mai 2003[394].

3. Kantonales Recht

7.156 Den Kantonen obliegt gemäss Art. 5 Abs. 3 UVPV die Bezeichnung des **massgebenden Verfahrens,** sofern dieses nicht im Anhang zur UVPV geregelt wird. Ihr Handlungsspielraum ist aufgrund der bundesgerichtlichen Rechtsprechung, die für UVP-pflichtige Anlagen ausserhalb der Bauzonen in der Regel ein Sondernutzungsplanungsverfahren vorschreibt[395], allerdings beschränkt. Im Übrigen sind auf kantonaler Ebene verschiedene weitere Fragen der Behördenorganisation und des Verfahrens zu klären.[396]

7.157 Der Grundsatz der derogatorischen Kraft des Bundesrechts steht einer **Ausdehnung der UVP-Pflicht** durch das kantonale Recht entgegen, da der Bundesrat die UVP-pflichtigen Anlagen abschliessend bezeichnet hat und die Zulässigkeit kantonaler Vorschriften in vom USG erfassten Bereichen mit Blick auf Art. 65 Abs. 1 USG beschränkt ist.[397] Die Berechtigung

---

387 Dazu Rz. 7.188 ff.

388 Siehe Botschaft Aarhus-Konvention, S. 4323 ff.

389 Siehe zur öffentlichen Auflage der Gesuchsunterlagen und der Publikation des Entscheids insb. Art. 10b Abs. 1 USG sowie Art. 15 und 20 UVPV; dazu Rz. 7.195 ff. und 7.2111.

390 Botschaft Aarhus-Konvention, S. 4344 f.

391 Protokoll zur Durchführung der Alpenkonvention von 1991 im Bereich Verkehr; abrufbar unter: www.cipra.org > Alpenpolitik > Alpenkonvention.

392 Protokoll zur Durchführung der Alpenkonvention von 1991 im Bereich Energie; abrufbar unter: www.cipra.org > Alpenpolitik > Alpenkonvention.

393 SR 0.700.1; in Kraft getreten für die Schweiz am 28. April 1999. Zum Umstand, dass das Verkehrsprotokoll zur Alpenkonvention von der Schweiz auf absehbare Zeit nicht ratifiziert wird, Griffel/Rausch, Kommentar USG, Ergänzungsband, Vorbem. zu Art. 10a–10d Rz. 34.

394 In Kraft getreten am 11. Juli 2010; abrufbar unter: www.unece.org > Our work > Environmental Policy > Conventions and Protocols > Environmental Assessment > About us > Protocol on SEA.

395 Vgl. BGE 133 II 181, E. 5.2.1.

396 Dazu Rausch/Keller, in: Kommentar USG, Art. 9 Rz. 212.

397 BGE 118 Ia 299, E. 3b/bb. Das Bundesgericht hat in diesem Entscheid eine genferische Verträglichkeitsprüfung für zulässig erklärt, da diese nicht bezweckte, den Anwendungsbereich der UVP auszudehnen und auch nicht nach den bundesrechtlichen Vorgaben abzuwickeln war.

zur Etablierung einer strategischen Umweltprüfung auf kantonaler Ebene lässt sich damit begründen, dass sie primär raumplanerisch motiviert ist und daher ein anderes Ziel als die bundesrechtliche UVP verfolgt.

B. Geltungsbereich der UVP-Pflicht

1. Anlage

Art. 10a Abs. 1 USG verpflichtet die Behörde, die über die Planung, Errichtung oder Änderung von Anlagen entscheidet, möglichst früh die Umweltverträglichkeit zu prüfen.[398] Eine UVP durchzuführen ist gemäss Art. 10a Abs. 2 USG bei einem **engeren Kreis von Anlagen,** nämlich jenen, «welche Umweltbereiche erheblich belasten können, sodass die Einhaltung der Vorschriften über den Schutz der Umwelt voraussichtlich nur mit projekt- oder standortspezifischen Massnahmen sichergestellt werden kann». Die davon erfassten Anlagen werden vom Bundesrat im Anhang zur UVPV abschliessend und verbindlich bezeichnet (siehe Art. 1 UVPV, der auf den Anhang verweist).[399] Der Bundesrat wird dabei ermächtigt, Schwellenwerte festzulegen, deren Überschreitung eine Prüfungspflicht auslöst. Anlagetypen ebenso wie Schwellenwerte sind periodisch zu überprüfen (Art. 10a Abs. 3 USG).[400] Aufgrund der gesetzgeberischen Konzeption ist somit nicht die im Einzelfall effektiv resultierende Umweltbelastung ausschlaggebend; vielmehr wird die UVP-Pflicht durch die Zuordnung zu einem bestimmten Anlagetyp, der als potenziell erheblich umweltbelastend erachtet wird, ausgelöst. Die umweltbezogenen Implikationen der einzelnen Anlage bilden erst das Ergebnis der UVP.[401] 7.158

Der Anhang der UVPV unterscheidet zwischen **acht Hauptkategorien** (Verkehr, Energie, Wasserbau, Entsorgung, militärische Bauten und Anlagen, Sport, Tourismus und Freizeit, Industrielle Betriebe, andere Anlagen), unter die insgesamt 74 Anlagetypen subsumiert werden. Letztere werden verschiedentlich mit quantita- 7.159

Siehe zur Möglichkeit der Kantone bezüglich eigener kantonaler oder kommunaler Anlagen, die nicht der bundesrechtlichen UVP-Pflicht unterstehen, Vorschriften zur Abklärung der Umweltverträglichkeit zu erlassen, Griffel/Rausch, Kommentar USG, Ergänzungsband, Vorbem. zu Art. 10a–10d Rz. 44 und Rausch/Keller, in: Kommentar USG, Art. 9 Rz. 202 f.

398 Zum Begriff der Anlage BAFU, UVP-Handbuch, Modul 2: UVP-Pflicht von Anlagen, S. 2 ff.

399 Vgl. BGE 124 II 219, E. 6a; BGer, Urteil 1A.136/2004 vom 5. November 2004, E. 2.7 (URP 2005 1 ff.). Die Vollzugsbehörden sind daher an den Anlagenkatalog im Anhang zur UVPV gebunden und dürfen weder darüber hinausgehen noch dahinter zurückbleiben. Siehe auch Griffel, Umweltrecht, S. 46. Zur Reichweite der gerichtlichen Überprüfungsbefugnis mit Blick auf bundesrätliche Verordnungen Jomini, in: Commentaire LPE, Art. 10a Rz. 27.

400 Die letzten grösseren Anpassungen erfolgten 2008 (im Nachgang zur Gesetzesrevision von 2006; Anhebung spezifischer Schwellenwerte zwecks Ausschaltung des Verbandsbeschwerderechts) und 2015 (als Folge der Ratifikation der Aarhus-Konvention; punktuelle Erweiterung des Katalogs). Dazu Griffel, Umweltrecht, S. 47; Griffel/Rausch, Kommentar USG, Ergänzungsband, Vorbem. zu Art. 10a–10d Rz. 20 ff. m.H. darauf, dass überdies einzelne Anlagen mangels praktischer Relevanz gestrichen worden sind.

401 Griffel, Umweltrecht, S. 46; Griffel/Rausch, Kommentar USG, Ergänzungsband, Vorbem. zu Art. 10a–10d Rz. 6 f. sowie Art. 10a Rz. 4; Rausch/Marti/Griffel, Umweltrecht, Rz. 726.

tiven Schwellenwerten im Sinne von Mindestgrössen, welche die Prüfungspflicht auslösen, gekoppelt, beispielsweise hinsichtlich der Fläche oder der Besucherzahl. Nicht ausschlaggebend ist hingegen der spezifische Standort, obwohl dieser nicht ohne Bedeutung für die konkreten Umweltauswirkungen ist.[402]

7.160 Vergleicht man den Kreis der in der UVPV identifizierten Anlagen mit dem **Anlagenbegriff von Art. 7 Abs. 7 USG,** lässt sich insofern eine Inkongruenz feststellen, als die in Satz 2 genannten «Geräte, Maschinen, Fahrzeuge, Schiffe und Luftfahrzeuge» – anders als die in Satz 1 erwähnten ortsfesten Einrichtungen und Terrainveränderung – in der Regel keiner UVP bedürfen.[403] Irrelevant ist die (öffentliche oder private) Bauherrschaft.[404]

7.161 **Fragen** werfen in der Praxis mitunter die Zuordnung zu bestimmten Anlagetypen, die Reichweite der Pflicht der integralen Beurteilung mehrerer Anlagen sowie die Klärung der Überschreitung der Schwellenwerte auf:[405]

- Die **Zuordnung zu bestimmten Anlagetypen** ist deshalb relevant, weil teilweise unterschiedliche Schwellenwerte bestehen. Exemplarisch hinzuweisen ist auf Einkaufszentren und Fachmärkte (Nr. 80.5 Anhang UVPV), die mit einer Fläche von 7500 m^2 einen tieferen Schwellenwert aufweisen als Güterumschlagplätze und Verteilzentren (Nr. 80.6 Anhang UVPV), welche erst ab einer Lagerfläche von 20 000 m^2 oder einem Lagervolumen von 120 000 m^3 UVP-pflichtig sind.[406] Gemäss bundesgerichtlicher Rechtsprechung gehören Möbelhäuser zum erstgenannten Anlagetyp.[407]
- Die Reichweite der Pflicht zur **Behandlung als Gesamtanlage** ist in jenen Fällen von Bedeutung, da der Schwellenwert für die UVP lediglich gesamthaft überschritten wird. Gemäss bundesgerichtlicher Rechtsprechung ist ein funktionaler Zusammenhang, der aufgrund von Art. 8 USG die Beurteilung als Gesamtanlage bedingt, unter zwei kumulativen Voraussetzungen zu bejahen: Zum einen müssen sich die einzelnen Projekte derart ergänzen oder ergänzen können, dass sie als betriebliche Einheit zu betrachten sind. Zum anderen muss eine identische Bauherrschaft bei den einzelnen Anlagen bzw. zumindest eine gemeinsame Organisation oder Zielsetzung bestehen. Nicht ausreichend für die Bejahung des funktionalen Zusammenhangs sind etwa die Beteiligung an einem Parkleitsystem oder die Anbindung an den öffentlichen Verkehr. Die Zurückhaltung bei der Bejahung des funktionalen Zusammenhangs wird mit dem Argu-

402 Kritisch daher Rausch/Marti/Griffel, Umweltrecht, Rz. 732.

403 Rausch/Marti/Griffel, Umweltrecht, Rz. 727. Diese unterliegen gestützt auf die einschlägige Spezialgesetzgebung allerdings teilweise einer Typenprüfung. Siehe Art. 40 USG; Wagner Pfeifer, Umweltrecht I, Rz. 680.

404 Rausch/Marti/Griffel, Umweltrecht, Rz. 728 m.H. darauf, dass auch militärische Anlagen nicht von der UVP-Pflicht ausgenommen sind.

405 Aufschlussreiche Hinweise bezüglich der Klärung der UVP-Pflichtigkeit lassen sich im Übrigen dem UVP-Handbuch, Modul 2: UVP-Pflicht von Anlagen, S. 4 ff. des BAFU entnehmen.

406 Eingehend dazu Eichbaum, Einkaufszentren, S. 78 ff.

407 BGer, Urteil 1A.136/2004 vom 5. November 2004, E. 2.2 (URP 2005 1 ff.). Weitere Hinweise auf die Kasuistik bezüglich der Zuordnung finden sich bei Griffel/Rausch, Kommentar USG, Ergänzungsband, Art. 10a Rz. 25 ff.

ment begründet, dass die UVP projektbezogen und nicht raumplanerischer Natur sei.[408]

- Die **Ermittlung des Schwellenwerts** wirft dann Fragen auf, wenn durch das beabsichtigte Vorhaben der betreffende Wert nicht nur erhöht, sondern gleichzeitig an anderer Stelle reduziert wird. Im Zusammenhang mit einem unterirdischen Parkhaus hat das Bundesgericht festgehalten, dass für die Beurteilung unter dem Gesichtspunkt des Schwellenwerts keine Verrechnung mit aufzuhebenden Parkfeldern stattfinden darf.[409] Hingegen kann bei der (materiellen) Prüfung der Umweltverträglichkeit durchaus berücksichtigt werden, dass bei einer Standortverschiebung die Emissionen am alten Standort entfallen.[410] Anlass zu gerichtlichen Auseinandersetzungen bildete in der Vergangenheit auch die Ermittlung der anrechenbaren Fläche. In diesem Zusammenhang ist zu beachten, dass bei Einkaufszentren neben den Verkaufsflächen im engen Sinn auch Erschliessungsflächen (Fluchtwege etc.) und mit den Verkaufsräumen zusammenhängende Lager- und Nebenräume (Lagerflächen, Toiletten etc.) anrechenbar sind.[411] Gemäss bundesgerichtlicher Rechtsprechung gilt eine minime Unterschreitung des Schwellenwertes im Übrigen nicht als Rechtsmissbrauch oder Gesetzesumgehung.[412] Hingegen aktualisiert sich die UVP-Pflicht im Falle eines weiteren Ausbaus sowie der Gesamtbeurteilung bei funktionalem Zusammenhang.[413]

Zu betonen bleibt, dass die Bewilligungsbehörden auch bei Anlagen, die **nicht der UVP-Pflicht unterstehen,** die Einhaltung der gesetzlichen Vorschriften zu prüfen haben (siehe Art. 4 UVPV). Dies geschieht allerdings nicht in einem besonderen Verfahren und ohne Erstellung eines Umweltverträglichkeitsberichts. Jedoch kann die zuständige Behörde vom Gesuchsteller gestützt auf Art. 46 USG Auskünfte verlangen, «die funktional einem Umweltverträglichkeitsbericht entsprechen».[414] Teilweise werden entsprechende Angaben auch auf spezialgesetzlicher Ebene als Bestandteil des Gesuchs definiert.[415] 7.162

408 BGer, Urteil 1A.110/2006 vom 19. April 2007, E. 2.7.1 (URP 2007 485 ff.). Von der Behandlung als Gesamtanlage mit Blick auf die UVP-Pflichtigkeit zu unterscheiden ist die Frage nach dem Einbezug anderer Anlagen in die materielle Prüfung, mithin nach der Reichweite der materiellen Prüfung. Dazu Rz. 7.169.

409 BGE 114 Ib 344, E. 5.

410 BGer, Urteil 1A.125/2005 vom 21. September 2005, E. 6; BGE 117 Ib 135, E. 2b.

411 BGer, Urteil 1A.33/2007 und 1P.85/2007 vom 22. Oktober 2007, E. 6.3.

412 BGE 117 Ib 135, E. 5b, betreffend ein Büro- und Gewerbehaus mit 299 Parkplätzen. Der Schwellenwert betrug damals 300 Parkplätze (heute wären es deren 500; siehe Nr. 11.4 des UVPV-Anhangs).

413 WAGNER PFEIFER, Umweltrecht I, Rz. 682.

414 GRIFFEL/RAUSCH, Kommentar USG, Ergänzungsband, Vorbem. zu Art. 10a–10d Rz. 46.

415 Siehe exemplarisch Art. 11 Abs. 1 lit. c SebV, der explizit einen Umweltverträglichkeitsbericht nach Art. 10b USG fordert.

2. Planung, Errichtung und Änderung

7.163 Als UVP-pflichtige Tatbestände werden in Art. 10a Abs. 1 USG die «Planung, Errichtung und Änderung» der eben erläuterten Anlagen definiert. Dabei geht es stets um die **Genehmigung eines Einzelprojekts.**

7.164 Der Begriff der **Planung** berücksichtigt, dass die Realisierung bestimmter Projekte eines Plangenehmigungsverfahrens bzw. eines Sondernutzungsplans bedarf:[416] «Dabei hat ‹Planung› in all den Fällen die gleiche Bedeutung wie ‹Errichtung›, in denen der Entscheid über die Anlage in einem bundesrechtlichen Plangenehmigungsverfahren ergeht (…). Insoweit ist ‹Planung› also nicht im raumplanungsrechtlichen Sinne zu verstehen.»[417] Hingegen ergänzen sich die Planung und die Baubewilligung in jenen Konstellationen, da zur Realisierung des UVP-pflichtigen Vorhabens ein Sondernutzungsplan erforderlich ist (was bei UVP-pflichtigen Anlagen im kantonalen Zuständigkeitsbereich ausserhalb der Bauzonen regelmässig der Fall ist).[418] In welchem Stadium die UVP dabei zu erfolgen hat, hängt davon ab, welches als massgebliches Verfahren zu bezeichnen ist.[419]

7.165 Der Entscheid über die **Errichtung** einer Anlage kann in der Form der Baubewilligung nach Art. 22 oder 24 ff. RPG oder anderer Bewilligungen (insb. Plangenehmigungen) ergehen.[420] Gewisse Projekte, wie beispielsweise Wasserkraftwerke, erfordern zudem die Verleihung einer Konzession. Bei der Erneuerung der Konzession wird rechtlich von einer neuen Anlage ausgegangen, weshalb eine UVP-Pflicht besteht.[421] Dasselbe gilt im Fall einer substanziellen Änderung einer Konzession während deren Laufzeit.[422]

7.166 Der UVP-Pflicht unterliegt auch der Entscheid über die **Änderung einer Anlage.**[423] Davon erfasst werden zunächst solche Anlagen, die im Anhang aufgeführt sind und mithin bereits bei ihrer Erstellung UVP-pflichtig waren. Art. 2 UVPV präzisiert dies insofern, als Änderungen bestehender Anlagen, die im Anhang aufgeführt sind, der Prüfung unterliegen, wenn die Änderung «wesentliche Umbauten, Erweiterungen oder Betriebsänderungen betrifft» (Abs. 1 lit. a) und «über die Änderung im Verfahren entschieden wird, das bei neuen Anlagen für die Prüfung massgeblich ist» (Abs. 1 lit. b). Die Beurteilung der Wesentlichkeit hat einzelfallweise und mit Blick auf den Zweck der UVP zu erfolgen, wobei primär massgeblich ist, ob die mit der Anlage verbundenen Umweltbelastungen eine erhebliche Veränderung erfahren

---

416 Griffel, Umweltrecht, S. 45 f.; Griffel/Rausch, Kommentar USG, Ergänzungsband, Art. 10a Rz. 10; Rausch/Keller, in: Kommentar USG, Art. 9 Rz. 36 ff.

417 Rausch/Marti/Griffel, Umweltrecht, Rz. 735.

418 Griffel/Rausch, Kommentar USG, Ergänzungsband, Art. 10a Rz. 12.

419 Dazu Rz. 7.171 ff.

420 Rausch/Keller, in: Kommentar USG, Art. 9 Rz. 40.

421 Rausch/Marti/Griffel, Umweltrecht, Rz. 738.

422 BGE 119 Ib 254, E. 5b; Griffel/Rausch, Kommentar USG, Ergänzungsband, Art. 10a Rz. 42 m.w.H.; Jomini, in: Commentaire LPE, Art. 10a Rz. 58; Keller, Änderung, S. 16; Rausch/Marti/Griffel, Umweltrecht, Rz. 779.

423 Zur Reichweite der materiellen Prüfungspflicht bei Anlageänderungen Rz. 7.169.

können.[424] Dies ist dann der Fall, wenn entweder bereits bestehende Umweltbelastungen intensiviert werden oder gewichtige Belastungen neu oder an anderer Stelle auftreten können.[425] Nicht von Belang ist hingegen, ob die Änderung für sich allein den Schwellenwert überschreitet.[426] Als wesentliche Änderung kann auch die Sanierung einer Anlage gelten, und zwar selbst dann, wenn damit bezweckt wird, die Anlage zum Zweck des Umweltschutzes zu optimieren.[427] Anderes gilt für den Abbruch einer UVP-pflichtigen Anlage, ausser daraus würden – beispielsweise durch die anfallenden Abfälle – erhebliche neue Belastungen resultieren.[428] Unabhängig von der Qualifikation als wesentliche Änderung hat eine UVP zu erfolgen, wenn eine UVP-pflichtige Anlage seinerzeit ohne Bewilligung erstellt wurde.[429] Das in lit. b statuierte Erfordernis, das auch für die Konstellationen nach Abs. 2 gilt (siehe Abs. 2 lit. b), wird in der Literatur zu Recht als gesetzeswidrig erachtet; es hat nämlich zur Folge, dass Vorhaben, die einer Baubewilligung bedürfen, nicht UVP-pflichtig sind, wenn die Anlage ursprünglich in einem Sondernutzungsplanverfahren zu genehmigen war.[430]

Bei Änderung bestehender Anlagen, die **nicht im Anhang erwähnt** sind, setzt die Prüfungspflicht voraus, dass «die Anlage nach der Änderung einer Anlage im Anhang entspricht» (Art. 2 Abs. 2 lit. a) und «über die Änderung im Verfahren entschieden wird, das bei neuen Anlagen für die Prüfung massgeblich ist» (Art. 2 Abs. 2 lit. b). Diese Bestimmung erfasst jene Anlagen, die erst durch den Ausbau den Schwellenwert überschreiten, wobei irrelevant ist, ob sich das etappenweise Vorgehen auf sachliche Gründe stützen lässt.[431] 7.167

C. Gegenstand der Prüfung: Umweltverträglichkeit

Gemäss Art. 3 Abs. 1 UVPV wird bei der Prüfung «festgestellt, ob das Projekt den Vorschriften über den Schutz der Umwelt entspricht». Der Verordnungsgeber versteht den Kreis der **einschlägigen Normen** zwar grundsätzlich weit, wenn er 7.168

---

424 Eingehend zum Erfordernis der wesentlichen Änderung KELLER, Änderung, S. 42 ff.; BAFU, UVP-Handbuch, Modul 2: UVP-Pflicht von Anlagen, S. 11 ff.; ferner GRIFFEL/RAUSCH, Kommentar USG, Ergänzungsband, Art. 10a Rz. 32 ff.; JOMINI, in: Commentaire LPE, Art. 10a Rz. 56 f.; RAUSCH/KELLER, in: Kommentar USG, Art. 9 Rz. 43 ff.; RAUSCH/MARTI/GRIFFEL, Umweltrecht, Rz. 741.

425 BGE 133 II 181, E. 6.2.

426 BGer, Urteil 1A.136/2004 vom 5. November 2004, E. 2.3.2 und 2.3.3 (URP 2005 1 ff.).

427 Siehe BGE 133 II 181, E. 6.2; dazu GRIFFEL/RAUSCH, Kommentar USG, Ergänzungsband, Art. 10a Rz. 35 m.H. auf die Rechtsprechung auch von kantonalen Gerichten; RAUSCH/MARTI/GRIFFEL, Umweltrecht, Rz. 742. Spezifisch zur UVP-Pflichtigkeit von Lärmsanierungsprojekten BGE 135 II 238, E. 3.

428 KELLER, Änderung, S. 22.

429 BGer, Urteil 1A.50/2001 vom 11. September 2001, E. 5 (URP 2002 80 f.).

430 GRIFFEL, Umweltrecht, S. 49; GRIFFEL/RAUSCH, Kommentar USG, Ergänzungsband, Art. 10a Rz. 37 m.w.H.; a.M. JOMINI, in: Commentaire LPE, Art. 10a Rz. 59.

431 GRIFFEL, Umweltrecht, S. 50; GRIFFEL/RAUSCH, Kommentar USG, Ergänzungsband, Art. 10a Rz. 39 m.H. darauf, dass der Anwendungsbereich dieser Bestimmung mit der 2008 erfolgten Erhöhung der Schwellenwerte «markant kleiner» geworden ist.

anschliessend (in nicht abschliessender Weise[432]) ausführt, dass dazu «das USG und die Vorschriften, die den Natur- und Heimatschutz, den Landschaftsschutz, den Gewässerschutz, die Walderhaltung, die Jagd, die Fischerei und die Gentechnik betreffen», gehören. Nicht erwähnt werden indes die gegebenenfalls auch relevanten einschlägigen Bestimmungen auf kantonaler bzw. internationaler Ebene.[433] In die UVP einzubeziehen sind darüber hinaus spezialgesetzliche umweltrechtliche Normen, wie sie sich etwa in der Seilbahn- und der Luftfahrtgesetzgebung oder im FWG finden.[434] Daraus erhellt, dass im Kontext der UVP – nicht anders als bei anderen Bewilligungsverfahren – die Übereinstimmung des Projekts mit dem gesamten geltenden Recht überprüft wird.[435] Die Prüfung ist auch bei Anlagen mit grenzüberschreitenden Auswirkungen grundsätzlich auf das schweizerische Recht beschränkt.[436]

7.169 Der für die Prüfung massgebliche **Sachverhalt** ist nicht in jedem Fall deckungsgleich mit dem für die UVP-Pflicht relevanten Anlagebegriff. Die Berücksichtigung des Prinzips der ganzheitlichen Betrachtung (Art. 8 USG)[437] hat vielmehr zur Folge, dass er breiter sein kann. Im Falle der Etappierung eines Projekts ist insbesondere sicherzustellen, dass auch die Gesamtauswirkungen des Ausbaus evaluiert werden.[438] Die Umweltrechtskonformität ist daher unter Berücksichtigung sämtlicher Teilprojekte zu prüfen, die in sachlicher und zeitlicher Hinsicht zusammenhängen.[439] Soll ein Ausbau erfolgen, der zu einer erstmaligen Überschreitung des Schwellenwerts führt, ist eine UVP durchzuführen, welche die Auswirkungen der gesamten Anlage berücksichtigt.[440] Dasselbe gilt bei allen übrigen Änderungen.[441] Zudem sind im Falle eines hinreichend engen räumlichen und funktionalen Zusammenhangs auch Anlagen oder Teile von Anlagen in die Prüfung zu integrieren, die als solche nicht Gegenstand des Bewilligungsverfahrens bilden.[442] Die Anforderungen an den Zusammenhang sind dabei tiefer als bei der integralen Betrachtung im

---

432 BGE 124 II 460, E. 2; BGer, Urteil 1A.59/1995 vom 28. April 2000, E. 3 (URP 2000 691 ff.).

433 BGer, Urteil 1A.242/2005 vom 4. April 2006, E. 3.1; BGE 119 Ib 458, E. 10; dazu Aemisegger, Umweltverträglichkeitsprüfung, S. 408; Jomini, in: Commentaire LPE, Art. 10a Rz. 33 ff.

434 Rausch/Keller, in: Kommentar USG, Art. 9 Rz. 65 ff.; Rausch/Marti/Griffel, Umweltrecht, Rz. 745.

435 Griffel, Umweltrecht, S. 44 f. m.H. darauf, dass im Rahmen einer UVP «[f]aktisch (…) aber doch eine detailliertere Prüfung und eine tiefere Abklärung statt[finde], woraus in der Regel Nebenbestimmungen (insbesondere Auflagen) resultieren, die ohne UVP unterblieben wären».

436 Dazu Wagner Pfeifer, Umweltrecht I, Rz. 752 mit Ausführungen zur Anwendung ausländischer öffentlichrechtlicher Normen gestützt auf das Bundesgesetz über das Internationale Privatrecht vom 18. Dezember 1987 (IPRG, SR 291).

437 Zur Umweltverträglichkeitsprüfung als Instrument zur Gewährleistung einer ganzheitlichen Betrachtung Griffel, Grundprinzipien, Rz. 350 ff.

438 BGE 124 II 293, E. 26b.

439 BGer, Urteil 1A.110/2006 vom 19. April 2007, E. 2.2.1; dazu auch Griffel, Umweltrecht, S. 52 f.

440 VGer VS, Urteil A1 98 83 vom 10. September 1998, E. 5a (URP 1999 429 ff.) betreffend eine Beschneiungsanlage; BGE 117 Ib 135, E. 3c betreffend eine Parkierungsanlage.

441 BGer, Urteil 1A.136/2004 vom 5. November 2004, E. 2.5 a.E. (URP 2005 1 ff.).

442 Griffel, Umweltrecht, S. 53.

Hinblick auf die Klärung der UVP-Pflichtigkeit.[443] Anders als dort ist eine gemeinsame Organisation oder Zielsetzung bzw. eine gegenseitige Abstimmung der Anlageteile entbehrlich.[444] Nach zutreffender Ansicht genügt eine betriebliche Einheit im Sinne einer gegenseitigen Ergänzung (die durch den Umstand, dass die geplanten Anlagen unabhängig voneinander betrieben werden können, nicht ausgeschlossen wird).[445] Das Bundesgericht schien die Kriterien für die UVP-Pflichtigkeit und jene für den Prüfumfang in älteren Entscheiden bisweilen zu vermischen.[446] Jüngst hat es indes klargestellt, dass für den Umfang der UVP-Pflicht entscheidend sei, ob von einer Gesamtanlage ausgegangen werden kann, mithin, ob «zwei (oder mehrere) Einzelanlagen zumindest in Teilbereichen zusammenwirken, und zwar über das durch behördliche Auflagen Gebotene hinaus». Ein solcher funktionaler Zusammenhang sei zwar bei gleichem Eigentümer resp. Betreiber bzw. gemeinsamer Organisation oder Planung eher anzunehmen. Allerdings könne auch «ein gemeinschaftliches Auftreten oder Zusammenwirken ein Indiz für eine gemeinschaftliche Zwecksetzung und Koordination der Einheiten sein».[447] Soweit für die Beurteilung des Vorhabens – die wie erwähnt nach schweizerischem Recht erfolgt – relevant, sind auch die grenzüberschreitenden Umweltbelastungen zu eruieren.[448]

Die **Reichweite der Prüfung,** namentlich die Frage, welche Abklärungen zur Evalu- 7.170
ation der Umweltverträglichkeit eines Projekts konkret gefordert sind, ist im Übrigen untrennbar mit dem Inhalt des Umweltverträglichkeitsberichts verbunden.

D. Massgebliches Verfahren

1. Kriterien für die Bestimmung des massgeblichen Verfahrens

Die UVP stellt **kein eigenständiges, ergänzendes Verfahren** dar; vielmehr ist sie 7.171
im Rahmen eines ohnehin stattfindenden Baubewilligungs-, Plangenehmigungs- oder Konzessionsverfahrens durchzuführen (siehe die – nicht abschliessende[449] – Aufzählung in Art. 5 Abs. 1 UVPV).[450] Gemäss Art. 5 Abs. 2 UVPV wird das für die Prüfung massgebliche Verfahren im Anhang definiert.[451]

Liegt der **Entscheid** über ein Bewilligungs-, Plangenehmigungs- oder Konzessi- 7.172
onsgesuch bei einer Bundesbehörde, so findet die UVP im Verfahren vor dieser Behörde statt. Dies gilt etwa für Eisenbahnlinien, Hafenanlagen für Schifffahrtsun-

443 Dazu Rz. 7.161.
444 Griffel, Umweltrecht, S. 52 f.; Griffel/Rausch, Kommentar USG, Ergänzungsband, Art. 10a Rz. 23 f.
445 BGer, Urteil 1A.129/2005 vom 23. August 2005, E. 3.2 (URP 2005 732 ff.).
446 BGer, Urteil 1A.110/2006 vom 19. April 2007, E. 2.3 (URP 2007 485 ff.).
447 BGE 142 II 20, E. 3.5.
448 BGE 124 II 293, E. 18c. In solchen Konstellationen findet unter Umständen die Espoo-Konvention Anwendung; dazu Rz. 7.153.
449 Griffel, Umweltrecht, S. 50 f.
450 Jomini, in: Commentaire LPE, Art. 10a Rz. 9; Vallender/Morell, Umweltrecht, S. 408 f.
451 Eingehend dazu BAFU, UVP-Handbuch, Modul 3: Verfahren, S. 4 ff.

ternehmungen des öffentlichen Verkehrs sowie Flughäfen und Flugfelder.[452] Für jene Anlagetypen, die – wie beispielsweise die Wasserkraftwerke – ein bundesrechtlich statuiertes kantonales Verfahren zu durchlaufen haben, bildet dieses stets auch das massgebliche Verfahren.[453]

7.173 Verzichtet der Anhang (was den Regelfall bildet) auf eine Bestimmung des massgeblichen Verfahrens, wird dieses durch das **kantonale Recht** festgelegt (Art. 5 Abs. 3 Satz 1 UVPV). Die gesetzgebenden Organe der Kantone sind dabei allerdings nicht völlig frei; vielmehr haben sie dasjenige Verfahren zu bezeichnen, «das eine frühzeitige und umfassende Prüfung ermöglicht» (Art. 5 Abs. 3 Satz 2 UVPV). Bei der Wahl des geeigneten Verfahrens eröffnet sich ein gewisses Spannungsfeld zwischen einer möglichst frühzeitigen Prüfung einerseits (siehe Art. 10a Abs. 1 USG und Art. 5 Abs. 2 Satz 2 UVPV) und dem Bedürfnis nach einer umfassenden Abklärung der Umweltverträglichkeit andererseits: «Je früher die UVP durchgeführt wird, desto weniger umfassend kann sie sein; je später sie durchgeführt wird, desto umfassender fällt sie aus.»[454]

7.174 In der Regel findet die UVP im Baubewilligungsverfahren bzw. im Verfahren der Sondernutzungsplanung statt.[455] **Mehrgliedrige Verfahren,** die verschiedene mögliche Anknüpfungspunkte für eine Prüfung bieten, werfen die Frage auf, welches Stadium am besten Gewähr für eine fundierte Evaluation der Umweltauswirkungen bietet: Bei Anlagen, die einer Sondernutzungsplanung bedürfen[456], bildet diese das massgebliche Verfahren, sofern Gewähr für eine umfassende Prüfung geboten ist (Art. 5 Abs. 3 Satz 3 UVPV). Der Begriff der Sondernutzungsplanung (Detailnutzungsplanung) ist hier bundesrechtlicher Natur.[457] Er umfasst – unabhängig von deren Bezeichnung – unterschiedliche planerische Erscheinungsformen des kantonalen Rechts. Ausschlaggebendes Kriterium für eine Qualifikation als Sondernutzungsplan im Sinne von Art. 5 Abs. 3 Satz 3 UVPV bildet, dass eine UVP-pflichtige Anlage im Planungsverfahren konkretisiert wird.[458] Das Bundesgericht qualifizierte etwa die parzellenscharfe Ausscheidung einer Kiesabbauzone oder die Ausscheidung von Park- bzw. Einkaufsflächen bei einem Einkaufszentrum als UVP-pflichtiges Planungsverfahren.[459] Ermöglicht der Nutzungsplan keine umfassende Abklärung sämtlicher Umweltauswirkungen, erachtet es das Bundesgericht als «zulässig und sinnvoll», ein zweistufiges Verfahren durchzuführen.[460]

---

452 RAUSCH/MARTI/GRIFFEL, Umweltrecht, Rz. 755.

453 RAUSCH/MARTI/GRIFFEL, Umweltrecht, Rz. 755.

454 GRIFFEL, Umweltrecht, S. 50 f.; siehe zu diesem Spannungsverhältnis auch WOLF, UVP, S. 150 f.

455 HÄNNI, Planungsrecht, S. 410 f.; WAGNER PFEIFER, Umweltrecht I, Rz. 700.

456 Gemäss bundesgerichtlicher Rechtsprechung ist für UVP-pflichtige Anlagen ausserhalb der Bauzonen ein Sondernutzungsplan in der Regel zwingend. Dazu Rz. 1.85.

457 WOLF, UVP, S. 147.

458 WALTI, SUP, S. 30 m.w.H.

459 BGE 121 II 190, E. 3b/bb; BGer, Urteil 1A.125/2005 vom 21. September 2005, E. 5.1 (URP 2006 151 ff.); BGer, Urteil 1A.144/2003 vom 4. Januar 2005, E. 2.4.1 (URP 2005 228 ff.).

460 BGer, Urteil 1A.230/2005 vom 4. April 2006, E. 3.3; dazu GRIFFEL/RAUSCH, Kommentar USG, Ergänzungsband, Art. 10a Rz. 40 m.w.H.

Gemäss bundesgerichtlicher Rechtsprechung darf eine **Aufteilung der Prüfung** in mehrere Schritte eine Gesamtbeurteilung des Vorhabens, welche die zur Zeit des Endentscheids massgebliche Lage berücksichtigt, allerdings nicht verunmöglichen. Daher ist eine UVP, die im Rahmen der Sondernutzungsplanung stattgefunden hat, im Bewilligungsverfahren gegebenenfalls zu ergänzen, wenn neue oder detailliertere Erkenntnisse dies gebieten.[461] Das Gebot der möglichst frühzeitigen Prüfung der Umweltverträglichkeit sowie die Pflicht zur gesamthaften Beurteilung (Art. 8 USG) verlangen überdies, dass die UVP für die erste Etappe auch Überlegungen für diejenige der zweiten Etappe beinhaltet.[462] Zulässig ist indes die Beschränkung der Plangenehmigung auf ein Teilprojekt, wenn dieses die übrigen Bestandteile des Gesamtprojekts nicht präjudiziert.[463] 7.175

Bei einem der UVP-Pflicht unterstehenden projektbezogenen Nutzungsplan sind die zur Emissionsbegrenzung erforderlichen Massnahmen grundsätzlich bereits bei der **Nutzungsplanfestsetzung** verbindlich festzulegen. Dies gilt insbesondere für die Parkplatzbewirtschaftung, wobei die Klärung der Details (beispielsweise bezüglich Gebührenhöhe und Schrankensystem) auch erst im Stadium des Bewilligungsverfahrens konkretisiert werden können.[464] Ebenfalls zulässigerweise erst später erfolgen kann die Abklärung der während der Bauphase zu erwartenden Emissionen.[465] 7.176

Eine gänzliche Verlagerung der UVP auf das **Bewilligungsverfahren**[466] ist aufgrund von Art. 5 Abs. 3 Satz 2 UVPV nur zurückhaltend zu befürworten, und zwar für den Fall, dass keine aussagekräftigen umweltrelevanten Planungsentscheide getroffen werden. In diesem Sinne hat es das Bundesgericht etwa als zulässig erachtet, dass ein kantonaler Baulinienplan, der den Bau einer neuen Strasse nicht präjudiziert, ohne förmliche UVP ergangen ist.[467] 7.177

2. Mehrstufige Prüfung

Teilweise (insbesondere für Verkehrs- und Energieanlagen) sehen der Anhang zur UVPV und das kantonale Recht[468] eine **mehrstufige UVP** in verschiedenen Verfahrensschritten vor, die sich nach dem einschlägigen Spezialgesetz richtet. Nach Art. 6 UVPV wird dabei «die Prüfung bei jedem Verfahrensschritt so weit durchgeführt, als die Auswirkungen des Projektes auf die Umwelt für den jeweiligen 7.178

---

461 BGE 124 II 293, E. 1.1; dazu GRIFFEL, Umweltrecht, S. 51; WAGNER PFEIFER, Umweltrecht I, Rz. 715.
462 BGer, Urteil 1A.60/2002 vom 10. September 2002, E. 3.2.
463 BGE 135 II 238, in der Amtlichen Sammlung nicht publizierte E. 2.4; dazu GRIFFEL/RAUSCH, Kommentar USG, Ergänzungsband, Art. 10a Rz. 7.
464 BGer, Urteil 1A.125/2005 vom 21. September 2005, E. 11.3; dazu GRIFFEL, Umweltrecht, S. 52.
465 WAGNER PFEIFER, Umweltrecht I, Rz. 701.
466 Die Zulässigkeit eines solchen Vorgehens wurde offengelassen in BGer, Urteil 1A.230/2005 vom 4. April 2006, E. 3.3.
467 BGE 129 II 276, E. 3.
468 BGer, Urteil 1A.230/2005 vom 4. April 2006, E. 3.2.

Entscheid bekannt sein müssen». Ziel bildet auch hier die möglichst frühzeitige Abschätzung der mutmasslichen Umweltauswirkungen.[469]

7.179 Hinzuweisen ist zunächst auf die Planung und Projektierung von **Nationalstrassen.** Dabei ist die Umweltverträglichkeit gemäss Art. 16 NSV und Ziff. 11.1 Anhang UVPV dreistufig zu prüfen. Die ökologischen Auswirkungen sind in jeder Projektphase «soweit abzuklären, als sie für den Entscheid über das Projekt stufengerecht notwendig sind» (Art. 16 Abs. 2 NSV). Die 1. Stufe umfasst die Antragsstellung durch den Bundesrat an die Bundesversammlung betreffend die Genehmigung der allgemeinen Linienführung und die Art der zu errichtenden Nationalstrassen (Art. 11 NSG). Der Umweltverträglichkeitsbericht 2. Stufe bildet Bestandteil des generellen Projekts (Art. 20 NSG; Art. 11 Abs. 1 lit. f NSV), jener 3. Stufe Bestandteil des Ausführungsprojekts (Art. 26 NSG; Art. 12 Abs. 1 lit. i NSV). Die Einsichtsrechte und Rechtsschutzmöglichkeiten sind auf die dritte Stufe beschränkt.[470]

7.180 Bei **Flugplätzen,** d.h. Flughäfen und grösseren Flugfeldern gemäss Art. 36a und 36b LFG, findet eine Aufteilung der UVP auf das Plangenehmigungsverfahren (Art. 37 Abs. 1 LFG) und das Verfahren der Genehmigung des Betriebsreglements (Art. 36c Abs. 1 und 36d Abs. 1 LFG) statt (Ziff. 14 Anhang UVPV).[471] Mit den Gesuchsunterlagen für die Plangenehmigung ist ein Bericht über die Auswirkungen auf die Umwelt einzureichen (Art. 27a Abs. 1 lit. d VIL). Dabei ist neben der zukünftigen Verkehrsentwicklung auch auf allfällige Änderungen des Betriebsreglements einzugehen (Art. 27a Abs. 1 lit. f und g VIL). Die Umwelteinwirkungen als Folge des Flug- bzw. Flugplatzbetriebs sind im Verfahren der Genehmigung des Betriebsreglements zu eruieren (Art. 24 lit. b VIL). Gegenstand der UVP in diesem Stadium bildet auch das An- und Abflugregime (Art. 36c Abs. 2 lit. b LFG).[472]

7.181 Für die **Nutzung der Wasserkraft** – namentlich für Speicher- und Laufkraftwerke sowie für Pumpspeicherwerke mit mehr als 3 MW – findet eine zweistufige UVP statt, wobei die umweltbezogenen Konsequenzen für den Natur- bzw. Gewässerschutz bereits im Stadium der Konzessionsverleihung zu prüfen sind und eine umfassende Interessenabwägung vorzunehmen ist (siehe Ziff. 21.3 Anhang UVPV; Art. 38 Abs. 1 und 2 sowie Art. 39 WRG).[473] Zu beachten ist, dass die Erteilung einer neuen Konzession auch ohne bauliche Massnahmen als Errichtung einer neuen Anlage gilt.[474] Auf das Konzessionsverfahren (vgl. Art. 60 WRG) folgt das kanto-

469 Wagner Pfeifer, Umweltrecht I, Rz. 714.

470 Siehe für einen Anwendungsfall BGer, Urteil 1C_108/2014 und 1C_110/2014 vom 23. September 2014, E. 4.3 (ZBl 2015 33 ff.; URP 2015 64 ff.). Zum Ganzen BUWAL/ASB/SVI, UVP bei Strassenverkehrsanlagen, S. 3 ff.; Strütt, Nationalstrassenrecht, S. 117 ff.; Wagner Pfeifer, Umweltrecht I, Rz. 725 ff.

471 Keine Pflicht zur Vornahme einer UVP besteht demgegenüber bei der Erteilung einer Betriebskonzession; vgl. BGer, Urteil 1A.62/2003 vom 8. Juli 2003, E. 3; BGer, Urteil 1A.64/2003 vom 8. Juli 2003, E. 5 und 6.

472 Eingehend dazu Walpen, Bau und Betrieb, S. 181, 187, 226 ff.; siehe ferner Wagner Pfeifer, Umweltrecht I, Rz. 716 ff.; ferner Ruch, Umwelt – Boden – Raum, Rz. 1307.

473 Dazu sowie zum Folgenden BGE 140 II 262, E. 4.

474 BAFU, UVP-Handbuch, Modul 2: UVP-Pflicht von Anlagen, S. 4; Merker, Wasserkraft, Rz. 11.89.

nale Baubewilligungsverfahren, in welchem die zu errichtenden Bauwerke beurteilt werden und die zweite Stufe der UVP erfolgt.[475] Gegenstand dieser zweiten Stufe bilden etwa Fragen der Kraftwerkssicherheit oder die waldrechtlichen Implikationen, soweit sie von untergeordneter Bedeutung sind.[476]

Auch beim Bau neuer **Eisenbahnlinien** ist eine zweistufige UVP vorgesehen (siehe Ziff. 12.1 Anhang UVPV): Als erste Stufe gilt die Beschlussfassung durch den Bundesrat betreffend Konzessionserteilung (Art. 6 EBG), die zweite Stufe bildet die Plangenehmigung durch das BAV bzw. das UVEK (Art. 18 Abs. 1 EBG). Der Ausbau bestehender Bahnlinien bedingt nur dann eine UVP, wenn der Beschluss in die Kompetenz der Bundesversammlung fällt und der Kostenvoranschlag CHF 40 Mio. übersteigt (Ziff. 12.2 Anhang UVPV).[477] 7.182

E. Modalitäten des Verfahrens

Da die UVP in ein bestehendes Verfahren integriert wird, bestimmt sich der Verfahrensablauf grundsätzlich nach dem einschlägigen Recht des Bundes bzw. der Kantone. Die **UVP-spezifischen Modalitäten** des Verfahrens, die sowohl für kantonal geregelte Vorhaben als auch für solche des Bundes gelten, sind in Art. 10b–10d USG sowie – zur Hauptsache – in der UVPV geregelt. Eine wichtige Funktion als Vollzugshilfe kommt dem UVP-Handbuch des BAFU von 2009 zu (siehe dazu Art. 10 UVPV). Dieses ist als massgebend zu beachten, wenn eine Bundesbehörde mit der Prüfung betraut ist (Art. 10 Abs. 1 lit. a UVPV), das BAFU zur fraglichen Anlage anzuhören ist (Art. 10 Abs. 1 lit. b UVPV) oder wenn die kantonale Umweltschutzfachstelle nicht über eigene Richtlinien verfügt (Art. 10 Abs. 1 lit. c UVPV). In den übrigen Fällen gelangen die Richtlinien der kantonalen Umweltschutzfachstelle als Vollzugshilfe zur Anwendung (Art. 10 Abs. 2 UVPV). 7.183

1. Ausarbeitung des Umweltverträglichkeitsberichts

a) Voruntersuchung und Pflichtenheft

Dem Gesuchsteller kommen verschiedene **Pflichten zur Informationsbereitstellung** zu. Diese Mitwirkungspflichten (die auf Bundesebene als Konkretisierung von Art. 13 VwVG charakterisiert werden können) finden ihre Kompetenzgrundlage in 7.184

---

475 BGer, Urteil 1C_67/2011 vom 19. April 2012, E. 9.1.2 (URP 2013 72 ff.).

476 BGE 121 II 378, E. 6c; BGE 119 Ib 254, E. 9c; zum Ganzen BUWAL, UVP von Wasserkraftanlagen, S. 11 ff.; CAVIEZEL, Wasserrechtskonzessionen, S. 81 ff.; MERKER, Wasserkraft, Rz. 11.89 ff.; WAGNER PFEIFER, Umweltrecht I, Rz. 714; siehe auch RUCH, Umwelt – Boden – Raum, Rz. 1339.

477 Zum Ganzen BOSONNET, Plangenehmigungsverfahren, S. 246 ff.; KERN/KÖNIG, Öffentlicher Verkehr, Rz. 9.83; WAGNER PFEIFER, Umweltrecht I, Rz. 721 ff.; zum Gegenstand der UVP bei der Plangenehmigung für eine Bahnbaute BVGE 2012/23 429, E. 17 ff.

Art. 74 BV. Sie dienen der ordnungsgemässen Um- und Durchsetzung des Bundesrechts.

7.185 Grundlage der Umweltverträglichkeitsprüfung bildet der Umweltverträglichkeitsbericht. Gemäss Art. 10b Abs. 3 Satz 1 USG wird zu dessen Vorbereitung eine **Voruntersuchung** durchgeführt. Diese vermittelt einen Überblick über die aufgrund der Anlage sowie ihres Standortes zu evaluierenden Umweltauswirkungen.[478] Detaillierter äussert sich die UVPV zu diesem Verfahrensstadium: In einem ersten Schritt erarbeitet der Gesuchsteller eine Voruntersuchung sowie ein Pflichtenheft. Die Voruntersuchung zeigt auf, «welche Auswirkungen der Anlage die Umwelt voraussichtlich belasten können» (Art. 8 Abs. 1 lit. a UVPV). Im Pflichtenheft ist darzulegen, «welche Umweltauswirkungen der Anlage im Bericht untersucht werden müssen»; zudem hat es «die vorgesehenen Untersuchungsmethoden sowie den örtlichen und zeitlichen Rahmen für die Untersuchung» zu nennen (Art. 8 Abs. 1 lit. b UVPV).[479] Der erforderliche Detaillierungsgrad bestimmt sich nach dem Grundsatz der Verhältnismässigkeit; zu untersuchen ist mithin, was mit vernünftigem Aufwand möglich ist.[480] Die Ergebnisse der Voruntersuchung werden sinnvollerweise in einer Relevanztabelle dargestellt.[481]

7.186 Voruntersuchung und Pflichtenheft sind vom Gesuchsteller der zuständigen Behörde zu übermitteln (Art. 8 Abs. 2 Satz 1 UVPV). Letztere leitet die Unterlagen an die **Umweltschutzfachstelle** (Art. 12 UVPV) weiter, «welche dazu Stellung nimmt und den Gesuchsteller berät» (Art. 8 Abs. 2 Satz 2 UVPV). Bei von einer Bundesbehörde zu prüfenden Projekten nimmt das BAFU innert zwei Monaten zur Voruntersuchung und zum Pflichtenheft Stellung, wobei ihm nach Eingang der kantonalen Stellungnahme mindestens ein Monat für seine Stellungnahme einzuräumen ist (Art. 12a Abs. 2 UVPV). Für Projekte, die von einer kantonalen Behörde geprüft werden, hat das kantonale Recht eine Behandlungsfrist festzulegen (Art. 12a Abs. 1 UVPV).

7.187 Gemäss Art. 10b Abs. 3 Satz 2 USG gelten die **Ergebnisse der Voruntersuchung als Bericht,** wenn «in der Voruntersuchung die Auswirkungen auf die Umwelt und die Umweltschutzmassnahmen abschliessend ermittelt» werden (siehe auch Art. 8a Abs. 1 UVPV). Bezüglich des Inhalts des Berichts finden Art. 9 und 10 UVPV Anwendung, für die Behandlungsfristen Art. 12b UVPV.[482]

b) Inhalt und Bedeutung des Umweltverträglichkeitsberichts

7.188 Gestützt auf das behördlich genehmigte Pflichtenheft ist vom Gesuchsteller (bzw. von einem durch ihn beauftragten spezialisierten Umwelt- oder Planungsbüro[483]) ein **Umweltverträglichkeitsbericht** (UVB) auszuarbeiten (Art. 10b Abs. 1 USG;

---

478 Rausch/Marti/Griffel, Umweltrecht, Rz. 763.
479 Siehe dazu im Einzelnen BAFU, UVP-Handbuch, Modul 5: Inhalt der Umweltberichterstattung, insb. S. 8 ff.
480 Loretan, Rechtsfragen, S. 150 ff.
481 BAFU, UVP-Handbuch, Modul 5: Inhalt der Umweltberichterstattung, S. 6 f.
482 Dazu Rz. 7.188 ff. und 7.200.
483 Griffel, Umweltrecht, S. 53 f. Die Kosten dafür sind vom Gesuchsteller zu tragen; siehe Wagner Pfeifer, Umweltrecht I, Rz. 707.

Art. 7 UVPV).[484] Gemäss Art. 10b Abs. 2 Satz 1 USG enthält dieser «alle Angaben, die zur Prüfung des Vorhabens nach den Vorschriften über den Schutz der Umwelt nötig sind». Das Gesetz bezeichnet drei Kernbestandteile: den Ausgangszustand (Art. 10b Abs. 2 lit. a USG), das Vorhaben, inklusive «der vorgesehenen Massnahmen zum Schutze der Umwelt und für den Katastrophenfall, sowie einen Überblick über die wichtigsten allenfalls vom Gesuchsteller geprüften Alternativen» (Art. 10b Abs. 2 lit. b USG)[485] und die «voraussichtlich verbleibende Belastung der Umwelt» (Art. 10b Abs. 2 lit. c USG). Erforderlich sind alle Angaben, welche die zuständige Behörde in die Lage versetzen, das Projekt nach Art. 3 UVPV zu prüfen (Art. 9 Abs. 2 UVPV). Lediglich auf Verordnungsebene erwähnt wird der vierte und wichtigste Teil des Berichts, nämlich die vom geplanten Vorhaben ausgehenden Auswirkungen auf die Umwelt, die «sowohl einzeln als auch gesamthaft und in ihrem Zusammenwirken» zu ermitteln und zu bewerten sind (Art. 9 Abs. 3 UVPV). Im Übrigen muss der Gesuchsteller darlegen, wie die Umweltabklärungen berücksichtigt sind, die im Rahmen der Raumplanung durchgeführt worden sind (Art. 9 Abs. 4 UVPV).[486] Ist der Bericht unvollständig, kann die zuständige Behörde eine Nachbesserung verlangen.[487]

Mit dem **Ausgangszustand** ist der Zustand der Umwelt am betreffenden Stand- 7.189
ort vor der Realisierung des Projekts gemeint, und zwar so, wie er sich zur Zeit der Projektierung präsentiert. Die Beurteilung des Ist-Zustands hat neben bestehenden Vorbelastungen auch voraussichtliche künftige Entwicklungen zu berücksichtigen.[488] Wird ein Konzessionsverhältnis neu geregelt, ist mangels Rechtsanspruch auf Erteilung einer Konzession auch der natürliche Zustand ohne entsprechende Nutzung (selbst wenn sie in der Vergangenheit bereits stattgefunden hat) darzustellen.[489]

Bei der **Ermittlung der Auswirkungen** auf die Umwelt ist zwischen der Bau- und 7.190
der Betriebsphase zu differenzieren.[490] Die zu untersuchenden Auswirkungen beschränken sich nicht auf die Anlage als solche (Standort, geplante Konstruktionen, Art der Nutzung), sondern erstrecken sich auch auf dadurch kausal verursachte weitere Folgen wie zusätzliches Verkehrsaufkommen, wobei auch allfällige Verkehrsreduktionen an anderen Standorten berücksichtigt werden dürfen.[491] Auf Verordnungsebene bestehen verschiedene Grundlagen, die es der Vollzugsbehörde

---

484 Detailliert zu den Anforderungen im Einzelnen BAFU, UVP-Handbuch, Modul 5: Inhalt der Umweltberichterstattung, insb. S. 12 ff.

485 Der Überblick über die wichtigsten vom Gesuchsteller allenfalls geprüften Alternativen wurde im Kontext der Ratifikation der Aarhus-Konvention (dazu Rz. 7.154) als zusätzlicher Berichtsbestandteil ins Gesetz aufgenommen.

486 RAUSCH/KELLER, in: Kommentar USG, Art. 9 Rz. 91. Siehe zu den Anforderungen gemäss Art. 47 RPV Rz. 1.80.

487 GRIFFEL/RAUSCH, Kommentar USG, Ergänzungsband, Art. 10b Rz. 11.

488 BGer, Urteil 1A.318/2005 vom 27. Februar 2007, E. 4 (URP 2007 474 ff.); dazu WAGNER PFEIFER, Umweltrecht I, Rz. 695.

489 BGE 126 II 283 ff.

490 WAGNER PFEIFER, Umweltrecht I, Rz. 696.

491 WAGNER PFEIFER, Umweltrecht I, Rz. 696 m.H. auf die Vornahme des Vergleichs der Verkehrsströme, insb. die Festsetzung des Untersuchungsperimeters.

ermöglichen, vom Gesuchsteller Immissionsprognosen zu verlangen.[492] Erweisen sich solche Annahmen nicht als geradezu «unbrauchbar», sind die damit einhergehenden Unsicherheiten hinzunehmen.[493] Bei mehrstufigen Umweltverträglichkeitsprüfungen hat im Falle fehlerhafter Prognosen eine Wiederholung in einem späteren Verfahrensschritt zu erfolgen.[494]

7.191 Im Zusammenhang mit den vorgesehenen **Massnahmen zum Schutz der Umwelt** ist zu beachten, dass der Gesetzgeber die Anforderungen reduziert hat. Nicht mehr verlangt wird seit der Revision von 2006 die Darlegung von Massnahmen, die eine weitere Verminderung der Umweltbelastung ermöglichen (inkl. deren Kosten; siehe aArt. 9 Abs. 2 lit. d USG).[495] Die konkreten Konsequenzen der Streichung dieses Passus sind fraglich: Abgesehen von den in der nächsten Rz. erörterten Vorgaben zur Prüfung von Alternativen resultiert nämlich eine Pflicht zur Ausschöpfung weiterer Möglichkeiten bereits aus Art. 1 Abs. 2 USG (Vorsorgeprinzip) bzw. Art. 11 Abs. 2 USG (generell erforderliche vorsorgliche Emissionsbegrenzungen).[496] Vor diesem Hintergrund drängt es sich auf, zwischen den Anforderungen an den Bericht und dem Prüfungsmassstab (der sich aus dem materiellen Recht ergibt) zu differenzieren.[497] In der Literatur wird daraus teilweise eine Verlagerung der Pflicht zur Ermittlung weiterer Massnahmen der Emissionsbegrenzung vom Gesuchsteller auf die Behörde abgeleitet.[498] Eine Abstützung dieser Pflicht zuhanden des Gesuchstellers auf Art. 13 VwVG (bzw. entsprechende kantonalrechtliche Vorgaben) fällt infolge qualifizierten Schweigens ausser Betracht. Zu beachten ist allerdings, dass bei Vorhaben mit schwerwiegenden Konsequenzen auf die Umwelt aufgrund der erwähnten Prinzipien sowie unter Beachtung des Grundsatzes der Verhältnismässigkeit (Art. 5 Abs. 2 BV) höhere Anforderungen an die «vorgesehenen Massnahmen zum Schutz der Umwelt» zu stellen sind. Soweit damit die Vollständigkeit des Massnahmenkatalogs angesprochen ist, dürfte sich der Unterschied zum bisherigen Recht in Grenzen halten.

7.192 Der Gesetzgeber verlangt zwar die Erörterung der wichtigsten vom Gesuchsteller geprüften **Alternativen.** Da die Aarhus-Konvention nach Ansicht des Bundesrats keine Pflicht zur Evaluation von Alternativen verankert[499], werden damit Konstellationen angesprochen, in denen der Gesuchsteller freiwillig oder aufgrund spezialgesetzlicher Vorgaben entsprechende Untersuchungen vornimmt.[500] Eine Pflicht zur Standortevaluation kann allerdings aus der Spezialgesetzgebung resultieren.[501]

---

492 Siehe Art. 28 LRV; Art. 36 LSV; Art. 11 NISV.

493 BGE 126 II 522, E. 14.

494 BGE 124 II 293, E. 12.

495 BGer, Urteil 1A.242/2005 vom 21. September 2005, E. 8.2 (URP 2006 151 ff.); BGer, Urteil 1C_568/2008 vom 6. Juli 2009, E. 5.1; siehe auch Nicole, Étude d'impact, S. 230 f. und 233 f.

496 Siehe Griffel/Rausch, Kommentar USG, Ergänzungsband, Art. 10b Rz. 13 m.H. auf die Materialien.

497 So auch BGer, Urteil 1C_86/2008 vom 10. Juni 2008, E. 4.2.2.

498 So Häner, Neuerungen, S. 7.

499 Botschaft Aarhus-Konvention, S. 4349. Dazu auch Griffel/Rausch, Kommentar USG, Ergänzungsband, Vorbem. zu Art. 10a–10d Rz. 63. Siehe zur Aarhus-Konvention Rz. 7.154.

500 Griffel/Rausch, Kommentar USG, Ergänzungsband, Art. 10b Rz. 16 und Vorbem. zu Art. 10a–10d Rz. 63.

501 Siehe Art. 6 Abs. 1 NHG (Pflicht zur «grösstmöglichen Schonung» von Objekten des Natur- und Heimatschutzes von nationaler Bedeutung); Art. 5 Abs. 2 lit. a WaG (Erfordernis der Standortgebundenheit für Rodungsbewilligungen).

Für sachplanpflichtige Vorhaben[502] verlangt sodann Art. 15 Abs. 3 lit. b RPV die Evaluation möglicher Alternativstandorte und den Nachweis der Standortgebundenheit.

Gestrichen wurde zudem das **Begründungserfordernis** für öffentliche und konzessionierte private Anlagen (siehe aArt. 9 Abs. 4 USG). Eine Begründungspflicht bzw. das Erfordernis eines Bedarfsnachweises kann sich aber ebenfalls aus dem Spezialgesetz ergeben (siehe exemplarisch den Bedarfsnachweis für Abfalldeponien gemäss Art. 30e Abs. 2 USG). 7.193

c) Ergänzende Abklärungen und Gutachten

Gemäss Art. 10b Abs. 4 Satz 1 USG kann die zuständige Behörde Auskünfte oder ergänzende Abklärungen verlangen. Diese Möglichkeit bestünde bereits gestützt auf Art. 46 USG bzw. die verfahrensrechtlichen **Mitwirkungspflichten des Gesuchstellers.**[503] Werden Gutachten eingeholt, sind die Interessierten zur Stellungnahme einzuladen (Art. 10b Abs. 4 Satz 2 USG).[504] Diese Pflicht leitet sich bereits aus dem Anspruch auf rechtliches Gehör ab (Art. 29 Abs. 2 BV; Art. 29 VwVG).[505] 7.194

d) Öffentlichkeit des Berichts

Der Umweltverträglichkeitsbericht ist zusammen mit allen erforderlichen Unterlagen bei der zuständigen Behörde einzureichen (Art. 11 UVPV), d.h. jener Behörde, die im massgeblichen Verfahren (vgl. Art. 5 UVPV) über das Gesuch zu entscheiden hat. Diese sorgt für die Weiterleitung des Berichts an die kantonalen Fachstellen sowie an weitere zur Stellungnahme berechtigte (Bewilligungs-)Behörden.[506] Zudem stellt sie sicher, dass der Bericht, der gemäss Art. 10d Abs. 1 USG **öffentlich** ist, auch eingesehen werden kann (Art. 15 Abs. 1 UVPV).[507] Sinnvollerweise wird der Bericht erst dann zugänglich gemacht, wenn er als vollständig erachtet wird.[508] 7.195

Das Bekenntnis zur Transparenz gilt nicht unbeschränkt: Vorbehalten bleiben nach Art. 10d Abs. 1 USG «überwiegende private oder öffentliche Interessen», die eine **Geheimhaltung** erfordern (siehe auch Art. 15 Abs. 1 UVPV). Die damit geforderte Interessenabwägung erstreckt sich allerdings nicht auf Fabrikations- und Geschäftsgeheimnisse (im Sinne von Art. 162 und 273 StGB[509]), die nach Art. 10d Abs. 2 USG absoluten Schutz geniessen, was den Anforderungen der Aarhus-Konvention, welche diesen Interessen in Art. 4 Ziff. 4 lit. d keinen absoluten Schutz gewährt, wider- 7.196

---

502 Siehe dazu Rz. 1.88 ff.

503 Siehe auch GRIFFEL/RAUSCH, Kommentar USG, Ergänzungsband, Art. 10b Rz. 21.

504 GRIFFEL/RAUSCH, Kommentar USG, Ergänzungsband, Art. 10b Rz. 21.

505 GRIFFEL/RAUSCH, Kommentar USG, Ergänzungsband, Art. 10b Rz. 22.

506 Siehe Art. 10c Abs. 2 USG, Art. 12 Abs. 3 und 21 Abs. 1 UVPV. Zur Partizipation der erwähnten Behörden an der Entscheidfindung siehe Rz. 7.204 ff. und 7.209 ff.

507 Öffentlich sind darüber hinaus auch die Ergebnisse der Umweltverträglichkeitsprüfung. Dazu Rz. 7.211.

508 RAUSCH/KELLER, in: Kommentar USG, Art. 9 Rz. 146.

509 Zum Fabrikations- und Geschäftsgeheimnis BRUNNER, in: Kommentar USG, Art. 47 Rz. 27 ff.

spricht.[510] Grundsätzlich nicht geheimhaltungswürdig sind jene Informationen, die für die Beurteilung der Umweltauswirkungen der Anlage erforderlich sind. Legitime öffentliche Geheimhaltungsinteressen bilden – allerdings beschränkt auf militärische Bauten und Anlagen – primär solche der Landesverteidigung.[511]

7.197 Die **Modalitäten der Zugänglichkeit** sind in der UVPV geregelt: Bedarf das Gesuch für die Anlage einer öffentlichen Auflage, wird in der Publikation darauf aufmerksam gemacht, dass auch der Bericht öffentlich ist (Art. 15 Abs. 2 UVPV). Besteht keine Pflicht zur öffentlichen Gesuchsauflage, machen die Kantone den Bericht nach ihrem Recht bekannt. Auf Bundesebene wird die Möglichkeit der Einsichtnahme im Bundesblatt oder auf andere geeignete Weise publiziert (Art. 15 Abs. 3 UVPV). Der Bericht liegt während 30 Tagen öffentlich auf, wobei abweichende Fristen über die Auflage im massgeblichen Verfahren vorbehalten bleiben (Art. 15 Abs. 4 UVPV). Das Einsichtsrecht beinhaltet kein allgemeines Recht zur Stellungnahme.[512]

7.198 Die Einführung des **Öffentlichkeitsprinzips** im Bund sowie in zahlreichen Kantonen hat die Bedeutung dieser Norm nicht geschmälert, da die Öffentlichkeitsgesetze den Zugang zu behördlichen Informationen während hängigen Verfahren regelmässig ausschliessen.[513] Insofern zieht das Umweltrecht, dem mit Bezug auf die Verwaltungsöffentlichkeit stets eine Vorreiterrolle zukam[514], den Kreis der de lege lata öffentlichen Verwaltungsinformationen nach wie vor weiter.

2. Beurteilung durch die Fachstelle

7.199 Ebenso wie die Voruntersuchung beurteilt die kantonale (bzw. kommunale[515]) **Fachstelle**[516] bzw. das BAFU (siehe Art. 12 Abs. 1 und 2 UVPV) auch den Bericht und beantragt bei der für den Entscheid zuständigen Behörde die zu treffenden Massnahmen (Art. 10c Abs. 1 USG). Diese Massnahmen können sich nicht nur auf

---

510 Siehe auch Griffel/Rausch, Kommentar USG, Ergänzungsband, Art. 10d Rz. 8.

511 Rausch/Keller, in: Kommentar USG, Art. 9 Rz. 143. Siehe zum Kreis der Geheimhaltungsinteressen auch Jungo, Umweltverträglichkeitsprüfung, S. 164 ff.; Loretan, Umweltverträglichkeitsprüfung, S. 161 ff.

512 BGer, Urteil 1A.226/1996 vom 14. Mai 1997, E. 1a (URP 1997 519 ff.). Zu den Anforderungen aufgrund von Art. 6 Ziff. 7 Aarhus-Konvention und deren Erfüllung durch das Petitionsrecht nach Art. 33 BV siehe Rz. 7.154.

513 Siehe auf Bundesebene Art. 8 Abs. 2 BGÖ. Mit Blick auf die Vorgaben in der Aarhus-Konvention ist fraglich, ob ein gänzlicher Ausschluss des Öffentlichkeitsprinzips während hängiger Verfahren völkerrechtskonform ist: Deren Art. 4 Ziff. 4 lit. a verlangt nämlich «negative Auswirkungen» auf die «Vertraulichkeit der Beratungen von Behörden», was eine einzelfallweise Betrachtung bedingt.

514 Siehe Thurnherr, Umweltinformationen, S. 200 ff.

515 Siehe Griffel, Umweltrecht, S. 40.

516 Siehe Art. 42 Abs. 1 USG, wonach jeder Kanton eine behördliche Fachstelle «für die Beurteilung von Umweltschutzfragen» haben muss. Bestehen auf kantonaler Ebene mehrere Fachstellen, die sich mit umweltrechtlichen Fragen befassen, hat eine Koordination zwischen diesen stattzufinden; siehe Jomini, in: Commentaire LPE, Art. 10c Rz. 3; Nicole, Étude d'impact, S. 200.

den Bericht (bzw. die Voruntersuchung), sondern auch auf das bewilligungspflichtige Projekt selber beziehen.[517]

Die **Behandlungsfristen** werden für Projekte, die von einer kantonalen Behörde geprüft werden, vom kantonalen Recht festgelegt (Art. 12b Abs. 1 UVPV). Die Berichte zu Projekten im Zuständigkeitsbereich einer Bundesbehörde (dies gilt insbesondere bei Plangenehmigungsverfahren) werden vom BAFU innert einer Frist von fünf Monaten geprüft.[518] Nach Eingang der kantonalen Stellungnahme sind dem BAFU mindestens zwei Monate für seine Stellungnahme einzuräumen, bei Projekten nach Ziffer 22.2 des Anhangs ein Monat (Art. 12b Abs. 2 UVPV). 7.200

Anhand der Richtlinien wird eruiert, «ob die für die Prüfung erforderlichen Angaben im Bericht vollständig und richtig sind» (Art. 13 Abs. 1 UVPV). Ist dies nicht der Fall, so beantragt die Fachstelle «der zuständigen Behörde, vom Gesuchsteller ergänzende Abklärungen zu verlangen oder Experten beizuziehen» (Art. 13 Abs. 2 UVPV). Die **Korrektur von Mängeln** obliegt mithin grundsätzlich dem Gesuchsteller.[519] Das Pflichtenheft vermittelt insofern keinen Vertrauensschutz, als die kantonale Fachstelle bei der umfassenden Prüfung des Berichts zum Schluss kommen kann, dass dieses nicht vollständig ist und daher ergänzende Massnahmen zur Verminderung der Umweltbelastung zu evaluieren sind.[520] 7.201

Genügt der Bericht den Anforderungen, beurteilt die Fachstelle, «ob die geplante Anlage den Vorschriften über den Schutz der Umwelt (Art. 3) entspricht» (Art. 13 Abs. 3 UVPV). Schliesslich teilt sie «das Ergebnis ihrer Beurteilung der zuständigen Behörde mit; wenn nötig beantragt sie Auflagen und Bedingungen» (Art. 13 Abs. 4 UVPV). Letztere können sowohl technischer als auch betrieblicher Natur sein.[521] Auch die Beantragung einer Ablehnung des Projekts ist möglich, wenngleich dies selten der Fall ist.[522] Die Feststellungen tatsächlicher Natur sind mit Blick auf die Beweiskraft **amtlichen Expertisen** gleichzustellen. Zwar liegt die rechtliche Beurteilung des Sachverhalts im Aufgabenbereich der Bewilligungsbehörde. Da das einschlägige Recht verschiedentlich mit unbestimmten Rechtsbegriffen operiert, lassen sich Tatsachenfeststellungen und rechtliche Würdigung allerdings nicht immer klar trennen. Aufgrund dieser Ausgangslage «muss sich die Bewilligungsbehörde die Beurteilung des Vorhabens durch die Fachstelle in integro zu eigen machen».[523] Bei einer negativen Beurteilung durch die Fachstelle lässt sich ein positiver Bewil- 7.202

517 Griffel/Rausch, Kommentar USG, Ergänzungsband, Art. 10c Rz. 4.
518 Leistungen des BAFU werden gemäss der Gebührenverordnung BAFU (GebV-BAFU) in Rechnung gestellt.
519 Rausch/Marti/Griffel, Umweltrecht, Rz. 137.
520 Wagner Pfeifer, Umweltrecht I, Rz. 707 m.H. darauf, dass Kostenfolgen zulasten des Gemeinwesens nur dann relevant werden können, wenn die nachträglich verlangten Ergänzungen vermeidbar waren.
521 Griffel/Rausch, Kommentar USG, Ergänzungsband, Art. 10c Rz. 4.
522 Griffel/Rausch, Kommentar USG, Ergänzungsband, Art. 10c Rz. 4.
523 Rausch/Marti/Griffel, Umweltrecht, Rz. 784 (Hervorhebung weggelassen); siehe auch Jungo, Umweltverträglichkeitsprüfung, S. 118.

ligungsentscheid daher nur bei Vorliegen stichhaltiger Gründe rechtfertigen.[524] Mit Bezug auf Rechtsfragen – exemplarisch hinzuweisen ist auf eine gegebenenfalls erforderliche Interessenabwägung – besteht indes keine Bindung an den Antrag der Fachstellen.[525]

7.203 Hinzuweisen ist im vorliegenden Kontext sodann auf Art. 10c Abs. 2 USG, der bei gewissen Projekten – namentlich Raffinerien, Aluminiumhütten, thermischen Kraftwerken und grossen Kühltürmen – die **Anhörung des BAFU** durch die zuständige Bewilligungsbehörde verlangt. Ursächlich dafür ist, dass die erwähnten Vorhaben die Umwelt in besonderem Masse gefährden können, was ein Bedürfnis nach Berücksichtigung zusätzlichen Fachwissens schafft.[526] Der Bundesrat kann die Liste der davon erfassten Anlagen erweitern.[527]

3. Koordination mit anderen Bewilligungen

7.204 Die Pflicht zur **koordinierten Entscheidfindung** manifestiert sich auch im Vorfeld der Genehmigung UVP-pflichtiger Bauten und Anlagen:[528]

7.205 Setzt die Verwirklichung eines Projekts, für das nicht das Plangenehmigungsverfahren zum Tragen kommt, eine der in Art. 21 UVPV genannten Bewilligungen voraus (Rodungsbewilligung nach WaG, Bewilligung zur Beseitigung von Ufervegetation gem. NHG, Bewilligung für technische Eingriffe in Gewässer nach BGF, Bewilligung nach GschG, Deponiebewilligung nach USG), erfolgt eine Koordination zwischen den Verfahren, die eine **umfassende Abwägung der Interessen** sicherstellt.[529] Diese gestaltet sich so, dass die zuständige Behörde der Bewilligungsbehörde sämtliche erforderlichen Unterlagen zukommen lässt, sie zur Stellungnahme auffordert und diese Stellungnahme an die Umweltschutzfachstelle weiterleitet (Art. 21 Abs. 1 UVPV). Die für die weiteren Bewilligungen zuständigen Behörden erteilen ihre Bewilligung erst nach Abschluss der UVP (Art. 21 Abs. 2 UVPV). Sie sind dabei an ihre Stellungnahmen gebunden, ausser die (rechtlichen oder tatsächlichen) Voraussetzungen für die Beurteilung hätten sich in der Zwischenzeit geändert (Art. 21 Abs. 3 UVPV). Bei einer negativen Stellungnahme durch die Spezialbehörde kommt eine Projektbewilligung nur in Betracht, wenn vorab gestützt auf die einschlägigen kantonalen Bestimmungen eine Bereinigung der konträren Beurteilungen stattgefunden hat.[530]

---

524 BGE 119 Ib 254, E. 8a m.w.H.; dazu auch Aemisegger, Umweltverträglichkeitsprüfung, S. 415; Griffel, Umweltrecht, S. 54; Jomini, in: Commentaire LPE, Art. 10c Rz. 5.

525 BGE 132 II 257, E. 4.4.3; BGE 130 I 337, E. 5.4.1; BGE 129 II 331, E. 3; dazu Wagner Pfeifer, Umweltrecht I, Rz. 709.

526 Botschaft USG 1979, S. 787.

527 Die betreffenden Anlagen sind im Anhang zur UVPV mit einem *) gekennzeichnet.

528 Zu den Anforderungen an die Koordination gemäss Art. 25a RPG siehe Rz. 7.95.

529 Jomini, in: Commentaire LPE, Art. 10a Rz. 10, bezeichnet die UVP vor diesem Hintergrund zutreffend als «instrument de coordination, matérielle et formelle»; siehe auch Ivanov, Harmonisierung, S. 279; Ruch, Umwelt – Boden – Raum, Rz. 1034.

530 Wagner Pfeifer, Umweltrecht I, Rz. 737.

Solche **Stellungnahmen** müssen nicht bereits während der Projektauflage vorliegen.[531] Ihnen kommt überdies kein Verfügungscharakter zu; vielmehr bilden sie Entscheidungselemente im Kontext der UVP. Daher besteht auch kein Gehörsanspruch vor Abgabe der Stellungnahme.[532] Dass eine Äusserungsmöglichkeit erst im Nachgang dazu gemäss bundesgerichtlicher Rechtsprechung den verfassungsrechtlichen Anforderungen genügt[533], verdient aufgrund der präjudiziellen Wirkung der Stellungnahme für den Bewilligungsentscheid ebenso wie für die weiteren Genehmigungen Kritik.[534] 7.206

Konstellationen der Koordination mit **Ausnahmebewilligungen** nach Art. 24 ff. RPG treten kaum auf, da solche Vorhaben in der Regel mittels Nutzungsplan zu verwirklichen sind. Im Übrigen hat – sofern das Baubewilligungsverfahren nicht selbst das massgebliche Verfahren bildet – eine Koordination der Ausnahmebewilligung mit dem massgeblichen Verfahren stattzufinden.[535] 7.207

Spezifische Vorgaben, die im Kontext der Neugestaltung des Finanzausgleichs in die UVPV integriert worden sind, bestehen schliesslich für die Koordination mit **Subventionsentscheiden:**[536] In Konstellationen, da die zuständige kantonale Behörde feststellt, «dass ein Projekt voraussichtlich nur mit einer Subvention des Bundes verwirklicht werden kann, die einzeln gewährt wird, (...) holt sie vor ihrem Entscheid die Stellungnahme der Subventionsbehörde des Bundes ein» (Art. 22 Abs. 1 Satz 1 UVPV). Die Subventionsbehörde wiederum «hört das BAFU an und berücksichtigt dessen Meinungsäusserung in ihrer Stellungnahme», wobei sich das BAFU innert drei Monaten zu äussern hat (Art. 22 Abs. 1 Satz 2 und 3 UVPV). Auch die Subventionsbehörde hat für ihren Entscheid den Abschluss der UVP abzuwarten (Art. 22 Abs. 2 UVPV); zudem ist sie in Ermangelung entsprechender Änderungen ebenfalls an ihre Stellungnahme gebunden (Art. 22 Abs. 3 UVPV). Eine kantonalrechtliche Koordination erfolgt schliesslich bei Projekten, an die der Bund auf der Grundlage von Programmvereinbarungen globale Beiträge ausrichtet (Art. 22 Abs. 4 UVPV). 7.208

4. Prüfung und Entscheid durch die zuständige Behörde

Die zuständige Behörde trifft ihren Entscheid nach Ablauf der Auflagefrist und nach Eingang allfälliger Einwendungen. Gegenstand der Prüfung bildet die **Umweltverträglichkeit bzw. Bewilligungsfähigkeit** des Vorhabens. Die Prüfung ergeht gestützt auf verschiedene Grundlagen, wobei der Umweltverträglichkeitsbericht an erster Stelle steht (vgl. Art. 17 lit. a UVPV).[537] Darüber hinaus zu berücksichtigen sind insbesondere die Beurteilung des Berichts durch die Umweltschutzfachstelle 7.209

531 BGer, Urteil 1A.60/2002 vom 10. September 2002, E. 2.3; dazu auch WAGNER PFEIFER, Umweltrecht I, Rz. 736.

532 BGE 116 Ib 260, E. 1d.

533 BGer, Urteil 1A.60/2002 vom 10. September 2002, E. 2.3.

534 Dazu THURNHERR, Verfahrensgrundrechte, Rz. 947; MOOR/POLTIER, Droit administratif II, S. 319.

535 Weiterführend RAUSCH/KELLER, in: Kommentar USG, Art. 9 Rz. 169 f.

536 Eingehend dazu JOMINI, in: Commentaire LPE, Art. 10c Rz. 24 f.; RAUSCH/KELLER, in: Kommentar USG, Art. 9 Rz. 171 ff.; WAGNER PFEIFER, Umweltrecht I, Rz. 740 ff.

537 Zur Unterscheidung zwischen dem UVB und der UVP JOMINI, in: Commentaire LPE, Art. 10b Rz. 1.

(lit. c)[538] und – wo vorhanden – die Stellungnahmen der Behörden nach Art. 21 und 22 UVPV (lit. b), allfällige Anträge der Umweltschutzfachstelle (lit. d), die Ergebnisse von Abklärungen (lit. e) sowie allfällige weitere Stellungnahmen (lit. f). Besteht ein Dissens zwischen der zuständigen Bundesbehörde und dem BAFU, so findet eine Bereinigung nach Art. 62b RVOG statt (Art. 17a UVPV).

7.210 Mögliche **Verfahrensergebnisse** bilden die Zustimmung, die Zustimmung mit Bedingungen und/oder Auflagen oder die Ablehnung.[539] Das einschlägige Recht agiert verschiedentlich mit unbestimmten Rechtsbegriffen bzw. lässt Ermessensspielräume offen (siehe exemplarisch Art. 3 NHG).[540] Da das materielle Recht den Entscheid in diesen Konstellationen nur in beschränktem Masse vorspurt, sind besondere Anforderungen an die Begründungsdichte zu stellen.[541]

7.211 Der Umweltverträglichkeitsbericht, die Beurteilung der Umweltschutzfachstelle, die Ergebnisse einer allfälligen Anhörung des BAFU sowie der Entscheid, soweit er die Ergebnisse der Prüfung betrifft, sind **öffentlich** zugänglich (Art. 10d USG; Art. 20 Abs. 1 UVPV). Zu beachten sind auch hier die gesetzlich vorgesehenen konträren Interessen.[542] Die Unterlagen werden in der Regel während 30 Tagen öffentlich aufgelegt, wobei für die breite Öffentlichkeit kein Recht auf Stellungnahme besteht.[543] Vorbehalten bleibt das (verfahrensakzessorische) Akteneinsichtsrecht nach Art. 29 BV bzw. den einschlägigen Prozessgesetzen. Neben den Partizipationsmöglichkeiten, die an die Parteistellung anknüpfen, bestehen in diesem Kontext auch abweichende legitime Geheimhaltungsinteressen. Den beschwerdelegitimierten Organisationen sind die Entscheide überdies gesondert zu eröffnen (siehe Art. 55a USG).

F. Rechtsfolgen bei unterbliebener oder fehlerhafter UVP

7.212 Ist die Bewilligung einer UVP-pflichtigen Anlage ohne Durchführung einer solchen erfolgt oder war die Prüfung unvollständig bzw. auf andere Weise fehlerhaft, stellt sich die Frage nach den Konsequenzen. Mit der Aufhebung der Bewilligung, der Anordnung einer nachträglichen UVP und dem Verzicht auf Konsequenzen stehen grundsätzlich drei **unterschiedliche Verfahrensfehlerfolgen** zur Disposition. Leitgedanke bei deren Anwendung bildet der Grundsatz der Verhältnismässigkeit

---

538 Zur Reichweite der Bindung an die Beurteilungen der Fachstellen Rz. 7.205.

539 RAUSCH/MARTI/GRIFFEL, Umweltrecht, Rz. 767.

540 Eingehend zum Entscheidungsspielraum beim Sachentscheid GRIFFEL/RAUSCH, Kommentar USG, Ergänzungsband, Vorbem. zu Art. 10a–10d Rz. 48 ff.

541 Zum Konnex zwischen der materiellrechtlichen Anleitung und den Begründungsanforderungen statt vieler THURNHERR, Verfahrensgrundrechte, Rz. 415.

542 Dazu im Zusammenhang mit der Öffentlichkeit des Berichts Rz. 7.195 ff. Vorliegend handelt es sich um Verwaltungstransparenz nach Verfahrensabschluss; die betreffenden Vorgaben gehen daher nicht über die Anforderungen der Öffentlichkeitsgesetze hinaus.

543 BGer, Urteil 1A.10/2006 vom 14. Dezember 2006, E. 3.3.3; siehe statt vieler auch RAUSCH/KELLER, in: Kommentar USG, Art. 9 Rz. 135 f. m.H. darauf, dass bei kontroversen Vorhaben öffentliche Hearings sinnvoll sein können.

(Art. 5 Abs. 2 BV). Dieser räumt der Beachtung des Umweltrechts aufgrund des grossen Gewichts des damit verbundenen öffentlichen Interesses oberste Priorität ein; er trägt aber – soweit möglich – auch den konträren Belangen der privaten oder öffentlichen Gesuchsteller Rechnung.

Dabei ist zwischen **verschiedenen Konstellationen** zu unterscheiden: 7.213

- Bei unterbliebener oder unvollständiger bzw. fehlerhafter UVP ist im Verfahren der Anfechtung einer (noch nicht rechtskräftigen) Bewilligung vom Grundsatz der **Aufhebung der Bewilligung** auszugehen, sofern aufgrund der vorliegenden Informationen die Bewilligungsfähigkeit nicht erstellt ist. In diesem Sinne hat das Verwaltungsgericht des Kantons Zürich entschieden, dass der Regierungsrat, der eine nachträgliche UVP zur Klärung der Frage nach emissionsbegrenzenden Massnahmen angeordnet hatte, die Bewilligung hätte aufheben müssen, da nicht von vornherein auszuschliessen war, dass das Projekt nicht bewilligt werden kann.[544] Ist die Bewilligungsfähigkeit als solche indes erstellt und sind lediglich noch Fragen nach möglichen Optimierungen des Projekts offen, stellt die nachträgliche Anordnung einer (verbesserten) UVP unter Ansetzung einer entsprechenden Frist eine verhältnismässige Lösung dar.
- Anderes – namentlich ein **Verzicht auf die Aufhebung** bzw. die nachträgliche Durchführung einer UVP – gilt nach bundesgerichtlicher Rechtsprechung in jenen Ausnahmesituationen, da die erfolgten Sachverhaltsabklärungen ausreichend sind, um die Vereinbarkeit des Vorhabens mit den umweltrechtlichen Vorgaben zu beurteilen. Unzulässig wären Abstriche an der Reichweite der Prüfung: «Auch bei einem nachträglichen Verzicht auf eine formelle UVP bzw. auf die Vervollständigung einer mangelhaften UVP muss Gewähr geboten sein, dass der Massstab einer im Ergebnis umfassenden und korrekten Ermittlung des umweltrechtlich relevanten Sachverhalts durch Fachpersonen (Ingenieure und Naturwissenschafter) keinesfalls unterschritten wird.»[545] Ergänzende Abklärungen sind vor diesem Hintergrund verzichtbar, wenn sich die Lücken in der Prüfung auf marginale Punkte beziehen und gleichwohl alle rechtswesentlichen Sachumstände geklärt sind.[546]
- Wird erst **nach Bauvollendung** offenkundig, dass ein Vorhaben UVP-pflichtig gewesen wäre (beispielsweise weil die UVP-Pflicht aufgrund der mangelhaften Ausschreibung nicht erkennbar war), richten sich die Rechtsfolgen nach den Kriterien für den Widerruf von Verfügungen.[547] Mangels Verhältnismässigkeit kommt eine Aufhebung der Bewilligung in diesen Konstellationen kaum in Betracht, wohl aber eine nachträgliche UVP, welche allenfalls zusätzliche Auflagen zur Folge hat (z.B. eine Reduktion der Kundenparkplätze).

---

544 VGer ZH, Urteil VB.2003.00036 vom 10. März 2004, E. 3.2.1 (URP 2004 323 ff.); dazu auch Griffel/Rausch, Kommentar USG, Ergänzungsband, Art. 10a Rz. 44.

545 BGE 133 II 169, E. 2.2 m.w.H.; dazu auch Griffel/Rausch, Kommentar USG, Ergänzungsband, Art. 10a Rz. 45; Griffel, Entwicklungen 2007, S. 71.

546 Wagner Pfeifer, Umweltrecht I, Rz. 685.

547 Zu den Widerrufskriterien Häfelin/Müller/Uhlmann, Verwaltungsrecht, Rz. 1226 ff.; Tschannen/Zimmerli/Müller, Verwaltungsrecht, § 31 Rz. 19 ff.

8. TEIL:

Rechtsschutz

Inhaltsübersicht

Literatur

AEMISEGGER HEINZ, Rechtsprechung, S. 90 ff.; AEMISEGGER HEINZ, in: Praxiskommentar Rechtsschutz RPG, Art. 34; AEMISEGGER HEINZ, Besonderheiten; AEMISEGGER HEINZ, Mobilfunkanlagen, S. 20 f.; AEMISEGGER HEINZ/HAAG STEPHAN, in: Praxiskommentar Rechtsschutz RPG, Art. 33; AUER CHRISTOPH/MÜLLER MARKUS/SCHINDLER BENJAMIN (Hrsg.), Kommentar VwVG; AYER ARIANE/REVAZ BENOÎT, Droit suisse de l'environnement, S. 169 ff.; BAUMANN ANDREAS/VAN DEN BERGH RALPH/GOSSWEILER MARTIN/HÄUPTLI CHRISTIAN/HÄUPTLI-SCHWALLER ERICA/SOMMERHALDER FORESTIER VERENA, Kommentar BauG AG; BERNER MISCHA, Planungs- und Baurecht, S. 311 ff. und 385 ff.; BERNER MISCHA, Baubewilligung, S. 175 ff.; BOUCHAT CLÉA, Effet suspensif, S. 310 ff.; BOVAY BENOÎT/DIDISHEIM RAYMOND/SULLIGER DENIS/THONNEY THIERRY, Droit de la construction, Art. 33 und 34 LAT, Art. 56 ff. LATC; CORBOZ BERNARD/WURZBURGER ALAIN/FERRARI PIERRE/FRÉSARD JEAN-MAURICE/AUBRY GIRARDIN FLORENCE, Commentaire LTF; DAUM MICHAEL, Legitimation; EPINEY ASTRID/SOLLBERGER KASPAR, Rechtsschutz; ERRASS CHRISTOPH, Popularbeschwerde; FAVRE ANNE-CHRISTINE, Dispositions; FLÜCKIGER ALEXANDRE/MORAND CHARLES-ALBERT/TANQUEREL THIERRY, Evaluation; FRITZSCHE CHRISTOPH/BÖSCH PETER/WIPF THOMAS, Planungs- und Baurecht, Band 1, S. 421 ff.; GÄCHTER THOMAS, Durchsetzung; GEBHARDT DANIEL/MEYER CHRISTOPH/NERTZ CHRISTOPH/PIOLINO MARINA, Baubewilligung, S. 86 ff. und 113 ff.; GEISER THOMAS/MÜNCH PETER/UHLMANN FELIX/GELZER PHILIPP (Hrsg.), Bundesgericht; GRABENWARTER CHRISTOPH/PABEL KATHARINA, Europäische Menschenrechtskonvention, S. 382 ff.; GREDIG MARKUS, Bundesaufgaben; GRIFFEL ALAIN, Umweltrecht, S. 57 ff.; GRIFFEL ALAIN, Raumplanungs- und Baurecht, S. 203 ff.; GRIFFEL ALAIN, Auswirkungen; GRIFFEL ALAIN, Verbandsbeschwerderecht; GRIFFEL ALAIN/RAUSCH HERIBERT, Kommentar USG, Ergänzungsband, Vorbem. zu Art. 54–57 und Art. 54 ff.; GRODECKI STÉPHANE, in: Commentaire LPE, Art. 54 Rz. 1 ff.; GRODECKI STÉPHANE/PFEIFFER LAURENT, in: Commentaire LPE, Art. 57; HÄNER ISABELLE, Verbände; HÄNNI PETER, Planungsrecht, S. 526 ff.; HEER BALTHASAR, Bau- und Planungsrecht, Rz. 220 ff. und 988 ff.; HOTTELIER MICHEL, Droits, S. 74 ff.; IVANOV DANIELA, Harmonisierung, S. 173 ff. und 432 ff.; JAAG TOBIAS/HÄNNI JULIA, Infrastruktur der Luftfahrt, S. 367 ff.; KELLER HELEN/HAUSER MATTHIAS, Gretchenfrage; KELLER HELEN/THURNHERR DANIELA, Verbandsbeschwerde; KIENER REGINA/RÜTSCHE BERNHARD/KUHN MATHIAS, Öffentliches Verfahrensrecht, Rz. 948 ff. und 1210 ff.; KISSLING SAMUEL, Verbandsbeschwerde; KISTLER ERNST/MÜLLER RENÉ, BauG AG und BauG AG, Ergänzungsband; KÖLZ ALFRED/HÄNER ISA-

BELLE/BERTSCHI MARTIN, Verwaltungsverfahren, Rz. 794 ff. und 1349 ff.; MARTI ARNOLD, Bauaussteckung; MEIER REGINA, Ideelles Verbandsbeschwerderecht; MOOR PIERRE/POLTIER ETIENNE, Droit administratif II, S. 531 ff. und 658 ff.; MOSER ANDRÉ/BEUSCH MICHAEL/KNEUBÜHLER LORENZ, Bundesverwaltungsgericht; NIGGLI MARCEL ALEXANDER/UEBERSAX PETER/WIPRÄCHTIGER HANS (Hrsg.), Basler Kommentar BGG; PETERS ANNE/ALTWICKER TILMANN, Europäische Menschenrechtskonvention, S. 135 ff.; PFEIFFER LAURENT, Qualité pour recourir; PFEIFFER LAURENT, in: Commentaire LPE, Art. 54 Rz. 34 ff.; PFLÜGER MICHAEL, Legitimation; RASTER JOSUA, PBG-Revision; RAUSCH HERIBERT/MARTI ARNOLD/GRIFFEL ALAIN, Umweltrecht, S. 259 ff.; RHINOW RENÉ/KOLLER HEINRICH/KISS CHRISTINA/THURNHERR DANIELA/BRÜHL-MOSER DENISE, Öffentliches Prozessrecht, Rz. 1413 ff. und 1740 ff.; RUCH ALEXANDER, Umwelt – Boden – Raum; RÜTSCHE BERNHARD, Vollzug; SCHEFER MARKUS/HESS-KLEIN CAROLINE, Behindertengleichstellungsrecht, S. 92 ff.; SCHINDLER BENJAMIN, Gemeindeautonomie; SCHULER OLIVER, Kognition; SEILER HANSJÖRG/VON WERDT NICOLAS/GÜNGERICH ANDREAS/OBERHOLZER NIKLAUS, Handkommentar BGG; SPÜHLER KARL/AEMISEGGER HEINZ/DOLGE ANNETTE/VOCK DOMINIK (Hrsg.), Praxiskommentar BGG; TANQUEREL THIERRY, Recours des offices fédéraux; THURNHERR DANIELA, Verwaltungsrechtspflege; THURNHERR DANIELA, Verfahrensgrundrechte; TRÜEB HANS RUDOLF, Rechtsschutz; WAGNER PFEIFER BEATRICE, Umweltrecht I, Rz. 875 ff.; WALDMANN BERNHARD/HÄNNI PETER, Handkommentar RPG, Art. 33 und 34; WALDMANN BERNHARD/WEISSENBERGER PHILIPPE (Hrsg.), Praxiskommentar VwVG; WIEDERKEHR RENÉ, Materielle Beschwer; WISARD NICOLAS, in: Commentaire LPE, Art. 55–55f und Remarques liminaires ad art. 55–55f; WISARD NICOLAS, Droit de recours; WITTWER BENJAMIN, Mobilfunkanlagen, S. 145 ff. und 156 ff.; ZAUGG ALDO/LUDWIG PETER, Kommentar BauG BE; ZIMMERLIN ERICH, Baugesetz AG.

Amtliche Publikationen

Botschaft Bundesrechtspflege 2001; EJPD/BRP, Erläuterungen, Art. 33 und 34.

I. Rechtsschutz auf kantonaler Ebene

A. Bundesrechtliche Mindestanforderungen an den Rechtsschutz in den Kantonen

1. Überblick über Umfang und Grenzen des kantonalen Regelungsspielraums

8.1 Anders als das Zivil- und das Strafprozessrecht (siehe Art. 122 Abs. 1 und 123 Abs. 1 BV) wurde das öffentliche Verfahrens- und Prozessrecht bekanntlich keiner bundesweiten Vereinheitlichung unterzogen. Die Kantone verfügen im öffentlichen Recht daher nach wie vor über (heute in Art. 47 BV verankerte) **Verfahrens- und Organisationsautonomie.**[1] In diesem Sinne hält denn auch Art. 25 Abs. 1 RPG im Kapitel «Nutzungspläne» fest, dass die Ordnung von Zuständigkeit und (nichtstreitigem) Verfahren den Kantonen obliegt. Der kantonale Regelungsspielraum ist aller-

1 Siehe dazu THURNHERR, Verwaltungsrechtspflege, S. 217 ff.

dings nicht unbeschränkt. Gerade mit Bezug auf den nachträglichen Rechtsschutz lassen sich seit jeher intensive bundesrechtliche Einwirkungen auf das kantonale Recht feststellen.

Im Zentrum steht dabei **Art. 33 RPG,** der – neben der öffentlichen Auflage der Nutzungspläne und der Etablierung wenigstens eines Rechtsmittels – Vorgaben hinsichtlich Legitimation und Kognition sowie eine Koordinationspflicht verankert. Da es sich dabei um Mindestanforderungen handelt, steht es den Kantonen frei, extensiveren Rechtsschutz zu gewährleisten.[2] Bei Art. 33 RPG, zu dessen Erlass der Bund gestützt auf Art. 75 BV zuständig ist[3], handelt es sich um direkt anwendbares Recht.[4] Bei mangelhafter Umsetzung im kantonalen Recht ist daher eine unmittelbare Abstützung auf die bundesrechtlichen Vorgaben möglich.[5] 8.2

Die Mindestanforderungen von Art. 33 RPG sind mit Inkrafttreten der **totalrevidierten Bundesrechtspflege** im Jahr 2007 durch verschiedene Bestimmungen im BGG (namentlich Art. 86 Abs. 2 und 110–112 BGG) überlagert worden. Letztere etablieren zwecks Umsetzung der Rechtsweggarantie und zur Sicherstellung der Einheit des Verfahrens einen Minimalstandard für Kernelemente des Rechtsschutzes in den Kantonen. Konsequenz davon ist, dass sich die bundesrechtlichen Einflussnahmen auf den Rechtsschutz in Raumplanungs- und Bausachen nur noch punktuell von den Vorgaben des BGG, die über einen umfassenden Geltungsbereich verfügen, unterscheiden. 8.3

Hinzuweisen ist sodann auf **Art. 1 Abs. 3 VwVG,** der für das Verfahren letzter kantonaler Instanzen bestimmte verfahrensrechtliche Vorgaben macht, soweit in Anwendung von Verwaltungsrecht des Bundes (vorliegend sind neben dem RPG insbesondere das USG, das GSchG, das WaG sowie das diesbezügliche Verordnungsrecht von Bedeutung) nicht endgültig verfügt wird. Die – nicht in einem abschliessenden Sinne verstandenen – Vorgaben betreffen unter anderem die Eröffnung von Verfügungen und den Entzug der aufschiebenden Wirkung.[6] Auch diese Einwirkungen auf das kantonale Verfahrens- und Prozessrecht sind mittlerweile weitgehend überlagert worden durch die Vorgaben im BGG, die sich nicht auf die Anwendung von öffentlichem Recht des Bundes durch die Kantone beschränken.[7] 8.4

---

2 EJPD/BRP, Erläuterungen, Art. 33 Rz. 14; WALDMANN/HÄNNI, Handkommentar RPG, Art. 33 Rz. 16.

3 Zur Bedeutung von Art. 75 BV für den Erlass von verfahrens- und organisationsrechtlichen Vorgaben an die Adresse der Kantone siehe EJPD/BRP, Erläuterungen, Art. 33 Rz. 1 und 2; WALDMANN/HÄNNI, Handkommentar RPG, Art. 33 Rz. 1; zur Qualifikation von Art. 33 Abs. 2 RPG als Eingriff in die kantonale Organisationshoheit siehe BGE 132 II 188, E. 3.5. Siehe auch AEMISEGGER/HAAG, in: Praxiskommentar Rechtsschutz RPG, Art. 33 Rz. 5, welche die bundesrechtlichen Eingriffe als zur «Gewährleistung des Rechtsschutzes (...) notwendig, zweckmässig und (...) verfassungsrechtlich geboten» erachten.

4 Siehe BGE 138 I 131, E. 5.4; BGE 111 Ib 13, E. 3b; BGE 109 Ib 121, E. 5a; EJPD/BRP, Erläuterungen, Art. 33 Rz. 4; AEMISEGGER/HAAG, in: Praxiskommentar Rechtsschutz RPG, Art. 33 Rz. 6; WALDMANN/HÄNNI, Handkommentar RPG, Art. 33 Rz. 3.

5 BGE 138 I 131, E. 5.4.3.

6 Siehe zur Reichweite dieser Bestimmung MAYHALL, in: Praxiskommentar VwVG, Art. 1 Rz. 41 ff.; TSCHANNEN, in: Kommentar VwVG, Art. 1 Rz. 25 ff.

7 Zur heute limitierten Bedeutung von Art. 1 Abs. 3 VwVG siehe THURNHERR, Verwaltungsrechtspflege, S. 235.

8.5 Darüber hinaus ist den **verfassungsrechtlichen Verfahrens- und Justizgrundsätzen** (Art. 29 ff. BV) Genüge zu tun.[8] Die allgemeinen Verfahrensgarantien (Art. 29 BV) finden sowohl im nichtstreitigen als auch im streitigen Verwaltungsverfahren und vor Gericht Anwendung. Zu beachten ist allerdings, dass das (vom gesetzlich vorgesehenen Schriftenwechsel zu unterscheidende) unbeschränkte Replikrecht als Teilaspekt des rechtlichen Gehörs (Art. 29 Abs. 2 BV) in einem Grundsatzurteil auf das gerichtliche Verfahren beschränkt wurde.[9] In einem neueren Entscheid hat das Bundesgericht nun allerdings die Bedeutung des Rechts auf Einsicht- und Stellungnahme auch im Verwaltungsverfahren hervorgehoben; bei dessen Konkretisierung könne indes der spezifischen Verfahrenskonstellation Rechnung getragen werden.[10] Sodann müssen die Gerichte unabhängig von den anderen Staatsgewalten agieren und die personelle Unabhängigkeit beachten (Art. 30 und 191c BV).[11]

8.6 Vor diesem Hintergrund erstreckt sich der kantonale Regelungsspielraum – neben der Ausgestaltung der Behördenorganisation und des Instanzenzuges sowie der grundsätzlichen Möglichkeit, über die bundesrechtlichen Anforderungen hinauszugehen – vor allem auf eher prozesstechnische Aspekte wie die Fristen, die Wirkungen der Rechtsmittel, die Handhabung des Rügeprinzips oder die Kostenverlegung.[12] In diesen Bereichen besteht denn auch eine gewisse kantonale **Regelungsvielfalt.** Die Beachtung der kantonalen Unterschiede verlangt insbesondere von Rechtsanwältinnen und Rechtsanwälten, die in ihnen wenig vertrauten Gemeinwesen prozessieren, besondere Sorgfalt.[13]

2. Öffentliche Auflage von Nutzungsplänen

a) Reichweite und Zweck der Vorgabe von Art. 33 Abs. 1 RPG

8.7 Art. 33 Abs. 1 RPG verlangt, dass Nutzungspläne **öffentlich aufgelegt** werden. Bezweckt wird damit zum einen die Publizität solcher Pläne. Zum anderen ist die öffentliche Auflage unabdingbare Voraussetzung für eine sachgerechte Anfech-

---

8 BGE 138 I 131, E. 5.4.4. Siehe dazu auch Rz. 7.10 ff.

9 BGE 138 I 154, E. 2. Siehe zu den Anforderungen des Replikrechts im Einzelnen statt vieler BGE 138 I 154, E. 2.3.3; BGE 137 I 195, E. 2.3.1; Aemisegger, Rechtsprechung, S. 106; Kiener/Rütsche/Kuhn, Öffentliches Verfahrensrecht, Rz. 235; Kölz/Häner/Bertschi, Verwaltungsverfahren, Rz. 1119 ff.; Rhinow/Koller/Kiss/Thurnherr/Brühl-Moser, Öffentliches Prozessrecht, Rz. 325 f.

10 BGer, Urteil 1C_159/2014 vom 10. Oktober 2014, E. 4.1. Siehe dazu auch Rz. 7.16 ff.

11 Siehe dazu grundlegend Kiener, Unabhängigkeit, S. 58 ff.; ferner statt vieler Steinmann, in: St. Galler Kommentar BV, Art. 30 Rz. 7 ff.; Reich, in: Basler Kommentar BV, Art. 30 Rz. 6 ff.

12 Siehe zum kantonalen Spielraum auch Thurnherr, Verwaltungsrechtspflege, S. 230 ff.

13 Besondere Aufmerksamkeit ist vor allem dann geboten, wenn auf kantonaler Ebene spezialgesetzlich von den im Übrigen geltenden Vorgaben abgewichen wird: So beträgt beispielsweise im Kanton Luzern die Rechtsmittelfrist in baurechtlichen Angelegenheiten in Abweichung von den allgemeinen Bestimmungen der Verwaltungsrechtspflege 20 (und nicht 30) Tage (siehe § 206 PBG LU; § 130 VRG LU). – Zu den praktischen Implikationen der Regelungsvielfalt auch Thurnherr, Verwaltungsrechtspflege, S. 242 ff.

tung.[14] An der Sicherstellung des Rechtsschutzes haben sich auch die Modalitäten der öffentlichen Auflage zu messen. In jedem Fall müssen die Pläne klar, präzise und vollständig sein.[15] Im Übrigen ist die Art und Weise der Veröffentlichung den Kantonen überlassen. Das Bundesrecht fordert keine persönliche Benachrichtigung der Grundeigentümer.[16] Ob dies auch für teilgebietsbezogene Nutzungspläne mit einer inhaltlichen Nähe zum Einzelakt gelten soll, wurde bislang, soweit ersichtlich, nicht entschieden.[17] Im Übrigen kann auch das demokratische Gesetzgebungsverfahren als Ersatz für die öffentliche Auflage dienen.[18]

Die **Auflagepflicht** gilt für sämtliche kantonalen, regionalen und kommunalen Nutzungspläne nach Art. 14 ff. RPG. Neben den Rahmennutzungsplänen (Art. 14–18 RPG) ist insbesondere auf die verschiedenen Sondernutzungspläne, beispielsweise in der Gestalt von Quartier-, Überbauungs- oder Erschliessungsplänen, hinzuweisen. Letztere werden unabhängig davon, ob sie im RPG näher umschrieben sind, erfasst.[19] Die Auflagepflicht erstreckt sich auch auf die Ausscheidung provisorischer Bauzonen.[20] Aufzulegen sind ferner die zugehörigen Bau- und Nutzungsvorschriften, soweit sie die im Plangebiet geltende Ordnung betreffen.[21] Abzugrenzen sind die Nutzungspläne gegenüber den (nicht öffentlich aufzulegenden) Richtplänen einerseits und den Verfügungen andererseits.[22] 8.8

Die öffentliche Auflage der Nutzungspläne bildet auch Grundlage für die **Gehörsgewährung** im gerichtlichen Verfahren. Der Anspruch auf rechtliches Gehör findet seine Grundlage in Art. 29 Abs. 2 BV und ist von der Mitwirkung gemäss Art. 4 RPG zu unterscheiden.[23] Das Bundesgericht leitet aus Art. 33 Abs. 1 RPG ab, dass die – in dieser Bestimmung nicht erwähnten – Planentwürfe nicht öffentlich aufgelegt werden müssen. Vielmehr werde lediglich verlangt, dass sich die kommunale oder kantonale Behörde im Einsprache-, Beschwerde- oder Homologationsverfahren mit den formgerecht und innert Frist erhobenen Einwendungen materiell 8.9

14 Siehe statt vieler BGE 135 II 286, E. 3; EJPD/BRP, Erläuterungen, Art. 33 Rz. 6; Aemisegger/Haag, in: Praxiskommentar Rechtsschutz RPG, Art. 33 Rz. 25; Griffel, Raumplanungs- und Baurecht, S. 203; Waldmann/Hänni, Handkommentar RPG, Art. 33 Rz. 8.

15 Aemisegger/Haag, in: Praxiskommentar Rechtsschutz RPG, Art. 33 Rz. 25.

16 Statt vieler BGE 135 II 286, E. 5.3; Aemisegger/Haag, in: Praxiskommentar Rechtsschutz RPG, Art. 33 Rz. 25; Griffel, Raumplanungs- und Baurecht, S. 203; Waldmann/Hänni, Handkommentar RPG, Art. 33 Rz. 15.

17 Waldmann/Hänni, Handkommentar RPG, Art. 33 Rz. 15, m.H. darauf, dass sich die Lehre teilweise für eine Benachrichtigungspflicht in diesen Situationen ausspricht.

18 BGE 138 I 131, E. 5.1–5.3.

19 Aemisegger/Haag, in: Praxiskommentar Rechtsschutz RPG, Art. 33 Rz. 21; Waldmann/Hänni, Handkommentar RPG, Art. 33 Rz. 4, beide m.w.H.

20 BGE 114 Ib 180, E. 2a ff. (Pra 1988 Nr. 194).

21 BGE 106 Ia 383, E. 3b; Aemisegger/Haag, in: Praxiskommentar Rechtsschutz RPG, Art. 33 Rz. 24; Griffel, Raumplanungs- und Baurecht, S. 203; Waldmann/Hänni, Handkommentar RPG, Art. 33 Rz. 5. Davon abzugrenzen sind die allgemeinen, nicht spezifisch planbezogenen Normen.

22 Waldmann/Hänni, Handkommentar RPG, Art. 33 Rz. 4.

23 Zu Art. 4 RPG, der sowohl von den direktdemokratischen Instrumenten als auch vom Rechtsschutz zu unterscheiden ist, Rz. 7.64, 7.75, 7.79 ff. und 7.90.

befasst.[24] Daraus resultiert eine Beschränkung des Gehörsrechts im nichtstreitigen Stadium, indem sich die Betroffenen «je nach Ausgestaltung des kantonalen Verfahrens erst gegenüber der Rechtsmittelinstanz erstmalig rechtlich zur Wehr setzen können und nicht schon gegenüber der Planungsbehörde».[25] Diese unter Hinweis auf die gesetzgeberische Intention – namentlich die Differenzierung zwischen dem politischen Meinungsbildungsprozess (Art. 4 RPG) und dem nachträglichen Rechtsschutz (Art. 33 RPG) – gerechtfertigte gänzliche Verlagerung der Anhörung in das Rechtsmittelstadium relativiert die eigenständige Bedeutung des nichtstreitigen Verfahrens im Verhältnis zur Verwaltungsgerichtsbarkeit. Sie ist zu Recht auf Kritik gestossen. Aufgrund der schwachen rechtssatzmässigen Determinierung der Planung, des damit einhergehenden Planungsermessens der Behörden und der (trotz Art. 33 Abs. 3 lit. b RPG) spiegelbildlich beschränkten Kognition der Rechtsmittelinstanzen[26] fällt sie umso stärker ins Gewicht.[27] Immerhin anerkennt auch das Bundesgericht, dass «der Standard der Gehörsgewährung im Beschwerdeverfahren jenem der Gehörsgewährung im Einspracheverfahren nicht vollumfänglich zu entsprechen [vermag]».[28]

8.10 Da sich das Publizitäts- und Rechtsschutzinteresse nicht nur beim Planerlass, sondern auch bei jeder **Änderung oder Ergänzung** manifestiert, hat in diesen Konstellationen ebenfalls eine öffentliche Auflage stattzufinden.[29] Dies gilt überdies, wenn nach Abschluss des Auflageverfahrens (namentlich im Einsprache- und Rechtsmittelverfahren) eingebrachte Einwendungen zu wesentlichen Planänderungen führen, die zu neuen Einwänden Anlass geben können, welche nicht bereits gegen den bisherigen Plan vorgebracht werden konnten.[30] Zudem sind die betroffenen Grundeigentümer im Rahmen eines Einsprache- oder Beschwerdeverfahrens vor einer kantonalen oder kommunalen Instanz mit voller Kognition nochmals anzuhören.[31] Der Rechtsschutz ist dabei auf die eigentlichen Änderungen beschränkt.[32] Eine Planauflage mit Äusserungsmöglichkeit ist allerdings nur angezeigt, wenn der Nutzungsplan geändert werden soll. Im Falle der Ablehnung des Plans genügt die Möglichkeit der Anfechtung des negativen Beschlusses bei einer Instanz mit umfassender Kognition den bundesrechtlichen Vorgaben.[33]

---

24 BGE 135 II 286, E. 5.3; BGE 107 Ia 273, E. 2b; dazu auch Aemisegger/Haag, in: Praxiskommentar Rechtsschutz RPG, Art. 33 Rz. 19.

25 BGE 135 II 286, E. 5.3.

26 Zur Zurückhaltung bei der nachträglichen Überprüfung siehe auch Rz. 8.29.

27 Siehe dazu statt vieler Thurnherr, Verfahrensgrundrechte, Rz. 419 m.H. auf weitere kritische Stimmen in der Literatur.

28 BGE 135 II 286, E. 5.3.

29 Aemisegger/Haag, in: Praxiskommentar Rechtsschutz RPG, Art. 33 Rz. 28; Griffel, Raumplanungs- und Baurecht, S. 203.

30 Waldmann/Hänni, Handkommentar RPG, Art. 33 Rz. 14. Zum Umstand, dass öffentlich aufgelegte Planentwürfe keine Vertrauensgrundlage darstellen, siehe Waldmann/Hänni, Handkommentar RPG, Art. 33 Rz. 9.

31 Waldmann/Hänni, Handkommentar RPG, Art. 33 Rz. 11.

32 Aemisegger/Haag, in: Praxiskommentar Rechtsschutz RPG, Art. 33 Rz. 29 m.H. auf entsprechende kantonale Regelungen.

33 Waldmann/Hänni, Handkommentar RPG, Art. 33 Rz. 11.

Die **Folgen fehlerhafter Planauflage** richten sich nach den allgemeinen Grundsätzen der rechtlichen Bewältigung von Verfahrensfehlern. Nach der Evidenztheorie führt ein Verfahrensfehler nur dann zur Nichtigkeit, wenn er besonders schwer wiegt, offensichtlich oder zumindest leicht erkennbar ist und wenn die Rechtssicherheit durch die Annahme der Nichtigkeit nicht ernsthaft gefährdet wird, wobei eine Abwägung zwischen dem Interesse an der Rechtssicherheit und jenem an der richtigen Rechtsanwendung vorzunehmen ist.[34] Vor diesem Hintergrund führt die gänzlich unterbliebene öffentliche Bekanntmachung primär zur Nichtigkeit der Planfestsetzung.[35] Eine unzureichende Auflage[36] resultiert demgegenüber nur in der Anfechtbarkeit. Behoben werden kann der Mangel insbesondere durch eine Wiederherstellung der Einsprache- oder Rechtsmittelfrist.[37] 8.11

b) Umsetzung in den Kantonen

Die kantonalen Planungs- und Baugesetze implementieren die **bundesrechtlichen Vorgaben** und führen sie teilweise näher aus. So hat etwa die bundesgerichtliche Rechtsprechung, die für erhebliche Änderungen eine Wiederholung des Auflageverfahrens fordert, verschiedentlich expliziten gesetzlichen Niederschlag gefunden.[38] 8.12

Die bundesrechtlichen Mindestvorgaben lassen in verschiedenerlei Hinsicht Raum für **grosszügigere kantonale Regelungen:** So ist in zahlreichen Kantonen vorgesehen, dass bereits die Planentwürfe öffentlich aufzulegen sind[39], was der vorne erwähnten Verkürzung des Gehörsrechts entgegenwirkt und gleichzeitig die Mitwirkung der Bevölkerung gemäss Art. 4 Abs. 2 RPG ermöglicht. Anfechtbar bleibt indes lediglich der Festsetzungsbeschluss.[40] Zudem sehen einzelne Kantone auch die Auflage der Richtpläne sowie der Richtplanentwürfe vor.[41] Sodann ist teilweise eine Pflicht zur persönlichen Benachrichtigung der Eigentümer von in die Planung einbezogenen Grundstücken vorgesehen, und zwar durch einfache schriftliche Mitteilung oder eingeschriebenen Brief.[42] Teilweise ist der Kreis insofern wei- 8.13

34 Statt vieler Häfelin/Müller/Uhlmann, Verwaltungsrecht, Rz. 1098; Tschannen/Zimmerli/Müller, Verwaltungsrecht, § 31 Rz. 15.

35 BGE 114 Ib 180, E. 2a (Pra 1988 Nr. 194); Aemisegger/Haag, in: Praxiskommentar Rechtsschutz RPG, Art. 33 Rz. 31; Waldmann/Hänni, Handkommentar RPG, Art. 33 Rz. 12.

36 Ob eine Publikation im Anschlagkasten der Gemeinde den bundesrechtlichen Anforderungen genügt, wurde vom Bundesgericht in BGE 116 Ia 215, E. 2c offengelassen. Siehe dazu Aemisegger/Haag, in: Praxiskommentar Rechtsschutz RPG, Art. 33 Rz. 31; Waldmann/Hänni, Handkommentar RPG, Art. 33 Rz. 13.

37 BGE 121 I 177, E. 2b/bb; Aemisegger/Haag, in: Praxiskommentar Rechtsschutz RPG, Art. 33 Rz. 33; Waldmann/Hänni, Handkommentar RPG, Art. 33 Rz. 13.

38 Siehe exemplarisch Art. 79 Abs. 2 RPBG FR; Art. 93 Abs. 2 LCAT NE; Art. 57 Abs. 1 LATC VD.

39 Siehe exemplarisch § 24 BauG AG; § 109 Abs. 1 BPG BS; Art. 16 Abs. 1 LaLAT GE; § 25 Abs. 2 PBG SZ; § 39 Abs. 1 PBG ZG; § 7 Abs. 2 PBG ZH. Hinweise auf das einschlägige kantonale Recht finden sich auch in BGE 135 II 286, E. 5.2.

40 Griffel, Raumplanungs- und Baurecht, S. 203.

41 Siehe exemplarisch § 7 Abs. 2 PBG ZH; Art. 7 Abs. 2 KRVO GR.

42 Siehe § 109 Abs. 3 PBG BS; Art. 16 Abs. 1 LaLAT GE; Art. 57 Abs. 2 LATC VD.

ter gefasst, als auch die Anstösser entsprechend informiert werden müssen.[43] In gewissen Kantonen wird er enger gezogen, indem nur auswärts wohnende Grundeigentümer individuell zu kontaktieren sind.[44] In den meisten Kantonen erfolgt die Ankündigung der öffentlichen Planauflage demgegenüber im kantonalen Amtsblatt, zum Teil ergänzt durch eine entsprechende Information in Lokalzeitungen oder öffentlichen Anschlagkästen.[45]

3. Mindestanforderungen an das kantonale Rechtsmittelverfahren

a) Art. 33 Abs. 2 und 3 RPG im Kontext weiterer bundesrechtlicher Vorgaben

8.14 Die von Art. 33 Abs. 2 und 3 RPG statuierten **Mindestanforderungen** erstrecken sich auf den kantonalen Rechtsschutz gegen Nutzungspläne und Verfügungen, «die sich auf dieses Gesetz und seine kantonalen und eidgenössischen Ausführungsbestimmungen stützen». Der Kreis der davon erfassten Pläne schliesst auch Quartier-, Überbauungs- und Baulinienpläne[46], Strassen- und Erschliessungspläne[47], überkommunale Nutzungspläne[48] sowie Pläne mit provisorischen Bauzonen[49] mit ein.[50] Ausschlaggebend ist der Inhalt der Anordnung und nicht die Bezeichnung.[51] Ebenfalls unter Art. 33 Abs. 2 RPG subsumiert werden die vorläufigen Regelungen gemäss Art. 36 Abs. 2 RPG.[52] Um Verfügungen im Sinne von Art. 33 Abs. 2 RPG handelt es sich bei «Anordnungen, mit welchen die Regeln des Bau- und Planungsrechts oder die Nutzungspläne im Einzelfall angewendet werden».[53] Unerheblich ist, von wem die Nutzungspläne und Verfügungen ausgehen.[54]

8.15 Keine Geltung beanspruchen die Mindestanforderungen für Verfügungen und Nutzungspläne, die auf **selbständigem kantonalem Recht** basieren.[55] Insofern ist die Einordnung

43 Siehe Art. 29 Abs. 2 BauG SG.
44 Siehe § 13 RBG BL.
45 Die Publikation im kantonalen Amtsblatt ist beispielsweise in § 13 Abs. 3 RBG BL, Art. 48 Abs. 4 KRG GR sowie Art. 29 Abs. 1 BauG SG vorgesehen. Regelungen betreffend ergänzende Ankündigungen, die auf das Amtsblatt hinweisen, finden sich etwa in Art. 79 Abs. 2 RPBG FR, Art. 93 Abs. 2 LCAT NE, Art. 57 Abs. 1 LATC VD. Siehe dazu auch Aemisegger/Haag, in: Praxiskommentar Rechtsschutz RPG, Art. 33 Rz. 29; Waldmann/Hänni, Handkommentar RPG, Art. 33 Rz. 13.
46 BGE 111 Ib 9, E. 5 (Pra 1985 Nr. 214).
47 BGE 135 II 286 ff.
48 BGE 114 Ia 233 ff.
49 BGE 114 Ib 180, E. 2a (Pra 1988 Nr. 194).
50 Zur Reichweite von Art. 33 Abs. 2 RPG siehe auch BGE 131 III 414, E. 2.3; Aemisegger/Haag, in: Praxiskommentar Rechtsschutz RPG, Art. 33 Rz. 48 m.w.H.
51 BGE 135 II 328, E. 2.2 und 2.4 betreffend eine als Nutzungsplan zu behandelnde «Verordnung».
52 BGE 108 Ib 122, E. 2b.
53 Aemisegger/Haag, in: Praxiskommentar Rechtsschutz RPG, Art. 33 Rz. 43; siehe auch EJPD/BRP, Erläuterungen, Art. 33 Rz. 15.
54 EJPD/BRP, Erläuterungen, Art. 33 Rz. 15.
55 Siehe Waldmann/Hänni, Handkommentar RPG, Art. 33 Rz. 20.

des einem Entscheid zugrunde liegenden Rechts nach wie vor von Bedeutung. Die Abgrenzungsschwierigkeiten, die unter der Rechtsmittelordnung, welche bis Ende 2006 galt, bestanden[56], stellen sich heute allerdings nur noch mit Bezug auf die Kognitionsanforderungen (Art. 33 Abs. 3 lit. b RPG).[57] Die eigenständige Bedeutung von Art. 33 Abs. 2 und 3 RPG ist mit Inkrafttreten von Art. 86 Abs. 2 und 110–112 BGG, die für die kantonalen Vorinstanzen des Bundesgerichts unabhängig vom betroffenen Sachbereich bzw. vom anwendbaren Recht Anforderungen an den Rechtsschutz statuieren, nämlich stark relativiert worden.[58] Nach der bundesgerichtlichen Rechtsprechung ist die Bezeichnung eines Erlasses als Ausführungsrecht zum RPG irrelevant; ausschlaggebend sind vielmehr Funktion und Gehalt der zur Diskussion stehenden Normen. Um Ausführungsbestimmungen handelt es sich, wenn sie – in Konkretisierung der Zielbestimmung von Art. 1 RPG – der zweckmässigen Nutzung des Bodens und der geordneten Besiedlung des Landes dienen. Davon erfasst werden auch sämtliche Bauvorschriften, welche die planungsrechtliche Zonenordnung erst mit konkreten Inhalten füllen.[59] Exemplarisch hinzuweisen ist auf die Vorschriften zur Nutzungsdichte, zu den Abständen und zur Grösse der Bauten, die als Ausführungsrecht zum RPG zu qualifizieren sind, sofern sie nicht vorrangig einen anderen Zweck verfolgen.[60]

Ebenfalls nicht von Art. 33 Abs. 2 RPG erfasst werden Pläne, die gestützt auf die raumwirksame **Spezialgesetzgebung des Bundes** (namentlich das NHG, das USG, das GSchG und die diesbezüglichen Ausführungsverordnungen) erlassen werden.[61] Beispielhaft zu nennen sind Pläne über Grundwasserschutzzonen, die Bundesinventare gestützt auf das NHG, der generelle Entwässerungsplan gemäss Art. 5 GSchV oder die Abfallplanung nach Art. 31 USG. Auch diesbezüglich kommen allerdings die Vorgaben des Bundesgerichtsgesetzes zum Tragen. 8.16

Zu beachten ist, dass Art. 112 BGG prozessuale Vorgaben statuiert, die über jene von Art. 33 Abs. 2 und 3 RPG hinausgehen. Diesen ist von den Kantonen ergänzend Rechnung zu tragen. Sie beziehen sich auf die Modalitäten der **Eröffnung letztinstanzlicher kantonaler Entscheide.** Als Mindestinhalt definiert werden dabei die Begehren, die Begründung (zu den Ausnahmen siehe Abs. 2), die Beweisvorbringen und Prozesserklärungen der Parteien, soweit sie nicht aus den Akten hervorgehen (Abs. 1 lit. a), die ausschlaggebenden Gründe rechtlicher und tatsächlicher Art (Abs. 1 lit. b), das Dispositiv (Abs. 1 lit. c) sowie eine Rechtsmittelbelehrung mit Angabe des Streitwerts (Abs. 1 lit. d).[62] 8.17

---

56 Siehe zur Problematik der Differenzierung zwischen dem Geltungsbereich der (damaligen) Verwaltungsgerichtsbeschwerde und staatsrechtlichen Beschwerde BGE 118 Ib 26, E. 4b. Zur Abgrenzung von Bundesrecht und kantonalem Recht (bzw. kantonalen Ausführungsbestimmungen zum RPG) auch WALDMANN/HÄNNI, Handkommentar RPG, Art. 33 Rz. 19.

57 Dazu Rz. 8.25 ff.

58 Zur Bedeutung dieses Normenkomplexes vor dem Hintergrund der EMRK sowie der allgemeinen Bestimmungen der Bundesrechtspflege siehe AEMISEGGER/HAAG, in: Praxiskommentar Rechtsschutz RPG, Art. 33 Rz. 4.

59 AEMISEGGER/HAAG, in: Praxiskommentar Rechtsschutz RPG, Art. 33 Rz. 45 ff. mit zahlreichen Hinweisen.

60 AEMISEGGER/HAAG, in: Praxiskommentar Rechtsschutz RPG, Art. 33 Rz. 46 und 47 mit zahlreichen Hinweisen und Beispielen für Normen ohne raumplanerische Funktion.

61 WALDMANN/HÄNNI, Handkommentar RPG, Art. 33 Rz. 17.

62 Zur Reichweite dieser Vorgaben im Einzelnen EHRENZELLER, in: Basler Kommentar BGG, Art. 112 Rz. 3 ff.

b) Anspruch auf Rechtsschutz in den Kantonen

8.18 Gemäss Art. 33 Abs. 2 RPG hat das kantonale Recht wenigstens ein Rechtsmittel gegen Verfügungen und Nutzungspläne vorzusehen. Diese Bestimmung, die keine Vorgaben bezüglich der Ausgestaltung der entscheidenden Instanz macht (und insbesondere keinen Zugang zum Richter verlangt)[63], wird seit dem 1. Januar 2007 überlagert durch Art. 86 Abs. 2 BGG, wonach die Kantone – zwecks Umsetzung der **Rechtsweggarantie** von Art. 29a BV – obere Gerichte als unmittelbare Vorinstanzen des Bundesgerichts einsetzen müssen.[64]

8.19 Im Zusammenhang mit der Anfechtung von Erlassen sind die Kantone nicht zur Etablierung einer kantonalen Instanz verpflichtet (Art. 87 Abs. 1 BGG). Anders als die Richtpläne unterliegen die Nutzungspläne mit den zugehörigen Vorschriften im Verfahren der Beschwerde in öffentlichrechtlichen Angelegenheiten den Bestimmungen über die Einzelaktanfechtung (siehe Art. 82 lit. a BGG), weshalb diesbezüglich keine Ausnahmen gemacht werden können. Ebenfalls nicht einschlägig ist die Möglichkeit von Ausnahmen von der gerichtlichen Überprüfung für Entscheide mit überwiegend politischem Charakter (siehe Art. 86 Abs. 3 BGG), da sich Nutzungspläne nicht unter diese Bestimmung subsumieren lassen.[65] Damit ist festzuhalten, dass die Kantone für die Anfechtung von Verfügungen und Nutzungsplänen ein **oberes kantonales Gericht** als Vorinstanz des Bundesgerichts einsetzen müssen (Art. 86 Abs. 2 BGG). Die Reichweite der Aufgaben dieses Gerichts mit Blick auf die Kognition hängt davon ab, ob noch untere Instanzen bestehen. Art. 33 Abs. 2 RPG verfügt vor diesem Hintergrund nicht mehr über eigenständige Bedeutung.[66]

8.20 Nicht verlangt wird ein **doppelter kantonaler Instanzenzug.**[67] Die Existenz eines solchen wirkt sich aber insofern aus, als nicht zwingend das letztinstanzliche Gericht die von Art. 33 Abs. 3 lit. b RPG gewährte volle Kognition sicherstellen muss (siehe Art. 110 BGG). Die Gerichte haben gemäss Art. 111 Abs. 3 BGG nämlich grundsätzlich (nur) die Rügen nach den Art. 95–98 BGG zu prüfen.

8.21 Untrennbar mit dem Anspruch auf gerichtlichen Rechtsschutz verbunden ist die **Information** der Beschwerdeberechtigten über das Bauvorhaben. In der Regel erfolgt diese durch Ausschreibung des Bauvorhabens in einem amtlichen Publika-

---

63 Umstritten ist, ob es sich nur um eine Rechtsschutz- oder auch um eine Rechtsweggarantie handelt: Für Ersteres Aemisegger/Haag, in: Praxiskommentar Rechtsschutz RPG, Art. 33 Rz. 35; von einer Rechtsweggarantie gehen demgegenüber Waldmann/Hänni, Handkommentar RPG, Art. 33 Rz. 66, aus.

64 Zum Umstand, dass die Vorinstanzen des Bundesgerichts (letzte kantonale Instanzen und das Bundesverwaltungsgericht) und nicht das Bundesgericht selbst die Rechtsweggarantie umsetzen, statt vieler Kley, in: St. Galler Kommentar BV, Art. 29a Rz. 18. Zur Rechtslage vor Inkrafttreten des BGG, als die Zuständigkeit von Regierungsrat bzw. kantonaler Legislative zum kantonal letztinstanzlichen Entscheid – unter Vorbehalt von Art. 6 Ziff. 1 EMRK – noch zulässig war, Aemisegger/Haag, in: Praxiskommentar Rechtsschutz RPG, Art. 33 Rz. 38.

65 Statt vieler BGE 135 II 243, E. 1.1; dazu auch Aemisegger, in: Praxiskommentar Rechtsschutz RPG, Art. 34 Rz. 22.

66 So auch Griffel, Raumplanungs- und Baurecht, S. 205.

67 Statt vieler BGE 135 II 94, E. 4; BGE 134 I 199, E. 1.2.1.

tionsorgan oder mittels öffentlicher Planauflage.[68] Dieselben Anforderungen gelten auch für baurechtliche Vorentscheide.[69] Während die Nachbarn in der Regel persönlich informiert werden oder die Aussteckung in ihrer unmittelbaren Umgebung wahrnehmen können, sind die beschwerdelegitimierten Verbände diesbezüglich auf die amtlichen Publikationsorgane angewiesen (siehe auch Art. 55a Abs. 1 USG und Art. 12b Abs. 1 NHG). Als problematisch zu erachten ist vor diesem Hintergrund, wenn der Zugang zum kantonalen Publikationsorgan kostenpflichtig ist, da dies eine faktische Hürde für den Rechtsschutz darstellt. Aus der Ausschreibung muss im Übrigen klar hervorgehen, ob ein Projekt UVP-pflichtig ist und damit in den Geltungsbereich der ideellen Verbandsbeschwerde nach USG fällt. Art. 20 Abs. 1 ZWG, der im Kontext des Zweitwohnungsbaus für die Ausschreibung von Baugesuchen und die Mitteilung von Bauentscheiden auf die jeweiligen kantonalen Vorgaben verweist und als lex specialis Vorrang geniesst, birgt eine gewisse Gefahr, dass die Kenntnisnahme von solchen Bauvorhaben erschwert wird.

c) Beschwerdelegitimation

Gemäss Art. 33 Abs. 3 lit. a RPG hat das von Abs. 2 geforderte Rechtsmittel «die Legitimation mindestens im gleichen Umfang wie für die Beschwerde in öffentlich-rechtlichen Angelegenheiten an das Bundesgericht» zu gewährleisten. Auch diese Bestimmung hat eine **Überlagerung durch das BGG** erfahren: Gemäss dem in Art. 111 Abs. 1 BGG statuierten Grundsatz der Einheit des Verfahrens ist die Legitimationsumschreibung von Art. 89 BGG im Sinne einer Mindestvorgabe auch vor sämtlichen kantonalen Vorinstanzen zu beachten. Da in den von Art. 33 Abs. 2 RPG erfassten Konstellationen die Beschwerde in öffentlichrechtlichen Angelegenheiten offensteht, kommt auch Art. 33 Abs. 3 lit. a RPG keine eigenständige Bedeutung mehr zu.[70] 8.22

Die Kantone haben allen von Bundesrechts wegen zur Beschwerde in öffentlich-rechtlichen Angelegenheiten Legitimierten[71] auch Zugang zum Rechtsschutz auf **kantonaler Ebene** zu gewähren (Art. 111 Abs. 1 BGG): Gemäss Art. 89 Abs. 1 BGG ist zur Beschwerde legitimiert, wer «vor der Vorinstanz am Verfahren teilgenommen hat oder keine Möglichkeit zur Teilnahme erhalten hat» (lit. a), «durch den angefochtenen Entscheid oder Erlass besonders berührt ist» (lit. b) und «ein schutzwürdiges Interesse an dessen Aufhebung oder Änderung hat» (lit. c). Erfasst werden davon Verfügungsadressaten ebenso wie Dritte. Abs. 2 sodann statuiert Beschwerdemöglichkeiten für Bundesbehörden (lit. a) und Gemeinden sowie andere öffent- 8.23

68 BGE 135 II 186, E. 5.3; dazu auch AEMISEGGER/HAAG, in: Praxiskommentar Rechtsschutz RPG, Art. 33 Rz. 62; WALDMANN/HÄNNI, Handkommentar RPG, Art. 33 Rz. 33.

69 Statt vieler BGE 120 Ib 48, E. 2b; BGer, Urteil 1C_150/2009 vom 8. September 2009, E. 3; dazu auch AEMISEGGER/HAAG, in: Praxiskommentar Rechtsschutz RPG, Art. 33 Rz. 63; WALDMANN/HÄNNI, Handkommentar RPG, Art. 33 Rz. 33, beide m.w.H.

70 So auch GRIFFEL, Raumplanungs- und Baurecht, S. 207.

71 Zu den Legitimationsvoraussetzungen der Beschwerde in öffentlichrechtlichen Angelegenheiten siehe Rz. 8.158 ff.

lichrechtliche Körperschaften (lit. c). Lit. d schliesslich verweist auf die spezialgesetzlichen Beschwerdemöglichkeiten.

8.24 Das Bundesgericht lehnt eine **rügespezifische Prüfung** der Legitimation ab.[72] Diese galt unter der Herrschaft der alten Bundesrechtspflege in verschiedenen Kantonen, welche verlangten, dass Einsprecher an jeder Rüge ein eigenes schutzwürdiges Interesse haben müssen.[73] Solche Regelungen sind mit Blick auf die Einheit des Verfahrens nicht mehr bundesrechtskonform; ausschlaggebend für die Zulassung einer Rüge ist nunmehr einzig, ob eine Gutheissung für den Beschwerdeführer mit einem konkreten Nutzen verbunden wäre.[74]

d) Kognition

8.25 Art. 33 Abs. 3 lit. b RPG sodann verlangt die **volle Überprüfung** der von dieser Norm erfassten Verfügungen und Nutzungspläne durch wenigstens eine Beschwerdebehörde (bei der es sich allerdings nicht zwingend um ein Gericht handeln muss), und zwar unabhängig davon, wer Beschwerde führt.[75] Die volle Überprüfung erstreckt sich auf die Sachverhaltskontrolle, die Rechtskontrolle (einschliesslich der Kontrolle von Missbrauch, Überschreitung und Unterschreitung des Ermessens) sowie die Kontrolle der Ermessensausübung.[76] Mit der Prüfung der Angemessenheit geht die raumplanungsrechtliche Vorgabe über jene von Art. 110 BGG hinaus, die sich auf die Beschwerdegründe der Beschwerde in öffentlichrechtlichen Angelegenheiten beschränkt und daher vornehmlich die Überprüfung von Rechtsverletzungen fordert. Die Pflicht zur freien Prüfung des Sachverhalts (ebenso wie jene zur Rechtsanwendung von Amtes wegen) resultiert auch aus Art. 110 BGG. Es ist von Bundesrechts wegen nicht geboten, dass die letzte kantonale Instanz diese Aufgabe erfüllt; vielmehr kann damit auch eine vorgelagerte richterliche Behörde betraut werden.

8.26 Zusammenfassend bleibt festzuhalten, dass von der letzten kantonalen Instanz von Bundesrechts wegen lediglich die Beschwerdegründe gemäss Art. 95–98 BGG geprüft werden müssen. Die Erfüllung der anderen Vorgaben kann auch einer vorgelagerten richterlichen Behörde (dies gilt für die freie Überprüfung des Sachverhalts ebenso wie für die Rechtsanwendung von Amtes wegen nach Art. 110 BGG) bzw. einer Legislativ- oder Verwaltungsinstanz (dies gilt für die Überprüfung der Angemessenheit gestützt auf Art. 33 Abs. 3 lit. b RPG) übertragen werden. Die

---

72 Siehe dazu Rz. 7.122.

73 Siehe zur damaligen Rechtslage im Kanton Bern DAUM, Legitimation, S. 88.

74 Siehe dazu Rz. 8.143.

75 AEMISEGGER/HAAG, in: Praxiskommentar Rechtsschutz RPG, Art. 33 Rz. 80 (mit Bezug auf das Beschwerderecht von Umweltorganisationen [BGE 118 Ib 381, E. 3c]). Davon zu unterscheiden ist die Frage nach dem Kreis der Rügen, die von den Umweltorganisationen vorgebracht werden können. Siehe dazu Rz. 8.207.

76 Statt vieler BGE 127 II 238, E. 3b; EJPD/BRP, Erläuterungen, Art. 33 Rz. 28 ff.; AEMISEGGER/HAAG, in: Praxiskommentar Rechtsschutz RPG, Art. 33 Rz. 80; WALTER HALLER/PETER KARLEN, Rechtsschutz im Raumplanungs- und Baurecht, Neubearbeitung des vierten Teils der zweiten Auflage des Raumplanungs- und Baurechts, Zürich 1998, Rz. 954; WALDMANN/HÄNNI, Handkommentar RPG, Art. 33 Rz. 64 ff.

Angemessenheitsprüfung muss somit nicht zwingend durch ein Gericht erfolgen.[77] Ausschlaggebend ist, dass die Rechtsmittelinstanz von der den Plan festsetzenden Behörde unabhängig ist.[78] Nach bundesgerichtlicher Rechtsprechung genügt es jedenfalls nicht, wenn einzig ein Gemeindevorstand, der als Planfestsetzungsbehörde über die Einsprachen befindet, mit voller Kognition entscheidet.[79] Hingegen kann die kantonale Regierung diese Aufgabe erfüllen – ungeachtet des Umstands, dass ihr im Rahmen der Ausarbeitung kommunaler Nutzungspläne Aufsichts- und Beratungsfunktionen zukommen.[80] Das Bundesgericht lässt es im Übrigen auch zu, dass ein kantonales Parlament, welches als Gesetzgeber die Nutzungspläne festsetzt, mit voller Kognition über die Einsprachen gegen die Pläne entscheidet.[81]

Die bundesrechtliche Pflicht zur vollen Überprüfung bezieht sich nur auf das Rechtsmittel-, nicht aber auf das **Genehmigungsverfahren** (siehe Art. 26 Abs. 2 RPG, wonach Gegenstand der Prüfung die «Übereinstimmung mit den vom Bundesrat genehmigten kantonalen Richtplänen» bildet). Wenn in einem Kanton das Rechtsmittel- und das Genehmigungsverfahren gemeinsam stattfinden, bereiten die unterschiedlichen Kognitionsanforderungen ohnehin keine Probleme. Dasselbe gilt auch im Fall einer verfahrensrechtlichen Trennung: Zum einen wird die umfassende Kognition regelmässig zurückhaltend ausgeübt, zum anderen wird der Prüfungsmassstab im Genehmigungsverfahren auf kantonaler Ebene gemeinhin breiter – im Sinne einer umfassenden Kognition – verstanden.[82] 8.27

Die Vorgabe von Art. 33 Abs. 3 lit. b RPG schränkt die Kantone nicht darin ein, ein **Rügeprinzip** zu statuieren, sofern lediglich vorgesehen wird, dass die Rechtsmittelinstanz nicht von sich aus nach nicht erhobenen Rügen suchen muss. Die Rechtsmittelinstanz darf allerdings nicht auf die erhobenen Rügen beschränkt werden, sondern es muss ihr möglich sein, selbst weitere Fehler im angefochtenen Entscheid zu ermitteln.[83] Hinzuweisen ist in diesem Zusammenhang auch auf Art. 110 BGG betreffend Rechtsanwendung von Amtes wegen und freie Überprüfung des Sachverhalts durch eine rechtliche Behörde auf kantonaler Ebene, wobei diese Norm Begründungsanforderungen ebenfalls nicht ausschliesst.[84] 8.28

Trotz der vollen Kognition erfolgt bei der Überprüfung der Angemessenheit eine gewisse **Zurückhaltung.** Damit wird dem Umstand Rechnung getragen, dass die Rechtsmittelbehörde nicht Planungsinstanz ist, sondern ihr die Aufgabe zukommt, bestehende Entscheide zu überprüfen, ohne dabei Neues zu schöpfen.[85] Sie darf daher nicht ihr eigenes planerisches Ermessen an die Stelle des Ermessens des zuständigen Gemeinwesens setzen.[86] Ursächlich für diese Zurückhaltung sind drei 8.29

---

77 BGer, Urteil 1C_156/2011 vom 15. Juli 2011, E. 2.3.
78 AEMISEGGER/HAAG, in: Praxiskommentar Rechtsschutz RPG, Art. 33 Rz. 90.
79 BGE 109 Ib 121, E. 5.
80 BGE 114 Ia 233, E. 2b.
81 BGE 111 Ib 9, E. 2b.
82 HÄNNI, Planungsrecht, S. 550 ff.
83 WALDMANN/HÄNNI, Handkommentar RPG, Art. 33 Rz. 67.
84 EHRENZELLER, in: Basler Kommentar BGG, Art. 110 Rz. 20.
85 AEMISEGGER/HAAG, in: Praxiskommentar Rechtsschutz RPG, Art. 33 Rz. 8 und 77.
86 BGer, Urteil 1C_453/2007 vom 10. März 2008, E. 5.

Gründe: Erstens steht den Planungsbehörden bei der Nutzungsplanung bereits von Bundesrechts wegen ein Ermessensspielraum zu (Art. 2 Abs. 3 RPG), den es auch im Rechtsmittelstadium zu wahren gilt.[87] Zweitens kennzeichnet sich die Entscheidfindung in bau- und planungsrechtlichen Fragen dadurch, dass die Würdigung lokaler Verhältnisse von besonderer Bedeutung ist und Fachwissen sowie Zukunftsprognosen eine entscheidende Rolle spielen.[88] Drittens kann sich die kommunale Bau- bzw. Planungsbehörde teilweise auf den Schutz der Gemeindeautonomie berufen.[89] Bei der Überprüfung von Verfügungen gelten die erwähnten Grundsätze ebenfalls[90], wobei hier das Planungsermessen nicht von Belang ist, wohl aber Entscheidungsspielräume im Zusammenhang mit der Einordnung und Gestaltung, die durch unbestimmte Rechtsbegriffe eingeräumt werden.

8.30 In diesen Konstellationen hat die Rechtsmittelbehörde somit lediglich zu klären, ob angemessen entschieden worden ist.[91] Die Prüfung von Nutzungsplänen konzentriert sich letztlich auf die (Rechts-)Frage, ob der Plan auf einer **umfassenden Interessenabwägung** beruht.[92] Dabei sind je nach Sachlage nicht nur Anliegen der Raumplanung, sondern auch in einem weiten Sinn verstandene umweltrechtliche Belange (z.B. Naturschutz, Gewässerschutz, Walderhaltung) zu prüfen und in einer umfassenden Weise gegeneinander abzuwägen.[93]

8.31 Beschränkt eine Beschwerdeinstanz ihre Überprüfungsbefugnis ohne sachliche Gründe (z.B. auf Willkür), begeht sie eine **formelle Rechtsverweigerung.**[94] Kein zulässiges Argument für die Beschränkung ist etwa, dass der Nutzungsplan lediglich den Richtplan vollziehe.[95] Zudem müssen die übergeordneten, vom Kanton zu sichernden Interessen im Kontext der Prüfung angemessen berücksichtigt werden.[96]

---

87 Siehe dazu statt vieler BGE 135 II 286, E. 5.3; BGer, Urteil 1P.270/2005 vom 26. September 2005, E. 2.2; BGer, Urteil 1P.37/2003 und 1P.43/2003 vom 12. September 2003, E. 3.3; WALDMANN/HÄNNI, Handkommentar RPG, Art. 33 Rz. 65.

88 WALDMANN/HÄNNI, Handkommentar RPG, Art. 33 Rz. 65.

89 BGer, Urteil 1C_453/2007 vom 10. März 2008, E. 5. Eine eingehende Analyse der Rechtsprechung des Bundesgerichts sowie verschiedener kantonaler Verwaltungsgerichte zur Kognitionsbeschränkung vor dem Hintergrund der Gemeindeautonomie findet sich bei SCHULER, Kognition, S. 45 ff.; siehe auch SCHINDLER, Gemeindeautonomie, S. 145 ff.

90 Siehe BGE 119 Ia 88, E. 6; BGE 118 Ib 381, E. 3c; BGE 114 Ib 81, E. 3; AEMISEGGER/HAAG, in: Praxiskommentar Rechtsschutz RPG, Art. 33 Rz. 89; WALDMANN/HÄNNI, Handkommentar RPG, Art. 33 Rz. 70.

91 WALDMANN/HÄNNI, Handkommentar RPG, Art. 33 Rz. 65.

92 Siehe BGE 114 Ia 245, E. 2b.

93 Siehe BGE 121 II 72, E. 3; WALDMANN/HÄNNI, Handkommentar RPG, Art. 33 Rz. 66.

94 Siehe BGE 115 Ia 5, E. 2d; BGE 114 Ia 245, E. 2; WALDMANN/HÄNNI, Handkommentar RPG, Art. 33 Rz. 68.

95 WALDMANN/HÄNNI, Handkommentar RPG, Art. 33 Rz. 69.

96 AEMISEGGER/HAAG, in: Praxiskommentar Rechtsschutz RPG, Art. 33 Rz. 8 m.w.H.

e) Konzentrationsmodell

Schliesslich verlangt Art. 33 Abs. 4 RPG in Festschreibung der bisherigen Praxis[97] **einheitliche Rechtsmittelinstanzen** für die «Anfechtung von Verfügungen kantonaler Behörden, auf welche Artikel 25a Absatz 1 Anwendung findet». Vorgeschrieben wird damit die Koordination nach dem Konzentrationsmodell.[98] Ausschlaggebend für die Reichweite dieser Bestimmung ist Art. 25a RPG, der zum einen sämtliche Verfügungen erfasst, die zur Errichtung oder Änderung einer Baute oder Anlage erforderlich sind. Zum anderen erstreckt sie sich auch auf Nutzungsplanverfahren, in deren Rahmen Verfügungen zu erlassen sind.[99] Diese Bestimmung bezweckt eine ganzheitliche Betrachtung im Rechtsmittelverfahren.[100] 8.32

Von der Koordinationspflicht **ausgenommen** sind neben eidgenössischen Spezialbewilligungen[101] auch Nutzungspläne, in deren Kontext keine Verfügungen getroffen werden. Ursächlich für die unterschiedliche Behandlung von Verfügungen und Nutzungsplänen sind die erheblichen Unterschiede mit Blick auf Verfahren und Gegenstand.[102] 8.33

Das Bundesrecht verlangt von den Kantonen daher nicht, dass auch der Genehmigungsentscheid bei jener Behörde anfechtbar ist, die die Rechtsmittel nach Art. 33 Abs. 2 RPG beurteilt.[103] Allerdings müssen auf kantonaler Ebene Verfahren etabliert werden, die **widerspruchsfreie Ergebnisse** garantieren.[104] Die Kantone verfügen über einen gewissen Spielraum bei der Implementierung dieser Vorgaben. Verlangt wird indes, dass der Genehmigungsentscheid spätestens im Rahmen des Verfahrens vor der letzten kantonalen Rechtsmittelinstanz eingeholt und in die Beurteilung miteinbezogen wird.[105] 8.34

Bereits der Wortlaut von Art. 33 Abs. 4 RPG stellt klar, dass die Kantone eine einheitliche Rechtsmittelinstanz vorsehen müssen, um die formelle und materielle Koordination sicherzustellen. Bei der konkreten **Ausgestaltung des Konzentrationsmodells** verfügen sie über einen gewissen Spielraum. Ist eine Mehrzahl von Verfügungen zu beurteilen, bestehen nämlich regelmässig verschiedene Rechts- 8.35

---

97 Siehe den Grundsatzentscheid Chrüzlen: BGE 116 Ib 50, E. 4a–c; zudem BGE 121 II 72, E. 3; BGE 118 Ib 381, E. 4.

98 GRIFFEL, Raumplanungs- und Baurecht, S. 208.

99 Zur Reichweite der Konzentrationspflicht Rz. 7.92 ff.; siehe auch AEMISEGGER/HAAG, in: Praxiskommentar Rechtsschutz RPG, Art. 33 Rz. 96; WALDMANN/HÄNNI, Handkommentar RPG, Art. 33 Rz. 89.

100 AEMISEGGER/HAAG, in: Praxiskommentar Rechtsschutz RPG, Art. 33 Rz. 98, mit zutreffendem Hinweis darauf, dass die gegenseitige Abstimmung der Rechtsmittelentscheide (anders als im erstinstanzlichen Bewilligungsverfahren) kaum mehr möglich ist.

101 Diese können ohnehin nicht der Überprüfung durch kantonale Rechtsmittelbehörden unterworfen werden; siehe AEMISEGGER/HAAG, in: Praxiskommentar Rechtsschutz RPG, Art. 33 Rz. 99; WALDMANN/HÄNNI, Handkommentar RPG, Art. 33 Rz. 90.

102 Botschaft RPG 1994, S. 1089.

103 BGer, Urteil 1P.222/2000 und 1P.224/2000 vom 22. November 2000, E. 3e (ZBl 2001 383 ff.).

104 Zum Ganzen WALDMANN/HÄNNI, Handkommentar RPG, Art. 33 Rz. 90.

105 BGE 135 II 22, E. 1.3; BGer, Urteil 1C_190/2007 vom 7. Dezember 2007, E. 2.2.2.2 (ZBl 2008 679 ff.); BGer, Urteil 1P.222/2000 und 1P.224/2000 vom 22. November 2000, E. 3e (ZBl 2001 383 ff.). Siehe auch GRIFFEL, Raumplanungs- und Baurecht, S. 227 f.

mittelinstanzen, die mit der konzentrierten Beurteilung betraut werden könnten. Die Wahl sollte auf eine Behörde fallen, in deren Zuständigkeit die Beurteilung der Rechtsmittel im Leitverfahren liegt bzw. die eine frühzeitige und umfassende Prüfung sicherstellen kann.[106]

B. Vorgaben der EMRK

8.36 Art. 6 Ziff. 1 EMRK vermittelt jedermann einen Anspruch darauf, dass über Streitigkeiten in Bezug auf **zivilrechtliche Ansprüche und Verpflichtungen** (sog. civil rights and obligations) «von einem unabhängigen und unparteiischen, auf Gesetz beruhenden Gericht in einem fairen Verfahren, öffentlich und innerhalb angemessener Frist verhandelt wird». Gefordert wird in diesen Fällen neben der freien Prüfung aller Rechts- und Sachverhaltsfragen (nicht aber der Angemessenheit)[107] auch eine öffentliche Urteilsverkündung.[108]

8.37 Seitdem mit Art. 29a BV eine (allerdings unter dem Vorbehalt gesetzlicher Ausnahmen stehende) umfassende, für alle Rechtsstreitigkeiten geltende **Rechtsweggarantie** statuiert wird, verfügt Art. 6 Ziff. 1 EMRK für den Rechtsschutz auf innerstaatlicher Ebene nur noch über beschränkte Bedeutung. Dies gilt nicht zuletzt auch deshalb, weil das Bundesgericht Art. 30 Abs. 1 BV inhaltlich weitgehend gleich wie Art. 6 Ziff. 1 EMRK auslegt.[109] Heute kommt Art. 6 Ziff. 1 EMRK damit primär insofern Bedeutung zu, als er dem Gesetzgeber bei der Formulierung von Ausnahmen von der gerichtlichen Überprüfung (siehe Art. 29a Satz 2 BV) Schranken setzt.[110]

8.38 Der Begriff der – vorliegend interessierenden – **zivilrechtlichen Ansprüche** wird vom Europäischen Gerichtshof für Menschenrechte autonom ausgelegt.[111] Sein Gehalt wurde kasuistisch stetig weiterentwickelt, was bisweilen erhebliche Schwierigkeiten bereitet, den Geltungsbereich von Art. 6 Ziff. 1 EMRK zu identifizieren.[112] Letzterer ist gemäss der Strassburger Praxis bzw. der gestützt darauf ergangenen bundesgerichtlichen Rechtsprechung unter anderem dann eröffnet, wenn ein bau- oder planungsrechtlicher Entscheid Konsequenzen für die Ausübung der Eigen-

---

106 Aemisegger/Haag, in: Praxiskommentar Rechtsschutz RPG, Art. 33 Rz. 98; Waldmann/Hänni, Handkommentar RPG, Art. 33 Rz. 91.

107 Aemisegger/Haag, in: Praxiskommentar Rechtsschutz RPG, Art. 33 Rz. 91.

108 Zu den Vorgaben von Art. 6 Ziff. 1 EMRK siehe statt vieler Grabenwarter/Pabel, Europäische Menschenrechtskonvention, S. 384 ff.; Peters/Altwicker, Europäische Menschenrechtskonvention, S. 161 ff.

109 Kritisch dazu Müller/Schefer, Grundrechte, S. 937.

110 Siehe Kley, in: St. Galler Kommentar BV, Art. 29a Rz. 21.

111 Siehe zur autonomen Auslegung Grabenwarter/Pabel, Europäische Menschenrechtskonvention, S. 33 und 386 ff.; Peters/Altwicker, Europäische Menschenrechtskonvention, S. 137 ff.

112 Allgemein zum Begriff der zivilrechtlichen Ansprüche BGE 130 I 388, E. 5.1.

tumsrechte zeitigt.[113] Dies gilt etwa für Streitigkeiten über Bauverbote[114] bzw. Baubewilligungen[115] sowie Verfahren betreffend formelle Enteignungen, und zwar sowohl mit Blick auf die Zulässigkeit der Enteignung als auch die Festsetzung der Entschädigung.[116] Da Nutzungsplanverfahren gemeinhin mit finanziellen Folgen verbunden sind, tendiert das Bundesgericht dazu, diese ebenfalls als von Art. 6 Ziff. 1 EMRK erfasst zu betrachten.[117] Abgrenzungsschwierigkeiten sind allerdings praktisch kaum mehr von Bedeutung, da der nach dem BGG vorgeschriebene kantonale Rechtsschutz der EMRK ohnehin genügt.[118] Unverzichtbar ist die Zuordnung allerdings mit Blick auf eine allfällige Anfechtbarkeit innerstaatlich letztinstanzlicher Entscheide.[119]

C. Rechtsschutz gegen Raumpläne

1. Richtpläne

a) Direkte und akzessorische Anfechtung

Richtpläne werden vom Bundesgericht in verfahrensrechtlicher Hinsicht den Regeln über die **Erlassanfechtung** (Art. 82 lit. b BGG) unterstellt.[120] Die Kantone sind daher aufgrund von Art. 87 Abs. 1 BGG nicht verpflichtet, ein Rechtsmittel gegen Richtpläne vorzusehen. Fehlt es – wie in den meisten Kantonen – an einem Rechtsmittel gegen kantonale Richtpläne, kann deren Festsetzung direkt beim Bundesgericht angefochten werden.[121] 8.39

Das VRPG des Kantons Bern nimmt Richtpläne explizit vom verwaltungsgerichtlichen Rechtsschutz aus (siehe Art. 77 Abs. 1 lit. b VRPG BE), ebenso das VRPG des Kantons Basel-Stadt (§ 30e Abs. 2 lit. d VRPG BS). Da die kantonalen Richtpläne in diesen Kantonen vom Regierungsrat erlassen werden (siehe Art. 104 Abs. 3 BauG BE; § 94 Abs. 1 BPG BS), besteht verwaltungsintern **keine Anfechtungsmöglichkeit.** Mangels spezialgesetzlicher Regelung ist ausschlaggebend, ob gegen Akte des den Richtplan festsetzenden Organs auf kantonaler Ebene ein Rechtsmittel besteht. Exemplarisch hinzuweisen ist auf den Kanton Zürich: 8.40

---

113 Siehe PETERS/ALTWICKER, Europäische Menschenrechtskonvention, S. 138. Eine ausführliche Darstellung der Praxis findet sich bei AEMISEGGER/HAAG, in: Praxiskommentar Rechtsschutz RPG, Art. 33 Rz. 91 ff.; WALDMANN/HÄNNI, Handkommentar RPG, Art. 33 Rz. 81 ff.

114 EGMR, Urteil vom 23. September 1982, Sporrong und Lönnroth v. Schweden, Nr. 1/75 (EuGRZ 1983 523 ff.).

115 EGMR, Urteil vom 25. November 1994, Ortenberg v. Österreich, Nr. 12884/87, Rz. 25–28 (ÖJZ 1995 225 ff.).

116 Siehe statt vieler BGE 118 Ia 372, E. 6a; BGE 118 Ia 223, E. 1c; BGE 117 Ia 378, E. 5.

117 Siehe statt vieler BGE 122 I 294, E. 3e und 3f; dazu auch AEMISEGGER/HAAG, in: Praxiskommentar Rechtsschutz RPG, Art. 33 Rz. 95; WALDMANN/HÄNNI, Handkommentar RPG, Art. 33 Rz. 87.

118 AEMISEGGER/HAAG, in: Praxiskommentar Rechtsschutz RPG, Art. 33 Rz. 91.

119 Siehe dazu Rz. 8.228 f.

120 BGE 136 I 265, E. 1.1; aus der Literatur statt vieler AEMISEGGER/SCHERRER REBER, in: Basler Kommentar BGG, Art. 82 Rz. 39.

121 GRIFFEL, Raumplanungs- und Baurecht, S. 225.

Akte des Kantonsrats (der auch den Richtplan erlässt) sind mit den kantonalen Rechtsmitteln explizit nicht anfechtbar (siehe §§ 19 Abs. 2 lit. b und 42 lit. b VRG ZH; dazu BGE 136 I 265, E. 1.1).

8.41 Anderes gilt bei Bestehen einer **kantonalen Rechtsschutzmöglichkeit,** da diesfalls der kantonale Instanzenzug ausgeschöpft werden muss. Infolge des vorwiegend politischen Charakters von Richtplänen besteht keine Pflicht, als Vorinstanz des Bundesgerichts ein oberes kantonales Gericht einzusetzen (siehe Art. 87 Abs. 2 i.V.m. 86 Abs. 3 BGG).[122]

8.42 Aufgrund der ausschliesslichen Behördenverbindlichkeit von Richtplänen ist mit Blick auf die Legitimation nach Akteurkategorien zu differenzieren. Dasselbe gilt für die – von der direkten Anfechtung zu unterscheidende – **vorfrageweise (akzessorische) Überprüfung** des Richtplans im Zusammenhang mit der Anfechtung eines Nutzungsplans.

b) Rechtsstellung von Privaten

8.43 Auch wenn das kantonale Recht die abstrakte Normenkontrolle kennt, ist zu beachten, dass Private auf Bundesebene die kantonalen Richtpläne aufgrund der ausschliesslich **behördenverbindlichen Wirkung** (siehe Art. 9 Abs. 1 RPG) im Zeitpunkt ihres Erlasses nicht anfechten können.[123] Daher sind auch die Kantone nicht verpflichtet, den Privaten die Beschwerdelegitimation einzuräumen.

8.44 Allerdings können betroffene Private im Kontext der Anfechtung eines Nutzungsplans auch den zugrunde liegenden Richtplan **akzessorisch überprüfen** lassen.[124] Diese Möglichkeit besteht selbst dann, wenn die Planungsbehörde lediglich den Richtplaninhalt in den Nutzungsplan gegossen hat.[125] Bei der Anfechtung eines Nutzungsplans kann daher nicht nur gerügt werden, eine Planfestsetzung widerspreche den Planungsgrundsätzen[126] oder dem Richtplan, sondern auch, die Fehlerhaftigkeit sei bereits im Richtplan selbst angelegt.[127]

---

122 BGE 136 I 265, E. 1.1; siehe dazu auch Aemisegger/Scherrer Reber, in: Basler Kommentar BGG, Art. 82 Rz. 39, die darauf hinweisen, dass die Gemeinden daher auch nicht zwingend die Möglichkeit haben, eine Verletzung ihrer Autonomie vor einem kantonalen Gericht geltend zu machen.

123 Dazu Rz. 8.134, insb. die Hinweise in Fn. 344.

124 Siehe statt vieler BGE 119 Ia 285, E. 3b; BGE 107 Ia 77, E. 3; dazu auch EJPD/BRP, Erläuterungen, Art. 33 Rz. 15; Aemisegger/Haag, in: Praxiskommentar Rechtsschutz RPG, Art. 33 Rz. 49. Siehe zum kantonalen Recht exemplarisch § 19 Abs. 2 PBG ZH.

125 BGE 113 Ib 299 ff. (Pra 1988 Nr. 136); Aemisegger/Haag, in: Praxiskommentar Rechtsschutz RPG, Art. 33 Rz. 49.

126 Spezifisch zur Frage der Rüge der Verletzung von Planungsgrundsätzen Rz. 8.144.

127 BGE 121 I 245, E. 6c–e; BGE 113 Ib 299 ff. (Pra 1988 Nr. 136); Aemisegger/Haag, in: Praxiskommentar Rechtsschutz RPG, Art. 33 Rz. 79.

c) Rechtsstellung von Gemeinden

Gemeinden als Trägerinnen der kommunalen Planungshoheit kommt auf Bundesebene das Recht zu, einen Richtplan wegen Verletzung ihrer **Autonomie** (Art. 50 BV) bzw. zur Durchsetzung öffentlicher Anliegen direkt anzufechten.[128] Damit einher geht im Gegenzug ein stark limitiertes Recht zur Herbeiführung der späteren akzessorischen Überprüfung des Richtplans durch die Gemeinde.[129] 8.45

Ob den Gemeinden diese Möglichkeit auch im Kanton offensteht, hängt vom kantonalen Recht ab. Auf **kantonaler Ebene** wird teilweise zwischen der Anfechtbarkeit kantonaler und kommunaler Richtpläne differenziert: So können Gemeinden im Kanton Zürich den kommunalen Richtplan einer Nachbargemeinde mit Rekurs anfechten. Sie sind überdies zur Beschwerde an das Verwaltungsgericht legitimiert, wenn der Regierungsrat ihrem kommunalen Richtplan die Genehmigung verweigert. Erst auf Bundesebene besteht hingegen eine Rechtsmittelmöglichkeit gegen kantonale Richtpläne.[130] Im Kanton Bern kann über die Genehmigung kommunaler Richtpläne bei der Justiz-, Gemeinde- und Kirchendirektion Beschwerde geführt werden (Art. 61a Abs. 1 BauG BE). Deren Entscheid ist gemäss Art. 61a Abs. 3 BauG BE kantonal letztinstanzlich. Gegen kantonale Richtpläne besteht ebenfalls erst auf Bundesebene eine Anfechtungsmöglichkeit.[131] 8.46

Die **akzessorische Überprüfung** des Richtplans im Kontext der Anfechtung der Nichtgenehmigung eines kommunalen Nutzungsplans, der Aufhebung einer nutzungsplanerischen Festlegung im Rechtsmittelverfahren oder der Anfechtung des Nutzungsplans einer Nachbargemeinde ist für Gemeinden unter denselben Voraussetzungen möglich, unter denen Private einen Nutzungsplan akzessorisch anfechten können. Dies ist dann der Fall, wenn bei Richtplanerlass die Tragweite der einzelnen Vorgaben für die Gemeinde noch nicht erkennbar war.[132] 8.47

2. Nutzungspläne

a) Koordination zwischen dem Anfechtungs- und dem Genehmigungsverfahren

Das **Koordinationsgebot** von Art. 33 Abs. 4 RPG bedingt nach der bundesgerichtlichen Rechtsprechung eine Abstimmung des Genehmigungsverfahrens mit dem Anfechtungsverfahren gegen die Planfestsetzung.[133] 8.48

---

128 Dazu Rz. 8.135, insb. die Hinweise in Fn. 347. Zu den unterschiedlichen Legitimationsarten der Gemeinden Rz. 8.185 ff.

129 Dazu Rz. 8.135.

130 Siehe § 19 Abs. 1 lit. a i.V.m. Abs. 2 VRG ZH; BOSSHART/BERTSCHI, in: Kommentar VRG, § 19 Rz. 36.

131 Dazu Rz. 8.134.

132 BGE 111 Ia 129, E. 3d. Siehe zur akzessorischen Überprüfung von Nutzungsplänen Rz. 8.52.

133 Siehe Rz. 8.32 ff.

8.49 In den **Kantonen** ist die Regelung verbreitet, dass zunächst die während des Auflageverfahrens eingegangenen Einsprachen von der damit befassten Gemeindebehörde behandelt werden. Anschliessend werden die Pläne der zuständigen Behörde (in der Regel dem Regierungsrat) zur Genehmigung vorgelegt, der gleichzeitig und mit umfassender Prüfungsbefugnis über hängige Beschwerden entscheidet, bevor an das kantonale Verwaltungsgericht gelangt werden kann.[134]

8.50 Einen anderen Weg beschreitet der **Kanton Zürich:** Der Genehmigungsentscheid durch die Baudirektion wird unmittelbar im Anschluss an die Festlegung des Nutzungsplans getroffen. Daraufhin werden die Planfestsetzung und der Genehmigungsentscheid der Baudirektion gleichzeitig durch die Gemeinde eröffnet (vgl. § 5 Abs. 3 PBG ZH). Innert 30 Tagen können beide Akte gemeinsam beim Baurekursgericht angefochten werden (§ 329 Abs. 1 PBG ZH). Legitimiert sind die betroffenen Privaten und Verbände gemäss §§ 338a und 338b PBG ZH. Gegen negative Genehmigungsentscheide der zuständigen Direktion kann auch die Gemeinde als Planungsträgerin Rekurs erheben. Schliesslich steht auch der Direktion als Genehmigungsinstanz das Recht zu, gegen die Aufhebung ihres Genehmigungsentscheids ein Rechtsmittel zu ergreifen (§ 338c PBG ZH).[135]

b) Direkte und akzessorische Anfechtung

8.51 Nutzungspläne stellen ein zulässiges **Anfechtungsobjekt** im Verfahren der Beschwerde in öffentlichrechtlichen Angelegenheiten vor dem Bundesgericht dar (Art. 82 lit. a BGG).[136] Entsprechend ist aufgrund von Art. 86 Abs. 2 BGG auch auf kantonaler Ebene eine Anfechtungsmöglichkeit vorzusehen.[137]

8.52 Die **akzessorische Überprüfung** von Nutzungsplänen – insbesondere im Kontext eines Baubewilligungsverfahrens – ist gemäss bundesgerichtlicher Rechtsprechung lediglich unter spezifischen Voraussetzungen möglich. Dies bildet Konsequenz der Unterstellung der Nutzungspläne unter die Regeln für die Entscheidanfechtung[138], ist die akzessorische Überprüfung doch grundsätzlich auf Erlasse beschränkt. Die einschlägigen Voraussetzungen tragen dem Umstand Rechnung, dass in besonderen Konstellationen aus objektiven Gründen auf eine Anfechtung des Nutzungsplans verzichtet worden ist bzw. kein Anlass dazu bestand. Erforderlich ist, dass sich der Betroffene beim Planerlass noch nicht über die ihm auferlegten Beschränkungen im Klaren sein konnte und er daher keine Veranlassung hatte, seine Interessen einzubringen. Alternativ ist die vorfrageweise Überprüfung möglich, wenn sich die rechtlichen oder tatsächlichen Verhältnisse seit Erlass des Zonenplans

---

134 Siehe exemplarisch § 31 RBG BL; Art. 101 KRG GR; Art. 60 f. BauG OW; für weitere Beispiele siehe Waldmann/Hänni, Handkommentar RPG, Art. 33 Rz. 88. Zur Pflicht, als Vorinstanzen des Bundesgerichts obere kantonale Gerichte einzusetzen, siehe Rz. 8.19.

135 Siehe dazu Bosshart/Bertschi, in: Kommentar VRG, § 19 Rz. 39.

136 Siehe zur Anfechtung von Nutzungsplänen mittels Beschwerde in öffentlichrechtlichen Angelegenheiten Rz. 8.136 f.

137 Zum Umstand, dass davon keine Ausnahmen gemacht werden können, siehe Rz. 8.19.

138 Zur Anwendung der Regeln über die Einzelaktanfechtung siehe Rz. 8.136. Siehe auch Griffel, Raumplanungs- und Baurecht, S. 226 f., der eine Parallele zwischen dem Verhältnis zwischen Nutzungsplan und Baubewilligung einerseits sowie Sachverfügung und Vollzugs- bzw. Vollstreckungsverfügung andererseits zieht.

in einer Weise verändert haben, dass sich auch das öffentliche Interesse am Nutzungsplan geändert hat.[139]

Die **Nichtigkeit** (die im Übrigen von sämtlichen staatlichen Instanzen zu beachten ist) kann jederzeit geltend gemacht werden.[140] 8.53

Normen, deren Zweck nicht darin besteht, Art, Natur und Umfang der im Zonenplan dargestellten Nutzungen zu umschreiben, können im **Anwendungsfall** generell auf ihre Übereinstimmung mit dem höherrangigen Recht hin überprüft werden.[141] 8.54

c) Legitimation

Das Bundesgericht unterstellt die Nutzungspläne in verfahrensrechtlicher Hinsicht – wie ausgeführt – grundsätzlich den Regeln über die Einzelaktanfechtung. Dasselbe gilt auch für die Vorschriften eines Nutzungsplans, die Art und Umfang der zulässigen Nutzung in einer bestimmten Zone regeln und als Planlegende bezeichnet werden können.[142] Zonenübergreifende Regelungen sind hingegen generell-abstrakter Natur.[143] Daraus resultieren insofern Konsequenzen für die **Beschwerdelegitimation,** als die Voraussetzungen der Entscheidanfechtung strenger sind als jene der Erlassanfechtung.[144] 8.55

Die Kantone müssen für die Anfechtung von Nutzungsplänen aufgrund von Art. 33 Abs. 3 lit. a RPG bzw. Art. 111 Abs. 1 BGG[145] die Legitimation zumindest im **Umfang von Art. 89 BGG** gewährleisten. Neben den direkt oder indirekt Betroffenen (Art. 89 Abs. 1 BGG)[146] ist die Legitimation dem ARE (Art. 89 Abs. 2 lit. a BGG i.V.m. Art. 48 Abs. 4 RPV)[147], den Gemeinden (Art. 89 Abs. 2 lit. c BGG)[148] sowie spezialgesetzlich ermächtigten Organisationen (Art. 89 Abs. 2 lit. d BGG)[149] einzuräumen. Daher sind etwa die Gemeinden (im Rahmen einer Autonomiebeschwerde) und die betroffenen Grundeigentümer legitimiert, sich gegen die Nichtgenehmigung eines kommunalen Nutzungsplans zur Wehr zu setzen.[150] Wie auf Bundesebene ist zudem in allen Kantonen bestimmten ideellen Organisationen die Berechtigung zur Geltendmachung von Verletzungen von Art. 24–24e RPG einzuräumen.[151] 8.56

---

139 Siehe WALDMANN/HÄNNI, Handkommentar RPG, Art. 33 Rz. 71.
140 BGE 115 Ia 1, E. 3.
141 Siehe etwa BGE 116 Ia 207, E. 2 und 3 (betr. Beschränkung von Zweitwohnungen); dazu auch AEMISEGGER/HAAG, in: Praxiskommentar Rechtsschutz RPG, Art. 33 Rz. 86; WALDMANN/HÄNNI, Handkommentar RPG, Art. 33 Rz. 73.
142 GRIFFEL, Raumplanungs- und Baurecht, S. 205 f.
143 GRIFFEL, Raumplanungs- und Baurecht, S. 206.
144 Siehe dazu auch GRIFFEL, Raumplanungs- und Baurecht, S. 205 f.
145 Zu diesen Vorgaben Rz. 8.22 ff.
146 Dazu Rz. 8.160 ff.
147 Dazu Rz. 8.189 ff.
148 Dazu sowie zu weiteren Beschwerderechten der Gemeinden Rz. 8.195 ff.
149 Dazu Rz. 8.202 ff.
150 Siehe auch AEMISEGGER/HAAG, in: Praxiskommentar Rechtsschutz RPG, Art. 33 Rz. 83.
151 Zum Umfang dieses Beschwerderechts auf Bundesebene siehe Rz. 8.204 ff.

8.57 Das **kantonale Recht** sieht teilweise in weiterem Masse Beschwerderechte ideeller Organisationen auch gegen planerische Entscheide vor. So können im Kanton Zürich Verbände, die sich seit mindestens zehn Jahren statutengemäss dem Natur- und Heimatschutz oder verwandten, rein ideellen Zielen widmen, u.a. gegen die Festsetzung von überkommunalen Gestaltungsplänen ausserhalb der Bauzonen Rekurs bzw. Beschwerde erheben (§ 338b PBG ZH).

3. Entschädigung als Folge von Eigentumsbeschränkungen durch planerische Massnahmen

8.58 Die Frage, in welchem Verfahren **Entschädigungsansprüche aus materieller Enteignung** geltend zu machen sind, beurteilt sich nach kantonalem Recht.[152] Einschlägig sind dabei in der Regel – teilweise in Ergänzung zu den einschlägigen Bestimmungen in den Planungs- und Baugesetzen – spezifische Erlasse, die sich mitunter sowohl mit den formellen als auch den materiellen Enteignungen befassen.[153] Gemeinhin bestehen spezifische Schätzungsverfahren vor eigens dafür etablierten Behörden (beispielsweise in der Gestalt eines Enteignungsgerichts oder einer Schätzungskommission), denen die Stellung von Spezialverwaltungsgerichten zukommen kann. Allen kantonalen Regelungen gemeinsam ist, dass letztinstanzlich ein oberes Gericht mit der Behandlung solcher Rechtsmittel betraut ist. Dabei wickeln bestimmte Kantone (so der nachfolgend erörterte Kanton Zürich) den Rechtsschutz über die nachträgliche Verwaltungsrechtspflege ab, während beispielsweise im Kanton Basel-Landschaft das Klageverfahren zur Anwendung kommt.[154]

8.59 Exemplarisch sei auf die Regelung im **Kanton Zürich** hingewiesen:[155] Liegt eine materielle Enteigung vor, muss zunächst innert zehn Jahren seit Inkrafttreten der Eigentumsbeschränkung beim zuständigen Gemeinwesen (Kanton oder Gemeinde) ein Entschädigungsanspruch angemeldet werden (§ 183ter Abs. 1 EG ZGB ZH). Kommt keine gütliche Einigung zustande und kann daher kein Expropriationsvertrag abgeschlossen werden (vgl. § 29 AbtrG ZH), leitet der Enteigner mit einem entsprechenden Gesuch an den Statthalter das Schätzungsverfahren ein (§ 32 AbtrG ZH). Der Statthalter leitet die Akten anschliessend der zuständigen Schätzungskommission weiter, die ihren Entscheid dem Enteigner sowie dem Abtretungspflichtigen zustellt (§ 39 ff. AbtrG ZH). Innerhalb einer verkürzten Rechtsmittelfrist von zwanzig Tagen können sowohl die Abtretungs- oder Beitragspflichtigen als auch der Expropriant beim Verwaltungsgericht Rekurs anmelden (§ 46 AbtrG ZH). Gegen dessen Entscheid steht die Beschwerde in öffentlichrechtlichen Angelegenheiten an das Bundesgericht offen.[156]

152 Zu den Voraussetzungen der materiellen Enteignung siehe statt vieler und grundlegend Riva, Materielle Enteignung, S. 259 ff.; Griffel, Raumplanungs- und Baurecht, S. 82 ff.

153 Siehe exemplarisch Art. 1 des (Berner) Gesetzes über die Enteignung (Enteignungsgesetz) vom 3. Oktober 1965 (EntG BE, BSG 711.0) und § 1 des (Luzerner) Enteignungsgesetzes vom 29. Juni 1970 (EntG LU, SRL 730).

154 Siehe Enteignungsgericht BL, Urteil Nr. 600 06 182 vom 2. Dezember 2010. Zur Rechtslage im Kanton Bern siehe Art. 36 Abs. 1 EntG BE (Fn. 153) i.V.m. Art. 127 ff. BauG BE; dazu Stalder, Materielle Enteignung, S. 585 ff.; Zaugg/Ludwig, Kommentar BauG BE, Bd. II, Art. 127 ff.

155 Eingehend dazu Fritzsche/Bösch/Wipf, Planungs- und Baurecht, Band 1, S. 247 ff.

156 Dazu Rz. 8.109 ff.

D. Rechtsschutz gegen baurechtliche Entscheide

1. Vorbemerkung zu den baurechtlichen Entscheiden

Eine Anfechtungsmöglichkeit besteht in den Kantonen gegen **Verfügungen über Bausachen,** wie sie auch in Art. 33 Abs. 2 RPG Erwähnung finden (wobei die Beschränkung auf das RPG sowie das diesbezügliche Ausführungsrecht als Verfügungsgrundlage im vorliegenden Kontext nicht relevant ist). Sie kennzeichnen sich dadurch, dass sie in Anwendung vorwiegend baurechtlicher Vorschriften von Bund, Kanton und Gemeinden ergangen sind und ein konkretes Verwaltungsrechtsverhältnis verbindlich regeln.[157] Neben den Baubewilligungen sind auch Verfügungen über den Vollzug der Bauvorschriften darunter zu subsumieren.[158] 8.60

Verfügungen sind gegenüber den **Realakten** abzugrenzen, die – wie beispielsweise baupolizeiliche Kontrollen – lediglich auf einen Taterfolg gerichtet sind. Verschiedene Kantone haben eine der bundesrechtlichen Bestimmung von Art. 25a VwVG vergleichbare Norm in ihrer Rechtsordnung verankert.[159] Gestützt darauf besteht unter bestimmten Voraussetzungen ein Anspruch auf Erlass einer Verfügung, die anschliessend auf dem ordentlichen Rechtsmittelweg angefochten werden kann.[160] Ein Anspruch auf gerichtliche Überprüfung bestimmter Realakte resultiert auch aus Art. 29a BV.[161] 8.61

Mangels verbindlicher Regelung eines Rechtsverhältnisses haben **allgemeine Hinweise und Empfehlungen** von Baubewilligungsbehörden an die Adresse von Gesuchstellern oder Dritten nicht Entscheidcharakter.[162] Dasselbe gilt für das an die zuständige kantonale Behörde gerichtete Gesuch einer Gemeindebehörde, mit dem der Erlass oder die Verlängerung einer Planungszone beantragt wird.[163] Gegen solche Handlungen besteht auch auf kantonaler Ebene kein Rechtsschutz; jedenfalls generieren sie selbst im Falle einer Übernahme der Rechtsschutzbestimmung von Art. 25a VwVG (Rechtsschutz gegen Realakte) in das kantonale Recht kein schutzwürdiges Interesse am Erlass einer anfechtbaren Verfügung. Gegebenenfalls können informelle Absprachen oder Zusagen indes Anlass zur Anfechtung des Endentscheids geben, wenn unter Missachtung der Parteirechte Drittbetroffener behördliche Zusagen gemacht worden sind und sich die Frage nach einer unzulässigen Vorbefassung bzw. einer Missachtung der Parteirechte stellt.[164] 8.62

---

157 Zum bundesrechtlichen Verfügungsbegriff von Art. 5 Abs. 1 VwVG, der in den Kantonen weitgehend rezipiert worden ist, statt vieler MÜLLER, in: Kommentar VwVG, Art. 5 Rz. 12 ff.

158 Siehe dazu auch GEBHARDT/MEYER/NERTZ/PIOLINO, Baubewilligung, S. 114.

159 Dies gilt etwa für den Kanton Basel-Stadt; siehe § 38a (basel-städtisches) Gesetz betreffend die Organisation des Regierungsrates und der Verwaltung des Kantons Basel-Stadt (Organisationsgesetz) vom 22. April 1976 (OG BS, SG 153.100).

160 Siehe zu den Voraussetzungen auf Bundesebene Rz. 8.94.

161 Siehe KLEY, in: St. Galler Kommentar BV, Art. 29a Rz. 11 m.w.H.

162 BGE 135 II 30, E. 1.1.

163 GRIFFEL, Raumplanungs- und Baurecht, S. 220 m.H. auf einen Entscheid des Zürcher Baurekursgerichts.

164 Zur Problematik der Vorbefassung und deren Konsequenzen für den Endentscheid siehe BGE 140 I 326 ff. und die Besprechung dieses Entscheids von THURNHERR, Urteilsbesprechung BGer 1C_914/2013, BGE 140 I 326, S. 957 ff.; sodann BENJAMIN SCHINDLER, Die Befangenheit der Verwaltung, Der Ausstand von Entscheidträgern der Verwaltung im Staats- und Ver-

2. Überblick über Instanzenzug und Verfahren

8.63 Wenngleich von Bundesrechts wegen verschiedene Vorgaben an den Rechtsschutz auf kantonaler Ebene statuiert werden, verfügen die Kantone über beachtliche **Organisationsautonomie** und daher auch über einen grossen Spielraum bei der Ausgestaltung ihres Instanzenzugs:

8.64 In verschiedenen Kantonen besteht vor Fällung des baurechtlichen Entscheids die Möglichkeit einer **Baueinsprache.**[165] Dabei ist zu beachten, dass die Baueinsprache kein Rechtsmittel darstellt, sondern ein Mittel zur Gewährung des rechtlichen Gehörs auf nichtstreitiger Ebene bildet. Wenngleich ihr keine Rechtsmittelfunktion zukommt, ist die Teilnahme an diesem Verfahrensschritt unabdingbare Voraussetzung für die formelle Beschwer im Rekurs- bzw. Beschwerdeverfahren.

8.65 In der Regel bestehen innerkantonal **zwei Instanzen** zur Überprüfung baurechtlicher Entscheide. Dabei muss aufgrund von Art. 86 Abs. 2 BGG nur eine Instanz Gerichtsqualität aufweisen. In verschiedenen Kantonen ist dem Verwaltungsgericht eine Baurekurskommission vorgelagert, die ausserhalb der Verwaltung steht, je nach Zusammensetzung und Wahlmodalitäten indes nicht mit richterlicher Unabhängigkeit ausgestattet ist.[166] Denkbar ist allerdings auch ein doppelter gerichtlicher Instanzenzug, bestehend aus einem Spezialverwaltungsgericht (Baurekursgericht) und dem Verwaltungsgericht.[167] Im Übrigen können die Kantone auch den direkten Rechtsweg an das Verwaltungsgericht als erste und einzige Rechtsmittelinstanz vorsehen.[168]

8.66 Über einen Spielraum verfügen die Kantone nicht nur bezüglich des Instanzenzugs, sondern auch mit Blick auf die **Sachurteilsvoraussetzungen und Wirkungen der Rechtsmittel.** Dort, wo bundesrechtliche Vorgaben bestehen – beispielsweise bei der Legitimation[169] – können sie grosszügigere Regelungen vorsehen. Bei der Anfechtbarkeit von Entscheiden, denen keine Endqualität zukommt (namentlich von Teil-, Vor- und Zwischenentscheiden), ist der Rechtsschutz mindestens in dem Umfang zu gewähren, der auch vor Bundesgericht vorgesehen ist.[170] Legislatorische Freiheit besteht sodann, wo keine spezifischen bundesrechtlichen Regelungen

---

waltungsrecht von Bund und Kantonen, Diss. Zürich, Zürich/Basel/Genf 2002, S. 78 ff.; THURNHERR, Verfahrensgrundrechte, Rz. 978 ff.

165 Siehe exemplarisch Art. 35 BauG BE; § 48 BPV BS; § 80 PBG SZ; Art. 39 ff. BauG VS.

166 So beispielsweise im Kanton Basel-Stadt (siehe § 92 Abs. 1 BPG BS). Zur Zusammensetzung und Organisation der basel-städtischen Baurekurskommission GEBHARDT/MEYER/NERTZ/PIOLINO, Baubewilligung, S. 113.

167 So beispielsweise im Kanton Zürich. Eingehend zur Behördenorganisation im Kanton Zürich GRIFFEL, Raumplanungs- und Baurecht, S. 209 ff.

168 So die Regelung im Kanton Luzern (§ 148 lit. d VRG LU i.V.m. § 206 PBG LU). Dazu sowie zu den Ausnahmen BERNER, Baubewilligung, S. 182.

169 Dazu Rz. 8.22 f. und Rz. 8.158 ff.

170 Für die Situation im Kanton Zürich siehe § 41 Abs. 1 VRG ZH; zur Unterscheidung zwischen End-, Teil-, Vor- und Zwischenentscheiden vgl. § 41 Abs. 3 i.V.m. § 19a VRG ZH. Zur Anfechtbarkeit solcher Entscheide im Verfahren der Beschwerde in öffentlichrechtlichen Angelegenheiten siehe Rz. 8.113 ff.

existieren. Dies gilt etwa für die Regelung der Fristen, der Zulässigkeit von Noven oder der Bindung an die Parteibegehren.[171]

Wie ausgeführt, muss die **umfassende Kognition** nur einmal gewährt werden. In der Regel obliegt die Ermessensüberprüfung derjenigen Instanz, die dem Verwaltungsgericht vorgelagert ist.[172] Die verschiedentlich etablierten fachlich spezialisierten Gremien – handle es sich um Baurekurskommissionen oder Baurekursgerichte – sind aufgrund ihrer spezifischen Sachkenntnisse besonders geeignet, diese Aufgabe zu erfüllen. Bei der Sachverhaltsermittlung zeigt sich, dass Augenscheine vor der ersten Rechtsmittelinstanz häufiger sind als vor dem Verwaltungsgericht und Letztere vornehmlich auf die Protokolle abstellen.[173] Der Augenschein kann auch zum Anlass genommen werden, eine gütliche Einigung in die Wege zu leiten.[174] 8.67

Verschiedene Kantone statuieren **Behandlungsfristen** an die Adresse ihrer Rechtsmittelinstanzen.[175] Dabei handelt es sich regelmässig um Ordnungsfristen, deren Missachtung nicht zur Ungültigkeit oder Anfechtbarkeit der davon erfassten Handlung führt. 8.68

In der Regel verfügen die kantonalen Rechtsmittel über **aufschiebende Wirkung.** Diese kann aus wichtigen Gründen entzogen werden.[176] 8.69

Die Suche nach dem **einschlägigen Recht** gestaltet sich auf kantonaler Ebene mitunter schwierig. Ursächlich dafür ist, dass sich die Verfahrensbestimmungen teilweise den bau- und planungsrechtlichen Erlassen[177], teilweise den allgemeinen Bestimmungen der kantonalen Verwaltungsrechtspflege entnehmen lassen. Bei deren Interpretation ist dort, wo auf Bundesebene mit Blick auf die Einheit des Verfahrens Mindestvorgaben statuiert werden, die bundesgerichtliche Rechtsprechung zu den Rechtsmitteln auf Bundesebene zu berücksichtigen.[178] Aufgrund der (den Regelfall darstellenden) Lückenhaftigkeit der kantonalen Verwaltungsrechtspflegeerlasse ist schliesslich ergänzend – sei es qua Generalverweis oder über den Weg der Lückenfüllung – punktuell auch die Schweizerische Zivilprozessordnung heranzuziehen. 8.70

---

171 Siehe zum kantonalen Spielraum im Verwaltungsprozessrecht auch THURNHERR, Verwaltungsrechtspflege, S. 236 ff.

172 Exemplarisch hingewiesen sei auf den Kanton Zürich; siehe §§ 20 und 50 VRG ZH.

173 Siehe für den Kanton Zürich GRIFFEL, Raumplanungs- und Baurecht, S. 213.

174 Gemäss GRIFFEL, Raumplanungs- und Baurecht, S. 213, gelingt im Kanton Zürich in rund einem Drittel aller Fälle eine gütliche Einigung. Gütliche Einigungen bedingen keine spezifische gesetzliche Grundlage. Zulässigkeitsvoraussetzung ist aber, dass die gesetzlichen Vorgaben eingehalten werden.

175 Dies ist beispielsweise im Kanton Zürich der Fall: § 339a PBG ZH statuiert eine Behandlungsfrist von grundsätzlich sechs Monaten ab Eingang des Rekurses.

176 Siehe exemplarisch Art. 68 VRPG BE sowie §§ 25 und 55 VRG ZH; dazu auch AEMISEGGER, in: Praxiskommentar Rechtsschutz RPG, Art. 34 Rz. 153 m.w.H.

177 Diese beschränken sich teilweise nicht auf ein eigentliches Planungs- und Baugesetz, sondern umfassen gegebenenfalls weitere Erlasse wie das (basel-städtische) Gesetz betreffend die Baurekurskommission vom 7. Juni 2000 (BRKG BS, SG 790.100).

178 Dies gilt etwa für die Legitimation und die Beschwerdegründe.

3. Spezifische Hinweise zur Beschwerdelegitimation

a) Bundesrechtliche Mindestanforderungen und kantonaler Spielraum

8.71 Wie ausgeführt, ist die **Legitimation** auf kantonaler Ebene mindestens im selben Umfang wie bei der Beschwerde in öffentlichrechtlichen Angelegenheiten an das Bundesgericht sicherzustellen.[179] Dies gilt sowohl für die Individual- und die Behördenbeschwerde als auch für die spezialgesetzlich statuierten Beschwerderechte. Die meisten Kantone haben in ihren Verwaltungsrechtspflegeerlassen die allgemeinen Legitimationsvoraussetzungen von Art. 89 Abs. 1 BGG übernommen und auf baugesetzlicher Ebene weiter konkretisiert.[180] Das Behördenbeschwerderecht von Art. 89 Abs. 2 lit. a BGG und die spezialgesetzlichen Legitimationsbestimmungen zugunsten von Behörden und ideellen Vereinigungen (siehe Art. 89 Abs. 2 lit. d BGG) stellen aufgrund von Art. 111 Abs. 1 BGG unmittelbar Legitimationsgrundlage dar. Der Kreis der zur Ergreifung eines Rechtsmittels gegen baurechtliche Entscheide Legitimierten erstreckt sich somit im Bund wie in den Kantonen auf Nachbarn, Behörden, Gemeinden und ideelle Vereinigungen.

8.72 Die bundesrechtlichen Vorgaben zum Verbandsbeschwerderecht setzen den Kantonen auch Schranken bezüglich der Regelung der Modalitäten des Rechtsschutzes. So verbietet Art. 12b Abs. 1 NHG, der eine **Auflagefrist** von «in der Regel 30 Tage[n]» vorsieht, kantonale Einsprache- und Auflagefristen von weniger als 20 Tagen.[181]

8.73 Ein allfälliger Weiterzug an das Bundesgericht bedingt aufgrund von Art. 86 Abs. 1 lit. d BGG («letzter kantonaler Instanzen»), dass der kantonale **Instanzenzug ausgeschöpft** worden ist. Beschwerdelegitimierten Personen, die sich auf kantonaler Ebene nicht an den Rechtsmittelverfahren beteiligen, mangelt es später an der formellen Beschwer (siehe zu diesem Erfordernis Art. 89 Abs. 1 lit. a BGG). Von der Pflicht zur Teilnahme am vorinstanzlichen Verfahren entbunden sind allerdings die gestützt auf Art. 89 Abs. 2 BGG legitimierten Behörden.[182] Aufgrund von Art. 111 Abs. 2 BGG steht es ihnen frei, ob sie sich bereits auf kantonaler Ebene einbringen möchten.[183] Bei den Beschwerderechten, auf welche lit. d verweist, hängt es von der Umschreibung auf spezialgesetzlicher Ebene ab, ob eine Teilnahme bereits auf kantonaler Ebene gefordert ist.

---

179 Siehe dazu Rz. 8.22. Zu den bundesrechtlichen Legitimationsanforderungen siehe die Ausführungen im Zusammenhang mit der Beschwerde in öffentlichrechtlichen Angelegenheiten Rz. 8.158 ff.

180 Siehe zum Beispiel die Regelungen im Kanton Zürich (§ 338a Abs. 1 PBG ZH sowie §§ 21 und 49 VRG ZH) oder im Kanton Basel-Stadt (§ 91 BPG BS und § 13 Abs. 1 VRPG BS). Regelmässig wird dabei (wie bis Ende 2006 auch auf Bundesebene) lediglich ein Berührtsein und nicht ein besonderes Berührtsein verlangt. Damit geht allerdings keine grosszügigere Gewährung des Beschwerderechts als auf Bundesebene einher, ist doch auf Bundesebene trotz einschränkendem Adverb keine Limitierung der Drittlegitimation festzustellen. Dazu Rz. 8.162.

181 BGE 135 II 78, E. 2.

182 Siehe BGE 136 II 359, E. 1.2; Waldmann, in: Basler Kommentar BGG, Art. 89 Rz. 53.

183 Zu den Konsequenzen bezüglich des Streitgegenstands im Verfahren vor dem Bundesgericht siehe Rz. 8.192.

Im Folgenden werden verschiedene **kantonale Besonderheiten** im Kontext der Legitimation sowie von deren Geltendmachung näher ausgeführt.[184] 8.74

b) Reichweite und Geltendmachung der Legitimation Dritter

Die Beschwerdelegitimation Dritter, insbesondere von **Nachbarn,** bedingt nach Art. 89 Abs. 1 lit. b und c BGG auf Bundesebene ein besonderes Berührtsein sowie ein schutzwürdiges Interesse.[185] Die meisten Kantone haben, wie ausgeführt, diese Umschreibung übernommen. Als soweit ersichtlich einziger Kanton verzichtet der Kanton Appenzell Innerrhoden auf das Erfordernis einer spezifischen Beziehungsnähe und sieht in baurechtlichen Angelegenheiten die dem schweizerischen Verwaltungsprozessrecht im Übrigen fremde Popularbeschwerde vor.[186] Daraus resultiert allerdings vor Bundesgericht kein über Art. 89 BGG hinausgehendes Beschwerderecht; mit anderen Worten verkleinert sich der Kreis der potenziell Beschwerdelegitimierten im Verfahren vor dem Bundesgericht. 8.75

Die Einreichung eines Baugesuchs wird den Anstössern nicht in allen Kantonen von Amtes wegen mitgeteilt.[187] Erfolgt keine Mitteilung, kommt der **Aussteckung** besondere Bedeutung zu, da diese conditio sine qua non für die Einleitung der weiteren Schritte darstellt.[188] Eine entsprechende Bekanntmachungspflicht gilt auch für Projektänderungen in Ergänzung oder Abänderung eines bewilligten Projekts.[189] Wurde beispielsweise zu Unrecht das Anzeigeverfahren beschritten und erhalten Dritte aus diesem Grund erst nach Ausführung des Projekts Kenntnis davon, ist ihr Rekursrecht nicht verwirkt. Allerdings bedingt der auch Private bindende Grundsatz von Treu und Glauben (Art. 5 Abs. 3 BV), dass nach Kenntnisnahme vom Vorhaben unverzüglich reagiert wird.[190] Das Rechtsmittel muss dabei nicht innert Frist seit Kenntnisnahme ergriffen werden; vielmehr ist der Beginn der Rechtsmittelfrist einzelfallweise zu bestimmen.[191] 8.76

In jenen Kantonen, in denen vor Fällung des baurechtlichen Entscheids eine **Baueinsprache** stattfindet, ist die Teilnahme an jenem Verfahrensschritt unabdingbare Voraussetzung für die formelle Beschwer im Rekurs- bzw. Beschwerdeverfahren.[192] 8.77

Besteht **kein Einspracheverfahren,** sind gegebenenfalls spezifische kantonale Vorgaben zu beachten: So hat im Kanton Zürich der beschwerdeberechtigte (und beschwerdebereite) Nachbar innert 20 Tagen seit der öffentlichen Bekanntma- 8.78

---

184 Im Übrigen ist auf die Ausführungen zur Legitimation im Verfahren der Beschwerde in öffentlichrechtlichen Angelegenheiten verwiesen. Dazu Rz. 8.158 ff.

185 Dazu im Einzelnen Rz. 8.166 ff.

186 Siehe § 82 Abs. 1 BauG AI.

187 Eine Mitteilung erfolgt etwa im Kanton St.Gallen (siehe z.B. Art. 82 Abs. 1 BauG SG), nicht aber im Kanton Zürich.

188 Siehe dazu auch Griffel, Raumplanungs- und Baurecht, S. 214; zur grundsätzlichen Bedeutung der Bauaussteckung Marti, Bauaussteckung, S. 219 ff.

189 Griffel, Raumplanungs- und Baurecht, S. 214.

190 BGE 134 V 306, E. 4.2; Griffel, Raumplanungs- und Baurecht, S. 215.

191 BGer, Urteil 1C_150/2012 vom 6. März 2013, E. 2.3–2.5.

192 Dazu Rz. 8.64.

chung bei der örtlichen Baubehörde schriftlich die Zustellung des oder der baurechtlichen Entscheide zu verlangen, ansonsten er sein Rekursrecht verwirkt.[193] Die Mitteilung an den Bauherrn, dass ein Nachbar den Beschluss bestellt hat und deshalb später Rekurs erheben könnte[194], ermöglicht es dem Bauherrn, allenfalls eine gütliche Einigung in die Wege zu leiten. Dritte, die rechtzeitig ein Zustellbegehren gestellt haben, werden im Rekursverfahren gegen eine verweigerte Baubewilligung überdies beigeladen, was ihnen die Möglichkeit gibt, als Parteien am Verfahren mitzuwirken.[195]

c) Kantonale ideelle Verbandsbeschwerde

8.79 In den Kantonen existieren teilweise **weiter gehende Möglichkeiten** für Verbände, Beschwerde zu erheben.[196] So steht – parallel zur bundesrechtlichen Regelung, welche das ideelle Verbandsbeschwerderecht auf bundesweit tätige Organisationen beschränkt – in gewissen Kantonen das Beschwerderecht auch gesamtkantonal tätigen bzw. weiteren Verbänden zu, die bestimmte Voraussetzungen mit Blick auf die Dauer ihrer Existenz sowie ihre inhaltliche Ausrichtung erfüllen.[197] Wie auf Bundesebene[198] bildet auch in den Kantonen die Ausrichtung auf den Natur- und Heimatschutz zentrales Kriterium. Diese Ausrichtung manifestiert sich auch in der regelmässig vorgesehenen Beschränkung der Beschwerdegründe.[199] Ebensowenig wie auf Bundesebene besteht somit auf kantonaler Ebene ein Verbandsbeschwerderecht, das es ermöglichen würde, die Vorgaben betreffend Grösse und Lage der Bauzonen durchzusetzen. Teilweise bestehen in den Kantonen allerdings ideelle Verbandsbeschwerderechte mit sozialpolitischer Motivation, beispielsweise zur

---

193 Siehe §§ 315 Abs. 1 und 316 Abs. 1 PBG ZH.

194 Siehe § 315 Abs. 2 PBG ZH. Eingehend dazu auch Griffel, Raumplanungs- und Baurecht, S. 214 m.H. auf die Möglichkeit einer Rekurserhebung, verknüpft mit einem Wiedererwägungsgesuch.

195 Siehe dazu Griffel, Raumplanungs- und Baurecht, S. 217.

196 Daneben können die Verbände auch auf kantonaler Ebene gegebenenfalls nach den allgemeinen Regeln für die Individualbeschwerde oder im Rahmen einer sog. egoistischen Verbandsbeschwerde am Rechtsmittelverfahren partizipieren. Dazu im Einzelnen Rz. 8.183 f. Aufgrund von Art. 33 Abs. 3 lit. a RPG und Art. 111 Abs. 1 BGG müssen die Kantone, wie ausgeführt (dazu Rz. 8.22 f.), die Legitimation mindestens im selben Umfang sicherstellen. Vor diesem Hintergrund ist beispielsweise eine kantonale Praxis, welche die egoistische Verbandsbeschwerde auf die Anwendung von Bundesverwaltungsrecht limitiert, als nicht bundesrechtskonform zu qualifizieren. Siehe zur diesbezüglichen Rechtslage im Kanton Basel-Stadt Gebhardt/Meyer/Nertz/Piolino, Baubewilligung, S. 92 f.

197 Siehe exemplarisch Art. 35a BauG BE; § 26 NLG BS; Art. 84 Abs. 2–4 RPBG FR; Art. 145 Abs. 3 LCI GE; § 338b Abs. 1 BPG ZH.

198 Dazu Rz. 8.202 ff.

199 Siehe exemplarisch § 338b Abs. 2 PBG ZH, wonach das Rekurs- und Beschwerderecht der Verbände «nur für Rügen [besteht], die mit den Interessen des Natur- und Heimatschutzes in unmittelbarem Zusammenhang stehen». Eingehend dazu Griffel, Raumplanungs- und Baurecht, S. 218.

Durchsetzung von Mieterinteressen[200] oder zwecks Sicherstellung behindertengerechten Bauens[201].

Da auf Bundesebene die Legitimation von der Existenz eines gesamtschweizerischen Tätigkeitsgebiets abhängig gemacht wird[202], können auf kantonaler Ebene legitimierte Verbände nicht zwingend auch auf Bundesebene ein Rechtsmittel ergreifen. Dies ist allerdings dann möglich, wenn sie rügen, in kantonalen Verfahren seien ihre Parteirechte (etwa der verfassungsrechtliche Gehörsanspruch) verletzt worden.[203] Zudem können sich die gesamtschweizerischen Organisationen im Hinblick auf die Erfüllung des Erfordernisses der formellen Beschwer[204] vor den kantonalen Instanzen durch die **kantonalen Sektionen** vertreten lassen.[205] Gemäss Art. 55 Abs. 5 USG bedürfen sie dafür einer ausdrücklichen Ermächtigung, wobei diese nur «für deren örtliches Tätigkeitsgebiet» erfolgen kann.[206] 8.80

Die auf Bundesebene 2006 in das USG und das NHG implementierten Vorgaben, die einem **Missbrauch** des Verbandsbeschwerderechts entgegenwirken sollen (namentlich zur Zulässigkeit und den Grenzen von Vereinbarungen)[207], finden sich bisweilen auch auf kantonaler Ebene.[208] 8.81

d) Behördenbeschwerde

Teilweise bestehen auch auf kantonaler Ebene spezialgesetzliche Beschwerderechte für die **Behörden.** Auch diese führen nicht zu einer Legitimation auf Bundesebene, soweit dafür im Bundesrecht keine Legitimationsgrundlage existiert.[209] 8.82

So ermächtigt beispielsweise das zürcherische PBG die zuständige **Direktion,** zwecks Wahrung öffentlicher Interessen gegen Rekursentscheide, welche die Anordnung einer kantonalen Instanz ganz oder teilweise aufheben, Beschwerde zu führen.[210] Im Kanton Basel-Stadt verfügen der Regierungsrat bzw. der zuständige Departementsvorsteher über ein Rekursrecht gegen Verfügungen der vom Grossen Rat oder vom Regierungsrat gewählten Kommissionen (zu denen auch die Baurekurskommission zählt).[211] Sodann besteht in den Kantonen Basel-Stadt und Luzern 8.83

200 Siehe bspw. § 21 Abs. 4 (basel-städtisches) Gesetz über die Wohnraumförderung (Wohnraumförderungsgesetz) vom 5. Juni 2013 (WRFG BS, SG 861.500).

201 Siehe bspw. § 62 Abs. 3 BPG BS; dazu auch Schefer/Hess-Klein, Behindertengleichstellungsrecht, S. 99.

202 Dazu Rz. 8.204 und 8.210.

203 BGer, Urteil 1C_195/2011 vom 27. Juli 2011, E. 1.2.

204 Siehe Art. 12c Abs. 2 NHG; Art. 55b Abs. 3 USG; Art. 9 Abs. 4 BehiG.

205 Griffel/Rausch, Kommentar USG, Ergänzungsband, Art. 55 Rz. 20.

206 Zu den Hintergründen dieser Bestimmung Griffel/Rausch, Kommentar USG, Ergänzungsband, Art. 55 Rz. 20.

207 Dazu Rz. 8.205.

208 Siehe exemplarisch § 338b Abs. 3–5 PBG ZH.

209 Zu den Voraussetzungen der Behördenbeschwerde im Bund siehe Rz. 8.195 ff.

210 Siehe § 338c PBG ZH. Dazu sowie zu parallelen Bestimmungen in anderen Erlassen Griffel, Raumplanungs- und Baurecht, S. 219.

211 § 2 BRKG BS (Fn. 177) i.V.m. § 13 Abs. 2 VRPG BS.

ein Beschwerderecht zugunsten der kantonalen Beratungsstelle für behindertengerechtes Bauen.[212]

II. Rechtsschutz auf Bundesebene

A. Überblick

8.84 Art. 34 Abs. 1 RPG verweist für die Rechtsmittel an die Bundesbehörden auf die **allgemeinen Bestimmungen der Bundesrechtspflege.** Auf Bundesebene ist zu unterscheiden zwischen dem Rechtsschutz gegen Anordnungen von Bundesbehörden einerseits und der Überprüfung kantonaler Entscheide andererseits. Erstere sind zunächst beim Bundesverwaltungsgericht anfechtbar und können anschliessend mit Beschwerde in öffentlichrechtlichen Angelegenheiten an das Bundesgericht weitergezogen werden, wobei auf beiden Stufen Ausschlussgründe bestehen, die im vorliegenden Kontext allerdings nur sehr punktuell (und zwar bezüglich den Kernenergieanlagen) von Bedeutung sind.[213] Gegen die kantonal letztinstanzlichen Entscheide in bau- und planungsrechtlichen Angelegenheiten steht mangels einschlägiger Ausnahmen durchwegs die Beschwerde in öffentlichrechtlichen Angelegenheiten beim Bundesgericht offen. Zwar sind Abgrenzungsschwierigkeiten, die bis Ende 2006 zwischen den damaligen Rechtsmitteln der staatsrechtlichen Beschwerde und der Verwaltungsgerichtsbeschwerde bestanden, obsolet geworden. Nach wie vor von Bedeutung ist die Zuordnung des anwendbaren (Bundes- bzw. kantonalen) Rechts allerdings mit Blick auf die Beschwerdegründe; die Verletzung von kantonalem oder kommunalem Recht kann nämlich nur im Zusammenhang mit dem Willkürverbot (Art. 9 BV) gerügt werden.[214]

8.85 Sowohl das Bundesverwaltungsgericht als auch die obersten kantonalen Instanzen sind daher **Vorinstanzen des Bundesgerichts.** Die bundesgerichtliche Überprüfung von Entscheiden des Bundesverwaltungsgerichts folgt grundsätzlich denselben Regeln wie jene von Entscheiden oberster kantonaler Gerichte. Aus diesem Grund wird nachfolgend darauf verzichtet, die Anfechtungsmöglichkeiten von Entscheiden des Bundesverwaltungsgerichts gesondert darzulegen. Vielmehr wird auf die Ausführungen zur Beschwerde in öffentlichrechtlichen Angelegenheiten im Zusammenhang mit der Anfechtung kantonaler Entscheide verwiesen.

---

212 § 62 Abs. 3 BPG BS; § 207 Abs. 1 lit. e PBG LU.

213 Von den in Art. 32 Abs. 1 VGG genannten Ausnahmetatbeständen verfügt einzig lit. e Ziff. 1 (Verfügungen auf dem Gebiet der Kernenergie betreffend Rahmenbewilligungen von Kernanlagen) über einen baurechtlichen Bezug. Solche Entscheide können auch nicht mit Beschwerde in öffentlichrechtlichen Angelegenheiten beim Bundesgericht angefochten werden, da diesfalls keine Vorinstanz nach Art. 86 Abs. 1 BGG mit der Angelegenheit befasst ist (siehe Häberli, in: Basler Kommentar BGG, Art. 83 Rz. 223). Der für die Beschwerde in öffentlichrechtlichen Angelegenheiten statuierte Ausnahmekatalog (Art. 83 BGG) ist im vorliegenden Kontext nicht einschlägig.

214 Siehe auch Griffel, Raumplanungs- und Baurecht, S. 209.

Zu betonen bleibt, dass die Vorgaben der **Rechtsweggarantie** von Art. 29a BV nicht durch das Bundesgericht, sondern durch seine Vorinstanzen – wie erwähnt das Bundesverwaltungsgericht und die kantonalen (Verwaltungs-)Gerichte – erfüllt werden. Eine umfassende Prüfung von Sachverhalt und Rechtsfragen findet lediglich auf diesen Ebenen, nicht aber vor dem Bundesgericht statt. Aus diesem Grund verlangt denn auch Art. 86 Abs. 2 i.V.m. 110 BGG von den Kantonen (vorbehältlich spezialgesetzlicher Ausnahmen) die Etablierung oberer Gerichte als Vorinstanzen des Bundesgerichts, die den Sachverhalt frei prüfen und das massgebliche Recht von Amtes wegen anwenden, soweit diese Aufgabe nicht einer vorgängig zuständigen anderen gerichtlichen Instanz zukommt.[215] 8.86

Die Beschwerde an das Bundesgericht bzw. an das Bundesverwaltungsgericht ist lediglich im Rahmen des **Streitgegenstands** zulässig. Dieser wird einerseits durch den angefochtenen Entscheid und andererseits die Parteibegehren geformt. Begehren, mit denen sich die Vorinstanz nicht befassen musste, können den oberen Gerichten nicht unterbreitet werden.[216] Für bundesrechtliche Plangenehmigungsverfahren ist auf spezialgesetzlicher Ebene regelmässig vorgesehen, dass sämtliche Einwände gegen ein Projekt bereits während der Auflagefrist im Einspracheverfahren (dem keine Rechtsmittelfunktion zukommt) vorzubringen sind.[217] Nach den dabei gestellten Begehren richtet sich auch der Streitgegenstand. Im Beschwerdeverfahren können die Einspracherügen nicht mehr ausgedehnt oder geändert werden.[218] Nicht unter das Novenverbot fallen neue rechtliche Vorbringen. Dies ergibt sich bereits aus dem Grundsatz der Rechtsanwendung von Amtes wegen.[219] 8.87

B. Rechtsschutz gegen Verfügungen und Pläne von Bundesbehörden

1. Beschwerde an das Bundesverwaltungsgericht

a) Beschwerdeobjekte

Mittels Beschwerde an das Bundesverwaltungsgericht können gemäss Art. 31 VGG **Verfügungen** nach Art. 5 VwVG angefochten werden. Nicht vorgesehen ist demgegenüber die abstrakte Kontrolle von Normen des Bundes. Entscheidend für die Anfechtbarkeit ist daher zunächst die Qualifikation einer Anordnung als Verfügung. 8.88

---

215 Siehe Aemisegger, in: Praxiskommentar Rechtsschutz RPG, Art. 34 Rz. 9 f.

216 Siehe für die Beschwerde an das Bundesgericht Art. 99 BGG, dazu statt vieler BGer, Urteil 1C_27/2013 vom 19. Juli 2013, E. 1.2.1; BGE 133 II 181, E. 3.3. Für die Beschwerde an das Bundesverwaltungsgericht statt vieler BVGE 2010/5 56, E. 2.

217 Siehe exemplarisch Art. 18f EBG; Art. 13 SebG.

218 BGE 133 II 30, E. 2.2; BVGer, Urteil A-567/2012 vom 20. Dezember 2012, E. 1.3.2; BVGer, Urteil A-1844/2009 vom 17. Dezember 2009, E. 2.1. Zum Ganzen auch Moser/Beusch/Kneubühler, Bundesverwaltungsgericht, Rz. 2.215.

219 Statt vieler BGE 130 III 34, E. 4.4; BGer, Urteil 1C_582/2013 vom 25. September 2014, E. 1.4. Zur Beschwerde an das Bundesverwaltungsgericht Moser/Beusch/Kneubühler, Bundesverwaltungsgericht, Rz. 2.196.

Im Übrigen hängt die Rechtsschutzmöglichkeit davon ab, welche Behörde einen Entscheid gefällt hat bzw. ob spezialgesetzlich Anfechtungsmöglichkeiten bestehen bzw. ausgeschlossen werden.

8.89 Raumwirksame Tätigkeiten, für die der Bund die Sachkompetenz besitzt und die «wegen ihrer Ausdehnung die Beanspruchung des Raums erheblich beeinflussen und die räumliche Konflikte mit anderen Tätigkeiten von Bund, Kantonen oder Gemeinden erwarten lassen und daher mit diesen abgestimmt werden müssen»[220], bedingen teilweise einen **Sachplan** (siehe Art. 13 Abs. 1 RPG). Dies gilt beispielsweise im Zusammenhang mit dem Bau und der Errichtung der Eisenbahninfrastruktur (Art. 18 Abs. 5 EBG) sowie von Flugplätzen (Art. 37 Abs. 5 LFG). Sachpläne des Bundes sind lediglich behördenverbindlich.[221] Da sie vom Bundesrat verabschiedet werden (Art. 21 Abs. 1 RPV), besteht aufgrund von Art. 189 Abs. 4 BV nur dann die Möglichkeit einer direkten Anfechtung, wenn dies auf gesetzlicher Ebene so vorgesehen ist. Mangels entsprechender Bestimmungen[222] können Sachpläne nicht direkt angefochten werden.[223] Zulässig ist hingegen die akzessorische Überprüfung von Sachplänen auf ihre Gesetzes- und Verfassungsmässigkeit im konkreten Anwendungsfall (Plangenehmigungsentscheid).[224] Diese Möglichkeit steht auch den Gemeinden offen, da sie – anders als bei den kantonalen Richtplänen[225] – keine Möglichkeit der direkten Anfechtung besitzen.[226]

8.90 Die Ausführungsprojekte unterliegen teilweise der Genehmigung durch das UVEK. Unter anderem im Kontext der Nationalstrassen, Eisenbahnen, Rohrleitungen, Starkstromanlagen sowie Seilbahnen und Flugplätze wird dabei von der **Plangenehmigung** gesprochen.[227] Die Plangenehmigungen umfassen nach dem Wortlaut der einschlägigen Bestimmungen alle nach Bundesrecht notwendigen Bewilligungen.[228] Sie gelten als Verfügung und bilden daher ein zulässiges Anfechtungsobjekt der Beschwerde an das Bundesverwaltungsgericht.[229] Regelmässig wird in diesem Kontext auch über die Umweltverträglichkeit des Projekts entschieden. Setzt man die Ausführungsprojekte in Bezug zum raumplanerischen Instrumentarium,

---

220 Ruch, Umwelt – Boden – Raum, Rz. 687.

221 Kölz/Häner/Bertschi, Verwaltungsverfahren, Rz. 882. Siehe zum Sachplan Rz. 1.88 ff.

222 Siehe auch Art. 33 lit. a und b VGG (e contrario).

223 So auch Griffel, Raumplanungs- und Baurecht, S. 224; Waldmann/Hänni, Handkommentar RPG, Art. 13 Rz. 51.

224 Siehe BGE 139 II 499, E. 4.1; BGE 128 II 331, E. 4.2.

225 Dazu Rz. 8.135.

226 Siehe BGE 139 II 499, E. 4.1.

227 Siehe Art. 26 Abs. 1 NSG; Art. 18 Abs. 1 EBG; Art. 2 RLG; Art. 16 Abs. 1 EleG; Art. 37 Abs. 1 LFG; Art. 9 Abs. 1 SebG. Zur Ausgestaltung bundesrechtlicher Bewilligungsverfahren als Plangenehmigungsverfahren siehe Rz. 2.5 ff. und 2.127.

228 Siehe dazu auch Ruch, Umwelt – Boden – Raum, Rz. 1179 (betreffend Nationalstrassen), Rz. 1205 (betreffend Eisenbahnen), Rz. 1267 (betreffend Seilbahnen) und Rz. 1306 (betreffend Flugplätze).

229 Siehe bspw. Art. 22a Abs. 1 RLG; Art. 27d Abs. 1 NSG; dazu Kölz/Häner/Bertschi, Verwaltungsverfahren, Rz. 883; Hänni, Planungsrecht, S. 494 f. (betreffend Eisenbahnen), S. 512 f. (betreffend elektrische Anlagen).

offenbaren sich weitgehende Parallelen zum Sondernutzungsplan mit der Wirkung der Baubewilligung.[230]

Vorbehalten bleiben allerdings **spezial- bzw. prozessgesetzliche Ausnahmen.** Ein Beispiel hierfür findet sich im Bundesgesetz über die Nationalstrassen: Aufgrund von Art. 11 Abs. 1 NSG entscheidet die Bundesversammlung endgültig über die allgemeine Linienführung und die Art der zu errichtenden Nationalstrassen (sog. Netzbeschluss).[231] Gemäss Art. 32 Abs. 1 lit. e VGG ist sodann die Beschwerde gegen den Entscheid des Bundesrats über eine Rahmenbewilligung auf dem Gebiet der Kernenergie ausgeschlossen.[232] Mittels Beschwerde an das Bundesverwaltungsgericht anfechtbar ist hingegen der Bauentscheid zur Kernanlage, der vom UVEK gefällt wird (siehe Art. 14 und 49 ff. KEG; Art. 31 und 32 Abs. 1 lit. e VGG e contrario) sowie die ebenfalls vom UVEK erteilte Betriebsbewilligung (Art. 19 KEG). 8.91

Die **Erteilung von Betriebskonzessionen** bzw. Betriebsbewilligungen bildet zwar ebenfalls ein zulässiges Anfechtungsobjekt. Allerdings ist der Kreis der Beschwerdeberechtigten dabei stark limitiert, da in diesem Kontext kaum konkrete Vorgaben für den Betrieb gemacht werden.[233] Die Rechtsmittelmöglichkeiten von Anwohnern bzw. Verbänden konzentrieren sich im Kontext von Infrastrukturanlagen der Luftfahrt daher auf das Plangenehmigungsverfahren sowie auf die Genehmigung bzw. Änderung von Betriebsreglementen.[234] 8.92

Anfechtungsobjekte der Beschwerde an das Bundesverwaltungsgericht bilden auch Entscheide betreffend **formelle und materielle Enteignungen.** Bezüglich der formellen Enteignung finden sich auf spezialgesetzlicher Ebene Vorgaben zur Koordination des Plangenehmigungs- mit dem Einspracheverfahren.[235] Im Übrigen bestimmt sich das Verfahren nach den Vorgaben des EntG:[236] Innerhalb einer dreissigtägigen Frist ist Einsprache gegen die Enteignung zu erheben (Art. 30 Abs. 1 lit. a und 35 EntG). Streitig gebliebene Einsprachen gegen die Enteignung sowie unerledigte Begehren werden vom Präsidenten der Schätzungskommission dem in der Sache zuständigen Departement des Bundes übermittelt (Art. 50 EntG). Dessen Entscheide sind ein zulässiges Anfechtungsobjekt der Beschwerde an das Bundesverwaltungsgericht. Kommt über eine Entschädigungsforderung keine Einigung zustande, wird das Schätzungsverfahren eingeleitet (Art. 57 EntG). Entscheide der 8.93

230 Siehe Ruch, Umwelt – Boden – Raum, Rz. 1179 (betreffend Nationalstrassen).

231 Die Endgültigkeit dieses Entscheids ergibt sich aufgrund der Zuständigkeitsordnung bereits aus Art. 189 Abs. 4 BV.

232 Siehe dazu die Ausführungen in Fn. 213.

233 BGE 129 II 331, E. 2, betreffend die Erteilung der Betriebskonzession und die Genehmigung des Betriebsreglements für einen Regionalflughafen. Dazu Jaag/Hänni, Infrastruktur der Luftfahrt, S. 368 f. m.H. auf kritische Stimmen in der Literatur.

234 Jaag/Hänni, Infrastruktur der Luftfahrt, S. 369.

235 Siehe beispielsweise zum Bau von Eisenbahnanlagen Art. 18j EBG und dazu Ruch, Umwelt – Boden – Raum, Rz. 1206 ff.; zum Bau von Flugplätzen Art. 43 ff. LFG und dazu (sowie zur formellen Enteignung nachbarrechtlicher Abwehransprüche) Ruch, Umwelt – Boden – Raum, Rz. 1206 ff.

236 Eingehend dazu Ruch, Umwelt – Boden – Raum, Rz. 2114 ff.; Kessler Coendet, Formelle Enteignung, Rz. 26.70 ff.

Schätzungskommissionen unterliegen ebenfalls der Beschwerde an das Bundesverwaltungsgericht (Art. 77 Abs. 1 EntG; Art. 33 lit. f VGG). Für die materielle Enteignung fehlt es an allgemeinen Zuständigkeits- und Verfahrensregeln zur Geltendmachung von Entschädigungsforderungen.[237] Im Bereich des Eisenbahn- (Art. 18u Abs. 3–4 EBG), Nationalstrassen- (Art. 18 Abs. 2 NSG) und Luftfahrtrechts (Art. 44 LFG) wird indes auf das EntG verwiesen. Soweit vorgesehen ist, dass ein Schätzungsverfahren bei der zuständigen Schätzungskommission einzuleiten ist, sind deren Entscheide mit Beschwerde an das Bundesverwaltungsgericht weiterziehbar (Art. 77 Abs. 1 EntG). Dasselbe gilt für Entscheide des BAZL, welches das Schätzungsverfahren nach EntG sinngemäss anwendet (Art. 44 Abs. 3 und 4 LFG).[238]

8.94 Gegen behördliches **Tätigwerden ohne Verfügungscharakter** kann gegebenenfalls gestützt auf Art. 25a VwVG Rechtsschutz erlangt werden. Demnach besteht im Fall des Berührtseins in Rechten und Pflichten und bei Vorliegen eines schutzwürdigen Interesses ein Anspruch auf Erlass einer Verfügung, die anschliessend auf dem ordentlichen Rechtsmittelweg angefochten werden kann.[239]

b) Beschwerdelegitimation

8.95 Die Voraussetzungen der **Individualbeschwerde** sind im Verfahren der Beschwerde vor dem Bundesverwaltungsgericht (siehe Art. 48 Abs. 1 VwVG i.V.m. Art. 37 VGG) gleich formuliert wie für die Beschwerde in öffentlichrechtlichen Angelegenheiten an das Bundesgericht. Hier wie dort bedarf es zunächst der formellen Beschwer. Die spezialgesetzlichen Vorgaben zur Realisierung von Infrastrukturprojekten sehen regelmässig ein (nicht mit Rechtsmittelfunktion versehenes) Einspracheverfahren vor. Der Verzicht auf eine Einsprache führt, soweit dies gesetzlich so vorgesehen ist, zum Ausschluss vom weiteren Verfahren.[240] Dies gilt beispielsweise im Zusammenhang mit dem Plangenehmigungsverfahren für den Nationalstrassen-[241] und den Eisenbahnbau[242]. In diesem Kontext sind auch sämtliche Einwendungen gegen eine allfällige Enteignung und die Entschädigungsbegehren geltend zu machen.[243] Eine Einsprache müssen, wo vorgesehen, auch die betroffenen Gemeinden erheben.[244]

---

237 Siehe WALDMANN, Materielle Enteignung, Rz. 27.130.

238 Zum Ganzen WALDMANN, Materielle Enteignung, Rz. 27.129.

239 Siehe zu den Voraussetzungen der bundesrechtlichen Norm von Art. 25a VwVG BGE 140 II 315, E. 4; aus der Literatur statt vieler HÄNER, in: Praxiskommentar VwVG, Art. 25a Rz. 6 ff.; WEBER-DÜRLER, in: Kommentar VwVG, Art. 25a Rz. 6 ff.; MARIANNE TSCHOPP-CHRISTEN, Rechtsschutz gegenüber Realakten des Bundes (Artikel 25a VwVG), Diss. Zürich, Zürich/Basel/Genf 2009, S. 94 ff. und 140 ff.

240 Zu den Konsequenzen des Einspracheverfahrens für den Streitgegenstand siehe Rz. 8.87.

241 Siehe Art. 27d Abs. 1 NSG.

242 Siehe Art. 18f Abs. 1 EBG.

243 Siehe Art. 27d Abs. 2 NSG; Art. 18f Abs. 2 EBG.

244 Siehe bspw. Art. 27d Abs. 3 NSG; Art. 18f Abs. 3 EBG. Siehe zu den Einspracheverfahren und deren Wirkungen auch RUCH, Umwelt – Boden – Raum, Rz. 1181 (betreffend Nationalstrassen).

Darüber hinaus verweist Art. 48 Abs. 2 VwVG auf die **spezialgesetzlichen Beschwerderechte.** Diese umfassen – soweit hier von Interesse – die ideelle Verbandsbeschwerde[245] und die Behördenbeschwerde[246]. Relevant ist im vorliegenden Kontext insbesondere Art. 57 USG, der den Gemeinden ein Beschwerderecht unter anderem gegen Verfügungen der Bundesbehörden in Anwendung des Umweltschutzgesetzes einräumt, soweit sie durch eine Anordnung berührt werden und ein schutzwürdiges Interesse an deren Aufhebung oder Änderung haben.[247] 8.96

Zur Anfechtung von Entscheiden des Bundes legitimiert sind zum einen private Dritte, die in einer besonderen räumlichen Beziehungsnähe zum anvisierten Projekt stehen.[248] Die Beschwerdeberechtigung kommt daneben **Gemeinwesen** zu, die wie Private betroffen oder in hoheitlichen Befugnissen berührt sind und ein schutzwürdiges Interesse an der Aufhebung oder Änderung des angefochtenen Entscheids haben. Dasselbe gilt, wenn spezifische öffentliche Anliegen wie der Schutz der Einwohner vor Immissionen zur Diskussion stehen.[249] Vorausgesetzt wird dabei ein hinreichender örtlicher Bezug zur Streitsache.[250] Die Gemeinden sind daher auch legitimiert, in Plangenehmigungsverfahren nach Bundesrecht öffentliche Interessen geltend zu machen.[251] 8.97

c) Beschwerdegründe und Kognition

Das Bundesverwaltungsgericht verfügt über eine für gerichtliche Behörden aussergewöhnlich weite **Kognition,** da es nicht nur den Sachverhalt und die Rechtsfragen umfassend prüfen, sondern sich auch mit der Angemessenheit des angefochtenen Entscheids auseinandersetzen kann (Art. 49 VwVG i.V.m. Art. 37 VGG).[252] Hinzuweisen ist im Übrigen insbesondere auf die Verletzung der Vorgaben eines Sachplans bzw. die Abstützung auf einen rechtsfehlerhaften Sachplan als spezifische Beschwerdegründe.[253] 8.98

Ist die Beschwerdelegitimation gegeben, können grundsätzlich **sämtliche Rügen** vorgebracht werden, deren Gutheissung für den Beschwerdeführer einen praktischen Nutzen zur Folge hätten.[254] Das Bundesgericht machte davon früher eine 8.99

245 Dazu im Einzelnen Rz. 8.202 ff. Die egoistische Verbandsbeschwerde findet ihre Grundlage demgegenüber in Art. 48 Abs. 1 VwVG (MOSER/BEUSCH/KNEUBÜHLER, Bundesverwaltungsgericht, Rz. 2.82). Zu den diesbezüglichen Voraussetzungen Rz. 8.184.

246 Dazu im Einzelnen Rz. 8.200 f.

247 Dazu MOSER/BEUSCH/KNEUBÜHLER, Bundesverwaltungsgericht, Rz. 2.96.

248 Zu den Voraussetzungen der Drittlegitimation Rz. 8.166 ff.

249 Siehe aus der bundesverwaltungsgerichtlichen Praxis etwa BVGer, Urteil A-5926/2012 vom 9. April 2013, E. 2.1.2; BVGer, Urteil A-1275/2011 vom 20. September 2012, E. 3.4.

250 BVGE 2008/18 238, E. 2.4.2.

251 Siehe exemplarisch BVGer, Urteil A-1813/2009 vom 21. September 2011, E. 2.2.2; BVGer, Urteil A-438/2009 vom 8. März 2011, E. 3.2. Dazu auch MOSER/BEUSCH/KNEUBÜHLER, Bundesverwaltungsgericht, Rz. 2.89.

252 Eingehend zu den Beschwerdegründen bzw. der Kognition MOSER/BEUSCH/KNEUBÜHLER, Bundesverwaltungsgericht, Rz. 2.149.

253 Zur akzessorischen Überprüfung von Sachplänen siehe Rz. 8.89 (m.H.).

254 BGE 137 II 30, E. 2.3.

Ausnahme, wenn sich bestimmte Rügen auf Teile eines grösseren Bauprojekts beziehen, bei denen die erforderliche räumliche Nähe des Beschwerdeführers zum Bauprojekt nicht mehr gegeben ist.[255] Das Bundesverwaltungsgericht hat sich in seiner Rechtsprechung betreffend Plangenehmigungsverfahren für Stark- bzw. Schwachstromanlagen der bundesgerichtlichen Judikatur nicht angeschlossen und lässt seit jeher sämtliche Rügen zu, deren Gutheissung dem Beschwerdeführenden einen tatsächlichen Nutzen verschaffen würde.[256] In einem neueren Entscheid betreffend eine Hochspannungsleitung hält das Bundesgericht nun fest, dass mit der Beschwerde in öffentlichrechtlichen Angelegenheiten nicht mehr nur Projektmängel in der unmittelbaren Umgebung geltend gemacht werden können. Vielmehr sei auch die Beanstandung der generellen Linienführung möglich, soweit im Falle einer Gutheissung ein praktischer Nutzen für die Parzelle des Beschwerdeführers resultiere.[257] Diese Rechtsprechung gilt grundsätzlich auch für Gemeinden, die gestützt auf Art. 12 Abs. 1 lit. a NHG Beschwerde führen.[258]

8.100 Bei der Anfechtung einer Plangenehmigung kann grundsätzlich auch deren **Unangemessenheit** gerügt werden. Das Bundesverwaltungsgericht reduziert in diesen Fällen seine Kognition allerdings zulässigerweise. Auch für das Bundesverwaltungsgericht gilt, dass es Rechtsmittel- und nicht Planungsbehörde ist.[259] Es prüft in solchen Konstellationen insbesondere, ob eine umfassende Würdigung aller Gesichtspunkte stattgefunden hat. Beim Bau von Leitungen für elektrischen Strom ist dabei etwa von Belang, ob in hinreichendem Masse mögliche Alternativstandorte bzw. technische Varianten (unterirdische Verkabelung vs. Bau einer Hochspannungsleitung) in Erwägung gezogen worden sind.[260]

d) Fristen und Anforderungen an die Beschwerdeschrift

8.101 Die Beschwerde an das Bundesverwaltungsgericht ist gemäss Art. 50 Abs. 1 VwVG innert 30 Tagen nach Eröffnung des angefochtenen Entscheids einzureichen. Die **Frist** beginnt an dem auf die Mitteilung an die Partei folgenden Tag zu laufen (Art. 20 Abs. 1 VwVG).[261] Bei den vorliegend interessierenden Infrastrukturpro-

255 Siehe BGE 118 Ib 206, E. 8b; BGE 120 Ib 59, E. 1c–d.

256 Siehe BVGer, Urteil A-4795/2011, A-4800/2011 und A-4819/2011 vom 3. Januar 2013, E. 3.3.1.2 m.H. darauf, dass das Bundesgericht diese Rechtsprechung jedenfalls nicht kritisiert habe. Zum Ganzen auch MOSER/BEUSCH/KNEUBÜHLER, Bundesverwaltungsgericht, Rz. 2.78b.

257 BGE 139 II 499, E. 2.2 und 2.3.

258 BGE 139 II 499, E. 2.3.

259 Siehe BGE 129 II 342, E. 3.2 (betreffend die damals entscheidende Rekurskommission, an deren Stelle heute das Bundesverwaltungsgericht getreten ist).

260 Siehe exemplarisch BVGer, Urteil A-4795/2011, A-4800/2011 und A-4819/2011 vom 3. Januar 2013, E. 7.7.3 (m.H. zur einschlägigen bundesgerichtlichen Rechtsprechung). Zur Frage, inwiefern im Rahmen der UVP Alternativen zum geplanten Projekt zu erörtern sind, siehe Rz. 7.192.

261 Zum Beginn des Fristenlaufs sowie zur Berechnung und Wahrung der Frist eingehend MOSER/BEUSCH/KNEUBÜHLER, Bundesverwaltungsgericht, Rz. 2.108 ff.

jekten steht die Mitteilung durch amtliche Publikation im Zentrum (siehe Art. 36 VwVG).

Gemäss Art. 52 Abs. 1 VwVG ist in der **Beschwerdeschrift** ein Antrag zu formulieren, der gleichzeitig den Streitgegenstand im Verfahren vor dem Bundesverwaltungsgericht bestimmt.[262] Aufgrund der im Beschwerdeverfahren vor dem Bundesverwaltungsgericht geltenden Eventualmaxime sind sämtliche Begehren und Eventualbegehren in der Beschwerdeschrift vorzubringen. Auf Begehren, die erst in der Replik formuliert werden, wird nicht eingetreten.[263] Zu beachten ist, dass bei bundesrechtlichen Plangenehmigungsverfahren sämtliche Einwände gegen ein Projekt, die während der Auflagefrist erhoben werden können, im Einspracheverfahren anzubringen sind.[264] 8.102

Ausdrücklich beantragt werden muss die Anordnung **vorsorglicher Massnahmen** nach Art. 56 VwVG oder die Wiederherstellung der (entzogenen) aufschiebenden Wirkung (Art. 55 Abs. 2 und 3 VwVG). Nicht erforderlich ist ein expliziter Antrag zu den Kosten- und Entschädigungsfolgen. Das Bundesverwaltungsgericht befindet darüber von Amtes wegen. 8.103

Aus der von Art. 52 Abs. 1 VwVG geforderten **Begründung** «muss hervorgehen, in welchen Punkten und weshalb der angefochtene Entscheid beanstandet wird und welche tatsächlichen oder rechtlichen Erwägungen inwiefern unrichtig oder nicht stichhaltig sein sollen».[265] Da das Bundesverwaltungsgericht die Sachverhaltsabklärungen sowie die Rechtsanwendung weitgehend von Amtes wegen vorzunehmen hat (siehe zur Sachverhaltsfeststellung Art. 37 VGG i.V.m. Art. 12 VwVG), werden weniger hohe Anforderungen an die Begründungspflicht statuiert als im Verfahren vor dem Bundesgericht (vgl. Art. 42 Abs. 2 BGG).[266] Dies gilt insbesondere für Laienbeschwerden.[267] 8.104

e) Wirkungen der Rechtsmittel

Die Beschwerde an das Bundesverwaltungsgericht hat **aufschiebende Wirkung** (Art. 55 Abs. 1 VwVG i.V.m. Art. 37 VGG). Werden bloss Teile einer Verfügung bzw. Plangenehmigung angefochten, beschränkt sich die aufschiebende Wirkung auf den Streitgegenstand, sofern sich dieser klar von den übrigen Anordnungen trennen lässt.[268] 8.105

Ist über den **Entzug der aufschiebenden Wirkung** zu befinden, nimmt das Bundesverwaltungsgericht eine Interessenabwägung vor, in welcher es die Gründe für die 8.106

---

262 Siehe MOSER/BEUSCH/KNEUBÜHLER, Bundesverwaltungsgericht, Rz. 2.213.

263 BVGE 2011/54 1059, E. 2.1.1; BVGE 2010/53 763, E. 15.1.

264 Zur Bedeutung des Einspracheverfahrens für den Streitgegenstand Rz. 8.87.

265 MOSER/BEUSCH/KNEUBÜHLER, Bundesverwaltungsgericht, Rz. 2.219.

266 Siehe dazu sowie zur Sprache, den Formalitäten und den Rechtsfolgen von Mängeln in der Beschwerdeschrift an das Bundesverwaltungsgericht MOSER/BEUSCH/KNEUBÜHLER, Bundesverwaltungsgericht, Rz. 2.220 ff.

267 BVGer, Urteil B-1050/2008 vom 1. Dezember 2008, E. 1.2.

268 BVGer, Urteil A-4435/2012 vom 13. November 2012, E. 2.3.

sofortige Vollstreckbarkeit jenen für die gegenteilige Lösung gegenüberstellt.[269] Eine Entscheidprognose kann jedenfalls dann berücksichtigt werden, wenn sie eindeutig ausfällt.[270]

f) Kosten und Parteientschädigung

8.107 Die **Kostenverteilung** richtet sich im Beschwerdeverfahren nach Art. 63 f. VwVG. Ergänzend heranzuziehen ist das Reglement über die Kosten und Entschädigungen vor dem Bundesverwaltungsgericht vom 21. Februar 2008 (VGKE). Die Kosten setzen sich gemäss Art. 1 Abs. 1 VGKE aus der Gerichtsgebühr und den Auslagen zusammen.[271] Zu tragen sind die Kosten von der unterliegenden Partei (Art. 63 Abs. 1 VwVG), wobei bei teilweisem Obsiegen eine anteilsmässige Verteilung der Kosten stattfindet.[272]

8.108 Gemäss Art. 64 Abs. 1 VwVG kann der ganz oder teilweise obsiegenden Partei von Amtes wegen oder auf Begehren eine Entschädigung für ihr erwachsene notwendige und verhältnismässig hohe Kosten zugesprochen werden. Die Praxis leitet daraus einen Rechtsanspruch auf **Parteientschädigung** ab.[273] Kostenpflichtig wird primär die unterlegene Gegenpartei, allerdings nur im Rahmen ihrer Leistungsfähigkeit und jedenfalls dann, wenn sie sich mit selbständigen Begehren am Verfahren beteiligt hat (Art. 64 Abs. 2 und 3 VwVG). Im Übrigen hat die Körperschaft oder autonome Anstalt, in deren Namen die Vorinstanz verfügt hat, für die Parteientschädigung aufzukommen (Art. 64 Abs. 2 VwVG).[274]

2. Weiterzugsmöglichkeit an das Bundesgericht

8.109 Entscheide des Bundesverwaltungsgerichts unterliegen grundsätzlich der **Beschwerde in öffentlichrechtlichen Angelegenheiten** an das Bundesgericht.[275] Der Ausnahmekatalog (Art. 83 BGG) ist im vorliegenden Kontext nicht einschlägig. Die Sachurteilsvoraussetzungen sind über weite Strecken identisch mit jenen bei der Anfechtung kantonaler Hoheitsakte.[276] Zu beachten ist allerdings, dass der

---

269 Statt vieler BVGer, Urteil C-1712/2009 vom 13. Oktober 2009, E. 3.1; BVGer, Urteil A-515/2008 vom 4. Juni 2008, E. 3.

270 Siehe zudem BVGE 2013/9 91, E. 2 m.H. darauf, dass bei entsprechender Aktenlage bzw. beförderlich durchgeführtem Schriftenwechsel aus prozessökonomischen Gründen direkt über die Hauptfrage entschieden werden kann. Diesfalls wird der Antrag auf Aufhebung oder Wiedereinräumung der aufschiebenden Wirkung gegenstandslos.

271 Zu den davon erfassten Kosten, dem Gebührenrahmen und den Bemessungskriterien Moser/Beusch/Kneubühler, Bundesverwaltungsgericht, Rz. 4.11 ff.

272 Moser/Beusch/Kneubühler, Bundesverwaltungsgericht, Rz. 4.39 ff. mit weiteren Ausführungen zum Unterliegerprinzip und den Ausnahmen davon.

273 Statt vieler BVGE 2010/14 171, E. 8.2.2. So explizit auch Art. 7 Abs. 1 VGKE.

274 Ausführlich zur Parteientschädigung Moser/Beusch/Kneubühler, Bundesverwaltungsgericht, Rz. 4.62 ff.

275 Siehe Art. 82 lit. c und 86 Abs. 1 lit. a BGG.

276 Eingehend dazu sogleich Rz. 8.110 ff.

Bundesgesetzgeber – wie auch bei der Beschwerde an das Bundesverwaltungsgericht – keine abstrakte Normenkontrolle für Erlasse des Bundes vorsieht (siehe Art. 82 lit. b BGG e contrario).

C. Rechtsschutz gegen kantonale Entscheide und Pläne

1. Instanzenzug und Rechtsmittel

Entscheide letzter kantonaler Instanzen und kantonale Erlasse (darunter subsumiert werden auch kantonale Richtpläne) sind unter bestimmten Voraussetzungen mit **Beschwerde in öffentlichrechtlichen Angelegenheiten** beim Bundesgericht anfechtbar. Die Beschwerde an das Bundesverwaltungsgericht fällt ausser Betracht, da keine spezialgesetzliche Norm existiert, die dessen Zuständigkeit begründen würde (siehe Art. 86 Abs. 1 lit. d BGG). 8.110

Das Bundesgericht tritt auf Beschwerden gegen Verfügungen und Nutzungspläne nur dann ein, wenn der **kantonale Instanzenzug** ausgeschöpft worden ist.[277] Aufgrund des Devolutiveffekts des Rechtsmittels bildet der Entscheid der letzten kantonalen Instanz das Beschwerdeobjekt; die Verfügung bzw. der Nutzungsplan gilt jedoch als mitangefochten.[278] Für Richtpläne, die im Verfahren der Beschwerde in öffentlichrechtlichen Angelegenheiten wie Erlasse behandelt werden[279], ist Art. 87 Abs. 2 BGG einschlägig, wonach es den Kantonen freisteht, ob sie hiergegen ein Rechtsmittel vorsehen.[280] Daher entscheidet das Bundesgericht in diesen Konstellationen gegebenenfalls als erste Rechtsmittelinstanz. 8.111

2. Beschwerdeobjekte

a) Entscheide

aa) Kantonal letztinstanzliche Hoheitsakte

Als Entscheide, die gemäss Art. 82 lit. a BGG Anfechtungsobjekt der Beschwerde in öffentlichrechtlichen Angelegenheiten bilden, gelten **individuell-konkrete Hoheitsakte,** d.h. behördliche Anordnungen im Einzelfall, mit denen ein Rechtsverhältnis einseitig und verbindlich geregelt wird.[281] Aus planungs- und baurechtlicher Perspektive stehen dabei kantonal letztinstanzliche Entscheide betreffend 8.112

---

277 Siehe Art. 86 Abs. 1 lit. b BGG, der die Beschwerde in öffentlichrechtlichen Angelegenheiten auf Entscheide letzter kantonaler Instanzen beschränkt. Zu den Anforderungen an die letzte kantonale Instanz Rz. 8.19.

278 BGer, Urteil 1C_87/2012 vom 27. November 2012, E. 1.3; BGE 134 II 142, E. 1.4; BGE 129 II 438, E.1; dazu auch Aemisegger, in: Praxiskommentar Rechtsschutz RPG, Art. 34 Rz. 24.

279 BGE 136 I 265, E. 1.1.

280 Dazu Rz. 8.19.

281 Statt vieler BGE 135 II 30, E. 1.1; dazu auch Aemisegger, in: Praxiskommentar Rechtsschutz RPG, Art. 34 Rz. 18; Griffel, Raumplanungs- und Baurecht, S. 220.

Baubewilligungen oder planerische Entscheide im Zentrum.[282] Die ein zulässiges Beschwerdeobjekt darstellenden Entscheide sind einerseits gegenüber behördlichem Tätigwerden, das nicht zu einer verbindlichen Regelung von Rechtsverhältnissen führt, abzugrenzen.[283] Andererseits besteht Klärungsbedarf mit Blick auf die (nachstehend eingehend erörterte) Anfechtungsmöglichkeit von Entscheiden, denen kein verfahrensabschliessender Charakter zukommt.

bb) End-, Teil-, Vor- und Zwischenentscheide

8.113 Entscheide, welche die vorne erörterten Strukturmerkmale aufweisen, sind nicht per se anfechtbar. Ob sie Gegenstand einer Beschwerde sein können, ist vielmehr in zwei – mitunter durchaus komplexen – Schritten zu klären: Zunächst hat aufgrund der teilweise unterschiedlichen Anfechtungsmöglichkeiten von End-, Teil-, Vor- und Zwischenentscheiden eine **Zuordnung** des zur Diskussion stehenden baurechtlichen Entscheids zu den einzelnen, vom Gesetzgeber geschaffenen Kategorien stattzufinden. Diese Zuordnung bestimmt sich einzig nach dem Inhalt des Entscheids; irrelevant ist demgegenüber die Bezeichnung.[284] Handelt es sich nicht um (ohnehin selbständig anfechtbare) End- oder Teilentscheide, sondern um Vor- oder Zwischenentscheide, ist in einem zweiten Schritt über die selbständige Anfechtbarkeit zu befinden. Das Bundesgericht hat die Qualifikation des Entscheids und die Beurteilung der eigenständigen Anfechtbarkeit aufgrund von Art. 29 Abs. 1 BGG zwar von Amtes wegen und mit freier Kognition vorzunehmen.[285] Den Beschwerdeführenden kommt aufgrund von Art. 42 Abs. 2 BGG allerdings eine Mitwirkungspflicht zu, deren Missachtung – ausser in offenkundigen Fällen – zu einem Nichteintretensentscheid führt.[286]

8.114 Zulässig ist die Beschwerde gemäss Art. 90 BGG zunächst gegen **Endentscheide.** Diese kennzeichnen sich dadurch, dass sie das Verfahren (in der Gestalt von Sach- oder Prozessentscheiden[287]) abschliessen.[288] Regelmässig um Endentscheide handelt es sich bei negativen Entscheiden, mit denen beispielsweise ein Baugesuch abgelehnt oder die Existenz einer Enteignung negiert wird.[289] Als Endentscheide gelten des Weiteren vorinstanzliche Nichteintretensentscheide, die mit der Rüge der Verletzung des Rechtsverweigerungsverbots angefochten werden können.[290]

---

282 Zu den planerischen Entscheiden Rz. 8.133 ff.

283 Dazu Rz. 8.61 f. und 8.94.

284 Siehe BGE 135 II 328, E. 2.1; Aemisegger, in: Praxiskommentar Rechtsschutz RPG, Art. 34 Rz. 32.

285 BGE 135 III 329, E. 1; BGE 135 II 1, E. 1.

286 BGE 135 II 286, E. 1.2; BGE 134 II 137, E. 1.3.3; Aemisegger, in: Praxiskommentar Rechtsschutz RPG, Art. 34 Rz. 30 und 47.

287 BGE 134 III 426, E. 1.1; Uhlmann, in: Basler Kommentar BGG, Art. 90 Rz. 9; von Werdt, in: Handkommentar BGG, Art. 90 Rz. 4.

288 Aemisegger, in: Praxiskommentar Rechtsschutz RPG, Art. 34 Rz. 32.

289 Aemisegger, in: Praxiskommentar Rechtsschutz RPG, Art. 34 Rz. 36 m.H.

290 BGer, Urteil 1C_82/2007 vom 19. November 2007, E. 1.2; BGer, Urteil 9C_740/2008 vom 30. Oktober 2008, E. 1. Zur Rechtsverweigerungsbeschwerde auch Rz. 8.131 f.

Als Endentscheide qualifiziert werden **zum Beispiel** die Bejahung der Zulässigkeit einer formellen Enteignung[291] (nicht aber die Existenz einer materiellen Enteignung, soweit die Vorinstanz sich nicht auch mit Schätzungsfragen befassen musste[292]), die Festsetzung eines Nutzungsplans[293] oder die provisorische Regelung von in einem separaten Verfahren getroffenen vorläufigen Massnahmen[294]. Als Endentscheid (und nicht als Zwischenentscheid nach Art. 93 BGG) gilt überdies die Einleitung eines Quartierplanverfahrens, wenn das kantonale Recht vorsieht, dass bestimmte Einwendungen nur gegen den Einleitungsbeschluss geltend gemacht werden können und im späteren Verfahren ausgeschlossen sind.[295] 8.115

Anfechtbar sind darüber hinaus aufgrund von Art. 91 BGG sog. **Teilentscheide.** Als Teilentscheide gelten – soweit vorliegend von Bedeutung – Entscheide, die «nur einen Teil der gestellten Begehren behandel[n], wenn diese Begehren unabhängig von den anderen beurteilt werden können» (lit. a).[296] Die Vorinstanz befindet dabei über Elemente eines Entscheids, die vom übrigen Entscheid unabhängig sind und einer isolierten Beurteilung offenstehen.[297] 8.116

Seit der Revision der Bundesrechtspflege werden Entscheide über **materielle Vorfragen** nicht mehr als Teil-, sondern als Zwischenentscheide qualifiziert, die nur unter den Voraussetzungen von Art. 93 BGG angefochten werden können.[298] Mit dieser Praxisänderung haben die Teilentscheide in öffentlichrechtlichen Streitigkeiten an Bedeutung verloren. 8.117

Als **selbständig anfechtbare Teilentscheide** erklärt wurden vom Bundesgericht etwa ein Rückweisungsentscheid, der in Bezug auf eine Partei ein Nichteintreten wegen verspäteter Eingabe enthält[299] oder ein Rückweisungsentscheid für eine Parzelle, der die definitive Beurteilung (und damit einen Teilentscheid) für ein anderes Grundstück ermöglicht.[300] Nicht um einen selbständig anfechtbaren Teilentscheid handelt es sich demgegenüber, wenn der angefochtene Entscheid lediglich Erschliessungsfragen beurteilt, welche Voraussetzung für 8.118

---

291 BGE 135 II 310, E. 1.2; BGer, Urteil 1C_566/2008 vom 30. Juni 2009, E. 1.

292 Zur Qualifikation als (gestützt auf Art. 93 Abs. 1 lit. b BGG selbständig anfechtbarer) Zwischenentscheid BGer, Urteil 1C_281/2008 vom 7. April 2009, E. 1 (ZBl 2010 289 f.); kritisch gegenüber der Qualifikation als Zwischenentscheid AEMISEGGER, in: Praxiskommentar Rechtsschutz RPG, Art. 34 Rz. 73, der mit der Zweistufigkeit des Enteignungsverfahrens argumentiert und für die Annahme eines Endentscheids plädiert.

293 BGE 135 II 286, in der Amtlichen Sammlung nicht publizierte E. 1.1.

294 BGE 134 I 83, E. 3.3; BGer, Urteil 1C_291/2009 vom 29. Juli 2009, E. 1.

295 BGE 140 II 25, E. 1.1; dazu GRIFFEL, Raumplanungs- und Baurecht, S. 220 m.H. darauf, dass dies nach zürcherischem Recht auf bestimmte Begehren zutrifft, die vor der zweiten Grundeigentümerversammlung gestellt werden müssen (vgl. § 155 Abs. 1 PBG ZH).

296 Entscheide, die «das Verfahren nur für einen Teil der Streitgenossen und Streitgenossinnen abschliess[en]» (lit. b) sind in bau- und planungsrechtlichen Konstellationen demgegenüber kaum relevant. Zum Umstand, dass sich die subjektive Klagehäufung vor allem im Zivilprozessrecht sowie in strukturell vergleichbaren Fällen des Verwaltungsrechts findet, UHLMANN, in: Basler Kommentar BGG, Art. 91 Rz. 7.

297 BGer, Urteil 1C_255/2008 vom 17. Juli 2008, E. 1.1; AEMISEGGER, in: Praxiskommentar Rechtsschutz RPG, Art. 34 Rz. 40.

298 Beenden solche Enscheide das Verfahren, sind sie hingegen als Endentscheide zu qualifizieren. Siehe UHLMANN, in: Basler Kommentar BGG, Art. 91 Rz. 4.

299 BGer, Urteil 1C_194/2007 vom 16. November 2007, E. 1.2.

300 BGer, Urteil 1C_290/2007 vom 28. Januar 2008, E. 2. Siehe im Übrigen AEMISEGGER, in: Praxiskommentar Rechtsschutz RPG, Art. 34 Rz. 42 m.w.H.

die Bewilligung des gesamten Bauvorhabens darstellen und somit nicht unabhängig und getrennt von anderen Begehren beurteilt werden können.[301]

8.119 Die **Vor- und Zwischenentscheide,** die als weitere Entscheidkategorie ergänzenden Differenzierungen unterliegen, sind lediglich unter bestimmten Voraussetzungen selbständig anfechtbar (Art. 92 und 93 BGG). Sie werden definiert als «Entscheide, welche das Verfahren nicht abschliessen, sondern bloss eine formell- oder materiellrechtliche Frage im Hinblick auf die Verfahrenserledigung regeln, mithin einen Schritt auf dem Weg zum Endentscheid darstellen».[302] Ihnen kommt keine materielle Rechtskraft zu.[303] In der Regel wird mangels praktischer Bedeutung auf eine genauere Unterscheidung zwischen Vor- und Zwischenentscheiden verzichtet.[304]

8.120 Die Beschwerde in öffentlichrechtlichen Angelegenheiten ist zunächst zulässig gegen selbständig eröffnete Vor- und Zwischenentscheide über die (örtliche, sachliche oder funktionelle) **Zuständigkeit und über Ausstandsbegehren** (Art. 92 Abs. 1 BGG).[305] Eine selbständige Eröffnung bedingt eine schriftliche, begründete und mit einer Rechtsmittelbelehrung versehene Mitteilung an die Parteien.[306] Negiert die Vorinstanz ihre Zuständigkeit, handelt es sich aufgrund der verfahrensabschliessenden Wirkung allerdings um einen Endentscheid, der unter Art. 90 BGG zu subsumieren ist. Von dieser Bestimmung erfasst werden etwa Zwischenentscheide über die Ausstandspflicht von Sachverständigen[307] oder betreffend die Ablehnung der Zuständigkeit des kantonalen Verwaltungsgerichts[308].[309] Zu beachten ist, dass Vor- und Zwischenentscheide über die Baubewilligungspflicht, die eng mit der Zuständigkeit der Baubewilligungsbehörde verbunden sind, vom Bundesgericht ebenfalls unter Art. 92 Abs. 1 BGG subsumiert werden.[310] Die von Art. 92 Abs. 1 BGG erfassten Entscheide werden prozessual gleich wie Endentscheide behandelt, mit der Folge, dass eine Anfechtung innert Frist stattfinden muss und später aufgrund von Verwirkung nicht mehr nachgeholt werden kann (Art. 93 Abs. 2 BGG). Damit wird prozessökonomischen Interessen Rechnung getragen. Gleichzeitig werden die Verfahrensbeteiligten zu einem Verhalten nach Treu und Glauben (Art. 5 Abs. 3 BV) angehalten, indem es ihnen verwehrt wird, zunächst abzuwarten, ob ein für sie günstiger Entscheid getroffen wird.[311]

---

301 BGer, Urteil 1C_295/2007 vom 23. Januar 2008, E. 2.2.

302 Uhlmann, in: Basler Kommentar BGG, Art. 92 Rz. 2 m.w.H.

303 BGE 135 V 141, E. 1.4.1.

304 Siehe dazu auch Uhlmann, in: Basler Kommentar BGG, Art. 92 Rz. 3.

305 Uhlmann, in: Basler Kommentar BGG, Art. 92 Rz. 6, weist zutreffend darauf hin, dass es sich im Fall der Negation der Zuständigkeit genau genommen um einen Endentscheid handelt.

306 BGE 135 III 566, E. 1.1.

307 BGE 138 V 271, E. 2.2.1.

308 BGE 135 I 265, E. 1.2.

309 Für weitere Beispiele siehe Aemisegger, in: Praxiskommentar Rechtsschutz RPG, Art. 34 Rz. 44.

310 BGer, Urteil 1C_228/2008 vom 13. August 2008, E. 1.2; dazu Aemisegger, in: Praxiskommentar Rechtsschutz RPG, Art. 34 Rz. 79.

311 Uhlmann, in: Basler Kommentar BGG, Art. 92 Rz. 13.

Komplexer gestaltet sich die Rechtslage bei den **übrigen Vor- und Zwischenentscheiden** (Art. 93 BGG). Deren Anfechtbarkeit bedingt zum einen, dass sie selbständig eröffnet wurden. Zum anderen ist erforderlich, dass sie entweder einen nicht wiedergutzumachenden Nachteil bewirken können (Art. 93 Abs. 1 lit. a BGG) oder die Gutheissung der Beschwerde sofort einen Endentscheid herbeiführen und damit einen bedeutenden Aufwand an Zeit oder Kosten für ein weitläufiges Beweisverfahren ersparen würde (Art. 93 Abs. 1 lit. b BGG). 8.121

Der von Art. 93 Abs. 1 lit. a BGG geforderte **nicht wiedergutzumachende Nachteil** muss nach Ansicht des Bundesgerichts primär rechtlicher Natur sein.[312] Allerdings hat es in einem baurechtlichen Verfahren betreffend einen kantonalen Vorentscheid die Voraussetzungen für die selbständige Anfechtbarkeit gelockert, als es ausführte: «Soweit es das materielle Verwaltungsrecht gebietet, können indessen bei Vor- und Zwischenentscheiden auch rein tatsächliche Nachteile nicht wieder gutzumachende Nachteile im Sinne von Art. 93 Abs. 1 lit. a BGG darstellen. Sofern es dem Beschwerdeführer bei der Anfechtung einer Zwischenverfügung (...) nicht lediglich darum geht, eine Verlängerung oder Verteuerung des Verfahrens zu verhindern, kann ein anderes, auch wirtschaftliche Anliegen beinhaltendes schutzwürdiges Interesse ausreichen.»[313] Diese Konkretisierung dürfte massgeblich mit Blick auf die – weiter hinten zu erörternde – spezifische Bedeutung kantonaler Vorentscheide erfolgt sein. 8.122

Die von Art. 93 Abs. 1 lit. b BGG etablierte Voraussetzung des **sofortigen Endentscheids** ist nicht bereits deshalb erfüllt, weil das Bundesgericht aufgrund von Art. 107 Abs. 2 BGG reformatorisch entscheiden kann. Vielmehr ist zu berücksichtigen, dass das Bundesgericht Streitsachen in der Regel mit guten Gründen zur Neubeurteilung an die Vorinstanz zurückweist.[314] Im Sinne einer zweiten, kumulativen Voraussetzung wird überdies gefordert, dass mit der Behandlung der Beschwerde gegen den Zwischenentscheid ein bedeutender Aufwand an Zeit oder Kosten für ein weitläufiges Beschwerdeverfahren erspart würde.[315] 8.123

Im Folgenden werden einzelne (sich teilweise überschneidende) **Standardkonstellationen** näher betrachtet, in denen sich die Frage nach der selbständigen Anfechtbarkeit regelmässig stellt. Dies betrifft zum einen Rückweisungsentscheide und zum anderen Grundsatzentscheide, wobei mit den kantonalen baurechtlichen Vorentscheiden ein gesondert zu behandelnder Typus der zweitgenannten Kategorie besteht. 8.124

Um Zwischenentscheide handelt es sich grundsätzlich bei **Rückweisungsentscheiden,** beispielsweise zur Neubeurteilung eines Vorhabens.[316] Anderes gilt aller- 8.125

---

312 Siehe statt vieler BGE 133 III 629, E. 2.3.1.

313 BGE 135 II 30, E. 1.2.4.

314 Zu den Gründen hierfür Aemisegger, in: Praxiskommentar Rechtsschutz RPG, Art. 34 Rz. 69.

315 Aemisegger, in: Praxiskommentar Rechtsschutz RPG, Art. 34 Rz. 70, weist darauf hin, dass dieses Erfordernis eher auf zivilrechtliche Verfahren zugeschnitten sei.

316 BGE 133 II 409, E. 1.2; BGer, Urteil 1C_327/2007 vom 6. Juni 2008, E. 1.3; siehe aber Rz. 8.118 betreffend Rückweisungsentscheide, die als (selbständig anfechtbare) Teilentscheide qualifiziert wurden.

dings dann, wenn die untere Instanz über keinerlei Entscheidungsspielraum verfügt und der Rückweisungsentscheid daher als (direkt anfechtbarer) Endentscheid zu qualifizieren ist.[317] Die Anfechtbarkeit von Rückweisungsentscheiden wird aufgrund der Vielfalt möglicher Fallkonstellationen differenziert beurteilt: Mangels eines nicht wiedergutzumachenden Nachteils ist die Rückweisung zur Vornahme weiterer Abklärungen für den Rechtssuchenden im Allgemeinen nicht selbständig anfechtbar.[318] Kein nicht wiedergutzumachender Nachteil liegt vor, wenn ein Rückweisungsentscheid lediglich mit Blick auf die Kosten- und Entschädigungsfolgen angefochten wird.[319] Eine selbständige Anfechtungsmöglichkeit besteht allerdings unter der Voraussetzung, dass in ressourcenschonender Weise ein sofortiger Endentscheid möglich wäre (Art. 93 Abs. 1 lit. b BGG).[320] Richtet sich der Rückweisungsentscheid an eine Gemeinde, ist die Anfechtbarkeit gestützt auf Art. 93 Abs. 1 lit. b BGG möglich.[321] Entscheidet sich die Gemeinde für eine Anfechtung, steht dieser Weg auch den betroffenen Privaten offen.[322] Dasselbe gilt für die mit einem Beschwerderecht ausgestattete kantonale Verwaltungsstelle, wenn diese durch den Rückweisungsentscheid dazu verpflichtet wird, eine Verfügung zu treffen, die ihres Erachtens rechtswidrig ist.[323]

8.126 Seit Inkrafttreten des BGG werden **Grundsatzentscheide** nicht mehr als sofort anfechtbare Teil- bzw. Endentscheide, sondern als materiell-rechtliche Zwischenentscheide behandelt.[324] Grundsatzentscheide kennzeichnen sich dadurch, dass sie «einen Teilaspekt einer Streitsache – z.B. eine von mehreren materiellrechtlichen Anspruchsvoraussetzungen – beantworten».[325] Exemplarisch hinzuweisen ist auf die vorfrageweise geklärte Anwendbarkeit von Art. 24 RPG[326] oder die Anordnung einer Umweltverträglichkeitsprüfung[327]. Im erstgenannten Fall hat das Bundesgericht die Anfechtbarkeit durch den Bauherrn bejaht.[328] Die zweitgenannte Konstellation wurde vom Bundesgericht bislang – soweit ersichtlich – noch nicht entschieden.[329] Gestützt auf Art. 93 Abs. 1 lit. b BGG ist die Anfechtbarkeit jedenfalls für

317 BGE 138 I 143, E. 1.2; BGE 134 II 124, E. 1.3; BGer, Urteil 1C_13/2009 vom 23. November 2009, E. 1.1.

318 Statt vieler BGer, Urteil 1C_514/2012 vom 7. Juni 2013, E. 2.1; BGE 134 II 124, E. 1.3; BGE 133 V 477, E. 5.2.

319 Siehe exemplarisch BGE 129 I 129, E. 1; BGer, Urteil 8C_530/2008 vom 25. September 2008, E. 2; für weitere Beispiele siehe Aemisegger, in: Praxiskommentar Rechtsschutz RPG, Art. 34 Rz. 62.

320 BGer, Urteil 1C_582/2013 vom 25. September 2014, E. 1.3; Aemisegger, in: Praxiskommentar Rechtsschutz RPG, Art. 34 Rz. 59.

321 BGer, Urteil 1C_789/2013 vom 21. Februar 2014, E. 1.1; BGer, Urteil 1C_280/2009 vom 24. November 2009, E. 1.1.

322 BGE 133 II 409, E. 1.2.

323 BGE 133 V 477, E. 5.2; BGer, Urteil 8C_817/2008 vom 19. Juni 2009, E. 3 und 4.

324 BGE 134 II 137, E. 1.3.2; BGE 133 V 477, E. 4.1.3.

325 Aemisegger, in: Praxiskommentar Rechtsschutz RPG, Art. 34 Rz. 50.

326 Siehe zur Rechtslage vor 2007 BGE 132 II 10, E. 1.

327 Siehe zur Rechtslage vor 2007 BGE 115 Ib 342, E. 1.

328 BGer, Urteil 1C_136/2007 vom 24. September 2007, E. 1.2.

329 Kritisch gegenüber einer selbständigen Anfechtbarkeit Aemisegger, in: Praxiskommentar Rechtsschutz RPG, Art. 34 Rz. 53.

Konstellationen zu bejahen, da die Vorinstanz eine Abklärungspflicht bejaht, das Bundesgericht sofort einen Endentscheid herbeiführen kann und das Erfordernis der Prozessökonomie erfüllt ist.[330]

Um einen spezifischen Anwendungsfall solcher Grundsatzentscheide handelt es sich bei den auf kantonaler Ebene regelmässig vorgesehenen **baurechtlichen Vorentscheiden.** Das Bundesgericht qualifiziert diese seit Inkrafttreten des BGG ebenfalls nicht mehr als Teil-, sondern grundsätzlich als Zwischenentscheide im Sinn von Art. 93 BGG.[331] Es hat sich – wie bereits erwähnt[332] – allerdings bereit erklärt, aufgrund der materiellrechtlichen Lage eine Anfechtbarkeit trotz der Existenz ausschliesslich tatsächlicher Interessen zu bejahen. Der nicht wiedergutzumachende Nachteil dürfte damit regelmässig gegeben sein.[333] 8.127

Die Subsumtion unter die Zwischenentscheide hat in der Literatur **Kritik** provoziert: Vorgebracht wird insbesondere, dass die Argumente zugunsten der Existenz eines nicht wiedergutzumachenden Nachteils[334] für eine Qualifikation als voraussetzungslos anfechtbarer Teilentscheid sprächen. Im Übrigen würde eine Negation der selbständigen Anfechtbarkeit das in den Kantonen verbreitete Institut des Vorentscheids aushebeln und damit in unzulässiger Weise in die kantonale Autonomie eingreifen.[335] Dieser Kritik ist im Ergebnis beizupflichten, da eine Nichtanfechtbarkeit den baurechtlichen Vorentscheid, dem eine wichtige Funktion im Hinblick auf die Sicherstellung eines speditiven, ökonomisch ausgestalteten Bewilligungsverfahrens zukommt, in der Tat weitgehend obsolet machen würde.[336] Allerdings erlaubt es die Qualifikation als Zwischenentscheid, der selbständigen Anfechtbarkeit im konkreten Fall gegebenenfalls legitime Schranken zu setzen. Dies wäre etwa dann der Fall, wenn es für die Betroffenen zumutbar ist, dass das Bundesgericht den Vorentscheid erst später – zusammen mit dem Endentscheid – materiell behandelt.[337] 8.128

Um Zwischenentscheide handelt es sich schliesslich bei Entscheiden betreffend die aufschiebende Wirkung und andere **vorsorgliche Massnahmen.** Diese spielen in der Gestalt des Baustopps oder von vorsorglichen Nutzungsverboten im Baurecht eine bedeutende Rolle.[338] Abgesehen davon, dass bei solchen Entscheiden nur die Verletzung verfassungsmässiger Rechte gerügt werden kann (Art. 98 BGG), ist eine Anfechtung lediglich unter den Voraussetzungen von Art. 93 BGG möglich. 8.129

---

330 Aemisegger, in: Praxiskommentar Rechtsschutz RPG, Art. 34 Rz. 53 m.H. auf BGE 134 II 142, E. 1, der die Verpflichtung zur Einholung einer Machbarkeitsstudie über die Reduktion der Kupferabschwemmung von einem Dach betraf.

331 BGE 135 II 30, E. 1.3.1 f. Wird mit dem Vorentscheid ein Bauvorhaben abgelehnt und eine Baubewilligung verweigert, kann es sich dabei allerdings auch um einen Endentscheid handeln. Siehe dazu Aemisegger, in: Praxiskommentar Rechtsschutz RPG, Art. 34 Rz. 37.

332 Dazu Rz. 8.122.

333 Griffel, Raumplanungs- und Baurecht, S. 221.

334 Siehe BGE 135 II 30, E. 1.3.4 f.

335 Griffel, Entwicklungen 2009, S. 96; siehe auch Griffel, Raumplanungs- und Baurecht, S. 221; zum Argument der kantonalen Autonomie zudem Aemisegger, in: Praxiskommentar Rechtsschutz RPG, Art. 34 Rz. 65.

336 Aemisegger, in: Praxiskommentar Rechtsschutz RPG, Art. 34 Rz. 65.

337 Aemisegger, in: Praxiskommentar Rechtsschutz RPG, Art. 34 Rz. 65.

338 Aemisegger, in: Praxiskommentar Rechtsschutz RPG, Art. 34 Rz. 140.

8.130 Gemäss Art. 93 Abs. 3 BGG können die von diesem Artikel erfassten **Zwischenentscheide** – anders als jene, die unter Art. 92 BGG zu subsumieren sind – mit dem Endentscheid angefochten werden, wenn die Beschwerde nicht zulässig war oder von ihr kein Gebrauch gemacht wurde. Vorausgesetzt ist allerdings, dass sie sich auf den Inhalt des Endentscheids ausgewirkt haben. Eine Ausnahme davon bilden Konstellationen, in denen unabhängig vom Endentscheid ein Anfechtungsinteresse mit Blick auf den Zwischenentscheid besteht. Praktisch ist dies vor allem von Bedeutung, wenn in einem baurechtlichen Rückweisungsentscheid Kosten- und Entschädigungsfolgen vorgesehen sind und der Bauherr mit sämtlichen Begehren durchdringt. In solchen Konstellationen kann der Rückweisungsentscheid binnen 30 Tagen seit Erhalt des Baubewilligungsentscheids direkt beim Bundesgericht angefochten werden.[339]

cc) Rechtsverweigerung

8.131 Wird eine Behörde um den Erlass einer Verfügung gebeten und bleibt sie untätig, so besteht nach Art. 94 BGG die Möglichkeit, mit einer **Rechtsverweigerungsbeschwerde** – auch ohne Verfügung als Beschwerdeobjekt – an das Bundesgericht zu gelangen. Voraussetzung für die Rechtsverweigerungsbeschwerde ist, dass die Rechtssuchenden ein Gesuch um Erhalt einer Verfügung gestellt haben und einen Anspruch auf eine solche Verfügung besitzen.[340] Erlässt die zuständige kantonale Behörde, beispielsweise in Negation der Parteieigenschaft, eine anfechtbare Verfügung, stellt diese unter den Voraussetzungen von Art. 90 ff. BGG ein zulässiges Beschwerdeobjekt dar. Eine Rechtsverweigerungsbeschwerde wird damit obsolet.[341]

8.132 Über praktische Relevanz verfügen Rechtsverweigerungsbeschwerden im Kontext der **Sanierung** umweltrechtswidriger Bauten und Anlagen. Art. 16 ff. USG ermöglichen es Personen, die durch übermässige umweltrechtswidrige Immissionen einer Anlage gestört werden, von der zuständigen Behörde gestützt auf Art. 16 ff. USG den Erlass einer Sanierungsverfügung oder die Abänderung einer bereits erfolgten Sanierungsverfügung zu beantragen.[342] Bleibt diese aus, ermöglicht Art. 94 BGG den Zugang zum Rechtsschutz.

---

339 BGer, Urteil 2C_759/2008 vom 6. März 2009, E. 2.3–2.7; dazu auch AEMISEGGER, in: Praxiskommentar Rechtsschutz RPG, Art. 34 Rz. 75.

340 Siehe UHLMANN, in: Basler Kommentar BGG, Art. 94 Rz. 1, wonach formelle Rechtsverweigerung im engeren Sinn vorliegt, «wenn es eine Behörde zu Unrecht unterlässt, einen Entscheid zu fällen».

341 VON WERDT, in: Handkommentar BGG, Art. 94 Rz. 4; UHLMANN, in: Basler Kommentar BGG, Art. 94 Rz. 2.

342 Siehe dazu TRÜEB, Rechtsschutz, S. 205 ff.; GÄCHTER, Durchsetzung, S. 775 ff.; AEMISEGGER, in: Praxiskommentar Rechtsschutz RPG, Art. 34 Rz. 81.

b) Pläne

Die Anfechtbarkeit von Plänen kann nur im Zusammenhang mit den spezifischen **Beschwerdelegitimationen** adäquat erfasst werden; denn sie hängt untrennbar mit der Reichweite der Beschwerdeberechtigung zusammen, die wiederum Konsequenz der Charakteristika der einzelnen Planarten bildet. Sowohl Richt- als auch Nutzungspläne sind zulässige Anfechtungsobjekte der Beschwerde in öffentlichrechtlichen Angelegenheiten. Die Berechtigung, deren abstrakte bzw. akzessorische Überprüfung[343] zu verlangen, ist allerdings akteurspezifisch zu beurteilen. 8.133

aa) Richtpläne

Da Richtpläne lediglich behörden-, nicht aber grundeigentümerverbindlich sind (siehe Art. 9 Abs. 1 RPG), sind die **Privaten** nicht zu deren Anfechtung berechtigt.[344] Daran vermögen auch allfällige faktische Vorwirkungen eines Richtplans nichts zu ändern.[345] Allerdings können Private im Rahmen der Anfechtung eines Nutzungsplans oder einer Baubewilligung die akzessorische Überprüfung des Richtplans verlangen.[346] 8.134

Demgegenüber können Gemeinden kantonale Richtpläne auf Bundesebene gestützt auf Art. 89 Abs. 2 lit. c BGG anfechten, wenn sie eine Verletzung ihrer **Autonomie (Art. 50 BV)** geltend machen.[347] Mit Blick auf Art. 89 Abs. 1 lit. b und c BGG besteht für die Gemeinden zudem eine Anfechtungsmöglichkeit gegenüber Richtplänen, «wenn sie als Gebietskorporationen öffentliche Anliegen wie den Schutz der Einwohner zu vertreten haben und insofern durch Einwirkungen, welche von Bauten und Anlagen ausgehen, in hoheitlichen Befugnissen betroffen werden».[348] Dasselbe gilt, «wenn sie gleich oder ähnlich wie Private betroffen sind».[349] Die letztgenannte Konstellation akzentuiert sich allerdings vornehmlich bei Sondernutzungsplänen und konkreten Bauvorhaben. Eine gestützt darauf erfolgende Richtplananfechtung dürfte aufgrund des Inhalts der Richtpläne die Ausnahme darstellen. Als Folge der 8.135

343 Bei der akzessorischen Überprüfung handelt es sich um eine Frage der zulässigen Beschwerdegründe bzw. der Reichweite der gerichtlichen Überprüfungsbefugnis. Auf die Einzelheiten wird daher im Zusammenhang mit den Beschwerdegründen eingegangen. Siehe Rz. 8.145 ff.

344 Siehe statt vieler BGE 121 II 430, E. 1c; BGE 119 Ia 285, E. 3 und 4; BGE 111 Ia 129, E. 3; dazu auch Aemisegger/Haag, in: Praxiskommentar Rechtsschutz RPG, Art. 33 Rz. 49; Aemisegger, in: Praxiskommentar Rechtsschutz RPG, Art. 34 Rz. 27; Griffel, Raumplanungs- und Baurecht, S. 224. Siehe auch Rz. 8.43. Zur Vorinstanzenregelung bei Richtplänen, die im Rahmen des öffentlichrechtlichen Beschwerdeverfahrens vor dem Bundesgericht als Erlasse im Sinne von Art. 82 lit. b BGG gelten, Rz. 8.19 und 8.111.

345 BGer, Urteil 1C_181/2012 vom 10. April 2012, E. 1.

346 Dazu Rz. 8.44, insb. die Hinweise in Fn. 124.

347 BGE 136 I 265, E. 1.3; siehe dazu Aemisegger, in: Praxiskommentar Rechtsschutz RPG, Art. 34 Rz. 27; Aemisegger/Scherrer Reber, in: Basler Kommentar BGG, Art. 82 Rz. 38; Griffel, Raumplanungs- und Baurecht, S. 224. Zu den spezifischen Beschwerdevoraussetzungen für Gemeinden im Einzelnen Rz. 8.195 ff.

348 BGE 136 I 265, E. 1.4.

349 BGE 136 I 265, E. 1.4.

direkten Anfechtungsmöglichkeiten ist das Recht zur späteren Herbeiführung der akzessorischen Überprüfung des Richtplans durch die Gemeinde stark limitiert.[350]

bb) Nutzungspläne

8.136 Nutzungspläne können von **Privaten** gestützt auf Art. 82 lit. a BGG direkt angefochten werden. Sie werden in prozessualer Hinsicht wie Verfügungen behandelt und weitgehend den Regeln über die Einzelaktanfechtung unterworfen.[351] Nur in Ausnahmefällen möglich ist hingegen die akzessorische Überprüfung im Kontext der Anfechtung einer konkreten Bewilligungserteilung oder -verweigerung.[352]

8.137 Aufgrund von Art. 26 RPG und zwecks Sicherstellung der Verfahrenseinheit macht das Bundesgericht das Eintreten auf Beschwerden gegen kommunale Nutzungspläne davon abhängig, dass auch bereits der **Genehmigungsentscheid** der zuständigen kantonalen Behörde vorliegt.[353] Anfechtbar ist anschliessend der Entscheid über den Nutzungsplan inklusive Genehmigungsentscheid.[354] Losgelöst von der Existenz einer Genehmigung können allerdings verfahrensrechtliche Fragen wie beispielsweise die Verweigerung der Parteistellung im kantonalen Planungsverfahren gerügt werden.[355]

c) Erlasse

8.138 Bau- und planungsrechtliche Erlasse unterliegen gemäss Art. 82 lit. b BGG der Beschwerde in öffentlichrechtlichen Angelegenheiten.[356] Dabei sind spezifische Voraussetzungen insbesondere mit Blick auf die Vorinstanzen[357], die Legitimation und die Beschwerdefrist[358] zu beachten. Die Legitimationsvoraussetzungen sind bereits dann erfüllt, wenn der Beschwerdeführer durch den angefochtenen Erlass **virtuell betroffen** ist, was bedingt, dass er früher oder später mit einer minimalen Wahrscheinlichkeit konkret davon betroffen sein könnte.[359] Die virtuelle Betrof-

350 Dazu Rz. 8.47.

351 BGE 135 II 286, in der Amtlichen Sammlung nicht publizierte E. 1.1 (zur Rechtsnatur des Nutzungsplans siehe in der Amtlichen Sammlung nicht publizierte E. 2.1); BGE 133 II 353, E. 3.3; AEMISEGGER/SCHERRER REBER, in: Basler Kommentar BGG, Art. 82 Rz. 34 f.

352 BGE 131 II 103, E. 2.4.1. Zu den Ausnahmen im Einzelnen siehe Rz. 8.52.

353 Dazu Rz. 8.34.

354 BGE 135 II 22, E. 1.2; WALDMANN, in: Basler Kommentar BGG, Art. 82 Rz. 10; WALDMANN/HÄNNI, Handkommentar RPG, Art. 26 Rz. 8.

355 BGer, Urteil 1C_340/2007 vom 28. Januar 2008, E. 1.1.

356 BGE 135 II 249, E. 1.2; BGE 133 II 409, E. 1.1; zur Abgrenzung planungsrechtlicher Erlasse von nutzungsplanbezogenen Vorschriften, die den Regeln über die Einzelaktanfechtung unterstellt werden, Rz. 8.19.

357 Zum Umstand, dass bei der Anfechtung von Erlassen von Bundesrechts wegen keine Anfechtungsmöglichkeit in den Kantonen verlangt wird, bereits Rz. 8.19.

358 Siehe Art. 101 BGG, wonach eine dreissigtägige Frist zu beachten ist, die mit der «nach dem kantonalen Recht massgebenden Veröffentlichung des Erlasses beim Bundesgericht» zu laufen beginnt.

359 Statt vieler BGE 136 I 17, E. 2.1; BGE 136 I 49, E. 2.1.

fenheit wird grundsätzlich für die Einwohner des Gemeinwesens, das die zur Diskussion stehenden Normen verabschiedet hat, bejaht. Will jemand von ausserhalb Beschwerde führen, hat er in der Begründung darzulegen, inwiefern er – beispielsweise in seiner Eigenschaft als Grundeigentümer im betreffenden Gemeinwesen – zukünftig durch den Erlass betroffen sein könnte.[360]

Grundsätzlich nicht anfechtbar sind demgegenüber **Verwaltungsverordnungen.** Das Bundesgericht lässt die Beschwerde allerdings ausnahmsweise zu, wenn eine solche interne Anordnung Aussenwirkungen auf Private entfaltet und wenn gestützt darauf keine Verfügungen ergehen, deren Anfechtung möglich sei und den Betroffenen zugemutet werden könne.[361] 8.139

3. Beschwerdegründe und Kognition

a) Rechtsverletzungen

aa) Kreis der erfassten Normen

Mit der Beschwerde in öffentlichrechtlichen Angelegenheiten kann primär die Verletzung von **Bundesrecht** gerügt werden (Art. 95 lit. a BGG). So lässt sich beispielsweise vorbringen, ein kantonaler oder kommunaler Entscheid oder Erlass verstosse gegen das Raumplanungsgesetz des Bundes. 8.140

Die Verletzung von **kantonalem und kommunalem Recht** lässt sich demgegenüber nur in engem Rahmen mit Beschwerde in öffentlichrechtlichen Angelegenheiten beanstanden.[362] Diese generell geltende Einschränkung zeitigt im Raumplanungs- und Baurecht in besonderem Masse Konsequenzen, da es hier primär um die Anwendung von kantonalem oder kommunalem Recht geht.[363] Neben der Rüge der Verletzung von kantonalen verfassungsmässigen Rechten (Art. 95 lit. c BGG) kann ein Verstoss gegen kantonale und kommunale Vorschriften des Bau- und Planungsrechts nur geltend gemacht werden, wenn gleichzeitig eine Verletzung verfassungs- oder völkerrechtlicher Garantien vorgebracht wird. Im Zentrum stehen dabei das Willkürverbot (Art. 9 BV), die Eigentumsgarantie (Art. 26 BV) und die Mindestgarantien prozeduraler Gerechtigkeit (Art. 29 BV bzw. Art. 6 Ziff. 1 EMRK).[364] Aufgrund des Wortlauts des BGG wäre auch die Rüge der unverhältnismässigen Setzung oder Anwendung von kantonalem Recht möglich, weil das Verhältnismässigkeitsprinzip ausdrücklich in Art. 5 Abs. 2 BV – und damit im Bundesrecht – verankert ist. Zu beachten ist allerdings, dass das Bundesgericht aus föderalistischen Überlegungen die eigenständige Rüge der Verletzung des Gesetzmässigkeitsprinzips, des fehlenden öffentlichen Interesses und der Unverhältnis- 8.141

360 Siehe BGE 125 I 173, E. 1b; zum Ganzen auch WALDMANN, in: Basler Kommentar BGG, Art. 89 Rz. 13.
361 BGE 128 I 167, E. 4.3; BGer, Urteil 2C_752/2012 vom 19. November 2012, E. 2.2.2.
362 Raum für die Geltendmachung dieser Beschwerdegründe besteht primär im Verfahren vor den kantonalen Rechtsmittelinstanzen.
363 GRIFFEL, Raumplanungs- und Baurecht, S. 209.
364 BGE 133 II 249, E. 1.2.1.

mässigkeit nicht zulässt.[365] Bei der Geltendmachung von Grundrechtsverletzungen ist das strenge Rügeprinzip von Art. 106 Abs. 2 BGG zu beachten.[366]

8.142 Die **Überprüfungsintensität** ist unmittelbar mit der Schwere des Eingriffs in verfassungsmässige Rechte verknüpft: Während das Bundesgericht bei schweren Eingriffen in die Eigentumsgarantie die Existenz einer gesetzlichen Grundlage mit freier Kognition prüft, beschränkt es sich in kantonalen Fallkonstellationen ansonsten auf Willkür.[367] Das öffentliche Interesse und die Verhältnismässigkeit prüft das Bundesgericht grundsätzlich frei.[368] Aus föderalistischen Gründen übt das Bundesgericht bei der Würdigung örtlicher Verhältnisse, welche die kantonalen Behörden besser kennen, indes Zurückhaltung.[369] Es bringt damit zum Ausdruck, dass seine Rolle nicht die einer obersten Aufsichts- und Planungsbehörde ist.[370]

8.143 Als Konsequenz des Umstandes, dass die allgemeine Legitimation zur Beschwerde in öffentlichrechtlichen Anlegenheiten nach Art. 89 Abs. 1 BGG lediglich ein faktisches, nicht aber ein rechtlich geschütztes Interesse voraussetzt, können sämtliche Beschwerdegründe vorgebracht werden, die im Falle einer Gutheissung in einem **praktischen Nutzen** resultieren.[371] Nicht erforderlich ist hingegen, dass die angerufene Norm spezifisch den Schutz des Beschwerdeführenden bezweckt. Bei den spezialgesetzlichen Beschwerderechten ist der Kreis der möglichen Rügen teilweise explizit beschränkt (siehe Art. 12 Abs. 2 NHG und Art. 55 Abs. 2 USG); das Bundesgericht zieht den Kreis der als verletzt rügbaren Normen dabei allerdings weit.[372]

bb) Verletzung von Planungszielen und -grundsätzen

8.144 Die Frage, ob überdies die Verletzung von **Planungszielen und -grundsätzen** gemäss Art. 1 und 3 RPG selbständig gerügt werden kann, liess das Bundesgericht zunächst offen.[373] In einem neueren Entscheid hielt es jedoch fest, dass auch eine Verletzung des Kooperationsprinzips gerügt werden kann, dessen Anwendung eine umfassende raumplanerische Interessenabwägung bedingt.[374] Jüngst qualifizierte

---

365 Siehe BGer, Urteil 2C_212/2007 vom 11. Dezember 2007, E. 3.1 und im Anschluss daran BGE 136 I 241, E. 2.5; BGE 134 I 322, E. 2.1; grosszügiger demgegenüber BGE 138 I 378, E. 7 und 8. Dazu sowie zu den Möglichkeiten der Verknüpfung der Rüge der Verletzung von Art. 5 BV mit der Verletzung verfassungsmässiger Individualrechte TSCHANNEN/ZIMMERLI/MÜLLER, Verwaltungsrecht, § 19 Rz. 46 ff., § 20 Rz. 16 und § 21 Rz. 22 f.

366 Dazu Rz. 8.217.

367 Siehe BGE 124 II 538, E. 2a; weiterführend AEMISEGGER, in: Praxiskommentar Rechtsschutz RPG, Art. 34 Rz. 130. Kritisch gegenüber dem Begriff der Willkürkognition KÖLZ/HÄNER/BERTSCHI, Verwaltungsverfahren, Rz. 1543.

368 BGer, Urteil 1C_285/2007 vom 22. Mai 2008, E. 2.

369 Dazu AEMISEGGER, in: Praxiskommentar Rechtsschutz RPG, Art. 34 Rz. 131; siehe auch SCHULER, Kognition, S. 12 f.

370 BGer, Urteil 1C_285/2007 vom 22. Mai 2008, E. 3.2.

371 Siehe BGE 137 II 30, E. 2.3; dazu auch hinten Rz. 8.161.

372 Siehe Rz. 8.207.

373 BGer, Urteil 1C_145/2008 vom 3. Juli 2008, E. 2.1.

374 BGE 141 II 50, E. 2.6.

es die Planungsgrundsätze nach Art. 3 RPG als justiziabel und trat in der Folge auf die Rüge ein, eine Regelung im kantonalen Strassengesetz verstosse gegen Art. 3 Abs. 2 lit. c RPG.[375]

cc) Umfang und Grenzen der akzessorischen Überprüfung

Die Geltendmachung von Rechtsverletzungen ist in verschiedenen Konstellationen denkbar: Einerseits kann gerügt werden, der Rechtsanwendungs- oder Rechtsetzungsakt, der das Anfechtungsobjekt darstellt, sei widerrechtlich. Anderseits lässt sich im Rahmen der **akzessorischen Normenkontrolle** vorbringen, bereits die dem Entscheid zugrunde liegende Norm bzw. der Plan sei widerrechtlich.[376] 8.145

Die akzessorische Überprüfung in bau- und planungsrechtlichen Konstellationen ist allerdings aus verschiedenen Gründen limitiert. **Schranken** bestehen insbesondere in zweierlei Hinsicht: So ist das Bundesgericht aufgrund von Art. 190 BV an Bundesgesetze gebunden, wobei sich die Bindung auch auf das Verordnungsrecht erstreckt, soweit sich sein Inhalt auf ein Bundesgesetz zurückführen lässt.[377] Bei den Plänen ist sodann zu berücksichtigen, dass die akzessorische Überprüfbarkeit, teilweise limitiert ist: 8.146

Richtpläne können im Rahmen der Anfechtung eines Nutzungsplans oder eines baurechtlichen Entscheids akzessorisch überprüft werden. Zu deren Geltendmachung sind allerdings nur Private ermächtigt. Gemeinden kommt dieses Recht nur unter denselben eingeschränkten Voraussetzungen zu, unter denen Private eine vorfrageweise Überprüfung von Nutzungsplänen in die Wege leiten können.[378] 8.147

Nutzungspläne können grundsätzlich nicht akzessorisch überprüft werden. Das Bundesgericht lässt allerdings in folgenden Konstellationen eine Ausnahme von diesem Grundsatz zu:[379] 8.148

- Dies ist zum einen dann der Fall, wenn die Tragweite der Eigentumsbeschränkung durch den Nutzungsplan im Zeitpunkt des Planerlasses oder der Planänderung für den Betroffenen bzw. seinen Rechtsvorgänger aus objektiven Gründen nicht erkennbar war und er keine Veranlassung hatte, seine Interessen zu wahren.[380]

---

375 BGer, Urteil 1C_157/2014 vom 4. November 2015, E. 3.3–3.10.

376 Zur akzessorischen Überprüfung von Erlassen statt vieler RHINOW/KOLLER/KISS/THURNHERR/BRÜHL-MOSER, Öffentliches Prozessrecht, Rz. 46.

377 Statt vieler TSCHANNEN/ZIMMERLI/MÜLLER, Verwaltungsrecht, § 19 Rz. 39 f. Dieselben Schranken bestehen, wenn eine bundesgesetzliche Norm wörtlich oder ihrem Sinn nach in das kantonale Recht implementiert wird.

378 Siehe Rz. 8.47, 8.52 sowie 8.148.

379 Zu den Voraussetzungen der akzessorischen Überprüfung auch AEMISEGGER/HAAG, in: Praxiskommentar Rechtsschutz RPG, Art. 33 Rz. 86; GRIFFEL, Raumplanungs- und Baurecht, S. 226 f.; WALDMANN/HÄNNI, Handkommentar RPG, Art. 33 Rz. 71.

380 Statt vieler BGE 135 II 209, E. 5.1; BGE 123 II 337, E. 3a; BGE 119 Ib 480, E. 5c; BGE 106 Ia 310, E. 3; BGer, Urteil 1C_267/2007 und 1C_269/2007 vom 28. Februar 2008, E. 2.4.

- Zum anderen wird diese Möglichkeit dann eingeräumt, wenn sich die tatsächlichen oder rechtlichen Verhältnisse seit der Planfestsetzung bzw. Planänderung wesentlich geändert haben.[381]

8.149 Begründet wird diese **limitierte Überprüfbarkeit** mit Anliegen der Rechtssicherheit, da sich die Planung ansonsten gewissermassen in einem ständigen Schwebezustand befinden würde. Überdies besteht gemäss bundesgerichtlicher Rechtsprechung eine Vermutung zugunsten der Planbeständigkeit von Nutzungsplänen, die gestützt auf das RPG erlassen worden sind.[382] Das Bundesgericht anerkennt allerdings, dass dadurch «allenfalls verfassungswidrige Anwendungsakte nicht absolut ausgeschlossen» sind.[383]

b) Unrichtige Feststellung des Sachverhalts

8.150 Im von Art. 97 Abs. 1 BGG eng umschriebenen Mass können mit der Beschwerde in öffentlichrechtlichen Angelegenheiten auch **Sachverhaltsrügen** vorgebracht werden. Dies ist unter zwei kumulativen Voraussetzungen der Fall, wobei für die erste Voraussetzung zwei alternative Konstellationen zur Verfügung stehen: Eine Rügemöglichkeit besteht dann, wenn die Sachverhaltsfeststellung «offensichtlich unrichtig ist oder auf einer Rechtsverletzung im Sinne von Art. 95 beruht und wenn die Behebung des Mangels für den Ausgang des Verfahrens entscheidend sein kann» (Abs. 1).

8.151 Bei der Anfechtung **vorsorglicher Massnahmen** besteht zudem eine noch weiter gehende Limitierung, indem Sachverhaltsrügen lediglich vorgebracht werden können, wenn sie auf der Verletzung verfassungsmässiger Rechte beruhen (Art. 98 BGG).

8.152 Der qualifizierte Mangel der **offensichtlichen Unrichtigkeit** liegt vor, wenn die Sachverhaltsermittlung «eindeutig und augenfällig unzutreffend ist».[384] Wirkt sich dieser Umstand auf den Entscheid aus, liegt gleichzeitig willkürliche Rechtsanwendung vor. Das Bundesgericht wendet die Rügepflicht von Art. 106 Abs. 2 BGG daher auch auf die Frage der offensichtlichen Unrichtigkeit an.[385] Konsequenz bildet, dass eine blosse Behauptung der offensichtlichen Unrichtigkeit nicht ausreicht, um das Bundesgericht zur materiellen Behandlung dieser Rüge zu bewegen.[386]

8.153 Bei den **Rechtsverletzungen** steht die Missachtung von Verfahrensvorschriften im Zentrum. Die für die Sachverhaltsermittlung erheblichen bundesrechtlichen Vorschriften können selbständig angerufen werden.[387] Dazu gehört auch der Anspruch auf rechtliches Gehör mit seinen verschiedenen Teilgehalten (Recht auf Äusserung und Anhörung, Recht auf Mitwirkung an der Beweiserhebung, Akteneinsichtsrecht,

---

381 Statt vieler BGE 127 I 103, E. 6b; BGE 121 II 317, E. 12c; BGE 120 Ia 227, E. 2.
382 BGE 120 Ia 227, E. 2c.
383 BGer, Urteil 1P.771/2001 und 1P.773/2001 vom 5. Mai 2003, E. 7.3.3.
384 BGE 132 I 42, E. 3.1. Siehe die Beispiele bei Schott, in: Basler Kommentar BGG, Art. 97 Rz. 9 ff.
385 BGE 133 II 249, E. 1.4.3; von Werdt, in: Handkommentar BGG, Art. 105 Rz. 14.
386 Dazu Schott, in: Basler Kommentar BGG, Art. 97 Rz. 10.
387 BGer, Urteil 1C_32/2007 vom 18. Oktober 2007, E. 1.3.

Begründungspflicht).[388] Bezüglich der Verletzung von kantonalem Recht ist an das vorne Ausgeführte anzuknüpfen: Diese kann nur in Kombination mit Verfassungsrügen vorgebracht werden, wobei auch hier die Verfahrensgarantien im Zentrum stehen.[389]

Verlangt wird zudem, dass der Fehler Konsequenzen für den **Ausgang des Verfahrens** entfaltet. Wird eine Gehörsverletzung konstatiert, führt diese aufgrund der formellen Natur des Gehörsrechts grundsätzlich zur Aufhebung des Entscheids.[390] Allerdings besteht unter gewissen Voraussetzungen die Möglichkeit einer Heilung von Gehörsverletzungen.[391] 8.154

Eine häufige Sachverhaltsrüge vor Bundesgericht betrifft die Ablehnung der Durchführung eines **Augenscheins** im kantonalen Verfahren.[392] Das Bundesgericht tritt allerdings nur darauf ein, wenn diese Rüge (wie bei der Geltendmachung aller übrigen Sachverhaltsmängel) hinreichend substanziiert wird (siehe Art. 42 Abs. 2 und 106 Abs. 2 BGG).[393] Die Beschwerdeführenden haben insbesondere darzulegen, inwiefern die vor der Vorinstanz erfolgte antizipierte Beweiswürdigung unzutreffend ist. Im Hinblick darauf ist zu begründen, weshalb die Unterlagen in den Akten offensichtlich ungenügend aussagekräftig sind und inwiefern mittels eines Augenscheins ergänzende Einsichten gewonnen werden können.[394] 8.155

Spiegelbild der **beschränkten Kognition** in Sachverhaltsfragen bildet, dass das Bundesgericht grundsätzlich an die vorinstanzliche Sachverhaltsfeststellung gebunden ist (Art. 105 Abs. 1 BGG). Es kann die Sachverhaltsfeststellung gemäss Art. 105 Abs. 2 BGG allerdings immerhin dann von Amtes wegen berichtigen oder ergänzen, wenn sie offensichtlich unrichtig ist oder wenn sie auf einer Rechtsverletzung im Sinne von Art. 95 BGG beruht. 8.156

Noven sind vor Bundesgericht im Grundsatz ausgeschlossen: Gemäss Art. 99 Abs. 1 BGG dürfen **neue Tatsachen** nur soweit vorgebracht werden, als der Entscheid der Vorinstanz dazu Anlass gibt.[395] Erforderlich ist mithin eine «kausale Beziehung zwischen der vorinstanzlichen Entscheidung (Urteilsdispositiv und Erwägungen) und der Notwendigkeit, den eigenen Standpunkt mit neuen tatsächlichen Behauptun- 8.157

---

388 Zum Kreis der von Art. 29 Abs. 2 BV geschützten Rechte siehe statt vieler STEINMANN, in: St. Galler Kommentar BV, Art. 29 Rz. 42 ff.; THURNHERR, Verfahrensgrundrechte, Rz. 402 ff.

389 Dazu Rz. 7.10 ff.; ebenso AEMISEGGER, in: Praxiskommentar Rechtsschutz RPG, Art. 34 Rz. 136.

390 Zur formellen Natur des rechtlichen Gehörs statt vieler BGer, Urteil 1C_14/2007 vom 9. Oktober 2007, E. 3; SCHOTT, in: Basler Kommentar BGG, Art. 97 Rz. 24; STEINMANN, in: St. Galler Kommentar BV, Art. 29 Rz. 59 ff.; THURNHERR, Verfahrensgrundrechte, Rz. 442 ff.

391 Statt vieler BGE 137 I 195, E. 2.3.2; BGE 133 I 201, E. 2.2; STEINMANN, in: St. Galler Kommentar BV, Art. 29 Rz. 59 ff. mit zahlreichen weiterführenden Hinweisen.

392 Siehe AEMISEGGER, in: Praxiskommentar Rechtsschutz RPG, Art. 34 Rz. 137.

393 Zu den Anforderungen an die Beschwerdeschrift auch Rz. 8.216 f.

394 BGE 134 II 244, E. 2.2; dazu auch AEMISEGGER, in: Praxiskommentar Rechtsschutz RPG, Art. 34 Rz. 137 m.w.H.

395 AEMISEGGER, in: Praxiskommentar Rechtsschutz RPG, Art. 34 Rz. 199.

gen zu untermauern».[396] Die Partei, welche Noven anruft, muss deren Zulässigkeit begründen.[397]

4. Legitimation

a) Überblick

8.158 Für den Rechtsschutz in bau- und planungsrechtlichen Angelegenheiten ist charakteristisch, dass die Beschwerdebefugnis einem **breiten Kreis von Akteuren** zusteht. Einschlägig sind dabei über die allgemeinen Bestimmungen der Bundesrechtspflege hinaus verschiedene sektorspezifische Erlasse, die bei bau- und planungsrechtlichen Entscheiden ebenfalls zu berücksichtigen sind bzw. deren Regelungsbereich Schnittflächen mit den baurechtlichen Vorgaben aufweist. Der Gesetzgeber trägt mit der spezialgesetzlichen Einräumung der Beschwerdebefugnis zu Gunsten von Behörden und privaten Organisationen dem Umstand Rechnung, dass die effektive Durchsetzung des einschlägigen Rechts aufgrund des grossen Gewichts der damit verfolgten öffentlichen Interessen essenziell ist.

8.159 Im vorliegenden Kontext von Bedeutung sind das allgemeine Beschwerderecht nach Art. 89 Abs. 1 BGG sowie die besonderen Beschwerderechte gemäss Art. 89 Abs. 2 lit. a, c und d BGG, wobei teilweise auf Grundlagen in anderen Bundesgesetzen zurückzugreifen ist. Zu beachten ist, dass einzelne Akteure, namentlich die Gemeinden sowie private Verbände, ihre Legitimation je nach Konstellation aus **unterschiedlichen Grundlagen** ableiten.

b) Adressaten und Drittbetroffene (Art. 89 Abs. 1 BGG)

aa) Formelle und materielle Beschwer

8.160 Art. 89 Abs. 1 BGG macht das allgemeine Beschwerderecht von Voraussetzungen formeller und materieller Natur abhängig. In formeller Hinsicht ist erforderlich, dass der Beschwerdeführer «vor der Vorinstanz am Verfahren teilgenommen hat oder keine Möglichkeit zur Teilnahme erhalten hat» (lit. a; sog. **formelle Beschwer**). Wurde einem Nachbarn die Parteistellung verweigert und konnte er sich daher nicht am vorinstanzlichen Verfahren beteiligen, stellt dies somit kein Hindernis für eine spätere Beschwerdeführung vor dem Bundesgericht dar.[398]

8.161 Die der Verhinderung der Popularbeschwerde dienende **materielle Beschwer** bedingt sodann ein besonderes Berührtsein sowie ein schutzwürdiges Interesse an der Aufhebung oder Änderung des angefochtenen Erlasses (lit. b und c). Das Bundesgericht leitet daraus ab, dass der Beschwerdeführer mehr als jedermann betrof-

---

396 Meyer/Dormann, in: Basler Kommentar BGG, Art. 99 Rz. 41 (Hervorhebungen weggelassen).

397 BGE 139 II 195, in der Amtlichen Sammlung nicht publizierte E. 2.5; Seiler, in: Handkommentar BGG, Art. 99 Rz. 17.

398 Siehe Waldmann, in: Basler Kommentar BGG, Art. 89 Rz. 9.

fen und in einer besonderen, beachtenswerten, nahen Beziehung zum Streitgegenstand stehen muss.[399] Das schutzwürdige Interesse liegt im praktischen Nutzen einer erfolgreichen Beschwerde; es bedingt, dass die tatsächliche oder rechtliche Situation des Beschwerdeführers durch den Ausgang des Verfahrens beeinflusst werden kann. Es braucht nicht rechtlich geschützt zu sein, sondern kann auch tatsächlicher Natur sein. Nicht erforderlich ist, dass es mit dem Interesse, das durch die vom Beschwerdeführer als verletzt bezeichnete Norm geschützt wird, übereinstimmt.[400] Hingegen muss dem Beschwerdeführer im Fall des Obsiegens ein Vorteil entstehen.[401] Private können daher auch eine Verletzung der Gemeindeautonomie geltend machen, ausser die Gemeinde selbst habe darauf verzichtet; im letztgenannten Fall gilt sie materiell als nicht verletzt.[402]

Der Gesetzgeber hat im Zuge der Totalrevision der Bundesverwaltungsrechtspflege eine **Verschärfung** der Beschwerdevoraussetzungen intendiert, indem ein blosses Berührtsein nun nicht mehr ausreicht, sondern dieses von besonderer Intensität sein muss. Praktische Konsequenzen für die Drittlegitimierten (bei den Verfügungsadressaten ist dieses qualifizierte Element ohnehin erfüllt) waren damit allerdings nicht verbunden.[403] Die unter dem Organisationsgesetz (OG) von 1943 zur Verwaltungsgerichtsbeschwerde ergangenen Entscheide vermitteln daher nach wie vor Hinweise auf die gebotene Beziehungsnähe.[404] 8.162

Erforderlich ist, dass das Rechtsschutzinteresse im Zeitpunkt der Urteilsfällung noch **aktuell** ist.[405] Eine Ausnahme wird gemacht, wenn sich die gerügte Rechtsverletzung jederzeit wiederholen könnte und eine rechtzeitige gerichtliche Überprüfung im Einzelfall kaum je möglich wäre. Zudem muss an der Beantwortung der Frage aufgrund ihrer grundsätzlichen Bedeutung ein hinreichendes öffentliches Interesse bestehen.[406] Soweit in vertretbarer Weise eine Verletzung der EMRK gerügt wird, tritt das Bundesgericht unabhängig von diesen Voraussetzungen auf eine Beschwerde ein.[407] 8.163

399 Statt vieler BGE 137 II 30, E. 2; BGE 133 II 249, E. 1.3.3; BGE 133 II 181, E. 3.2.2; BGE 121 II 171, E. 2b; Aemisegger/Haag, in: Praxiskommentar Rechtsschutz RPG, Art. 33 Rz. 55; Waldmann, in: Basler Kommentar BGG, Art. 89 Rz. 12.

400 BGer, Urteil 1C_15/2014 vom 8. Oktober 2014, E. 4.1; BGer, Urteil 1C_314/2013 vom 8. November 2013, E. 2.3.2 und 2.3.3; BGE 136 II 281, E. 2.2; Aemisegger/Haag, in: Praxiskommentar Rechtsschutz RPG, Art. 33 Rz. 55; Waldmann, in: Basler Kommentar BGG, Art. 89 Rz. 3a und 16.

401 BGE 137 II 30, E. 2.2.3.

402 BGer, Urteil 1C_53/2013 vom 7. Mai 2013, E. 1.1 und 5.4.

403 Siehe exemplarisch BGE 137 II 40, E. 2.3 (Verwendung der unter dem bisherigen Recht entwickelten Legitimationsformel); dazu auch Kölz/Häner/Bertschi, Verwaltungsverfahren, Rz. 938.

404 Weiter gefasst ist die Beschwerdelegitimation seit 2007 demgegenüber mit Blick auf Entscheide, die sich auf kantonales Recht stützten, bedingte deren Anfechtung doch bis dahin ein rechtlich geschütztes Interesse. Siehe zu den damit verbundenen Änderungen Aemisegger, in: Praxiskommentar Rechtsschutz RPG, Art. 34 Rz. 94.

405 Statt vieler BGE 136 I 17, E. 2.5; BGE 136 II 101, E. 1.1.

406 Statt vieler BGE 106 II 101, E. 1.1.

407 BGE 137 I 296, E. 4 und 5 (Pra 2012 Nr. 25); BGE 136 I 274, E. 1.3; dazu Rhinow/Koller/Kiss/Thurnherr/Brühl-Moser, Öffentliches Prozessrecht, Rz. 1932.

bb) *Verfügungsadressaten und von Planungen betroffene Grundeigentümer*

8.164 Keinerlei Probleme wirft in der Regel die Beschwerdelegitimation des **Verfügungsadressaten,** d.h. des Baugesuchstellers, auf, der ein Projekt verwirklichen möchte, das von den zuständigen Behörden nicht bzw. nur teilweise (bspw. mit Bedingungen oder Auflagen) genehmigt wird.[408] Er verfügt zweifellos über die geforderte Beziehungsnähe zum Verfahrensgegenstand.

8.165 Dasselbe gilt für den von einer planerischen Massnahme betroffenen **Grundeigentümer.**[409] Zu differenzieren ist, wenn die Grundeigentümerschaft einem Gesamthandverhältnis zukommt: Nach der bundesgerichtlichen Praxis kommt den Mitgliedern von Gesamthandverhältnissen (beispielsweise Erbengemeinschaften) die Beschwerdeberechtigung zu, sofern eine Anordnung abgewendet werden soll, die das Gesamtgut belastet oder mit entsprechenden Pflichten verbunden ist. Die Geltendmachung enteignungsrechtlicher Entschädigungsansprüche bedingt jedoch das gemeinsame Handeln aller Mitglieder einer Erbengemeinschaft.[410]

cc) *Dritte*

8.166 Den gesetzlichen Legitimationsvoraussetzungen kommt mit Blick auf Dritte, die sich gegen einen positiven baurechtlichen Entscheid zur Wehr setzen wollen, besondere Bedeutung zu. Im Zentrum stehen dabei die **Nachbarn,** wobei dieser Begriff (wie nachfolgend ausgeführt wird) je nach Konstellation weit über die unmittelbaren Anstösser hinaus verstanden wird. Diese werden im Übrigen auch unter die Kategorie der «Dritten» subsumiert, wenn sie als Beschwerdeführer primäre Adressaten des vorinstanzlichen Entscheids waren.[411]

8.167 In Abgrenzung zur Popularbeschwerde kommt dem Erfordernis, dass der Beschwerdeführer mehr als jedermann berührt ist und eine besondere, spezifische **Beziehungsnähe** zur Streitsache aufweist, besondere Bedeutung zu.[412] Ist diese Beziehungsnähe gegeben, verfügt der Beschwerdeführer über ein ausreichendes Rechtsschutzinteresse an der Aufhebung oder Änderung des angefochtenen Entscheids. Dies ist nicht der Fall, wenn Beschwerdeführende lediglich ideelle Interessen an der korrekten Anwendung des Raumplanungsrechts geltend machen[413] oder

---

408 Statt vieler AEMISEGGER/HAAG, in: Praxiskommentar Rechtsschutz RPG, Art. 33 Rz. 56; WALDMANN, in: Basler Kommentar BGG, Art. 89 Rz. 18a.

409 AEMISEGGER/HAAG, in: Praxiskommentar Rechtsschutz RPG, Art. 33 Rz. 91. Zum Umstand, dass in der Regel der Grundeigentümer Adressat ist, WALDMANN/HÄNNI, Handkommentar RPG, Art. 33 Rz. 32.

410 WALDMANN/HÄNNI, Handkommentar RPG, Art. 33 Rz. 32 m.H. auf BGer, Urteil 1P.134/1997 vom 23. Juni 1997, E. 3 (ZBl 1998 386 ff.).

411 WALDMANN, in: Basler Kommentar BGG, Art. 89 Rz. 18a.

412 WALDMANN/HÄNNI, Handkommentar RPG, Art. 33 Rz. 33.

413 BGer, Urteil 1C_314/2013 vom 8. November 2013, E. 2.4; BGer, Urteil 1C_335/2010 vom 28. September 2010, E. 3.4.

sich als Konkurrenten gegen das Bauvorhaben eines anderen Marktteilnehmers zur Wehr setzen möchten[414].

Das Erfordernis der hinreichend nahen (nachbarlichen) Beziehung lässt sich letztlich nur kasuistisch erschliessen.[415] Massgebend ist in erster Linie die **örtliche Beziehungsnähe**[416], wobei abhängig von den mit einem Projekt verbundenen Immissionen auch weiter entfernt wohnenden Personen die Legitimation zukommen kann, ohne dass bereits eine Popularbeschwerde vorliegen würde. Das Bundesgericht hat seine Rechtsprechung folgendermassen auf den Punkt gebracht: 8.168

«Ein Kriterium für die Beurteilung der Beschwerdebefugnis ist die räumliche Distanz des Nachbarn zum umstrittenen Bauvorhaben, wobei es nicht auf abstrakt bestimmte Distanzwerte ankommt. Das Beschwerderecht wird aber in der Regel anerkannt, wenn die Liegenschaft des Nachbarn unmittelbar an das Baugrundstück angrenzt oder allenfalls nur durch einen Verkehrsträger davon getrennt wird (…). Daneben wird eine besondere Betroffenheit vor allem in Fällen bejaht, in welchen von einer Anlage mit Sicherheit oder grosser Wahrscheinlichkeit Immissionen auf Nachbargrundstücke ausgehen (…) oder die Anlage einen besonderen Gefahrenherd darstellt und die Anwohner einem besonderen Risiko ausgesetzt werden (…).»[417]

Je weiter weg der Beschwerdeführer wohnt, desto mehr Gewicht hat er auf die Erörterung der Beziehungsnähe in der **Beschwerdeschrift** zu legen (vgl. Art. 42 Abs. 2 BGG).[418] 8.169

Eine gewisse Strukturierung der Konstellationen lässt sich vor diesem Hintergrund erreichen, indem jene Konstellationen, in denen die (in einem engen Sinn verstandene) Nachbarschaft ausschlaggebend ist, von den Sachverhalten, in denen spezifische Immissionen zur Diskussion stehen, unterschieden werden. Zwar ist die **Natur der Immissionen** letztlich irrelevant, doch ermöglicht eine Aufgliederung nach verschiedenen Immissionstypen (namentlich Lärm, Staub, Erschütterungen, Licht sowie andere Einwirkungen)[419] immerhin eine Systematisierung der Rechtsprechung. Zu betonen ist schliesslich, dass stets eine Gesamtwürdigung sämtlicher Sachverhaltselemente, die für die Legitimation von Bedeutung sein könnten, vorzunehmen ist.[420] 8.170

---

414 BGE 109 Ib 198, E. 4. Zu den beschränkten Möglichkeiten, eine Konkurrentenbeschwerde zu erheben, statt vieler WALDMANN, in: Basler Kommentar BGG, Art. 89 Rz. 23 ff.; KÖLZ/HÄNER/BERTSCHI, Verwaltungsverfahren, Rz. 958.

415 Siehe auch AEMISEGGER/HAAG, in: Praxiskommentar Rechtsschutz RPG, Art. 33 Rz. 57, wonach es «keine begrifflich fassbare Eingrenzung der Legitimation Dritter» geben könne. Für eine Übersicht über die Judikatur zur materiellen Beschwer Dritter siehe statt vieler PFEIFFER, in: Commentaire LPE, Art. 54 Rz. 34 ff.; PFEIFFER, Qualité pour recourir, S. 91 ff.; WIEDERKEHR, Materielle Beschwer, S. 347 ff.

416 BGE 141 II 50, E. 2.1; BGE 140 II 214, E. 2.1 m.H. darauf, dass bei grossen Anlagen auch zwischen einzelnen Teilen differenziert werden kann, soweit isolierte Massnahmen den Betrieb nicht verkomplizieren oder beeinträchtigen.

417 BGer, Urteil 1C_500/2009 vom 1. Februar 2010, E. 2.3.

418 BGE 133 II 181, E. 3.2.2.

419 Siehe BGE 140 II 214, E. 2.3.

420 Statt vieler BGE 136 II 281, E. 2.3.2; BGer, Urteil 1A.1/2005, 1A.2/2005 und 1A.15/2005 vom 11. November 2005, E. 2.1.1; SEILER, in: Handkommentar BGG, Art. 89 Rz. 43 ff.; WALDMANN/HÄNNI, Handkommentar RPG, Art. 33 Rz. 37.

8.171 Die Beschwerdelegitimation ist zunächst dann erfüllt, wenn das Grundstück des Beschwerdeführers an das Baugrundstück angrenzt oder sich in dessen **unmittelbarer Nähe** befindet.[421] Dazu zählen in ständiger Rechtsprechung jene Nachbarn, deren Liegenschaften sich in einem Umkreis von bis zu ungefähr 100 m befinden.[422] Gestützt auf dieses Kriterium wurde beispielsweise die Beschwerdelegitimation folgender Personen bejaht:[423]

- Landwirt, dessen benachbartes Land eingezont wird, wenn der bisherige Planungszustand für ihn mit einem praktischen Nutzen verbunden ist[424];
- Nachbarn, deren Grundstücke an eine Erschliessungsstrasse angrenzten, für die eine auf Art. 24 RPG gestützte Ausnahmebewilligung erteilt worden ist[425];
- Eigentümer einer Liegenschaft, die sich in 500 m Entfernung von einem Modellflugplatz befindet[426];
- Eigentümer einer Parzelle, die sich in unmittelbarer Nähe zu einem geplanten Abwasserkanal befand.[427]

8.172 In Zonierungsfällen, in denen auch weiter **entfernt gelegene Zonierungen** die Beplanung der Nachbarparzellen faktisch beeinflussen können, kann ein Nachbar auch weiter entfernt gelegene Grundstücke zum Streitgegenstand machen und Rügen vorbringen, die sich auf die gesamte angefochtene Ortsplanungsrevision beziehen.[428]

8.173 Bei Bauten und Anlagen, von denen bestimmte **Immissionen** ausgehen, hängt die Legitimation Dritter davon ab, ob «der Bau oder Betrieb der projektierten Anlage mit Sicherheit oder grosser Wahrscheinlichkeit zu Immissionen führt und der Dritte dadurch betroffen wird».[429] In der Literatur wird zu Recht für eine grosszügige Gewährung der Beschwerdebefugnis plädiert: Erstens würden dadurch die entscheidenden Instanzen entlastet (und dadurch das Verfahren vereinfacht und beschleunigt), zweitens bestünde in diesen Konstellationen ohnehin ein grosser Kreis Drittbetroffener, drittens entspreche ein weites Verständnis der Beschwerdelegitimation auch dem umweltrechtlichen Vorsorgeprinzip (Art. 1 USG).[430]

8.174 Hinzuweisen ist zunächst auf Fälle betreffend **Lärmimmissionen.** Hier ist nicht die räumliche Distanz, sondern die deutliche Wahrnehmbarkeit des Lärms ausschlaggebendes Kriterium. Dabei ist irrelevant, ob die umweltrechtlichen Immissionsgrenzwerte überschritten sind.[431] Unter diese Kategorie zu subsumierende Fälle, in

---

421 BGE 123 II 499, E. 1b.
422 BGE 140 II 214, E. 2.3 m.w.H.
423 Siehe für weitere Beispiele WALDMANN/HÄNNI, Handkommentar RPG, Art. 33 Rz. 37.
424 BGer, Urteil 1C_534/2012 vom 16. Juli 2013, E. 1.1.
425 BGE 112 Ib 170, E. 5b.
426 BGer, Urteil 1A.1/2005, 1A.2/2005 und 1A.15/2005 vom 11. November 2005, E. 2.1.2.
427 BGer, Urteil 1A.26/2002 vom 20. September 2002, E. 1.2.1.
428 BGE 141 II 50 ff.
429 WALDMANN/HÄNNI, Handkommentar RPG, Art. 33 Rz. 35.
430 WALDMANN/HÄNNI, Handkommentar RPG, Art. 33 Rz. 36.
431 BGE 110 Ib 99, E. 1c.

denen bestimmten Personen die Beschwerdeberechtigung zuerkannt wurde, betrafen etwa Schiessanlagen[432], Flughäfen[433] und das Glockengeläut einer Kirche[434].

In einem Fall, in dem es um die Verlagerung des Durchgangsverkehrs auf eine bereits überlastete Kreuzung ging, wurde die Beschwerdelegitimation eines Grundeigentümers mit erhöhten **Lärmimmissionen und Luftverunreinigungen** begründet.[435] Als nicht legitimationsbegründend erachtet wurde in einem anderen Entscheid eine potenzielle Verkehrszunahme von weniger als 10 Prozent.[436] Bei einer tiefer veranschlagten Verkehrszunahme kann allerdings eine veränderte Zusammensetzung des Verkehrs bzw. eine Sicht- oder Hörverbindung zur betreffenden Zufahrtsstrasse legitimationsbegründend wirken.[437] 8.175

Bei **Lichtimmissionen** bejaht das Bundesgericht die besondere Betroffenheit in der Regel, «wenn eine direkte Sichtverbindung zur Lichtquelle besteht und diese deutlich wahrnehmbar ist».[438] Bei Beleuchtungen einer gewissen Stärke seien diese Voraussetzungen in einem Umkreis von 100 m in der Regel erfüllt; zu berücksichtigen seien neben qualitativen Kriterien (Art des Lichts) und quantitativen Kriterien (Ausmass der Raumaufhellung) auch die vorbestehenden Lichtemissionen.[439] 8.176

Mit Blick auf **Mobilfunkantennen,** die mit sog. nichtionisierender Strahlung verbunden sind, hat das Bundesgericht den Perimeter, innerhalb dessen die Strahlung 10 Prozent des Anlagegrenzwertes oder mehr beträgt, als für die Beschwerdelegitimation relevant bezeichnet.[440] Gerügt werden kann dabei auch die Überschreitung der Grenzwerte auf anderen Grundstücken; das Erfordernis des schutzwürdigen Interesses bedingt allerdings, dass eine Gutheissung auch zu einer Reduktion der Strahlenbelastung auf dem Grundstück des Beschwerdeführers führen würde.[441] 8.177

Stehen rein **immaterielle bzw. ideelle Immissionen**[442] (beispielsweise aufgrund eines als unästhetisch empfundenen Bauobjekts oder des Entzugs einer bislang bestehenden Aussicht) zur Diskussion, verlangt das Bundesgericht für die Bejahung der Legitimation, dass diese ein ungleich störenderes Mass aufweisen als 8.178

432 BGer, Urteil 1A.122/2004 vom 30. Mai 2005, E. 1.2.
433 BGE 124 II 299, E. 3a und b.
434 BGer, Urteil 1A.240/2002 vom 13. Mai 2003, E. 1.1; BGer, Urteil 1A.159/2005 vom 20. Februar 2006, E. 1.1.
435 BGer, Urteil 1A.227/2003 vom 9. Februar 2004, E. 3.3.
436 BGer, Urteil 1A.131/2005 vom 9. November 2005, E. 3. Siehe auch BGE 136 II 281, E. 2.3.2 betreffend eine Konstellation, in der die Verkehrszunahme von 10 Prozent mit einer Zunahme des Tagesverkehrs um 25 Prozent und einer Erhöhung des Lärmpegels um 1 dB(A) einherging.
437 BGE 136 II 281, E. 2.5.4.
438 BGE 140 II 214, E. 2.4.
439 BGE 140 II 214, E. 2.4.
440 Statt vieler BGE 128 II 168, E. 2.3 f.; dazu AEMISEGGER, Mobilfunkanlagen, S. 20 f.; kritisch gegenüber dem bundesgerichtlichen Ansatz WITTWER, Mobilfunkanlagen, S. 163 ff.
441 BGer, Urteil 1A.194/2001 vom 10. September 2002, E. 1.2 (URP 2002 780 ff.); zum Ganzen auch AEMISEGGER, in: Praxiskommentar Rechtsschutz RPG, Art. 34 Rz. 95.
442 Zur Unterscheidung zwischen materiellen und ideellen Immissionen und der teilweisen Unmöglichkeit einer kategorischen Trennung PFEIFFER, in: Commentaire LPE, Art. 54 Rz. 88.

materielle Immissionen.[443] Irrelevant sind dabei subjektive Befindlichkeiten; abzustellen ist vielmehr auf das Empfinden einer Mehrheit der Bevölkerung. Das Bundesgericht hat die Beschwerdelegitimation unter diesem Titel den Eigentümern von Gebäuden eingeräumt, von denen aus auf eine Fassade geblickt werden konnte, die in den Farbtönen «orange ou abricot» bemalt werden sollte.[444] Zum selben Schluss gelangte es in einem Fall betreffend ein Bauprojekt, das sich im Erscheinungsbild stark von den bestehenden Gebäuden unterschied und zudem die Aussicht auf den See beeinträchtigte.[445] Ebenfalls bejaht wurde die Legitimation der Eigentümerin eines Seegrundstücks zur Anfechtung von nachträglich bewilligten Bauten im See, und zwar mit dem Argument, «ein ideelles Interesse am Schutz ‹ihres› Sees» könne ihr nicht von vornherein abgesprochen werden.[446] Weitere Fälle, in denen die Legitimationsvoraussetzungen aufgrund ideeller Immissionen als erfüllt erachtet wurden, betrafen Zentren für Asylsuchende (bzw. Personen, die 150 bis 200 m davon entfernt wohnten)[447] und sog. Gassenzimmer bzw. Gassenküchen[448]. Verneint wurde hingegen die Legitimation zur Anfechtung einer Baubewilligung zwecks Änderung der Nutzung eines Hotelgebäudes, in dem künftig eine Privatklinik für Alkohol- und Drogenpatienten beherbergt werden sollte.[449]

8.179 Spezifische Fragen wirft die erforderliche **rechtliche Beziehung** des Beschwerdeführers zum betroffenen Grundstück auf. Das Bundesgericht erachtet nicht nur dinglich, sondern unter bestimmten Voraussetzungen auch obligatorisch berechtigte Personen als beschwerdelegitimiert.[450] Dies gilt etwa für den Inhaber eines lebenslänglichen Nutzniessungs- und Wohnrechts[451] sowie unter bestimmten Voraussetzungen auch für Mieter (beispielsweise bei einem auf Dauer angelegten Mietverhältnis, sofern der Wohnwert der Liegenschaft beeinträchtigt wird).[452]

8.180 Ist die erforderliche Beziehungsnähe gegeben, kann die **Verletzung sämtlicher Normen** gerügt werden, bezüglich derer eine Gutheissung für den Beschwerdeführer mit einem praktischen Nutzen verbunden wäre. Nicht von Belang ist demgegenüber, ob der als verletzt gerügten Norm eine spezifisch nachbarschützende

443 BGer, Urteil 1C_343/2014 vom 21. Juli 2014, E. 2.5; BGer, Urteil 1A.98/1994 vom 28. März 1995, E. 2c (ZBl 1995 527 ff.); BGE 112 Ib 154, E. 3.

444 BGer, Urteil 1C_426/2009 vom 17. März 2010, E. 1.

445 BGer, Urteil 1C_500/2009 vom 1. Februar 2010, E. 2.5.

446 BGer, Urteil 1A.118/2006 und 1P.330/2006 vom 10. November 2006, E. 2.5.

447 BGer, Urteil 1C_40/2010 vom 9. März 2010, E. 2.4; darauf Bezug nehmend BGer, Urteil 1C_285/2015 vom 19. November 2015, E. 1.1. Kritisch dazu WIEDERKEHR, Materielle Beschwer, S. 365.

448 BGer, Urteil 1C_99/2009 vom 6. Juli 2009, E. 1.1; BGer, Urteil 1C_262/2007 vom 31. Januar 2008, E. 1.2; BGE 118 Ia 112, E. 2a.

449 BGer, Urteil 1C_343/2014 vom 21. Juli 2014, E. 2.5–2.7.

450 Siehe dazu WALDMANN/HÄNNI, Handkommentar RPG, Art. 33 Rz. 43; zu weiteren Personenkategorien (Architekten, Generalunternehmer) auch AEMISEGGER, in: Praxiskommentar Rechtsschutz RPG, Art. 34 Rz. 87.

451 BGer, Urteil 1A.275/2004 vom 26. Mai 2005, E. 1.1.

452 WALDMANN/HÄNNI, Handkommentar RPG, Art. 33 Rz. 43 mit weiteren Beispielen; siehe auch BGE 131 III 414, E. 2.3, wonach der Kreis der Beschwerdeberechtigten durch öffentliches Recht und nicht durch das private Eigentum definiert wird.

Funktion zukommt.[453] Daher kann etwa auch die ungenügende Erschliessung des Baugrundstücks moniert werden.[454] Wird ein Grundeigentümer durch die Zuweisung eines Gebiets in die Intensivlandwirtschaftszone belastet, kann er die Verletzung des Konzentrationsprinzips mit Blick auf die Anordnung der Intensivlandwirtschaftszone auf dem gesamten Gemeindegebiet rügen, da eine Gutheissung dazu führen könnte, dass auf die ihn belastende Zone verzichtet wird.[455]

Wird die Legitimation von der Vorinstanz abgesprochen, ist die Beschwerde in öffentlichrechtlichen Angelegenheiten auf die **Frage der Parteistellung** beschränkt. Nicht Gegenstand des Verfahrens vor dem Bundesgericht bildet dabei die materielle Beurteilung des Bauvorhabens bzw. der planerischen Massnahmen selbst.[456] 8.181

dd) Legitimation von Verbänden nach Art. 89 Abs. 1 BGG

Neben dem weiter hinten thematisierten ideellen Verbandsbeschwerderecht, das seinen prozessrechtlichen Anknüpfungspunkt in Art. 89 Abs. 2 lit. d BGG sowie in der Spezialgesetzgebung findet[457], sind Verbände als juristische Personen in **zweifacher Hinsicht** befugt, gestützt auf Art. 89 Abs. 1 BGG mit Beschwerde in öffentlichrechtlichen Angelegenheiten an das Bundesgericht zu gelangen: 8.182

Dies ist zum einen der Fall, wenn der Verband als **Verfügungsadressat oder Dritter** wie ein Privater betroffen ist. Daher kann ein Verband, der eine Baubewilligung beantragt, gegen den negativen Bescheid einer Baubewilligungsbehörde Beschwerde führen. Dasselbe gilt, wenn er Eigentümer eines Grundstücks ist, das von Immissionen durch ein Bauprojekt auf dem Nachbargelände betroffen ist. 8.183

Zum anderen besteht unter gewissen Voraussetzungen die Möglichkeit einer sog. **egoistischen Verbandsbeschwerde.** In dieser Konstellation agiert der Verband im eigenen Namen, aber im Interesse seiner Mitglieder. Legitimationsvoraussetzung bildet dabei, (1) dass der Verband als juristische Person konstituiert ist, (2) dass er durch die Statuten ermächtigt wird, die von ihm geltend gemachten Interessen zu wahren, und (3) dass die Mehrheit oder zumindest eine Grosszahl der Mitglieder durch den angefochtenen Akt besonders berührt ist, ein schutzwürdiges Interesse an dessen Aufhebung oder Änderung hat und mithin selbst zur Beschwerde legitimiert ist.[458] Unter diesen Voraussetzungen ist etwa denkbar, dass Vereinigungen, die zwecks gemeinsamer Bekämpfung bestimmter Immissionen gegründet worden 8.184

---

453 BGE 141 II 50, E. 2.1; BGE 139 II 499, E. 2.2; BGE 137 II 30, E. 2.2.3.

454 BGer, Urteil 1C_347/2011 vom 14. April 2011, E. 2.3.3; dazu auch GRIFFEL, Raumplanungs- und Baurecht, S. 216. Siehe in diesem Zusammenhang auch den (einen Entscheid von Bundesbehörden betreffenden) BGE 139 II 499, E. 2.3 zur Geltendmachung von Mängeln bei der Planung von Hochspannungsleitungen (dazu auch Rz. 8.99).

455 BGE 141 II 50, E. 2.6.

456 AEMISEGGER, in: Praxiskommentar Rechtsschutz RPG, Art. 34 Rz. 89 f.

457 Dazu Rz. 8.202 ff.

458 Siehe dazu statt vieler BGE 136 II 539, E. 1.1; SEILER, in: Handkommentar BGG, Art. 89 Rz. 11; WALDMANN, in: Basler Kommentar BGG, Art. 89 Rz. 33 ff., alle m.w.H.

sind, im Namen ihrer Mitglieder auf dem Rechtsmittelweg gegen die Genehmigung bestimmter Projekte vorgehen.

ee) Legitimation von Gemeinwesen und Behörden nach Art. 89 Abs. 1 BGG

8.185 Für Gemeinwesen und Behörden steht die (weiter hinten erörterte) Beschwerdebefugnis nach Art. 89 Abs. 2 lit. c und d BGG im Zentrum.[459] Daneben können sie unter bestimmten Voraussetzungen auch gestützt auf Art. 89 Abs. 1 BGG Beschwerde erheben.[460] Dies ist in **zwei Konstellationen** der Fall, die in bau- und planungsrechtlichen Angelegenheiten durchaus von Belang sind:

8.186 Zum einen sind sie nach den allgemeinen Legitimationsvorschriften beschwerdeberechtigt, wenn sie **– Privaten vergleichbar** – in ihren Eigentumsrechten betroffen sind.[461] Daher können Gemeinwesen etwa Baubewilligungen anfechten, wenn diese mit Immissionen auf ihre Grundstücke verbunden sind.[462] Dasselbe gilt, wenn einem Kanton die Befugnis zur Verrechnung von Gebühren für seine Aufwendungen im Plangenehmigungsverfahren für elektrische Anlagen abgesprochen wurde.[463]

8.187 Zum anderen wird Gemeinwesen die Beschwerdebefugnis zuerkannt, wenn sie durch eine Verfügung in eigenen schutzwürdigen **hoheitlichen** (gemeint sind öffentliche) **Interessen** berührt sind und ein aktuelles Interesse an der Aufhebung bzw. Änderung des angefochtenen Entscheids haben.[464] In diese Kategorie fallen auch spezifische öffentliche Anliegen der Einwohner zum Schutz vor Immissionen.[465] Daher ist eine Gemeinde gestützt auf Art. 89 Abs. 1 BGG zur Anfechtung von Bauvorhaben legitimiert, von deren Lärm- oder anderen Immissionen die Einwohner bzw. ein grosser Teil der Einwohner tangiert sind. Hingegen vermögen rein finanzielle Interessen des Gemeinwesens die Beschwerdelegitimation nicht zu begründen.[466] Auch kann die Gemeinde nicht zwecks Durchsetzung des allgemeinen Interesses an der korrekten Rechtsanwendung Beschwerde führen.[467]

8.188 Auch die Legitimation des Gemeinwesens in den erwähnten Konstellationen bedingt allerdings eine **hinreichende Betroffenheit.** Diese war nach Ansicht des Bundesgerichts in einem Fall betreffend die Kostenverteilung für vom Verwaltungsgericht

---

459 Dazu Rz. 8.195 ff.

460 Eingehend dazu PFLÜGER, Legitimation, S. 92 ff.

461 Siehe dazu BGE 130 II 313, in der Amtlichen Sammlung nicht publizierte E. 2.4; WALDMANN/HÄNNI, Handkommentar RPG, Art. 33 Rz. 46.

462 Siehe BGE 135 II 156, E. 3.1; BGer, Urteil 1C_14/2007 vom 9. Oktober 2007, E. 2.2.

463 BGer, Urteil 1C_78/2012 vom 10. Oktober 2012, E. 1.

464 Siehe dazu BGer, Urteil 1C_133/2013 vom 17. Juli 2014, E. 2.3; BGE 133 II 400, E. 2.3.2; BGE 131 II 58, E. 1; WALDMANN, in: Basler Kommentar BGG, Art. 89 Rz. 43 ff.; WALDMANN/HÄNNI, Handkommentar RPG, Art. 33 Rz. 46.

465 BGE 136 I 265, E. 1.4; BGE 131 II 753, E. 4.3.3; BGE 124 II 293, E. 3b; BGer, Urteil 1C_372/2009 vom 18. August 2010, E. 1.2; BGer, Urteil 1C_523/2009 vom 12. März 2010, E. 2.3.2.

466 BGE 131 II 58, E. 1.3.

467 BGE 140 V 321, E. 2.1.1; BGE 138 II 506, E. 1 und 2; AEMISEGGER, in: Praxiskommentar Rechtsschutz RPG, Art. 34 Rz. 104.

angeordnete Lärmmessungen[468] nicht gegeben.[469] Gleich wie im Ausland ansässige Private können bei Vorliegen der erwähnten Voraussetzungen auch ausländische Gemeinden Beschwerde führen.[470]

c) Behördenbeschwerde des ARE (Art. 89 Abs. 2 lit. a BGG)

Gemäss Art. 89 Abs. 2 lit. a BGG sind unter anderem die Departemente und die gegebenenfalls spezialgesetzlich ermächtigten Ämter zur Beschwerdeführung legitimiert, «wenn der angefochtene Akt die Bundesgesetzgebung in ihrem Aufgabenbereich verletzen kann». Zweck dieses sog. **Behördenbeschwerderechts** ist die einheitliche und korrekte Anwendung des Bundesrechts.[471] Daher wird in diesem Kontext auch kein besonderes Rechtsschutzinteresse vorausgesetzt. Die Beschwerdebefugnis der Bundesbehörden ist vielmehr «abstrakter und autonomer Natur».[472] Verlangt wird immerhin eine Gefährdung des öffentlichen Interesses im konkreten Fall; auf diese Weise wird verhindert, dass mit der Behördenbeschwerde private Interessen geschützt oder durchgesetzt werden.[473] 8.189

Art. 48 Abs. 4 RPV statuiert die Beschwerdelegitimation des **ARE**, das «im Bereich der Raumplanung zur Beschwerde nach den allgemeinen Bestimmungen über die Bundesrechtspflege berechtigt» ist.[474] Diese Behördenbeschwerde findet auf alle Verfügungen Anwendung, die nach Art. 34 Abs. 1 RPG der Beschwerde in öffentlichrechtlichen Angelegenheiten an das Bundesgericht unterliegen.[475] Davon erfasst werden «alle Gegenstände der Raumplanung (...), die für den Vollzug des Raumplanungsgesetzes grundlegend sind».[476] Findet ausserhalb des RPG liegendes Bundesrecht Anwendung, kann sich die Beschwerdelegitimation der Behörden gegebenenfalls – exemplarisch hinzuweisen ist auf Art. 56 Abs. 1 USG – aus dem materiellen Spezialrecht ergeben.[477] 8.190

---

468 BGer, Urteil 1C_670/2013 vom 10. Februar 2014, E. 4.2.

469 Für einen weiteren Fall zum Erfordernis der hinreichenden Betroffenheit siehe BGer, Urteil 1C_403/2012 vom 23. Mai 2013, E. 3.

470 Siehe BGE 124 II 293, E. 3c betreffend eine Gemeinde, die durch Immissionen in ihrem Interesse an der ungehinderten Nutzung ihres Eigentums gehindert wurde. Zum Rechtsschutz im grenzüberschreitenden Kontext Ruch, Raumentwicklung, S. 677 ff.

471 Siehe Griffel, Raumplanungs- und Baurecht, S. 222 f., der insofern Parallelen zum ideellen Verbandsbeschwerderecht konstatiert, als beide Instrumente den im Übrigen individualrechtlich geprägten Rechtsschutz komplettieren.

472 BGE 136 II 359, E. 1.2. Zur Qualifikation als abstraktes Beschwerderecht siehe auch BGE 135 II 38, E. 1.2.1; Waldmann/Hänni, Handkommentar RPG, Art. 33 Rz. 50.

473 BGE 128 II 222, in der Amtlichen Sammlung nicht publizierte E. 1.3; BGE 123 II 16, E. 2c; Waldmann/Hänni, Handkommentar RPG, Art. 33 Rz. 50.

474 Siehe für zwei neuere Anwendungsfälle BGer, Urteil 1C_15/2013 vom 9. August 2013; BGer, Urteil 1C_774/2013 und 1C_778/2013 vom 16. Juli 2014.

475 Aemisegger, in: Praxiskommentar Rechtsschutz RPG, Art. 34 Rz. 64.

476 Aemisegger, in: Praxiskommentar Rechtsschutz RPG, Art. 34 Rz. 111.

477 Siehe Aemisegger/Haag, Praxiskommentar Rechtsschutz RPG, Art. 33 Rz. 66 m.H. auf die Festsetzung der lärmschutzrechtlichen Empfindlichkeitsstufen in Zonenplänen (dazu BGE 132 II 209, E. 2.2 und 2.2.2).

8.191 Im Jahre 2013 wurde im RPG zudem ein Beschwerderecht des **Bundesamts für Landwirtschaft** verankert, das auf Vorhaben beschränkt ist, welche Fruchtfolgeflächen beanspruchen (Art. 34 Abs. 3 RPG).

8.192 Die Behörden werden dadurch entlastet, dass sie nicht verpflichtet sind, am **vorinstanzlichen Verfahren** teilzunehmen. Das ARE kann sich nach Art. 111 Abs. 2 BGG zwar auf Antrag am Verfahren vor jeder kantonalen Instanz beteiligen, muss dies jedoch nicht tun. Aus Gründen der Arbeitsbelastung stellt eine Ausschöpfung des Instanzenzugs den Ausnahmefall dar.[478] Da das Erfordernis der formellen Beschwer in diesem Kontext nicht zum Tragen kommt, sind die Bundesbehörden auch nicht an Einschränkungen des Streitgegenstands im kantonalen Rechtsmittelverfahren gebunden. Sie können daher neben der Stellung neuer Anträge auch eine Abänderung des angefochtenen Entscheids zuungunsten des Beschwerdegegners (reformatio in peius) beantragen.[479]

8.193 Der Bundesrat wird in Art. 112 Abs. 4 BGG aufgefordert, zu bestimmen, welche Entscheide die kantonalen Behörden den beschwerdeberechtigten Bundesbehörden zu eröffnen haben. Gestützt darauf hat der Bundesrat die Verordnung über die **Eröffnung** letztinstanzlicher kantonaler Entscheide in öffentlichrechtlichen Angelegenheiten vom 8. November 2006[480] erlassen. Gemäss deren Art. 1 sind u.a. letztinstanzliche kantonale Entscheide, die mit der Beschwerde in öffentlichrechtlichen Angelegenheiten anfechtbar sind, den beschwerdeberechtigten Bundesbehörden «sofort und unentgeltlich» zu eröffnen. Zu den von Art. 2 statuierten Ausnahmen für einzelne Teilgebiete des öffentlichen Rechts gehören auch Entscheide in Anwendung des RPG, welche Baubewilligungen innerhalb der Bauzonen betreffen (lit. d). Dies verdeutlicht, dass das mittels Behördenbeschwerde abzusichernde öffentliche Interesse primär auf die Trennung von Siedlungs- und Nichtsiedlungsgebiet gerichtet ist.

8.194 Das ARE kann (wie auch die anderen Behörden des Bundes in ihren Zuständigkeitsbereichen) grundsätzlich auch **kantonale Erlasse** abstrakt anfechten (Art. 89 Abs. 2 lit. a i.V.m. 82 lit. b BGG).[481] Soweit Kompetenzfragen strittig sind, findet grundsätzlich das Klageverfahren nach Art. 120 Abs. 1 lit. a BGG Anwendung.[482] Aufgrund von dessen Subsidiarität (Art. 120 Abs. 2 BGG) wäre gegen einen kantonalen Erlass allerdings wohl auch dann die Beschwerde zu ergreifen, wenn geltend gemacht wird, der betreffende Kanton überschreite seine Regelungskompetenz.

d) Kantone und Gemeinden (Art. 89 Abs. 2 lit. c und d BGG)

8.195 Wie bereits ausgeführt, kann das Gemeinwesen in **zwei Konstellationen** – bei der mit Privaten vergleichbaren Betroffenheit sowie im Fall des Berührtseins in eigenen

478 Siehe auch Aemisegger, in: Praxiskommentar Rechtsschutz RPG, Art. 34 Rz. 84.
479 BGE 136 II 359, E. 1.2.
480 SR 173.110.47.
481 Botschaft Bundesrechtspflege 2001, S. 4330.
482 Aemisegger, in: Praxiskommentar Rechtsschutz RPG, Art. 34 Rz. 121.

hoheitlichen Interessen – gestützt auf Art. 89 Abs. 1 BGG Beschwerde führen.[483] Kantone und Gemeinden verfügen darüber hinaus gestützt auf Art. 89 Abs. 2 lit. c und d BGG über weitere Beschwerderechte.[484]

aa) Autonomiebeschwerde

Art. 89 Abs. 2 lit. c BGG räumt Gemeinden (und anderen öffentlichrechtlichen Körperschaften) die Beschwerdelegitimation ein, «wenn sie die Verletzung von Garantien rügen, die ihnen die Kantons- oder Bundesverfassung gewährt». Im Zentrum steht hier das Beschwerderecht von Gemeinden, die zwecks Verteidigung ihrer **Autonomie (Art. 50 BV)** das Bundesgericht anrufen.[485] 8.196

Der **Umfang der Gemeindeautonomie** bestimmt sich nach kantonalem Recht. Nach der bundesgerichtlichen Rechtsprechung ist eine Gemeinde in einem Sachbereich autonom, wenn das kantonale Recht diesen nicht abschliessend ordnet, sondern ihn ganz oder teilweise der Gemeinde zur Regelung überlässt und ihr dabei eine relativ erhebliche Entscheidungsfreiheit einräumt.[486] In bau- und planungsrechtlichen Angelegenheiten ist die kommunale Autonomie traditionell stark ausgeprägt. Sie bezieht sich einerseits auf die Setzung kommunaler Bauvorschriften, andererseits auf deren Anwendung sowie die Anwendung von kantonalem oder eidgenössischem Recht, welches entsprechende Spielräume beinhaltet.[487] 8.197

Eintretensvoraussetzung bei der Autonomiebeschwerde ist lediglich, dass die Gemeinde vom angefochtenen Entscheid in ihrer Eigenschaft als Trägerin hoheitlicher Gewalt berührt ist und eine Verletzung ihrer Autonomie geltend macht. Sind diese beiden Aspekte gegeben, ist die Gemeinde zur Beschwerde in öffentlichrechtlichen Angelegenheiten legitimiert.[488] Ob tatsächlich im behaupteten Umfang Autonomie existiert und ob diese in casu verletzt worden ist, bildet demgegenüber Gegenstand der materiellen Prüfung.[489] 8.198

Eine Gemeinde kann daher gestützt auf diese Bestimmung beispielsweise geltend machen, das kantonale Verwaltungsgericht verletze mit der Ungültigerklärung 8.199

---

483 Dazu Rz. 8.185 ff.

484 AEMISEGGER, in: Praxiskommentar Rechtsschutz RPG, Art. 34 Rz. 99, weist darauf hin, dass sich das beschwerdeführende Gemeinwesen oft auf mehrere der genannten Legitimationsgrundlagen beruft. Siehe exemplarisch BGE 135 I 43, E. 1.2 und 1.3; BGE 134 I 204, E. 2.2 und 2.3.

485 Statt vieler BGE 135 II 156, E. 3; BGE 135 I 43, E. 1.3 und 1.4; dazu auch AEMISEGGER, in: Praxiskommentar Rechtsschutz RPG, Art. 34 Rz. 106.

486 Statt vieler BGE 141 I 36, E. 5.3. Zur Gemeindeautonomie statt vieler HÄFELIN/MÜLLER/UHLMANN, Verwaltungsrecht, Rz. 1902 ff.; KÄGI-DIENER, in: St. Galler Kommentar BV, Art. 50 Rz. 9 ff., insb. Rz. 12.

487 Zu den Fragen, auf welche sich die Gemeindeautonomie erstrecken kann, HÄFELIN/MÜLLER/UHLMANN, Verwaltungsrecht, Rz. 1913 ff.

488 AEMISEGGER, in: Praxiskommentar Rechtsschutz RPG, Art. 34 Rz. 107 m.H. darauf, dass auch dieses Beschwerderecht abstrakter Natur sei.

489 BGE 135 I 43, E. 1.2; BGE 129 I 410, E. 1.1; dazu statt vieler WALDMANN, in: Basler Kommentar BGG, Art. 89 Rz. 62.

eines kommunalen Planungsakts ihre Autonomie. Soweit ein **enger Zusammenhang** mit der behaupteten Autonomieverletzung besteht, kann auch eine Verletzung des Willkürverbots (Art. 9 BV) bzw. des verfassungsrechtlichen Gehörsanspruchs (Art. 29 Abs. 2 BV) gerügt werden.[490]

bb) Spezialgesetzliche Beschwerderechte

8.200 Art. 89 Abs. 2 lit. d BGG verweist auf die spezialgesetzlichen Beschwerderechte in den Erlassen des besonderen Verwaltungsrechts, die – neben den weiter hinten thematisierten ideellen Organisationen[491] – auch Gemeinden und Kantonen zustehen können. Ein solches Beschwerderecht findet sich in **Art. 34 Abs. 2 RPG.** Dieses legitimiert zur Anfechtung von Entscheiden letzter kantonaler Instanzen in drei Bereichen: (a) Entschädigungen als Folge von Eigentumsbeschränkungen (Art. 5 RPG), (b) Zonenkonformität von Bauten und Anlagen ausserhalb der Bauzonen sowie (c) Bewilligungen im Sinne von Art. 24–24e und 37a RPG. Gemäss bundesgerichtlicher Rechtsprechung erstreckt sich die Beschwerdeberechtigung auch auf sämtliche mit dem Planungsausgleich und der materiellen Enteignung verbundenen Folgefragen wie Verjährung und Verwirkung, Verzinsung und die Rückerstattung bezahlter Leistungen.[492]

8.201 Art. 34 Abs. 2 RPG statuiert nach vorliegend vertretener Meinung ein **abstraktes Beschwerderecht.**[493] Kantone und Gemeinden müssen daher kein spezifisches, dem privaten Beschwerdeführer vergleichbares Interesse vorbringen.[494] Das Bundesgericht fordert allerdings ein aktuelles Interesse zum Zeitpunkt des höchstrichterlichen Entscheids.[495]

e) Ideelles Verbandsbeschwerderecht (Art. 89 Abs. 2 lit. d BGG)

aa) Vorbemerkungen

8.202 Das RPG selbst kennt kein ideelles Verbandsbeschwerderecht, welches die Anfechtung von Nutzungsplänen erlauben würde. Solche Beschwerderechte können sich aber gegebenenfalls aus dem kantonalen Recht ergeben.[496] Zudem finden sich in verschiedenen **umwelt- bzw. sozialpolitisch motivierten Erlassen** des Bundes ideelle Verbandsbeschwerderechte, die auch in bau- und planungsrechtlichen Angelegenheiten zum Tragen kommen. Diese stellen sicher, dass den einschlägigen

490 BGE 131 I 91, E. 1; BGE 128 I 3, E. 2b.

491 Siehe Rz. 8.202 ff.

492 BGE 125 II 1, E. 1a; BGE 113 Ib 369 ff.; dazu auch Aemisegger, in: Praxiskommentar Rechtsschutz RPG, Art. 34 Rz. 115; Pflüger, Legitimation, S. 395 ff.; Waldmann/Hänni, Handkommentar RPG, Art. 34 Rz. 8 (im Kontext der damaligen Verwaltungsgerichtsbeschwerde).

493 So auch Aemisegger, in: Praxiskommentar Rechtsschutz RPG, Art. 34 Rz. 98; a.M. Pflüger, Legitimation, S. 400 f. m.H. auf die Literatur.

494 Waldmann/Hänni, Handkommentar RPG, Art. 33 Rz. 52 m.H. darauf, dass Teile der Lehre ein Planungsinteresse der Gemeinde verlangen.

495 BGer, Urteil 2C_411/2007 vom 6. November 2007, E. 1.

496 Dazu Rz. 8.79.

öffentlichen Interessen Nachachtung verschaffen wird. Überdies erfüllen sie eine wichtige präventive Funktion und fördern Verhandlungslösungen.[497] Nachfolgend wird auf die im vorliegenden Kontext relevantesten ideellen Verbandsbeschwerderechte eingegangen, namentlich jene, die im NHG, im USG, im WaG und im BehiG verankert sind.[498]

Die beschwerdelegitimierten Verbände werden jeweils in vom **Bundesrat** erstellten und Verordnungsrang aufweisenden Listen erwähnt. Die Aufnahme in diese Listen hat keine konstituierende Wirkung, sondern ist rein deklaratorischer Natur.[499] 8.203

bb) Natur- und Heimatschutz

Art. 12 Abs. 1 lit. b NHG räumt gesamtschweizerisch tätigen Organisationen, die rein ideelle Zwecke verfolgen und sich dem Naturschutz, dem Heimatschutz, der Denkmalpflege oder verwandten Zielen widmen, ein Beschwerderecht gegen **Verfügungen** der kantonalen Behörden oder der Bundesbehörden ein. Nicht möglich ist hingegen eine abstrakte Normenkontrolle; die Verbände können die Überprüfung von Normen daher lediglich akzessorisch veranlassen.[500] 8.204

Das Verbandsbeschwerderecht des NHG wurde (ebenso wie jenes des USG) 2006 gesetzlichen Anpassungen unterzogen, die einem **Missbrauch** dieses Instruments vorbeugen sollen. In der Substanz blieben die Verbandsbeschwerderechte allerdings unangetastet.[501] Explizit geregelt sind seither etwa die Grenzen von Vereinbarungen zwischen Gesuchstellern und Organisationen (Art. 12d NHG und Art. 55c USG). 8.205

Die zur Diskussion stehende Verfügung muss im Sinne von Art. 78 Abs. 2 BV und Art. 2 NHG in **Erfüllung einer Bundesaufgabe** ergangen sein.[502] Dieses Erfordernis ist von den beschwerdeführenden Verbänden in der Begründung näher auszuführen.[503] Bei der den Kantonen obliegenden Planungspflicht handelt es sich grundsätzlich nicht um eine Bundesaufgabe.[504] Gestützt auf Art. 12 Abs. 1 lit. b NHG können ideelle Organisationen allerdings auch Nutzungspläne anfechten, wenn diese 8.206

---

497 GRIFFEL/RAUSCH, Kommentar USG, Ergänzungsband, Art. 55 Rz. 3.

498 Nicht thematisiert werden demgegenüber Art. 28 GTG und Art. 14 FWG. Dazu MEIER, Ideelles Verbandsbeschwerderecht, S. 61 ff. und 110 ff.

499 BGer, Urteil 1C_394/2010 und 1C_404/2010 vom 10. Juni 2011, E. 2.3; KELLER/HAUSER, Gretchenfrage, S. 860.

500 BGer, Urteil 1C_134/2014 vom 15. Juli 2014, E. 4.1 und 5.2; BGer, Urteil 1C_544/2012 vom 5. Mai 2014, E. 1.3.

501 Zur Entstehungsgeschichte und den Anpassungen auf Verordnungsebene siehe GRIFFEL/RAUSCH, Kommentar USG, Ergänzungsband, Vorbem. zu Art. 54–57 Rz. 19 ff., insb. Rz. 27, die die betreffenden Bestimmungen – nicht zu Unrecht – als «gesetzgeberische Überreaktion und Überregulierung seltenen Ausmasses» kritisieren (Hervorhebung weggelassen); FAVRE, Dispositions, S. 121 ff.

502 Dies war beispielsweise nicht der Fall in BGer, Urteil 1C_700/2013 vom 11. März 2014, E. 2 (betreffend Abbruch eines Gebäudes, das ins ISOS aufgenommen worden war). Siehe zu diesem Erfordernis auch GREDIG, Bundesaufgaben, S. 359 ff.

503 WALDMANN/HÄNNI, Handkommentar RPG, Art. 33 Rz. 59. Zu den Begründungsanforderungen auch Rz. 8.216 f.

504 BGE 107 Ib 112, E. 2.

konkrete bundesrechtliche Aspekte wie den Biotopschutz regeln oder regeln sollen.[505] Gemäss konstanter bundesgerichtlicher Rechtsprechung stellt sodann die Anwendung von Art. 24 RPG eine Bundesaufgabe dar, wobei es irrelevant ist, ob schutzwürdige Orte Prüfungsgegenstand sind.[506] Mittels Verbandsbeschwerde lässt sich daher etwa geltend machen, die Erteilung einer Ausnahmebewilligung resultiere in einem Verstoss gegen die nach Art. 78 Abs. 2 BV und dem NHG erforderliche Rücksichtnahme auf Natur und Heimat.[507] Zulässig ist auch die Rüge, durch die Schaffung einer Kleinbauzone werde Art. 24 RPG umgangen.[508] Daher sind bei der Prüfung der Legitimation eines Verbands jeweils auch die Kriterien von Art. 15 RPG sowie die Ziele und Grundsätze nach Art. 1 und 3 RPG beizuziehen.[509] Schliesslich können die Verbände auch gegen Baubewilligungen in Zweitwohnungsgemeinden Beschwerde führen.[510]

8.207 Gemäss Art. 12 Abs. 2 NHG (und Art. 55 Abs. 2 USG) steht das Beschwerderecht den Verbänden lediglich für **Rügen** in Rechtsbereichen zu, die seit mindestens zehn Jahren Gegenstand ihres statutarischen Zwecks bilden. Das Bundesgericht hat in einem neueren Entscheid betont, dass das «Beschwerderecht der Umweltschutzorganisationen im Dienst der Respektierung sämtlicher bundesrechtlicher Vorschriften über den Schutz der Umwelt steht». Dazu gehören neben den Bestimmungen zum Umwelt-, Natur-, Heimat-, Landschafts- und Gewässerschutz, zur Walderhaltung, Jagd, Fischerei und Gentechnik auch die Anliegen der Raumplanung. Gerügt werden könne daher auch, der angefochtene Entscheid stehe in Widerspruch zu den bundesrechtlichen Vorgaben an kantonale Richtpläne.[511]

8.208 Bislang stand das Verbandsbeschwerderecht zur Durchsetzung der Vorgaben hinsichtlich Grösse und Lage der Bauzonen nicht zur Verfügung. In der Literatur wird allerdings überzeugend argumentiert, dass der revidierte Art. 15 RPG zur **Bauzonendimensionierung** eine detaillierte bundesrechtliche Regelung mit einem engen Motivationszusammenhang zum Natur- und Heimatschutz enthalte, weshalb eine entsprechende Ausdehnung des Verbandsbeschwerderechts «als zwangsläufige und letztlich vom Gesetzgeber gewollte oder zumindest in Kauf genommene und durch die bundesgerichtliche Rechtsprechung vorgezeichnete Folge des Ausbaus der bundesrechtlichen Raumplanungsvorschriften erscheint».[512] Kurz vor der Drucklegung hat das Bundesgericht in einem wegweisenden Urteil entschieden, dass Einzonungen nach dem revidierten RPG eine Bundesaufgabe darstellen. Auf-

505 BGE 139 II 271, E. 10.2 m.H.

506 BGE 139 II 271, E. 11.2; BGE 138 II 281, E. 4.4.

507 Siehe statt vieler BGE 136 II 214, E. 3; BGE 123 II 289, E. 1e; BGE 118 Ib 392, E. 2b/cc; zum Ganzen auch GRIFFEL, Raumplanungs- und Baurecht, S. 223; WALDMANN/HÄNNI, Handkommentar RPG, Art. 33 Rz. 59 ff.

508 BGE 121 II 190, E. 3b.

509 BGer, Urteil 1C_549/2012 und 1C_555/2012 vom 2. Oktober 2013, E. 5.

510 Eingehend dazu BGE 139 II 271 ff.; dazu GRIFFEL, Zweitwohnungsinitiative, S. 67 f.; siehe zu dieser Frage auch RÜTSCHE, Vollzug, S. 80 ff.

511 BGE 140 II 262, in der Amtlichen Sammlung nicht publizierte E. 1.3.

512 MARTI, Urteilsbesprechung BGer 1C_649/2012, 1C_650/2012, S. 559. Kritisch gegenüber einer Ausweitung des Verbandsbeschwerderechts demgegenüber WALDMANN, Leiturteile, S. 239.

grund des Bezugs zum Landschaftsschutz steht den Natur- und Heimatschutzorganisationen gegen Neueinzonungen daher die Verbandbeschwerde offen.[513]

cc) Wald

Art. 46 Abs. 3 WaG verweist für das Beschwerderecht der Natur- und Heimatschutzvereinigungen auf Art. 12 NHG. Sein Anwendungsbereich erstreckt sich auf bestimmte **waldrechtliche Verfügungen.** Da gegen Entscheide, die den Wald betreffen, ohnehin eine Verbandsbeschwerde gestützt auf das NHG ergriffen werden kann, wenn die durch dieses Rechtsmittel geschützten Interessen tangiert sind, kommt dem Verweis im Waldgesetz keine eigenständige Bedeutung zu.[514] Anfechtbar sind – wie im Kontext von Art. 12 NHG ausgeführt[515] – lediglich Entscheide gestützt auf Bundesrecht. Da der Bund im Bereich des Waldes über eine Grundsatzgesetzgebungskompetenz verfügt, ist jeweils im Einzelfall zu prüfen, auf welcher Ebene die Verfügungsgrundlage angesiedelt ist.[516] Die Aufzählung im zweiten Satz von Art. 46 Abs. 3 WaG bietet dabei gewisse Leitlinien für die Klärung der Frage, ob eine Bundesaufgabe vorliegt. Mangels selbständiger Bedeutung von Art. 46 WaG finden sämtliche Vorgaben zum Verbandsbeschwerderecht im NHG auch im Anwendungsbereich des Waldrechts Anwendung (Art. 12a–12f NHG).[517] 8.209

dd) Umweltschutz

Art. 55 USG vermittelt bestimmten Organisationen[518] ein Beschwerderecht gegen Verfügungen über die Planung, Errichtung oder Änderung ortsfester Anlagen, bezüglich derer eine **UVP-Pflicht** nach Art. 10a Abs. 2 USG bzw. Art. 1 UVPV besteht.[519] Dieses Recht ist auch dann gegeben, wenn die Durchführung einer UVP zu Unrecht unterlassen wurde bzw. dies geltend gemacht wird.[520] Noch nicht höchstrichterlich geklärt ist die Frage, ob eine nicht UVP-pflichtige Änderung einer UVP-pflichtigen Anlage ebenfalls dem Verbandsbeschwerderecht unterliegt.[521] Im Übrigen beziehen sich die Unklarheiten eher auf die Reichweite der UVP-Pflicht selbst. 8.210

---

513 BGer, Urteile 1C_315/2015 und 1C_321/2015 vom 24. August 2016 (schriftliche Begründung noch ausstehend).

514 Siehe auch MEIER, Ideelles Verbandsbeschwerderecht, S. 55 f. m.w.H.

515 Siehe dazu Rz. 8.206.

516 Siehe auch MEIER, Ideelles Verbandsbeschwerderecht, S. 56.

517 Siehe auch MEIER, Ideelles Verbandsbeschwerderecht, S. 56 f.

518 Eingehend zum Kreis der legitimierten Verbände MEIER, Ideelles Verbandsbeschwerderecht, S. 80 ff.; WISARD, in: Commentaire LPE, Art. 55 Rz. 1 ff.

519 Siehe zur Reichweite der UVP-Pflicht Rz. 7.158 ff.

520 MEIER, Ideelles Verbandsbeschwerderecht, S. 68.

521 Offengelassen in BGE 124 II 460, E. 1d. Ablehnend WAGNER PFEIFER, Umweltrecht I, Rz. 994; differenziert mit Blick auf die Abstimmung mit dem Verbandsbeschwerderecht nach Art. 12 NHG HÄNNI, Planungsrecht, S. 572 f., Fn. 177.

ee) Beschwerde- bzw. Klagerecht von Behindertenorganisationen

8.211 Art. 9 Abs. 1 BehiG ermächtigt «Behindertenorganisationen gesamtschweizerischer Bedeutung, die seit mindestens zehn Jahren bestehen», zur Geltendmachung bestimmter «Rechtsansprüche aufgrund von Benachteiligungen, die sich auf eine grosse Zahl Behinderter auswirken». Die letztgenannte Voraussetzung ist nach der bundesgerichtlichen Praxis erfüllt bezüglich des Zugangs zu einer historischen Wallfahrtskirche[522] oder einem Kino[523]. Von einer **Benachteiligung Behinderter** ist dann auszugehen, «wenn der Zugang für Behinderte aus baulichen Gründen nicht oder nur unter erschwerten Bedingungen möglich ist» (Art. 2 Abs. 3 BehiG).[524] Der Gesetzgeber erachtet dieses Beschwerde- bzw. Klagerecht von Behindertenorganisationen auch als Alternative zu einem Ausbau verwaltungsinterner Kontrollinstanzen.[525] Der Kreis der legitimierten Verbände erschliesst sich gestützt auf eine Liste, die der Bundesrat nach Art. 5 BehiV erstellt hat.[526] Davon unabhängig kann eine Behindertenorganisation bei Vorliegen der entsprechenden Voraussetzungen im Interesse ihrer Mitglieder auch eine egoistische Verbandsbeschwerde erheben.[527]

8.212 Die **Reichweite der Rechtsmittelbefugnis** von Behindertenorganisationen wird nicht auf den ersten Blick offenkundig. Ursächlich dafür ist, dass die verschiedenen Querbezüge innerhalb des Gesetzes aufgrund diverser Änderungen im Gesetzgebungsverfahren im Ergebnis nurmehr beschränkt aufeinander abgestimmt sind.[528] Ausgangspunkt stellt Art. 9 Abs. 3 BehiG dar, der die Verfahren nennt, welche der Klage oder Beschwerde offenstehen. In bau- und planungsrechtlichen Angelegenheiten von Belang sind folgende:

8.213 Das Beschwerderecht erstreckt sich gemäss Art. 9 Abs. 3 lit. b BehiG auf Verfahren zur **Erteilung von Bewilligungen** für den Bau oder die Erneuerung von Bauten und Anlagen. Geltend gemacht werden können dabei die Ansprüche nach Art. 7 BehiG. Die letztgenannte Bestimmung ermächtigt zum einen dazu, während des Baubewilligungsverfahrens die Unterlassung von Benachteiligungen zu fordern (Art. 7 Abs. 1 lit. a BehiG). Der Kreis der von dieser Bestimmung erfassten Bauten und Anlagen ergibt sich aus dem Zusammenspiel von Art. 7 mit Art. 3 lit. a, c und d BehiG: Er erstreckt sich auf öffentlich zugängliche Bauten und Anlagen, für die nach Inkrafttreten des BehiG eine Baubewilligung erteilt wird, sowie auf Wohngebäude mit mehr als acht Wohneinheiten und Gebäude mit mehr als 50 Arbeitsplätzen.[529] Öffentlich zugängliche Einrichtungen des öffentlichen Verkehrs[530] werden

522 BGer, Urteil 1C_394/2010 vom 10. Juni 2011, E. 2.3.

523 BGE 138 I 475, E. 1.1 und BGer, Urteil 1C_394/2010 vom 10. Juni 2010 mit Bezug auf Dienstleistungen. Gleiches müsste auch für baurechtliche Fragen gelten.

524 Dazu auch SCHEFER/HESS-KLEIN, Behindertengleichstellungsrecht, S. 95.

525 Botschaft BehiG 2001, S. 1799.

526 Siehe dazu MEIER, Ideelles Verbandsbeschwerderecht, S. 148 ff.

527 SCHEFER/HESS-KLEIN, Behindertengleichstellungsrecht, S. 98. Zu den Voraussetzungen der egoistischen Verbandsbeschwerde Rz. 8.184.

528 Siehe dazu auch MEIER, Ideelles Verbandsbeschwerderecht, S. 147.

529 MEIER, Ideelles Verbandsbeschwerderecht, S. 152.

530 Diesbezüglich besteht eine Pflicht zur nachträglichen Anpassung; siehe Art. 22 BehiG.

ebenfalls davon erfasst, sofern für deren Erstellung eine Baubewilligung erforderlich ist und sie daher unter Art. 3 lit. a BehiG subsumiert werden können.

Nach **Abschluss des Baubewilligungsverfahrens** kann nur noch ausnahmsweise im Zivilverfahren ein Rechtsanspruch auf Beseitigung geltend gemacht werden, wenn das Fehlen der gesetzlich gebotenen Vorkehren im Baubewilligungsverfahren nicht erkennbar war (Art. 7 Abs. 1 lit. b BehiG). Aus dem Wortlaut von Art. 9 Abs. 3 lit. b BehiG, der nur von Verfahren zur Erteilung einer Bewilligung spricht, nachträgliche Beseitigungs- und Unterlassungsansprüche aber unerwähnt lässt, könnte geschlossen werden, die Beseitigungsansprüche seien davon nicht erfasst. Unter Berücksichtigung des Gesetzeszwecks und der Entstehungsgeschichte der Norm lässt sich allerdings mit guten Gründen argumentieren, dass den legitimierten Verbänden auch das Recht zukommt, Beseitigungsansprüche vorzubringen.[531] In dieser Konstellation liegt ein eigentliches Verbandsklagerecht vor.[532] Relevant ist dieses vor allem in jenen Konstellationen, in welchen eine erforderliche Anpassung nicht Gegenstand des Baubewilligungsverfahrens bilden musste.[533] Implizit wird damit gleichzeitig eine Pflicht zur Teilnahme bereits im nichtstreitigen Stadium statuiert. 8.214

Daneben findet das Beschwerde- bzw. Klagerecht der Behindertenorganisationen in sämtlichen verkehrsrechtlichen **Plangenehmigungsverfahren** Anwendung (siehe Art. 9 Abs. 3 lit. c BehiG).[534] Nicht erwähnt ist das Plangenehmigungsverfahren nach Art. 126 MG. Dieses lässt sich allerdings unter Art. 9 Abs. 3 lit. b BehiG («Verfahren zur Erteilung einer Bewilligung für den Bau oder die Erneuerung von Bauten und Anlagen») subsumieren. 8.215

5. Anforderungen an die Beschwerdeschrift

Zwar gilt auch im Verfahren vor dem Bundesgericht der Grundsatz iura novit curia (Art. 106 Abs. 1 BGG). Zu beachten sind jedoch die in Art. 42 Abs. 1 und 2 BGG statuierten inhaltlichen Anforderungen an die Beschwerdeschrift: Demnach sind Rechtsschriften «in einer Amtssprache abzufassen und haben die Begehren, deren Begründung mit Angabe der Beweismittel und die Unterschrift zu enthalten» (Abs. 1). Die Missachtung dieser Vorgaben resultiert in einem Nichteintretensentscheid.[535] In der **Begründung** muss in gedrängter Form dargelegt werden, inwie- 8.216

---

531 So auch Meier, Ideelles Verbandsbeschwerderecht, S. 152 ff.

532 Schefer/Hess-Klein, Behindertengleichstellungsrecht, S. 98 f. mit Ausführungen dazu, dass sich die Legitimation der Verbände auch auf das nachträgliche Zivilverfahren erstrecke, obwohl der Wortlaut von Art. 9 Abs. 3 lit. c BehiG, der lediglich von «Verfahren zur Erteilung einer Bewilligung» spricht, diesbezüglich nicht klar sei.

533 Schefer/Hess-Klein, Behindertengleichstellungsrecht, S. 97.

534 Zur Komplementarität der Beschwerderechte unter Art. 9 Abs. 3 lit. b und c Meier, Ideelles Verbandsbeschwerderecht, S. 157 f. Siehe zum Rechtsschutz gegen Plangenehmigungen für Infrastrukturanlagen Rz. 8.90.

535 Statt vieler BGE 135 II 286, in der Amtlichen Sammlung nicht publizierte E. 1.2; BGE 134 II 244, E. 2.1–2.3; BGE 133 II 249, E. 1.1.

fern der angefochtene Akt Recht verletzt (Abs. 2).[536] Spezifisch zu begründen ist auch das Vorliegen der Eintretensvoraussetzungen bei der Anfechtung von Zwischenentscheiden, ausser diese seien offenkundig.[537] Ein blosser Verweis auf die Ausführungen in der Rechtsschrift vor der Vorinstanz oder auf andere Aktenbestandteile genügt nicht.[538] Dasselbe gilt – trotz Art. 105 Abs. 2 BGG – für die Geltendmachung schwerer Sachverhaltsmängel, da sich der Beschwerdeführer nicht auf die von Amtes wegen erfolgende Korrektur verlassen darf.[539] Eine sehr eingehende und differenzierte Begründung ist schliesslich geboten, wenn vor Bundesgericht die Durchführung eines Augenscheins beantragt wird.[540]

8.217 Bezüglich der Verletzung von Grundrechten und von kantonalem und interkantonalem Recht findet der Grundsatz der Rechtsanwendung von Amtes wegen keine Anwendung. Vielmehr ist diesbezüglich die **qualifizierte Rügepflicht** von Art. 106 Abs. 2 BGG zu beachten, die verlangt, dass diese Rügen präzise vorgebracht und begründet werden.[541]

6. Fristen

8.218 Bei den Rechtsmittelfristen ist zwischen der Anfechtung von kantonal letztinstanzlichen Entscheiden einerseits und von Richtplänen andererseits zu unterscheiden. Die Beschwerde gegen **Entscheide** ist gemäss Art. 100 Abs. 1 BGG innert 30 Tagen nach Eröffnung der vollständigen Ausfertigung beim Bundesgericht einzureichen. Diese (gesetzliche) Frist ist gemäss Art. 47 Abs. 1 BGG nicht erstreckbar.[542] Die Details der Fristenberechnung sind in Art. 44 und 45 BGG geregelt. Zu beachten ist, dass der in Art. 46 Abs. 1 BGG vorgesehene Fristenstillstand in Verfahren betreffend aufschiebende Wirkung und andere vorsorgliche Massnahmen keine Anwendung findet, was in deren dringlichen Natur begründet ist.[543]

8.219 Die Geltendmachung von **Rechtsverweigerungen und Rechtsverzögerungen** ist an keine Frist gebunden (Art. 100 Abs. 7 BGG). Allerdings verlangt es der (auch die Privaten bindende) Grundsatz von Treu und Glauben (Art. 5 Abs. 3 BV), dass die säumigen Behörden seitens der betroffenen Privaten auf die Problematik der Prozessdauer angesprochen und um eine raschere Erledigung ersucht werden. Treu-

---

536 Zu den weiteren formellen Anforderungen und den Rechtsfolgen ihrer Missachtung siehe Art. 42 Abs. 3 ff. BGG.

537 BGE 134 II 137, E. 1.3.3; BGE 134 III 426, E. 1.2.

538 BGE 133 II 396, E. 3.1.

539 Aemisegger, in: Praxiskommentar Rechtsschutz RPG, Art. 34 Rz. 135.

540 Aemisegger, Rechtsprechung, S. 100 mit dem Hinweis, dass auch darauf aufmerksam zu machen sei, wenn Bilder bzw. Kartenausschnitte auf Internetplattformen zu Fehleinschätzungen führen könnten.

541 Zur Reichweite dieser Norm, insbesondere zum Begriff der Grundrechte Meyer/Dormann, in: Basler Kommentar BGG, Art. 106 Rz. 16 f.

542 Statt vieler Amstutz/Arnold, in: Basler Kommentar BGG, Art. 100 Rz. 6a.

543 Siehe BGE 134 III 667, E. 1.3.

widriges Verhalten kann gegebenenfalls bei der Kostenverlegung berücksichtigt werden.[544]

Steht bei **Richtplänen** kein kantonales Rechtsmittel zur Verfügung, gelangen die Regeln der Erlassanfechtung und damit auch die Fristbestimmung von Art. 101 BGG zur Anwendung. Demnach ist die Beschwerde innert 30 Tagen nach der nach dem kantonalen Recht massgebenden Veröffentlichung einzureichen. 8.220

7. Kosten und Parteientschädigung

Gemäss Art. 66 Abs. 1 BGG werden die Verfahrenskosten in der Regel der **unterliegenden Partei** auferlegt. Allerdings kann das Bundesgericht eine davon abweichende Kostenverteilung vornehmen oder auf die Kostenerhebung verzichten, wenn «die Umstände es rechtfertigen». Beantragt eine Partei eine Abweichung vom Grundsatz, hat sie in der Beschwerdeschrift die Gründe dafür darzulegen.[545] Mehrere Personen haben die Gerichtskosten, abweichende Anordnungen vorbehalten, zu gleichen Teilen und unter solidarischer Haftung zu tragen (Art. 66 Abs. 4 BGG). Für unnötige Kosten hat der Verursacher einzustehen (Art. 66 Abs. 3 BGG). Die letztgenannte Bestimmung dient auch als Grundlage für die Auferlegung der Kosten zulasten der Vorinstanz, sofern diese aufgrund qualifizierter Fehler (beispielsweise einer unrichtigen Rechtsmittelbelehrung) ein nicht ergiebiges Rechtsmittelverfahren veranlasst hat.[546] 8.221

Von der Kostentragung **befreit** sind in der Regel Bund, Kantone, Gemeinden und die mit öffentlichrechtlichen Aufgaben betrauten Organisationen, «wenn sie in ihrem amtlichen Wirkungskreis und, ohne dass es sich um ihr Vermögensinteresse handelt, das Bundesgericht in Anspruch nehmen oder wenn gegen ihre Entscheide in solchen Angelegenheiten Beschwerde geführt worden ist».[547] Nicht mehr von einer solchen Ausnahme profitieren können seit der NHG- und USG-Revision von 2006 die Umweltschutzorganisationen, die von ihrem ideellen Beschwerderecht Gebrauch machen. Das Bundesgericht hat in diesem Zusammenhang jedoch ausgeführt, dass das Prozessrisiko für die ideellen Verbände berechenbar bleiben müsse und nicht prohibitiv wirken dürfe. Als unzulässig erachtet wurde vor diesem Hintergrund die Festsetzung der Parteientschädigung nach einem fiktiven Streitwert.[548] Für das Verfahren vor dem Bundesgericht kann nach zutreffender Meinung nichts anderes gelten.[549] 8.222

---

544 Siehe dazu Amstutz/Arnold, in: Basler Kommentar BGG, Art. 100 Rz. 25 m.H. auf die diesbezügliche bundesgerichtliche Praxis.

545 Aemisegger, in: Praxiskommentar Rechtsschutz RPG, Art. 34 Rz. 159.

546 Geiser, in: Basler Kommentar BGG, Art. 66 Rz. 25; Seiler, in: Handkommentar BGG, Art. 66 Rz. 41; Aemisegger, in: Praxiskommentar Rechtsschutz RPG, Art. 34 Rz. 162, alle m.w.H.

547 BGer, Urteil 8C_69/2015 vom 18. Juni 2015, E. 5.1.1. Zu dieser Thematik Aemisegger, in: Praxiskommentar Rechtsschutz RPG, Art. 34 Rz. 160.

548 BGer, Urteil 1C_381/2008 vom 22. Dezember 2008, E. 2; BGer, Urteil 1C_113/2007 vom 19. September 2007, E. 2; BGer, Urteil 1A.125/2005 vom 21. September 2005, E. 13.2.

549 Aemisegger, in: Praxiskommentar Rechtsschutz RPG, Art. 34 Rz. 161.

8.223 Gemäss Art. 68 Abs. 2 BGG wird die unterliegende Partei in der Regel verpflichtet, «der obsiegenden Partei nach Massgabe des Tarifs des Bundesgerichts alle durch den Rechtsstreit verursachten notwendigen Kosten zu ersetzen». Gemäss dem erwähnten Tarif[550] setzt sich die **Parteientschädigung** aus den Anwaltskosten sowie weiteren notwendigen Kosten, die der Partei durch den Rechtsstreit entstanden sind, zusammen.[551]

8. Wirkungen der Rechtsmittel

8.224 Gemäss Art. 103 Abs. 1 BGG hat die Beschwerde in öffentlichrechtlichen Angelegenheiten «in der Regel **keine aufschiebende Wirkung**». Mangels expliziter Ausnahmen in Abs. 2 gilt dies auch für bau- und planungsrechtliche Angelegenheiten. Konsequenz ist, dass der angefochtene Entscheid während der Rechtshängigkeit vollstreckt bzw. von den eingeräumten Rechten Gebrauch gemacht werden kann.

8.225 Allerdings kann der Instruktionsrichter gestützt auf Art. 103 Abs. 3 BGG von Amtes wegen oder auf Antrag einer Partei mittels prozessleitender Verfügung eine **andere Anordnung** treffen und zwecks Wahrung des Streitgegenstands dafür sorgen, dass der vorinstanzliche Entscheid noch nicht vollzogen werden kann. Dabei hat er den materiell- und verfahrensrechtlichen Spezifika des Einzelfalls Rechnung zu tragen.[552] Zentrale Kriterien bilden dabei die sofortige Beurteilbarkeit, die voraussichtliche Verfahrensdauer sowie allfällige eindeutige Prozessaussichten. Führen diese nicht zu einem eindeutigen Ergebnis, hat eine umfassende – wenngleich lediglich summarische – Interessenabwägung stattzufinden.[553] Dabei ist auch ein allfälliger Verzögerungsschaden zu berücksichtigen, den die Gewährung der aufschiebenden Wirkung für den Bauwilligen zur Folge hätte.[554]

8.226 Der Instruktionsrichter hat überdies die Möglichkeit, **andere vorsorgliche Massnahmen** zu treffen, «um den bestehenden Zustand zu erhalten oder bedrohte Interessen einstweilen sicherzustellen» (Art. 104 BGG). Exemplarisch hinzuweisen ist auf die Anordnung eines Verbots von Zweckänderungen bei einer gewerblich genutzten Baute oder Anlage (zu den einschlägigen Voraussetzungen für Zweckänderungen siehe Art. 37a RPG und Art. 43 RPV).[555]

8.227 Das Verfahren der Beschwerde in öffentlichrechtlichen Angelegenheiten ist von der Dispositionsmaxime geprägt. Dies hat zur Folge, dass das Bundesgericht nicht über die Parteibegehren hinausgehen (Art. 107 Abs. 1 BGG) und den Entscheid auch nicht zum Nachteil der beschwerdeführenden Partei abändern darf (keine **refor-**

550 Siehe dazu Art. 1 des Reglements über die Parteientschädigung und die Entschädigung für die amtliche Vertretung im Verfahren vor dem Bundesgericht vom 31. März 2006 (SR 173.110.210.3).

551 Zur Berechnung des Tarifs sowie der Reichweite dieser Regel siehe die weiterführenden Hinweise bei Geiser, in: Basler Kommentar BGG, Art. 68 Rz. 4 ff.

552 Dazu sowie zum Folgenden Meyer/Dormann, in: Basler Kommentar BGG, Art. 103 Rz. 26 ff.

553 Statt vieler BGE 117 V 185, E. 2b.

554 Aemisegger, in: Praxiskommentar Rechtsschutz RPG, Art. 34 Rz. 152.

555 BGer, Urteil 1C_123/2009 vom 17. Juli 2009, E. 3.

matio in peius).[556] Dies gilt indes nicht mit Bezug auf die Behördenbeschwerde. Wie ausgeführt, sind die beschwerdelegitimierten Behörden aufgrund von Art. 89 Abs. 2 lit. a und 111 Abs. 2 BGG nicht verpflichtet, sich bereits am kantonalen Verfahren zu beteiligen.[557] Da sie mit ihrem Rechtsmittel die einheitliche und korrekte Anwendung des Bundesrechts sicherstellen, sind sie nicht an die Beschränkung des Streitgegenstands auf kantonaler Ebene gebunden und können daher auch eine reformatio in peius zulasten der Gegenpartei beantragen, und zwar ungeachtet der kantonalen Verfahrensbestimmungen.[558] Das Bundesamt für Raumentwicklung (ARE) kann deshalb auch die Überprüfung von Fragestellungen veranlassen, die im kantonalen Verfahren unumstritten waren.[559]

D. Individualbeschwerde an den Europäischen Gerichtshof für Menschenrechte

Bei abweisenden bundesgerichtlichen Entscheiden in Bau- und Planungssachen ist ein Weiterzug an den Europäischen Gerichtshof für Menschenrechte vornehmlich in **zwei Konstellationen** denkbar: Zum einen kann in Fällen betreffend zivilrechtliche Ansprüche und Verpflichtungen[560] die Verletzung der Fairnessanforderungen von Art. 6 Ziff. 1 EMRK gerügt werden.[561] Zum anderen besteht unter Umständen die Möglichkeit, bei Verweigerung einer beantragten Bewilligung die Verletzung materieller Konventionsgarantien geltend zu machen. So kann mit Blick auf Sakralbauten die Religionsfreiheit (Art. 9 EMRK) und gegebenenfalls auch das Diskriminierungsverbot (Art. 14 EMRK) angerufen werden.[562] Im Zusammenhang mit Immissionen ist sodann die Berufung auf Art. 8 EMRK (Schutz der Privatsphäre bzw. des Rechts auf Wohnung) denkbar. Der EGMR hat im Zusammenhang mit Lärmimmissionen und Umweltverschmutzungen verschiedentlich positive Verpflichtungen für die Mitgliedstaaten abgeleitet. Damit der Schutzbereich von Art. 8 EMRK eröffnet wird, müssen die Beeinträchtigungen allerdings eine gewisse Intensität aufweisen und die körperliche und psychische Integrität des Einzelnen betreffen.[563] 8.228

In verfahrensrechtlicher Hinsicht sind die in Art. 35 Ziff. 1 EMRK normierten **Zulässigkeitsvoraussetzungen** für Individualbeschwerden zu beachten: Demnach ist der innerstaatliche Instanzenzug auszuschöpfen und eine Frist von sechs Monaten für 8.229

556 Statt vieler BGer, Urteil 8C_719/2011 vom 11. November 2011, E. 5.

557 Dazu Rz. 8.192.

558 BGE 136 II 359, E. 1.2; dazu statt vieler EHRENZELLER, in: Basler Kommentar BGG, Art. 111 Rz. 14.

559 BGE 136 II 359, E. 1.2; siehe auch KÖLZ/HÄNER/BERTSCHI, Verwaltungsverfahren, Rz. 1636.

560 Zur Reichweite dieser Bestimmung siehe Rz. 7.12 und 8.38.

561 Zum Gehalt von Art. 6 EMRK siehe Rz. 8.36 ff.

562 Siehe dazu WINZELER, in: Basler Kommentar BV, Art. 72 Rz. 59; KLEY, in: St. Galler Kommentar BV, Art. 72 Rz. 33; CAVELTY/KLEY, in: St. Galler Kommentar BV, Art. 15 Rz. 5 und 10, alle m.w.H.

563 Siehe dazu GRABENWARTER/PABEL, Europäische Menschenrechtskonvention, S. 261 f.; PETERS/ALTWICKER, Europäische Menschenrechtskonvention, S. 203 f. Siehe für einen Anwendungsfall EGMR, Urteil vom 9. Juni 2005, Fadeyeva v. Russland, Nr. 55723/00.

die Beschwerdeeinreichung einzuhalten. Dabei gilt eine Formularpflicht, die verlangt, dass die Beschwerde schriftlich und unterschrieben auf dem vom Gerichtshof zur Verfügung gestellten Formular eingereicht wird (Art. 45 und 47 Ziff. 1 VerfO/ EGMR[564]). Im Falle des Obsiegens beschränkt sich der EGMR auf eine Feststellung der Konventionsverletzung; die Vertragsstaaten sind allerdings verpflichtet, das Urteil innerstaatlich zu befolgen (Art. 46 Ziff. 1 EMRK) und gegebenenfalls eine Revision an die Hand zu nehmen (siehe Art. 122 BGG).[565]

564 Verfahrensordnung des Europäischen Gerichtshofs für Menschenrechte vom 4. November 1998 (SR 0.101.2).

565 Ein konziser Überblick über das Verfahren vor dem EGMR findet sich bei KIENER/RÜTSCHE/KUHN, Öffentliches Verfahrensrecht, Rz. 1902 ff.; RHINOW/KOLLER/KISS/THURNHERR/BRÜHL-MOSER, Öffentliches Prozessrecht, Rz. 130 ff.

Stichwortverzeichnis

A

B

C

D

E

F

G

M

N

O

Q

R

S

T

U

V

W

Z